AF617043

ACCESO GRATIS *a la Lectura en la Nube*

Para visualizar el libro electrónico en la nube de lectura envíe junto a su nombre y apellidos una fotografía del código de barras situado en la contraportada del libro y otra del ticket de compra a la dirección:

ebooktirant@tirant.com

En un máximo de 72 horas laborables le enviaremos el código de acceso con sus instrucciones.

RESERVA LA NUEVA EDICIÓN DEL GPS FAMILIA

5% DE DESCUENTO

GASTOS DE ENVÍO GRATUITOS[1]

Si quieres recibir la próxima edición del GPS automáticamente en cuanto aparezca

	Precio[2]	Unidades
GPS FAMILIA 3ª ED.	90,43	

Si quieres suscribirte al GPS FAMILIA y recibir automáticamente las futuras ediciones

	Precio[3]	Unidades
GPS FAMILIA 2ª ED.	90,43	

Nombre:	
Apellidos:	
Dirección:	Código postal:
Población:	N.I.F./C.I.F.:
Teléfono:	Correo electrónico:
Datos bancarios:	
CCC:	

Haznos llegar este boletín mediante:

Fax: 963694151

Correo electrónico: Suscripciones@tirant.com

Teléfono: 963699153

C/ Artes Gráficas, 14-2

46010 Valencia

[1] Solo para España peninsular y Baleares

[2] IVA no incluido (4%)

[3] IVA no incluido (4%). Precio de cada edición

COLECCIÓN GPS

Boletín de Pedido

5% DE DESCUENTO

GASTOS DE ENVÍO GRATUITOS[1]

	Precio[2]	Unidades
GPS LABORAL 10ª ED.	90,43	
GPS FISCAL PARA PYMES 3ª ED.	90,43	
GPS PROPIEDAD HORIZONTAL 10ª ED.	72,16	
GPS CONTABILIDAD FINANCIERA Y COSTES 5ª ED.	72,16	
GPS DERECHO DE SOCIEDADES 5ª ED.	81,29	
GPS SUCESIONES 5ª ED.	72,16	
GPS CONSUMO 6ª ED.	72,16	
GPS CONTRATOS CIVILES 3ª ED.	72,16	
GPS DERECHO DE LA CIRCULACIÓN 5ª ED.	90,43	
GPS CONCURSAL 5ª ED.	90,43	
GPS NOTARIAL	136,10	
GPS COMPETENCIA	90,43	
GPS SEGUROS	81,29	
GPS CONTRATOS MERCANTILES	81,29	
GPS DERECHO DE FAMILIA 2ª ED.	90,43	

Nombre:	
Apellidos:	
Dirección:	Código postal:
Población:	N.I.F./C.I.F.:
Teléfono:	Correo electrónico:
Datos bancarios:	
CCC:	

Haznos llegar este boletín mediante:
Fax: 963694151
Correo electrónico: Suscripciones@tirant.com
Teléfono: 963699153
C/ Artes Gráficas, 14-2
46010 Valencia

(1) Solo para España peninsular y Baleares
(2) IVA no incluido (4%)

GPS FAMILIA

Procedimiento de selección de originales, ver página web:
www.tirant.net/index.php/editorial/procedimiento-de-seleccion-de-originales

GPS FAMILIA

2ª Edición

Director:

JOSÉ RAMÓN DE VERDA Y BEAMONTE

tirant lo blanch

Valencia, 2024

En caso de erratas y actualizaciones, la Editorial Tirant lo Blanch publicará la pertinente corrección en la página web www.tirant.com.

La presente obra ha sido realizada en el marco del Grupo de Investigación de la Universidad de Valencia "Persona y Familia" (GPF), GIUV2013-101, del que es IP el profesor José Ramón de Verda y Beamonte, así como en el del Grupo de Investigación de la Universidad de Valencia "Derecho y vulnerabilidad: menores de edad, personas con discapacidad y animales de compañía" (DERVUL), GIUV2022-532, del que es IP el profesor Pedro Chaparro Matamoros.

EDITA: TIRANT LO BLANCH
C/ Artes Gráficas, 14 - 46010 - Valencia
TELFS.: 96/361 00 48 - 50
FAX: 96/369 41 51
Email: tlb@tirant.com
www.tirant.com
Librería virtual: www.tirant.es
DEPÓSITO LEGAL: V-741-2024
ISBN: 978-84-1056-702-3

Si tiene alguna queja o sugerencia, envíenos un mail a: *atencioncliente@tirant.com*. En caso de no ser atendida su sugerencia, por favor, lea en *www.tirant.net/index.php/empresa/politicas-de-empresa* nuestro procedimiento de quejas.

Responsabilidad Social Corporativa: http://www.tirant.net/Docs/RSCTirant.pdf

Índice

I
CRISIS FAMILIARES

II
RÉGIMEN ECONÓMICO MATRIMONIAL Y UNIONES DE HECHO

III
FILIACIÓN, MENORES Y MEDIDAS DE APOYO

IV
INTERDISCIPLINAR

I

CRISIS FAMILIARES

1 El matrimonio, requisitos de validez y efectos

José Ramón de Verda y Beamonte[1] / Pedro Chaparro Matamoros[2]

1. EL DERECHO A CONTRAER MATRIMONIO

Normativa reguladora

A tenor del art. 32.1 CE, "El hombre y la mujer tienen derecho a contraer matrimonio con plena igualdad jurídica".

El derecho a contraer matrimonio es manifestación del principio de libertad nupcial, el cual, a su vez, tiene una evidente conexión con el principio constitucional de

[1] CU, Derecho civil, Universidad de Valencia.

[2] PCDOC, Derecho civil, Universidad de Valencia.

libre desarrollo de la personalidad (art. 10.1 CE), en la medida en que, a través de dicha libertad, se salvaguarda un interés fundamental de la persona a constituir una familia fundada en el matrimonio y a desenvolver en ella la propia personalidad.

Las Leyes 13/2005, de 1 de julio, y 15/2005, de 8 de julio, que, sin duda, han operado una de las más profundas reformas en la regulación del matrimonio tienen, un hilo conductor, consistente en la "personalización" del matrimonio.

Las referidas leyes, en efecto, hacen jugar al principio constitucional de libre desarrollo de la personalidad, consagrado en el art. 10.1 CE, una importancia hasta ahora desconocida. Acentúan, así, la función del matrimonio como un medio de desarrollo de la personalidad de los cónyuges, en detrimento de su carácter de institución social, cuya estabilidad se ha considerado, desde siempre, un valor social, lo que ha estado en estrecha relación con la conexión de la institución matrimonial con la procreación y educación de los hijos; y de ahí la exigencia del requisito de la heterosexualidad de los contrayentes.

Normativa reguladora

a) La Ley 15/2005, de 8 de julio, ahonda en una tendencia, ya iniciada en la reforma operada en el CC, por la Ley 30/1981, de 7 de julio, uno de cuyos hilos conductores fue, precisamente, el principio constitucional de libre desarrollo de la personalidad, lo que se plasmó en la consideración del matrimonio no solo como institución cuya estabilidad interesa a la sociedad, sino también, y, sobre todo, un cauce al servicio del libre desarrollo de la personalidad de los contrayentes, que, mediante la opción de casarse, expresan, como seres humanos libres y responsables, una decisión íntima, a través de la cual encauzan su existencia: la constitución de una familia basada en el matrimonio. Ello explicaba, entre otras novedades, la introducción del divorcio.

El art. 85 CC (cuyo texto permanece inalterado) admitió la disolución del matrimonio por divorcio, que, en virtud del art. 89 CC (en la redacción dada al precepto por la Ley 30/1981, de 7 de julio), solo era posible mediante sentencia judicial, lo que, sin duda, era una manifestación de lo que hemos denominado "personalización" del matrimonio, en la medida en que la tutela de la libertad de la persona adquiriría preeminencia sobre la exigencia de estabilidad del vínculo.

Ahora bien, no se admitía el divorcio por la mera voluntad de los cónyuges, sino que se hacía necesario demostrar la concurrencia de alguna de las causas establecidas en el art. 86 CC (en su ya antigua redacción dada por la Ley 30/1981), cuyo centro de gravedad estaba constituido por el "cese efectivo de la convivencia conyugal", a través del cual tenía lugar la constatación objetiva de la quiebra del matrimonio, exigiéndose, a este respecto, el transcurso de una serie de plazos, de duración variable, que podían llegar hasta los cinco años, en ausencia de una previa demanda de separación, si lo que había existido era una separación de hecho, impuesta por uno de los cónyuges al otro.

Esta regulación del divorcio acabó siendo objeto de críticas razonables, ya que se obligaba a los cónyuges, que tenían una clara voluntad de disolver su matrimonio, a esperar un plazo de tiempo excesivamente largo para poder solicitar el divorcio, obligándoles, en la práctica, a demandar previamente la separación, con lo que se producía una duplicidad de procedimientos judiciales (primero, de separación, y luego, de divorcio).

Pero la Ley 15/2005, de 8 de julio, fue más lejos, estableciendo como única causa de divorcio judicial la mera voluntad de ambos cónyuges o de uno solo de ellos, con tal de que esta se manifieste una vez transcurridos tres meses desde la celebración del matrimonio, plazo que no es necesario que se cumpla, cuando se acredite la existencia de un riesgo para la vida, la integridad física, la libertad, la integridad moral o libertad o indemnidad sexual del cónyuge demandante o de los hijos de ambos o de cualquiera de los miembros del matrimonio, según resulta de la redacción dada a los arts. 81 y 86 CC por dicha Ley.

La personalización del matrimonio se acentuó con la reforma introducida en materia de separación y divorcio por la Ley 15/2015, de Jurisdicción Voluntaria, la cual reformó el Código civil, para que, tanto una como otra, pudieran tener lugar sin necesidad de sentencia judicial, siempre que no hubiera hijos menores no emancipados "o hijos mayores respecto de los que se hayan establecido judicialmente medidas de apoyo atribuidas a sus progenitores" (art. 81 CC, cuya redacción actual se debe al art. 2 de la Ley 8/2021, de 8 de junio). Dicha separación o divorcio extrajudicial exige el mutuo acuerdo de los cónyuges, plasmado en convenio regulador presentado ante el Letrado de la Administración de Justicia o en escritura pública otorgada ante Notario (arts. 82 y 87 CC).

b) El vigente art. 44.2 CC, redactado por la Ley 13/2005, de 1 de julio, suprime el requisito tradicional de la heterosexualidad del matrimonio, afirmando que "El matrimonio tendrá los mismos requisitos y efectos cuando ambos contrayentes sean del mismo o de diferente sexo".

La Ley 13/2005, de 1 de julio, ha suscitado la duda de si es conforme a la Constitución, cuyo art. 32.1 reconoce el derecho a contraer matrimonio al "hombre" y a la "mujer". Es claro que el precepto presupone la diversidad de sexos de los contrayentes.

Ahora bien, una cosa es que la norma se refiera, exclusivamente, al matrimonio entre personas de distinto sexo, y otra diversa, que el legislador ordinario no pueda extender el derecho a contraerlo a personas de idéntico sexo. La constitucionalidad de la ley dependerá, pues, de si se considera que el requisito de la heterosexualidad forma, o no parte del contenido esencial del derecho.

Jurisprudencia

La STC 198/2012, de 6 de noviembre (*Tol 2680094*), ha entendido que el requisito tradicional de la diversidad de sexos no forma parte del contenido esencial del derecho a contraer matrimonio. Dice, así que "lo que hace el legislador en uso de la libertad de configuración que le concede la Constitución es modificar el régimen de ejercicio del derecho constitucional al matrimonio sin afectar a su contenido".

Desde este punto de vista, tan constitucional es que el legislador ordinario admita el matrimonio entre personas del mismo sexo, como que lo rechace.

2. CLASES DE MATRIMONIO

El art. 32.2 CE dispone que "La ley regulará las formas de matrimonio".

Normativa reguladora

Desarrollando dicho precepto, el art. 49.I CC (en la redacción dada al precepto por la disposición final primera, 3, de la Ley 15/2015, de 2 de julio, de Jurisdicción Voluntaria) establece que el matrimonio podrá celebrase de dos maneras distintas: la primera, en la forma regulada en este Código; y la segunda, en la forma religiosa legalmente prevista.

Por lo tanto, se trata de un sistema matrimonial de tipo facultativo, en el que, conforme al principio constitucional de libre desarrollo de la personalidad, se deja a las personas libertad para optar entre celebrar su matrimonio, civil o religiosamente: en este último caso, según resulta de los arts. 59 y 60.1 CC, podrán contraer matrimonio conforme a las normas del Derecho Canónico (lo que confirma el art. VI del Acuerdo sobre Asuntos Jurídicos con la Santa Sede, de 15 de diciembre de 1979) o en la forma prevista por otras confesiones religiosas que hayan llegado a acuerdos de cooperación con el Estado, que, hasta la fecha, son las evangélicas, hebraica e islámica (Leyes 24, 25 y 26/1992, de 10 de noviembre, respectivamente).

Según el vigente art. 60. 2º CC (introducido por la disposición final primera, 12, LJV), "Igualmente, se reconocen efectos civiles al matrimonio celebrado en la forma religiosa prevista por las iglesias, confesiones, comunidades religiosas o federaciones de las mismas que, inscritas en el Registro de Entidades Religiosas, hayan obtenido el reconocimiento de notorio arraigo en España".

Cuestiones relevantes

1. **Confesiones religiosas que han obtenido el reconocimiento de notorio arraigo.**
   Las confesiones religiosas que han obtenido dicho reconocimiento son la Iglesia de Jesucristo de los Santos de los Últimos días (2003), los Testigos de Jehová (2006), la Federación de Entidades Budistas (2007) y la Iglesia Ortodoxa del Patriarcado de Moscú (2010).

2. Requisitos a los que se subordina la eficacia de los matrimonios civiles celebrados en forma religiosa.

El reconocimiento de efectos civiles de estos matrimonios, su subordina al cumplimiento de los siguientes requisitos: "a) La tramitación de un acta o expediente previo de capacidad matrimonial con arreglo a la normativa del Registro Civil. b) La libre manifestación del consentimiento ante un ministro de culto debidamente acreditado y dos testigos mayores de edad". "La condición de ministro de culto será acreditada mediante certificación expedida por la iglesia, confesión o comunidad religiosa que haya obtenido el reconocimiento de notorio arraigo en España, con la conformidad de la federación que, en su caso, hubiere solicitado dicho reconocimiento" (art. 60.II CC).

El matrimonio canónico tiene una posición jurídica especial respecto de los demás matrimonios religiosos, diferencia que encuentra cobertura constitucional en el art. 16.3 CE, que prevé una colaboración de mayor intensidad de los poderes públicos con la confesión mayoritaria en nuestra sociedad. El Estado reconoce a la Iglesia Católica la facultad de regular, a través del Código de Derecho Canónico, no solo la forma de celebrar el matrimonio de sus fieles (como hace respecto al resto de las confesiones), sino también la de determinar los requisitos de capacidad y de consentimiento necesarios para la validez del mismo y, en consecuencia, reconoce efectos civiles a las sentencias canónicas de nulidad (así como a las decisiones pontificias sobre matrimonio rato y no consumado), en los términos previstos en el art. 80 CC.

Cuestiones relevantes

3. Posibilidad de pedir la nulidad del matrimonio ante la jurisdicción civil.

Cualquiera de los contrayentes podría pedir la nulidad del matrimonio canónico, ante la jurisdicción civil, aplicando las normas del CC (entre ellas, las que regulan los requisitos de capacidad y los vicios del consentimiento), posibilidad esta, que, aunque sea paradójica, se deduce claramente del tenor del art. 73 CC, precepto que establece las causas de nulidad del matrimonio "cualquiera que sea la forma de su celebración".

3. EFECTOS CIVILES DE LAS SENTENCIAS DE NULIDAD CANÓNICAS

Normativa reguladora

El art. 80 CC establece que "Las resoluciones dictadas por los Tribunales eclesiásticos sobre nulidad de matrimonio [...] tendrán eficacia en el orden civil, a solicitud de cualquiera de las partes, si se declaran ajustadas al Derecho del Estado en resolución dictada conforme a las condiciones a las que se refiere el artículo 954 de la Ley de Enjuiciamiento Civil".

Cuestiones relevantes

4. Legitimación para instar la homologación.

El precepto habla de "partes", lo que parece remitir a quienes lo han sido en el proceso canónico, pero el AAP Barcelona 11 diciembre 2006 (*Tol 6050561*) realiza una interpretación extensiva, reconociendo legitimación para pedir la homologación de la sentencia canónica a todos aquellos a quienes el art. 74 CC legitima para pedir la nulidad del matrimonio civil, como son los terceros interesados en la declaración de invalidez.

La eficacia civil de las sentencias canónicas de nulidad se subordina, pues, a la concurrencia de los mismos requisitos que, con carácter general, se exigen para el reconocimiento u homologación en España de las sentencias dictadas por Tribunales extranjeros, que en la actualidad no se contienen en el art. 954 LEC de 1881, porque este precepto (al que todavía se remite formalmente el art. 80 CC), si bien sobrevivió a la LEC de 2000, fue derogado por la Ley 29/2015, de 30 de julio de cooperación judicial internacional en materia civil, que es la que actualmente regula el denominado procedimiento de *exequatur* en sus arts. 52 a 55.

3.1. *Requisitos de homologación de la sentencia*

Dos son los requisitos que interesan destacar.

3.1.1. Que no sea contraria al orden público

Que las sentencias no sean "contrarias al orden público" [46.1.a) de la Ley 29/2015], lo que, desde nuestro punto de vista, no plantea problemas respecto de las resoluciones canónicas de nulidad.

Anteriormente, el art. 954.3º LEC de 1881 exigía que "la obligación para cuyo cumplimiento se haya procedido" fuese "lícita en España", habiendo declarado la jurisprudencia que ello "comporta un examen de fondo que solo se extiende a constar si las declaraciones de la sentencia, conforme al Derecho canónico, no están en contradicción con los conceptos jurídicos y disposiciones equiparables o análogas del Derecho estatal, de manera que no se vea perjudicado o alterado el sistema de libertades públicas y derechos fundamentales del ciudadano español" [SSTS 1 julio 1994 *(Tol 1665041)* y 5 marzo 2001 *(Tol 26742)*].

Cuestiones relevantes

5. **Falta de exigencia de identidad entre la causa de nulidad canónica con otra civil.** No se requiere, pues, la identidad de la causa de nulidad canónica con alguna de las reguladas en el CC. Por ello, se han homologado sentencias basadas en causas de nulidad canónica, que no son causas de nulidad civil, como, por ejemplo, el dolo o la incapacidad para asumir obligaciones conyugales. *Vid.* en este sentido, respecto de la primera de las causas, STS 1 julio 1994 (*Tol 1665041*) y AAAP Barcelona 28 abril 2003 (Sec. 18ª, rec. 288/2002) y Soria 8 noviembre 2004 (*Tol 547296*); y, respecto de la segunda, AAP Barcelona 28 abril 2003 (Sec. 18ª, rec. 288/2002) y SAP Valencia 2 mayo 2002 (Sec. 10ª, nº 240/2002).

3.1.2. Que no se hubiesen dictando en rebeldía involuntaria

El art. 46.1. b) de la Ley 29/2015 exige que la sentencia no "se hubiera dictado con manifiesta infracción de los derechos de defensa de cualquiera de las partes", afirmando que "Si la resolución se hubiera dictado en rebeldía, se entiende que concurre una manifiesta infracción de los derechos de defensa si no se entregó al demandado cédula de emplazamiento o documento equivalente de forma regular y con tiempo suficiente para que pudiera defenderse": se refiere, pues, a la rebeldía involuntaria, no a la voluntaria.

La cuestión no era tan clara bajo la vigencia del art. 954.2º LEC 1881, que hablaba simplemente de que la sentencia que se pretendía reconocer no hubiese sido "dictada en rebeldía".

Este requisito fue interpretado de manera distinta a lo largo del tiempo por parte de la jurisprudencia, un sector de la cual, en un principio, entendió que, en ningún caso, debía reconocerse efectos civiles a las sentencias de los Tribunales eclesiásticos dictadas en rebeldía de la parte demandada, fuera esta voluntaria o involuntaria, con el argumento de que, dado el carácter aconfesional del Estado, no se podía obligar a nadie a "que se atenga a las consecuencias de una resolución canónica, cuando voluntariamente no quiere someterse al proceso canónico matrimonial de la que la misma es consecuencia, ya sea por sus convicciones o, incluso, por su interés". *Vid.* en este sentido STS 27 junio 2002 (*Tol 178201*) y AAAP Valencia 20 enero 2003 (Sec. 10ª, nº 12/2003), Toledo 2 marzo 2005 (*Tol 606304*) y Castellón 13 diciembre 2005 (*Tol 8188310*). *Vid.* en contra, sin embargo, AAAP Soria 8 noviembre 2004 (*Tol 547296*), Madrid 29 enero 2007 (*Tol 7397702*) y Las Palmas 23 octubre 2007 (Sec. 3ª, nº 142/2007).

Sin embargo, posteriormente se varió la posición, como consecuencia de una nueva doctrina jurisprudencial, de carácter general, que postulaba "la interpretación restrictiva de la rebeldía como obstáculo al reconocimiento de una sentencia extranjera, ceñida a los casos en que esta ha tenido lugar con carácter involuntario", lo que se ponía "en relación con la protección del derecho al proceso debido y, en nuestra Constitución, con el derecho a la tutela judicial efectiva y con el principio de la seguridad jurídica en el ámbito internacional" [STS 24 octubre 2007 (*Tol 1229944*)].

En definitiva, por lo que al concreto tema que nos atañe, hoy parece comúnmente admitido que una rebeldía voluntaria del demandado, de mera conveniencia, no impide la homologación de la sentencia canónica, posición esta que es conforme al actual art. 46.1.b) de la Ley 29/2015. *Vid.*, en este sentido, AAAP Madrid 25 junio 2009 (JUR 2010, 22367), Castellón 15 julio 2009 (AC 2001877) y Madrid 19 febrero 2010 (JUR 2010, 260084).

3.2. Efectos de la declaración de nulidad de un matrimonio canónico civilmente disuelto por divorcio: mantenimiento de la pensión compensatoria

La jurisprudencia ha admitido que pueda concederse efectos civiles a una sentencia de nulidad canónica de un matrimonio, previamente disuelto por divorcio por la jurisdicción del Estado, pero precisando que dicha declaración de nulidad no deja sin efecto la pensión compensatoria, que, en el caso, se hubiera fijado. *Vid.* en este sentido SSTS 5 marzo 2001 *(Tol 26742)* y 23 marzo 2005 *(Tol 619452)*.

4. LA PROMESA DE CONTRAER MATRIMONIO: EFECTOS ECONÓMICOS DERIVADOS DE SU RUPTURA

El matrimonio suele ir acompañado de una previa promesa (más o menos solemne) de contraerlo, la cual ha ido perdiendo importancia social y jurídica de manera paulatina, a pesar de lo cual los arts. 42 y 43 CC regulan los efectos de su ruptura.

Normativa reguladora

El art. 42 CC niega a la promesa de matrimonio el carácter de fuente de la obligación de contraerlo. Dice, así, que "La promesa de matrimonio no produce obligación de contraerlo ni de cumplir lo que se hubiera estipulado para el supuesto de su no celebración" (por ejemplo, el pago de una cláusula penal). Añadiendo, además, que "No se admitirá a trámite la demanda en que se pretenda su cumplimiento".

La norma está dirigida a la tutela de la libertad nupcial de los contrayentes, garantizando que la constitución de una familia fundada en el matrimonio, solo tendrá lugar en virtud de un acto de voluntad concurrente en el momento de su celebración: no puede obligarse a una persona a casarse, por el mero hecho de haberse comprometido a ello anteriormente.

A pesar de la irrelevancia jurídica de la promesa de contraer matrimonio, declarada en el art. 42 CC, el art. 43 del referido cuerpo legal afirma que "El incumplimiento, sin causa, de la promesa cierta de matrimonio hecha por persona mayor de edad o por menor emancipado solo producirá la obligación de resarcir a la otra parte de los gastos hechos y de las obligaciones contraídas en consideración al matrimonio prometido". Añade, además, que "Esta acción caducará al año contado desde el día de la negativa a la celebración del matrimonio".

Jurisprudencia

La SAP Guadalajara 10 abril 2014 *(Tol 4265223)* constata que, siendo el plazo de caducidad, no resulta interrumpido por la existencia de dos burofaxes, en los que la novia reclama al novio que rompió la promesa el resarcimiento de los gastos de preparación de la boda.

La SAP Madrid 9 abril 2019 *(Tol 7373099)* ha precisado que no es posible aplicar analógicamente el art. 43 CC a la ruptura de la promesa de convivencia *more uxorio*, aunque sí el principio de prohibición de enriquecimiento injusto para resarcir a uno de los convivientes de los pagos por él realizados para reformar la vivienda de su compañera sentimental, en la que ambos pretendían vivir una vez acabada la rehabilitación, los cuales fueron cifrados en la cantidad de 32.642,34 euros.

4.1. Requisitos del resarcimiento

La obligación resarcitoria presupone el incumplimiento, sin causa, de una promesa cierta de matrimonio, hecha por un mayor de edad o por un menor emancipado.

4.1.1. El carácter cierto de la promesa

A nuestro parecer, el carácter cierto de la promesa tiene una doble significación.

En primer lugar, significa que ha de existir un propósito serio de contraer matrimonio en un período razonable, sin que sea suficiente una mera relación de noviazgo entre dos personas, las cuales se representen el futuro matrimonio como una pura hipótesis, pendiente de ulterior concreción. *Vid.* en este sentido SSAP Almería 24 octubre 1994 (rec. 188/1994), Barcelona 17 enero 2000 (Sec. 14ª, rec. 652/1998), Toledo 3 abril 2000 (Sec. 2ª, rec. 140/1999) y Cantabria 7 junio 2005 (*Tol 763027*).

En segundo lugar, implica que la promesa ha de ser probada, prueba, que puede realizarse por cualquiera de los medios admitidos en Derecho, por ejemplo, de la circunstancia de haberse incoado el oportuno expediente previo y se haya fijado un día concreto para la celebración de la boda. *Vid.* en este sentido STS 16 diciembre 1996 (*Tol 217322*), como también, SAP Málaga 31 octubre 2014 *(Tol 4713350)*, respecto de un caso en que se había fijado fecha para la boda canónica, habiéndose ya realizado los cursos prematrimoniales.

Jurisprudencia

La SAP Huelva 14 enero 1998 (Sec. 2ª, rec. 19/1997) llegó a la conclusión de que había existido un "proyecto de vida en común" entre las partes litigantes, valorando la existencia de una cuenta corriente conjunta, la adquisición de muebles por ambos y, sobre todo, las obras realizadas en la vivienda del demandado, de manera gratuita, por los familiares de la demandante.

4.1.2. El incumplimiento "sin causa" de la promesa

No todo incumplimiento de la promesa de matrimonio origina el nacimiento de la obligación resarcitoria, sino, tan solo, el incumplimiento de aquella "sin causa".

La expresión legal "sin causa" plantea un problema exegético. Desde luego, hay que excluir un criterio interpretativo meramente subjetivo, que identifique la "causa" con los puros móviles internos del sujeto que incumple, pues, si así fuera, el nacimiento de la obligación resarcitoria sería ilusorio (siempre existe un motivo subjetivo para el incumplimiento).

Se impone, pues, una interpretación objetiva de dicha expresión, conforme a la cual habrá que excluir la obligación de resarcir, cuando la ruptura sea consecuencia de un cambio sobrevenido de circunstancias (por ejemplo, padecimiento de una enfermedad grave o pérdida del trabajo y, en consecuencia, de la posibilidad de obtener ingresos que permiten mantener una familia) o del conocimiento posterior de una cualidad negativa del otro promitente, que, según los valores generalmente aceptados o imperantes en el ambiente o círculo social al que pertenecen los novios, hagan razonable apartarse del inicial propósito de contraer matrimonio.

Jurisprudencia

La SAP Ciudad Real 3 mayo 2005 (*Tol 632838*) entendió como justa causa el haber sido la mujer víctima de una agresión por parte de quien iba a ser su marido.

La SAP Málaga 31 octubre 2014 *(Tol 4713350)* consideró justa causa para la ruptura de la promesa que el novio, 37 días antes de la boda, llamara telefónicamente a la novia y le dijera que no quería casarse, sin ofrecer explicación alguna, mandándole después, pocos días antes de la fecha de la boda (que ya había sido cancelada), un fax en el que le decía que sí quería contraer matrimonio.

4.2. *Legitimación activa para el ejercicio de la acción*

El art. 43 CC, en su estricta literalidad concede legitimación activa para ejercitar la acción de resarcimiento exclusivamente, al promitente abandonado. Sin embargo, la jurisprudencia entiende que también puede *ejercitar* la acción resarcitoria quien incumple la promesa de matrimonio por una causa imputable al otro, si este le da un justo motivo para no casarse [por ejemplo, la causa de un maltrato físico o moral (SSAP Almería 24 octubre 1994 (rec. 188/1994) y Ciudad Real 3 mayo 2005 *(Tol 632838)*].

Ni el precepto ni la jurisprudencia admiten que personas distintas a los propios promitentes, como, por ejemplo, los padres y otros familiares de estos, puedan reclamar el reembolso de los gastos hechos y de las obligaciones contraídas en razón del matrimonio proyectado, lo que no parece excesivamente justo, ya que, en numerosas ocasiones, son ellos quienes desprendidamente realizan una serie de gastos que, en principio, debieran ser satisfechos por los promitentes [*vid.* no obstante a favor de esta posibilidad la aislada SAP Sevilla 8 mayo 2003 (Sec. 6ª, nº 238/2003)].

Cuestiones relevantes

6. Remedios jurídicos de padres o familiares.

Desde luego, queda siempre a salvo la posibilidad de que los padres o familiares puedan hacer valer la ineficacia de las donaciones que hubieran hecho a los promitentes, en razón del matrimonio no celebrado (art. 1342 CC), y, así mismo, podrán, en su caso, acudir a la acción de enriquecimiento cuando se den los requisitos a los que la jurisprudencia subordina su ejercicio, como sucede cuando el hermano y el tío de la novia han realizado obras gratuitamente en el piso (propiedad del novio que rompe el compromiso), donde ambos promitentes pensaban fijar su domicilio conyugal, como un regalo de boda [SAP Huelva 14 enero 1998 (Sec. 2ª, rec. 19/1997)].

4.3. Legitimación pasiva

De lo dicho resulta que el obligado al resarcimiento es el promitente, que, sin causa, incumple la promesa de matrimonio, así como el que, con su conducta, da un motivo razonable a la otra parte para que esta rehúse la celebración del matrimonio.

Por lo tanto, en virtud del art. 43 CC, no se puede demandar a terceras personas, distintas de los promitentes, el reembolso de desplazamientos patrimoniales realizados a su favor, que tuvieran su causa en el matrimonio proyectado, aunque siempre cabrá la posibilidad de acudir a la doctrina del enriquecimiento injusto para obtener el oportuno resarcimiento.

Jurisprudencia

La STS 27 marzo 1958 (RJ 1958, 1456) estimó la demanda, interpuesta por el antiguo novio contra quien habría de haber sido su futuro suegro para que le reembolsara el valor de las obras realizadas en el piso, propiedad de la mujer de este último, en el que él habitaba y donde los promitentes tenían pensado fijar su domicilio conyugal después de la celebración del matrimonio, obras, cuyo valor fue cifrado en 32.568 ptas.

Supuesto semejante es el contemplado por la SAP Córdoba 4 noviembre 2013 *(Tol 5381013)*, que condenó a la madre del novio a resarcir a la novia el importe de las cantidades invertidas en las obras de la vivienda propiedad de aquella, donde los novios, una vez casados, pretendían fijar el domicilio familiar.

4.4. Contenido del resarcimiento

El art. 43 CC fija, con toda claridad, cuál es el alcance de la obligación resarcitoria, la cual comprende "solo", "los gastos hechos y las obligaciones contraídas en consideración al matrimonio prometido".

La expresión "solo" indica claramente que estamos ante una norma de carácter restrictivo, que, en aras de la protección de la libertad nupcial, reduce drásticamente el daño resarcible, que queda limitado a los "gastos hechos" y a las "obligaciones contraídas", que guarden "una relación de causalidad directa" con la promesa de matrimonio [STS 16 diciembre 1996 (*Tol 217322*)].

4.4.1. Gastos hechos

Son gastos indemnizables los hechos en consideración al matrimonio proyectado, los cuales quedan sin utilidad, dada la negativa del promitente a celebrarlo. Es decir, únicamente se indemnizan aquellos gastos que, de no haber mediado la promesa incumplida, no se habrían realizado. No se indemnizan, en cambio, aquellos otros gastos que, aunque aparezcan vinculados al matrimonio, pudieran tener utilidad con independencia de la celebración de aquel.

Jurisprudencia

En nuestra jurisprudencia se han considerado indemnizables los gastos originados por los siguientes conceptos: el importe del billete de avión que debió pagar la novia para regresar a España desde Suecia (donde residía), así como el de transportar los muebles de esta [SAP Asturias 15 noviembre 2000 (Sec. 5ª, nº 631/2000)]; los derivados de cancelaciones de la reserva del comedor, donde se pensaba celebrar el banquete nupcial [SSAP Alicante 2 noviembre 2000 (Sec. 4ª, nº 712/2000), Barcelona 12 junio 2008 (*Tol 1373569*) e Islas Baleares 3 enero 2012 (*Tol 2400393*)], del encargo de reportaje fotográfico [SSAP Alicante 2 noviembre 2000 (Sec. 4ª, nº 712/2000) e Islas Baleares 3 enero 2012 (*Tol 2400393*)], y de la lista de boda [SAP Alicante 2 noviembre 2000 (Sec. 4ª, nº 712/2000)], así como el precio del traje [SSAP Alicante 2 noviembre 2000 (Sec. 4ª, nº 712/2000), Valladolid 16 abril 2008 (Sec. 3ª, nº 46/2008), Málaga 31 octubre 2014 (*Tol 4713350*) e Islas Baleares 3 enero 2012 (*Tol 2400393*)] y de los zapatos de novia [SSAP Alicante 2 noviembre 2000 (Sec. 4ª, nº 712/2000) y Valladolid 16 abril 2008 (Sec. 3ª, nº 46/2008)]; los generados por la compra de enseres, electrodomésticos, elementos de menaje y decoración del futuro hogar [SSAP Badajoz 10 julio 2007 (*Tol 7555788*), Valladolid 16 abril 2008 (Sec. 3ª, nº 46/2008), Murcia 29 mayo 2009 (*Tol 6744963*), Guadalajara 15 enero 2010 (*Tol 2145577*) e Islas Baleares 3 enero 2012 (*Tol 2400393*)]; el coste de las invitaciones de boda [SSAP Barcelona 12 junio 2008 (*Tol 1373569*) e Islas Baleares 3 enero 2012 (*Tol 2400393*)], de las alianzas [SAP Islas Baleares 3 enero 2012 (*Tol 2400393*)] o de la cancelación del viaje de novios [SAP Málaga 31 octubre 2014 (*Tol 4713350*)].

La SAP Madrid 30 enero 2023 (*Tol 9422324*) observa que la prueba de la existencia de gastos rembolsables en virtud del art. 43 CC, corresponde a quien los reclama, sin que sea suficiente la aportación de una relación de gastos en un documento elaborado unilateralmente por el demandante, según su propio criterio, "no habiéndose aportado las facturas ni los documentos justificativos del pago, como tampoco ninguna otra prueba alguna tendente a acreditar la realidad de los datos contenidos en dicha liquidación".

4.4.2. Obligaciones contraídas

No solo son indemnizables los gastos hechos, sino también las "obligaciones contraídas en consideración al matrimonio proyectado", por ejemplo, el importe de los intereses del préstamo personal solicitado por la demandada para contribuir al pago del precio del piso donde los litigantes pensaban fijar su domicilio conyugal, el cual era propiedad del demandado [SAP Almería 24 octubre 1994 (AC 1994, 2380)].

Jurisprudencia

La SAP Badajoz 10 julio 2007 (JUR 2007, 318209) condenó al demandado-apelante, al pago de la cantidad de 10.293'52 euros correspondientes a las obligaciones asumidas por razón del matrimonio, derivadas de la compra de muebles, enseres y una vidriera.

4.5. Daños cuya reparación queda excluida

Los daños no previstos en el art. 43 CC no son indemnizables.

4.5.1. Daños patrimoniales indirectos

El precepto no prevé la reparación de otros daños patrimoniales indirectos, como pueden ser la pérdida de una posición contractual, de un subsidio o de un empleo, por causa del traslado a la localidad donde los promitentes pensaban establecer su domicilio conyugal [SAP Asturias 15 noviembre 2000 (rec. 188/1994)].

Jurisprudencia

Sin embargo, la STS 16 diciembre 1996 (*Tol 217322*), aplicando el art. 1902 CC, acogió la demanda de una mujer abandonada, que, ante la promesa del novio demandado, de que se casaría con ella, trasladó su residencia al domicilio de aquel, abandonando el piso que tenía arrendado en otra localidad, donde venía viviendo y en el que aceptaba huéspedes, con lo que obtenía una serie de ingresos económicos. El demandado se negó a cumplir la promesa de matrimonio y la actora se encontró con que había perdido su condición de arrendataria del piso en el que residía anteriormente, por lo que pidió la indemnización del daño subsiguiente. El Supremo le condenó al pago de 3.000.000 de pesetas.

No estamos de acuerdo con la aplicación que hace el Supremo del art. 1902 CC para fundamentar el fallo condenatorio, porque, a nuestro juicio, este artículo no juega en el caso de la ruptura de la promesa de matrimonio, cuyos efectos económicos se rigen, exclusivamente, por el art. 43 CC: este precepto es una norma especial, que establece un supuesto de responsabilidad civil extracontractual, por lo que excluye la aplicación de la norma general del art. 1902 CC.

4.5.2. Los daños morales

Es evidente que el art. 43 CC no contempla el resarcimiento del daño moral que pudiera derivar de la ruptura de la promesa de matrimonio para la parte abandonada. La jurisprudencia ha precisado que es igualmente improcedente recurrir al art. 1902 CC a este efecto, habiendo declarado que "el daño moral, causado por la frustración del proyecto matrimonial no es indemnizable bajo ninguna cobertura legal y lo mismo cabe decir del estado de depresión" subsiguiente [STS 16 diciembre 1996 (*Tol 217322*) y SAP Toledo 3 abril 2000 (Sec. 2ª, rec. 140/1999)].

Cuestiones relevantes

7. **Posibilidad de recurso a la Ley Orgánica 1/1982, de 5 de mayo.**
A pesar de la clara posición de la jurisprudencia española al respecto, que, en general, compartimos, hay que tener en cuenta que, aunque en principio el art. 43 CC no contempla la reparación de daños no patrimoniales, hay casos en los cuales el incumplimiento de la promesa, concurriendo ciertas circunstancias, puede ocasionar un daño moral resarcible en virtud del art. 1902 CC o a través del art. 9 de la Ley Orgánica 1/1982, de 5 de mayo (por vulneración del derecho al honor). Pensemos, por ejemplo, en el caso en que el novio no se presenta en el ayuntamiento donde se iba a celebrar la boda o desaparece súbitamente la misma mañana del día de la ceremonia nupcial.

5. REQUISITOS DEL MATRIMONIO

Es usual hablar del matrimonio en doble sentido: como acto y como estado.

a) El matrimonio como acto es un negocio jurídico de Derecho de familia, que está formado por la concorde voluntad de los contrayentes, expresada en las declaraciones que emiten, dirigidas a unirse en matrimonio. La intervención de los funcionarios del Estado o, en su caso, de los ministros de un culto religioso, no priva al acto, en cuanto tal, de su carácter de negocio jurídico, porque la relación jurídica conyugal se crea por virtud de un acto de autonomía privada de las propias partes (los funcionarios o ministros de culto se limitan a autorizarlo).

b) El matrimonio como estado es el vínculo o relación jurídica que se constituye entre las partes, como consecuencia de la realización del negocio. Este vínculo reviste las características asignadas al concepto de relación jurídica, pues es una situación orgánica y establemente regulada por el ordenamiento jurídico, cuyo contenido se regula de manera imperativa por los arts. 67 y 68 CC, que determinan los deberes que configuran el estado civil de casado.

El matrimonio como acto jurídico es un negocio jurídico bilateral, que, según expresa el art. 45.II CC, no puede sujetarse a condición, término o modo. Su validez requiere la concurrencia de unos requisitos de consentimiento, capacidad y forma.

Cuestiones relevantes

8. Momento en que el matrimonio produce efectos civiles.

Según el art. 61.I CC, "El matrimonio produce efectos civiles desde su celebración", subordinando el segundo párrafo del precepto "el pleno reconocimiento de los mismos" a su inscripción en el Registro Civil. El tercer párrafo del precepto, por su parte, dispone que "El matrimonio no inscrito no perjudicará los derechos adquiridos de buena fe por terceras personas" (art. 61.III CC).

La inscripción del matrimonio, por tanto, no es constitutiva, sino declarativa. La mera celebración del matrimonio implica la producción inmediata de todos los efectos asociados al mismo, si bien se precisa la inscripción "para el pleno reconocimiento" de dichos efectos. Esto significa que los terceros de buena fe que desconozcan la celebración no se verán perjudicados por los efectos del matrimonio, en tanto en cuanto no se practique la inscripción; a partir de ese momento, los efectos civiles del matrimonio serán plenamente oponibles a terceros.

5.1. *El consentimiento*

El art. 45 CC afirma que "No hay matrimonio sin consentimiento matrimonial".

5.1.1. Capacidad natural para entender y querer

Para poder contraer matrimonio hay, pues, que tener capacidad natural para entender y querer el acto que se realiza.

Normativa reguladora

Según el párrafo segundo del art. 56 CC, "El Letrado de la Administración de Justicia, Notario, Encargado del Registro Civil o funcionario que tramite el acta o expediente, cuando sea necesario, podrá recabar de las Administraciones o entidades de iniciativa social de promoción y protección de los derechos de las personas con discapacidad, la provisión de apoyos humanos, técnicos y materiales que faciliten la emisión, interpretación y recepción del consentimiento del o los contrayentes. Solo en el caso excepcional de que alguno de los contrayentes presentare una condición de salud que, de modo evidente, categórico y sustancial, pueda impedirle prestar el consentimiento matrimonial pese a las medidas de apoyo, se recabará dictamen médico sobre su aptitud para prestar el consentimiento".

Cuestiones relevantes

9. **Ajuste del precepto a la Convención de Nueva York sobre los derechos de las personas con discapacidad.**

   No parece que la exigencia de un dictamen médico comporte una discriminación de las personas con discapacidad contraria al art. 5 de la Convención de Nueva York, pues no se trata aquí de decidir si el matrimonio les "conviene", lo que supondría una inadmisible intromisión en una decisión personal íntimamente vinculada al libre desarrollo de la personalidad, sino de determinar si tienen capacidad natural para prestar el consentimiento matrimonial.

10. **Las discapacidades de carácter sensorial.**

    Es claro que esa "condición de salud", de la que habla el vigente art. 56.II CC, no se dará en personas que sufran una mera discapacidad de carácter sensorial (como es el caso de los invidentes o de los sordos), pues dichas personas, a través de las medidas de apoyo previstas en el precepto, podrán prestar su consentimiento para contraer matrimonio. Por lo tanto, la "condición de salud" que obliga al funcionario autorizante a recabar dictamen médico hay que referirla a las deficiencias de carácter psíquico o intelectual; y no a todas, sino exclusivamente a las que "de modo evidente, categórico y sustancial" puedan obstaculizar la prestación del consentimiento matrimonial.

11. **La certeza respecto de la falta de capacidad como requisito para la petición de dictamen.**

    No bastan meras dudas, sino que se requiere certeza respecto a la falta de capacidad natural del contrayente, faltando la cual no deberá pedirse el dictamen, sino que deberá autorizarse la celebración del matrimonio, lo que parece correcto desde el punto de vista del principio constitucional de libre desarrollo de la personalidad y desde la consideración del derecho a contraer matrimonio como un derecho fundamental, que no debe ser menoscabado más que en casos evidentes de falta de capacidad. Esto, claro está, sin perjuicio de que posteriormente pueda examinarse judicialmente la aptitud del contrayente para prestar el consentimiento matrimonial y, si se prueba que no la tuvo, se dicte la correspondiente sentencia de nulidad, con fundamento en el art. 73.1° CC.

5.1.1.1. Discapacidades que pueden obstaculizar la prestación del consentimiento

Las deficiencias que pueden obstaculizar la prestación del consentimiento matrimonial pueden ser, tanto transitorias (por ejemplo, un estado de embriaguez o drogadicción), como duraderas, esto es, enfermedades o deficiencias intelectuales graves que en el momento en que ha de celebrarse el matrimonio priven a quienes las padecen de la facultad de discernimiento y, en consecuencia, de la posibilidad de ponderar el significado y las consecuencias del consentimiento que deben prestar.

Jurisprudencia

Se ha denegado la autorización del matrimonio del contrayente afectado por una hemiplejia con afasia, que le imposibilitaba para hablar, por lo que solo podía comunicarse apretando la mano izquierda [RDGRN 29 octubre 2014 (nº 43/2014)]; del que padecía un deterioro cognitivo severo compatible con una demencia mixta, de carácter crónico, progresivo y permanente, por lo que tenía gravemente alterada su capacidad de conocer y querer el alcance y las consecuencias de sus actos [RDGRN 29 enero 2004 (nº 3/2004)]; del que sufría patología neurodegenerativa en su sistema nervioso, que le provocaba un deterioro cognoscitivo grave que afectaba a su capacidad de comprensión, elección y utilización de conceptos abstractos [RDGRN 18 octubre 1999 (nº 3/1999)]; o del que presentaba una demencia senil avanzada con un deterioro cognitivo importante que afectaba a todas las funciones psíquicas (orientación, memoria, comprensión del lenguaje, etc.) y, como consecuencia de ello, tenía totalmente impedida la capacidad de gobernar sus propios asuntos [RDGRN 23 octubre 2004 (nº 1/2004)].

Desde luego, no se exige "que los contrayentes se encuentren en un óptimo goce de sus facultades intelectuales o mentales, bastando al efecto que los mismos tengan la capacidad de discernimiento suficiente para conocer la trascendencia del compromiso que adquieren y conste su libre decisión de asumirlo" [SAP Valencia 21 septiembre 2016 (*Tol 5870257*)].

Jurisprudencia

Se ha autorizado, así, la celebración del matrimonio del contrayente con un coeficiente mental bajo, cierta inmadurez y dependencia de las personas que le rodeaban, pero que tenía "una capacidad intelectiva dentro de la normalidad", que le permitía "conocer las responsabilidades que conlleva una relación afectiva, pudiendo discernir correctamente las implicaciones que supone una relación matrimonial y todas sus consecuencias" [RDGRN 30 junio 2005 (nº 2/2005)].

5.1.1.2. La situación de las personas con discapacidad sujetas a curatela

Se plantea la cuestión de decidir, si, en el caso de que exista una resolución judicial que acuerde medidas de apoyo a personas con discapacidad, nombrándoles un curador, el funcionario autorizante deberá pedir dictamen médico.

En su momento, bajo la vigencia del art. 56.II CC, redactado por la Ley 30/1981, se sostuvo que la existencia de una sentencia de incapacitación (figura jurídica esta, suprimida por la Ley 8/2021, de 2 de junio) por causas psíquicas excepcionaba la regla general del art. 322.I CC, haciendo surgir la presunción de que el incapacitado carecía de la capacidad natural de entender y de querer el matrimonio, por lo que la misma debía ser probada, razón por la cual debía solicitarse el dictamen.

En nuestra opinión, habrá que tener en cuenta la causa de constitución de la curatela. Si la misma tiene su origen en una discapacidad psíquica que, con carácter general, hace que quienes la padecen carezcan habitualmente de capacidad natural de entender y de querer, parece prudente entender que el autorizante solicite el dictamen antes de autorizar el matrimonio y atenerse a lo que de él resulte. Lo que, obviamente, no podrá hacerse es negar la autorización, por la mera existencia de la medida judicial de apoyo.

La conveniencia de exigir el dictamen médico será más evidente en el caso de que la persona con discapacidad esté sujeta a una curatela, no meramente asistencial, sino representativa, es decir, con un curador que actúe en su nombre en el tráfico jurídico, lo cual solo tendrá lugar, "En casos excepcionales, cuando, pese a haberse hecho un esfuerzo considerable, no sea posible determinar la voluntad, deseos y preferencias de la persona" (art. 249.III CC).

5.2. Realidad e integridad del consentimiento (remisión)

El consentimiento, para que el matrimonio sea válido, ha de ser real (existente) e íntegro (no viciado):

a) No existe consentimiento matrimonial cuando uno o ambos contrayentes, a pesar de expresar ante el funcionario o ministro autorizante la voluntad de casarse, no tienen una real intención de vincularse, sino que lo que pretenden, simplemente, es crear una pura apariencia de matrimonio para lograr un beneficio que la ley asigna al mismo (por ejemplo, la obtención del permiso de residencia): es el caso de los matrimonios de conveniencia, dentro de los cuales, según se verá al tratar de la nulidad, hay que situar la simulación y la reserva mental.

b) El consentimiento no es íntegro, cuando se presta como consecuencia de un vicio de la voluntad, esto es, de un error en la identidad o en las cualidades personales del otro contrayente (art. 73.4º CC) o de una coacción o miedo grave (art. 73.5º CC). En cambio, el dolo, a diferencia de lo que acontece en el contrato, no es una causa de invalidez del matrimonio.

La falta de realidad o integridad del consentimiento será analizada detenidamente al estudiar la nulidad del matrimonio, por lo que nos remitimos a lo que allí se dirá.

5.3. La prestación personal del consentimiento y el matrimonio por poderes

Normativa reguladora

El consentimiento, además, ha de prestarse personalmente, sin que quepa prestarlo por medio de representante, dada la naturaleza personalísima del negocio que se realiza. No obstante, es posible que uno de los contrayentes (siempre que el otro asista personalmente a la ceremonia nupcial) pueda contraer matrimonio por medio de un apoderado, a quien haya dado un "poder especial en forma auténtica", en el que se determine "la persona con quien ha de celebrarse el matrimonio, con expresión de las circunstancias personales precisas para establecer su identidad, debiendo apreciar su validez el Secretario judicial (actualmente Letrado de la Administración de Justicia), Notario, Encargado del Registro Civil o funcionario que tramite el acta o expediente matrimonial previo al matrimonio" (art. 55 CC, redactado por disposición final primera, 8, de la Ley 15/2015). El poder "se extinguirá por la revocación del poderdante, por la renuncia del apoderado o por la muerte de cualquiera de ellos. En caso de revocación por el poderdante bastará su manifestación en forma auténtica antes de la celebración del matrimonio. La revocación se notificará de inmediato al Secretario judicial (actualmente Letrado de la Administración de Justicia), Notario, Encargado del Registro Civil o funcionario que tramite el acta o expediente previo al matrimonio, y si ya estuviera finalizado a quien vaya a celebrarlo" (art. 55.III CC).

Este es el llamado *matrimonio por poderes*, en el que el apoderado no es un representante en el sentido estricto del término, sino un mero "portador de una declaración de voluntad ajena predeterminada en todas sus partes por el poderdante" [RDGRN 7 junio 2005 (*Tol 662871*)]. Evidentemente, el apoderado no tiene ningún margen de libertad para elegir al otro contrayente, por lo que, en el poder, que deberá constar en documento público (art. 1280.5 CC), se determinará "la persona con quien ha de celebrarse el matrimonio, con expresión de las circunstancias personales precisas para establecer su identidad" (art. 55.II CC).

5.4. Los requisitos de capacidad

Tienen capacidad para contraer matrimonio las personas en las que no concurran impedimentos legales, esto es, circunstancias expresamente determinadas por la ley que les impidan casarse.

Normativa reguladora

El CC, en los arts. 46 a 48, regula impedimentos absolutos y relativos: los primeros impiden casarse con cualquier persona; los segundos impiden contraer matrimonio, solo, con ciertas personas (como, por ejemplo, determinados parientes). Son impedimentos absolutos los de edad y de ligamen; son impedimentos relativos los de parentesco y los de crimen.

5.4.1. El impedimento de edad

Normativa reguladora

Al impedimento de edad se refiere el art. 46 CC, en su primer inciso, del que, leído en sentido contrario, resulta que pueden contraer matrimonio los mayores de edad o los menores emancipados: en la actualidad, este impedimento no es susceptible de dispensa.

En definitiva, tras la supresión de la dispensa del impedimento de edad, quien pretenda contraer matrimonio ha de ser, inexcusablemente, mayor de edad o ha de haberse emancipado, bien por concesión de quienes ejerzan la patria potestad, bien por concesión judicial, requiriéndose en ambos casos que el menor haya cumplido los dieciséis años (arts. 241 y 244 CC).

Cuestiones relevantes

12. Los emancipados por vida independiente.

Creemos que también podrán contraer matrimonio los mayores de dieciséis años que vivan de forma independiente respecto de sus padres con el consentimiento de estos, pues el art. 243 CC los considera emancipados "a todos los efectos", por lo tanto, también, a efectos de poder contraer matrimonio. No parece que sea razón suficiente para negarles capacidad nupcial la circunstancia de que los padres puedan revocar dicho consentimiento y, desde luego, si lo hicieran después de que se hubiesen casado (pudiendo haberlo hecho antes perfectamente, evitando, así, el casamiento), no, por ello, el matrimonio sería nulo, porque, en el momento de celebrarse, habría concurrido el requisito de capacidad del art. 46.1 CC (en virtud de la estricta aplicación del art. 243 CC). Es más, parece dudoso que, después de celebrar el matrimonio, los padres conservasen la posibilidad de revocar el consentimiento, pues la solución contraria podría llevar a un resultado absurdo: encontrarnos ante un menor casado y no emancipado.

5.4.2. El impedimento de ligamen

Normativa reguladora

El impedimento de ligamen (que obviamente no es dispensable) se encuentra establecido en el art. 46 CC, precepto que prohíbe contraer matrimonio a quienes "estén ligados con vínculo matrimonial".

5.4.2.1. La libertad de estado

Por lo tanto, para poder contraer matrimonio se requiere la libertad de estado, esto es, no estar previamente vinculado por un matrimonio anterior. En caso contrario, el posterior matrimonio sería nulo (art. 73. 2º CC), pudiéndose, además, incurrir en un delito de bigamia.

Cuestiones relevantes

13. La irrelevancia de la convivencia *more uxorio*.

Obviamente, quien se limita a convivir *more uxorio* con una persona tiene siempre plena libertad de estado para contraer matrimonio con otra; y ello, con independencia de que su unión de hecho esté, o no, inscrita en el correspondiente Registro administrativo o autonómico.

El problema de la libertad de estado se plantea únicamente en los casos en que uno o ambos contrayentes se encuentren previamente vinculados por un matrimonio que tenga efectos civiles en España y que no haya sido previamente declarado nulo o disuelto por divorcio, muerte o declaración de fallecimiento de uno de los cónyuges.

5.4.2.2. Los matrimonios con efectos civiles en España

Hay que recordar que el Código civil permite celebrar el matrimonio en nuestro país, cuando uno de los contrayentes sea español, bien en forma civil, bien en una de las formas religiosas legalmente previstas, y fuera de España en la forma prevista en la ley del lugar de su celebración (art. 49 CC), como también permite que contraigan matrimonio en nuestra patria dos extranjeros, "con arreglo a la forma prescrita para los españoles o cumpliendo la establecida por la ley personal de cualquiera de ellos" (art. 50 CC).

Por ello, se debe denegar la autorización para contraer matrimonio a los vinculados por un previo matrimonio coránico no disuelto, que haya sido celebrado por un español en el extranjero o por dos extranjeros musulmanes en España, pues la islámica es una de las formas religiosas de celebración legalmente previstas (conforme a la Ley 26/1992, de 10 de noviembre, que aprueba la cooperación del Estado con la Conferencia Islámica de España); y, en no pocos casos, se ha dado la circunstancia de que quienes pretendían que se les autorizara la celebración del matrimonio en forma civil eran quienes ya estaban casados entre sí en forma coránica, a los que la Dirección General de los Registros les ha recordado que lo procedente era solicitar la correspondiente inscripción de su matrimonio (válido) en el Registro civil español, y no pretender volver a casarse en forma civil, lo que era imposible, además de innecesario.

Jurisprudencia

Vid. en el sentido señalado RRDGRN 15 abril 2004 (RAJ 2004, 3945), 21 enero 2009 (JUR 2010, 99162), 30 marzo 2011 (JUR 2012, 92736), 21 abril 2017 (36ª) (BMJ, abril de 2018, pp. 357-358), 1 septiembre 2017 (1ª) (BMJ, septiembre de 2018, pp. 620-622) y 29 septiembre 2017 (11ª) (BMJ, septiembre de 2018, pp. 624-627).

En cambio, la RDGRN 31 mayo 2011 (nº 2/2011) ha autorizado la celebración del matrimonio en forma civil, cuando lo que había existido no era un previo matrimonio coránico, sino una pura formalidad familiar de carácter simbólico.

También, desde otra perspectiva totalmente diversa, la RDGRN 2 septiembre 2007 (JUR 2007, 314998) ha autorizado la celebración del matrimonio, por no concurrir el impedimento de ligamen, en el caso de una pareja que afirmó haberse "casado" por el rito gitano, al no ser dicho rito una forma de celebración legalmente admitida.

5.4.2.3. Denegación de inscripción de matrimonios poligámicos

Cualquiera que sea la forma de celebración del matrimonio, los requisitos de capacidad de los contrayentes se regirán por su respectiva ley nacional (art. 9.1. CC), a la cual, por lo tanto, habrán de atenerse los Tribunales españoles (cuando sean competentes) para determinar si están, o no, casados; y, por lo tanto, si es inválido el segundo matrimonio (art. 9.2. y 107.1º CC); como también el Encargado del Registro Civil para autorizar el segundo matrimonio o para inscribirlo en los Registros españoles (o, en su caso, Notario o Letrado de la Administración de Justicia), cuando ya se haya celebrado (normalmente, en el extranjero).

No obstante, se deniega la inscripción en el Registro Central de matrimonios poligámicos, válidos según la legislación nacional de los contrayentes, por ser contrarios al orden público interno, al atentar la poligamia contra la concepción monogámica española del matrimonio, la dignidad de la mujer y el derecho fundamental a la igualdad.

Jurisprudencia

La inscripción se deniega, no solo cuando se comprueba que, de hecho, alguno de los contrayentes está anteriormente casado [RRDGRN 30 septiembre 2008 (nº 4/2008) y 25 septiembre 2015 (13ª) (BMJ, 26 enero 2016, pp. 586-588)], sino, simplemente, cuando del acta de celebración del matrimonio que se presenta para solicitar la inscripción se deduce que el mismo se rige sustantivamente por la ley musulmana, y, por lo tanto, es de tipo poligámico [RRDGRN 28 agosto 2015 (60ª) (BMJ, 26 enero 2016, pp. 481-483), 28 agosto 2015 (101ª) (BMJ, 26 enero 2016, pp. 483-485), 18 septiembre 2015 (22ª) (BMJ, 26 enero 2016, pp. 578-581), 2 junio 2017 (5ª) (BMJ, junio de 2018, pp. 588-590), 7 abril 2017 (4ª) (BMJ, abril de 2018, pp. 359-360) y 7 abril 2017 (12ª) (BMJ, abril de 2018, pp. 360-362)], sin que se considere que la declaración jurada en contrario de ambos contrayentes pueda enervar lo que resulta de dicha acta [RDGRN 24 febrero 2017 (39ª) (BMJ febrero de 2018, pp. 225-226)]. Así resulta, por ejemplo, cuando hay una remisión expresa a la sharia o en los casos en los que en el certificado literal del acta de matrimonio (en el apartado de datos relativos al esposo) se dice: "Número de esposas casadas con él en la actualidad: ninguna" [RDGRN 28 agosto 2015 (202ª) (BMJ, 26 enero 2016, pp. 487-492)]; o que "el novio no podrá contraer segundas nupcias sin permiso de la novia" [RDGRN 27 octubre 2017 (8ª) (BMJ, septiembre de 2018, pp. 444-445)].

Igualmente, se ha denegado la inscripción de matrimonios consuetudinarios celebrados en países, como Guinea, Ghana o Senegal, válidos según la ley de dichos países, pero que atentan contra el orden público, por permitir la poligamia, posibilitar contraerlo a niñas con doce años y poder celebrarse sin el consentimiento de la mujer, que es entregada por su familia al marido. *Vid.* así RRDGRN 21 abril 2014 (nº 54/2014) y RDGRN 23 enero 2015 (nº 25/2015), según las cuales "Los matrimonios celebrados en cualquiera de los tres supuestos enumerados, todos ellos concurrentes en el consuetudinario ecuatoguineano, son nulos, de conformidad con lo dispuesto en los artículos 46 y 73 del Código Civil y, en consecuencia, el aducido por los interesados, aunque esté fehacientemente acreditado, no puede tener acceso al Registro Civil Español". V, en los mismos términos, respecto de Ghana, RDGRN 27 enero 2017 (7ª) (BMJ, 3 de enero de 2018, pp. 150-152).

La RDGRN 30 junio 2017 (37ª) (BMJ, junio de 2018, pp. 599-600), denegando la inscripción de un matrimonio consuetudinario celebrado en Senegal, observa que "En el caso actual, los interesados presentan un "acta de matrimonio constatado" celebrado según la costumbre. Este tipo de matrimonios son una forma de unión conyugal que produce efectos en Senegal, tratándose de una forma de matrimonio poligámico que permite la subsistencia de otros vínculos matrimoniales anteriores o posteriores al mismo. Esta forma de matrimonio choca frontalmente con el sistema jurídico matrimonial instituido en nuestro país".

5.4.3. El impedimento de parentesco

Normativa reguladora

El impedimento de parentesco, como resulta del art. 47.1 y 2 CC, prohíbe "contraer matrimonio entre sí" a los parientes en línea recta, por consanguinidad o por adopción, sin limitación de grados, de modo que no podrá un padre casarse con su hijo (sea este biológico o adoptivo), ni tampoco un abuelo con un nieto.

Así mismo, el precepto prohíbe contraer matrimonio entre sí a los parientes colaterales por consanguinidad (no por adopción) que se encuentren dentro del tercer grado; por lo tanto, no es posible el matrimonio entre hermanos biológicos, ni entre un tío o sobrino; en cambio, pueden casarse entre sí los primos carnales, al tratarse de parientes colaterales que se hallan en el cuarto grado.

Cuestiones relevantes

14. Subsistencia del impedimento en la adopción en la línea recta.

Hay que tener en cuenta que, aunque a tenor del art. 178.1 CC la adopción extingue los vínculos jurídicos entre el adoptado y su familia biológica, el art. 178.3 CC precisa que dicho efecto debe entenderse "sin perjuicio de lo dispuesto sobre impedimentos matrimoniales". Por tanto, subsiste el impedimento para contraer matrimonio entre el adoptado y sus parientes consanguíneos.

5.4.3.1. Posibilidad de dispensa

No es dispensable el impedimento de parentesco en línea recta, ni tampoco en línea colateral dentro del segundo grado (el que afecta a los hermanos), pero, según prevé el art. 48.II CC, sí cabe dispensar judicialmente el impedimento entre colaterales de grado tercero, en cuyo caso sería válido el matrimonio contraído por el tío con un sobrino carnal [RDGRN 18 octubre 1995 (RAJ 1995, 9565)].

Jurisprudencia

El precepto requiere que la dispensa tenga "justa causa", que, de acuerdo, con el texto del todavía vigente art. 260 RRC, podrá ser un motivo de "índole particular, familiar o social", habiendo declarado la Dirección General de los Registros y del Notariado que, aunque tales expresiones sean "conceptos indeterminados de difícil evaluación", es posible considerar como justa causa para la dispensa la circunstancia de que tío y sobrina, por incapacidad del primero, llevaran conviviendo durante veintidós años. En tal sentido se pronunció la RDGRN 18 octubre 1995 (*Tol 4945741*), la cual afirma que es "menester entender que una convivencia prolongada y voluntaria entre tío y sobrina puede ser tal fuente de afecto entre ambos, que, sobrepasando el del simple parentesco, llegue a la *affectio maritalis*, cuya real existencia depende de la voluntad íntima de las personas y no puede desvelarse so pena de permitir intromisiones ilegítimas en su intimidad".

5.4.3.2. Momento de la dispensa

La dispensa podrá tener lugar antes de celebrarse el matrimonio o después (en la rara hipótesis de que se haya contraído por no haber reparado el funcionario autorizante en la existencia del impedimento), en cuyo caso convalidará el matrimonio desde el momento en que se concluyó, pero, en este segundo caso, la dispensa solo podrá darse antes de que la nulidad haya sido instada judicialmente por alguna de las "partes" (art. 48 *in fine* CC).

Jurisprudencia

Se ha planteado si dicha palabra ("partes") se refiere, exclusivamente, a las partes del negocio jurídico matrimonial, o a todos los legitimados para demandar la nulidad del matrimonio, que, en este caso, no solo son los cónyuges, sino también (en virtud de la norma general del art. 74 CC) el Ministerio Fiscal y cualquier tercero con interés legítimo. La SAP Teruel 24 marzo 2015 (JUR 2015, 123212) sigue, con buen criterio, la segunda de las orientaciones: en el supuesto litigioso acontecía que el Ministerio Fiscal había demandado la nulidad del matrimonio antes de que los cónyuges pidieran la dispensa del impedimento, solicitándolo posteriormente, estando vigente el procedimiento judicial (por lo tanto, demasiado tarde).

5.4.4. El impedimento de crimen o muerte dolosa

Normativa reguladora

El art. 47.3 CC consagra el denominado impedimento de crimen o muerte dolosa. El precepto ha sido reformado por la disposición final primera, 1, de la Ley 15/2015, de 2 de julio de Jurisdicción Voluntaria. En su redacción anterior (debida a la Ley 30/1981) impedía "contraer matrimonio entre sí", a los "condenados como autores o cómplices de la muerte dolosa del cónyuge de cualquiera de ellos". Sin embargo, en su actual dicción, se refiere a "Los condenados por haber tenido participación en la muerte dolosa del cónyuge o persona con la que hubiera estado unida por análoga relación de afectividad a la conyugal".

Se observa, pues, un endurecimiento del régimen legal del impedimento; y ello en dos sentidos: de un lado, la prohibición de contraer matrimonio ya no solo afecta a los autores y cómplices (así, como en común interpretación de la doctrina, a los inductores y cooperadores necesarios), sino también a los encubridores; y de otro lado, el sujeto pasivo del delito que da origen al impedimento puede ser, no solo el cónyuge, sino también el conviviente "more uxorio". Se trata, en todo caso, de un delito que exige un concierto de voluntades encaminado a cometer el crimen entre los que pretenden contraer matrimonio, consistente en atentar contra la vida del cónyuge o conviviente de cualquiera de ellos.

5.4.4.1. Necesidad de existencia de una condena penal firme por muerte dolosa de ambos contrayentes

Para que exista el impedimento, se exige que exista una condena penal firme por muerte dolosa de ambos contrayentes, pudiendo ser diverso su grado de autoría o participación (p. ej., uno es condenado como autor directo del delito y otro como inductor, cómplice o encubridor). No basta una condena por mera imprudencia temeraria (por ejemplo, la que pudiera tener lugar en un accidente de tráfico), como tampoco —creemos— una condena por mera tentativa de homicidio o asesinato no culminada con éxito, pues el precepto habla claramente de "muerte", por lo que presupone que la misma ha tenido lugar. Sin embargo, no es necesaria la prueba de que la finalidad de la comisión del delito fuera, precisamente, acabar con la vida del propio cónyuge o el de la persona, con cuya connivencia se ha realizado el crimen, para casarse con ella (aunque este sea el supuesto clásico para el que estaba pensado el impedimento, cuando no había divorcio), porque, si, así lo fuera, no se entendería por qué el sujeto pasivo del delito puede ser un conviviente *more uxorio*, con el que no se está casado y del que, por lo tanto, no es necesario divorciarse.

Cuestiones relevantes

15. Condena penal posterior a la celebración del matrimonio.

La doctrina dominante entiende que la condena penal posterior a la celebración del matrimonio produce la nulidad del matrimonio contraído anteriormente, pero no parece que se trate de una cuestión de retroacción de los efectos de la sentencia penal.

La explicación creemos que es otra: lo que justifica el impedimento matrimonial no es la sentencia en sí, sino los hechos en que esta se basa, esto es, el homicidio o asesinato de la persona con quien se está casado o se convive "more uxorio" antes de celebrarse el matrimonio, que es lo que merece el reproche y la consiguiente sanción por parte legislador civil: si se exige la condena penal firme es, sencillamente, porque, sin ella, no existe certeza jurídica de la comisión del delito y, en consecuencia, no se puede privar preventivamente al presunto autor, cómplice o encubridor del mismo de la posibilidad de casarse, ya que ello supondría una injustificada restricción de su derecho a contraer matrimonio.

5.4.4.2. Posibilidad de dispensa

La Ley 30/1981 introdujo la posibilidad de dispensar el impedimento de crimen, la cual no estaba contemplada en el originario art. 85 CC, lo que mereció la crítica de un sector de la doctrina. Sin embargo, a nuestro entender, esta novedad mereció un juicio positivo, porque por muy reprochable que haya sido la conducta de quien cometió el delito, siempre cabe el arrepentimiento y la rehabilitación del condenado. Otra cosa es que el anterior art. 48.I CC (redactado por la Ley 30/1981), incomprensiblemente, permitiera al Ministerio de Justicia la dispensa del impedimento sin concurrir una "justa causa", lo que, en cambio, sí que requiere el vigente art. 48 CC (cuya redacción se debe a la disposición final primera, 2, de la Ley 15/2015), que, además, encomienda ahora la facultad de conceder la dispensa al Juez, dejando la misma de ser un acto graciable y alejándose de la discrecionalidad administrativa.

5.5. Los requisitos de forma

El matrimonio es un negocio formal, admitiéndose, como ya se ha dicho, que se contraiga, tanto en forma civil, como religiosa (se trata, pues, de un sistema facultativo, que respeta la libertad de los contrayentes para optar por una u otra forma de celebración).

5.5.1. Funcionarios ante los que se puede celebrar el matrimonio en forma civil

Sobre esta materia ha incidido de manera notable la Ley 15/2015, que ha aumentado el número de funcionarios ante quien puede contraerse el matrimonio civilmente, permitiendo, en particular, su celebración ante Secretario Judicial o Notario.

Normativa reguladora

a) A tenor del art. 49.I CC (reformado por la disposición final primera, 3, de la Ley 15/2015), en efecto, "Cualquier español podrá contraer matrimonio, dentro o fuera de España", de dos maneras: en "la forma regulada en este Código" o en "la forma religiosa legalmente revista" (arts. 59 y 60 CC).

b) El art. 49.II CC añade que cualquier español podrá también "contraer matrimonio fuera de España con arreglo a la forma establecida por la ley del lugar de celebración", que podrá ser, no solo civil, sino también religiosa, si la legislación del Estado correspondiente reconoce efectos civiles a esta forma de celebración (por ejemplo, el matrimonio ortodoxo en Rusia).

c) Según el art. 50 CC, "Si ambos contrayentes son extranjeros, podrá celebrarse el matrimonio en España con arreglo a la forma prescrita para los españoles o cumpliendo la establecida por la Ley personal de cualquiera de ellos".

5.5.2. La previa tramitación de acta o expediente previo

Normativa reguladora

La celebración en forma civil del matrimonio (que es a la que aquí vamos a referirnos), según prevé art. 51.1 CC (redactado por la disposición final primera, 5, de la Ley 15/2015), requiere la tramitación de un acta o expediente previo en el que se constate "el cumplimiento de los requisitos de capacidad de ambos contrayentes y la inexistencia de impedimentos o su dispensa, o cualquier género de obstáculos para contraer matrimonio"; en particular, que ninguno de ellos presenta un problema de salud que le priva de la capacidad natural para prestar el consentimiento matrimonial (art. 56.II CC, cuya redacción actual se debe a la Ley 4/2017, de 28 de junio).

El vigente art. 51.1 CC atribuye la competencia para tramitar el acta o el expediente "al Secretario judicial (actualmente Letrado de la Administración de Justicia), Notario o Encargado del Registro Civil del lugar del domicilio de uno de los contrayentes o al funcionario diplomático o consular Encargado del Registro Civil si residiesen en el extranjero".

Cuestiones relevantes

16. Autorización de matrimonios por Notario.

En la actualidad, los Notarios pueden realizar el control de capacidad de los contrayentes, tramitando actas de documentación del expediente y de autorización de matrimonio, conforme a lo previsto por la Instrucción de 3 de junio de 2021, de la Dirección General de Seguridad Jurídica y Fe Pública, sobre la tramitación del procedimiento de autorización de matrimonio ante notarios.

5.5.3. El matrimonio secreto

Normativa reguladora

No obstante, según el art. 52.II CC (en la redacción debida a la disposición final primera, 6, de la Ley 15/2015), la tramitación del acta o del expediente previo no es necesario en los casos de matrimonios celebrados en peligro de muerte, en los que, sin embargo, sí se requiere "la presencia, en su celebración, de dos testigos mayores de edad y, cuando el peligro de muerte derive de enfermedad o estado físico de alguno de los contrayentes, dictamen médico sobre su capacidad para la prestación del consentimiento y la gravedad de la situación, salvo imposibilidad acreditada"; y, ello, añade el precepto, "sin perjuicio de lo establecido en el artículo 65", según el cual "En los casos en que el matrimonio se hubiere celebrado sin haberse tramitado el correspondiente expediente o acta previa, si este fuera necesario, el Secretario judicial, actualmente Letrado de la Administración de Justicia, Notario, o el funcionario diplomático o consular Encargado del Registro Civil que lo haya celebrado, antes de realizar las actuaciones que procedan para su inscripción, deberá comprobar si concurren los requisitos legales para su validez, mediante la tramitación del acta o expediente al que se refiere este artículo".

Jurisprudencia

El nuevo art. 52.II CC ha confirmado la orientación seguida anteriormente, entre otras, por la RDGRN 17 febrero 2010 (nº 1/2010), según la cual, "no obstante el hecho de que en esta clase de matrimonios no sea necesaria la tramitación del expediente, en caso de duda sobre la aptitud del contrayente para poder prestar el consentimiento, el funcionario autorizante, cuando la urgencia del caso lo permita deberá recabar el oportuno dictamen médico", ya que "concurren las mismas o más fuertes razones" para ello. Concretamente, autorizó la celebración del matrimonio de una persona en fase terminal, sometida a la mediación propia de los cuidados paliativos, porque no se apreciaban "alteraciones de las funciones psíquicas superiores, siendo capaz de evocar recuerdos pasados y recientes (recordando la fecha de la boda, relata problemas con sus hijos, cuenta las razones que le impulsan a celebrar contraer matrimonio…) y no apreciándose alteraciones en la exploración de la memoria ni del pensamiento ni de las demás funciones psíquicas superiores".

En los matrimonios secretos, que podrán ser autorizados por el Ministerio de Justicia, "cuando concurra causa grave suficientemente probada", no se excepciona la necesidad de practicar el expediente previo, pero este se "tramitará reservadamente, sin la publicación de edictos o proclamas" (art. 54 CC).

5.5.4. Forma de celebración del matrimonio

Constatado que no concurren obstáculos para contraer matrimonio, se procederá a su celebración ante el funcionario competente (que tras reforma del 2015 puede ser el Letrado de la Administración de Justicia o un Notario) y ante dos testigos mayores de edad cuya presencia solo puede excusarse en el caso de "imposibilidad acreditada", en el matrimonio celebrado en peligro de muerte (art. 52.II CC).

Normativa reguladora

Según el vigente art. 51.2 CC "Será competente para celebrar el matrimonio: 1° El Juez de Paz o Alcalde del municipio donde se celebre el matrimonio o concejal en quien este delegue. 2° El Secretario judicial (actualmente Letrado de la Administración de Justicia) o Notario libremente elegido por ambos contrayentes que sea competente en el lugar de celebración. 3° El funcionario diplomático o consular Encargado del Registro Civil en el extranjero. El precepto establece lo que se llama competencia funcional "ordinaria", para distinguirla de la "extraordinaria", prevista por el 52. I.2° y 3° CC para el matrimonio en peligro de muerte, en el caso de militares que se hallen en campaña, en favor del "Oficial o Jefe superior inmediato"; y respecto de los matrimonios que se celebren a bordo de nave o aeronave, en favor del "Capitán o Comandante de la misma".

El vigente art. 57 CC (redactado por la disposición final primera, 10, de la Ley 15/2015) regula de manera mucho más flexible de lo que lo hacía antes la competencia "territorial" del funcionario. Dice, así, que "El matrimonio tramitado por el Secretario judicial (actualmente Letrado de la Administración de Justicia), o por funcionario consular o diplomático podrá celebrarse ante el mismo u otro distinto, o ante el Juez de Paz, Alcalde o Concejal en quien este delegue, a elección de los contrayentes. Si se hubiere tramitado por el Encargado del Registro Civil, el matrimonio deberá celebrarse ante el Juez de Paz, Alcalde o Concejal en quien este delegue, que designen los contrayentes"; y añade: "Finalmente, si fuera el Notario quien hubiera extendido el acta matrimonial, los contrayentes podrán otorgar el consentimiento, a su elección, ante el mismo Notario u otro distinto del que hubiera tramitado el acta previa, el Juez de Paz, Alcalde o Concejal en quien este delegue".

El art. 58 CC prevé el concreto ritual que debe seguirse en la ceremonia matrimonial. Así, "El Juez de Paz, Alcalde, Concejal, Secretario judicial (actualmente Letrado de la Administración de Justicia), Notario o funcionario, después de leídos los artículos 66, 67 y 68, preguntará a cada uno de los contrayentes si consiente en contraer matrimonio con el otro y si efectivamente lo contrae en dicho acto y, respondiendo ambos afirmativamente, declarará que los mismos quedan unidos en matrimonio y extenderá el acta o autorizará la escritura correspondiente".

5.5.5. Suavización de los requisitos de forma a efectos de nulidad del matrimonio

A pesar de lo dicho, hay que tener en cuenta que el legislador en sede de nulidad suaviza las consecuencias de la falta de competencia funcional o territorial del funcionario autorizante. El art. 53 CC (redacción actual debida a la disposición final primera, 7, de la Ley 15/2015) dice, así, que "La validez del matrimonio no quedará afectada por la incompetencia o falta de nombramiento del Juez de Paz, Alcalde, Concejal, Secretario judicial (actualmente Letrado de la Administración de Justicia), Notario o funcionario ante quien se celebre, siempre que al menos uno de los cónyuges hubiera procedido de buena fe y aquellos ejercieran sus funciones públicamente".

Jurisprudencia

La RDGRN 20 enero 1982 (RAJ 1982, 351) explica "Que los graves intereses que se cruzan en el consentimiento matrimonial, que tanto compromete a las personas en sus bienes más íntimos, obligan a extremar el principio del *favor negotii;* y a estimar que, en concreto, el *favor matrimonii* impide entender que un matrimonio pública y seriamente celebrado sea nulo por defecto de forma, en tanto no resulte la nulidad de textos legales indubitados".

6. EFECTOS PERSONALES DEL MATRIMONIO: DEBERES CONYUGALES Y RESARCIMIENTO DE DAÑOS MORALES

Normativa reguladora

Los efectos personales del matrimonio, que integran el contenido de la relación jurídico matrimonial, están determinados con carácter imperativo por los arts. 67 y 68 CC. Se trata de los derechos-deberes (recíprocos) de convivencia, asistencia, respeto y fidelidad, los cuales, por imperativo del art. 32.1 CE, son iguales para ambos cónyuges (art. 66 CC). Su incumplimiento grave o reiterado es causa de desheredación (art. 855 CC).

Junto a estas estrictas obligaciones jurídicas, hay dos directrices o principios rectores de la actuación de los esposos, quienes, según el art. 67 CC, han "de actuar en interés de la familia"; y, además, a tenor del art. 68 CC, en la redacción dada por la Ley 15/2005, de 8 de julio, habrán de "compartir las responsabilidades domésticas y el cuidado y atención de ascendientes y descendientes y otras personas dependientes a su cargo". La dedicación de uno solo de estos cónyuges a estas responsabilidades domésticas y, en general, al cuidado de la familia (sobre todo, si lo hace de manera exclusiva), será un factor de gran importancia en orden a la concesión y cuantificación de una pensión compensatoria en caso de separación o divorcio.

6.1. El deber de convivencia

El deber de convivencia tiene un carácter instrumental: sin él, no sería posible el adecuado cumplimiento del resto de los deberes conyugales.

Normativa reguladora

A tenor del art. 69 CC, "Se presume, salvo prueba en contrario, que los cónyuges viven juntos", presunción que cesa (así como la obligación misma de convivir), cuando se admite una demanda de nulidad, separación o divorcio (art. 102.I.1º CC). Conforme al art. 70 CC, "Los cónyuges fijarán de común acuerdo el domicilio conyugal y, en caso de discrepancia, resolverá el Juez, teniendo en cuenta el interés de la familia".

La fijación del domicilio conyugal tiene gran trascendencia, en el caso de nulidad, separación o divorcio, ya que, en defecto de acuerdo entre los cónyuges, se asignará el derecho de uso sobre la vivienda familiar a los hijos menores de edad y al progenitor con el que convivan.

6.2. El deber de asistencia y socorro mutuo

El deber de asistencia y socorro mutuo se entiende, tanto en el ámbito personal, como en el patrimonial, confundiéndose, en parte, con el deber de alimentos entre cónyuges, regulado en el art. 143.I.1° CC y con el deber de estos de contribuir al levantamiento de las cargas del matrimonio (art. 1318 CC).

El incumplimiento de dicho deber puede dar lugar a un delito de abandono de familia.

6.3. El deber de respeto

El deber de respeto exige, obviamente, abstenerse de realizar todo tipo de actos que lesionen el derecho a la integridad física o moral del otro consorte, protegido por el art. 15 CE, como sucede con los malos tratos, físicos o psíquicos. Pero también impide llevar a cabo actos que vulneren ilegítimamente otros derechos de la personalidad, como, por ejemplo, el derecho al honor o a la intimidad.

La existencia del matrimonio no significa que cada cónyuge no tenga derecho a la existencia de un ámbito propio y reservado frente a la acción y conocimiento del otro, es decir, al reconocimiento de un ámbito razonable de intimidad, que abarca la esfera de ideas, sentimientos y actividades, que, exclusivamente, atañan a él. En ese ámbito entra, obviamente, la correspondencia, las conversaciones telefónicas o el intercambio de correos electrónicos.

La intromisión ilegítima en el derecho a la intimidad del otro cónyuge dará lugar a un daño moral resarcible, conforme a lo previsto en el art. 9 de la LO 1/1982, de 5 de mayo, y, en su caso, a un delito de descubrimiento y revelación de secretos, regulado en el art. 197.1 CP. *Vid.* en este sentido, por cuanto concierne a conductas delictivas consistentes en el apoderamiento de cartas de carácter íntimo, SSAP Valencia 4 junio 2002 (Sec. 2ª, nº 285/2002), Albacete 21 noviembre 2002 (ARP 2002, 855) y Madrid 4 octubre 2006 (*Tol 1012525*); por lo que se refiere a la interceptación y apoderamiento de correos electrónicos, SAP Jaén 12 mayo 2011 (*Tol 2228074*).

Jurisprudencia

La STS 14 mayo 2001 (*Tol 31355*) condenó, así, al marido, el cual había grabado conversaciones íntimas mantenidas por su mujer desde el teléfono del dormitorio, con el fin de averiguar si le era infiel, y posteriormente las divulgó en el círculo de los familiares y amigos.

Así mismo, la STS 20 junio 2003 (*Tol 293934*) condenó a la mujer, que había encargado a dos detectives que colocaran unos aparatos para interceptar y grabar las conversaciones mantenidas por su marido desde el teléfono instalado en el despacho del colegio que ella dirigía y en donde él trabajaba; así mismo, le condenó a pagar, en concepto de responsabilidad civil, 1.000.000 pesetas a su cónyuge (solidariamente con su secretaria, cómplice de la misma).

Es evidente que sobre cada cónyuge pesa la prohibición de divulgar entre terceros aspectos de la vida íntima del otro, de los que tenga conocimiento por razón de la convivencia o de la relación de confianza que se establece entre los cónyuges, así como de los que afecten a la vida íntima de la familia. Es más, parece que el deber de sigilo respecto de datos de la intimidad del otro cónyuge, conocidos como consecuencia de confidencias o de la convivencia, persiste tras la disolución del matrimonio (*vid*. en este sentido, en el ámbito estrictamente civil, SAP Gerona 18 marzo 2004 (*Tol 364922*)].

En algunas ocasiones, se ha dado el caso de que personas que mantuvieron una relación conyugal o de análoga relación de afectividad, una vez rota esta, por deseo de venganza, difunden a través de la red fotografías en las que el otro aparece desnudo. Es evidente que este comportamiento es una intromisión ilegítima en los derechos a la intimidad y a la propia imagen de la víctima, pues el consentimiento para captar una imagen no significa, necesariamente, autorización para difundirla, pues, a tenor del art. 2.1 LO 1/1982, el consentimiento ha de ser expreso para cada concreto acto de intromisión (captar y difundir una imagen son conductas diversas).

Jurisprudencia

La SAP Asturias 1 septiembre 2010 (*Tol 1950555*) condenó a la pena de un año de prisión y a pagar a su mujer 6.000 euros en concepto de daño moral. Observa la Audiencia que el acusado puso al alcance de la página de Internet, denominada sexo-casero.com, bajo el título "Paula la golfa de Oviedo", tres fotografías de la denunciante, sin su permiso, en dos de las cuales aparecía con los pechos descubiertos y en una tercera sin ropa, lo que "motivó la recepción por su parte de diversas llamadas telefónicas con la intención de conectar con ella".

6.4. El deber de fidelidad

El deber de fidelidad significa la obligación de cada uno de los cónyuges de abstenerse de mantener relaciones sexuales con terceros.

En la práctica se han planteado demandas de indemnización del daño moral ocasionado por la infidelidad, unida a la ignorancia, por parte del marido, de que el hijo que este creía ser suyo era, en realidad, del amante de su mujer.

La jurisprudencia de instancia ha sido favorable a la reparación de dicho daño moral [a pesar de la posición contraria manifestada por la STS 30 julio 1999 (*Tol 1993904*)], si bien algunas sentencias exigían un criterio de imputación reforzado, esto es, el ocultamiento doloso de la verdadera filiación biológica del hijo, lo que presuponía el conocimiento de esta circunstancia por parte de la mujer, aunque apreciaban con bastante flexibilidad este requisito [SSAP Valencia 2 noviembre 2004 (*Tol 547640*), León 2 enero 2007 (*Tol 1043047*), Valencia 5 septiembre 2007 (*Tol 1218761*) y León 30 enero 2009 (*Tol 1491065*), conteniendo todas ellas pronunciamientos condenatorios]. Por el contrario, otras sentencias, a nuestro parecer, más conformes con lo que resulta del art. 1902 CC, consideraban suficiente la mera negligencia de la mujer para imputarle el daño, consistente en haber mantenido relaciones sexuales con un tercero durante la época de la concepción, lo que le debería haber llevado a plantearse la posibilidad de que el padre de la niña no fuera su marido [SAP Barcelona 16 enero 2007 (*Tol 1156106*)].

Esta razonable posición ha sido truncada recientemente por el Pleno del TS, que, con argumentos poco convincentes, ha negado la posibilidad de resarcir este tipo de daño moral.

Jurisprudencia

La STS (Pleno) 13 noviembre 2018 *(Tol 6919709)* ha afirmado, en efecto, tajantemente que el ocultamiento doloso de la verdadera filiación biológica del hijo que el marido creía ser suyo no da lugar a un daño moral resarcible, negando, así, la aplicación de los preceptos generales de la responsabilidad civil, contractual (art. 1011 CC) o extracontractual (art. 1902 CC) en orden a la reparación de dicho daño. Ha revocado, en consecuencia, la sentencia recurrida, que había condenado a la exmujer demandada a resarcir a su exmarido (en 15.000 euros), por el daño moral ocasionado, "dada la situación de clara frustración y desasosiego de quien durante mucho tiempo ha tenido relación, contacto y cariño con quien pensaba que era su hijo, para luego enterarse que se trataba de un hijo ajeno", lo que le originó un estado de baja por daños psicológicos.

ESQUEMA

SISTEMA MATRIMONIAL

1. Clases
2. Efectos civiles de la nulidad canónico

PROMESA DE MATRIMONIO

REQUISITOS DEL MATRIMONIO

1. Consentimiento
2. Capacidad
3. Forma

EFECTOS

1. Derechos y deberes
2. Resarcimiento de daños morales

2 La nulidad del matrimonio

José Ramón de Verda y Beamonte[1] / Pedro Chaparro Matamoros[2]

1. CONCEPTO Y FUNCIÓN

Las situaciones de crisis conyugal encuentran solución jurídica en una serie de medidas que tienden a dejar sin efecto el vínculo matrimonial, bien desde el momento de la celebración del matrimonio (nulidad), bien con carácter sobrevenido (divorcio). Los cónyuges pueden tan solo querer suspender los efectos jurídicos del matrimonio (los derechos-deberes que de él derivan), en cuyo caso pedirán, no el divorcio, sino la separación.

La nulidad es una sanción del ordenamiento jurídico ante un matrimonio cuya celebración adolece de un defecto estructural, que puede afectar al consentimiento, a la capacidad de las partes o a la forma del negocio jurídico. Se diferencia del divorcio en que este es una causa de disolución de un matrimonio existente, que no afecta a la validez del negocio, sino solo a sus efectos, que se extinguen con carácter sobrevenido a partir de la sentencia firme de divorcio o del decreto que así lo declare o desde la manifestación del consentimiento de ambos cónyuges otorgado en escritura pública notarial.

---

1 CU, Derecho civil, Universidad de Valencia.

2 PCDOC, Derecho civil, Universidad de Valencia.

La nulidad produce unas consecuencias prácticas comunes con el divorcio, por ejemplo, en lo relativo a la atribución del uso de la vivienda familiar, a los hijos menores de edad y al progenitor que conviva con ellos en los términos previstos en el art. 96 CC. Pero también da lugar a unas consecuencias específicas a las que nos referiremos posteriormente, entre las que destacan la inexistencia de la obligación de pagar la pensión compensatoria por desequilibrio prevista para el caso de separación o divorcio en el art. 97 CC.

2. CAUSAS DE NULIDAD

Las causas de nulidad pueden afectar al consentimiento, a la capacidad de los contrayentes o a las formas de celebración del negocio jurídico.

2.1. *Patologías del consentimiento*

La nulidad puede deberse a la falta de un auténtico consentimiento matrimonial (falta de capacidad natural para prestarlo, simulación o reserva mental) o a la existencia de vicios del mismo (error, coacción o miedo): en el primer caso se dice que el consentimiento no es "real", en el segundo, que no es "íntegro" (por no ser libre).

2.1.1. Falta de capacidad natural de entender y de querer

Normativa reguladora

Para poder contraer matrimonio hay que tener capacidad natural para entender y querer el acto que se realiza, por lo que, tal y como se dijo en el capítulo precedente, el art. 56.II CC (en la redacción dada al precepto por la Ley 4/2017, de 28 de junio), prevé que "en el caso excepcional de que alguno de los contrayentes presentare una condición de salud que, de modo evidente, categórico y sustancial, pueda impedirle prestar el consentimiento matrimonial pese a las medidas de apoyo, se recabará dictamen médico sobre su aptitud para prestar el consentimiento".

Obviamente, el hecho de que quien tramitara expediente no hubiera solicitado el dictamen médico no significa que no pueda demandarse posteriormente la nulidad del matrimonio en sede judicial, si se demuestra que el contrayente carecía de aptitud para prestar el consentimiento.

Jurisprudencia

Se ha declarado nulo el matrimonio celebrado in articulo mortis, por haberse acreditado mediante dictamen emitido por experto neurológico que el contrayente se hallaba en situación de coma, dormido patológicamente y desconectado del medio, sin ninguna función intelectiva, ni posibilidad de pensar, ni de comunicarse con el exterior, habiendo prestado su presunto consentimiento a través de un encogimiento de hombros y de un apretón de manos [SAP Murcia 27 febrero 2002 (Sec. 1ª, nº 90/2002)].

Por el contrario, se ha desestimado la demanda interpuesta por los hermanos de una persona fallecida, por considerar que, si bien parecía probado que el contrayente padeciera "un leve retraso mental y presentara cierto grado de inmadurez y dependencia", no podía "entenderse acreditado que el déficit apreciado revistiera entidad suficiente para invalidar la emisión de un consentimiento matrimonial", máxime, cuando había otorgado diversas escrituras (de partición de herencia paterna y de apoderamiento en favor de uno de sus hermanos), sin que el Notario autorizante hubiese hecho reserva alguna al respecto, dándose además la circunstancia de que el día anterior a su muerte había sido nombrado administrador mancomunado de una sociedad mercantil por parte de sus hermanos demandantes [STS 29 abril 2015 (*Tol 5000588*)].

Cuestiones relevantes

1. **Enfermedades crónicas que excluyen la capacidad natural de entender y de querer de quienes las padecen de manera continuada.**

Tratándose de enfermedades crónicas que excluyen la capacidad natural de entender y de querer de quienes las padecen de manera continuada (por un ejemplo, una demencia senil irreversible o un Parkinson o Alzhéimer acusados), la prueba de su existencia antes y después de la celebración del matrimonio, puede ser un indicio de que el enfermo carecía de aptitud para prestar el consentimiento matrimonial en el período intermedio durante el cual se casó. Pero hay que tener en cuenta que este tipo de enfermedades no afectan por igual al enfermo durante toda la etapa de su desarrollo (puede haber intervalos lúcidos), por lo que para declararse la nulidad del matrimonio tiene que quedar perfectamente acreditado que, precisamente, al tiempo de conclusión del matrimonio, se encontraba en un estado en el que tenía la gravedad suficiente para excluir su capacidad de discernimiento.

Sobre este aspecto parece pertinente referirnos a la discutible STS 15 marzo 2018 (*Tol 6544108*), la cual ha considerado válido el matrimonio contraído por una persona, que, al tiempo de celebrarse, se encontraba incursa en un juicio de modificación de la capacidad de obrar, el cual concluiría con una sentencia (dictada, una vez casada) que le incapacitaría para gobernar su persona y sus bienes, a consecuencia de padecer un Alzhéimer, agravado por un posterior infarto cere bral que, según el informe médico forense (elaborado antes de la celebración del matrimonio), le ocasionaba "alteraciones en la inteligencia y voluntad necesarias para obrar con conocimiento y juicio suficiente para inspirar una libre decisión". Concretamente, en el informe se dice que no podía mantener una conversación, ni responder a preguntas sencillas, como su edad, fecha de nacimiento o profesión, y que no recordaba el nombre de las hijas; así mismo, que no sabía coger el bolígrafo para escribir una frase y al final ponía su nombre de forma ilegible, en forma de garabatos, sin que tampoco fuese capaz de copiar un sencillo dibujo que se le indicaba y de realizar el test del reloj.

Sin embargo, sorprendentemente, el TS, a pesar de la contundencia del informe, entiende que "no ha quedado suficientemente desvirtuada la presunción de capacidad para la prestación de consentimiento matrimonial y que la consideración del matrimonio como derecho humano derivado de la dignidad de la persona y manifestación del libre desarrollo de la personalidad, también cuando se alcanza una edad avanzada, deben inclinar a reforzar el principio favor matrimonii". El argumento principal que sustenta este razonamiento, es el de que, durante la tramitación del juicio de incapacidad, el contrayente enfermo había presentado una demanda de divorcio contra su anterior mujer, la cual fue estimada, descartando expresamente el juez que pronunció el divorcio que la tramitación del procedimiento de modificación de la capacidad fuera obstáculo para ello (la demandada había planteado una cuestión prejudicial), lo que, obviamente, significa que, a su juicio, el actor conocía el significado de su pretensión, pues, "en nuestro derecho positivo, la misma voluntad que se considera apta para celebrar el matrimonio lo es para disolverlo por divorcio". No obstante, se utiliza otro argumento, que, aunque presentado como secundario, creemos que es decisivo, esto es, la circunstancia de que la demanda de nulidad se hubiese presentado una vez muerto el contrayente, cinco años después de la celebración del matrimonio, sin que durante este tiempo la tutora (una de sus hijas, demandante, junto a sus hermanas, de la nulidad) hubiera considerado contrario al interés del incapacitado que residiera en su propia casa con la segunda mujer, dándose, además, la circunstancia de que ambos habían mantenido una relación durante años e, incluso, habían llegado a convivir antes de casarse. Parece, pues, que, en realidad, se busca la justicia del caso concreto, tratándose de no comprometer la estabilidad de una situación familiar consolidada con apoyo en cuestionables motivos subjetivos de las demandantes de la nulidad.

2. Enfermedades que no excluyen de manera continuada la capacidad cognitiva y volitiva.

Más problemas plantean las enfermedades que no excluyen de manera continuada la capacidad cognitiva y volitiva de quien las padece, sino solo en determinados momentos, como es el caso de la depresión o de la esquizofrenia, que puede manifestarse en forma de brotes aislados. La cuestión —como siempre— será determinar si, en el preciso momento en que se celebró el matrimonio, el enfermo tenía gravemente deteriorada su capacidad cognitiva.

Así, se ha declarado nulo un matrimonio contraído por quien padecía una depresión grave en fase aguda "con pensamientos negativos e ideas autodestructivas aptas para tomas decisiones contrarias a sus intereses", y no podía "conocer y querer el acto que estaba realizando, pues en tal momento sobrepasaba su capacidad" [STS 14 julio 2004 (*Tol 483505*)]; como también el contraído en fase maníaca por una persona que padecía una depresión y consumía cocaína, combinación que la sumió en un estado de descontrol en "el que su capacidad de discernimiento resultaba prácticamente anulada", estando "sustraída a los controles de la voluntad y del autodominio" [SAP Sevilla 28 junio 2000 (Sec. 5ª, rec. 5596/1999)].

Por el contrario, se ha considerado válido el matrimonio de una persona aquejada de esquizofrenia, por no demostrarse que hubiese habido brotes esquizofrénicos antes o después de la celebración del matrimonio, no existiendo "la más mínima prueba de que la contratante se hallara aquejada de una crisis en el momento de emisión del consentimiento en el negocio matrimonial, ni tan siquiera que tuviera limitadas sus facultades mentales o se revelase una trascendencia de la problemática psíquica en relación con dicho acto" [STS 18 septiembre 1989 (*Tol 1732436*)].

Ahora bien, en estos casos en los que la persona afectada por una enfermedad como la esquizofrenia haya tenido aptitud para prestar el consentimiento, el otro contrayente que desconociera la enfermedad de su consorte podría pedir la nulidad del matrimonio por error en cualidad, con apoyo en el art. 73.4° CC.

2.1.2. La simulación

La simulación es pura apariencia de matrimonio. La declaración pública de los contrayentes de querer celebrar matrimonio va acompañada de un pacto privado (desconocido para el funcionario o ministro autorizante), en cuya virtud, las partes excluyen sus efectos, es decir, su causa típica, consistente en la instauración de una plena comunidad de vida tendencialmente perpetua, con las obligaciones de convivencia, fidelidad, respeto y auxilio mutuo.

Los contrayentes no quieren asumir el estado civil de casados, sino tan solo conseguir algunos de los efectos que conlleva (normalmente, obtener el permiso de residencia). Es, por ello, que la simulación tiene claro encaje en el art. 73.1 CC, según el cual es nulo "El matrimonio celebrado sin consentimiento matrimonial".

En la práctica, el efecto buscado suele ser que un contrayente extranjero obtenga el permiso de residencia en España, pero las finalidades pueden ser otras, por ejemplo, subrogarse en un arrendamiento urbano, cobrar una pensión de viudedad o disfrutar de los beneficios fiscales establecidos para las transmisiones de bienes entre cónyuges, en particular, a los efectos del impuesto de sucesiones y donaciones.

Normativa reguladora

A la simulación le es de aplicación la regla general de legitimación activa establecida en el art. 74 CC, según la cual "La acción para pedir la nulidad del matrimonio corresponde a los cónyuges, al Ministerio Fiscal y a cualquier persona que tenga interés directo y legítimo en ella". La acción de simulación es imprescriptible, según resulta, a sensu contrario, de los arts. 75 y 76 CC. El legislador ha hecho prevalecer, pues, en este punto, el principio de tutela del consentimiento sobre el de seguridad jurídica de las relaciones matrimoniales.

2.1.2.1. La prueba de la simulación

La prueba de la simulación es, sin duda, la cuestión que más interés práctico suscita, pudiendo extraerse de la jurisprudencia las siguientes orientaciones:

a) A efectos de prueba de la simulación, no basta la mera confesión de los contrayentes, de no haber querido éstos asumir los efectos jurídicos del matrimonio, ya que, dada la naturaleza de la materia debatida, a saber, la validez o invalidez de un negocio generador de un estado civil, no rige en este punto el principio dispositivo de las partes [SSAP Navarra 12 mayo 1999 (Sec. 1ª, nº 98/1999) y Valencia 24 febrero 2000 (*Tol 247434*)].

b) Para averiguar si realmente existió, o no, una simulación, la jurisprudencia valora (aunque no como factor exclusivo) las ventajas prácticas que, para uno de los contrayentes, o para ambos, pudiera haber reportado la creación de una apariencia de matrimonio; por ejemplo, obtener un contrayente extranjero el permiso de residencia en España, en especial, si se prueba que el otro ha recibido una entrega de dinero difícil de explicar [SAP Sevilla 30 junio 2015 *(Tol 5545248)*], recibir ambos contrayentes una ayuda económica que los padres de la pareja subordinan a la condición de que se casen [SJPI núm. 16 Barcelona 17 noviembre 1982 (RJC 1983, 267-269)], u obtener una pensión de viudedad, cuando el anciano marido, que en realidad era el padre del compañero sentimental de la mujer, fallezca) [SAP Castellón 1 febrero 2005 (*Tol 596410*)].

Jurisprudencia

La SAP Valencia 25 noviembre 2019 (*Tol 7793365*) declaró nulo el matrimonio contraído entre una marroquí y un español, que se encontraba en paro. La contrayente marroquí, en sede policial, en el marco de una investigación con relación a una organización criminal, dedicada al favorecimiento de la inmigración clandestina mediante falsificaciones documentales y matrimonios fraudulentos, declaró que había pagado al contrayente español 3000 euros a cambio de casarse con ella, habiendo aceptado este por su precaria situación económica, considerando la sentencia "significativo que en la declaración que este prestó ante la policía manifestó desconocer el apellido de ella y no recordar la fecha de la boda".

c) El hecho de que los contrayentes no hayan logrado probar la existencia de una previa relación de noviazgo o haber instaurado o mantenido una convivencia estable tras la conclusión de las nupcias, se considera un indicio importante en favor de la simulación, en particular, cuando uno de los contrayentes es un extranjero, al que la celebración del matrimonio le facilita la obtención del permiso de residencia en España o le evita la expulsión del territorio nacional [SSAP La Rioja 4 junio 1999 (nº 367/1999), Zaragoza 22 marzo 2000 (Sec. 2ª, nº 191/2000), Asturias 27 marzo 2000 (Sec. 4ª, nº 154/2000), Zamora 5 febrero 2015 *(Tol 4761272)*, Guipúzcoa 30 marzo 2016 *(Tol 5733278)* y Vizcaya 30 abril 2019 *(Tol 7418109)*].

Jurisprudencia

La SAP Tarragona 19 febrero 2020 (*Tol 7985388*) subraya la falta de prueba de la existencia "de preparativos de toda índole para la celebración del matrimonio y del inicio de una vida en común", como, por ejemplo, la testifical de amigos y de familia de la pareja o la compra de mobiliario para el hogar común. V., en el mismo sentido, SAP Barcelona 16 julio 2020 (*Tol 8052229*).

No se considera prueba suficiente de la convivencia el mero empadronamiento formal en el mismo domicilio, si no se aporta el contrato de arrendamiento de la vivienda u otros contratos o recibos de suministros básicos (como agua, luz y gas) a nombre de ambos o se acredita la existencia de cuentas bancarias conjuntas o individuales (de las que sea titular quien se pretende beneficiar de la simulación) donde se domiciliase el pago de dichos servicios. *Vid.* en este sentido SAP Tarragona 19 febrero 2020 (*Tol 7985388*), que declara la nulidad del matrimonio, teniendo además en cuenta que la policía, al visitar el domicilio en el que los contrayentes estaban empadronados, constató que en el mismo vivía otro hombre, padre de un hijo que la mujer había tenido con él, con posterioridad a la celebración del matrimonio.

d) Por el contrario, la existencia de una previa relación de noviazgo, acreditada, por ejemplo, mediante prueba testifical o reportajes fotográficos [SAP Vizcaya 28 febrero 2020 (ECLI:ES:APBI:2020:634)], como también el hecho probado de que los contrayentes hayan convivido o hayan mantenido relaciones antes del matrimonio durante un cierto tiempo después de casarse es interpretado como un indicio en favor de la existencia de un auténtico consentimiento matrimonial, indicio este, que contrarresta otros, de los que pudiera deducirse lo contrario, tales como la obtención de beneficios por parte de uno o de ambos contrayentes [SSAP Huelva 16 diciembre 1997 (Sec. 2ª, rec. 21/1997) y Madrid 26 mayo 1998 (Sec. 22ª, rec. 219/1998)].

Jurisprudencia

La SAP Asturias 14 mayo 2020 (*Tol 7972076*) consideró improcedente la negativa de la DGRN a inscribir un matrimonio celebrado por poderes entre un contrayente español y otro colombiano entre los que existía una diferencia de edad de 40 años y que nunca se habían visto físicamente, los cuales habían decidido casarse a través de una llamada de WhatsApp. Fue decisiva la prueba testifical de una previa relación de noviazgo y del carácter estable de esta, aunque la misma fuera a distancia, así como la falta de un móvil económico (el contrayente colombiano era Agente de Tránsitos en su país).

La SAP Cantabria 18 marzo 2015 *(Tol 5564537)* consideró válido el matrimonio contraído entre un español y una colombiana, por haberse probado la realidad de una relación constante y habitual entre ellos previa a la celebración del matrimonio, al haber existido numerosas comunicaciones a través de internet durante años, haberse aportado justificantes de viajes y visados que acreditaban razonablemente su contacto personal y directo, así como documentación probatoria de envíos de dinero; y, por último, haber adoptado el marido al hijo de la mujer, abonando los gastos de educación del menor.

La SAP Vizcaya 9 febrero 2017 *(Tol 6095157)* consideró también válido el matrimonio contraído entre un español y una cubana, por haberse acreditado la existencia de relaciones entre ellos, años antes de la celebración del matrimonio, que tuvo lugar en Cuba. El marido, antes de casarse, había realizado viajes periódicos anuales de un mes a la isla y había enviado a su mujer ayuda financiera de manera continuada. Considera la Audiencia que, si con posterioridad al matrimonio no se había instaurado una convivencia conyugal estable, ello obedecía a la dificultad de la mujer de salir de Cuba, existiendo facturas de la compañía telefónica, que acreditaban que los cónyuges habían mantenido conversaciones a través de mensajes de texto, de manera constante y prácticamente diaria.

e) Es posible presumir la simulación cuando existen contradicciones en el expediente de extranjería para la adquisición de residencia (como consecuencia de las cuales el Ministerio Fiscal interpone una demanda de nulidad), que se mantienen en el acto de la vista del juicio, si las mismas no son puntuales, sino "incompatibles con una relación matrimonial genuina", de modo que "evidencian que, al tiempo de su celebración, el consentimiento matrimonial otorgado realmente no existió" [SAP Tarragona 19 febrero 2020 (*Tol 7985388*)]; y lo mismo, si dichas contradicciones se producen en las vistas de un juicio iniciado por los contrayentes contra la negativa de inscripción registral del matrimonio, manifestando un desconocimiento mutuo en aspectos básicos de su vida personal o familiar, como sucede cuando el varón dice ignorar que la mujer estuviese embarazada al tiempo de casarse, cuando, en realidad, "no sólo es que estuviera en una fase incipiente de gestación sino que estaba ya embarazada de cuatro meses y de baja por maternidad, situación que no podía ser desconocida por aquel que con ella se casaba y con quien tenía una relación de noviazgo según sus propias manifestaciones" [SAP Barcelona 29 enero 2020 (*Tol 7765607*)].

2.1.2.2. Legitimación activa para el ejercicio de la acción de nulidad

El régimen de legitimación activa establecido en el vigente art. 74 CC permite demandar la nulidad, no solo a las partes, que quieran desvincularse, sino también a terceros con interés directo y legítimo en ella (por ejemplo, un propietario que quiera oponerse a la subrogación en favor del falso cónyuge del inquilino muerto). Sin embargo, la actuación del Ministerio Fiscal procederá, exclusivamente a los efectos de "evitar fraudes", entendiendo, por tales, aquellos con los que los contrayentes pretendan obtener algún beneficio que las leyes prevén en favor de los casados, en la práctica, normalmente, la residencia en España. *Vid.*, así, SSAP Valencia 25 noviembre 2019 *(Tol 7793365)* y Tarragona 19 febrero 2020 *(Tol 7985388)*, donde la intervención del Ministerio Fiscal se produce a raíz de actuaciones policías contra redes criminales dedicadas a la inmigración ilegal.

Jurisprudencia

La SAP Barcelona 16 julio 2020 *(Tol 8052229)* observa que el proceso de nulidad instado por el Ministerio Fiscal puede continuar, aunque en el curso del mismo el matrimonio se haya disuelto por sentencia dictada en otro proceso de divorcio.

Cuando quien insta la demanda de nulidad es un tercero, entran en conflicto dos intereses diversos: de un lado, el interés privado, de uno o de ambos contrayentes, a que se respete la voluntad, que en su momento manifestaron, de contraer matrimonio, sin verse sometidos a la necesidad de explicar las razones o propósitos que les impulsaron a celebrarlo, por ser cuestiones que entran dentro del ámbito de su derecho a la intimidad; de otro lado, el interés del tercero, a quien la existencia del matrimonio perjudica, en constatar que existió un auténtico consentimiento nupcial y en que, de no ser así, se declare la nulidad del matrimonio.

La apreciación de la simulación ha de ser especialmente cauta en aquellos supuestos en que la declaración de nulidad es instada después de la muerte de alguno de los contrayentes, dado que en tal supuesto existirá una indudable dificultad para averiguar cuál fue su auténtica voluntad y, por lo tanto, para determinar si existió, o no, un real consentimiento matrimonial.

Jurisprudencia

La SAP Cáceres 20 diciembre 1999 (Sec. 2ª, nº 312/1999) conoció de una pretensión de nulidad de un matrimonio entre una marroquí y un español (divorciado), fallecido en un accidente de tráfico, seis meses después de la celebración de las nupcias. La demanda había sido interpuesta por la anterior mujer, en calidad de representante legal de las hijas comunes, menores de edad, con la evidente finalidad de que la contrayente marroquí no cobrara la indemnización derivada de la muerte de su ex-cónyuge. La demanda fue estimada en primera instancia, para lo cual el juez a quo valoró la circunstancia de que las cuentas bancarias estaban exclusivamente a nombre del contrayente español, las manifestaciones de las hijas comunes, que afirmaban su falta de relación con la demandada, y una cinta de vídeo tomada con ocasión de la celebración del cumpleaños de una de ellas en un centro comercial, donde se constataba una "falta de afectividad entre la pareja". La sentencia de instancia fue revocada por la Audiencia, que dudó de la objetividad de las manifestaciones de las menores, y afirmó que una cinta de vídeo grabada en un lugar comercial no era un lugar propicio para la manifestación de afecto entre una pareja. Consideró, en definitiva, que la demandante no había probado "que no hubiera un proyecto de vida en común" y que el matrimonio fuera un instrumento para otro fin distinto del afecto mutuo y la convivencia matrimonial. En realidad, en la contestación a la demanda se habían aportado pruebas, de las que cabalmente podía deducirse la existencia de un auténtico consentimiento matrimonial, a saber, certificados de empadronamiento, de la policía local y del secretario del Ayuntamiento, que acreditaban la convivencia de los contrayentes en el mismo domicilio, la inscripción de la contrayente marroquí como familiar a cargo del beneficiario en la Seguridad Social y como cónyuge en la correspondiente delegación territorial de la ONCE, donde trabajaba el español, y, sobre todo, declaraciones de nueve testigos, entre ellos, la madre y hermanos del contrayente español, quienes sostenían que este deseaba contraer matrimonio con la apelante, ya que "ambos se querían y deseaban vivir juntos".

2.1.2.3. Autorización de matrimonios cuando uno de los extranjeros está domiciliado en el extranjero

En los últimos tiempos han proliferado los matrimonios simulados, celebrados por españoles con extranjeros, con la finalidad de que estos últimos obtengan la residencia en nuestro país y, consiguientemente, puedan adquirir la nacionalidad española en el plazo privilegiado de un año (art. 22.3 CC). Esta proliferación de matrimonios simulados llevó a la DGRN (actual DGSJFP) a dictar la Instrucción de 9 enero de 1995, para la tramitación de expedientes previos al matrimonio cuando uno de los contrayentes está domiciliado en el extranjero.

Establece, así, que el Encargado del Registro (en la actualidad, también el Notario o Letrado de la Administración de Justicia autorizante), antes de autorizar el matrimonio, debe llegar a "la convicción de que los interesados intentan realmente fundar una familia y de que su propósito no es simplemente, en claro fraude de ley, el de beneficiarse de las consecuencias legales de la institución matrimonial sobre la base de un matrimonio en el cual no ha habido verdadero consentimiento matrimonial y que es, en rigor, nulo por simulación". En definitiva, la finalidad de la Instrucción es anticipar la reacción del Estado frente al fenómeno de la simulación a un momento previo al de la conclusión del matrimonio, evitando tener que esperar a este momento para constatarla a través del ejercicio de la acción judicial de nulidad por parte del Ministerio Fiscal.

La DGRN ha optado, no obstante, por una aplicación flexible de la Instrucción de 9 enero de 1995, denegando la autorización para la celebración del matrimonio, solamente, cuando los hechos comprobados por el trámite de la audiencia de los contrayentes son tan rotundos, que es posible deducir de ellos "sin sombra de duda" la inexistencia de consentimiento matrimonial [RRDGRN 3 enero 2000 (*Tol 132092*), 13 enero 2000 (*Tol 118537*), 2 marzo 2000 (*Tol 132088*), 3 marzo 2000 (*Tol 132094*) y 10 junio 2000 (*Tol 117816*)].

La autorización para la celebración del matrimonio solo se deniega, en efecto, en casos excepcionales, de falta absoluta de conocimiento personal entre los contrayentes, unida a la ausencia de relaciones telefónicas o epistolares entre ellos (en particular, si se trata de matrimonios por poder), o cuando en sus respectivas declaraciones incurren en graves contradicciones sobre aspectos básicos de su personalidad o de su entorno social y familiar (por ejemplo, tipo de trabajo, aficiones, lugar de residencia, existencia de matrimonios anteriores, número de hijos), lo que evidencia un mutuo desconocimiento, del que es posible deducir en un grado de certeza moral la inexistencia de un verdadero consentimiento matrimonial, según las reglas del criterio humano [RRDGRN 17 febrero 2000 (*Tol 117820*), 17 febrero 2000 (*Tol 117821*) o 19 mayo 2000 (*Tol 117818*)].

Jurisprudencia

La RDGRN 17 febrero 2000 (*Tol 117820*), por ejemplo, denegó la autorización de la celebración de un matrimonio por poderes en la Habana entre una española y un cubano, entre los que existía una diferencia de edad de treinta y tres años. El Centro Directivo entendió que no había prueba alguna de que los contrayentes hubieran mantenido previamente cualquier tipo de relación, ya que en la audiencia reservada ante el Registro Consular de España en la Habana el cubano, a pesar de afirmar que había conocido a la española durante un viaje de esta a Cuba, no supo precisar el lugar y la fecha de su nacimiento, ni si había estado casada anteriormente, como tampoco cuáles eran sus aficiones, salvo "que le gusta el cine y el teatro".

Vid. también en el sentido de denegar la autorización solicitada RRDGRN 17 febrero 2000 (*Tol 117821*), 19 mayo 2000 (*Tol 117818*), 19 mayo 2000 (*Tol 117819*), 10 junio 2000 (*Tol 117816*) o 27 febrero 2019 (14ª) (BOMJ núm. 2226, enero 2020, p. 239).

La SAP Madrid 16 diciembre 2011 *(Tol 2388831)*, por su parte, convalidó la denegación de la inscripción de un matrimonio efectuada por la DGRN. En la audiencia ante el encargado del Registro Civil Consular quedó acreditado que los cónyuges, él español y ella dominicana, incurrieron en abundantes contradicciones notorias sobre la forma y el momento de conocerse: por ejemplo, él decía que se conocieron telefónicamente desde 2003 y ella, que se conocieron en 2004, sin que, en ningún caso, hubieran aportado pruebas de dichas conversaciones telefónicas. Lo cierto es que se conocieron personalmente ocho días antes de la celebración del matrimonio, y ello, unido al desconocimiento mutuo de datos personales, lleva a la Audiencia a desestimar el recurso interpuesto contra la denegación de la inscripción del matrimonio.

2.1.2.4. Inscripción de matrimonios contraídos fuera del territorio nacional entre un español y un extranjero

La Instrucción de 9 de enero de 1995 dicta normas relativas al expediente previo al matrimonio, cuando uno de los contrayentes no está domiciliado en España. No obstante, la práctica ha demostrado que el riesgo de simulación es mayor cuando se trata de matrimonios contraídos fuera del territorio nacional entre un español y un extranjero, según la forma autorizada por la ley del lugar de la celebración, donde, por lo tanto, no existe una tramitación de expediente previo por parte de las autoridades españolas.

Por ello, la DGRN ha extremado las precauciones ante este tipo de matrimonios y ha facultado al Encargado del Registro Consular español en que se solicita la inscripción para calificar el consentimiento matrimonial de los contrayentes, a través del examen de sus respectivas declaraciones.

Jurisprudencia

Tal posibilidad es admitida por la emblemática RDGRN 30 mayo 1995 (RAJ 1995, 4415), que razona de la siguiente manera: "el matrimonio que conste por «certificación expedida por autoridad o funcionario del país de celebración» (artículo 256.3 RRC) es inscribible, «siempre que no haya dudas en la realidad del hecho y de su legalidad conforme a la Ley española», siendo título para practicar la inscripción «el documento expresado y las declaraciones complementarias oportunas».

Consiguientemente, si es necesario que no haya duda de la legalidad del matrimonio conforme a la ley española y si las declaraciones complementarias oportunas integran el título para practicar la inscripción del matrimonio en el Registro Civil español, la conclusión es que, del mismo modo que sucede en el expediente previo en el trámite de la audiencia, reservada y por separado, de cada contrayente (*cfr.* artículo 246 RRC y regla 3ª de la Instrucción de 9 de enero de 1995), también cuando el matrimonio ya se ha celebrado según la forma local el Encargado puede y debe comprobar, por medio de aquellas declaraciones complementarias, si el matrimonio cumple todos los requisitos legales exigidos por el Código Civil y, entre ellos, la existencia de real consentimiento matrimonial".

En el concreto supuesto de hecho, se denegó la inscripción en el Registro Consular español en Pekín de un matrimonio celebrado en China por un español con una nacional de ese país, al considerar que existían datos objetivos de que los que cabía deducir la existencia de una simulación: los contrayentes se conocieron por carta y no se vieron hasta escasos días antes de la celebración del matrimonio; ella no hablaba español ni él chino, comunicándose por medio de un hermano de aquélla, que actuaba como intérprete; no hubo convivencia después de la celebración del matrimonio, residiendo los contrayentes en hoteles diferentes, y el contrayente español acabó reconociendo que "la boda no es normal".

Cuestiones relevantes

3. Datos de los que cabe inferir la simulación del consentimiento matrimonial.

Con el fin de acabar con incertidumbres y dar mayor seguridad jurídica, la DGRN, mediante Instrucción de 31 enero 2006 precisó que los datos de los que cabe inferir la simulación del consentimiento matrimonial son dos: en primer lugar, el desconocimiento por parte de uno o ambos contrayentes de los "datos personales y/o familiares básicos" del otro; y, en segundo lugar, la inexistencia de relaciones previas entre los contrayentes.

En cuanto a la valoración de ambos elementos se han de tomar en cuenta los siguientes criterios prácticos: a) debe considerarse y presumirse que existe auténtico "consentimiento matrimonial" cuando un contrayente conoce los "datos personales y familiares básicos" del otro contrayente; b) aun cuando los contrayentes puedan desconocer algunos "datos personales y familiares básicos recíprocos", ello puede resultar insuficiente a fin de alcanzar la conclusión de la existencia de la simulación, si se prueba que los contrayentes han mantenido relaciones antes de la celebración del matrimonio, bien personales, o bien por carta, teléfono o Internet que por su duración e intensidad permita excluir toda duda sobre la posible simulación; c) los datos o hechos relativos al matrimonio que no afectan al conocimiento personal mutuo de los contrayentes, ni a la existencia de relaciones previas entre los contrayentes, no son relevantes para inferir de los mismos, aisladamente, la existencia de un matrimonio simulado

4. Aplicación de la Instrucción DGRN de 31 enero 2006 a los procedimientos de autorización de matrimonios realizados por Notario.

La Instrucción DGRN de 31 enero 2006 es aplicable a los procedimientos de autorización llevados a cabo ante Notario.

Así resulta del apartado 6 de la Instrucción de 3 de junio de 2021, de la DGSJPF, conforme al cual deberá realizarse "la audiencia reservada personalmente por el Notario autorizante, con inmediación y en unidad de acto, entrevistando separadamente a cada solicitante, e impidiendo en la medida de lo posible la comunicación entre ambos en el momento de realizar separadamente la audiencia reservada". Se añade que "Se harán constar el desarrollo de este acto, consignando expresamente las preguntas que se realizan y las respuestas a las mismas, sin que esté sujeto a un cuestionario fijo establecido, sino procurando realizar una entrevista iterativa y que vaya evolucionando en virtud de las respuestas que se obtengan, a fin de aclarar posibles contradicciones u otros rasgos que permitan incidir en el sustento de las presunciones oportunas para poder fundamentar la resolución".

2.2. *La reserva mental*

Normativa reguladora

La reserva mental, al igual que la simulación, es causa de nulidad del matrimonio, teniendo también encaje en el art. 73.1° CC, en la redacción dada por la Ley 30/1981, de 7 de julio, el cual declara nulo "El matrimonio celebrado sin consentimiento matrimonial".

La reserva mental, en sentido estricto, tiene lugar cuando uno solo de los contrayentes, sin que el otro lo sepa, excluye la causa del matrimonio, mediante un acto de voluntad interno, no manifestado externamente. Quien realiza la reserva mental no desea, pues, asumir el estado civil de casado, sino solamente su mera apariencia para lograr un efecto que la ley asigna a dicho estado, por ejemplo, la tarjeta de residente comunitario, cuando se trata de un contrayente extranjero que se casa, con tal fin, con un español; o la mera satisfacción de las apetencias sexuales, siendo el matrimonio el instrumento utilizado a tal efecto [STS 26 noviembre 1985 (*Tol 1736098*)].

Cuestiones relevantes

5. Distinción entre reserva mental y propósitos prácticos perseguidos con la celebración del matrimonio.

Hay que tener en cuenta que no existe reserva mental por el mero hecho de que un contrayente quiera casarse para obtener una ventaja administrativa (permiso de residencia) o patrimonial (aumento de sus niveles de bienestar), pues los propósitos prácticos que llevan a una persona a contraer matrimonio son móviles subjetivos que el Derecho no entra a valorar (ya que pertenecen a la esfera de su libertad e intimidad), sino que es necesario que quien declara querer casarse solo busque crear una apariencia de matrimonio que le lleve a obtener dichas ventajas: es necesario, en suma, que en su fuero interno, mediante un acto positivo de voluntad, excluya la causa del negocio jurídico conyugal, es decir, la asunción de los deberes conyugales.

Jurisprudencia

La SAP Barcelona 8 noviembre 1999 (*Tol 22783*) apreció un caso de reserva mental, que se dedujo de la prueba de presunciones, de la que resultaba que la verdadera finalidad del demandado al contraer matrimonio fue "precisamente poder legalizar su situación en España, habida cuenta de su condición de extranjero, pues el Tribunal considera razonablemente acreditado, singularmente con el expediente remitido por el Gobierno Civil de Barcelona (folios 67 al 96), que entre el hecho demostrado —el matrimonio y el abandono del hogar conyugal al poco tiempo de iniciarse la convivencia— y aquel que se trata de deducir —inexistencia de verdadera voluntad de contraer matrimonio— hay un enlace preciso y directo según las reglas del criterio humano, toda vez que entre la fecha del matrimonio y el abandono del hogar conyugal por parte del demandado transcurrieron un poco más de tres meses", siendo particularmente ilustrativo al respecto el hecho de que "el demandado abandonó el que fuera domicilio conyugal, precisamente, el mismo día en que debía acudir a la Oficina de Extranjeros del Gobierno Civil a recoger su permiso de residencia en España".

La SAP Málaga 22 enero 2009 (*Tol 6757271*) apreció también la concurrencia de reserva mental en la demandada, y en base a ello decretó la nulidad matrimonial. El demandante, español y 30 años mayor que la demandada, se encontró la casa vacía a su vuelta de Alemania, donde había estado arreglando unos asuntos. La demandada, de origen ucraniano y residente irregular en España en el momento de conocer al demandante, se fue de casa solo 2 meses después de la boda, sin motivo aparente, haciendo entrega a la hija del demandante de las llaves de la casa y del anillo de bodas, manifestándole que le dijera a su padre que se olvidara de ella. Señala la Audiencia que los intentos de la demandada de acreditar una verdadera relación sentimental no son concluyentes, antes al contrario, "prueban únicamente los actos que constituyeron la celada que llevó al demandante a acceder a las pretensiones de la demandada, creyendo realmente que una mujer mucho más joven que él estaba enamorada, abriéndole unas expectativas inusitadas en el crepúsculo de su vida, ilusiones que fueron cruelmente rotas tan pronto esta consiguió su propósito, que le facilitaba a ella y a toda su familia su regularización en España".

Cuestiones relevantes

6. Legitimación activa para ejercitar la acción de nulidad.

En virtud del art. 74 CC, pueden pedir la nulidad del matrimonio por reserva mental, junto al Ministerio Fiscal y a cualquier tercero interesado, tanto el cónyuge engañado como el autor de la misma, el cual sin embargo, si ha existido convivencia conyugal deberá indemnizar al contrayente inocente, conforme a lo dispuesto en el art. 98 CC; y, en cualquier caso, deberá indemnizarle (a nuestro entender con apoyo en el art. 1902 CC) los gastos hechos y las obligaciones contraídas en atención al matrimonio, los cuales quedan inútiles como consecuencia de la nulidad del mismo e, incluso, según la jurisprudencia, el daño moral "que se origina con la frustración de la esperanza de lograr una familia legítimamente constituida" [STS 28 noviembre 1985 (JC 1985, 707)].

2.3. El error

Normativa reguladora

El art. 73.4 CC contempla dos causas de nulidad de matrimonio: de un lado, el error en la identidad de la persona del otro contrayente; de otro, el error "en aquellas cualidades personales que, por su entidad, hubieren sido determinantes de la prestación del consentimiento".

El error en la identidad consiste en la falsa creencia de que el matrimonio que se contrae con cierto y determinado individuo, lo es con otro distinto. Obviamente, dado el sistema de garantías formales con que la ley rodea la celebración del matrimonio, la posibilidad de que en la práctica pueda verificarse tal clase de error es escasa (salvo, quizás, en el contraído por poderes o, también, en el caso de casarse con una persona que tuviera un hermano gemelo).

2.3.1. El error en cualidad personal

Más habitual es el error en cualidad, que ha de recaer sobre cualidades personales del otro contrayente (no sobre las propias de quien lo alega). No son cualidades personales las circunstancias meramente patrimoniales (el denominado "error de fortuna"), ni tampoco aquellas, que, aun siendo personales, tienen un carácter meramente pasajero (por ejemplo, las enfermedades de carácter transitorio, susceptibles de ser curadas a través de un tratamiento médico u operación quirúrgica, o la condena aislada por un delito no doloso, seguido de una posterior rehabilitación del condenado).

Son cualidades personales todas aquellas circunstancias no patrimoniales, de carácter físico, psíquico o jurídico, que sirven para caracterizar a la persona del otro contrayente de modo permanente o estable, y que, existiendo al tiempo de la celebración del matrimonio, actúan como motivo impulsor de la prestación del consentimiento matrimonial de una de las partes.

Para que el error sea relevante ha de ser esencial [STS 1 julio 1987 (JC 1987, 468)], es decir, ha de recaer sobre una cualidad personal, de tal importancia "subjetiva" para quien se equivoca, que, de haber sabido que el otro contrayente no la poseía, no se habría casado con él (por ejemplo, se ignoraba que carecía de capacidad para mantener relaciones sexuales). Pero, además, el art. 73.4 CC exige que se trate de una cualidad de "entidad", en sentido "objetivo", es decir, conforme al sistema de valores generalmente aceptado en la sociedad o en el concreto círculo social de los contrayentes.

Cuestiones relevantes

7. No exigencia del requisito de la excusabilidad del error.
La exigencia de que el error sea esencial y recaiga sobre una cualidad personal de entidad es suficiente para poder pedir la nulidad del matrimonio, sin que deba exigirse, además, el requisito de que el error sea excusable. La exigencia de tal requisito adicional en el ámbito del negocio matrimonial no parece adecuada, pues supondría debilitar en exceso el principio de tutela del consentimiento en favor del principio de responsabilidad.

Jurisprudencia

La jurisprudencia ha considerado como cualidades personales de "entidad", cuya ignorancia es susceptible de dar lugar a la nulidad del matrimonio, la enfermedad psíquica grave [STS 18 septiembre 1989 (*Tol 1732436*)], la impotencia [SAT Valencia 9 mayo 1984 (RGD 1984, p. 2455)], la esterilidad [SAT Palma de Mallorca 23 febrero 1987 (RGD 1988, p. 625)], la errónea creencia de que el hijo que la novia esperaba era propio [SAT Cáceres 18 julio 1987 (RGD 1988, p. 6541), SSAP Álava 27 febrero 1995 (rec. nº 686/1994), Toledo 14 noviembre 2001 (*Tol 140686*) y Madrid 24 mayo 2019 *(Tol 7388024)*], la condena penal [SAT Granada 14 diciembre 1987 (RGD 1988, p. 7468)], la toxicomanía [SAP Palma de Mallorca 18 enero 1993 (RGD 1993, p. 2582)], la inesperada orientación sexual del otro contrayente [SAP Islas Baleares 5 junio 2006 (JUR 2006, 253511)], la existencia de un vínculo matrimonial anterior [SAP Cádiz-Ceuta 4 diciembre 2006 (*Tol 6070206*)], tener los anticuerpos del SIDA [SAP Madrid 10 julio 2007 (*Tol 2039407*)], la pedofilia [SAP Zamora 25 mayo 2018 *(Tol 6701850)*] o el travestismo arraigado [SAP Barcelona 15 enero 2020 *(Tol 7740945)*].

2.3.2. Indemnización por daño moral

Cuando el error haya sido inducido por la conducta dolosa del otro contrayente, si ha habido convivencia, podrá pedirse la indemnización del art. 98 CC, además del resarcimiento por los daños causados al ser inútiles los gastos u obligaciones contraídos en atención al matrimonio proyectado, e, incluso, la reparación del daño moral causado (a nuestro juicio, por la vía del art. 1902 CC).

Jurisprudencia

Las SSAP Toledo 14 noviembre 2001 (*Tol 140686*), Islas Baleares 5 junio 2006 (*Tol 6302962*) y Cádiz-Ceuta 4 diciembre 2006 (*Tol 6070206*) contienen fallos condenatorios a favor del contrayente al que se le ocultaron cualidades personales negativas del otro consorte (que el novio no era el padre del hijo que la novia esperaba, la orientación homosexual del marido o que estaba vinculado por un matrimonio reconocido por autoridades extranjeras).

La SAP Madrid 10 julio 2007 (*Tol 2039407*) condenó al demandado al pago de una indemnización de 30.000 euros, por el daño moral causado a la otra contrayente, a quien había ocultado que, tres años antes de contraer matrimonio, se había sometido a un análisis en el que había dado positivo en el VIH. La nulidad había sido previamente declarada, según parece, por causa de error, al desconocer la demandante el resultado de dicho análisis. El marido desarrolló la enfermedad un mes después de la celebración del matrimonio y, aunque mantuvo relaciones sexuales con su mujer, esta no fue contagiada.

La SAP Madrid 24 mayo 2019 (*Tol 7388024*), en relación a un matrimonio declarado nulo por un Tribunal Eclesiástico, acogió una demanda de resarcimiento del marido a quien la mujer le había hecho creer que el hijo que esperaba era suyo, razón por la cual se había casado con ella, cuando, en realidad, era de otro hombre (un piloto de aviación) con el que había mantenido una relación de noviazgo, que rompió para reanudar la relación con quien posteriormente se acabaría casando (los cónyuges habían sido novios durante cuatro años, interrumpiendo su relación durante unos dos años en los que el marido estuvo en el Seminario). La indemnización se fijó en 50.000 euros, por el daño moral causado "por el profundo dolor y vacío emocional que provocan los hechos que han dado lugar al procedimiento, acompañado de la frustración del proyecto de vida familiar existente" y la circunstancia de que el demandante había mantenido una relación paterno filial con la niña durante casi cuatro años; y en 12.191,42 euros, por daño psico-físico, dado el sufrimiento del marido, que se ha visto obligado a seguir tratamiento psicológico y psiquiátrico y a estar de baja laboral durante 31 días.

2.3.3. Legitimación activa y convalidación del matrimonio

Normativa reguladora

La acción para pedir la nulidad de matrimonio por error, conforme al art. 76.I CC, corresponde, exclusivamente, a quien lo padece, caducando la acción y convalidándose el matrimonio "si los cónyuges hubieran vivido juntos durante un año después de desvanecido el error" (art. 76.II CC).

Jurisprudencia

La SAP Barcelona 15 enero 2020 (*Tol 7740945*) revocó la sentencia recurrida, que había desestimado la pretensión de la mujer de que se declarara nulo el matrimonio celebrado en 1975, por haberle ocultado su marido su travestismo, argumentando el juez de primera instancia (en lo que aquí nos interesa) que, desde que aquel le había confesado en el año 2014 su condición de travesti, "las partes compartieron domicilio, ocio, viajes y relaciones familiares, por lo que ha caducado la acción". Frente a ello, la Audiencia, con carácter general, afirma que la expresión "vivir juntos" del art. 76.II CC "comporta, en el contexto que analizamos, que, conocida la cualidad personal anteriormente ocultada y ahora revelada, tal cualidad se admite y acepta por el otro consorte y prosigue la convivencia marital"; y añade que, para "que la vida en común suponga una suerte de convalidación tácita, debe quedar suficientemente acreditado que tal vida en común, como la propia del matrimonio, se ha llevado a cabo (carga de la prueba que corresponde a quien alega la excepción de caducidad)". Respecto del caso concreto enjuiciado, dice que "no hay vida conjunta sino a lo sumo un intento de reconciliación", "ni por el hecho de haber intentado ambos litigantes solucionar sus crisis personales o de pareja (más aguda en la esposa tras la confesión), ni por el hecho de que, frente a sus familiares más directos (hijas y nietos), para no perjudicarlos y en el ámbito social hubieran aparentado (incluso en interés del esposo y de su derecho al libre desarrollo de su personalidad como travesti) una normalidad" (conviviendo en el mismo domicilio).

2.4. Coacción o miedo grave

Además del error, según el art. 73.5° CC, es causa de nulidad del matrimonio la coacción o miedo grave.

Cuestiones relevantes

8. Prohibición de matrimonios forzados.

Esta causa de nulidad hay que ponerla en conexión con la prohibición de matrimonios forzados, que, si bien son admisibles en la tradición cultural islámica (en la que se insertan numerosos inmigrantes venidos en tiempos recientes a nuestro país), sin embargo, no pueden ser aceptados en España, por ser contrarios al orden público, al lesionar la libertad, valor superior del ordenamiento jurídico español (art. 1.1. CE), el principio constitucional de libre desarrollo de la personalidad (art. 10.1 CE) y el derecho a contraer matrimonio (art. 32.1 CE), que, como afirman el art. 16.2 de la Declaración Universal de los Derechos Humanos y el art. 23.3 del Pacto Internacional de Derechos Civiles y Políticos de Nueva York, "no podrá celebrarse sin el libre y pleno consentimiento de los contrayentes".

De ahí que el Artículo Único.90 de la Ley Orgánica 1/2015, de 15 de marzo haya establecido el delito de matrimonios forzados (como una modalidad del de coacciones), en el art. 173 *bis* CP, cuyo núm. 1, establece que "El que con intimidación grave o violencia compeliere a otra persona a contraer matrimonio será castigado con una pena de prisión de seis meses a tres años y seis meses o con multa de doce a veinticuatro meses, según la gravedad de la coacción o de los medios empleados", añadiendo, en su núm. 2: "La misma pena se impondrá a quien, con la finalidad de cometer los hechos a que se refiere el apartado anterior, utilice violencia, intimidación grave o engaño para forzar a otro a abandonar el territorio español o a no regresar al mismo".

Hay, además, que tener en cuenta, que, si mediare un beneficio económico para los padres que imponen al menor el matrimonio forzoso o a quien se casa con él, estaríamos ante un delito de trata de seres humanos, a tenor del art. 177 *bis* letra e), introducida por el art. único.94 de la Ley Orgánica 1/2015, de 30 de marzo. Tal sería, por ejemplo, el caso de que hubiera mediado una dote.

Por coacción parece que hay que entender lo que el art. 1266.I CC llama "violencia", que tiene lugar "cuando para arrancar el consentimiento se emplea una fuerza irresistible", es decir, cuando se emplea un medio contra el que no cabe oposición posible, de manera que, más que viciar el consentimiento, en sentido estricto, lo excluye. Dada la forma que acompaña la celebración del matrimonio, es un supuesto que raramente se dará en la práctica (por ejemplo, el padre de la novia, ante la pregunta del celebrante de si quiere contraer matrimonio y, sin que este lo advierta, le mueve la cabeza para que haga una señal de asentimiento).

En cambio, el miedo parece ser el resultado de una intimidación, esto es, de una amenaza, objetivamente seria, de sufrir un daño inminente y grave en la persona o bienes de quien lo sufre o en los de sus allegados. Por lo tanto, se trata de una conducta que provoca un estado de temor, que, si bien no excluye la voluntad, no obstante, impide que esta se forme libremente. La "gravedad" del miedo hay que entenderla en el sentido de que, de no haber mediado la amenaza, no se hubiera prestado el consentimiento para casarse.

Jurisprudencia

La SAP Barcelona 13 enero 2004 (*Tol 7603608*) consideró que no existieron la coacción ni el miedo grave que adujo la mujer demandante como causa de nulidad matrimonial, y ello porque "Falta aquella presión psicológica inmediata o continuada y sin posibilidad de respuesta en la actora, que limase su verdadera voluntad".

La SAP Barcelona 27 abril 2005 *(Tol 637823)*, desatendió la petición de la mujer de que se declarara la nulidad matrimonial, con base, entre otras causas de nulidad alegadas, en la concurrencia de coacción y miedo grave derivados del maltrato psíquico y físico que decía padecer con anterioridad a la celebración del matrimonio. La Audiencia consideró que la existencia de malos tratos no había quedado suficientemente probada, "siendo significativo la ausencia de denuncia al respecto".

Al igual que sucede en el ámbito de los contratos, hay que excluir la relevancia invalidante del denominado temor reverencial "de desagradar a las personas a las que se debe sumisión y respeto" (art. 1267.IV CC), por ejemplo, a los padres.

Jurisprudencia

La SAP Madrid 26 mayo 1998 (Sec. 22ª, rec. 219/1998) desestimó la demanda de nulidad del matrimonio contraído por un contrayente de avanzada edad, con una mujer más joven. El demandante alegaba que su voluntad no había sido la de contraer matrimonio, sino que lo que "quería era tener una asistenta", y que solo había consentido en celebrar el matrimonio por la amenaza de la demandada de abandonarlo en su deteriorado estado de salud, sin que ella misma tampoco tuviera ninguna intención de casarse, utilizando el matrimonio como "un medio para el fin principal, el dinero". La Audiencia no estimó probada la existencia de una simulación o, más bien, de una doble reserva mental conocida por ambos, rechazando, además, que la amenaza, no acreditada, de ser abandonado por la demandada "si no contraían matrimonio lo antes posible", pudiera dar lugar a la nulidad por la vía del art. 73.5º CC, al no tener una influencia decisiva en orden a la prestación del consentimiento matrimonial, ya que los cuidados que aquella le prestaba "podían ser desempeñados por otras personas en régimen de arrendamientos de servicios".

La acción para pedir la nulidad por coacción o miedo grave, corresponde, exclusivamente, al cónyuge que la haya sufrido, caducando la acción y convalidándose el matrimonio, si los cónyuges hubieran vivido juntos durante un año, después de haber cesado "la fuerza o la causa del miedo".

2.5. Los defectos de capacidad

Normativa reguladora

Según se deduce del art. 73.2º CC, son causas de nulidad los defectos de capacidad de los contrayentes, esto es, la concurrencia en ellos de alguno de los impedimentos matrimoniales previstos en los arts. 46 y 47 CC (edad, ligamen, parentesco o crimen); y ello, siempre que dichos impedimentos (siendo posible) no hayan sido previamente dispensados judicialmente, con justa causa y a instancia de parte, mediante resolución previa dictada en expediente de jurisdicción voluntaria (recuérdese que tras la reforma de 2015 solo son dispensables el de parentesco de grado tercero entre colaterales y el de crimen), o no sean posteriormente dispensados por la autoridad judicial, ya que dicha dispensa posterior, que solo es posible si la nulidad no ha sido pedida judicialmente por alguna de las partes, convalidaría el matrimonio desde su celebración (art. 48 CC, en la redacción dada al precepto por la disposición final primera, 2, de la Ley 15/2015, de 2 de julio).

Jurisprudencia

La RDGRN 25 enero 2003 (RAJ 2003, 2596) señala que "Como está prohibido el matrimonio de los menores de edad no emancipados (*cfr.* art. 46 CC), el matrimonio en cuestión es, en principio, nulo y no inscribible, a salvo que la interesada obtenga la dispensa ulterior de edad que concede en primera instancia el Juez Encargado del Registro Civil del domicilio (*cfr.* arts. 48 y 365 RRC)".

Normativa reguladora

El art. 75 CC, por otra parte, establece una norma especial de legitimación para pedir la nulidad del matrimonio, en el caso de matrimonio celebrado concurriendo el impedimento de edad. En su párrafo primero afirma que "Si la causa de nulidad fuere la falta de edad, mientras el contrayente sea menor solo podrá ejercitar la acción cualquiera de sus padres, tutores o guardadores y, en todo caso, el Ministerio Fiscal". En cambio, según el párrafo segundo del precepto, "Al llegar a la mayoría de edad solo podrá ejercitar la acción el contrayente menor, salvo que los cónyuges hubieren vivido juntos durante un año después de alcanzada aquella" [RDGRN 8 noviembre 1991 (RAJ 1991, 9673)].

2.6. Los defectos de forma

Siendo el matrimonio un negocio jurídico formal, es evidente que la falta de observancia de las solemnidades establecidas para su celebración debiera comportar la nulidad del mismo. Sin embargo, lo cierto es que el legislador matiza tan rigurosa consecuencia.

Normativa reguladora

Así, el art. 78 CC establece que "El Juez no acordará la nulidad de un matrimonio por defecto de forma, si al menos uno de los cónyuges lo contrajo de buena fe, salvo lo dispuesto en el número 3 del artículo 73", precepto este, según el cual (en la redacción dada por la disposición final primera, 16, de la Ley 15/2015) "es nulo el matrimonio que se contraiga sin la intervención del Juez de Paz, Alcalde o Concejal, Secretario judicial (actualmente, Letrado de la Administración de Justicia), Notario o funcionario ante quien deba celebrarse, o sin la de los testigos".

Sin embargo, conforme al art. 53 CC, la validez del matrimonio no quedará afectada por "la incompetencia o falta de nombramiento del Juez de Paz, Alcalde, Concejal, Secretario Judicial, Notario o funcionario ante quien se celebre, siempre que al menos uno de los cónyuges hubiera procedido de buena fe y aquellos ejercieran sus funciones públicamente".

3. EFECTOS DE LA DECLARACIÓN DE NULIDAD

La declaración de nulidad del matrimonio, desde un punto de vista estrictamente dogmático, debería suponer la desaparición de todos los efectos producidos desde el momento de su celebración. Pero lo cierto es que, dada la especial naturaleza de la relación matrimonial, que implica a los contrayentes en una plena comunidad de vida e, inevitablemente, se proyecta sobre los hijos, el legislador ha matizado tan drástica consecuencia a través de la institución del matrimonio putativo, regulada en el art. 79 CC.

Normativa reguladora

A tenor del párrafo primero del art. 79 CC, "La declaración de nulidad del matrimonio no invalidará los efectos ya producidos respecto de los hijos y del contrayente o contrayentes de buena fe", precisando el párrafo segundo del mismo que "La buena fe se presume". Por lo tanto, la declaración de nulidad no convierte en extramatrimoniales los hijos nacidos dentro del matrimonio invalidado.

En el plano de la realidad práctica la nulidad produce consecuencias patrimoniales específicas, que no tienen lugar en los supuestos de divorcio.

a) La sentencia de nulidad, a diferencia de la de divorcio (art. 97 CC), no origina la obligación de pagar (en su caso) una pensión por desequilibrio económico, sino la de abonar una indemnización, la cual se satisfará al contrayente de buena fe, siempre que haya existido convivencia conyugal, en atención a las circunstancias previstas en el art. 97 (art. 98 CC).

Jurisprudencia

La STS 10 marzo 1992 (*Tol 1654788*) precisa que no existirá derecho a indemnización cuando concurra la buena fe de ambos "cónyuges", produciéndose en tal hipótesis "una compensación de ambas pretensiones conforme al art. 1195"; tampoco, según la referida sentencia, cuando exista mala fe de ambos "cónyuges", caso en el que la indemnización "carece de toda razón de ser y consistencia" (tal sería el supuesto de la simulación).

b) La sentencia de nulidad que declara la mala fe de uno solo de los contrayentes atribuye al de buena fe la facultad de optar por la liquidación del régimen económico matrimonial con arreglo a las normas del régimen de participación y el de mala fe perderá el derecho a participar en las ganancias de su consorte (arts. 95.II y 1395 CC, respecto del régimen de sociedad de gananciales, y arts. 95.II y 1415 CC, respecto del régimen de participación).

c) A los efectos de revocación de las donaciones por razón de matrimonio otorgadas por terceros, se reputa incumplimiento de cargas la nulidad fundada en cualquiera de las causas establecidas en el art. 73 CC (art. 1343.II CC).

El art. 1343.II CC añade que también se considera "incumplimiento de cargas" la separación y el divorcio "si al cónyuge donatario le fueren imputables, según la sentencia, los hechos que los causaron". Sin embargo, y tras la entrada en vigor de la Ley 15/2005, de 8 de julio, el precepto ha quedado vacío de contenido, debiéndose deducir así de una interpretación sistemática del Código Civil, en tanto en cuanto la separación y el divorcio ya no son causales, sino libres.

ESQUEMA

CAUSAS DE NULIDAD

1. Falta de capacidad natural de entender y de querer. 2.1.2. La simulación. 2.1.2.1. La prueba de la simulación
2. La reserva mental
3. El error
4. Coacción o miedo grave
5. Los defectos de capacidad
6. Los defectos de forma

EFECTOS DE LA DECLARACIÓN DE NULIDAD

3 La separación y el divorcio

José Ramón de Verda y Beamonte[1]

1. CONSIDERACIONES PRELIMINARES

Las crisis matrimoniales pueden ser resueltas jurídicamente a través de tres cauces: la nulidad, la separación y el divorcio.

a) La nulidad es una sanción jurídica ante un matrimonio que tiene su origen en un acto imperfecto (en el que concurre alguna de las causas previstas en el art. 73 CC) y, que, una vez constatada judicialmente, da lugar a la declaración de invalidez del matrimonio, que, por lo tanto, nunca habrá existido, ni desplegado propiamente sus efectos jurídicos típicos (dejando a salvo lo ya dicho al hablar del matrimonio putativo).

b) La separación legal no cuestiona la validez del matrimonio y, a diferencia del divorcio, tampoco lo disuelve, afectando, exclusivamente, a sus efectos, en particular, a la obligación de convivencia de los casados, que queda suspendida, cesando, además, "la posibilidad de vincular bienes del otro cónyuge en el ejercicio de la potestad doméstica" (art. 83.I CC) (exceptuándose, así, lo previsto en el art. 1319.I CC); y dando lugar a la extinción automática de la sociedad de gananciales (art. 1392.3º CC).

---

1 CU, Derecho civil, Universidad de Valencia.

Cuestiones relevantes

1. No son estas las únicas consecuencias jurídicas que produce la separación, sino las exclusivas de la separación legal, teniendo lugar desde la firmeza de la sentencia o del decreto que la declare o desde el momento del otorgamiento de la escritura pública en la que ambos cónyuges manifiesten su voluntad inequívoca de separarse (art. 83.II CC, redactado por la disposición final primera, 19, de la Ley 15/2015, de 2 de julio, de Jurisdicción Voluntaria). Junto a ellas, existen otras **consecuencias que surgen por la mera separación de hecho de los cónyuges, suficientemente probada**, como son la cesación de la presunción de paternidad del marido (en los términos previstos en el art. 116 CC), la pérdida de los derechos legitimarios propios del cónyuge viudo (art. 834 CC) o la exclusión del llamamiento a la herencia del cónyuge premuerto, en defecto de descendientes y ascendientes, en la sucesión intestada del mismo (art. 945 CC).

c) El divorcio, al igual que la muerte o la declaración de fallecimiento, no se limita a suspender los efectos del matrimonio, sino que lo disuelve (art. 85 CC). Es, pues, clara la diferencia del divorcio, no solo con la separación, sino también con la nulidad: el divorcio produce la extinción sobrevenida de un vínculo matrimonial válido, que habrá existido y producido sus efectos típicos hasta el momento en que tenga lugar.

Cuestiones relevantes

2. El divorcio produce sus efectos desde la firmeza de la sentencia o decreto que lo declara o desde el momento del otorgamiento de la escritura pública en el que ambos cónyuges manifiestan su voluntad inequívoca de divorciarse, aunque no perjudica a terceros de buena fe, sino a partir de la fecha de su inscripción en el Registro Civil (art. 89 CC, redactado por la disposición final primera, 22, de la Ley 15/2015, de 2 de julio, de Jurisdicción Voluntaria).

El divorcio, llevado a cabo en cualquiera de las tres modalidades descritas, **provoca la extinción definitiva del matrimonio** y la pérdida de la condición de cónyuge, por lo que la reconciliación posterior "no produce efectos legales, si bien los divorciados podrán contraer entre sí nuevo matrimonio" (art. 88.II CC).

Por el contrario, **dado que la separación no disuelve el matrimonio, la reconciliación posterior de los cónyuges (que siguen estando casados) "deja sin efecto" sus consecuencias legales típicas** (recobra, pues, su vigencia la obligación de convivencia o la posibilidad de vincular bienes del otro en el ejercicio de la potestad doméstica), "pero ambos cónyuges separadamente deberán ponerlo en conocimiento del Juez que entienda o haya entendido en el litigio" (art. 84.I CC). Según el art. 84.II CC (redactado por la disposición final primera, 20, de la Ley 155/2015), cuando la separación legal hubiere tenido lugar "sin intervención judicial" (tras la reforma de 2015, ello es posible), "la reconciliación deberá formalizase en escritura pública o acta de manifestaciones". El art. 84.III CC (introducido la disposición final primera, 20, de la Ley 15/2015) establece que "La reconciliación deberá inscribirse, para su eficacia frente a terceros, en el Registro Civil correspondiente".

2. CAUSAS

La Ley 15/2005, de 8 de julio, reformó radicalmente las causas de separación y divorcio (reforma que permanece hasta nuestros días); y ello, en un doble sentido:

a) En primer lugar, las asimiló, con lo que privó a la separación de importancia práctica (si los motivos que permiten separarse o divorciarse son los mismos, los cónyuges que atraviesan una crisis matrimonial grave suelen acudir directamente al divorcio, sin pasar antes por una fase previa de separación).

b) En segundo lugar, por aplicación del principio de libre desarrollo de la personalidad, estableció como única causa de separación y divorcio la mera voluntad de ambos cónyuges o de uno solo de ellos de no querer seguir conviviendo o de continuar casados (sin atribuir, pues, ninguna significación al posible incumplimiento de las obligaciones conyugales, ni exigir la acreditación de un período mínimo de cesación de la convivencia conyugal, como ocurría antes de la reforma), estableciendo, sin embargo, un límite temporal de tres meses desde la celebración del matrimonio para poder interponer la demanda de separación o divorcio (salvo que la misma sea presentada por uno solo de los cónyuges y mediasen malos tratos, en cuyo caso no será necesario esperar al transcurso de dicho plazo).

Cuestiones relevantes

3. Este **límite temporal de** los **tres meses**, así como la excepción al mismo derivada de los malos tratos, persiste tras la reforma de 2015 en el vigente art. 81 CC (al que se remite el art. 86 CC, no reformado en el 2015) para la separación o el divorcio judicial. El mismo límite de los tres meses se aplica a la separación o divorcio extrajudicial (ante Secretario Judicial, hoy Letrado de la Administración de Justicia, o Notario), aunque en este caso, sin excepción ninguna, sin duda, pensando en que, si el Letrado de la Administración de Justicia o Notario son sabedores de la existencia de malos tratos, lo que deben hacer es efectuar la oportuna denuncia (art. 82 CC redactado por la disposición final primera, 18, de la Ley 15/2015).

3. CLASES DE SEPARACIÓN Y DIVORCIO

Tras la reforma operada por la Ley 15/2015, de 2 de julio, de Jurisdicción Voluntaria (es este uno de los aspectos más llamativos de la misma por cuanto concierne al Derecho de familia) la separación y el divorcio puede ser judicial o extrajudicial (ante Letrado de la Administración de Justicia o ante Notario).

3.1. *Judicial*

La separación o el divorcio judiciales, que tradicionalmente han sido los únicos admitidos en orden a producir la suspensión legal o la extinción de las obligaciones conyugales, son ahora simplemente una clase de separación legal o de divorcio (pero no las únicas); según resulta del nuevo art. 81.I CC (al que se remite el art. 86 CC, no reformado en 2015) solo es preceptivo acudir a ellas, cuando "existan hijos menores no emancipados o hijos mayores respecto de los que se hayan establecido judicialmente medidas de apoyo atribuidas a sus progenitores"; por lo tanto, fuera de estos casos, los cónyuges, de mutuo acuerdo, pueden separase o divorciarse extrajudicialmente, de modo que el recurso a la vía judicial es meramente optativo. La separación y el divorcio judiciales se regulan por los arts. 769 y ss. LEC.

Cuestiones relevantes

4. La acción de separación o divorcio es personal de los cónyuges: son ellos quienes deberán interponer la demanda. En coherencia con esta idea, el art. 88.I CC precisa que "La acción de divorcio se extingue por la muerte de cualquiera de los cónyuges". En su momento, la jurisprudencia admitió que en casos excepcionales la demanda de separación o divorcio pudiera ser interpuesta por el representante legal de un cónyuge incapacitado en nombre de este, cuando no pudiera hacerlo por sí mismo y así conviniera a la defensa de sus intereses, por exigencia del derecho fundamental a la tutela judicial efectiva. *Vid.* en este sentido STC 311/2000, de 18 de diciembre *(Tol 81734)*, y STS (Pleno) 21 septiembre 2011 *(Tol 2248621)*.

A su vez, la separación o el divorcio judiciales pueden ser, de mutuo acuerdo o contencioso.

a) Serán de mutuo acuerdo, cuando la demanda en que se solicitan sea presentada por ambos cónyuges o por uno de ellos, con el consentimiento del otro, una vez transcurridos tres meses desde la celebración del matrimonio, en cuyo caso deberá acompañarse a la misma una propuesta de convenio regulador de los efectos de la separación o divorcio, la cual será aprobada por el Juez (principio de autonomía privada), salvo que sea dañosa para los hijos o gravemente perjudicial para uno de los cónyuges (arts. 81.1°, 86 y 90.2 CC).

Cuestiones relevantes

5. El art. 90.1 CC establece el **contenido mínimo de la propuesta de convenio regulador,** que, al menos, debe referirse a los siguientes extremos: "a) El cuidado de los hijos sujetos a la patria potestad de ambos, el ejercicio de esta y, en su caso, el régimen de comunicación y estancia de los hijos con el progenitor que no viva habitualmente con ellos. b) Si se considera necesario, el régimen de visitas y comunicación de los nietos con sus abuelos, teniendo en cuenta, siempre, el interés de aquellos. c) La atribución del uso de la vivienda y ajuar familiar. d) La contribución a las cargas del matrimonio y alimentos, así como sus bases de actualización y garantías en su caso. e) La liquidación, cuando proceda, del régimen económico del matrimonio. f) La pensión que conforme al artículo 97 correspondiere satisfacer, en su caso, a uno de los cónyuges".

La Ley 17/2021, de 15 de diciembre, ha introducido una nueva letra b) *bis* en el art. 90.1 CC, conforme a la cual también forma parte del contenido mínimo del convenio regulador "El destino de los animales de compañía, en caso de que existan, teniendo en cuenta el interés de los miembros de la familia y el bienestar del animal; el reparto de los tiempos de convivencia y cuidado si fuere necesario, así como las cargas asociadas al cuidado del animal", previendo el art. 90.2.II CC, introducido por la misma Ley que, si los acuerdos "fueran gravemente perjudiciales para el bienestar de los animales de compañía, la autoridad judicial ordenará las medidas a adoptar, sin perjuicio del convenio aprobado".

Conforme al art. 90.2.III CC, "Si las partes proponen un régimen de visitas y comunicación de los nietos con los abuelos, el juez podrá aprobarlo previa audiencia de los abuelos en la que estos presten su consentimiento. La denegación de los acuerdos habrá de hacerse mediante resolución motivada y en este caso los cónyuges deberán someter, a la consideración del juez, nueva propuesta para su aprobación, si procede".

b) Por el contrario, serán contenciosos, cuando la demanda sea interpuesta por uno solo de los cónyuges, sin el consentimiento del otro, exigiéndose también que la presentación de la demanda tenga lugar, una vez transcurridos tres meses desde la celebración del matrimonio, plazo de tiempo que, sin embargo, no se exige "cuando se acredite la existencia de un riesgo para la vida, la integridad física, la libertad, la integridad moral o libertad e indemnidad sexual del cónyuge demandante o de los hijos de ambos o de cualquiera de los miembros del matrimonio" (art. 81.2° CC). En caso de separación o de divorcio contenciosos, no se adjuntará, lógicamente, convenio regulador (que presupone el acuerdo de las partes), sino que el demandante presentará una "propuesta fundada" de las medidas que hayan de regular los efectos de la separación o del divorcio (art. 81.2º.II y 86 CC), de la cual se dará traslado a la parte demandada para que pueda contestar a la misma, decidiendo el Juez lo que proceda, de no existir acuerdo de los cónyuges (art. 90.3 CC).

3.2. Extrajudicial

La separación o el divorcio extrajudiciales, regulados en el art. 82 CC (reformado, primero, por la Ley 15/2015, y, después, por la Ley 8/2021), solo son posibles, cuando no "existan hijos menores no emancipados o hijos mayores respecto de los que se hayan establecido judicialmente medidas de apoyo atribuidas a sus progenitores", en cuyo caso, una vez transcurridos tres meses desde la celebración del matrimonio, de mutuo acuerdo *(no caben separaciones o divorcios extrajudiciales* contenciosos), aquellos podrán manifestar su "voluntad inequívoca" de separarse o de divorciarse, bien en una propuesta de convenio regulador presentada ante el Letrado de la Administración de Justicia, bien en una escritura pública otorgada ante Notario.

Cuestiones relevantes

6. Dichos documentos (propuesta de convenio regulador o escritura pública) habrán de incluir, lógicamente, las medidas que regularán los efectos de su separación o divorcio, respetando el contenido mínimo exigido por el art. 90 CC para los convenios reguladores que deben presentarse en la separación o divorcio judiciales realizadas de mutuo acuerdo (art. 82.1º).

El Letrado de la Administración de Justicia y el Notario deben examinar el **contenido de los acuerdos de los cónyuges** (del mismo modo que lo hace el Juez antes de homologar el convenio regulador) y, si "éstos considerasen que, a su juicio, alguno de ellos pudiera ser dañoso o gravemente perjudicial para uno de los cónyuges o para los hijos mayores o menores emancipados afectados, o gravemente perjudiciales para el bienestar de los animales de compañía, lo advertirán a los otorgantes y darán por terminado el expediente. En este caso, los cónyuges solo podrán acudir ante el Juez para la aprobación de la propuesta de convenio regulador" (art. 90.2.IV CC, en la redacción dada al precepto por la Ley 8/2021).

El art. 82.1º.II CC, en orden a proteger adecuadamente los intereses de los cónyuges que acuden a esta vía extrajudicial, exige que los mismos presten su consentimiento para separarse o divorciarse (así como a las medidas que regularán los efectos de su separación o divorcio) ante Letrado de la Administración de Justicia o Notario, asistidos por un Letrado en ejercicio (que, por supuesto, puede ser el mismo para ambos); además, deben intervenir en el otorgamiento "de modo personal", lo que parece excluir que aquellos puedan actuar por medio de apoderado (o mediante mandatario verbal, ratificando posteriormente lo hecho por él): creo que lo que se pretende por la norma es que ambos cónyuges concurran a su separación o divorcio personalmente, de forma conjunta y debidamente asesorados desde un punto de vista legal.

Así mismo, según el mismo precepto, "los hijos mayores o menores emancipados deberán otorgar el consentimiento ante el Letrado de la Administración de Justicia o Notario respecto de las medidas que les afecten por carecer de ingresos propios y convivir en el domicilio familiar". Parece, pues, que, si no consienten, no habrá separación o divorcio extrajudicial: se trata de evitar que sus progenitores puedan llegar a acuerdos que les perjudiquen, privándoles de su necesario sustento, por ejemplo, por no prever a su favor una pensión de alimentos, cuando objetivamente la necesiten para subsistir.

Los efectos de la separación o del divorcio extrajudiciales se producirán desde la firmeza del decreto que los declare (dictado por el Letrado de la Administración de Justicia) o desde la manifestación del consentimiento de ambos cónyuges otorgado en escritura pública (si optan por acudir a la vía notarial), debiéndose remitir testimonio del decreto (en el primer caso) o copia de la escritura pública (en el segundo caso) al Registro Civil para su inscripción, sin que, hasta que la misma se produzca queden perjudicados los terceros de buena fe (arts. 83.II y 89 CC, en la redacción por la disposición final primera, 19 y 22, de la Ley 15/2015).

Cuestiones relevantes

7. Tras la reforma de 2015 se ha dado, pues, un paso más en la "personalización" del matrimonio, reconociéndose dos **nuevos negocios jurídicos de Derecho de familia** orientados, no ya a la constitución de un estado civil, como es el caso del matrimonio, sino a la suspensión de los efectos de las obligaciones que lo integran (separación) o a la extinción del estado civil de casado (divorcio): eso sí, dichos negocios jurídicos exigen para su validez la intervención de Letrado de la Administración de Justicia o de Notario: en el primer caso, se estará a lo dispuesto en el art. 777.10° LEC; y, en el segundo, a lo previsto en el art. 54 LN (preceptos ambos, cuya redacción actual se debe a la Ley 15/2015).

4. EFECTOS COMUNES A LA NULIDAD SEPARACIÓN Y DIVORCIO

Normativa reguladora

Más allá de sus efectos específicos, la separación y el divorcio producen una serie de efectos comunes, regulados en los arts. 90 y ss. CC.

Dichos preceptos son también aplicables a la nulidad, con la salvedad de lo dispuesto en los arts. 97 y ss. CC sobre la pensión compensatoria, que solo se refieren a la separación y al divorcio, pues la nulidad, en su caso, dará lugar a la indemnización prevista en el art. 98 CC, en los términos explicados en el capítulo correspondiente.

Estos efectos comunes se producen, bien por ministerio de la ley, bien como consecuencia de una resolución judicial, que puede recaer en distintas fases del procedimiento.

Así mismo, dichos efectos, tras la reforma operada por la Ley 15/2015, pueden producirse como consecuencia del Decreto del Letrado de la Administración de Justicia o de la manifestación de los cónyuges en escritura pública notarial, en los casos de separación o de divorcio extrajudiciales.

4.1. *Efectos producidos por ministerio de la Ley*

Hay un tipo de efectos (totalmente ajenos a la separación o al divorcio extrajudiciales) que se producen automáticamente, esto es, por ministerio de la Ley (sin necesidad de que las partes los soliciten y de que una resolución judicial los establezca), como consecuencia de la mera presentación de una demanda de nulidad, separación o divorcio.

Normativa reguladora

Dichos efectos, establecidos en el art. 102 CC, son los siguientes:

"1.º Los cónyuges podrán vivir separados y cesa la presunción de convivencia conyugal.

2.º Quedan revocados los consentimientos y poderes que cualquiera de los cónyuges hubiera otorgado al otro.

Asimismo, salvo pacto en contrario, cesa la posibilidad de vincular los bienes privativos del otro cónyuge en el ejercicio de la potestad doméstica".

"A estos efectos —continúa diciendo el precepto—, cualquiera de las partes podrá instar la oportuna anotación en el Registro Civil y, en su caso, en los de la Propiedad y Mercantil".

4.2. *Las medidas provisionales*

Las llamadas medidas "provisionales" (también ajenas a la separación o el divorcio extrajudiciales, pues presuponen la interposición de una demanda) se acuerdan al inicio del procedimiento judicial; y ello, porque hay temas de tal importancia, que han de ser resueltos mientras se tramita el juicio, sin poder esperar a la sentencia firme de nulidad, separación o divorcio, con el que el mismo concluya. Entre otras cosas, habrá que decidir con qué progenitor se quedan los hijos menores de edad, el régimen de visitas del progenitor no custodio, quién continúa en el uso de la vivienda familiar o la contribución de cada uno de los cónyuges a las cargas del matrimonio.

Normativa reguladora

Conforme al art. 103 CC, el Juez, tras admitir la demanda, decidirá sobre estos puntos (así como sobre otros contemplados en el precepto), teniendo en cuenta los acuerdos de las partes y, en caso de no existir dichos acuerdos o de no aprobarlos, previa audiencia de las mismas. Estas "medidas provisionales" podrán ser confirmadas o modificadas por las "definitivas", esto es, por las establecidas en la sentencia firme con la que concluya el procedimiento (art. 106.I CC).

Cuestiones relevantes

8. También, a tenor de la nueva medida 1ª bis, introducida en el art. 103 CC por la Ley 8/2021, habrá que "Determinar, atendiendo al interés de los miembros de la familia y al bienestar del animal, si los **animales de compañía** se confían a uno o a ambos cónyuges, la forma en que el cónyuge al que no se hayan confiado podrá tenerlos en su compañía, así como también las medidas cautelares convenientes para conservar el derecho de cada uno".

Cuestiones relevantes

9. Además de las "**medidas** provisionales" existen las llamadas "**provisionalísimas**", cuyo contenido coincide con el de aquellas, pero que pueden ser solicitadas antes de iniciarse el juicio por el cónyuge que se proponga demandar la nulidad, separación o divorcio, las cuales, sin embargo, "solo subsistirán si, dentro de los treinta días siguientes a contar desde que fueron inicialmente adoptadas, se presenta la demanda ante el Juez o Tribunal competente" (art. 104 CC).

4.3. Las medidas definitivas

Se llaman "medidas definitivas" a las que dicta el juez al terminar el juicio de nulidad, separación o divorcio, modificando o sustituyendo las "provisionales", adoptadas al inicio del procedimiento.

Normativa reguladora

A ellas se refiere el art. 91.I CC (cuya redacción actual obedece a la Ley 17/2021), según el cual "En las sentencias de nulidad, separación o divorcio, o en ejecución de las mismas, la autoridad judicial, en defecto de acuerdo de los cónyuges o en caso de no aprobación del mismo, determinará conforme a lo establecido en los artículos siguientes las medidas que hayan de sustituir a las ya adoptadas con anterioridad en relación con los hijos, la vivienda familiar, el destino de los animales de compañía, las cargas del matrimonio, liquidación del régimen económico y las cautelas o garantías respectivas, estableciendo las que procedan si para alguno de estos conceptos no se hubiera adoptado ninguna".

La Ley 8/2021 ha añadido un párrafo II al precepto del siguiente tenor: "Cuando al tiempo de la nulidad, separación o divorcio existieran hijos comunes mayores de dieciséis años que se hallasen en situación de necesitar medidas de apoyo por razón de su discapacidad, la sentencia correspondiente, previa audiencia del menor, resolverá también sobre el establecimiento y modo de ejercicio de éstas, las cuáles, en su caso, entrarán en vigor cuando el hijo alcance los dieciocho años de edad. En estos casos la legitimación para instarlas, las especialidades de prueba y el contenido de la sentencia se regirán por lo dispuesto en la Ley de Enjuiciamiento Civil acerca de la provisión judicial de medidas de apoyo a las personas con discapacidad".

Estas medidas "podrán ser modificadas judicialmente o por nuevo convenio aprobado por el Juez, cuando así lo aconsejen las nuevas necesidades de los hijos o el cambio de las circunstancias de los cónyuges" (art. 90.3.I CC). "Asimismo, podrá modificarse el convenio o solicitarse modificación de las medidas sobre los animales de compañía si se hubieran alterado gravemente sus circunstancias" (art. 90.3.II CC, introducido por la Ley 17/2021).

Cuestiones relevantes

10. Hay que tener en cuenta que la contraposición entre medidas "provisionales" y "definitivas", coincidiendo con dos fases consecutivas del procedimiento judicial (inicio y final del mismo) no es aplicable en la vía extrajudicial, pues en ella no cabe que el Letrado de la Administración de Justicia o el Notario establezcan una regulación provisional de los efectos que deban regir las relaciones entre los cónyuges hasta el momento de la firmeza del Decreto o del otorgamiento de la escritura pública notarial de separación o de divorcio.

En este caso, solo es posible la **adopción de medidas definitivas en el Decreto o escritura notarial**, confirmando las incluidas por los cónyuges en el convenio regulador presentado al Letrado de la Administración de Justicia o las acordadas ante Notario, siempre que —como ya he dicho anteriormente— no consideren que alguno de los acuerdos sea "dañoso o gravemente perjudicial para uno de los cónyuges o para los hijos mayores o menores emancipados afectados", pues, en tal caso, lo advertirán a los otorgantes y darán por terminado el expediente". "Desde la aprobación del convenio regulador o el otorgamiento de la escritura pública, podrán hacerse efectivos los acuerdos por la vía de apremio" (art. 90.2 CC).

Las medidas que hubieran sido convenidas ante el Letrado de la Administración de Justicia o en escritura pública podrán ser modificadas por un nuevo acuerdo, sujeto a los mismos requisitos exigidos en este Código (art. 90.3 CC).

Para que pueda llevarse a cabo la modificación de las medidas establecidas (sea en proceso contencioso o de mutuo acuerdo) será necesario que el cambio sobrevenido de circunstancias (en relación con las que fueran tenidas en cuenta para establecerlas) sea:

Jurisprudencia

Como observa la SAP Málaga 18 diciembre 2015 *(Tol 5795554)*, a estos efectos, es "indiferente que la situación anterior haya sido convenida anteriormente mediante concierto de voluntades plasmada en convenio regulador de la separación o el divorcio, o bien impuesta judicialmente, porque de lo que se trata es de calibrar si se han producido variaciones o modificaciones sustanciales que hagan necesario un replanteamiento de las prestaciones, sin que deba darse mayor valor a lo convenido entre las partes, por carecer de justificación".

a) "Sustancial" (arts. 90.3 CC y 775.1 LEC), es decir, que tengan una importancia, "tanto cualitativa como cuantitativamente" [SAP Málaga 8 junio 2017 *(Tol 6543129)*], de modo que supongan "un cambio profundo respecto de la situación anterior" [SAP Salamanca 28 diciembre 2016 *(Tol 5947771)*], "al proyectarse sobre una realidad netamente dispar de aquella originaria, lo que impide, en justicia y equidad, seguir manteniendo incólumes las repetidas medidas" [SAP Madrid 1 diciembre 2017 *(Tol 6511969)*].

Cuestiones relevantes

11. Téngase en cuenta, no obstante, que, según reiterada doctrina jurisprudencial, para proceder a un **cambio del régimen de custodia**, no es preciso que el cambio de circunstancias sea "sustancial", sino que basta con que sea "cierto" e instrumentalmente dirigido al interés del menor, doctrina esta que encuentra apoyo en la actual redacción del art. 90.3 CC, debida a la Ley 15/2015, de 2 de julio.

La STS 5 abril 2019 (*Tol 7216461*) ha atribuido, así, al padre la custodia inicialmente concedida a la madre, por padecer esta una enfermedad psíquica que hacía inviable la continuación del sistema de custodia previamente establecido. Destaca que, con ello, no se hace un reproche peyorativo a la madre, sino que el acento se pone en la enfermedad que padece, proyectada sobre el interés de la menor. En la sentencia de primera instancia se había estimado la demanda de modificación de medidas presentada por el padre, considerando el Juez que la continuación de la custodia de la madre resultaba inviable, a causa de su enfermedad, y que el padre y su entorno familiar ofrecían una mejor posibilidad de atención a la menor. No obstante, la Audiencia Provincial revocó la sentencia apelada, por entender que, para la estimación de la pretensión ejercitada, hubiera sido necesaria una "indispensable alteración sustancial de las circunstancias", lo que, según ella, no había tenido lugar. Sin embargo, el TS estima el recurso de casación, observando que "no es preciso que el cambio de circunstancias sea sustancial, sino que sea cierto e instrumentalmente dirigido al interés del menor".

b) "Permanente", o, al menos, que no sea meramente transitorio o coyuntural [SSAP Málaga 18 diciembre 2015 (*Tol 5795554*), Sevilla 20 enero 2010 (*Tol 1867915),* La Coruña 21 mayo 2015 *(Tol 5167052),* Navarra 9 mayo 2016 *(Tol 5876895)*, Salamanca 28 diciembre 2016 *(Tol 5947771),* Málaga 8 junio 2017 (*Tol 6543129*), Madrid 1 diciembre 2017 *(Tol 6511969)* y Cádiz 20 enero 2020 *(Tol 7888506)*], "no siendo base suficiente para la demanda de modificación el paso de alguno de los cónyuges o de los hijos por una mera situación transitoria de mejor o peor fortuna" [SAP Salamanca 28 diciembre 2016 *(Tol 5947771)*].

c) "Imprevisible" [SSAP Sevilla 20 enero 2010 (*Tol 1867915*), La Coruña 21 mayo 2015 *(Tol 5167052),* Madrid 1 diciembre 2017 *(Tol 6511969),* Cádiz 20 enero 2020 (*Tol 7888506)* y Madrid 20 enero 2020 *(Tol 8288863)*], "en términos de ordinaria diligencia" [SAP Málaga 18 diciembre 2015 (*Tol 5795554*)], esto es "que suponga la aparición de hechos nuevos e imprevistos, más allá de las variaciones que pudieran considerarse ordinarias o habituales, de acuerdo con la posición socioeconómica de la familia y la realidad social del momento, respecto a la situación fáctica que se tuvo en cuenta en el convenio extrajudicial o, en su caso, en la sentencia" [SAP La Coruña 21 mayo 2015 *(Tol 5167052)*].

Jurisprudencia

SAP La Coruña 21 mayo 2015 *(Tol 5167052)* observa: "En particular, cuando exista un convenio regulador de tales medidas celebrado entre los interesados y aprobado judicialmente, hemos de entender que no tendrán virtualidad para justificar dicha modificación los acontecimientos que, aún sobrevenidos, hubiesen sido previstos o contemplados, siquiera implícitamente, por los otorgantes del convenio sin consideración a una futura modificación, ni aquellos que, aun suponiendo una alteración de las circunstancias, no inciden de manera esencial y básica en las condiciones de hecho que se tuvieron en cuenta en el acuerdo, pudiendo deducirse racionalmente que, de haberse previsto, no habrían determinado un cambio en los términos del convenio".

d) "Ajeno" a la voluntad de quien solicita la modificación" [SSAP Málaga 18 diciembre 2015 (*Tol 5795554*), Sevilla 20 enero 2010 (*Tol 1867915)*, La Coruña 21 mayo 2015 *(Tol 5167052),* Salamanca 28 diciembre 2016 *(Tol 5947771)*, Málaga 8 junio 2017 (*Tol 6543129*), Madrid 1 diciembre 2017 *(Tol 6511969),* Cádiz 20 enero 2020 *(Tol 7888506)* y Madrid 20 enero 2020 *(Tol 8288863)*] (lo que cobrará importancia cuando se pidan reducciones de pensiones alimenticias o compensatorias basadas en una presunta merma de ingresos).

e) "Suficientemente acreditado" por quien la pide (art. 217.2 LEC), teniendo en cuenta que, "para que el juez pueda apreciar el cambio de circunstancias hay que probar las que concurrían en el momento de adoptarse las medidas y las que concurren actualmente, por lo que la actividad probatoria debe dirigirse a ambos momentos, ya que si sólo se acredita la situación actual no podrá valorarse si existe o no cambio o variación en las mismas" [SAP Salamanca 28 diciembre 2016 *(Tol 5947771)*]. Es, pues, necesario realizar "un juicio comparativo entre dos momentos, el de la sentencia que fija las medidas y el de la demanda, en que se pide su modificación" [SAP Madrid 1 diciembre 2017 *(Tol 6511969)*].

Cuestiones relevantes

12. A este respecto hay que remarcar la importancia de efectuar una **determinación de los ingresos respectivos de los progenitores en el momento de suscribir convenios reguladores**, de modo que ese dato de la capacidad económica inicial, sobre el que efectuar el juicio comparativo, no necesite prueba, cuando se pida una modificación de la cuantía de la pensión de alimentos o compensatoria.

ESQUEMA

CLASES

1. Judicial
2. Extrajudicial

EFECTOS

1. Efectos producidos por ministerio de la Ley
2. Las medidas provisionales
3. Las medidas definitivas

4 El convenio regulador

Carolina del Carmen Castillo Martínez[1]

1. LA AUTONOMÍA DE LA VOLUNTAD EN EL ÁMBITO DEL DERECHO DE FAMILIA

De conformidad con las disposiciones contenidas en nuestro Código Civil, en los denominados supuestos de "crisis matrimonial", así como también en los supuestos de cese de la convivencia extramatrimonial, en relación con determinadas materias, como las atinentes a los hijos menores de edad, se plantea la necesidad de resolver concretas cuestiones tanto de índole patrimonial, como la cuantía de la pensión alimenticia que corresponde abonar al progenitor a quien no se atribuya la custodia de los hijos, como de tipo personal, tales como la determinación de la atribución de la custodia del menor o el establecimiento del régimen de visitas a favor del progenitor no custodio o, en su caso, de otros parientes o allegados, singularmente los abuelos. Los mencionados efectos que se derivan de la ruptura de las relaciones de pareja, matrimonial o no, inicialmente pueden reglamentarse por los propios cónyuges o convivientes a través de los acuerdos que se integran en el contenido del convenio regulador (*cfr.* arts. 81, 86 y 90 CC) que, no obstante, deberá ser aprobado por el juez con el propósito de comprobar

---

1 ASO, Derecho civil, Universidad de Valencia, Castillo Martínez. Magistrada-juez titular del Juzgado de Primera Instancia n.º 4 de Castellón. Acreditada a Catedrática de Derecho Civil.

si existe alguna disposición que pudiera lesionar los derechos de los menores o bien de alguno de los integrantes de la pareja. Con carácter general, en el supuesto de que los cónyuges o convivientes no alcancen acuerdo respecto de todos o alguno de los extremos que deben quedar resueltos tras la ruptura será el propio órgano judicial quien lo establezca directamente en su resolución que pondrá fin al pertinente procedimiento.

Así, el convenio regulador es el documento en el que los cónyuges acuerdan las consecuencias personales y patrimoniales de una separación o divorcio. Su contenido se pacta de mutuo acuerdo y es de obligado cumplimiento después de la ruptura matrimonial o de pareja.

En la referencia a la "crisis" matrimonial" debe considerarse la nulidad o radical improductividad de efectos jurídicos del matrimonio, salvo la previsión contenida en el art. 79 CC respecto del matrimonio putativo, por concurrencia de alguna de las causas previstas en el art. 73 CC; separación o declaración judicial de cese de la convivencia, así como cesación de los deberes conyugales; y divorcio o disolución del vínculo conyugal.

Normativa reguladora

El Código Civil determina en su art. 90 el contenido mínimo de cualquier convenio regulador, que incluye:

Respecto a los hijos, los regímenes de patria potestad, custodia, visitas y comunicaciones. No hay que olvidar que los abuelos tienen derecho a ver a sus nietos, por lo que este derecho debe reconocerse y regularse en el convenio.

Respecto del patrimonio común, la distribución de cargas y, en su caso, la liquidación del régimen económico matrimonial. También debe atribuirse el uso de la vivienda y el ajuar familiar, en caso de que no se enajenen.

Respecto de otros efectos económicos es importante destacar que este es el documento donde se regularán la pensión de alimentos, y la pensión compensatoria, en su caso.

El art. 90 CC dispone lo siguiente:

"1. El convenio regulador a que se refieren los artículos 81, 82, 83, 86 y 87 deberá contener, al menos y siempre que fueran aplicables, los siguientes extremos:

a) El cuidado de los hijos sujetos a la patria potestad de ambos, el ejercicio de ésta y, en su caso, el régimen de comunicación y estancia de los hijos con el progenitor que no viva habitualmente con ellos.

b) Si se considera necesario, el régimen de visitas y comunicación de los nietos con sus abuelos, teniendo en cuenta, siempre, el interés de aquéllos.

b) bis El destino de los animales de compañía, en caso de que existan, teniendo en cuenta el interés de los miembros de la familia y el bienestar del animal; el reparto de los tiempos de convivencia y cuidado si fuere necesario, así como las cargas asociadas al cuidado del animal.

c) La atribución del uso de la vivienda y ajuar familiar.

d) La contribución a las cargas del matrimonio y alimentos, así como sus bases de actualización y garantías en su caso.

e) La liquidación, cuando proceda, del régimen económico del matrimonio.

f) La pensión que conforme al artículo 97 correspondiere satisfacer, en su caso, a uno de los cónyuges.

2. Los acuerdos de los cónyuges adoptados para regular las consecuencias de la nulidad, separación y divorcio presentados ante el órgano judicial serán aprobados por el juez salvo si son dañosos para los hijos o gravemente perjudiciales para uno de los cónyuges.

Si fueran gravemente perjudiciales para el bienestar de los animales de compañía, la autoridad judicial ordenará las medidas a adoptar, sin perjuicio del convenio aprobado.

Si las partes proponen un régimen de visitas y comunicación de los nietos con los abuelos, el juez podrá aprobarlo previa audiencia de los abuelos en la que estos presten su consentimiento. La denegación de los acuerdos habrá de hacerse mediante resolución motivada y en este caso los cónyuges deberán someter, a la consideración del juez, nueva propuesta para su aprobación, si procede.

Cuando los cónyuges formalizasen los acuerdos ante el letrado de la Administración de Justicia o notario y éstos considerasen que, a su juicio, alguno de ellos pudiera ser dañoso o gravemente perjudicial para uno de los cónyuges o para los hijos mayores o menores emancipados afectados, o gravemente perjudiciales para el bienestar de los animales de compañía, lo advertirán a los otorgantes y darán por terminado el expediente. En este caso, los cónyuges sólo podrán acudir ante el juez para la aprobación de la propuesta de convenio regulador.

Desde la aprobación del convenio regulador o el otorgamiento de la escritura pública, podrán hacerse efectivos los acuerdos por la vía de apremio.

3. Las medidas que el juez adopte en defecto de acuerdo o las convenidas por los cónyuges judicialmente, podrán ser modificadas judicialmente o por nuevo convenio aprobado por el juez, cuando así lo aconsejen las nuevas necesidades de los hijos o el cambio de las circunstancias de los cónyuges.

Asimismo, podrá modificarse el convenio o solicitarse modificación de las medidas sobre los animales de compañía si se hubieran alterado gravemente sus circunstancias.

Las medidas que hubieran sido convenidas ante el letrado de la Administración de Justicia o en escritura pública podrán ser modificadas por un nuevo acuerdo, sujeto a los mismos requisitos exigidos en este Código.

4. El juez o las partes podrán establecer las garantías reales o personales que requiera el cumplimiento del convenio".

La posibilidad de que los cónyuges puedan dotar de contenido a sus relaciones personales y patrimoniales fue incorporada por el legislador civil de 1981 en el contexto de la resolución de las crisis matrimoniales, precisamente a través del convenio regulador de los efectos de la nulidad, separación o divorcio, en el art. 90 CC, al considerar que son los implicados en la crisis conyugal quienes se encuentran en las mejores condiciones para, mediante el consenso, precisar sus efectos o consecuencias. Ciertamente desde las reformas operadas por las Leyes 13/2005, de 1 de julio, por la que se modifica el Código Civil en materia de derecho a contraer matrimonio y 15/2005, de 8 de julio, por la que se modifica el Código Civil y la Ley de Enjuiciamiento Civil en materia de separación y divorcio, la situación ha cambiado, al dar entrada el legislador civil de manera total a la autonomía privada en Derecho de Familia en prácticamente todas las cuestiones que le conciernen, tal y como se expresa nítidamente en la Exposición de Motivos de la Ley 15/2005, con la que se pretende "ampliar el ámbito de libertad de los cónyuges en lo relativo al ejercicio de la facultad de solicitar la disolución de la relación matrimonial" así como "reconocer mayor transcendencia a la voluntad de la persona cuando ya no desea seguir vinculado con su cónyuge". En suma, el fundamento de la reforma partió de una concepción contractual del matrimonio dependiente en exclusiva de los contratantes. En todo caso, cabe indicar también que la Ley 15/2005, de 8 de julio, ya anticipaba en su Exposición de Motivos la posibilidad de las partes de acudir a la mediación familiar como expediente alternativo de resolución de la crisis.

En definitiva, el convenio regulador constituye un documento de innegable trascendencia personal y económica, porque en el mismo se van a describir las relaciones familiares desde la ruptura de la pareja. Es por lo que, aunque para su redacción no resulte legalmente exigible la intervención de un letrado, la asistencia técnica resulta más que recomendable.

En todo caso, conviene considerar que las pensiones —señaladamente, la de alimentos— resultan sometidas a un estricto régimen de control, toda vez que su modificación y extinción requieren la intervención judicial. De manera que un pacto desfavorable pudiera resultar inviable si las circunstancias económicas del acreedor llegaran a empeorar.

1.1. La autonomía de la voluntad en el Derecho de Familia

Cuestiones relevantes

1. Tradicionalmente el Derecho de Familia se ha caracterizado por la limitada **autonomía privada**. En concreto, por cuanto se refiere al ámbito matrimonial, puede afirmarse que existe, y debe existir —como no puede ser de otra manera, so pena de nulidad— al tiempo de constituir la relación jurídica conyugal, pero también ahí viene a concluir la libertad de los cónyuges, toda vez que el contenido de la institución matrimonial se encuentra casi en su totalidad disciplinado de manera imperativa. Cabe afirmar, pues, que en el ámbito que nos ocupa la autonomía de la voluntad despliega una función constitutiva pero no sustancialmente reglamentadora, incluso a pesar de las tendencias y fundamentos de las más innovadoras reformas legislativas.

2. Lo anterior no obsta para el reconocimiento de un **orden público familiar**, resultando que lo que al mismo le corresponde es indisponible por quedar más allá de las posibilidades de actuación de la autonomía privada. Y en el señalado contexto, en el que todo se centra en torno al libre desarrollo de la personalidad entendido en sus más absolutas proyecciones como principio básico de la actual concepción del Derecho de Familia cabe concluir, como pautas fundamentales que (i) el convenio regulador persiste como preceptivo en los procedimientos consensuados, y que (ii) la apuntada privatización del Derecho de Familia determina que la vía judicial no sea el único cauce de resolución de las crisis familiares.

Jurisprudencia

Con todo, la doctrina jurisprudencial más reciente otorga un gran valor a la autonomía de la voluntad de los cónyuges a los efectos de regular u ordenar situaciones de ruptura conyugal. *Cfr.*, en este sentido, como paradigmática, la STS 19 octubre 2015 (*Tol 5512750*).

1.2. Convenio regulador y acuerdo de mediación familiar

Como consecuencia de la posibilidad que el legislador concede a los cónyuges de reglamentar su crisis matrimonial apunta la oportunidad que los mismos tienen de acudir a la mediación familiar como medio de resolución del conflicto.

Jurisprudencia

En el ámbito europeo, la conveniencia de implementación y desarrollo de la mediación familiar ya fue puesta de manifiesto por la Recomendación nº R (98) 1, aprobada por el Consejo de Ministros el 21 de enero de 1998, resultado de lo cual fueron las distintas leyes autonómicas promulgadas en materia de mediación familiar, en las que la mediación se expresa como medio idóneo para resolver de manera consensuada los diversos conflictos que puedan surgir en el seno familiar mediante el llamado "acuerdo de mediación familiar" o "acta final de la mediación", en la que se plasmarán los acuerdos alcanzados, en su caso, por los mismos sujetos del conflicto. Esta misma finalidad resulta tenida en cuenta por los órganos judiciales que conocen de los procesos de familia, que vienen a considerar que (i) la remisión a los servicios de mediación familiar constituye un instrumento idóneo básicamente en orden a determinar las medidas que deben adoptarse en relación al menor (esencialmente, atribución de la guarda y custodia y régimen de visitas) [*cfr.* SSAP Barcelona 14 noviembre 2002 (ECLI:ES:APB:2002:11495) y 17 octubre 2003 (ECLI:ES:APB:2003:5442)], y que (ii) merece valoración la actuación que han tenido las partes en el proceso de mediación familiar [*cfr.* SAP Barcelona 10 enero 2002 (ECLI:ES:APB:2002:198)], considerando, por otra parte, que (iii) la mediación familiar debe valorarse como medio de acercamiento de posturas encontradas entre progenitor e hijo menor en orden al cumplimiento del régimen de visitas [*cfr.* SAP León 21 enero 2004 (ECLI:ES:APLE:2004:108)].

Cuestiones relevantes

3. Ciertamente, la implantación de la **mediación familiar** implica reconocer otra vía, alternativa a la judicial, para dar solución a los conflictos familiares. Y lo más relevante, asumir tal reconocimiento por las consecuencias que ello comporta y que se traducen, a último, en que los propios cónyuges, actores directos del conflicto, mediante la intervención del mediador, son capaces de elaborar los términos del acuerdo por el cual concluye su controversia. En este sentido, la Ley 15/2005, de 8 de julio, en su Exposición de Motivos señala que "las partes pueden pedir en cualquier momento al Juez la suspensión de las actuaciones judiciales para acudir a la mediación familiar y tratar de alcanzar una solución consensuada en los temas objeto de litigio". Todo ello con sometimiento a los principios que deben regir el proceso de mediación familiar y que, según señala la Disposición Adicional Tercera de la Recomendación nº R (98) 1, son los de (i) voluntariedad, (ii) imparcialidad, (iii) neutralidad, (iv) confidencialidad, y (v) respeto a los servicios de mediación familiar. De entre los cuales, sin duda, adquiere especial importancia, desde nuestra consideración, el relativo a la voluntariedad que, aplicada a la mediación, debe entenderse como la libertad que tienen los sujetos del conflicto para acudir a la mediación familiar o desistir de ella ante la imposibilidad de alcanzar su finalidad, que no es otra sino el logro de una solución basada en el consenso. La importancia del principio relativo a la voluntariedad ha sido puesta de relieve por algún sector de la jurisprudencia. *Cfr.* al respecto, SAP Barcelona 8 noviembre 2000 (ECLI:ES:APB:2000:13303).

4. Este proceso extrajudicial concluye con el **"acuerdo de mediación familiar" o "acta final de la mediación"**, en la que se plasmarán los acuerdos que, en su caso, hubieran alcanzado las partes, y al que la normativa autonómica reconoce eficacia y validez siempre que en el mismo concurran los elementos esenciales del contrato (*vgr.* art. 37.4 de la Ley 24/2018, de 5 de diciembre, de mediación de la Comunitat Valenciana, a cuyo tenor: "Una vez suscritos, los acuerdos serán válidos y obligatorios para las partes en conflicto si concurren en ellos los requisitos necesarios para la validez de los contratos. Los acuerdos pueden versar sobre una parte o sobre la totalidad de las materias sometidas a mediación".

5. Por otra parte, debe considerarse que, atendido el **parangón existente entre el convenio regulador y el acuerdo de mediación,** toda vez que ambos cumplen una misma función —a salvo que el convenio es propio de los procesos judiciales y el acuerdo de mediación de los extrajudiciales—, en tanto el legislador civil no disponga lo contrario, debe entenderse aplicable el contenido dispuesto en el art. 90 CC, al que se hará referencia más adelante.

2. CONCEPTO DE CONVENIO REGULADOR. SU NATURALEZA JURÍDICA

Cuestiones relevantes

6. El Código Civil no ofrece una **definición de convenio regulador,** a pesar de la mención que, de manera esencial, se contiene en el art. 90, aunque es opinión común considerar que se trata de un negocio jurídico de Derecho de Familia mediante el que los cónyuges regulan las consecuencias de la separación o divorcio, y que preceptivamente debe acompañar a la demanda en los procesos consensuados, esto es, cuando la separación o el divorcio sean solicitados por ambos cónyuges o por uno de ellos con el consentimiento del otro. Indiscutiblemente el convenio regulador supone la manifestación más evidente de la autonomía de la voluntad en el Derecho de Familia pues, a su través, las partes proponen al órgano judicial regulaciones de mutuo acuerdo con las que se van a reglamentar las previsiones contenidas en los arts. 81, 86 y 90 CC y el juzgador, en tal sentido, homologa las mismas. Y es en este contexto en el que debe situarse la obligatoriedad de la presentación de un convenio regulador en los procesos de divorcio o de separación de mutuo acuerdo, en los que emergen como atributos esenciales del convenio, (i) la propuesta provisoria, toda vez que los acuerdos no pueden ser inalterables en el tiempo, en perjuicio de los beneficiarios del mismo, (ii) la disponibilidad relativa, pues si bien se recogen las propuestas de las partes, es el juez quien, a último, deberá aprobarlo, (iii) el carácter jurisdiccional, pues para alcanzar su plena eficacia debe ser homologado judicialmente, y (iv) el contenido legal, por cuanto que debe dar respuesta a las previsiones mínimas el art. 90 CC. En consecuencia, es posible destacar que el convenio regulador, como acuerdo que es, constituye un acto jurídico de índole familiar mediante el que por los propios cónyuges se reglamentan las relaciones económicas y las estrictamente paterno-filiales. Y es en el ámbito de las relaciones económicas en el que las partes gozan de una mayor autonomía y disponibilidad, a diferencia del campo de las relaciones paterno-filiales, en el que, al concurrir el principio de prevalencia del interés del menor, de imprescindible observancia, emerge un componente de orden público o ius cogens, que las sustraen de la disponibilidad de las partes, destacando la determinante intervención del Juez, y también la imprescindible del Ministerio Público.

7. Por cuanto se refiere a su **naturaleza jurídica,** como ya he anticipado, el convenio regulador presenta naturaleza contractual, en definitiva, es un negocio jurídico de Derecho de Familia, si bien, como precisa señalada doctrina, hasta su homologación judicial técnicamente tan sólo cabe hablar de "propuesta" de convenio regulador que jurídicamente surgirá con la autorización del juez, pues es el convenio regulador aprobado judicialmente el acuerdo que se integra en la resolución judicial desplegando toda su eficacia procesal. De esta manera es posible afirmar que la intervención judicial en la aprobación del convenio le otorga la doble naturaleza jurídica de negocio jurídico público y privado. Precisamente en este ámbito se plantea la debatida cuestión atinente a la localización de la esencialidad de la naturaleza jurídica del convenio regulador, que debe ubicarse siempre en el momento previo a la homologación judicial, cuestión de la que surge la del valor de un convenio regulador no homologado, es decir, el alcance de los actos de las partes en la conformación de la voluntad, en suma, el valor que despliega en este sentido la mera autonomía de la voluntad de los cónyuges. Cuestión despejada a partir de la STS 22 abril 1997 (*Tol 5119376*) que admite la validez y eficacia del convenio regulador no homologado, como un negocio jurídico de familia. Aunque, en cuanto a su eficacia, requiere de la aprobación judicial como "condictio iuris", si bien incluso en ausencia de homologación las partes quedan vinculadas por sus propios actos, entre sí y ante los terceros, dentro del ámbito propio de su poder de disposición. Así, la mencionada resolución diferencia tres niveles o estratos conceptuales en orden a la determinación de la tipología de la figura y la fijación de su naturaleza jurídica: (1) el convenio regulador es un negocio jurídico de Derecho de Familia; (2) el convenio regulador aprobado judicialmente queda integrado en la resolución judicial con toda la eficacia procesal que ello conlleva; y (3) el convenio regulador que no ha llegado a aprobarse judicialmente tiene la eficacia correspondiente a todo negocio jurídico, máxime si contiene una parte ajena al contenido mínimo que prevé el artículo 90 del CC. No obstante, no cabe desconocer la polémica cuestión doctrinal suscitada en torno a la esencia de la naturaleza del convenio regulador y, en tal contexto, la posición de aquellos autores que la ubican en el momento previo al de la homologación judicial, admitiendo en tal supuesto la eficacia de los acuerdos *inter partes* y el valor autorregulador de la autonomía privada, cuestión resuelta desde la STS 22 abril 1997 (*Tol 4120987*) que declara la validez del convenio regulador no homologado, como un negocio jurídico de Derecho de Familia que, no obstante, para su eficacia requiere de la aprobación judicial.

3. CONTENIDO DEL CONVENIO REGULADOR

3.1. Estructura del convenio regulador

En todo desarrollo habitual de un convenio regulador, éste principiará por un encabezamiento, en el que quedarán identificados los cónyuges, con constancia de su nacionalidad y documento de identidad, así como la fecha de su suscripción y el lugar en el que se procedió a la misma. A continuación, quedarán expuestos los motivos que conducen a su firma que, a efectos prácticos, vendrán a coincidir con las argumentaciones vertidas en la demanda de separación o divorcio a la que acompaña. Y, seguidamente, se expondrán los pactos que deben regular las consecuencias de la separación o divorcio de conformidad con lo dispuesto en el art. 90 CC, comprensivo de su contenido mínimo.

3.2. *Contenido mínimo. El artículo 90 del Código Civil*

Cuestiones relevantes

8. Tras la reforma del Código Civil operada por la Ley 15/2005, de 8 de julio, por la que se modifica el Código Civil y la Ley de Enjuiciamiento Civil en materia de separación y divorcio, el art. 90 se erige como el **núcleo normativo del convenio regulador,** disponiendo en su apartado primero que el convenio regulador al que se refieren los arts. 81 y 86 CC deberá contender, al menos, los siguientes extremos.

9. El apartado a) del precepto revisado dispone: "El cuidado de los hijos sujetos a la patria potestad de ambos, el ejercicio de ésta y, en su caso, el régimen de comunicación y estancia de los hijos con el progenitor que no viva habitualmente con ellos". Este precepto resultó modificado en el sentido de incluir, en aras de la aminoración de la conflictividad propia de los procesos de familia, la supresión de lo que antes se señalaba como el "régimen de visitas", al que ahora se refiere como el **"régimen de comunicación y estancia",** alteración que obedece a la idea de eliminar del texto legal cualquier expresión que, en el contexto de un proceso matrimonial, pudiera contener o evocar una connotación diferenciadora entre quien lo gana y quien lo pierde tras la crisis conyugal, pues se venía entendiendo que el término "régimen de visitas" resultaba peyorativo al deducirse del mismo que uno de los progenitores (el "perdedor") tan sólo visitaría a los hijos en tanto que al otro (el "ganador") se le atribuiría la guarda y custodia de los mismos. Por otra parte, el apartado ahora considerado se refiere al régimen de comunicación y estancia "en su caso", vinculándolo con la cuestión de la custodia compartida, patrón tendencialmente preferente de entre los regímenes de guarda, que determina la disposición normativa de que la custodia en exclusiva para uno de los padres será atribuida "en su caso", esto es, como última solución a alcanzar, aunque explícitamente no se haya señalado por parte del legislador la prevalencia de la custodia compartida.

10. El apartado b) del art. 90, introducido por la Ley 42/2003, de 21 de noviembre, de modificación del Código Civil y de la Ley de Enjuiciamiento Civil en materia de **relaciones familiares de los nietos con los abuelos,** señala, como otro de los extremos sobre los que los cónyuges pueden pactar, "si se considera necesario, el régimen de visitas y comunicación de los nietos con sus abuelos, teniendo en cuenta, siempre, el interés de aquéllos". Sin duda, la redacción del precepto merece crítica toda vez que la previsión que en el mismo se contiene resulta superflua e incompleta, ya que al encontrarnos en el seno de un proceso matrimonial obviamente las partes litigantes (legitimadas procesalmente) sólo son los cónyuges a quienes se les otorga en exclusiva esta posibilidad de regular las relaciones de los menores con sus abuelos que también deberían ser oídos por el órgano judicial, a pesar de la dificultad procesal que a priori pudiera implicar darles entrada en un proceso que les es ajeno. No obstante, la práctica forense confirma que este apartado del convenio no suele cumplimentarse mediante acuerdo de los padres, resultando que, en la casi totalidad de los supuestos, por parte de los abuelos cuyo régimen de comunicación resulta desatendido se viene a acudir a otro procedimiento civil en el que son precisamente éstos los legitimados activamente para solicitar la comunicación con sus nietos.

11. El apartado b) bis del art. 90 se refiere a: "El **destino de los animales de compañía,** en caso de que existan, teniendo en cuenta el interés de los miembros de la familia y el bienestar del animal; el reparto de los tiempos de convivencia y cuidado si fuere necesario, así como las cargas asociadas al cuidado del animal". Esta letra b bis) del primer apartado del art. 90 fue introducida por el apartado uno del artículo primero de la Ley 17/2021, de 15 de diciembre, de modificación del Código Civil, la Ley Hipotecaria y la Ley de Enjuiciamiento Civil, sobre el régimen jurídico de los animales (BOE de 16 diciembre), que entró en vigor el 5 de enero de 2022. Hasta la entrada en vigor de esta novedosa norma para el ordenamiento el animal de compañía no era más que un bien, un semoviente dotado de valor puramente económico, pero respecto del cual no se tenía en cuenta su valor sentimental. Y, habida cuenta de la consideración de cosa atribuida por el Derecho a los animales, no existía una regulación específica más allá de la atinente a determinados aspectos de su titularidad dominical y la referida a la liquidación del régimen económico matrimonial en atención a la cual se determinará, en los supuestos de crisis matrimonial, cuál de los cónyuges, se quedaba con el animal y, en su caso, si era o no posible un régimen de visitas. A partir de la entrada en vigor de esta norma, los animales pasan a tener la condición de seres vivos dotados de sensibilidad, disponiéndose la obligación de que el propietario, poseedor o titular de cualquier otro derecho sobre un animal ejerza sus derechos sobre él así como también sus deberes de cuidado, con respeto a su calidad de ser sintiente, garantizando su bienestar de acuerdo con las características de cada especie y respetando las limitaciones establecidas en el Código Civil y demás normas vigentes.

De este modo, la nueva regulación prevé, para tener en cuenta en los supuestos de nulidad, separación o divorcio, el destino de los animales de compañía. En tales supuestos, de concurrir acuerdo serán los cónyuges quienes en el convenio regulador determinarán el destino de los animales de compañía, atendiendo al interés de los miembros de la familia y al bienestar del animal, al reparto de los tiempos de convivencia y cuidado si fuera necesario, así como a las cargas asociadas al cuidado del animal. El referido acuerdo deberá ser aprobado por el juez, salvo que éste lo considere gravemente perjudicial para el interés del animal de compañía, en cuyo caso ordenará las medidas a adoptar. Y en el caso de que no concurra acuerdo sobre el destino de los animales de compañía será el juez quien, en la sentencia de nulidad, separación o divorcio, determine el destino de los mismos, supuesto en el que el órgano judicial confiará, para su cuidado, a los animales de compañía a uno o a ambos cónyuges, determinando en su caso la forma en la que el cónyuge al que no se le hayan confiado podrá tenerlos en su compañía, así como el reparto de las cargas asociadas al cuidado del animal, atendiendo en todo caso al interés de los miembros de la familia y al bienestar del animal, con independencia de la titularidad dominical de éste y de a quien haya sido confiado para su cuidado. Esta circunstancia se hará constar en el correspondiente registro de identificación de animales.

La nueva regulación permite incluso la adopción de medidas provisionales respecto de los animales de compañía determinando, desde la consideración del interés de los miembros de la familia y el bienestar del animal, si los animales de compañía se confían a uno o a ambos cónyuges, la forma en que el cónyuge al que no se hayan confiado podrá tenerlos en su compañía, así como también las medidas cautelares convenientes para conservar el derecho de cada uno. Además, la nueva regulación dispone también que la posibilidad de que las medidas sobre los animales de compañía que el juez adopte en defecto de acuerdo, o las convenidas por los cónyuges judicialmente, puedan ser modificadas si se hubieran alterado gravemente sus circunstancias. Por último, cabría plantearse si esta norma, prevista para un conflicto entre personas casadas, puede aplicarse a las parejas de hecho; al respecto debe señalarse que la nueva regulación prevé el supuesto de que se trate de un animal de compañía en régimen de copropiedad, situación que podría darse en el supuesto de que una pareja hubiera adquirido el animal en común, en cuyo caso serían de aplicación las normas de la comunidad de bienes por lo que, en el caso de separación, de no concurrir acuerdo, resultarían aplicables las normas relativas a la división de la cosa común. A este respecto se establece que en el caso de animales de compañía la división no podrá realizarse mediante su venta, salvo que concurra acuerdo unánime de los condueños, a falta del cual será el órgano judicial el que decida el destino del animal, teniendo en cuenta el interés de los condueños y el bienestar del animal, pudiendo preverse el reparto de los tiempos de disfrute y cuidado si fuera necesario, así como el reparto de las cargas asociadas a las necesidades que genere su atención.

12. Los apartados c), d), e) y f) del art. 90, de imperativo acuerdo, se refieren, respectivamente a "la **atribución del uso de la vivienda y el ajuar familiar**" (letra c), a "la contribución a las cargas del matrimonio y alimentos, así como sus bases de actualización y garantías, en su caso" (letra d), a "la liquidación, cuando proceda, del régimen económico del matrimonio" (letra e), y a "la pensión que conforme al art. 97 corresponde satisfacer, en su caso, a uno de los cónyuges" (letra f). Seguidamente, la norma establece las circunstancias que debe considerar el órgano judicial para calibrar su importe a falta de acuerdo, las bases o criterios para su actualización y las garantías para su efectividad. Con carácter general, la regulación considera intrascendentes los hechos motivadores de la ruptura del vínculo, aunque se ha de concretar la existencia de un desequilibrio económico entre los cónyuges, que se traduce en un empeoramiento de su situación anterior en el matrimonio. En este ámbito conviene considerar también que el art. 100 CC establece que la pensión compensatoria sólo podrá ser modificada por alteraciones sustanciales en la fortuna de uno u otro cónyuge, disponiendo a tal efecto el art. 99 determinados mecanismos sustitutivos de la pensión, a saber: "constitución de una renta vitalicia, el usufructo de determinados bienes o la entrega de un capital en bienes o en dinero", tal y como prevé el precepto, redactado por el apartado veintiséis de la Disposición Final Primera de la Ley 15/2015, de 2 de julio, de la Jurisdicción Voluntaria. En este punto resulta de interés considerar la relevancia de la naturaleza compensatoria de la pensión, de la que se colige su sometimiento a la autonomía de la voluntad de las partes en orden a su establecimiento y a la fijación de su cuantía y condiciones, quedando sometida al ámbito dispositivo del cónyuge presuntamente perjudicado, de manera que al órgano judicial se le sustrae toda posibilidad de acordarla de oficio si los cónyuges no la pactan expresamente en el convenio regulador o bien el perjudicado renuncia en el convenio o en la demanda que principia el proceso contencioso. Es por lo que carece de cualquier matiz de carácter asistencial, en contraste con la irrenunciabilidad del derecho de alimentos.

3.3. *Especial referencia a las medidas relativas a los hijos menores de edad*

Cuestiones relevantes

13. A tenor de la previsión establecida en el art. 90.1 CC, el convenio regulador "deberá contener, al menos, los siguientes extremos: a) El cuidado de los hijos sujetos a la patria potestad de ambos, el ejercicio de ésta y, en su caso, el régimen de comunicación y estancia de los hijos con el progenitor que no viva habitualmente con ellos. b) Si se considera necesario, el régimen de visitas y comunicación de los nietos con sus abuelos, teniendo en cuenta, siempre, el interés de aquéllos". Y en el antepenúltimo de los párrafos del mencionado precepto se precisa que dichos "acuerdos de los cónyuges, adoptados para regular las consecuencias de la nulidad, separación o divorcio serán aprobados por el juez, salvo si son dañosos para los hijos...". Evidentemente, como declara el art. 92.1 CC, "la separación, la nulidad y el divorcio, no eximen a los padres de sus obligaciones para con los hijos". Y el conjunto de tales deberes integra, como es sabido, el contenido primordial de la función en que consiste la patria potestad (*cfr.* art. 154 CC), institución actualmente configurada en exclusivo interés el menor.

14. Por consiguiente, queda claro que, en situación de crisis, matrimonial o de pareja, **los padres no pueden excusar en modo alguno el adecuado cumplimiento de los deberes inherentes a la patria potestad,** bajo pena de privación (art. 170, párr. 1° CC).

15. En efecto, **cuando los padres vivan separados, en principio, seguirán ostentando la condición de titulares de la patria potestad** (art. 154, párr. 1°, CC) —pues esta cualidad en modo alguno depende de que estos sean o no convivientes entre sí— mientras no concurra causa que funde la privación, si bien ordinariamente la patria potestad será ejercida por el progenitor con quien el hijo conviva, aunque el Juez, siempre que fundadamente lo interese el otro progenitor, podrá atribuir al solicitante la patria potestad para su ejercicio conjunto o bien distribuir entre los progenitores las funciones inherentes, todo ello siempre en interés y beneficio del menor (*cfr.* art. 156, párr. 5°, CC).

16. De manera que, en estos supuestos críticos, la titularidad de la patria potestad la siguen ostentando ambos progenitores, aunque la ley permita y el Juez pueda acordar el ejercicio exclusivo o individual o bien compartido de la misma pues, aunque el precepto diga atribuir la patria potestad, y teniendo en cuenta el principio general contenido en el art. 154 CC (titularidad conjunta de la patria potestad), es de suponer que la regla del art. 156 se refiere sólo al ejercicio.

17. En cualquier caso, el **ejercicio de la patria potestad** en situaciones de crisis nunca puede desatender el principio del interés del menor.

18. Y así, cualquier medida atinente a los menores cuyo acuerdo se contenga en el convenio regulador deberá considerar preferentemente el **beneficio del hijo menor de edad.** Es por lo que antes de revisar las medidas relativas a los hijos menores de edad considero necesario referirme al "*favor filii*" como principio prevalente en el Derecho de Familia y, particularmente por cuanto a lo que ahora nos ocupa, en los procedimientos familiares de nulidad, separación y divorcio.

3.3.1. El interés del menor como principio prevalente en el Derecho de Familia

Cuestiones relevantes

19. Superada la clásica configuración romana, como poder determinante de la sujeción al *pater familias* quien ejercía una suerte de derecho subjetivo de naturaleza casi pública sobre los hijos y descendientes, en la actualidad la patria potestad, institución en cuyo ámbito habitualmente se plantean las cuestiones en las que se resuelve sobre el interés del menor, se concibe específicamente en interés y beneficio del hijo. No obstante, en nuestra doctrina y también en nuestra jurisprudencia, con carácter general, el carácter tuitivo de la patria potestad aparece destacado incluso con anterioridad a la reforma del Derecho de Familia operada en 1981. En tal sentido, ya la STS 7 julio 1975 (*Tol 4251062*) manifestaba que "... la patria potestad tiene hoy un indudable carácter de función tutelar, como establecida en beneficio de los hijos, según declaran, entre otras, las Sentencias de 3 de marzo de 1950, 23 de junio de 1965, 18 de febrero de 1969 y 5 de octubre de 1973, y por ello, cuando la conducta de los padres ponga o pueda poner en peligro la formación o educación moral del hijo, cabe privar o suspender a aquellos del ejercicio de la patria potestad,...". La anterior declaración admite una doble consideración. En primer lugar, la posibilidad de que el despojo a los titulares de su potestad paterna pueda hacerse depender tanto de un resultado ("ponga") como de la creación de una situación de riesgo para el menor ("pueda poner en peligro"). En segundo lugar, la intuición acerca de lo que deba entenderse por "deberes inherentes" a la patria potestad, a los que desde 1981 se va a referir el art.

170, párrafo 1°, CC en necesaria conexión con el art. 154 del mismo texto legal (en esencia, el sustento, la educación moral y, en definitiva, la formación integral del hijo, amén de la representación y administración patrimonial del mismo).

20. Esta defensa del criterio de salvaguardar el interés del menor, consagrada en el contexto de la legislación específica anterior a la reforma llevada a cabo por la Ley de 13 de mayo de 1981, es puesta de relieve por reiterada jurisprudencia que aprecia en aquellas normas el mismo criterio de protección de los hijos consolidado posteriormente en el art. 39 CE. *Cfr.*, paradigmáticamente, la STS 23 junio 1994 (*Tol 1666912*), así como las que ésta cita.

21. En todo caso, conviene subrayar que el **interés del menor** aparece hoy arraigado **como criterio rector del Derecho de Familia** (sobre la evolución jurisprudencial del tratamiento y desarrollo de las cláusulas generales en el ámbito normativo español y su incidencia en el Derecho de Familia conviene tener en cuenta las SSTS 5 diciembre 2013 (*Tol 178888*), 15 enero 2014 (*Tol 2345788*) y 6 febrero 2014 (*Tol 1254678*), así como las del TEDH 26 junio 2014 (Mennesson vs. Francia; Requête n° 65192/11), 26 junio 2014 (Labassee vs. Francia; Requête n° 65941/11) y 27 enero 2015 (Paradiso y Campanelli vs. Francia; Requête n° 25358/12).). Se desprende con meridiana claridad del art. 39.4 CE y diversos preceptos del Código Civil, acordes con el texto constitucional, lo mencionan (*cfr.* arts. 92, párr. 2°, 156, párr. 5°, 159, 161, 170, párr. 2° y 216, entre otros). Conviene precisar que el núcleo de la Ley Orgánica 1/1996, de 15 de enero, de Protección Jurídica del Menor, se localiza en "el interés superior de los menores". Desde tal perspectiva, "además de establecerse como principio general..., toda actuación habrá de tener fundamentalmente en cuenta el interés del menor" (E. de M.). Tal criterio aparece plasmado en el art. 2.1 de dicha Ley, a cuyo tenor: "En la aplicación de la presente Ley primará el interés superior de los menores sobre cualquier otro interés legítimo que pudiera concurrir"; y se reitera como directriz en la actuación de los poderes públicos (art. 11.2.a) de la LO 1/1996 y art. 172.4 del CC, según nueva redacción de la DF 5ª). También se declara el "interés superior del niño" en numerosos textos internacionales, como la Declaración de los Derechos del Niño de 1995 (principios 2 y 7.2°), la Convención de los Derechos del Niño, aprobada por las Naciones Unidas el 20 de noviembre de 1989 y ratificada por España el 30 de noviembre de 1990 (arts. 3.1 y 9.3), o la Resolución del Parlamento Europeo sobre una Carta Europea de los Derechos del Niño, aprobada por dicho Órgano en Resolución A 3-0172/1992, de 8 de julio (punto 8.14).

22. La conclusión inmediata que se deriva de cuanto antecede es que, en todo caso, la decisión de cualquier cuestión familiar suscitada en el marco de las relaciones de patria potestad —y, por extensión, todo conflicto o situación en que intervengan menores o de un modo u otro les afecte— debe valorar el beneficio del menor como interés prevalente. Desde tal consideración los Tribunales han venido subrayando, con matices diversos, el esencial **principio del "favor filii" como imprescindible criterio inspirador en la adopción de cualquier medida referente a los derechos de los hijos**

sometidos a la potestad paterna. Y, en tal sentido, con carácter general, la aplicación de este principio rector aparece sometida a las siguientes consideraciones fundamentales.

Primera. El contenido de la patria potestad comprende un conjunto de facultades y deberes, de ámbito personal y patrimonial, enunciados legalmente en abstracto pero cuya adecuada aplicación exige su ejercicio siempre de acuerdo con la personalidad de los hijos (art. 154, párr. 2°, CC), lo que implica la acomodación de la potestad paterna a las concretas circunstancias y necesidades del menor, a fin de que éste pueda cumplir con el pleno desarrollo de su personalidad, para lo cual requiere —salvo en situaciones de carácter excepcional— tanto de la figura del padre como de la madre. Así se desprende de la declaración contenida, entre otras resoluciones, en la SAP Tarragona 24 febrero 1992 (ECLI:ES:APT:1992:1).

Segunda. El esencial principio del "favor filii" de tal modo se erige en criterio fundamental orientador de la actuación judicial en los procedimientos afectantes a los menores que incluso las estipulaciones y pactos convenidos entre los progenitores no serán homologables si resultan lesivos para los hijos, de tal manera que pueden ser limitados o suspendidos de oficio de concurrir circunstancias que así lo aconsejen, por no imperar con todo rigor en este ámbito el principio de rogación que cederá siempre en beneficio del menor, cuya intervención en el procedimiento (audiencia) está prevista en determinadas condiciones como medio favorecedor de la búsqueda del prevalente interés de aquél. Así se desprende de la declaración contenida, entre otras resoluciones, en la SAP Tarragona 24 febrero 1992 (ECLI:ES:APT:1992:1).

Tercera. El principio de que el interés superior del niño debe presidir cualquier medida concerniente al mismo, consagrado tanto en el orden internacional como en el ámbito interno, demanda que, en esta línea del "*favor filii*", con carácter general debe procurarse que los menores tengan el mayor contacto posible con ambos progenitores, a no ser que el mismo se revele perjudicial para el hijo, razón por la que no cabe adoptar medios de general aplicación para todos los casos sino que siempre se habrá de estar a las concretas circunstancias concurrentes en el supuesto enjuiciado. Así se desprende de la declaración contenida, entre otras resoluciones, en la SAP Tarragona 24 febrero 1992 (ECLI:ES:APT:1992:1).

23. En aplicación de las pautas anteriormente expuestas resulta que la **concepción de la patria potestad** —al igual que, en su propio ámbito, la tutela— como institución por excelencia protectora del menor, fundada en la relación de filiación, cualquiera que sea su naturaleza, y ejercida siempre en beneficio de los hijos de acuerdo con su personalidad, es puesta de relieve por abundantes resoluciones judiciales. Así, con carácter general, aparece manifestada, entre otras, en las SSTS 23 julio 1987 (*Tol 1737881*), 18 octubre 1996 (*Tol 5152979*), 3 diciembre 1996 (*Tol 5152785*) y 23 febrero 1999 (*Tol 5120276*); también en la STSJ Navarra 14 junio 1995 (*Tol 220537*). Con la misma tónica de generalidad, el interés del menor como criterio que preside todo el régimen, así como las consecuencias que se derivan de tal principio, es subrayado por la STS 17 septiembre 1996 (*Tol 5153049*), al proclamar "el interés del menor como principio inspirador de todo lo relacionado con él, que vincula al Juzgador, a todos los poderes públicos, e incluso a los padres y ciudadanos, con reconocimiento pleno de la titularidad de derechos en los menores de edad y de una capacidad progresiva para ejercerlos, de manera que han de adoptarse aquellas medidas más adecuadas a la edad del sujeto, para ir construyendo progresivamente el control acerca de su situación personal y proyección de futuro, evitando siempre que el menor pueda ser manipulado, buscando, por el contrario, su formación integral y su integración familiar y social, de manera que las medidas que los Jueces pueden adoptar (art. 158 CC) se amplían a todo tipo de situaciones, incluso aunque excedan de las meramente paterno-filiales, con la posibilidad de que las adopten al inicio, en el curso o después de cualquier procedimiento conforme las circunstancias cambien y oyendo al menor, según se desprende de la Ley Orgánica 1/1996, de 15 de enero, de Protección Jurídica del Menor, aplicable retroactivamente por cuanto se ha dicho, por mandato constitucional y por recoger el espíritu de cuantas convenciones internacionales vinculan a España".

24. Constatado el principio general del "*favor minoris*", cabría preguntarse por el **fundamento de la creciente relevancia conferida a la persona del menor, motivadora de la insistente búsqueda de su interés preferente por parte del legislador.** Sin duda, la actual revalorización de la infancia emerge como reflejo de la general potenciación de los valores individuales de la persona, entendida como trasunto del reconocimiento de su propia dignidad que, respecto de los menores, presenta una peculiaridad determinada por el hecho de integrar la personalidad individual en una de las fases más esenciales de su desarrollo. En esta línea de principio se manifiesta la LO 1/1996, de 15 de enero, de Protección Jurídica del Menor, al declarar en su Exposición de Motivos lo siguiente: "El ordenamiento jurídico, y esta Ley en particular, va reflejando progresivamente una concepción de las personas menores de edad como sujetos activos, participativos y creativos, con capacidad de modificar su propio medio personal y social; de participar en la búsqueda y satisfacción de sus necesidades y en la satisfacción de las necesidades de los demás. El conocimiento científico actual nos permite concluir que no existe una diferencia tajante entre las necesidades de protección y las necesidades relacionadas con la autonomía del sujeto, sino que la mejor forma de garantizar social y jurídicamente la protección a la infancia es promover su autonomía como sujetos. De esta manera podrán ir construyendo progresivamente una percepción de control acerca de su situación personal y de su proyección de futuro. Este es el punto crítico de todos los sistemas de protección a la infancia en la actualidad. Y, por tanto, es el reto para todos los ordenamientos jurídicos y los dispositivos de promoción y protección de las personas menores de edad. Esta es la concepción del sujeto sobre la que descansa la presente Ley: las necesidades de los menores como eje de sus derechos y de su protección".

25. Efecto inmediato de que el básico principio informador de la patria potestad —como de todas aquellas situaciones afectantes a un menor— no es otro que el beneficio de los hijos es la peculiar **naturaleza de orden público que, con esencial fundamento en el art. 53.2 y 3 CE, revisten las normas sobre esta materia,** cuyo contenido no puede ser objeto de pactos privados dirigidos a modificarlas, con la consiguiente imposibilidad para los padres de renuncia a la misma, aspecto éste de *ius cogens* que aparece destacado por la doctrina y también por los Tribunales en numerosas resoluciones. Así se pone de relieve, entre otras, en las SSAP Granada 30 abril 1993 (Sección 4ª. Ponente: Ilmo. Sr. D. Carlos José de Valdivia Pizcueta) y Tarragona 13 octubre 1993 (Ponente: Ilma. Sra. Dña. Ana Mª Aparicio Mateo). Con precisa referencia a la fijación de un régimen de visitas, estancias y comunicaciones en un supuesto de divorcio la SAP Almería 23 enero 1999 (ECLI:ES:APAL:1999:34) declara que "es una cuestión de orden público (impuesta por la ley en el art. 94 del CC)". Fiel exponente de la indicada calificación jurídica es también la SAP Ávila 12 diciembre 1995 (Ponente: Ilma. Sra. Dña. Pura Bueno Clemente) en la que, realizándose una interesante distinción respecto de las parejas unidas por vínculo matrimonial y las que sólo lo son de hecho, se declara lo siguiente: "Las normas reguladoras del Derecho de Familia tienen una naturaleza imperativa, de "ius cogens", dirigidas al Juzgador, cuyo cumplimiento debe ser ajeno al principio de justicia rogada, como aspecto procesal del principio dispositivo. De tal forma que la tramitación de los procesos que afectan a las relaciones paterno-filiales puede producir efectos no queridos por las partes y que, por tanto, se encuentran fuera de la demanda y reconvención. Esta disponibilidad de oficio que ejercitan los jueces en lo concerniente a la patria potestad, o bien al cuidado y atención sobre los hijos menores (por ejemplo, la determinación del progenitor que habrá de mantenerlos consigo), se funda en el hecho de que la institución familiar es asunto de orden público. Y así, el TC ha declarado [STC 10 de diciembre de 1984 (*Tol 110817*) y Auto del mismo Tribunal de 28 de enero de 1987 (*Tol 239271*)] que las medidas previstas en la Ley (arts. 90, 91 y siguientes del Código civil) son de ius cogens. Tal consideración excede de la existencia de vínculo matrimonial y se extiende a las uniones de hecho. Es por lo que la misma Sentencia, más adelante, precisa: "Por otro lado, y en lo que respecta a la familia de hecho, se produce una distinción entre las relaciones verticales (progenitores y sus hijos) y horizontales (personas que tienen una relación de pareja "more uxorio" sin contraer matrimonio), en el sentido de determinar doctrina y jurisprudencia que en las primeras no existe autonomía de la voluntad (y sí en las segundas), concretándose las consecuencias del art. 39.3 de la Constitución en los arts. 111.4, 92, 93 y 154 del Código Civil, es decir, en las normas que configuran las relaciones paterno-filiales se prescinde de que exista o no matrimonio. Por ello, los procesos que afectan a estas relaciones no van a regirse por el principio de rogación sino por la intervención de oficio, tal y como determinan los arts. 92, 93 y siguientes para los supuestos en los que se produce separación y divorcio y hay que adoptar las medidas y determinaciones que regulan la situación de los hijos menores y aseguran su protección". Posteriormente, la STC 4/2001, de 15 de enero de 2001 (*Tol 81387*), con cita de doctrina anterior, declara que en todo proceso matrimonial se dan elementos no dispositivos, sino de ius cogens, por tratarse de un instrumento al servicio del Derecho de familia, de manera que "la naturaleza de las funciones de tutela atribuidas a la jurisdicción en este ámbito impide trasladar miméticamente las exigencias de congruencia consustanciales a la función jurisdiccional strictu sensu (aquella que se traduce en un pronunciamiento motivado sobre pretensiones contrapuestas), pues el principio dispositivo, propio de la jurisdicción civil, queda atenuado y, paralelamente, los poderes del Juez se amplían al servicio de los intereses que han de ser tutelados". Precisamente, esta naturaleza de orden público se predica, en general, del conjunto de normas reguladoras de los derechos e instituciones afectantes a los menores y que, con mayor o menor relieve, configuran el "estatuto jurídico indisponible de los menores de edad dentro del territorio nacional". Según declaración de la STC 141/2000, de 29 de mayo (BOE de 30 de junio de 2000. *Tol 2779*), con precisa referencia a la LO 1/1996, de 15 de enero, de Protección Jurídica de Menor. En el mismo Fundamento Jurídico 5, y en el ámbito de la específica cuestión sometida al amparo del TC, esta significativa Sentencia añade que "el estatuto del menor es, sin duda, una norma de orden público, de inexcusable observancia para todos los poderes públicos, que constituye un legítimo límite la libertad de manifestación de las propias creencias mediante su exposición a terceros, incluso de sus progenitores". Sin duda, la transcendencia práctica de la calificación es evidente, porque esa naturaleza de normas de orden público, de *ius cogens*, va a fundar la interpretación de concretas normas, la resolución de específicos conflictos de intereses, los límites legítimos de ciertos derechos y libertades públicas de otros que deben ceder ante los del menor y también los límites en el ejercicio de potestades y funciones normales, como la patria potestad, que actualmente tan sólo se comprende desde la señalada perspectiva.

3.3.2. El convenio regulador y las medidas relativas a los hijos menores de edad

Cuestiones relevantes

26. Atendido el contenido del ya mencionado art. 90, letras A) y B) CC, por cuanto se refiere a las medidas relativas a los hijos menores de edad, el convenio regulador deberá contener, al menos, los acuerdos relativos a la concreción del "cuidado de los hijos sujetos a la patria potestad de ambos, el ejercicio de ésta y, en su caso, el régimen de comunicación y estancia de los hijos con el progenitor que no viva habitualmente con ellos", así como, si se entiende necesario, "el régimen de visitas y comunicación de los nietos con los abuelos, teniendo en cuenta siempre el interés de aquéllos".

27. En nuestro Derecho Civil el **concepto de guarda y custodia** se vincula con la noción de atención y cuidado del menor que se tiene en compañía, ejercido mediante la convivencia más o menos permanente con el hijo. Curiosamente, a diferencia de la constante mención que al respecto se ha venido y se viene realizando tanto en reiterada jurisprudencia como en el contenido habitual de los convenios reguladores suscritos por los progenitores, es la Ley de Enjuiciamiento Civil 1/2000, de 7 de enero, la norma que por vez primera incorpora a un texto legal la expresión "guarda y custodia". No obstante, hasta ese momento, el Código Civil se refería a esa misma realidad con precisa referencia a términos como el de "cuidado" (art. 90), "cuidado y educación" (art. 92) o bien el de "tener consigo" (art. 94) a los menores, aplicados todos ellos a la situación en la que uno de los progenitores, o ambos, tuviera a los hijos menores en su compañía. La Ley 15/2005, de 8 de julio, por la que se modifica el Código Civil y la Ley de Enjuiciamiento Civil en materia de separación y divorcio, incorpora al

Código el término custodia y, también con carácter de novedad, la mención expresa a la guarda y custodia compartida.

28. En situación crítica, rota la convivencia entre los progenitores, la **determinación de la guarda y custodia de los hijos menores** plantea la alternativa de si este concreto aspecto del ejercicio de la patria potestad debe serle atribuido a uno sólo de ellos (o quizá, en situación excepcional, incluso a un tercero como, por ejemplo, los abuelos), por consiguiente de manera individual o exclusiva, o si, por el contrario, procede la llamada guarda y custodia compartida, modalidad ésta última que actualmente, desde la reforma operada por la Ley 15/2005, de 8 de julio, ofrece una mínima aunque básica regulación legal. Como puede suponerse, el criterio determinante de la opción elegida no debe ser otro que el del interés prevalente del menor. En efecto, con precisa referencia a las medidas de guarda y custodia, el beneficio del menor, único principio legal rector a valorar al tiempo de su acuerdo, es puesto de relieve por numerosísimas resoluciones Así se declara por las SSAP Valencia 25 abril 1995 (Sección 6ª. Ponente: Ilmo. Sr. D. Vicente Ortega Llorca), Navarra 5 mayo 1995 (Ponente: Ilmo. Sr. D. José Francisco Cobo Sáenz) y Cádiz 12 marzo 1998 (ECLI:ES:APCA:1998:652), entre otras muchas. No obstante, los Tribunales habitualmente ofrecen fundamentos poco explícitos respecto del efectivo contenido material del mismo en la concreta situación resuelta. Por ello resulta de interés la mención de la SAP Tarragona 30 abril 1998 (Sección 1ª. Ponente: Ilmo. Sr. D. Fernando Jareño Cortijo) y también de la SAP Granada 3 marzo 1999 (ECLI:ES:APGR:1999:525), que destacan, como argumentos para su concreción, la estabilidad emocional y el bienestar psicológico del menor determinados por su adecuada integración en el contexto familiar. Es por lo que durante mucho tiempo ha sido la práctica más extendida la de atribuir la guarda y custodia a uno sólo de los progenitores, pues admitida con carácter general otra solución no obstante continúa siendo opinión común considerar que, salvo en condiciones adecuadas de buena avenencia parental, la misma podría poner en peligro la estabilidad de los menores, siendo por otra parte razonable suponer que dicho ejercicio conjunto en muchos supuestos originaría desavenencias entre los progenitores que podrían quebrantar el orden emocional de los menores.

29. Cuestión de interés en este ámbito es también la referente al **mantenimiento de todos los hijos, cuando éstos fueran varios, bajo la guarda y custodia de uno sólo de los padres.** Sin duda, la indicación legal de procurar "no separar" a los hermanos (art. 92.5 del CC) encierra la intención del legislador de apartar, en la mayor medida, a los hijos de la crisis que únicamente debe afectar a sus progenitores, preservándoles de cualquier circunstancia que pudiera perjudicar su desarrollo integral como sería la vulneración del derecho de los hermanos a relacionarse entre sí que deberá quedar oportunamente garantizado, aunque se llegara acordar la separación de los mismos.

30. En todo caso conviene destacar que, adoptado el criterio más conveniente al interés del menor en relación con la atribución de la custodia de los hijos, **el resto de las facultades y derechos que integran el contenido propio de la patria potestad corresponderá a ambos progenitores,** en el bien entendido de que los dos continúan compartiendo la titularidad y el ejercicio de la función en que la patria potestad consiste a no ser que por sentencia se haya dispuesto otra cosa, dando cumplimiento de esta manera al principio de corresponsabilidad que, como padres, a ambos compete. Es por lo que, en estas situaciones críticas, sin duda alguna, la efectividad, entendida como beneficio para el menor, del conjunto de medidas personales afectantes a los menores va a depender en una buena parte de la concreta situación de cada uno de los progenitores, así como de su favorable disposición durante los períodos de convivencia en la atención y cuidado de los niños.

31. Por tanto, según quedo apuntado, y a salvo la posibilidad de una custodia partida que también habrá de ser tenida en cuenta, dos son las soluciones habitualmente adoptadas en la concreción de las medidas relativas a la guarda y custodia de los menores: bien la fijación de un régimen de custodia exclusiva o individual, o bien el establecimiento de la guarda y custodia compartida.

3.3.3. El derecho de comunicación del menor con los abuelos

Tras un prolongado proceso de elaboración, la Ley 42/2003, de 21 de noviembre, de modificación del Código Civil y de la Ley de Enjuiciamiento Civil en materia de relaciones familiares de los nietos con los abuelos, de conformidad con la esencia del principio general que busca el favorecimiento preferente del interés del menor, por primera vez introduce en el Código Civil la específica regulación de las relaciones familiares de los nietos menores de edad con sus abuelos, diferenciando esta concreta relación con la del resto de parientes y allegados a los que se refiere la norma contenida en el art. 160 CC y dotándola de una significativa prioridad respecto de ésta. En este sentido, la Exposición de Motivos de la Ley de reforma ya destaca la circunstancia de que "los abuelos desempeñan una función esencial de cohesión y transmisión de valores en la familia, que es el agente de solidaridad por excelencia de la sociedad civil", lo que conduce a considerar como insuficiente la inclusión de los mismos en la referencia general que la norma del art. 160 CC realiza a los parientes y allegados sin especificación alguna entre ellos, justificando la necesidad de intervención de los poderes públicos, en atención al mandato constitucional contenido en el art. 39 CE. En efecto, el art. 160 CC, al que remite el art. 94 del mismo Cuerpo legal, terminantemente declara en su segundo párrafo lo siguiente: "No podrán impedirse sin justa causa las relaciones personales del hijo con sus abuelos y otros parientes y allegados". Sin duda, en la determinación de la justa causa debe predominar el interés del hijo, aunque éste no debe ser incompatible en principio con la ponderación de los intereses de otros miembros de la familia. Ciertamente, la ponderación de los intereses en cuestión arrojará resultados diversos en función de los supuestos, de manera que lo que en unos pueda ser dañino para el hijo menor de edad puede que en otros, atendidas las circunstancias concurrentes, no lo sea. En todo caso, habrá que atender a las causas alegadas ante el Tribunal para impedir las relaciones entre los nietos y sus abuelos (específica problemática familiar que puede afectar a los menores; relaciones de tensión entre los progenitores, o alguno de ellos, con los abuelos...).

Cuestiones relevantes

32. La reforma analizada incorpora a nuestra legislación civil una regulación original, sin precedente en el Derecho común, del derecho de los nietos a relacionarse con sus abuelos en el ámbito de las situaciones de crisis matrimonial existentes entre los progenitores, cuya carencia normativa hasta la Ley 42/2003 venía siendo suplida por la actuación de los Tribunales que, en numerosas resoluciones, establecían un régimen de visitas y comunicación entre los hijos menores de la pareja cuya convivencia había cesado y sus abuelos, lo que aseguraba la continuidad de unos vínculos afectivos a los que no debían propagarse las consecuencias derivadas de la circunstancia crítica afectante a la relación entre los progenitores del menor. Diverso, en todo caso, del derecho de visita que corresponde al progenitor no custodio como cauce para poder seguir ejerciendo los deberes inherentes a la patria potestad. Obviamente, el fundamento de ambos es diferente pues en el derecho de los abuelos lo es, de manera esencial, el afecto; en tanto que en el caso de los padres el fundamento es la disociación de la patria potestad en un derecho de guarda y otro de visita, determinante de que el padre que no tiene atribuida la custodia siga conservando el deber de educar a los hijos con los que no convive. En este sentido, la Exposición de Motivos de la Ley plantea el propósito de "singularizar desde un aspecto sustantivo, de forma más explícita y reforzada, el régimen de relaciones entre los abuelos y los nietos, tanto en caso de ruptura familiar, como en el caso de simple dejación de obligaciones por parte de los progenitores".

33. Desde el planteamiento expuesto, incluso con anterioridad a la reforma el Tribunal Supremo ya se había declarado abiertamente favorable a la atribución de la guarda y custodia de los menores a sus abuelos (*cfr.* STS 12 febrero 1992, a su vez citada por la STS 28 diciembre 2016 (ECLI:ES:TS:2016:4281) atribuye a los abuelos maternos la guarda y custodia de su nieto cuya madre, fallecida, ejerció en exclusiva la patria potestad sobre su hijo menor hasta su muerte, consagrando de esta manera la continuidad de la relación. Aplicando el anterior criterio con expresa mención de la resolución citada, la SAP Santa Cruz de Tenerife 14 enero 2002 (ECLI:ES:APTF:2002:69) consolida la atribución de la guarda y custodia de la menor a sus abuelos maternos, frente a su progenitor, por entender que el interés de la niña lo justifica, ya que "desde su más tierna infancia ha convivido con su madre hoy fallecida y después con sus abuelos maternos, limitándose su relación con su padre a las visitas por éste llevadas a cabo, de modo que ella ve a sus abuelos maternos como a su verdadera familia, en la que se halla perfectamente integrada y a gusto, sin querer salir de la misma para irse con quien es su padre biológico, máxime con quien no tiene la confianza suficiente como para compartir su vida". *Cfr.* STS 8 marzo 1988 (ECLI:ES:TS:1988:16739), así como también a la posibilidad de adopción de los menores por parte de los mismos [*cfr.* STS 8 marzo 1988 (ECLI:ES:TS:1988:16739)].

34. Mediante la reforma se pretende regular el régimen de visitas de los nietos a favor de los abuelos acordado por los progenitores en el convenio regulador —en el que deberá concretarse la duración y demás condiciones del régimen de visitas convenido. Esta posibilidad, que constituye una facultad de los progenitores, no obstante, como ya señalé, está siendo de muy escasa aplicación práctica durante el tiempo que la norma lleva vigente, a lo que tal vez contribuya, ante el vacío legal al respecto, la mayoritaria posición de quienes defienden que **los abuelos no están legitimados para interesar la ejecución de la medida, establecida en su favor en el convenio regulador e incumplida por alguno o ambos progenitores** (diversamente, desde la reforma por la Ley 42/2003, **sí lo están para solicitar el establecimiento de un régimen de visitas, comunicación y estancias con sus nietos en un procedimiento planteado "ad hoc"**. *Cfr.* art. 250.1.12° LEC)—, introduciéndose también la posibilidad del establecimiento de la medida, como definitiva, de oficio por el órgano judicial en un procedimiento matrimonial contencioso —al respecto, el art. 94 CC, modificado por la Ley 42/2003, dispone que el Juez podrá fijar el derecho de comunicación y visitas de los nietos con sus abuelos, previa audiencia de éstos y de los progenitores, debiendo prestar aquéllos su consentimiento, teniendo siempre en consideración el principio del "favor minoris" al que se refiere el art. 160 CC. *Cfr.*, además, el art. 103.1ª CC, cuya redacción actual en sus dos primeros párrafos también obedece a la reforma operada por la Ley 42/2003—, modificándose, además, el art. 161 CC, en el que se introduce con carácter expreso y con específica mención al menor acogido la referencia a que el derecho considerado podrá ser fijado o suspendido por el Tribunal siempre en beneficio de los hijos menores de edad. Al respecto, conviene tener en cuenta que, atendida la circunstancia de que el art. 172.4 CC declara que se "buscará siempre el interés del menor y se procurará, cuando no sea contrario a ese interés, su reinserción en la propia familia", sin duda las medidas que supongan restricciones en el ejercicio del derecho de relación y visitas del menor de edad con su familia de origen tendrán que ser tomadas con criterios de suma prudencia.

35. En el ámbito del convenio regulador el tenor vigente del art. 90 B) CC revela que nos encontramos ante un derecho sustentado de manera esencial en el inexcusable beneficio que le reporta al menor el mantenimiento de la continuidad en la relación que afectivamente le vincula con sus abuelos y que no debe enturbiarse por la existencia de una situación de crisis entre sus progenitores, con independencia de que la misma cristalice o no en una ruptura convivencial definitiva. Es por lo que el Código permite que *en la propuesta de convenio regulador* (*cfr.* arts. 81 y 86 CC) los progenitores que todavía no han consolidado jurídicamente su crisis matrimonial *puedan* reglamentar convencionalmente el régimen de visitas de los menores con sus abuelos en previsión de que la ruptura se materialice efectivamente. Ciertamente, aunque el apartado B) del art. 90 CC, en el que expresamente se prevé como contenido del convenio el establecimiento de un régimen de visitas y comunicación de los nietos con los abuelos, se incluye en el apartado primero del mencionado precepto que se refiere al contenido mínimo del convenio regulador, la norma dispone que únicamente se fijarán las visitas y comunicación de los nietos con sus abuelos "si se considera necesario". De manera que es facultativo para los cónyuges el incluir o no este acuerdo en el convenio. Precisamente, con el propósito de que la relación de los nietos con sus abuelos no se interrumpa en los supuestos de nulidad, separación o divorcio de los padres, se incorpora al Código Civil el segundo párrafo del art. 94, que se refiere al derecho de comunicación y visita de los nietos con sus abuelos en términos similares al derecho de visita y comunicación que el progenitor no custodio tiene respecto de los hijos menores que tras la nulidad, separación o divorcio han quedado bajo la guarda y custodia del otro. En coherencia con las normas precitadas la reforma también ha alterado el texto del art. 103 del Código Civil, modificando el segundo párrafo de la medida 1ª, en la que con carácter excepcional se incluye la previsión de que, a falta de acuerdo entre los cónyuges, el Juez pueda decidir que los hijos sean encomendados en primer lugar a los abuelos, a quienes, a tal efecto, se les conferirá *"las funciones tutelares que ejercerán bajo la autoridad del Juez"*. La norma alberga dos tipologías que merecen especificación, pues concreta, como primeros destinatarios del ejercicio de las funciones tutelares, excepcionalmente previstas para el supuesto señalado, a los abuelos; posteriormente a los parientes del menor, seguidos de las demás personas y, finalmente, cuando no existan las personas reseñadas o éstas no prestaran su consentimiento, el menor será encomendado a una institución idónea.

3.4. Límites materiales del convenio regulador

Cuestiones relevantes

36. Conviene tener en cuenta que existen determinadas **materias que quedan fuera del ámbito de la libre disponibilidad de los cónyuges,** por lo que el órgano judicial no va a quedar vinculado por lo convenido entre los esposos respecto de las mismas. Tal consideración nos conduce a la delimitación de lo objetivamente disponible en el convenio regulador, atendiendo a la posible compatibilidad entre el principio de autonomía de la voluntad con las disposiciones de *ius cogens* en el Derecho de Familia, esencialmente localizadas en el contexto de los menores de edad y su prevalente interés. Desde esta consideración resulta que ningún padre puede renunciar a derechos, deberes o funciones que, por su naturaleza, son irrenunciables, tales como la filiación o la patria potestad. Tampoco puede vaciarse de contenido la función de la patria potestad, o verificar un desigual reparto de los derechos y deberes que la integran, ni violentar el interés superior del menor, principio general imprescindible en nuestro ordenamiento. En suma, no se pueden afectar derechos irrenunciables, tales como la titularidad de la patria potestad (acordándose anticipadamente su posible privación o exclusión) o la filiación, ni en ningún supuesto las causas pactadas pueden perjudicar el interés superior de los hijos menores. Sí que pueden convenirse, en cambio, cláusulas de modificación de deberes y facultades, de conformidad con las situaciones que sobrevengan.

37. Además, por cuanto se refiere a los pactos sobre **administración de la sociedad,** las partes habrán de estar a lo convenido, así como también respecto de las estipulaciones relativas a la **atribución de la vivienda** —en este ámbito la cuestión se dilucidará en torno al título posesorio que la determine, siendo relevante lo convenido entre los cónyuges, pero siempre en el contexto propio del convenio a los efectos de atenerse a una posible controversia sobre la misma o, en el supuesto más extremo, incluso a la **división de la cosa común**—, pensiones alimenticias —con referencia a esta materia que, en principio, raya la frontera de lo indisponible, los pactos no obstante serán válidos y eficaces siempre que no sobrepasen los límites contenidos en el art. 1255 CC—, **disolución y liquidación de la sociedad de gananciales** —las disposiciones relativas a la liquidación de gananciales, documentada privadamente, una vez verificada la separación son válidas, conviniendo doctrina y jurisprudencia en su eficacia siempre que se respete el principio general de la buena fe que debe regir cualquier negocio jurídico— y **pensión compensatoria** —siempre entendida como deber de auxilio mutuo o una suerte de derecho personal de carácter resarcitorio o indemnizatorio que pretende aproximar la situación patrimonial de los cónyuges tras la ruptura del vínculo—.

38. Por cuanto se refiere a las **limitaciones legales,** debe estarse a lo dispuesto en los arts. 14, 32 y 39 CE, así como a las previsiones contenidas en los arts. 1255, 90 y 92 CC.

3.5. Eficacia de las estipulaciones no incluidas en el convenio regulador

En relación con lo precedentemente expuesto cabe realizar siquiera una mínima referencia a la validez de los pactos no recogidos en el convenio regulador y a la posibilidad que los mismos tienen de ser reconocidos, a los efectos de su validez y eficacia, por la normativa vigente. Básicamente, la práctica demuestra que se trata de las estipulaciones relativas al pago de la pensión o a la cesión de bienes a favor de un cónyuge en el supuesto de una eventual ruptura vincular. En mi opinión, con carácter general y a la vista de la doctrina que emana de la jurisprudencia del Tribunal Supremo y de las resoluciones del Centro Directivo cabe concluir que, además de en el convenio regulador, los cónyuges pueden convenir los pactos que consideren idóneos, dentro de lo jurídicamente disponible, a los efectos de alterar o bien completar lo dispuesto en el convenio aportado, bien de manera simultánea o posterior el mismo, sin dejar de atender a la posibilidad de adoptar acuerdos prematrimoniales, no oponibles a terceros pero sí vinculantes para las partes.

4. MODIFICACIÓN DE LAS MEDIDAS ACORDADAS EN EL CONVENIO REGULADOR POR ALTERACIÓN SUSTANCIAL DE LAS CIRCUNSTANCIAS

El art. 90 CC, en su apartado tercero, declara que "las medidas que el juez adopte en defecto de acuerdo, o las convenidas por los cónyuges, podrán ser modificadas judicialmente o por nuevo convenio cuando se alteren sustancialmente las circunstancias".

4.1. Presupuestos de imprescindible concurrencia

Cuestiones relevantes

39. En función de la medida a considerar y de las circunstancias concurrentes cabe considerar concretos presupuestos de los que todas ellas participan, que deben concurrir para que prospere la demanda de modificación de medidas. Se trata de los siguientes.

Las circunstancias alegadas deben ser sobrevenidas a la resolución en la que se establecieron las medidas. En definitiva, deben fundarse en hechos posteriores a la sentencia y que, por consiguiente, no pudieron ser tenidos en cuenta por el Juzgador al adoptar las medidas consecuentes a la separación o divorcio, ni en la instancia ni en apelación, ni tampoco por los cónyuges al tiempo de pactar el contenido del convenio regulador. No obstante, nada impide el que se pueda considerar alguna circunstancia anterior a la sentencia, siempre que, por razones no imputables a los cónyuges, no hubiera podido valorarse en el convenio regulador o en la resolución judicial que lo aprueba o que establece las medidas a falta de acuerdo entre las partes.

La alteración de circunstancias debe ser relevante y tener entidad suficiente para fundar la alteración de la medida de que se trata. Ciertamente, la valoración de la entidad de la alteración corresponde al órgano judicial que, en su ponderación, deberá atender a su entidad y relevancia, tanto cualitativa como cuantitativa, lo que conduce a considerar la existencia de un cambio relevante en relación con la situación anterior. El juicio de razonabilidad sobre la relevancia del cambio de circunstancias, por tanto, deberá atender a la situación existente al tiempo de la adopción de las medidas, y con ello de la justificación suficiente de las concurrentes en ese momento, en relación con el tiempo en que se interesa la modificación, todo ello con el evidente propósito de poder verificar el parangón necesario que funde la conclusión de la alteración de la medida ya acordada previamente.

La alteración considerada debe proyectarse de manera permanente, por lo que no puede basarse en una situación pasajera o temporal. En este sentido, las situaciones de índole transitoria carecen de virtualidad a los efectos de fundar una decisión que altere lo acordado previamente por el órgano judicial. Cabría decir, en este sentido, que por cuanto se refiere al convenio regulador rige plenamente la doctrina de la cláusula "rebus sic stantibus". Y así, por ejemplo, en el ámbito de las medidas adoptadas en relación con los hijos menores, de variar sustancialmente las condiciones que fundaron su adopción, los padres no sólo pueden interesar la modificación, sino que deben hacerlo, siempre desde la óptica del interés de menor y, muy especialmente, si el mismo puede ponerse en situación de riesgo o padecer cualquier perjuicio [*cfr.*, por todas SSTS 18 julio 2019 (*Tol 7419484*) y 16 junio 2020 (*Tol 8010191*)].

Las circunstancias sobrevenidas deben ser ajenas a la voluntad del solicitante de la modificación. En este sentido cabría precisar que, si se acredita que la alteración sustancial de las circunstancias ha resultado provocada por alguna de las partes (*vgr.* supuesto de baja laboral voluntaria o endeudamiento intencionado por el deudor), la demanda no tendrá ningún viso de prosperabilidad.

4.2. Aportaciones jurisprudenciales más relevantes

Cuestiones relevantes

40. Con relación a las posibles modificaciones del convenio regulador por la sobreveniencia acreditada de circunstancias de entidad, la jurisprudencia ha venido precisando algún matiz importante. Así, con carácter general, se concreta que (i) la modificación debe afrontar la regulación de hechos de nueva ocurrencia, en definitiva, aspectos fácticos diversos de los ya existentes, aunque también cabe atender a los que se ignoraron o a aquéllos sobre los que las partes tenían un conocimiento erróneo, supuesto éste último en el que los que fueron esposos podrían impugnar la validez del convenio suscrito, o de la estipulación concreta, por error; (ii) es por lo que no cabe atender a circunstancias que las partes ya consideraron, o razonablemente pudieron haber tenido en cuenta, al tiempo de la emisión de su consentimiento; (iii) por otra parte, no es preciso que los hechos sean de manera imprescindible insólitos o que revistan un especial carácter de extraordinarios; (iv) en todo caso, los hechos a considerar deben ser de una entidad suficiente como para que de los mismos se siga un perjuicio grave para alguna de las partes respecto de la situación de equilibrio y referidos siempre a la fecha de la celebración del convenio regulador cuyo contenido se pretende modificar; (v) además, resulta inadmisible que el cumplimiento de cargas sobrevenidas perjudique las previas ya asumidas, si bien para acordar una rebaja de las cargas habrá de ponderarse aquellos elementos que inciden de semejante manera pero, obviamente, en un sentido inverso (*vgr.* las necesidades del alimentista o, en su caso, la fortuna del alimentante); (vi) por último, las partes siempre deberán actuar de buena fe.

Jurisprudencia

Cfr., por todas, SSTS 26 febrero 2019 (*Tol 7099260*) y 1 marzo 2019 (*Tol 7099261*).

En el primero de los supuestos se trata de una demanda de modificación de las medidas adoptadas en un convenio sobre guarda y custodia monoparental, para la adopción de un régimen de guarda y custodia compartida, en el que la sentencia de primera instancia estimó la demanda, pero la Audiencia la revocó por no apreciar que la modificación de circunstancias fuera esencia, y se estima el recurso de casación, destacándose que es doctrina de esta Sala que, dada la preeminencia al interés del menor en el análisis de las cuestiones relativas a la protección, guarda y custodia, las nuevas necesidades de los hijos no tendrán que sustentarse en un cambio "sustancial", pero si cierto, de manera que el transcurso del tiempo y la adaptación del menor a la custodia monoparental no puede servir de argumento para negar su transformación en custodia compartida; y, en aplicación de la anterior doctrina, procede estimar el recurso de casación por contradecir la sentencia recurrida dicha doctrina, con argumentos y citas jurisprudenciales ya superadas, toda vez que cuando se dictó la sentencia recurrida, ya existían las sentencias de la Sala que justificaban la estimación del recurso de casación, por lo que si se hubiese acudido a ellas, y en estrecha relación con los argumentos de la sentencia de la primera instancia, la confirmación de ésta no ofrecía problema, evitándose a la parte un recurso con resultado previsible.

En el segundo, supuesto la Sala desestima, por causa de inadmisión, el recurso de casación frente a una sentencia dictada en un procedimiento de modificación de medidas acordadas en sentencia de divorcio e instadas por la madre de una menor, por alteración sustancial de las circunstancias con ocasión de la declaración de paternidad en relación a la menor, distinta a la que venía ostentando, y en el que se solicitaba la extinción del ejercicio de la patria potestad existente, del abono de la pensión alimenticia y de los gastos extraordinarios y también del régimen de visitas inter semanal, semanal y periodos vacacionales; la sentencia recurrida mantuvo un régimen de visitas de la menor respecto del padre no biológico, pues dados los vínculos que existieron, la falta de filiación biológica, que se declaró posteriormente, no puede ser un obstáculo para poder seguir manteniendo una amplia relación y contacto, dado que esa relación se integra en el concepto de persona allegada; además, la menor tiene una hermana que sí es hija biológica del apelante, y al ser estrecha la relación existente entre ellas considera muy beneficiosa la convivencia con su hermana y con el que fue su padre; en la medida en que la sentencia ha realizado un riguroso estudio y análisis para indagar cual es el interés del menor, criterio informador de la materia, con una motivación lógica y razonable, la sala inadmite el recurso al no ser revisable en casación las conclusiones del tribunal de apelación. En el mismo sentido, STS 24 septiembre 2018 *(Tol 6814702)*, en la que se recoge la doctrina jurisprudencial sobre la modificación de la medida de atribución de pensión compensatoria que, en todo caso, exige justificar que las causas que determinaron su adopción han dejado de existir total o parcialmente, cambio de circunstancias determinantes del desequilibrio (alteración sustancial y sobrevenida, convivencia del perceptor con una nueva pareja, cese de las causas que determinaron el reconocimiento) pues, toda vez que la pensión no se configura legalmente como un derecho de duración indefinida o vitalicia, la idoneidad o actitud de la perceptora para superar el desequilibrio económico es un elemento a considerar, es preciso llegar a la convicción de que no es necesario prolongar la percepción por la certeza de que va a ser factible la superación del desequilibrio, juicio prospectivo presidido por la prudencia y ponderación, con criterios de certidumbre; y se acuerda la imposibilidad de aplicar la pérdida del derecho a la pensión compensatoria como una especie de sanción por el hecho de no haber accedido a un empleo, salvo que se acredite que su beneficiario demuestra verdadera desidia y desinterés por del acceso al mercado laboral, siendo que en el caso, no se acredita (la esposa dejó su trabajo para dedicarse a la familia y en particular al cuidado de hijo que requería atención especial; tiene cincuenta y cinco años de edad circunstancia que resta posibilidades de acceso al trabajo salvo que se cuente con una especialización determinada), el mantenimiento de la pensión en las condiciones convenidas en su día.

5. EFECTOS DEL CONVENIO REGULADOR

5.1. Eficacia del convenio regulador no ratificado a presencia judicial

Cuestiones relevantes

41. Como ya he señalado, la voluntad de los cónyuges para alcanzar un acuerdo en relación con las medidas que van a ordenar, en sus diversos aspectos, los efectos de su matrimonio o la vida de sus hijos resulta esencial en los procesos de familia. Y esta relevancia se manifiesta, precisamente, mediante la posibilidad de presentación ante el órgano judicial competente de un convenio regulador que ordene estas circunstancias, resultando a tal efecto necesario que las partes se ratifiquen en su contenido en presencia del juez. En el señalado contexto se plantea la cuestión de los efectos que se derivan de un convenio regulador no ratificado ante el Juez. Sobre la eficacia del convenio regulador no ratificado judicialmente constan abundantes pronunciamientos del Tribunal Supremo. *Vid.*, por todas, SSTS 22 abril 1997 (*Tol 5119376*), 15 octubre 2018 (*Tol 6852505*), 7 noviembre 2018 (*Tol 6906992*) y 18 julio 2019 (*Tol 7419484*), entre otras muchas. Así, la STS 22 abril 1993 (*Tol 5119376*) declara que: "Cuando es aprobado judicialmente queda integrado en la resolución judicial, con toda la eficacia procesal que ello conlleva, pero, si no hubiese llegado a ser aprobado judicialmente, no es ineficaz, sino que tiene la eficacia correspondiente a todo negocio jurídico". Por su parte la STS 15 octubre 1998 (*Tol 6508720*), expresa que "el convenio regulador no puede tacharse de ineficaz por carecer del requisito de ser aprobado judicialmente". Y la STS 7 noviembre 2018 (*Tol 6906992*) sienta la doctrina de que "la Sala Primera admite la eficacia jurídica de un convenio regulador no ratificado, y niega que el mismo pueda ser tratado como un simple elemento de negociación. Pero rechaza que el convenio no ratificado deba recibir idéntico tratamiento jurídico que el que ha sido objeto de ratificación. Y así, señala que, una vez aportado con tal naturaleza al proceso contencioso, la parte que lo suscribió, pero no lo ratificó en presencia judicial, tendrá que alegar y justificar, en este proceso, las causas de su proceder, bien por el incumplimiento de las exigencias del art. 1255 CC, bien por concurrir algún vicio en el consentimiento entonces prestado, en los términos del art. 1265 CC, o por haberse modificado sustancialmente las circunstancias que determinaron el inicial consenso, que nada tiene que ver con cambio de opinión injustificada, sobre todo en supuestos como el presente en los que cada cónyuge intervino asesorado de letrado en la redacción y suscripción del convenio". Y es que, de conformidad con la previsión contenida en el art. 777.3 LEC, si citados los cónyuges en un proceso de mutuo acuerdo de separación o divorcio, el convenio no fuera ratificado por alguno de ellos, el Letrado de la Administración de Justicia acordará de inmediato el archivo de las actuaciones, quedando a salvo el derecho de los cónyuges a promover la separación o el divorcio conforme a lo dispuesto en el art. 770 de Ley Procesal.

42. Ciertamente, atendidos los caracteres que reviste el convenio y la esencialidad de su naturaleza jurídica, es posible concluir que **la eficacia que despliega el convenio regulador firmado por ambos cónyuges pero no ratificado judicialmente se corresponde con la que tendría un negocio jurídico, más precisamente, un contrato** (*cfr.*, al respecto, los arts. 1255 y 1258 CC), **en todas aquellas materias que legalmente resulten disponibles para las partes,** tales como el establecimiento de una pensión compensatoria, o la fijación de la indemnización a que se refiere el art. 98 CC, o incluso la fijación de la pensión alimenticia de un hijo mayor de edad, respetando en este último supuesto el precepto del art. 1814 CC y la norma del art. 151, o, en definitiva, cualquiera de aquellas estipulaciones que, en materia disponible por las partes, no integren el contenido típico de un convenio conforme al art. 90 CC, ya considerado. En este sentido, la STS 7 noviembre 2018 (*Tol 6906992*) analiza la eficacia del convenio regulador del divorcio no ratificado y aportado posteriormente al procedimiento contencioso, recogiendo la doctrina jurisprudencial sobre el convenio regulador como negocio jurídico de derecho de familia, expresión de la autonomía de la voluntad de los cónyuges en la regulación de situaciones de ruptura conyugal: naturaleza, clases y eficacia obligacional, destacando su perspectiva de potenciación de la facultad de autorregulación entre cónyuges. En el caso enjuiciado, se declara que el convenio regulador, al no haber sido ratificado por uno de los cónyuges en el divorcio promovido de mutuo acuerdo, carece de eficacia jurídica para formar parte de ese proceso de divorcio de mutuo acuerdo y, por tanto, para quedar integrado, tras su homologación, en la resolución judicial con toda la eficacia procesal de fuerza ejecutiva que ello conlleva, pero esto no impide se califique eficaz, como negocio jurídico, y válido, significándose que su aportación al proceso contencioso posterior no tiene el mismo tratamiento vinculante que en el de mutuo acuerdo, pero tampoco puede ser tratado como un simple elemento de negociación, y la parte que lo suscribió, pero no lo ratificó, debe alegar y justificar las causas de su proceder (vulneración del art. 1255 CC, vicio del consentimiento o modificación sustancial de las circunstancias, no un mero cambio de opinión). En definitiva, se destaca el tratamiento jurídico notoriamente diferente del convenio no ratificado que, no obstante, mantiene su naturaleza de negocio jurídico familiar. A este respecto conviene considerar que, de acuerdo con el art. 1091 CC, "las obligaciones que nacen de los contratos tienen fuerza de ley entre las partes contratantes, y deben cumplirse a tenor de los mismos". Por consiguiente, habrá que estar a lo pactado en el convenio, a no ser que concurran circunstancias que se opongan a la validez de lo pactado impidiendo su cumplimiento. La precedente reflexión necesariamente conduce a considerar el contenido de los arts. 1255 y 1261 y siguientes CC, en lo atinente a la fijación de los límites de la libertad contractual, a los elementos esenciales del contrato y a la ausencia de vicios del consentimiento. Por otra parte, la eficacia del convenio regulador perfeccionado entre los cónyuges, pero no ratificado judicialmente, puede proyectarse tanto en un procedimiento cuyo objeto sea la regulación de una crisis matrimonial, como en el proceso que tenga por objeto la efectividad judicial de los pactos contenidos en el convenio, como sería el supuesto de un proceso declarativo en el que se interese la condena al pago del importe no satisfecho de la prestación de alimentos pactados en el convenio de referencia —de hecho, no resulta infrecuente que la parte que se ha ratificado en el convenio aporte posteriormente el acuerdo alcanzado a los efectos de su consideración, planteando la cuestión de si el juez debe o no apartarse de las medidas de naturaleza dispositiva que libremente fueron convenidas entre los cónyuges—. Y tan sólo se verá privado de efectos lo estipulado en el convenio regulador en el supuesto de que expresamente se acuerde que no tendrá eficacia lo convenido en el caso de que no llegue a aprobarse por no haber sido ratificado por los cónyuges o por el hijo mayor o menor emancipado cuando la concurrencia de estos requisitos resulte necesaria, previsión de todo punto admisible desde la previsión del art. 1255 CC.

43. Diversamente, **aquellas estipulaciones relativas a materias indisponibles por las partes, de manera esencial por afectar a los hijos menores o incapacitados, carecerán de la señalada fuerza vinculante,** toda vez que su efectividad se encuentra condicionada a la acreditación de que lo pactado no contravenga el interés de los hijos menores, tanto en lo atinente a la guarda y el régimen de comunicación con los mismos, como a los alimentos que les conciernen y a la atribución del uso de la vivienda que, asimismo, les afecte. En este sentido la STS 15 octubre 2018 (*Tol 6852505)*, ya mencionada, confirma la sentencia que condenó al recurrente a abonar los alimentos debidos a su hijo menor de edad, en virtud del convenio regulador suscrito por los cónyuges, no homologado judicialmente. Y es que, cuestionándose la validez y eficacia jurídica del convenio regulador, en situaciones de crisis matrimonial, que no ha sido sometido a aprobación judicial, señala la Sala que los acuerdos sobre medidas relativas a hijos comunes, menores de edad, son válidos siempre y cuando no sean contrarios al interés del menor, no pudiendo renunciar ni disponer del derecho del menor a la pensión de alimentos, ni compensarse con una deuda entre los progenitores, ni someterse condicionalmente en beneficio de los menores. En este caso los cónyuges redactaron de mutuo acuerdo un convenio de naturaleza privada, no aprobado judicialmente, para regir las relaciones de la separación de hecho. El actor opone la excepción del contrato incumplido, alegado que su incumplimiento de la obligación alimenticia pactada viene precedido del incumplimiento por la recurrida del régimen de visitas y comunicación entre él y su hijo, que también fue pactado; alegación que no puede ser acogida pues, la especial naturaleza de la obligación alimenticia de los progenitores para con sus hijos menores de edad, impide hacer depender su pago del cumplimiento o incumplimiento del progenitor custodio de otras estipulaciones del convenio. No obstante, esta circunstancia no impedirá tener en consideración dichos pactos a fin de poder ser ponderados por el Juez al resolver acerca de estas cuestiones en una causa contenciosa, valorándolos como un medio de prueba documental más, que deberá ser considerado en su vinculación con las demás pruebas de posible concurrencia, ya sean de carácter pericial, documental, de interrogatorio y testifical, y también con una eventual exploración del menor.

44. En todo caso, **el convenio regulador no ratificado,** bien por la incomparecencia para su ratificación por una o por ambas partes, o por los hijos mayores o emancipados cuando ello sea necesario, bien por la presencia de defectos formales no subsanados, **carecerá por sí solo, de fuerza ejecutiva,** al no haber resultado incorporado a la correspondiente sentencia o al decreto del Letrado de la Administración de Justicia en un proceso de mutuo acuerdo, pues este efecto ejecutivo se le deriva, precisamente, de la aprobación judicial o por parte del Letrado, según los casos.

5.2. Eficacia del convenio regulador no homologado judicialmente

Cuestiones relevantes

45. La cuestión jurídica que ahora se plantea es la atinente a la naturaleza, validez y eficacia del convenio regulador, en situaciones de crisis matrimonial, que no ha sido sometido a la aprobación judicial. Al respecto, **con carácter general,** como se ha expuesto, debe valorarse que la jurisprudencia parte de la consideración del convenio regulador como negocio jurídico de Derecho de familia, expresión del principio de autonomía privada que, como tal **convenio regulador, requiere aprobación judicial, como *conditio iuris*, determinante de su eficacia jurídica.** *Cfr.* STS 22 abril 1997 (*Tol 5119376*), en la que se declara: "Deben, por ello, distinguirse tres supuestos: en primer lugar, el convenio, en principio y en abstracto, es un negocio jurídico de derecho de familia; en segundo lugar, el convenio regulador aprobado judicialmente queda integrado en la resolución judicial, con toda la eficacia procesal que ello conlleva; en tercer lugar, el convenio que no ha llegado a ser aprobado judicialmente, tiene la eficacia correspondiente a todo negocio jurídico, tanto más si contiene una parte ajena al contenido mínimo que prevé el art. 90 CC. La STS 25 junio 1987 declara expresamente que se atribuye trascendencia normativa a los pactos de regulación de las relaciones económicas entre los cónyuges, para los tiempos posteriores a la separación matrimonial; la de 26 de enero de 1993 añade que la aprobación judicial del convenio regulador no despoja a éste del carácter de negocio jurídico que tiene, como manifestación del modo de autoregulación de sus intereses querido por las partes". En el mismo sentido las SSTS 21 diciembre 1998 (*Tol 2437796*), 15 febrero 2002 (*Tol 4975267*), 24 junio 2015 (*Tol 5191042*) y 19 octubre 2015 (*Tol 5512750*).

46. No obstante, como ya anticipé, **los acuerdos recayentes sobre medidas relativas a hijos comunes menores de edad, pactados por los progenitores tras la ruptura, como es la contribución de ambos a los alimentos de los menores, sin que haya recaído aprobación judicial, son válidos siempre que no sean contrarios al interés del menor, si bien con la limitación impuesta en el art. 1814 CC** —en todo caso, no cabe renunciar ni disponer del derecho del menor a la pensión de alimentos, ni puede compensarse con una deuda entre los progenitores, ni someterse condicionalmente en beneficio de los menores—. Y es que, como se vio, el convenio regulador no puede tacharse de ineficaz sólo por carecer del requisito de ser aprobado judicialmente, por lo que debe entenderse que, en principio, es válido el pacto suscrito por las partes en el convenio regulador privado, aun cuando no haya tenido acceso al órgano judicial para su aprobación siempre y cuando, y tratándose de medidas que afectan a hijos menores de edad, se haya verificado por parte del juzgador "*a quo*" una adecuada valoración del interés del menor. Así se declara en la STS 15 octubre 2018 *(Tol 6852505)*, en la que el demandado, obligado a la prestación alimenticia a favor de sus hijos menores, opuso a la eficacia del acuerdo alcanzado y cumplido con regularidad durante un tiempo, la circunstancia de la falta de concurrencia de la aprobación judicial del mismo. Al respecto, el Alto Tribunal declara que "el convenio regulador no puede tacharse de ineficaz por carecer del requisito de ser aprobado judicialmente. El demandado, aquí recurrente, obra con tal pretensión de forma reprobable, yendo en contra de sus propios actos, pues convino con la actora las prestaciones alimenticias del hijo, reconoce que el convenio se ha ido cumpliendo, aunque irregularmente, y, ante la reclamación de lo adeudado, articula como defensa que el convenio carece de efectos al no haber sido objeto de aprobación judicial, sin que en todo el tiempo de vigencia del convenio haya llevado a cabo ninguna gestión judicial en orden a la adopción de medidas relacionadas con el menor".

5.3. *Eficacia de las resoluciones judiciales sobre el convenio*

Cuestiones relevantes

47. Resulta comúnmente admitido que en el convenio regulador pueda normarse el régimen de visitas de parientes y allegados, y en este punto cabe plantearse **la cuestión de si el convenio obliga o no a los terceros, singularmente los abuelos del menor como más directamente afectados.** Al respecto, la Ley 42/2003, de 21 de noviembre, sienta un claro doble objetivo, cual es, por una parte, regular de manera explícita y reforzada el régimen de relaciones entre los abuelos y los nietos, tanto en caso de ruptura familiar, como en el supuesto de simple dejación de obligaciones por parte de los progenitores y, por otra, la atribución a los abuelos de una función singularmente relevante para la eventual situación de dejación de las funciones derivadas de la patria potestad; e introduce un nuevo párrafo B) en el art. 90 CC, de acuerdo con el cual el convenio regulador podrá contemplar, en la forma más adecuada al interés del menor, el régimen de visitas y comunicación con sus abuelos. Por su parte, el art. 94 recoge la posibilidad del pronunciamiento judicial sobre el régimen de visitas con los abuelos.

48. La doctrina jurisprudencial sobre la relación entre abuelos y nietos ha sido declarada en interesantes resoluciones que, no obstante, no abordan la cuestión apuntada, a la que cabría dar respuesta, en mi opinión, atendiendo también a la posición y manifestaciones de **los abuelos** del menor que, de no haber sido escuchados en el proceso ni coincidir en sus preferencias y disposiciones con los acuerdos del convenio que les afectan, **siempre podrían acudir a la vía de un procedimiento declarativo en defensa de su pretensión dirigida a establecer un régimen de comunicación con sus nietos, adecuado básicamente al interés de los menores.** *Cfr.*, por todas, SSTS 24 mayo 2013 (*Tol 3744088*), 20 febrero 2015 (*Tol 4748255*), 18 marzo 2015 (*Tol 4786604*), 20 septiembre 2016 (*Tol 5829996*), 27 septiembre 2018 (*Tol 6830516*), 22 noviembre 2018 (*Tol 6932486*), 22 noviembre 2018 (*Tol 6830516*), 5 noviembre 2019 (*Tol 7586554*) y 25 noviembre 2019 (*Tol 7615683*).

5.4. Incidencia de la reconciliación sobre el convenio regulador

Cuestiones relevantes

49. En sentido contrario a la sentencia de separación, que lleva aparejada la suspensión de la vida en común de los cónyuges (*cfr.* art. 83 CC), la reconciliación implica la reanudación de la convivencia (*cfr.* art. 84 CC) y cabe plantearse si la misma produce efectos extintivos sobre el convenio regulador. Y es que **la norma general del art. 84 CC impone que la reconciliación deja sin efecto lo resuelto sólo en la esfera personal,** de manera que para que surjan los efectos extintivos bastaría con que los cónyuges pongan en conocimiento del Juez el hecho de la reconciliación, como apuntando que los efectos derivados serían automáticos, resultando suficiente el acto de comunicación y su ratificación ante el órgano judicial que conoció del procedimiento, aunque tal solución no parezca suficiente. Y es que mediante la reconciliación se reanudan de manera automática los efectos, pero únicamente en la esfera personal y no en otros ámbitos, por lo que debe atenderse al párrafo 2° del art. 84 que armoniza esa posibilidad de la reconciliación con el mantenimiento de lo acordado en el convenio regulador, de manera que las medidas acordadas en la causa con relación a los menores podrían mantenerse, en todo o en parte. Ciertamente, el art. 84, párr. 2°, CC, admite el mantenimiento o la modificación de las medidas acordadas no obstante haber mediado reconciliación, para lo cual es imprescindible la concurrencia de causa justa y, desde el punto de vista procesal la resolución judicial, previo informe del Ministerio Fiscal.

50. Por cuanto se refiere a la **reconciliación producida después de declarado el divorcio vincular** sabido es que la misma no produce efectos legales (art. 88, párr. 2° CC), aunque los divorciados de nuevo podrán contraer entre sí matrimonio, lo que implica que el contenido del convenio persistirá tras la reconciliación, si bien de contraer ulterior matrimonio después de la reconciliación el convenio anterior quedará extinguido.

5.5. El convenio regulador como título inscribible

Finalmente, debe atenderse a la dimensión del convenio regulador como título inscribible. Se trata de una amplísima cuestión de significativa proyección registral con múltiples derivaciones cuya consideración pormenorizada rebasaría, con mucho, los límites del presente trabajo, por lo que me limito a apuntar un aspecto que me parece destacado.

Cuestiones relevantes

51. Con carácter general, únicamente los títulos con forma pública pueden acceder al Registro de la Propiedad (arts. 3 de la LH y 34 del RH), y esta cuestión de la titulación pública va a afectar a la calificación registral. En el ámbito del convenio regulador, la cuestión se plantea en un cuerpo relevante de Resoluciones del Centro Directivo (*cfr.* Resoluciones de 25 de febrero, 9 y 10 de marzo de 1988), de persistente doctrina, idénticas en cuanto a supuesto de hecho, argumentos y contenido del fallo, en las que se plantea "si para inscribir un convenio regulador sobre liquidación del régimen económico matrimonial basta el testimonio judicial acreditativo del convenio y de que éste ha sido aprobado por sentencia ... o si se requiere, además, que conste que el convenio fue elevado a escritura pública", resultando el fallo en el sentido de que "no cabe negar que **el documento auténtico expedido por el Secretario Judicial** —actualmente y desde la entrada en vigor de la reforma de la LOPJ de 21 julio de 2015, Letrado de la Administración de Justicia (LAJ)—, **acreditativo de la sentencia y del convenio regulador aprobado por la sentencia, es documento auténtico suficiente para acreditar los términos del convenio con plenitud de efectos (art. 281 LOPJ) y, por consiguiente, a efectos también del Registro de la Propiedad** ...", sin que corresponda al registrador en el ámbito de su función calificadora revisar el contenido del mismo en cualquiera de sus vertiente (*cfr.* Resoluciones de 29 de julio de 1999 y 18 de mayo de 2002), aunque obviamente sí le competa la calificación de los requisitos registrales del convenio —entre otros, el soporte documental del título inscribible, la descripción registral de los bienes (*cfr.* Resolución de 21 de julio de 2004), una posible omisión de bienes en el inventario (Resolución de 5 de febrero de 2003) o en el documento del inventario y del avalúo (Resolución de 18 de mayo de 2002), o la concurrencia de confusión en el acuerdo (Resoluciones de 31 de enero de 2005 y 5 de noviembre de 2005)—.

ESQUEMA

CONCEPTO Y NATURALEZA JURÍDICA DEL CONVENIO REGULADOR

CONTENIDO DEL CONVENIO REGULADOR

1. Estructura
2. Contenido mínimo
3. Especial referencia a las medidas relativas a los hijos menores de edad
4. Límites materiales
5. Eficacia de las estipulaciones no incluidas en el convenio

MODIFICACIÓN DE LAS MEDIDAS ACORDADAS EN EL CONVENIO REGULADOR POR ALTERACIÓN SUSTANCIAL DE LAS CIRCUNSTANCIAS

EFECTOS DEL CONVENIO REGULADOR

1. Eficacia del convenio regulador no ratificado a presencia judicial
2. Eficacia del convenio regulador no homologado judicialmente
3. Eficacia de las resoluciones judiciales sobre el convenio
4. Incidencia de la reconciliación sobre el convenio regulador
5. El convenio regulador como título inscribible

5 El régimen de convivencia con los hijos

Javier Martínez Calvo[1]

Sumario: 1. LA GUARDA Y CUSTODIA: CONTENIDO, FUNCIONAMIENTO Y REGÍMENES DE ORGANIZACIÓN ESTRUCTURAL. 2. LA DETERMINACIÓN DEL RÉGIMEN DE CONVIVENCIA CON LOS HIJOS. 3. EL INTERÉS SUPERIOR DEL MENOR COMO CRITERIO RECTOR. 4. ANÁLISIS DE LOS PRINCIPALES CRITERIOS SEGUIDOS EN LA CONCRECIÓN DEL INTERÉS SUPERIOR DEL MENOR. 4.1. Opinión del menor. 4.2. Informe del Ministerio Fiscal. 4.3. Parecer de los especialistas. 4.4. Alegaciones de las partes y otras pruebas practicadas en la comparecencia. 4.5. Recomendación de no separar a los hermanos. 4.6. Edad del menor. 4.7. Presencia de posibles conductas constitutivas de violencia de género. 4.8. Aptitudes de los progenitores. 4.9. Contribución previa al cuidado de los hijos. 4.10. Disponibilidad temporal de los padres. 4.11. Estabilidad del menor.

1. LA GUARDA Y CUSTODIA: CONTENIDO, FUNCIONAMIENTO Y REGÍMENES DE ORGANIZACIÓN ESTRUCTURAL

Uno de los problemas que más repercusión tiene actualmente en nuestra sociedad tanto en extensión como intensidad es el de la quiebra del matrimonio por separación, divorcio y nulidad, cuando existen hijos menores. En tales supuestos de crisis, son muchos los problemas que se plantean: la liquidación del régimen económico del matrimonio, la guarda y custodia de los hijos menores, el régimen de visitas con los hijos, la determinación del uso del hogar conyugal, la prestación por alimentos y la pensión por desequilibrio económico. Se trata de cuestiones íntimamente ligadas entre sí; pero, sin duda, todo gira en torno a la guarda y custodia de los hijos, que es precisamente la cuestión más delicada y difícil de resolver.

Para entender el contenido y funcionamiento de la guarda y custodia conviene empezar haciendo una breve referencia a la patria potestad. Esta institución comprende el conjunto de los derechos y deberes que tienen los padres con respecto a sus hijos y encuentra su fundamento en el deber natural de los progenitores de un menor de velar por este tanto en el orden personal como patrimonial.

La patria potestad incluye tres derechos/deberes (art. 154 CC): velar por los hijos, lo que implica tenerlos en su compañía, alimentarlos, educarlos y procurarles una formación integral; representarlos; y administrar sus bienes.

---

1 Profesor Contratado Doctor, Derecho civil, Universidad de Zaragoza.

La guarda y custodia se integra en el primero de los mencionados ámbitos, es decir, en el derecho/deber que tienen los padres de velar por los hijos y tenerlos en su compañía.

Normativa reguladora

La Constitución Española no prevé un apartado específico dedicado a la salvaguarda de los derechos de los menores de edad, pero sí recoge algunos principios que de un modo u otro inciden en esta materia, como el de igualdad (arts. 1, 14 y 39.2 CE), el de libre desarrollo de la personalidad (arts. 10.1 y 27.2 CE), el de protección de la juventud y la infancia (art. 20.4 CE) y, sobre todo, el de protección de la familia y de los hijos (art. 39 CE). Todos ellos constituyen el fundamento de la guarda y custodia.

En cuanto a la regulación del Código Civil, recoge previsiones que inciden en la guarda y custodia tanto en sede de ruptura matrimonial como en sede de patria potestad. Las reglas previstas en sede de nulidad, separación y divorcio se recogen en los arts. 90 (relativo al contenido mínimo del convenio regulador), 91 (que recoge la obligación de que el juez se pronuncie sobre la guarda y custodia de los menores), 92 (que es el que recoge las reglas para la atribución de la guarda y custodia de los hijos menores tras la ruptura matrimonial de sus progenitores), 94 (que regula el régimen de relación y comunicación entre los menores y el progenitor no custodio) y 103 (relativo a las medidas previas y provisionales). Cabe advertir que, pese a que el Capítulo IX del Título IV del Código Civil (en el que se insertan los mencionados preceptos) lleva por título "De los efectos comunes a la nulidad, separación y divorcio", las reglas en él previstas se aplican analógicamente también a los supuestos de disolución de parejas no matrimoniales (comúnmente denominadas parejas de hecho). Ello en virtud del principio de equiparación de los hijos matrimoniales y no matrimoniales, previsto en el art. 39.2 CE y en el art. 108 CC.

También habrá que tener en cuenta las reglas relativas a la patria potestad, en especial las previstas en los arts. 154 (que recoge, entre otras cuestiones, el contenido de la patria potestad), 156 (relativo al ejercicio de la patria potestad), 159 (que se refiere al cuidado de los hijos menores en los supuestos en los que sus padres no conviven juntos y al derecho del menor a ser oído) y 160 (que recoge el derecho de ambos progenitores a relacionarse con sus hijos menores).

Además, a modo de simple mención, cabe señalar que algunas Comunidades Autónomas han entrado a regular la cuestión de la guarda y custodia de los hijos menores en los supuestos de ruptura matrimonial de sus progenitores. En concreto, han promulgado sus propias normas en esta materia las Comunidades de Aragón (Ley 2/2010, de 26 de mayo, de igualdad en las relaciones familiares ante la ruptura de convivencia de los padres, integrada actualmente en el Código de Derecho Foral de Aragón), Cataluña (Ley 25/2010, de 29 de julio, del libro segundo del Código Civil de Cataluña), Navarra (Ley Foral 3/2011, de 17 de marzo, sobre custodia de los hijos en los casos de ruptura de la convivencia de los padres, integrada actualmente en la Compilación del Derecho Civil Foral de Navarra), País Vasco (Ley 7/2015, de 30 de junio, de relaciones familiares en supuestos de separación o ruptura de los progenitores) y Valencia (Ley 5/2011, de 1 de abril, de relaciones familiares de los hijos e hijas cuyos padres no conviven). No obstante, la Ley valenciana ha sido anulada por el Tribunal Constitucional en su Sentencia 192/2016, de 16 de noviembre (*Tol 5922198*).

Cuestiones relevantes

1. Cuando los padres conviven, la guarda y custodia de sus hijos queda subsumida en el ejercicio cotidiano de la patria potestad y, por ende, corresponde conjuntamente a ambos progenitores. Sin embargo, cuando los padres dejan de vivir juntos, resulta difícil que los hijos puedan vivir con ambos simultáneamente, siendo necesario atribuir la compañía y cuidado directo de los mismos a uno de ellos (o a ambos, pero de forma ordenada en el tiempo). A ello responde la figura de la guarda y custodia.

2. Como regla general, ambos progenitores mantendrán tanto la titularidad como el ejercicio de la patria potestad, con independencia de a cuál de ellos se otorgue la guarda y custodia (salvo que, con carácter excepcional, las partes hayan pactado o el juez haya decidido que la patria potestad sea ejercida exclusivamente por uno de los padres: art. 92.4 CC). Las únicas facultades que el progenitor no custodio ve restringidas son la relativa a tener a los menores en su compañía, que se limita a los periodos de comunicación establecidos; y la adopción de ciertas decisiones de menor relevancia que, por razones prácticas, corresponderá al progenitor que se encuentre con el menor en cada momento. Por tanto, pese a que en ocasiones el progenitor custodio ejerce de hecho (que no de derecho) en exclusiva determinadas facultades inherentes a la patria potestad, en puridad el ejercicio de la misma es siempre compartido.

3. De acuerdo con lo anterior, puede afirmarse que **la guarda y custodia implica la convivencia diaria con el menor y su cuidado directo (abarcando aspectos como la alimentación, la educación y formación, la vigilancia y control, etc.), así como la adopción de decisiones cotidianas de menor importancia.** En cambio, las decisiones de mayor importancia deberán ser adoptadas de forma conjunta por ambos progenitores, ya que, como se viene señalando, el ejercicio de la patria potestad se mantiene con carácter compartido.

4. Los **regímenes de organización estructural que puede adoptar la guarda y custodia** son dos: exclusiva y compartida. No es un régimen de guarda y custodia propiamente dicho la denominada guarda y custodia partida o distributiva, referida a los supuestos en los que, existiendo varios hijos comunes, el cuidado de unos es asignado preponderantemente a uno de los progenitores y el del resto al otro, de modo que los menores no conviven entre sí (una posibilidad que, a tenor del art. 95 CC, tiene carácter excepcional). Y es que, en estos casos, en relación con cada hermano, la custodia será siempre individual o compartida.

Además, tampoco constituyen una modalidad de guarda y custodia en sentido estricto aquellos supuestos en los que el juez considera que no es conveniente para el interés del menor que ninguno de los progenitores asuma su guarda y custodia y decide atribuir la guarda del menor a un tercero distinto de estos, una posibilidad contemplada en el art. 103.1 CC. Y es que, ya hemos visto que la guarda y custodia se integra dentro de la patria potestad, y, si tenemos en cuenta que los propios padres son los únicos que pueden ostentar la titularidad de dicha figura, parece lógico pensar que solo ellos podrán ser titulares de la guarda y custodia.

5. La **guarda y custodia exclusiva** se caracteriza porque las funciones propias de dicha figura son conferidas a uno de los padres, si bien dejando a salvo el derecho del progenitor no custodio a mantener una relación habitual y constante con sus hijos (el tradicionalmente llamado derecho de visitas), así como el deber de contribuir a su manutención. Por su parte, la custodia compartida se caracteriza porque ambos padres se alternan en el desempeño de las funciones inherentes a la guarda y custodia. Por tanto, la custodia compartida no supone que la guarda y custodia sea conjunta o se comparta, sino que hace referencia a un sistema de guarda alterna o sucesiva, en la que los hijos alternarán periodos de convivencia con uno y otro progenitor.

6. Para poder hablar de **custodia compartida** no es necesario un reparto idéntico del tiempo de convivencia con cada progenitor (tal y como ha señalado la jurisprudencia, a la que enseguida paso a referirme). Ahora bien, parece razonable entender que, para que exista un régimen de custodia compartida propiamente dicho, los menores permanezcan un mínimo de tiempo con cada uno de sus padres (entre el 40 y el 45%), pues este es el dato clave que nos permitirá distinguirla de la custodia exclusiva con un amplio régimen de comunicación y estancias.

7. Existen dos **alternativas de configuración del régimen de guarda y custodia compartida:** que los hijos permanezcan en la misma vivienda y los progenitores vayan rotando (situación a la que se suele aludir como "custodia nido"), o bien que sean los hijos los que roten entre las viviendas de sus padres (modalidad conocida como "niño maleta").

Jurisprudencia

Como apuntaba, la jurisprudencia ha señalado que la custodia compartida no implica necesariamente un reparto homogéneo del tiempo. Así, la STS 11 marzo 2010 (*Tol 1798264*) señala que "(…) Custodia compartida no es sinónimo de reparto de la convivencia al 50% entre ambos progenitores (…)", una idea que ha sido reiterada por la STS 17 enero 2019 (*Tol 6999235*).

En cualquier caso, si atendemos a la práctica, observamos que la jurisprudencia menor sí suele establecer un reparto igualitario del tiempo de convivencia. Respecto a la duración concreta de los periodos en los que el menor permanecerá con uno y otro progenitor, no se dispone de estadísticas oficiales, pero si nos fijamos en la casuística podemos encontrar múltiples opciones de reparto, a modo de ejemplo: por días: SSAP Zaragoza 3 mayo 2011 (*Tol 3573899*) y Barcelona 9 abril 2014 (*Tol 4278363*); por semanas: SSAP Navarra 20 enero 2017 (*Tol 6144693*), Zaragoza 14 marzo 2017 (*Tol 6080697*), Valladolid 12 enero 2018 (*Tol 6534116*) y Madrid 16 enero 2018 (*Tol 6543308*); por quincenas: SSAP Palencia 28 julio 2017 (*Tol 6359309*) y Cádiz 11 enero 2018 (*Tol 6551367*); por meses: SSAP Zaragoza 14 febrero 2012 (*Tol 2453102*) y Valencia 18 junio 2014 (*Tol 4465284*); por bimestres: SSAP Burgos 15 mayo 2012 (*Tol 2579913*) y Cádiz 10 enero

2018 (*Tol 6551374*); por trimestres: SAP Zaragoza 6 septiembre 2012 (*Tol 2653003*); por cuatrimestres: STS 12 mayo 2017 (*Tol 6097928*), por quinquemestres: SAP Barcelona 1 julio 2009 (*Tol 1603937*); por semestres: SAP Zaragoza 9 mayo 2012 (*Tol 2557207*); por cursos escolares: SAP Zaragoza 24 enero 2012 *(Tol 2412422)*, etc.

Aunque la atribución de la guarda a un tercero distinto de los progenitores se configura con un carácter muy excepcional, es posible encontrar algunos pronunciamientos que optan por dicha solución, como la reciente STS 20 junio 2023 (*Tol 9626561*), que atribuye temporalmente la guarda de una menor a su tía materna debido a que el padre se encuentra incurso en un proceso penal de violencia doméstica y de género, y la madre, en orden de búsqueda y captura, tampoco se considera idónea para asumir el cuidado de su hija, por haber obstaculizado las relaciones de la menor con su padre con su hija, con incumplimiento reiterado de diversas resoluciones judiciales que así lo habían acordado, hasta el punto de sustraerse a la acción de la justicia, al haber huido con la niña. La SAP Pontevedra, en su Auto 25/2003, de 6 de febrero (*Tol 9754410*), llega incluso a reconocer legitimación activa a unos abuelos para solicitar que se les asigne la guarda de su nieta.

2. LA DETERMINACIÓN DEL RÉGIMEN DE CONVIVENCIA CON LOS HIJOS

La ruptura matrimonial puede articularse a través de dos vías: el procedimiento contencioso o el de mutuo acuerdo. Cuando el procedimiento se sustancia por la vía del mutuo acuerdo son las propias partes las que deciden conjuntamente las medidas que regirán su ruptura y, entre ellas, el régimen de guarda y custodia de sus hijos menores. En caso de que no alcancen un acuerdo sobre el régimen de guarda y custodia de sus hijos menores, este será fijado por el juez conforme a lo establecido por la ley.

Normativa reguladora

Con objeto de facilitar que las partes alcancen un acuerdo, la Ley de Enjuiciamiento Civil permite que puedan hacerlo también durante el trascurso del procedimiento (arts. 770.5 y 771.2 LEC). Además, se faculta a las partes para que en cualquier momento puedan solicitar la suspensión del procedimiento para someterse a mediación (art. 770.7 LEC).

Los arts. 81.1 y 86 CC exigen la presentación del convenio regulador en todos los procedimientos que se diriman de mutuo acuerdo (o instados por uno de los cónyuges con el consentimiento del otro), debiendo acompañar a la demanda de separación o divorcio. El contenido mínimo que debe incluir el convenio regulador se recoge en el art. 90.1 CC, de cuya lectura puede extraerse que el régimen de guarda y custodia de los hijos menores debe formar parte del mismo (art. 90.1 a) CC).

El art. 92.8 CC se refiere a la posibilidad de adoptar la custodia compartida en defecto de acuerdo entre las partes, configurándola con un carácter excepcional.

Cuestiones relevantes

8. Los acuerdos alcanzados por las partes gozan de preferencia sobre la intervención del juez, que tiene carácter subsidiario. Ello supone que el establecimiento judicial del régimen de guarda y custodia solo procederá en defecto de acuerdo de las partes.

9. Nuestro Derecho Civil concede un amplio **margen a la autonomía de la voluntad,** lo que se concreta en un extenso poder de decisión de las partes para regular las relaciones entre sí y con sus hijos tras la ruptura de la pareja. Así, los padres podrán acordar el régimen de guarda y custodia que estimen conveniente, sin verse vinculados por el carácter preferente que las diferentes normas otorgan a uno u otro régimen, ya que dicha preferencia legal solo rige en defecto de acuerdo de las partes.

10. De la regulación del Código Civil se desprende una **clara preferencia por la modalidad de custodia exclusiva.** La posibilidad de adoptar la custodia compartida en defecto de acuerdo entre las partes se recoge en el párrafo octavo del art. 92 CC, que comienza con la palabra "excepcionalmente", lo cual es bastante representativo del carácter residual que el legislador parece haberle querido dar a esta opción. Pero, además, exige unos requisitos bastante más restrictivos para la custodia compartida que para la exclusiva (aunque, como enseguida veremos, la letra de la ley ha sido ampliamente superada por la jurisprudencia), pues se requiere que exista petición de parte y que la custodia compartida sea la única forma de proteger adecuadamente el interés superior del menor.

Por tanto, el primer requisito que exige el art. 92.8 CC para poder establecer el régimen de guarda y custodia compartida en ausencia de acuerdo entre las partes es que dicha modalidad de guarda y custodia haya sido solicitada al menos por una ellas, lo que supone que no cabe la posibilidad de que el juez establezca la custodia compartida de oficio, algo que, como veremos, ha sido corroborado por la jurisprudencia.

En segundo lugar, el art. 92.8 CC exige para la adopción de la custodia compartida que quede acreditado que solo de esta forma se protege adecuadamente el interés superior del menor. De ello cabe deducir que no es suficiente con que el régimen de custodia compartida sea el que más beneficie al interés superior del menor, sino que resulta necesario que sea el único modo en que dicho interés quede protegido. Parece un requisito excesivamente estricto, ya que dificulta notablemente el posible establecimiento del régimen de custodia compartida, y, además, puede suscitar serias dudas desde el punto de vista del interés superior del menor. Piénsese, por ejemplo, en un supuesto en el que, pese a que el interés del menor quede protegido tanto por el régimen de custodia compartida como por el de custodia exclusiva, el juez considere que resulta mucho más conveniente el de custodia compartida. Pues bien, en tal caso el juez se vería obligado a establecer el régimen de custodia exclusiva, es decir, debería adoptar el régimen de guarda y custodia que menos beneficia al interés superior del menor, porque así se lo impone la ley.

Jurisprudencia

Ya he anticipado que la jurisprudencia ha interpretado que no cabe establecer la custodia compartida de oficio: STC 185/2012, de 17 de octubre (*Tol 2675044*) y SSTS 19 abril 2012 (*Tol 2532886*) y 29 abril 2013 (*Tol 3711046*). Y, en cuanto a la forma que debe adoptar la petición del régimen de custodia compartida, parece que bastará con que se solicite de manera alternativa o incluso subsidiaria, es decir, para el caso de que la pretensión principal no resulte estimada. Lo que la jurisprudencia ha rechazado es que pueda considerarse suficiente con que ambos padres hayan solicitado para sí la custodia: STS 19 abril 2012 (*Tol 2532886*), entre otras.

La STS 31 mayo 2022 *(Tol 9050435)*, no obstante, consideró correcto el establecimiento del régimen de custodia compartida, que había sido adoptado en las dos instancias, a pesar de que ninguno de los progenitores la había pedido, porque, aunque el auto de medidas provisionales había atribuido "a la madre la guarda con visitas del padre, de hecho, la forma de desarrollarse el régimen fue equivalente a una custodia compartida". Observa que "se vino desarrollando un sistema de reparto igualitario del tiempo y de las funciones de guarda entre ambos progenitores, lo que permitió al tribunal valorar la adecuación del funcionamiento de este sistema para satisfacer de la mejor manera posible, una vez producida la separación de los padres, a la protección del superior interés del menor". Confirmó, en consecuencia, la sentencia recurrida, en atención "a las circunstancias fácticas expuestas y a la necesaria flexibilidad con que deben aplicarse las normas en aras a la tutela del interés superior del menor".

Sin perjuicio de los restrictivos requisitos que prevé el Código Civil para adoptar el régimen de custodia compartida, lo cierto es que en los últimos tiempos nuestros tribunales están mostrando una actitud cada vez más favorable al establecimiento citado régimen. Resultan especialmente elocuentes algunas de las Sentencias dictadas por el Tribunal Supremo, como la STS 8 octubre 2009 (*Tol 1635092*), que inicia esta tendencia de superación de la excepcionalidad de la custodia compartida o la STS 22 julio 2011 (*Tol 2196632*). En ellas, el Tribunal Supremo defiende que la expresión "excepcionalmente" con la que da comienzo el art. 92.8 CC se refiere no tanto a que el régimen de custodia compartida sea en sí mismo excepcional, sino a la ausencia de acuerdo de los progenitores, o, dicho de otra forma, que la regla general es el acuerdo de los progenitores y la excepción el establecimiento judicial del régimen de guarda y custodia. Incluso llega a considerar que la guarda y custodia compartida debe ser la medida más normal y deseable: SSTS 29 abril 2013 (*Tol 3711046*), 14 octubre 2015 (*Tol 5512847*), 11 febrero 2016 (*Tol 5647972*), 6 abril 2018 (*Tol 6566012*), 18 julio 2019 (*Tol 7419484*), 25 noviembre 2019 (*Tol 7615742*), 16 enero 2020 (*Tol 7698821*) y 16 junio 2020 (*Tol 8010191*), entre otras. Con ello, el alto Tribunal ha llevado a cabo una interpretación extensiva de la ley, yendo más allá del tenor literal de la misma y actuando como motor de cambio para una posible modificación legislativa.

3. EL INTERÉS SUPERIOR DEL MENOR COMO CRITERIO RECTOR

Nuestra legislación configura el interés superior del menor (*favor filii* o *favor minoris*) como el criterio fundamental al que debe atender el juez a la hora de adoptar cualquier decisión en materia de Derecho de familia. Son numerosas las referencias al principio del interés superior del menor tanto en el ámbito internacional y europeo como en nuestra legislación interna: en la Constitución y en el Derecho estatal y autonómico; concediéndole en todos los casos un carácter prevalente. También los ordenamientos jurídicos de nuestro entorno le han otorgado un papel fundamental dentro de sus respectivos Derechos de familia.

Normativa reguladora

El Código Civil sitúa el interés superior del menor como el criterio esencial al que debe atenderse en la determinación del régimen de convivencia con los hijos menores tras la ruptura de la pareja (arts. 90 b), 92.4, 92.8, 94 y 103.1 CC). Además, el art. 2.4 LO 1/1996, de Protección Jurídica del Menor (en adelante: LOPJM) prevé que prevalecerá sobre cualquier otro interés.

El segundo punto del art. 2 LOPJM recoge una serie de criterios para determinar cuál es el mejor interés del menor en cada caso. Dichos criterios han sido extraídos tanto de la jurisprudencia del Tribunal Supremo de los últimos años como de la Observación general n.º 14, de 29 de mayo de 2013, del Comité de Naciones Unidas de Derechos del Niño, sobre el derecho del niño a que su interés superior sea una consideración primordial (vid. Exposición de Motivos LO 8/2015). Además, el art. 2.3 LOPJM ha incluido también algunos elementos para la interpretación de dichos criterios

Cuestiones relevantes

11. La ley no precisa qué debe entenderse por interés superior del menor, configurándose como un criterio jurídico indeterminado. Ello se debe posiblemente a las dificultades que encontraría el legislador para delimitarlo, puesto que lo más beneficioso para un menor no tiene por qué serlo para otro, ya sea por sus cualidades personales o porque las circunstancias que lo rodean son diversas. Por tanto, **habrá que atender a las circunstancias personales y familiares de cada menor para concretar cuál es su interés superior, lo que exigirá atender a criterios adicionales.**

12. Ya hemos visto en el apartado relativo a la normativa reguladora que el art. 2.2 y 3 LOPJM ha introducido algunos criterios y elementos de interpretación para valorar cuál es el mejor interés superior en cada supuesto. Lo que ocurre es que se trata de criterios muy generales (como el propio precepto reconoce), por lo que se echa de menos que se establecieran unos criterios específicos para determinar el interés del menor, en concreto, en la atribución de la guarda y custodia, algo que el Código Civil no hace.

Sin perjuicio de lo anterior, sí que es posible extraer **algunos criterios** del art. 92 CC: **la opinión del menor, la recomendación de no separar a los hermanos, el informe del ministerio fiscal, el resultado del dictamen de los especialistas, las alegaciones de las partes, las pruebas practicadas en la comparecencia y la relación que los padres mantengan entre sí y con sus hijos.** Además, todas las normas autonómicas que han entrado a regular en materia de guarda y custodia recogen una lista con los criterios que debe valorar el juez para concretar el interés superior del menor en la determinación del régimen de guarda y custodia: art. 80.2 CDFA, art. 233-11.1 CC Cat., Ley 71 de la Compilación del Derecho Civil Foral de Navarra y art. 9.3 Ley del País Vasco 7/2015.

Jurisprudencia

En línea con lo que apuntaba en el apartado anterior, la jurisprudencia ha puesto de manifiesto que el interés superior del menor se configura como un concepto jurídico indeterminado: *vid*. a modo de ejemplo la STSJ Cataluña 3 marzo 2010 (*Tol 1861743*). Ello exige su concreción en cada supuesto.

Los escasos criterios legales que recoge el Código Civil han sido complementados por la jurisprudencia, que ha ido proponiendo otros que ha extraído del Derecho comparado: "(…) la práctica anterior de los progenitores en sus relaciones con el menor y sus aptitudes personales; los deseos manifestados por los menores competentes; el número de hijos; el cumplimiento por parte de los progenitores de los deberes en relación con los hijos y el respeto mutuo en sus relaciones personales; el resultado de los informes exigidos legalmente y, en definitiva, cualquier otro que permita a los menores una vida adecuada en una convivencia que forzosamente deberá ser más compleja que la que se lleva a cabo cuando los progenitores conviven". *Vid*. a tal efecto: SSTS 8 octubre 2009 (*Tol 1635092*), 10 marzo 2010 (*Tol 1798265*), 11 marzo 2010 (*Tol 1798264*), 1 octubre 2010 (*Tol 1967881*), 22 julio 2011 (*Tol 2196632*), 29 abril 2013 (*Tol 3711046*) y 16 febrero 2015 (*Tol 4751653*), entre otras.

4. ANÁLISIS DE LOS PRINCIPALES CRITERIOS SEGUIDOS EN LA CONCRECIÓN DEL INTERÉS SUPERIOR DEL MENOR

A continuación, paso a referirme de forma individualizada a los principales criterios que se vienen utilizando para la concreción del interés del menor en el proceso de determinación del régimen de convivencia de los progenitores con sus hijos tras la ruptura de la pareja, advirtiendo de que el orden que voy a seguir es aleatorio, ya que no existe en principio un orden jerárquico entre ellos.

4.1. Opinión del menor

Nuestra normativa venía considerando tradicionalmente que el juez debía oír al menor cuando tuviera suficiente juicio y, en todo caso, cuando fuera mayor de doce años. Sin embargo, como adelantaba, esta materia se ha visto afectada por varias reformas, llevadas a cabo a través de tres leyes: la Ley 15/2005, por la que se modifica el Código Civil y la Ley de Enjuiciamiento Civil en materia de separación y divorcio, la Ley 13/2009, de reforma de la legislación procesal para la implantación de la nueva Oficina Judicial y la Ley 8/2021, de 2 de junio, por la que se reforma la legislación civil y procesal para el apoyo a las personas con discapacidad en el ejercicio de su capacidad jurídica.

Ley 15/2005 introdujo en el art. 92.6 CC y en el art. 777.5 LEC dos importantes novedades respecto a la normativa anterior: en primer lugar, suprimió la referencia a un concreto límite de edad, por lo que aparentemente la suficiencia de juicio pasó a ser el único criterio que debía valorarse; y, en segundo lugar, parece que eliminó también la obligatoriedad de oír a los menores que tuvieran suficiente juicio (pasando a tener carácter potestativo para el juez), ya que de acuerdo a los mencionados preceptos, el juez debe escucharlos solo "(...) cuando se estime necesario (...)". Pero, por otro lado, tanto el art. 159 CC como el art. 770.4 LEC mantenían la obligatoriedad de oír a los menores que tuvieran suficiente juicio y, en todo caso, a los mayores de doce años. La interpretación que se hacía es que las reglas previstas en nuestra normativa eran diversas en función de si se trataba de un procedimiento contencioso o consensual. Así, mientras en el procedimiento contencioso debía oírse a los menores que tuvieran suficiente juicio y, en todo caso, a los mayores de doce años; en el procedimiento de mutuo acuerdo la audiencia quedaba supeditada a que el juez la estimase necesaria.

Posteriormente, el art. 770.4 LEC (relativo a los procedimientos contenciosos) fue modificado por la Ley 13/2009. Tras dicha reforma, pasó a disponer que se oirá a los menores "(...) si tuviesen suficiente juicio y, en todo caso, a los mayores de doce años (...)". A raíz de ello, se consideraba que solo se debía escuchar al menor cuando tuviera suficiente juicio y el juez lo estimara necesario, con independencia de que el procedimiento fuera contencioso o de mutuo acuerdo (que habrían pasado a tener el mismo tratamiento legal); o lo que es lo mismo: habría desaparecido la obligatoriedad de oír a los menores que tuvieran suficiente juicio, quedando supeditada la audiencia a que el juez la considere necesaria. Esta es la interpretación que llevó a cabo la Fiscalía General del Estado en su Circular 3/2009, de 10 de noviembre: "(...) la audiencia del menor que tenga suficiente juicio no se configura ahora como imperativa sino como susceptible de modulación por el juez a través del inciso que subordina la decisión a que se estime necesario" y es por la que se decantó también el Tribunal Constitucional en sus Sentencias 139/2008, de 26 de mayo (*Tol 1322457*) y 163/2009, de 29 de junio (*Tol 1568067*). Y en cuanto a la coletilla final que recoge el art. 770.4 LEC: ("(...) en todo caso, a los mayores de doce años") solía interpretarse en el sentido de que se presumía que los mayores de doce años contaban con suficiente juicio, y no que debieran ser escuchados siempre (de hecho, es una presunción que también está prevista en el artículo 9.2 LOPJM).

Sin embargo, el art. 770.4 ha vuelto a ser objeto de modificación a través de la Ley 8/2021, superando la mencionada interpretación y pasando a disponer con claridad que en los procedimientos contenciosos existe obligación de escuchar a los mayores de doce años: "si el procedimiento fuere contencioso y se estimare necesario de oficio o a petición del fiscal, partes o miembros del equipo técnico judicial o de los propios hijos, podrán ser oídos cuando tengan menos de doce años, debiendo ser oídos en todo caso si hubieran alcanzado dicha edad".

Normativa reguladora

La opinión del menor es un criterio que ha sido previsto tanto por las normas nacionales (art. 92.6 CC y art. 2.2 b) LOPJM) como por las autonómicas (art. 80.2 c) CDFA, art. 233-11.1 e) CC Cat., Ley 71.5 de la Compilación del Derecho Civil Foral de Navarra y art. 9.3 d) Ley del País Vasco 7/2015.

Se trata de un criterio que mantiene estrecha conexión con el derecho que tiene el menor a ser oído en la adopción de decisiones que puedan afectarle, ampliamente reconocido por parte de nuestra normativa (arts. 92.2, 92.6, 154.3, 156.2, 158.1.6 y 159 CC, arts. 770.4 y 777.5 LEC, arts. 2.5 a) y 9.1 y 2 LOPJM), y que ya hemos visto que ha sido objeto de varias reformas en los últimos años.

Cuestiones relevantes

13. Cuando el menor que tenga suficiente juicio solicite ser oído por el juez, la regla general es que la audiencia debe llevarse a cabo. De hecho, solo podrá denegarse, mediante resolución motivada, cuando el juez constate que la comparecencia del menor es contraria a su interés (art. 9.2 LOPJM).

14. En los casos en los que **el menor no solicita comparecer ante el tribunal,** la regla general tanto en los procedimientos de mutuo acuerdo como en los contenciosos es que solo se le ha de escuchar cuando el juez lo considere necesario; ahora bien, en el caso de los segundos, si el menor ha cumplido los doce años, ha de ser escuchado siempre.

15. Respecto al **valor que ha de conferirse la opinión del menor,** el juez no está vinculado por ella, por lo que el derecho del menor a ser oído no equivale al derecho a decidir, que compete exclusivamente al juez.

Jurisprudencia

La jurisprudencia ha considerado que la falta de audiencia del menor en aquellos casos en los que deba producirse supondrá una vulneración de su derecho a la tutela judicial efectiva (art. 24.1 CE): STC 17/2006, de 30 de enero (*Tol 817559*), entre otras. La consecuencia será la nulidad de las actuaciones y la retrotracción del procedimiento al momento en el que debía tener lugar la audiencia, en consonancia con lo dispuesto en el art. 238.3 de la Ley Orgánica del Poder Judicial. Así lo señala la STS 20 octubre 2014 (*Tol 4538478*).

Existe práctica unanimidad en la jurisprudencia en considerar que la opinión del menor no tiene carácter vinculante para el juez: STS 17 junio 2020 (*Tol 7995975*) y SSAP Barcelona 4 julio 2007 (*Tol 1143701*), Granada 2 octubre 2009 (*Tol 1776605*) y Tarragona 21 marzo 2014 (*Tol 4218448*), entre otras. De hecho, aunque en muchas ocasiones los tribunales siguen la opinión del menor: SSTS 11 febrero 2016 (*Tol 5647972*) y 29 marzo 2016 (*Tol 5681244*) y SSAP Barcelona 12 enero 2018 (*Tol 6551108*), Zaragoza 16 enero 2018 (*Tol 6537847*) y Ávila 1 febrero 2018 (*Tol 6536620*); no es infrecuente toparse con pronunciamientos que se apartan de los deseos manifestados por este: SSTS 9 octubre 2015 (*Tol 5507914*) y 22 septiembre 2017 (*Tol 6355981*).

4.2. Informe del Ministerio Fiscal

Con la reforma introducida por la Ley 15/2005 se incluyó en el art. 92.8 CC la necesidad de informe favorable del ministerio fiscal como un requisito para adoptar el sistema de custodia compartida, lo que es una muestra más del recelo del legislador hacia el mentado régimen de guarda y custodia y del carácter excepcional con el que pretendía configurarlo. Sin embargo, el inciso "favorable" fue declarado inconstitucional por el Tribunal Constitucional en su Sentencia 185/2012, de 17 de octubre (*Tol 2675044*), por lo que ya no se configura como un requisito indispensable para acordar el régimen de custodia compartida.

Normativa reguladora

Antes de pronunciarse sobre la guarda y custodia de los hijos menores, el juez debe recabar en todo caso informe del ministerio fiscal (art. 92.6 y 8 CC)

Cuestiones relevantes

16. Que ya no resulte necesario que concurra informe favorable del ministerio fiscal para adoptar el régimen de custodia compartida no quiere decir ni mucho menos que este no intervenga en el proceso. De hecho, ya he mencionado que, antes de pronunciarse sobre la guarda y custodia de los hijos menores, **el juez debe recabar en todo caso informe del ministerio fiscal** (art. 92.6 y 8 CC), pues como garante del interés del menor, su opinión merece ser tenida en cuenta.

17. Lo que sucede es que la inexistencia de informe favorable ya no resulta admisible como fundamento para negar la admisión del régimen de custodia compartida, o, dicho de otro modo: **el juez no está vinculado por el informe del ministerio fiscal.**

Jurisprudencia

Como decía, la STC 185/2012, de 17 de octubre (*Tol 2675044*) declaró la inconstitucionalidad del inciso "favorable" que se recogía en el art. 92.8 CC. Los argumentos utilizados por el Tribunal Constitucional fueron dos: que este requisito chocaba con el artículo 117.3 CE en la medida en que restringía injustificadamente el ejercicio de la función jurisdiccional; y que vulneraba el derecho a la tutela judicial efectiva (art. 24.1 CE), ya que aquel progenitor que solicitara la custodia compartida veía condicionado su derecho a obtener un pronunciamiento sobre el fondo del asunto a que el ministerio fiscal informara favorablemente sobre su pretensión. Además, tuvo especialmente en cuenta el hecho de que mientras la decisión del juez puede ser revisada, modificada o revocada, el dictamen desfavorable del ministerio fiscal es irrecurrible.

4.3. Parecer de los especialistas

Normativa reguladora

El art. 92.9 CC prevé que el juez, antes de adoptar el régimen de guarda y custodia, de oficio o a instancia de parte, del ministerio fiscal o miembros del equipo técnico judicial, o del propio menor, podrá recabar dictamen de especialistas debidamente cualificados, relativo a la idoneidad del modo de ejercicio de la patria potestad y del régimen de custodia de las personas menores de edad para asegurar su interés superior.

Cuestiones relevantes

18. Del art. 92.9 CC se deduce que **la solicitud del dictamen de especialistas por parte del juez es facultativa,** puesto que se limita a señalar que "podrá" recabarlos.

19. Sin negar la enorme importancia que deben tener **los informes emitidos por los especialistas,** lo cierto es que la jurisprudencia ha considerado **carecen de carácter vinculante** para el juez.

Jurisprudencia

Como adelantaba, la jurisprudencia ha considerado que el juez no está vinculado por el parecer de los especialistas, que deberá ser valorado conforme a las reglas de la sana crítica (art. 348 LEC): STS 13 febrero 2015 (*Tol 4712378*) y SSTSJ Aragón 24 julio 2012 (*Tol 2624654*) y 10 enero 2014 (*Tol 4126020*). En este sentido, aunque encontramos muchos supuestos en los que los tribunales siguen lo dispuesto en los informes elaborados por los especialistas: SSTS 11 marzo 2010 (*Tol 1798264*) y 18 julio 2019 (*Tol 7419484*), STSJ Aragón 25 julio 2013 (*Tol 3921462*) y SSAP Cáceres 21 marzo 2017 (*Tol 6073450*) y Murcia 25 enero 2018 (*Tol 6539509*); también hay ocasiones en las que se apartan de ellos: SSTS 19 julio 2013 (*Tol 3888169*) y 25 abril 2016 (*Tol 5708237*) y SSAP Alicante 30 octubre 2013 (*Tol 4087362*) y Guadalajara 15 enero 2018 (*Tol 6531877*).

La STS 7 noviembre 2022 *(Tol 9294450)* observa que el informe psicosocial tiene una función auxiliar, por lo que "la recepción acrítica y automática juridificación de sus conclusiones a través de su simple incorporación a la sentencia judicial, sin mayor comentario, no se puede considerar adecuada, y menos aún, cuando se trata de establecer lo más conveniente para el interés de las menores".

4.4. Alegaciones de las partes y otras pruebas practicadas en la comparecencia

Las alegaciones de las partes y las pruebas practicadas permiten al juez tener un mejor conocimiento de la realidad familiar. Por ejemplo, si a través de la comparecencia de las partes detecta que una de ellas no se muestra realmente interesada en asumir la guarda y custodia de sus hijos menores, podría ser un factor determinante para excluir la custodia compartida y atribuírsela al progenitor que está realmente interesado en ella. Además, el interrogatorio de las partes puede ser clave para conocer las circunstancias de cada progenitor, así como para valorar otros de los criterios a los que me voy a referir posteriormente, como la aptitud de los progenitores o la presencia de posibles conductas constitutivas de violencia de género.

Normativa reguladora

El art. 92.6 CC prevé que, antes de acordar el régimen de guarda y custodia, el juez deberá valorar las alegaciones de las partes vertidas en la comparecencia, así como el resto de pruebas practicadas.

Cuestiones relevantes

20. Parece que con la previsión del art. 92.6 CC se está haciendo referencia tanto a las manifestaciones que hagan los progenitores en el momento de su declaración ante el juez como al resultado de la prueba testifical (en el caso de que esta se lleve a efecto). Además, se incluirá cualquier otra prueba que se practique, es decir, toda actuación que tenga por objeto demostrar la existencia de un hecho o la verdad de una afirmación.

21. Por cuanto se refiere a las alegaciones de las partes vertidas en la comparecencia, téngase en cuenta que **el juez puede interrogar a las partes a petición de alguna de ellas o bien de oficio** (arts. 752.1 y 774.2 LEC). Ello le permitirá conocer de primera mano la realidad de la familia y la voluntad de cada uno de los progenitores respecto a la asunción de los cuidados de sus hijos menores.

22. En cuanto a la **prueba testifical,** consistirá en el interrogatorio de determinadas personas que pudieran ser conocedoras de la realidad de la familia (parientes, amigos, vecinos, profesores, etc.). De nuevo, se trata de una prueba que el juez debe valorar de acuerdo a las reglas de la sana crítica (art. 348 LEC). Además, en este caso, deberá hacerlo con especial cautela, pues es habitual que los testigos tengan una mayor vinculación con alguna de las partes y que, como consecuencia de ello, su visión de la situación familiar pudiera no ser del todo objetiva.

4.5. Recomendación de no separar a los hermanos

Normativa reguladora

De acuerdo con el art. 92.10 CC, el juez, al adoptar las medidas relativas a los hijos menores, procurará no separar a los hermanos.

Cuestiones relevantes

23. Cabe preguntarse si dicha recomendación se refiere exclusivamente a los hermanos de doble vínculo o si, por el contrario, incluye también a los hermanos de vínculo sencillo, una cuestión sobre la que nuestra jurisprudencia no termina de ponerse de acuerdo.

24. Incluso cuando se trate de hermanos de doble vínculo, puede haber supuestos en los que su separación resulte la opción más conveniente, en cuyo caso es posible apartarse de la recomendación prevista en nuestro Código.

Jurisprudencia

Como adelantaba, la jurisprudencia ha sido vacilante a la hora de establecer si la recomendación de no separar a los hermanos se refiere solo a los de doble vínculo o también a los de vínculo sencillo. Así, existen pronunciamientos partidarios de la primera opción, como la STSJ Aragón 17 febrero 2014 (*Tol 4148939*): "(…) está concebido para evitar la separación de los hermanos de doble vínculo nacidos del matrimonio o de la relación de pareja de hecho existente entre quienes posteriormente han roto dichos vínculos. Considerarlo de otro modo excedería del propósito del legislador, y resultaría de imposible cumplimiento en el caso de que cada uno de los anteriores consortes hubiera excedido a una nueva relación sentimental y tuviera hijos habidos con sus nuevas parejas"; y otros en los que la recomendación de no separar a los hermanos se amplía a los hermanos de vínculo sencillo, como ocurre en la STS 20 noviembre 2013 (*Tol 4035278*). En la citada Sentencia se atribuye la guarda de una menor al que había venido siendo el compañero sentimental de su madre, con objeto de no separarla de su hermana. *Vid*. también: SAP A Coruña 18 enero 2018 (*Tol 6531804*).

Por lo demás, aun tratándose de hermanos de doble vínculo, la jurisprudencia se ha inclinado por su separación en supuestos en los que estos habían manifestado su deseo de vivir separados: SSAP Barcelona 10 enero 2007 (*Tol 1093695*), Zaragoza 8 marzo 2011 (*Tol 2190161*) y Navarra 28 septiembre 2012 (*Tol 3916428*); en los que la convivencia separada de los hermanos había venido siendo habitual: SAP Zaragoza 23 julio 2012 (*Tol 2610603*); en los que existía una gran diferencia de edad entre ellos: SAP Huesca 10 marzo 2015 (*Tol 4800393*); o en los que había una incompatibilidad entre ellos que aconsejaba que no vivieran juntos: SAP A Coruña 6 febrero 2018 (*Tol 6564558*).

4.6. Edad del menor

Con anterioridad a la entrada en vigor de la Ley 11/1990, sobre reforma del Código Civil, en aplicación del principio de no discriminación por razón de sexo, la normativa establecía que los menores de corta edad debían quedar siempre a cargo de la madre, siguiendo la conocida como "doctrina de los años tiernos" o "filosofía de la tierna edad". Al respecto, se fueron estableciendo diferentes límites de edad: primero tres años: Proyectos de Código Civil de 1836 (art. 189), de 1851 (art. 82) y de 1869 (art. 108); Ley del Matrimonio Civil de 18 de junio de 1870 (art. 88.2); y redacción originaria del Código Civil de 1889 (arts. 70 y 73); después cinco: Ley de Divorcio de 1932 (art. 17); y, finalmente, siete: Ley de 24 de abril de 1958 (art. 73) y Código Civil (art. 159), tras la reforma introducida en el mismo por la Ley 11/1981. Pero esta regla fue eliminada con la reforma operada por dicha norma, sin que ello signifique que la edad de los hijos haya dejado de ser un criterio a tener en cuenta en la determinación del régimen de guarda y custodia.

Normativa reguladora

El art. 2.3 a) LOPJM incluye la edad y madurez del menor como uno de los criterios a valorar para concretar cuál es su interés superior.

Cuestiones relevantes

25. Para abordar este criterio deben examinarse dos supuestos por separado: el de los menores que se encuentran en periodo de lactancia y el de aquellos que ya han superado dicha etapa.

26. Respecto a los **menores lactantes,** la jurisprudencia se inclina mayoritariamente por establecer un régimen de custodia individual en favor de la madre.

27. Los mayores problemas se han planteado en aquellos casos de **menores que ya han superado la etapa de lactancia,** pero que todavía se encuentran en una edad muy temprana, una cuestión sobre la que la jurisprudencia no termina de ponerse de acuerdo.

28. En cualquier caso, cuando se opte por la **custodia exclusiva con base en la corta edad del hijo,** parece que lo razonable es que se haga con carácter provisional, previendo la **posibilidad de que se modifique una vez que el menor supere determinada edad.**

Jurisprudencia

La jurisprudencia ha considerado que la edad del menor constituye un criterio relevante en la determinación del régimen de convivencia entre los progenitores y sus hijos tras la ruptura de la pareja: STSJ Cataluña 31 julio 2008 (*Tol 1369683*), y SSAP Alicante 3 marzo 2005 (*Tol 689734*) y Córdoba 24 abril 2006 (*Tol 6311414*).

Ya se ha señalado que, en el caso de los menores lactantes, la jurisprudencia mayoritaria se muestra favorable al establecimiento de un régimen de custodia individual en favor de la madre: SSTS 4 abril 2018 (*Tol 6566085*) y 17 enero 2019 (*Tol 6998809*) y SAP Barcelona 14 mayo 2010 (*Tol 1918573*).

Sin embargo, la jurisprudencia no es pacífica en lo que se refiere a los menores de corta edad que ya han superado la fase de lactancia. Por un lado, existe una corriente jurisprudencial que considera que es preferible siempre la custodia exclusiva (normalmente en favor de la madre): STSJ Aragón 13 julio 2011 (*Tol 2217866*), y SSAP Salamanca 15 julio 2009 (*Tol 1572649*) y Valencia 9 mayo 2014 (*Tol 4414339*). Pero en contraposición a dicha postura, existe otra corriente que, sin negar que la edad de los hijos constituye un elemento a tener en cuenta para el establecimiento del régimen de guarda y custodia, no considera que la corta edad del menor sea una causa determinante para excluir la custodia compartida: STSJ Aragón 25 septiembre 2012 (*Tol 3660111*).

4.7. Presencia de posibles conductas constitutivas de violencia de género

La existencia de una buena relación entre las partes constituye un factor importante en favor del posible establecimiento del régimen de custodia compartida, puesto que favorecerá su correcto desarrollo.

Por ello, cuando existe conflictividad extrema entre las partes, la jurisprudencia se muestra contraria al establecimiento del régimen de custodia compartida, más aún cuando esta es constitutiva de violencia de género.

Normativa reguladora

El art. 2.2 c) LOPJM exige que la vida y desarrollo del menor tenga lugar en un entorno "libre de violencia". En este sentido, la Ley Orgánica 1/2004, de 28 de diciembre, de medidas de protección integral contra la violencia de género (art. 65) y el Código Penal (art. 153 en relación al art. 46) facultan al juez para suspender o inhabilitar para el ejercicio de la guarda y custodia al inculpado por violencia de género. Incluso podría adoptarse esta medida al amparo del art. 158.6 CC, que, como sabemos, permite al juez dictar las disposiciones que considere oportunas a fin de apartar al menor de un peligro o de evitarle perjuicios.

Pero, además, el art. 92.7 del Código Civil aborda de forma específica esta cuestión en sede de guarda y custodia, contemplando la violencia doméstica como una causa de exclusión del ejercicio de dicha figura, al igual que las normas autonómicas existentes en la materia: art. 80.6 CDFA, art. 233-11.3 CC Cat., Ley 71 de la Compilación del Derecho Civil Foral de Navarra y art. 11.3 Ley del País Vasco 7/2015.

Centrándome en la regulación del Código Civil, el art. 92.7, en su primer apartado, excluye la posibilidad de adoptar la custodia compartida "cuando cualquiera de los progenitores esté incurso en un proceso penal iniciado por intentar atentar contra la vida, la integridad física, la libertad, la integridad moral o la libertad e indemnidad sexual del otro cónyuge o de los hijos que convivan con ambos". Además, en su inciso segundo, impide también establecer la custodia compartida cuando "el juez advierta, de las alegaciones de las partes y las pruebas practicadas, la existencia de indicios fundados de violencia doméstica o de género". Y continúa diciendo que "se apreciará también a estos efectos la existencia de malos tratos a animales, o la amenaza de causarlos, como medio para controlar o victimizar a cualquiera de estas personas".

Cuestiones relevantes

29. Llama la atención que el art. 92.7 CC se refiera solo a la exclusión de la custodia compartida, y, sin embargo, no diga nada de la custodia exclusiva. Y es que, si se prohíbe adoptar la custodia compartida, con más razón habría que apartar de la custodia exclusiva a quien resulte responsable de las conductas violentas. De hecho, si atendemos a los ordenamientos autonómicos, observamos que todos ellos excluyen tanto la custodia compartida como la custodia exclusiva: art. 80.6 CDFA, art. 233-11.3 CC Cat., Ley 71 de la Compilación del Derecho Civil Foral de Navarra y art. 11.3 Ley del País Vasco 7/2015.

30. Mientras que en el ámbito autonómico se exige **para excluir automáticamente el régimen de guarda y custodia compartida** que se haya dictado resolución judicial motivada en la que consten indicios fundados y racionales de criminalidad (en el caso de Aragón y Navarra) o que exista sentencia condenatoria firme (en el caso de Cataluña y País Vasco), **en el Derecho común basta con estar incurso en un proceso penal por violencia de genero.**

Jurisprudencia

El Tribunal Supremo ha señalado reiteradamente que: "(…) las relaciones entre los cónyuges por sí solas no son relevantes ni irrelevantes para determinar la guarda y custodia compartida. Solo se convierten en relevantes cuando afecten, perjudicándolo, el interés superior del menor": SSTS 16 febrero 2015 (*Tol 4751653*), 11 febrero 2016 (*Tol 5647972*), 17 enero 2018 (*Tol 6484642*) y 4 abril 2018 (*Tol 6566085*). Y lo cierto es que, como adelantaba, ante la existencia de una conflictividad extrema entre las partes se ha mostrado contrario al establecimiento de un régimen de custodia compartida: SSTS 3 octubre 2011 (*Tol 2246567*), 9 marzo 2012 (*Tol 2498899*) y 29 noviembre 2013 (*Tol 4031153*).

Por lo demás, como no podía ser de otro modo, la jurisprudencia ha considerado que, pese a su tenor literal, las previsiones del art. 92.7 CC resultan de aplicación tanto a los procedimientos contenciosos como a los de mutuo acuerdo: SSAP Castellón 25 enero 2008 (*Tol 1341163*) y Barcelona 26 noviembre 2008 (*Tol 1442022*).

4.8. Aptitudes de los progenitores

Hay que partir de la presunción de que todos los progenitores poseen aptitud para cuidar a sus hijos, ya que el Código Civil la presupone al otorgarles automáticamente la patria potestad cuando se determina la filiación (art. 154 CC), negándola solo en aquellos casos en los que procede la privación de la patria potestad (art. 170 CC). Se trata, eso sí, de una presunción *iuris tantum*.

Con base en lo anterior, quizá pueda sorprender la introducción de este criterio de determinación del régimen de guarda y custodia. Y es que, en principio, solo en los casos en los que los incumplimientos por parte de uno de los progenitores den lugar a la privación de la patria potestad (art. 170 CC) cabría considerar que no hay aptitud para el ejercicio de la guarda y custodia. Y en dicha coyuntura, es decir, si la falta de aptitud de alguno de ellos fuera total, debería haber sido privado de la patria potestad y no procedería siquiera dirimir la posibilidad de atribuirle la guarda y custodia.

No obstante, es posible que, pese a que ambos progenitores tengan aptitud para ejercer la guarda y custodia, uno de ellos cuente con mayores cualidades psicológicas o conductuales para cuidar al menor, y es en este supuesto en el que puede entrar en juego el criterio que nos ocupa. Por ello, las referencias que haga de aquí en adelante a la falta de aptitud de los progenitores, deben entenderse hechas a aquellos supuestos en los que la aptitud de uno de los progenitores resulta menor que la del otro (ya que en otro caso procedería la privación de la patria potestad).

Normativa reguladora

La aptitud personal de los progenitores es un criterio que no recoge expresamente el Código Civil, pero que sí ha sido previsto por algunas normas autonómicas: art. 80.2 d) CDFA y Ley 71.6 de la Compilación del Derecho Civil Foral de Navarra.

Cuestiones relevantes

31. Los **casos más habituales** en los que la aptitud de uno de los progenitores para ejercer la guarda y custodia puede verse menoscabada son los relativos a la existencia de **enfermedades,** normalmente de carácter psíquico, pero en algún caso también físicas. Así mismo, la falta de aptitud puede obedecer al padecimiento de algún tipo de **adicción** (alcoholismo, drogadicción, ludopatía, etc.) o al hecho de mantener un **estilo de vida poco adecuado.**

32. Ahora bien, la concurrencia de las citadas circunstancias en alguno de los progenitores no siempre va a resultar causa suficiente para excluirle de la guarda y custodia de sus hijos, ya que para ello **es necesario que interfieran de manera importante en la necesaria disposición para atenderlos.**

Además, en el caso de las **personas con discapacidad,** debe tenerse en cuenta que tras la aprobación el 13 de diciembre de 2006 de la Convención Internacional sobre los Derechos de las Personas con Discapacidad por parte de la Asamblea General de las Naciones Unidas, se reconoce expresamente su derecho a fundar una familia (art. 23.1 a)), así como a ejercer las funciones de guarda sobre sus hijos menores (art. 23.2) y a no ser separados de estos en razón de su discapacidad (art. 23.4); si bien supeditando todo ello a que no resulte contrario al interés superior del menor (art. 23.2 y 4).

33. Como hemos visto en su momento, para valorar la aptitud de los progenitores el juez puede auxiliarse en los informes que emitan los especialistas. También en las **apreciaciones que el menor haga acerca de sus padres,** ya que pueden ser muy útiles para que el juez pueda detectar la posible presencia de circunstancias que revelen mayor aptitud en uno de los progenitores para asumir el ejercicio la guarda y custodia de sus hijos.

34. Por último, cabe entender que, si la circunstancia determinante de la falta de aptitud de unos de los progenitores (enfermedades, adicciones, etc.) cesa, se le debería tener como apto para el ejercicio de la guarda y custodia, salvo que se acredite que en el caso concreto resulta contrario al interés superior del menor.

Jurisprudencia

La jurisprudencia ha considerado que la aptitud de los progenitores debe entenderse referida a la capacidad natural que tienen los padres para asumir el cuidado de sus hijos menores: SAP Murcia 25 enero 2018 (*Tol 6539509*). Una aptitud que, como adelantaba, se presume que tienen ambos padres, presunción que cesará cuando se pruebe que concurre alguna circunstancia que menoscaba dicha aptitud: SSTSJ Aragón 30 septiembre 2011 (*Tol 2279682*) y 17 julio 2013 (*Tol 3921461*).

Como se ha expuesto, este criterio entrará en juego en aquellos supuestos en los que, contando ambos padres con aptitud suficiente para cuidar a sus hijos (pues en otro caso habrían sido privados de la patria potestad), uno de ellos cuente con mayor aptitud. Así, a modo de ejemplo, la SAP Barcelona 25 julio 2007 (*Tol 1143386*), pese a reconocer que ambos progenitores son aptos para el ejercicio de la guarda y custodia, considera que la aptitud de la madre es mayor. En modo semejante se pronuncia la SAP Madrid 30 septiembre 2010 (*Tol 2025770*).

Si atendemos a la casuística, observamos que la jurisprudencia atiende a las circunstancias concurrentes en cada caso para determinar si la asunción del ejercicio de la guarda y custodia resulta o no contraria al interés superior del menor.

Así, encontramos numerosos ejemplos en los que se priva a uno de los progenitores del ejercicio de la guarda y custodia por el padecimiento de enfermedades psíquicas, como la SAP Málaga 29 diciembre 2007 (*Tol 1349914*), en la que se atribuye la custodia al padre por padecer la madre una enfermedad mental por la que ha sido declarada incapaz en un grado del 65%, o la SAP Zaragoza 15 julio 2008 (*Tol 1450145*), en la que se otorga la custodia exclusiva al padre porque la madre padece un elevado nivel de distorsión emocional.

Pero también existen otros pronunciamientos en los que se adopta la solución contraria, al considerar que la enfermedad o discapacidad psíquica padecida por el progenitor no interfieren en el correcto cuidado de sus hijos. Al respecto, la STS 22 febrero 2017 (*Tol 5978002*) establece el régimen de custodia compartida pese a que el padre padece un trastorno depresivo, la SAP Girona 26 enero 2006 (*Tol 863641*) otorga la custodia a la madre aunque padece depresión, por considerar que ello no le inhabilita para cuidar a su hijo, y la SAP Madrid 28 julio 2009 (*Tol 1759976*) atribuye la guarda y custodia a la madre aunque padece un cierto desequilibrio psicológico, puesto que no le incapacita para asumir las funciones inherentes al cuidado de los menores.

En cuanto a las enfermedades o minusvalías físicas, si atendemos a la práctica, podemos observar que lo habitual es que no constituyan un obstáculo para la atribución de la guarda y custodia. A modo de ejemplo, pueden citarse las SSAP Madrid 8 octubre 2008 (T*ol 1423159*) y Jaén 20 diciembre 2010 (*Tol 2077807*), que otorgan la custodia de los hijos a la madre pese a que cuenta con una movilidad reducida debido a la minusvalía que padece, o la SAP Barcelona 16 enero 2018 (*Tol 6511711*), que establece un régimen de custodia compartida pese a que el padre padece una minusvalía del 58%.

Y cuando se trata de adicciones, la jurisprudencia atiende, entre otros aspectos, a la concreta sustancia consumida. Por ejemplo, se ha considerado como determinante para excluir a un progenitor de la guarda y custodia el consumo de cocaína: SAP La Rioja 10 julio 2006 (*Tol 6316895*), pero no así el de cannabis: SSAP Málaga 22 junio 2010 (*Tol 1975004*) y Castellón 19 septiembre 2014 (*Tol 4713151*)

Por lo demás, ya se ha apuntado que, si cesa la circunstancia determinante de la falta de aptitud de uno de los progenitores, no hay impedimento en que se le atribuya la guarda y custodia (siempre que no se resulte perjudicial al interés superior del menor). Así fue entendido por la SAP Valencia 19 mayo 2014 (*Tol 4415517*), que estableció la custodia compartida pese a que la madre había sido cocainómana en el pasado. También la SAP Sevilla 31 enero 2007 (*Tol 1622774*), que se decantó por atribuir a la madre el ejercicio de la guarda y custodia pese a que había padecido alcoholismo durante varios años.

4.9. Contribución previa al cuidado de los hijos

Este criterio, que no prevé el Código Civil pero que sí viene siendo utilizado por la jurisprudencia, ha sido denominado por la doctrina norteamericana *approximation presuption* o *approximation standard*. Consiste en valorar cuál de los progenitores venía asumiendo el cuidado de los hijos menores antes de producirse la ruptura, o si este era compartido por ambos.

Cuestiones relevantes

35. Estamos ante un **criterio que debería aplicarse de forma flexible,** por dos motivos:

En primer lugar, porque toda persona puede cambiar sus hábitos, de modo que un progenitor que no ha contribuido igualitariamente al cuidado de los hijos durante la convivencia puede mostrarse dispuesto a hacerlo una vez que esta ha cesado.

En segundo lugar, porque no es de extrañar que, si uno de los progenitores trabajaba durante el matrimonio y el otro estaba a cargo de la casa, existiera entre ambos un pacto (ya sea expreso o tácito) por el que este último asumiera en mayor medida el cuidado de los hijos menores del matrimonio.

36. Puede ser útil para la determinación del régimen de guarda y custodia cuando la **contribución anterior al cuidado de los menores por parte de uno y otro progenitor** haya sido **muy dispar** (y siempre que dicha contribución desigual no encuentre justificación en un pacto expreso o tácito de los propios cónyuges acerca de la distribución de las tareas domésticas). En otro caso, podría utilizarse para distribuir los periodos de alternancia de los menores con cada progenitor en los supuestos de custodia compartida, de tal manera que la diferente contribución de los padres al cuidado del menor pudiera servir para modular la distribución del tiempo de convivencia con este.

Jurisprudencia

La jurisprudencia ha considerado que, cuando la contribución al cuidado de los menores por parte de uno y otro progenitor ha sido muy desigual, este criterio puede utilizarse para atribuir la custodia exclusiva a una de las partes: SSTS 10 diciembre 2012 (*Tol 2706892*), 7 junio 2013 (*Tol 3773435*) y 22 septiembre 2017 (*Tol 6355921*). *Vid.* también: SSAP Alicante 6 mayo 2015 (*Tol 5184091*), Pontevedra 29 noviembre 2017 (*Tol 6495129*) y Murcia 25 enero 2018 (*Tol 6539509*). Del mismo modo, cuando la contribución ha sido similar, la jurisprudencia se apoya en él para establecer un régimen de custodia compartida: SAP Madrid 31 octubre 2006 (*Tol 1043294*).

4.10. Disponibilidad temporal de los padres

Una vez más, estamos ante un criterio que no está previsto en el Código Civil pero que sí viene siendo utilizado por la jurisprudencia.

La disponibilidad temporal de cada progenitor vendrá determinada por su situación profesional y sus posibilidades de conciliación de la vida familiar y laboral.

Cuestiones relevantes

37. El hecho de que uno de los progenitores se encuentre en situación de desempleo no parece motivo suficiente para atribuirle la guarda y custodia, pese a que obviamente cuenta con una mayor cantidad de tiempo disponible. Ello, por varios motivos: porque podría entrar en contradicción con el principio constitucional del derecho al trabajo (art. 35 CE), porque el hecho de estar en desempleo es una situación coyuntural que puede cambiar y porque no parece razonable que se premie el hecho de no trabajar.

38. Cuando ambos progenitores cuentan con un trabajo, los problemas suelen plantearse sobre todo en los casos en los que alguno de ellos tiene un **horario laboral que dificulta o impide el ejercicio de los derechos y deberes inherentes a la guarda y custodia.**

39. Es posible que **ambos progenitores carezcan por separado de suficiente tiempo para atender correctamente al menor,** en cuyo caso, podría resultar conveniente establecer un régimen de custodia compartida.

40. Aunque la custodia compartida exige que ambos padres puedan conciliar la vida laboral y familiar, **no parece que deba exigirse como requisito ineludible que ambos progenitores cuenten con las mismas posibilidades de conciliación.** Además, nada impide que, en algunas ocasiones, pueda delegarse el cuidado del menor en terceras personas, especialmente cuando se trata de familiares directos de este (si es que los tiene y están dispuestos a asumir su cuidado).

Jurisprudencia

Si atendemos a la casuística, con carácter general, la jurisprudencia considera que el hecho de contar con jornadas laborales muy largas o por turnos rotatorios dificulta el ejercicio de la guarda y custodia: SSTS 21 junio 2017 (*Tol 6201490*) y 22 septiembre 2017 (*Tol 6355921*), STSJ Aragón 8 febrero 2012 (*Tol 2473494*) y SAP Cádiz 29 marzo 2012 (*Tol 2522134*). También ha recibido una valoración negativa por parte de nuestra jurisprudencia el hecho de que deban realizarse desplazamientos continuados o de cierta permanencia por razón del trabajo: SSAP Zaragoza 12 abril 2011 (*Tol 5329222*) y Barcelona 11 diciembre 2013 (*Tol 4081349*).

En todo caso, la jurisprudencia ha considerado que la custodia compartida no exige que ambos padres tengan las mismas posibilidades de conciliación: STSJ Aragón 10 enero 2014 (*Tol 4126020*) y que no hay impedimento en que, en ocasiones, pueda delegarse el cuidado del menor en terceras personas: STS 28 febrero 2017 (*Tol 5984421*) y SSAP Baleares 23 diciembre 2015 (*Tol 5635104*) y Valladolid 22 marzo 2017 (*Tol 6100683*).

4.11. Estabilidad del menor

La estabilidad del menor está condicionada por el mantenimiento de la situación precedente a la ruptura, para lo que resulta recomendable que conserve su arraigo social, escolar y familiar, de modo que la custodia compartida puede no resultar conveniente cuando exista gran distancia entre los domicilios de los progenitores.

El principal problema que se plantea consiste en determinar la distancia máxima que puede considerarse aceptable para que proceda el establecimiento de un régimen de custodia compartida.

Cuestiones relevantes

41. Si ambos padres residen en el mismo municipio, no habrá problema para que el régimen de guarda y custodia compartida pueda desarrollarse con normalidad. Y es que, resultaría excesivo exigir que las viviendas de ambos progenitores estuvieran ubicadas en el mismo barrio.
Pero **cuando los progenitores vivan en distintas localidades, la distancia entre ellas jugará un papel determinante.** Lo que ocurre es que no hay un criterio uniforme acerca de la distancia máxima admisible para que pueda adoptarse la custodia compartida, pues, como veremos en el siguiente apartado, la jurisprudencia no termina de ser pacífica.

42. Puede ocurrir que, con carácter posterior al establecimiento de las medidas, cualquiera de los progenitores decida trasladarse a otra localidad (o incluso a otro país), haciendo uso del derecho que le asiste a elegir libremente su residencia en virtud del art. 19 CE.
El problema se plantea sobre todo en los **supuestos en los que es el progenitor custodio el que se traslada junto a sus hijos,** ya que el lugar de residencia del menor se incluye dentro de las decisiones que podemos denominar de "mayor importancia o trascendencia" y, por tanto, debe ser adoptada conjuntamente por ambos progenitores. De no existir acuerdo, será necesario acudir al juez para que atribuya a uno u otro progenitor la facultad de decidir (art. 156.2 CC).

43. En todo caso, tanto si es el progenitor no custodio el que cambia su lugar de residencia junto a sus hijos (bien porque ambos progenitores lo acuerdan o bien porque el juez lo autoriza), como si es el no custodio el que decide trasladarse a otra localidad, podrá instarse un procedimiento de modificación de medidas con base en la alteración sustancial de las circunstancias que dicho traslado supone (art. 775 LEC), con objeto de reordenar el régimen de visitas inicialmente acordado o incluso de modificar el régimen de guarda y custodia.

Jurisprudencia

Con carácter general, la jurisprudencia se muestra contraria al establecimiento del régimen de custodia compartida cuando no existe cierta proximidad entre los domicilios de los progenitores. Así ha sido puesto de manifiesto tanto por el Tribunal Supremo: SSTS 8 octubre 2009 (*Tol 1635092*), 11 marzo 2010 (*Tol 1798264*), 10 enero 2018 (*Tol 6478092*) y 28 enero 2020 (*Tol 7831825*); como por las Audiencias Provinciales: SSAP Baleares 18 marzo 2014 (*Tol 4153176*) y Tarragona 21 marzo 2014 (*Tol 4218448*) y 22 enero 2018 (*Tol 6557352*).

Por el contrario, ha valorado como un aspecto muy favorable al establecimiento de la custodia compartida el hecho de que los dos progenitores tengan su residencia en el mismo municipio. Así ocurre en la SAP Alicante 24 abril 2009 (*Tol 1801742*), que establece la custodia compartida, pero condicionando dicha decisión a que el padre fije su domicilio en la misma ciudad donde reside el menor.

Cuando los progenitores viven en localidades distintas, si existe mucha distancia entre ellas, la jurisprudencia normalmente rechaza la custodia compartida. Así la STS 10 enero 2018 (*Tol 6478092*) deniega el establecimiento de un régimen de custodia compartida en un supuesto en el que uno de los progenitores vive en Jerez de la Frontera y el otro en Rentería (1012 km). También la rechaza la SAP Zaragoza 20 julio 2012 (*Tol 2610657*), porque uno de los progenitores reside en Zaragoza y el otro en Marbella (890 km). Lo mismo la STS 19 octubre 2017 (*Tol 6402976*), que rechaza la custodia compartida en un caso en el que uno de los progenitores reside en Salamanca y el otro en Alicante (638 km). También se opone a la custodia compartida la SAP Barcelona 18 noviembre 2003 (*Tol 345806*), porque uno de los progenitores reside en Barcelona y el otro en Pamplona (485 km).

Por contra, en aquellos casos en los que las localidades están más o menos próximas, nuestra jurisprudencia no termina de ponerse de acuerdo acerca de la conveniencia de establecer la custodia compartida. A modo de ejemplo, se ha denegado en supuestos en los que existe una distancia de 10 km: SAP Cádiz 29 marzo 2012 (*Tol 2522134*), en un supuesto en el que uno de los progenitores vive en San Fernando (Cádiz) y el otro en El Marquesado, una zona rural que dista de San Fernando unos 10 km; de 12 km: STSJ Aragón 4 septiembre 2013 (*Tol 4126015*), en un caso en el que uno de los progenitores vive en Zaragoza y el otro en La Puebla de Alfindén; 23 km: SAP Barcelona 5 octubre 2011 (*Tol 2287760*), en un supuesto en el que uno de los progenitores reside en Barcelona y el otro en Sabadell; 29 km: SAP A Coruña 1 diciembre 2010 (*Tol 2040514*), en un supuesto en el que uno de los progenitores reside en A Coruña y el otro en Abegondo; o 40 km: SAP Cantabria 5 febrero 2018 (*Tol 6544015*), en un caso en el que uno de los progenitores reside en Cabezón de la Sal y el otro en Santander. Y, sin embargo, se ha admitido en otros casos en los que la distancia es de 6 km: SAP Barcelona 9 abril 2014 (*Tol 4278363*), en este caso, uno de los progenitores vive en Olesa de Montserrat y el otro en Esparraguera; de 11 km: SAP Valencia 11 diciembre 2013 (*Tol 4186480*), en un supuesto en el que uno de los progenitores vive en Valencia y el otro en Torrent; de 15 km: STSJ Aragón 9 octubre de 2013 (*Tol 4126009*), en un caso en el que uno de los progenitores vive en Zaragoza y el otro en María de Huerva; de 34 km: STSJ Valencia 6 septiembre 2013 (*Tol 3966045*), en un caso en el que uno de los progenitores reside en Denia y el otro en Gandía; o de 46 km, STS 9 junio 2017 (*Tol 6173564*), en un supuesto en el que uno de los progenitores vive en Alfarrasí y el otro en Beneixama. Como puede observarse, no se sigue un criterio uniforme.

ESQUEMA

REGÍMENES DE ORGANIZACIÓN ESTRUCTURAL DE LA GUARDA Y CUSTODIA

1. Custodia exclusiva
2. Custodia compartida

FORMAS DE DETERMINACIÓN DEL RÉGIMEN DE GUARDA Y CUSTODIA

1. Mutuo acuerdo
2. Determinación judicial: carácter subsidiario

CRITERIO RECTOR PARA LA DETERMINACIÓN DEL RÉGIMEN DE GUARDA Y CUSTODIA: INTERÉS SUPERIOR DEL MENOR

PRINCIPALES CRITERIOS PARA LA CONCRECIÓN DEL INTERÉS SUPERIOR DEL MENOR

1. Opinión del menor
2. Informe del ministerio fiscal
3. Parecer de los especialistas
4. Alegaciones de las partes y otras pruebas practicadas en la comparecencia
5. Recomendación de no separar a los hermanos
6. Edad del menor
7. Presencia de posibles conductas constitutivas de violencia de género
8. Aptitudes de los progenitores
9. Contribución previa al cuidado de los hijos
10. Disponibilidad temporal de los padres
11. Estabilidad del menor

6 El régimen de visitas, comunicación y estancia

Gonzalo Muñoz Rodrigo[1]

Sumario: 1. EL RÉGIMEN DE VISITAS. 2. EL INTERÉS DEL MENOR Y LA VOLUNTAD, DESEOS Y PREFERENCIAS DEL MAYOR CON DISCAPACIDAD. 3. LA FIJACIÓN DEL RÉGIMEN DE VISITAS. 3.1. El régimen habitual. 3.2. El régimen progresivo. 3.3. Circunstancias modalizadoras del régimen de visitas. 4. CONTROVERSIAS HABITUALES. 4.1. Las visitas intersemanales. 4.2. El reparto de las vacaciones. 4.3. Días señalados. 4.4. Entrega y recogida por abuelos u otros familiares. 5. LA MODIFICACIÓN DEL RÉGIMEN DE VISITAS. 6. LA CUSTODIA COMPARTIDA Y EL RÉGIMEN DE VISITAS. 7. EL INCUMPLIMIENTO DEL RÉGIMEN DE VISITAS. 8. EL RÉGIMEN DE VISITAS DE ABUELOS, PARIENTES Y OTROS ALLEGADOS.

1. EL RÉGIMEN DE VISITAS

El derecho de visitas, comunicación y estancia de los menores de edad, también llamado usualmente derecho de visitas, se trata de un complejo derecho que aparece regulado en distintos artículos tanto del Código Civil como de la Ley de Enjuiciamiento Civil (véase arts. 90. 1 y 2, 94, 103, 160 y 161 CC y 776.3º LEC), pero el cual a su vez resulta completamente indeterminado de forma que el legislador deja en manos de los tribunales su fijación atendidas las circunstancias.

Normativa reguladora

El presente derecho encuentra su principal concreción legislativa en el art. 94 CC, según el cual podemos extraer que se trata de un derecho que surgirá cuando uno de los progenitores no tenga a sus hijos en su compañía, principalmente a causa de la separación o divorcio. Asimismo, se trata de un derecho amplio que comprende diferentes facetas, no solo supondrá el "derecho de visitas" al que generalmente hace referencia la jurisprudencia, sino que también implicará el derecho del progenitor a estar con ellos y poder comunicarse con los mismos. En este sentido, gran parte de la doctrina considera mucho más adecuado el término sintético de "derecho a relacionarse" por albergar un mayor significado.

[1] AYU, Derecho civil, Universidad de Valencia.

La reciente reforma el Código Civil por la Ley 8/2021, de 2 de junio, por la que se reforma la legislación civil y procesal para el apoyo a las personas con discapacidad en el ejercicio de su capacidad jurídica, ha llevado a cabo una considerable modificación del art. 94 CC y pasa a tener la siguiente redacción:

"La autoridad judicial determinará el tiempo, modo y lugar en que el progenitor que no tenga consigo a los hijos menores podrá ejercitar el derecho de visitarlos, comunicar con ellos y tenerlos en su compañía.

Respecto de los hijos con discapacidad mayores de edad o emancipados que precisen apoyo para tomar la decisión, el progenitor que no los tenga en su compañía podrá solicitar, en el mismo procedimiento de nulidad, separación o divorcio, que se establezca el modo en que se ejercitará el derecho previsto en el párrafo anterior.

La autoridad judicial adoptará la resolución prevista en los párrafos anteriores, previa audiencia del hijo y del Ministerio Fiscal. Así mismo, la autoridad judicial podrá limitar o suspender los derechos previstos en los párrafos anteriores si se dieran circunstancias relevantes que así lo aconsejen o se incumplieran grave o reiteradamente los deberes impuestos por la resolución judicial.

No procederá el establecimiento de un régimen de visita o estancia, y si existiera se suspenderá, respecto del progenitor que esté incurso en un proceso penal iniciado por atentar contra la vida, la integridad física, la libertad, la integridad moral o la libertad e indemnidad sexual del otro cónyuge o sus hijos. Tampoco procederá cuando la autoridad judicial advierta, de las alegaciones de las partes y las pruebas practicadas, la existencia de indicios fundados de violencia doméstica o de género. No obstante, la autoridad judicial podrá establecer un régimen de visita, comunicación o estancia en resolución motivada en el interés superior del menor o en la voluntad, deseos y preferencias del mayor con discapacidad necesitado de apoyos y previa evaluación de la situación de la relación paternofilial.

No procederá en ningún caso el establecimiento de un régimen de visitas respecto del progenitor en situación de prisión, provisional o por sentencia firme, acordada en procedimiento penal por los delitos previstos en el párrafo anterior.

Igualmente, la autoridad judicial podrá reconocer el derecho de comunicación y visita previsto en el apartado segundo del artículo 160, previa audiencia de los progenitores y de quien lo hubiera solicitado por su condición de hermano, abuelo, pariente o allegado del menor o del mayor con discapacidad que precise apoyo para tomar la decisión, que deberán prestar su consentimiento. La autoridad judicial resolverá teniendo siempre presente el interés del menor o la voluntad, deseos y preferencias del mayor con discapacidad"

De todos modos, el mencionado derecho no solo alcanza a los progenitores, sino también a los abuelos, parientes y otros allegados. Lo que lo convierte en un derecho que se predica de muchos sujetos y alcanza a personas que ni siquiera tienen porque tener la consideración de familiares en un sentido estricto de la palabra. Cabe poner el acento también en la "voluntad, deseos y preferencias del mayor o emancipado con discapacidad", pues también pueden ser destinatarios del presente derecho-deber. En la medida que es posible establecer un régimen de visitas respecto de los hijos con discapacidad mayores de edad o emancipados, el cual se puede solicitar por el progenitor que no los tenga en su compañía en el mismo procedimiento de nulidad, separación o divorcio.

Jurisprudencia

Es opinión mayoritaria en la doctrina considerar al derecho de visitas como un derecho-deber. De esta forma, la presente figura se erige entorno al denominado "interés superior del menor", ya que solo por él existe y a su servicio debe encaminarse el mencionado derecho. Esto se debe a que la función del derecho de visitas radicaría en garantizar una continuidad normal en las relaciones con los progenitores, a pesar de la ruptura familiar de la que los menores no tienen la culpa. Como algunos recientes pronunciamientos judiciales se encargan de poner de manifiesto, SSAP Madrid 12 marzo 2019 (*Tol 7228701*), 18 mayo 2018 (*Tol 6735731*) y 5 de junio 2019 (*Tol 7379411*).

Igualmente, se trata de un derecho de marcado carácter extrapatrimonial y personalísimo, sobre el cual no es posible renunciar, innegociable e imprescriptible. Así como, de "geometría variable" (SAP Huelva 4 julio 2012 [*Tol 3659600*]), a consecuencia de su necesaria concreción judicial o convencional, pues en función de las circunstancias concurrentes en cada caso, la solución a la que se llegue podrá variar considerablemente, sin que sea posible establecer modelos apriorísticos. Sobre la imposibilidad de renunciar al derecho de visitas, *vid.* SSAP La Rioja 29 diciembre 2016 *(Tol 5947726)*, y Las Palmas 27 junio 2017 *(Tol 6356669)* entre otras muchas. Sin embargo, el hecho de que la renuncia al mismo sea nula de pleno derecho no ha supuesto que en alguna ocasión no se haya acordado el régimen de visitas ante el mutuo desinterés que los sujetos se procuraban. Caso de un menor de 16 años, ya próximo a la mayoría de edad y maduro que no quería relacionarse con su padre porque no creía que le iba a aportar nada positivo, junto con la solicitud de su progenitor de revocar el régimen de visitas [SAP Córdoba 10 febrero 2014 *(Tol 5382439)*].

2. EL INTERÉS DEL MENOR Y LA VOLUNTAD, DESEOS Y PREFERENCIAS DEL MAYOR CON DISCAPACIDAD

Como ya se ha puesto de manifiesto en el apartado anterior, el derecho de visitas se encuentra modulado con base en el interés de los menores, lo que supone una serie de consecuencias de orden práctico.

Cuestiones relevantes

1. Se trata de un derecho-deber para los progenitores y un derecho para los hijos, que se instaura en beneficio del último, por lo que podrá ser limitado o incluso suspendido si se demuestra que resulta perjudicial para el menor.

Sin perjuicio de lo anterior, **será posible que un progenitor se vea privado de la patria potestad y aun así sea mantenido un derecho de visitas.** Así lo evidencia la SAP Badajoz 17 julio 2018 (*Tol 6832702*) que considera conveniente establecer un régimen de comunicación y estancia después de que se constate un supuesto de completo abandono familiar del padre durante años que ha supuesto la aplicación de las consecuencias del art. 170 CC. Por el contrario, si se considera que puede ser beneficioso para el menor no perder definitivamente la relación con el progenitor incumplidor, lo más recomendable sea plantear un régimen progresivo como se verá, *vid.* STS 25 abril 2018 (*Tol 6592125*).

2. La circunstancia de que el derecho de visitas sea presidido por el interés del menor también es la responsable de su indeterminación e inconcreción, que deberá ser definitivamente establecido por el pacto de los progenitores o, en defecto de acuerdo, por sentencia judicial.

Si interpretamos que el interés del menor se traduce en este ámbito en el sentido de que el menor debe pasar tiempo con sus respectivos progenitores, ya que se considera beneficioso para su desarrollo personal y emocional, la respuesta debe ser abogar siempre por un **régimen amplio, salvo que haya motivos de peso para limitar o restringir la relación del progenitor en cuestión con el menor,** *vid.* SAP Madrid 18 octubre 2016 (*Tol 5890111*).

3. No es posible que **el juzgador,** cuando trate materias vinculadas a las relaciones paterno-filiales, incurra en incongruencia *ultra petita* ni *extra petita*, ya que **se encuentra autorizado para actuar de oficio,** *vid.* SAP Madrid 29 enero 2019 (*Tol 7229730*).

4. Existe una presunción de que **a partir de los 12 años el menor deberá ser oído en los procedimientos contenciosos que le afecten directamente e incluso, si es menor de esa edad cuando tenga la suficiente madurez.**

En ese sentido, se ha pronunciado el Tribunal Supremo en SSTS 25 octubre 2017 (*Tol 6408271*) y 15 enero 2018 (*Tol 6484675*), entre otras: "La aparente contradicción entre el Código Civil y la Ley de Enjuiciamiento Civil, viene a ser aclarada por la Ley del Menor y por el Convenio sobre Derechos del Niño, en el sentido de que cuando la edad y madurez del menor hagan presumir que tiene suficiente juicio y, en todo caso, los mayores de 12 años, habrán de ser oídos en los procedimientos judiciales en los que se resuelva sobre su guarda y custodia, sin que la parte pueda renunciar a la proposición de dicha prueba, debiendo acordarla en su caso, el juez de oficio. [...] Para que el juez o tribunal pueda decidir no practicar la audición, en aras al interés del menor, será preciso que lo resuelva de forma motivada".

5. Que los menores tengan derecho a ser oídos, no quiere decir que tengan la obligación de hacerlo, ni mucho menos que haya que plegarse necesariamente a su voluntad. De hecho, no son pocos los pronunciamientos judiciales que señalan que los deseos del menor no tienen porque siempre coincidir con su interés, lo que se traduce en que, una vez entrevistado el menor, el juez no debe seguir de manera automática lo que el menor le haya propuesto o quiera, sino que debe indagar y ponderar qué solución le conviene a su estabilidad tanto a corto como a largo plazo. *Vid.* SAP Málaga 17 octubre 2018 (*Tol 7259714*).

6. Sobre el **mayor de edad o emancipado necesitado de protección** primeramente surge la duda de hasta qué punto pueden vincular al juzgador la "voluntad, deseos y preferencias" de los mismos. Puesto que, en el caso de los menores, su interés superior suponía que no necesariamente había que plegarse a su voluntad.

Recientemente, el Tribunal Supremo en un asunto sobre la procedencia o no de una medida de apoyo a una persona necesitada de protección ha resuelto que es posible acordar una curatela aún en contra de la voluntad de la persona con discapacidad cuando existe una clara necesidad asistencial, cuya ausencia está provocando un grave deterioro personal y una degradación que le impide el ejercicio de sus derechos y las necesarias relaciones con las personas de su entorno, principalmente, con sus vecinos.

La STS 8 septiembre 2021 *(Tol 8585229)* concluye que en realidad la Ley resuelve la propia cuestión pues, ante la negativa de la persona afectada a aceptar las medidas que se proponga en el procedimiento de jurisdicción voluntaria llevado al efecto, siempre cabe la posibilidad de iniciar un procedimiento contradictorio para imponer medidas aún en contra de la voluntad del interesado (art. 42.bis.b).5 LJV). Esto nos tiene que abrir los ojos y hacer comprender que cuando el art. 249 CC habla de la "voluntad, deseos y preferencias" utiliza el verbo "atender", por lo que la autoridad judicial no se encuentra vinculada expresamente por las mismas y es posible tomar decisiones en contra de ellas. Especialmente, tal y como sucede cuando la persona necesitada de protección no es consciente de su situación y actúa de forma contraria a sus intereses. No imponer una medida de protección o apoyo supondría una crueldad que afectaría a su propia dignidad como persona.

La conclusión a la que debemos llegar es que, si por razones del propio trastorno de la personalidad o deficiencia mental que sufra la persona, esta no es consciente de la realidad que le rodea y afecta gravemente a su capacidad de relacionarse con los demás, no podemos considerar que el juez haya de plegarse a la voluntad de la misma, ya sea en una cuestión como la analizada ya sea en el caso de la adopción del régimen de visitas. De forma que, sí podemos afirmar que el "interés superior" del discapaz está vivo, habida cuenta que es posible acordar una medida aún contra su voluntad si se considera que seguir la misma es perjudicial para sus intereses.

3. LA FIJACIÓN DEL RÉGIMEN DE VISITAS

Una vez concretadas cuales son las características del régimen de visitas, llega el momento de detenernos en los criterios seguidos para delimitar el tiempo, modo y lugar del régimen de visitas, comunicación y estancia. Una tarea nada sencilla.

En primer lugar, el régimen de visitas, como es obvio, permite al progenitor que no tiene al menor o mayor con discapacidad en su compañía poder visitarlo. No obstante, si bien en su primitiva forma sí que era habitual recurrir a esta figura, hoy en día se encontraría más limitada por el mero hecho de que la jurisprudencia del Tribunal Supremo considera que no es posible permitir, en contra de la voluntad del custodio, una visita del otro progenitor en el domicilio del menor, habida cuenta del derecho a la inviolabilidad del domicilio recogido en el art. 18.2 CE (STS 30 abril 1991 [*Tol 7511758*]). Por tanto, en este apartado el acuerdo de los progenitores será esencial. Aquí sí que encontraríamos el llamado Punto de Encuentro Familiar, que se verá más adelante, pues en ciertos supuestos especiales es habitual que se acuerde que la visita del padre al menor (incluso el propio derecho a relacionarse en su conjunto) consista en verlo en dicho lugar unas horas. En caso de enfermedad del hijo, parece que no habría problema en que lo visitara en el hospital, pero más problemas plantearía una visita en el domicilio del no custodio, si está reposando ahí.

En segundo lugar, este régimen también comprende las comunicaciones. El cual supone el derecho del progenitor que no está en su compañía a poder comunicarse con él por cualquier vía, ya sea epistolar, telefónica o, como será lo normal, por medio de las nuevas tecnologías (WhatsApp, Skype, FaceTime, etc.). El principal problema que puede plantear esta forma de relacionarse son las horas y el tiempo, ya que su propio carácter inmediato y sin barreras hace necesaria su constricción para evitar desajustes en los tiempos de estudio y descanso del hijo. A este respecto, una mirada a la jurisprudencia puede ser muy clarificadora, en la medida que se ha llegado a soluciones como fijar una franja horaria en la que se llevarán a cabo las comunicaciones y máximos de tiempo a emplear como quince o veinte minutos. (SAP Barcelona 28 junio 2018 (*Tol 6673534*)]. Lo habitual suele ser establecer que las comunicaciones se realizarán todos los días entre las 20:00 y las 21:00, las 19:00 y las 20:00, etc. (SAP Barcelona 28 junio 2018 [*Tol 6673534*]). Por último, señalar que este aspecto como cualquier otro es de mínimos y siempre hay que estar al deseable acuerdo de las partes, así un aumento o flexibilización de dichas comunicaciones no tendría por qué ocasionar ningún problema si las circunstancias lo requieren, como ha podido ocurrir durante el confinamiento por el Coronavirus.

En tercer lugar, tendríamos la estancia de los hijos, que se encuentra al mismo tiempo relacionado con las pernoctas. Las estancias se llevarán a cabo tanto en el domicilio del progenitor no custodio como en otros lugares, generalmente, en períodos vacacionales o de fin de semana. Como resulta lógico, para que se le puedan atribuir las estancias al progenitor que no tenga la guarda de los hijos, será preciso que disponga de una vivienda con adecuadas condiciones de habitabilidad y estanqueidad. Si bien, los jueces no suelen poner problemas a que se desarrollen en otro domicilio que no sea propio, como puede ser el de un familiar cercano (SAP Guipúzcoa 24 febrero 2015 [*Tol 4807299*]).

Cuestiones relevantes

7. No es posible establecer una relación recíproca *ex* art. 1124 CC **entre,** por ejemplo, **el régimen de visitas y la pensión de alimentos,** en la medida que el no pago de la misma facultase al otro progenitor a restringir de manera automática el régimen de visitas. Puesto que es una institución encaminada a que los menores mantengan una adecuada relación con sus progenitores, y se configura como autónoma e independiente de otras medidas que se puedan fijar tras la ruptura de los padres.

8. La Ley 8/2021, de 2 de junio, ha introducido considerables novedades por lo que respecta a la existencia de una **causa penal abierta por violencia de género contra el solicitante o titular de un régimen de visitas.** Así, la nueva redacción indica que en el supuesto de que "el progenitor esté incurso en un proceso penal iniciado por atentar contra la vida, la integridad física, la libertad, la integridad moral o la libertad e indemnidad sexual del otro cónyuge o sus hijos" no procederá el régimen de visitas o se suspenderá el mismo (art. 94.IV CC).

Las modificaciones acaecidas generan considerables dudas tanto de índole práctico como de índole constitucional. Puesto que nos podríamos plantear hasta qué punto la mera denuncia podría suponer la suspensión o el no establecimiento del derecho del visitas al investigado. De hecho, nos podemos preguntar cómo se puede compaginar esta circunstancia con el derecho a la presunción de inocencia (art. 24.2 CE). Si bien, cabe destacar que "se podrá establecer un régimen de visita, comunicación o estancia en resolución motivada en interés superior del menor o en la voluntad, deseos y preferencias del mayor con discapacidad necesitado de apoyos y previa evaluación de la situación de la relación paterno filial". Por el contrario, nunca procedería si hay prisión permanente o provisional para el investigado.

Esto provocó que el Grupo Parlamentario Vox presentase un recurso de inconstitucionalidad frente a la reforma, como también algunos jueces las respectivas cuestiones de inconstitucionalidad en relación con los asuntos que les llegaban al juzgado. Finalmente, la STC (Pleno) 106/2022, de 13 de septiembre (*Tol 9239683*) ha establecido que: "el precepto en cuestión no priva de modo automático al progenitor del régimen de visitas o estancias", habida cuenta que: "atribuye a la autoridad judicial la decisión sobre el establecimiento o no de un régimen de visitas o estancias o la suspensión del mismo, incluso en un proceso penal". En ese sentido, el Tribunal considera que el artículo no contraviene la Constitución ni el interés del menor, ya que "si la autoridad judicial decidiera la suspensión del régimen de visitas o estancias, respecto del progenitor denunciado o querellado que hubiera sido imputado formalmente por cualquiera de los delitos que el párrafo cuarto del art. 94 del Código Civil señala, habrá que hacerlo mediante una resolución motivada, en la que valore la relación indiciaria del progenitor con los hechos delictivos que han dado lugar a la formación del proceso penal, así como la necesidad, idoneidad y proporcionalidad de las medidas adoptadas".

3.1. El régimen habitual

Aunque ya hemos dicho que lo deseable siempre va a ser el acuerdo entre las partes, si no se ponen de acuerdo y la situación deviene contenciosa el juez tendrá que intervenir fijando el correspondiente derecho de visitas, habida cuenta que es uno de los elementos necesarios del convenio regulador (art. 90.1.a) CC). También deberá establecerlo si una vez presentado el convenio, el juez considera que resulta perjudicial para los hijos o se ha renunciado al mismo a cambio de algún tipo de concesión (art. 90.2 CC). De la misma forma, un régimen de visitas abierto o indeterminado que no resuelva los conflictos que pueden surgir tampoco cumpliría los requisitos mínimos que se esperan de él.

En este caso, deberá ser el juzgador quién decida cuál es el régimen que mejor se adapta al concreto interés del menor, si bien siempre es posible que las partes lleguen a un acuerdo durante la tramitación del proceso, ya que serán ellas las que mejor conozcan la situación y puedan extraer un régimen factible y razonable en función de sus posibilidades. Lo que, en definitiva, facilitará su cumplimiento futuro, mucho más que si fuera impuesto por un tercero. En defecto de pacto, los tribunales suelen prestar atención a factores como la edad del menor, la vinculación con los progenitores, las actividades extraescolares y escolares, la distancia entre domicilios, descansos de los padres, horarios laborales, etc.

Lo más recomendable es que el régimen que se acuerde finalmente sea lo más preciso y concreto que se pueda, porque de lo contrario el mismo será objeto de numerosas solicitudes de aclaración de sentencia o de ejecución. Es decir, como la práctica demuestra el más nimio detalle puede ser causante del conflicto. Véase, por ejemplo, la SAP Salamanca 30 diciembre 2015 *(Tol 5636384)*, que resuelve un recurso de apelación sobre la sentencia de primera instancia, dado que esta última no había contemplado quién se hacía cargo de los menores durante el día 30 de diciembre. Totalmente inadecuado resulta el régimen reconocido por la sentencia de segunda instancia que fue casada por la STS 26 octubre 2012 *(Tol 2672517)*, habida cuenta que dejaba al libre arbitrio de la madre la decisión de establecer el domicilio de la menor, como tampoco fijaba un régimen de visitas concreto, el cual quedaría a expensas del posible traslado de la madre al extranjero.

Jurisprudencia

Desde los últimos años la jurisprudencia es proclive, siempre y cuando no exista ningún motivo de peso o circunstancia de riesgo para los menores que aconseje lo contrario, a conceder un régimen de visitas amplio que busque equiparar en la mayor medida el tiempo que pasa el menor con ambos progenitores aun cuando la custodia la ostente uno de los dos. Así, es habitual que el progenitor no custodio pase con el menor los fines de semana alternos (con pernocta incluida), la mitad de las vacaciones escolares (verano, Navidad y Semana Santa), como también tiempo durante la semana escolar estableciendo visitas intersemanales (una o dos, las cuales a veces pueden cursar con pernocta). De esta forma, se pretende que la implicación de ambos progenitores en el desarrollo del menor sea de la misma intensidad y, lo más importante, que pasen tiempo tanto en los momentos de ocio como de rutina.

Un exponente de esta corriente es la SAP Valencia 12 diciembre 2016 *(Tol 5968476)*, que afirma: "no hay motivo alguno que se oponga a que la comunicación sea intensa, amplia y habitual, lo que resulta lo más conveniente para los menores, para lo que la separación de los padres no debe suponer nunca un alejamiento de uno de sus progenitores, sino que deben adoptarse las medidas precisas para que pueda tener análogo grado de relación con ambos progenitores, procurando la misma participación de los dos en todas las actividades y circunstancias de la vida del hijo en común, de tal manera que aunque los padres estén separados, el hijo tenga conciencia de que su relación con ambos es igual, que ambos le cuidan y le atienden [...]. En definitiva, [...] cuando no haya motivos de personalidad o de cualquier otra índole que alteren el orden normal de las comunicaciones o puedan suponer el temor de un riesgo, peligro, o perturbación para el menor, la comunicación de ambos padres con el hijo debe ser extensa, intensa y abundante".

3.2. El régimen progresivo

Sin perjuicio de lo anterior, a veces, la ruptura de la relación familiar por diferentes causas o, simplemente, la existencia de determinadas características en alguna de las partes (corta edad del menor, adicciones, enfermedades mentales, etc.) aconsejan que, en lugar de establecer un régimen normalizado que debe ser la regla general, lo más adecuado sea fijar un sistema progresivo de visitas con la finalidad de reconstruir y consolidar la relación de afecto y confianza. Así, no es raro que la jurisprudencia tome una solución como la contenida en la SAP Burgos 17 julio 2017 *(Tol 6338094)*, si se dan los requisitos para ello, consistente en determinar cinco fases, siendo la última un verdadero régimen normalizado y, en cambio, los tres primeros meses unas visitas de unas horas los lunes, viernes y sábados, supervisadas en un centro especializado.

Aquí resulta de gran ayuda el denominado Punto de Encuentro Familiar que puede ejercer una labor de apoyo cuando existan circunstancias excepcionales que justifiquen su entrada en juego. Eso sí, la labor del Punto de Encuentro es meramente instrumental y está encaminada a la reconstrucción de la relación familiar por lo que su recurso siempre será de carácter temporal, que generalmente se suele establecer entre seis meses y un año. Asimismo, dado que los profesionales que trabajan en él son psicólogos y trabajadores sociales, no tienen atribuidas competencias jurisdiccionales, por lo que no es posible que se deje en su mano la fijación del régimen de visitas.

Jurisprudencia

De todos modos, muchas veces no será necesario establecer un régimen tan drástico y, por ejemplo, tener que recurrir al Punto de Encuentro Familiar cuando exista una relación conflictiva o difícil tras el divorcio. En este sentido, es posible encontrar sentencias que se acogen a un régimen restrictivo consistente en unas horas los fines de semana alternos, con o sin pernocta.

La SAP Santander 28 octubre 2021 *(Tol 8645154)*, confirma el pronunciamiento de instancia que atribuía al padre un régimen consistente en visitas con pernocta los fines de semana alternos de las 12 horas de sábado a las 18 horas del domingo, más vacaciones de verano, Navidad y Semana Santa por mitades. Habida cuenta que "la niña no siempre recibe con tranquilidad la presencia del padre", "los problemas de interacción entre el padre y la hija se suscitan por la ausencia de una relación consolidada y continuada a lo largo del tiempo", "con estos antecedentes, no puede mantenerse actualmente el mayor beneficio para la hija de una extensión de los contactos [...], sin perjuicio de [...] una ulterior ampliación de las mismas".

3.3. *Circunstancias modalizadoras del régimen de visitas*

Como ya hemos adelantado antes, la existencia de determinadas especialidades en la situación familiar hará que tengamos que seguir algunas cautelas en la fijación del régimen de visitas si queremos primar el interés del menor, ya que, en ocasiones, aun cuando la relación familiar no sea conflictiva, no será posible o, por lo menos, recomendable establecer un régimen normalizado.

Un ejemplo drástico de ello es la reciente SAP Las Palmas 9 febrero 2022 *(Tol 9118403)*, en la cual ante la solicitud de la madre de un régimen de visitas más amplio se deniega manteniéndose las comunicaciones telefónicas y las visitas tuteladas por terceros ya establecidas, en la medida que se considera que la madre no está capacitada para poder atender en condiciones de normalidad al menor. Habida cuenta que, el menor presenta "rasgos autistas, estrabismo convergente, nistagmo congénito, dificultades cognitivas y trastorno de comportamiento" a la vez que la madre "características clínicas comunes al síndrome de la depresión. Se trata de una persona sensible, pesimista, con cierta predisposición a dudar de sí misma y que es infeliz al menos una parte del tiempo. Indica una sintomatología depresiva que se manifiesta en alteraciones del sueño, una reducción de la energía y la libido, y en la pérdida de apetito o peso". De hecho, en el pasado el menor fue declarado en desamparo cuando inicialmente la madre ostentaba la guarda del menor.

Normativa reguladora

El art. 160.1 CC indica que: "Los hijos menores de edad tienen derecho a relacionarse con sus progenitores, aunque éstos no ejerzan la patria potestad, salvo que se disponga otra cosa por resolución judicial o por la Entidad Pública en los casos establecidos en el artículo 161. En caso de privación de libertad de los progenitores, y siempre que el interés superior del menor recomiende visitas a aquellos, la Administración deberá facilitar el traslado acompañado del menor al centro penitenciario, ya sea por un familiar designado por la administración competente o por un profesional que velarán por la preparación del menor a dicha visita. Asimismo, la visita a un centro penitenciario se deberá realizar fuera del horario escolar y en un entorno adecuado para el menor.

Los menores adoptados por otra persona, solo podrán relacionarse con su familiar de origen en los términos previstos en el artículo 179.4 CC".

Cuestiones relevantes

9. Ante las solicitudes de **regímenes restrictivos o sin pernoctas, cuando se discuten las visitas de niños muy pequeños,** inicialmente la jurisprudencia era proclive a señalar que "no hay ninguna razón acreditada para que un niño no pueda permanecer por las noches con cada uno de sus progenitores desde la más corta edad".

Ejemplo de ello era la SAP Barcelona 17 octubre 2003 (*Tol 324508*), la cual indicaba que: "Puede haber razones objetivas, como la lactancia materna. Pero fuera de estos supuestos no debe restringirse la posibilidad de que los niños pequeños pernocten con el progenitor que habitualmente no los tenga en su compañía". Sin embargo, parece apreciarse una evolución en la SAP Barcelona 24 enero 2023 (*Tol 9447316*) que homologa la decisión de los progenitores de que la menor tenga un régimen progresivo con el padre en la medida que no se produzcan pernoctas hasta que alcance los tres años de edad.

10. El **ingreso en prisión de uno de los progenitores** no debe impedir necesariamente el contacto con el menor, siempre y cuando así lo aconseje el interés del mismo (art. 160.1 CC). Lo que permitirá que el menor pueda ir acompañado al centro para poder realizar las visitas, incluso comunicarse con él. No obstante, si atendidas las circunstancias el contacto resulta perjudicial, éstas no se llevarán a cabo. *Vid.* SAP Guipúzcoa 5 diciembre 2008 *(Tol 7189045)* que, valorando la entidad de los crímenes cometidos, la escasa relación con el menor y el abandono de los tratamientos a los que estaba siendo sometido, considera inapropiada la solicitud de fijar las visitas.

Desde la entrada en vigor de la Ley 8/2021, de 2 de junio, se indica expresamente que no procederán en ningún caso las visitas al centro penitenciario cuando el progenitor se encuentre en situación de prisión, provisional o por sentencia firme, acordada en procedimiento penal por los delitos de atentar contra la vida, la integridad física, la libertad, la integridad moral o la libertad e indemnidad sexual del otro cónyuge o sus hijos. (art. 94.V CC).

11. La **actividad laboral de los progenitores** juega también un papel fundamental en la fijación del correspondiente régimen de comunicación y estancia, e implicará algunas veces que no se pueda seguir el régimen normalizado.

De todos modos, la jurisprudencia ofrece conclusiones dispares en este punto, así se pueden encontrar algunas que son más comprensivas con las situaciones laborales del progenitor no custodio y no por tener un horario cambiante establece un régimen restrictivo, simplemente alude a la flexibilidad que el mismo puede presentar, como a la obligatoriedad de que el progenitor en cuestión avise la última semana de cada mes. Véase la SAP Lleida 13 mayo 2016 *(Tol 5840765)*. Sin embargo, otras se muestran más reticentes a instaurar regímenes amplios cuando la actividad del progenitor no custodio carece de un horario fijo y su trabajo autónomo le exige estar a los diferentes encargos que le realicen sus clientes. Véase la SAP Salamanca 22 julio 2015 *(Tol 5427184)*, la cual rechazó la pretensión del padre de ampliar las visitas intersemanales a más días y durante más tiempo.

12. La existencia de una **gran lejanía entre el domicilio del custodio y del no custodio** puede condicionar sustancialmente el propio régimen de visitas, hasta el punto de tener que establecer regímenes "flexibles", tal y como los ha definido la jurisprudencia, por ser imposible fijar un régimen normalizado o amplio, aunque no hubiera ninguna circunstancia de riesgo que no lo aconsejara.

De esta forma es habitual encontrar sentencias en las cuales se establece que el progenitor no custodio pasará solamente un fin de semana al mes con preferencia de puentes y festividades, compensando con un mayor número de días en verano y la totalidad de la Semana Santa. Esto sucede tanto en casos en los cuales se trata de una lejana localidad de España (SAP Lleida 24 octubre 2017 *[Tol 6476496]*, en el presente caso, el padre abandonó Lleida tras la ruptura y pasó a vivir a Valencia), como también cuando los domicilios radican en países distintos (SAP Valencia 5 julio 2018 *[Tol 6861604]*, en este supuesto uno de los progenitores residía en Alemania mientras que el otro en España). Incluso es posible encontrar sentencias en las cuales dada la enorme distancia entre domicilios no resulta factible acordar visitas durante el curso académico y, por tanto, se llega a la solución de atribuir la práctica totalidad del descanso estival. Por ejemplo, la STS 16 mayo 2017 (*Tol 6113452*). En este caso, el progenitor no custodio se había ido a vivir por razones laborales al extranjero, concretamente a Miami.

Sobre esta última posibilidad, llamaría la atención sobre la importancia de que el menor pase, al menos, una semana o quince días con el progenitor custodio en vacaciones, pues puede ser perjudicial para su desarrollo personal asociar a uno de los padres con los momentos de ocio y al otro con los de trabajo o rutina. Esta es la razón por la cual la SAP Córdoba 18 noviembre 2022 (*Tol 9416269*) mantiene la decisión de instancia de que a partir de 2023 los hijos comunes pasen siempre la última quincena de agosto con la madre, pues su padre residía en Noruega. Como también la mitad de las Navidades. En términos similares, la SAP León 27 marzo 2015 (*Tol 4841322*), pues el padre vivía en Estocolmo, indica que los menores volverán con su madre el día 20 de agosto. Igualmente, se establece un reparto de las vacaciones de Navidad, la totalidad de la Semana Santa y una semana en el mes de octubre.

Por ejemplo, la SAP León 27 marzo 2015 *(Tol 4841322)* y STS 16 mayo 2017 *(Tol 6113452)*. En estos casos, los progenitores no custodios se habían ido a vivir por razones laborales al extranjero, a Estocolmo y Miami respectivamente. Sobre esta última posibilidad, llamaría la atención sobre la importancia de que el menor pase, al menos, una semana o quince días con el progenitor custodio en vacaciones, pues puede ser perjudicial para su desarrollo personal asociar a uno de los padres con los momentos de ocio y al otro con los de trabajo o rutina.

Jurisprudencia

Sobre el reparto de los gastos que el traslado en el régimen de visitas puede implicar, el Tribunal Supremo ha señalado en la STS 26 mayo 2014 (*Tol 4417774*), que tanto la labor de entrega o de recogida se debe repartir entre los progenitores por partes iguales, salvo que existan otras circunstancias (por ejemplo, importante desequilibrio económico entre los ex cónyuges) que haga necesario tomar una decisión individualizada.

Concretamente, afirma que: "Cada padre/madre recogerá al menor del domicilio del progenitor custodio, para ejercer el derecho de visita, y el custodio lo retornará a su domicilio. Este será el sistema normal o habitual. Subsidiariamente, cuando a la vista de las circunstancias del caso, el sistema habitual no se corresponda con los principios expresados de interés del menor y distribución equitativa de cargas, las partes o el juez podrán atribuir la obligación de recogida y retorno a uno de los progenitores con la correspondiente compensación económica, en su caso y debiendo motivarse en la resolución judicial. Estas dos soluciones se establecen sin perjuicio de situaciones extraordinarias que supongan un desplazamiento de larga distancia, que exigirá ponderar las circunstancias concurrentes y que deberán conllevar una singularización de las medidas adoptables". En dicho caso, la sentencia de apelación había atribuido tanto la obligación de recogida como de entrega al progenitor no custodio, el cual estaba cobrando una prestación pública por importe de 423 €. El Alto Tribunal decidió entonces que, dada la distancia de 32 Km entre los domicilios, él se encargaría de recoger al menor al inicio de las visitas, pero la madre debería devolverlo al fin de las mismas".

4. CONTROVERSIAS HABITUALES

4.1. *Las visitas intersemanales*

Las soluciones más comunes suelen ser, una tarde a la semana (por ejemplo, los miércoles), dos tardes como martes y jueves, o lunes y miércoles. La duración sería desde la salida del colegio hasta las ocho o las nueve de la tarde. Dicho esto, la cuestión radica en si es recomendable que las visitas intersemanales incluyan pernocta. Como todo, dependerá de si es posible atendidas las circunstancias. Así, si por la distancia al colegio respecto del domicilio del no custodio, el menor debe madrugar mucho, no sería adecuado (SAP Barcelona 30 abril 2009 *[Tol 1590542]*). Pero, si nada lo impide la jurisprudencia suele ser proclive a su establecimiento (SAP Madrid 9 abril 2019 *[Tol 7315044])*, por lo mismos motivos que las aconsejan con carácter general.

4.2. El reparto de las vacaciones

Hay quien considera que lo más práctico es el reparto por quincenas (SSAP Málaga 11 febrero 2016 [*Tol 5797808*]) y Pontevedra 1 diciembre 2016 [*Tol 5927324*]), por el contrario, otra postura defiende el reparto por meses (SSAP Coruña 29 junio 2018 *[Tol 6870991]* y Madrid 18 octubre 2016 *[Tol 5890111])*, pues así se evita que los menores hagan desplazamientos innecesarios, lo que al final se traduce en un mayor trasiego y estrés. Independientemente de una u otra opción, lo más normal es atribuir a uno de los progenitores los días no lectivos de septiembre y los de junio al otro, y el resto de vacaciones operar por quincenas o meses como se ha señalado.

En cuanto a quién le corresponde cada período, se puede indicar que cada progenitor decida los períodos alternativamente, mediante la utilización de un preaviso de un mes antes del inicio de las vacaciones. No obstante, puede ser más inteligente hacer un reparto previo de los períodos basándonos en el interés del menor para, posteriormente señalar que se intercambiarán sucesivamente cada año. En ese sentido, se evitará la conflictividad que puede provenir del sistema de preaviso, puesto que seguramente el resultado sería el mismo si pueden elegir.

4.3. Días señalados

Si la situación es cordial, tal vez, será posible que el día del cumpleaños del menor lo pase junto con los dos, ese sería un escenario ideal (así, el progenitor al que no le corresponda estar con el menor ese día, podría ir al domicilio del otro o lugar dónde se celebre). Pero muchas veces ese escenario no se dará, en consecuencia, una solución puede venir dada por indicar que dicho día se repartirá por años pares e impares a cada uno de los progenitores. Por el contrario, la SAP Ciudad Real 10 febrero 2022 (*Tol 8942527)* confirma la decisión de instancia que permitía al progenitor que no tenía al menor en su compañía ese día poder visitarlo de 17:00 a 19:00.

Por lo que respecta al cumpleaños de los progenitores y el día del Padre o de la Madre, la solución es bastante obvia. Habida cuenta que son días recíprocos, se puede fácilmente señalar que tales días los pasará con el que corresponda. De todos modos, la ya mencionada SAP Ciudad Real 10 febrero 2022 *(Tol 8942527)* toma una medida consistente en permitir en esos días que si el progenitor en cuestión no tiene a sus hijos en su compañía podrá visitarlos de 16:00 a 20:00 y si no es lectivo de las 10:00 a las 20:00.

Más peliagudo puede ser el Día de Reyes si los dos quieren darle los regalos y hacer la celebración con el hijo. En ocasiones, la decisión parte por indicar en la sentencia o convenio que pasará unas horas con el progenitor al que no le corresponda estar ese día. Sin embargo, dada la pérdida de significación religiosa que cada vez acontece en más familias, puede que no sea un problema, ya que, a lo mejor optan por entregar los regalos tanto el 25 de diciembre como el 6 de enero. De ese modo, aquel progenitor con el que esté el día de Navidad entregará los suyos ese día, y aquel con el que esté el Día de Reyes hará lo propio (este sistema será posible si se reparten las vacaciones de Navidad por mitades). Si bien, alguna resolución ha homologado un acuerdo por el cual se permitía al no custodio estar con su hija la práctica totalidad de los días 25 de diciembre y 6 de enero, pero los días 31 y 1 de enero permanecería con la custodia. Vid. SAP Barcelona 24 enero 2023 (*Tol 9447316*).

4.4. Entrega y recogida por abuelos u otros familiares

Aunque la obligación de entrega y recogida recae sobre el progenitor en cuestión, suele ser habitual, incluso en familias bien avenidas, que los abuelos u otros familiares como son los tíos auxilien a los padres en el ejercicio de la patria potestad. Así, no es infrecuente que sean los abuelos quiénes, por ejemplo, se encarguen de recoger a los menores a la salida del colegio.

No obstante, esto puede ser una fuente de conflictos con el otro progenitor y la jurisprudencia ya ha tenido ocasión de pronunciarse. En ese sentido, algunas sentencias han manifestado que salvo que concurra una causa que ponga en peligro al menor, nada obsta a que los abuelos o los tíos efectúen las recogidas y entregas, cuando el progenitor no puede hacerse cargo de ellas. Considerar lo contrario supondría hacer de peor condición a los menores que tienen a sus padres separados o divorciados, pues la colaboración de otros familiares en el cuidado de los menores es algo positivo y habitual (SAP Salamanca 13 junio 2017 *[Tol 6208072])*.

5. LA MODIFICACIÓN DEL RÉGIMEN DE VISITAS

Si bien las sentencias dictadas en materia de separación y divorcio nacen con vocación de permanencia y tienen efecto de cosa juzgada material, dicha consideración no obsta para que las medidas establecidas en su momento puedan ser posteriormente modificadas cuando, de conformidad con lo establecido en los arts. 90.3 y 91 CC, se produzca una alteración sustancial de las circunstancias.

Normativa reguladora

Art. 90.3 CC: "Las medidas que el juez adopte en defecto de acuerdo o las convenidas por los cónyuges judicialmente, podrán ser modificadas judicialmente o por nuevo convenio aprobado por el juez, cuando así lo aconsejen las nuevas necesidades de los hijos o el cambio de las circunstancias de los cónyuges.

Asimismo, podrá modificarse el convenio o solicitarse modificación de las medidas sobre los animales de compañía si se hubieran alterado gravemente sus circunstancias.

Las medidas que hubieran sido convenidas ante el letrado de la Administración de Justicia o en escritura pública podrán ser modificadas por un nuevo acuerdo, sujeto a los mismos requisitos exigidos en este Código".

Art. 91 CC: "En las sentencias de nulidad, separación o divorcio, o en ejecución de las mismas, la autoridad judicial, en defecto de acuerdo de los cónyuges o en caso de no aprobación del mismo, determinará conforme a lo establecido en los artículos siguientes las medidas que hayan de sustituir a las ya adoptadas con anterioridad en relación con los hijos, la vivienda familiar, el destino de los animales de compañía, las cargas del matrimonio, liquidación del régimen económico y las cautelas o garantías respectivas, estableciendo las que procedan si para alguno de estos conceptos no se hubiera adoptado ninguna. Estas medidas podrán ser modificadas cuando se alteren sustancialmente las circunstancias.

Cuando al tiempo de la nulidad, separación o divorcio existieran hijos comunes mayores de dieciséis años que se hallasen en situación de necesitar medidas de apoyo por razón de su discapacidad, la sentencia correspondiente, previa audiencia del menor, resolverá también sobre el establecimiento y modo de ejercicio de éstas, las cuáles, en su caso, entrarán en vigor cuando el hijo alcance los dieciocho años de edad. En estos casos la legitimación para instarlas, las especialidades de prueba y el contenido de la sentencia se regirán por lo dispuesto en la Ley de Enjuiciamiento Civil acerca de la provisión judicial de medidas de apoyo a las personas con discapacidad".

En consecuencia, sin una modificación de cierto calado en las circunstancias actuales y previsibles en el momento de dictar sentencia, no habría, en principio, posibilidad de su variación. Y digo en principio, porque existe una tendencia jurisprudencial a modificar las medidas adoptadas si se demuestra que el interés del menor exige dicho cambio, aunque no se pueda concluir que ha tenido lugar una verdadera alteración sustancial de las circunstancias. Así, por ejemplo, ya lo adelantaba la STS 25 abril 2011 *(Tol 2125269)* y, más recientemente, la STS 5 abril 2019 *(Tol 721646).* Cuando señala que: "No es preciso que el cambio de circunstancias sea sustancial, sino que sea cierto e instrumentalmente dirigido al interés del menor".

Jurisprudencia

La jurisprudencia ha extraído en numerosos pronunciamientos judiciales cuáles son los requisitos que hemos de tener presente para apreciar el cambio de circunstancias: 1) Que existan medidas adoptadas, ya sea judicial o convencionalmente; 2) Que se trate de hechos que no se pudieron prever en el momento de dictar sentencia [*vid.* SAP Málaga 10 enero 2018 *(Tol 6829465)* y SAP Cádiz 23 mayo 2018 *(Tol 6735175*]); 3) Que la alteración sea de entidad "sustancial", "esencial", "trascendental", etc. [*vid.* SAP Murcia 10 diciembre 2018 *(Tol 7030774)*]. Por consiguiente, tiene esa consideración un traslado del padre por su puesto de funcionario [SAP Salamanca 30 diciembre 2015 *(Tol 5636384)*]; 4) Que la modificación de circunstancias no se deba a la única voluntad de quién pretende el cambio, es decir, que responda a una evolución natural de las personas y no se trate de una causa preconstituida [*vid.* SAP Albacete 3 noviembre 2016 *(Tol 5895030)*] y por último, 5) Que dicho cambio sea estable y con una considerable permanencia en el tiempo, esto es, no podría ser una modificación temporal o pasajera [*vid.* SAP Castellón 9 mayo 2016 *(Tol 5768565)*].

En cuanto al plano probatorio, incumbe a quién alega la acreditación de la alteración de las circunstancias (en virtud del art. 217.2 LEC). Asimismo, como es habitual rige el principio de libre valoración de la prueba, pero todas las pruebas deberán ser valoradas en su conjunto. Dicho de otro modo, la apreciación conjunta de ellas es necesaria, sin que el juez pueda fijarse en unas y desconocer otras, o basarse en uno de los datos para fundar la sentencia sin tener en cuenta otros.

6. LA CUSTODIA COMPARTIDA Y EL RÉGIMEN DE VISITAS

Por lo que respecta a la custodia compartida, nos podemos preguntar si con los mismos argumentos que se conceden los regímenes amplios, no cabría disponer igualmente un régimen de custodia compartida. En el cual el tiempo que pasaría el menor con los progenitores resultaría equiparado.

De hecho, sorprenden algunas sentencias que conceden verdaderas custodias compartidas sin reconocerlas expresamente, si atendemos al amplio régimen de visitas concedido, incluso algunas que, solicitado el cambio a custodia compartida, mantienen un régimen de visitas consistente en no solo fines de semana sino también visitas intersemanales durante todos los días de la semana. Más aún, cuando desde la STS 29 abril 2013 *(Tol 3711046)*, la doctrina del Supremo se inclina por considerar a la custodia compartida como el sistema preferente y no el excepcional.

Parte de la doctrina, a la que me sumo, ha querido ver ahí una cierta reticencia de los tribunales a admitirla, en ocasiones, por las consecuencias que podría tener sobre otros aspectos de la separación y el divorcio, como son la pensión de alimentos o la atribución de la vivienda. No obstante, la circunstancia de que se establezca la custodia compartida no tiene por qué implicar necesariamente la no determinación de una pensión de alimentos o de un derecho de uso sobre la vivienda habitual.

En ese sentido, si existe una diferencia de caudales acusada entre los progenitores, la jurisprudencia ha señalado que es procedente el establecimiento de una pensión de alimentos para equilibrar la contribución del cuidado de los hijos (son destacables las SSTS 11 febrero *[Tol 5645217]* y 4 marzo 2016 *[Tol 5669215]*). De la misma forma, la vivienda habitual puede quedar determinada durante un tiempo a favor de uno de los ex cónyuges. Esto se debe a que, si bien, el primer párrafo del artículo 96 CC no tiene aplicación en el supuesto de que los hijos no queden bajo la custodia de uno solo de los progenitores, sí que tendría aplicación analógica lo señalado en el segundo párrafo (reservado para los casos en que habiendo varios hijos uno/s queden bajo la guarda de uno y otro/s del otro), el cual permite al juez resolver "lo procedente".

7. EL INCUMPLIMIENTO DEL RÉGIMEN DE VISITAS

Expuesto todo lo anterior, llega el momento de explicar qué ocurre cuando establecido el régimen de visitas, comunicación y estancia, uno de los progenitores no lo respeta. Ya sea impidiendo al progenitor no custodio poder ver a sus hijos, o en el caso inverso, sea el no custodio el que incumpla el régimen determinado al no pasar a recogerlos, entregándolos tarde, etc.

Tras la entrada en vigor de la Ley Orgánica 1/2015, 30 de marzo, se suprimieron los arts. 618.2 y 622 CP, dejando solo la vía penal para aquellos supuestos más graves como son los delitos de abandono de familia, sustracción de menores, etc. Aunque sigue siendo posible perseguir penalmente al incumplidor si existe una orden concreta del tribunal, con el correspondiente previo apercibimiento *ex* art. 705 LEC, en la medida que estaríamos ante un delito de desobediencia del art. 556.1 CP.

No obstante, rara vez se suelen llevar a cabo las mencionadas órdenes expresas y los autos dictados en ejecución de sentencia se limitan a requerir que ambos progenitores cumplan el régimen establecido. Como mucho se suele incorporar un apercibimiento de multa en el cual se advierte al progenitor que, si reitera su actitud, se le sancionará con una cantidad económica, por ejemplo 60 € mensuales.

De hecho, la práctica demuestra que tanto las multas y los apercibimientos no suelen variar la actitud del progenitor incumplidor y, cómo se analizará, si la situación persiste resulta mucho más práctico acudir a un cambio de custodia o de régimen de visitas en función de las circunstancias concretas. De todos modos, no está de más solicitar la ejecución de sentencia ante estas situaciones, pues los mencionados apercibimientos dejarán constancia del incumplimiento, lo que puede resultar muy útil para un procedimiento futuro.

A este respecto, resultan de especial interés las particularidades que en el marco de ejecución de sentencia introduce el art. 776 LEC para este ámbito. Concretamente, los apartados 2º y 3º, referidos respectivamente a obligaciones no pecuniarias de carácter personalísimo y al incumplimiento reiterado del régimen de visitas.

Normativa reguladora

Art. 776. 2º: "En caso de incumplimiento de obligaciones no pecuniarias de carácter personalísimo, no procederá la sustitución automática por el equivalente pecuniario prevista en el apartado tercero del artículo 709 y podrán, si así lo juzga conveniente el Tribunal, mantenerse las multas coercitivas mensuales todo el tiempo que sea necesario más allá del plazo de un año establecido en dicho precepto".

Art. 776. 3º: "El incumplimiento reiterado de las obligaciones derivadas del régimen de visitas, tanto por parte del progenitor guardador como del no guardador, podrá dar lugar a la modificación por el Tribunal del régimen de guarda y visitas".

En cuanto al art. 776.2ª LEC, descartado que pueda haber una sustitución por equivalente pecuniario en el cumplimento del régimen de visitas. Solo nos quedaría la posibilidad de solicitar una multa coercitiva que, como ya hemos señalado antes, ni suele conseguir cambiar la actitud del incumplidor, como tampoco los tribunales suelen imponerla. Cabe destacar, que la multa no se puede establecer directamente una vez constatado el incumplimiento/s, sino que primeramente el progenitor será requerido y solo si continua en la misma tónica procederán las multas. Respecto al plazo y la cuantía, no se encuentran reconocidos límites o parámetros legales, por lo que el montante a asumir será fijado por el juez, y la multa se aplicará mensualmente hasta que el progenitor incumplidor reconsidere su postura.

Como he dicho, ante una situación de obstrucción consolidada más efectivos resultarán los remedios contenidos en el art. 776.3ª LEC. El primero sería el cambio de guardia o custodia que, obviamente, tendrá lugar cuando el incumplidor sea el progenitor que la ostente, a modo de ejemplo resulta muy ilustrativo el AAP La Rioja 13 marzo 2018 *(Tol 6662601).* El segundo es la modificación del régimen de visitas, medida más flexible y que se podrá acomodar a más supuestos. Así, sería posible restringir o limitar el régimen de visitas (siempre y cuando se considere que será positivo para el menor, *vid.* SAP Granada 16 octubre 2015 *[Tol 5617325]*), a modo de castigo a aquel progenitor que cumple de manera irregular el régimen de visitas (faltas, retrasos, etc.) o incluso, suspenderlo en casos más flagrantes como el contemplado por la SAP Barcelona 2 marzo 2016 *(Tol 5715211)*, que directamente suspendió el régimen de visitas, habida cuenta que el padre, tras ser acusado de una falta por incumplimiento de obligaciones familiares, desapareció y fue imposible localizarlo, considerando el tribunal que lo mejor era suspender el régimen para proteger al menor. A salvo siempre queda la privación de la patria potestad (art. 170 CC) como medida excepcional para los supuestos extremos de abandono familiar, puesta en grave peligro de los menores, etc. Cuyo carácter discrecional está sometido a elevados criterios de valoración, pues requiere la inobservancia constante de los deberes atribuidos a la patria potestad y que afecte de forma grave al menor (STS 23 mayo 2019 *[Tol 7260577]*).

Cuestiones relevantes

13. La doctrina tiene dudas acerca de **si es posible acordar las anteriores medidas de modificación de guardia o visitas en el marco del proceso de ejecución (art. 776 LEC) o, necesariamente habremos de acudir al procedimiento de modificación de medidas del art. 775 LEC.**

La primera postura argumentaría que las medidas contenidas en el art. 776 LEC son especialidades propias del proceso de ejecución forzosa que estarían encaminadas a tener una vigencia temporal hasta que desaparezcan las circunstancias que exigieron su adopción. Por el contrario, la segunda postura, más purista, entendería que sería preciso interponer la correspondiente demanda de modificación de medidas, pues al final, lo regulado en el art. 776 no sería más que un reconocimiento legal a dicha posibilidad cuando se den tales hechos, pero eso no quita que haya que recurrir a un proceso judicial con todas las garantías en el que se valoren todos los factores en juego.

14. Es posible reclamar tanto daños morales como patrimoniales, por el incumplimiento del régimen de visitas, siempre y cuando se prueben los mismos y se cumplan los demás requisitos que exige la jurisprudencia en cuanto a indemnización de daños y perjuicios se refiere.

La STS 30 junio 2009 *(Tol 1570707)*, ha tenido ocasión de pronunciarse sobre un caso en el cual la madre decidió irse con el menor al extranjero, manteniéndose en dicha postura aun cuando fue requerida y se le atribuyó la custodia del menor al padre. Finalmente, nuestro Tribunal Supremo la condenó al pago de la cantidad de 60.000 € por el daño causado. El Alto Tribunal fundamentó su decisión en la acción deliberada de la madre a impedir las relaciones del hijo con el padre, pues estando en su mano poder facilitarlas las impidió a toda costa, causando un daño irreversible en la relación del menor con su padre.

Una alternativa a la indemnización de daños y perjuicios, puede ser incluir una cláusula penal en el convenio regulador que prevea una reparación económica por el incumplimiento del régimen de visitas. No obstante, no se podría convertir en un dinero de "arrepentimiento" que permita obviar la relación paterno-filial, teniendo en cuenta la naturaleza de la obligación. La SAP La Rioja 14 mayo 2021 (*Tol 8521413*) analiza un supuesto en el cual las partes introdujeron en el convenio regulador la siguiente cláusula: "entre tanto el padre no cumpla puntualmente tanto el régimen de visitas como el vacacional fijado en esta resolución con sus hijos, abonará el 100% de los gastos de cuidadores, canguros, ludotecas o au pairs, en los que incurra la madre para poder hacerse cargo de los niños".

8. EL RÉGIMEN DE VISITAS DE ABUELOS, PARIENTES Y OTROS ALLEGADOS

Desde su introducción por la Ley 42/2003, y tras sus sucesivas reformas, el ahora art. 160.2 CC, sigue planteando muchas suspicacias entre jueces, doctrina y demás aplicadores del derecho. Esto se debe, a que existe un reconocimiento legal a que, salvo justa causa, no se pueden impedir las relaciones de los menores, con "sus hermanos, abuelos y otros parientes y allegados". Una redacción que ha llevado a admitir a gran parte de los operadores jurídicos que existe una presunción "iuris tantum" de que el establecimiento de tales visitas repercute positivamente en el interés del menor. Por lo que, solamente cuando se acredite que existe un peligro real pueden ser denegadas, caso de que resulte probada la influencia mediatizadora de los abuelos con el objeto de crear una animadversión hacia uno de los progenitores. *Vid.* STS 20 febrero 2015 *(Tol 4748255).*

Normativa reguladora

Art. 160.2 CC: "No podrán impedirse sin justa causa las relaciones personales del menor con sus hermanos, abuelos y otros parientes y allegados.

En caso de oposición, el Juez, a petición del menor, hermanos, abuelos, parientes o allegados, resolverá atendidas las circunstancias. Especialmente deberá asegurar que las medidas que se puedan fijar para favorecer las relaciones entre hermanos, y entre abuelos y nietos, no faculten la infracción de las resoluciones judiciales que restrinjan o suspendan las relaciones de los menores con alguno de sus progenitores".

Art. 94.VI CC: "Igualmente, la autoridad judicial podrá reconocer el derecho de comunicación y visita previsto en el apartado segundo del artículo 160, previa audiencia de los progenitores y de quien lo hubiera solicitado por su condición de hermano, abuelo, pariente o allegado del menor o del mayor con discapacidad que precise apoyo para tomar la decisión, que deberán prestar su consentimiento. La autoridad judicial resolverá teniendo siempre presente el interés del menor o la voluntad, deseos y preferencias del mayor con discapacidad"

No obstante, según cierta doctrina considerar que la determinación de tales relaciones sea siempre beneficioso para los menores, salvo prueba en contrario, es muy aventurado. Pues no tendría sentido conceder dicho derecho cuando, por ejemplo, no ha existido una relación afectiva de los menores con sus abuelos. De ese modo, parece mucho más cabal que la concesión del derecho gire en torno a la existencia de afecto. Por tanto, la presunción "iuris tantum" debería ser de "afecto", cuando resulte probado que ha existido una relación de los menores con sus abuelos u otros parientes. Y, una vez, acreditada la relación afectiva se tenga que valorar con otras circunstancias o factores.

Asimismo, dicho derecho-deber, de carácter constitutivo, no tendría virtualidad cuando nos encontremos en una situación de "normalidad familiar", en la medida que los abuelos y otros parientes puedan estar con los menores o mayores necesitados de protección cuando los visitan con el progenitor en cuestión. En definitiva, el mencionado derecho encuentra sentido cuando aparece un elemento distorsionador, que de alguna forma haya roto la relación existente (muerte de uno de los progenitores, suspensión del régimen de visitas, malas relaciones entre los abuelos y los padres, etc.). Por tanto, acierta la SAP Asturias 10 septiembre 2010 *(Tol 1954591)*, cuando rechaza la petición de la abuela de ver a su nieto con el que ya suele estar habitualmente.

En ese sentido, concluiríamos que solo cuando, existiendo una relación afectiva entre el menor y los parientes, se obstaculice por alguno de los progenitores el contacto con ellos sin haber justo motivo para impedirlo, habría posibilidad de reconocer el derecho. Si bien, la práctica demuestra que los tribunales atienden más al dato objetivo biológico del parentesco para concederlo que a la verdadera existencia de afecto. *Vid.* SAP Madrid 28 enero 2009 *(Tol 6764756)*

Por último, una vez que procede la concesión del derecho, surge la pregunta de su extensión, habida cuenta que el art. 160.2 CC no dice nada al respecto. Por consiguiente, es posible encontrar sentencias de todos los gustos. Resultan especialmente preocupantes aquellas que otorgan un régimen de visitas similar al que podría corresponderle al progenitor no custodio *(vid.* SAP Burgos 20 julio 2005 *[Tol 793337])*, cuando no hay que olvidar que dichas personas no son titulares de la patria potestad y, en consecuencia, no les corresponde la crianza y educación de los menores. Más adecuadas me parecen aquellas que tienen presente el papel que esos familiares juegan en el desarrollo de los menores y prudentemente estiman sistemas más limitados. Véase, la SAP Barcelona 15 marzo 2015 *(Tol 631791)* que considera inapropiado que la abuela tenga un derecho de visitas consistente en todos los domingos, quince días en julio y otros quince en agosto. De modo que lo restringe a solamente domingos alternos de las 17h a las 20h.

Cuestiones relevantes

15. Circunstancias externas como el horario laboral u otras ocupaciones de los abuelos u otros allegados que provocasen que no pudieran ver a los hijos durante el régimen de visitas establecido al progenitor no custodio permitiría habilitar unas visitas independientes que garantizasen su derecho. Aun cuando la situación fuese de "normalidad familiar".

Sobre esta cuestión cabe destacar la SAP Alicante 14 octubre 2010 *(Tol 2022142)*, ya que los abuelos regentaban un negocio familiar vinculado a la hostelería, por lo que tenían dificultades para ver a sus nietos los fines de semana alternos que su hijo tenía atribuidos.

16. Sobre quién tiene la consideración de "allegado" a efectos del art. 160.2 CC es destacable la STS 1 marzo 2019 *(Tol 7099261)*, que confirma el régimen de visitas establecido en la sentencia de apelación a favor del que ya no es padre, pero había actuado como tal durante los seis años de vida de la menor. Puesto que había perdido la paternidad a raíz de la estimación de una demanda de impugnación de la misma que demostraba que el padre biológico era otro hombre: "La supresión radical de las visitas y comunicaciones con uno de sus principales referentes afectivos no puede suponer ninguna ventaja, sino todo lo contrario".

Desde la entrada en vigor de la Ley 8/2021, de 2 de junio, se contempla expresamente la posibilidad de establecer el régimen de visitas a hermanos, abuelos y otros parientes o allegados, respecto del mayor con discapacidad que precise apoyo. Decisión que se deberá resolver bajo "la voluntad, deseos y preferencias del mayor con discapacidad" (art. 94.VI CC).

Sobre esta cuestión, podemos traer a colación lo que se ha señalado anteriormente en relación con el "interés superior de la persona con discapacidad". Esto es, en qué medida habría que concederlo si no podemos determinar la voluntad de la persona con discapacidad o qué hacer si la misma se encuentra altamente mediatizada por una compresión alterada de la realidad (por ejemplo, trastornos graves de la personalidad). Generalmente, podríamos decir que si no hay oposición de sus progenitores o guardadores habría que conceder el mismo. El problema radicaría en que, si hay que solicitarlo, será porque efectivamente existe una oposición de sus progenitores o guardadores, dado que en una situación de "normalidad familiar", ya se producirán estos contactos.

A esto se suma el mayor grado de discrecionalidad que a mi parecer tienen los jueces en este asunto respecto del que tenían cuando solo hablábamos de menores. Me refiero a que de la literalidad del nuevo art. 94.VI CC no podemos extraer ninguna mención al requisito de "justa causa" para impedir la relaciones con dichos familiares. Ya que el art. 160.2 CC solo lo conecta con los menores de edad. Esto nos puede hacer pensar que no existe la misma vinculatoriedad sobre los jueces para conceder dicho régimen, aunque se pueda entender que el art. 94.VI se remite in totum al art. 160 CC. Puesto que, no tendría mucho sentido concederlo, si se prueba que los parientes o allegados a los que se refiere dicho artículo ejercen una influencia negativa sobre el mayor necesitado de protección. De la misma forma que sucede con los menores.

De todos modos, si las razones de los progenitores son infundadas entiendo que difícilmente el juez podría denegar la concesión de este derecho, si se prueba que la relación es positiva para el mayor necesitado de protección. Especialmente cuando se acredite que ha existido una relación previa de afecto, sobre la que en realidad debe girar la concesión de este derecho, ya sea con los menores o los mayores con discapacidad.

Caso distinto sería que la persona con discapacidad sí tenga una voluntad claramente formada y coherente según sus valores y preferencias, pues aunque se encuentre aquejada de una deficiencia cognitiva leve o moderada, esta no le impida poder actuar según su propia conciencia. En ese sentido, como ya hemos puesto de relieve cuando hablábamos de la fijación del régimen de los progenitores, si el mayor necesitado de protección no desea pasar tiempo con un familiar en concreto, no tendría mucho sentido obligarle a ello. Asimismo, su "voluntad, deseos y preferencias" cobrarán mucha importancia a efectos de la determinación del mismo, si, por ejemplo, simplemente desea mantener la comunicación con ellos, pero no verse obligado a realizar visitas periódicas todos los meses.

Por último, no hay que desconocer que la presente figura puede resultar muy útil al tratarse de personas mayores y tener una relevancia superior que en el caso del concedido para los menores de edad. Puesto que, en ocasiones, los padres pueden haber fallecido o no estar en disposición de cuidar a sus hijos necesitados de protección. Por consiguiente, en estas situaciones los juzgadores deberán tener una especial sensibilidad a la hora de resolver sobre estas cuestiones, habida cuenta que tal vez sean las únicas personas cercanas que les quedan y les profesan afecto.

ESQUEMA

CONCESIÓN DEL RÉGIMEN DE VISITAS

Progenitor que no tiene a sus hijos en su compañía

Custodia monoparental del otro progenitor

El juez podrá, en resolución motivada, suspender o no establecer el régimen de visitas en los casos en que advierta indicios fundados de violencia doméstica. En ningún caso, si hay una situación de prisión firme o provisional por estas cuestiones

CARACTERÍSTICAS DEL RÉGIMEN DE VISITAS

1. Fijación por convenio regulador o sentencia judicial
2. Posibilidad de actuación de oficio del órgano judicial
3. Derecho de los menores a ser oídos cuando tengan la suficiente madurez o, al menos, 12 años de edad
4. Establecimiento conforme a la "voluntad, deseos y preferencias" del mayor necesitado de protección, salvo que sean contrarios a su interés

FIJACIÓN DEL RÉGIMEN DE VISITAS

1. Régimen habitual
2. Régimen progresivo
3. Posibilidad de adecuar el régimen a las concretas circunstancias familiares

MODIFICACIÓN DEL RÉGIMEN DE VISITAS

Con carácter general, alteración sustancial de las circunstancias

No obstante, no siempre es preciso que el cambio de circunstancias sea sustancial, sino que sea cierto e instrumentalmente dirigido al interés del menor

INCUMPLIMIENTO DEL RÉGIMEN DE VISITAS

1. Delito de desobediencia art. 556.1. CP, en caso de apercibimiento *ex* art. 705 LEC
2. Multas coercitivas *ex* art. 776.2ª LEC
3. Cambio de régimen de custodia o régimen de visitas *ex* art. 776.3ª LEC
4. Privación de patria potestad *ex* art. 170 CC, en supuestos excepcionales

RÉGIMEN DE VISITAS DE ABUELOS, FAMILIARES U OTROS ALLEGADOS

1. Falta de situación de "normalidad familiar", puesto que de otro modo ya se producirían los contactos con habitualidad
2. Inexistencia de "justa causa" que desaconseje el establecimiento del derecho

7 El régimen de comunicación familiar con abuelos, hermanos y otros parientes y allegados

Álvaro Bueno Biot[1]

1. SENTIDO ACTUAL DEL RÉGIMEN DE COMUNICACIÓN FAMILIAR

Es necesario, antes de todo, reconocer el importante papel que tiene el entorno familiar (abuelos, hermanos, parientes y allegados) en el cuidado y desarrollo de los menores. En especial, el papel que desempeñan los abuelos, sobre todo en aquellos casos donde los progenitores trabajan fuera del hogar, así como por la cobertura económica que le proporcionan a sus hijos en situaciones de crisis económica. Además, no hay que olvidar que, aunque en la mayoría de ocasiones los abuelos se mantengan al margen de las crisis matrimoniales de sus hijos, pueden desempeñar un papel crucial para la estabilidad del menor en estas situaciones, ya que disponen de una autoridad moral y de una distancia con respecto a los problemas de la pareja que puede ayudar a los nietos a racionalizar situaciones de conflicto familiar, favoreciendo en este sentido su estabilidad y su desarrollo [SAP Madrid 25 mayo 2006 (*Tol 6287624*)]. A este respecto, los abuelos desempeñan un papel fundamental de cohesión y transmisión de valores en la familia, que es el agente de solidaridad por excelencia de la sociedad civil. Por todo ello, el legislador se ha visto en la necesidad de proteger y amparar las relaciones del menor con su entorno familiar, no solo en los casos de crisis matrimonial, sino también en aquellos otros casos en los que, por diversas razones, el menor se ve impedido de mantener relaciones con su círculo más íntimo. En definitiva, como ha puesto de manifiesto la STS 15 enero 2018 (*Tol 6484675*) las relaciones entre abuelos, hermanos, parientes

1 PI-Invest Formación Atracción Talento, Derecho civil, Universidad de Valencia.

y allegados, se concibe por el legislador, sin la menor duda, como enriquecedora para el desarrollo de la personalidad del menor.

Normativa reguladora

El art. 2.2. c) de la Ley Orgánica 1/1996, de Protección Jurídica del Menor ampara este tipo de relaciones familiares, donde se establece que "A efectos de la interpretación y aplicación en cada caso del interés superior del menor, se tendrán en cuenta los siguientes criterios generales, sin perjuicio de los establecidos en la legislación específica aplicable, así como de aquellos otros que puedan estimarse adecuados atendiendo a las circunstancias concretas del supuesto: (...) c) La conveniencia de que su vida y desarrollo tenga lugar en un entorno familiar adecuado y libre de violencia. Se priorizará la permanencia en su familia de origen y se preservará el mantenimiento de sus relaciones familiares, siempre que sea posible y positivo para el menor (...)". Como se aprecia, este artículo aboga por el mantenimiento de las relaciones familiares del menor, siempre que ello sea técnicamente posible y, sobre todo, positivo para el mismo conforme al principio del interés superior del menor.

Por otro lado, este derecho de relación de los abuelos con los nietos se introdujo, por primera vez, en el Código Civil a raíz de la reforma operada por Ley 11/1981, de 13 de mayo, de modificación del Código Civil en materia de filiación, patria potestad y régimen económico del matrimonio, y cuyo artículo 161 en su párrafo segundo establecía que "No podrán impedirse sin justa casusa las relaciones personales entre el hijo y otros parientes y allegados".

Como se puede comprobar, no existía una alusión expresa a los abuelos, sin embargo, es obvio e indiscutible que se podía entender que estaban comprendidos dentro del término "parientes". Ahora bien, esto no significa que, con anterioridad a la introducción de este precepto, no se reconociera por la jurisprudencia un régimen de relación entre el menor y sus parientes o allegados.

Ya con la reforma llevada a cabo por la Ley 42/2003, de 21 de noviembre, de modificación del Código Civil y de la Ley de Enjuiciamiento Civil en materia de relaciones familiares de los nietos con los abuelos, se introduce, por primera vez, una mención expresa a los abuelos. Así, la ley intenta reforzar el papel de los abuelos con los menores, considerando que con el término parientes y allegados no se individualizaba la figura de los abuelos, y no mostraba la importancia del mismo en la vida de los menores.

Si bien es cierto que en la Exposición de Motivos de la reforma se hace referencia únicamente al derecho de relación de los abuelos con los nietos en los supuestos de crisis matrimonial, el Código Civil también es reformado para establecer ese derecho de relación en situaciones matrimoniales, en las que los progenitores no están divorciados, separados ni han solicitado la nulidad del matrimonio. Por ejemplo, en el caso de que los abuelos tengan malas relaciones con los progenitores [STS 20 octubre 2011 (*Tol 2261508*)] o cuando uno de los progenitores haya fallecido y se considere conveniente establecer un régimen de relaciones personales de los abuelos con los nietos para garantizar que se mantengan los vínculos de este con aquellos [STS 11 junio 1996 (*Tol 5152768*)], Pero, también de la redacción del art. 161 CC se hace explícito el derecho de relación de los abuelos en aquellos casos en los que la administración asume la guarda o tutela del menor y, por ende, existe una situación de acogimiento.

Parte de la doctrina indica que el fundamento de la reforma debe encontrarse igualmente en esa relación de parentesco que une a un nieto con sus abuelos: en el cariño que, por natura, los ascendientes profesan hacia sus descendientes; así como en lo beneficioso que puede resultar para el nieto la experiencia de sus abuelos, y la ayuda y los consejos que, con base en ella, pudieran ofrecerle, favoreciendo de este modo su desarrollo personal, afectivo y social.

Así pues, con la reforma se consolida este derecho de relación de los abuelos con los nietos, el cual se materializa, por un lado, en los arts. 90.1 b) y 94 párr. 6º CC, los cuales admiten la posibilidad de que los cónyuges —en el convenio regulador de su crisis matrimonial—, o el juez en su caso, establezcan un régimen de visitas o de comunicación de los abuelos con sus nietos. Y, por otro lado, este derecho de relación se plasma en los art. 160.2 y en el anteriormente mencionado art. 161 CC, cuya última redacción se debe a la Ley 26/2015, de 28 de julio, de modificación del sistema de protección a la infancia y a la adolescencia.

Me parece conveniente poner aquí de manifiesto que el art. 94 párr. 6º fue modificado tras la reforma por Ley 8/2021, de 2 de junio, por la que se reforma la legislación civil y procesal para el apoyo a las personas con discapacidad en el ejercicio de su capacidad jurídica, a través de la cual, además de trasladar el texto del párrafo segundo al sexto del art. 94 CC, añade la facultad que tiene la autoridad judicial para resolver atendiendo, no sólo al interés superior del menor, sino también a la voluntad, deseos y preferencias del mayor con discapacidad.

Por su parte, el art. 160.2 CC, en la redacción dada por la última reforma por Ley 26/2015, de 28 de julio, de modificación del sistema de protección a la infancia y a la adolescencia, señala que "No podrán impedirse sin justa causa las relaciones personales del menor con sus hermanos, abuelos y otros parientes y allegados", de manera que la regla general que parece deducirse del citado precepto es que los abuelos y los nietos tienen derecho al establecimiento de un régimen de relación y, excepcionalmente, en aquellos casos en que exista una justa causa, se deberá denegar o suspender este derecho.

Por tanto, si bien es cierto que los padres —como titulares de la patria potestad— pueden impedir que sus hijos se relacionen con determinadas personas por no estimarlo conveniente, dicha facultad no es ilimitada, pues habrán de respetar el mantenimiento de los vínculos afectivos y las relaciones de los menores con sus abuelos, excepto en aquellos casos en que puedan alegar debidamente una justa causa, esto es, justificar que concurren graves circunstancias que aconsejen la ausencia de cualquier tipo de relación, siempre atendiendo al interés superior del menor, que es el principio rector en nuestro Derecho de familia.

Por tanto, se comprueba como este art. 160.2 CC establece el derecho de relación de los abuelos con los nietos, no solo para situaciones de ruptura matrimonial o de relaciones familiares no matrimoniales, sino que se aplica a cualquier relación afectiva con independencia de la disolución de la misma, siendo, por tanto, efectivo aplicarlo a cualquier supuesto en el que resulte conveniente mantener o establecer esa relación. Mientras que, por su parte, los arts. 90.1 b) y 94 párr. 6º suponen una concreción del art. 160.2 para los supuestos de separación, divorcio o nulidad del matrimonio, los cuales no se imponen imperativamente. El primero de ellos otorga la facultad a los progenitores, "si se considera necesario", de incluirlo en el convenio, mientras que el segundo establece que el juez "podrá" reconocer el derecho si lo estima conveniente, no siendo, por tanto, para el mismo una obligación, sino una posibilidad.

Es preciso señalar que los posibles conflictos que se produzcan sobre el derecho de relación de los abuelos con los nietos deberán ser resueltos por el juez, como se establece en el párrafo segundo del art. 160.2 CC. En este sentido, será el propio nieto o los abuelos los que, a falta de acuerdo, acudan al juez para que se les reconozca el derecho que les otorga el propio art. 160.2 en su párrafo primero. Ahora bien, tanto el Tribunal Supremo como la jurisprudencia menor, han señalado que el establecimiento judicial de un régimen de relaciones personales entre abuelos y nietos tiene carácter subsidiario, de manera que sólo se llevará a cabo cuando las partes, convencional y voluntariamente, no hayan establecido un acuerdo a tal efecto. Así, la SAP Toledo 3 junio 1994 (*AC 1994, 1126*) indica que "en caso de conflicto, un acuerdo entre las partes es el modo normal y mejor para el menor, en cuanto evita tensiones que inevitablemente repercutirán en él, para determinar el contenido y ejercicio del derecho de visita, cuyos pactos serán válidos, sin perjuicio de que motivos graves justifiquen la revocación del consentimiento; régimen que por otro lado puede servir de guía u orientación al Juez o Tribunal" [(*Vid.* en el mismo sentido, SSAP Baleares 11 abril 2003 (*JUR 2003, 200342*); Las Palmas 14 mayo 1999 (AC 1999, 5473); Huelva 16 diciembre 2002 (*JUR 2003, 64648*)]. Y, por su parte, la STS 23 noviembre 1999 (*Tol 5120625*) señala que "Debe recordarse, además, que conforme resulta de la Sentencia recurrida el régimen establecido tiene carácter subsidiario, en defecto, por tanto, de acuerdo con los abuelos para consensuar las relaciones con su nieto".

Por último, me parece conveniente señalar que este derecho de relación también aparece regulado en algunos ordenamientos autonómicos, tales como el Código Civil de Cataluña en sus arts. 233-4.1, 233-12, 236-4.2, 236-5.1 y 236-15.3; Código del Derecho Foral de Aragón en sus arts. 60, 75.2, 77.2 b) 77.6 y 79.2 a); Ley 7/2015, de 30 de junio, de relaciones familiares en supuestos de separación o ruptura de los progenitores, del País Vasco en sus arts. 5.3, 5.11 y 11.2; o la Ley valenciana 26/2018, de 21 de diciembre, de derechos y garantías de la infancia y la adolescencia, en su art. 23.1.

2. EL DERECHO DE RELACIÓN DE LOS ABUELOS CON LOS NIETOS

2.1. *Concepto, caracteres, fundamento y naturaleza jurídica*

El derecho de relación que asiste a los abuelos es un derecho personalísimo, inalienable, irrenunciable e imprescriptible, que está subordinado al interés del hijo. Además, hay que destacar que el alcance y extensión variarán en función de las circunstancias concretas del caso así como de la evolución de las mismas. A su vez, se ha calificado como indisponible e irrenunciable debido a que el acuerdo al que pueden llegar los progenitores y los abuelos no puede ser negar el derecho, sino que solamente puede alcanzar al cómo va a ejercitarse.

Por lo que respecta a la naturaleza jurídica se trata de un derecho-deber, ya que no solamente se concede para satisfacer los intereses de los abuelos, sino también los del menor visitado, respecto de quien sí se puede hablar en puridad de un derecho subjetivo.

Jurisprudencia

La SAP Cádiz (Sección 5ª), de 26 de enero de 2014, núm. 40/2014 afirma que "el fundamento del derecho de los abuelos es diferente al de los padres, pues ni se ampara en la patria potestad ni en las relaciones paterno-filiales, sino únicamente en el interés del menor en cuanto contribuye a favorecer su desarrollo afectivo y personal. En todo caso, se trata de un derecho personal e intransferible de los abuelos, e independiente del que hubiera podido tener el hijo fallecido, progenitor de la menor, pero de menor ámbito que el de éste, que está destinado a facilitar el ejercicio de la patria potestad y de todos sus derechos y deberes".

Por su parte, la SAP A Coruña 8 de junio 2017 (*Tol 6207567*) señala que "El derecho a relacionarse y comunicarse los hijos con los padres u otros parientes, también llamado derecho de visita, regulado en los arts. 94, 160 y 161 del CC, debe ser concebido, más que como una facultad en beneficio exclusivo de éstos, como una función o derecho-deber, que ha de ser ejercitada atendiendo a ese interés superior de los menores (...)". Se trata pues de un derecho deber que, según indica la SAP Barcelona 25 abril 2016 (*Tol 5746549*), "La principal finalidad perseguida por la ley al otorgar o reconocer estos derechos de relación personal es contribuir al adecuado desarrollo de la personalidad del menor".

Cuestiones relevantes

1. El reconocimiento de este derecho a los abuelos (también a hermanos, parientes y allegado) no implica que puedan inmiscuirse en las funciones propias de la patria potestad, como la educación o formación del menor

La SAP Huelva 4 julio 2012 (*Tol 3659600*) indica que la "Para procurar el bien de la menor y una adecuada formación integral (...) la niña debe tener, tanto referencia de las figuras paternas, así como de relación con otros familiares directos, entre los que se encuentran los abuelos, pero de forma adecuada entendiendo que dicha relación debe estar subordinada respecto a aquella otra, sencillamente porque así ocurre en la normal relación de la vida familiar entre hijos y padres por un lado y entre nietos y abuelos por otro". Por tanto, debe tenerse en cuenta que "los padres que ostentan la guarda y custodia inherente a la patria potestad asumen el cuidado cotidiano del menor, viven con él y lo tienen de ordinario en su compañía, con obligación de alimentos y participando en las líneas maestras de su desarrollo para procurarles una educación y formación integrales", mientras que "Los abuelos que no tienen la suerte —tampoco la carga— de vivir con el/la nieto/a, no participan de modo directo en su cuidado cotidiano, ni asumen responsabilidades directas de alimentación, educación y desarrollo (...)". En un sentido similar se pronuncia la SAP Madrid 20 abril 2005 (*Tol 8119375*) para la que "No puede equipararse el derecho de visitas de un progenitor no custodio respecto de sus hijos con el derecho de los abuelos a relacionarse con los menores, encontrando aquel su específica regulación en el artículo 94 del Código Civil y este último en el artículo 160 del mismo cuerpo legal, hablando el primero de visitar y comunicar con los hijos y tenerlos en su compañía, y el segundo de relaciones personales; y tales diferencias de matiz en la propia terminología legal implican que, en caso de conflicto, no puede, en principio, darse a las relaciones de los menores con los abuelos la misma extensión que a las paterno-filiales".

2.2. El interés superior del menor como criterio rector para establecer el derecho de relación de los abuelos con sus nietos

Como se ha señalado anteriormente, aunque de forma tangencial, el derecho de relación de los abuelos con los nietos encuentra su fundamento en el interés superior del menor. Precisamente, atendiendo a ese interés, se debe determinar si procede o no el establecimiento de un régimen de relación entre los abuelos, hermanos, parientes o allegados con el menor y, en caso afirmativo, servirá para determinar el alcance, extensión lugar y modo de ejercer dicho derecho.

Normativa reguladora

El art. 2.1. de la LO 1/1996, de Protección Jurídica del Menor, señala que "Todo menor tiene derecho a que su interés superior sea valorado y considerado como primordial en todas las acciones y decisiones que le conciernan, tanto en el ámbito público como privado. En la aplicación de la presente ley y demás normas que le afecten, así como en las medidas concernientes a los menores que adopten las instituciones, públicas o privadas, los Tribunales, o los órganos legislativos primará el interés superior de los mismos sobre cualquier otro interés legítimo que pudiera concurrir". Continúa en su párrafo 2° señalando que "Las limitaciones a la capacidad de obrar de los menores se interpretarán de forma restrictiva y, en todo caso, siempre en el interés superior del menor".

Por su parte, el art. 2.2. de la misma ley indica que "A efectos de la interpretación y aplicación en cada caso del interés superior del menor, se tendrán en cuenta los siguientes criterios generales, sin perjuicio de los establecidos en la legislación específica aplicable, así como de aquellos otros que puedan estimarse adecuados atendiendo a las circunstancias concretas del supuesto: (...)". Entre dichos criterios, en el apartado c) se encuentra el siguiente: "La conveniencia de que su vida y desarrollo tenga lugar en un entorno familiar adecuado y libre de violencia. Se priorizará la permanencia en su familia de origen y se preservará el mantenimiento de sus relaciones familiares, siempre que sea posible y positivo para el menor".

En lo que respecta al Código Civil, debemos acudir al art. 94 párrafo 6°, el cual indica que "la autoridad judicial podrá reconocer el derecho de comunicación (...) de quien lo hubiera solicitado por su condición de hermano, abuelo, pariente o allegado del menor o del mayor con discapacidad que precise apoyo para tomar la decisión (...), la cual "(...) resolverá teniendo siempre presente el interés del menor o la voluntad, deseos y preferencias del mayor con discapacidad". De la misma forma, para los casos de separación o divorcio de mutuo acuerdo, el art. 90.1, letra b) CC señala que el convenio regulador deberá contener, "Si se considera necesario, el régimen de visitas y comunicación de los nietos con sus abuelos, teniendo en cuenta, siempre, el interés de aquéllos".

Por tanto, se aprecia cómo, con independencia de que el procedimiento de separación o divorcio sea de mutuo acuerdo o contencioso, para cualquier decisión que se tome respecto a los menores, se deberá tener en cuenta el interés superior del menor, el cual se constituye como principio rector en nuestro Derecho de familia.

Jurisprudencia

La STS 20 septiembre 2016 (*Tol 5829996*) señala que "El interés del hijo, principio rector en nuestro derecho de familia, vertebra un conjunto de normas de protección, imprescindibles cuando las estructuras familiares manifiestan disfunciones, ya sea por situaciones de crisis matrimonial, ya sea por abandono de relaciones familiares no matrimoniales o por cumplimiento defectuoso de los deberes por parte de los progenitores".

La STS 24 mayo 2013 (*Tol 3744088*) expresa que "Rige en la materia un criterio de evidente flexibilidad en orden a que el Juez pueda emitir un juicio prudente y ponderado, en atención a las particularidades del caso, el cual deberá tener siempre como guía fundamental el interés superior del menor". En el mismo sentido se manifiestan, entre otras, las SSTS 20 octubre 2011 (*Tol 2261508*), 20 septiembre 2016 (*Tol 5829996*), 27 septiembre 2018 (*Tol 6830516*) y las SSAP Madrid 12 junio 2018 (*Tol 6756374*), A Coruña 29 noviembre 2018 (*Tol 7030412*) o Asturias 21 marzo 2019 (*Tol 7231529*).

2.3. Modos de establecimiento del derecho

El derecho de los abuelos a relacionarse con sus nietos puede establecerse o bien de mutuo acuerdo en convenio regulador por los cónyuges, o bien puede establecerse judicialmente.

Normativa reguladora

El art. 90.1, letra b) reconoce expresamente la posibilidad que tienen los cónyuges de contemplar en el convenio regulador el régimen de relación de los abuelos con los nietos. En este sentido, el referido precepto señala que "El convenio regulador a que se refieren los artículos 81, 82, 83, 86 y 87 deberá contener, al menos y siempre que fueran aplicables, los siguientes extremos: (…) b) Si se considera necesario, el régimen de visitas y comunicación de los nietos con sus abuelos, teniendo en cuenta, siempre, el interés de aquéllos".

Se trata de una facultad que tienen los cónyuges, pues el precepto señala que deberá establecerse ese derecho de relación en el convenio "si se considera necesario". De ahí que competa a los cónyuges apreciar si estiman necesario contemplar en el convenio regulador el régimen de comunicación, operando como límite el interés superior del menor.

También me parece conveniente poner de manifiesto que, aunque el precepto únicamente se refiera a los abuelos, nada impide que se pueda establecer un régimen de relación de los menores con sus hermanos, parientes o allegados.

Este acuerdo al que lleguen los cónyuges en el convenio regulador sobre el régimen de comunicación de los abuelos con los nietos deberá ser aprobado por el Juez (art. 90.2 párrafo 1º CC) previa audiencia de los abuelos que deberán prestar su consentimiento (art. 90.2, párrafo 2º CC) no sólo sobre la procedencia o no de establecer dicho derecho de relación, sino también sobre las condiciones en que deberá ejercerse (lugar, días y horario).

Por otro lado, nos podemos encontrar con supuestos en los que es la autoridad judicial quién establece, de oficio, este régimen de relación. Este poder se lo confiere el art. 94, párrafo 6º, el cual señala que "(...) la autoridad judicial podrá reconocer el derecho de comunicación y visita previsto en el apartado segundo del artículo 160, previa audiencia de los progenitores y de quien lo hubiera solicitado por su condición de hermano, abuelo, pariente o allegado del menor o del mayor con discapacidad que precise apoyo para tomar la decisión, que deberán prestar su consentimiento (...)".

De esta forma, la autoridad judicial podrá decidir en 2 supuestos: 1) en aquellos casos en los que exista una separación o divorcio de mutuo acuerdo, pero los cónyuges no hayan previsto el régimen de relación en el convenio regulador; 2) en los procedimientos contenciosos. Por tanto, en estos supuestos, será el Juez el que establezca, si lo considera beneficioso para el menor, el régimen de relaciones personales no sólo de los abuelos, sino también, si se considera oportuno, con sus hermanos, parientes o allegados.

Al igual que los casos en los que se establecía este derecho de relación en el convenio regulador por los cónyuges, se deberá contar, evidentemente, con el consentimiento de los abuelos, pero también con el de los progenitores del nieto, ya que en este caso no se ha establecido de mutuo acuerdo por ellos, sino de oficio por el juez.

También puede darse el caso de que el juez acuerde el establecimiento de este derecho de relación a petición de los abuelos o de los nietos *ex* art. 160.2 CC, quienes pueden pretender que judicialmente se les reconozca este derecho. En este sentido, el art. 160.2 CC establece que "No podrán impedirse sin justa causa las relaciones personales del menor con sus hermanos, abuelos y otros parientes y allegados", y que, "En caso de oposición, el Juez, a petición del menor, hermanos, abuelos, parientes o allegados, resolverá atendidas las circunstancias".

Normalmente, los abuelos pedirán que se les reconozca este derecho de relación en aquellos casos en que exista una mala relación de los progenitores con los abuelos o que exista cierta dejadez por parte de aquellos de forma que no lleven a los hijos a ver a sus abuelos. También puede darse el caso en supuestos de fallecimiento de uno de los progenitores o, incluso, en rupturas de uniones de hecho, donde no va a haber un procedimiento de separación y divorcio y, por tanto, sean los abuelos o los nietos los que acudan directamente al juez para que se les reconozca el derecho establecido en el art. 160.2 CC.

Jurisprudencia

La SAP Santa Cruz de Tenerife 29 marzo 2004 (*Tol 7653196*) señala que no puede establecerse el derecho de relación sin el consentimiento de los abuelos, pues "se introduce un obstáculo legal para acceder a dicha petición en este momento, al faltar el requisito del consentimiento, con independencia de que se solicite en forma ante el juzgado".

La STS 23 noviembre 1999 (*Tol 5120625*) indica, no obstante, que "el régimen establecido tiene carácter subsidiario, en defecto, por tanto, de acuerdo con los abuelos para consensuar las relaciones con su nieto". Por tanto, el establecimiento judicial del régimen de relación de los abuelos con los nietos tendrá lugar cuando las partes —progenitores y abuelos—, de forma voluntaria, no acuerden el establecimiento del derecho y, por ende, las condiciones en que deba ejercerse.

Sin embargo, en aquellos casos en que existan malas relaciones entre los progenitores y los abuelos del menor y, en consecuencia, no se fomenten o se dificulten las relaciones entre aquellos y los nietos, se aconseja, a pesar de todo, que sean los abuelos y progenitores los que lleguen a algún acuerdo, sin tener que llegar a que se establezca judicialmente. De hecho, así lo establece la SAP Toledo 3 junio 1994 (*AC 1994, 1126*), la cual señala que "en caso de conflicto, un acuerdo entre las partes es el modo normal y mejor para el menor, en cuanto evita tensiones que inevitablemente repercutirán en él, para determinar el contenido y ejercicio del derecho de visita, cuyos pactos serán válidos, sin perjuicio de que motivos graves justifiquen la revocación del consentimiento; régimen que por otro lado puede servir de guía u orientación al Juez o Tribunal (…)". En el mismo sentido, se pronuncia la SAP Las Palmas 14 mayo 1999 (*AC 1999, 5473*).

Cuestiones relevantes

2. No puede establecerse un régimen de comunicación de los abuelos con los nietos en el convenio regulador de la separación o divorcio de los abuelos.

La SAP Vizcaya 17 junio 2010 (*Tol 1996826*) deja sin efecto el régimen de visitas establecido en el convenio regulador de la separación matrimonial de los abuelos. Se trata de un caso distinto al de la separación o divorcio de los progenitores, pues aquí el régimen de comunicación se pretende establecer en el convenio regulador de la separación de los abuelos, lo cual no es posible, sino que el régimen de visitas o comunicación que corresponde a los abuelos para con sus nietos corresponde establecerlo, en su caso, en el convenio regulador de la separación o divorcio de los progenitores. Y, en ausencia de separación o divorcio de los progenitores, si los abuelos pretenden el establecimiento del derecho de relación que les corresponde en virtud del art. 160.2 CC, deberán instarlo judicialmente a través de una demanda, no en el convenio regulador de su separación o divorcio.

2.4. *Contenido del derecho de relación*

Normativa reguladora

El párrafo 2º del art. 160.2 CC establece el derecho a "las relaciones personales del menor con sus hermanos, abuelos y otros parientes y allegados", pero no se específica en qué consisten estas relaciones personales. Se trata de un concepto abierto e indeterminado, que puede tener un contenido muy variado, y que parecer ser el legislador lo ha establecido así conscientemente con la finalidad de configurar un derecho de contenido flexible que se pueda acomodar a las circunstancias concretas de cada caso.

Jurisprudencia

La STS 28 junio 2004 (*Tol 483310*) señala que "la expresión «relaciones personales» que empleaba, y sigue empleando el precepto, adolece de una evidente vaguedad, y se presta el debate, sin embargo, habida cuenta lo dicho, permite una evidente flexibilidad al Juez para emitir un juicio prudente y ponderado, en atención a las circunstancias del caso, y siempre claro está teniendo en cuenta el interés superior del menor, que constituye un principio rector de la actuación de los poderes públicos cuando se resuelven cuestiones que afectan al mismo".

La SAP Burgos 10 abril 2000 (*JUR 2000, 141670*) indica que "El derecho de los parientes y allegados a mantener relaciones con el menor que prevé el artículo 160 párrafo 2º del Código Civil, es un concepto abierto e indeterminado, pues abarca toda forma de comunicación o relación, trato o correspondencia de una persona con otra, debiendo entenderse incluidas las estancias del menor durante un cierto tiempo en el domicilio de los parientes. Cuál ha de ser su concreto contenido en cada caso al igual que el tiempo, modo y lugar de ejercicio dependerá de la condición de las personas implicadas y de las circunstancias que concurran, partiendo siempre del beneficio e interés del menor".

En este sentido, como afirma la STS 12 mayo 2011 (*Tol 2124714*), dado que el Código Civil no establece los criterios para determinar la extensión y la periodicidad del régimen de relación, "se trata de una cuestión que deberá ser decidida por el juez, quien deberá tener en cuenta: i) la situación personal del menor y de la persona con la que desea relacionarse; ii) las conclusiones a que se haya llegado en los diferentes informes psicológicos que se hayan pedido; iii) la intensidad de las relaciones anteriores; iv) la no invasión de las relaciones del menor con el titular de la patria potestad y ejerciente de la guarda y custodia y, v) en general, todas aquellas que sean convenientes para el menor".

Por tanto, de lo que se trata es de valorar las circunstancias específicas de cada caso para determinar la modalización, extensión temporal y periodicidad de este derecho.

A este respecto, las posibilidades pueden ser varias. Así, el derecho de relación de los abuelos con los nietos puede ir desde una simple comunicación (por vía telefónica, cartas, correo electrónico, WhatsApp, etc.) hasta las visitas o estancias [*Vid.*, por ejemplo, las SSAP Guipúzcoa 5 julio 2005 (*Tol 736467*), Cádiz 15 febrero 2016 (*Tol 5699661*), Toledo 18 mayo 2016 (*Tol 5792190*), A Coruña 5 julio 2018 (*Tol 6828919*) o Barcelona 16 marzo 2007 (*Tol 1071849*)]

En lo que respecta al derecho de comunicación, deberá ejercitarse conforme a las reglas de la buena fe que, en este caso, implican que no pueda saturarse la vida del nieto de continuas llamadas o cartas, ni tampoco que los abuelos pretendan comunicarse con ellos a horas intempestivas. En definitiva, este derecho de comunicación va a estar influenciado por circunstancias como la edad o la capacidad del menor. Así, en los casos en que el menor, por la edad, carezca de suficiente capacidad, serán los padres los que hagan de intermediarios en las cartas y correos que se intercambien con los abuelos. Por ello, creo que el juez debe ser muy cauteloso a la hora de establecer este régimen de comunicación, sobre todo cuando no existe muy buena relación entre los progenitores y los abuelos, ya que ello podría convertirse en un medio idóneo para los progenitores con el fin de enfrontar y deteriorar la relación de los abuelos con los nietos.

Por lo que refiere al derecho de visitas, lo habitual es que su periodicidad se concrete en una o dos tardes al mes con una duración entre dos y cuatro horas [*Vid.*, por ejemplo, ATS 28 junio 2005 (*Tol 3404030*) o SAP Alicante 9 abril 2008 (*AC 2008, 1358*)].

En definitiva, sea cual fuere la modalidad, extensión y periodicidad con la que se lleve a cabo este derecho de relación, siempre y, en todo caso, habrá que estar a lo que dicte el interés superior del menor, de manera que se debe optar por la opción que más convenga al desarrollo personal, afectivo y educativo del mismo y, solamente, en aquellos supuestos en los que concurra una justa causa se deberá denegar o suspender este derecho.

Cuestiones relevantes

3. El derecho de visitas se puede desarrollar en un lugar distinto a los domicilios de los abuelos y los nietos, si las circunstancias del caso lo requieren.

El derecho de relación se concreta, normalmente, en un derecho de visitas donde los abuelos acuden a casa de los nietos, o los nietos van a casa de los abuelos [*Vid.*, por ejemplo, la SAP Barcelona 16 marzo 2007 (*Tol 1071849*) o la SAP Almería 31 mayo 2003 (*JUR 2003, 152845*)]. No obstante, es posible que, si las circunstancias del caso lo requieren, las visitas se desarrollen en un lugar diferente al domicilio de los abuelos y de los nietos, que puede ser, como señala la SAP Valencia 2 mayo 2000, "en un parque o lugar público del entorno de la pequeña", a lo que también habría que añadir, si el interés del menor así lo aconseja, los Puntos de Encuentro Familiar con la presencia del gabinete psicosocial o de alguna persona de confianza de ambas partes [STS 20 septiembre 2016 (*Tol 5829996*); o SSAP Madrid 30 septiembre 2004 (*Tol 7924918*); Navarra 24 febrero 2010 (*Tol 1869722*); Granada 16 abril 2010 (*Tol 5297234*); Asturias 24 de julio de 2012 (*Tol 2621772*)

4. El derecho de visitas puede incluir la pernocta de los nietos en casa de los abuelos.

La STS 18 junio 2004 (*Tol 483310*) ha admitido la pernocta al señalar que "los abuelos ocupan una situación respecto de los nietos de carácter singular, y, sin perjuicio de tener en cuenta las circunstancias específicas del supuesto que determinan que aquélla pueda presentarse con múltiples aspectos y matices, en principio no cabe reducir la «relación personal» a un mero contacto durante un breve tiempo como pretende la parte recurrente, y nada impide que pueda comprender «pernoctar en casa o pasar una temporada» con los mismos. En el mismo sentido, la admite la STS 27 julio 2009 (ECLI:ES:TS:2009:5382). No obstante, hay que tener en cuenta que la pernocta no puede convertirse en una medida que se adopte de forma generalizada por los tribunales, sino que solamente se deberá adoptar en aquellos casos en que el interés del menor lo aconseje, por considerarse beneficioso para su desarrollo personal, afectivo y psicológico. En esta línea se pronuncia la STS 14 noviembre 2013 (*Tol 4023577*), la cual expresa que "La pernocta no puede acordarse con carácter general pero tampoco puede impedirse indiscriminadamente". Por tanto, habrá que estar a las circunstancias del caso concreto y, en caso de que el interés del menor así lo aconseje, acordarla. De ahí que algunas veces los tribunales han considerado oportuno denegar la pernocta por no resultar conveniente para el menor como, por ejemplo, en aquellos casos en los que el menor sea de corta edad [STS 28 junio 2004 (*Tol 483310*)], deba seguir un tratamiento complejo que le presta adecuadamente la madre [SAP Asturias 31 marzo 2005 (*Tol 650527*)] o que la vivienda de los abuelos no reúne las condiciones de higiene adecuadas [SAP Barcelona 28 diciembre 2000 (*JUR 2001, 113069*)].

2.5. Sobre la "justa causa" del art. 160.2 CC

Normativa reguladora

El párrafo 2º del art. 160.2 CC señala que "No podrán impedirse sin justa causa las relaciones personales del menor con sus hermanos, abuelos y otros parientes y allegados".

Es evidente que el precepto no define expresamente qué debe entenderse como "justa causa", sino que simplemente se limita a señalar que de concurrir la misma se denegará a los abuelos el derecho a relacionarse con sus nietos. Estamos pues ante un concepto jurídico indeterminado, que el legislador ha decidido establecerlo así con la finalidad de otorgarle una gran amplitud y flexibilidad. En este sentido, pueden encuadrarse bajo el término "justa causa" todas aquellas situaciones que perjudiquen al menor, de tal forma que vayan en contra de su interés y beneficio.

Por tanto, para determinar qué causas pueden originar la emisión de una negativa al derecho de relación de los abuelos con los nietos —o a suspenderlo cuando ya se haya reconocido— habrá que estar al interés del menor, evitando aquellas situaciones que menoscaben su desarrollo, salud, seguridad, educación o, incluso, su integridad moral.

Jurisprudencia

Hay que tener presente que para apreciar la existencia de una "justa causa" no es necesario que dicha causa origine un perjuicio cierto al menor, siendo suficiente con que haya un riesgo de que ello ocurra. En este sentido, la STS 27 septiembre 2018 (*Tol 6830516*) manifestó que "a partir de los hechos descritos, la sentencia recurrida ha considerado que existe justa causa para negar esta relación familiar, y esta justa causa no se establece de una forma simplemente especulativa sino fundada en beneficio e interés de las menores, a las que se coloca en una situación de riesgo de mantenerse las comunicaciones con los abuelos paternos; riesgo que considera suficiente para no señalar régimen de visitas alguno [*Vid.*, en el mismo sentido, STS 5 noviembre 2019 (*Tol 7586554*); SAP La Rioja 23 febrero 2018 (*Tol 6609710*)].

La STS 25 noviembre 2019 (*Tol 7615683*) expresa que "no basta con argumentar que no está acreditado que el establecimiento del régimen de visitas haya de ser necesariamente perjudicial para el menor, sino que basta el mero riesgo de que ello sea así (…) para no reconocer tal derecho a los abuelos, que siempre ha de ceder ante el interés superior del menor".

En cualquier caso, para que las relaciones personales entre abuelos y nietos se consideren un riesgo para el menor, es necesario que ello suponga un riesgo real y actual, no siendo suficiente que se presente como un riesgo probable o meramente potencial.

Por otro lado, un tema controvertido que se ha planteado por la doctrina es el de determinar si es necesario entender probada la existencia de "justa causa" para establecer relaciones entre los abuelos y los menores o, si, por el contrario, tal y como parece deducirse de la dicción del art. 160.2 CC, la "justa causa" solo ha de concurrir para excluirlas, presupuesto que, en principio, las mismas son beneficiosas para el menor y han de ser potenciadas.

La jurisprudencia se inclina claramente por la primera posición, la cual exige que no basta con que se demuestre que no existe una "justa causa" para conceder el derecho de relación a los abuelos, sino que es necesario demostrar que la relación que se pretende establecer entre abuelos y nietos es beneficiosa para estos últimos atendiendo al interés superior del menor. Por tanto, de lo que se trata es de acreditar que el régimen de relación que se pretende constituir contribuya de forma favorable al desarrollo personal, afectivo y psicológico del menor. En consecuencia, será necesario que los tribunales motiven de forma razonada sus resoluciones, de manera que quede suficientemente acreditado los motivos por los cuales se concede este derecho.

Jurisprudencia

En este sentido, se pronuncia la STS 22 noviembre 2018 (*Tol 6932486*) que casa la sentencia recurrida precisamente por adolecer de esa falta de motivación: "La motivación contenida en la sentencia no expresa ni razona cuáles son las circunstancias que (…) llevan a dejarla sin efecto para establecer un régimen de comunicaciones de los abuelos con las nietas (…) La realidad es que esta sala no conoce el fundamento de su decisión más allá de una genérica remisión a criterios comunes a esta suerte de medidas, en particular del interés del menor, sin concretar si este interés quedaba satisfecho en la forma que determinó la sentencia del juzgado" [*Vid.*, en el mismo sentido, STS 5 noviembre 2019 (*Tol 7586554*) y STS 25 noviembre 2019 (*Tol 7615683*)].

En la misma línea se ha pronunciado el Tribunal Constitucional, que en su STC 138/2014 (*Tol 4517085*) anula una sentencia que establecía un régimen de visitas de los abuelos con los nietos por falta de motivación. Expresa que "La decisión judicial sobre la conformación del régimen de visitas de los abuelos con los nietos se fundamenta en una genérica traslación del régimen de visitas para progenitores no custodios, sin ningún elemento de individualización y sin ninguna referencia al interés de los menores. Tanto en la resolución de instancia como en las resoluciones posteriores, y una vez razonada la inexistencia de elemento impeditivo para la comunicación entre abuelos y nietos, se menciona genéricamente la adecuación o conveniencia de este amplio régimen de visitas, sin concretar los elementos del acervo probatorio que determinarían la idoneidad desde la perspectiva del interés de los menores. En consecuencia, existe una absoluta falta de ponderación del principio del interés superior del menor en este ámbito decisional, que torna a la resolución dictada en infundada, desde el canon constitucional exigido por el derecho a la tutela judicial efectiva".

Se puede comprobar como la jurisprudencia lo que se reclama es la acreditación de datos y elementos que sirvan de fundamento para limitar o denegar el derecho de los abuelos a relacionarse con los nietos, no siendo suficiente la mera alegación de posibles perjuicios genéricos. Además, el principio del interés superior del menor conlleva la necesidad de justificar que las relaciones entre los abuelos y los nietos producirán efectos y consecuencias positivas para estos últimos, no siendo suficiente que se acredite una ausencia de efectos negativos.

En este sentido, la SAP Guipúzcoa 14 marzo 2014 (*Tol 4496167*) revoca un régimen de visitas establecido a favor de los abuelos porque "el desarrollo de las visitas en tales términos en nada beneficia el interés de los menores, lo que puesto en relación con el criterio y los consejos de las personas profesionales intervinientes, llevan a la estimación del recurso con la consecuente desestimación de la demanda formulada". Igualmente la SAP León 12 de julio de 2010 (*Tol 1925862*) establece que "La ausencia de pruebas que posibiliten y permitan articular un régimen de visitas, y en este supuesto de factible cumplimiento, impiden por sí mismo establecer un régimen de visitas, (...) pues a la apelante le corresponde no solo acreditar su derecho como abuela a relacionarse con su nieta, sino que dicha relación es realmente beneficiosa para la menor, siendo además preciso concretar si es factible en función de las circunstancias del lugar de su residencia, posibilidad de desplazamiento, deberes escolares, situación personal de la menor, lo cual es fundamental a los fines no solo de establecer el régimen de visitas, sino también de delimitar el mismo".

En definitiva, deberá proporcionarse una motivación adecuada siempre. En consecuencia, no se debe conceder el derecho en todos aquellos casos en que únicamente se justifique la ausencia de una "justa causa", sino que será necesario acreditar que la relación pretendida es beneficiosa para el nieto de acuerdo con el principio del interés superior del menor que, en definitiva, se constituye como el último criterio para conceder o denegar el derecho de relación de los abuelos con sus nietos.

Como ya se ha expuesto anteriormente, la "justa causa" a la que alude el art. 160.2 del Código Civil es un concepto jurídico indeterminado que el legislador ha diseñado con cierta amplitud y flexibilidad y, en consecuencia, han tenido que ser los tribunales los que han ido perfilando este concepto estableciendo los supuestos en que, atendidas las circunstancias del caso del concreto, sirven como "justa causa" para denegar o suspender el derecho de relación de los abuelos con sus nietos.

Cuestiones relevantes

5. Las relaciones conflictivas entre padres y abuelos

La posición que se ha mantenido en la jurisprudencia en lo que refiere a los conflictos que puedan surgir entre los progenitores y los abuelos es que la mera existencia de relaciones conflictivas o desencuentros entre estos y aquellos no debe suponer un obstáculo para que se establezca un régimen de relación de los abuelos con los nietos [SSTS 7 abril 1994 (*Tol 1665122*); 11 junio 1996 (*Tol 5152768*); 11 junio de 1998 (*Tol 5119995*); 20 septiembre 2002 (*Tol 3854076*); 28 junio 2004 (*Tol 483310*); 27 julio 2019 (ECLI:ES:TS:2009:5382); 14 noviembre 2013 (*Tol 4023577*)]. Lógicamente, claro está, siempre que estas malas relaciones entre padres y abuelos no afecte a los menores, pues en estos casos sí que deberá ser denegada [SSTS 28 junio 2004 (*Tol 483310*); 20 septiembre 2002 (*Tol 3854076*); 27 julio 2009 (ECLI:ES:TS:2009:5382); 20 octubre 2011 (*Tol 2261508*) y SAP Barcelona 20 febrero 2011 (*Tol 1042354*)].

En este sentido, la STS 20 octubre 2011 (*Tol 2261508*) afirma que "no es posible impedir el derecho de los nietos al contacto con sus abuelos, únicamente por la falta de entendimiento de éstos con los progenitores, sea porque se hayan separado, sea porque (...) las relaciones sean inexistentes aunque se mantienen los vínculos entre los progenitores" [*Vid.*, en la misma línea, SSTS 27 julio 2009 (ECLI:ES:TS:2009:5382); 28 junio 2004 (*Tol 483310*); 11 noviembre 2005 (*Tol 758277*); 20 septiembre 2002 (*Tol 3854076*)] o porque se deba a las malas las relaciones existentes entre la progenitora y su madre, abuela de la menor, cuando no afectan al interés de los menores [STS 24 mayo 2013 (*Tol 3744088*)].

Por tanto, en caso de que exista una mala relación entre progenitores y abuelos, si estas no afectan a los menores, es conveniente mantener la relación entre abuelos y nietos, pues de lo contrario estaríamos anteponiendo el interés de los padres al de los menores, lo que iría en contra del principio del interés superior del menor.

Por último, entiendo que las malas relaciones entre los abuelos y los progenitores no deben constituir, por sí solas, una justa causa para denegar el derecho de relación a los abuelos, sino que tiene que quedar suficientemente acreditado que las tensiones existentes entre ellos perjudiquen al menor. Pero, incluso en aquellos casos en los que se advierta de un riesgo potencial, salvando las valoraciones que pueda hacer el juez atendiendo al caso concreto, me parece conveniente mantener las relaciones de los abuelos con los nietos, pues no hay que olvidar que los abuelos ejercen un papel fundamental de cohesión y transmisión de valores en la familia que puede ayudar a mantener el equilibrio y desarrollo del menor en todos sus aspectos. En este sentido, con tal de mantener estas relaciones de abuelos y nietos al margen de los conflictos que puedan tener aquellos con los progenitores, una solución pasaría por establecer un régimen de visitas en un punto de encuentro familiar, supervisado por profesionales con tal de evitar que, tanto los unos como los otros, influyan negativamente en el menor.

Cuestiones relevantes

6. Síntomas de ansiedad y depresión de los progenitores

La STS 20 octubre 2011 (*Tol 2261508*) casa y anula la sentencia de apelación recurrida la cual confirmaba la de primera instancia. El argumento que tuvieron estas dos últimas resoluciones es que los desencuentros y conflictos entre los progenitores y la abuela paterna le causaban al padre del menor un estado de ansiedad y otras afecciones como depresión e hipertensión, lo que consideran como "justa causa" debido a que podría repercutir negativamente en la integridad psicológica del menor y, por tanto, niegan el reconocimiento del derecho de la abuela a relacionarse con sus nietos. Sin embargo, el Tribunal Supremo afirma que "Los abuelos y los nietos tienen derecho a relacionarse, ello es beneficioso para ambos y es un derecho-deber reconocido en el Código civil del que solo se puede ser privado cuando exista causa y que la causa no puede centrarse en el hecho de que las relaciones de los abuelos con los menores sean mejores o peores para la salud de sus padres, sino para los menores cuyo interés es el protegido en el citado art. 160 CC".

Estamos claramente ante un supuesto donde el riesgo que existe es un riesgo hipotético y no real, esto es, la probabilidad de que, cada vez que se produce un desencuentro, los síntomas de ansiedad y depresión del padre afecten directamente al menor es una mera especulación de los progenitores y, en consecuencia, no puede denegarse el derecho a la abuela a relacionarse con sus nietos, pues de lo contrario estaríamos haciendo prevalecer el interés de los progenitores por encima del de los nietos. Ahora bien, me parece que, ante una situación como esta en la que existe una alta conflictividad, la solución adecuada pasa por establecer el régimen de relación de los abuelos con los nietos a través del punto de encuentro familiar, pues, creo que es conveniente que los primeros contactos de los abuelos con los nietos tras las disputas familiares se hagan bajo la supervisión del gabinete psicosocial.

Cuestiones relevantes

7. Enfermedades o desequilibrios psíquicos de los abuelos.

La STS 5 noviembre 2019 (*Tol 7586554*) denegó el régimen de comunicación de la abuela con su nieta, ya que la abuela padece "un trastorno depresivo recurrente, que tiene un trastorno de personalidad ansiosa, lábil, sensible con tendencia a la rumiación ansiosa y ansiedad ansiosa a la precipitación", el cual se indica que "es irreversible, y permanente y en la actualidad se encuentra entronizado al haber estado más de dos años sin respuesta positiva a los tratamientos a los cuales ha estado sometida". Además, añade el Alto Tribunal que "se da la circunstancia y no por ello menos importante de que el menor no conoce a la abuela con casi dos años de vida que tiene y que esta ni desea reanudar el vínculo con el padre del menor", con el que había roto la relación hacía más de 10 años. Y, concluye señalando que "Bien es cierto que la edad de la menor no es la misma, pero también que se encuentra en un periodo de inicio y desarrollo de afectividades, y no consta que pueda o no perjudicarle la situación psíquica de la abuela; por lo que, tratándose de una menor, toda cautela es poca" [*Vid.*, en sentido similar, la SAP Cantabria 2 julio 2013 (*Tol 4015455*)].

En sentido contrario se manifiesta la SAP Teruel 17 enero 2019 (*Tol 7350601*) en la que la abuela padece una enfermedad psiquiátrica que "no implica por sí sola una falta de aptitud de la misma para poder relacionarse con la menor y ejercitar el derecho de visitas" y que tampoco "se ha acreditado episodio alguno en el que se haya visto afectada la seguridad o integridad de la menor". Por tanto, en este caso, la enfermedad psíquica que padece la abuela no puede considerarse como "justa causa" para denegarle el derecho a relacionarse con su nieta, pues llevando el adecuado tratamiento médico y farmacológico, la abuela posee la aptitud suficiente para relacionarse con su nieta. Ahora bien, las visitas se realizarán en el punto de encuentro familiar para evitar cualquier tipo de conflicto o problema que pudiera haber en el desarrollo de las mismas.

En cualquier caso, lo que habrá que tener también en cuenta es si la enfermedad es permanente o meramente transitoria. En el primer supuesto, habrá que valorar las circunstancias del caso concreto y determinar lo que más convenga al interés del nieto, ya que puede tratarse de una enfermedad más o menos grave, pero de carácter crónico e irreversible. En cambio, en el segundo caso, claramente estamos ante un supuesto donde lo que procede es, como mucho, la suspensión temporal del derecho mientras dure la enfermedad, pues no tiene ningún sentido que, habiendo remitido la enfermedad, se siga alegando la misma como "justa causa" para impedir el derecho de relación de los abuelos con los nietos. En este sentido, se pronuncia la SAP Cuenca 16 febrero 2004 (*Tol 7616706*) en la que si bien es cierto que la abuela presentaba un cuadro de depresión mayor, el informe de la Unidad de Psiquiatría hacía constar que la misma "había superado satisfactoriamente el tratamiento antidepresivo, habiendo evolucionado hacia una remisión total", por lo que estima procedente el régimen de visitas establecido en favor de la abuela.

8. Falta de relación previa entre abuelos y nietos

La STS 18 marzo 2015 (*Tol 4786604*) confirma la sentencia recurrida en la cual se deniega el régimen de comunicación y visitas pretendido por la abuela debido a "la escasa relación de la actora con su nieta en los primeros años de vida de ésta, inexistente por decisión voluntaria de la recurrente y escasa disposición para mantener la relación con su nieta de manera independiente al conflicto con sus padres" [*Vid.*, en el mismo sentido, SSTS 5 noviembre 2019 (*Tol 7586554*); 27 septiembre 2018 (*Tol 6830516*); y SSAP Jaén 8 noviembre 2013 (*Tol 5380385*) o Pontevedra 21 mayo 2018 (*Tol 6664066*)].

Por su parte, la SAP Santa Cruz de Tenerife 5 noviembre 2004 (*Tol 7961121*) considera que el hecho de que los abuelos lleven dos años sin ver a sus nietos no es motivo para denegar el régimen de relación, aunque sí considera excesivo el régimen establecido por la sentencia de primera instancia. De ahí que proceda a reducirlo. En este sentido, la Audiencia afirma que "forzar a los menores a estar un fin de semana completo, o una semana en vacaciones, con los abuelos puede ser contraproducente tanto para los niños como para el desenvolvimiento de la relación, que si se encauza bien desde su inicio, puede ser buena y progresivamente más estrecha. Es en este sentido que procede revocar la sentencia, y fijar que los abuelos podrán estar con los menores un día al mes, desde las 10 de mañana hasta las 20 horas, 8 de la tarde, concretamente, y para caso de desacuerdo, el primer sábado del mes, siempre que ello no incida en las actividades escolares o sociales de los menores".

En definitiva, serán los tribunales los que deben examinar cada caso en atención al interés superior del menor y determinar si esa falta de relación previa puede constituir "justa causa" para denegar el régimen de relación de los abuelos con sus nietos. Para ello habrá que valorar si ha existido o no una relación previa. De esta forma, si no ha existido una relación previa, difícilmente los tribunales se pronunciarán a favor de establecer un régimen de relación. En cambio, si ha existido una relación previa habrá que atender, principalmente, a las siguientes circunstancias: 1) el periodo durante el cual se ha suspendido la relación; 2) los motivos por los cuales se ha suspendido; y 3) los beneficios que la reanudación de las relaciones entre abuelos y nietos les pueden reportar a estos últimos.

En cualquier caso, tanto si no ha existido una relación previa, como si ésta sí ha existido y se ha suspendido, habrá que tener en cuenta si esa ausencia de relación se debe a la falta de interés de los abuelos, ya que ello constituye un motivo determinante en orden a la denegación de tal derecho [SAP Asturias 3 julio 2015 (*Tol 5403448*)].

9. Existencia de procesos penales con los que estén relacionados los abuelos.

Hay situaciones en las que los abuelos, de alguna manera u otra, están relacionados con un proceso penal, sin embargo, dependiendo del caso concreto, la jurisprudencia lo ha valorado de forma distinta.

La STS 20 febrero 2015 (*Tol 4748255*) denegó el régimen de comunicación a unos abuelos que se habían puesto del lado del padre acusado por un delito de abusos sexuales contra los menores y respecto del cual existía un proceso penal abierto. La realidad es que, a pesar de que el Tribunal tiene serias dudas sobre la posible influencia negativa de los abuelos sobre los menores, sí que confirma el "riesgo que por ahora correrían los menores si se accediese al régimen de visitas con sus abuelos". De ahí que opta por lo más prudente en atención al interés superior del menor que es la denegación de este régimen de comunicación de los abuelos con los nietos, especialmente por el alto nivel de implicación de los abuelos en el proceso penal en el que apoyan a su hijo.

Un caso distinto es el planteado por la STS 20 septiembre 2016 (*Tol 5829996*) en el que se le concede a la abuela materna un régimen de comunicación con sus nietos, a pesar de que había interpuesto una denuncia por abusos sexuales contra su yerno (padre de los niños), la cual supuso la apertura de procedimiento penal, que finalmente sería sobreseído y archivado. La Sala se apoya en el informe del Gabinete Psicosocial el cual indica que "es beneficioso establecer un régimen de visitas de los menores con su abuela materna por la existencia de un vínculo emocional entre ellos, la inexistencia en la abuela de sintomatología psicopatológica que pueda repercutir negativamente en la relación con los menores, y que la actuación de la misma al denunciar fue la indicada, aunque se archivara la causa penal abierta".

En definitiva, creo que en estos supuestos en los que los abuelos están relacionados con la existencia de un proceso penal lo que se valora no es tanto la relación que puedan tener los abuelos con los implicados en el delito, sino más bien la postura que adoptan respecto de los hechos enjuiciados en el proceso penal. Pues no se trata tanto de valorar, por ejemplo, si el implicado es el marido o el hijo de la abuela, sino de dilucidar cuál es la opinión de la abuela respecto al delito y, en consecuencia, el riesgo que tiene de influir negativamente en los menores.

Cuestiones relevantes

10. Negativa de los abuelos a relacionarse con sus nietos.

Cabe plantearse qué sucederá en aquellos casos en el que los abuelos se nieguen a relacionarse con sus nietos. Aquí la jurisprudencia no se ha pronunciado al respecto todavía. Sin embargo, bajo mi punto de vista, el hecho de que los abuelos se opongan a relacionarse con sus nietos debería constituir "justa causa", pues no parece que quien no quiera relacionarse con sus nietos le vaya a aportar algo positivo a su estabilidad y desarrollo, sino más bien lo contrario. Hay que tener en cuenta, como ya expusimos anteriormente, que no sólo hay que valorar si concurre una "justa causa" para excluir el derecho de relación, sino que se trata de valorar, en atención al principio del interés superior del menor, los beneficios que dicha relación le puede reportar al menor. En consecuencia, si el nieto, ante la negativa de sus abuelos a relacionarse con él, solicitase judicialmente el establecimiento de este derecho de relación, se podría alegar para negarlo la concurrencia de una justa causa consistente en la falta de interés y de afecto de esos abuelos por su nieto.

11. Negativa de los nietos a relacionarse con sus abuelos.

A diferencia de lo planteado en el supuesto anterior, cabe plantearse qué es lo que ocurre cuando son los nietos los que no quieren relacionarse con sus abuelos. Tanto la doctrina como la jurisprudencia se han mostrado reacios a admitir la negativa del menor a relacionarse con sus abuelos como "justa causa" para excluir el derecho de relación.

El principal argumento es que los deseos del menor no siempre coinciden con su interés. En este sentido, la STS 28 junio 2004 (*Tol 483310*) afirma que no cabe "identificar lo expresado por ellos con su interés pues en todo caso debe prevalecer el beneficio de los mismos en orden a su formación integral e integración familiar y social". En la misma línea, hay quien afirma que la simple negativa del niño no es causa suficiente para denegar tal derecho, sino que se deben tener en cuenta el resto de circunstancias concurrentes. En consecuencia, el establecimiento del régimen de relación entre abuelos y nietos no puede quedar a la decisión última y arbitraria del menor, sino que, atendiendo a las circunstancias concretas del caso, habrá que estar a lo que dicte el interés superior del mismo [STS 17 septiembre 1996 (*Tol 1659109*) y STS 11 junio 1998 (*Tol 5119995*)].

Además, hay que tener en cuenta que dicha negativa del menor a relacionarse con sus abuelos muchas veces se produce por la manipulación que ejercen los padres sobre el mismo, debido a la mala relación que tienen aquellos con los abuelos [*Vid.*, en este sentido, SAP Badajoz 2 julio 2015 (*Tol 5203013*) y SAP Burgos 4 abril 2000 (*JUR 2000, 141670*)].

En estos casos, la opinión del menor pierde aún más peso, evidentemente por la manipulación que se ha ejercido sobre el mismo, lo que deberá ceder ante su propio interés. Por tanto, una vez se ha constatado que esta negativa del menor a relacionarse con sus abuelos procede de la manipulación de sus padres, bajo mi punto de vista, lo lógico es que se establezca un régimen de relación que se debería ir graduando progresivamente, de forma que primero se empiece por simples comunicaciones como cartas o llamadas telefónicas, y luego las visitas de los abuelos, pero siempre con ausencia de los progenitores como podría ser en un punto de encuentro familiar bajo la supervisión de los especialistas.

No obstante, en otras ocasiones, la negativa del nieto a relacionarse con sus abuelos se debe a la mala relación que existe entre ellos. En estos casos, como hemos expuesto, hay que valorar el interés del menor por encima de su propia opinión o decisión, aunque, si no existe manipulación por parte de los padres, difícilmente el interés superior del menor aconsejará establecer una medida en contra de lo que el propio menor quiera, pues no creo que contribuya favorablemente a su desarrollo personal, afectivo y psicológico, especialmente cuando el menor se niega a relacionarse con sus abuelos por los conflictos y tensiones que existen entre ellos.

Cuestiones relevantes

De todos modos, habrá que estar a las circunstancias concretas del caso, pues no se debe valorar de igual forma la negativa de un niño de seis años que la de un adolescente de dieciséis. En esta línea, me parece interesante la SAP Las Palmas 24 mayo 2018 (*Tol 6844932*) que indica que "la menor está a punto de cumplir los 16 años, edad adolescente en que el régimen de visitas queda a libre decisión del propio menor. Por ello, ya ni siquiera debemos plantearnos si la voluntad de la nieta de no mantener visitas con sus abuelos (...) es conveniente o no para su interés personal, puesto que lo sea o no, es inviable fijar un régimen de visitas contra la voluntad expresa de la adolescente".

Sin embargo, no puede establecerse una regla general en cuanto a la edad a partir de la cual deba ser oído el menor, pues ello dependerá de su desarrollo y madurez psicológica, que en cada caso debe tomar en consideración el juez tanto para decidir si procede o no la audiencia y, en caso afirmativo, determinar el valor que se pueda conceder a lo dicho por el menor. En consecuencia, deberán tenerse en cuenta, principalmente, dos circunstancias: 1) el grado de independencia y madurez psíquica e intelectiva del menor; y 2) la influencia que haya podido ejercerse sobre el mismo por parte de quien pretenda impedir el derecho de visitas o comunicación.

Cuestiones relevantes

12. Intervención de los abuelos en los aspectos propios de la patria potestad.

Podemos encontrarnos en el supuesto de que los abuelos adopten una actitud intervencionista, especialmente en aquellos aspectos que forman parte del ámbito propio de la patria potestad.

Aquí podríamos traer a colación la SAP Asturias 24 julio 2012, (*Tol 2621772*) la cual trata un supuesto en el que aparecen unos abuelos a los que califica como "altamente intervencionistas incluso con los acuerdos que los progenitores han alcanzado, con la dificultad que ello supone", pero que, sin embargo, considera adecuado acordar el régimen de visitas a favor de los mismos porque "ha de afirmarse, de modo general, que dicha desavenencia por sí sola no ha determinar

> la desestimación de la demanda, no constando otros datos que interfieran en la relación entre abuelos y nieto, que siempre lo han acogido y tratado como mejor entendían, es por lo que considera esta Sala que el interés superior del menor determina (...) que es bueno para el menor dicha relación con sus abuelos, en la presunción de que el contacto con los miembros de su familia extensa beneficia el desarrollo del mismo".

Por tanto, en estos supuestos en los que los abuelos se inmiscuyen en los aspectos propios de la patria potestad, lo que habrá que tener en cuenta para determinar si existe "justa causa" es el grado de intromisión de los abuelos en los referidos aspectos. En la sentencia que se ha expuesto parece ser que el grado de intromisión de los abuelos no es suficiente, *per sé*, para denegarles el derecho a relacionarse con sus nietos, lo que, no obstante, no significa que en otros supuestos pueda suponer un agravio para el desarrollo y estabilidad del menor y, en consecuencia, denegarse tal derecho.

Por ejemplo, puede plantearse el caso de que los abuelos pretendan imponer a sus nietos sus creencias religiosas, especialmente cuando éstas vayan en contra de la educación que pretenden los progenitores para sus hijos. Sin embargo, hay que advertir que lo que constituirá "justa causa" no es la pertenencia de los abuelos a una secta o que profesen una determinada religión, sino el hecho de que los mismos pretendan imponer sus dogmas a los nietos, precisamente por ir en contra de la educación que pretenden los padres, pero incluso porque también se estaría vulnerando un interés protegido constitucionalmente como es la libertad de creencias de los menores de edad, lo que supone ir en contra del interés superior del menor.

Cuestiones relevantes

13. La drogodependencia o alcoholismo de los abuelos.

Los supuestos en los que los abuelos padecen drogodependencia o alcoholismo merecen un diferente trato en función de las circunstancias del caso concreto [*Vid.*, en este sentido, SAP Cádiz 11 mayo 2018 (*Tol 6735191*) o SAP Barcelona 18 septiembre 2001 (*JUR 2002, 3616*)]. En principio, la drogodependencia o el alcoholismo, bajo mi punto de vista, no deben constituir, por sí solos, una "justa causa" para denegar o suspender el derecho de relación de los abuelos con los nietos. Cuestión distinta será cuando se acredite que los efectos secundarios de la drogodependencia o el alcoholismo afecten a la estabilidad y al desarrollo psicológico, educativo y social del menor.

En cualquier caso, a pesar de que se pueda apreciar un riesgo de que esta situación de los abuelos pueda perjudicar a los menores, creo que la denegación o suspensión del derecho debe constituir el último remedio, pues las relaciones entre abuelos y nietos se pueden salvar a través de las distintas modalidades en que pueden manifestarse las relaciones de los abuelos con los nietos. En este sentido, una de las posibilidades que existe es el derecho de comunicación a través de carta, correo, videollamada, etc. Pero, también es cierto que, en la medida de lo posible, se deberá intentar apostar por un régimen de visitas, aunque sea en el domicilio del nieto si, atendidas las circunstancias del caso, el interés del menor así lo aconseja. De ahí que, solamente en casos extremadamente graves que afecten a la estabilidad y desarrollo del menor, se deberá prescindir del establecimiento de un régimen de relación.

Cuestiones relevantes

14. Enfermedad que padezca el nieto que requiera cuidado especial y que los abuelos no puedan proporcionarle.

Es posible que existan situaciones en las que los menores padezcan alguna enfermedad o trastorno grave que hagan aconsejable denegar, suspender o limitar el derecho de relación, bien porque ello sea lo más conveniente para la recuperación del menor [*Vid.*, en este sentido, las SSAP Sevilla 11 marzo 2003 (*JUR 2003, 193717*); Baleares 11 septiembre 2000 (*JUR 2000, 299472*); Guipúzcoa 22 abril 2002 (*JUR 2002, 221592*) y Sevilla 3 febrero 2006 (*Tol 6392156*), o bien porque los abuelos no puedan prestarle los cuidados necesarios que requiere la enfermedad. En este sentido, la SAP Asturias 31 marzo 2005 (*Tol 650527*) niega el régimen de relación con pernocta que pretendían los abuelos debido a que la nieta padece una enfermedad que "le obliga a seguir un tratamiento médico que le obliga no solamente a tomar varios comprimidos sino también a ponerse dos inyecciones subcutáneas a la semana y a adoptar determinadas medidas posturales, fisioterapia y actividad física; tratamiento que le presta adecuadamente su madre".

Otro ejemplo es la SAP Jaén 18 marzo 1997 (*AC 1997, 472*) que trata el supuesto en el que un menor padece "delicados problemas de salud (...) que exige de controles y cuidados continuos derivados de su afección congénita por fenilcetonuria" y que, por tanto, aboga por la supresión del derecho de visitas debido a que su ámbito familiar natural "ni está preparado para facilitar al menor los cuidados que precisa, ni su situación es homologable con las posibilidades afectivas, económicas y sociales que le ofrece la familia que le tiene en acogimiento", ya que "El menor carece de filiación paterna reconocida, la madre, soltera y con deficiencia mental media y epilepsia fue incapacitada judicialmente" por presentar "minusvalía psíquica del 80%" y que convive con la abuela materna "de avanzada edad".

Por su parte, la SAP Jaén 5 marzo 2019 (*Tol 7265839*) excluye el derecho de relación de un abuelo con su nieto, ya que éste último "padece un grado de discapacidad del 47% como consecuencia de un retraso madurativo no filiado" y que,

> en consecuencia, "tiene problemas para relacionarse, aislamiento y un grado inferior de fortaleza ante las dificultades, por lo que situaciones complicadas tienen un mayor impacto en él". Ello va unido a que "el menor no conoce a su abuelo, no han tenido ningún tipo de relación". De ahí que "no es beneficioso para el menor iniciar relación con su abuelo" pues el menor "está poco a poco adquiriendo mayores habilidades sociales y evolucionando en el lenguaje, por lo que estimamos que someterlo a una situación de estrés, que puede resultar traumática no es lo aconsejable dado que puede afectar a la progresión en su evolución, máxime cuando el abuelo parece que carece de habilidades parentales, al menos no ha ejercido como tal con sus hijas".
>
> En sentido contrario, la SAP Cuenca 16 febrero 2004 (*Tol 7616706*) estima conveniente mantener el régimen de visitas a favor de los abuelos a pesar de que "la menor Lidia padezca trastornos de conducta y que el menor Luis Andrés padezca igualmente trastornos en el área de alimentación".

A mi modo de ver, en estos supuestos habrá que valorar, en primer lugar, la gravedad de la enfermedad o trastorno que se padece, pues, como se ha expuesto, no es lo mismo padecer una enfermedad congénita a la que se asocian graves efectos colaterales que un simple trastorno alimentario, el cual, *a priori*, con la debidas precauciones no debe ser obstáculo para establecer el régimen de relación de los abuelos con sus nietos. Además, también habrá que valorar la capacidad que tienen los abuelos para prestar los cuidados que requieran las enfermedades que padecen sus nietos, pues no es lo mismo tener que suministrar un medicamento que, por ejemplo, tener que aplicar una inyección a través de una aguja, para lo cual será necesaria la intervención de los progenitores que están debidamente capacitados para ello.

En cualquier caso, como hemos planteado en el supuesto anterior, la denegación en estos casos del derecho de relación deberá constituir el último remedio, pues se pueden establecer distintas soluciones atendiendo a las circunstancias del caso concreto. A excepción de los trastornos psicológicos que aconsejen evitar totalmente el contacto con los abuelos para su recuperación, nada impide que se establezca, como mínimo, un régimen de comunicación a través de cartas, llamadas telefónicas o videollamadas. Pero, si la enfermedad que padece el nieto no es de extrema gravedad y el motivo que se alega es la ausencia de capacidad de los abuelos para prestarles los cuidados necesarios, nada impide que se establezca un derecho de visitas, aunque sea en el propio domicilio del menor con presencia de los progenitores.

3. El derecho de relación del menor con sus hermanos, parientes y allegados

3.1. *La figura del hermano, pariente y allegado*

Normativa reguladora

El art. 160.2 CC reconoce el derecho a relacionarse con los menores, no solo a los abuelos —que es el caso más frecuente en la práctica—, sino también a los hermanos, parientes y allegados. En este sentido, el referido precepto señala que "No podrán impedirse sin justa causa las relaciones personales del menor con sus hermanos, abuelos y otros parientes y allegados".

A pesar de que los hermanos ya podían entenderse incluidos en el término "parientes", la reforma operada por la Ley 26/2015, de 28 de julio, optó por incluirlos expresamente en el precepto. Hay que tener en cuenta que los hermanos podrán ser de doble vínculo o de vínculo sencillo, así como que exista entre ellos un parentesco de sangre o por adopción. Todos ellos son iguales ante la ley y, por tanto, el derecho de relación establecido en el art. 160.2 CC se les reconoce a todos por igual, sin ningún tipo de discriminación. Aunque lo cierto es que, en la práctica, no encontramos muchos supuestos en los que un hermano pretende el establecimiento del derecho a relacionarse respecto a otro hermano en virtud del art. 160.2 CC.

Por lo que respecta a los parientes, se entiende que quedan incluidas bajo dicho término todas aquellas personas que tengan un vínculo por consanguinidad, adopción o afinidad con el menor, ya sea en línea recta o colateral y sin límite de grados.

La alusión al término allegados incluye a todas aquellas personas que, no siendo parientes del menor, guardan con él una relación de particular afectividad.

Jurisprudencia

La SAP Málaga 1 diciembre 2010 (*Tol 2239644*) considera como "allegado" al abuelo político del menor, es decir, al marido de la abuela. En este sentido expresa que "podemos concluir que si el Sr. Jorge es el marido de la Sra. Estefanía, y ésta abuela del menor Luis Enrique, si los cónyuges son parientes por afinidad de los consanguíneos de su consorte, el Sr. Jorge es abuelo político, o abuelo por afinidad, del menor, y tan allegado a la familia que ha convivido con la abuela y con el padre del menor desde que tenía 3 años de edad, teniendo una hija con la Sra. Estefanía que es tía carnal, aunque de un solo vínculo, del menor con el que pide se le fije un régimen de visitas, y además su situación en la familia hace inviable que se le fijase, como se hace en la sentencia, un régimen que no fuese compartido".

La SAP Valladolid 12 julio 2013 (*Tol 3887819*) considera como "allegado" a la pareja de la madre. En este sentido, expresa que "Aunque a Imanol no se le considere padre por falta de reconocimiento legal de la relación paterno-filial con Gabriel sí puede reconocérsele un derecho de visitar al menor habida cuenta que es la persona que como pareja de la madre ha convivido con el menor desde su nacimiento y ha de contemplarse el derecho del menor a seguir relacionándose con el adulto que ha representado su única figura paterna desde su más tierna infancia, de forma que la ruptura sentimental entre los adultos no puede perjudicar al menor privándosele sin causa que lo justifique de todo contacto con la persona que hasta ese momento hacía las veces de progenitor y con el que le une una estrecha relación afectiva, supuesto de hecho previsto en la norma y de plena aplicación al caso de autos. Basta para ser incluido en la denominación de allegado que se trate de personas cercanas, próximas, con cierto grado de vínculo afectivo con el menor, lo que justificaría las visitas". En la misma línea, la SAP Alicante 16 febrero 2018 (*Tol 6989172*) considera como "allegado" a la exmujer del padre biológico.

Por su parte, la STS 12 mayo 2011 (*Tol 2124714*) expresa que "en lo correspondiente al derecho a tener relaciones con parientes y allegados, hay que tener en cuenta que el niño no puede ver recortada la relación y comunicación con personas que le son próximas humana y afectivamente, por causa de las diferencias entre dichas personas". En consecuencia, considera "allegado" a la pareja de la madre biológica que tuvo al niño mediante técnicas de reproducción asistida. En este caso no se estableció una relación jurídica de filiación entre el menor y la pareja de la madre, pero el Tribunal Supremo llega a la conclusión de que "El concepto de allegado se ajusta a la relación que Dª Zaida mantiene con el niño". Por consiguiente, el Alto Tribunal expresa que "la base de nuestra decisión debe ser no un hipotético derecho de la compañera de la madre biológica, sino un derecho efectivo que tiene el menor de relacionarse con aquellas personas con las que le une una relación afectiva y por ello debe entenderse aplicable al supuesto que nos ocupa el artículo 160. 2 CC".

La SAP Barcelona 4 septiembre 2007 (*Tol 1176632*) considera "allegado" a la pareja de hecho del tío de la menor. En este sentido la Audiencia indica que la pareja de hecho del tío "goza, efectivamente, de legitimación para poder permanecer unos determinados períodos de tiempo con la niña, con quien (…) ya venía conviviendo antes de producirse la muerte de aquélla y máxime cuando la solicitud de visitas se ha realizado conjuntamente y durante los mismos días y períodos por parte de todo el entorno materno de la menor". No obstante, se precisa que "Dicha señora (…) se halla perfectamente legitimada para ostentar régimen de comunicación y contacto con Irene, mientras siga siendo compañera sentimental del tío materno de ésta", con lo cual, parece ser que dicha legitimación la ostentará en tanto en cuanto sea la pareja sentimental del tío materno, por lo que una vez cese dicha relación de afectividad entre el tío y su pareja, esta última ya no podría reclamar el derecho de relación en su condición de allegada, lo que, bajo mi punto de vista, es un tanto cuestionable, pues, en realidad, la condición de allegado no debería depender de la relación que tenga con el tío materno, sino de la relación de afectividad que le une con la menor.

Un caso curioso respecto a la consideración de "allegado" es el contemplado por la SAP Madrid 5 julio 2010 (*Tol 1934464*), la cual considera como tal a la persona que convivía con el padre adoptivo y el niño bajo el mismo techo. En este sentido, la Audiencia constata "la cohabitación de los tres bajo el mismo techo, implicándose el actor en el cuidado del niño (…)". Queda igualmente acreditado que "durante las ausencias, por razones laborales o de otra índole, del padre adoptivo, era don Claudio quien asumía la protección y cuidado del menor, en modo tal que cotidianamente se encargaba de levantarle, vestirle, darle el desayuno y llevarle al colegio, compartiendo además con el mismo períodos vacacionales que no podían ser cubiertos por el padre quien, durante dicha situación, mostró su plena confianza en la delegación, si bien parcial, de tales funciones parentales". En consecuencia, expresa la Audiencia que "Tales atenciones y desvelos no han obedecido a condicionantes económicos o de otra índole similar, sino a la estrecha y desinteresada relación constituida entre el menor y el demandante, lo que excluye la condición del mismo como un mero cuidador, elevándolo, de modo indubitado, a la categoría de allegado, a los fines contemplados en el repetido precepto, lo que determina su plena legitimación para el ejercicio de la acción entablada".

Por otro lado, la SAP Murcia 7 febrero 2013 (*Tol 3251643*) considera "allegado" a una amiga íntima de la madre fallecida. En este sentido, la Audiencia afirma que se "reconoce la legitimación de la Sra. Debora para solicitar la pretensión objeto de estos autos, dada su condición de allegada del menor y por tanto como persona cercana al mismo, en función de la relación de trato y afectividad que les une". Sin embargo, la Sala optó por denegar el régimen de relación porque no se logró justificar "que la reanudación de dicha relación fuese beneficiosa para Leoncio", unido a que éste último manifestó su oposición "a relacionarse con la Sra. Debora, y ello con independencia de los motivos o razones determinantes de tal negativa".

De igual manera, la STS 1 marzo 2019 (*Tol 7099261*) considera como "allegado" al denominado "padre psicológico", es decir, a la persona que creía ser el padre de la menor y que ejerció como tal, a pesar de que, tres años después del nacimiento de la menor, como consecuencia de la impugnación de la paternidad, la sentencia dictada en el procedimiento de filiación fuera firme. En este sentido, el Alto Tribunal señala que "En consecuencia, no cabe duda que los vínculos existentes entre el Sr. Ismael y la menor Flora, son los propios de la relación paterno filial, aunque, obviamente, una vez firme la sentencia dictada en el procedimiento de paternidad no puede ser considerado como progenitor. Ahora bien, esa falta de filiación biológica no puede impedir o ser un obstáculo para poder seguir manteniendo una amplia relación y contacto, dado que esa relación forma parte o se integra, sin duda alguna, en el concepto de persona allegada (…)".

Finalmente, la SAP A Coruña 15 enero 2016 (*Tol 5678011*) considera como "allegado" a los guardadores de hecho del menor, los cuales se hicieron cargo del mismo desde que tenía 3 meses hasta que cumplió los 7 años. En consecuencia, la Audiencia afirma que "En ningún momento se niega que los apelantes hayan sido quienes se encargaron de la crianza del niño, quienes lo cuidaron, alimentaron, llevaron al médico y escolarizaron. Ni que recíprocamente se hayan cogido cariño. Esa es precisamente la razón por la que se les considera allegados a los efectos del posible establecimiento de un régimen de relaciones personales con Elias, conforme a lo previsto en el artículo 160 del Código Civil".

3.2. Modos de establecimiento

El derecho de los hermanos, parientes y allegados a comunicarse con los menores con los que mantengan una relación de afecto puede establecerse o bien de mutuo acuerdo en convenio regulador por los cónyuges, o bien puede establecerse judicialmente, de la misma forma que ocurría con respecto a los abuelos.

Normativa reguladora

El art. 90.1, b) CC establece que "El convenio regulador a que se refieren los artículos 81, 82, 83, 86 y 87 deberá contener, al menos y siempre que fueran aplicables, los siguientes extremos: (...) b) Si se considera necesario, el régimen de visitas y comunicación de los nietos con sus abuelos, teniendo en cuenta, siempre, el interés de aquéllos".

Me parece oportuno poner de manifiesto que, aunque el precepto únicamente se refiera a los abuelos, nada impide que se pueda establecer un régimen de relación de los menores con sus hermanos, parientes o allegados.

Más allá del establecimiento del régimen de relación a través del convenio regulador, también cabe la posibilidad de que estas relaciones se establezcan por decisión de la autoridad judicial. A este respecto, habrá que estar a los arts. 94, párrafo 6º y 160.2 CC, para cuyo análisis nos remitimos a las explicaciones comentadas en el apartado *2.3. Modos de establecimiento* de este capítulo en relación con el régimen de relación de los abuelos.

3.3. Consideración de la "justa causa" en parientes y allegados

Normativa reguladora

El art. 160.2, párrafo 2º CC señala que "No podrán impedirse sin justa causa las relaciones personales del menor con sus hermanos, abuelos y otros parientes y allegados".

Como ya expusimos en el apartado relativo a la "justa causa" en el derecho de relación de los abuelos, el Código Civil no nos ofrece una definición de la misma, sino que se limita a señalar que de concurrir la misma se denegará a los hermanos, parientes y allegados el derecho a relacionarse con el menor. De ahí que para determinar qué causas pueden originar la emisión de una negativa al derecho de relación de los hermanos, parientes y allegados con los menores, habrá que estar al interés del menor, evitando aquellas situaciones que menoscaben su desarrollo, salud, seguridad o educación, incluso, su integridad moral.

Jurisprudencia

Respecto a la jurisprudencia destacada sobre la materia, nos remitimos al apartado *2.4. Sobre la "justa causa" del art. 160.2* previsto para el caso del régimen de relación de los abuelos, cuyas consideraciones son perfectamente aplicables a los supuestos de parientes y allegados.

Dado que la "justa causa" es un concepto jurídico indeterminado y, por ende, han tenido que ser los tribunales los que han ido delimitando este concepto a través de los distintos supuestos planteados en la práctica, a continuación se exponen algunos supuestos que pueden resultar de interés, y que pueden servir para determinar si se concede o no el derecho de los parientes o allegados a relacionarse con los menores.

Cuestiones relevantes

15. La situación de conflicto entre los tíos carnales y la madre de las menores no puede impedir el señalamiento de un régimen de visitas a favor de los tíos.

La SAP Cáceres 16 marzo 2018 (*Tol 6564503*) señala que "la situación de conflicto entre la madre de las menores y sus tíos carnales maternos (es decir con la familia materna extensa de las mismas) no puede impedir el señalamiento de un régimen de visitas de las menores a favor de sus tíos maternos (…) ni este régimen supone que la madre, en su vida diaria, hubiera de depender del cumplimiento del mismo; siempre que —como es deseable— el régimen establecido se desarrolle con normalidad, en beneficio de las menores".

16. La posible influencia negativa que puede ejercer la tía paterna sobre la menor al mantener contacto es motivo suficiente para denegar el derecho de relación.

A diferencia del supuesto anterior, donde, a pesar de los posibles conflictos entre los tíos y los progenitores, se apuesta por el mantenimiento de la relación de aquellos con la menor, aquí el supuesto es distinto. Lo que ocurre es que esas malas relaciones entre tíos y padres afectan de forma negativa a la menor. En concreto, la STS 16 septiembre 2015 (*Tol 5438697*) confirma la sentencia recurrida en la cual "se deniega el contacto no solo por el enfrentamiento entre los hermanos, sino por la negativa influencia que tendría sobre la menor el contacto con una tía que no conoce y que puede desestabilizar a la menor".

17. Se considera beneficioso para la menor la relación con su tío paterno (hermano del padre fallecido), por la posibilidad de aportarle recuerdos, vivencias y experiencias enriquecedoras.

La SAP Orense 18 enero 2017 (*Tol 5953369*) estima que "no habiéndose acreditado que la relación con el actor pueda ser perjudicial para la niña, considerándose más bien ha de resultarle beneficioso al impedir la ruptura definitiva con una parte de su familia extensa, la del vínculo paterno que puede aportarle recuerdos, vivencias y experiencias que, en principio, habrán de enriquecerla en el futuro. Por todo ello, no existe una justa causa para impedir la comunicación y el contacto de la menor con su tío paterno tal y como se estableció en la sentencia apelada". Ahora bien, la Audiencia matiza que aunque "En principio se considera conveniente reanudar un régimen normalizado de comunicación y visitas", no se puede "tratar de obligar a la menor a modificar su forma de vida, pues si bien es necesaria y conveniente la relación con su familia extensa, concretamente con el hermano de su padre, para que no pierda el contacto con ella de forma definitiva, ese vínculo no era ya, con anterioridad tan intenso como para el establecimiento de un régimen de visitas tan continuado".

18. La expareja de la madre biológica se considera "allegada", pero se deniega el derecho de relación por no considerarse beneficioso para el menor.

La SAP Valencia 9 marzo 2012 (*Tol 2577746*) considera como "allegada" a la antigua compañera sentimental de la madre biológica (no estaban casadas), al igual que hizo la STS 12 mayo 2011 (*Tol 2124714*). En este sentido, la Audiencia expresa que "En dicho supuesto de hecho el Tribunal Supremo considera allegada a la expareja de la madre biológica, y, esa misma consideración es de aplicación al caso de autos en la medida en que se evidencia (...) que tras el nacimiento de la pequeña se mantuvo una relación estrecha entre las partes que conllevó, a su vez, una relación intensa de la actora con la niña durante sus primeros años de vida que, al menos, en un principio no fue negada por la recurrente". Sin embargo, en este supuesto, se acaba denegando el derecho de la "allegada" a relacionarse con la menor por no considerarse beneficioso para la misma. Así se desprende del informe pericial, el cual indica que "en el momento actual, mantener un régimen de comunicaciones entre la menor Milagrosa y la Sra. Josefina va a resultar contraproducente para la niña pudiendo provocar efectos negativos en su desarrollo emocional". Además, "La actitud de la niña es de rechazo, vive el conflicto adulto y se posiciona con la persona que es su referente afectivo. En este momento no hay vinculación afectiva, la niña no recuerda nada de la convivencia, la ausencia de esa figura no la va a vivir como una carencia". Y, finalmente, añade el Tribunal que la perito afirma "que pueden producírsele secuelas, porque somatiza el problema, tiene pesadillas, crisis de ansiedad y sufrimiento al enfrentarse al conflicto, en definitiva, sufre emocionalmente un daño".

19. Se deniega a la expareja de la madre biológica el derecho a relacionarse con la menor, precisamente por la negativa de la menor de 12 años a las relaciones pretendidas.

La SAP Alicante 9 abril 2008 (AC 2008, 1358) establece que "explorada la menor, que cuenta en la actualidad con 12 años de edad, la misma se ha negado a las relaciones pretendidas por la demandante". A ello se le suma que la actora pretendía que se estableciera "un amplio abanico de comunicación centrado en fines de semana alternos desde viernes a domingo, dos tardes a la semana y mitad de las vacaciones de Navidad, Semana Santa y verano", a lo que el Tribunal señala que "si bien es cierto que la actora puede tener con relación a la menor una cierta vinculación afectiva debido al tiempo que pasaron juntas, no puede introducirse en la vida de ellos con el régimen de visitas que se pretende obtener cuál si se tratara de una madre biológica. (...) Por todo lo cual procede la desestimación del recurso de apelación y la íntegra confirmación de la sentencia de instancia". [*Vid.*, en el mismo sentido, la SAP Murcia 7 febrero 2013 (*Tol 3251643*)].

ESQUEMA

SENTIDO ACTUAL DEL RÉGIMEN DE COMUNICACIÓN FAMILIAR

EL DERECHO DE RELACIÓN DE LOS ABUELOS CON LOS NIETOS

1. Concepto, caracteres, fundamento y naturaleza jurídica
2. El interés superior del menor como criterio rector para establecer el derecho de relación de los abuelos con sus nietos
3. Modos de establecimiento del derecho
4. Contenido del derecho de relación
5. Sobre la "justa causa" del art. 160.2 CC

EL DERECHO DE RELACIÓN DEL MENOR CON SUS HERMANOS, PARIENTES Y ALLEGADOS

1. La figura del hermano, pariente y allegado
2. Modos de establecimiento del derecho
3. Consideración de la "justa causa" en parientes y allegados

8 El régimen jurídico de los animales domésticos en las crisis familiares

Manuel Ortiz Fernández[1]

Sumario: 1. SENTIDO ACTUAL DE LOS ANIMALES EN EL ORDENAMIENTO JURÍDICO ESPAÑOL. 1.1. Los animales como "seres sintientes" y la aplicación de un régimen diferente (como regla general) al de los bienes. 1.2. Los animales en el ámbito patrimonial y en el Derecho sucesorio. 1.3. La "pretendida" atribución de personalidad jurídica. 1.4. El ámbito de aplicación de la Ley 17/2021 y la incorporación del principio de bienestar animal. 2. TRATAMIENTO DE LOS ANIMALES EN LAS SITUACIONES DE CRISIS MATRIMONIAL.

1. SENTIDO ACTUAL DE LOS ANIMALES EN EL ORDENAMIENTO JURÍDICO ESPAÑOL

Tradicionalmente, los animales han sido catalogados en el Derecho privado español como cosas, esto es, bienes muebles, a excepción del caso del art. 334.6º CC (derogado en la actualidad), en el que eran entendidos como bienes inmuebles. Así, se consideraban legalmente bienes semovientes susceptibles de titularidad asimilable a la propiedad. A partir de estas premisas, se estableció un régimen jurídico aplicable a la relación con los humanos y a cada uno de los escenarios en los que intervienen los mismos.

Sin embargo, siempre han recibido un especial tratamiento, quizás porque la propia doctrina científica era consciente de que no se trataba de bienes al uso, sino que estamos ante seres vivos. En este sentido, a pesar de la regulación jurídico-civil recogida en el Código, se han ido aprobando normas cuyo cometido es ofrecer una tutela adecuada.

1.1. Los animales como "seres sintientes" y la aplicación de un régimen diferente (como regla general) al de los bienes

Con la aprobación de la Ley 17/2021, de 15 de diciembre, de modificación del Código Civil, la Ley Hipotecaria y la Ley de Enjuiciamiento Civil, sobre el régimen jurídico de los animales (que entró en vigor el 5 de enero de 2022), el legislador nacional ha optado por reforzar todavía más estas tendencias y avanzar a un nuevo estadio de

1 AYU, Derecho civil, Universidad "Miguel Hernández" de Elche.

protección de los animales, siguiendo otras iniciativas anteriores (como la impulsada en 2015 por el Observatorio Justicia y Defensa Animal). Esta norma conlleva, fundamentalmente, la eliminación de la consideración de los animales como bienes muebles.

Normativa reguladora

En primer lugar, cabe destacar el art. 13 del Tratado de Funcionamiento de la Unión Europea que establece la necesidad de que los estados miembros respeten el bienestar animal, considerados como "seres sensibles". Así, dispone que "Al formular y aplicar las políticas de la Unión en materia de agricultura, pesca, transporte, mercado interior, investigación y desarrollo tecnológico y espacio, la Unión y los Estados miembros tendrán plenamente en cuenta las exigencias en materia de bienestar de los animales como seres sensibles, respetando al mismo tiempo las disposiciones legales o administrativas y las costumbres de los Estados miembros relativas, en particular, a ritos religiosos, tradiciones culturales y patrimonio regional".

Por otro lado, encontramos el Convenio Europeo sobre protección de animales de compañía, hecho en Estrasburgo el 13 de noviembre de 1987, ratificado por España mediante instrumento publicado en el Boletín Oficial del Estado de 11 de octubre de 2017. A este respecto, su art. 3 se refiere a los principios básicos para el bienestar de los animales, entre los que incluye dos prohibiciones; a saber, que nadie deberá infligir innecesariamente dolor, sufrimiento o angustia a un animal de compañía y que nadie deberá abandonar a un animal de compañía.

A nivel nacional, también el legislador ha aprobado diferentes normas que tienen como finalidad tutelar a los animales, como por ejemplo el Real decreto de 24 de abril de 1905 aprobatorio del adjunto reglamento para la administración y régimen de las reses mostrencas, el Real Decreto 1047/1994, de 20 de mayo, relativo a las normas mínimas para la protección de terneros, el Real Decreto 348/2000, de 10 de marzo, por el que se incorpora al ordenamiento jurídico la Directiva 98/58/CE, relativa a la protección de los animales en las explotaciones ganaderas, o la Ley 32/2007, de 7 de noviembre, para el cuidado de los animales, en su explotación, transporte, experimentación y sacrificio.

Sin embargo, más relevancia tiene la reciente reforma operada por la Ley 17/2021, en la que se ha reforzado todavía más la tendencia anterior y se ha avanzado a un nuevo estadio de protección de los animales, al suprimir la consideración de los mismos como bienes muebles.

En este sentido, los mismos pasan a tener la cualidad de "seres sintientes" (también denominados seres vivos dotados de sensibilidad, seres sintientes con un valor intrínseco, o "animales no humanos"), con las implicaciones que ello conlleva y que trataremos de exponer y analizar en el presente estudio.

En particular, son especialmente importantes los arts. 333 y 333 bis que se incorporan al Título I del Libro II CC. El primero prevé que "Todas las cosas que son o pueden ser objeto de apropiación se consideran como bienes muebles o inmuebles. También pueden ser objeto de apropiación los animales, con las limitaciones que se establezcan en las leyes".

Por su parte, el art. 333 bis CC indica en su apartado primero que "Los animales son seres vivos dotados de sensibilidad. Solo les será aplicable el régimen jurídico de los bienes y de las cosas en la medida en que sea compatible con su naturaleza o con las disposiciones destinadas a su protección".

En otro orden de cosas, el apartado segundo del mencionado precepto señala que "El propietario, poseedor o titular de cualquier otro derecho sobre un animal debe ejercer sus derechos sobre él y sus deberes de cuidado respetando su cualidad de ser sintiente, asegurando su bienestar conforme a las características de cada especie y respetando las limitaciones establecidas en ésta y las demás normas vigentes".

En cuanto al apartado tercero del art. 333 bis CC, dispone que "Los gastos destinados a la curación y al cuidado de un animal herido o abandonado son recuperables por quien los haya pagado mediante el ejercicio de acción de repetición contra el propietario del animal o, en su caso, contra la persona a la que se le hubiera atribuido su cuidado en la medida en que hayan sido proporcionados y aun cuando hayan sido superiores al valor económico de éste".

Por último, su apartado cuarto destaca que "En el caso de que la lesión a un animal de compañía haya provocado su muerte o un menoscabo grave de su salud física o psíquica, tanto su propietario como quienes convivan con el animal tienen derecho a que la indemnización comprenda la reparación del daño moral causado".

Asimismo, hemos de anudar la nueva redacción ofrecida a los arts. 334.2, 346.2, 355.1 y 357 CC. De una lectura de dichos preceptos se puede concluir que la consideración de los animales como bienes inmuebles, muebles o frutos se realizará sin perjuicio de la consideración de los animales como seres sintientes y de las leyes especiales que los protegen" y "solo en la medida en que sea compatible con las normas destinadas a su protección".

Igualmente, tal y como se reconoce en el Preámbulo de la citada Ley 17/2021, esta reforma sigue las líneas marcadas por algunos de los países de nuestro entorno. En este sentido, cabe destacar los ordenamientos jurídicos austríacos, alemán, suizo, belga, francés y portugués que abordaron esta tarea previamente. Por su relevancia, hemos de reseñar la elevación a rango constitucional de la protección de los animales en Alemania (vid. art. 20 a) de la Ley Fundamental de la República Federal de Alemania) y en Suiza (vid. art. 80 de la Constitución Federal de Suiza).

Además, las comunidades autónomas también se han centrado en estas cuestiones y contamos con una gran variedad de legislación a tal efecto con distinto alcance y contenido, a pesar de que hayan sido obviadas en la Exposición de Motivos de la comentada Ley. En este campo, resulta fundamental el art. 511-1 apartado tercero de la Ley 5/2006, de 10 de mayo, del libro quinto del Código Civil de Cataluña, relativo a los derechos reales, que señala que "Los animales, que no se consideran cosas, están bajo la protección especial de las leyes. Solo se les aplican las reglas de los bienes en lo que permite su naturaleza".

Asimismo, a modo de ejemplo, encontramos la Ley 6/2018, de 26 de noviembre, de protección de los animales en la Comunidad Autónoma de La Rioja que tiene objeto, como reconoce su art. 1, "regular el régimen para garantizar la protección, el bienestar y la tenencia responsable de los animales que se encuentran dentro del territorio de la Comunidad Autónoma".

Más recientemente, se aprobó la Ley 7/2020, de 31 de agosto, de Bienestar, Protección y Defensa de los Animales de Castilla-La Mancha que sustituye a la anterior Ley 7/1990, de 28 de diciembre, de Protección de los animales domésticos y que tiene como finalidad adaptar "las nuevas demandas de la sociedad en términos de bienestar animal".

En el caso de la Comunitat Valenciana, disponemos de la Ley 4/1994, de 8 de julio, de la Generalitat Valenciana, sobre Protección de los Animales de Compañía, así como la Ley 6/2003, de 4 de marzo, de ganadería de la Comunitat Valenciana y la Ley 12/2003, de 10 de abril, sobre perros de asistencia para personas con discapacidades. Repárese en que el ámbito de protección es más restringido que en La Rioja, ya que se refiere únicamente a los animales de compañía.

Jurisprudencia

A pesar de que existen múltiples resoluciones judiciales sobre la atribución del cuidado de los animales, son especialmente relevantes, a nuestros efectos, aquellas en las que, alejándose de la titularidad dominical de los mismos, inciden en la relación afectiva y emocional que mantenían con los excónyuges. Como se deduce, otorgar una especial consideración a estos animales, alejándolos de la tradicional "cosificación".

En este ámbito, es ya de sobra conocida la SJPI núm. 2 Badajoz 7 octubre 2010 (ECLI:ES:JPI:2010:19), pero no por ello podemos dejar de realizar una mención específica. En este pronunciamiento, ya se atisba un tratamiento diferenciado para los animales y, en especial, para los perros, pues como reconoce la relación entre estos últimos y las personas es, fundamentalmente, "parental".

Además, cabe destacar la SAP Málaga 14 mayo 2018 (*Tol 8031199*), en la que se consideró que la convivencia continuada durante más de siete años era suficiente para decretar la cotitularidad del perro. En este sentido, quedó demostrado que había mantenido "una relación afectiva, intensa al menos durante la convivencia, y continuada tras la ruptura sentimental en 2011, ocupándose posteriormente de los cuidados del animal", ya que "lo trascendente es esa apariencia derivada de la relación afectiva prolongada, de buena fe (…) por lo que el uso compartido durante los primeros años de vida del perro, y exclusivo por parte de la recurrente tras la ruptura de la relación sentimental desde 2011 hasta primeros de 2015 en que el demandado se lo llevó, merece tutela jurídica".

Con un razonamiento similar, la SJPI núm. 7 Vilanova i la Geltrú 6 noviembre 2019, rec. núm. 159/2019 (confirmada posteriormente por la SAP Barcelona 22 enero 2021 (LA LEY 6785/2021), entendió que la relación con un animal de compañía implica una relación emocional que no es comparable con el derecho de propiedad sobre otro tipo de bienes. Y es que, se trata "de un ser vivo que acompaña e interactúa con sus propietarios, creándose estrechos lazos de afectividad mutua que deben ser conservado", de tal forma que no se debe actuar solo en beneficio de los derechos de los propietarios, sino también los del propio animal.

Por su parte, la SJPI núm. 11 Madrid 7 octubre 2021, rec. núm. 1295/2021, ahonda en estas cuestiones al prever que la mera titularidad formal del animal (sea como dueño o como adoptante), no puede prevalecer sobre la realidad del afecto del solicitante de la tenencia compartida. Así pues, no hemos de detenernos "en el dato meramente formal de la titularidad del animal, sino que hay que alcanzar la realidad de un vínculo de afectividad". No obstante, al margen de declarar la tenencia compartida, lo más reseñable de esta Sentencia es que afirma que la demandante es "co cuidadora y corresponsable del perro".

Cuestiones relevantes

1. En cierta medida, la aprobación de la Ley 17/2021 supone una "adaptación" del ordenamiento jurídico español a las exigencias internacionales de respeto a la naturaleza de los animales.

Sin embargo, a diferencia de otros países de nuestro entorno (como Alemania o Suiza) no ha conllevado (al menos a nuestro parecer) la consagración de un valor constitucional. En todo caso, no incorpora una formulación "negativa" de los mismos, esto es, que su definición se realiza en contraposición a las cosas o bienes. Muy al contrario, se pretende desarrollar una descripción "positiva", de tal suerte que se pretende captar la esencia de los animales y, a partir de sus características básicas, formular un concepto propio. Siguiendo el tenor literal del Preámbulo de la Ley 17/2021, se trata de establecer el *substratum* de estos seres para diferenciarlos "por un lado, de las personas y, por otro, de las cosas y otras formas de vida, típicamente de las plantas".

2. Precisamente por este motivo, la consecuencia lógica que se deriva de lo anterior es la atribución de una naturaleza y una consideración legal diferentes a las que tenían. Como se ha señalado, los mismos pasan a ser seres sintientes o dotados de sensibilidad y, como señala el Preámbulo de la Ley 17/2021, esta cualidad legal implica que "la relación de la persona y el animal (sea este de compañía, doméstico, silvestre o salvaje) ha de ser modulada (...) de modo que los derechos y facultades sobre los animales han de ser ejercitados atendiendo al bienestar y la protección del animal, evitando el maltrato, el abandono y la provocación de una muerte cruel o innecesaria".

Esta consideración como seres dotados de sensibilidad obliga a repensar todo el sistema jurídico-civil para adecuar el tratamiento ofrecido a su naturaleza inherente. Por este motivo, no es tan relevante la determinación de la propiedad de los mismos, por cuanto lo verdaderamente importante es su bienestar y la tutela de sus derechos.

3. Sin duda, esto último nos sitúa en un contexto cercano (aunque no similar) a las relaciones paternofiliales y nos lleva a plantearnos si estamos ante un verdadero "derecho-deber" (al igual que con las potestades). De hecho, este deber puede detectarse en la posibilidad de repetir frente al propietario o el encargado de su cuidado los gastos de curación realizados por un tercero ya sea por encontrarse herido o abandonado (art. 333 bis apartado tercero), ya por hallazgo (art. 611.3 CC), pudiendo en este caso exigir también el resarcimiento de los daños causado.

Estamos ante una relación jurídica compleja que ha dado lugar incluso al reconocimiento *ex lege* de un daño moral y, por tanto, de una acción, tanto al propietario como a los convivientes del animal en casos de lesiones que provoquen la muerte o menoscabos graves en la salud física o psíquica de este último (art. 333 bis apartado cuarto).

1.2. Los animales en el ámbito patrimonial y en el Derecho sucesorio

Un grupo de preceptos de la Ley 17/2021 están dedicados a modificar determinados aspectos del ejercicio de ciertos derechos (como el de propiedad o el usufructo), así como a incorporar reglas aplicables al ámbito patrimonial y sucesorio.

En consecuencia, a partir de las premisas anteriores, se formula un régimen especial para la propiedad, la posesión, el usufructo, el sistema sucesorio y la compraventa de los animales cuyo objetivo es, como se ha tenido ocasión de indicar, establecer un marco jurídico respetuoso con la naturaleza de los mismos.

Normativa reguladora

En primer lugar, se modifica la redacción del art. 348 CC para añadir la referencia, en el ámbito del derecho de propiedad, a la posibilidad de "gozar y disponer" de un animal, así como de ejercitar la acción reivindicatoria. En suma, se trata de diferenciar entre los bienes y las cosas, de un lado, y los animales, de otro.

Para el caso de que exista una comunidad de bienes, se anudan dos párrafos (segundo y tercero) al art. 404 CC que establece una mayoría reforzada (la unanimidad) para la división de los animales de compañía mediante la venta. Así, de no existir tal acuerdo, será la autoridad judicial quien, en atención al interés de los condueños y al bienestar del animal, decida lo procedente.

De nuevo, estamos ante un tratamiento diferenciado y especial para los animales por tratarse de seres vivos dotados de sensibilidad.

En el caso de la posesión, muchas de las modificaciones derivadas de lo anterior se han traducido en la mera inclusión de los términos "animal" o "animales" para adaptar la terminología empleada por los preceptos. Véanse a este respecto los arts. 430, 431, 432, 438 o 460 CC.

En este sentido, señala el art. 430 CC que la posesión natural "es la tenencia de una cosa o animal, o el disfrute de un derecho por una persona. Posesión civil es esa misma tenencia o disfrute unidos a la intención de haber la cosa, animal o derecho como suyos". Y, por su parte, el art. 437 CC dispone que sólo pueden ser objeto de posesión "las cosas y derechos que sean susceptibles de apropiación. También pueden ser objeto de posesión los animales, con las limitaciones establecidas en las leyes".

En esta línea, el art. 465 CC adapta la terminología a las exigencias actuales al suprimir las expresiones de animales "fieros", "amansados" o "mansos" y su sustitución por los de "salvajes o silvestres", "domesticados", "domésticos" y "de compañía".

Unas conclusiones similares podemos extraer del art. 499 CC en el que se han eliminado determinadas palabras como animales "dañinos" o "despojos". En palabras del precepto:

"Si el usufructo se constituyere sobre un rebaño o piara de ganados, el usufructuario estará obligado a reemplazar con las crías las cabezas que mueran anual y ordinariamente, o falten por la depredación de otros animales.

Si el ganado sobre el que se constituyere el usufructo pereciere del todo, sin culpa del usufructuario, por efecto de una enfermedad contagiosa u otro acontecimiento no común, el usufructuario cumplirá con entregar al dueño los restos de los animales o sus rendimientos, sin perjuicio de la aplicación, en todo caso, de la regulación legal y reglamentaria de seguridad alimentaria y de sanidad animal sobre dichos productos o restos.

Si el rebaño pereciere en parte, también por un accidente, y sin culpa del usufructuario, continuará el usufructo en la parte que se conserve.

Si el usufructo fuere de ganado estéril, en cuanto a los efectos se aplicará lo dispuesto en el artículo 482".

Algo similar puede señalarse con respecto a la ocupación regulada en el art. 610 CC que, tal y como indica, podrán ser objeto de la misma los animales carentes de dueño "Con las excepciones que puedan derivar de las normas destinadas a su identificación, protección o preservación".

Más enjundia plantea la nueva redacción del art. 611 CC que establece, en su apartado primero, la obligación de restitución del animal perdido a su propietario (o responsable de su cuidado). Y ello, salvo que existan indicios fundados de que el animal hallado sea objeto de malos tratos o de abandono. En tales casos, decae el derecho del propietario y no existirá el deber de restitución, sino que tendrá que ponerlo en conocimiento ante las autoridades competentes.

Además, tal y como se reconoce el derecho de repetir frente al propietario del animal por los gastos de curación realizados por un tercero por encontrarse herido o abandonado (art. 333 bis apartado tercero), procede igualmente dicha acción cuando se produzca por hallazgo (art. 611.3 CC), pudiendo en este caso exigir también el resarcimiento de los daños causado.

En cuanto al Derecho sucesorio, se crea un nuevo art. 914 bis en el Código que se refiere a la falta de disposición testamentaria relativa a los animales de compañía propiedad del causahabiente. En tal circunstancia, se prevé la transmisión mortis causa a los herederos o legatarios.

En aplicación de la precitada finalidad tuitiva, la disposición añade la posibilidad de que, para asegurar su cuidado, no se entregue el animal a los herederos en dos supuestos: en primer lugar, cuando no sea posible hacerlo de inmediato y en tanto se revuelvan los trámites de la sucesión, que será adjudicado al órgano administrativo o centro correspondiente; en segundo lugar, cuando los sucesores no quieran hacerse cargo del mismo, que será cedido a un tercero.

Por su parte, el párrafo cuarto del mencionado precepto se circunscribe al caso en el que más de un heredero reclame el animal y no exista acuerdo unánime, debiendo ser decidido su destino por la autoridad judicial teniendo en cuenta su bienestar.

Por otro lado, los cuatro artículos restantes del Código civil se refieren a la compraventa de animales (arts. 1485, 1492 y 1864 CC) y a la prenda (art. 1864 CC). Lo más reseñable es la imposibilidad de que sean objeto de prenda los animales de compañía. Repárese en que el legislador, en esta ocasión y a diferencia de otros preceptos, ha añadido expresamente que han de ser "de compañía", lo cual implica que sí podrán entregarse los animales que carezcan de tal condición.

Por lo que respecta a los cambios producidos en la Ley Hipotecaria, se añade un nuevo apartado primero al art. 111 que se ocupa de excluir, salvo pacto o disposición legal en contrario, a los animales colocados o destinados en una finca dedicada a la explotación ganadera, industrial o de recreo de la hipoteca. Sin embargo, el propio precepto impide que el pacto de extensión de la hipoteca afecte a los animales de compañía.

Por último, en cuanto a la Ley de Enjuiciamiento Civil, la modificación se concreta en tres preceptos, de los cuales dos serán analizados posteriormente. Así, se introduce un nuevo numeral 1.º en el art. 605, en los términos siguientes (pasando el numeral 1.º a ser 1.º bis) que destaca que no serán en absoluto embargables "Los animales de compañía, sin perjuicio de la embargabilidad de las rentas que los mismos puedan generar".

En la misma línea, el art. 605 CC, declara absolutamente inembargables los animales de compañía, "sin perjuicio de la embargabilidad de las rentas que los mismos puedan generar". En este punto, consideramos que sería necesario que se concretara el término renta, pues entendemos que no cabe incluir en el mismo, por ejemplo, las crías de los mismos, por cuanto comparten la misma naturaleza.

Téngase en cuenta que el art. 355 CC, que no ha sido modificado por la reforma, continúa señalando que son frutos naturales "las producciones espontáneas de la tierra, y las crías y demás productos de los animales". No obstante, tal extremo parece moderarse en el modificado art. 357 CC que destaca que "solo en la medida en que sea compatible con las normas destinadas a su protección, las crías quedan sometidas al régimen de los frutos, desde que estén en el vientre de su madre, aunque no hayan nacido".

Cuestiones relevantes

4. El actual art. 333 CC rectifica la tradicional consideración acerca de que lo que puede ser objeto de apropiación es un bien mueble o inmueble al permitir, como una categoría separada y diferente, que los animales puedan serlo. En la misma línea, el art. 437 CC permite que sean objeto de posesión y el art. 610 CC de ocupación. Estas disquisiciones no son, ni mucho menos, baladí. Muy al contrario, tienen más relevancia de la que pudiera parecer a priori y, en cierta forma, suponen una alteración de nuestro sistema civil y, en particular, del derecho de propiedad tal y como lo hemos venido entendiendo.

Estamos, pues, a nuestro parecer, ante un cambio de paradigma en tanto en cuanto se contempla la posibilidad de, por un lado, adquirir y comercializar seres que (ya) no son bienes o cosas y, por otro lado, que dichas actividades estén sujetas (o puedan estarlo) a limitaciones legales distintas a las cotidianas.

5. Al igual que en el caso de la propiedad, la naturaleza de los animales como seres vivos sintientes (y no como cosas) supone una modificación de las bases de la herencia. Si se examina la propia definición de caudal hereditario o los conceptos que lo integran, rápidamente podrá detectarse que estos seres no tienen un fácil encaje.

Podría pensarse que lo que se está transmitiendo (y, por tanto, el objeto de apropiación) no es el animal en sí, sino un derecho sobre él. Sin embargo, esta interpretación no parece ofrecer una respuesta a la realidad fáctica y tampoco estamos ante un derecho *strictu sensu*.

6. Entendemos que lo ideal sería que se hubiera incorporado una clasificación de los animales y aportado las características básicas de cada uno de ellos. En todo caso, quizás las premisas del art. 465 CC sean suficientes a este efecto.

7. En el ámbito de la modificación de la Ley Hipotecaria, a pesar de que podemos comprender el sentido de este artículo (entre otras cuestiones, evitar que se puedan producir enriquecimientos injustos), no se trata de un argumento totalmente convincente, pues la propia naturaleza conferida de seres vivientes parece negar dicha posibilidad.

En todo caso, como muy acertadamente advierte la doctrina, para determinar el alcance de la citada prohibición y tiendo en cuenta que la Ley 17/2021 no ofrece una definición acerca del concepto animal de compañía, parece razonable que se planteen las diferentes posibilidades que existen y, en particular, si la prohibición de la extensión convencional de la hipoteca se refiere únicamente a los animales de compañía de los que es propietario el deudor hipotecante que cumplen tal función (de compañía), o si, en cambio, alcanza también a los animales de compañía que tienen un cometido fundamentalmente económico.

8. Por lo que se refiere a las limitaciones legales a las que se refiere la Ley 17/2021 en diversos artículos, se centran en aquellas disposiciones que, de algún modo, restrinjan determinados usos o actividades con respecto a ciertos animales. Imagínese, por ejemplo, que se trata de un animal que queda fuera del comercio por ser declarada su especie en peligro de extinción.

Igualmente, tales prohibiciones pueden circunscribirse a determinadas medidas de regulación directa o, en su caso, indirectas mediante la limitación del volumen de capturas. *Vid.*, a tal efecto, el art. 7 de la Ley 3/2001, de 26 de marzo, de Pesca Marítima del Estado que prevé que, "Para la conservación y mejora de los recursos pesqueros, el Ministro de Agricultura, Pesca y Alimentación podrá establecer medidas de regulación directas, a través de la limitación del esfuerzo de pesca, o indirectas mediante la limitación del volumen de capturas".

1.3. La "pretendida" atribución de personalidad jurídica

Como derivación de lo anterior, algunos autores se han planteado, incluso, el reconocimiento de personalidad jurídica a los animales por la correspondiente atribución de derechos. Así, la naturaleza de ser dotado de sensibilidad (como algo diferente a los bienes y a las plantas), plantea no pocas dudas interpretativas.

Cuestiones relevantes

9. No parece que pueda deducirse una atribución de personalidad jurídica a los animales.

Si analizamos la reforma, podemos comprobar que en ningún punto reconoce derechos a los animales y, lo que es más importante, permite que sean objeto de apropiación y comercialización.

Ciertamente, las relaciones jurídicas entre personas y animales son complejas y, en cierta medida, pueden asemejarse al régimen de las potestades (derecho-deber), lo cual conllevaba, implícitamente, a atribuir estos derechos a los animales.

Sea como fuere, desde nuestra perspectiva, este razonamiento no es totalmente adecuado, pues si hubiera sido la intención del legislador podría haberlo plasmado de forma expresa (y tenía una oportunidad inmejorable para ello). En realidad, lo único que refleja la norma es la imposición de una serie de deberes que vienen impuestos por la especial consideración que merecen los animales como seres vivos dotados de sensibilidad. Así, la propia evolución de la sociedad y de las relaciones humano-animal precisa de un sistema que ofrezca un tratamiento acorde a estos últimos y diferenciado del aplicable a las cosas.

De hecho, incluso en ciertos casos se puede recurrir al régimen jurídico de las cosas para dar respuesta a determinadas situaciones en las que interviene un animal.

10. Se trata, en suma, de una primera aproximación o adaptación de la normativa a las nuevas realidades de los animales. Si se quiere, estamos ante un primer estadio en el que ir generando una legislación cada vez más respetuosa con las exigencias impuestas por la naturaleza de estos seres. De hecho, quizás, en el futuro se plantee una posible atribución de derechos en favor de los animales y se debata de nuevo acerca su personalidad jurídica, pero no estamos en dicho escenario actualmente.

Y es que, sin negar los grandes avances, no estamos ante un estadio definitivo. Como destaca el Preámbulo de la Ley 17/2021, "Lo deseable de *lege ferenda* es que ese régimen protector vaya extendiéndose progresivamente a los distintos ámbitos en que intervienen los animales, y se vaya restringiendo con ello la aplicación supletoria del régimen jurídico de las cosas".

1.4. El ámbito de aplicación de la Ley 17/2021 y la incorporación del principio de bienestar animal

Si analizamos la Ley 17/2021 e, incluso, la normativa europea y autonómica, podemos detectar cómo, en diversos aspectos, se refiere únicamente a los "animales de compañía", lo cual invita a pensar que se está excluyendo a otros animales que no compartan esta característica.

Asimismo, se alude al principio de bienestar animal como criterio a tener en cuenta en las decisiones que afecten a los mismos. En todo caso, la falta de concreción y de conceptualización del legislador, genera cierta inseguridad jurídica en su aplicación y en las propias relaciones que surgen con otros intereses en juego.

Cuestiones relevantes

11. La Ley 17/2021 conlleva la plasmación expresa en nuestro ordenamiento del principio de bienestar (o interés) animal, lo cual nos obliga a tener en cuenta a los mismos, evitando, en la medida de lo posible, que se sufran perjuicios o daños injustificados. Sea como fuere, no disponemos de una definición en la norma sobre el particular.

Como apunta parte de la doctrina, no se trata de un principio absoluto, sino que es necesario ponderarlo con otros intereses en juego, de tal forma que el primero ceda cuando el bien jurídico a sacrificar pertenezca a un ser humano.

A este respecto, aplicando el principio de proporcionalidad, es posible que la protección de los animales decaiga porque es necesario ofrecer, por ejemplo, alimento a las personas; con ciertos matices, se demanda para la experimentación (vid. la Ley 43/2002, de 20 de noviembre, de sanidad vegetal, el Real Decreto 53/2013, de 1 de febrero, por el que se establecen las normas básicas aplicables para la protección de los animales utilizados en experimentación y otros fines científicos, incluyendo la docencia o la Orden ECC/566/2015, de 20 de marzo, por la que se establecen los requisitos de capacitación que debe cumplir el personal que maneje animales utilizados, criados o suministrados con fines de experimentación y otros fines científicos, incluyendo la docencia); o es imperativo recurrir a medidas especiales por tratarse de animales peligrosos.

Vid. en este sentido la STJUE 12 julio 2001 (*Tol 105850*), caso Jippes, en el que se analizó el establecimiento de la prohibición de vacunación forzosa a animales para evitar la transmisión del virus, así como de sacrificar cierta ganadería.

En todo caso, ciertos aspectos precisan de una reflexión más profunda, ya que pueden contravenir los principios que inspiran la disposición. Un ejemplo lo encontramos en el art. 404 CC que permite que se produzca la división de los animales de compañía si existe acuerdo unánime de los condueños.

12. A pesar del tenor literal de la Ley 17/2021 (se refiere al régimen jurídico de los animales, en general), no parece que puedan extenderse las exigencias que incorpora a todos los animales.

En este sentido, se deduce del ordenamiento jurídico que existen tres grandes grupos de animales: los domésticos (con los que se generan relaciones personales, de afectividad), aquellos que se emplean en el seno de un trabajo u oficio (esto es, aprovechables patrimonialmente) y los salvajes (que viven en libertad).

Conlleva ello, por tanto, que diferenciemos entre animales en un sentido, si se quiere, patrimonial, esto es, cuando cumple una función de este tipo para las personas. Por el contrario, cuando se generan vínculos afectivos con los humanos y, en consecuencia, desempeñan una función de tipo personal, podemos hablar, *strictu sensu,* de animales de compañía. Por su parte, si no se dan ninguna de las anteriores premisas, estaremos ante animales salvajes.

Sea como fuere, es muy posible que con los animales que se destinan a actividades de tipo económico se generen, a su vez, lazos de afectividad, por lo que no queda muy claro en qué momento se extingue su condición patrimonial y comienza la personal, y viceversa.

Así las cosas, muchas de las previsiones legales están dedicadas, como no podía ser de otro modo, exclusivamente a los animales domésticos. Como se desprende de algunos preceptos de la reforma, tales premisas adquieren vigencia únicamente cuando se trata de "animales de compañía" y no cuando estamos, por ejemplo, ante un animal salvaje.

En realidad, muchas de las previsiones legales conllevan, *per se,* la atribución de esta última cualidad, ya que no tiene excesivo sentido plantear, por ejemplo, un régimen de visitas con aquellos animales con los que no comparten lazos emocionales.

13. Sin embargo, en otras ocasiones no parece existir justificación para restringir la protección a determinados animales por la mera cualidad de ser domésticos.

Los animales se tutelan en función del beneficio que generen para las personas. A este respecto, si bien el principio inspirador es la protección y el bienestar de los mismos, se puede detectar en determinadas disposiciones que dicho extremo se realiza en la medida en que estos son importantes, útiles o beneficiosos para los humanos (ya sea sentimentalmente, ya económicamente), haciéndolo depender o bien de su convivencia, o bien de su rentabilidad.

Sin embargo, la afirmación del art. 333 bis acerca de que "los animales" (sin mayores concreciones) son seres vivos dotados de personalidad parece que engloba a todos ellos sin diferenciar entre razas o tipologías. De este modo, para interpretar correctamente la reforma del Código Civil consideramos que han de diferenciarse solamente dos tipos de animales: los que conviven con humanos y los que no lo hacen. Así, un animal dejará de ser salvaje en la medida en que pase a estar al cuidado de una persona, y, por el contrario, no será doméstico cuando viva libremente sin relacionarse con ningún ser humano.

Desde esta perspectiva, sí se comprende que ciertos aspectos deban quedar referidos únicamente a los animales de compañía, pues no tendría excesivo sentido extender dicho régimen. Véase, por ejemplo, en este sentido, la incorporación de una indemnización al propietario, su transmisión mortis causa, etc.

No obstante, de lo anterior no se deduce que el resto de los animales no precisen de protección. Nada más lejos de la realidad. Como se ha señalado, la cualidad de seres vivos sintientes no depende de su relación (directa) con un ser humano y, en consecuencia, todos deben disponer, en atención a sus particulares circunstancias, de unas condiciones adecuadas para desarrollarse. En todo caso, el establecimiento de dicho régimen, quizás, no corresponda al Código Civil (o, al menos, a la reforma propuesta), sino a otras normativas que se aprueben al efecto.

14. A nuestro parecer, la ley nacional ha de ir acompañada de otras posteriores que completen las lagunas, resuelvan todas las cuestiones y formen un verdadero Código de Protección y Bienestar Animal, esto es, un estatuto jurídico de los animales.

A este respecto, se está trabajando en otras disposiciones como el Anteproyecto de Ley de Protección y Derechos de los animales cuyo objetivo principal es regular "el reconocimiento y la protección de la dignidad de los animales por parte de la sociedad. Por tanto, no regula a los animales como un elemento más dentro de nuestra actividad económica a los que se deban unas condiciones por su capacidad sentir, sino que regula nuestro comportamiento hacia ellos como seres vivos dentro de nuestro entorno de convivencia".

15. No ha tenido a bien el legislador incorporar una definición de qué se entiende por "animal de compañía", lo que, sin duda, genera graves problemas para aplicar la norma. Este hecho se agrava si tenemos en cuenta la disparidad de criterios incluidos en otras disposiciones.

A modo de ejemplo, el art. 1.1 del Convenio Europeo sobre protección de animales de compañía señala que "Se entenderá por animal de compañía todo aquel que sea tenido o esté destinado a ser tenido por el hombre, en particular en su propia vivienda, para que le sirva de esparcimiento y le haga compañía".

Por su parte, el art. 3 del Decreto Legislativo 2/2008, de 15 de abril, por el que se aprueba el Texto refundido de la Ley de protección de los animales, de Cataluña, diferencia entre animal doméstico (letra a) y animal de compañía (letra b). Así, el primero es "el que pertenece a especies que habitualmente se crían, se reproducen y conviven con personas y que no pertenecen a la fauna salvaje. Tienen también esta consideración los animales que se crían para la producción de carne, piel o algún otro producto útil para el ser humano, los animales de carga y los que trabajan en la agricultura".

Por su parte, el segundo es aquel "animal doméstico que las personas mantienen generalmente en el hogar para obtener compañía. A los efectos de esta Ley, disfrutan siempre de esta consideración los perros, los gatos y los hurones".

En cuanto al Reglamento (UE) 2016/429 del Parlamento Europeo y del Consejo, de 9 de marzo de 2016, relativo a las enfermedades transmisibles de los animales y por el que se modifican o derogan algunos actos en materia de sanidad animal, se refiere en su art. 4.11ª al animal de compañía, esto es, "un animal de cualquiera de las especies enumeradas en el anexo I, que se cuide con fines personales no comerciales".

Dentro de dicho anexo I se ubican, en la parte A, los perros (*canis lupus familiaris*), los gatos (*felis silvestris catus*), los hurones (*Mustela putorius furo*). En la parte B se alude a los invertebrados (excepto las abejas, los moluscos pertenecientes al filum Mollusca y los crustáceos pertenecientes al *subfilum crustacea*), los animales acuáticos ornamentales, los anfibios, los reptiles, las aves (especímenes de especies aviares distintos de las gallinas, pavos, pintadas, patos, gansos, codornices, palomas, faisanes, perdices y estrucioniformes (*ratitae*) y los mamíferos (roedores y conejos distintos de los destinados a la producción de alimentos).

2. TRATAMIENTO DE LOS ANIMALES EN LAS SITUACIONES DE CRISIS MATRIMONIAL

En el ámbito de las crisis matrimoniales (nulidad, separación y divorcio) lo anterior se traduce en la incorporación de los animales en las medidas a adoptar tanto en los acuerdos de los cónyuges en el convenio regulador como, en defecto de los mismos, por la autoridad judicial.

En particular, se derivan tres consecuencias fundamentales que han de ser determinadas: de un lado, el destino de los animales, esto es, la asignación de su cuidado a los cónyuges (o, si se quiere, la "guarda y custodia"), de otro, la posibilidad de tenerlos en su compañía por parte del cónyuge "no custodio" (en suma, siguiendo con el símil, una suerte de "derecho de visita"); y, por último, el reparto de las cargas asociadas. Ya no es necesario, por tanto, recurrir supletoriamente al régimen de guarda y custodia.

Normativa reguladora

En primer lugar, cabe destacar se añade un nuevo aparado b) bis al art. 90.1 CC dedicado al contenido del convenio regulador, de tal forma que deberá incluirse, además y en el caso de que existan, el destino de los animales de compañía. Para llevar esta labor, prevé el legislador que se han de conjugar dos principios: por un lado, los intereses de los miembros de la familia; y, por otro lado, el bienestar del animal. De esta suerte, en el mencionado convenio también se tendrá que concretar el reparto de los tiempos de convivencia y cuidado, así como las cargas asociadas.

Así las cosas, se establece la intervención judicial, del letrado de la Administración de Justicia o del notario cuando los acuerdos adoptados por los cónyuges fueran "gravemente perjudiciales para el bienestar de los animales de compañía" (art. 90.2 párrafos segundo y cuarto CC), así como la posibilidad de modificación del convenio cuando se hubieran alterado gravemente sus circunstancias (art. 90.3 párrafo segundo CC). Además, se anudan estas disquisiciones al contenido de la sentencia de nulidad, separación o divorcio (art. 91 CC).

En este punto, interesa destacar una cuestión. En este sentido, si bien en el texto inicial de la Proposición de Ley de modificación del Código Civil, la Ley Hipotecaria y la Ley de Enjuiciamiento Civil, sobre el régimen jurídico de los animales (122/000134), presentada por los Grupos Parlamentarios Socialista y Confederal de Unidas Podemos-En Comú Podem-Galicia en Común, no se hacía referencia a la aprobación del convenio regulador por parte de la autoridad judicial, tal extremo se introdujo en la Enmienda número 65 del Grupo Parlamentario Republicano.

De esta forma, se proponía la redacción del apartado 2 del art. 90 CC en los siguientes términos: "Los acuerdos de los cónyuges adoptados para regular las consecuencias de la nulidad, separación y divorcio presentados ante el órgano judicial serán aprobados por el Juez salvo si son dañosos para los hijos, lesivos para el bienestar de los animales de compañía o gravemente perjudiciales para uno de los cónyuges".

De hecho, con estas palabras se remitió al Senado por parte del Congreso de los Diputados. No obstante, este párrafo recibió la Enmienda número 7 del Grupo Parlamentario Popular en el Senado, que entendió que se debía suprimir la referencia a la imposibilidad de aprobar los acuerdos de los cónyuges si eran "lesivos para el bienestar de los animales de compañía". A este respecto, tal y como acoge la actual Ley 17/2021, se previó la facultad de adoptar medidas por parte de la autoridad judicial cuando dichos acuerdos fueran gravemente perjudiciales para el bienestar de los animales de compañía, "sin perjuicio del convenio aprobado".

A priori, puede pensarse que se trata de una disquisición sin relevancia, pero, si se depara con detenimiento, puede observarse que estamos ante un tema esencial. No se puede obviar que, de haber mantenido el texto de la Enmienda número 65 del Grupo Parlamentario Republicano, se estaría impidiendo aprobar un convenio regulador si se incluyesen en el mismo disposiciones perjudiciales para los animales. Esto último, comportaría, por ejemplo, que no podrían hacerse efectivas las medidas relativas a los hijos, algo inadecuado a todas luces.

En consecuencia, desde nuestra perspectiva, la redacción actual es más ajustada y apropiada, toda vez que, permitiendo que la autoridad judicial intervenga para impedir actos contrarios a los intereses de los animales, también posibilita la aprobación de los acuerdos conyugales.

En cuanto a las sentencias de nulidad, separación o divorcio (o en ejecución de las mismas) cuando no exista acuerdo entre los cónyuges, el art. 91 CC prevé que será la autoridad judicial la encargada de establecer las medidas en relación con el destino de los animales de compañía. A ello, cabe anudar, en las cargas del matrimonio, las derivadas de estos animales.

En esta línea, el art. 771 LEC referido a las medidas provisionales solicitadas por uno de los cónyuges, anuda a la resolución del letrado de la Administración de Justicia a la "atribución, convivencia y necesidades de los animales de compañía". Asimismo, el art. 774 LEC que se ocupa de las medidas definitivas requiere que la resolución del tribunal, en defecto de acuerdo de los cónyuges, determina, entre otras, las medidas que hayan de sustituir a las ya adoptadas con anterioridad en relación con la atribución, convivencia y necesidades de los animales de compañía.

Señala la doctrina más autorizada que, de no existir acuerdo entre los cónyuges acerca de la asignación del cuidado de los animales, el criterio del interés del animal produce cierta inseguridad jurídica, pues incluso puede confluir con el interés de otro miembro de la familia. Propone, en consecuencia, que se entienda que los animales domésticos son una parte de la vivienda y que se confíe su "guarda y custodia" al cónyuge al que se le atribuya la misma. Esta interpretación se hace residir, de un lado, en la consideración de los animales como bienes inmuebles por destinación (art. 334.2 CC); y, por otro lado, en el propio *animus revertendi* (ex art. 465 CC), esto es, la propia querencia del animal.

Asimismo, siguiendo el principio inspirador de protección mantenido por la norma, el art. 92.7 CC incorpora un criterio para valorar la existencia de violencia doméstica o de género y, por tanto, en los que no procede la guarda conjunta de los hijos; a saber, "la existencia de malos tratos a animales, o la amenaza de causarlos, como medio para controlar o victimizar a cualquiera de estas personas".

Por lo que respecta al cuidado de los animales, cabe señalar que, como se deduce del art. 94 bis CC, podrá ser atribuido a uno o a ambos cónyuges, debiendo indicarse la forma en la que, en su caso, el cónyuge al que no se le concede la misma puede disfrutar de su compañía. Para ello, la autoridad judicial deberá atender tanto al interés de los miembros de la familia como al bienestar del animal. Así, el art. 103 CC anuda una nueva medida (1ª bis) que puede derivar, incluso, en la adopción de medidas cautelares.

Jurisprudencia

Ciertamente, con anterioridad existían ciertas reticencias y, en muchos casos, los tribunales no permitían la aplicación del régimen de guarda y custodia a los animales. Es el caso del AAP Barcelona 5 abril 2006, en el que se negó el establecimiento de un régimen de visitas en un acuerdo de ambas partes por carecer de trascendencia jurídica.

En palabras de la sentencia, por lo que se refiere en particular a un derecho de visitas a un animal, "la formulación es, como señala la resolución de primera instancia, insólita, puesto que los pactos sobre la tenencia y cuidado de animales, atendiendo a su naturaleza, deben ser, en todo caso, muy precisos, claros y delimitadores de la voluntad real de las partes de repartir la tenencia o la responsabilidad de sus cuidados, puesto que su formulación con carácter impreciso equivale en la práctica a las declaración de intenciones sin exigibilidad reciproca".

Y es que, si "la ejecutabilidad de un pacto que contenga el compromiso de la ex esposa de que dejará al ex esposo pasear al perro que ambos cuidaron cuando convivían, es ya una entelequia en sí mismo", todavía es más impreciso acordar un derecho a visitar, "puesto que significa propiamente acudir a la residencia donde habita alguien, para permanecer un período de tiempo en su compañía, obviamente no de la ex mujer no del ex marido, sino del perro. La realización de la visita, por supuesto, no excluye la vigilancia del dueño, por una parte, ni incluye el contacto con el animal, ni tampoco la posibilidad de sacarle a la calle, pues ello conllevaría une relación de confianza entre el visitador y el propietario que no es usual entre ex esposos".

Por todo lo anterior, concluye que el pacto por el que se establece que el esposo podrá visitar al perro propiedad de la ex esposa, previo acuerdo de esta con él, no implica derecho alguno susceptible de ser ejecutado, pues "vendría a ser una obligación sujeta a la condición de la exclusiva voluntad de quien hubiera de cumplirla y, por consiguiente, nula, e ineficaz, de conformidad con lo que establecer, los articules 1.115 y 1.256 del Código Civil".

En igual sentido, encontramos la SAP Málaga 12 abril 2012 (*Tol 2662794*) en la que se afirmó que no es posible ofrecer un tratamiento similar a las visitas a los animales que a la custodia de los hijos, ya que los primeros eran cosas. Como se indica en el mencionado pronunciamiento, difícilmente tratándose de animales, semovientes, quepa acordar que se atribuya "la llámese guarda, custodia o tenencia de unos animales a favor de uno u otro cónyuge o la separación de ambos, una a favor del marido y el otro de la esposa, con régimen de visitas temporales, como si se estuviera tomando decisión sobre personas a las que expresamente, como no podía ser de otra manera, se refieren los artículos 92 y 94 del Código Civil, sino que, en todo caso, dada la naturaleza de los bienes, semovientes, como se ha dicho, lo correcto será su integración en el activo de la sociedad de gananciales a liquidar".

Entiende la Audiencia que no es de recibo "pretender la inmediata equiparación de los afectos hacia estos seres con los que los padres y madres mantienen hacia hijos, sin ser factible imponer similitud de algunos de estos pactos con los que regulan el ejercicio de las responsabilidades parentales respecto de los hijos menores de edad, lo que conlleva, nos dice dicha resolución judicial, entre otras, a si las controversias relativas a los animales en la forma que se discute en este procedimiento son susceptibles de ser enjuiciadas en el proceso de familia y en el ámbito obligacional de las medidas regaladoras de la crisis familiar".

Con un razonamiento similar, *vid.* la SAP León 25 noviembre 2011 (*Tol 2297322*) señala que si bien los pactos relativos a mascotas pueden ser obviamente incluidos en un convenio regulador, lo razonable jurídicamente es que tales acuerdos, igual que los alcanzados en este supuesto en el momento del juicio, tengan trascendencia entre las partes pero sin la cualidad de ejecutables en el proceso de familia.

Uno de los argumentos más recurrentes para determinar la atribución de los animales fue la propiedad dominical de los mismos, de tal modo que correspondía esperar a la liquidación del régimen económico matrimonial para establecer estas cuestiones. Sobre el particular, entre otras, las SSAP La Coruña 6 abril 2006 (*Tol 891264*), Huelva 9 septiembre 2010 (*Tol 3753137*), León 25 noviembre 2011 (*Tol 2297322*), Barcelona 10 julio 2014 (*Tol 4504681*), Pontevedra 9 diciembre 2014 (*Tol 4728885*), Segovia 24 marzo 2015 (*Tol 4845112*) o, más recientemente, las SSAP Madrid 28 febrero 2019 (*Tol 7181512*) y Málaga 19 abril 2021 (*Tol 8554433*).

No obstante, sí encontramos sentencias en las que se comenzaba a atisbar estas cuestiones y se aprobaron convenios que incluían estas disquisiciones. Es el caso de las SSAP Santa Cruz de Tenerife 14 abril 2008 (*Tol 4212820*), Madrid 21 mayo 2009 (*Tol 1759922*), Navarra 9 octubre 2013 (*Tol 4095928*), Málaga 24 noviembre 2016 (*Tol 6057829*).

Esta última desestima la pretensión del recurrente al considerar intrascendente la titularidad administrativa del animal, ya que no se discutía acerca de "los fuertes lazos emocionales entre ambos litigantes con la perra, y de ésta respecto de sus dos dueños, y no ha quedado acreditado que el sistema de permanencia alterna con cada uno de los condueños cada tres meses perjudique más al animal que si se optara por la que propone el recurrente consistente en la ausencia inopinada de unos de los dueños para siempre, escenario no contemplado en el informe pericial presentado por la parte ahora recurrente".

Por lo anterior, concluye señalando que "la solución adoptada en la sentencia (alternancia trimestral) es el mal menor frente a la otras soluciones sin que haya quedado acreditado, ni tan siquiera se ha alegado, que la perra propiedad de los litigantes haya sufrido alguno de los perjuicios que augura dicho técnico durante el transcurso de más de un año en que el animal viene conviviendo por trimestres alternos con cada uno de sus dueños bajo el sistema establecido en el auto de medidas provisionales, y ello sin perjuicio de que las partes puedan acordar un sistema de estancias a favor del dueño cuando la posesión de la perra le corresponda al otro".

Especial mención merece la SJPI núm. 9 Valladolid 27 mayo 2019 (*Tol 7249947*), en la que se decretó la copropiedad por parte de ambos integrantes, la custodia compartida (en periodos de seis meses) e incluso un régimen de visitas. En este sentido, interpretando las normas con arreglo a la realidad del tiempo en que han de ser aplicadas (art. 3 CC), entiende que debe considerarse al perro, "pese a la actual regulación del código civil cosa, como un animal de compañía, el cual constituye un ser dotado de especial sensibilidad, tal y como ya se estable con plena eficacia jurídica el art. 13 del TFUE, como Derecho originario, pese a la falta de desarrollo legislativo en el ordenamiento jurídico de dº común, y como tal, en supuestos de crisis de pareja (relación de afectividad análoga a la conyugal) como el presente, deben de aplicarse como criterios de resolución del conflicto, más bien los previstos para las crisis matrimoniales, circunstancia que concurre en este caso, ya que se trata de un hecho admitido la relación de convivencia análoga a la conyugal de S. y C. desde el mes de octubre del 2012 y febrero del 2017 en el domicilio".

De igual modo, la SAP Valencia 25 septiembre 2020 (*Tol 8236209*) reconoció la validez de un convenio regulador que, al referirse a las medidas sobre el perro, incluía expresiones como "perhijo" e, incluso, las partes aparecían como los "padres". En palabras del Tribunal, a pesar de que de la lectura del documento "se desprende que ha sido copiado de un modelo de propuesta de convenio para regular la custodia compartida de los hijos del matrimonio y se ha adaptado a la 3 mascota, pero sus términos son claros y reflejan la voluntad de ambas partes de compartir la custodia de la perra Chato".

Se dan, en consecuencia, los elementos del art. 1261 CC, por lo que para invalidar el consentimiento es preciso que quede probado que se produjo un error esencial. Dicho convenio, por tanto, "tiene eficacia como negocio jurídico, como contrato de carácter consensual y bilateral, aceptado y reconocido por las partes, en virtud del principio de la autonomía de la voluntad del artículo 1.255 del CC no siendo sus estipulaciones contrarias a las leyes, la moral ni el orden público y, cuyo objeto entra de lleno en el ámbito del derecho dispositivo, por lo que debe considerarse valido y vinculante conforme a la doctrina reiterada del Tribunal Supremo".

Es también relevante a estos efectos la SAP Toledo 22 septiembre 2021 (*Tol 8667258*) en la que se aprobó un acuerdo entre los excónyuges en el que se incorporaba un régimen de visitas por turnos alternativos coincidente con el de los hijos.

Asimismo, la SJPI núm. 11 Madrid 7 octubre 2021, rec. núm. 1295/2020 acordó la tenencia compartida para cada uno de los cuidadores y responsables, con periodos de un mes cada uno de ellos de forma alternativa. Además, declaró que ambos excónyuges eran co-cuidadores y corresponsables del animal.

No obstante, con la reforma de la Ley 17/2021 se han reforzado las anteriores tendencias y ha supuesto una adaptación de la normativa a las nuevas realidades de los animales. Así, aplicando ya la vigente normativa, el Juzgado de Primera Instancia núm. 11 de Oviedo (*Tol 8758839*), ha dictado un auto de ejecución provisional en el que considera a los animales como seres dotados de sensibilidad y atiende a su bienestar para establecer la solución más adecuada al caso concreto. Se trata del primero en resolver un supuesto con arreglo a la nueva versión del Código civil y en el mismo se parte del artículo 333 bis para entender que se trata de seres dotados de sensibilidad y que su bienestar, en tanto no se resuelva la titularidad dominical, "aconseja no establecer cambios en su situación actual; cambios que podrían no ser definitivos y que podrían generar un sufrimiento innecesario al animal".

Todo ello, porque quedó acreditado que la encargada de la mascota había velado por la salud y bienestar del animal y había contratado los servicios de la clínica veterinaria, asumiendo el coste de los distintos tratamientos y consultas. Y es que, según certificado de dicha veterinaria el animal se encontraba en perfecto estado de salud, con unos importantes lazos de afectividad entre animal y cuidadora y un cambio del ambiente y núcleo familiar le puede ocasionar sufrimientos evitables.

Por lo que respecta a los últimos pronunciamientos de las audiencias provinciales sobre la materia, cabe destacar las SSAP León 31 marzo 2023 (*Tol 9589169*) y Madrid 26 junio 2023 (*Tol 9689892*) en las que se reconoce el cambio de paradigma introducido por la Ley 17/2021, que obliga a dejar de considerar a los animales como "simples cosas muebles" y a resolver la atribución o asignación de su cuidado atendiendo a su bienestar y con independencia de la propiedad sobre los mismos. A este respecto, se alude a los lazos de afectividad que se generan, que exceden claramente del derecho de propiedad sobre las cosas. Así, por ejemplo, en el último pronunciamiento referido, dada la especial relación de la mascota con los menores, se establece que "la mascota acompañará en todo momento a los menores cuando estén con uno u otro progenitor, tanto en el régimen ordinario de custodia compartida, como en los periodos vacacionales, asumiendo ambas partes por mitad todos los gastos necesarios para el cuidado".

Sobre el particular, las SSAP Barcelona 13 julio 2022 (*Tol 9241384*) y 12 enero 2023 (*Tol 9395038*) ponen de relieve que estamos ante "organismos dotados de sensibilidad psíquica, además de física, que, aunque no los hace merecedores de unos derechos propios de su condición animal, lleva a proteger tanto las obligaciones de las personas propietarias y poseedoras de éstos como las prohibiciones de las acciones que les pueden causar daños".

También inciden en estas cuestiones, entre otras, las SSAP Navarra 18 septiembre 2023 (*Tol 9763250*) y León 31 marzo 2023 (*Tol 9589169*) que atribuyen el cuidado de las mascotas en atención al cuidado prestado y no a la titularidad dominical. No obstante, señala la primera que este hecho no es un criterio para la atribución de la vivienda. En cuanto al régimen de visitas, resulta interesante las reflexiones de la SAP Pontevedra 16 junio 2023 (*Tol 9808341*) en la que se plantea un incumplimiento reiterado e injustificado de lo pactado en el convenio en relación con las estancias de la mascota.

Cuestiones relevantes

16. Como se deduce de los artículos analizados, disponemos de **habilitación legal expresa para que los cónyuges acuerden, en el convenio regulador, el destino de los animales, los tiempos de convivencia y cuidad, así como las cargas asociadas** (*vid.* art. 90 b) bis CC).

Para el caso de no existir tal acuerdo, será la autoridad judicial la encargada de confiar a uno o ambos cónyuges, para su cuidado, los animales de compañía y determinará, además, la forma en que el cónyuge "no custodio" podrá tenerlos en su compañía y el reparto de los gastos (arts. 91 y 94 bis CC).

17. En todo caso, **tanto en la homologación o aprobación judicial del convenio, como para la propia emisión de la sentencia en vía contenciosa, se prevé la necesidad de que se tenga en cuenta el interés del animal.**

En el primer escenario, ordenará las medidas a adoptar, "sin perjuicio del convenio aprobado". En el segundo, determinará el régimen oportuno "atendiendo al interés de los miembros de la familia y al bienestar del animal".

18. Sin embargo, como apunta la doctrina, existe una diferencia notable en el tratamiento ofrecido en el caso anterior y aquel en el que **las partes acuden al letrado de la Administración de Justicia o al notario y se detectan medidas contrarias al interés del animal.**

No nos referimos al hecho de que estos últimos no puedan decidir qué modificación acordar (parece lo procedente) y, por tanto, la exigencia de acudir al juez, sino a que **no sea posible, como sí lo es en sede judicial, homologar el resto del convenio.** Desde nuestra perspectiva, hubiera sido más adecuado permitir tal extremo, con independencia de que, posteriormente, sea la autoridad judicial la que se pronuncie sobre los animales de compañía.

19. Cabe destacar una previsión legal que tiene incidencia directa en el ámbito del Derecho de familia y, en particular, en las situaciones de crisis matrimonial y que genera ciertas dudas. Nos referimos al art. 92.7 CC.

En este supuesto, como vimos, se incorpora una **prohibición de acordar la guarda conjunta de los hijos cuando, entre otras circunstancias, existan malos tratos a animales, o la amenaza de causarlos, como medio para controlar o victimizar a cualquiera de estas personas.**

Ciertamente, el último inciso trata de incluir una conexión directa con los miembros de la familia en la medida en que los malos tratos o la amenaza de causarlos se realice con la finalidad de ejercer algún tipo de control sobre los primeros. Sea como fuere, algunos autores critican la falta de conexión, así como la ausencia de previsión expresa de que, en estos casos, tampoco procederá la tenencia del animal por parte del agresor.

Desde nuestra perspectiva, a lo anterior hay que anudar una cuestión. Si tratamos de llevar a cabo una interpretación teleológica de la reforma, tal y como hemos comprobado, se instaura un principio de protección de los animales. Si ello es así, no parece tener excesivo sentido el art. 92.7 CC, pues la agresión física a las mascotas les generará un perjuicio con independencia de que se realice para, a su vez, generar un daño a los familiares o no.

20. Desde un punto de vista práctico, no se puede obviar que el bienestar animal se puede enmarcar dentro de los conceptos jurídicos indeterminados. Tendremos que acudir, pues, caso por caso para conocer su alcance e implicaciones.

Además, los problemas se agravan si tenemos en cuenta que este principio se ha de conjugar con los intereses de los miembros de la familia. La doctrina más autorizada, afirma que cuando exista una confrontación entre ambos, la solución siempre ha de interpretarse en beneficio de estos últimos y, en consecuencia, sacrificar el primero.

De esta suerte, **los derechos de las mascotas quedan supeditados a los que ostenten los hijos,** por ejemplo. No obstante, ello no quiere decir que, en determinados contextos, no se puedan limitar determinados intereses de las personas en favor (priorizando, en consecuencia) de los animales de compañía.

Para realizar esta ponderación **puede tenerse en cuenta, por ejemplo, la atribución de la vivienda familiar y la guarda y custodia de los hijos.** Así, es muy probable que el bienestar del animal requiera que se atribuya la tenencia del animal al excónyuge al que se conceda la residencia en el hogar. Máxime cuando se trate de animales a los que les perjudica, de forma directa, los traslados.

De igual forma, **es posible** que nos encontremos ante situaciones en las **que lo más favorable, tanto para los hijos como para las mascotas, sea que convivan en la misma vivienda.** En este sentido, la guarda y custodia concedida a uno de los progenitores conllevará que, a su vez, la tenencia de los animales también lo sea.

Por el contrario, cuando el interés de los menores de edad aconseje que los mismos no residan habitualmente con los animales (por ejemplo, por sufrir alguna reacción alérgica) la solución a adoptar será, precisamente, la opuesta; esto es, separar a los menores de edad de las mascotas. Como se observa, cuando concurran varios intereses, se ha de anteponer el de las personas.

21. Por lo anterior, **lo verdaderamente relevante (aunque sí sea un aspecto significativo) no es la propiedad dominical del animal.** Muy al contrario, **los tribunales tienen en cuenta otras consideraciones como el hecho de que la persona sufrague los gastos del mismo tales como veterinario o alimentación.**

A este respecto, el mencionado Auto del Juzgado 1ª instancia núm. 11 Oviedo 13 enero 2022 (*Tol 8758839*) destaca en que uno de los excónyuges no había tenido relación con el animal durante casi tres años (con la falta de responsabilidad hacia sus necesidades básicas) y, por el contrario, el otro había cuidado de él, alimentándolo y prestándole la atención que necesitaba.

En este sentido, valora que este último había velado por la salud y el bienestar de la mascota, contratando los servicios de la clínica veterinaria y asumiendo el coste de los distintos tratamientos y consultas. Por todo ello, el animal se encontraba en un perfecto estado de salud y se habían creado unos "importantes lazos de afectividad entre el animal y la cuidadora", de tal modo que un cambio de ambiente y núcleo familiar podía derivar en "sufrimientos evitables".

Así las cosas, entiende el Juzgado que, en tanto en cuanto no se decida la titularidad del animal, el bienestar del animal aconseja no incorporar cambios que, además, podrían no ser definitivos y que derivarían en "un sufrimiento innecesario al animal que se vería separado de forma brusca de quien ha sido su cuidadora, al menos, durante los últimos tres años".

22. En otro orden de cosas, como apuntan algunas voces, la reforma no ha resuelto las problemáticas que se generan **en el ámbito de las parejas de hecho** en las que **no cabe,** salvo ciertas salvedades, **aplicar el régimen matrimonial** (ni, por tanto, las soluciones para las situaciones de crisis).

23. Por último, hay que dejar constancia del peligro de que, según parte de la doctrina, la "descosificación" de los animales se acompañe de una "humanización" de los mismos. Se entiende, pues, que, si bien hay que tutelar los intereses y el bienestar de estos animales, ello no puede derivar en una asimilación a las personas.

ESQUEMA

SENTIDO ACTUAL DE LOS ANIMALES

1. La consideración de seres sintientes
2. La aplicación supletoria del régimen de las cosas
3. La ausencia atribución de personalidad jurídica
4. La restricción de la aplicación de la reforma a los animales de compañía

LOS ANIMALES EN LAS SITUACIONES DE CRISIS MATRIMONIAL

La previa consideración de los animales como cosas y la imposibilidad de establecer pactos

Pronunciamientos anteriores a la reforma en los que se comienza a atisbar la aplicación de un régimen especial

El posible acuerdo en convenio regulador

La decisión, en defecto de pacto, por los tribunales

La revisión de las medidas en atención al bienestar animal

La (difícil) conjugación del bienestar animal y los intereses de los miembros de la familia

9 El régimen jurídico de los alimentos

José Ramón de Verda y Beamonte[1] / Álvaro Bueno Biot[2]

1. CONSIDERACIONES PRELIMINARES

Normativa reguladora

En sede de efectos comunes a la nulidad, separación y divorcio, el art. 93.I CC (en relación con los hijos menores de edad no emancipados) dispone que el juez, "en todo caso", deberá determinar "la contribución de cada progenitor para satisfacer los

[1] CU, Derecho civil, Universidad de Valencia.

[2] PI-Invest Formación Atracción Talento, Derecho civil, Universidad de Valencia.

alimentos", acomodando las prestaciones a "las circunstancias económicas y necesidades de los hijos en cada momento".

Para hacer posible dicha acomodación, en la sentencia se establecerán las bases de su actualización anual, habiendo declarado la jurisprudencia que, en el caso de omitir la sentencia este extremo, la omisión deberá ser salvada aplicándose el índice de variación del IPC [SSAP Madrid 12 noviembre 2012 (*Tol 2723729*) y 7 febrero 2014 *(Tol 4115461)*], que tiene la ventaja de ser un criterio objetivo fijado por un organismo público, a no ser que en el convenio regulador existiera otra previsión (por ejemplo, una actualización en función de la variación de los ingresos del alimentante).

El precepto añade que el juez "adoptará las medidas convenientes para asegurar la efectividad" de la prestación de alimentos (por ejemplo, la retención en la nómina del alimentista del importe de la pensión y su ingreso en la cuenta bancaria del beneficiario). Por otro lado, el art. 776.1° LEC prevé la imposición de medidas coercitivas contra quien no haga efectivas las prestaciones y el art. 227 CP tipifica el delito de impago de pensiones durante dos meses consecutivos o cuatro meses no consecutivos. Existe, además, un "Fondo de Garantía del Pago de Alimentos" creado por la Ley 42/2006, de 28 de diciembre, y regulado por el RD 1618/2007, de 7 de diciembre, que es un fondo carente de personalidad jurídica, que tiene como finalidad garantizar a los hijos menores de edad el pago de alimentos reconocidos e impagados establecidos en convenio judicialmente aprobado o en resolución judicial en procesos de separación, divorcio, declaración de nulidad del matrimonio, filiación o alimentos, mediante el abono de una cantidad que tendrá la condición de anticipo.

Cuestiones relevantes

1. El art. 93.I CC se refiere a la fijación judicial de la contribución a **los alimentos** en el marco de las medidas definitivas, pero, obviamente, **podrán también determinarse en los autos que, a petición de parte, prevean medidas provisionalísimas** (art. 771 LEC) **y en los que establezcan las medidas provisionales derivadas de la admisión de la demanda de nulidad, separación o divorcio** (arts. 103.3° CC y 773 LEC), sin perjuicio de que la determinación provisional de la contribución pueda posteriormente ser modificada al dictarse sentencia que establezca la medida definitiva que la sustituya (art. 774.4° LEC).

2. Las prestaciones alimenticias en favor de los menores no emancipados pueden ser establecidas de oficio, ya que, en este caso, los Tribunales no están sometidos al principio dispositivo, de rogación o de aportación de parte. La SAP Barcelona 17 abril 2001 (ECLI:ES:APB:2001:4215) observa, así, que en esta materia "los pactos entre los progenitores tienen siempre la consideración de propuestas al tribunal, que ha de pronunciarse a instancia de parte, del Ministerio Fiscal o de oficio".

Conforme al art. 770.4° LEC, los Tribunales podrán también acordar de oficio las pruebas que estimen necesarias para comprobar la concurrencia de las circunstancias de hecho de las que dependan sus pronunciamientos (señaladamente, en orden a determinar la real capacidad económica de los progenitores y poder, así, determinar la cuantía de la pensión de alimentos). A este respecto hay que tener en cuenta que a través del Punto Neutro Judicial los Tribunales pueden tener acceso a datos de los progenitores relevantes para determinar la cuantía de las pensiones de alimentos, como obtener notas simples a través del CORPME o realizar consultas tributarias a la AEAT.

2 bis. Es posible fijar una pensión de alimentos en un porcentaje de los ingresos de un progenitor que se halla en paradero desconocido.

La STS 1 junio 2023 (*Tol 9617021*) fijó, así, una pensión de alimentos a cargo de un padre que se encontraba en paradero desconocido, cuyos ingresos reales no se conocían, cuantificándola en un 10% de los mismos desde el momento de la interposición de la demanda, "todo ello, sin perjuicio de su liquidación y revisión por modificación de circunstancias una vez se conozcan los ingresos reales del demandado".

La STS 4 octubre 2023 (*Tol 9730956*) procedió también a la fijación de una pensión de alimentos a cargo de una madre en situación de rebeldía, que se encontraba en paradero desconocido, cuyos ingresos reales se desconocían: se fijó en un 25% de los mismos, desde el momento de la interposición de la demanda, al ser tres los hijos menores, "todo ello, sin perjuicio de su liquidación y revisión por modificación de circunstancias una vez se conozcan los ingresos reales del demandado".

3. La actualización anual es una obligación del alimentante impuesta en sentencia, que no requiere petición ni resolución judicial previa, por poder realizarse mediante una operación aritmética. De no hacerla, el beneficiario podrá ejecutar los atrasos debidos por falta de actualización o por haber sido hecha esta de manera incorrecta (siempre respetando el plazo de caducidad de cinco años de la acción ejecutiva del art. 518 LEC y de prescripción del art. 1966.1 CC, a contar desde el día en que debió haberse pagado la actualización) y el ejecutado podrá oponer pluspetición, si considera que el cálculo no está bien efectuado [AAAP Cantabria 17 febrero 1999 (Sección 12ª, rec. nº 555/1998), Valencia 8 julio 2002 (ECLI:ES:APV:2002:538A), Jaén 12 noviembre 2010 (ECLI:ES:APJ:2010:703A), Vizcaya 25 noviembre 2010 (ECLI:ES:APBI:2010:1397A) y Badajoz 5 mayo 2011 (ECLI:ES:APBA:2011:131A)].

Por lo tanto, solo se pueden reclamar los atrasos por las actualizaciones no realizadas durante los últimos cinco años anteriores a la presentación de la demanda, pero el cálculo para la revalorización se realizará sobre la base de lo que debiera haber sido el importe (acumulado) de la pensión, de haberse llevado a cabo todas las actualizaciones procedentes, incluidas aquellas cuya cuantía no pueda ya reclamarse, por caducidad de la acción ejecutiva. De manera gráfica podemos decir que, a estos efectos, el tiempo no se para. Como observa el AAP Valencia 29 octubre 2018 (*Tol 7085147*), "la prescripción de determinadas mensualidades no implica que no se siga aplicando el índice de revalorización correspondiente a los periodos cuyas mensualidades han prescrito".

2. ÁMBITO DE APLICACIÓN DEL ART. 93.I CC

En materia de alimentos, es preciso distinguir, según que los hijos sean menores no emancipados o mayores de edad.

2.1. *Hijos menores no emancipados*

Si los hijos son menores de edad no emancipados, la obligación de alimentos de los progenitores forma parte del contenido propio de la patria potestad (art. 154 CC), de modo que, en virtud del art. 93.I CC, aquella procede incondicionadamente ("en todo caso"), sin que sea preciso demostrar que el hijo los necesite para subsistir.

Cuestiones relevantes

4. La jurisprudencia equiparó en materia de alimentos, la situación de los hijos mayores de edad con seria discapacidad (estuvieran, o no, incapacitados) a la de los menores no emancipados.

Así, la STS 7 julio 2014 *(Tol 4426700)* denegó la pretensión del padre de dejar sin efecto la pensión de alimentos establecida en favor de un hijo de 27 años, que padecía una esquizofrenia paranoide, con un grado de discapacidad reconocido superior al 65%, el cual no había sido incapacitado, equiparando su situación a la de los hijos menores no emancipados, "pues no estamos ciertamente ante una situación normalizada de un hijo mayor de edad o emancipado, sino ante un hijo afectado por deficiencias mentales, intelectuales o sensoriales, con o sin expediente formalizado, que requiere unos cuidados, personales y económicos, y una dedicación extrema y exclusiva que subsiste mientras subsista la discapacidad y carezca de recursos económicos para su propia manutención".

Sin embargo, **tras la entrada en vigor de la Ley 8/2021,** que está presidida por el principio de libre desarrollo de la personalidad en el ejercicio de la capacidad jurídica (razón por la cual se suprime la incapacitación), **parece que esta equiparación ya no es posible,** por lo que la pretensión de alimentos de los hijos mayores de edad con discapacidad habrá de discurrir por la vía de los art. 142 y ss. CC; y ello, sin perjuicio de que el grado de discapacidad que padezcan sea tenido en cuenta para valorar hasta qué punto la situación de necesidad en la que se encuentran es o, no, debida a su propia negligencia.

2.2. Hijos mayores de edad o emancipados

Si, por el contrario, los hijos son mayores de edad o se hallan emancipados, para que estos puedan percibir una pensión de alimentos (que, en su caso, tendrá lugar conforme a los arts. 142 y ss. CC, y no, en virtud del art. 93.I CC), es necesario demostrar que se encuentran en una situación objetiva de "necesidad" (por no tener ingresos propios suficientes, al no poder ejercer una profesión u oficio con el que ganarse la vida o encontrarse todavía en fase de formación) y que dicha "necesidad" no es imputable a su falta de diligencia, es decir, no proviene de su mala conducta o de su falta de aplicación al trabajo (art. 152.3° y 5° CC) o al estudio (art. 142.II, *in fine*).

Cuestiones relevantes

5. ¿Es posible que los hijos mayores de edad pretendan procurarse una vivienda donde residir, distinta de la de sus progenitores y a costa de ellos?

La STS 23 febrero 2000 *(Tol 4927163)* desestimó la pretensión de percibir alimentos de una hija mayor de edad, que, en pleno conflicto generacional con sus padres, pretendió vivir independientemente de ellos, pero, a su costa. Dice, así: "Las dos partes tienen toda la razón y todo el derecho a actuar como han actuado; y, sobre todo, la hija ha ejercitado, al salir del hogar paterno —no consta que fuera expulsada conminatoriamente del mismo— uno de los mayores, por no decir el mayor, de los bienes o valores que tiene el ser humano, como es el del ejercicio de la libertad personal. Ahora bien, dicha parte recurrente en casación, no puede ni debe olvidar, que muchas veces la libertad como valor social particular, exige el pago de un precio, como es el de la pérdida de ciertas comodidades, y de sufrir contratiempos dolorosos, que van desde el área de los afectos hasta el entorno laboral. Y lo que no se puede pretender es realizar un modelo de vida propio y con arreglo a unos principios de conducta, que atacan y contradicen a los de un entorno familiar y social, y seguir obteniendo las ventajas de acogimiento y económicas de dicho entorno, que se rechaza".

No ha llegado a la misma solución la STS 5 diciembre 2019 *(Tol 7648511)*, que, confirmando la sentencia recurrida, ha estimado parcialmente la pretensión de una hija mayor de edad, con una minusvalía reconocida del 87%, de que se aumentara la cuantía de la pensión de alimentos que percibía de sus padres, considerando procedente que a los 548,90 euros que recibía del padre se añadieran 271,84 euros más a cargo del padre y 128,16 euros a cargo de la madre. La hija, que vivía con su tía, ante la imposibilidad de vivir con sus progenitores, argumentaba que el aumento de la cuantía de la pensión de alimentos solicitada venía motivado por su deseo de vivir independientemente en una vivienda de protección oficial de su propiedad, adaptada a sus necesidades, pero que carecía de medios económicos suficientes para ello. El TS ha considerado que los supuestos de hecho de ambas sentencias no eran los mismos, pues en la última de ellas, la hija mayor se hallaba discapacitada (lo que evidentemente mermaba su capacidad de obtener ingresos laborales) y no había abandonado de manera voluntaria la vivienda familiar, sino por concurrir una "incompatibilidad de caracteres que propició que la hoy demandante viva con su tía paterna", constatando "la tensión existente entre madre e hija, que no consta que fuese provocada por ésta".

Jurisprudencia

La SAP Madrid 30 abril 2020 (*Tol 7968019*) ha considerado improcedente la excepción de litisconsorcio pasivo necesario opuesta por el padre, al que la hija mayor de edad le había pedido el mantenimiento y aumento de la pensión de alimentos y de las asignaciones destinadas a vivienda y estudio, porque el padre demandado había asumido personalmente las prestaciones derivadas de asignaciones mensuales, vivienda y estudio de sus tres hijos mediante cuotas perfectamente determinadas y establecidas, sin compartirlas ni reclamar nada a la madre, y así se vino respetando y cumpliendo la obligación contraída, hasta que una de las hijas, siendo ya mayor de edad, reclamó el mantenimiento y aumento de tales asignaciones.

2.2.1. Supuestos de exclusión de la obligación de alimentos

2.2.1.1. Falta de aplicación al trabajo

Si los hijos mayores, pudiendo trabajar, no lo hacen, no tienen derecho a recibir alimentos de sus progenitores.

Jurisprudencia

La STS 21 septiembre 2016 (*Tol 5829637*) consideró que no procedía que el padre prestase alimentos, al entender que cabía la independencia económica o posibilidad de empleo en un hijo de 27 años, que podía haber trabajado en la inmobiliaria de su madre.

La STS 13 diciembre 2017 (*Tol 6454966*) también entendió que procedía la extinción de la pensión de alimentos de un hijo mayor de edad afectado de una minusvalía, dado que la misma no le impedía trabajar y, de hecho, lo hacía, siendo, además, determinante que el padre alimentante estuviese afectado por una incapacidad absoluta para toda actividad.

No obstante, ha de tratarse de un trabajo que permita atender razonablemente las propias necesidades y que, en la medida de lo posible, se halle en conexión con la formación del hijo.

Jurisprudencia

Se ha dicho, así, que la mayoría de edad del hijo perceptor "no es suficiente para extinguir la pensión, si no se acredita que el hijo ha accedido al mercado laboral o está en condiciones de hacerlo o que ha rechazado una oferta de empleo en línea con su formación", y que, por ello, no es suficiente, para proceder a la extinción, la circunstancia de que en el acto de la vista el padre ofreciera al hijo de 24 años, que se encontraba preparando una oposición, "un trabajo de camarero, de fin de semana, en una localidad que distaba, casi 100 km de su lugar de residencia", por no considerarse "solución estable para éste, ni desde el punto de vista económico ni de proyección profesional ya que el hijo no ha interrumpido su formación encaminada a encontrar un empleo estable" [SAP Albacete 24 mayo 2022 *(Tol 9124117)]*.

Por supuesto, no se pierde el derecho a exigir alimentos cuando la inactividad tiene su origen en una enfermedad que inhabilita o hace extremadamente difícil el acceso a un puesto de trabajo.

Jurisprudencia

Es el caso de un hijo de 26 años, con una sintomatología ansiosa, con un componente fóbico en su relación con los demás, que le dificultaba de forma muy importante su acceso al mercado laboral. La SAP Baleares 18 febrero 2021 *(Tol 8405118)* reconoció que había sido llamado para una entrevista de trabajo, en su lugar de residencia, pero que no llegó a presentarse, porque le entró ansiedad y se puso a vomitar en la calle. Existía un informe psiquiátrico que relataba que, afectivamente, expresaba ansiedad generalizada, ánimo depresivo, miedo y ansiedad reactiva en la relación con los demás, que se traducían en sentimientos de incapacidad, inseguridad, baja autoestima, frustración e impotencia. No procedió a la extinción de la pensión de alimentos (solicitada por el padre), pues su situación de dependencia económica derivaba de la enfermedad que padecía, y no de su pasividad para incorporarse al mercado laboral.

A veces, se concede una pensión de alimentos por el tiempo que se considera prudencial para que una persona, que tiene una formación que le permite acceder al mercado de trabajo, pueda encontrar un empleo.

Jurisprudencia

Se ha fijado, así, un plazo de 2 años para la percepción de la pensión de alimentos, concedida a una hija, que pretendía que su padre le pagase en Nueva York un Máster, de un coste aproximado de 80.000 euros; y ello, para evitar una "situación de parasitismo social", por constar acreditado que la hija tenía un expediente académico y una formación, que le habilitaban para incorporarse al mercado laboral en unas condiciones adecuadas [SAP Madrid 30 abril 2020 (*Tol 7968019*)].

2.2.1.2. Falta de aplicación al estudio

Tampoco tendrán derecho a percibir alimentos los hijos que muestren un nulo o escaso rendimiento académico, sin que concurra una causa razonable que lo justifique.

Jurisprudencia

La STS 24 mayo 2018 (*Tol 6621625*) extinguió la pensión de alimentos que venía percibiendo la hija, ya que su percepción, a juicio del alto Tribunal, colocaba al padre "en una situación de absoluta indigencia", teniendo en cuenta que únicamente percibía un subsidio de desempleo de 426 euros mensuales y que tenía a un hijo de 7 años a su cargo. A ello, hay que sumar la falta de aprovechamiento académico de la hija, que, más allá de algún episodio de ansiedad sufrido durante los exámenes, podía haberse esforzado más para acabar la carrera e, incluso, haberla compatibilizado con algún trabajo, atendida la situación de quien le venía abonando los alimentos.

La enfermedad es, desde luego, una causa razonable que puede justificar un retraso en los estudios.

Jurisprudencia

Es, por ello, que la SAP Málaga 26 octubre 2020 (*Tol 8318019)* ha concedido pensión de alimentos a un hijo de 19 años, que, si bien había abandonado los estudios al cumplir los 17 años, manifestó en la prueba testifical, su voluntad de cursar la carrera de Derecho con intención de presentarse a las pruebas de acceso para mayores de 20 años, habiendo quedado acreditado también por la prueba documental médica aportada, que estaba diagnosticado de trastorno ansioso depresivo reactivo y sometido a medicación por esa causa con anterioridad a la presentación de la demanda, habiendo estado con anterioridad en tratamiento psicológico desde los 17 años. Constató, además, la mala fe del padre, cuyo abogado había preparado un borrador de convenio, que fue presentado a la firma del hijo cuando éste acababa de cumplir los 18 años, para recoger documentalmente su decisión de abandonar los estudios, apoyando dicha decisión con la transferencia de 3.500 € del fondo destinado a su formación para que pudiera comprarse un coche, pudiendo el padre disponer del resto de dicho fondo (el borrador no fue firmado).

En ocasiones, la jurisprudencia, ante un rendimiento académico insuficiente, concede al hijo una pensión de alimentos, pero la limita temporalmente.

Jurisprudencia

La STS 14 febrero 2019 (*Tol 7065247*) entiende que el nulo rendimiento académico del hijo, matriculado en segundo de bachiller durante 4 años, determina la extinción de la pensión de alimentos, fijando, no obstante, un límite temporal de un año para la continuidad en la percepción de alimentos, entendiendo que ese es un plazo razonable para que el hijo pueda adaptarse a su nueva situación económica.

Dicha limitación temporal intenta evitar una situación de pasividad de los hijos en el estudio y fomentar el esfuerzo personal en orden a obtener una formación que le posibilite alcanzar su independencia económica.

Jurisprudencia

La SAP Pontevedra 22 abril 2020 *(Tol 7945685)* ha fijado un plazo de 1 año para la percepción de la pensión de alimentos, prorrogable por otro más, siempre y cuando el hijo demandante acreditase haber superado el 70% de los créditos del primer curso de Derecho: se trataba de un joven de 24 años, que durante 5 años había cursado estudios de ingeniería informática, sin llegar a superar el primer año de carrera, consiguiendo tan solo aprobar la mitad de las asignaturas de dicho año, para posteriormente matricularse en la UNED, con la finalidad de estudiar la carrera de Derecho, de cuya evolución omitía cualquier tipo de información, salvo la referida a la tramitación y el coste de la matrícula.

No procede establecer dicha limitación temporal, cuando no existe dicha situación de pasividad y los hijos mayores de edad se encuentran cursando normalmente sus estudios universitarios, pues los alimentos "comprenden también la educación e instrucción del alimentista mientras sea menor de edad y aún después cuando no haya terminado su formación por causa que no le sea imputable" (art. 149.II CC).

Jurisprudencia

La SAP Bilbao 17 septiembre 2020 *(Tol 8338933)* ha rechazado establecer un plazo máximo de 2 años para la percepción de la pensión de alimentos fijada en favor de dos hijas mayores de edad o inferior, hasta que alcanzasen su independencia económica, porque las mismas se encontraban en pleno periodo de formación académica y profesional, acorde con sus edades (la una, acabada la carrera de Derecho en el 2017, se encontraba preparando las oposiciones a Registrador de la Propiedad; y, la otra, cursaba estudios universitarios de odontología). Concluye que, en tales situaciones, en la que no se acredita pasividad en la obtención de empleo o en la terminación de la formación académica, no cabe condicionar a los hijos con plazos fatales para conseguirlo, pues su tardanza en abandonar el hogar, son múltiples y no siempre imputables a su pasividad.

Sin embargo, últimamente, están recayendo sentencias de instancia que imponen un plazo máximo de percepción, incluso, aunque no se observe en los hijos una situación de pasividad, con el fin de evitar que se prolonguen excesivamente los estudios no universitarios.

Jurisprudencia

Se ha desestimado, así, la demanda de extinción, pero se ha reducido la cuantía de la pensión (de 175 a 100 euros), fijándose, además, un plazo de 2 años para su percepción, correspondiente a los dos años académicos restantes para que la hija, de 23 años, finalizara sus estudios de Auxiliar de Enfermería, los cuales compaginaba con un trabajo a media jornada por la tarde, por el que percibía alrededor de 600 euros netos mensuales, estimándose que necesitaba unos 700 euros mensuales para satisfacer sus necesidades. El atraso en los estudios no era voluntario, sino debido a los constantes ingresos médicos debidos a su enfermedad (de Crohn), lo cuales habían provocado una demora en su formación académica. No se considera acreditado que la pensión alimenticia en su día establecida hubiera de ser totalmente suprimida, al continuar la hija con su formación académica y no haber logrado la total independencia económica, siendo necesario aún la ayuda de sus progenitores para poder continuar con sus estudios toda vez que, de otra forma, debería abandonar los mismos para poder trabajar toda la jornada [SAP Zamora 7 enero 2020 *(Tol 7861000)*].

Se ha estimado procedente el pago de pensión de alimentos de 200 euros a un hijo de 24 años, que se encontraba realizando estudios de FP e intentando acabar la ESO, así como a una hija de 22 años, que también cursaba estudios de FP, que compaginaba con un contrato de trabajo temporal, a tiempo parcial, de 12,50 horas a la semana, que realizaba, únicamente los sábados y domingos, por el que mensualmente percibía menos 300 euros brutos, cantidad "insuficiente para satisfacer todas sus necesidades". Se ha confirmado la sentencia recurrida, que había establecido un plazo temporal para la percepción de la pensión: mientras "dure la formación académica que los hijos están realizando con rendimiento aprovechable y fructuoso, y un año más desde que cada uno cese en la formación que están realizando, para darles un margen para abrirse camino en el marco laboral, sin perjuicio de que si las circunstancias cambiasen pueda volverse a plantear la cuestión ante los tribunales". Consideración de dicho plazo como razonable, "en atención a las circunstancias personales de los demandantes y a la actual situación del mercado laboral" [SAP Valladolid 17 octubre 2022 *(Tol 9341729)*].

En el caso de hijos que se encuentran preparando oposiciones, se están también dictando algunas sentencias de instancia un tanto rigurosas, que establecen límites temporales reducidos, coincidentes con la fijación de un plazo que se considera razonable para poder aprobarse la oposición, especialmente, cuando el deudor no tiene una posición económica holgada.

Jurisprudencia

Se ha fijado, así, un límite temporal de dos años a la pensión de alimentos de un hijo de 24 años de edad, que en junio de 2017 había finalizado un Ciclo Formativo de Formación Profesional de Grado Medio; en junio de 2020, otro de Grado Superior; y, desde el 1 de febrero de 2021, se encontraba preparando oposiciones, estableciéndose que el plazo de dos años se debía computar desde la fecha en que aquél "inició la preparación para el acceso a Instituciones Penitenciarias, periodo que, a plena dedicación, se estima razonable para preparar la misma u encontrar otro empleo alternativo acorde con su formación" (se ha revocado de la sentencia, que había establecido como fecha de inicio del cómputo del plazo de dos años, la de la propia sentencia) [SAP Albacete 24 mayo 2022 *(Tol 9124117)*].

Incluso, se ha procedido a la extinción de los alimentos percibidos por quien se encontraba preparando oposiciones, al no haberlas aprobado en el primer intento, criterio este, cuestionable, pues hay grados universitarios (Magisterio es uno de ellos), una de cuyas salidas naturales es preparar una oposición, cuyo resultado, además, es siempre incierto.

Jurisprudencia

La SAP Soria 9 enero 2023 *(Tol 9403625)* ha procedido, en efecto, a la extinción de los alimentos percibidos por una hija de 27 años, con titulación de Magisterio, Grado Superior de Jardín de Infancia, que se encontraba preparando oposiciones, al no haberlas aprobado en el primer intento. Se pronuncia en unos términos muy tajantes, reprochando a la hija que persista en su propósito de preparar una oposición, a pesar de haberla ya suspendido, criticando que hubiera quedado en el puesto 4.892 de 6.387. Dice, así, que "Ello supone un bajo rendimiento de estudio en el año y medio de preparación, y más teniendo en cuenta que acababa de terminar su carrera de educación infantil y debería tener recientes los conocimientos propios de los estudios seguidos".

Este juicio, a todas luces, desmesurado, se acompaña del siguiente argumento: la hija "tiene formación suficiente para incorporarse al mercado laboral, pero, si decide preparar unas oposiciones, lo cual es una opción legítima, tal decisión no debe ser a costa del padre, pues tiene otras salidas laborales que seguir sin depender de la pensión alimenticia de su progenitor, y en todo caso, los gastos que suponen la oposición pueden ser sufragados con los trabajos esporádicos de la alimentista".

A nuestro parecer, este modo de razonar sólo se explica por la situación económica del padre alimentante, que "ha visto mermados sus ingresos tras pasar al retiro laboral, en la suma de 470 € al mes, que sí consideramos una suma sustancial respecto de lo que ingresaba cuando se fijó la pensión de alimentos (1.868 €) pues supone una disminución de aproximadamente el 25% de sus ingresos". Además, padece "una grave enfermedad (cáncer) que se está tratando en Madrid, y ello supone los lógicos gastos". Sólo en este contexto se explica la afirmación de "que nos encontramos ante el supuesto del artículo 152.3º del CC", ya que [la hija] puede ejercer un oficio o profesión, sin necesidad de acudir a la pensión de alimentos del padre".

Por lo tanto, no es posible generalizar la solución a la que se llega, la cual está en consonancia con el art. 152º CC, que contempla como causa de extinción de la obligación de alimentos la merma de fortuna del alimentante, "hasta el punto de no poder satisfacerlos sin desatender sus propias necesidades". Es decir, que, si bien, como regla general, la preparación de una oposición dentro de un plazo razonable, en atención a la dificultad objetiva de aprobarla, no es causa de extinción de la obligación alimentos, sin embargo, sí puede serlo, en el caso en que obligar al padre a seguir manteniendo al hijo mayor de edad resulte desproporcionado, en atención a las circunstancias económicas en las que se encuentre.

Cuestiones relevantes

6. Los gastos de matrícula de universidad son ordinarios, pues, aunque anuales, son previsibles y periódicos, de modo que deben entenderse incluidos en la pensión de alimentos.

La circunstancia de que la universidad en que se pretenden cursar los estudios sea privada no los convierte en extraordinarios, pese a lo cual un sector de la jurisprudencia de instancia los considera como tales, con la finalidad de excluir que deban contribuir a su pago los progenitores que no consienten en que sus hijos estudien en ella, cuando existe una universidad pública cercana, más barata, en la que se imparte la misma titulación que la que los hijos quieren estudiar.

La SAP Palma de Mallorca 5 marzo 2020 (*Tol 7957437*) consideró, así, gastos extraordinarios los generados por el estudio en una Universidad privada de la carrera de Derecho en inglés, cuyo importe ascendía a 20.000 euros anuales. Observa que no se ha justificado que sea un importe que entre dentro de los parámetros normales o habituales para la realización de unos estudios jurídicos, sin que sea posible acceder a otra universidad en la que se pueda obtener una formación equivalente sin hacer frente a un gasto tan elevado. Concluye, pues, que se trata de un gasto que debe ser considerado como extraordinario y que precisa el acuerdo de ambos progenitores para que queden obligados a pagarlo de forma conjunta.

El AAP Barcelona 21 julio 2021 (ECLI:ES:APB:2021:7623A) consideró también que los gastos de universidad privada en la que estudiaba la hija eran extraordinarios, al superar su coste al normal de una universidad pública, afirmando que solo cuando el concepto de matrícula universitaria se encuentra entre los parámetros normales de una matrícula universitaria dichos gastos no deben considerarse extraordinarios.

Esta orientación no es correcta: como hemos dicho, estamos siempre ante gastos ordinarios, lo que no significa que un progenitor pueda imponerlos al otro, solicitando un aumento de la cuantía de la pensión de alimentos que satisface, pues no todo gasto ordinario ha de considerarse necesario, como tampoco hay que excluir que sea necesario un gasto, por el mero hecho de ser extraordinario (pensemos, por ejemplo, en gastos sanitarios no cubiertos por la Seguridad Social). No es correcta, en definitiva, la identificación entre gastos extraordinarios y gastos no necesarios.

El AAP Madrid 18 septiembre 2020 (*Tol 8207288*) afirma, así, que los gastos de educación previsibles, periódicos y no excepcionales, sean del ciclo que sean, son gastos de alimentos, no extraordinarios. Precisa que el hecho de que la hija quiera estudiar en una Universidad privada no convierte a los gastos en extraordinarios, sino que puede fundar, en su caso, la modificación de medidas pertinentes para solicitar un aumento de la pensión de alimentos, al haber una modificación sustancial de las circunstancias, por cuanto la cuota universitaria es alimento.

7. En cambio, **son gastos extraordinarios los de carnet de conducir, que, unas veces, se consideran necesarios y otras no, en atención al nivel económico de la familia y a la circunstancia de que su obtención sea, o no, precisa para la formación o adquisición de empleo por parte del hijo.**

El AAP Madrid 12 marzo 2021 (*Tol 8453998*) niega, así, que dicho gasto pueda calificarse *a priori* como estrictamente necesario, entendiendo que no lo era en el caso concreto enjuiciado, "por mucho que sea conveniente para el hijo la obtención del carnet de conducir como todo lo que redunde en su mejor y más completa formación en todos los órdenes", pero, para poder exigirse el rembolso, deberá realizarse con el consentimiento de ambos progenitores.

2.2.1.3. Pérdida del derecho de alimentos por falta de relaciones personales con los progenitores

Hay que tener en cuenta que, conforme al art. 152.4º CC, el hijo mayor de edad perderá el derecho a alimentos, cuando "hubiese cometido alguna falta de las que dan lugar a la desheredación".

La desheredación supone la privación de la legítima; por ello, según el art. 848 CC, "sólo podrá tener lugar por alguna de las causas que expresamente señala la ley", en los arts. 852 y 855 CC. Sin embargo, lo cierto es que la jurisprudencia actual considera como causa de desheredación el "maltrato psicológico" a los ascendientes cuando este da lugar a una situación de abandono, entendiendo que, si bien el mismo no aparece contemplado expresamente en el art. 854 CC, no obstante, puede ser considerado una modalidad de "maltrato de obra", que sí es recogido en dicho precepto como posible causa de desheredación de los descendientes [SSTS 3 junio 2014 *(Tol 4395123)*, 30 enero 2015 *(Tol 4748346)* y 13 mayo 2019 *(Tol 7238960)*].

Extrapolando esta idea al ámbito de los alimentos, la jurisprudencia entiende que la falta manifiesta de relación de los hijos mayores de edad con los padres alimentantes, imputable, "de manera principal y relevante", a aquéllos les priva del derecho a exigirles alimentos ex art. 152.4º CC.

Jurisprudencia

La STS 19 febrero 2019 (*Tol 7083001*) habla de una "interpretación flexible de la causa de extinción de pensión alimenticia" prevista en el precepto, "conforme a la realidad social, al signo cultural y a los valores del momento", "porque la solidaridad familiar e intergeneracional es la que late como fundamento de la pensión a favor de los hijos mayores de edad". No obstante, ha precisado la necesidad "de interpretación rigurosa y restrictiva valorar la concurrencia y prueba de la causa, esto es, la falta de relación manifiesta y que esa falta sea imputable, de forma principal y relevante al hijo". En el caso concreto, la sentencia recurrida había declarado extinguido el derecho de alimentos por "la nula relación afectiva, continuada y consolidada en el tiempo entre el progenitor no custodio y los hijos" y "la negativa de éstos de relacionarse con su padre como así pusieron de manifiesto, decisión libre, querida y voluntaria". El hijo, de 25 años, hacía diez que no hablaba con su padre, ni había intentado ponerse en contacto con él, y la hija, de 20, hacía ocho que no lo veía y no tenía ningún interés en verle. Sin embargo, el TS revocó la sentencia, por entender que "esa falta de relación no es imputable a los hijos, con la caracterización de principal, relevante e intensa" requerida.

Por el contrario, la SAP Navarra 27 octubre 2020 (*Tol 8297392*) sí consideró procedente la extinción de la pensión de alimentos de una hija que, cumplida la mayoría de edad, pidió el cambio de orden de sus apellidos; escribió un libro, afirmando que no tenía padre; y provocó la total ruptura de las relaciones personales con él, sin que accediese a la recomposición de las mismas. Un mes y 8 días antes de la presentación de la demanda, el padre había enviado a la hija una carta, por burofax, en la que le pedía normalizar su relación, sin obtener respuesta; en la contestación a la demanda la hija dijo expresamente que no quería mantener ninguna relación con su padre, "siendo esta una decisión que entra dentro de la esfera de lo personal y por tanto indiscutible, máxime siendo en la actualidad mayor de edad"; y en la celebración de la vista declaró que no quería "tener relación ni trato con su padre, con quien la única relación que quiere es que le pague la pensión". Observa la Audiencia que resulta probado que existe una absoluta falta de relación entre la hija y su padre, la cual "posee las condiciones de principal, relevante, acreditada y duradera en el tiempo e imputable en exclusiva a su voluntad, lo que implica la asunción de las consecuencias de sus actos y de las decisiones libérrimamente adoptadas por parte de persona mayor de edad".

Resulta, pues, que para que la falta de relación entre padres e hijos mayores de edad prive a estos del derecho a exigirles los alimentos que necesitan, dicha falta de relación ha de ser "manifiesta" y ha de ser "imputable, de forma principal y relevante al hijo". Por lo tanto, el dato clave para decidir la procedencia o improcedencia de la demanda de extinción de alimentos es la determinación de este extremo.

Jurisprudencia

La SAP Toledo 18 enero 2023 *(Tol 9453901)* ha desestimado la demanda de extinción presentada por la madre de una hija de 24 años, todavía estudiante, por considerar que no podía entenderse que "la falta de relación manifiesta entre madre e hija, sobre la que no existe duda, es, de modo principal y relevante, imputable a ésta". Así se deduce, efectivamente, de la relación de hechos probados, constatándose la existencia de un procedimiento penal por agresión sexual a la hija, cuando esta era menor de edad, que terminó con la absolución de la madre, si bien, durante su tramitación, se acordó una orden de protección a favor de la hija, por la que se prohibía a la demandante "aproximarse y comunicarse con ella, por lo que la falta de relación entre la madre y la hija durante estos años estaba plenamente justificada". Después de la sentencia absolutoria, no hubo "ningún intento de comunicación" por parte de la madre con su hija, "ni de ésta con aquélla, por lo que difícilmente se puede imputar esta falta de comunicación en exclusiva" a la demandada. La demandante remitió un requerimiento notarial en el que indicaba "la voluntad de cambiar el pago de la pensión alimenticia en metálico por recibir y mantener" a la hija "en su casa, así como ofrecerle trabajo en el bar de su pareja". "Así las cosas —se concluye—, el requerimiento citado no puede considerarse como un intento de reanudar la relación entre madre e hija sino más bien un ofrecimiento de un puesto de trabajo en el bar, indicándole la jornada laboral y el salario que recibiría".

Por el contrario, la SAP Salamanca 1 febrero 2023 *(Tol 9437962)* ha estimado la demanda de extinción de alimentos interpuesta por el padre contra la hija de 29 años, que no "aporta documento alguno que acredite que ha tenido algún trabajo, ni que está en búsqueda activa de empleo, ni que siga formándose". Pero, afirma que, además "concurre una causa que, por sí sola, ya es suficiente para acordar la citada extinción. En concreto la falta de relación entre padre e hija imputable solo a ésta". Constata que, en su escrito y en la propia vista, la hija "confirma que no se habla con su padre porque éste le denunció en 2018, y ahora lo vuelve a hacer", pero que, en realidad, dichas denuncias eran demandas de modificación de medidas; que la demandada, por problemas con su pareja, se fue a vivir con su padre, "convivencia que derivó en una denuncia a su progenitor por presuntos malos tratos que obligó a éste a salir de su propia vivienda", denuncia, "que finalmente fue archivada"; denunció también a su padre por impago de pensiones de alimentos; y, por último consta "que el padre le escribió por WhatsApp en la Navidad de 2021 para felicitarle las fiestas y que su hija le contestó de forma abrupta y maleducada desentendiéndose de él".

2.2.2. La legitimación extraordinaria del art. 93.II CC para reclamar alimentos en favor de los hijos mayores de edad en el juicio matrimonial

Dándose los presupuestos previstos en el art. 93.II CC, introducido por Ley 11/1990, 15 octubre, esto es, que los hijos mayores de edad o emancipados "convivieran en el domicilio familiar" (convivencia) y "carecieran de ingresos propios" (dependencia), se reconoce la legitimación para demandar alimentos en el marco del propio juicio matrimonial al progenitor con el que conviven (sin necesidad, pues, de que los propios hijos deban instar un juicio independiente).

Con ello se evitan dos inconvenientes: por un lado, que los propios hijos tuvieran que instar, ellos mismos, un juicio declarativo independiente contra el progenitor con el que no conviven, dando lugar a duplicidades procesales y a posibles enfrentamientos entre ellos; y, por otro lado, que el progenitor con el que conviven tuviera que dirigirse contra ellos, una vez que estos hubieran obtenido la prestación de alimentos, directamente, del otro progenitor.

Obviamente, la legitimación del progenitor para reclamar alimentos presupone que estos tienen derecho a ellos, conforme a los arts. 142 y ss. CC.

Cuestiones relevantes

8. Siendo los hijos mayores de edad, el Tribunal no puede establecer de oficio alimentos, sino que deberán ser pedidos por el progenitor con el que conviva en la demanda o, si tiene la condición de demandado, mediante reconvención explícita [art. 770.2 d) LEC].

La STS 12 julio 2014 (*Tol 4480889*) revocó la sentencia recurrida, que había denegado los alimentos pedidos por la madre, con el argumento de que la hija con la que convivía tenía el título de Maestra de educación especial, por lo que —según la Audiencia— tenía una posibilidad concreta de trabajar y de percibir ingresos. Frente a ello, el TS afirma que "no se acredita la percepción de ingresos por parte de la misma ni que carezca de la necesaria diligencia en el desarrollo de su carrera profesional", por lo que estima procedente la pretensión entablada por la madre al amparo del art. 93.II CC.

La jurisprudencia habla de "un indudable interés del cónyuge con quien conviven los hijos mayores de edad necesitados de alimentos a que, en la sentencia que pone fin al proceso matrimonial, se establezca la contribución del otro progenitor a la satisfacción de esas necesidades alimenticias de los hijos", lo que se explica por la circunstancia de que el progenitor con el que conviven asume "las funciones de dirección y organización de la vida familiar" [STS 24 abril 2000 (*Tol 2473281*)]; y, de ahí, que la aplicación del art. 93.II CC, se subordine a la circunstancia que quien reclama los alimentos sea "quien los perciba y administre" [STS 12 junio 2020 *(Tol 8010241)*].

Jurisprudencia

La STS 7 marzo 2017 (*Tol 5990874*) denegó la legitimación de la madre para exigir alimentos, no porque los hijos mayores de edad se encontrasen cursando estudios universitarios en el extranjero, sino porque gozaban "de autonomía en la dirección y organización de sus vidas". Observa, así, que son "cotitulares, junto a sus padres, de un inmueble que se encuentra arrendado y con la renta que obtienen, en parte propia y en parte como alimentos de sus padres, sufragan sus necesidades, o algunas, ingresándose en cuentas corrientes propias, abiertas en una entidad sita en el Reino Unido. A ello se une, y es relevante y definitivo, que lo pretendido por la recurrente es que se fijen alimentos a favor de los hijos mayores a ingresar por cada progenitor en las respectivas cuentas corrientes de ellos".

2.2.2.1. *Los requisitos de la convivencia y de la dependencia*

a) El requisito de la convivencia en el domicilio familiar "no puede entenderse como el simple hecho de morar en la misma vivienda, sino que se trata de una convivencia familiar en el más estricto sentido del término con lo que la misma comporta entre las personas que la integran" [SSTS 24 abril 2000 (*Tol 2473281*), 7 marzo 2017 (*Tol 5990874*), 12 marzo 2019 (*Tol 7119477*) y 10 abril 2019 (*Tol 7199719*)].

Jurisprudencia

La STS 12 junio 2020 (*Tol 8010241*) postula una interpretación sociológica del art. 93.II CC, conforme a la cual "la exclusión de la posibilidad de que el progenitor solicite alimentos para el hijo mayor de edad se refiere a los casos en que el mismo viva de forma independiente de la familia y no a aquellos en que, por razones justificadas como son la de seguir estudios de formación profesional en otra localidad —como ocurre en el caso presente— dicha convivencia tenga lugar en la actualidad con la abuela materna ya que en tal caso la convivencia se sigue en el seno familiar en el cual se atienden las necesidades básicas de la hija".

b) El requisito de la dependencia, es decir, que los hijos carezcan de "ingresos propios" debe entenderse "en sentido amplio, esto es, no como una falta total de ellos, sino que sean insuficientes" [SSTS 7 marzo 2017 (*Tol 5990874*), 20 julio 2017 (*Tol 6213806*), 12 marzo 2019 (*Tol 7119477*) y 10 abril 2019 (*Tol 7199719*)].

Cuestiones relevantes

9. La legitimación del art. 93.II CC desaparece una vez que el hijo ha alcanzado su autonomía económica, aunque luego la reduzca o la pierda, pues, por su mayoría de edad, "está capacitado para reclamar sus propios derechos, sin que el progenitor con el que convive", pueda seguir sustituyéndolo [AAP Barcelona 12 noviembre 2020 (*Tol 8227074*)].

2.2.2.2. *Fecha de extinción de la pensión de alimentos*

La jurisprudencia más reciente ha considerado que los alimentos fijados en virtud del art. 93.II CC se extinguen, no desde la fecha de la sentencia que los declara extintos (que es la regla general cuando se modifica al alza o a la baja su cuantía), sino desde el momento en que el progenitor que los percibe pierde la legitimación para exigirlos, por desaparecer alguno de los dos requisitos exigidos por el precepto, esto es, desde que cese la convivencia con el hijo o desde que este tuviera ingresos económicos suficientes.

Jurisprudencia

La STS 12 marzo 2019 (*Tol 7119477*) ha confirmado la extinción de la pensión de alimentos percibida por la madre con la que el hijo mayor de edad había convivido, ocultando al padre que, posteriormente, el hijo había abandonado el domicilio familiar. Observa que el efecto extintivo tiene lugar desde el momento en que cesó la convivencia con la madre, por haber cesado en tal tiempo su legitimación para percibirla ex art. 93.II CC; y no desde la fecha de la sentencia estimatoria de la demanda. Afirma que, desde el momento en el que el hijo "dejó de convivir con la madre, el único legitimado para reclamar alimentos a su progenitor era él, al ser mayor de edad". "En el caso enjuiciado —añade— habían desaparecido las bases fácticas para que la recurrente tuviese legitimación para seguir percibiendo la pensión alimenticia de un hijo mayor de edad, y no lo comunicó al alimentante"; y añade que la sentencia recurrida había apoyado su decisión en la necesidad de no consagrar "un manifiesto abuso de derecho", habiendo entendido que había existido una convivencia entre madre e hijo.

La STS 10 abril 2019 (*Tol 7199719*) ha declarado también extinta la pensión de alimentos pagados a la madre, con quienes convivían los hijos mayores de edad, por la circunstancia de haber alcanzado éstos independencia económica, al hallarse trabajando ambos en las fuerzas armadas e, incluso, tener residencia independiente. Reitera que la madre dejó de estar legitimada para percibir la pensión alimenticia, al amparo del art. 93.II CC desde que desaparecieron los requisitos a los que el precepto subordina su subsistencia. Sin embargo, fija el efecto extintivo en el momento de la fecha de la interposición de la demanda, que es lo que había decidido la sentencia recurrida, extremo este no recurrido por el padre, constatando la existencia de un empecinamiento de la madre, tras la formulación de la demanda, consistente en querer mantener una legitimación para percibir la pensión de alimentos de los hijos, que había perdido.

2.2.2.3. Compensación de pensiones atrasadas

Se ha planteado si el progenitor que percibe alimentos en beneficio de los hijos puede, con fundamento en el art. 151.II CC, compensar las pensiones atrasadas con la deuda que él mismo tenga frente al alimentante, cuestión que ha sido resuelta en sentido afirmativo.

Jurisprudencia

La STS 7 junio 2021 (*Tol 8473449*) admitió la compensación de pensiones de alimentos impagadas por el padre con las cantidades debidas (a título de enriquecimiento injusto) por la madre, por haber cobrado ésta rentas de un inmueble de aquel, alquilado sin su consentimiento.

Reconoce que la acreedora de los alimentos era la hija menor, y no la madre, a cuyo cuidado estaba la hija, la cual solo estaba legitimada para reclamarlos; sin embargo, puesto que el padre no pagó pensión alguna y fue la madre, con la que convivía la menor, quien asumió todos los gastos de manutención, por aplicación de las reglas del pago de tercero (art. 1158 CC), corresponde reconocerle el derecho a reclamar las pensiones que estaba obligado pagar el padre.

3. LA FORMA DE PRESTAR ALIMENTOS (GASTOS ORDINARIOS Y EXTRAORDINARIOS)

Del art. 93.I CC resulta claramente que "cada progenitor" está obligado a satisfacer alimentos, pero ello no significa que la forma de prestarlos tenga que ser la misma, debiendo, además, existir una proporcionalidad entre la cuantía de la prestación alimenticia y las circunstancias económicas del obligado a satisfacerla.

3.1. Custodia monoparental

Es frecuente que, en el caso de que la custodia de los hijos corresponda a uno solo de los progenitores, este realice su contribución, principalmente, mediante la atención personal cotidiana que le proporciona, consistiendo la contribución del progenitor no custodio en el pago de una pensión mensual alimenticia en metálico, en la cual se englobarán los gastos ordinarios, quedando fuera de su cálculo los gastos extraordinarios, que deberán ser satisfechos aparte, también por el progenitor no custodio, en la cuantía en que se pacte o judicialmente se determine (normalmente, lo serán por partes iguales).

Jurisprudencia

El AAP Alicante 7 octubre 2020 (ECLI:ES:APA:2020:356A) admite la compensación de la mitad de gastos extraordinarios de cargo del ejecutante que reclama pensión de alimentos fijada judicialmente. Afirma que pueden ser compensados, tanto los gastos ordinarios como los extraordinarios, con la única diferencia de que en el primer caso todo lo pagado será compensable, mientras que en el segundo la compensación no comprenderá la cuota que represente la contribución obligatoria de quien realizó el gasto. No es exigible que el gasto extraordinario que deba compensarse sea declarado procedente en el procedimiento previo del art. 776.4º LEC, de manera que las eventuales discrepancias de las partes sobre dicho carácter habrán de ser ventiladas dentro de la misma oposición a la ejecución instada de contrario.

Es importante distinguir entre "gastos ordinarios" y "gastos extraordinarios", puesto que, como hemos dicho, es usual que en los convenios reguladores se pacte (o en la sentencia recaída en juicio contencioso se establezca) que, mientras el progenitor que no convive con los hijos contribuya a los gastos ordinarios mediante el pago de la pensión de alimentos, en cambio, los extraordinarios sean satisfechos por los dos progenitores, por mitad (aunque pueden serlo en cuantía diversa).

De ahí que, salvo que en el convenio se haga una especificación muy detallada del carácter que tiene cada gasto (si existe una sentencia dictada en juicio contencioso, ésta, con toda seguridad, no lo hará), suela discutirse su carácter ordinario o extraordinario (en particular, si existen malas relaciones entre los progenitores): al progenitor que paga la pensión le interesará que un gasto sea calificado como ordinario, para que se entienda incluido en la misma y no tenga que desembolsar una cantidad adicional para hacerle frente, y al custodio le interesara, justamente, lo contrario, es decir, que sea conceptuado como extraordinario.

Cuestiones relevantes

10. Si existe una previa calificación de un gasto como extraordinario en el convenio regulador o en la sentencia contenciosa, podrá instarse en vía ejecutiva directamente el pago de su importe; en otro caso, a efectos de decidir la naturaleza ordinaria o extraordinario del gasto, la cuestión deberá ventilarse a través del incidente del art. 776.4° LEC, según el cual, "Cuando deban ser objeto de ejecución forzosa gastos extraordinarios, no expresamente previstos en las medidas definitivas o provisionales, deberá solicitarse previamente al despacho de ejecución la declaración de que la cantidad reclamada tiene la consideración de gasto extraordinario. Del escrito solicitando la declaración de gasto extraordinario se dará vista a la contraria y, en caso de oposición dentro de los cinco días siguientes, el Tribunal convocará a las partes a una vista que se sustanciará con arreglo a lo dispuesto en los artículos 440 y siguientes y que resolverá mediante auto".

Los AAAP Madrid 22 febrero 2021 *(Tol 8424257)* y 1 marzo 2021 *(Tol 8431184)* han precisado que solo debe acudirse al incidente previo del artículo 776. 4° LEC, si existen dudas respecto al carácter ordinario o extraordinario de un determinado gasto, por lo que es improcedente, no solo cuando los gastos extraordinarios estén detallados en el convenio o en la sentencia, sino también cuando se trate de gastos extraordinarios respecto de los que, por existir una reiterada doctrina jurisprudencial sobre tal carácter, no haya duda sobre su naturaleza.

3.1.1. Los gastos ordinarios

Son gastos ordinarios los habituales y previsibles periódicamente, por lo que su importe es tenido en cuenta para fijar la cuantía de la prestación alimenticia y se incluyen dentro de ella.

Cuestiones relevantes

11. El progenitor no custodio no puede eximirse de contribuir a estos gastos en periodos vacacionales, argumentando que el menor se encuentra en su compañía [SSAP Santa Cruz de Tenerife 22 marzo 2013 *(Tol 3710308)* y Guadalajara 28 octubre 2014 *(Tol 4710317)*].

Son gastos ordinarios los de manutención (o alimentación estricta), vestido, calzado o vivienda, como es el caso de gastos de alquiler de la casa donde viven los menores con el progenitor custodio, cuando su importe es prudente y no puede calificarse de excesivo [SSAP Barcelona 21 diciembre 2007 (*Tol 1282650*), Madrid 25 marzo 2011 (*Tol 2178935*)].

Jurisprudencia

El AAP Tarragona 3 marzo 2021 *(Tol 8428126)* observa que los gastos por compras de ropa que el progenitor no custodio realice durante la estancia de los menores en su compañía no son compensables con la pensión de alimentos. Explica que el progenitor que paga la pensión tiene la obligación de abonar su importe íntegramente y no puede descontar una parte, alegando que ha comprado ropa y realizado otras atenciones en favor de los menores: la ropa es parte de la pensión de alimentos y debe ser sufragada por la progenitora custodia; si lo hace el otro progenitor, durante sus estancias con los menores, se consideran liberalidades no compensables.

También son gastos ordinarios los de guardería [SSAP León 17 diciembre 2010 (*Tol 2052221*) y Madrid 9 febrero 2012 (*Tol 2488235*), en especial, cuando el progenitor custodio trabaja fuera de casa, así como los de cuidadora en la jornada laboral de aquel SSAP Valencia 14 julio 2014 *(Tol 4520529)* y Guadalajara 28 octubre 2014 (*Tol 4710317)*; o los de acceso de los menores a teléfono móvil o internet [SJPI Alicante, núm. 8, 22 diciembre 2014, confirmada por SAP Alicante 12 junio 2015 (*Tol 5438988*)].

Mención especial merecen los gastos periódicos de formación y educación de los menores.

Entre ellos hay que incluir, indudablemente, los de comienzo de curso, aunque se paguen una sola vez al año, pues son previsibles y periódicos (no, por meses, pero sí, por años), de modo que "deben ser tenidos en cuenta cuando se fija la pensión alimenticia", prorrateándolos por meses [STS 15 octubre 2014 (*Tol 4584709)*, 21 septiembre 2016 *(Tol 5829912)* y 13 septiembre 2017 *(Tol 6347631)*], como es el caso de las matrículas y de los libros de texto [STS 13 septiembre 2017 *(Tol 6347631)*], siendo irrelevante que los mismos se adquieran en el propio colegio o fuera de él en librerías o centro comerciales [SAP Córdoba 9 octubre 2014 *(Tol 4691667)*], y, en general, del material escolar [SSAP Ciudad Real 22 mayo 2006 (*Tol 933456*), León 17 diciembre 2010 (*Tol 2052221*), Alicante 16 marzo 2010 (*Tol 1991652*), Madrid 9 febrero 2012 *(Tol 2488235)*, Madrid 14 julio 2015 *(Tol 5408265)* y Málaga 14 enero 2016 (*Tol 5797698*), y AAP Madrid 22 febrero 2021 *(Tol 8424257)*].

Las matrículas pueden ser en centros públicos o concertados [SAP Madrid 25 marzo 2011 (*Tol 2178935*)], en cuyo caso también se comprenden las cuotas de las asociaciones de padres y las aportaciones voluntarias [AAP Madrid 22 febrero 2021 *(Tol 8424257)*], o en un centro docente privado, elegido de común acuerdo antes del cese de la vida en común y en el que el menor ha estudiado dos cursos, por lo que cambiarlo de centro perjudica la continuidad del hijo en el entorno escolar en el que se halla integrado [SAP Sevilla 30 diciembre 2013 (*Tol 4154793)*].

Son también gastos necesarios de formación, los de uniforme [SSAP Madrid 9 febrero 2012 *(Tol 2488235)* y Madrid 14 julio 2015 *(Tol 5408265)*]; los de transporte [SSAP Santa Cruz de Tenerife 22 marzo 2013 *(Tol 3710308)* y Madrid 14 julio 2015 *(Tol 5408265)*] y comedor [SAP Madrid 14 julio 2015 *(Tol 5408265)*]; incluidos los desayunos en el colegio [SAP Madrid 14 julio 2015 *(Tol 5408265)*], excluyéndose, en cambio, los gastos de comedor fuera del período escolar, como son los que se generan cuando el menor asiste a él durante el mes de julio [SAP Madrid 9 febrero 2012 *(Tol 2488235)*].

Así mismo, los de salidas escolares de obligada asistencia al formar parte del programa educativo [SAP Barcelona 17 febrero 2009 (ECLI:ES:APB:2009:2336)]; los de actividades extraescolares, como excursiones planificadas por el centro, que tengan lugar dentro de la población donde residen los menores y dentro del año escolar [SAP Ciudad Real 22 mayo 2006 (*Tol 933456*)], que sean de unas horas y tengan un coste proporcionado a ellas [AAP Alicante 30 septiembre 2010 (ECLI:ES:APA:2010:162A)] o de una jornada de duración [SJPI Alicante, núm. 8, 22 diciembre 2014, confirmada por SAP Alicante 12 junio 2015 (*Tol 5438988*)]; o los de academia de inglés, si ya existían con anterioridad a la crisis familiar [SAP Córdoba 9 octubre 2014 *(Tol 4691667)*].

Cuestiones relevantes

12. Es posible tomar en consideración los gastos de escolarización de un menor que, si bien todavía asiste a la guardería en el momento de fijarse la pensión, es totalmente previsible que de modo inminente se matricule en el mismo centro público que su hermano. Así lo considera la SAP Madrid 9 febrero 2012 *(Tol 2488235)*, que explica que "las pensiones de alimentos se fijan siempre con vocación de futuro, en evitación de que incidencias mínimas, máxime siendo previsibles, como es la escolarización, aboquen a las partes a incesantes procesos de modificación de medidas (artículo 775 LEC), para su reajuste".

3.1.2. Gastos extraordinarios

Son gastos extraordinarios, los que no son habituales y previsibles periódicamente; y de ahí que no puedan ser tenidos en cuenta al determinar la cuantía de la prestación y, en consecuencia, no se entiendan comprendidos dentro de ella.

Jurisprudencia

La STSJ Cataluña 13 octubre 2020 *(Tol 8195340)* observa que no puede imponerse a los progenitores la apertura de una cuenta corriente en la que ingresen mensualmente una cantidad de dinero para abonar anticipadamente gastos extraordinarios indeterminados en previsión de su eventual devengo, a no ser que el deudor haya dejado de satisfacer puntualmente más de un pago. Considera que esta provisión a modo de reserva solo es procedente cuando la acuerden los progenitores o la imponga la autoridad judicial, fundamentándola en la existencia de un previo impago. Por ello, ha casado la sentencia que la establece, sin motivarla, ni determinar el modo en que se deben satisfacer los gastos extraordinarios.

3.1.2.1. Gastos extraordinarios necesarios

Estos gastos extraordinarios deben ser asumidos por los progenitores, cuando sean necesarios y proporcionados a sus respectivos recursos económicos (art. 142 CC).

Es el caso de los gastos de salud no periódicos, no cubiertos por la Seguridad Social o por cualquier otra mutualidad u organismo al que pudieran estar afiliados los hijos menores.

Por ejemplo, los de medicamentos [AAP Madrid 8 septiembre 2020 *(Tol 8208347)*], los derivados de operaciones de cirugía reparadora; de adquisiciones de prótesis, como plantillas, ayudadores, andadores, corsés, sillas de ruedas, o aparatos de óptica, como monturas y cristales de gafas, lentillas y renovación o reposición de unas u otras por variación de graduación, rotura, sustracción o pérdida [SJPI Alicante, núm. 8, 22 diciembre 2014, confirmada por SAP Alicante 12 junio 2015 (*Tol 5438988*)]; de logopedia [SSJPI Sevilla, núm. 23, 5 diciembre 2013, confirmada por SAP Sevilla 30 enero 2015 *(Tol 4822584)*, y Alicante, núm. 8, 22 diciembre 2014, confirmada por SAP Alicante 12 junio 2015 (*Tol 5438988*); S Juzgado Violencia Mujer, núm. 3, Sevilla 30 diciembre 2013, confirmada por SAP Sevilla 22 enero 2015 (*Tol 4822598*)]; de dentista y tratamientos bucodentales, como ortodoncia, prótesis dentarias, aparatos correctores, colocación de piezas dentales nuevas, empastes, endodoncias, desvitalización, colocación de fundas o implantes [SJPI Alicante, núm. 8, 22 diciembre 2014, confirmada por SAP Alicante 12 junio 2015 (*Tol 5438988*)]; psicológicos, fisioterapéuticos o rehabilitadores prescritos médicamente [SSJPI Sevilla, núm. 23, 5 diciembre 2013, confirmada por SAP Sevilla 30 enero 2015 *(Tol 4822584)*, y Alicante, núm. 8, 22 diciembre 2014, confirmada por SAP Alicante 12 junio 2015 (*Tol 5438988*); S Juzgado Violencia Mujer, núm. 3, Sevilla 30 diciembre 2013, confirmada por SAP Sevilla 22 enero 2015 (*Tol 4822598*)], por ejemplo, clases de natación [SJPI Sevilla, núm. 23, 5 diciembre 2013, confirmada por SAP Sevilla 30 enero 2015 *(Tol 4822584)*]; y de homeopatía [SJPI Sevilla, núm. 23, 5 diciembre 2013, confirmada por SAP Sevilla 30 enero 2015 *(Tol 4822584)*].

Cuestiones relevantes

13. El AAP Granada 5 junio 2020 *(Tol 8090246)* considera un **gasto extraordinario no necesario el correspondiente a la vacuna Bexero, que no está incluida en el calendario de vacunaciones.** Afirma que "no puede discutirse y al igual que otros muchos tratamientos preventivos, pueda suponer un beneficio adicional para la salud que, no por ello, en su caso y a falta de consentimiento del otro progenitor, habrá de soportarse por el que realiza el desembolso por su sola decisión".

También son gastos extraordinarios necesarios los de formación puntuales y de actividades extraescolares.

Así, los gastos generados por las clases de repaso, cuando las calificaciones escolares demuestren que son imprescindibles para la educación de los hijos por su bajo rendimiento académico [SAP Alicante 16 marzo 2010 (*Tol 1991652*); AAP Alicante 30 septiembre 2010 (ECLI:ES:APA:2010:162A) y S Juzgado Violencia Mujer, núm. 3, Sevilla 30 diciembre 2013, confirmada por SAP Sevilla 22 enero 2015 (*Tol 4822598)*]; por actividades extraescolares que se consideren necesarias para la formación integral de los menores [SAP Ciudad Real 22 mayo 2006 (*Tol 933456)*]; por viajes de fin de curso y campamentos de verano, siempre que su coste sea moderado y que se trate de viajes realizados por todos o la mayor parte de los alumnos y organizados por el propio centro escolar o por asociaciones de padres [AAP Alicante 30 septiembre 2010 (ECLI:ES:APA:2010:162A); SJPI Alicante, núm. 8, 22 diciembre 2014, confirmada por SAP Alicante 12 junio 2015 (*Tol 5438988*)]; o por la compra de un ordenador, "que resulta una herramienta absolutamente imprescindible a día de hoy" [AAP Madrid 12 marzo 2021 *(Tol 8453998)*].

Cuestiones relevantes

14. La jurisprudencia considera dudoso que puedan considerarse gastos extraordinarios de contribución obligatoria las estancias individuales y voluntarias en el extranjero para perfeccionar el conocimiento de idiomas, "puesto que, aun teniendo en cuenta que se trata de una actividad formativa complementaria y cada vez más conveniente no puede reputarse siempre de estricta necesidad y también ha de ponderarse su coste normalmente elevado en relación con la situación económica de los interesados" [AAP Alicante 30 septiembre 2010 (ECLI:ES:APA:2010:162A); SJPI Alicante, núm. 8, 22 diciembre 2014, confirmada por SAP Alicante 12 junio 2015 (*Tol 5438988*)].

En ocasiones, se especifica que, con independencia de la obligación de los dos progenitores de contribuir al pago de estos gastos extraordinarios, sin embargo, para poder reclamar su reembolso, salvo supuestos de urgencia (por ejemplo, de carácter médico), antes de realizarlos, se recabe el consentimiento del otro progenitor, informándole por cualquier medio fehaciente (que deje constancia de su práctica) de la necesidad de realizarlos y de su importe (aportando, en su caso, presupuesto con el nombre del profesional que lo expide), previéndose que la falta de oposición expresa, en un breve plazo (por ejemplo, de diez días naturales) o la obstaculización acreditada a la recepción de la comunicación sea considerada como un consentimiento tácito [SSJPI Sevilla, núm. 23, 5 diciembre 2013, confirmada por SAP Sevilla 30 enero 2015 (*Tol 4822598*), Madrid, núm. 24, 27 enero 2014, confirmada por la SAP Madrid 14 julio 2015 *(Tol 5407109)*, y Alicante, núm. 8, 22 diciembre 2014, confirmada por SAP Alicante 12 junio 2015 (*Tol 5438988*); S Juzgado Mujer, núm. 3, Sevilla 30 diciembre 2013, confirmada por SAP Sevilla 22 enero 2015 (*Tol 4822598)*].

Sin embargo, hay una orientación jurisprudencial, que tiende a considerar que, siendo los gastos necesarios y su importe razonable, quien los ha realizado puede reclamar al otro progenitor el reembolso de la parte que le corresponda soportar, aunque no los haya consentido [AAAP Madrid 22 febrero 2021 *(Tol 8424257)* y 12 marzo 2021 (*Tol 8453998*)], siempre que los justifique cumplidamente [AAP Madrid 8 septiembre 2020 (*Tol 8208347*)].

Esto es claro en los casos de gastos de carácter sanitario, sobre todo, si son urgentes [AAP Madrid 1 marzo 2021 (*Tol 8431184*)], como sucede con los de ortodoncia [AAP Madrid 22 febrero 2021 (*Tol 8424257*)]; no, en cambio, con los generados por intervenciones quirúrgicas de cirugía ocular por láser para reducción o curación de miopía, pues no suelen ser urgentes y, dado su alto coste, no pueden ser decididos unilateralmente por el progenitor custodio [SJPI Alicante, núm. 8, 22 diciembre 2014, confirmada por SAP Alicante 12 junio 2015 *(Tol 5438988)*].

Jurisprudencia

El AAP Madrid 12 marzo 2021 *(Tol 8438315)* ha calificado como gastos extraordinarios necesarios, que deben ser satisfechos por ambos progenitores, los de tratamiento de terapia psicológica y de deshabituación a la adicción del alcohol realizado por un menor en un centro privado, considerándose infundada la oposición de la madre, que, teniendo medios para ello, se negaba a pagar la mitad de los mismos, con el argumento de que el tratamiento en el centro privado había sido decidido unilateralmente por el padre, el cual no había contado con su consentimiento para ello, existiendo centros públicos alternativos (no precisados) para dicha finalidad. Ha desestimado dicho argumento, afirmando que la circunstancia de que dicho tratamiento tenga que ser realizado en un centro privado o público es una decisión que debe tomarse teniendo en cuenta los informes de profesionales en la materia, existiendo, además, un auto judicial que otorgaba al padre la facultad de decidir cuál era el tratamiento psicoterapéutico que debía recibir el hijo menor.

Pero esta orientación jurisprudencial se manifiesta también en gastos de formación.

Jurisprudencia

El AAP Madrid 12 marzo 2021 (*Tol 8453998*)] ha considerado que los cursos de inglés dan lugar a "gastos extraordinarios necesarios para una adecuada formación de los hijos y para poner las bases del acceso de los mismos al mercado laboral en el futuro, y en cuyo mercado el conocimiento de dicho idioma se ha convertido en un requisito prácticamente imprescindible"; y de su carácter necesario se ha deducido que deben ser sufragados por ambos progenitores, a pesar de no resultar "acreditado que se haya aceptado previamente dicho gasto", siendo "cierto que no consta el consentimiento del padre" a su realización".

3.1.2.2. Gastos extraordinarios de asunción voluntaria

También deben ser asumidos por los progenitores los gastos extraordinarios, cuando, aun no siendo necesarios, sin embargo, sean decididos por ambos o, decididos por uno de ellos, sean comunicados al otro y este no se oponga a su realización (se trata de gastos extraordinarios de asunción voluntaria).

Así sucede, por ejemplo, cuando el progenitor custodio matricula a la hija en un colegio privado y el otro manifiesta su conformidad, pagando, incluso, por completo la matrícula de un curso, entendiéndose que deben pagarse también los gastos de comedor, por encontrarse dicho colegio en una localidad distinta a la que reside [SAP Castellón 28 marzo 2005 (*Tol 641586*)]. Igualmente, cuando uno de los progenitores ha venido pagando directamente el gasto derivado de un seguro médico privado, habiéndose considerado que se trata de gasto extraordinario que debe seguir pagando él en exclusiva (y no, por partes iguales) después de la ruptura de la convivencia [SAP Málaga 14 enero 2016 (*Tol 5797698)*].

Hay que tener en cuenta que estos gastos extraordinarios no son necesarios, pues es posible satisfacerlos con los sistemas públicos de salud y de educación, pero, una vez asumidos, son periódicos y previsibles, por lo que, en sentido estricto, debieran considerarse extraordinarios solamente los provocados por el primer desembolso (por ejemplo, el primer curso escolar) y ordinarios los correspondientes a los posteriores pagos, de modo que sería procedente instar un juicio de medidas para incluir su cuantía en la pensión de alimentos.

3.1.2.3. Gastos extraordinarios convenientes

Por último, los progenitores deberán asumir los gastos extraordinarios no consensuados expresa o tácitamente, aunque no sean estrictamente necesarios, cuando, así se determine judicialmente, por considerarse convenientes para el menor y proporcionados a la capacidad económica de la familia; en caso de ausencia de autorización judicial, en principio, deberá soportarlos quien los realice.

Estamos, pues, ante una categoría, la de los gastos "convenientes", que se sitúa entre la de los "estrictamente necesarios" y la de los "prescindibles" (o superfluos).

Jurisprudencia

El AAP Madrid 1 marzo 2021 (*Tol 8431184*) realiza la distinción en los siguientes términos: "Dentro de los gastos extraordinarios, debe distinguirse entre los necesarios y los convenientes e, incluso, aquellos que son prescindibles. Existen unos gastos extraordinarios cuya necesidad no puede discutirse, como por ejemplo los sanitarios sobrevenidos y aquéllos convenientes al desarrollo psicosocial de los hijos, tales como los de formación complementaria; otros, cuya conveniencia no se discute pero su realización dependerá, en buena medida, de las posibilidades económicas de los progenitores, y, finalmente, el tercer grupo en el que se pueden incluir los demás que siendo perfectamente prescindibles, se realizarían, muy probablemente, de seguir junto el matrimonio".

Se trata de una categoría flexible, que se determina en atención a la concreta personalidad y específicas necesidades de los menores y a los recursos económicos del alimentante, la cual permite repercutir gastos extraordinarios, que, con carácter general, serían prescindibles, por lo que, para su realización y posterior rembolso, se requería, en todo caso, consentimiento de ambos progenitores.

Por ejemplo, en el ámbito de una economía modesta, la asistencia a unas clases particulares de música o la adquisición de un instrumento especialmente costoso es un gasto prescindible. Sin embargo, puede llegar a considerarse un gasto conveniente para el desarrollo de la personalidad y formación del menor, si este siente una especial inclinación hacia la música y el alimentante tiene recursos económicos suficientes para satisfacerlo [SAP Alicante 28 abril 2015 *(Tol 5183882)*].

No obstante, al igual que dijimos respecto de los gastos necesarios, existe una orientación jurisprudencial que reconoce el derecho de reembolso de los gastos, cuando es claro que son convenientes para el menor y tienen un importe razonable; y ello, aunque hayan sido hechos unilateralmente, sin previa autorización judicial, incluso, constando la oposición del otro progenitor.

Jurisprudencia

El AAP Madrid 22 febrero 2021 *(Tol 8424257)* critica que "Algunos Tribunales han rechazado el pago del gasto extraordinario razonando que como no había habido previa conformidad ni se había acudido a la autoridad judicial para que ésta manifestase la necesidad o no de tal gasto, y el mismo se había decidido de forma, unilateral, debiendo el progenitor que había tomado esa decisión hacer frente a dicho gasto". Frente a ello, afirma que "Es evidente que no se puede «castigar» de esa manera al progenitor custodio, y «premiar» al no custodio, pues ni siquiera se cuestiona, en muchos casos, la necesidad ni la conveniencia ni la naturaleza del gasto, sólo se toma en cuenta, para su rechazo, la falta de acuerdo previo". Concluye que la solución debe ser la siguiente: "Con carácter general, se examina la conveniencia, la necesidad de dicho gasto fundamentándolo en que, puesto que se trata, propiamente de alimentos, no existe norma legal alguna que exija el previo consentimiento, al igual que los alimentos, por lo que son exigibles, caso de haberse realizado, tales gastos siempre que los mismos fueren necesarios o convenientes".

El AAP Valencia 30 septiembre 2020 (*Tol 8192612*), con el fin de poder ser repercutidos, ha considerado gastos extraordinarios de carácter necesario una serie de desembolsos, que, más correctamente, habría que haber calificado como gastos convenientes de contribución obligatoria para ambos progenitores, en atención a la personalidad y concretas necesidades del hijo en cuyo favor se hicieron. Así, el importe de la matrícula en un centro privado de bachillerato para alumnos con capacidad intelectual, pero con educación adaptada, porque su matriculación en dicho centro, hecha contra el parecer del padre, no había sido una decisión caprichosa de la madre, sino que fue apoyada por los profesionales que en ese momento trataban al menor de sus problemas médicos y psicológicos; y ello, aunque, con posterioridad, dicha decisión se revelara desacertada y, al año siguiente, hubiera que matricular al hijo en un centro de formación profesional (que es lo que el padre había propuesto desde el principio), debido a su fracaso escolar. Con el mismo fin, se ha calificado como necesarios unos gastos que, en puridad, habría también que haber considerado convenientes y, por tanto, repercutibles, aunque hubieran sido hechos sin el consentimiento del padre: los derivados de la realización de los cursos de primeros auxilios acuáticos (185,00 euros), de patrón de embarcación de recreo —PER— (547,80 euros) y de renovación de desfibrilador semiautomático— DESA— (65,00 euros), así como el de Licencia de navegación PNB, tasas de examen y tramitación (557,80 euros), pues todas las actividades eran formativas e iban en la misma dirección que su vocación sanitaria, obtenida a través de la Formación profesional que había cursado, contribuyendo a que el hijo superara el aislamiento y pudiera trabajar durante el verano.

3.2. Custodia compartida

En los casos de custodia compartida es habitual que el Juez determine que cada uno de los progenitores satisfaga los gastos ordinarios generados durante el tiempo en que los hijos convivan con cada uno de ellos.

Ahora bien, hay gastos ordinarios diversos a los de pura comida, ropa y habitación, que se generan en períodos más amplios que aquellos en los que los hijos conviven con cada progenitor, por ejemplo, los escolares y académicos en sentido amplio, como recibos mensuales, matrícula o reserva de plaza, cuotas de AMPA o similares, libros, material escolar, uniforme, ropa de deporte o excursiones [SAP Madrid 14 mayo 2021 *(Tol 8548389)*], por lo que es común que se abra una cuenta conjunta en la que ambos padres hagan ingresos periódicos para atenderlos, la cual, si hay excesiva conflictividad entre ellos, quizás convenga que tenga carácter mancomunado.

En cualquier caso, la existencia de una custodia compartida no significa, necesariamente, una contribución por igual de los dos progenitores a dichos gastos ordinarios, así como tampoco a los extraordinarios, sino que puede ser diferente en atención a la cuantía de sus respectivos patrimonios y al diverso grado de implicación en el cuidado personal de los menores (que no tiene por qué ser idéntico).

Jurisprudencia

La STS 11 febrero 2016 (*Tol 5645217*) observa que "el sistema de custodia compartida de los hijos no exime del pago de una pensión de alimentos si existe desproporción entre los ingresos de ambos cónyuges". En el caso concreto entendió que el padre debía pasar una pensión a su exmujer para la manutención de sus dos hijas menores, ya que la progenitora no percibía salario ni rendimiento alguno, y además rechazó que esa pensión pudiera limitarse temporalmente, "pues los menores no pueden quedar al socaire de que la madre pueda o no encontrar trabajo", sin perjuicio de que posteriormente, por aplicación del art. 91 CC, pueda haber modificaciones si existe variación sustancial de las circunstancias.

La STS 9 diciembre 2022 (*Tol 9334681*) expresa el mismo principio, de que la custodia compartida no significa que no pueda imponerse el pago de una pensión de alimentos a uno de los progenitores cuando hay una desproporción entre los recursos de ambos. En el caso resuelto la madre no desempeñaba un trabajo retribuido, "viviendo en el domicilio de su madre con los menores y litigando con justicia gratuita, mientras que el recurrido (padre), tiene trabajo retribuido y goza de vivienda propia, al margen de la que fue familiar, lo que denota desproporción en los ingresos de cada progenitor, por lo que el padre deberá abonar a los menores en la persona de la madre, la cantidad de 100 euros por cada hijo".

4. LA CUANTÍA DE LA PRESTACIÓN DE ALIMENTOS

Normativa reguladora

Los parámetros a los que el art. 93.I CC se remite para fijar la contribución y, en definitiva, la cuantía de la pensión de alimentos, son, de un lado, "las circunstancias económicas" del progenitor obligado a pagarla (alimentante); y de otro, las "necesidades de los hijos" (alimentistas).

Debe existir una relación de proporcionalidad entre ambos, tal y como, con carácter general, establece el art. 146 CC en materia de alimentos, pero dichos parámetros no tienen la misma importancia cuando los hijos son menores, pues, en tal caso, lógicamente el segundo de los parámetros se convierte en prioritario respecto del primero.

Jurisprudencia

Las SSTS 5 octubre 1993 *(Tol 1655748)* y 16 julio 2002 *(Tol 202431)* han declarado que el principio de proporcionalidad establecido en el art. 146 CC solo es aplicable "a alimentos debidos a consecuencia de la patria potestad (artículo 154.1 CC) con carácter indicativo, por lo que caben en sede de éstos, criterios de mayor amplitud, pautas mucho más elásticas en beneficio del menor, que se tornan en exigencia jurídica en sintonía con el interés público de protección de los alimentistas habida cuenta del vínculo de filiación y la edad.

La STS 18 mayo 2022 (*Tol 8976982*) ha precisado que no puede repercutirse en la cuantificación de la pensión de alimentos la contribución de la madre al pago de los gastos de desplazamiento del padre, para que éste pueda comunicarse con el hijo, que reside con aquélla en Inglaterra, pues esto supondría hacer recaer, exclusivamente, sobre él dichos gastos. Observa que "Tal carga económica no tiene que ser soportada, exclusivamente, por el padre, que es quien realiza además el esfuerzo de los desplazamientos a Inglaterra para verse con su hijo" (principio de proporcionalidad y de contribución equitativa de ambos progenitores, de similar capacidad económica): la madre debe contribuir a los gastos de desplazamiento del padre, incluyendo los de estancia, pero no los de manutención, con un límite de 150 euros, por cada viaje de ida y vuelta, actualizables anualmente conforme al IPC.

La SAP Baleares 23 marzo de 2020 *(Tol 796592)* ha constatado la desproporción de la cuantía de la pensión de alimentos de 1.900 euros mensuales fijada en favor de un niño de 5 años, que estudiaba en una escuela pública y que tenía las necesidades propias de un niño de su edad, trabajando su madre y percibiendo ésta unos ingresos de unos 900 euros al mes. En su lugar, estableció una pensión de 500 euros mensuales, a cargo del padre, que estaba de baja por enfermedad cardíaca y cobraba 1.200 euros de una mutua.

En el caso de divorcio judicial por mutuo acuerdo, la contribución de cada progenitor a los alimentos forma parte del contenido mínimo del convenio regulador, pero el pacto de los cónyuges no será aprobado, si es dañoso para los hijos (art. 90 CC).

Las Tablas orientadoras para determinar las pensiones alimenticias de los hijos en los procesos de familia elaboradas por el CGPJ, en 2013 y actualizadas en 2019, son, desde luego, meramente, indicativas.

4.1. Criterios para determinar la capacidad económica de los progenitores

Expondremos, a continuación, una serie de criterios para determinar la capacidad económica del obligado a prestar alimentos, que juegan, tanto, en el momento de la fijación inicial de la prestación, como, posteriormente, cuando (en un juicio de modificación de medidas) se alega una modificación del nivel de ingresos del alimentista para pedir la reducción o el aumento de su cuantía.

4.1.1. La capacidad económica del alimentante se determina por su entera situación patrimonial

Para valorar "las circunstancias económicas" del alimentante habrá que tener en cuenta, no solo el importe de su salario neto que, en su caso, perciba, sino la totalidad de su patrimonio, tanto mobiliario (acciones, depósitos bancarios, bonos, etc.), como inmobiliario (rentas, plusvalías, alquileres, etc.).

Jurisprudencia

La STS 14 octubre 2014 (*Tol 4526696*) observa que la "obligación alimenticia que se presta a los hijos no está a expensas únicamente de los ingresos sino también de los medios o recursos de uno de los cónyuges", por lo que "no es necesaria una liquidez dineraria inmediata para detraer de la misma la contribución, sino que es posible la afectación de un patrimonio personal al pago de tales obligaciones para realizarlo y con su producto aplicarlo hasta donde alcance con esta finalidad". Concretamente, revocando la sentencia recurrida, fija como doctrina que "La obligación de pagar alimentos a los hijos menores no se extingue por el solo hecho de haber ingresado en prisión el progenitor que debe prestarlos si al tiempo no se acredita la falta de ingresos o de recursos para poder hacerlos efectivos".

La STS 22 junio 2017 (*Tol 6201518*), aplicando la misma doctrina, casó la sentencia recurrida, que había establecido una pensión de alimentos a cargo del padre de 250 euros, dada su carencia de trabajo. La fijó en 400 euros, cuantía que era la que había establecido la sentencia de primera instancia, teniendo en cuenta que el patrimonio de ambos progenitores era "importante, tanto que no han necesitado trabajar para mantener un estatus importante de vida", afirmado que reducir la prestación a una cuantía tan mínima no resultaba "coherente ni con los recursos económicos, ni con el status social de la pareja".

4.1.2. La posibilidad de acudir a la prueba indiciaria para determinar la situación económica del alimentante ante la ausencia de pruebas directas

Cuando el alimentante es un trabajador por cuenta ajena es fácil determinar sus rendimientos netos del trabajo (son estos los que se tienen en cuenta, no los brutos), que se acreditarán de manera objetiva a través de la correspondiente certificación de ingresos por parte de la empresa o entidad pagadora.

En cambio, cuando los ingresos del potencial deudor derivan del ejercicio de actividades de difícil fiscalización (profesionales liberales, participación en sociedades o percepción de comisiones complementarias del salario fijo) puede existir una gran dificultad para probar su verdadera capacidad económica, máxime cuando las declaraciones fiscales no la acreditan plenamente, ya que no contienen más que las manifestaciones realizadas de manera unilateral ante la Administración Tributaria y no excluyen que no puedan existir ingresos no declarados.

Jurisprudencia

La SAP Murcia 16 junio 2010 *(Tol 1905712)* desestima una pretensión de reducción de cuantía de alimentos, considerando que a este propósito resultaban insuficientes los datos derivados de la declaración de la renta, pues "en todo caso le correspondía al recurrente una más exhaustiva acreditación al respecto, conforme a lo dispuesto en el art. 217 de la LEC, valorando, de un lado, el desempeño de otras actividades laborales extras" y el hecho de la existencia de determinados signos externos demostrativos de un nivel de vida superior, como cabría deducir de los tres turismos y dos motocicletas que posee".

La SAP Pontevedra 20 julio 2015 (*Tol 5391233*) señala que, "en principio, las declaraciones tributarias carecen de valor probatorio, en la medida en que se trata de manifestaciones unilaterales y que no han sido objeto de la oportuna comprobación".

En estos casos (y en los que existen sospechas de economía sumergida) la jurisprudencia impone una mayor exigencia probatoria al deudor de la pensión "conforme a lo dispuesto en el art. 217 de la LEC, derivada de la mayor facilidad y disponibilidad de quién es perceptor de tales ingresos" [SSAP Murcia 16 junio 2010 *(Tol 1905712)* y Murcia 20 junio 2013 (*Tol 384698)*], porque, en dichos supuestos, "quien postula una pensión cuenta con enormes —por no decir diabólicas— dificultades para demostrar la situación pecuniaria del otro, mientras que a éste le es tremendamente fácil porque nadie como él la conoce, bastándole al primero sembrar con un principio de prueba una duda razonable sobre la realidad de los ingresos aparentes del deudor para que, a partir de ahí, incumba a éste la carga de la prueba, con la grave consecuencia, en caso de no atender su deber, de que se den por ciertas las rentas que se le imputan" [SAP Murcia 28 julio 2003 (ECLI:ES:APMU:2003:2004)].

En general, ante la existencia de pruebas directas respecto a la cuantía de los ingresos, es posible acudir a pruebas indiciarias, teniendo en cuenta, entre otros, los siguientes datos:

a) Existencia de signos externos que permitan deducir que el obligado al pago tiene una capacidad económica superior a la que reconoce.

Se habla, así, de "un principio básico en cuestiones de derecho matrimonial, según el cual, a falta de pruebas directas sobre los verdaderos ingresos de la unidad familiar, o cuando aquéllas no sean fiables, los signos externos indicadores del nivel socioeconómico en que se desenvuelve habitualmente la familia (tales como gastos de colegio o educación de los hijos, viajes y ocio, movimientos de tarjeta de crédito, marca y categoría de los vehículos que poseen, vestidos, joyas, etcétera) constituyen un elemento decisivo para deducir dicha realidad" [SAP Murcia 28 julio 2003 (ECLI:ES:APMU:2003:2004)].

Jurisprudencia

Existen gastos particularmente ostentosos, que permiten deducir que la capacidad económica del alimentista es muy superior a la que dice tener, como es el participar en cacerías periódicas en África [SAP Barcelona 26 julio 2012 (*Tol 2669452*)].

La SAP Barcelona 22 abril 2015 *(Tol 5185583)* señala que "En el presente caso existen indicios suficientes para considerar acreditado que la [parte demandada] trabaja realizando tareas domésticas en domicilios, tal como alegaba el demandado, sin reflejo fiscal, y sin que sea creíble que sea su hermana quien trabaja y le dé el dinero obtenido por su trabajo, como pretenden hacer creer sobre todo porque no se ha acreditado que la actora padezca enfermedad alguna que le impida trabajar, y en todo caso, puede hacerlo".

La SAP La Coruña 30 diciembre 2015 (*Tol 5669119*) ha reputado, por ejemplo, un indicio externo relevante la circunstancia de que el apelante viviera en Santiago, que asumiera los gastos de desplazamientos frecuentes a Lugo para visitar y atender a su madre y los gastos relativos a juegos on-line que por mínimos que sean en su cuantía, "lo cierto es que difícilmente se concilian con una ausencia total de medios económicos que se alega, y por lo mismo, no se puede obviar el gasto que implica el consumo de sustancias estupefacientes, pues, todo ello hace suponer que, a pesar de no realizar actividad laboral, dispone de medios económicos que le permiten hacer frente a la pensión fijada como mínimo vital en la sentencia apelada".

b) El trabajo en la empresa familiar, a pesar de no constar como socio, o ni siquiera como empleado de la misma o, figurando como trabajador, se le fije un salario inferior a las funciones que realmente realice.

Jurisprudencia

Es, por ejemplo, el caso de un demandado que figuraba en la nómina de la empresa que regentaba su propio padre, como peón, cuando, en realidad, reconoció que desempeñaba funciones de gerente y comercial, siendo propietario de un 10% de la misma y conduciendo un BMW que figuraba a nombre de ella. Se daba, además, la circunstancia de que había reducido artificialmente el importe de la nómina para pagar una menor cuantía de alimentos, resultando un contraste con la de la anualidad inmediatamente anterior a la crisis familiar, contradicción que carecía "de toda lógica si sus circunstancias laborales no habían variado" [SAP Murcia 28 julio 2003 (ECLI:ES:APMU:2003:2004)].

c) La titularidad de inmuebles, en particular, si han sido adquiridos en fechas próximas a la fecha en la que se piden los alimentos, ya que ello es demostrativo de que no solo percibe los ingresos que declara.

Jurisprudencia

La SAP Málaga 29 marzo 2007 (*Tol 1125817*) indica que "existen indicios más que racionales como para poder entender la percepción de otras cantidades por conceptos diversos, siendo muestra de ello no solamente la titularidad de dos inmuebles sino, incluso, la adquisición en fechas próximas de una tercera vivienda a la que trasladó su residencia, siendo intrascendente a los efectos aquí debatidos si las otras viviendas se encuentran ocupadas en régimen de arrendamiento o si van a ser vendidas, puesto que lo esencial es que ello es demostrativo de no contar exclusivamente con ingresos netos mensuales de mil quinientos veinticinco euros con veinte céntimos (1.525,20 €) mensuales sino de una cantidad superior".

La SAP Madrid 14 julio 2015 *(Tol 5407109)* ha considerado procedente imponer al padre el pago de una pensión mensual de 1.625 € por cada uno de los dos hijos menores, destacando que era gestor de un entramado societario importante y que, aunque negaba percibir 15.000 € mensuales, "lo cierto que se soporta actualmente un importante nivel de gastos, a la sazón, hipoteca mensual por importe de 8.500, la tenencia de un importante patrimonio inmobiliario, a la sazón, un dúplex de lujo en Marbella, que está alquilado, afrontándose también una hipoteca de algo más de 500 mensuales, o la propiedad también de otro inmueble sito en Torremolinos, plaza de garaje, una nave en un polígono industrial, que también está alquilada, y que genera los oportunos rendimientos, todo lo cual permite deducir que se mantiene un importante nivel de ingresos como consecuencia de la explotación de dichos negocios, y no obstante afirmar que la situación empresarial y mercantil del recurrente es muy opaca, si bien dicho entramado social y financiero siempre ha sido dirigido y explotado únicamente por aquel".

d) Una noticia en internet en la que se contaba que el padre, que negaba ejercer la profesión liberal como arquitecto, había entregado una obra en un municipio.

Jurisprudencia

La STS 5 julio 2010 (*Tol 1908405*) admitió el recurso extraordinario por infracción procesal del art. 286 LEC, al entender que debía de haberse admitido (y dado traslado a la otra parte) el escrito presentado por la mujer después del período de alegaciones, tan pronto como tuvo conocimiento de la noticia publicada en internet. Observa que "la demandante había insistido durante el procedimiento en la posibilidad de que el marido ejerciera su profesión liberal como arquitecto al margen de la relación laboral probada" y que el descubrimiento de un documento en el que podría fundarse esta realidad constituía un hecho nuevo que, "por lo menos debería haber sido valorado, por ser importante en determinar la cuantía de los alimentos de los menores", máxime, "teniendo en cuenta que la introducción del hecho nuevo no modifica en absoluto la petición formulada en la demanda", no debiendo considerarse una mutatio libelli, sino un mero complemento.

e) La confusión entre los patrimonios del alimentante y el de la sociedad de la que aquel es socio único.

Jurisprudencia

La SAP Cáceres 14 octubre 2020 (*Tol 8209527*) ha fijado una pensión alimenticia de 530 euros en favor de un hijo de 12 años y a cargo de un padre que declaraba percibir 1.500 euros mensuales en concepto de salario de una sociedad de la que era socio único, más 1.100 euros por otros conceptos. Dio especial relevancia a la confusión entre su patrimonio personal y el de una sociedad, entre los cuales existían transferencias bancarias recíprocas: era la sociedad la que asumía el pago de la empleada del hogar familiar, así como también de los vehículos de alta gama que disfrutaba el matrimonio y que seguía disfrutando el padre, admitiendo que parte de su patrimonio inmobiliario lo había aportado a la sociedad; el padre era, además, cotitular de productos bancarios con importantes montantes económicos; y abonaba en concepto de alquiler 750 euros mensuales. Se constató, también, la existencia de otros signos externos que revelaban que su capacidad económica era muy superior a la que decía tener: aportación al matrimonio, constante este, de unos 2.000 euros mensuales a la cuenta común para atender los gastos de la familia, además de pagar la hipoteca de la vivienda familiar (1.500 euros), línea telefónica, gastos de seguridad de la vivienda, seguros, etc.

4.1.3. La toma en consideración de las cargas y gastos soportados por el alimentante

Evidentemente, para determinar la capacidad económica del alimentante habrá que tomar en consideración, no solo el activo, sino también el pasivo de su patrimonio, esto es, las cargas y los gastos que soporte, en particular, los que se requieran para atender sus propias necesidades más elementales, so pena de ruptura del principio de proporcionalidad [SAP Córdoba 13 diciembre 2016 (*Tol 5973478*)].

Así mismo, para fijar la cuantía de la prestación de alimentos, habrá que tener en cuenta el conjunto de medidas de trascendencia económica previstas en la sentencia que las establezca, pues todas ellas, aunque sean distintas, están interrelacionadas.

Se considera, así, que el establecimiento en el marco de una custodia monoparental de un régimen de relaciones personales con los hijos muy amplio en favor del progenitor, que, en la práctica, da lugar a períodos de convivencia muy semejantes a los que resultaría de un sistema de custodia compartida, ha de ser considerado para reducir el importe de la pensión [SAP Córdoba 30 septiembre 2013 (JUR 2014, 76240)].

Así mismo, desde esta perspectiva, uno de los parámetros que adquiere mayor relevancia en orden a determinar la cuantía de la prestación de alimentos es a quién se atribuye el uso de la vivienda familiar [SSAP Barcelona 26 julio 2012 (*Tol 2669452*), Barcelona 30 enero 2014 (*Tol 4109030*) y Madrid 21 abril 2019 (*Tol 1760026*)], pues el usuario de la misma obtendrá un importante beneficio, en detrimento del otro, que tendrá que seguir pagando el préstamo hipotecario, si la vivienda es privativa de él o pertenece a ambos, sin poder disfrutar de ella, debiendo, normalmente, proceder a formalizar un alquiler o compraventa de otra vivienda.

En definitiva, el derecho de uso de la vivienda familiar tiene un valor económico, por lo que quien no lo tiene deberá satisfacer una cuantía inferior de alimentos de la que debería de haber satisfecho si la hubiese tenido [SAP Madrid 21 abril 2019 (*Tol 1760026*)]; y viceversa: de ahí que se haya establecido una pensión de alimentos a cargo del padre de 350 euros y 400 a cargo de la madre, compensando con ello que esta disfrutara del derecho de uso exclusivo de la vivienda familiar, "mientras que ambos han de soportar por mitad la cuota hipotecaria y los gastos que no sean los de suministros, uso, impuestos y conservación" [SAP Madrid 21 abril 2019 (*Tol 1760026*)].

4.2. *Las necesidades del alimentista*

El segundo de los criterios establecidos por el art. 93.I CC para determinar la cuantía de la pensión alimenticia es el de las "necesidades" de los hijos.

Conforme al art. 154. III.1º CC, la patria potestad comprende el deber de los progenitores de tener a sus hijos en compañía, "alimentarlos, educarlos y procurarles una formación integral".

La jurisprudencia ha observado que el deber contemplado en el precepto, "no se limita estrictamente al concepto de mero subsidio, complementado por la disponibilidad de medios del progenitor obligado; sino que atiende a un criterio posibilista, o de optimización, una vez que el deber del progenitor alcanza a la mayor satisfacción de las necesidades del hijo, en la medida en que mejor se lo permita la totalidad de los medios económicos a su disposición" [SAP Granada 22 junio 2018 *(Tol 6829050)*].

4.2.1. La apreciación subjetiva de las necesidades

Mientras el criterio de la capacidad del alimentante tiene siempre carácter objetivo, en cambio, el de las necesidades del alimentista es "de condición subjetiva o relativa", pues su cuantificación dependerá de varios factores, "entre los que sin duda tiene especial significación la situación económica disfrutada por el grupo familiar" [SSAP Madrid 19 diciembre 2006 (ECLI:ES:APM:2006:16849) y Madrid 14 octubre 2014 (ECLI:ES:APM:2014:14645)], ya que "no se trata de que la pensión alimenticia "cubra las necesidades más básicas de los menores, sino que permita que los hijos continúen en lo posible con el status económico y social existente con anterioridad a la ruptura de la convivencia entre sus progenitores" [SAP Málaga 14 enero 2016 (*Tol 5797698)*].

Las necesidades de los hijos deberán, pues, valorarse "conforme al correspondiente status o posición social de la familia" [STS 21 octubre 2014 *(Tol 4530267)*]. Por ejemplo, en el contexto de una familia de economía media puede resultar desproporcionado obligar al alimentista a pagar la matrícula de un colegio privado, unas clases de golf o de tenis o comprar un piano a los menores, lo que, sin embargo, será normal en el contexto de una familia adinerada.

Jurisprudencia

La SAP Castellón 3 septiembre 2014 (*Tol 4713475)* ha considerado que, en el ámbito de una familia con alto nivel de vida, los gastos derivados de "la actividad de Kart de elevado coste" del menor (entrenamientos, fichas federativas, reparaciones...), son gastos ordinarios, pues en ella concurren las notas de previsibilidad y habitualidad, y deben ser abonados por mitad por ambos progenitores.

La SAP Granada 22 junio 2018 (*Tol 6829050*), observa que el padre, titular único de una sociedad de responsabilidad limitada con un volumen de beneficios anual de 500.000 euros debe "contribuir al necesario y justo complemento para la más desahogada satisfacción integral de sus necesidades, habida cuenta del ostensible desequilibrio de medios, en los períodos que pase con su madre, entre las que se incluye no solamente la comida, sino también la ropa, vivienda, ocio, complemento educacional y todos cuantos aditamentos fueran apropiados para procurar el mejor desarrollo del menor en las privilegiadas condiciones que permite la fortuna de aquél". Por ello, la circunstancia de que el padre aceptara pagar en exclusiva la educación al menor en el costoso centro escolar en el que se encontraba matriculado (por no menos de 8.000 euros al año) no le eximió de pagar una pensión compensatoria, cuyo importe se fijó en 400 euros.

Se ha observado también que las necesidades de los hijos "no son uniformes" y, dado que en el concreto caso que enjuicia "el status familiar de las menores está por encima de la media", cobran sentido ciertos gastos que el alimentista "considera superfluos como la pertenencia a una cofradía o a un club náutico, la asistencia al conservatorio o la adquisición de instrumentos musicales" [SAP Alicante 28 abril 2015 *(Tol 5183882)*].

Así mismo, han de tomarse en consideración necesidades especiales de los menores, distintas a las propias de su edad, en particular, las que derivan de su condición de salud.

Jurisprudencia

La SAP Alicante 27 abril 2015 *(Tol 5065643)* ha tenido en cuenta a la hora de fijar la pensión de alimentos del padre que la hija padeciera una serie de patologías de carácter crónico (síndrome de cortedad isquiosural, hiperlordosis lumbar, escoliosis de columna y dismetría de caderas), que exigirían "un tratamiento rehabilitador de por vida" (masajes descontracturantes, ejercicios de auto elongación y manipulación pélvica entre otros), incluyendo en la pensión la cuantía mensual de dichos tratamientos, que se desprendía del presupuesto elaborado por un centro terapéutico.

Las necesidades de los hijos pueden ser cambiantes a lo largo de los años, por lo que será posible que en un juicio de medidas se modifique la cuantía de la pensión alimenticia para adecuarse a ellas (por ejemplo, cuando, por su edad, han de ser escolarizados, en particular, si los progenitores no optan por un centro público o concertado).

4.2.2. La necesidad de garantizar el mínimo vital

Como ya hemos dicho, de los dos criterios tenidos en cuenta por el art. 93.I CC para determinar la cuantía de la prestación de alimentos (entre los cuales debe haber una relación de proporcionalidad), el prevalente es el constituido por las "necesidades de los hijos" menores; y ello, porque se trata de una obligación legal basada en el principio de solidaridad familiar, que tiene fundamento en el art. 39 CE, conforme al cual los poderes públicos han de asegurar "la protección social, económica y jurídica de la familia", lo que se traduce en un deber incondicional de los padres para con los hijos, con independencia de la mayor o menor dificultad que tengan los primeros para proporcionar los alimentos a los segundos.

Por lo tanto, aunque exista una situación de dificultad económica de los progenitores, habrá que fijar siempre una cantidad mínima de pensión que contribuya a cubrir los gastos más imprescindibles para la atención y el cuidado del menor, debiéndosele garantizar lo que jurisprudencialmente se viene denominando el "mínimo vital" o "de mera subsistencia" [STS 5 octubre 1993 (*Tol 1663192*)], es decir, lo necesario para que los menores puedan desarrollarse en "condiciones de suficiencia y dignidad a los efectos de garantizar, al menos, y en la medida de lo posible, un mínimo desarrollo físico, intelectual y emocional" [SAP Málaga 30 enero 2018 (*Tol 7022285)*].

Estamos, pues, ante un tope mínimo por debajo del cual no puede ni debe establecerse la pensión de alimentos, aunque ello suponga un gran sacrificio para el padre. Las Audiencias Provinciales vienen fijando el mínimo vital en una franja que oscila entre los 100 y 200 euros al mes.

Jurisprudencia

Las SSAP Barcelona 22 mayo 2014 (*Tol 4493268*), Burgos 23 noviembre 2016 (*Tol 5927774*) o Asturias 16 diciembre de 2016 (*Tol 5946604*) lo fijaron en 100 euros; la SAP La Coruña 29 junio 2018 (*Tol 6870992*) en 125 euros; las SSAP Valencia 7 febrero 2011 (*Tol* 2104854), Baleares 5 noviembre 2013 (*Tol 4032587*), Valencia 7 de julio 2014 *(Tol 4520507)* y Alicante 8 de mayo 2015 (*Tol 5183797)* en 150 euros; la SAP Valencia 11 de abril 2014 *(Tol 4409876)* en 170 euros; la SAP Cáceres 2 marzo 2015 (*Tol 4788775*) en 180 euros; y la SAP Murcia 12 noviembre 2009 *(Tol 1756087)* en 200 euros.

La jurisprudencia insiste que el alimentante no puede eximirse de atender ese "mínimo vital" alegando encontrarse en paro, cuando exista una falta de diligencia en la búsqueda de un puesto de trabajo.

Jurisprudencia

La SAP Albacete 19 febrero 2015 *(Tol 4765877)* observa, así, que "debe fijarse una cantidad prudencial mínima que permita cubrir parte de las necesidades más básicas de los hijos —el llamado mínimo vital", "aunque el alimentante carezca de ingresos o se encuentre desempleado, siempre que objetiva y físicamente pueda desarrollar una actividad laboral que le permita generar ingreso", considerando que ese mínimo vital no puede ser inferior a 100 euros.

La SAP Málaga 30 enero 2018 *(Tol 7022285)* afirma que "en principio la situación de desempleo no exime al alimentante del deber de diligencia en orden a satisfacer las necesidades de los hijos que recae sobre los padres, quienes han de hacer todo lo que tengan en su mano para conseguirlo", y, por lo tanto, ha de atenderse no tanto a "cuáles son reales ingresos sino de lo que pueden obtener con la máxima diligencia". En el caso concreto, consideró procedente que el padre, que se encontraba en situación de demandante de empleo y que realizaba trabajos no declarados como adiestrador de perros, pagara 150 euros por cada una de las dos hijas menores, y no los 80 euros que pretendía satisfacer, pues con esta exigua cantidad era imposible "darse al menor la indispensable cobertura de sus necesidades, dándose la circunstancia de que la madre tampoco trabajaba, percibiendo un subsidio de 426 euros.

4.2.3. El estado de absoluta pobreza como causa de suspensión temporal de la efectividad de la obligación de alimentos

No obstante lo dicho, cuando el progenitor se encuentre en un estado de "absoluta pobreza", careciendo de todo tipo de recursos económicos, procederá, excepcionalmente, la suspensión temporal del pago de la pensión (que no, la extinción de la misma), en cuanto persista esta situación, teniendo en cuenta que dicha excepción temporal no tendrá lugar o cesará, "ante la más mínima presunción de ingresos, cualquiera que sea su origen y circunstancias" [SSTS 2 marzo 2015 (*Tol 4748228*), 18 marzo 2016 *(Tol 5681256)* y 25 abril 2016 *(Tol 5708241)*].

La jurisprudencia dice, así, que "lo normal será fijar siempre en supuestos de esta naturaleza un mínimo que contribuya a cubrir los gastos repercutibles más imprescindibles para la atención y cuidado del menor, y admitir solo con carácter muy excepcional, con criterio restrictivo y temporal, la suspensión de la obligación, pues ante la más mínima presunción de ingresos, cualquiera que sea su origen y circunstancias, se habría de acudir a la solución que se predica como normal, aún a costa de un gran sacrificio del progenitor alimentante" [STS 2 marzo 2015 (*Tol 4748228*)].

Jurisprudencia

La STS 18 marzo 2016 (*Tol 5681256*) revocó una sentencia que había impuesto al padre el pago de una pensión alimenticia de 125 euros mensuales, por haber considerado que la cuantía de la establecida en primera instancia (63 euros mensuales) no bastaba para garantizar el mínimo vital del menor. El TS ponderó que el padre había dejado de percibir subsidio de desempleo y vivía con su propia madre, la cual pagaba sus gastos ordinarios. Habla, así, de la existencia de "un escenario de pobreza absoluta" ante el que "resulta ilusorio querer salvar el mínimo vital del hijo, pues en tales situaciones el derecho de familia poco puede hacer" (…) debiendo ser las Administraciones públicas a través de servicios sociales las que remedien las situaciones en que tales mínimos no se encuentren cubiertos".

4.2.4. La posibilidad de reclamar alimentos a los alimentantes de los progenitores

Hay que tener en cuenta la posibilidad de que, ante una situación de "absoluta pobreza" de los progenitores, los hijos puedan accionar contra los que están obligados a prestar alimentos a aquellos en virtud de los arts. 142 y ss. CC, que normalmente serán los abuelos.

Jurisprudencia

La STS 2 marzo 2015 (*Tol 4748228*) afirma que "La falta de medios determina otro mínimo vital, el de un alimentante absolutamente insolvente, cuyas necesidades, como en este caso, son cubiertas por aquellas personas que, por disposición legal, están obligados a hacerlo, conforme a los artículos 142 y siguientes del Código Civil, las mismas contra los que los hijos pueden accionar para imponerles tal obligación, supuesta la carencia de medios de ambos padres". "Ahora bien, habrá que tener en cuenta que, dado que en este caso nos ceñimos al régimen general, en virtud del art. 152.2 CC, esta obligación cesará cuando la fortuna del obligado a darlos se hubiere reducido hasta el punto de no poder satisfacerlos sin desatender sus propias necesidades y las de su familia. Esto es, que los nietos podrán accionar contra los abuelos, pero en este caso, no existirá un deber incondicional de prestar alimentos de los segundos respecto de los primeros, sino que habrá que estar al criterio de proporcionalidad entre las necesidades de los nietos y el caudal y patrimonio de los abuelos".

4.2.5. La posibilidad de suspender la obligación de alimentos, cuando el menor tenga ingresos propios para satisfacer sus necesidades

Hemos dicho que, siendo los hijos menores de edad, los alimentos les son debidos, incondicionadamente, sin necesidad de probar su situación de necesidad). Sin embargo, el TS ha admitido la posibilidad de suspender (que no extinguir) la obligación de alimentos, cuando (y, en tanto que) el menor tenga ingresos propios para satisfacer sus necesidades.

Jurisprudencia

La STS 24 octubre 2008 (*Tol 1393347*) acordó la suspensión de la obligación, porque la menor disponía de ingresos suficientes, debido a una beca por ser deportista de élite, no siendo necesaria, al menos temporalmente, dicha prestación. Así, afirma que "cuando el menor, como es el caso, tiene ingresos propios, estimados, según las circunstancias del caso, de entidad suficiente para subvenir completamente sus necesidades de alimentación, vestido, alojamiento y educación, nada obsta a que la prestación alimenticia pueda, no cesar, pero sí suspenderse en su percepción". Concretamente, la hija, de 15 años de edad, disfrutaba de una beca de la Federación Española de Gimnasia, que le daba derecho a la suma de 851,43 euros mensuales para atender sus gastos personales, y, además, corría por cuenta de dicho organismo los gastos de alojamiento, manutención y derivados de la práctica deportiva durante su estancia en Madrid.

5. MODIFICACIÓN DE LA CUANTÍA DE PENSIÓN

Normativa reguladora

Conforme al art. 90.3 CC, "Las medidas que el Juez adopte en defecto de acuerdo o las convenidas por los cónyuges judicialmente, podrán ser modificadas judicialmente o por nuevo convenio aprobado por el Juez, cuando así lo aconsejen las nuevas necesidades de los hijos o el cambio de las circunstancias de los cónyuges. Las medidas que hubieran sido convenidas ante el Secretario judicial o en escritura pública podrán ser modificadas por un nuevo acuerdo, sujeto a los mismos requisitos exigidos en este Código".

Por lo tanto, a falta de acuerdo entre los progenitores, podrá iniciarse un juicio de medidas para modificar la cuantía de la pensión, al alza o a la baja, en virtud del art. 775 LEC.

Cuestiones relevantes

15. Recuérdese que, **para que pueda llevarse a cabo la modificación de las medidas establecidas** (sea en proceso contencioso o de mutuo acuerdo) será necesario que el cambio sobrevenido de circunstancias (en relación con las que fueran tenidas en cuenta para establecer la cuantía de la pensión) sea: a) sustancial, b) permanente, c) imprevisible, d) ajeno a la voluntad de quien solicita la modificación (esto, cobrará importancia cuando se piden reducciones basadas en una presunta merma de ingresos), y e) suficientemente acreditado por el demandante.

16. En los juicios de modificación de medidas rige el principio dispositivo, cuando el alimentante pretende una reducción de la cuantía de la pensión de alimentos establecida, debiendo acreditar el cambio de circunstancias, sin que se pueda otorgar más de lo pedido. Por ello, la SAP Málaga 8 junio 2017 (*Tol 6543129*) ha considerado incongruente que la sentencia recurrida, al estimar la demanda, no solo redujera la cuantía de la pensión de alimentos (que era lo único que había pedido el actor), sino que, además, decidiera incluir en ella ciertos gastos de actividades y de tratamientos médicos de un niño autista, por ser previsibles y periódicos, cambiando su conceptuación (de extraordinarios a ordinarios), excediéndose, así, de la pretensión ejercitada por el alimentista.

5.1. Reducción de la pensión

Las causas que pueden motivar la reducción de la petición de alimentos son las siguientes.

5.1.1. La disminución de la capacidad económica del alimentante

La disminución de la capacidad económica del alimentante, ciertamente, es una de las causas que puede motivar una reducción de la cuantía de la pensión. Puede ser consecuencia, por ejemplo, de una jubilación, de la pérdida del trabajo [SAP Cádiz 20 enero 2020 *(Tol 7888506)*], del derecho a percibir un subsidio de desempleo [SAP Vizcaya 17 abril 2015 *(Tol 5195196).*], de la reducción de la jornada laboral [SAP Salamanca 28 diciembre 2016 *(Tol 5947771)*] o de pasar a trabajar de modo esporádico, cuando antes se trabajaba de manera continuada SAP Málaga 8 junio 2017 (*Tol 6543129)*].

Cuestiones relevantes

17. No basta, desde luego, **con que el alimentante haya visto reducida su capacidad económica, incluso de manera significativa, sino que es preciso que esa disminución impida seguir atendiendo las necesidades de los hijos, tal y como las venía satisfaciendo,** quedando a salvo siempre el "mínimo vital" imprescindible para garantizar la subsistencia de los menores, a no ser que medie una situación de absoluta pobreza del progenitor.

Por ello, ha sido mínima la reducción de la pensión de alimentos (de 200 euros mensuales a 150), por disminución de ingresos del alimentante, que, al tiempo de fijarse su cuantía trabajaba como camionero, cobrando 1.100 euros mensuales, mientras que, al solicitar la modificación, percibía 674,75 euros, por una pensión por incapacidad permanente total por enfermedad común [SAP León 23 junio 2020 *(Tol 8050407)*].

Realizaremos, a continuación, una serie de consideraciones, a la luz de los requisitos, a los que, según hemos visto, se subordina el éxito de una pretensión de modificación de medidas.

a) Dado que la modificación ha de ser "sustancial", no procede la reducción cuando la disminución de los ingresos del alimentante es mínima: una acción modificativa basada en una reducción que no suponga una merma de, al menos, un 20%, difícilmente prosperará.

Jurisprudencia

La SAP Valencia 20 mayo 2015 *(Tol 5194110)* ha mantenido el importe de la pensión de alimentos del progenitor no custodio en 180 euros al mes para su hijo, al considerar que "la reducción de ingresos no ha sido tan sustancial como para justificar la reducción de la pensión de alimentos". Los ingresos del progenitor habían descendido desde 952,61 euros al mes hasta 830,23 euros al mes.

Por el contrario, la SAP Valencia 18 mayo 2015 *(Tol 5194105)* ha reducido la cuantía de pensión de alimentos (a 350 euros al mes), porque el alimentante, que, en la declaración del IRPF de 2012, había declarado un rendimiento neto de 39.244'01 euros, en la de 2013, pasó a declarar tan solo 14.173'39 euros, por "el hecho notorio del cierre de Canal 9, con la consiguiente repercusión para el sector audiovisual valenciano en el que se engloba la actividad profesional del demandante".

Igualmente, la SAP Cádiz 20 enero 2020 *(Tol 7888506)* ha disminuido la cuantía de pensión establecida en favor de la hija mayor de edad (de 250 euros a 100 euros), por la reducción de ingresos del deudor, que, de cobrar como dependiente de farmacia 1089'31 euros mensuales, pasó a percibir 430 euros, en concepto de subsidio por desempleo.

b) Como se dijo, la modificación debe ser "ajena a la voluntad de quien solicita la modificación", siendo irrelevante, si la misma "ha sido consecuencia de una baja laboral voluntaria, de la petición de excedencia, o del endeudamiento voluntario del mismo por la compra de bienes muebles o inmuebles", pues lo contrario "sería dejar siempre a merced de la mejor o peor voluntad del obligado el cumplimiento del convenio regulador o de las medidas judiciales" [SAP Salamanca 28 diciembre 2016 *(Tol 5947771)*].

Cuestiones relevantes

18. En los casos de paro de personas en edad laboral habrá que valorar hasta qué punto dicha situación es imputable a su falta de diligencia al buscar un puesto de trabajo.

Es, por ello, que la STS 21 mayo 2014 (*Tol 4371711*) ha confirmado el rechazo de la sentencia recurrida a la pretensión del padre de que se redujera la cuantía de la pensión de alimentos, basada en el argumento de que no percibía ingreso alguno. Afirma que "no acredita que haya efectuado un intento serio de superar su situación de desempleo, pese a su joven edad y ausencia constatada de enfermedades. Asimismo, que se ha documentado que fue objeto de acciones judiciales para reclamarle pensiones pendientes cuando no tenía excusa para su impago, pues mantenía su trabajo en aquellas fechas". En este caso, se daba la circunstancia de que no se había inscrito como solicitante de empleo, hasta pasados dos años desde el cierre del negocio de hostelería del que era titular en régimen de autónomo.

c) Dado que la modificación ha de ser "imprevisible", se ha negado que el padre no custodio que, después del divorcio, se fue a vivir con su madre y posteriormente alquiló una casa para vivir en ella con su nueva familia, pueda pedir una reducción de la pensión, porque en el convenio regulador ya se había tenido en cuenta que debía abandonar la vivienda familiar al atribuirse su uso a la madre custodia, "lo que implicaba tener que afrontar un gasto para ocupar un inmueble en que residir, bien fuese por adquisición por compra o mediante un contrato de inquilinato" [SAP Barcelona 27 septiembre 2011 (*Tol 2261213*)].

En cambio, se ha entendido que el convenio no ratificado judicialmente puede modificarse por una alteración sobrevenida de las circunstancias, como consecuencia de los efectos económicos de la pandemia. Se ha modificado, así, la cuantía de la pensión de alimentos pactada en el convenio, reduciéndose en un 33%, mientras el deudor se encuentre en situación de ERTE (de 300 a 200 euros), debiendo pagar 270 euros cuando se encuentre activo [SAP Barcelona 18 febrero 2021 *(Tol 8390946)*].

d) La reducción de ingresos deberá demostrarse cumplidamente por quien la invoca y, cuando procedan de actividades económicas de difícil fiscalización, se le impone una mayor exigencia probatoria conforme a lo dispuesto en el art. 217 de la LEC, "derivada de la mayor facilidad y disponibilidad de quién es perceptor de tales ingresos" [SSAP Murcia 16 junio 2010 *(Tol 1905712)*].

Jurisprudencia

La SAP Logroño 16 enero 2020 *(Tol 7875679)* ha mantenido la cuantía de la pensión de 200 euros establecida en la sentencia de instancia, porque el padre, que solicitaba su reducción a 100 euros, no había aportado su contrato de trabajo, ni sus nóminas, ni siquiera había declarado cuál era su salario mensual; pudo, en definitiva, haber acreditado su real situación económica y no lo hizo, por lo que la opacidad sobre la misma en modo alguno puede favorecerle.

La SAP Murcia 16 junio 2010 (*Tol 1905712)* ha rechazado, también, la pretensión de reducción de la cuantía de una pensión de alimentos de un electricista que trabajaba como autónomo, el cual sostenía que los ingresos de su empresa habían caído por la crisis económica, habiendo despedido, por tal motivo, al único trabajador que tenía contratado, y que los trabajos extras de reformas también habían experimentado una baja considerable. Desestimó la pretensión, por considerarse que tales manifestaciones eran gratuitas, "al no venir avaladas por ningún medio probatorio" y que, siendo el demandante el titular de la empresa que regenta "se encuentra en óptimas condiciones para acreditar y justificar los motivos de impugnación alegados y concretamente la realidad actual de los rendimientos económicos procedentes de dicha actividad empresarial".

La SAP La Coruña 21 mayo 2015 *(Tol 5167052)* también ha desestimado la pretensión de reducción de un padre, no admitiéndose como prueba de la disminución de ingresos la declaración del impuesto de sociedades en la que se reflejaba un resultado negativo en la cuenta de pérdidas y ganancias de dos anualidades, por ser el demandante el socio único y administrador de la sociedad, de modo que "puede disminuir no sólo los salarios sino también las cuentas de la sociedad a la baja a los efectos de simular una disminución de ingresos no coincidentes con la realidad; falta de coincidencia con la realidad que se puede presumir del hecho acreditado documentalmente de que dicha sociedad no presentó en el Registro Mercantil los libros de contabilidad, teniendo cerrado por dicho motivo la hoja registral".

5.1.2. La disminución de las necesidades del alimentista

Otra circunstancia que puede motivar la reducción de la pensión es la disminución de las necesidades del menor. Es, por ejemplo, el caso en que, por su edad, pasa de estar en una guardería privada a estar escolarizado en un centro concertado [SAP Valencia 30 junio 2014 *(Tol 4517416)*].

Jurisprudencia

La SAP La Coruña 30 marzo 2020 *(Tol 7946374)* ha reducido la cuantía de la pensión de alimentos de un hijo que había alcanzado la mayoría de edad, de 800 a 400 euros, por ser muy inferior el coste de los estudios universitarios que los del colegio en el que estaba matriculado. No consideró una circunstancia previsible el hecho de estudiar una carrera universitaria en el lugar de residencia; y tampoco entendió que fuera una circunstancia pasajera la percepción de una beca que cubría holgadamente el coste de los estudios universitarios, de modo que, mientras se percibiera, debía ser tenida en cuenta para establecer la cuantía de la pensión.

5.1.3. La sustitución del régimen de custodia monoparental por el de compartida

Un caso típico de reducción tiene lugar, cuando se pasa de un régimen de custodia monoparental a otro, de custodia compartida, ya que el deudor prestará alimentos al menor en la modalidad de sustento y habitación, mediante su atención personal en los períodos en los que conviva con él, lo que, como ya se ha dicho, no significa que esta atención personal agote todas las necesidades del hijo, pues habrá otros gastos ordinarios (por ejemplo, educación o vestido) que ambos progenitores deberán satisfacer, no necesariamente por partes iguales, sino en proporción a sus respectivos recursos económicos.

Jurisprudencia

La SAP Navarra 9 febrero 2021 *(Tol 8418780)* observa que el acuerdo de mediación en la situación de separación respecto de la cuantía de la pensión de alimentos no vincula al juez que dicta la sentencia de divorcio, cuando los cónyuges llegan a un nuevo acuerdo, conforme al cual se atribuye la custodia a la madre y se reducen los periodos de estancia del menor con el padre; por ello, procede a la cuantificación de la pensión en 250 euros mensuales, frente a los 150 euros fijados en el acuerdo previo de mediación.

5.1.4. El aumento del nivel de ingresos del otro progenitor

También se ha considerado como circunstancia sobrevenida que permite instar un juicio de modificación de medidas el aumento del nivel de ingresos del otro progenitor, que, obviamente, también debe contribuir a los alimentos de los hijos menores.

Así sucede, cuando, por ejemplo, la madre custodia, que al tiempo de fijarse la pensión de alimentos estaba parada, encuentra trabajo, no dejando "de llamar la atención que después de dejar de percibir la prestación por desempleo adquiriese un vehículo y una motocicleta de segunda mano" [SAP Guipúzcoa 25 enero 2018 (*Tol 6589562*)].

Igualmente, cuando la madre custodia, que, cuando se fijó la cuantía de la pensión carecía de trabajo por haber venido desempeñando su actividad laboral en la empresa de su antiguo cónyuge (no tenía ahorros, ni un patrimonio), posteriormente, trabaja, constatándose en las declaraciones de la renta aportadas que tenía unos ingresos netos de 2.100 euros mensuales [SAP Barcelona 26 julio 2012 *(Tol 2617533)*].

Jurisprudencia

La STS 30 abril 2013 (*Tol 3706592*) señala que hay que "valorar si es o no procedente redistribuir la capacidad económica del obligado, sin comprometer la situación de ninguno de los menores, en cuyo interés se actúa, y ello exige ponderar no solo las posibilidades económicas del alimentante sino las del otro progenitor que tiene también la obligación de contribuir proporcionalmente a la atención de los alimentos de los descendientes, según sean sus recursos económicos".

5.1.5. El nacimiento de nuevos hijos en el marco de una relación familiar diversa

Durante tiempo se discutió si el nacimiento de nuevos hijos en el marco de una relación familiar distinta era una circunstancia que permitía al alimentante pedir una reducción de la cuantía de la pensión, por tener que hacer frente a una nueva obligación de alimentos, negándolo alguna jurisprudencia de instancia, por considerar que se trataba de una circunstancia que no era ajena a la voluntad de aquel.

Sin embargo, en la actualidad es clara la doctrina jurisprudencial de que, si bien la pensión de alimentos fijada no debe reducirse necesariamente por la circunstancia de que el obligado a pagarla tenga nuevos hijos con otra persona distinta, no obstante, no es un dato intrascendente, debiendo valorarse su capacidad económica "para hacer frente a esta obligación ya impuesta y a la que resulta de las necesidades de los hijos nacidos con posterioridad", como también conocer "el caudal o medios con los que cuenta la nueva unidad familiar", teniendo en cuenta la capacidad económica del otro progenitor, que también ha de prestar alimentos [SSTS 30 de abril 2013 *(Tol 3706592)* y 1 febrero 2017 (*Tol 5959584*)].

Jurisprudencia

La STS 1 febrero 2017 (*Tol 5959584*), revocando la sentencia recurrida, redujo de 330 a 180 euros la cuantía de la pensión de alimentos que debía pagar el padre, teniendo en cuenta el nacimiento de dos hijos del nuevo matrimonio, que aquel disfrutaba "de la misma situación laboral y económica antes y después de su nacimiento" y que su actual mujer desarrollaba un "trabajo de venta minorista de artículos de papelería cuya actividad arrojó pérdidas", "contribuyendo a la economía familiar con pequeñas cantidades de dinero procedentes de esta actividad económica".

La SAP Valladolid 30 septiembre 2020 *(Tol 8206003)*, por el contrario, desestimó la demanda de reducción de la pensión de alimentos establecida en favor de los dos hijos del anterior matrimonio, a pesar del nacimiento de otra hija en el seno del posterior matrimonio, por falta de acreditación de haber existido una reducción notable de la fortuna del padre que le impidiera atender las obligaciones alimenticias fijadas para sus dos primeros hijos; además, trabajando su actual mujer, ésta necesariamente colaboraba o debía hacerlo en la satisfacción de las necesidades de la nueva hija.

La SAP La Coruña 3 abril 2021 *(Tol 8440614)* tampoco redujo la cuantía de la pensión de alimentos, afirmando que la mera circunstancia de que el padre tuviese que abonar un préstamo hipotecario de una vivienda que había adquirido con su actual pareja no era motivo para reducir la cuantía de la pensión, no habiendo acreditado la cuantía del préstamo concedido, de la cuota de amortización mensual y de la medida en que la otra adquirente de la vivienda pudiese contribuir; y tampoco lo era el que su nueva pareja tuviese tres hijos con los que convivía, pues no tenía la obligación de alimentarlos, y sí la de asistir a su hijo.

5.2. *Aumento de la cuantía*

Estadísticamente son inferiores los juicios de modificación de medidas en las que se pretende un aumento de la cuantía de la pensión. Las causas, que ha de probar quien las alega (art. 217 LEC), son, por ejemplo, el aumento de la capacidad económica del alimentante, de las necesidades de los alimentistas o la disminución de la capacidad económica del otro progenitor.

5.2.1. Aumento de la capacidad económica del alimentante

Dado que la modificación ha de ser "sustancial", no se toman en consideración pequeños aumentos de ingresos; y, puesto que también ha de ser "permanente", tampoco se consideran aumentos de ingresos puramente pasajeros.

Jurisprudencia

La SAP Málaga 18 diciembre 2015 (*Tol 5795554*) exige que "las alteraciones tengan estabilidad o permanencia en el tiempo y no sean meramente coyunturales, sino con estructuración suficiente en los ingresos o fortuna del deudor que hagan necesaria la modificación de la medida, excluyéndose toda forma de temporalidad.

La capacidad económica del alimentante aumenta, claramente, cuando deja de estar en paro y encuentra un trabajo.

Jurisprudencia

La SAP Madrid 20 enero 2020 *(Tol 8288863)* aumentó la cuantía de la pensión pactada en convenio regulador (de 200 euros mensuales, a 300), por haber dejado el alimentante de estar en la situación de desempleo en la que se hallaba al tiempo del divorcio y percibir actualmente una media de 1.040 euros mensuales, sin haber cambiado las necesidades de la hija menor, ni la situación laboral de la madre.

Esta causa de aumento de la cuantía de pensión puede estar prevista en el convenio regulador, en particular, cuando en él, por la mala situación económica del alimentante, se establece una cuantía muy pequeña, con una cláusula de este tipo: "no obstante, si el padre encontrara un empleo o deviniera a mejor fortuna, éste contribuirá al mantenimiento, sostenimiento y alimentos de los hijos en mayor cuantía, aumentándose la cantidad de 180, 30 euros al mes en un 40% del sueldo que cobrara mensualmente" [AAP Valencia 29 octubre 2018 (*Tol 7085147*)].

Hay, además, que tener en cuenta que "una superior capacidad de pago, hipotética o real, no da lugar sin más a elevar las pensiones de alimentos de no exigirlo las necesidades", "pues son estas el techo último de los alimentos" [SAP Madrid 7 octubre 2016 (*Tol 5882743)*].

5.2.2. Aumento de las necesidades del alimentista

El propio crecimiento del hijo da lugar a nuevas etapas evolutivas, que pueden originar mayores necesidades y, por tanto, exigir un incremento de la cuantía de la pensión.

Un caso típico de aumento de las necesidades del alimentista tiene lugar cuando este pasa a estar escolarizado en un centro privado, procediendo de una guardería o de un centro público o concertado [SAP Madrid 7 octubre 2016 (*Tol 5882743*)].

Jurisprudencia

La STSJ Aragón (Sala Civil y Penal, Sección 1ª) 20 abril 2012 *(Tol 2532104)* ha aumentado la cuantía de la pensión mensual pagada por el padre, de los iniciales 425 euros a 650 euros, dado que la niña, de ocho años, había pasado de estudiar en un centro público a otro privado, donde abonaba mensualmente 452 euros por diez mensualidades, en concepto de enseñanza, autobús escolar y comedor.

Puede también suceder que el hijo contraiga una enfermedad crónica, que reclame un tipo de alimentación más costosa, la asistencia permanente de un cuidador o gastos de medicación.

5.2.3. La disminución de la capacidad económica del otro progenitor

También es causa de aumento de la pensión de alimentos la circunstancia de que el otro progenitor disminuya su capacidad económica, manteniendo el alimentante la suya o mejorándola.

Jurisprudencia

Así sucede cuando la madre ve reducidos sus ingresos a la suma de 1.104,75 euros netos mensuales, frente a los 1.400 que percibía, por lo que se aumenta el importe de la pensión mensual que satisfacía al menor, de 275 euros a 350 euros [STS 18 julio 2018 (*Tol 6676349*)].

Igualmente, cuando se establece un sistema de custodia compartida y la madre pierde el derecho de uso a la vivienda familiar, de propiedad exclusiva del padre, y, dada su escasa capacidad de renta (que contrasta con la abultada fortuna de aquel, titular único de una sociedad de responsabilidad limitada con un volumen de beneficios anual de 500.000 euros), le será difícil procurarse otra vivienda en condiciones semejantes en la que poder residir con el menor los períodos en que conviva con ella [STS 5 noviembre 2019 (*Tol 7571546*)].

La pérdida del derecho de uso de la vivienda puede también deberse a que, manteniéndose el sistema de custodia compartida, los familiares del progenitor no custodio, que prestaron gratuitamente el uso de una casa de su propiedad a los futuros cónyuges para que residieran en ella, pongan fin al comodato, por concluir la situación en consideración a la cual se concedió, considerando la jurisprudencia que el cónyuge a quien se atribuyó el uso de la vivienda en el juicio familiar (yerno o nuera de los comodantes) queda convertido en un mero precarista, al que se puede desahuciar [SSTS 31 enero 1995 *(Tol 1667029)*, 29 febrero 2000 *(Tol 2435)*, 26 diciembre 2005 *(Tol 795335)*, 2 octubre 2008 *(Tol 1378500)*, 29 octubre 2008 *(Tol 1396318)*, 30 octubre 2008 *(Tol 1396292)*, 13 noviembre 2008 *(Tol 1401711)* y 14 noviembre 2008 *(Tol 1432560)*].

Existe, en fin, la posibilidad de que el derecho de uso se extinga por la convivencia de hecho del progenitor usuario con un tercero en la vivienda familiar, por entender la jurisprudencia más reciente que, en tal caso, la vivienda pierde su originario carácter "familiar", desapareciendo su antigua naturaleza, al "servir en su uso a una familia distinta y diferente" a la formada por los cónyuges [SSTS (Pleno) 20 noviembre 2018 (*Tol* 6921906) y 29 octubre 2019 (*Tol 7571565*)].

6. FECHA DESDE LA QUE SE DEBEN LOS ALIMENTOS A LOS MENORES DE EDAD Y MOMENTO DESDE EL QUE SURTE EFECTOS LA MODIFICACIÓN DE SU CUANTÍA

Es doctrina jurisprudencial consolidada que, por aplicación de la regla contenida en el art. 148.I CC, los alimentos debidos a los hijos menores de edad habrán de abonarse por el progenitor demandado desde el momento de la interposición de la demanda, y no desde la fecha de la sentencia que los fija.

Jurisprudencia

Tal es la doctrina fijada por la STS 14 junio 2011 (*Tol 2154134*), reiterada, entre otras muchas, por SSTS 26 octubre 2011 (*Tol 2272351*), 4 diciembre 2013 (*Tol 4052971*) y 20 febrero 2019 (*Tol* 7087653). La SSTS 26 marzo 2014 (*Tol 4177207*) y 20 diciembre 2017 (*Tol 6462791*) matizan que esta regla "podría tener excepciones cuando se acredita que el obligado al pago ha hecho frente a las cargas que comporta el matrimonio, incluidos los alimentos, hasta un determinado momento, con lo que, sin alterar esta doctrina, los efectos habrían de retrotraerse a un tiempo distinto, puesto que de otra forma se estarían pagando dos veces".

En cambio, las sentencias que aumentan o disminuyen la cuantía de los alimentos ya establecidos no pueden retrotraer dicha modificación al momento de la interposición de la demanda, sino que tienen efectos desde la fecha en que se dicten.

Jurisprudencia

Es jurisprudencia reiterada que "cada resolución desplegará su eficacia desde la fecha en que se dicte y será solo la primera resolución que fije la pensión de alimentos la que podrá imponer el pago desde la fecha de la interposición de la demanda, porque hasta esa fecha no estaba determinada la obligación, y las restantes resoluciones serán eficaces desde que se dicten, momento en que sustituyen a las citadas anteriormente". Esta doctrina, basada en los arts. 774.5 LEC y 106 CC, fue fijada por la STS 26 marzo 2014 (*Tol 4177207*) y seguida de manera repetida, entre otras, por SSTS 15 junio (*Tol 5185820*), 20 diciembre 2017 (*Tol 6462791*), 18 julio 2018 (*Tol 6676349*) y 5 noviembre 2019 (*Tol 7571546*).

Por lo tanto, si, al resolverse un recurso de apelación, se revoca la sentencia de primera instancia, que no había entendido procedente imponer el pago de una pensión de alimentos, estos se deberán desde el momento de la interposición de la demanda, y no desde la fecha de la sentencia de segunda instancia, pues es ésta, la que, por primera vez los establece.

Jurisprudencia

La STS 30 noviembre 2020 (*Tol 8230329*) dice, así, que "debemos entender que se acierta en la sentencia recurrida cuando se fijan los alimentos desde la interposición de la demanda, dado que la sentencia de la Audiencia Provincial es la primera sentencia que fija los alimentos, ya que la sentencia del juzgado no los fijaba y dejaba sin efecto los establecidos en el auto de medidas".

Si al resolverse el recurso de apelación se aumenta la cuantía inicialmente fijada en la sentencia recurrida, los alimentos se deberán en dicha cuantía inicial, desde la fecha de la interposición de la demanda, pero el aumento sólo tendrá lugar desde la fecha de la sentencia de segunda instancia, que es la que los modifica.

Jurisprudencia

La STS 23 mayo 2022 (*Tol 8995640*) observa que los alimentos fijados por vez primera por la sentencia de primera instancia se devengan desde la fecha de la interposición de la demanda;

y ello, "sin perjuicio del derecho del recurrente de acreditar la cantidad abonada voluntariamente, en concepto de alimentos, durante la sustanciación del litigio, a los efectos de evitar una duplicación en el pago", pero "no son susceptibles de ser descontadas las cantidades relativas al seguro médico privado que cubre también a los litigantes, al constituir partidas distintas a los alimentos fijados en dinero, no compensables". Por el contrario, el aumento de la pensión de alimentos llevado a cabo por la sentencia de segunda instancia sólo se debe desde la fecha de ésta, por no ser la que primero los establece, limitándose a modificar su cuantía.

La jurisprudencia ha negado que pueda considerarse una modificación de alimentos la fijación que establece, como medida definitiva, la sentencia de nulidad, separación o divorcio, variando la cuantía establecida en el auto de medidas provisionales previas a la demanda, por ser dichas medidas accesorias y conexas al procedimiento principal, de modo que los alimentos serán debidos, desde la fecha de la interposición de la demanda, y no, desde la fecha de la sentencia (que, en rigor, las establece por vez primera).

Jurisprudencia

La STS 6 febrero 2020 *(Tol 7745778)* dice, así, que "No puede entenderse que la sentencia de primera instancia haya recaído en un proceso diferente al de medidas provisionales previas, pues estas son unas medidas cautelares previas y conexas con el procedimiento principal (arts. 771.5 y 772.1 LEC). Por ello, tratándose del mismo proceso ha de aplicarse la doctrina jurisprudencial, en el sentido que los alimentos fijados en la sentencia de primera instancia, se devengan desde la interposición de la demanda, sin perjuicio que se compute lo ya abonado en virtud del auto de medidas, para evitar un doble pago, ya que dichas medidas solo constituyen un estatuto jurídico provisional".

En el mismo sentido se pronuncia la STS (Pleno) 15 diciembre 2022 (*Tol 9365528*). En la sentencia de divorcio se había establecido una custodia compartida, sin fijar pensión de alimentos a cargo de ninguno de los progenitores. Posteriormente, el padre instó demanda de modificación de medidas, recayendo sentencia de primera instancia en la que se le concedió custodia monoparental, imponiéndose a la madre la obligación de pagar una pensión de alimentos de 120 euros al mes, 40 euros más de la establecidas en el auto de medidas provisionales, desde la fecha de dicha sentencia, extremos éste, que fue confirmado en segunda instancia. En el recurso, el padre argumenta que los alimentos se debían devengar desde el momento de la interposición de la demanda y no, desde la fecha de la sentencia de primera instancia, tal y como se sostenía en ella y en la sentencia recurrida, la cual afirmaba que la pensión se había establecido por vez primera en el auto de medidas provisionales coetáneas y "que la sentencia de primera instancia lo único que hizo fue alterar su cuantía por lo que debe considerarse eficaz desde que fue dictada". El TS estima el recurso de casación, aplicando la doctrina expuesta por la STS 6 febrero 2020, afirmando lo siguiente: "Es cierto, que esta doctrina se refiere a las medidas provisionales previas a la demanda de nulidad, separación o divorcio del art. 771 LEC, pero también lo es que ha de considerarse extensiva a las medidas provisionales coetáneas del art. 773 LEC y a las del art. 775.3 LEC, pues tampoco en su caso la sentencia de primera instancia recae en un proceso diferente, sino en el mismo proceso en el que se acuerdan estas, por lo que, igual que cuando se trata de medidas provisionales previas, ha de aplicarse la doctrina jurisprudencial, en el sentido de que los alimentos fijados en la sentencia de primera instancia, se devengan desde la interposición de la demanda, sin perjuicio que se compute lo ya abonado en virtud del auto de medidas, para evitar un doble pago, ya que dichas medidas solo constituyen un estatuto jurídico provisional".

La acción ejecutiva para pedir el pago de las pensiones adeudadas está sujeta al plazo de caducidad de 5 años del art. 518 LEC, que se cuenta desde la fecha de la exigibilidad de cada una de las pensiones reclamadas. Obsérvese que este plazo de caducidad se superpone al de prescripción del art. 1966.1 CC, también de cinco años, por lo que el demandado puede alegar uno u otro indistintamente, aunque le convendrá alegar la caducidad, si se hubieran realizado actuaciones extrajudiciales para reclamar las pensiones no satisfechas, pues la misma no se interrumpe.

Esta caducidad no puede ser aplicada de oficio por los Tribunales, sino que ha de ser invocada por el alimentista como causa de oposición a la ejecución (art. 556.1º, II LEC).

Jurisprudencia

La STS 14 noviembre 2018 (*Tol 6920143*) ha entendido que la buena fe en el ejercicio de los derechos impide reclamar una deuda de alimentos, al haber transcurrido más de veinte años desde que se fijaron en la resolución judicial, sin haber sido nunca pagados, ni reclamados, incluso respecto del importe de las pensiones no prescritas o respecto de las cuales la acción ejecutiva no está caducada. Dice, así que "No cabe considerar que cumple con los requisitos de ejercicio del derecho conforme a las reglas de la buena fe la reclamación que se hace con tanto retraso respecto del momento en que presumiblemente era necesario percibir la pensión alimenticia, cuando se acumulan cantidades que difícilmente pueden ser asumidas por el obligado al pago".

ESQUEMA

HIJOS MAYORES DE EDAD O EMANCIPADOS

1. Supuestos de exclusión de la obligación de alimentos
2. La legitimación extraordinaria del art. 93.II CC para reclamar alimentos en favor de los hijos mayores de edad en el juicio matrimonial
3. Fecha de extinción de la pensión de alimentos
4. Compensación de pensiones atrasadas

GASTOS EXTRAORDINARIOS

1. Necesarios
2. De asunción voluntaria
3. Convenientes
2. Custodia compartida

LA CUANTÍA DE LA PRESTACIÓN DE ALIMENTOS

1. Criterios para determinar la capacidad económica de los progenitores
2. La apreciación subjetiva de las necesidades
3. La necesidad de garantizar el mínimo vital
4. El estado de absoluta pobreza como causa de suspensión temporal de la efectividad de la obligación de alimentos
5. La posibilidad de reclamar alimentos a los alimentantes de los progenitores
6. La posibilidad de suspender la obligación de alimentos, cuando el menor tenga ingresos propios para satisfacer sus necesidades

MODIFICACIÓN DE LA CUANTÍA DE LA PENSIÓN

1. Reducción de la pensión
2. Aumento de la cuantía

FECHA DESDE LA QUE SE DEBEN LOS ALIMENTOS A LOS MENORES DE EDAD Y MOMENTO DESDE EL QUE SURTE EFECTOS LA MODIFICACIÓN DE SU CUANTÍA

10 La atribución del derecho de uso de la vivienda familiar

Pedro Chaparro Matamoros[1]

1. CONSIDERACIONES PRELIMINARES

La atribución del derecho de uso de la vivienda familiar se regula en el art. 96 CC. El inmueble al que se refiere el art. 96 CC como "vivienda familiar", y, por tanto, el que es objeto de atribución a los efectos del referido precepto, es aquel que ha venido habitando la familia de forma continuada y habitual con anterioridad al momento de producción de la crisis familiar. En la mayoría de los casos, no habrá dudas en torno a cuál ha sido la vivienda familiar; sin embargo, es posible que los miembros de la familia cuenten con diversas viviendas que habiten de manera sucesiva, y por un periodo de tiempo similar, a lo largo del año. En estos casos, en la medida en que el Código Civil habla indistintamente de "domicilio conyugal" (arts. 70 y 105 CC), "vivienda familiar" (arts. 90, 96 y 103 CC), y "vivienda habitual" (arts. 1320, 1321 y 1406 CC), para referirse a

---

1 PCDOC (acreditado a TU), Derecho civil, Universidad de Valencia.

la vivienda en la que tiene lugar la convivencia familiar, parece razonable entender que es aquella en la que se fija el domicilio conyugal.

Normativa reguladora

Art. 96.1 CC: "En defecto de acuerdo de los cónyuges aprobado por la autoridad judicial, el uso de la vivienda familiar y de los objetos de uso ordinario de ella corresponderá a los hijos comunes menores de edad y al cónyuge en cuya compañía queden, hasta que todos aquellos alcancen la mayoría de edad. Si entre los hijos menores hubiera alguno en una situación de discapacidad que hiciera conveniente la continuación en el uso de la vivienda familiar después de su mayoría de edad, la autoridad judicial determinará el plazo de duración de ese derecho, en función de las circunstancias concurrentes.

A los efectos del párrafo anterior, los hijos comunes mayores de edad que al tiempo de la nulidad, separación o divorcio estuvieran en una situación de discapacidad que hiciera conveniente la continuación en el uso de la vivienda familiar, se equiparan a los hijos menores que se hallen en similar situación.

Extinguido el uso previsto en el párrafo primero, las necesidades de vivienda de los que carezcan de independencia económica se atenderán según lo previsto en el Título VI de este Libro, relativo a los alimentos entre parientes.

Cuando algunos de los hijos queden en la compañía de uno de los cónyuges y los restantes en la del otro, la autoridad judicial resolverá lo procedente".

Art. 96.2 CC: "No habiendo hijos, podrá acordarse que el uso de tales bienes corresponda al cónyuge no titular por el tiempo que prudencialmente se fije siempre que, atendidas las circunstancias, lo hicieran aconsejable y su interés fuera el más necesitado de protección".

El régimen legal de la materia se encuentra contemplado en el art. 96 CC, recientemente modificado por la Ley nº 8/2021, de 2 de junio, por la que se reforma la legislación civil y procesal para el apoyo a las personas con discapacidad en el ejercicio de su capacidad jurídica. La nueva redacción del art. 96 CC (que entró en vigor el 3 de septiembre de 2021) ha venido, principalmente, a reconocer un tercer criterio de atribución del derecho de uso de la vivienda familiar: junto al interés de los hijos comunes menores de edad y al del cónyuge más necesitado de protección, se protege ahora también el interés de los hijos comunes que se encuentren "en situación de discapacidad".

2. ¿A QUÉ HIJOS PROTEGE EL ART. 96 CC?

En relación con la protección de los hijos menores de edad en el art. 96.1 CC, la nueva redacción del precepto dada por la Ley nº 8/2021, de 2 de junio, ha matizado tres cuestiones que, en su momento y ante la imprecisión de la redacción anterior, fueron discutidas en la doctrina, aunque al tiempo de la reforma ya se encontraban todas ellas superadas en sede jurisprudencial.

1ª) La primera de ellas es que el art. 96.1 CC protege, exclusivamente, a los hijos "menores de edad", por lo que no resulta aplicable a los hijos que, conviviendo en la vivienda familiar junto a sus progenitores, fueran ya mayores de edad en el momento de la crisis de aquéllos (a salvo, lógicamente, de los hijos mayores con discapacidad, cuando proceda), debiendo cubrirse su necesidad habitativa a cargo de la correspondiente pensión de alimentos, en su caso.

La nueva redacción del art. 96 CC viene a recoger así la doctrina consolidada del Tribunal Supremo relativa a que el precepto únicamente protege el interés de los hijos menores de edad, y no así el de los hijos económicamente dependientes, pese a las muy razonables dudas que ofrecía la dicción anterior del precepto, que aludía únicamente a los "hijos". La protección de los hijos mayores de edad que convivan en el domicilio familiar al tiempo de la crisis (es decir, aquellos que sean económicamente dependientes), o de los que alcancen la mayoría de edad habiéndose concedido el derecho de uso por razón de su custodia, se canalizará a través de la genérica obligación de alimentos entre parientes, regulada en los arts. 142 y ss. CC (art. 96.1.III CC).

Jurisprudencia

La STS (del Pleno) 5 septiembre 2011 (*Tol 2251711*) fijó como doctrina jurisprudencial que: "la atribución del uso de la vivienda familiar en el caso de existir hijos mayores de edad, ha de hacerse a tenor del párrafo 3º del artículo 96 CC, que permite adjudicarlo por el tiempo que prudencialmente se fije a favor del cónyuge, cuando las circunstancias lo hicieren aconsejable y su interés fuera el más necesitado de protección" (FJ 5º). Doctrina reiterada por las posteriores SSTS 30 marzo 2012 (*Tol 2509172*), 29 mayo 2015 (*Tol 5010151*) y 25 octubre 2016 (*Tol 5859683*).

2ª) Otra cuestión que ha venido a aclarar el nuevo art. 96.1 CC es que únicamente protege a los "hijos comunes", es decir, a aquellos cuya filiación se hubiese determinado en favor de los cónyuges cuya crisis origina la necesidad de aplicar el art. 96 CC.

Con la redacción anterior del art. 96.I CC (que, recuerdo, hablaba únicamente de "hijos") se planteó en su momento la duda teórica de si, conviviendo en el domicilio hijos no comunes propios del cónyuge no titular al tiempo de la crisis conyugal, podían éstos quedar beneficiados por el manto protector de la vivienda familiar (más allá de que pudieran continuar habitando allí hijos exclusivos del progenitor al que se atribuyó la custodia de los hijos comunes, en cuyo caso se trataba no de una protección directa, sino indirecta o colateral). Sea como fuere, el nuevo art. 96.1 CC ha zanjado la disquisición teórica en torno a esta cuestión, señalando que los hijos a los que protege el precepto son los "hijos comunes". Queda claro, por tanto, el alcance de la protección; cuestión distinta es que el legislador civil sigue sin ofrecer criterios que permitan dilucidar qué sucede con la vivienda familiar en el supuesto de familias reconstituidas.

3ª) Una última cuestión que matiza el precepto es que el uso de la vivienda familiar se prolongará hasta que "todos aquellos [es decir, todos los hijos comunes menores de edad] alcancen la mayoría de edad", por lo que, de haber varios hermanos, el uso finalizará cuando el menor de los mismos alcance la mayoría de edad.

El primer apunte que cabe realizar aquí es que la expresión "alcanzar la mayoría de edad" no parece la más adecuada, por cuanto podría suceder que el menor de los hermanos, mayor de 16 años, se hubiese emancipado ya y no requiriese, por tanto, de la vivienda familiar para cubrir su necesidad habitativa, produciéndose así la desafección del referido inmueble a la finalidad que tutela el art. 96.1 CC en un momento anterior a que todos los hijos alcanzaran la mayoría de edad.

En segundo lugar, la duración del uso resulta coherente con el hecho de que ahora el precepto disponga expresamente su sola aplicación a los hijos menores de edad. Si se permitiera una vigencia del derecho de uso más allá de la mayoría de edad de los hijos, se estaría discriminando, por razón de edad, a quienes son ya mayores al tiempo de producirse la crisis familiar, los cuales, pese a carecer de independencia económica, no pueden resultar beneficiarios del derecho de uso conforme a lo ya explicado *supra.* Asimismo, la fijación del momento concreto de finalización del derecho de uso garantiza la seguridad jurídica, por cuanto el cónyuge propietario (o copropietario) que se vea privado de la posibilidad de disponer del inmueble en tanto en cuanto esté vigente el derecho de uso, sabrá con exactitud en qué momento decae la medida.

3. ANÁLISIS DEL ART. 96.1 CC: LA ATRIBUCIÓN DEL USO DE LA VIVIENDA FAMILIAR EN CASO DE CONCESIÓN DE UNA CUSTODIA MONOPARENTAL

El art. 96.1 CC es el precepto que resuelve la atribución del uso de la vivienda familiar en caso de una crisis matrimonial (separación o divorcio) en la que existan hijos comunes menores de edad, asignando la vivienda "al cónyuge en cuya compañía queden" los hijos (de ahora en adelante, y por economía del lenguaje, "cónyuge custodio").

A pesar del incremento de la concesión de custodias compartidas (como consecuencia, tanto de la reforma del art. 92 CC en el año 2005, como, muy especialmente, de la promulgación de legislaciones autonómicas que optan decididamente por la misma como sistema primordial en cuanto a la ordenación de las relaciones familiares entre padres-hijos después de la crisis matrimonial), hay que tener en cuenta que, desde un plano cuantitativo, la custodia monoparental sigue siendo aún, a día de hoy, el sistema más utilizado por los jueces para ordenar las relaciones de los hijos con los progenitores en los casos de divorcio y separación entre cónyuges de diferente sexo.

3.1. El acuerdo de los cónyuges acerca del destino de la vivienda familiar

No hay que olvidar que el art. 96.1 CC remite el destino de la vivienda familiar, antes que nada, a la decisión de los cónyuges homologada por el juez. Así, afirma que "En defecto de acuerdo de los cónyuges aprobado por el Juez [...]". Esta circunstancia, con todo, puede plantear algunos problemas, cuando se acuerde conceder el uso de la vivienda familiar al cónyuge propietario, no siendo éste, al mismo tiempo, el cónyuge custodio.

En línea de principio, cabe advertir que, en defecto de acuerdo, la solución a que llega el precepto es mantener a los hijos comunes menores de edad en la vivienda familiar, al considerar que la separación o divorcio de sus progenitores les resultará menos traumática si continúan residiendo en la vivienda familiar, con todo lo que ello lleva consigo (mismo entorno vital, mismo colegio, mismos lugares de ocio, etc.). Sin embargo, una cosa es que esa sea la solución prevista por el precepto en defecto de acuerdo entre los cónyuges, y otra cosa muy distinta es que deba ser esa la solución a la que lleguen aquéllos, los cuales pueden alcanzar soluciones diversas, como por ejemplo atribuir el uso de la vivienda familiar al cónyuge no custodio.

Esta autonomía de la voluntad, en cualquier caso, se ve mermada por la necesidad de homologación judicial, la cual, a mi parecer, debe producirse siempre y cuando se prevea la atribución al cónyuge custodio de una vivienda que sea apta para satisfacer de forma adecuada la necesidad de vivienda de los hijos comunes menores de edad, o bien se dispongan medios económicos suficientes como para contribuir al levantamiento de dicha necesidad alojativa; por lo que, de ahí, se sigue que el espíritu de la norma es proporcionar un alojamiento que satisfaga de forma digna y suficiente la necesidad habitativa de los hijos comunes menores de edad.

Siguiendo con este razonamiento, el problema podría producirse cuando, habiendo sido atribuido el uso de la vivienda familiar al cónyuge no custodio en el convenio regulador, posteriormente sobrevenga una situación de necesidad del cónyuge custodio y del hijo común. En este caso, a mi juicio, lo que deberá proceder será, verificada por el juez la concurrencia de la necesidad, un aumento en la pensión de alimentos que sirva para garantizar la necesidad habitacional del hijo común menor de edad.

Jurisprudencia

Precisamente, a esta decisión llega la STS 27 septiembre 2017 (*Tol 6369746*), que conoció de un caso en el que se planteaba la hipótesis recién referida. La ex mujer, tras el divorcio, adquirió una vivienda (hipoteca mediante) a la que se desplazó a vivir con el hijo común, siendo atribuido el derecho de uso de la vivienda familiar al ex marido en el convenio regulador. Sin embargo, la ex mujer instó una demanda de modificación de medidas, solicitando para sí el uso de la que había sido vivienda familiar, como consecuencia del despido que había sufrido, el cual dio lugar a una situación de inexistencia de ingresos económicos que impediría el pago de la hipoteca de la vivienda que había adquirido. Para el alto tribunal, la satisfacción de la necesidad habitacional del hijo por parte del padre no podrá hacerse por la vía de una "atribución posterior del uso de una vivienda que, habiendo sido familiar, perdió tal condición", sino que "ello habrá de ser planteado en el ámbito del derecho a alimentos (artículos 142 y ss. CC)" (FJ 2º).

3.2. La "corrección" del tenor literal del art. 96.1 CC

La atribución del uso de la vivienda familiar al cónyuge custodio es la solución prevista en el art. 96.1 CC, en base a la cual se han resuelto la mayoría de supuestos judiciales en materia de atribución del uso de la vivienda familiar. Aquí, la decisión de atribuir el uso de la vivienda familiar se vincula a una decisión anterior, cual es la de determinar qué progenitor va a quedar en compañía de los hijos. Así, y dado que lo que el precepto pretende es principalmente salvaguardar el interés superior de los hijos a permanecer en la vivienda familiar, la atribución de ésta se hará al progenitor custodio.

Tradicionalmente, la aplicación del precepto ha sido literal, sin tener en cuenta las posibles injusticias a que, desde un punto de vista material, podía dar lugar. Sin embargo, en los tiempos actuales, en sintonía con las demandas que de un tiempo a esta parte venía reclamando la doctrina con insistencia, la jurisprudencia está llevando a cabo una "corrección" de la solución prevista en el precepto, tratando de buscar un remedio que compatibilice de la mejor manera posible todos los intereses en juego, tanto patrimoniales como personales, de los miembros de la familia. Y es que, si se tiene en cuenta que la progresiva implantación del sistema de custodia compartida está relativizando mucho la importancia de la vivienda familiar (salvo en el caso de que se acuerde el uso alterno de la misma), parece razonable limitar, igualmente, dicha importancia en los supuestos de custodia monoparental, cuando ello redunde en una mejor satisfacción de todos los intereses afectados.

Conforme al razonamiento anterior, a continuación se expondrán las posibilidades que ha valorado la jurisprudencia para, matizando el riguroso tenor literal del antiguo art. 96.I CC (actual art. 96.1 CC), ofrecer una solución "salomónica", que no perjudique en exceso los intereses del cónyuge no custodio, titular de algún derecho dominical sobre la vivienda familiar. Desde un punto de vista jurídico, algunas de estas soluciones mal se compadecen con el art. 96.1 CC; pero lo cierto es que, desde el punto de vista de la justicia material, ofrecen una buena respuesta a la inacción del legislador en la materia.

3.2.1. La limitación temporal de la atribución del uso de la vivienda familiar

Una de las principales medidas correctoras que se propuso para paliar los efectos del antiguo art. 96.I CC (actual art. 96.1 CC) fue la de la limitación temporal del uso de la vivienda familiar, sin perder de vista que la misma no podía perjudicar la necesidad de vivienda de los hijos comunes menores de edad.

Jurisprudencia

La jurisprudencia del Tribunal Supremo se había encargado de confirmar este extremo (relativo a la prohibición de limitaciones temporales al uso durante la minoría de edad de los hijos), precisando la STS 1 abril 2011 (*Tol 2093031*), referida a un supuesto de uniones extramatrimoniales, que el art. 96.I CC "no contiene ninguna limitación a la atribución del uso de la vivienda a los menores mientras sigan siéndolo, porque el interés que se protege no es la propiedad de los bienes, sino los derechos que tiene el menor en una situación de crisis de la pareja". V., en este mismo sentido, las posteriores SSTS 14 abril 2011 (*Tol 2124703*); 21 junio 2011 (*Tol 2160051*); 30 septiembre 2011 (*Tol 2259065*); 26 abril 2012 (*Tol 2532755*); 21 mayo 2012 (*Tol 2538700*); 13 julio 2012 (*Tol 2635455*); 17 octubre 2013 (*Tol 3986249*); 3 abril 2014 (*Tol 4218412*); 29 mayo 2014 (*Tol 4469050*); 2 junio 2014 (*Tol 4364942*); 16 junio 2014 (*Tol 4371793*); 28 noviembre 2014 (*Tol 4567278*); 18 mayo 2015 (*Tol 5000600*); 22 febrero 2017 (*Tol 5978002*); 8 marzo 2017 (*Tol 5990945*); 2 junio 2020 (*Tol 7969841*); 22 junio 2020 (*Tol 8000094*); 24 junio 2020 (*Tol 7995830*); 13 diciembre 2021 (*Tol 8704870*) y 17 julio 2023 (*Tol 9657583*).

Sin embargo, la fijación de la concreta duración del periodo de vigencia del derecho de uso de la vivienda familiar en la nueva redacción dada al art. 96.1 CC (hasta que el menor de los hijos alcance la mayoría de edad) parece excluir, *prima facie*, la posibilidad de que se establezcan limitaciones temporales al disfrute de ese uso (al menos en el caso de concesión de una custodia monoparental, que es el único supuesto que sigue regulando el precepto).

En cualquier caso, y pese a la literalidad del precepto, parece que la norma debe interpretarse no tanto en el sentido de que no quepan limitaciones temporales al uso de la vivienda familiar durante la minoría de edad de los hijos, sino en el bien entendido de que no cabe perjudicar la necesidad habitativa de los hijos mientras sean menores de edad; lo que permitiría, por ejemplo, establecer una limitación temporal al uso de la vivienda familiar ganancial vinculada al periodo de liquidación de la sociedad de gananciales, siempre y cuando, insisto, la necesidad de alojamiento de los menores pudiera (previsiblemente) satisfacerse de forma suficiente, y de manera inmediata tras la expiración del concreto plazo de uso concedido, por otras vías tan aptas para ello como la vivienda familiar (v. gr., comprando o arrendando otro inmueble con el importe obtenido de la venta de la vivienda familiar ganancial, mediante una segunda vivienda que el cónyuge custodio tuviese a su disposición, etc.). Precisamente, en esta misma línea se manifestó la jurisprudencia del alto tribunal para matizar la doctrina contenida en la STS 1 abril 2011 (*Tol 2093031*), permitiendo limitar temporalmente el uso de la vivienda familiar en los casos en que fuera posible, sin lugar a dudas y una vez expirado el plazo de uso concedido, realojar a los hijos menores en otra vivienda, cuando ésta fuera apta para satisfacer sus necesidades de alojamiento y ello supusiera una solución más conciliadora de todos los intereses familiares en conflicto (STS 17 junio 2013 [*Tol* 3794745]).

Jurisprudencia

La STS 17 junio 2013 (*Tol 3794745*), explica que la jurisprudencia del Supremo relativa al rechazo de las limitaciones temporales en el supuesto de hijos menores de edad "está amparada en una situación [...] en la que la limitación del uso puede dejar al hijo menor en un escenario de absoluta incertidumbre sobre su alojamiento" (FJ 2º), pero, en los supuestos en que exista la posibilidad de ocupar un inmueble alternativo una vez transcurrido el plazo, no deberían existir problemas para fijar periodos determinados de uso. En concreto, esta sentencia limitó temporalmente el uso de la vivienda familiar a tres años a favor de la madre. En el caso, la vivienda familiar se encontraba dentro de una finca de explotación, en la que vivía el padre en otro inmueble y, al mismo tiempo, existían instalaciones arrendadas a terceros. El Supremo accedió a las pretensiones del padre, quien entendía que resultaba antieconómica la atribución del uso de la vivienda familiar, resultando más provechosa su venta, máxime cuando existían viviendas alternativas en la propia finca que podían ser usadas sin merma de la necesidad de alojamiento del hijo.

3.2.2. La posibilidad de dividir materialmente la vivienda familiar

Existen supuestos en los que la propia idiosincrasia de la vivienda familiar podría, mediante las reformas oportunas, permitir la vida independiente de los ex cónyuges en los distintos espacios resultantes. Así, imagínese una vivienda de varios pisos, o una vivienda de grandes dimensiones, cuya división material pudiera dar lugar a dos (o más) viviendas independientes que reunieran las condiciones mínimas de habitabilidad. La medida, como se observa, supone una mejor redistribución de los recursos de la familia con cierta afectación o menoscabo de la habitabilidad o, al menos, comodidad de la vivienda familiar (al residir ahora el hijo junto al cónyuge custodio en una parte y no en la totalidad de la vivienda), por lo que merece ser incluida en esta enumeración de supuestos que constituyen una pérdida de la tradicional importancia de la vivienda familiar.

Se trata de una solución que puede resultar muy interesante en determinados casos, como cuando uno de los cónyuges tiene un local (despacho, taller, etc.) habilitado en la vivienda para el ejercicio de su actividad profesional o laboral. Además, la medida presenta otras ventajas para la relación progenitores-hijos: a) en primer lugar, el mantenimiento del menor en su entorno habitual propicia que no tenga que realizar traslados o incómodos cambios de vivienda, pues, tanto en los periodos en que está con el cónyuge custodio, como en los periodos en que se encuentra bajo el régimen de visitas establecido a favor del cónyuge no custodio, el desplazamiento que realice será mínimo; y b) junto a ello, la cercanía del menor con el progenitor no custodio favorece que el contacto entre ambos sea permanente y habitual, y, por tanto, no quede exclusivamente limitado a los periodos de visitas.

Asimismo, la división material de la vivienda familiar común, en los supuestos en que los cónyuges no hayan tenido hijos, o sean éstos económicamente independientes, resulta óptima cuando no se aprecie un interés que sea más digno de protección que el otro, es decir, cuando el grado de necesidad de la vivienda de ambos cónyuges sea similar. Lo mismo vale decir respecto de las familias con una economía modesta, para las cuales la adquisición o el mantenimiento de una segunda vivienda resulte poco más que una quimera.

En cualquier caso, el Supremo viene exigiendo, para acceder a una petición de este tipo, el cumplimiento de una serie de requisitos (STS 30 abril 2012 [*Tol 2538858*]): a) la posibilidad física del inmueble para su división material; b) la habitabilidad y el carácter autónomo e independiente de las dos viviendas resultantes de la división; c) la inexistencia de relaciones conflictivas e irreparables entre los cónyuges; y d) junto a los anteriores, el Supremo exige un requisito adicional: que sea una medida necesaria para salvaguardar de mejor manera todos los intereses en juego, atendiendo a las circunstancias del caso concreto. Se trata de un requisito establecido con el objetivo de impedir una indiscriminada cascada de solicitudes de división material de la vivienda familiar.

Jurisprudencia

La STS 30 abril 2012 (*Tol 2538858*) accedió a la pretensión de división de la vivienda familiar, ponderando para ello que ésta "es propiedad exclusiva del marido y que la propuesta división no es tal, sino una redistribución de espacios en el inmueble que no altera su régimen, pero permite obtener una funcionalidad adecuada para satisfacer los intereses presentes en este caso, ya que al ser posible esta nueva distribución, se protege el interés de los hijos menores y el del propio marido, ya que no puede privarse del uso y disfrute de la propiedad a quien es su titular, sin vulnerar sus derechos reconocidos tanto en el art. 33 CE, que reconoce el derecho de propiedad privada a nivel constitucional, como en el art. 47 CE, que consagra el derecho de los españoles a disfrutar de una vivienda digna y adecuada" (FJ 3º).

3.2.3. La posibilidad de atribuir otras viviendas distintas a la familiar

Como es sabido, el tenor literal del art. 96.1 CC sólo contempla la atribución del uso de la vivienda familiar.

Jurisprudencia

En la jurisprudencia, existe una reiterada doctrina del Tribunal Supremo a este respecto según la cual "en los procedimientos matrimoniales seguidos sin consenso de los cónyuges, no pueden atribuirse viviendas o locales distintos de aquel que constituye la vivienda familiar". V. en este sentido las SSTS 9 mayo 2012 (*Tol 2538556*), 31 mayo 2012 (*Tol 2558081*), 19 noviembre 2013 (*Tol 4024641*), 16 enero 2015 (*Tol 4708880*), 30 octubre 2015 (*Tol 5550283*), 3 marzo 2016 (*Tol 5662135*), 7 noviembre 2019 (*Tol 7586557*) y 11 diciembre 2019 (*Tol 7648519*).

Ahora bien, la atribución del uso de la vivienda familiar al cónyuge custodio no tiene por qué ser siempre, necesariamente, la solución que mejor concilie todos los intereses en juego, máxime, cuando existen dos o más viviendas a disposición de los cónyuges.

Al hilo de esto, otra de las correcciones que se ha realizado al art. 96.1 CC, desde la jurisprudencia, e incluso alguna norma autonómica sobre relaciones familiares de los hijos con sus progenitores, es la posibilidad de atribuir al cónyuge custodio y a los hijos una vivienda distinta de la que hubiere constituido la morada familiar. Se trata de una medida que, toda vez ser infrecuente, puede constituir una solución óptima en los casos en que la atribución del uso de la vivienda familiar pueda implicar un eventual riesgo de desahucio, si el cónyuge custodio queda en la posición de precarista; no obstante, un sector de la doctrina ha mostrado sus reservas, por entender que se trata de una medida *contra legem*, que se opone claramente al tenor literal del art. 96.1 CC.

Y es que, en la práctica, no resulta raro que los cónyuges ocupen una vivienda que haya sido cedida por los progenitores de uno de ellos por cuestiones de oportunidad (como puede ser aquélla que se encuentra próxima al centro de trabajo de uno —o de ambos—, al colegio, al lugar en el que desarrollan sus relaciones afectivas con el resto de la familia, etc.) o de tamaño y posibilidades de la vivienda (por ejemplo, ceder la planta superior de una vivienda de dos plantas), aun teniendo, alguno de los cónyuges (o ambos), algún derecho que le permita ocupar otra vivienda en concepto de vivienda familiar.

En estos supuestos, la jurisprudencia, y también algunas normas autonómicas sobre relaciones familiares, permiten, al efecto de evitar la posibilidad de desahucio del cónyuge custodio por parte de sus suegros (propietarios de la vivienda familiar), la atribución del uso de una vivienda distinta a la que haya constituido el domicilio familiar, siempre y cuando se trate de una vivienda que pueda garantizar de forma satisfactoria la necesidad habitacional del cónyuge y de los hijos a su cargo.

Jurisprudencia

Así, la STS 10 octubre 2011 (*Tol 2261892*) resolvió un caso en el que la familia vivía en una vivienda propiedad de los abuelos y del padre del menor, disponiendo el matrimonio de otra vivienda, propiedad de ambos cónyuges. El Supremo soluciona el litigio atribuyendo a la progenitora custodia la vivienda de la que era copropietaria, porque el interés de la hija menor de edad "es el que debe ser protegido, puesto que en el presente caso, la posibilidad de que los propietarios recuperen la vivienda ejerciendo el desahucio por precario, implica que deba entenderse perjudicial para el propio menor la atribución del uso de una vivienda de la que podría ser desalojado" (FJ 4º). Concluye el Supremo fijando como doctrina jurisprudencial la siguiente: "El juez puede atribuir el uso de una vivienda que no sea la que se está ocupando en concepto de vivienda familiar cuando el inmueble que se está utilizando pertenezca a terceras personas en orden a proteger el interés de los menores y ello siempre que la residencia que se atribuya sea adecuada para satisfacer las necesidades de los hijos" (FJ 5º).

Posteriormente, la STS 15 julio 2015 (*Tol 5212102*) reiteró la doctrina contenida en la STS 10 octubre 2011 (*Tol 2261892*). En el caso, la vivienda familiar pertenecía a la abuela paterna (que residía junto al matrimonio), pasando a residir la madre junto con sus hijas, tras la crisis matrimonial, en una vivienda de la que era propietaria la abuela materna. El Supremo resuelve el caso advirtiendo que "lo determinante es que la vivienda que fue familiar es titularidad de la abuela paterna con lo que la asignación de ésta a los menores junto con su madre está sujeta al riesgo cierto de desahucio por precario, máxime cuando tienen otros medios de afrontar la necesidad de vivienda. También es concluyente que la vivienda en cuestión ya no puede considerarse vivienda familiar" (FJ 3º). Ciertamente, este supuesto contiene un matiz respecto al anterior: realmente, los cónyuges no disponían de otra vivienda, sino que la madre se fue a vivir a casa de su progenitora (abuela materna de los niños). Por tanto, en puridad el Supremo no realiza una atribución del uso de una vivienda alternativa al cónyuge custodio: simplemente anticipa una situación evitando el juicio de desahucio por precario; es decir, habida cuenta que si la abuela paterna vivía con la familia es de presumir que no tenía más viviendas, y que hubiera reivindicado la posesión de la vivienda familiar, parece razonable no realizar la atribución del uso de ésta a la madre y a los hijos, máxime cuando éstos ya se habían adaptado al nuevo entorno en el que vivían.

Existen supuestos de precario, por otra parte, que se alejan del supuesto prototípico comentado (vivienda familiar cedida por los suegros del cónyuge custodio). Éste podría ser el caso resuelto por la STS 15 marzo 2013 (*Tol 3266069*), en el que la situación de precario se origina, no por residir el cónyuge custodio (la madre) y los hijos en una vivienda de los suegros de aquél, sino por haberle sido cedido gratuitamente para su uso una por sus propios progenitores (los abuelos maternos). El Tribunal Supremo, con buen criterio, confirma la sentencia recurrida, que había atribuido el uso de la vivienda (privativa del marido) que había constituido el domicilio conyugal hasta la crisis a la madre. Dice, a este respecto, que "Es cierto que durante el procedimiento los abuelos maternos les cedieron de forma totalmente gratuita y de favor el uso de una vivienda de su propiedad pero ello no indica sin más que pueda ponerse a su cargo una obligación continuada que corresponde a los progenitores y que éstos pueden, además, hacerla efectiva puesto que el matrimonio dispone de una vivienda, propiedad del esposo, que constituyó el domicilio conyugal y que no abandonaron de forma voluntaria, y menos aún con vocación de permanencia" (FJ 3º).

En otro orden de cosas, hay que advertir que esta doctrina jurisprudencial, iniciada por la STS 10 octubre 2011 (*Tol 2261892*), tiene también presencia en la normativa autonómica. De este modo, el art. 233-20.6 CCCat. afirma que "La autoridad judicial puede sustituir la atribución del uso de la vivienda familiar por la de otras residencias si son idóneas para satisfacer la necesidad de vivienda del cónyuge y los hijos". Por su parte, el art. 12.6 de la Ley vasca nº 7/2015, de 30 de junio, de relaciones familiares en supuestos de separación o ruptura de los progenitores, expone que "El juez podrá sustituir la atribución del uso de la vivienda familiar por el de otra vivienda propiedad de uno o ambos miembros de la pareja si es idónea para satisfacer la necesidad de vivienda de los hijos e hijas menores y, en su caso, del progenitor más necesitado".

3.2.4. La atribución del uso de la vivienda familiar al cónyuge no custodio cuando el cónyuge custodio disponga de medios suficientes para garantizar de forma satisfactoria la necesidad de vivienda propia y de sus hijos

Otro de los supuestos en que se ha corregido el tenor literal del art. 96.1 CC tiene que ver con la posibilidad de atribuir el uso de la vivienda familiar al cónyuge no custodio, cuando el cónyuge al que le pertenecería, por haberle sido atribuida la guarda y custodia, disponga de medios suficientes que le permitan garantizar satisfactoriamente la necesidad de vivienda propia y de sus hijos. Se trata de una solución que ha empleado el Tribunal Supremo en supuestos muy concretos con el objetivo de tratar de conciliar todos los intereses en juego, relativizando la importancia de la vivienda familiar en los supuestos en que la atribución del uso al cónyuge custodio pudiera suponer que el otro cónyuge quedara en una situación de desamparo (v. a este respecto las SSTS 29 marzo 2011 [*Tol 2078863*], 5 noviembre 2012 [*Tol 2675572*] y 3 diciembre 2013 [*Tol 4035486*], de las cuales se puede extraer la siguiente doctrina: "cuando el cónyuge custodio posea otra vivienda en propiedad en la que pueda dar alojamiento digno a los menores, la que fue vivienda familiar podrá ser adjudicada al cónyuge no custodio"). Desde luego, para poder aplicar esta solución, el Tribunal Supremo parte de un presupuesto ineludible: el cónyuge custodio debe tener medios suficientes para garantizar la necesidad de vivienda propia y de los hijos.

Jurisprudencia

El supuesto más emblemático, por ser el que mejor refleja la situación aquí analizada, es el resuelto por la STS 5 noviembre 2012 (*Tol 2675572*), la cual confirmó la resolución recurrida, que había atribuido al ex esposo el uso de la vivienda familiar (que era privativa suya), por haber adquirido la mujer una nueva vivienda con la que quedaba satisfecha su necesidad habitacional y la de la hija menor común, que había quedado a su cargo. Explica el Supremo que "en el caso presente [...] la madre ha adquirido una nueva vivienda en la que puede habitar la hija menor, sin que ésta quede desprotegida de sus derechos pues, de acuerdo con lo que resulta probado en el procedimiento, «cubre sus necesidades de alojamiento en condiciones de dignidad y decoro en el inmueble de la madre», y no sólo cubre estas necesidades, sino que como consecuencia del cambio, además de que el padre recupera la vivienda y le permite disfrutar de un status similar al de su hija y su ex esposa, mejora con ello su situación económica permitiéndole hacer frente a una superior prestación alimenticia a favor de su hija al desaparecer la carga que representaba el pago de la renta de alquiler" (FJ 2º).

La solución seguida por la sentencia, más allá de ser contraria al art. 96.1 CC, no puede sino compartirse por la justicia material del resultado alcanzado, además de traer a colación dos argumentos que merecen un breve comentario:

1º) de un lado, y pese a no aplicar la letra del precepto, la sentencia sí aplica el espíritu del mismo, que no es otro que proporcionar un alojamiento que satisfaga de forma digna y suficiente la necesidad habitativa de los hijos comunes menores de edad, como así se desprende del hecho de que, habiendo acuerdo, sea posible realojar a los hijos comunes menores de edad en una vivienda distinta de la familiar (*ex* art. 96.1 CC, primer inciso); y

2º) de otro lado, la sentencia realiza un análisis del efecto conjunto de las medidas que proceden tras una crisis familiar, evidenciando cómo una sobrecarga financiera del progenitor no custodio, titular (o cotitular) de la vivienda familiar, puede repercutir en una peor satisfacción de otro tipo de gastos; en particular, el abono de la prestación de alimentos a sus hijos. Asimismo, la atribución del uso de la vivienda familiar al cónyuge no custodio garantiza que el régimen de visitas se desarrolle en un inmueble (la vivienda familiar) apto para satisfacer la necesidad habitativa del menor, algo que podría no ocurrir en caso de que la situación de necesidad de dicho progenitor no le permitiese disponer de una vivienda que tuviese unas condiciones mínimas de espacio, confort, etc.

En otro orden de cosas, algunas legislaciones autonómicas contemplan ya esta medida, redactada en diversos términos. Así, el art. 233-20.4 CCCat. dispone que "Excepcionalmente, aunque existan hijos menores, la autoridad judicial puede atribuir el uso de la vivienda familiar al cónyuge que no tiene su guarda si es el más necesitado y el cónyuge a quien corresponde la guarda tiene medios suficientes para cubrir su necesidad de vivienda y la de los hijos". En muy similares términos se pronuncia el art. 12.3 de la Ley vasca nº 7/2015, de 30 de junio, de relaciones familiares en supuestos de separación o ruptura de los progenitores, según el cual "El juez podrá atribuir el uso de la vivienda familiar a aquel miembro de la pareja que, aunque no tuviera la guarda y custodia de sus hijos e hijas, objetivamente tuviera mayores dificultades de acceso a otra vivienda, si el otro progenitor tuviera medios suficientes para cubrir la necesidad de vivienda de los y las menores y fuera compatible con el interés superior de éstos". En fin, también se puede deducir la posibilidad analizada en este epígrafe del art. 81.2 CDFA, a tenor del cual "Cuando corresponda a uno de los progenitores de forma individual la custodia de los hijos, se le atribuirá el uso de la vivienda familiar, salvo que el mejor interés para las relaciones familiares aconseje su atribución al otro progenitor", pudiendo entenderse que se da cumplimiento a ese "mejor interés para las relaciones familiares" atribuyendo el uso de la vivienda familiar al cónyuge no custodio en los supuestos en que el cónyuge custodio disponga de medios suficientes para habitar en otra vivienda, sea en el concepto que sea: arrendamiento, propiedad, etc.; y no así aquél.

4. LA ATRIBUCIÓN DEL USO DE LA VIVIENDA FAMILIAR EN CASO DE CONCESIÓN DE UNA CUSTODIA COMPARTIDA

El art. 96.1 CC, toda vez haber sido reformado en fechas recientes, continúa sin ofrecer soluciones para regular el caso de concesión de una custodia compartida, pues, en la medida en que atribuye el uso de la vivienda familiar a los hijos comunes menores de edad y al cónyuge a cuyo cargo queden, está presuponiendo la concesión de una custodia monoparental. En consecuencia, no existe una respuesta legal para el supuesto de concesión de una custodia compartida, por lo que ha sido la jurisprudencia la encargada de ofrecer soluciones en los casos en que decae el presupuesto del que parte el art. 96.1 CC, las cuales se exponen en las siguientes líneas.

Jurisprudencia

Estas soluciones, desde luego, deben pasar por atender al interés más necesitado de protección y a criterios de titularidad dominical de la vivienda. A este respecto, afirma la STS 7 junio 2018 (*Tol 6638114*), que "Dada la falta de mención en el art. 96 CC a los criterios que deben seguirse para atribuir el uso de la vivienda en caso de custodia compartida, la decisión discrecional del juez en caso de divorcio contencioso debe atender a las circunstancias concurrentes. La decisión debe valorar el interés más necesitado de protección (art. 96) y tener en cuenta que en todas las decisiones que se adopten por los tribunales primará el interés superior de los menores sobre cualquier otro interés legítimo que pudiera concurrir, debiendo priorizarse las medidas que, respondiendo a este interés, respeten también los otros intereses legítimos presentes" (FJ 3º).

4.1. El uso alterno (o rotatorio) de la vivienda familiar durante los periodos de tiempo en que los progenitores tengan a los hijos en su compañía

Una primera solución que se ha ofrecido, a la hora de ordenar el destino de la vivienda familiar en los supuestos en que se concede una guarda y custodia compartida, es la de atribuir el uso alterno (o rotatorio) de la misma a cada progenitor durante los periodos de tiempo en que tengan a los hijos en su compañía. La medida tiene por objeto mantener a los hijos en la vivienda familiar (de ahí que se utilice la expresión "casa nido" para referirse a ella) y, por tanto, en este sentido, es una solución con origen en el art. 96.1 CC, el cual, insisto, busca ante todo el mantenimiento de los hijos en su entorno vital. Aquí, a diferencia del supuesto contemplado en el art. 96.1 CC, como la guarda y custodia es compartida (y no monoparental), los padres deberán turnarse en el uso de la vivienda, permaneciendo en ella cada progenitor durante el periodo de tiempo que le corresponda pasar con su hijo.

El principal escollo o problema con el que se topa la adopción de esta medida es que se trata de una solución quizás excesivamente onerosa para los ex cónyuges. En efecto, la medida implica que, durante el periodo en que los progenitores no queden a cargo de sus hijos, deban procurarse otra vivienda, con lo cual, en la práctica, el uso alterno de la vivienda familiar implica la existencia de, como mínimo, tres viviendas: la vivienda familiar y las dos viviendas en que habitarán los progenitores durante el tiempo que no les corresponda pasar con sus hijos. Este argumento, el económico, ha sido esgrimido reiteradamente por la jurisprudencia del Tribunal Supremo para rechazar esta medida.

Jurisprudencia

Así, la STS 17 febrero 2017 (*Tol 5969982*), afirmó en este sentido que "Este sistema que puede ser respetable, cuando los ingresos de la pareja son cuantiosos, se convierte en inasumible ante economías precarias, como es el caso, dado que deben hacer frente al mantenimiento de tres viviendas (la familiar y las dos de alternancia)" (FJ 4º).

Igualmente, la STS 5 abril 2019 (*Tol 7205213*), señaló que "En cuanto a que los progenitores se alternen en la vivienda familiar, para que el niño no salga de la misma, es un sistema que impugna la parte recurrida y que no es compatible con la capacidad económica de los progenitores, que se verían obligados a mantener tres viviendas (la de cada uno y la común), unido a la conflictividad que añadiría el buen mantenimiento de la vivienda común" (FJ 5º).

De la misma manera, la STS 16 enero 2020 (*Tol 7698821*), aseveró, en la misma línea, que "la rotación en la vivienda familiar no es un sistema que vele por el interés de los menores, ni es compatible con la capacidad económica de los progenitores" (FJ 5º).

Más cercana en el tiempo, la STS 6 julio 2020 (*Tol 8000147*), tras reiterar la doctrina extraída de las previas SSTS 7 junio 2018 (*Tol 6638114*), 5 abril 2019 (*Tol 7205213*) y 16 enero 2020 (*Tol 7698821*), relativa a la inconveniencia del sistema de "casa-nido" para ordenar las relaciones de los progenitores con sus hijos por su incompatibilidad con la capacidad económica de unos progenitores de "clase media", revocó el uso alterno acordado por la sentencia de apelación, y, tras no apreciar que la madre ostentase el interés más necesitado de protección (el cual le haría acreedora del derecho de uso hasta la mayoría de edad de las hijas), accedió a la petición subsidiaria de aquélla, fijando la atribución temporal de la vivienda familiar a las hijas y a la madre por un plazo de transición máximo de un año, salvo que antes se procediera a la liquidación de la sociedad de gananciales.

Recientemente, la STS 22 junio 2021 (*Tol 8495897*), volvió a manifestarse en el mismo sentido que las anteriores, considerando que el sistema de casa-nido es una "solución que resulta antieconómica y que requiere un intenso nivel de colaboración de los progenitores" (FJ 4º).

En fin, la última muesca (de la que tengo constancia al tiempo de cerrar este trabajo) rechazando el sistema de "casa-nido" por su carácter antieconómico es la STS 20 diciembre 2021 (*Tol 8764945*).

La onerosidad de la medida se agrava si se tiene en cuenta el contexto económico actual, en el que, en una economía familiar media, el arrendamiento, o, en su caso, la compraventa de dos viviendas, para su disfrute durante únicamente una parte (y no la totalidad) del mes, parece una situación excesivamente gravosa para los progenitores. Tales desembolsos (la renta o la hipoteca) sin duda contribuirán a satisfacer en peor medida otro tipo de gastos, como por ejemplo los alimentos que deban prestarse a los hijos cuando se tengan en su compañía.

Desde el punto de vista de la relación personal entre ambos cónyuges, la medida también resulta conflictiva, pues, si existen graves desavenencias entre aquéllos, el hecho de compartir el mismo espacio, aunque sea en periodos de tiempo distintos, puede, sin duda, agravar tal situación (v., así, las SSTS 7 junio 2018 [*Tol 6638114*], 5 abril 2019 [*Tol 7205213*] y 20 diciembre 2021 [*Tol 8764945*]). Ello hace que sea más difícil de imaginar si cabe, desde este prisma, una medida que podría ser la ideal desde una perspectiva económica: compartir tanto la vivienda familiar como la vivienda en que vivan los progenitores durante los periodos en que no tienen la guarda. Por otra parte, la medida puede, igualmente, desgastar la relación personal entre los ex cónyuges y las eventuales nuevas parejas con que aquellos convivan, que deberán adaptarse a constantes cambios de vivienda (v. a este respecto la STS 20 diciembre 2021 [*Tol 8764945*]).

En cualquier caso, y a pesar de las reticencias del Tribunal Supremo frente a este sistema, el mismo ha sido acogido en diversas resoluciones de la denominada "jurisprudencia menor", e, incluso, por el texto de la Ley vasca nº 7/2015, de 30 de junio, de relaciones familiares en supuestos de separación o ruptura de los progenitores, cuyo art. 12.4 ("Si la guarda y custodia fuera compartida entre los progenitores y el uso de la vivienda no fuera atribuido por periodos alternos a ambos, se atribuirá al progenitor que objetivamente tuviera mayores dificultades de acceso a una vivienda si ello fuera compatible con el interés superior de los hijos e hijas"), permite tal posibilidad; aunque, como se ha puesto de manifiesto desde la doctrina, no se ofrecen criterios para determinar cuándo se va a atribuir el uso de la vivienda por periodos alternos a ambos progenitores.

En fin, y como no puede ser menos, el uso por periodos alternos de la vivienda familiar puede ser acordado por los propios cónyuges. Esta posibilidad se contempla de forma expresa en el art. 233-20.1 CCCat., precepto en cuyo último inciso se dice que los cónyuges "También pueden acordar la distribución del uso de la vivienda por períodos determinados".

4.2. La atribución del uso de la vivienda familiar al progenitor que tenga más necesidad de ella

Otra de las fórmulas empleadas para ordenar el destino de la vivienda familiar en los casos en que se concede una guarda y custodia compartida es la de atribuir el uso de la misma al progenitor que tenga mayor necesidad de ella. Es decir, a diferencia del supuesto anterior, en el que se alternaban ambos progenitores en el uso de la vivienda (permaneciendo siempre en ella los hijos), aquí el uso de ésta se concede al progenitor que tenga más necesidad, siendo, por tanto, un uso exclusivo de la misma. Ello implica que serán los hijos, y no los progenitores, quienes deban cambiar de domicilio, permaneciendo en la vivienda familiar únicamente durante el periodo de guarda del progenitor usuario. Esta fórmula evita los posibles conflictos que puedan producirse entre los progenitores por continuar compartiendo una vivienda y sus vicisitudes, que, de ello no cabe duda, sigue suponiendo un nexo de unión cuando seguramente ellos no quieran tener ya nada en común. En cambio, y a diferencia de la anterior, a esta solución podría criticársele el hecho de desvincular a los hijos de su entorno vital durante el periodo de guarda del progenitor no usuario.

En cuanto a la aplicación práctica de esta solución, en el Derecho común la medida ha sido utilizada en los supuestos de custodia compartida sobre la base de una aplicación analógica del antiguo art. 96.II CC (actual art. 96.1.IV CC), según el cual "Cuando algunos de los hijos queden en la compañía de uno de los cónyuges y los restantes en la del otro, la autoridad judicial resolverá lo procedente". Así, en el supuesto de custodia compartida los hijos quedan en la compañía de uno y otro progenitor (de ahí la analogía), lo que obliga al juez a realizar una ponderación de las circunstancias concurrentes para poder resolver "lo procedente": en particular, deberá determinar cuál es el interés más necesitado de protección, y atender, también, a si la vivienda familiar es privativa de uno de los cónyuges o si, por el contrario, ambos gozan de algún derecho dominical sobre la misma.

Jurisprudencia

En este sentido, la emblemática STS 24 octubre 2014 (*Tol 4538494*) afirmó que "Lo cierto es que el artículo 96 establece como criterio prioritario, a falta de acuerdo entre los cónyuges, que el uso de la vivienda familiar corresponde al hijo y al cónyuge en cuya compañía queden, lo que no sucede en el caso de la custodia compartida al no encontrarse los hijos en compañía de uno solo de los progenitores, sino de los dos; supuesto en el que la norma que debe aplicarse analógicamente es la del párrafo segundo que regula el supuesto en el que existiendo varios hijos, unos quedan bajo la custodia de un progenitor, y otros bajo la del otro, y permite al juez resolver «lo procedente»" (FJ 3º). En el caso, el alto tribunal fijó un plazo de uso de dos años a favor de la madre, que había resultado beneficiaria del derecho de uso de la vivienda familiar (que era privativa de su ex marido).

Más extenso fue el plazo concedido en el caso resuelto por la STS 9 septiembre 2015 (*Tol 5426939*), que, estimando parcialmente el recurso de casación interpuesto, atribuyó el derecho de uso de la vivienda familiar al padre por un plazo de tres años, periodo que parece excesivo, máxime cuando el alto tribunal había señalado que "De lo actuado se deduce que ambos perciben salarios que les permiten arrendar viviendas separadas, y una digna autonomía económica" (FJ 4º).

Por su parte, la STS 17 noviembre 2015 (*Tol 5596288*) determinó, en aplicación analógica del art. 96.II CC, que "a la vista de la paridad económica de los progenitores, […] la madre podrá mantenerse en la vivienda que fue familiar durante un año, con el fin de facilitar a ella y a la menor (interés más necesitado de protección), la transición a una nueva residencia, transcurrido el cual la vivienda quedará supeditada al proceso de liquidación de la sociedad de gananciales" (FJ 8º). V. en el mismo sentido la STS 11 febrero 2016 (*Tol 5645202*), que llega a la misma solución (FJ 6º).

Más cercana en el tiempo, la STS 16 enero 2020 (*Tol 7698821*) concedió el uso de la vivienda familiar por un plazo de transición de dos años a la madre, considerando que ésta constituía el interés más necesitado de protección, atendidos sus escasos ingresos.

Por último, la STS 20 diciembre 2021 (*Tol 8764945*) atribuyó el uso de la vivienda familiar por un periodo de dos años a madre e hija, "a contar desde la fecha de esta sentencia, que coincidirá además con la mayoría de edad de la menor", con fundamento en "la precaria situación económica de la recurrente […]" (FJ 4º).

En otro orden de cosas, esta solución ha tenido cierto desarrollo legal, al ser contemplada por las legislaciones autonómicas que tratan la cuestión de las relaciones familiares:

a) Así, el art. 233-20.3.a) CCCat. establece que "la autoridad judicial debe atribuir el uso de la vivienda familiar al cónyuge más necesitado" cuando la guarda de los hijos quede "compartida o distribuida entre los progenitores".

b) Por su parte, señala el art. 81.1 CDFA que "En los casos de custodia compartida, el uso de la vivienda familiar se atribuirá al progenitor que por razones objetivas tenga más dificultad de acceso a una vivienda y, en su defecto, se decidirá por el Juez el destino de la vivienda en función del mejor interés para las relaciones familiares".

c) Por otro lado, el art. 12.4 de la Ley vasca nº 7/2015, de 30 de junio, de relaciones familiares en supuestos de separación o ruptura de los progenitores, dispone que "Si la guarda y custodia fuera compartida entre los progenitores y el uso de la vivienda no fuera atribuido por periodos alternos a ambos, se atribuirá al progenitor que objetivamente tuviera mayores dificultades de acceso a una vivienda si ello fuera compatible con el interés superior de los hijos e hijas".

5. LA ATRIBUCIÓN DEL USO DE LA VIVIENDA FAMILIAR EXISTIENDO HIJOS EN SITUACIÓN DE DISCAPACIDAD

Como he anticipado en el epígrafe introductorio de este trabajo, el art. 96 CC fue modificado por la Ley nº 8/2021, de 2 de junio, con el propósito principal de incorporar un tercer interés a proteger: el de los hijos que se encuentren "en situación de discapacidad". Lo cierto es que la situación de los hijos con discapacidad, ya fuera reconocida judicialmente (y, por tanto, incapacitados), o no, había sido una cuestión que había pasado desapercibida entre los estudiosos del precepto; posiblemente, porque la misma no había tenido trascendencia práctica hasta fechas relativamente recientes. Sin embargo, el antiguo art. 96 CC volvió a poner de manifiesto sus carencias a raíz de las SSTS 30 mayo 2012 (*Tol 2558108*) y (en especial) 19 enero 2017 (*Tol 5944342*), que conocieron de dos supuestos aparentemente similares, pero diferentes, a los que, precisamente por ello, se ofreció distinta solución.

5.1. Antecedentes de la cuestión

Con anterioridad a la promulgación de la Ley nº 8/2021, de 2 de junio, las SSTS 30 mayo 2012 (*Tol 2558108*) y 19 enero 2017 (*Tol 5944342*), pusieron de relieve la necesidad de decidir qué grado de protección debía brindarse (si es que era necesario brindar alguno) a las personas con discapacidad, planteándose si éstas, en cuanto tradicionalmente necesitadas de una especial tutela, podían ser, en algún caso, equiparadas a los menores de edad a efectos de la aplicación a las mismas del antiguo art. 96.I CC.

Cuestiones relevantes

1. Se trataba de analizar si la discapacidad, y el estado de menor edad, eran situaciones análogas, lo que, en caso de aceptarse, conducía a una conclusión clara, pero discutible: estando pacíficamente admitido que los hijos menores de edad no pueden ver menoscabado el derecho de uso de la vivienda familiar durante el periodo por el que se prolongue dicha minoría de edad (salvo que existieran viviendas alternativas a disposición del cónyuge custodio cuyo uso supusiera un menor sacrificio del resto de intereses en juego), tampoco podría menoscabarse la necesidad de habitación del hijo mayor de edad con discapacidad durante todo el periodo por el que ésta se extienda.

Admitida la equiparación, la diferencia en los plazos de uso, desde luego, podía ser abismal entre un supuesto y otro: la minoría de edad es una situación temporal cuyo fin, más o menos próximo, se conoce al dictarse la sentencia de separación o divorcio (el día en el que el menor de edad cumpla los 18 años); en cambio, la situación de discapacidad puede ser permanente e irreversible, con la consiguiente incertidumbre en cuanto al momento de recuperación de la posesión del inmueble por parte del progenitor propietario. Adicionalmente a la ausencia de seguridad jurídica, de admitirse la equiparación con todos los efectos que ello conlleva (especialmente en lo relativo al alcance de la misma), se estaría menoscabando gravemente el derecho de propiedad del progenitor titular o cotitular de la vivienda, que vería limitadas sus facultades de uso y disposición de aquélla hasta el momento en que cesara la situación de discapacidad, lo que podría, perfectamente, no suceder nunca (o suceder una vez aquél hubiera ya fallecido).

5.1.1. La STS 30 mayo 2012

Con estos ingredientes a tener en cuenta, la STS 30 mayo 2012 (*Tol 2558108*), mantuvo en el uso de la vivienda familiar, por un periodo indefinido, al hijo mayor de edad incapacitado judicialmente, como lógica consecuencia de la equiparación que, a efectos de protección, había realizado previamente entre hijos menores de edad e hijos mayores de edad incapacitados. Dice, así, el Tribunal Supremo que "Los hijos incapacitados deben ser equiparados a los menores en este aspecto, porque su interés también resulta el más necesitado de protección, por lo que están incluidos en el art. 96.1 CC (*sic*), que no distingue entre menores e incapacitados. A favor de esta interpretación se encuentra la necesidad de protección acordada en la Convención Internacional de los Derechos de las personas con discapacidad, de 13 de diciembre 2006, ratificada por Instrumento de 23 de noviembre 2007, y en la Ley 26/2011, de 1 de agosto, de adaptación normativa a la Convención Internacional sobre los Derechos de las Personas con Discapacidad" (FJ 4º).

5.1.2. La STS 19 enero 2017

Por su parte, la STS 19 enero 2017 (*Tol 5944342*) conoció de un caso en el que, junto a su madre, residía en la vivienda familiar una hija mayor de edad con una discapacidad no declarada judicialmente, pretendiendo la primera que se reconociera la equiparación de los hijos con discapacidad a los menores de edad para obtener el uso indefinido de la vivienda familiar.

En este sentido, el Tribunal Supremo descarta que el supuesto de hecho fuera equiparable al caso resuelto en la STS 30 mayo 2012 (*Tol 2558108*), la cual mantuvo en el uso de la vivienda familiar, por un periodo indefinido, al hijo mayor de edad incapacitado judicialmente, sosteniendo que "La sentencia que se invoca en el motivo se refiere a un hijo con patria potestad rehabilitada en favor de su madre, lo que no ocurre en este caso en el que la discapacidad de la hija que convive en el domicilio familiar con su madre no ha sido reconocida judicialmente, ni consta en autos resolución administrativa de discapacidad" (FJ 2º). Es decir, para el Tribunal Supremo, la rehabilitación de la patria potestad en favor de la madre dio lugar a una nueva situación de custodia, lo que permitió aplicar por analogía el antiguo art. 96.I CC, algo que no sucede en el supuesto de hecho analizado en la STS 19 enero 2017 (*Tol 5944342*), en la medida en que la discapacidad de la hija no estaba judicialmente reconocida.

Descartada la equiparación entre los supuestos de hecho de ambos litigios, el Tribunal Supremo procede a construir su nueva doctrina sobre la materia, partiendo del hecho de que "la condición de discapaz no deriva necesariamente de una resolución judicial dictada en juicio de modificación de la capacidad de una persona", de modo que "no es precisa una declaración judicial para que puedan prestarse los apoyos necesarios a quien de hecho y no de derecho sufre alguna limitación de esta clase". Sobre esa premisa de la no discriminación entre personas con discapacidad judicialmente reconocida, o no (a las que, en consecuencia, hay que dotar de un tratamiento uniforme), el alto tribunal se plantea "si entre los apoyos que el artículo 12 de la Convención presta a una persona con discapacidad está el de mantenerle en el uso de la vivienda familiar", "teniendo en cuenta que el artículo 96 del CC configura este derecho como una medida de protección de los menores, tras la ruptura matrimonial de sus progenitores, y en ningún caso con carácter indefinido y expropiatorio de la propiedad a uno de los cónyuges" (FJ 2º).

La conclusión a la que llega es que el ordenamiento jurídico dispensa una tutela especial al hijo menor de edad que justifica un trato diferenciado respecto del hijo mayor con discapacidad: así, mientras que el interés superior de los primeros "tiende a su protección y asistencia de todo orden", el de los segundos "se dirige a la integración de su capacidad de obrar mediante un sistema de apoyos orientado a una protección especial, según el grado de discapacidad" (FJ 2º). Entre los motivos que justificaron la distinción efectuada, se encontraba la ausencia de un *status* común de los hijos mayores de edad con discapacidad (cuya situación puede ser de muy diversa índole), frente al *status* único de los hijos menores de edad, respecto de los cuales, y con independencia de sus condiciones y grado de madurez, se presume la necesidad de protección en todo caso.

Asimismo, el Tribunal Supremo no pasa por alto el distinto alcance temporal de la atribución del uso de la vivienda familiar en un caso y otro, aseverando que "Prescindir de este límite temporal [el contemplado en el antiguo art. 96.III CC] en el caso de hijos discapacitados o con la capacidad judicialmente modificada en razón a dicho gravamen o limitación sería contrario al artículo 96 CC, y con ello dejaría de estar justificada la limitación que este precepto prevé a otros derechos constitucionalmente protegidos, pues impondría al titular del inmueble una limitación durante toda su vida, que vaciaría de contenido económico el derecho de propiedad, o al menos lo reduciría considerablemente, en la medida en que su cese estaría condicionado a que el beneficiario mejore o recupere su capacidad, o desaparezca su situación de dependencia y vulnerabilidad" (FJ 2º).

Por todo lo expuesto, el Tribunal Supremo acabó confirmando la resolución recurrida, que había concedido el uso de la vivienda familiar a la madre por un plazo de tres años en virtud del antiguo art. 96.III CC (que tutelaba al cónyuge no titular cuando su interés fuera el más necesitado de protección), remitiendo la protección de la necesidad habitativa de la hija con discapacidad a la genérica obligación de alimentos entre parientes una vez expirara dicho periodo de uso, para el caso de que no pudiera sufragar ésta la referida necesidad conforme a sus recursos propios.

5.2. La tutela de los hijos con discapacidad en el nuevo art. 96.1 CC

Como es bien sabido a estas alturas, la distinción entre personas con la capacidad judicialmente modificada y personas con discapacidad, que ya quedó diluida en la STS 19 enero 2017 (*Tol 5944342*), ha dejado de tener sentido a partir de la promulgación de la Ley nº 8/2021, de 2 de junio, por la que se reforma la legislación civil y procesal para el apoyo a las personas con discapacidad en el ejercicio de su capacidad jurídica. Como señala el Preámbulo, "el elemento sobre el que pivota la nueva regulación no va a ser ni la incapacitación de quien no se considera suficientemente capaz, ni la modificación de una capacidad que resulta inherente a la condición de persona humana y, por ello, no puede modificarse". Por ello, el nuevo art. 96.1 CC se refiere genéricamente a los hijos que se encuentren "en una situación de discapacidad" (con independencia, por tanto, del grado de la misma y de la entidad de los apoyos que precisen).

En concreto, el nuevo art. 96.1.I CC afirma que "En defecto de acuerdo de los cónyuges aprobado por la autoridad judicial, el uso de la vivienda familiar y de los objetos de uso ordinario de ella corresponderá a los hijos comunes menores de edad y al cónyuge en cuya compañía queden, hasta que todos aquellos alcancen la mayoría de edad. Si entre los hijos menores hubiera alguno en una situación de discapacidad que hiciera conveniente la continuación en el uso de la vivienda familiar después de su mayoría de edad, la autoridad judicial determinará el plazo de duración de ese derecho, en función de las circunstancias concurrentes", añadiendo el segundo párrafo de dicho precepto que "A los efectos del párrafo anterior, los hijos comunes mayores de edad que al tiempo de la nulidad, separación o divorcio estuvieran en una situación de discapacidad que hiciera conveniente la continuación en el uso de la vivienda familiar, se equiparan a los hijos menores que se hallen en similar situación" (art. 96.1.II CC).

De la lectura de ambos párrafos se extrae que las situaciones merecedoras de tutela (a través de la atribución del uso de la vivienda familiar) que pueden darse, al tiempo de producirse la crisis familiar, son las siguientes:

1º) *Hijos menores de edad sin discapacidad*: continuarán en el uso de la vivienda familiar hasta que cumplan la mayoría de edad.

2º) *Hijos menores de edad con una discapacidad que previsiblemente cesará o carecerá de relevancia alguna en el momento de cumplir la mayoría de edad*: continuarán en el uso de la vivienda familiar hasta que cumplan la mayoría de edad (con base en su minoría de edad, no en su discapacidad, que en este supuesto será irrelevante).

3º) *Hijos menores edad que se encuentren en una situación de discapacidad irreversible o que previsiblemente se extenderá más allá de la mayoría de edad*: continuarán en el uso de la vivienda familiar alcanzada la mayoría de edad "si fuere conveniente", por el plazo que la autoridad judicial establezca "en función de las circunstancias concurrentes" (art. 96.1.I CC).

Para que pueda aplicarse la protección que contempla el art. 96.1.I CC, *in fine*, parece necesario que la crisis familiar que origine la aplicación del precepto se produzca cuando el hijo menor de edad que se encuentre en situación de discapacidad cuente con una edad próxima a los dieciocho años (por ejemplo, dieciséis o diecisiete), porque, si tiene menos (v.gr., diez o doce años), el plazo que reste hasta alcanzar la mayor edad será suficiente para facilitar la transición de la vivienda familiar a la vivienda alternativa que cubra las especiales necesidades de ese hijo con discapacidad una vez extinguido el derecho de uso. Y es que el plazo adicional de uso tiene por objeto conceder un margen de adaptación a las nuevas circunstancias familiares, posibilitando que el hijo con discapacidad continúe en la vivienda familiar mientras que el progenitor que quede a cargo de él logra tener a su disposición una vivienda alternativa de características similares a la familiar; no siendo necesario el referido margen en aquellos casos en que ya exista *per se*, como consecuencia de haberse producido la crisis familiar contando el hijo con escasa edad.

4º) *Hijos mayores de edad que se encuentren en situación de discapacidad:* si ésta hace "conveniente" la continuación en el uso de la vivienda familiar, se equiparan a los hijos menores de edad del supuesto 3º (art. 96.1.II CC). Aquí es donde verdaderamente adquiere sentido el plazo adicional de uso que el art. 96.1 CC contempla para los hijos que se encuentren en situación de discapacidad, pues la ruptura de los progenitores se produce siendo el hijo con discapacidad ya mayor de edad y careciendo, por tanto, de la cobertura que el precepto ofrece a los hijos menores de edad por el tiempo que se prolongue esta condición.

En otro orden de cosas, la alusión a la continuación en el uso de la vivienda familiar implica, como es evidente, que los hijos debieran estar conviviendo con sus progenitores en la vivienda familiar al tiempo de producirse la crisis familiar.

5.2.1. La situación de discapacidad

Pese a lo loable que puede parecer, *a priori,* la inclusión del criterio del interés de los hijos con discapacidad en el art. 96.1 CC, lo cierto es que la terminología empleada dista de ofrecer seguridad jurídica, pues no se consigna en el precepto una definición expresa de qué debe entenderse por conceptos jurídicos indeterminados como "situación de discapacidad" o "conveniencia", ni se enumeran cuáles son las "circunstancias concurrentes" que debe valorar el juez para determinar el plazo de duración del derecho de uso.

En particular, respecto de la "situación de discapacidad", la Ley nº 8/2021, de 2 de junio, ha modificado la DA 4ª CC, que dice ahora, en lo que aquí interesa, "La referencia a la discapacidad que se realiza en los artículos 96, 756 número 7.º, 782, 808, 822 y 1041, se entenderá hecha al concepto definido en la Ley 41/2003, de 18 de noviembre, de protección patrimonial de las personas con discapacidad [...], y a las personas que están en situación de dependencia de grado II o III de acuerdo con la Ley 39/2006, de 14 de diciembre, de Promoción de la Autonomía Personal y Atención a las personas en situación de dependencia".

Así, y por mor de la remisión expresa que el Código Civil hace a las Leyes nº 41/2003, de 18 de noviembre, y nº 39/2006, de 14 de diciembre, se ha de entender por "personas en situación de discapacidad" las siguientes:

a) Las que presenten una discapacidad psíquica igual o superior al 33 por ciento [art. 2.2.a) de la Ley nº 41/2003, de 18 de noviembre].

b) Las que presenten una discapacidad física o sensorial igual o superior al 65 por ciento [art. 2.2.a) de la Ley nº 41/2003, de 18 de noviembre].

c) Las que presenten una "dependencia severa" (dependencia de grado II), esto es, cuando la persona necesita ayuda para realizar varias actividades básicas de la vida diaria dos o tres veces al día, pero no quiere el apoyo permanente de un cuidador o tiene necesidades de apoyo extenso para su autonomía personal [art. 26.1.b) de la Ley nº 39/2006, de 14 de diciembre].

d) Las que presenten una "gran dependencia" (dependencia de grado III), lo que sucede cuando la persona necesita ayuda para realizar varias actividades básicas de la vida diaria varias veces al día y, por su pérdida total de autonomía física, mental, intelectual o sensorial, necesita el apoyo indispensable y continuo de otra persona o tiene necesidades de apoyo generalizado para su autonomía personal [art. 26.1.c) de la Ley nº 39/2006, de 14 de diciembre].

Cuestiones relevantes

2. En otro orden de cosas, cabe tener en cuenta que la referida DA 4ª CC contiene un segundo párrafo que establece que "A los efectos de los demás preceptos de este Código, salvo que otra cosa resulte de la dicción del artículo de que se trate, toda referencia a la discapacidad habrá de ser entendida a aquella que haga precisa la provisión de medidas de apoyo para el ejercicio de la capacidad jurídica". Al hilo de esta cuestión, conviene recordar que, en una de las redacciones preliminares del texto que finalmente acabó siendo la Ley nº 8/2021, de 2 de junio (en concreto, el Anteproyecto de Ley por el que se reforma la legislación civil y procesal en materia de discapacidad del año 2018), el proyectado art. 96.II CC supeditaba la equiparación de los hijos mayores de edad con discapacidad a los menores con discapacidad al hecho de que aquéllos "precisaren medidas de apoyo". Es decir, en el caso de los hijos mayores de edad con discapacidad, la equiparación a los menores con discapacidad, que llevaba consigo el posible mantenimiento en el uso de la vivienda familiar, solo procedía en los casos en que aquéllos precisaran medidas de apoyo. Sin embargo, con buen criterio, finalmente no se incorporó en el texto definitivo de la Ley nº 8/2021 la referida exigencia de requerir medidas de apoyo, pues una persona puede tener una discapacidad física o sensorial que haga conveniente su continuidad en la vivienda familiar, sin que, en cambio, la misma afecte a su proceso de toma de decisiones.

En consecuencia, parece que **el concepto de "situación de discapacidad" a que se refiere el art. 96.1 CC es un concepto laxo o amplio, en el sentido de que incluye también aquellas discapacidades que no limitan el ejercicio completamente autónomo de la capacidad jurídica por parte de la persona afectada, como parece deducirse a sensu contrario del segundo párrafo de la DA 4ª CC.**

5.2.2. El criterio de la "conveniencia" como el elemento clave sobre el que pivota la protección brindada a los hijos con discapacidad

La "situación de discapacidad" es un requisito *sine qua non* para la atribución del uso de la vivienda familiar al hijo que se encuentre en dicha coyuntura. Ahora bien, por sí sola no autoriza al juez a realizar la referida atribución, lo que conduce, en principio, a un matizado alcance del precepto. Y es que no se está ante una atribución incondicionada a todo hijo que presente una situación de discapacidad en los términos expresados en el epígrafe anterior, sino que la misma debe hacer "conveniente" la continuación en el uso de la vivienda familiar. Conveniencia que puede ser entendida en un doble sentido:

a) de un lado, referida a una protección fundamentalmente económica; actuando así, la "conveniencia", como una suerte de *ultima ratio*. Por ejemplo, que sea conveniente continuar residiendo en la vivienda familiar porque no haya otra manera de cubrir la necesidad alojativa del hijo con discapacidad; lo que puede suceder por falta de recursos económicos de la familia para procurarse otra vivienda en un contexto en el que todavía no se haya podido acceder a las eventuales prestaciones de la Seguridad Social (bien porque no están previstas para la específica situación de discapacidad, bien porque el hijo está siendo evaluado por tribunales médicos para determinar el grado de discapacidad y, en función de ello, el tipo de ayuda que va a recibir; etc.); y

b) de otro lado, la "conveniencia" ha de valorarse, especialmente, en términos de accesibilidad y de adaptación de la vivienda a las necesidades del hijo que presenta la discapacidad. Así las cosas, podría ser conveniente que un hijo con discapacidad continuara residiendo en la vivienda cuando, por ejemplo, tuviera que desplazarse en silla de ruedas y la finca tuviese una rampa en el portal y en el patio, un ascensor lo suficientemente ancho como para que quepa la silla, la vivienda contase con un cuarto de baño adaptado, etc.; teniendo en cuenta que el uso de una vivienda de tales características, por su especificidad, puede no adquirirse de manera inmediatamente posterior al momento en que sobreviene la crisis familiar. O, de la misma manera, también resultaría conveniente que un hijo sin limitaciones físicas, pero sí una enfermedad mental que pudiera ser constitutiva de una discapacidad (trastorno del espectro autista, esquizofrenia, etc.), continuara residiendo en la vivienda familiar para que el tránsito a la nueva situación fuera lo menos brusco y repentino posible, habida cuenta que dos cambios tan importantes como son el cese de la convivencia con ambos progenitores y el abandono del domicilio familiar podrían afectar sobremanera a su rutina y, en consecuencia, hacer que los problemas que padece se manifiesten con mayor periodicidad y/o gravedad.

Jurisprudencia

La adaptación de la vivienda a las necesidades del hijo que presenta la discapacidad es el motivo que parece justificar la atribución del derecho de uso de la vivienda familiar por un periodo de 5 años que realiza la SAP Jaén 19 mayo 2022 (*Tol 9202182*), la cual no aplica directamente el nuevo art. 96.1 CC (se entiende que por cuestiones de vigencia), sino la doctrina que se extrae de la STS 19 enero 2017 (*Tol 5944342*). Así, afirma la Audiencia que "En cuanto al uso de la vivienda familiar debemos partir de las circunstancias tenidas en cuenta en el anterior proceso de divorcio para su atribución a la hija entonces menor de edad y a la madre: la guarda y custodia de la menor se confirió a la madre, el hecho de que también residiera allí otra hija que padece una minusvalía y que la casa está acomodada a sus necesidades especiales. La primera de aquellas circunstancias ha desaparecido. Las otras circunstancias se mantienen" (FJ 4º), para concluir finalmente que "esta Sala considera que procede mantener el uso de la vivienda familiar a la madre mientras conviva con la hija aquejada de discapacidad física hasta la liquidación de la sociedad de gananciales y/o extinción del *proindiviso* existente sobre la misma o venta del inmueble con un límite máximo de cinco años" (FJ 4º).

No hace falta ser un lince para darse cuenta de que la conveniencia es un criterio que introduce una grave afectación de la seguridad jurídica, especialmente en los supuestos que no son negros ni blancos, sino grises. Quiero decir, parece evidente que los casos de hijos postrados en silla de ruedas y con problemas continuos de movilidad y de autonomía (esto es, supuestos de gran dependencia) deberán resolverse concediendo un plazo adicional de uso por resultar conveniente la continuidad habitativa del hijo en la vivienda familiar (salvo que la crisis familiar se produzca con un margen suficiente para adaptarse a las nuevas circunstancias, o que la familia disponga de otra vivienda acondicionada a la que pueda trasladarse el hijo con discapacidad inmediatamente después de la ruptura de sus progenitores). Por otra parte, también parece más o menos claro que deberán solventarse al margen del art. 96.1 CC los supuestos en que, pese a encontrarse el hijo en una situación de discapacidad a los efectos del referido precepto, ésta no es especialmente limitante o impeditiva (por ejemplo, una persona con una discapacidad auditiva reconocida del 66%), por no concurrir el criterio de la conveniencia.

Jurisprudencia

En este sentido, la SAP Las Palmas 5 abril 2022 (*Tol 9123488*), en relación con un caso en el que el hijo con discapacidad presentaba solo "deficiencias sensoriales y un ligero retraso mental", consideró que "carece de sentido mantener el uso exclusivo a favor de la madre, no estando fundamentada la prolongación del uso por el hecho de que conviva con un hijo discapacitado, ya que la reciente reforma del art. 96 CC subordina la prolongación del uso, siempre temporal, a supuestos de necesidad del hijo, y en este caso dada la edad del hijo, y su posibilidad de acceso al mercado laboral, o en su defecto a ayudas públicas, habiendo durado ya el uso exclusivo diez años, no permite prolongar dicha atribución, que tampoco cabe por el concepto de cónyuge más necesitado de protección […]" (FJ 2º).

Ahora bien, el problema (y la disparidad de criterios judiciales) vendrá en todos aquellos casos que se encuentren entre los dos extremos anteriores, que mucho me temo se resolverán en la mayoría de las ocasiones con una atribución del uso que resulte excesivamente protectora a la luz de la concreta discapacidad que se analice y sin que exista una motivación concreta de la conveniencia, en contraste con la autonomía e independencia de la persona con discapacidad que proclama la Ley nº 8/2021, de 2 de junio.

Jurisprudencia

Por ejemplo, la SAP A Coruña 4 mayo 2022 (*Tol 9150388*) conoció de un supuesto en el que la hija mayor de edad padecía de síndrome de Down con un grado de discapacidad del 33%. La Audiencia consideró que "procede la revocación de la atribución del uso de la vivienda familiar por semestres para otorgar su uso a la demandante y a la hija común que vive en su compañía, en atención a la discapacidad que esta presenta, de la que se deriva la conveniencia de que continúen residiendo en el domicilio familiar por el periodo que transcurra hasta la liquidación de la sociedad de gananciales y, en todo caso, con un mínimo de dos años desde la presente resolución" (FJ 3º).

El primer reproche que se le puede hacer a la sentencia es que no evalúa si estamos ante una persona con discapacidad a la luz de la interpretación que se debe hacer del concepto "situación de discapacidad" del art. 96.1 CC; lo que sí ocurre en el caso analizado (permitiendo, por tanto, la posible aplicación del precepto), en tanto en cuanto se da una discapacidad psíquica igual al 33% [art. 2.2.a) de la Ley nº 41/2003, de 18 de noviembre]. La segunda cuestión que se le puede criticar a la sentencia es que no hay una suficiente motivación de por qué concurre la conveniencia, criterio que la Audiencia deriva únicamente, sin mayor justificación, "de la discapacidad que presenta la hija" (síndrome de Down con un grado de discapacidad del 33%); pudiendo haber basado la conveniencia, por ejemplo, en el presumible impacto emocional que padecería la hija como consecuencia de la ruptura de sus progenitores y de un cambio de vivienda. En este sentido, prueba de la falta de conveniencia de este caso concreto puede ser la solución a que llegó la sentencia recurrida, de fecha 19 de abril de 2021 (es decir, anterior a la vigencia de la Ley nº 8/2021), la cual había atribuido a los excónyuges el uso de la vivienda familiar por periodos de 6 meses alternos, comenzando en el primer turno el padre, que era el progenitor que no tenía en su compañía a la hija mayor con discapacidad.

Estos mismos reproches se pueden hacer extensivos a la SAP Lugo 23 mayo 2023 (*Tol 9661006*), que se limita a reproducir los argumentos de la SAP A Coruña 4 mayo 2022 (*Tol 9150388*), sin realizar un análisis concreto de los aspectos fácticos del caso.

Y, desde luego, lo que no resulta posible, en ningún caso, es conceder un plazo de uso indefinido (como están haciendo, o se están planteando, algunas de las primeras resoluciones que están aplicando el nuevo art. 96.1 CC), por constituir claramente una solución *contra legem,* que no parece amparada en ningún interés que deba ser merecedor de especial protección.

Jurisprudencia

Es ésta una posibilidad que parece barajar la SAP Asturias 5 julio 2022 (*Tol 9241667*) y que acaba descartando porque en el caso concreto no se aprecia la conveniencia del uso indefinido. En el supuesto, la resolución recurrida, dictada antes de la entrada en vigor de la Ley nº 8/2021, de 2 de junio, había atribuido el uso de la vivienda familiar por un periodo de 5 años a la esposa, que convivía con un hijo de 50 años, a quien se le reconoció un grado de discapacidad del 69'5% en fecha 12 de marzo de 1991, como consecuencia de padecer "una deficiencia mental, límite con déficit psicomotrices, hemiparesia derecha muy discreta, hipoacusia neurosensorial bilateral y crisis comiciales" (FJ 3º). La Audiencia estima "correcto" el plazo de uso de 5 años fijado por la sentencia de instancia, "ya que no se aprecia la conveniencia de un uso indefinido [que era lo que pretendía la esposa], dado que Dª. Noemi tiene medios económicos, y no se ha acreditado ni que se requiera de unas especiales características en la vivienda ni un posible trastorno en el hijo por la situación de la crisis matrimonial, estimándose que el plazo de cinco años es un periodo más que prudencial para la búsqueda de un nuevo lugar de residencia, razones que conducen a la desestimación del recurso" (FJ 3º).

Por su parte, la SAP Cáceres 10 junio 2022 (*Tol 9218817*) conoció de un supuesto en el que la resolución recurrida había concedido el uso indefinido de la vivienda familiar a la ex esposa y al hijo de 38 años de edad que con ella convivía, con base en las afecciones psíquicas que éste padecía (y por las que tenía reconocido un grado de discapacidad del 33%). Frente a dicha sentencia, el ex marido formuló recurso de apelación, combatiendo la atribución del uso de la vivienda familiar a su hijo con el argumento de que éste no es una persona con discapacidad en el sentido del art. 96.1 CC; y solicitando, subsidiariamente, la limitación temporal del uso, para el caso de la desestimación de la pretensión principal. La Audiencia, con buen criterio, revoca el uso indefinido que se había concedido en la resolución recurrida, considerando que la situación del hijo con discapacidad no era merecedora de tutela, y acaba concediendo el uso a la ex esposa por la vía del art. 96.2 CC hasta la liquidación de la copropiedad, toda vez no observar que su interés debiera prevalecer sobre el del ex marido. Dice, así, que el hijo, "pese a su discapacidad psíquica, puede llevar a efecto una vida autónoma, como él mismo reconoció, pues el apoyo que precisa para el control farmacológico y del tratamiento no exige, desde luego, de una convivencia continua y permanente con su madre, por lo que teniendo el mismo un nivel de ingresos suficientes para cubrir tanto sus necesidades alimenticias como habitacionales, es evidente que su padecimiento y circunstancias no son particularmente relevantes a efectos de justificar la pretensión deducida por Dña. Carlota, por lo que siendo la capacidad económica de una y otro igual o similar, se ha de concluir, atendidas las circunstancias concurrentes, que la atribución del derecho discutido a Dña. Carlota solo procederá hasta la liquidación de la copropiedad" (FJ 2º).

Por último, la conveniencia de continuar residiendo en la vivienda familiar presupone que el hijo con discapacidad resida en la misma al tiempo del proceso de separación o divorcio de sus progenitores.

Jurisprudencia

Por este motivo, la SAP Vizcaya 13 diciembre 2022 (*Tol 9522288*) confirmó la sentencia de instancia, que había considerado que el interés más digno de protección a efectos de la atribución del uso de la vivienda familiar lo constituía el del padre (que cobraba un subsidio de desempleo de 463 euros mensuales), residiendo los hijos con discapacidad junto a su madre en otra vivienda, a la que se habían desplazado tras la crisis familiar.

5.2.3. La titularidad del derecho de uso atribuido atendiendo a la situación de discapacidad de los hijos comunes

Un último apunte que merece la pena comentar en relación con la reforma del art. 96 CC efectuada por la Ley nº 8/2021, de 2 de junio, es la relativa a la titularidad del derecho de uso atribuido atendiendo a la situación de discapacidad de los hijos comunes. No se trata de una cuestión baladí, pues en función de lo que se entienda, las consecuencias prácticas relativas al ejercicio del derecho de uso pueden ser muy diversas.

En línea de principio, hay que partir de que, tradicionalmente, se ha considerado que del derecho de uso era titular el cónyuge no custodio, y no los hijos (que a estos efectos serían meros beneficiarios), pese a que el art. 96.1 CC atribuye el uso de la vivienda familiar "a los hijos y al cónyuge en cuya compañía queden". A esta conclusión se llegaba de la lectura del antiguo art. 96.IV CC, el cual hablaba del uso "que corresponda al cónyuge no titular", sin mencionar a los hijos comunes. Se trata, en cualquier caso, de una titularidad *per relationem*, que más que establecerse a favor del cónyuge custodio, se establece con el fin de salvaguardar el interés superior de los hijos que quedan a su cargo. Además, este criterio, toda vez resultar difícil de conciliar con la literalidad del antiguo art. 96.I CC, resultaba más acertado, en la medida en que evitaba los problemas prácticos que surgirían en el caso de considerar también a los hijos como titulares del derecho de uso.

Sin embargo, y pese a haber extendido el legislador la posibilidad de proteger por la vía de la atribución del derecho de uso de la vivienda familiar a la persona con discapacidad, el art. 96.1 CC guarda silencio sobre a quién corresponde el derecho de uso cuando se atribuye para proteger el interés del hijo en situación de discapacidad. ¿Se atribuye al progenitor que queda en compañía del hijo? ¿Se atribuye al propio hijo mayor de edad con discapacidad? El nuevo art. 96.3 CC (antiguo 96.IV CC) contribuye a aumentar las dudas sobre la titularidad al no pronunciarse en ningún sentido: donde antes se hablaba de "Para disponer de la vivienda y bienes indicados *cuyo uso corresponda al cónyuge no titular* [...]", ahora se dice "Para disponer de todo o parte de la vivienda y bienes indicados *cuyo uso haya sido atribuido conforme a los párrafos anteriores* [...]".

Para resolver este entuerto, extremadamente complejo, parece necesario partir de la dinámica del precepto. *Prima facie*, da la sensación de que la continuación en el uso de la vivienda familiar va a obedecer a una situación en la que el hijo mayor de edad en situación de discapacidad va a quedar bajo el cuidado de alguno de sus progenitores; precisamente, es, en cierto modo, la situación de dependencia la que va a hacer conveniente permanecer en una vivienda familiar que pueda estar acondicionada a las especiales necesidades del hijo, o que pueda suponer una transición más dulce para el impacto emocional que le supondría a un hijo con una discapacidad mental o psíquica la repentina ruptura de sus progenitores y el abandono del inmueble en el que había vivido. Asumiendo que el legislador está pensando en este supuesto, es posible la cuadratura del círculo: como el art. 96.1 CC no habla de custodia, sino de "quedar en la compañía de un cónyuge", se puede entender que en este caso la atribución del uso de la vivienda familiar es también una medida accesoria de la guarda (fáctica, ya que, sin las instituciones de la incapacitación, de la patria potestad prorrogada y de la patria potestad rehabilitada, no es posible hablar de "custodia" en sentido estricto) que se concede al progenitor que "queda en la compañía" (esto es, que va a cuidar) del hijo en situación de discapacidad.

Cuestiones relevantes

3. En la práctica forense, y como ocurre en el caso de los hijos comunes menores de edad, es de presumir que ambos progenitores querrán, una vez producida la crisis familiar, estar a cargo del hijo mayor de edad en situación de discapacidad con el propósito de optar a la atribución del derecho de uso de la vivienda familiar; con la diferencia de que, tratándose de hijos mayores, y no existiendo ya la incapacitación ni las patrias potestades prorrogada y rehabilitada, el juez no podrá ser quien dictamine a cargo de quién va a quedar el hijo, lo que dependerá, en última instancia, de la voluntad de éste, debiéndose adoptar las cautelas necesarias en la medida en que se trata de una persona que puede ser vulnerable y permeable a la influencia y ascendencia de ambos progenitores.

En otro orden de ideas, la interpretación expuesta en los párrafos precedentes salva problemas prácticos de diverso orden. Así, en caso de considerar como titulares a los hijos mayores de edad con discapacidad, podría suceder que éstos (quienes, salvo que se hayan establecido medidas de apoyo representativas, pueden ejercer perfectamente por sí mismos su capacidad jurídica), por ejemplo, quisieran vivir solos, o, al menos, no con sus progenitores; o, en sentido inverso, que quisieran convivir con ambos progenitores por periodos alternos, convivencia que necesariamente tendría que producirse en la vivienda familiar mientras durase la atribución efectuada *ex* art. 96.1.II CC. ¿Habría que atender a su "voluntad, deseos y preferencias", aunque ello supusiera una medida totalmente antieconómica para la familia por cuanto serían necesarias tres viviendas?

Como se observa, las dificultades prácticas que plantearía esta segunda interpretación aconsejan entender, como propongo, que **la titularidad del derecho de uso de la vivienda familiar efectuada a un hijo en situación de discapacidad pertenece al progenitor que quede a cargo del mismo.**

6. LA ATRIBUCIÓN DEL USO DE LA VIVIENDA FAMILIAR EN AUSENCIA DE HIJOS

Hasta ahora, he partido del hecho de que el matrimonio que se separaba o divorciaba tenía hijos comunes menores de edad o en situación de discapacidad, supuesto contemplado en el art. 96.1 CC. No obstante, y como es lógico, puede ocurrir que, cuando sobrevenga la crisis matrimonial, no convivan en el hogar hijos comunes menores de edad o en situación de discapacidad; bien porque, sencillamente, el matrimonio no haya tenido descendencia, o bien porque, habiendo tenido hijos, éstos se hayan independizado.

Este supuesto se contempla en el nuevo (por su enumeración, que no redacción, la cual apenas ha experimentado mínimos cambios que no afectan al sentido del precepto) art. 96.2 CC (antiguo art. 96.III CC), según el cual "No habiendo hijos, podrá acordarse que el uso de tales bienes corresponda al cónyuge no titular por el tiempo que prudencialmente se fije siempre que, atendidas las circunstancias, lo hicieran aconsejable y su interés fuera el más necesitado de protección". En este caso, la atribución del uso de la vivienda familiar se realiza, no para satisfacer el interés superior de los hijos, sino por razones de solidaridad familiar, garantizando una vivienda al cónyuge que tuviera más necesidad de ocupar la vivienda familiar al poseer menos recursos o medios económicos para hacer frente a la necesidad habitacional. La aplicación del precepto exige no solo que el interés del cónyuge no titular sea el más necesitado de protección, sino que, además, las circunstancias concurrentes hagan aconsejable la atribución del uso de la vivienda a aquél. Por último, téngase en cuenta que la necesidad de protección del cónyuge no titular puede provenir no exclusivamente de causas económicas, sino también personales, como podría ser una escasa movilidad que hiciera que su interés solo se viera protegido mediante la atribución del uso de la vivienda familiar.

En otro orden de ideas, la mención expresa a los "hijos comunes menores de edad" en el art. 96.1 CC pone fin a las dudas que había suscitado una interpretación conjunta de los antiguos arts. 96.I y III CC. En su momento, y en la medida en que el antiguo art. 96.III CC guardaba silencio sobre a qué hijos se refería (únicamente decía "No habiendo hijos...", y no "No habiendo hijos menores de edad..."), la intelección del mismo podía resultar inclusiva de los hijos mayores de edad que fueran económicamente dependientes, en coherencia con una interpretación amplia del antiguo art. 96.I CC. Sea como fuere, en la práctica la cuestión perdió relevancia tras haber defendido el Tribunal Supremo que, cuando convivieran en el domicilio familiar hijos mayores de edad que fueran económicamente dependientes, la eventual atribución del uso de la vivienda debería hacerse al amparo del art. 96.III CC, descartando así la aplicación del art. 96.I CC a este caso.

La actual redacción del art. 96.2 CC sigue sin especificar a qué hijos se refiere, si bien ya no resulta necesario desde el momento en que el art. 96.1 CC protege expresamente a los "hijos comunes menores de edad" y a los "hijos en situación de discapacidad" (excluyendo, por tanto, a los hijos mayores de edad económicamente dependientes), por lo que de una interpretación sistemática de los arts. 96.1 y 2 CC se concluye que este último será de aplicación, en su caso, cuando no convivan hijos comunes menores de edad en el domicilio familiar al tiempo de la crisis, ni tampoco hijos en una situación de discapacidad que hiciera conveniente la continuación en el uso de la vivienda familiar.

Jurisprudencia

Por lo que se refiere a la aplicación práctica del art. 96.2 CC, el supuesto prototípico puede observarse en la STS 5 septiembre 2011 (*Tol 2251711*), que resolvió un litigio en el que la mujer solicitaba el uso de la vivienda familiar, tras un matrimonio de larga duración en el que los hijos, mayores de edad, pasaron a convivir con el ex marido. Para el Supremo, el hecho de que los hijos mayores de edad convivan con uno de los progenitores no es factor determinante para asignarle a éste el uso de la vivienda familiar, "puesto que dicha necesidad del mayor de edad habrá de ser satisfecha a la luz de los artículos 142 y siguientes del CC, en el entendimiento de que la decisión del hijo mayor sobre con cuál de los padres quiere convivir, no puede considerarse como si el hijo mayor de edad ostentase algún derecho de uso sobre la vivienda familiar, de manera que dicha elección conllevara la exclusión del otro progenitor del derecho a la utilización de la vivienda que le pudiera corresponder" (FJ 4º). Con todo, en el caso había quedado acreditado que la mujer, durante el prolongado periodo de convivencia, había estado apartada del mercado laboral y dependía económicamente del marido, por lo que el Supremo consideró (revocando la sentencia recurrida) que las circunstancias en ella concurrentes hacían aconsejable el uso del domicilio familiar "por ser su interés el más necesitado de protección".

De la misma manera, la STS 30 marzo 2012 (*Tol 2509172*) no accedió a estimar la pretensión de la ex mujer, quien interesaba que se le concediera el uso de la vivienda familiar (privativa del marido) por encontrarse las hijas mayores en su compañía. Entiende el Supremo que "No constituye un interés digno de protección de acuerdo con el art. 96.3 CC [actual 96.2], la convivencia de la madre con sus hijas mayores, ya que [...] éstas no tienen derecho a ocupar la vivienda que fue domicilio habitual durante el matrimonio de sus padres" (FJ 4º). Y, tras descartar que el hecho de vivir con las hijas mayores de edad constituyese un interés digno de protección, el Supremo considera que ningún otro interés merecedor de tutela ostenta la madre a efectos de continuar ocupando la vivienda familiar, al disponer de una vivienda privativa suya en Albalat dels Sorells (Valencia), en la que puede fijar su domicilio.

Por otra parte, uno de los principales problemas que ha planteado la aplicación práctica del precepto (más allá de la valoración de la concurrencia de la situación de necesidad del cónyuge no titular, extremo éste sobre el que pueden verse las SSTS 17 junio 2015 [*Tol 5185823*] y 17 marzo 2016 [*Tol 5673744*]) es el periodo por el que se concede el uso, plazo que, a tenor del art. 96.2 CC, ha de estar determinado; si bien, el mismo no se concreta en algunas de las resoluciones judiciales emanadas de la denominada "jurisprudencia menor". Ello ha motivado la reacción del Tribunal Supremo, rechazando plazos de uso que no supongan una concreción de la expresión "por el tiempo que prudencialmente se fije".

Jurisprudencia

En este sentido, es digna de elogio la STS 29 mayo 2015 (*Tol 5010151*), que revocó la sentencia de apelación, por atribuir ésta el uso de la vivienda familiar a la ex mujer al considerar su interés como el más necesitado de protección, "sin otra limitación temporal que la legal de todo derecho de uso o la que aconsejen las circunstancias si se considera que debe tener una limitación temporal más breve, lo que no excluye la modificación o extinción de tal atribución si se alterasen sustancialmente las circunstancias". Para el Supremo, la amplitud de tal pronunciamiento deja prácticamente sin contenido el derecho de propiedad: "En el caso, la atribución del uso de la vivienda sin limitación temporal alguna, vulnera lo dispuesto en el art. 96.3 […], puesto que existe una previsión legal del tiempo de uso para el supuesto de que se atribuya al cónyuge no titular, que ha sido ignorada en la sentencia desde el momento en que remite el tiempo de permanencia en la casa propiedad de quien fue su esposo a una posible alteración sustancial de las circunstancias, en lo que parece más una verdadera expropiación de la vivienda que una efectiva tutela de lo que la Ley dispensa a cada una de las partes, fundada en un inexistente principio de «solidaridad conyugal» y consiguiente sacrificio del «puro interés material de uno de los cónyuges en beneficio del otro», puesto que no contempla más uso en favor del cónyuge más necesitado de protección que el tasado por criterio judicial ponderado en atención a las circunstancias concurrentes; uso que ya se ha cumplido desde el momento en que la esposa ha dispuesto en estas circunstancias de la vivienda desde hace varios años" (FJ 2º). En consecuencia, el alto tribunal ordenó la extinción del uso de la vivienda familiar, poniéndola de nuevo a disposición de su propietario.

En fin, y en cuanto a la normativa autonómica de relaciones familiares, esta cuestión ha sido regulada por el CCCat., cuyo art. 233-20.5 dispone que "La atribución del uso de la vivienda a uno de los cónyuges, en los casos de los apartados 3 y 4 [el apartado 3.b) contempla el supuesto de que los cónyuges no tengan hijos, o sean éstos mayores de edad], debe hacerse con carácter temporal y es susceptible de prórroga, también temporal, si se mantienen las circunstancias que la motivaron. La prórroga debe solicitarse, como máximo, seis meses antes del vencimiento del plazo fijado y debe tramitarse por el procedimiento establecido para la modificación de medidas definitivas". Toda vez no fijar un plazo concreto de uso, la posibilidad de establecer una prórroga en caso de que perdure la situación de necesidad, limita en cierto modo la discrecionalidad judicial.

7. LA ATRIBUCIÓN DEL USO DE LA VIVIENDA FAMILIAR EN LOS CASOS DE CRISIS DE LA CONVIVENCIA *MORE UXORIO*

Por su ubicación sistemática, en el capítulo IX ("De los efectos comunes a la nulidad, separación y divorcio") del Título IV ("Del matrimonio") del Libro Primero ("De las personas"), es evidente que el art. 96 CC presupone, en su aplicación, la existencia del vínculo matrimonial. No regula nuestro Código Civil, sin embargo, el caso de separación de los miembros de una unión de hecho, ante lo cual se deben diferenciar dos supuestos: a) que los convivientes tengan hijos comunes menores de edad residiendo en la vivienda familiar al tiempo de la ruptura de la convivencia; y b) que, por el contrario, no haya hijos comunes menores de edad residiendo en la vivienda familiar al tiempo de la ruptura de la convivencia.

7.1. Uniones de hecho con hijos comunes menores de edad: la aplicación analógica del art. 96.1 CC

La no discriminación de la filiación por razón de nacimiento que impone el art. 14 CE obliga a aplicar analógicamente a las uniones de hecho la disciplina del art. 96.1 CC, de modo que, en presencia de hijos comunes menores de edad o que se encuentren en una situación de discapacidad, el destino de la vivienda familiar, producida la crisis, se regirá por las reglas allí contenidas. Así lo entiende la doctrina más autorizada y también, en la actualidad, el Tribunal Supremo, pese a algunas reticencias iniciales en los albores del planteamiento de la cuestión (v. al hilo de esto la STS 30 diciembre 1994 [*Tol 1665147*]).

Jurisprudencia

En este sentido, es de gran interés la STS 1 abril 2011 (*Tol 2093031*), no tanto por la solución que alcanza (aplicación del antiguo art. 96.I CC, algo que no resulta novedoso), como por la contundencia y claridad de sus declaraciones. Tras plantearse la posibilidad de aplicar analógicamente el art. 96.I CC a parejas no casadas, el Supremo pone sobre la mesa una cuestión clave: la semejanza entre ambas situaciones no debe predicarse de las relaciones de los padres (casados frente a no casados), sino de la protección de los hijos, que debe ser la misma en ambos casos. Afirma en este sentido el alto tribunal que "En realidad, el criterio de semejanza no se produce en relación a la situación de los padres, sino que de lo que se trata es de la protección del interés del menor, protección que es la misma con independencia de que sus padres estén o no casados, en aplicación de lo que disponen los arts. 14 y 39 CE" (FJ 3º). Concluye el Tribunal Supremo fijando como doctrina jurisprudencial la siguiente: "la atribución del uso de la vivienda familiar a los hijos menores de edad es una manifestación del principio del interés del menor, que no puede ser limitada por el Juez, salvo lo establecido en el art. 96 CC" (FJ 5º).

Más recientemente, la STS 24 marzo 2021 (*Tol 8379008*) ha aseverado que "Debemos advertir, puesto que en el caso se trata de una unión no matrimonial, que las reglas sobre la atribución del uso de la vivienda del art. 96 CC, que se refiere a los cónyuges, son aplicables también en los casos de hijos menores de parejas no casadas, dada la situación de analogía que existe por lo que se refiere a la protección del menor" (FJ 3º).

Por lo demás, la aplicación analógica del precepto implica que las cuestiones que se suscitan en el ámbito matrimonial sean resueltas del mismo modo en este ámbito de las uniones extramatrimoniales. Y hay que tener en cuenta que la aplicación analógica no es tanto del precepto en sí mismo considerado, como de la protección que confiere a los hijos del matrimonio, por lo que también será extrapolable a las uniones extramatrimoniales todo cuanto se ha dicho respecto de la custodia compartida, supuesto que, como he insistido, no está contemplado en el art. 96.1 CC.

Jurisprudencia

A título de ejemplo, y como ocurre en el ámbito matrimonial, únicamente es posible la atribución del uso de la vivienda que haya constituido el domicilio familiar durante la convivencia, como ha tenido ocasión de precisar el Tribunal Supremo en su STS 31 mayo 2012 (*Tol 2558081*). Afirma el alto tribunal que "Cuando se trata de una pareja que convive sin haber contraído matrimonio, la atribución del domicilio familiar se rige por las mismas reglas que en la ruptura matrimonial. Por ello, el juez no puede atribuir a los hijos o a un cónyuge o conviviente un inmueble al que los convivientes no hayan reconocido como domicilio familiar" (FJ 3º).

7.2. Uniones de hecho sin hijos comunes menores de edad: la no aplicación analógica del art. 96.2 CC

En sentido opuesto, no resulta posible la aplicación analógica a este supuesto de la solución contenida en el art. 96.2 CC (antiguo art. 96.III CC): esto es, la atribución del uso de la vivienda al conviviente no titular, durante el tiempo que "prudencialmente se fije" y por ser su interés "el más necesitado de protección". Ello se debe a que el matrimonio y las uniones de hecho no son realidades equivalentes (por todas, pueden verse las SSTC 15 noviembre 1990 [*Tol 81857*] y 23 abril 2013 [*Tol 3711269*]), de suerte que no es posible aplicar analógicamente el art. 96.2 CC para decidir el destino de la vivienda familiar una vez cesa la convivencia. Con todo, en sus inicios la cuestión suscitó dudas en la jurisprudencia del Tribunal Supremo; especialmente, a raíz de las SSTS 16 diciembre 1996 (*Tol 1658870*) y 10 marzo 1998 (*Tol 2451479*).

Jurisprudencia

Así, la STS 16 diciembre 1996 (*Tol 1658870*) confirmó las resoluciones de instancia que habían atribuido a la conviviente el uso por tiempo de dos años de la vivienda familiar. No obstante, realiza la aplicación sobre la base del antiguo art. 96.III CC (actual art. 96.2 CC), porque los hijos que convivían con los miembros de la pareja eran exclusivamente de la mujer, y no comunes (y, en consecuencia, no podía aplicar el antiguo art. 96.I CC). Dice sobre la cuestión el Supremo que "las normas que, sobre el uso de la vivienda familiar, contiene el Código Civil en relación con el matrimonio y sus crisis, entre ellas, la ruptura del vínculo, se proyectan más allá de su estricto ámbito a situaciones como la convivencia prolongada de un hombre y una mujer como pareja ya que las razones que abonan y justifican aquéllas valen también en este último caso. Así, el artículo 96 del Código Civil párrafo tercero, permite, integrado con el artículo 4º.1, una solución como la adoptada por ambas sentencias de instancia" (FJ 7º).

Posteriormente, la STS 10 marzo 1998 (*Tol 2451479*) trató de superar la doctrina contenida en la anterior STS 16 diciembre 1996 (*Tol 1658870*), si bien, a mi juicio, contribuyó a aumentar la confusión. Y es que, el Supremo, tras reconocer la imposibilidad de aplicar la normativa del matrimonio a las uniones de hecho, y, por tanto, descartar que pueda ser aplicable el antiguo art. 96.III CC (actual art. 96.2 CC), acaba concediendo el uso de la vivienda familiar de forma temporal a la conviviente en base a lo que denomina "principio de protección del conviviente perjudicado". A mi parecer, y aunque el Supremo señale que no es aplicable el art. 96.III CC (dice que no lo es "ni directamente ni por analogía"), entiendo que está haciendo una aplicación indirecta del precepto, en la medida en que trae a colación, en sede de uniones de hecho, un principio equivalente al del cónyuge más necesitado de protección contenido en el art. 96.III CC.

En cualquier caso, la doctrina de estas dos sentencias ha sido ya superada por la contenida en sentencias posteriores del propio Tribunal Supremo, que han excluido la aplicación por analogía *legis* de normas propias del matrimonio a las uniones de hecho (v. a este respecto STS [Pleno] 12 septiembre 2005 [*Tol 725211*] y SSTS 19 octubre 2006 [*Tol 1006910*], 27 marzo 2008 [*Tol 1354577*] o 6 octubre 2011 [*Tol 2252090*]). Así, y respecto del uso de la vivienda familiar, es importante la STS 6 octubre 2011 (*Tol 2252090*), que, en punto a dicho extremo, afirmó que "Al descartarse la aplicación por analogía de las normas sobre disolución del matrimonio, únicamente si la concreta ley aplicable a la relación lo prevé, o bien ha habido un pacto entre los convivientes, se aplicará la correspondiente solución que se haya acordado. En el Código civil no existen normas reguladoras de esta situación por lo que es excluible aplicar por analogía lo establecido en el art. 96 CC, que exige el matrimonio, porque está regulando la atribución del domicilio tras el divorcio" (FJ 3º).

8. LA PÉRDIDA DEL CARÁCTER "FAMILIAR" DE LA VIVIENDA

Para concluir con este epígrafe, cabe hacer una breve mención a lo que podría denominarse como la tesis o el argumento de la pérdida del carácter "familiar" de la vivienda, al que el Tribunal Supremo ha acudido en diversas de sus resoluciones para justificar la irreversibilidad del destino de la vivienda familiar acordado en un convenio regulador o la cesación de un derecho de uso atribuido *ex* art. 96 CC al producirse la quiebra de alguno de los presupuestos que concurrían en el momento de la atribución.

1º) La irreversibilidad del destino de la vivienda familiar acordado en un convenio regulador

No son infrecuentes los casos en que el progenitor custodio, no asignatario del derecho de uso de la vivienda familiar que fue atribuido en el convenio regulador al progenitor no custodio, trata de recuperar ese uso en beneficio propio y de los hijos a su cargo, alegando una disminución de fortuna que podría poner en riesgo la necesidad habitativa de aquéllos. A este respecto, el Tribunal Supremo ha entendido que, una vez atribuido el uso al progenitor no custodio, la vivienda familiar pierde el carácter de "familiar", no siendo posible una reversión de esa atribución para asignar la vivienda familiar al progenitor custodio y a los hijos comunes menores de edad, lo que supondría tanto como una reserva de aquélla a las eventuales necesidades o pérdida de fortuna del progenitor custodio.

Jurisprudencia

La STS 3 mayo 2016 (*Tol 5716390*), afirmó que "la vivienda que fue familiar dejó de serlo por acuerdo entre los esposos y porque como consecuencia de la atribución al esposo del domicilio conyugal y la compra de otra por la esposa, a la que se trasladó a vivir con la hija, quedaron satisfechas las necesidades de habitación. La sentencia [recurrida] recupera el carácter familiar de la vivienda que dejó de serlo por voluntad de los interesados, y ello contradice la jurisprudencia de esta Sala. La atribución del uso a la menor y al progenitor se produce para salvaguardar los derechos de éste, pero no es una expropiación del propietario, como dicen las sentencias de 29 de marzo y 10 de octubre de 2011, y esta tutela de los intereses del menor, siempre prevalentes, se procuró en su momento y se mantiene en la actualidad; actualidad que es ajena a las vicisitudes posteriores desde el momento en que dejó de tener el carácter al que la norma asocia el uso" (FJ 2º).

En la misma línea, la STS 27 septiembre 2017 (*Tol 6369746*) conoció de un supuesto en el que la ex mujer pretendía para sí y para el hijo menor la atribución del uso de la que había sido vivienda familiar, cuyo uso y propiedad le fueron atribuidos en exclusiva al ex marido por liquidación de la sociedad de gananciales. La ex mujer, por su parte, había adquirido otra vivienda; sin embargo, fue despedida de su trabajo y comenzó a tener dificultades para el pago de la hipoteca, solicitando el uso de la que fue vivienda familiar ante el riesgo de ejecución de su nueva vivienda; a lo que el alto tribunal se negó, considerando, con cita de la STS 3 mayo 2016 (*Tol 5716390*), que la ex mujer no tenía derecho a la "atribución posterior del uso de una vivienda que, habiendo sido familiar, perdió tal condición" (FJ 2º).

2º) La cesación de un derecho de uso atribuido ex art. 96 CC al producirse la quiebra de alguno de los presupuestos que concurrían en el momento de la atribución

Otro caso en el que el Tribunal Supremo ha acudido a la tesis de la pérdida del carácter "familiar" de la vivienda es aquel en el que tiene lugar la quiebra de alguno de los presupuestos que concurrían en el momento de la atribución. En particular, esta tesis se ha aplicado en los casos en que el progenitor custodio ha introducido a su nueva pareja en la vivienda familiar, habiendo estimado el alto tribunal que en este supuesto la vivienda dejó de estar afecta a la finalidad de servir a la familia primitiva, para dar cobijo a una nueva familia, compuesta por el progenitor custodio, los hijos a su cargo y la nueva pareja de aquél.

Jurisprudencia

La STS (Pleno) 20 noviembre 2018 (*Tol 6919974*) señaló a este respecto que "La introducción de un tercero en la vivienda en manifiesta relación estable de pareja con la progenitora que se benefició del uso por habérsele asignado la custodia de los hijos, aspecto que se examina, cambia el estatus del domicilio familiar", añadiendo a continuación que "más allá de que se les proporcione [a los hijos menores de edad] una vivienda que cubra las necesidades de alojamiento en condiciones de dignidad y decoro, no es posible mantenerlos en el uso de un inmueble que no tiene el carácter de domicilio familiar, puesto que dejó de servir a los fines que determinaron la atribución del uso en el momento de la ruptura matrimonial, más allá del tiempo necesario para liquidar la sociedad legal de gananciales existente entre ambos progenitores" (FJ 2º). Esta misma doctrina fue aplicada posteriormente por las SSTS 29 octubre 2019 (*Tol 7571565*) y 23 septiembre 2020 (*Tol 8111765*), en casos más o menos similares (aunque con ciertos matices importantes) al resuelto por la STS (Pleno) 20 noviembre 2018 (*Tol 6919974*).

ESQUEMA

INTRODUCCIÓN AL RÉGIMEN DE ATRIBUCIÓN DEL DERECHO DE USO DE LA VIVIENDA FAMILIAR

LA PROTECCIÓN DE LOS HIJOS COMUNES MENORES DE EDAD EN EL ART. 96 CC

1. La exclusión de los hijos mayores de edad del art. 96.1 CC
2. La mención expresa a los hijos "comunes" en cuanto beneficiarios exclusivos de la protección que dispensa el art. 96.1 CC
3. El periodo de vigencia del derecho de uso de la vivienda familiar

LA ATRIBUCIÓN DEL USO DE LA VIVIENDA FAMILIAR EN CASO DE CONCESIÓN DE UNA CUSTODIA MONOPARENTAL

1. El acuerdo de los cónyuges acerca del destino de la vivienda familiar
2. La "corrección" del tenor literal del art. 96.1 CC

LA ATRIBUCIÓN DEL USO DE LA VIVIENDA FAMILIAR EN CASO DE CONCESIÓN DE UNA CUSTODIA COMPARTIDA

1. El uso alterno (o rotatorio) de la vivienda familiar durante los periodos de tiempo en que los progenitores tengan a los hijos en su compañía
2. La atribución del uso de la vivienda familiar al progenitor que tenga más necesidad de ella

LA ATRIBUCIÓN DEL USO DE LA VIVIENDA FAMILIAR EXISTIENDO HIJOS EN SITUACIÓN DE DISCAPACIDAD

1. Antecedentes de la cuestión: las SSTS 30 mayo 2012 (*Tol 2558108*) y 19 enero 2017 (*Tol 5944342*)
2. La tutela de los hijos con discapacidad en el nuevo art. 96.1 CC

LA ATRIBUCIÓN DEL USO DE LA VIVIENDA FAMILIAR EN AUSENCIA DE HIJOS

LA ATRIBUCIÓN DEL USO DE LA VIVIENDA FAMILIAR EN LOS CASOS DE CRISIS DE LA CONVIVENCIA *MORE UXORIO*

1. Uniones de hecho con hijos comunes menores de edad: la aplicación analógica del art. 96.1 CC
2. Uniones de hecho sin hijos comunes menores de edad: la no aplicación analógica del art. 96.2 CC

LA PÉRDIDA DEL CARÁCTER "FAMILIAR" DE LA VIVIENDA

11 La compensación por desequilibrio económico en caso de separación o divorcio

José Ramón de Verda y Beamonte[1]

1. SENTIDO ACTUAL DE LA PENSIÓN COMPENSATORIA

La compensación por separación o divorcio, comúnmente llamada pensión compensatoria, se regula en el art. 97 CC.

Normativa reguladora

El art. 97 CC regula la compensación por desequilibrio en los casos de separación y de divorcio, a través de tres párrafos, de cuya lectura se desprende que el primero de ellos se dirige a fijar los requisitos para que la compensación tenga lugar; y el segundo, una vez establecida su procedencia, a fijar su cuantía.

En la redacción dada al art. 97 CC por la Ley 30/1981, de 7 de julio, los dos primeros párrafos actuales estaban refundidos en uno solo. Tras la Ley 15/2005, de 8 de julio, quedaron como párrafos independientes.

A tenor del primer párrafo del precepto, "El cónyuge al que la separación o el divorcio produzca un desequilibrio económico en relación con la posición del otro, que implique un empeoramiento en su situación anterior en el matrimonio, tendrá derecho a una compensación que podrá consistir en una pensión temporal o por tiempo indefinido, o en una prestación única, según se determine en el convenio regulador o en la sentencia".

[1] CU, Derecho civil, Universidad de Valencia.

La redacción actual de este precepto se debe al art. 1.9 de la Ley 15/2005, de 8 de julio, que introdujo dos importantes novedades. La primera de ellas fue la posibilidad de satisfacer la compensación, no solo a través de una pensión periódica (única modalidad prevista en la redacción del precepto debida a la Ley 30/1981, de 7 de julio), sino también mediante una prestación única. La segunda es la referida a la posibilidad de establecer la pensión compensatoria con carácter temporal, y no solamente por tiempo indefinido, como preveía el art. 97.I CC en la redacción dada por la Ley 30/1981.

Conforme al párrafo segundo, "A falta de acuerdo de los cónyuges, el Juez, en sentencia, determinará su importe teniendo en cuenta las siguientes circunstancias: 1.ª Los acuerdos a que hubieran llegado los cónyuges. 2.ª La edad y el estado de salud. 3.ª La cualificación profesional y las probabilidades de acceso a un empleo. 4.ª La dedicación pasada y futura a la familia. 5.ª La colaboración con su trabajo en las actividades mercantiles, industriales o profesionales del otro cónyuge. 6.ª La duración del matrimonio y de la convivencia conyugal. 7.ª La pérdida eventual de un derecho de pensión. 8.ª El caudal y los medios económicos y las necesidades de uno y otro cónyuge. 9.ª Cualquier otra circunstancia relevante".

Existe, además, un párrafo tercero, según el cual, "En la resolución judicial o en el convenio regulador formalizado ante el Secretario judicial o el Notario se fijarán la periodicidad, la forma de pago, las bases para actualizar la pensión, la duración o el momento de cese y las garantías para su efectividad" [la redacción actual de este precepto se debe a la disposición final 1.25 de la Ley 15/2015, de 2 de julio, que introdujo la separación y el divorcio extrajudiciales (ante Letrado de la Administración de Justicia o Notario)].

Literalmente, del párrafo primero del art. 97 CC, resulta que el desequilibrio que se compensa se identifica con la disminución del nivel económico que, como consecuencia, de la separación o del divorcio, sufre un cónyuge, siendo dos los términos de comparación: por un lado, hay que comparar la situación actual de cada cónyuge en relación con la que tenía antes de la ruptura; pero, además, hay que confrontar la posición económica en la que queda cada uno de ellos, en relación con la del otro, por lo que si ambos resultan estar en una posición parecida no habrá desequilibrio compensable, incluso, aunque quien reclama la prestación, haya visto empeorada su situación, después de la separación o del divorcio; por el contrario, si las posiciones económicas de los cónyuges son notoriamente dispares, el cónyuge que objetivamente se encuentre en peor situación tendrá derecho a ser compensado, con el fin de no ver disminuido el nivel de vida de que disfrutaba durante el matrimonio.

Pronto la doctrina contestó esta interpretación literal u objetiva del precepto, por la preocupación de que el matrimonio pudiera convertirse en una especie de "negocio", consistente en buscar una persona con una capacidad económica superior a la propia para casarse, con el fin de asegurarse de que, tras la separación o el divorcio, se siguiese disfrutando, del mismo nivel de vida que se tenía durante el matrimonio, incluso, aunque la duración del mismo fuera breve; y ello, con carácter indefinido (hay que recordar que, originariamente, la pensión compensatoria tenía carácter vitalicio).

Con el fin de evitarlo, se propugnó considerar que las circunstancias del art. 97.II CC (o, mejor dicho, algunas de ellas) constituían también criterios para apreciar la existencia del desequilibrio. Se propuso, así, valorar las circunstancias subjetivas del cónyuge que solicitaba la pensión en orden a decidir si el desequilibrio económico por él sufrido era merecedor de ser compensado, llegando, básicamente, a la conclusión de que solo era compensable el desequilibrio causado por la pérdida de oportunidades como consecuencia de su dedicación a la familia o de la colaboración desinteresada en la actividad económica del otro consorte.

Esta interpretación, llamada subjetiva. ha sido acogida por la jurisprudencia.

Jurisprudencia

La emblemática STS 19 enero 2010 (RAJ 2010, 417) declaró que las circunstancias del art. 97.II CC tienen una doble función: "a) actúan como elementos integrantes del desequilibrio (…), y b) una vez determinada la concurrencia del mismo, actuarán como elementos que permitirán fijar la cuantía de la pensión". Ha integrado, así, los dos párrafos del precepto, afirmando que "la pensión compensatoria pretende evitar que el perjuicio que puede producir la convivencia recaiga exclusivamente sobre uno de los cónyuges y para ello habrá que tenerse en consideración lo que ha ocurrido durante la vida matrimonial y básicamente, la dedicación a la familia y la colaboración con las actividades del otro cónyuge; el régimen de bienes a que han estado sujetos los cónyuges en tanto que va a compensar determinados desequilibrios, e incluso, su situación anterior al matrimonio para poder determinar si este ha producido un desequilibrio que genere posibilidades de compensación". En el concreto caso, se consideró improcedente la concesión de la pensión compensatoria solicitada, por entender que la mujer "no ha sufrido ningún perjuicio por el hecho de haber contraído matrimonio, ya que su capacidad de trabajo se ha mantenido intacta a lo largo del mismo", ya que la dedicación a la familia "no le ha impedido trabajar cuando así lo ha considerado conveniente o cuando ha encontrado oportunidades laborales en el mercado de trabajo". Se evidenció también que "El régimen económico matrimonial que ha regido las relaciones patrimoniales entre los cónyuges ha sido el de gananciales, lo que ha permitido que tuvieran lugar las transferencias económicas equilibradoras consiguientes entre los patrimonios de los esposos, de modo que los dos inmuebles de que son titulares lo son por mitad".

Esta doctrina jurisprudencial es seguida de manera constante por el Tribunal Supremo, entre otras muchas, por SSTS 14 marzo 2011 (*Tol 2080803*), 22 junio 2011 (*Tol 2227659*), 16 noviembre 2012 (*Tol 2685953*) y 17 diciembre 2012 (*Tol 2714277*), o más recientemente, por SSTS 11 mayo 2016 (*Tol 5728503*), 18 mayo 2016 (*Tol 5733178*), 5 octubre 2016 (*Tol 5843675*), 24 marzo 2017 (*Tol 6010408*), 18 julio de 2019 (*Tol 7419524*) y 3 junio 2020 (*Tol 7969778*).

Hay que observar que la integración propugnada por la jurisprudencia no afecta por igual a todas las circunstancias del art. 97.II CC, sino que, como ella misma dice, se centra, básicamente, en "la dedicación a la familia y la colaboración con las actividades del otro cónyuge" (además de en el régimen económico matrimonial, circunstancia esta no prevista expresamente por el precepto, pensándose, sin duda, en lo regímenes de comunidad y, en particular, en la sociedad de gananciales), por lo que la interpretación objetiva ha derivado en una identificación del desequilibrio con la pérdida de oportunidades, económicas y profesionales.

2. PRESUPUESTOS DE LA PENSIÓN

Los presupuestos de la compensación son: a) la previa existencia de un matrimonio; b) la separación o el divorcio; y c) el desequilibrio económico de uno de los cónyuges, como consecuencia de aquellas.

2.1. *La previa existencia de un matrimonio*

El art. 97 CC presupone la existencia de un matrimonio.

Jurisprudencia

En la STS (Pleno) 12 septiembre 2005 *(Tol 719651)*, se afirma que "es preciso proclamar que la unión de hecho es una institución que nada tiene que ver con el matrimonio […] aunque las dos estén dentro del derecho de familia": "Es más, hoy por hoy, con la existencia jurídica del matrimonio homosexual y el divorcio unilateral, se puede proclamar que la unión de hecho está formada por personas que no quieren, en absoluto, contraer matrimonio con sus consecuencias". "Por ello-se añade, debe huirse de la aplicación por "analogía iuris" de normas propias del matrimonio, como son los arts. 97, 97 y 98 CC, ya que tal aplicación analógica comporta inevitablemente una penalización de la libre ruptura de la pareja, y más especialmente una penalización al miembro de la unión que no desea su continuidad. Apenas cabe imaginar nada más paradójico que imponer una compensación económica por la ruptura a quien precisamente nunca quiso acogerse al régimen jurídico que prevé dicha compensación para el caso de ruptura del matrimonio por separación o divorcio" [*vid.* en el mismo sentido SSTS 22 febrero 2006 *(Tol 846265)*, 19 octubre 2006 *(Tol 1006910)*, 27 marzo 2008 *(Tol 1354577)*, 30 octubre 2008 *(Tol 1432563)*, 11 diciembre 2008 *(Tol 1432568)* y 6 octubre 2011 *(Tol 2252090)*]

Cuestiones relevantes

1. **Es posible tener en cuenta el periodo de convivencia previo al matrimonio para determinar la cuantía de la compensación.**
   La STS 16 diciembre 2015 *(Tol 5618274)*, no obstante, ha tenido en cuenta el periodo de convivencia *more uxorio*, previo al matrimonio, para determinar la cuantía y el plazo de duración de una pensión compensatoria de carácter temporal de tres años, concedida como consecuencia del desequilibrio sufrido por la mujer por su dedicación a la familia y a la actividad profesional del marido (torero). Observa que tal dedicación al hogar y a la colaboración profesional del marido tuvo lugar, "sin solución de continuidad, durante la unión de hecho y durante la convivencia conyugal, hasta que se produjo la ruptura de esta; por lo que debe

computarse aquel tiempo de convivencia, sobre todo si se tiene en cuenta que la jurisprudencia admite fórmulas resarcitorias en caso de ruptura de parejas de hecho". Precisa, sin embargo, que "en el supuesto enjuiciado no existió una ruptura de la convivencia *more uxorio*, solicitándose compensación por tal circunstancia. La convivencia more uxorio cesó porque lo que era una unión de hecho se convirtió en una unión de derecho, esto es, en matrimonio, continuando las relaciones entre las partes en las mismas condiciones y con los mismos roles que antes".

2. **El conviviente *more uxorio* perjudicado por la ruptura, mediante el principio de prohibición de enriquecimiento injusto, podrá obtener la reparación de un perjuicio, sustancialmente idéntico, al que el cónyuge que sufre el desequilibrio puede reclamar a través del art. 97 CC, si bien, la reparación se satisface de una sola vez.**

   Es, en efecto, habitual que la jurisprudencia recurra a dicho principio general, con el fin de proteger al perjudicado por la ruptura de la unión de hecho cuando los convivientes, expresa o tácitamente, no constituyeron, expresa o tácitamente, alguna comunidad de bienes (por ejemplo, sobre la vivienda familiar) o una sociedad respecto el ejercicio de una actividad profesional o económica, que permite a ambos convivientes participar en ganancias. Se trata, casi siempre, de supuestos en que ha existido una larga convivencia de hecho, con dedicación exclusiva de la mujer a las tareas domésticas [SSTS 11 diciembre 1992 (*Tol 1654941*), 27 marzo 2001 (*Tol 71705*) y 17 enero 2003 (*Tol 230655*), SSAP Pontevedra 28 abril 2006 (*Tol 938477*) y Zaragoza 11 mayo 2010 (*Tol 1978779*)] o colaboración en las actividades económicas de su compañero sin recibir ninguna retribución [SSAP Asturias 16 enero 1997 (AC 1997, 103) y Barcelona 29 septiembre 2000 (JUR 2001, 55)]; y ello, con independencia de que la ruptura de la unión de hecho haya tenido lugar por voluntad unilateral del varón o por el hecho de su muerte, lo que es perfectamente lógico, ya que no se trata aquí de sancionar a quien rompe la vida en común, sino de compensar económicamente al conviviente perjudicado por el enriquecimiento sin causa de su compañero [STS 17 junio 2003 (*Tol 285652*)].

2.2. La separación o el divorcio

La compensación procede, según el art. 97.I CC, en los casos de separación o de divorcio, aunque hay que tener en cuenta, sin embargo, que en la actualidad los casos de separación legal son escasos.

Cuestiones relevantes

3. Es posible la indemnización del daño derivado de la nulidad del matrimonio.

La jurisprudencia reconoce la indemnización del daño (particualrmente, moral) derivado de la nulidad, bien, por vía del art. 98 CC, bien, por vía del art. 1092 CC.

Así ha sucedido en casos de la reserva mental [STS 26 noviembre 1985 (J. Civ. 1985, 707)], o el error en cualidad personal del otro contrayente.

La SAP Madrid 10 julio 2007 (*Tol 2039407*), por ejemplo, condenó al demandado al pago de una indemnización de 30.000 euros, por el daño moral causado a la otra contrayente, a quien había ocultado que, tres años antes de contraer matrimonio, se había sometido a un análisis en el que había dado positivo en el VIH. La nulidad había sido previamente declarada, según parece, por causa de error, al desconocer la demandante el resultado de dicho análisis. El marido desarrolló la enfermedad un mes después de la celebración del matrimonio y, aunque mantuvo relaciones sexuales con su mujer, esta no fue contagiada.

La SAP Madrid 24 mayo 2019 *(Tol 7388024)*, en relación a un matrimonio declarado nulo por un Tribunal Eclesiástico, acogió una demanda de resarcimiento del marido a quien la mujer le había hecho creer que el hijo que esperaba era suyo, razón por la cual se había casado con ella, cuando, en realidad, era de otro hombre (un piloto de aviación) con el que había mantenido una relación de noviazgo, que rompió para reanudar la relación con quien posteriormente se acabaría casando (los cónyuges habían sido novios durante cuatro años, interrumpiendo su relación durante unos dos años en los que el marido estuvo en el Seminario). La indemnización se fijó en 50.000 euros, por el daño moral causado "por el profundo dolor y vacío emocional que provocan los hechos que han dado lugar al procedimiento, acompañado de la frustración del proyecto de vida familiar existente" y la circunstancia de que el demandante había mantenido una relación paterno filial con la niña durante casi cuatro años; y en 12.191,42 euros, por daño psico-físico, dado el sufrimiento del marido, que se ha visto obligado a seguir tratamiento psicológico y psiquiátrico y a estar de baja laboral durante 31 días.

2.3. *El desequilibrio económico causado por la separación o el divorcio*

El tercero de los requisitos es el desequilibrio económico causado por la separación o por el divorcio.

Como ya he dicho, de acuerdo con la interpretación actual del art. 97 CC, la función de la compensación no es la de "permitir al cónyuge más desfavorecido seguir disfrutando de un nivel económico similar al que llevaba durante la etapa de normalidad conyugal" [*vid.*, entre otras muchas STS 22 junio 2011 (*Tol 2227659)*].

A través de dicho precepto, no se compensa, pues, cualquier desequilibrio, sino, tan solo, el que tiene su causa en la dedicación exclusiva (o prioritaria) de uno de los cónyuges al cuidado de la familia o en su coloración desinteresada en la actividad profesional o empresarial del otro, siempre que, como consecuencia de ellos, haya sufrido una pérdida de expectativas económicas o de desarrollo profesional o laboral.

Jurisprudencia

La STS 20 febrero 2014 (*Tol 4142537)* fija como doctrina jurisprudencial que "en orden a la concesión de la pensión compensatoria no basta la mera consideración del desequilibrio patrimonial, en sí mismo considerado, sino que debe valorarse la perspectiva causal que lo sustente ya en relación con la situación de derechos y obligaciones resultante tras el divorcio, como, en su caso, con la mayor dedicación a la familia o a la actividad profesional o empresarial del otro cónyuge anterior a la ruptura matrimonial".

Cuestiones relevantes

4. La realización de un trabajo retribuido que permita mantener la independencia económica, sin sacrificio de su promoción profesional, excluye el desequilibrio, aunque exista una disparidad notoria en la respectiva cuantía de los salarios.

No procede la compensación, cuando quien la reclama ha venido realizando un trabajo retribuido fuera de casa, que le haya permitido mantener su independencia económica y conservar sus expectativas de promoción laboral o profesional; y, ello, aunque su salario sea muy inferior al de su cónyuge [SSTS 20 febrero 2014 (*Tol 4142537)* y 13 septiembre 2017 (*Tol 6347623*)].

La STS 22 junio 2011 (*Tol 2227659)* ha revocado, así, una sentencia, que había concedido una pensión compensatoria, basándose en la disparidad de salario de los cónyuges: la mujer, auxiliar interina de biblioteca tenía un sueldo mensual de 1.649 euros, frente a los 2.900 euros percibidos por el marido, en su condición de profesor universitario. Por el contrario, ha evidenciado que la mayor dedicación de la mujer a la familia no había sido "un obstáculo o impedimento para su actividad laboral", la cual había desarrollado durante el matrimonio, y que no había quedado probado que "su menor cualificación profesional, origen de la diferencia salarial y de la menor estabilidad de su empleo, respecto al de su esposo", fuera "una consecuencia directa del matrimonio", y no "de sus propias actitudes y capacidades".

La jurisprudencia ha precisado que la mayor dedicación a la familia no es causa de desequilibrio, si ello no ha sido "un obstáculo o impedimento para su actividad laboral" [STS 22 junio 2011 *(Tol 2227659)*]. *Vid*, así, SAP Málaga 15 junio 2016 *(Tol 5904574)*.

5. **El trabajo intermitente fuera de casa no excluye el desequilibrio en perjuicio de quien se ocupó de la familia durante una parte significativa de la duración del matrimonio, especialmente si se trata de trabajos esporádicos escasamente retribuidos.**

   Para entender que ha existido un desequilibrio económico compensable no se requiere una dedicación al hogar durante todo el tiempo de la celebración del matrimonio, sino que basta con que la dedicación altruista de uno de los cónyuges al cuidado de la familia se haya dado durante una parte significativa de la duración del matrimonio, con clara merma de sus expectativas económicas y profesiones, aunque en ciertos periodos haya trabajado fuera de casa, circunstancia esta, que, sin embargo, debe ser tenida en cuenta para aminorar el importe de la pensión [STS 25 septiembre 2019 (*Tol 7515249*)].

   El desequilibrio es más evidente, cuando nos encontramos ante trabajos meramente esporádicos y escasamente retribuidos [*vid.* STS 16 noviembre 2012 *(Tol 2685953)* y SAP Badajoz 8 mayo 2017 *(Tol 6185967)* y Córdoba 9 octubre 2019 *(Tol 7672357)*

6. **La reducción de la jornada laboral para atender a la familia da lugar a un desequilibrio económico moderado.**

   La mera reducción de la jornada laboral con la clara finalidad de atender a la familia da lugar a un equilibrio susceptible de ser compensado, pues el empobrecimiento que ello origina es indudable, si bien a través de una pensión de carácter temporal de cuantía moderada, dado que el acreedor de la misma no abandonó completamente su actividad laboral durante el matrimonio y, por lo tanto, no perdió su independencia económica [STS 12 febrero 2020 *(Tol 7765714)*].

7. **La existencia del desequilibrio debe valorarse en el contexto de las medidas definitivas adoptadas en la separación o divorcio, en particular, en materia de atribución del uso de la vivienda familiar y de alimentos.**

   Para valorar si existe el desequilibrio (o la magnitud del mismo) hay que tener en cuenta la situación en que quedarán los cónyuges como consecuencia de las otras medidas definitivas adoptadas en la sentencia de separación o divorcio, en particular, sobre la asignación del uso de la vivienda familiar o el pago de pensiones alimenticias a los hijos: podría, así, resultar desmesurado imponer el pago de una pensión compensatoria al cónyuge que debe abandonar el uso del domicilio familiar (y, quizás, se ve obligado a alquilar o a comprar otra vivienda) y pagar una elevada pensión alimenticia (en relación con sus ingresos) a los hijos comunes. *Vid*, a este respecto, SSTS 22 junio 2011 (*Tol 2227659*) y 13 septiembre 2017 (*Tol 6347623*) y SAP Ciudad Real 9 abril 2018 *(Tol 6634604)*.

8. La existencia de un régimen de sociedad de gananciales puede excluir o paliar el desequilibrio.

La STS 19 enero 2010 (RAJ 2010, 417) insiste en la necesidad de valorar el régimen económico matrimonial que ha regido las relaciones patrimoniales entre los cónyuges, pues, si este ha sido el de gananciales, dará lugar a "transferencias económicas equilibradoras consiguientes entre los patrimonios de los esposos".

Ahora bien, la mera existencia de una sociedad de gananciales no excluye la compensación con el argumento de que ambos cónyuges hacen suyos, por mitad, los ingresos procedentes del trabajo retribuido realizado por uno de ellos: ello podrá compensar la ausencia de rendimientos del trabajo de quien se dedicó al cuidado de la familia durante el matrimonio, pero no, necesariamente, eliminará el perjuicio derivado de la pérdida de expectativas de desarrollo profesional o de la dificultad o imposibilidad de acceder a un puesto de trabajo después de la separación o del divorcio. *Vid*, así, SSTS 10 marzo 2009 *(Tol 1474923)*, 14 marzo 2011 (*Tol 2080803*) y 18 julio 2019 (*Tol 7419524*).

Si quien reclama la compensación se encuentra en situación de excedencia voluntaria y puede reincorporarse fácilmente a su puesto, no habrá desequilibrio económico [STS 23 enero 2012 (*Tol 2407043*)]

En cualquier caso, una liquidación ventajosa de la liquidación de la sociedad de gananciales puede excluir el desequilibrio: por ejemplo, si la adjudicación de bienes ha sido especialmente beneficiosa a quien reclama la compensación, por haberse valorado a la baja los bienes adjudicados, o si, objetivamente, los bienes que recibe o espera recibir tras la liquidación le permiten vivir en una situación económica desahogada, sin necesidad de trabajar. *Vid.* a este respecto STS 14 febrero 2019 (*Tol 7064894*).

9. La compensación del art. 97 CC es compatible con la del art. 1438 CC, aunque, concedidas ambas, la cuantía de una condiciona la de la otra.

La circunstancia de que, habiendo existido un régimen económico matrimonial de separación de bienes, el cónyuge que se hubiese dedicado al trabajo doméstico reciba una compensación *ex* art. 1438 CC, no excluye que pueda también percibir una pensión compensatoria *ex* art. 97 CC. A tenor del primero de dichos preceptos, "El trabajo para la casa será computado como contribución a las cargas y dará derecho a obtener una compensación que el Juez señalará, a falta de acuerdo, a la extinción del régimen de separación".

Reiterada jurisprudencia afirma que la pensión compensatoria por desequilibrio del art. 97 CC y la compensación por trabajo doméstico en la liquidación del régimen económico matrimonial de separación de bienes regulada en el art. 1438 CC son compatibles, por ser distintos sus presupuestos y sus respectivas finalidades [SSTS 5 mayo 2016 *(Tol 5716443)*, 14 marzo 2017 (*Tol 6001668*), 20 de febrero 2018 (*Tol 6526201*) y 11 diciembre 2019 (*Tol 7653638*)].

Mientras la pensión compensatoria pretende reparar el desequilibrio económico, consistente en el daño que un cónyuge sufre al perder oportunidades de obtener ingresos y expectativas laborales o profesionales, como consecuencia de su exclusiva o prioritaria dedicación pasada, actual y futura a la familia, la compensación del art. 1438 CC (que, obviamente, solo se da cuando, existiendo un régimen de separación, se liquide este) tiene como finalidad reparar directamente el valor de la dedicación pasada a la familia, entendida esta como una modalidad de contribución exclusiva de un cónyuge al levantamiento de las cargas familiares.

No obstante, más allá de la distinción teórica entre la pensión compensatoria y la compensación por trabajo doméstico, entre ambas existe un evidente punto de conexión, que es el que resulta de la "dedicación pasada a la familia", que, aunque no es lo que directamente se indemniza a través de la primera, no obstante, sirve como criterio para el cálculo de la misma, por lo que es inevitable que la cuantificación de la una incida en la de la otra.

3. MOMENTO DE APRECIACIÓN DEL DESEQUILIBRIO: REGLA GENERAL Y EXCEPCIONES

Es doctrina jurisprudencial reiterada que el desequilibrio que da lugar a la compensación del art. 97 CC "debe existir en el momento de la separación o del divorcio", por lo que es en este momento, al que hay que atenerse para apreciar su existencia [SSTS 19 octubre 2011 (*Tol 2269878*), 18 marzo 2014 (*Tol 4183456*) y 27 noviembre 2014 (*Tol 4561611)*].

Sin embargo, esta regla general tiene sus excepciones, fijadas por la propia jurisprudencia.

Cuestiones relevantes

10. El desequilibrio debe apreciarse en el momento de la ruptura de la convivencia, cuando existe una separación de hecho prolongada, con anterioridad a la presentación de la demanda, que evidencia una situación consolidada de independencia económica.

La regla general quiebra cuando existe una separación de hecho prolongada, con anterioridad a la presentación de la demanda de separación o de divorcio, en cuyo caso se considera que el momento para apreciar el desequilibrio es el de la ruptura de la convivencia [SSTS 17 diciembre 2012 (*Tol 2714277*), 3 junio 2013 (*Tol 3774228)*, 30 septiembre 2014 (*Tol 4529106)*, 7 marzo 2018 (*Tol 6531191*) y 29 junio 2020 (*Tol 8000209*).]

Es, por ello, que se deniega la compensación, si durante el periodo previo de separación de hecho no ha habido petición económica alguna, pues ello permite presumir "una situación consolidada de independencia económica y de autonomía patrimonial" entre los cónyuges y, por lo tanto, la inexistencia, al tiempo de la ruptura, de un desequilibrio que deba ser compensado [STS 30 septiembre 2014 *(Tol 4529106)*].

No obstante, hay que tener en cuenta que la presunción de no existencia de desequilibrio económico en el momento de la ruptura "se destruye cuando, pese a una separación prolongada, los esposos han intercambiado ayudas económicas" o, "no consta que "ambas partes hayan asumido vidas económicas independientes" [STS 1 diciembre 2015 *(Tol 5583882)*].

La SAP Madrid 18 febrero 2019 (*Tol 7602518*), aplicando dicha doctrina, concedió una pensión compensatoria, porque, aunque antes de la presentación de la demanda de divorcio, había existido una separación de hecho de (al menos) cinco años, sin embargo, del testimonio de la hija mayor de edad, resultó que su madre había vivido todo este tiempo de lo que le daba su padre (6.000, 5.000 o 4.000 euros mensuales), justamente, hasta dos meses antes de la presentación de la demanda, cuando tuvo lugar la boda de su hermano, momento en el que el padre dejó de pasar dinero, si bien, días antes de casarse, el hijo había entregado a la madre dos talones por valor de 7.500 euros cada uno a cargo de empresas, que, si bien estaban a nombre suyo, era su padre quien estaba detrás de ellas

11. Posibilidad de conceder una pensión compensatoria sujeta a la condición suspensiva de pérdida de un puesto de trabajo en la empresa del otro cónyuge.

En la práctica se ha planteado el problema de si es posible conceder una pensión compensatoria, sujeta a condición suspensiva, a un cónyuge que trabaja en una empresa del otro, ante la eventualidad de que este, como consecuencia de la crisis familiar, lo despidiera y, en consecuencia, perdiese su fuente de ingresos.

En un principio la jurisprudencia se mostró contraria a dicha posibilidad, revocándose, así, la pensión compensatoria condicionada concedida a la mujer, en razón a una hipotética pérdida de trabajo en la empresa de su marido tras la ruptura matrimonial.

Sin embargo, la jurisprudencia más reciente ha cambiado de posición, considerando necesario "mitigar" el carácter general de la doctrina hasta entonces fijada, según la cual el desequilibrio económico ha de ser apreciado, exclusivamente, en el momento de la separación o divorcio en los casos en los que los únicos ingresos de la esposa proceden del trabajo que actualmente desempeña en una empresa regida por el esposo [STS (Pleno) 7 marzo 2018 (*Tol 6531191*) y STS 29 junio 2020 (*Tol 8000209*).

La STS (Pleno) 7 marzo 2018 (*Tol 6531191*) admite, en efecto, un juicio prospectivo de futuro, "pues desde el mismo momento de la ruptura concurre una circunstancia de futuro relevante, pues la continuidad de la situación actual de equilibrio o desequilibrio depende de una compensación económica preexistente, a cargo del obligado y para la beneficiaria como contraprestación por el trabajo que realiza, la cual puede desaparecer por la propia decisión del deudor, lo que supone una afectación directa y cuantitativamente importante sobre la situación económica de la esposa". En consecuencia, confirma la sentencia que había concedido a la mujer una pensión compensatoria equivalente a la de su salario para el caso de "que finalice la actual relación laboral, por causa no imputable a ella, sin perjuicio de la posibilidad siempre presente de modificación o extinción posterior de la medida por alteración de las circunstancias que ahora se tienen en cuenta".

12. La sentencia de divorcio no puede conceder una compensación, si la misma no fue establecida en la previa sentencia de separación.

No es posible que la sentencia de divorcio establezca una compensación que no fue concedida en la previa sentencia de separación, bien porque no se pidió, bien porque se consideró improcedente, al no existir desequilibrio económico compensable [STS 3 junio 2016 (RAJ 2016, 2317)].

Ahora bien, se ha admitido que puede establecerse una pensión compensatoria en la sentencia de divorcio, cuando en la sentencia de separación se impuso solamente el pago de una pensión de alimentos, por solicitarlo así la demandante y desistir de la pretensión de que se le concediera una pensión compensatoria, "no sin perjuicio de reservarse su derecho en un ulterior procedimiento"; y ello, en virtud de un acuerdo al que llegaron los cónyuges en el marco de un procedimiento contencioso [STS 9 diciembre 2010 *(Tol 1790763)*].

4. LOS PACTOS PREMATRIMONIALES DE RENUNCIA A LA PENSIÓN COMPENSATORIA

Los pactos prematrimoniales en vista a una futura crisis familiar son ajenos a nuestra cultura jurídica, con independencia de que hayan sido reconocidos en algunas leyes autonómicas (art. 231-19 del Código Civil de Cataluña).

Jurisprudencia

Sin embargo, los ha admitido la STS 30 mayo 2018 (*Tol 6630522*). Los cónyuges se conocieron por internet. La mujer, de nacionalidad rusa, se trasladó a España con su hija, iniciándose una convivencia de hecho entre ellos, durante 3 años, pasados los cuales se casaron, teniendo, respectivamente, en ese momento 59 (él) y 38 años (ella). Meses antes de contraer matrimonio comparecieron ante Notario declarando, que, en el caso de separación o divorcio, ninguno de ellos reclamaría al otro ninguna indemnización, ni pensión compensatoria. En el momento del divorcio, la mujer sostuvo que la renuncia a la pensión compensatoria era nula, pues la había hecho sin conocer la trascendencia de lo efectuado y sin conocimiento de la lengua española, encontrándose en una situación de precariedad.

El TS considera que dicho pacto no es contrario al orden público porque, en el caso concreto, no se daban las circunstancias para la concesión de una pensión compensatoria, afirmando que "la formación, edad, escasa duración del matrimonio, ausencia de descendencia común, posibilitan un desenvolvimiento de ella que posibilitan un marco económico fluido". Rechaza, además, que se diera esa situación de precariedad denunciada por la mujer, "dado que lejos de percibirse un sometimiento al esposo o predominio del marido, lo que se evidencia es una relación de confianza en el que la esposa resulta beneficiaria de prestaciones, se acoge a su hija, se firman los pactos con suficiente antelación con respecto al matrimonio, por lo que tampoco pueden considerarse sorpresivos y una relación matrimonial no extensa temporalmente pero tampoco fugaz". "Por todo ello, la libertad, dignidad e igualdad de los cónyuges ha quedado preservada (arts. 14, 17 y 19 de la Constitución)".

A mi parecer, sin embargo, es dudosa la validez de un pacto prematrimonial de renuncia anticipada a la pensión compensatoria, que excluyera toda posibilidad de reclamación del cónyuge que se hubiera dedicado al trabajo doméstico o que hubiese colaborado gratuitamente en la actividad económica o profesional del otro (lo que en caso resuelto no había tenido lugar); a no ser que dicho pacto formara parte de una razonable composición de intereses, en la que se previesen otro tipo de compensaciones en favor del cónyuge que pudiera resultar perjudicado (como acontecía en el supuesto de hecho enjuiciado), por ejemplo, una ventajosa atribución de bienes, durante la convivencia o al cesar esta; y, en todo caso, el pacto estaría sujeto a control judicial (como lo está, el convenio regulador) para verificar que en el momento en que debiese aplicarse no fuese gravemente dañoso para uno de los cónyuges.

La STS 13 marzo 2023 *(Tol 9459869)* reafirma la validez de los pactos de renuncia previa a la pensión compensatoria, siempre que no concurran vicios de consentimiento o una situación de superioridad de una de las partes, que lleve a imponer la renuncia a la otra, lo que no sucedió en el caso enjuiciado, destacando que el pacto se había firmado ante notario, quien había advertido a los firmantes de sus consecuencias, y que la "futura esposa disponía de una trayectoria personal y vital que impide hablar de una parte 'débil' o ignorante que pudiera haber padecido error sobre las consecuencias de su renuncia: tenía en ese momento 43 años y era, según ha mantenido el recurrente, y ella no lo ha negado, licenciada en economía y empresaria autónoma".

Una vez confirmada la validez del pacto, el TS admite, sin embargo, la posibilidad de una revisión judicial del mismo para controlar su "lesividad", como consecuencia de "la aparición de circunstancias no previstas", que pudieran "colocar a un cónyuge en una situación que, por no serle imputable", hicieran "irracional exigir el cumplimiento de las previsiones negociales de los esposos", descartando, además, la concurrencia de "alguna circunstancia extraordinaria", por la que la mujer "no pudiera trabajar, primero tras la celebración del matrimonio y luego tras el nacimiento del niño", o de "alguna circunstancia fuera de lo común", por la que "el cuidado del niño requiriera una dedicación especial que, al ser asumida en exclusiva por la madre, la hubiera colocado, por no poder trabajar, en una situación de precariedad económica que las partes no pudieron contemplar al pactar las consecuencias económicas de un eventual divorcio".

Respecto de la "lesividad", afirma que la misma "no puede apreciarse sin más por el hecho de que se renuncie a derechos que corresponderían legalmente en caso de no existir renuncia, pero que se configuran por el legislador como derechos disponibles".

Esta afirmación parece lógica, porque si se considera lesivo un pacto de renuncia, por el mero hecho de que priva a uno de los cónyuges de un derecho que la ley le reconoce, dicho tipo de pactos serían inútiles, pues sólo serían eficaces cuando, al momento de aplicarse, no existiera derecho a reclamar la pensión, por no darse los requisitos legales para su exigencia.

Ahora bien, al igual que en el caso resuelto por la primera de las sentencias expuestas, en este, la mujer que reclamaba la pensión y sostenía la invalidez del pacto de renuncia, en realidad, legalmente, no tenía derecho a ella, porque su mayor dedicación al cuidado del hijo común no le había impedido desarrollar una actividad profesional remunerada acorde a su formación, por lo que no había existido una pérdida de expectativas que diera lugar a un desequilibrio compensable por el art. 97 CC.

Para verificar la consistencia de la doctrina jurisprudencial expuesta, habrá que esperar a que se juzgue un caso en el que uno de los cónyuges, legalmente, tenga derecho a reclamar una pensión compensatoria, por haberse dedicado al cuidado de la familia, y, para oponerse a su concesión, el otro invocare un pacto de renuncia previa y la imposibilidad de dejarlo sin efecto, por no concurrir circunstancias extraordinarias o imprevisibles, tales como la existencia de una enfermedad del demandante, que le hubiera impedido a trabajar, o la de un hijo, que obligara a prestarse cuidados especiales, negando que pudiera considerarse como tales el hecho de que el demandante, contra lo inicialmente previsto, por puro altruismo y solidaridad familiar, se hubiera al cuidado de la familia, perdiendo oportunidades de desarrollo profesional, con el consentimiento del demandado (y, beneficio de éste): negar, en este caso, la compensación, en aras al respecto al principio de la autonomía privada, me parecía, sencillamente, la manifestación de un cruel individualismo.

5. PRESTACIÓN ÚNICA O PERIÓDICA

El art. 97.I CC, en la redacción dada al precepto por la Ley 30/1981, solo contemplaba una modalidad de compensación, consistente en el pago de una pensión periódica de carácter indefinido.

El art. 1.9 de la Ley 15/2005, de 8 de julio, introdujo dos novedades en la redacción del mismo: la primera de ellas fue la posibilidad de satisfacer la compensación, no solo a través de una pensión periódica, sino también mediante una prestación única; la segunda fue la posibilidad de establecer la pensión compensatoria con carácter temporal, y no solamente por tiempo indefinido.

Sin embargo, así como jurisprudencialmente se han normalizado las pensiones con carácter temporal, no ha ocurrido lo mismo con las prestaciones únicas, las cuales pueden consistir en la entrega de un capital en dinero o de un bien o en la constitución de un derecho real sobre ciertos bienes del deudor, por ejemplo, un usufructo (como prevé el art. 99.I CC, para los pactos de sustitución de pensión compensatoria) e, incluso, en una combinación de dichas modalidades.

Cabe preguntarse por las razones de este fracaso.

Desde luego, es evidente que la modalidad de la prestación única disminuye la litigiosidad, pues ayuda a los cónyuges a desvincularse de eventuales demandas que, de otro modo, podrían tener lugar en el marco de juicios de modificación y extinción de medidas, así como los provocados por el impago de pensiones.

Pero también lo es que tiene sus desventajas. Para el deudor el pago a tanto alzado puede representar un gran inconveniente, si la cuantía de la pensión es alta en relación con la de su patrimonio; y al acreedor le ocasionará, con total seguridad, un problema fiscal, al ver aumentada su base imponible con el consiguiente incremento de la cantidad que deberá pagar en el IRPF, si bien ambos problemas se pueden atenuar, fraccionando el pago de la compensación fijada en plazos sucesivos.

Al acreedor le puede, además, ocasionar la pérdida de la posibilidad de obtener una pensión de viudedad al tiempo del fallecimiento del excónyuge, lo cual puede resultar un gran problema para personas de cierta edad. Hay que tener en cuenta que el establecimiento de una pensión compensatoria puede condicionar, en su momento, la posibilidad de percibir una pensión de viudedad. El art. 220.1.II LGSS supedita, así, la concesión de la pensión de viudedad al requisito de que el cónyuge separado o divorciado sea acreedor de una pensión compensatoria que se extinga por muerte del causante. El precepto establece, además, que la cuantía de la pensión de viudedad no puede superar a la de la pensión compensatoria.

Por todo ello, creo que el Juez, a falta de acuerdo de los cónyuges, debe proceder con suma prudencia a la hora de conceder compensaciones en forma de prestación única y, desde luego, no puede establecer esta modalidad de compensación si ninguna de las partes la pide.

Si la solicita el acreedor, deberá —en todo caso— examinar si el patrimonio del deudor le permite satisfacerla sin grave quebranto económico, pudiendo el juez fraccionar el pago en plazos sucesivos; si la pide el deudor, creemos que no deberá, en principio, imponérsela al acreedor, a no ser que se le ofrezca el pago de la parte del IRPF que por la percepción de la compensación deba soportar o un prudente aplazamiento en pagos sucesivos, y siempre que no sea razonable privarle de la posibilidad de percibir una pensión de viudedad que, por su situación personal, le resulte indispensable para su subsistencia.

6. PENSIÓN INDEFINIDA O TEMPORAL

La pensión puede concederse carácter indefinido o meramente temporal.

Para decidir la forma de prestación de la pensión, habrá que valorar la aptitud del perceptor de la misma "para superar el desequilibrio económico en un tiempo concreto, y alcanzar la convicción de que no es preciso prolongar más allá su percepción" (por la certeza de que va a ser factible la superación del desequilibrio), atendiendo a las circunstancias del art. 97.II CC, que, de este modo, se convierten no solo en criterios para determinar la existencia de un desequilibrio compensable y de su cuantía, sino también para decidir si debe ser vitalicia o temporal; y ello, mediante un "juicio prospectivo", que debe realizarse "con prudencia, ponderación y con criterios de certidumbre", es decir, "con certidumbre o potencialidad real determinada por altos índices de probabilidad, que es ajena a lo que se ha denominado futurismo o adivinación" [STS 2 junio 2015 (*Tol 5185809*), 11 mayo 2016 (*Tol 5728503*), 24 marzo 2017 (*Tol 6010408*), 11 diciembre 2018 (*Tol 6963918*), 3 junio 2020 (*Tol 7969778*) y 13 julio 2020 (*Tol 8037049*)].

Cuestiones relevantes

13. La posibilidad de vender una casa en un futuro no puede fundamentar un juicio prospectivo favorable a la temporalidad de la pensión, si no se aporta un estudio de mercado específico.

Se ha rechazado que exista certidumbre acerca de la probabilidad de la superación del desequilibrio en un plazo determinado por la mera circunstancia de que la mujer propietaria de una casa, que ella misma reconoce que es muy grande para sus necesidades, pueda venderla, una vez superada la crisis inmobiliaria, con el fin de adquirir otra menor y, así, obtener una liquidez que le ayude en la satisfacción de sus necesidades económicas [STS 2 junio 2015 (*Tol 5185809*)].

14. La expectativa de la futura liquidación de la sociedad de gananciales no es una circunstancia que, por sí misma, permita establecer la temporalidad de la pensión, siendo necesario concretar en qué medida la liquidación permitirá superar el desequilibrio económico al perceptor en el plazo determinado.

La jurisprudencia ha admitido que la futura y previsible liquidación de la sociedad de gananciales es una circunstancia que aumentará la liquidez del perceptor, por lo que puede ser tenida en cuenta en orden a la fijación de una pensión durante un plazo, dentro del cual se entiende razonable esperar que dicha liquidación tendrá lugar [STS 11 mayo 2016 (*Tol 5728503*)].

Ahora bien, la mera expectativa de que se lleve a cabo la liquidación en un plazo razonable, por sí sola, no permite establecer una pensión con carácter temporal, siendo necesario que la sentencia que la establezca concrete en qué medida dicha liquidación permitirá superar el desequilibrio económico al perceptor en el plazo determinado [STS 3 junio 2020 (*Tol 7969778*)].

15. La previsible percepción de una pensión de jubilación permite limitar el cobro de la pensión compensatoria al momento en que aquella tenga lugar.

Se ha admitido que pueda fijarse como plazo final de percepción de la pensión compensatoria el momento en que se adquiera el derecho al cobro de una pensión de jubilación [STS 29 junio 2020 (*Tol 8000209*)].

16. La mera expectativa de percibir una pensión por invalidez no autoriza a establecer una pensión de carácter temporal, si no se acredita con la suficiente certidumbre la posibilidad de percibirla y su cuantía.

Se ha negado que sea posible establecer el carácter temporal de una pensión ante la mera eventualidad de que el perceptor de la misma pueda obtener una pensión de invalidez, si no se aportan pruebas que permitan llegar a esta conclusión con certidumbre, la cual debe también alcanzar a la probable cuantía de la misma [STS 11 diciembre 2018 (*Tol 6963918*)].

Las circunstancias comúnmente valoradas por la jurisprudencia para establecer pensiones indefinidas son la avanzada edad del perceptor, su mal estado de salud y su falta de cualificación profesional.

Las circunstancias comúnmente valoradas por la jurisprudencia para establecer pensiones indefinidas son la avanzada edad del perceptor [STS 14 marzo 2011 (*Tol 2080803*), STS 8 septiembre 2015 (*Tol 5495476*) y STS 18 julio 2019 (*Tol 7419524*)], su mal estado de salud [STS 8 mayo 2018 (*Tol 6602764*)] y su falta de cualificación profesional [STS 11 mayo 2016 (*Tol 5728503*) y TS 7 noviembre 2019 (*Tol 7586557*)]. Estas circunstancias que, en no pocas ocasiones, suelen apreciarse conjuntamente, dificultan extraordinariamente el acceso al mercado laboral, lo que impide fijar un límite temporal a la pensión compensatoria, al ser imposible predecir con cierto grado de certidumbre cuando el perceptor podrá (si es que puede) superar el desequilibrio producido tras la ruptura matrimonial.

Por el contrario, las circunstancias generalmente valoradas para establecer pensiones temporales son la edad, no excesivamente elevada, del perceptor, unida a su cualificación profesional [STS 16 diciembre 2015 (*Tol 5618274*) y STS 16 diciembre 2015 (*Tol 5618274*)] y la disminución de intensidad de su futura dedicación a la familia, bien porque los hijos son ya mayores de edad, bien porque se encuentran en una edad cercana a los 18 años [STS 12 febrero 2020 (*Tol 7765714*)]. Son éstas circunstancias, que permiten llegar a la convicción del juzgador, con un alto grado de "certidumbre o potencialidad real determinada por altos índices de probabilidad", de que podrá accederse a un puesto de trabajo y, por lo tanto, superar el desequilibrio en un plazo determinado.

Según reiterada jurisprudencia, es posible la revisión casacional de las decisiones acerca de fijar un límite temporal a la pensión compensatoria o bien de establecer su carácter vitalicio, únicamente, "cuando el juicio prospectivo sobre la posibilidad de superar el inicial desequilibrio en función de los factores concurrentes se muestra como ilógico o irracional, o cuando se asienta en parámetros distintos de los declarados por la jurisprudencia" [SSTS 8 de septiembre 2015 (*Tol 5495476*), 11 mayo 2016 (*Tol 5728503)* y 3 febrero de 2017 (*Tol 5960246*)].

Cuestiones relevantes

17. La aplicación de las causas de modificación y extinción de la pensión compensatoria a las concedidas con carácter temporal.

El hecho de que la pensión tenga carácter temporal no significa que la misma no puede ser objeto de modificación o extinción antes del cumplimiento del plazo pactado, conforme a lo dispuesto en los arts. 100 y 101 CC [STS 20 diciembre 2012 (*Tol 2722893*) afirma, así, que "Constituye doctrina jurisprudencial que el reconocimiento del derecho, incluso de hacerse con un límite temporal, no impide el juego de los artículos 100 y 101 CC"].

18. La posibilidad de conversión en temporal de la pensión indefinida a través de un juicio de modificación de medidas.

La jurisprudencia ha entendido que es posible una modificación del carácter vitalicio de la pensión, si se produce un cambio sobrevenido de circunstancias, que justifique convertirla en temporal, por la posibilidad del perceptor de superar el desequilibrio en un plazo determinado [STS 20 diciembre 2012 (*Tol 2722893*)].

Se ha considerado, así, procedente la posibilidad de fijar un límite temporal a una pensión inicialmente concedida con carácter indefinido, cuando el perceptor ha demostrado una evidente falta de interés en la búsqueda de un empleo, si, por su edad y formación académica, es razonable pensar que podría haberlo conseguido [STS 15 junio 2011 (*Tol 2188737*)].

En cualquier caso, en los últimos tiempos se observa en la jurisprudencia una posición contraria a entender que quepa convertir en temporal una pensión pactada con carácter indefinido en convenio regulador, con apoyo en el principio de autonomía privada, desde la consideración del respeto a los pactos libremente alcanzados por las partes. *Vid*, así, STS 10 enero 2018 (*Tol 6478033*).

7. MODIFICACIÓN DE LA PENSIÓN

La posibilidad de modificar la cuantía de la pensión compensatoria está contemplada en el art. 100 CC

Normativa reguladora

"Fijada la pensión y las bases de su actualización en la sentencia de separación o de divorcio, solo podrá ser modificada por alteraciones sustanciales en la fortuna de uno u otro cónyuge" (art. 100 CC).

Las alteraciones sustanciales de la fortuna de los cónyuges pueden dar lugar a la modificación de la cuantía de la pensión.

Recordemos que, para que pueda llevarse a cabo la modificación de las medidas establecidas (sea en proceso contencioso o de mutuo acuerdo), será necesario que el cambio sobrevenido de circunstancias (en relación con las que fueran tenidas en cuenta para establecer la cuantía de la pensión) sea: a) sustancial, b) permanente, c) imprevisible, d) ajeno a la voluntad de quien solicita la modificación (este requisito, cobrará importancia cuando se pidan reducciones basadas en una presunta merma de ingresos), y e) suficientemente acreditado por el demandante.

En este punto, apenas hay pronunciamientos del TS, si bien hay que recordar la consolidada doctrina jurisprudencial de que la liquidación de la sociedad de gananciales no es una circunstancia sobrevenida que altere sustancialmente lo acordado por las partes en un previo convenio regulador, pues, tal y como dijo la STS 3 octubre 2008 *(Tol 1386042)*, solo "provoca la concreción del haber ganancial" [*vid.* en el mismo sentido STS 1 marzo 2016 *(Tol 5661629)*].

Cuestiones relevantes

19. Cabe también una modificación del carácter vitalicio de la pensión, si se produce un cambio sobrevenido de circunstancias de carácter sustancial, que justifique convertirla en temporal SSTS 20 diciembre 2012 *(Tol 2722893)* y 24 septiembre 2018 *(Tol 6814702)*, "tanto porque lo autoriza el artículo 100 del CC, como porque la normativa legal no configura, con carácter necesario, la pensión como un derecho de duración indefinida-vitalicia", observando que "esta transformación de la pensión vitalicia en temporal puede venir dada por la idoneidad o aptitud para superar el desequilibrio económico, y, alcanzarse por tanto la convicción de que no es preciso prolongar más allá su percepción por la certeza de que va a ser factible la superación de este desequilibrio". No obstante, en los concretos casos por ellas juzgados rechazaron la pretensión de conversión en temporal de la pensión de los deudores de la pensión.

La STS 10 enero 2018 *(Tol 6478033)* matiza, sin embargo, que la pensión compensatoria fijada de común acuerdo entre las partes en convenio regulador con carácter vitalicio, en virtud del principio de autonomía privada, no puede sujetarse a un plazo determinado, salvo acreditación de una variación sustancial de circunstancias, que no pudiera ser prevista al tiempo de su celebración, teniendo en cuenta que al art. 97.I CC contempla la posibilidad de establecer la pensión con carácter temporal desde la reforma llevada cabo en el precepto por la Ley 15/2005, de 8 de julio. Concretamente, afirma que los hoy litigantes, en su día, "pudieron tener en cuenta dicha posibilidad legal y no lo hicieron".

Parece, pues, que, en la práctica, difícilmente prosperará la conversión en temporal de una pensión pactada con carácter vitalicio en un convenio regulador posterior a la entrada en vigor de la Ley 15/2005, de 8 de julio, ya que a ello se opone el requisito (común en los juicios de modificación de medidas) de que el cambio de circunstancias que se invoca fuera imprevisible, dado que en el convenio podía haberse previsto la posibilidad de que la pensión se convirtiera en temporal en el momento en que existiera la convicción de que la acreedora de la pensión pudiera superar el desequilibrio en un plazo determinado.

20. Suspensión transitoria del pago de la pensión.

Es posible una modificación de medidas consistente en una mera suspensión transitoria del pago de la pensión (por ejemplo, mientras dura la incapacidad laboral del deudor, suceso que no puede "calificarse de fugaz o efímero"), la cual puede empezar a desplegar sus efectos desde la interposición de la demanda, sin infringir por ello la doctrina según la cual en la modificación de medidas los efectos se despliegan desde que se dictan de acuerdo con el artículo 775.3 de la LEC [STS 17 junio 2015 *(Tol 5185813)*].

8. EXTINCIÓN DE LA PENSIÓN

La enumeración de las causas de extinción, contenidas en el art. 101.I CC no es exhaustiva, pues no contempla, por ejemplo, la muerte del perceptor, ni tampoco la expiración del plazo por el que se concedió la pensión, cuando la misma tenga carácter temporal.

La STS 15 junio 2011 *(Tol 2188737)* afirma, así, que "Esta enumeración no es taxativa pues también extingue el derecho a pensión la renuncia, la prescripción, la reconciliación entre los cónyuges [en el caso de separación] o el cumplimiento de la condición resolutoria establecida en el convenio [p.ej., la posterior carencia de medios, trabajo o bienes, del deudor para seguir haciendo frente pago] o, el transcurso del plazo cuando se fijó con carácter temporal".

La jurisprudencia de instancia ha admitido una causa de extinción que raramente aplica: la imposibilidad sobrevenida del deudor de satisfacer el pago de la pensión, por circunstancias sobrevenidas e imprevisibles, de las que no es responsable, incluso, sin estar prevista esta circunstancia como una condición resolutoria en un convenio regulador.

Normativa reguladora

"El derecho a la pensión se extingue por el cese de la causa que lo motivó, por contraer el acreedor nuevo matrimonio o por vivir maritalmente con otra persona" (art. 101.I CC).

En cambio, "El derecho a la pensión no se extingue por el solo hecho de la muerte del deudor. No obstante, los herederos de este podrán solicitar del Juez la reducción o supresión de aquella, si el caudal hereditario no pudiera satisfacer las necesidades de la deuda o afectara a sus derechos en la legítima" (art. 101. II CC).

Cuestiones relevantes

21. El art. 101.I CC tiene carácter dispositivo.

El precepto tiene carácter dispositivo: quiere ello decir que la extinción no tendrá lugar, cuando las cónyuges hayan pactado en el convenio regulador, que la pensión se pague, a pesar de concurrir cualquiera de las causas previstas en el mismo [STS 20 abril 2012 *(Tol 2532595)* y STS 24 marzo 2017 (*Tol 6010408*), que observa que la vida marital del perceptor con un tercero extingue la pensión compensatoria, cuando no se haya previsto en el convenio regulador en que las partes la acordaron la exclusión de la aplicación del art. 101 CC].

22. La prueba de la concurrencia de la causa de extinción incumbe a quien la alega.

La prueba de la concurrencia de la causa de extinción corresponde a quien la alega [SSTS 20 diciembre 2012 *(Tol 2722893)* y 24 septiembre 2018 (*Tol 6814702*)].

23. Momento en que produce efectos la extinción.

Cuando la causa de extinción de la pensión es el cese de la causa que motivó su concesión, sus efectos se producen desde la fecha de la sentencia que la acuerda [SSTS 16 noviembre 2016 *(Tol 5892438)* y 14 febrero 2018 (*Tol 6516542*)].

No obstante, la SAP Vizcaya 28 junio 2017 *(Tol 6357780)*, excepcionalmente, acuerda retrotraer sus efectos a la fecha de la interposición de la demanda, por la mala fe de la perceptora, que, al tiempo de pactarse en el convenio regulador la pensión compensatoria, silenció que estaba cobrando el subsidio de desempleo, sin que el marido tuviera conocimiento de que "realizara actividad laboral o percibiese algún ingreso".

Según la más moderna jurisprudencia, cuando la causa de extinción es otra, la cuestión varía: así, en el caso de nuevo matrimonio, la extinción tendrá lugar automáticamente desde la fecha de su celebración [SSTS 18 julio 2018 *(Tol 6670975)* y 17 diciembre de 2019 *(Tol 7628262)*].

8.1. Cese de la causa que motivó la concesión de la pensión

Cesa la causa que motivó la pensión, cuando desparece la situación de desequilibrio que justificó su concesión, por haber mejorado sustancialmente el perceptor su situación económica, al haber incrementado sus ingresos periódicos (señaladamente, como consecuencia de haber accedido a un puesto de trabajo) o su patrimonio (por ejemplo, por haber recibido una herencia).

Cesa la causa que motivó la pensión, cuando desparece la situación de desequilibrio que justificó su concesión, por haber mejorado sustancialmente el perceptor su situación económica, al haber incrementado sus ingresos periódicos (señaladamente, como consecuencia de haber accedido a un puesto de trabajo) o su patrimonio (por ejemplo, por haber recibido una herencia).

Cuestiones relevantes

24. La pensión se extingue, aunque el trabajo no permita disfrutar del mimo nivel de vida que el deudor.

No es óbice a la extinción que el trabajo encontrado no permita disfrutar al perceptor del mismo nivel de vida que el excónyuge.

La STS 20 junio 2013 (*Tol 3794192*) confirmó la sentencia recurrida, que había acogido la demanda de extinción de la pensión compensatoria del marido, pactada con carácter indefinido en convenio regulador, porque la perceptora había obtenido un puesto de trabajo fijo en un hospital, dejando de ser interina. El TS considera, en efecto, probada la actividad laboral de la recurrente, constatando que ha "consolidado su situación laboral y mantiene un nivel de vida suficiente y adecuado y que, si bien no es igual al de su esposo, ello no significa que deba serle equiparada, ya que el principio de dignidad contenido en el art. 10 CE debe servir de argumento para justificar la independencia económica de los cónyuges una vez extinguido el matrimonio, a salvo los casos previstos en el art. 97 CC".

25. La pensión no se extingue cuando se accede a un puesto de trabajo en edad próxima a la edad de jubilación.

Se ha denegado la extinción de la pensión compensatoria pactada en convenio regulador, cuando la perceptora, que se había dedicado al cuidado de la familia y trabajaba solamente de manera ocasional, encuentra un trabajo fijo, poco antes de jubilarse, por lo exiguo de la pensión de jubilación que recibirá, dados los escasos años cotizados.

La STS 26 marzo 2014 (*Tol 4183526*) denegó, así, la extinción de la pensión compensatoria pactada en el convenio regulador, cuando la mujer, que se había dedicado durante 30 años a las labores domésticas, percibía un salario de 1095 euros mensuales netos, pero trabajando de forma temporal y con carácter discontinuo como gerocultora. Posteriormente, 2 años después de la firma del convenio y 3 años antes de jubilarse, encontró trabajo fijo, ante lo cual el marido solicitó la extinción de la pensión pactada, argumentado que había existido una alteración sustancial de las circunstancias, pues los ingresos de su mujer habían pasado a ser estables. La sentencia recurrida mantuvo la pensión para evitar el desequilibrio que se iba a crear a los pocos meses de ser dictada, como consecuencia de la jubilación de la perceptora, lo que fue considerado correcto por el TS, que constata que la escasa cuantía de la jubilación de la perceptora era consecuencia de su dedicación preferente a la familia durante más de 30 años, tal y como se había reconocido en el convenio regulador, "lo cual acarreó que la misma no tuviese vida laboral estable durante más de treinta años, con la consiguiente ausencia de cotización que se proyecta en una escasa pensión".

26. La actitud pasiva en la búsqueda de un trabajo es una circunstancia que debe valorarse en orden a la persistencia de la pensión compensatoria.

La jurisprudencia valora la actitud pasiva del perceptor en la búsqueda de un trabajo en orden a la extinción de la pensión.

La emblemática STS 15 junio 2011 *(Tol 2188737)* conoció de un caso muy particular, al que dio lugar una demanda de extinción de una pensión compensatoria de duración indefinida, a la que, expresamente, se le había fijado un plazo de revisión de 5 años, teniendo en cuenta "todas las circunstancias que habían motivado su fijación, y, en particular, el interés y empeño de la esposa en la búsqueda y obtención de trabajo". Llegados los 5 años e instada la revisión, se procedió, en primera instancia, no a extinguir la pensión, sino a establecer un límite temporal de 3 años a la misma, solución esta, que el TS consideró acertada, afirmando que "se supera el desequilibrio cuando la no superación es imputable a la falta de voluntad de la beneficiaria" y que, "Por tanto, lo transcendente es comprobar si durante los cinco años fijados por la sentencia de divorcio la esposa ha mostrado interés y empeño verdaderos en la obtención de empleo". "En este aspecto añade—, el razonamiento del Juzgado es correcto pues para apreciar el interés no basta con figurar como demandante de empleo, sino que deben realizarse actividades tendentes a su búsqueda, tales como presentar currículo en diferentes empresas o presentarse a oposiciones o ampliar la formación (lo que no hizo, realizando solo dos cursos de seis meses en total en cinco años)".

La STS 24 septiembre 2018 (*Tol 6814702*) expone, no obstante, como doctrina jurisprudencial que no es posible configurar la pérdida del derecho a percibir la pensión compensatoria "como una especie de sanción por el hecho de no haber accedido a un empleo, salvo que se acredite que las circunstancias concurrentes en quien resulta ser beneficiario de la pensión demuestren una verdadera desidia y desinterés respecto del acceso al mercado laboral". En el caso concreto consideró que no se daba dicha desidia y desinterés en una mujer de 55 años, sin especial cualificación profesional, que había abandonado su trabajo para dedicarse a la familia y, en particular, al cuidado de un hijo con necesidades especiales.

En la práctica, la pasividad en la búsqueda del trabajo raramente suele ser el único motivo para justificar la extinción, sino que suele ser usado como un argumento a mayor abundamiento para reforzar el fallo [SSAP Toledo 29 junio 2016 *(Tol 5820019)*, La Coruña 14 octubre 2016 *(Tol 5890132)* y Valencia 13 marzo 2017 *(Tol 6153712)*].

27. La actividad que proporciona los nuevos ingresos ha de tener continuidad en el tiempo.

La actividad de la que derivan los nuevos ingresos debe tener una continuidad para que pueda estimarse la pretensión extintiva.

Por ello, la SAP Málaga 24 septiembre 2014 *(Tol 5395169)* denegó la extinción de la pensión percibida por una mujer, que durante los 23 años de matrimonio se había dedicado al cuidado de familia y de los hijos, la cual había obtenido la concesión administrativa de una peluquería en una residencia de ancianos, pero, con carácter temporal y careciendo de experiencia laboral, pese a su titulación, lo que "impide considerar como probada la desaparición del desequilibrio entre los esposos, sin perjuicio de que en el futuro pueda la esposa llegar a superarlo mediante la consolidación de los ingresos que pueda llegar a obtener para subvenir de forma autónoma, pero siendo hoy por hoy su situación la misma que la que tenía" (en el momento de concedérsele la pensión).

28. La extinción de la pensión exige que el trabajo que se realiza no sea esporádico, pero no, necesariamente, fijo.

La SAP Jaén 7 septiembre 2016 *(Tol 5903119)* observa, así, que la actividad laboral "no debe ser esporádica, sino continuada (lo que tampoco significa un puesto de trabajo fijo tan escaso en estos tiempos)", debiendo procurar "la percepción de unos ingresos en cuantía suficiente para que el acreedor pueda hacer frente a su propia economía". En el caso enjuiciado, se probó que la mujer, desde el año siguiente a la separación, había ido concatenando diversos trabajos temporales con prestaciones por desempleo, teniendo durante los dos últimos años unos ingresos anuales aproximados de 15500 euros. Se concluye que la que la perceptora trabaja, "de una manera continuada y no meramente esporádica, "que lo ha hecho desde hace tiempo, y que tiene capacidad y habilidades para seguir haciéndolo".

29. Carecen de trascendencia los nuevos ingresos que, por su escasa cuantía, no proporcionen al perceptor una mejora sustancial de su situación económica.

La extinción de la pensión requiere "la percepción de unos ingresos en cuantía suficiente para que el acreedor pueda hacer frente a su propia economía" [SAP Jaén 7 septiembre 2016 *(Tol 5903119)*].

La SAP Alicante 11 octubre 2012 *(Tol 2701690)* no extinguió una exigua pensión compensatoria, cuyo importe no bastaba para "atender a sus más elementales necesidades", pues, si bien la perceptora reconoció que estuvo trabajando durante cierto período de tiempo, en realidad, ya lo hacía en el momento de concedérsele la pensión, no habiéndose acreditado que percibiera "unas mayores percepciones salariales ahora que antes", concluyendo que "mientras no se acredite que el monto de los ingresos derivados de su trabajo como limpiadora de viviendas o escaleras le permite prescindir para subvenir a sus necesidades de la ayuda que la pensión compensatoria supone, no encontramos razones para acordar su supresión".

La SAP La Coruña 9 mayo 2016 *(Tol 5786015)* no acordó la extinción de la pensión percibida por una mujer, de 60 años de edad y con padecimientos físicos, que tenía "nulas posibilidades de incorporarse al mercado laboral", observando que "carece de recursos propios adicionales a la pensión compensatoria y en todo caso, la percepción de un subsidio, no conlleva, por sí solo, la extinción de una pensión, cuando el desequilibrio patrimonial entre las partes persiste".

30. El cobro de una pensión no contributiva, a pesar de su exigua cuantía puede determinar la extinción cuando la situación económica del deudor es precaria.

El desequilibrio puede desaparecer, no solo por encontrarse un puesto de trabajo, sino también por el cobro de una pensión no contributiva.

La STS 27 enero 2017 *(Tol 5950029)* ha considerado causa de extinción el pasar a cobrar la perceptora una pensión no contributiva de 388 euros mensuales, que no percibía al momento de fijarse la pensión compensatoria, viviendo en una casa de su propiedad, mientras que el marido, que percibía los mismos ingresos que cuando se firmó el convenio regulador (pensión contributiva de 971 euros mensuales), tenía que pagar un alquiler mensual de 380 euros.

31. Un incremento moderado de los ingresos del perceptor pude dar lugar a la pérdida de la pensión, si va acompañado de una merma de la capacidad económica del deudor.

En general, la jurisprudencia, para decidir si un aumento en los ingresos del perceptor determina la extinción de la pensión, pondera la situación actual del deudor, de modo que, si éste ha sufrido una merma importante de su capacidad económica, suele estimar la demanda de modificación de medidas.

La SAP Asturias 16 octubre 2014 *(Tol 4592019)* suprimió la pensión compensatoria de 150 euros mensuales concedida a la mujer, a la que administrativamente se le reconoció una minusvalía del 39%, percibiendo una ayuda familiar de 315,11 euros, al computarse como recurso propio la cuantía de la pensión. Por su parte, el marido, agente de seguros, pasó de ingresar unos 12.000 euros anuales (al tiempo de la separación) a 142,69 euros mensuales en el año 2012, y 87,50 euros en el año 2013. Se concluye que, dado que la perceptora "ha pasado a tener ingresos propios, aun aceptando que los mismos no garantizan una plena independencia económica, la situación entre los litigantes se ha equilibrado, puesto que no puede desconocerse la notable disminución de los ingresos" del deudor.

32. La adquisición de una herencia no comporta, por sí misma, la desaparición del equilibrio.

La percepción de la herencia, es sin duda, una circunstancia, que puede determinar la extinción de la pensión, pero no siempre.

La STS 17 marzo 2014 (*Tol 4142357*) fijó como doctrina que "el hecho de recibir una herencia es una circunstancia en principio no previsible, sino sobrevenida, susceptible de incidir favorablemente en la situación económica del beneficiario o acreedor de la pensión y como tal determinante de su modificación o extinción", matizando, sin embargo, que, "en la práctica tal alteración tenga efectivamente lugar con ese carácter de sustancial o esencial a consecuencia de la herencia aceptada es algo que no puede afirmarse sino tras examinar las circunstancias del caso concreto, y en particular, después de valorar su entidad en el plano económico, la disponibilidad que al acreedor corresponde sobre los bienes que la integran, y, en suma, la posibilidad efectiva de rentabilizarlos económicamente".

La STS 16 noviembre 2016 *(Tol 5892438)* observa que el hecho de haber recibido una herencia la acreedora de la pensión no implica necesariamente la extinción de la misma, pues si bien es cierto que se trata de "una circunstancia en principio no previsible, sino sobrevenida, susceptible de incidir favorablemente en la situación económica del beneficiario o acreedor de la pensión" para que tenga carácter sustancial es necesario examinar las circunstancias del caso concreto, y, en particular, "su entidad en el plano económico, la disponibilidad que al acreedor corresponde sobre los bienes que la integran, y, en suma, la posibilidad efectiva de rentabilizarlos económicamente". En el caso enjuiciado no se estimó la pretensión extintiva de la pensión, porque la acreedora era una mujer, sin cualificación profesional y de edad avanzada, que tuvo que vender la casa heredada de sus padres (en la que residía) para comprar otra.

Es distinta la solución a la que llegó la STS 31 enero 2022 (*Tol 8797534*), la cual observa que el acuerdo de que la pensión se redujera a 700 euros en el caso de que la perceptora vendiera la vivienda familia (que le había sido adjudicada en la liquidación de la sociedad de gananciales) no significa que se fijara un mínimo garantizado frente a otras posibles alteraciones sustanciales de circunstancias. Revocó, así, la sentencia que no tuvo en cuenta la incidencia que sobre la situación de desequilibrio había tenido la adquisición de una herencia de 135.851,72 euros, lo que supone "la percepción teórica de la pensión compensatoria durante, al menos, 16 años, independientemente de la cantidad cobrada por la venta del piso común" (452.000 euros). Se asume la instancia, declarando extinta la pensión, lo que "no implica dejar desasistida a la demandada, que convivió con el actor durante 9 años y que ha disfrutado de tal pensión durante unos 29 años, la cual, al pedirse la correspondiente información patrimonial, contaba, en cuentas corrientes, con una suma líquida de 388.000 euros, frente a los 14.000 euros del saldo de las cuentas del actor. La referida suma dinero le permitiría disfrutar, al menos, de 1.500 euros al mes, durante 21 años, es decir hasta alcanzar cerca de los 90 años de edad".

33. La liquidación de la sociedad de gananciales puede determinar la extinción de la pensión, si como consecuencia de ella, se atribuyen al perceptor bienes que le aseguren una situación de estabilidad económica próxima a la existente antes de la separación o el divorcio.

La STS 27 junio 2011 *(Tol 2191098)* precisa que la jurisprudencia es contraria a poner fin a la pensión "por las consecuencias que en el plano económico puedan haber resultado de la liquidación del régimen económico matrimonial", lo que es lógico, pues, a través de ella, solo se concreta la parte que al perceptor ya le correspondía en la sociedad de gananciales (si era este el régimen por el que se regían los cónyuges), la cual debió ser tenida en cuenta para apreciar la existencia, o no, de un desequilibrio al fijarse la pensión.

Sin embargo, lo cierto es que la circunstancia de que, en ocasiones, medie un lapso de tiempo considerable entre la separación o el divorcio y la liquidación de la sociedad de gananciales hace que la jurisprudencia considere esta última como una circunstancia que puede hacer desaparecer el desequilibrio inicial, en la medida en que, como consecuencia de ella, el perceptor recibirá la propiedad exclusiva del metálico y de los bienes que se le adjudiquen, de los que podrá disponer para aplicarlos a la satisfacción de sus necesidades.

La STS 14 febrero 2018 *(Tol 6516542)*, revocando, la sentencia recurrida, consideró procedente la extinción de la pensión compensatoria, por habérsele adjudicado a la perceptora la práctica totalidad de los bienes inmuebles gananciales, por un valor de 884.201,80 euros. Dice, así, que "Tras la liquidación de la sociedad de gananciales, la indivisión que afectaba a la titularidad de los bienes, ha devenido en atribución exclusiva de la propiedad y uso de los bienes adjudicados, con lo que los bienes han pasado a ser productivos para cada uno de los cónyuges, pudiendo disponer de los mismos, ya vendiéndolos o explotándolos, con lo que se aseguran una situación de estabilidad económica que se aproxima bastante a la existente antes de la separación conyugal y divorcio, con lo que al desaparecer la situación de desequilibrio, procede declarar extinguida la pensión compensatoria".

8.2. Nuevo matrimonio del perceptor

La pensión se extingue automáticamente por contraer el acreedor nuevo matrimonio.

En el caso de que el acreedor contraiga nuevo matrimonio con un tercero (hecho objetivo, cuya fecha de realización es fácilmente constatable), la jurisprudencia considera "evidente" que dicha causa de extinción producirá su efecto desde que tenga lugar (es decir, desde el momento de la celebración del segundo matrimonio), "con independencia de la fecha en que —conocida dicha situación—se interpone la demanda y se dicta sentencia decidiendo sobre la extinción" [SSTS 18 julio 2018 *(Tol 6670975)* y 17 diciembre de 2019 *(Tol 7628262)*].

Por lo tanto, acordada judicialmente la extinción, procederá la devolución de las pensiones indebidamente cobradas por el perceptor vuelto a casar.

8.3. *Vida marital con un tercero*

Se extingue también la pensión por "vivir maritalmente" el acreedor con otra persona.

Cuestiones relevantes

34. Basta demostrar la existencia de un proyecto de vida común, socialmente reconocible, con una cierta vocación de continuidad, sin que sea necesaria la convivencia en un mismo domicilio.

La jurisprudencia actual entiende que, en orden a la extinción de la pensión, basta que se logre demostrar la existencia de un proyecto de vida común, socialmente reconocible, con una cierta vocación de continuidad, aunque el perceptor de la pensión mantenga un domicilio diferente del de su nuevo compañero sentimental [STS 9 febrero 2012 *(Tol 2450794)*, STS 28 marzo 2012 *(Tol 2513991)* y La STS 24 marzo 2017 *(Tol 6010408)*].

35. Prueba de la vida marital.

En la práctica, surge el problema de probar la existencia de una "vida marital" en el sentido en que, según se ha explicado, entiende dicha expresión la jurisprudencia, que, como se ha dicho, no es sinónima de convivencia *more uxorio* en el mismo domicilio, siendo esta última expresión más amplia que aquélla.

Para ello, es frecuente acudir a informes de detectives. La SAP Málaga 4 noviembre 2015 (*Tol 5721640)* se valió, así, del informe de un detective para entender probado que existía una vida marital, que iba más allá de lo que la perceptora de la pensión llamaba una simple "relación de fin de semana". Afirma que del informe del detective y de su declaración en el acto del juicio, así como de las fotografías incluidas en aquel, se desprende que la relación entre ambos, que dura años, "excede de lo que puede considerarse una mera amistad, apareciendo en las mismas cogidos de la mano por la calle", tras recoger el varón a la perceptora en la parada del autobús, "con lo que han venido a manifestar públicamente dicha relación, es conocido por la familia de ella, se reúne con su familia en las Fiestas Navideñas, y aun cuando esta relación pueda no ser continuada en el tiempo durante toda la semana, quedando limitada a los fines de semana", "ello no impide que pueda entenderse que hay vida marital en el sentido jurisprudencial, y que por tanto, concurre la causa de extinción del art. 101 CC".

En ocasiones, es el propio perceptor o sus allegados quienes proporcionan la prueba mediante publicaciones imprudentes en las redes sociales.

La SAP Madrid 17 diciembre 2020 *(Tol 8360045)* confirmó la sentencia recurrida, que había estimado la demanda de extinción de la pensión, por entender probado que la perceptora mantenía una relación sentimental con otro hombre relación, conocida y en la que participaban los hijos de ambos. Para ello, se apoyó, básicamente, en un informe de un detective, que había realizado seguimientos espaciados durante 8 meses, a través del cual se acreditó que habían pasado períodos de tiempo juntos en sus respectivas viviendas y realizado viajes, proporcionado fotografías en los que se observaba "unión, complicidad y mutuo entendimiento entre los interesados, quienes pasean con las manos entrelazadas—como pareja estrechamente unida— o se brindan gestos —como rodear con el brazo— que por el contexto y las actitudes (posturas) se evidencian como muestras de afecto y protección, en esas formas de comunicación no verbal". Pero, además, en el contenido de las publicaciones en redes sociales de una hija del nuevo compañero de la perceptora, en las que se reflejaban "las actividades realizadas por los miembros de ambas familias" y la asistencia de ésta a la boda de una hija de aquél.

Es también importante la prueba testifical suministrada por personas creíbles del entorno de la pareja [SAP Pontevedra 21 abril 2014 *(Tol 4488574)*].

36. Momento en que tiene lugar la extinción.

La jurisprudencia no se ha pronunciado tajantemente sobre cuándo debe tener lugar la extinción de la pensión compensatoria por vida marital con un tercero, pero, aun siendo dudoso, parece lógico entender que esta causa debiera producir efectos desde el momento en que lograra probarse la fecha de su inicio, si bien, en este caso, la prueba (como se ha visto) será más difícil, que en el de la celebración de nuevo matrimonio. Así parece deducirse de la STS 18 julio 2018 *(Tol 6670975)* y la STS 17 diciembre de 2019 *(Tol 7628262)*.

8.4. *La imposibilidad sobrevenida del deudor, no meramente temporal, de satisfacer el pago de la pensión, por circunstancias sobrevenidas e imprevisibles, de las que no es responsable*

La STS 17 junio 2015 *(Tol 5185813)* ha considerado posible una modificación de medidas consistente en una mera suspensión transitoria del pago de la pensión (en el caso enjuiciado, mientras dura la incapacidad laboral del deudor, suceso que no puede "calificarse de fugaz o efímero"), la cual puede empezar a desplegar sus efectos desde la interposición de la demanda, sin infringir por ello la doctrina según la cual en la modificación de medidas los efectos se despliegan desde que se dictan de acuerdo con el art. 775.3 LEC

Sin embargo, la jurisprudencia de instancia ha ido más allá, creando una nueva causa de extinción de la pensión compensatoria, que aplica con gran cautela, consistente en la imposibilidad sobrevenida del deudor, no meramente puntual, de satisfacer el pago de la pensión, por circunstancias sobrevenidas e imprevisibles, de las que no es responsable.

La SAP Castellón 10 febrero 2015 *(Tol 4918438)* extinguió, así, la pensión compensatoria por la quiebra económica y desaparición de la empresa que constituía la fuente de ingresos del deudor, quien perdió la valiosa nave industrial sobre la que funcionaba aquella, perdió todos sus trabajadores y vio embargado un automóvil, dos furgonetas de la misma, así como su apartamento en la playa, teniendo, además, gravada su vivienda con dos hipotecas en garantía de dos préstamos, con cuantiosos saldos pendientes de pago.

En el mismo sentido se orienta la SAP Asturias 22 enero 2016 *(Tol 5648986)* que procedió a la extinción de la pensión compensatoria pagada por el marido, quien tenía reconocida una prestación social por desempleo de 426 euros mensuales, con fecha de extinción en abril de 2015, constando que La Cruz Roja, en el año 2014, le había facilitado alimentos, lote bebé y ayuda económica para el pago de un recibo de luz y, en el año 2015, le había suministrado alimentos, al menos, en el mes de enero. Afirma que tan "escasa disponibilidad dineraria nos permite afirmar un cambio importante en la situación económica" del deudor, "respecto de aquella de la que disfrutaba al tiempo de la separación", "que debía ser sustancialmente superior a la que ahora tiene, pues de lo contrario no habría pactado una pensión compensatoria de cuatrocientos euros (400€) mensuales y mucho menos de ochocientos euros (800€) los meses de julio y diciembre, ya que se trata de cantidades imposibles de satisfacer con sus actuales ingresos"; y concluye: "Esa minoración de capacidad económica tiene una incidencia relevante a efectos de ponderar la obligación de abonar la pensión compensatoria, al quedar paliado el desequilibrio económico que motivó su fijación".

En casos como los descritos parece razonable extinguir el derecho a percibir la pensión, pero no, como dice la última de las sentencias citadas, porque la drástica disminución de ingresos tenga como resultado paliar el desequilibrio que motivó su concesión. Repárese en que la falta de capacidad económica del deudor para seguir pagando la pensión no elimina el desequilibrio causado a la perceptora por la separación o el divorcio, pues se trata de una circunstancia extrínseca a la situación económica de aquella, la cual no mejora como consecuencia de la falta de recursos del marido. Lo que sucede es que en los casos enjuiciados resulta manifiestamente desproporcionado perpetuar una obligación, imposible de cumplir, nacida bajo un presupuesto desaparecido, esto es, la posibilidad del deudor de pagar la pensión fijada, provocando su mantenimiento un desequilibrio sobrevenido, mayor que aquel que, a través de la pensión, se pretendía reparar.

En cualquier caso, se ha de ser cauto respecto de la posible creación artificiosa e intencionada de un empobrecimiento económico, con la finalidad de no hacer frente al pago de la pensión compensatoria, como ocurrió en el caso resuelto por la SAP La Rioja 29 marzo 2017 *(Tol 6493510)*, que, revocando la sentencia recurrida, mantuvo la pensión, basándose, entre otros argumentos, en que el deudor (condenado tres veces, por impago de pensiones) "está en plena disposición de percibir la pensión de jubilación, no teniendo ninguna lógica que con 61 años se inscriba como demandante de empleo".

Ni que decir tiene que la imposibilidad sobrevenida de pagar la pensión ha de valorarse teniendo en cuenta todos los recursos económicos del deudor, y no solo, su nivel actual de ingresos. En este sentido se orienta la SAP Madrid 7 mayo 2020 *(Tol 8207114)*, que niega la que la mera circunstancia de la jubilación del deudor, Notario de profesión, pueda dar lugar a la extinción de la pensión, ante la ausencia de prueba de su verdadera situación económica.

ESQUEMA

PRESUPUESTOS DE LA COMPENSACIÓN

1. La previa existencia de un matrimonio
2. La separación o el divorcio
3. El desequilibrio económico causado por la separación o el divorcio

FORMA DE PRESTACIÓN

1. Prestación única o periódica
2. Indefinida o temporal

MODIFICACIÓN DE LA PENSIÓN

1. Modificación de la cuantía
2. Modificación del carácter vitalicio
3. Suspensión transitoria del pago

EXTINCIÓN DE LA PENSIÓN

1. Cese de la causa que motivó la concesión de la pensión
2. Nuevo matrimonio del perceptor
3. Vida marital con un tercero
4. La imposibilidad sobrevenida del deudor, no meramente temporal, de satisfacer el pago de la pensión, por circunstancias sobrevenidas e imprevisibles, de las que no es responsable

12 Los pactos en previsión de una ruptura familiar

Manuel García Mayo[1]

1. CONCEPTO

Los pactos en previsión de una ruptura familiar son aquellos a través de los cuales se persigue regular de forma anticipada —prever— las consecuencias tanto personales como patrimoniales de una eventual separación o divorcio. Se denominan, comúnmente, como "pactos prematrimoniales", aunque es un recurso cada vez más utilizado, no solo por quienes pretenden contraer matrimonio en un futuro inmediato, sino incluso por quienes, habiéndose dado ya el "sí quiero", se encuentran en una fase de convivencia matrimonial pacífica.

Normativa reguladora

Las diferentes legislaciones autonómicas en materia de parejas de hecho admiten esta autonomía de la voluntad de las partes para regular a través de pacto sus relaciones personales y patrimoniales tanto durante la convivencia como tras su cese.

El ejemplo más evidente lo tenemos en Cataluña, donde el art. 234-5 del Código Civil catalán establece expresamente que "en previsión del cese de la convivencia, los convivientes pueden pactar en escritura pública los efectos de la extinción de la pareja estable", siéndole de aplicación lo dispuesto al respecto por el art. 231-20 en sede matrimonial.

---

[1] Profesor Permanente Laboral, Derecho civil, Universidad de Sevilla.

Jurisprudencia

Han sido varias las ocasiones en las que el Tribunal Supremo ha admitido que los convivientes puedan pactar sobre sus relaciones económicas.

La STS 15 enero 2018 *(Tol 6480072)*, consideró que "Son admisibles genéricamente los pactos entre los convivientes por los que, al amparo del art. 1255 CC, adopten acuerdos en los que prevean compensaciones por desequilibrios en el momento de la ruptura de la convivencia". En un sentido similar, la STS 8 mayo 2008, *(Tol 1324496)*.

Cuestiones relevantes

1. Nada obsta a que puedan existir también pactos, no solo en el ámbito matrimonial, sino entre convivientes en previsión de una eventual ruptura de la convivencia.

2. ADMISIBILIDAD Y EXIGIBILIDAD DEL PACTO

Nuestro ordenamiento jurídico no se refiere en modo alguno a tales pactos ni, por tanto, regula nada al respecto, a diferencia de cuanto ocurre actualmente en el derecho foral. Es la jurisprudencia la que se ha pronunciado respecto a la admisibilidad de este tipo de pactos. En virtud de la misma, siempre que concurran los requisitos esenciales contemplados en el art. 1261 CC existirá contrato válido.

Normativa reguladora

El Código Civil catalán contempla expresamente la posibilidad de realizar pactos en previsión de una ruptura matrimonial en el art. 231-20. El art. 233-5 establece que "Los pactos en previsión de una ruptura matrimonial otorgados de acuerdo con el artículo 231-20 [...] vinculan a los cónyuges. La acción para exigir el cumplimiento de estos pactos puede acumularse a la de nulidad, separación o divorcio y puede solicitarse que se incorporen a la sentencia. También puede solicitarse que se incorporen al procedimiento sobre medidas provisionales para que sean recogidos por la resolución judicial, si procede".

También la Ley 7/2015, de 30 de junio, del País Vasco, de relaciones familiares en supuestos de separación o ruptura de los progenitores, en su art. 4, se refiere a los pactos en previsión de ruptura de la convivencia, estableciendo que "Estos pactos serán válidos y obligarán a todos los firmantes aun cuando no contengan todos los extremos mínimos de un convenio regulador", y aclara: "Únicamente serán susceptibles de ejecución judicial los pactos previamente aprobados por el juez".

Jurisprudencia

La STS 31 marzo 2011 (*Tol 2114961*), se refirió a la validez del contrato celebrado entre cónyuges en previsión de una posible ruptura, considerándolo como un contrato atípico, de acuerdo con la autonomía de la voluntad, siempre que reúna los requisitos exigidos para la validez de los contratos.

La STS 24 junio 2015 (*Tol 5191042*), por su parte, afirma: "En el profundo cambio del modelo social y matrimonial que se viene experimentando (art. 3.1 del C. Civil) la sociedad demanda un sistema menos encorsetado y con mayor margen de autonomía dentro del derecho de familia, compatible con la libertad de pacto entre cónyuges que proclama el art. 1323 C. Civil, a través del cual debe potenciarse la facultad de autorregulación de los cónyuges (art. 1255 C. Civil)".

La STS 13 marzo 2023 (*Tol 9459869*), señala, en el mismo sentido: "Nos encontramos por tanto ante unos pactos en previsión de una crisis matrimonial, plenamente admisibles como negocios de familia siempre que se cumplan los requisitos de los contratos (en especial, art. 1261 CC) y que respeten los límites infranqueables que resultan de la Constitución y del resto del ordenamiento (arts. 1255 y 1328 CC), en el entendido de que el orden público como límite a la autonomía de la voluntad para la ordenación de los efectos de la crisis matrimonial se identifica sustancialmente con los principios y valores constitucionales".

Cuestiones relevantes

2. En virtud de lo dispuesto en el art. 1091 CC, siendo válido el pacto, las partes quedan vinculadas, debiendo cumplir con lo acordado en los mismos términos en que suscribieron el acuerdo.

3. La eficacia jurídica de estos pactos es similar a la que el Tribunal Supremo viene reconociendo a los convenios reguladores no ratificados judicialmente.

4. Nada obsta, incluso, a que el pacto prematrimonial en previsión de ruptura familiar pueda servir como modelo o contenido a incluir en el convenio regulador para su homologación judicial. Si, acaecida la crisis familiar, uno de los cónyuges decidiera apartarse de aquel pacto y el proceso no fuera consensual, sino contencioso, el pacto también podrá hacerse valer por el cónyuge interesado acumulándolo a la demanda de separación y divorcio, como justificación de las medidas que propone al juez.

3. REQUISITOS FORMALES Y PUBLICIDAD DE LOS PACTOS

La regla general respecto a este tipo de pactos es la libertad de forma consagrada para los contratos en el art. 1278 CC. La excepción vendrá marcada por aquellos acuerdos en particular que requieran forma *ad substantiam*.

Aun siendo una mera opción, el otorgamiento de escritura pública ante notario es altamente recomendable por varios motivos. En primer lugar, porque solo así las partes podrán contar con un título ejecutivo (art. 517 LEC), legitimador de derechos y probatorio (ex arts. 319 LEC, 1218 CC y 17 bis de la Ley del Notariado). En segundo lugar, porque supone una garantía de la suficiencia en capacidad, legitimación y libertad de consentimiento en los intervinientes (arts. 145 del Reglamento Notarial). Y, en tercer lugar, porque su intervención permite realizar un control de justicia o equidad, a fin de proteger a la parte más débil como una cuestión de orden público.

En lo que a publicidad se refiere, y a la correlativa eficacia *erga omnes* de lo inscrito, los acuerdos podrían tener acceso tanto al Registro de la Propiedad como al Registro Civil.

Normativa reguladora

El art. 231-20.1 Código Civil catalán establece que, para su validez y eficacia, estos pactos habrán de otorgarse "en capítulos matrimoniales o en escritura pública".

En el País Vasco, el art. 4 Ley Vasca de Relaciones Familiares establece este requisito de forma *ad solemnitatem*: "Para su validez, estos pactos habrán de otorgarse en escritura pública".

En lo que a publicidad se refiere, y concretamente en cuanto al Registro de la Propiedad, constando los acuerdos alcanzados en documento público, y siempre que afecte a derechos inmobiliarios, considero aplicable el art. 75 TH que contempla la inscribibilidad "en cuanto contengan respecto a bienes inmuebles o derechos reales determinados, alguno de los actos a que se refieren los artículos 2 de la Ley y 7 de este Reglamento"; ahora bien, no habiéndose aún contraído matrimonio, "se suspenderá la inscripción y podrá tomarse anotación preventiva de suspensión, que se convertirá en inscripción cuando se acredite la celebración de aquél o se cancelará a solicitud de cualquiera de los otorgantes si, transcurridos un año y dos meses desde la fecha de las capitulaciones, no se hubiere acreditado que el matrimonio se celebró dentro del plazo de un año desde dicha fecha".

En cuanto al Registro Civil, ha de atenderse al art. 60 de la Ley 20/2011, de 21 de julio, del Registro Civil: "Junto a la inscripción de matrimonio se inscribirá el régimen económico matrimonial legal o pactado que rija el matrimonio y los pactos, resoluciones judiciales o demás hechos que puedan afectar al mismo".

Jurisprudencia

Entre las pocas sentencias sobre el particular, la STS 3 febrero 2006 *(Tol 839278)*, la STSJC 12 julio 2012 (*Tol 2659269*), la SAP Málaga 27 octubre 2021 *(Tol 8776348)*, o la SAP Valencia 3 abril 2012 (*Tol 2570318*), declaran válido un pacto de renuncia anticipada a la pensión compensatoria en documento privado. Contrasta esto con lo dispuesto en la STS 24 junio 2015 *(Tol*

5191042), en virtud de la cual "El fenómeno pactos prematrimoniales tiene la denominación de capitulaciones matrimoniales en nuestro ordenamiento, si bien sujetas a restrictivos criterios formales, al deber formalizarse en escritura pública con inscripción posterior".

En lo que a publicidad respecta, la Resolución de la Dirección General de Derecho y Entidades Jurídicas de Cataluña 9 noviembre 2007 (JUR 2007, 87349), se cuestiona si es posible inscribir en el Registro de la Propiedad el pacto contenido en una escritura pública de capítulos matrimoniales posnupciales donde los cónyuges convienen que, en caso de una hipotética separación del matrimonio, la vivienda familiar (de titularidad exclusiva del marido) quedará propiedad de ambos por mitades como compensación económica a la esposa por razón del trabajo dentro del régimen de separación de bienes. La inscripción se deniega por considerar que no se trata una condición suspensiva, sino que la estipulación tiene un valor meramente obligacional.

La RDGRN 19 junio 2003 (RJ 2003, 6172), denegó el acceso al Registro Civil de una escritura de capitulaciones en previsión de ruptura con cláusulas liquidatorias: "los pactos en previsión de una ruptura quedan al margen de la publicidad registral".

Cuestiones relevantes

5. Las partes pueden optar fundamentalmente entre la forma de un contrato privado y la elevación del pacto a escritura pública. En Derecho civil común, en el caso de que se opte por el documento público, las partes pueden, tanto otorgar una escritura pública ex profeso para tales acuerdos, como incorporar los mismos en las propias capitulaciones matrimoniales.

6. Tratándose de medidas en previsión de una ruptura familiar, **podría defenderse el acceso de estos pactos preventivos liquidatorios al Registro de la Propiedad por la vía del negocio bajo condición suspensiva.** No parece que tenga acceso, en cambio, al Registro Civil.

4. CAPACIDAD Y CONSENTIMIENTO DE LAS PARTES

En lo que a capacidad se refiere, si el pacto en previsión de crisis familiar se ha incorporado en capitulaciones matrimoniales, se aplicará la norma sobre capacidad que se contiene en el art. 1329 CC Este precepto, en el fondo, ha quedado tácitamente derogado, pues se trata de una norma ya vacía, en la que falta el supuesto de hecho a que se refiere, que ya no puede darse en la realidad. En cualquier caso, atendiendo al propio tenor literal del art. 1329 CC, que solo se refiere al menor no emancipado, excluyendo, por tanto, al que sí lo está, entendemos que al menor emancipado le serán de aplicación las normas que, con carácter general, regulan su capacidad.

Además de la capacidad, tratándose de un contrato con fuerza vinculante para las partes, el consentimiento prestado por estas, en virtud de lo dispuesto por las normas generales de nuestro Código Civil, ha de ser libre, espontáneo, íntegro, no estando viciado por error, violencia, intimidación o dolo (*cfr.* art. 1265 CC).

Normativa reguladora

Si acudimos, pues, al art. 247 CC, este dispone que "La emancipación habilita al menor para regir su persona y bienes como si fuera mayor", exigiendo el consentimiento de sus progenitores solo para las acciones contempladas en el propio precepto; en la misma línea, el art. 248 CC, referido al casado menor de edad y a la posible necesidad de consentimiento de los padres o defensores judiciales, únicamente contempla el supuesto de "enajenar o gravar bienes inmuebles, establecimientos mercantiles u objetos de extraordinario valor".

En el Código Civil catalán, el art. 231-21 establece que "Pueden otorgar capítulos matrimoniales quienes pueden contraer válidamente matrimonio, pero necesitan, si procede, los correspondientes complementos de capacidad".

Jurisprudencia

Los argumentos más recurrentes utilizados por quien, aun habiendo formado parte de un pacto prematrimonial, pretende, llegado el momento del cumplimiento, apartarse del mismo y cuestionar su validez, son los que tienen que ver con posibles vicios del consentimiento, no habiendo sido pocas las sentencias que se han pronunciado al respecto, así:

La SAP Valladolid 13 mayo 2002 *(Tol 1541998)*, descarta vicio del consentimiento amparándose, sobre todo, en que la renuncia se produjo en dos documentos diferentes —privado y público— y que entre ambos hubo un periodo de tiempo suficiente como para mover a la parte a una reflexión.

La SAP Santa Cruz de Tenerife 30 noviembre 2001 (JUR 2002, 32868), considera no probado el error en el contenido del acuerdo instado por la esposa ante la inexistencia de traductor, y descarta, pues, la nulidad del pacto suscrito en capitulaciones. Se apoya, para ello, en los actos realizados por la propia impugnante, en los documentos formalizados en castellano y en la propia celebración del matrimonio, contraído al día siguiente sin necesidad de intérprete. *Vid.*, asimismo, SAP Málaga 27 octubre 2021 *(Tol 8776348)* y SAP Toledo 29 noviembre 2021 *(Tol 8792418)*.

Se otorga especial importancia, a efectos de descartar vicios del consentimiento, a la presencia del notario. Así, la STS 30 mayo 2018 *(Tol 6630522)* trae causa de un pacto prematrimonial en el que se renuncia a la pensión compensatoria. Frente a lo alegado por la renunciante, el Tribunal mantiene que "De lo expuesto cabe razonar que Dña. Gloria conocía lo que firmó y la trascendencia de lo declarado, por su conocimiento del idioma, por su experiencia en una crisis matrimonial previa, y por la posibilidad de obtener explicaciones del notario". En un sentido similar, *vid.* la SAP Madrid 27 noviembre 2002 (JUR 2003, 92086).

También la reciente STS 13 marzo 2023 (*Tol 9459869*), al exigir la formación libre del consentimiento, hace especial hincapié en la figura del notario: "la intervención del notario que autoriza la escritura pública de capitulaciones matrimoniales garantiza que la futura esposa pudiera ser consciente de lo que implicaba la renuncia que firmaba", y señala muy especialmente cómo el pacto prematrimonial del que trae causa la sentencia decía expresamente que "aun advertidos por mí, (el notario) de la trascendencia y contundencia de este pacto, que quieren pactar, y en efecto pactan, [...]".

Cuestiones relevantes

7. Los menores emancipados necesitarán, pues, **el complemento de capacidad de los padres o del defensor judicial para los actos de disposición expresamente previstos en el Código Civil;** no necesitará, en cambio, tal complemento para pactar un régimen económico de comunidad o uno de separación o participación, máxime cuando el primero es de aplicación supletoria sin necesidad de consentimiento alguno y los dos últimos —según el art. 1329 CC— podían ser también pactados por los menores aun sin emancipar.

8. Solo la intervención de notario supone una garantía de la formulación de un consentimiento válido; es, precisamente, en la presencia de este operador jurídico en lo que se apoyan algunas sentencias para descartar la existencia de los vicios de consentimiento alegados por una de las partes.

5. CONTENIDO DEL ACUERDO

5.1. Límites al contenido

Como en cualquier contrato, en virtud de lo establecido en el art. 1255 CC habrá de respetarse, en todo caso, la ley, la moral y el orden público. Especial interés reviste el primero de estos límites —la ley—, referido a aquellas normas reguladoras de la institución matrimonial o de las materias objeto de acuerdo que tienen carácter imperativo. Tienen tal carácter aquellas normas que se refieren al sistema no causal de separación y divorcio (arts. 81 a 86 CC) o a las causas de nulidad matrimonial (art. 73 CC).

No se admitirá la lesión de derechos o libertades fundamentales de los cónyuges, que puede acontecer, especialmente, en aquellos pactos que regulen aspectos de carácter personal (v. gr. prohibición de volver a contraer matrimonio o de convivir maritalmente con otra persona, o de vivir en una determinada zona tras la ruptura). Entre esos derechos, reviste especial importancia el referido a la igualdad entre los cónyuges, reconocida tanto en la Constitución Española (arts. 14 y 32 CE), como en el propio Código Civil (arts. 66 y 1328 CC). Se trata, en cualquier caso, de una igualdad que ha de ser entendida como una expresión de justicia: una igualdad proporcional, que lleve a la existencia de equivalencia o reciprocidad entre las partes.

Normativa reguladora

En relación con la igualdad entre los cónyuges, el art. 231-20.3 Código Civil catalán contempla la posibilidad de que en el pacto prematrimonial se excluyan —renuncien— o se limiten derechos, en cuyo caso tales pactos habrán de "tener carácter recíproco y precisar con claridad los derechos que limitan o a los que se renuncia".

Jurisprudencia

La STS 24 junio 2015 (*Tol 5191042*), refiriéndose a los pactos prematrimoniales, afirma que "no existe prohibición legal frente a los denominados pactos prematrimoniales, debiendo ponerse el acento en los límites a los mismos, que están en la protección de la igualdad de los cónyuges y en el interés de los menores".

Cuestiones relevantes

9. Cualquier pacto relativo a la inclusión de causas convencionales de separación y divorcio vulneraría el derecho de las partes a poner fin al matrimonio, además de lesionar la dignidad de la persona y el derecho al libre desarrollo de la personalidad.

10. A fin de valorar la existencia de esa reciprocidad es necesario, por un lado, realizar un examen de conjunto de todas las medidas de contenido económico adoptadas por los cónyuges; y, por otro lado, mantener un equilibrio en el pacto en función del patrimonio y circunstancias de cada cónyuge.

5.2. Sobre determinados pactos en previsión de ruptura familiar

5.2.1. Régimen económico del matrimonio

El Código Civil contempla la posibilidad de que los cónyuges, no solo estipulen, sino que incluso modifiquen o sustituyan el régimen económico matrimonial (art.

1325 CC). Para ello, habrán de respetar aquellas normas de carácter imperativo existentes en la regulación de cada uno de los regímenes matrimoniales y, en cualquier caso, las normas que componen el conocido como régimen económico matrimonial primario (arts. 1315 a 1324 CC).

Centrándonos en aquellos pactos relacionados más directamente con la ruptura familiar, cabe referirse a la liquidación de la comunidad conyugal y, concretamente, a la alteración, a través del pacto prematrimonial, de las normas de liquidación previstas en la regulación del régimen económico. Nada parece obstar a esta posibilidad, de forma que pudieran existir, por ejemplo, pactos referentes a la modificación de la lista contemplada en el art. 1406 CC (sobre bienes de adjudicación preferente a cada uno de los cónyuges), a los modos de liquidación y valoración de los bienes, a la concreción del pago de deuda entre los cónyuges, a la adjudicación de obligaciones pendientes o a la propiedad de algún inmueble, siempre que no se perjudique a terceros. En el posible acuerdo de reparto desigual en sede de liquidación del régimen económico matrimonial, habrá de tenerse en cuenta, no solo el principio de igualdad al que se refiere el art. 1328 CC, sino también normas tales como el art. 1404 CC —en sede de gananciales— que impone el reparto por mitad, o el art. 1429 CC —en sede de participación de bienes— respecto a los límites de un reparto desigual.

En sede del régimen económico matrimonial de separación de bienes, especial atención merece la compensación económica por razón del trabajo contemplada en el art. 1438 CC. Poca discusión genera la posibilidad de que se pacte en el acuerdo prematrimonial la cuantía o las bases a través de las cuales calcular la misma (vid. SAP Álava 25 abril 2002 [*Tol 317831*]) o, incluso, las circunstancias a tener en cuenta para su exigibilidad. Aun siendo más discutido, también sería posible renunciar a tal compensación económica en el pacto prematrimonial, siempre que se respeten los límites consabidos, de forma tal que siga existiendo proporcionalidad. El art. 1438 CC se encuentra, además, en sede de separación de bienes y ello lo convierte, por tanto, en disponible.

Normativa reguladora

En el Código Civil catalán si bien el art. 232-5 regula esta compensación económica por razón del trabajo en el hogar o el trabajo para el otro cónyuge, el art. 232-7, en sede de separación de bienes, dispone expresamente que en previsión de una ruptura matrimonial puede pactarse el incremento, reducción o exclusión de la compensación económica por razón de trabajo, de acuerdo con lo establecido en el art. 231-20, referido a los pactos en previsión de una ruptura matrimonial.

Jurisprudencia

La SAP Murcia 29 octubre 2002 (JUR 2003, 71008), considera excluida la posibilidad de aplicación del art. 1438 CC atendiendo al pacto realizado por las partes en capitulaciones matrimoniales, en cuya virtud el marido se obligaba a contratar a su cargo personal doméstico suficiente con el fin de evitar que su esposa tuviese que atender personal y directamente tales necesidades del hogar. No obstante, en este supuesto, atendiendo a las circunstancias, es posible que ni tan siquiera se hubiera llegado a generar el derecho a compensación contemplado por el citado precepto.

Cuestiones relevantes

11. Atendiendo a la posibilidad de configurar regímenes económicos atípicos, **el pacto por el que se module o se renuncie a la reiterada compensación podría ser valorado como indicativo de la configuración de un régimen económico distinto o parcialmente distinto al contenido como supletorio en el Código Civil.**

5.2.2. Indemnización o renta en caso de ruptura

Un posible pacto que podría plantearse en relación con una eventual crisis familiar es aquel que previese, con independencia de la pensión compensatoria del art. 97 CC, una indemnización, a modo de cláusula penal, para el supuesto —de carácter objetivo— de ruptura del matrimonio por uno de los cónyuges. Estos acuerdos podrían ser considerados contrarios al orden público: limitativos de la libertad para divorciarse que, a contrario sensu, consagra el art. 32.1 CE. La pretendida cláusula no podría ser en ningún caso liberatoria, en tanto que desde 2005 hay absoluta libertad para casarse y divorciarse, y tampoco podría configurarse como una cláusula punitiva stricto sensu, pues eso supondría una sanción, cuando el divorcio en la actualidad no es culpabilístico.

Jurisprudencia

La SAP Santa Cruz de Tenerife 7 julio 2008 *(Tol 7008508)*, trae causa de un supuesto de hecho en el que los cónyuges habían incorporado una cláusula al pacto prematrimonial del siguiente tenor: "En caso de divorcio, sea cual fuere la parte contratante que lo solicite, Doña Gema recibirá una suma de un millón de pesetas (6010,12 euros) en compensación para cada año matrimonial transcurrido"; la discusión que genera esa cláusula entre los cónyuges únicamente está relacionada con la concreción de la cuantía exacta en atención al momento en que se produce el divorcio.

La SAP Almería 17 febrero 2003 (AC 2003, 623), viene referida a una cláusula penal incorporada en capitulaciones matrimoniales y en virtud de la cual el marido se obligaba a pagar a la mujer una cantidad de dinero en caso de divorcio que iba in crescendo en función de los años de duración del matrimonio. Es cierto que la propia Audiencia Provincial reconoce que nos encontramos ante un exponente manifiesto del uso de la libertad de pactos para regir la vida económica del matrimonio (arts. 1255, 1315 y 1325 CC). Sin embargo, reconoce que esta concepción del régimen económico del matrimonio tiene sus límites legales. Así, considera que la referida cláusula es nula por aplicación del art. 1328 del CC, que considera así cualquier estipulación limitativa de los derechos que corresponden a cada cónyuge, pues la misma —considera— limita el derecho a la separación matrimonial, reconocido implícitamente en el art. 32.2 CE, supone un retroceso en el régimen de derechos de los cónyuges y atenta contra la igualdad de los cónyuges consagrada en el art. 32.1 CE.

No obstante, cláusulas de un tenor similar han sido también admitidas por nuestros tribunales, aunque siempre prestando especial atención al principio de igualdad, en el sentido de proporcionalidad, atendiendo a las circunstancias de cada una de las partes y a fin de que la cuantía a pagar no impida, de hecho, que la parte perjudicada pueda acudir al divorcio.

La STS 24 junio 2015 (*Tol 5191042*), trae causa de un pacto prematrimonial ante notario, y más concretamente, de una de sus cláusulas, que establecía: "Que en el supuesto hipotético, de que su relación se deteriorara, y esto les llevara a solicitar la separación matrimonial, y con objeto de evitar entre ellos mutuas reclamaciones y contenciosos judiciales, acuerdan en este acto que el Sr. Cecilio abonará a la Sra. Tomasa, por todos los conceptos, y como renta mensual vitalicia la cantidad de mil doscientos (1200) euros". Mantiene el Tribunal Supremo al respecto que el pacto no es contrario a la ley, moral u orden público, en cuanto los cónyuges se limitan a pactar un acuerdo económico para el caso de separación conyugal, lo cual ya tiene cabida tanto en los ordenamientos autonómicos como en otros Estados de la Unión Europea y cuenta con un refrendo normativo en los arts. 1323 y 1325 CC.

Una cláusula de redacción similar fue admitida también como válida por la STS 31 marzo 2011 (*Tol 2114961*), que trae causa de un pacto que pone fin a una situación de separación de los cónyuges y prevé, a su vez, las consecuencias de una nueva crisis, previéndose únicamente a la esposa el derecho a obtener una renta mensual con cargo a su marido, independientemente de que concurriesen o no los requisitos de la pensión compensatoria.

Hay, por último, supuestos en los que, bajo el nombre de "pensión compensatoria", lo que se pacta realmente es una indemnización del tipo de la que nos viene ocupando en las últimas páginas, y ello en tanto que los propios cónyuges desligan la pensión acordada de la existencia de desequilibrio económico entre los cónyuges, fundamento de la existencia de la misma. Y lo cierto es que estos pactos se han venido reconociendo por parte de la jurisprudencia, apoyando, así, la admisibilidad de las indemnizaciones por ruptura. En este sentido, *vid.* las SSTS 20 abril 2012 (*Tol 2532595*), 24 junio 2015 (*Tol 5191042*) o 14 marzo 2018 (*Tol 6548518*). En la jurisprudencia menor, *vid.* la SAP Zaragoza 31 marzo 2017 *(Tol 6105405)*.

Cuestiones relevantes

12. Una posibilidad de más fácil justificación es que las partes pacten que la cuantía —o incluso la propia procedencia— de la indemnización se encuentre vinculada con el efectivo cumplimiento de los deberes conyugales (v. gr., que el cónyuge incumplidor fuese quien quedase obligado a indemnizar con independencia de quien instase el divorcio). Es lo único que le daría legitimidad como auténtica cláusula penal, pues lo sería por incumplimiento de las obligaciones.

5.2.3. Patria potestad, custodia y alimentos

En lo que respecta a la patria potestad, no tienen cabida los pactos a través de los cuales se prive a uno de los progenitores de la titularidad de la patria potestad, en tanto que se trata de una cuestión de orden público y solo cabe su privación por sentencia judicial en virtud de lo dispuesto en el art. 170 CC.

En relación con la guarda y custodia de los hijos, así como, en su caso, el régimen de comunicación y estancia de estos con el progenitor que no viva habitualmente con ellos —régimen de visitas—, nada obsta, *a priori*, a considerarla como susceptible de pacto, sin perjuicio del posterior control de la autoridad judicial.

En cuanto a la contribución de cada progenitor para satisfacer los alimentos, sabido es que se trata de un derecho indisponible para las partes a la vista del tenor literal del art. 151 CC, siendo, por tanto, un derecho intransmisible e irrenunciable, sobre el que tampoco será posible transigir, ex art. 1814 CC. No se podrá, por tanto, pactar la exclusión de la obligación de alimentos (ni respecto a los hijos ni entre cónyuges para el hipotético supuesto de separación de hecho). Ello, en cambio, no obsta para que se puedan alcanzar acuerdos en relación con los criterios en virtud de los cuales fijar la cuantía.

En cualquier caso, todos estos pactos, de ser posibles, requerirían de aprobación judicial, según lo dispuesto en el art. 90.2 CC, llegado el momento de la ruptura y a fin de que no sean dañosos para los hijos o gravemente perjudiciales para uno de los cónyuges.

Normativa reguladora

En Cataluña, al regularse los pactos fuera de convenio regulador, se contempla la posibilidad de que los mismos contengan, no solo cuestiones patrimoniales, sino también personales respecto de los posibles hijos comunes menores, dando así lugar a pactar sobre el ejercicio de la custodia, el régimen de visitas o los alimentos. El art. 233-11.1.f Código Civil catalán, entre los criterios y circunstancias a tener en cuenta para determinar el régimen y la forma de ejercer la guarda, se refiere a los acuerdos en previsión de ruptura. Tales pactos, como mantiene el art. 233-5.3 CCcat., vinculan a los cónyuges, eso sí, con una matización: "Los pactos en materia de guarda y de relaciones personales con los hijos menores, así como los de alimentos en favor de estos, solo son eficaces si son conformes a su interés en el momento en que se pretenda el cumplimiento".

Jurisprudencia

La SAP Madrid 29 noviembre 2018 (*Tol 7001263*), trae causa de un pacto en capitulaciones matrimoniales en virtud del cual el padre se obligaba, en caso de divorcio, a destinar el 33% de sus ingresos para alimentación de sus hijos. Se resuelve en segunda instancia que el pacto al respecto no es de aplicación directa, sino que se han de valorar todas las circunstancias, en especial los ingresos de ambos progenitores y las necesidades del menor, a fin de establecer la cuantía.

La SAP Madrid 18 noviembre 2019 (*Tol 7803718*), en relación con la existencia de un acuerdo prematrimonial suscrito entre los cónyuges —y elevado a público— en el que se pactó que, en caso de existencia de hijos, la custodia sería compartida, la Sala mantiene que "los acuerdos prematrimoniales carecen de eficacia vinculante con respecto a estas medidas personales en relación con los menores de edad, pues no rigen en las mismas el principio dispositivo entre las partes, sino que ha de atenderse al interés o beneficio del menor, en cada momento y cada caso". En estos mismos términos ya se había pronunciado la SAP Madrid 20 julio 2016 (*Tol 5853838*).

Cuestiones relevantes

13. Existiendo acuerdos, **el juez** —considero— **se encuentra vinculado por lo pactado por las partes siempre que se respete el interés superior del menor,** que habrá que valorar al momento de la crisis matrimonial.

5.2.4. Uso de la vivienda familiar

En relación con la atribución del uso de la vivienda familiar, incluso existiendo hijos menores de edad se ha de admitir la libertad de pacto. El art. 96.1 CC, referido al supuesto de existencia de hijos comunes menores de edad, establece el criterio de atribución judicial de forma supletoria para cuando no haya acuerdo entre los cónyuges.

No obstante, aun habiendo pactado los cónyuges la atribución del uso de la vivienda familiar, tal acuerdo habrá de ser aprobado —homologado— por el juez llegado el momento de la ruptura. Y este mismo criterio habría de seguirse respecto a los pactos relacionados con otros extremos vinculados al uso de la vivienda familiar (v. gr. pacto en virtud del cual se extingue el uso atribuido si el beneficiario convive en la vivienda con su nueva pareja).

Normativa reguladora

El art. art. 233-21.3 Código Civil catalán, si bien admite el posible pacto sobre la atribución del uso de la vivienda familiar en previsión de ruptura, establece que "No son eficaces los pactos que perjudiquen el interés de los hijos, ni tampoco, si no se han incorporado a un convenio regulador, los que comprometan las posibilidades de atender a las necesidades básicas del cónyuge beneficiario del uso".

Cuestiones relevantes

14. En el caso de que el acuerdo alcanzado sea dañoso para los hijos, la cláusula en cuestión quedará sin efecto, y los cónyuges tendrán la opción de alcanzar un nuevo acuerdo en el convenio regulador o, en su defecto, será el juez quien decida sobre el particular atendiendo a los criterios previstos en el art. 96.I y II CC.

5.2.5. Pensión compensatoria

La medida más habitual en los pactos prematrimoniales es la relativa a la pensión compensatoria. El carácter disponible de la medida —de derecho dispositivo— actualmente no es discutido.

Entre los aspectos que se podrán pactar en relación con la pensión compensatoria, se encuentra su propio reconocimiento, la cuantía, la forma de hacer frente a la misma por pate del obligado, la duración o las causas de extinción. Lo que no se podrá pactar es la exclusión del requisito consistente en la concurrencia de una situación de desequilibrio patrimonial entre los cónyuges producido con ocasión de la ruptura matrimonial, pues, en tal caso, no nos encontraríamos ante un pacto sobre prestación compensatoria, sino ante uno distinto. Es posible, incluso, renunciar anticipadamente a la pensión compensatoria, como se ha puesto de manifiesto en la jurisprudencia menor. Tal renuncia no contraría el interés ni el orden público ni perjudica a terceros.

Normativa reguladora

El art. 233-16 Código Civil catalán establece que "1. En previsión de ruptura matrimonial, puede pactarse sobre la modalidad, cuantía, duración y extinción de la prestación compensatoria, de acuerdo con el artículo 231-20. 2. Los pactos de renuncia no incorporados a un convenio regulador no son eficaces en lo que comprometan la posibilidad de atender a las necesidades básicas del cónyuge acreedor".

Jurisprudencia

Entre la jurisprudencia menor que ha considerado la validez de pactos relativos a la pensión compensatoria, puede referirse la SAP Vizcaya 8 junio 2017 *(Tol 6357802)*, que afirma la validez del pacto privado en previsión de ruptura en el que los cónyuges habían pactado el pago por parte del marido a la esposa tanto de una pensión alimenticia como de una pensión compensatoria; la SAP Cádiz 20 enero 2016 *(Tol 5659823)*, que da por válido el acuerdo firmado por las partes en el que se pactaba la fijación de una pensión compensatoria a favor de la esposa, aunque la misma estuviese trabajando, por importe de trescientos euros; o la SAP La Coruña 4 diciembre 2020 (JUR 2021, 67231), que considera la validez de la renuncia acordada previamente en capitulaciones matrimoniales.

La SAP Santa Cruz de Tenerife 26 marzo 2019 *(Tol 7360022)*, por su parte, trae causa de una pensión compensatoria vitalicia pactada en capitulaciones matrimoniales con la peculiaridad de que la misma no fue fijada atendiendo a un posible desequilibrio económico que sufriera la posible beneficiaria, sino formando parte de un todo en el que se consienten y transigen ciertas cosas en función y a cambio de otras, por lo que no puede alegarse como causa de extinción la existencia de un desequilibrio, en tanto que "no puede cesar lo que no fue causa para que los cónyuges así lo acordaran".

Entre la jurisprudencia menor que reconoce la validez de la renuncia anticipada a la pensión compensatoria, *vid.*, entre otras: SAP Granada 14 mayo 2001 (AC 2001, 1599), SAP Santa Cruz de Tenerife 30 noviembre 2001 (JUR 2002, 32868), SAP Valencia 25 enero 2002 *(Tol 231401)*, SAP Valladolid 13 mayo 2002 *(Tol 1541998)*, SAP Madrid 27 noviembre 2002 (JUR 2003, 92086), SAP La Coruña 4 abril 2006 *(Tol 6088818)*, SAP Madrid 27 febrero 2007 *(Tol 1091197)*, SAP Málaga 18 febrero 2008 *(Tol 1351972)*, SAP Cádiz 29 diciembre 2011 *(Tol 2440217)*, o SAP Valencia 3 abril 2012 *(Tol 2570318)*.

Como mantiene la SAP Madrid 27 febrero 2017 (JUR 2007, 151411), no se trata de una renuncia anticipada a un derecho, sino más bien de una renuncia a la ley aplicable, a la que también se refiere el art. 6.2 CC. En el mismo sentido ya se pronunció la SAP Valencia 25 enero 2002 (*Tol 231401*) o la SAP Valencia 3 abril 2012 (*Tol 2570318*), que, referida concretamente a un pacto prematrimonial, firmado en documento privado, afirma que, entre los límites al pacto prematrimonial "no se encuentra que el derecho renunciado haya nacido, por lo que cabe la renuncia a un derecho futuro".

En la STS 30 mayo 2018 (*Tol 6630522*), referida a un pacto prematrimonial de renuncia a la pensión compensatoria, a la compensación ex art. 1438 CC, así como al uso del domicilio conyugal, pese a tratarse de una renuncia recíproca —por ambos futuros cónyuges— se acaba cuestionando la existencia de igualdad. En casación, el Alto Tribunal mantiene que "no puede deducirse atentado alguno a la igualdad, libertad o dignidad de Dña. Gloria, por el hecho de firmar pactos prematrimoniales, dado que lejos de percibirse un sometimiento al esposo o predominio del marido, lo que se evidencia es una relación de confianza en el que la esposa resulta beneficiaria de prestaciones, se acoge a su hija, se firman los pactos con suficiente antelación con respecto al matrimonio, por lo que tampoco pueden considerarse sorpresivos y una relación matrimonial no extensa temporalmente pero tampoco fugaz". Tampoco la SAP Madrid 27 febrero 2007 *(Tol 1091197)*, considera la existencia de desigualdad, en tanto que los cónyuges acordaron como justificación de la renuncia por parte de la esposa, una dotación de bienes patrimoniales, precisamente en previsión de la peor situación económica en la que podía quedar la esposa en el caso de producirse la ruptura matrimonial, como así sucedió.

La STS 13 marzo 2023 (*Tol 9459869*) trae causa de un pacto prematrimonial realizado en capitulaciones matrimoniales con anterioridad a la celebración del matrimonio, en el que las partes acordaron que el matrimonio proyectado se regiría por el régimen de separación de bienes y, entre otras estipulaciones, la número seis decía así: "manifiestan asimismo los señores comparecientes, aun advertidos por mí, (el notario) de la trascendencia y contundencia de este pacto, que quieren pactar, y en efecto pactan, que, en caso de disolución, divorcio o nulidad del matrimonio proyectado nada se reclamarán el uno al otro por ningún concepto o acción que pudiera generarse por razón del matrimonio, la convivencia, gastos, bienes, derechos u obligaciones matrimoniales, independientemente de la cuantía de los ingresos de cada uno de ellos. A excepción de las acciones que amparen a los hijos comunes, en su caso". El Tribunal Supremo declara no haber lugar a establecer pensión compensatoria a favor de la exesposa ni tampoco a la indemnización al amparo de lo establecido en el art. 1438 CC. Y, en consecuencia, para el caso de que se hubiera solicitado y obtenido el pago, procede la devolución de las cantidades abonadas por tales conceptos con sus intereses.

Concretamente, afirma la referida sentencia: "En la regulación del Código civil la compensación por desequilibrio y la compensación por el 'trabajo para la casa' tienen carácter disponible, tanto en su reclamación, que puede renunciarse, como en su configuración. Ambas se conceden solo a petición de parte y su determinación judicial debe hacerse teniendo en cuenta los acuerdos a que hubieran llegado los cónyuges (…), o a falta de acuerdo entre los cónyuges (…)". Así, si al momento del pacto se era consciente de la necesidad existente, y que quedaría sin cubrir como consecuencia de la renuncia, hemos de atenernos a lo dispuesto libremente por las partes, consecuencia de su autonomía de la voluntad.

La SAP Madrid 27 febrero 2007 *(Tol 1091197)*, por último, mantiene que "el principio de seguridad jurídica y el de la prohibición de ir contra los propios actos exige que el Juez quede vinculado a la renuncia, que tendría, así, valor de cosa juzgada".

Cuestiones relevantes

15. Aun siendo posible la referida renuncia anticipada, habrá de atenderse a que con ello no se vulnere el principio de igualdad entre los cónyuges. Igualdad que no tiene por qué interpretarse como renuncia por parte de ambos cónyuges, y para lo que habrá que atender a si la renuncia forma parte de un acuerdo transaccional más amplio.

16. Se viene considerando que la pensión por desequilibrio del art. 97 CC cumple, no solo una función reparadora o restitutiva —que es la predominante—, sino que también, en algunos casos, cumple una función asistencial o alimenticia. En consecuencia, **sería,** pues, **irrenunciable en la proporción que cumpla con aquel fin asistencial,** pues traspasaría los límites del orden público del art. 6.2 CC.

17. La intervención del juez —o del notario— en una medida como esta **ha de ser mínima** y solo estaría justificada en estos supuestos en los que se vulneren los límites a los que nos venimos refiriendo, tales como la igualdad entre los cónyuges, o bien si la pensión cumple también una función asistencial. Sí quedaría el juez —o el notario— vinculado en el resto de supuestos, pues lo contrario conllevaría una importante merma de la seguridad jurídica.

5.3. Alteración sobrevenida de las circunstancias y posible ineficacia del pacto

Es posible que, por el gran lapso de tiempo transcurrido, se hayan producido cambios y las circunstancias existentes al momento de la firma del acuerdo difieran notablemente respecto de las existentes al sobrevenir la crisis familiar, resultando, así, que el acuerdo resulta especialmente lesivo para uno de los cónyuges precisamente en el momento en el que ha de surtir efectos. En derecho civil común, donde no se regula nada al respecto, sería posible la ineficacia sobrevenida de lo pactado por aplicación de la teoría de la alteración sobrevenida de las circunstancias o cláusula *rebus sic stantibus.*

A efectos de valorar la aplicación de la referida cláusula, habríamos de situarnos, en primer lugar, en un supuesto en el que, al momento de sobrevenir la crisis familiar, se hubiese producido una alteración de las circunstancias que se tuvieron en consideración al momento de la formalización del pacto. En segundo lugar, se habrá de atender a que la alteración de las circunstancias producida conlleve un grave perjuicio para uno de los cónyuges que forman parte del pacto prematrimonial. En tercer lugar, será, además, necesario que las partes no hubieran previsto nada que resultase de aplicación al supuesto de hecho que se plantea, pues la aplicación de esta cláusula tiene en todo caso carácter subsidiario.

En cuarto lugar, en casos como, *v. gr.,* la renuncia a la pensión compensatoria, las circunstancias sobrevenidas han de estar íntimamente relacionadas con la medida en cuestión hasta el punto de posibilitar su concesión; así, la renuncia no puede dejarse sin eficacia por el simple hecho de que al cónyuge renunciante le haya sobrevenido una enfermedad, lo hayan despedido del trabajo o haya sufrido un accidente que lo haya dejado incapacitado, por mucho y grave perjuicio que ello le haya ocasionado, pues no solo eso hace surgir el derecho a la referida compensación. Han de tenerse en cuenta otra serie de circunstancias, según contempla el propio art. 97 CC. Cuestión distinta será, por ejemplo, que consecuencia de ese despido, el cónyuge afectado se acabase dedicando a las tareas de la casa y al cuidado de los hijos y que esto le supusiese una pérdida de oportunidades.

En quinto lugar, se ha de atender a la imprevisibilidad del riesgo derivado, a que el acontecimiento o cambio producido no resultase previsible. No tendría cabida la aplicación de la cláusula si, alegándose tras la crisis familiar una situación de necesidad del cónyuge demandante para dejar sin efectos su renuncia a la pensión compensatoria, se demostrase que tal situación de necesidad ya era conocida por él —ya existía— o era previsible cuando se formalizó el pacto. Ahora bien, debe quedar excluido el "riesgo normal" inherente (*v. gr.* no puede considerarse imprevisible, en el seno de un matrimonio, una alteración provocada por el nacimiento de hijos) y la reiterada alteración no puede deberse a una actuación voluntaria del cónyuge que inste la ineficacia (*v. gr.* decisión de dejar el trabajo con el objetivo de dedicarse a la casa).

Normativa reguladora

El art. 231-20.5 Código Civil catalán establece expresamente la posibilidad de que un pacto válido devenga ineficaz: "Los pactos en previsión de ruptura que en el momento en que se pretende el cumplimiento sean gravemente perjudiciales para un cónyuge no son eficaces si este acredita que han sobrevenido circunstancias relevantes que no se previeron ni podían razonablemente preverse en el momento en que se otorgaron".

Jurisprudencia

En relación con los requisitos para la aplicación de la cláusula, la SAP Zaragoza 31 marzo 2017 (*Tol 6105405*), con ocasión de un pacto prematrimonial, requiere, para la aplicación de la cláusula *rebus sic stantibus*, "una alteración de las circunstancias entre el momento de la perfección del contrato y el de consumación, una desproporción exorbitante entre las prestaciones de las partes, que ello acontezca por superveniencia de un riesgo imprevisible y, por último, la subsidiaridad por no caber otro remedio".

Una alteración de circunstancias se considera que existe, entre otras, en la SAP Granada 19 mayo 2001 (*Tol 2368686*). En cambio, se rechaza la aplicación de la cláusula en la SAP Murcia 24 octubre 2013 (*Tol 4008791*), referida a una renuncia a la pensión compensatoria; la sentencia resuelve que "la patología que presenta la recurrente no es consecuencia de la relación matrimonial, al tiempo que la situación de necesidad que se alega resulta ajena a la finalidad y objetivo de la pensión compensatoria". Asimismo, la SAP Málaga 27 octubre 2021 (*Tol 8776348*), parte del lapso temporal transcurrido desde que se suscribió el acuerdo (un año), así como de las circunstancias del caso, para rechazar que se pueda haber producido una alteración sobrevenida de las circunstancias.

La existencia de previsibilidad es el argumento usado por la SAP de La Coruña 21 julio 2021 *(Tol 8636345)*; la SAP Santander 21 septiembre 2020 *(Tol 8209265)*; la SAP Zaragoza 31 marzo 2017 *(Tol 6105405)*: "Cuando en febrero de 2007 se pacta la pensión el actor tenía 64 años, por lo que la disminución de ingresos consiguiente a su jubilación, que inició sus efectos en abril de 2008, era en ese momento perfectamente previsible"; la SAP Madrid 27 febrero 2007 *(Tol 1091197)*, que se refiere a que era "previsible, y conocido de antemano, el status económico y profesional del demandante"; o la STSJ Cataluña 13 abril 2021 *(Tol 8579317)*.

Las únicas ocasiones en las que el Tribunal Supremo se ha pronunciado sobre esta cuestión ha sido en las SSTS 24 junio 2015 (*Tol 5191042*) y 13 marzo 2023 (*Tol 9459869*), y lo ha hecho para descartar que se cumpliesen los requisitos de la reiterada cláusula. Concretamente, en esta última sentencia dice que las referidas renuncias se realizaron independientemente de los ingresos de cada uno, estando, además, acreditado que tales ingresos ya eran desiguales con anterioridad a la celebración del matrimonio.

Cuestiones relevantes

18. Si, por cumplirse los requisitos, **fuese aplicable la cláusula *rebus sic stantibus*** al pacto prematrimonial, su consecuencia puede ser, no solo la resolución o extinción —la ineficacia de la cláusula en cuestión del pacto prematrimonial—, sino que también **podría optarse por una modificación —una modulación de la cláusula—** (*v. gr.* reduciendo la cuantía de la pensión compensatoria o de la renta estipulada por resultar especialmente perjudicial para el cónyuge deudor ante las nuevas circunstancias sobrevenidas).

ESQUEMA

REGULACIÓN

1. Inexistencia de regulación en derecho común
2. Regulación expresa en Cataluña y País Vasco
3. Validez de los acuerdos según la jurisprudencia

REQUISITOS

1. Libertad de forma
2. Ventajas de la intervención notarial

PUBLICIDAD

1. Registro de la Propiedad
2. Registro Civil

CAPACIDAD

1. El supuesto del menor de edad emancipado

CONSENTIMIENTO

1. Requisitos generales del consentimiento
2. La presencia del notario a efectos de descartar vicios del consentimiento

CONTENIDO

1. Ley, moral y orden público
2. En especial, la igualdad entre los cónyuges
3. Medidas susceptibles de tener cabida en un pacto

INEFICACIA SOBREVENIDA

1. Distinción entre derecho común y derecho foral
2. Requisitos

II
RÉGIMEN ECONÓMICO MATRIMONIAL Y UNIONES DE HECHO

13 La economía del matrimonio

Pedro Chaparro Matamoros[1]

1. LAS CONSECUENCIAS PATRIMONIALES DEL MATRIMONIO

El matrimonio supone una comunión de vida personal y económica, por lo que hay que fijar un régimen que regule los derechos y obligaciones de los cónyuges respecto de la economía familiar, en tanto en cuanto aquellos tienden a diluirse como consecuencia de la vida en común. Con el nombre de "régimen económico matrimonial" se hace referencia a la ordenación jurídica de la economía del matrimonio.

El CC regula tres regímenes matrimoniales, a saber: a) sociedad de gananciales (arts. 1344 a 1410); b) régimen de participación (arts. 1411 a 1434); y c) régimen de separación de bienes (arts. 1435 a 1444).

---

1 PCDOC (acreditado a TU), Derecho civil, Universidad de Valencia.

1.1. Principio de libertad de elección del régimen económico matrimonial

Normativa reguladora

Art. 1315 CC: "El régimen económico del matrimonio será el que los cónyuges estipulen en capitulaciones matrimoniales, sin otras limitaciones que las establecidas en este Código".

Art. 1325 CC: "En capitulaciones matrimoniales podrán los otorgantes estipular, modificar o sustituir el régimen económico de su matrimonio o cualesquiera otras disposiciones por razón del mismo".

Art. 1328 CC: "Será nula cualquier estipulación contraria a las Leyes o a las buenas costumbres o limitativa de la igualdad de derechos que corresponda a cada cónyuge".

Los cónyuges son totalmente libres para elegir el régimen económico matrimonial por el que desean que se rija su matrimonio, de conformidad con el principio de la autonomía de la voluntad (art. 1315 CC) (v. a este respecto las SSTS 17 julio 1997 [*Tol 216511*] y 15 junio 2005 [*Tol 667498*]; y la RDGRN 15 junio 2007 [RJ 2007, 3241]).

La libertad de estipulación de los cónyuges es tal, que no se limita a los regímenes económico matrimoniales que regula el CC, sino que pueden optar por acogerse a otro, ya sea procedente de otro Derecho, ya sea configurado por ellos mismos. El régimen económico matrimonial elegido deberá constar en capitulaciones matrimoniales (art. 1325 CC), pudiendo otorgarse éstas tanto en un momento anterior, como posterior a la celebración del matrimonio (art. 1326 CC).

Jurisprudencia

La STS 15 junio 2005 (*Tol 667498*) aseveró que "El artículo 1325, así como el 1315 vienen a consagrar la autonomía de los cónyuges para establecer su régimen matrimonial y, dada la naturaleza contractual de las capitulaciones, el precepto autoriza a sustituir o modificar dicho régimen en el ámbito de las previsiones legales, es decir, diseñar una situación jurídica distinta" (FJ 2º).

Con todo, el propio art. 1315 CC sienta ciertas restricciones a la libertad de elección de los cónyuges, al matizar que tal libertad no tendrá "otras limitaciones que las establecidas en este Código". Este inciso se refiere, por una parte, al art. 1328 CC, que dispone que "Será nula cualquier estipulación contraria a las leyes o a las buenas costumbres o limitativa de la igualdad de derechos que corresponda a cada cónyuge"; por otra parte, dicho inciso ha de ponerse también en relación con los preceptos que regulan el denominado "régimen matrimonial primario" (arts. 1318 a 1324).

1.2. La obligatoriedad de que el matrimonio se rija por un determinado régimen económico matrimonial

Normativa reguladora

Art. 1316 CC: "A falta de capitulaciones o cuando éstas sean ineficaces, el régimen será el de la sociedad de gananciales".

Art. 1435.I.2° CC: "Existirá entre los cónyuges separación de bienes [...] 2°. Cuando los cónyuges hubieren pactado en capitulaciones matrimoniales que no regirá entre ellos la sociedad de gananciales, sin expresar las reglas por que hayan de regirse sus bienes".

La economía matrimonial debe obedecer a un determinado régimen económico; por ello, si los cónyuges no pactan régimen alguno, entra en juego lo dispuesto por el art. 1316 CC, que prevé, como régimen legal supletorio de primer grado (en defecto de capitulaciones matrimoniales, o cuando estas sean ineficaces), la sociedad de gananciales (v. a este respecto las SSTS 17 abril 1990 [RJ 1990, 2721], 20 noviembre 1991 [*Tol 1728486*] y 27 febrero 1997 [*Tol 215077*]).

Puede ocurrir, por otra parte, que los cónyuges pacten en capitulaciones matrimoniales que no rija entre ellos la sociedad de gananciales, sin determinar las reglas que regirán la economía del matrimonio; en tal supuesto, habrá que acudir al régimen supletorio de segundo grado: la separación de bienes (art. 1435.2° CC).

En el Derecho común, la instauración *ab initio* (es decir, con la celebración del matrimonio) del régimen de separación de bienes siempre requiere de la concurrencia de capitulaciones matrimoniales, bien porque se pacte directamente en ellas, bien porque en ellas se excluya la sociedad de gananciales y, en consecuencia, entre en juego la separación de bienes como régimen legal supletorio de segundo grado.

1.3. La mutabilidad del régimen económico matrimonial

Normativa reguladora

Art. 1317 CC: "La modificación del régimen económico matrimonial realizada durante el matrimonio no perjudicará en ningún caso los derechos ya adquiridos por terceros".

Art. 1325 CC: "En capitulaciones matrimoniales podrán los otorgantes estipular, modificar o sustituir el régimen económico de su matrimonio o cualesquiera otras disposiciones por razón del mismo".

El art. 1317 CC admite la posibilidad de que, constante matrimonio, los cónyuges cambien de régimen, o introduzcan variaciones al que hubiesen elegido. Dicha modificación o sustitución del régimen económico deberá constar en capitulaciones matrimoniales (art. 1325 CC). No obstante, hay que tener en cuenta que, como advierte el art. 1317 CC, la modificación realizada "no perjudicará en ningún caso los derechos ya adquiridos por terceros". Esto implica que las nuevas capitulaciones serán oponibles a terceros, respecto de las relaciones futuras de éstos con el matrimonio, desde la fecha de inscripción (art. 1333 CC); en cambio, la modificación efectuada no afectará a los derechos adquiridos por terceros durante la vigencia del régimen anterior (v. en este sentido las SSTS 30 enero 1986 [*Tol 1734636*], 4 mayo 1987 [*Tol 1738704*], 21 julio 1987 [RJ 1987, 5806], 10 septiembre 1987 [*Tol 1739889*], 18 julio 1991 [RJ 1991, 5399], 17 julio 1997 [*Tol* 216511], 7 noviembre 1997 [*Tol 216578*], 1 marzo 2006 [*Tol 866058*], 4 mayo 2006 [RJ 2006, 9596], 5 octubre 2007 [*Tol 1156467*] o 19 febrero 2014 [*Tol 4124597*]).

Jurisprudencia

La STS 30 enero 1986 (*Tol 1734636*) afirmó que el art. 1317 CC "trata de evitar el posible fraude a los terceros derivado de la modificación de las capitulaciones y que éstas perderán su eficacia en un caso como el debatido, en que totalmente fueron destinadas a defraudar a un acreedor de los otorgantes, y desde luego probado este fraude, como lo ha sido en la instancia, ha de acordarse su rescisión por esta causa, y la consiguiente ineficacia de unos contratos que habiendo reunido en su origen los requisitos esenciales para su validez y, por tanto, no siendo susceptibles de nulidad o anulabilidad, sin embargo se probó una lesión o perjuicio para los acreedores, dando así lugar a su rescisión por fraude; sin que quepa hablar de rescisión parcial, porque como un todo los contratos objeto de rescisión tuvieran (*sic*) una finalidad unívoca que impide una ineficacia parcial" (FJ 3º).

Por su parte, según la STS 17 julio 1997 (*Tol 216511*), no se requiere para la efectividad del art. 1317 CC "declaración de ineficacia o nulidad de clase alguna de las capitulaciones matrimoniales modificativas. De todo lo cual se infiere que la vía de aplicación del tantas veces repetido artículo 1.317, base de la pretensión de la parte recurrida, no es la de impugnación de las capitulaciones matrimoniales modificativas del régimen económico, puesto que el acreedor no debe perseguir la nulidad en cuestión, y solamente tendrá que probar —como ya se ha determinado así en el fundamento jurídico anterior— que su derecho había sido ya adquirido en el día que la modificación aludida se realizó" (FJ 2º).

En fin, la STS 15 junio 2005 (*Tol 667498*) señaló que "El cambio del régimen patrimonial no desplaza los derechos adquiridos con anterioridad por terceros sobre el patrimonio de los cónyuges, mientras no se publiquen en los registros correspondientes". V. en el mismo sentido la STS 26 junio 1992 (*Tol 1659895*).

La modificación del régimen económico puede tener lugar también antes del matrimonio; sin embargo, a este caso no se aplica el art. 1317 CC, puesto que lo pactado únicamente producirá efectos cuando se celebre el matrimonio (art. 1334 CC).

2. EL "RÉGIMEN MATRIMONIAL PRIMARIO"

Con tal nombre se conoce el conjunto de disposiciones que se ocupan de las cuestiones esenciales de la economía matrimonial (arts. 1318 a 1324). Constituyen reglas básicas comunes que se aplican con independencia del régimen económico matrimonial elegido. Asimismo, estas normas tienen carácter imperativo; por tanto, no pueden ser modificadas por la voluntad de los cónyuges.

2.1. La sujeción de los bienes de los cónyuges al levantamiento de las cargas del matrimonio

Normativa reguladora

Art. 1318.I CC: "Los bienes de los cónyuges están sujetos al levantamiento de las cargas del matrimonio".

Art. 1318.II CC: "Cuando uno de los cónyuges incumpliere su deber de contribuir al levantamiento de estas cargas, el Juez, a instancia del otro, dictará las medidas cautelares que estime conveniente a fin de asegurar su cumplimiento y los anticipos necesarios o proveer a las necesidades futuras".

Art. 155.I.2° CC: "Los hijos deben [...] 2° Contribuir equitativamente, según sus posibilidades, al levantamiento de las cargas de la familia mientras convivan con ella".

Art. 165.II CC: "No obstante, los padres podrán destinar los del menor que viva con ambos o con uno sólo de ellos, en la parte que le corresponda, al levantamiento de las cargas familiares, y no estarán obligados a rendir cuentas de lo que hubiesen consumido en tales atenciones".

El art. 1318.I CC establece que los bienes de los cónyuges "están sujetos al levantamiento de las cargas del matrimonio". Por cargas del matrimonio, aunque no diga nada el precepto, debe entenderse la totalidad de los gastos que se derivan de la convivencia familiar, ya sean de carácter general u ordinario (alimentación, vestido, educación, etc.), o de carácter extraordinario (por ejemplo, las actividades extraescolares de los hijos —clases de música, idiomas, etc.— o el abono del precio de ciertos servicios médicos excluidos de la Seguridad Social —tratamientos bucodentales, servicios ortopédicos, audífonos, etc.—).

Jurisprudencia

Sobre la noción de cargas del matrimonio, señalan las STSS 31 mayo 2006 (*Tol 952779*) y 5 noviembre 2019 *(Tol 7580282)* que "la noción de cargas del matrimonio debe identificarse con la de sostenimiento de la familia, debiendo ser atendidas tales cargas por ambos cónyuges en cuanto abarcan todas las obligaciones y gastos que exija la conservación y adecuado sostenimiento de los bienes del matrimonio y los contraídos en beneficio de la unidad familiar".

Por su parte, la STS 17 febrero 2014 (*Tol 4119495*) afirmó a este respecto que "La descripción más ajustada de lo que puede considerarse cargas del matrimonio la encontramos en el art. 1362, 1ª del C. Civil, mencionando los gastos relativos al sostenimiento de la familia, alimentación y educación de hijos comunes y las atenciones de previsión acomodadas a los usos y circunstancias de la familia, que se limita a los esposos y sus hijos" (FJ 3º).

Se excluyen del concepto de cargas del matrimonio, como recuerda la STS 24 abril 2018 (*Tol 6591963*), "los pagos correspondientes a la amortización del préstamo hipotecario que grava la vivienda familiar, pues de la amortización del préstamo habrá de responder quien lo suscribió pero por razón de dicha obligación así contraída y no por la existencia de matrimonio entre los prestatarios. Además, en este caso la vivienda es de propiedad del esposo —único prestatario— por lo que habrá de ser él quien quede obligado" (FJ 3º). V. en este mismo sentido la STS 17 febrero 2014 (*Tol 4119495*).

Respecto del porcentaje de contribución de cada cónyuge al levantamiento de tales cargas, nada dice tampoco el precepto, por lo que hay que entender que dependerá del régimen económico matrimonial pactado.

Así, en caso de que rija la separación de bienes, dispone el art. 1438 CC que, a falta de pacto, los cónyuges contribuirán de forma proporcional "a sus respectivos recursos económicos". En caso de que sea aplicable la sociedad de gananciales, contribuirán al levantamiento de las cargas del matrimonio, en primer lugar, los bienes comunes (art. 1362 CC); si no son suficientes, se aplicará la regla del art. 1438 CC.

Por otra parte, pueden generar las cargas matrimoniales tanto los cónyuges como los hijos, comunes y no comunes, que convivan con ellos en el domicilio familiar. En cambio, no constituyen carga del matrimonio los gastos generados por los hijos mayores de edad que no vivan en el domicilio familiar. En cuanto a los sujetos obligados al levantamiento de tales cargas, lo están no solo los cónyuges (según resulte del régimen económico matrimonial aplicable), sino también los hijos que convivan en el domicilio familiar, en la parte que les corresponda (de conformidad con los arts. 155.I.2º y 165.II CC.

Si uno de los cónyuges incumpliere su deber de contribuir al levantamiento de las cargas del matrimonio, "el Juez, a instancia del otro, dictará las medidas cautelares que estime conveniente a fin de asegurar su cumplimiento y los anticipos necesarios o proveer a las necesidades futuras" (art. 1318.II CC). Tales medidas podrían ser, entre otras: a) la retención del sueldo; o b) el embargo y/o realización de bienes.

2.2. *Las litis expensas*

Normativa reguladora

Art. 1318.III CC: "Cuando un cónyuge carezca de bienes propios suficientes, los gastos necesarios causados en litigios que sostenga contra el otro cónyuge sin mediar mala fe o temeridad, o contra tercero si redundan en provecho de la familia, serán a cargo del caudal común y, faltando éste, se sufragarán a costa de los bienes propios del otro cónyuge cuando la posición económica de éste impida al primero, por imperativo de la Ley de Enjuiciamiento Civil, la obtención del beneficio de justicia gratuita".

El art. 1318.III CC establece el derecho de *litis expensas* para los cónyuges. Se trata de un derecho que actúa de forma subsidiaria, pudiendo únicamente concederse cuando el cónyuge que las solicite carezca de bienes propios suficientes para sufragar los gastos causados en litigios que sostenga contra el otro cónyuge sin mediar mala fe o temeridad, o contra tercero si redundan en provecho de la familia. En caso de concederse por el juez, los referidos gastos serán de cargo del caudal común y, faltando éste, se sufragarán a costa de los bienes propios del otro cónyuge, cuando la posición económica de este impida al primero la obtención del beneficio de justicia gratuita (regulado actualmente en la Ley 1/1996, de 10 de enero, de Asistencia Jurídica Gratuita).

Jurisprudencia

Ya de antiguo la STS 22 octubre 1951 (RJ 1951, 2605) afirmó que, "si a la mujer, por la escasez de sus bienes propios correspondiera litigar como pobre y no puede sin embargo obtener ese beneficio por ser un obstáculo para ello la estimación de los bienes del marido, se produciría en ella un estado de indefensión que debe evitarse otorgándole la *litis expensas* con cargo a los bienes gananciales y aun a otros que no lo sean, pues con todos ha de atenderse al levantamiento de las cargas del matrimonio".

Por su parte, la STS 2 abril 2012 (*Tol 2516808*) ha matizado que el art. 1318.III CC debe interpretarse conjuntamente con el art. 3.3 de la Ley 1/1996, de 10 de enero, de Asistencia Jurídica Gratuita, que afirma que "Los medios económicos podrán, sin embargo, ser valorados individualmente, cuando el solicitante acredite la existencia de intereses familiares contrapuestos en el litigio para el que se solicita la asistencia". Así pues, de una interpretación conjunta de ambos preceptos resulta que:

1) los gastos que el cónyuge acredite para seguir un litigio que sostenga contra el otro cónyuge, deben ser costeados por el caudal común;

2) a falta de caudal común, el cónyuge que no tenga bienes propios debe acudir al beneficio de justicia gratuita, porque solo hay derecho a *litis expensas* a costa del otro cónyuge cuando la posición de éste impida al litigante obtener el beneficio y a la vista de lo que dispone el art. 3.3

Ley 1/1996, en este caso la existencia de intereses familiares contrapuestos permite la valoración individual de los medios económicos del litigante, por lo que la posición económica del cónyuge "rico" no va a impedir la obtención del beneficio de justicia gratuita; y

3) subsidiariamente, cuando ello no sea posible, deberá aplicarse la última parte del art. 1318. III CC, de modo que los gastos judiciales se "sufragarán a costa de los bienes del otro cónyuge".

Así, de las reglas que se derivan de la STS 2 abril 2012 (*Tol 2516808*), resulta que:

1º) si no hay bienes propios, se debe litigar a costa del caudal común;

2º) si no hay caudal común, el cónyuge litigante debe solicitar el beneficio de justicia gratuita. Pueden pasar dos cosas, en función de los intereses que se defiendan:

a) si se defienden intereses de la familia contra tercero, y la posición del otro cónyuge impide la obtención del beneficio de justicia gratuita, se le concederán al cónyuge litigante las *litis expensas* a costa de los bienes del cónyuge "rico"; pero

b) si se defienden intereses contrapuestos, sin mala fe o temeridad (p. ej., el cónyuge que no tiene medios quiere litigar contra el otro para separarse o divorciarse), cabe, de acuerdo al art. 3.3 LAJG, que se valoren sus medios de forma individual para la obtención del beneficio de justicia gratuita; por lo que si no tiene medios lo obtendrá a pesar de que no procediese como consecuencia de superar los ingresos de la unidad familiar los umbrales fijados.

En este caso (defensa de intereses contrapuestos), si el cónyuge "pobre" no solicita el beneficio de justicia gratuita, no tendrá derecho a las *litis expensas* a costa del caudal del otro cónyuge, puesto que sólo hay derecho a ellas, "cuando la posición de éste impida al litigante obtener el beneficio y a la vista de lo que dispone el art. 3.3 Ley 1/1996, en este caso la existencia de intereses familiares contrapuestos permite la valoración individual de los medios económicos del litigante, por lo que la posición económica del cónyuge rico no va a impedir la obtención del beneficio de la justicia gratuita" (STS 2 abril 2012 [*Tol 2516808*]).

2.3. *La potestad doméstica*

Normativa reguladora

Art. 1319 CC: "Cualquiera de los cónyuges podrá realizar los actos encaminados a atender las necesidades ordinarias de la familia, encomendadas a su cuidado, conforme al uso del lugar y a las circunstancias de la misma.

> De las deudas contraídas en el ejercicio de esta potestad responderán solidariamente los bienes comunes y los del cónyuge que contraiga la deuda y, subsidiariamente, los del otro cónyuge.
>
> El que hubiere aportado caudales propios para satisfacción de tales necesidades tendrá derecho a ser reintegrado de conformidad con su régimen matrimonial".
>
> Art. 1365.I.1° CC: "Los bienes gananciales responderán directamente frente al acreedor de las deudas contraídas por un cónyuge: 1°. En el ejercicio de la potestad doméstica o de la gestión o disposición de gananciales, que por ley o por capítulos le corresponda".
>
> Art. 1438 CC: "Los cónyuges contribuirán al sostenimiento de las cargas del matrimonio. A falta de convenio lo harán proporcionalmente a sus respectivos recursos económicos. El trabajo para la casa será computado como contribución a las cargas y dará derecho a obtener una compensación que el Juez señalará, a falta de acuerdo, a la extinción del régimen de separación".
>
> Art. 1440.II CC: "En cuanto a las obligaciones contraídas en el ejercicio de la potestad doméstica ordinaria responderán ambos cónyuges en la forma determinada por los artículos 1.319 y 1.438 de este Código".
>
> El art. 1319.I CC consagra la denominada "potestad doméstica". Ésta consiste en la posibilidad que tienen ambos cónyuges de realizar "los actos encaminados a atender las necesidades ordinarias de la familia, encomendadas a su cuidado, conforme al uso del lugar y a las circunstancias de la misma".

Los cónyuges pueden distribuir entre ellos los actos de potestad doméstica (habla, así, el art. 1319.I CC, de necesidades ordinarias "encomendadas a su cuidado" [de cada uno de ellos]); si tal distribución no existe, habrá que estar al uso del lugar y a las circunstancias de la familia.

A su vez, del art. 1319.II CC resulta que, de las deudas contraídas en el ejercicio de la potestad doméstica, responden solidariamente los bienes comunes y los del cónyuge que contraiga la deuda y, subsidiariamente, los del otro cónyuge. La responsabilidad solidaria de los bienes comunes se explica en atención a que se trata de actos encaminados a atender necesidades ordinarias de la familia, es decir, actos que redundan en el bienestar familiar. Por su parte, el otro cónyuge, toda vez que no deudor, responde (si bien subsidiariamente) porque debe contribuir al levantamiento de las cargas del matrimonio (art. 1318.I CC).

Los arts. 1365.I.1° y 1440.II CC se refieren a la responsabilidad de los cónyuges en el ejercicio de la potestad doméstica en los regímenes de sociedad de gananciales y separación de bienes, respectivamente.

En fin, el art. 1319.III CC regula la esfera interna de las relaciones económicas entre los cónyuges. Así, el cónyuge que hubiere aportado caudales propios para satisfacción de las necesidades ordinarias de la familia, "tendrá derecho a ser reintegrado de conformidad con su régimen matrimonial". Esto significa que el reintegro se efectuará atendiendo a la medida en que cada cónyuge debe contribuir al levantamiento de las cargas del matrimonio, de acuerdo con el régimen económico matrimonial aplicable.

Jurisprudencia

Las SSTS 11 diciembre 2019 (*Tol 7628261*), 4 febrero 2020 (*Tol 7831819*), 1 junio 2020 (*Tol 7966063*) y 27 septiembre 2021 (*Tol 8614980*), establecen que, salvo que se demuestre que el titular lo usó en beneficio propio, procede el reembolso del dinero privativo que se ingresó en una cuenta corriente conjunta, y ello, pese a que el titular no hubiese hecho reserva del derecho de reembolso en el momento del ingreso del dinero en la cuenta.

En relación con la responsabilidad de los cónyuges en el ejercicio de la potestad doméstica en el régimen de separación de bienes, la STS 4 febrero 2021 (*Tol 8310094*) sostuvo que "La regla general en el régimen económico matrimonial de separación de bienes es que las obligaciones contraídas por cada cónyuge son de su exclusiva responsabilidad, tal y como establece el art. 1440.I CC. Sin embargo, y de manera excepcional, cuando uno de los cónyuges actúe en el ejercicio de la potestad doméstica y contraiga obligaciones para atender las necesidades ordinarias de la familia, el otro responderá de manera subsidiaria de su cumplimiento en virtud de la remisión del art. 1440.II CC al art. 1319.II CC. Esta regla permite que, a pesar de la separación patrimonial, el tercero pueda exigir responsabilidad al cónyuge que no contrató ni generó la deuda contraída para satisfacer las necesidades ordinarias de la familia. La excepción a la regla de separación de responsabilidades se justifica por la comunidad de vida propia del matrimonio y beneficia a los acreedores al mismo tiempo que favorece el mayor crédito de los cónyuges para atender a las necesidades familiares. Por ello, a pesar de que el precepto no limita los actos o contratos que generen obligaciones siempre que se dirijan al fin previsto en la norma, será preciso, para que el acreedor pueda exigir responsabilidad al cónyuge con el que no contrató, si no la prueba cumplida del concreto uso o destino del gasto, lo que escapa a las posibilidades de conocimiento y prueba del tercero, sí al menos una apariencia razonable de su destino familiar y doméstico" (FJ 4º).

2.4. Los actos de disposición de derechos que recaigan sobre la vivienda habitual y los muebles de uso ordinario de la familia

Normativa reguladora

Art. 1320 CC: "Para disponer de los derechos sobre la vivienda habitual y los muebles de uso ordinario de la familia, aunque tales derechos pertenezcan a uno solo de los cónyuges, se requerirá el consentimiento de ambos o, en su caso, autorización judicial.

La manifestación errónea o falsa del disponente sobre el carácter de la vivienda no perjudicará al adquirente de buena fe".

Señala el art. 1320.I CC que, para disponer de los derechos sobre la vivienda habitual y los muebles de uso ordinario de la familia, "se requerirá el consentimiento de ambos o, en su caso, autorización judicial", y ello, aunque tales derechos pertenezcan a uno solo de los cónyuges. La norma es imperativa, y se aplica sea cual sea el régimen económico matrimonial aplicable (v. en este sentido STS 31 mayo 1994 [RJ 1994, 10330]). Su fundamento es el de tratar de lograr que exista consenso en una decisión tan delicada como es la disposición de la vivienda habitual, lugar donde se produce la convivencia familiar.

Jurisprudencia

Señala la STS 8 octubre 2010 (*Tol 1972276*) que el consentimiento constituye una medida de control, que se presenta como declaración de voluntad de conformidad con el negocio jurídico ajeno —es decir, concluido por otro— por la que un cónyuge tolera o concede su aprobación a un acto en el que no es parte, siendo requisito de validez del acto de disposición, ya que su ausencia determina la anulabilidad del negocio jurídico en cuestión.

La STS 26 abril 1995 (*Tol 1667422*), por su parte, sostuvo que la finalidad de la norma es "atender a las necesidades de alojamiento familiar durante el matrimonio" (FJ 3º). En el mismo sentido se pronunció, anteriormente, la STS 22 septiembre 1988 (*Tol 1735993*).

Para la RDGSJFP 16 junio 2020 (*Tol 8028388*), el art. 1320 CC "implica un límite a la libertad de disposición del cónyuge que es titular exclusivo de la vivienda familiar, cualquiera que haya sido el título de adquisición y el régimen económico matrimonial que rija en el matrimonio, que se justifica por la protección de los intereses familiares que la legislación considera superiores a los individuales de cada cónyuge. De esta forma, se pretende evitar las consecuencias de la arbitrariedad o mala voluntad de quien ostenta la propiedad exclusiva, exigiendo el consentimiento de ambos cónyuges o, en su caso, autorización judicial, para que sea válida su enajenación o la constitución de hipoteca sobre tales bienes" (FJ 5º).

La vivienda a la que se refiere el precepto es aquella en la que los cónyuges constituyen el núcleo familiar, y que reúne los caracteres de habitabilidad, habitualidad y carácter familiar. Como es posible que haya diversas viviendas en las que tenga lugar la convivencia familiar, existe consenso en la doctrina y en la jurisprudencia en considerar que la vivienda familiar es aquella en la que los cónyuges han fijado el domicilio conyugal. El mobiliario afectado por el precepto es aquel que sea de uso ordinario de la familia, lo que excluye, por tanto, los bienes de uso exclusivamente personal de cada cónyuge.

Jurisprudencia

Si bien lo lógico es que los conceptos de vivienda familiar (esto es, el domicilio) y de vivienda habitual de la familia sean coincidentes (pues es de suyo suponer que el domicilio es el lugar en el que la familia reside habitualmente), pudiera ocurrir que ello no fuera así, debiendo tenerse en cuenta que la vivienda que tutela el art. 1320.I CC es "la vivienda habitual", sin mayores precisiones. No obstante, la DGRN ha considerado que, en realidad, la vivienda "sujeta a un régimen especial de disposición" es el domicilio conyugal, con independencia de que sea, o no, el inmueble en el que efectivamente residan de forma habitual los cónyuges [v. a este respecto la RDGRN 9 octubre 2018 (*Tol 6864643*) y la RDGSJFP 16 junio 2020 (*Tol 8028388*)].

La norma exige ser interpretada de forma restrictiva, habida cuenta su carácter limitativo. Ello significa que, si el acto de disposición no priva a la familia del uso de la vivienda familiar (por ejemplo, transmisión de la nuda propiedad con reserva del usufructo a favor de la familia), no será necesario que concurra la autorización o consentimiento del cónyuge no titular.

Jurisprudencia

De modo exhaustivo, la RDGRN 13 junio 2018 (*Tol 6646217*) explicó que "Atendiendo a la finalidad de la exigencia legal y a la terminología utilizada, es claro que se encuentran comprendidos dentro del ámbito de aplicación de la norma las enajenaciones voluntarias, a título oneroso (como la compraventa o la aportación del inmueble a una sociedad, aunque fuera unipersonal) o a título gratuito (como la donación) del inmueble, incluso, respecto de las realizadas a título oneroso, aquellas cuya finalidad fuera obtener el dinerario suficiente para adquirir a continuación otro inmueble más amplio, mejor situado o más conveniente para el mismo fin; y, en general, todos aquellos actos que impliquen sustraer al uso común los derechos sobre la vivienda familiar (que es la expresión que utiliza el artículo 190.1 del Código de Derecho Foral de Aragón. Atendiendo a esa finalidad y a esa terminología, es igualmente claro que se encuentran comprendidas dentro del ámbito de aplicación de la norma la constitución de un usufructo o de un derecho de uso o habitación o la constitución de una hipoteca en garantía de una obligación ya que, en caso de incumplimiento, se puede producir la realización forzosa del inmueble. Mientras que, en los casos de constitución de un derecho real de uso y disfrute, la sustracción de la vivienda al uso de la familia es real y efectiva, en los casos de constitución de una hipoteca, esa sustracción es meramente potencial (Sentencia del Tribunal Supremo, Sala Primera, de 8 de octubre de 2010 [RJ 2010, 7445]), pero ese carácter potencial que tiene la sustracción no exime del requisito del doble consentimiento" (FJ 6º).

Respecto de la constitución de una servidumbre de paso, la misma sentencia referida en el párrafo precedente (RDGRN 13 junio 2018 [(*Tol 6646217*)]) aseveró que "La constitución del derecho real de servidumbre que grave la vivienda familiar habitual es un acto dispositivo que, en principio, entra en el ámbito del artículo 1320 del Código Civil. No obstante, atendiendo a la interpretación jurisprudencial de este precepto legal, debe entenderse que la prevención establecida en el mismo no es aplicable en el presente caso, por tratarse de una servidumbre externa a la vivienda habitual que sólo afecta a una parte de un elemento anejo a dicha vivienda (la azotea, que aun cuando forma parte del mismo edificio en régimen de propiedad horizontal tiene acceso directo e independiente desde la calle), sin que exista elemento objetivo alguno (*cfr.* la descripción de la servidumbre en el apartado I de los «Hechos») del que resulte posibilidad de eliminación o sustancial privación del goce de la vivienda o perturbación de la convivencia familiar en la misma. Además, como alega el recurrente, ni siquiera impide que los propietarios del predio sirviente usen la zona de azotea afectada por la servidumbre, pues el uso no es exclusivo del predio dominante, y así se especifica en las normas de su constitución" (FJ 7º).

Por su parte, la RDGSJFP 18 febrero 2021 (*Tol 8341646*) consideró que cuando se dispone de la nuda propiedad "no se conculca la finalidad práctica de esta norma, que es impedir que los actos unilaterales del cónyuge titular con carácter privativo puedan provocar el desalojo del hogar familiar" (FJ 8º).

En caso de que el cónyuge no titular se niegue injustificadamente a prestar su consentimiento, o no tenga capacidad para consentir, se deberá acudir al juez, solicitando la autorización que supla el consentimiento de aquel. El juez concederá, o no, dicha autorización, en función de lo que mejor convenga al interés familiar.

Nada dice el precepto sobre la sanción que procede en caso de que falte el consentimiento del cónyuge no titular. Hay que entender aplicable, a este supuesto, lo dispuesto en el art. 1322 CC. Se deben distinguir tres supuestos:

a) si la vivienda es un bien privativo de uno solo de los cónyuges, el acto de disposición (ya sea a título oneroso o gratuito) en el que no concurra el consentimiento del otro, y no haya sido expresa o tácitamente confirmado por éste, podrá ser anulado a instancia de dicho cónyuge no titular (art. 1322.I CC);

b) si la vivienda es un bien común, el acto de disposición a título oneroso en el que falte la autorización de uno de los cónyuges será anulable a instancia de éste (art. 1322.I CC); y

c) por último, si la vivienda es un bien común, y el acto de disposición que se realiza es a título gratuito, éste será nulo si falta el consentimiento de uno de los cónyuges (arts. 1322.II y 1378 CC). En este último supuesto no es necesaria la protección dispensada por el art. 1320 CC, puesto que se aplican directamente las normas propias del régimen de sociedad de gananciales (arts. 1377 y 1378 CC).

Por último, el art. 1320.II CC contiene una norma destinada a proteger al adquirente de buena fe, a quien no afectará la manifestación "errónea o falsa del disponente sobre el carácter de la vivienda" (v. en este sentido las RRDGRN 9 marzo 2000 [*Tol 133035*] y 6 marzo 2004 [*Tol 376696*]). Aunque no lo diga el precepto, el adquirente protegido por la norma es un adquirente a título oneroso.

2.5. La atribución al cónyuge supérstite del ajuar doméstico de la vivienda habitual en el supuesto de fallecimiento de uno de los cónyuges

Normativa reguladora

Art. 1321 CC: "Fallecido uno de los cónyuges, las ropas, el mobiliario y enseres que constituyan el ajuar de la vivienda habitual común de los esposos se entregarán al que sobreviva, sin computárselo en su haber.

No se entenderán comprendidos en el ajuar las alhajas, objetos artísticos, históricos y otros de extraordinario valor".

El art. 1321.I CC establece que, fallecido uno de los cónyuges, "las ropas, el mobiliario y enseres que constituyan el ajuar de la vivienda habitual común de los esposos se entregarán al que sobreviva, sin computárselo en su haber" (la STS 19 mayo 2000 [*Tol 1570*] califica tal norma de imperativa y, por ende, inderogable por la voluntad de los cónyuges manifestada en una disposición testamentaria). Este haber está integrado tanto por la cuota que le corresponda al cónyuge supérstite en la liquidación del régimen económico matrimonial aplicable, como por la cuota que le corresponda en concepto de herencia del cónyuge fallecido.

Los objetos a que se refiere el precepto son aquellos que constituyan el ajuar doméstico de la vivienda familiar habitual, ya sean de carácter ganancial o privativo del cónyuge fallecido. Quedan excluidos, con todo, los objetos de uso exclusivamente personal de éste. Por otra parte, la referencia a la "vivienda habitual común" excluye los objetos que se hallen en viviendas de uso no habitual (segundas residencias, viviendas de temporada, etc.) y en viviendas cuya titularidad corresponda, de manera exclusiva, a uno de los cónyuges.

Asimismo, el art. 1321.II CC excluye del ajuar doméstico "las alhajas, objetos artísticos, históricos y otros de extraordinario valor".

2.6. Las consecuencias jurídicas de los actos patrimoniales realizados sin concurrir el consentimiento de ambos cónyuges en los casos en que sea preciso

Normativa reguladora

Art. 1322 CC: "Cuando la Ley requiera para un acto de administración o disposición que uno de los cónyuges actúe con el consentimiento del otro, los realizados sin él y que no hayan sido expresa o tácitamente confirmados podrán ser anulados a instancia del cónyuge cuyo consentimiento se haya omitido o de sus herederos.

No obstante, serán nulos los actos a título gratuito sobre bienes comunes si falta, en tales casos, el consentimiento del otro cónyuge".

Art. 1377 CC: "Para realizar actos de disposición a título oneroso sobre bienes gananciales se requerirá el consentimiento de ambos cónyuges.

Si uno lo negare o estuviere impedido para prestarlo, podrá el Juez autorizar uno o varios actos dispositivos cuando lo considere de interés para la familia. Excepcionalmente acordará las limitaciones o cautelas que estime convenientes".

Art. 1378 CC: "Serán nulos los actos a título gratuito si no concurre el consentimiento de ambos cónyuges. Sin embargo, podrá cada uno de ellos realizar con los bienes gananciales liberalidades de uso".

El art. 1322 CC ya ha sido objeto de comentario al analizar la sanción aplicable al caso de que falte el consentimiento del cónyuge no titular, cuando se disponga de derechos sobre la vivienda habitual y los muebles de uso ordinario de la familia.

El art. 1322.I CC establece, recordemos, la anulabilidad de los actos de administración o disposición realizados por uno de los cónyuges sin el consentimiento del otro, en aquellos casos en que la Ley lo requiera (v. a este respecto la STS 22 diciembre 1992 [*Tol 1662435*]). Por actos de disposición sobre bienes gananciales ha de entenderse, según la STS 7 marzo 1996 (*Tol 1659388*), "los que afectan gravemente, con carácter duradero o extraordinario, al aprovechamiento de los mismos".

En virtud del art. 1375 CC, no mediando pacto en las capitulaciones, "la gestión y disposiciones de los bienes gananciales corresponde conjuntamente a los cónyuges". Añade el art. 1377.1 CC que "Para realizar actos de disposición a título oneroso sobre bienes gananciales se requerirá el consentimiento de ambos cónyuges". Por tanto, de una lectura conjunta de ambos preceptos se desprende que serán anulables los actos de administración y los actos de disposición a título oneroso de bienes gananciales realizados por uno solo de los cónyuges (v. en este sentido, entre muchas otras, las SSTS 15 enero 2008 [*Tol 1235318*], 23 septiembre 2010 [*Tol 1952692*] y 16 abril 2012 [*Tol 2538945*]).

También se vio que, en caso de ser la vivienda un bien privativo de uno de los cónyuges, el acto de disposición (ya sea a título oneroso o gratuito) en el que no concurra el consentimiento del cónyuge no titular, podrá ser anulado a instancia de éste.

El art. 1322.II CC, por su parte, dispone la nulidad radical de los actos a título gratuito sobre bienes comunes realizados sin el consentimiento del otro cónyuge. Tal norma, no obstante, resulta reiterativa a la vista del art. 1378 CC (primer inciso), referido a los bienes gananciales, según el cual "Serán nulos los actos a título gratuito si no concurre el consentimiento de ambos cónyuges". La citada prohibición no alcanza, sin embargo, a las liberalidades de uso relativas a bienes gananciales, que quedan excluidas de la sanción de nulidad (art. 1378 CC, segundo inciso).

2.7. *Libertad de contratación entre los cónyuges*

Normativa reguladora

Art. 1323 CC: "Los cónyuges podrán transmitirse por cualquier título bienes y derechos y celebrar entre sí toda clase de contratos".

El art. 1323 CC establece el principio de libertad de contratación entre los cónyuges, al disponer que éstos "podrán transmitirse por cualquier título bienes y derechos y celebrar entre sí toda clase de contratos".

Jurisprudencia

La STS 19 diciembre 1997 (*Tol 216032*) afirma que los cónyuges "podrán transmitirse cualquier tipo de bienes, celebrando toda clase de contratos y esta transmisión no solo operará sobre bienes de la exclusiva pertenencia de uno de ellos, sino también podrá referirse a posibles derechos inherentes en favor de cada cónyuge sobre su cuota ganancial". V. en el mismo sentido las RRDGRN 10 marzo 1989 (RJ 1989, 2468) y 28 mayo 1996 (RJ 1996, 4012).

La STS 6 junio 2019 *(Tol 7301152)* confirmó la legitimidad del acuerdo. *ex* art. 1323 CC, al que los cónyuges llegaron sobre el reparto por mitad del plan de pensiones del marido en caso de un eventual rescate; otorgando, en consecuencia, el carácter de ganancial a dicho plan de pensiones.

La celebración del matrimonio no constriñe, por tanto, la libertad de contratación de los cónyuges, que podrán celebrar entre sí toda clase de contratos, ya sean relativos a bienes privativos o a bienes comunes. Es decir, el matrimonio no implica la inexistencia de autonomía económica de los cónyuges. La validez de cada contrato deberá ser analizada a la luz de las normas generales relativas a cada tipo de contrato.

2.8. *La confesión de que un determinado bien es de carácter privativo*

Normativa reguladora

Art. 1324 CC: "Para probar entre cónyuges que determinados bienes son propios de uno de ellos, será bastante la confesión del otro, pero tal confesión por sí sola no perjudicará a los herederos forzosos del confesante, ni a los acreedores, sean de la comunidad o de cada uno de los cónyuges".

La confesión es una declaración de voluntad por la cual uno de los cónyuges reconoce que un determinado bien es de carácter privativo del otro. Por tanto, la confesión perjudica al que la realiza. Puede realizarse, bien constante matrimonio, bien disuelto éste, pero antes de la liquidación de la sociedad conyugal.

Por otro lado, la confesión sobre la titularidad de los bienes constituye prueba suficiente para destruir la presunción de titularidad de los bienes, cuando se trata de dilucidar el carácter del bien entre los cónyuges o entre éstos y los herederos voluntarios (v. en este sentido las SSTS 8 octubre 2004 [*Tol 509279*] y 15 enero 2020 [*Tol 7691016)*]. Así, la presunción de ganancialidad que deriva del art. 1361 CC, para el régimen de gananciales (STS 18 mayo 1992 [*Tol 1662544*]); o la presunción de que los bienes pertenecen por mitad a ambos cónyuges, en los regímenes de separación y de participación (art. 1441 CC).

Sin embargo, si las dudas acerca de la naturaleza del bien afectan a los herederos forzosos del confesante, o a los acreedores (sean de la sociedad conyugal o de cada uno de los cónyuges), la confesión no desvirtúa, por sí sola, la fuerza de las presunciones (v. a este respecto las SSTS 10 julio 1995 [*Tol 1667947*], 30 octubre 1996 [*Tol 1658841*] y 27 mayo 2005 [*Tol 725229*]; la RDGRN 4 octubre 2010 [RJ 2010, 5274] y la RDGSJFP 30 junio 2022 [*Tol 9138925*]).

3. LAS CAPITULACIONES MATRIMONIALES

3.1. Concepto y contenido de las capitulaciones matrimoniales

Normativa reguladora

Art. 1325 CC: "En capitulaciones matrimoniales podrán los otorgantes estipular, modificar o sustituir el régimen económico de su matrimonio o cualesquiera otras disposiciones por razón del mismo".

Art. 1326 CC: "Las capitulaciones matrimoniales podrán otorgarse antes o después de celebrado el matrimonio".

Con la denominación de capitulaciones matrimoniales se alude al negocio jurídico celebrado por los cónyuges, antes o después de la celebración del matrimonio (art. 1326 CC), y accesorio a éste (RRDGRN 8 enero 2004 [RJ 2004, 2371] y 22 noviembre 2005 [*Tol 775846*]), por el cual se establece el régimen económico matrimonial que va a regir las relaciones económicas de la familia. Es una de las manifestaciones más claras de la operatividad de la autonomía de la voluntad en el ámbito del Derecho de familia. Se trata de un contrato accesorio del matrimonio, porque lo dispuesto solo tiene efectos si existe matrimonio; e, igualmente, las vicisitudes del matrimonio afectan a la eficacia del mismo (por ejemplo, su falta de celebración o su nulidad).

Las capitulaciones matrimoniales se otorgan, por tanto, para estipular el régimen económico matrimonial aplicable. Pero, además, pueden los cónyuges otorgar capitulaciones matrimoniales para sustituir aquél por otro (ya sea previsto legalmente, o atípico), o modificarlo (art. 1325 CC). Las normas que estipulen los cónyuges en capitulaciones matrimoniales dejarán de tener efecto una vez disuelto el matrimonio, o, si se otorgaron antes de la celebración de este, en el caso de que no se contrajera en el plazo de un año (art. 1334 CC).

En otro orden de ideas, de la literalidad del art. 1325 CC se desprende que en las capitulaciones matrimoniales es posible, incluso, prescindir de hacer referencia al régimen económico matrimonial aplicable (que, obviamente, en Derecho común será la sociedad de gananciales), pudiendo limitarse los cónyuges, en su caso, a "estipular, modificar o sustituir [...] cualesquiera otras disposiciones por razón del mismo" (por ejemplo, el reconocimiento de un hijo extramatrimonial, acuerdos en previsión de una futura crisis matrimonial o donaciones *propter nuptias* entre cónyuges).

Cuestiones relevantes

1. Téngase en cuenta, no obstante, que no son capitulaciones matrimoniales las **manifestaciones vertidas en escritura notarial por los esposos cuya única finalidad es la de confirmar el régimen económico matrimonial determinado por la Ley** (v. en este sentido las RRDGRN 22 noviembre 2005 (*Tol 775846*) y 5 mayo 2011 (JUR 2012, 147877).

3.2. Forma de las capitulaciones matrimoniales

Normativa reguladora

Art. 1327 CC: "Para su validez, las capitulaciones habrán de constar en escritura pública".

La validez de las capitulaciones matrimoniales se supedita a que consten en escritura pública (arts. 1280.3º y 1327 CC) (v. en este sentido las SSTS 7 noviembre 1990 [*Tol 1729549*], 6 junio 1994 [*Tol 1664979*] y 20 marzo 2000 [*Tol 2288987*]). En caso contrario, las capitulaciones matrimoniales serán nulas de raíz.

Puede ocurrir también, como ya he explicado, que las capitulaciones matrimoniales contengan disposiciones que no revistan naturaleza capitular (art. 1325 *in fine* CC). Éstas, no obstante lo anterior, serán válidas aun sin concurrir el formalismo previsto en el art.

1327 CC; esto es, pueden contenerse en un documento complementario, pero es recomendable que consten en las capitulaciones matrimoniales y se eleven a escritura pública, a efectos de una mayor eficacia probatoria. De la misma forma, la modificación de estas estipulaciones que, contenidas en las capitulaciones matrimoniales, no revistan carácter capitular, no requerirá de escritura pública (STS 4 febrero 1995 [*Tol 1666991*]).

Jurisprudencia

La RDGRN 19 junio 2003 (RJ 2003, 6172) ha precisado que no son inscribibles en el Registro Civil unas capitulaciones matrimoniales que tienen como contenido exclusivo establecer unas estipulaciones para el supuesto de que en un futuro se produjera una separación judicial y/o un divorcio.

3.3. *Límites a la libertad de pacto en capitulaciones matrimoniales*

Normativa reguladora

Art. 1328 CC: "Será nula cualquier estipulación contraria a las Leyes o a las buenas costumbres o limitativa de la igualdad de derechos que corresponda a cada cónyuge".

El art. 1328 CC contiene una serie de limitaciones a la libertad de estipulación capitular de los cónyuges. Concretamente, será nula "cualquier estipulación contraria a las leyes o a las buenas costumbres o limitativa de la igualdad de derechos que corresponda a cada cónyuge" (v. a este respecto la STS 18 junio 2012 [*Tol 2572135*]).

La sanción impuesta por el art. 1328 CC es, como se observa, la nulidad parcial de las capitulaciones; estas subsistirán sin la estipulación que sea considerada nula, siempre y cuando tal estipulación no hubiera sido determinante a la hora de celebrar todos o algunos de los pactos restantes.

3.4. *Capacidad para otorgar capitulaciones matrimoniales*

Normativa reguladora

Art. 1329 CC: "El menor no emancipado que con arreglo a la Ley pueda casarse podrá otorgar capitulaciones, pero necesitará el concurso y consentimiento de sus padres o tutor, salvo que se limite a pactar el régimen de separación o el de participación".

En general, pueden otorgar capitulaciones matrimoniales los cónyuges o los futuros esposos (art. 1326 CC). Esta regla general venía a completarse con lo dispuesto en los arts. 1329 y 1330 CC (en relación con el cónyuge menor de edad no emancipado y con el cónyuge incapacitado, respectivamente). si bien el primero de ellos se encuentra tácitamente derogado y el segundo ha sido suprimido por la reciente reforma operada por la Ley 8/2021, de 2 de junio, por la que se reforma la legislación civil y procesal para el apoyo a las personas con discapacidad en el ejercicio de su capacidad jurídica.

Cuestiones relevantes

2. Así, y respecto del art. 1329 CC (referido al caso del menor no emancipado con capacidad nupcial), cabe recordar que el art. 46.I.1° CC prohíbe celebrar matrimonio a "Los menores de edad no emancipados", si bien hasta el año 2015 existía la posibilidad de que el Juez de Primera Instancia pudiera dispensar, concurriendo justa causa, y a instancia de parte, el impedimento de edad a partir de los 14 años (ex antiguo art. 48.II CC). Sin embargo, tal dispensa fue suprimida del art. 48 CC por la disposición final 1.2 de la Ley 15/2015, de 2 de julio, de la Jurisdicción Voluntaria. Así las cosas, **de una interpretación sistemática del Código Civil cabe colegir que el art. 1329 CC ha quedado derogado tácitamente.**

Por su parte, el art. 1330 CC disponía que "El incapacitado judicialmente sólo podrá otorgar capitulaciones matrimoniales con la asistencia de sus padres, tutor o curador". Este complemento de capacidad era interpretado como un mero asentimiento de los representantes legales que completaba la capacidad de quien otorgaba (habida cuenta que las capitulaciones matrimoniales son un negocio personalísimo), siendo la anulabilidad de aquéllas la consecuencia de la ausencia de dicho complemento de capacidad.

En la actualidad, con la desaparición de la figura del incapacitado judicial y el reconocimiento de la plena capacidad de las personas, pierde sentido el art. 1330 CC, por lo que fue suprimido por la Ley 8/2021, de 2 de junio, por la que se reforma la legislación civil y procesal para el apoyo a **las personas con discapacidad** en el ejercicio de su capacidad jurídica. Así las cosas, quienes **hoy en día pueden casarse, pueden igualmente otorgar capitulaciones matrimoniales por sí solos, sin la asistencia de padres o curador.**

3.5. La modificación de las capitulaciones matrimoniales

Normativa reguladora

Art. 1325 CC: "En capitulaciones matrimoniales podrán los otorgantes estipular, modificar o sustituir el régimen económico de su matrimonio o cualesquiera otras disposiciones por razón del mismo".

Art. 1327 CC: "Para su validez, las capitulaciones habrán de constar en escritura pública".

Art. 1331 CC: "Para que sea válida la modificación de las capitulaciones matrimoniales deberá realizarse con la asistencia y concurso de las personas que en éstas intervinieron como otorgantes si vivieren y la modificación afectare a derechos concedidos por tales personas".

Art. 1332 CC: "La existencia de pactos modificativos de anteriores capitulaciones se indicará mediante nota en la escritura que contenga la anterior estipulación y el Notario lo hará constar en las copias que expida".

El art. 1325 CC, recordemos, permite la modificación de las capitulaciones matrimoniales, que deberá constar en escritura pública para ser válida (art. 1327 CC). Asimismo, para la validez de la modificación, esta "deberá realizarse con la asistencia y concurso de las personas que en éstas [en las capitulaciones] intervinieron como otorgantes si vivieren y la modificación afectare a derechos concedidos por tales personas" (art. 1331 CC).

Es decir, en el caso de que hubiesen intervenido en las capitulaciones otras personas distintas a los cónyuges (por ejemplo, haciéndoles donaciones o disposiciones de derechos a su favor), la modificación de aquellas que afecte a tales derechos solo será válida con el concurso de las personas que hubiesen realizado las liberalidades, cuando estuviesen vivas. Si los donantes no viviesen al tiempo de la modificación, ésta podrá efectuarse válidamente sin su intervención. Por otra parte, la modificación efectuada sin respetar la previsión del art. 1331 CC dará lugar a la nulidad parcial de las nuevas capitulaciones, en todo aquello que afecte a los derechos concedidos por los terceros.

La modificación de las anteriores capitulaciones se indicará mediante nota en la escritura que contenga la anterior estipulación, haciéndolo constar el notario en las copias que expida (art. 1332 CC).

3.6. *La publicidad registral de las capitulaciones matrimoniales*

Normativa reguladora

Art. 1333 CC: "En toda inscripción de matrimonio en el Registro Civil se hará mención, en su caso, de las capitulaciones matrimoniales que se hubieren otorgado, así como de los pactos, resoluciones judiciales y demás hechos que modifiquen el régimen económico del matrimonio. Si aquéllas o éstos afectaren a inmuebles, se tomará razón en el Registro de la Propiedad, en la forma y a los efectos previstos en la Ley Hipotecaria".

El art. 1333 CC, primer inciso, dispone que en la inscripción del matrimonio en el Registro Civil "se hará mención, en su caso, de las capitulaciones matrimoniales que se hubieran otorgado, así como de los pactos, resoluciones judiciales y demás hechos que modifiquen el régimen económico del matrimonio". Se trata de una previsión destinada a que los terceros que se relacionan con los cónyuges conozcan el régimen económico matrimonial por el que se rige el matrimonio, así como la capacidad de disposición y responsabilidad de cada cónyuge.

Asimismo, si las capitulaciones matrimoniales o los pactos, resoluciones judiciales y demás hechos que modifiquen el régimen económico matrimonial, afectan a bienes inmuebles, tendrán acceso al Registro de la Propiedad (arts. 1333 CC, *in fine*, y 75.I RH).

En cambio, no son inscribibles en el Registro Civil las capitulaciones otorgadas antes de la celebración del matrimonio (arts. 1333 CC y 266.VII RRC, *a sensu contrario*). Sin embargo, sí podrían inscribirse en el Registro de la Propiedad, cuando afectasen a bienes inmuebles, y ello mediante anotación preventiva, que se convertirá en inscripción, una vez acreditada la celebración del matrimonio, o se cancelará, "si, transcurridos un año y dos meses desde la fecha de las capitulaciones, no se hubiere acreditado que el matrimonio se celebró dentro del plazo de un año desde dicha fecha" (art. 75.II RH).

3.7. *La ineficacia e invalidez de las capitulaciones matrimoniales*

Normativa reguladora

Art. 1334 CC: "Todo lo que se estipule en capitulaciones bajo el supuesto de futuro matrimonio quedará sin efecto en el caso de no contraerse en el plazo de un año".

Art. 1335 CC: "La invalidez de las capitulaciones matrimoniales se regirá por las reglas generales de los contratos. Las consecuencias de la anulación no perjudicarán a terceros de buena fe".

El art. 1334 CC se refiere a la ineficacia de las capitulaciones matrimoniales pactadas bajo el supuesto de matrimonio futuro. En tal caso, señala dicho precepto que todo lo pactado "quedará sin efecto en el caso de no contraerse [el matrimonio] en el plazo de un año". Por tanto, la eficacia de tales capitulaciones queda sometida a la efectiva celebración del matrimonio; si éste no se celebra, tales capitulaciones devendrán ineficaces.

Tal previsión, no afecta, sin embargo, a la eficacia de las eventuales disposiciones que no se encuentren condicionadas a la celebración del matrimonio.

En fin, el art. 1335 CC alude a la invalidez de las capitulaciones matrimoniales, supuesto que se regirá por las reglas generales de los contratos. De ser inválidas las capitulaciones, se aplicará el régimen legal supletorio de primer grado, es decir, la sociedad de gananciales (art. 1316 CC).

El último inciso del art. 1335 CC contiene una norma destinada a proteger a los terceros de buena fe, a los que no perjudicarán las consecuencias de la anulación de las capitulaciones.

Jurisprudencia

La STS 18 junio 2012 (*Tol 2572135*) explicó que "Debe recordarse que el art. 1135 CC establece que la invalidez de las capitulaciones «[s]e regirá por las reglas generales de los contratos», por lo que declarada la falta de causa, se produce un defecto estructural de dicho capítulo y el tipo de ineficacia que debe ser aplicado es la nulidad. De aquí que, ejercitada esta acción y declarada la nulidad, no pueda aplicarse el plazo de caducidad establecido en el art. 1301 CC, que rige para los casos de anulabilidad, como ha reiterado esta Sala" (FJ 6º).

4. LAS DONACIONES *PROPTER NUPTIAS*

Normativa reguladora

Art. 1336 CC: "Son donaciones por razón de matrimonio las que cualquier persona hace, antes de celebrarse, en consideración al mismo y en favor de uno o de los dos esposos".

El art. 1336 CC se refiere a las donaciones por razón de matrimonio, esto es, aquellas que cualquier persona hace (ya sea cónyuge o tercero), con carácter previo a la celebración del matrimonio (*antenupcialidad*), en consideración al mismo y en favor de uno o de los dos cónyuges.

Se trata de donaciones que presentan ciertas especialidades con respecto a las donaciones ordinarias, si bien, en línea de principio, se rigen por las reglas ordinarias (STS 5 junio 2000 [*Tol 171689*]), contempladas en los arts. 618 a 656 CC, salvo cuando fueran de aplicación las normas especiales, reguladas en los arts. 1338 a 1343 CC (art. 1337 CC).

Por otra parte, constituyen una donación condicional a la vista del art. 1342 CC, según el cual, pueden ser objeto de ineficacia sobrevenida si el matrimonio no llegara a contraerse en el plazo de un año desde que se realizaron.

Son donaciones *propter nuptias*, por ejemplo, los regalos de boda. Tradicionalmente, la donación *propter nuptias* por excelencia era la constitución de la dote, a cargo del padre de la futura esposa. Un caso especial lo constituye la donación de un inmueble para que el matrimonio conviva, con la obligación de cuidar y alimentar a la donante, que se reserva el usufructo del mismo (v. en este sentido las SSTS 6 febrero 1954 [RJ 1954, 689] y 23 junio 1960 [RJ 1960, 2106]).

4.1. *Capacidad de los otorgantes*

Normativa reguladora

Art. 1338 CC: "El menor no emancipado que con arreglo a la Ley pueda casarse, también puede en capitulaciones matrimoniales o fuera de ellas hacer donaciones por razón de su matrimonio, con la autorización de sus padres o del tutor. Para aceptarlas, se estará a lo dispuesto en el título II del libro III de este Código".

En general, la capacidad del donante se rige por lo dispuesto en el art. 624 CC (podrán donar todos los que puedan contratar y disponer libremente de sus bienes). La donación *propter nuptias* puede ser efectuada, como dice el art. 1336 CC, por "cualquier persona"; es decir, sea cónyuge o tercero. Donatario será, como resulta lógico, uno o ambos cónyuges.

Cuestiones relevantes

3. Por lo demás, aún hoy permanece en nuestro Código Civil, aunque **tácitamente derogado** mediante una interpretación sistemática, **el art. 1338 CC,** el cual contiene una norma especial relativa a los menores no emancipados que tuviesen capacidad nupcial, posibilidad que, como he tenido ocasión de explicar, ya no existe en la actualidad.

4.2. *Efectos de la donación propter nuptias*

Normativa reguladora

Art. 1339 CC: "Los bienes donados conjuntamente a los esposos pertenecerán a ambos en *pro indiviso ordinario* y por partes iguales, salvo que el donante haya dispuesto otra cosa".

Art. 1340 CC: "El que diere o prometiere por razón de matrimonio sólo estará obligado a saneamiento por evicción o vicios ocultos si hubiere actuado con mala fe".

El art. 1339 CC establece el régimen de titularidad de los bienes que hayan sido donados conjuntamente a ambos esposos, al señalar que aquellos "pertenecerán a ambos en pro indiviso ordinario y por partes iguales, salvo que el donante haya dispuesto otra cosa". Por consiguiente, si nada dice el donante, se crea entre los futuros esposos una comunidad de bienes ordinaria con respecto a los bienes donados.

Jurisprudencia

La STS 30 enero 2004 (*Tol 348563*) sostiene que las donaciones *propter nuptias* son "donaciones que por realizarse «antes de celebrarse» el matrimonio, nunca pueden calificarse como bienes gananciales (arts. 1344 y 1345 del Código Civil) y así lo establece el art. 1339" (FJ 6º). Por tanto, los bienes donados por razón de matrimonio pertenecerán con carácter privativo a los cónyuges. En el caso concreto, el alto tribunal estimó que "Las pruebas aportadas a los autos acreditan que tales regalos fueron hechos exclusivamente a la esposa y no conjuntamente a ambos futuros contrayentes pues no existe en autos prueba alguna que permita afirmar esa donación conjunta a ambos. Por tanto, debe declararse la propiedad exclusiva de la recurrente sobre los repetidos regalos [...]" (FJ 6º).

Recientemente, la STS 25 abril 2022 (*Tol 8920760*) consideró que "no cabe utilizar como argumento para la determinación de la naturaleza jurídica de los fondos controvertidos, el hecho de que fueran transferidos a una cuenta abierta a nombre de ambos esposos", puesto que "El ánimo de liberalidad a favor de la nuera no se presume" (FJ 5º).

Por su parte, el art. 1340 CC consagra una regla especial en materia de evicción o vicios ocultos de la cosa donada. A diferencia de lo proclamado en el art. 638 CC, según el cual el donante no está obligado al saneamiento de lo donado (salvo si la donación fuera onerosa), el art. 1340 CC obliga a sanear por evicción o vicios ocultos al que diere o prometiere por razón de matrimonio, si hubiere actuado con mala fe (es decir, sin advertir al donatario de la concurrencia de causas que determinan la evicción de la cosa donada, o de que ésta padece de defectos no manifiestos).

4.3. Donaciones entre esposos: bienes presentes y futuros

Normativa reguladora

Art. 1341 CC: "Por razón de matrimonio los futuros esposos podrán donarse bienes presentes.

Igualmente podrán donarse antes del matrimonio en capitulaciones bienes futuros, sólo para el caso de muerte, y en la medida marcada por las disposiciones referentes a la sucesión testada".

El art. 1341.I CC permite que los futuros esposos puedan donarse mutuamente, por razón de matrimonio, bienes presentes, esto es, bienes que, al tiempo de realizarse la donación, se encuentran ya en el patrimonio del donante.

Por su parte, el art. 1341.II CC dispone que los futuros esposos "podrán donarse antes del matrimonio en capitulaciones bienes futuros, solo para el caso de muerte, y en la medida marcada por las disposiciones referentes a la sucesión testada". La norma se aparta de lo dispuesto en el art. 635.I CC, que prohíbe la donación de bienes futuros, entendidos éstos como "aquellos de que el donante no puede disponer al tiempo de la donación" (art. 635.II CC). Por tanto, una vez fallecido el donante, adquirirá la propiedad de los bienes futuros donados en capitulaciones matrimoniales, el otro cónyuge, siempre y cuando sobreviva al donante.

Cuestiones relevantes

4. En realidad, y como ha puesto de manifiesto algún autor, los requisitos que exige el art. 1341.II CC para la eficacia de la donación de bienes futuros entre los esposos ponen de manifiesto que, más que una donación propia, **el precepto regula la posibilidad de pactos sucesorios entre los cónyuges incorporados al contenido de las capitulaciones matrimoniales.**

4.4. *Ineficacia de las donaciones propter nuptias*

Normativa reguladora

Art. 1342 CC: "Quedarán sin efecto las donaciones por razón de matrimonio si no llegara a contraerse en el plazo de un año".

El art. 1342 CC se refiere a la ineficacia sobrevenida de las donaciones por razón de matrimonio, que tendrá lugar en el caso de que éste no llegue a contraerse en el plazo de un año desde la realización de la liberalidad (v. a este respecto la STS 6 abril 2000 [*Tol 1516*]).

Por tanto, la no celebración del matrimonio funciona como una condición resolutoria que producirá sus efectos *ex nunc;* esto es, la donación quedará sin efecto únicamente cuando, cumplido el año, no se hubiera celebrado el matrimonio del que trae causa. Evidentemente, el mandato legal no empece a que el donante pueda, voluntariamente, prolongar el plazo de un año a que se refiere el art. 1342 CC.

Por otra parte, la donación devendría ineficaz desde el momento en que el matrimonio no pudiera celebrarse, y ello aunque no hubiese transcurrido el plazo de un año. Especialmente, por muerte de uno de los futuros esposos.

4.5. *La revocación de la donación propter nuptias*

Normativa reguladora

Art. 1343 CC: "Estas donaciones serán revocables por las causas comunes, excepto la supervivencia o superveniencia de hijos.

En las otorgadas por terceros, se reputará incumplimiento de cargas, además de cualesquiera otras específicas a que pudiera haberse subordinado la donación, la anulación del matrimonio por cualquier causa, la separación y el divorcio si al cónyuge donatario le fueren imputables, según la sentencia, los hechos que los causaron.

En las otorgadas por los contrayentes, se reputará incumplimiento de cargas, además de las específicas, la anulación del matrimonio si el donatario hubiere obrado de mala fe. Se estimará ingratitud además de los supuestos legales, el que el donatario incurra en causa de desheredación del artículo 855 o le sea imputable, según la sentencia, la causa de separación o divorcio".

El art. 1343 CC contempla el caso de la revocación de la donación *propter nuptias.* Así, dispone el primer párrafo de dicho precepto que tal donación será revocable por las causas comunes, quedando excluidas de dicho elenco la supervivencia o superveniencia de hijos del donante (supuestos contemplados en el art. 644 CC).

Asimismo, en las donaciones hechas por terceros, se reputará incumplimiento de cargas, además de cualesquiera otras específicas a que pudiera haberse subordinado la donación, la anulación del matrimonio por cualquier causa (art. 1343. II CC). El art. 1343.II CC añade que también se considera "incumplimiento de cargas" la separación y el divorcio "si al cónyuge donatario le fueren imputables, según la sentencia, los hechos que los causaron". Sin embargo, tras la entrada en vigor de la Ley 15/2005, de 8 de julio, el precepto ha quedado vacío de contenido, porque la separación y el divorcio ya no tienen causa.

En fin, en las donaciones entre cónyuges, se reputará incumplimiento de cargas, además de las específicas, la anulación del matrimonio si el donatario hubiere obrado de mala fe. Por otra parte, se estimará ingratitud, junto a los supuestos legales, el hecho de que el donatario incurra en causa de desheredación del art. 855 CC (art. 1343.III CC) (v. a este respecto la STS 5 noviembre 1993 [*Tol 1663478*]). El art. 1343.III CC añade que también se estimará ingratitud que al cónyuge donatario "le sea imputable, según la sentencia, la causa de separación o divorcio", expresión de la que cabe realizar las mismas consideraciones que se hicieron al abordar el comentario del art. 1343.II CC en el párrafo precedente.

ESQUEMA

LAS CONSECUENCIAS PATRIMONIALES DEL MATRIMONIO

1. Libertad de elección del REM
2. Obligatoriedad de que el matrimonio se rija por un determinado REM
3. Mutabilidad del REM

EL "RÉGIMEN MATRIMONIAL PRIMARIO"

1. La sujeción de los bienes de los cónyuges al levantamiento de las cargas del matrimonio
2. Las *litis expensas*
3. La potestad doméstica
4. Los actos de disposición de derechos que recaigan sobre la vivienda habitual y los muebles de uso ordinario de la familia
5. La atribución al cónyuge supérstite del ajuar doméstico de la vivienda habitual en caso de fallecimiento del otro
6. Las consecuencias jurídicas de los actos patrimoniales realizados sin concurrir el consentimiento de ambos cónyuges en los casos en que sea preciso
7. Libertad de contratación entre los cónyuges
8. La confesión de que un determinado bien es de carácter privativo

LAS CAPITULACIONES MATRIMONIALES

1. Concepto y contenido de las capitulaciones matrimoniales
2. Forma de las capitulaciones matrimoniales
3. Límites a la libertad de pacto en capitulaciones matrimoniales
4. Capacidad para otorgar capitulaciones matrimoniales
5. La modificación de las capitulaciones matrimoniales
6. La publicidad registral de las capitulaciones matrimoniales
7. La ineficacia e invalidez de las capitulaciones matrimoniales

LAS DONACIONES *PROPTER NUPTIAS*

1. Capacidad de los otorgantes
2. Efectos de la donación *propter nuptias*
3. Donaciones entre esposos: bienes presentes y futuros
4. Ineficacia de las donaciones *propter nuptias*
5. La revocación de la donación *propter nuptias*

14 La sociedad de gananciales: bienes privativos y bienes gananciales

José Ramón de Verda y Beamonte[1]

Sumario: 1. CONCEPTO. 2. CONSTITUCIÓN. 3. LOS BIENES PRIVATIVOS. 3.1. Bienes privativos por su naturaleza o por el modo o tiempo de adquisición. 3.2. Bienes privativos por subrogación real. 3.3. Bienes privativos por derecho de retracto. 3.4. Bienes privativos por su especial vinculación con el cónyuge adquirente. 3.4.1. Los bienes y derechos patrimoniales inherentes a la persona y los no transmisibles inter vivos (pensiones de jubilación y fondos de pensiones). 3.4.2. El resarcimiento por daños inferidos a la persona de uno de los cónyuges o a sus bienes privativos (indemnizaciones por incapacidad).. 3.5. Bienes privativos por su especial destino personal. 3.6. Otros bienes privativos. 4. LOS BIENES GANANCIALES. 4.1. Bienes gananciales por naturaleza o de carácter primario (indemnizaciones por despido). 4.2. Bienes gananciales por subrogación real. 4.3. Bienes gananciales por razón especial (en especial, los comprados a plazos). 5. LA ATRIBUCIÓN VOLUNTARIA DEL CARÁCTER GANANCIAL A LOS BIENES Y EL DERECHO DE REMBOLSO DEL DINERO PRIVATIVO EMPLEADO EN SU ADQUISICIÓN. 6. LA PRESUNCIÓN DEL CARÁCTER GANANCIAL DE LOS BIENES. 7. LOS CRÉDITOS ENTRE PATRIMONIOS PRIVATIVO Y GANANCIAL (REMBOLSO DE DINERO PRIVATIVO INGRESADO EN CUENTAS COMUNES).

1. CONCEPTO

El art. 1344 CC establece que "Mediante la sociedad de gananciales se hacen comunes para los cónyuges las ganancias o beneficios obtenidos indistintamente por cualquiera de ellos, que les serán atribuidos por mitad al disolverse aquella".

Este régimen económico matrimonial presupone la existencia de tres patrimonios distintos: dos, que son los compuestos por los bienes privativos de cada uno de los cónyuges; y un tercero, que es formado por los bienes comunes de ambos.

La sociedad de gananciales es una comunidad de tipo germano, al concurrir en ella una de sus características definitorias, esto es, el ser los comuneros propietarios de un todo, sin distinción de cuotas. Durante su vigencia, ambos cónyuges son propietarios de los bienes gananciales; sin embargo, estos no tienen una cuota ideal del 50% sobre cada uno de ellos, por lo que no pueden transmitirla: solo cabe que los dos dispongan de la totalidad del bien (por ejemplo, vendiéndolo o hipotecándolo), de común acuerdo [SSTS 11 abril 1972 (RAJ 1972, 1666), 26 septiembre 1986 *(Tol 1733500)*, 13 julio 1988 *(Tol 1735747)*, 26 septiembre 1988 *(Tol 1734586)*, 17 enero 2018 *(Tol 6484723)* y 29 noviembre 2018 *(Tol 6956937)*]. El estado de indivisión cesará con la disolución (por ejemplo, por divorcio o muerte de uno de los cónyuges) y la liquidación de la so-

1 CU, Derecho civil, Universidad de Valencia.

ciedad de gananciales, mediante la cual se atribuirán (por mitad) a los cónyuges o a sus herederos bienes concretos, sea en propiedad exclusiva, sea en comunidad ordinaria.

Se trata del régimen económico matrimonial legal supletorio de primer grado en el Derecho común, como se deduce de lo dispuesto en el art. 1316 CC, según el cual "A falta de capitulaciones o cuando estas sean ineficaces, el régimen será el de la sociedad de gananciales".

2. CONSTITUCIÓN

Normativa reguladora

Conforme al art. 1345 CC, "La sociedad de gananciales empezará en el momento de la celebración del matrimonio o, posteriormente, al tiempo de pactarse en capitulaciones". Por tanto, en el Derecho común la sociedad de gananciales rige siempre que, en capitulaciones matrimoniales, los contrayentes no hayan optado por otro régimen distinto, antes de casarse o posteriormente, vigente el matrimonio.

Hay que recordar que, como ya se ha dicho en el capítulo precedente, el cambio de régimen económico debe constar en el Registro Civil para proteger los actos que se realicen frente a terceros y, si la modificación afectare a inmuebles, se tomará razón en el Registro de la Propiedad (art. 1333 CC, arts. 32 y 34 LH).

También la sociedad de gananciales puede constituirse, cuando, tras producirse la disolución por haber pedido un acreedor el embargo de bienes gananciales por deudas privativas de uno de los cónyuges, en el plazo de tres meses, el cónyuge del deudor opte en documento público por el comienzo de una nueva sociedad de gananciales (art. 1374 en relación con el art. 1373 CC).

3. LOS BIENES PRIVATIVOS

Normativa reguladora

Los bienes privativos, a los que se refiere el art. 1346 CC (complementado por otros preceptos), engloban varias categorías.

3.1. *Bienes privativos por su naturaleza o por el modo o tiempo de adquisición*

Son privativos de cada uno de los cónyuges:

a) "Los bienes, animales y derechos que le pertenecieran al comenzar la sociedad" (art. 1346.1 CC).

Por lo tanto, el momento relevante para la atribución de carácter privativo a un bien es el de la constitución de la sociedad, y no, el de la celebración del matrimonio. Hay que tener en cuenta que es posible que los cónyuges pactaran un régimen de separación antes de casarse y, posteriormente, constante el matrimonio, lo cambiaran por el de sociedad de gananciales.

Cuestiones relevantes

1. Atendiendo al momento de su adquisición, también **son privativos los bienes comprados por precio aplazado con anterioridad al comienzo de la sociedad por uno de los cónyuges, aunque, en todo o en parte, hayan sido pagados con dinero ganancial** sin perjuicio del correspondiente derecho de rembolso de la sociedad (art. 1.357.1 CC).

De esta regla se exceptúa la vivienda familiar comprada a plazos antes del matrimonio y el ajuar doméstico (art. 1357.II CC), a los que se aplica el art. 1354 CC, de modo que "corresponderán pro indiviso a la sociedad de gananciales y al cónyuge o cónyuges en proporción al valor de las aportaciones respectivas".

b) "Los que adquiera después por título gratuito" (art. 1346.2 CC).

Esta mención incluye los bienes que cada cónyuge, después de casado, adquiera, p. ej., de sus padres, por donación y por sucesión hereditaria, como herencia o legado.

Jurisprudencia

La STS 15 enero 2024 (*Tol 9846576*) observa que son privativos por adquisición gratuita (art. 1346.II CC) los bienes adquiridos por el padre del marido cuando éste todavía estaba soltero y posteriormente (ya casado) puestos a nombre de este último, en dos escrituras de "compraventa", sin haber pagado precio alguno.

Cuestiones relevantes

2. Hay que tener en cuenta, no obstante, lo dispuesto en los arts. 1339 CC y 1353.3º CC, que establecen, respectivamente, el carácter ganancial de las **donaciones que se hicieran a ambos cónyuges por razón del matrimonio,** salvo que el donante hubiera dispuesto otra cosa, e igualmente dicha naturaleza a los bienes donados o dejados en testamento a los cónyuges conjuntamente y sin especial designación de partes, constante la sociedad, siempre que la liberalidad fuere aceptada por ambos y el donante o testador no hubiere dispuesto lo contrario.

3.2. *Bienes privativos por subrogación real*

Son privativos los bienes "adquiridos a costa o en sustitución de bienes privativos" (art. 1346.3 CC). Se trata de una aplicación del principio de subrogación real, por lo que p.ej., sería privativo el coche que, constante el matrimonio, adquiriera uno de los cónyuges con dinero que le pertenezca íntegramente.

Cuestiones relevantes

3. Esta regla general tiene, no obstante, sus excepciones, como las previstas en los arts. 1346.4º y 1352 CC, en los términos que se dirá posteriormente; así, como en el 1355 CC, precepto que, como se verá, permite a los cónyuges atribuir voluntariamente a un bien carácter ganancial, cualquiera que sea la procedencia de los fondos que se utilicen para su adquisición.

3.3. *Bienes privativos por derecho de retracto*

Son privativos, los "adquiridos por derecho de retracto perteneciente a uno so— lo de los cónyuges" (art. 1346.4 CC). Por lo tanto, si uno solo de los cónyuges es inquilino de una vivienda y ejercita el derecho de retracto para adquirirla, porque el propietario la ha enajenado a un tercero sin notificárselo previamente, dicha vivienda tendrá carácter privativo; y ello, aunque la haya pagado con dinero común, si bien, en este caso, la sociedad será acreedora del cónyuge propietario por el importe satisfecho (art. 1346, párrafo último, CC).

Cuestiones relevantes

4. También son privativas las nuevas **acciones u otros títulos o participaciones sociales suscritos como consecuencia de la titularidad de otros privativos, y las cantidades obtenidas por la enajenación del derecho a suscribir** (art. 1352.I CC); y ello; sin perjuicio de que, si para el pago de la suscripción se utilizaren fondos comunes o se emitieran las acciones con cargo a los beneficios, se reembolsará el valor satisfecho (art. 1352. II CC).

3.4. Bienes privativos por su especial vinculación con el cónyuge adquirente

Hay otros bienes, cuyo carácter privativo derivan de su especial vinculación con el cónyuge adquirente.

3.4.1. Los bienes y derechos patrimoniales inherentes a la persona y los no transmisibles inter vivos (pensiones de jubilación y fondos de pensiones)

A esta categoría pertenecen "Los bienes y derechos patrimoniales inherentes a la persona y los no transmisibles inter vivos" (art. 1346.5º CC), como, p. ej., los derechos de uso o habitación (art. 525 CC).

Cuestiones relevantes

5. La titularidad del derecho a percibir una pensión de jubilación tiene carácter privativo, pues corresponde exclusivamente al cónyuge "que la generó con su actividad laboral, y su nacimiento y su extinción dependen de vicisitudes estrictamente personales del mismo (el hecho de su jubilación, en cuanto al primero, y el de su eventual fallecimiento, en cuanto al segundo)" [STS 20 diciembre 2003 (*Tol 340936*)]: se trata, pues, "de un derecho personal del trabajador" [STS 20 diciembre 2004 (*Tol 645282*)], sin perjuicio de que, como sucede con los salarios, **las pensiones percibidas durante la vigencia de la sociedad de gananciales tengan carácter ganancial** (art. 1349 CC).

Por las mismas razones, según observa la STS 27 febrero 2007 (*Tol 1044146*), tienen carácter privativo los **planes de pensiones suscritos durante la vigencia de la sociedad de gananciales,** pues su función es la "de completar las pensiones de jubilación a que tendría derecho el partícipe" "en el momento de su retiro". Por lo tanto, **las cantidades**

percibidas durante la vigencia de la sociedad tienen carácter ganancial y la percibidas después de su extinción carácter privativo. Para este último caso, hay que tener en cuenta que, por aplicación del art. 1361 CC, se presume que las aportaciones realizadas durante la vigencia de la sociedad de gananciales tienen carácter ganancial (claramente lo serán si se realizan por el empleador del titular), dando lugar a un derecho de crédito en favor de la sociedad, por lo que, al tiempo de la liquidación, habrá de procederse al reembolso a la sociedad de las cantidades gananciales aportadas actualizadas en virtud del art. 1397.3° CC, "si bien como es lógico la percepción de los importes que en su día dé el plan tienen carácter privativo" [SAP Vizcaya 10 abril 2014 (*Tol 4423259*)].

3.4.2. El resarcimiento por daños inferidos a la persona de uno de los cónyuges o a sus bienes privativos (indemnizaciones por incapacidad).

También tiene carácter privativo "El resarcimiento por daños inferidos a la persona de uno de los cónyuges o a sus bienes privativos" (art. 1346.6º CC), p.ej., la indemnización que, en caso de accidente de tráfico, pueda corresponder a una persona por las lesiones sufridas o los daños al vehículo del que es titular.

Cuestiones relevantes

6. La titularidad del derecho a cobrar indemnizaciones por incapacidad permanente absoluta para trabajar de uno de los cónyuges tiene carácter privativo, con independencia de su origen, es decir, sea este público (pensiones básicas de Seguridad Social) o privado (como sucede cuando dichas indemnizaciones se perciben en virtud de una póliza colectiva de seguro concertada por la empresa para la que se trabaja, con el fin de mejorar la cobertura del riesgo), pero **las cantidades cobradas periódicamente por el beneficiario durante la vigencia de la sociedad de gananciales tienen carácter ganancial,** en virtud de lo dispuesto en el art. 1349 CC (no las cobradas después de su extinción, que tienen, obviamente, carácter privativo).

Así lo constata la STS (Pleno) 14 diciembre 2017 *(Tol 6454498*), que afirma que, "por su propia naturaleza y función, la titularidad de esta pensión guarda una estrecha conexión con la personalidad (es inherente a la persona, art. 1346.5.° CC) y con el concepto de resarcimiento de daños personales (art. 1346.6.° CC), con independencia de que hayan sido «inferidos» por otra persona, sean consecuencia de un accidente o procedan de una enfermedad común)". "El reconocimiento del carácter privativo de la pensión —observa— tiene como consecuencia que, después de la disolución de la sociedad, el beneficiario no debe compartir la pensión con su cónyuge (ni, en su caso, con los herederos del cónyuge premuerto)"; y añade: "Cuestión distinta es que (...) las cantidades percibidas periódicamente durante la vigencia de la sociedad tienen carácter ganancial, dado que el art. 1349 CC no distingue en función del origen de las pensiones y atribuye carácter común a todas las cantidades devengadas en virtud de una pensión privativa durante la vigencia de la sociedad".

Por lo tanto, las cantidades percibidas durante la vigencia de la sociedad tienen carácter ganancial y la percibidas después de su extinción carácter privativo. Para este último caso, hay que tener en cuenta que, por aplicación del art. 1361 CC, se presume que las aportaciones realizadas durante la vigencia de la sociedad de gananciales tienen carácter ganancial (claramente lo serán si se realizan por el empleador del titular), dando lugar a un derecho de crédito en favor de la sociedad, por lo que, al tiempo de la liquidación, habrá de procederse al reembolso a la sociedad de las cantidades gananciales aportadas actualizadas en virtud del art. 1397.3° CC, "si bien como es lógico la percepción de los importes que en su día dé el plan tienen carácter privativo" [SAP Vizcaya 10 abril 2014 *(Tol 4423259)*].

7. No obstante, la STS 20 septiembre 2019 *(Tol 7513197)*, en relación con el **seguro de amortización de un préstamo hipotecario (pedido para pagar una vivienda de carácter ganancial), concertado para el caso de invalidez permanente absoluta,** ha declarado que el asegurado no es titular de un crédito contra la sociedad de gananciales por el importe de la suma pagada por la aseguradora a la entidad bancaria como consecuencia de la declaración de la invalidez. Dice, así, que "No estamos ahora ante una indemnización percibida por el marido como consecuencia de su incapacidad y que él haya aplicado al pago de una deuda ganancial. Estamos ante un pago efectuado por la aseguradora a la entidad prestamista, que es la beneficiaria del seguro, aunque ello sea por haberse producido el reconocimiento de la incapacidad del esposo asegurado". "En consecuencia, no estamos ante una indemnización privativa cobrada por un cónyuge, sino ante el pago efectuado como consecuencia de un seguro concertado precisamente con la finalidad de amortizar una deuda de la sociedad de gananciales, es decir, con la finalidad de cubrir el riesgo de insolvencia de pago del préstamo hipotecario que, por lo dicho, era una deuda ganancial".

3.5. Bienes privativos por su especial destino personal

Hay una serie de bienes que tienen carácter privativo por su especial destino personal:

a) "Las ropas y objetos de uso personal que no sean de extraordinario valor" (art. 1346.7 CC).

b) "Los instrumentos necesarios para el ejercicio de la profesión u oficio [p. ej., la biblioteca de un abogado o los aperos de labranza de un agricultor], salvo cuando éstos sean parte integrante o pertenencias de un establecimiento o explotación de carácter común" (art. 1346.8 CC).

Estos últimos bienes no perderán su carácter de privativos por el hecho de que su adquisición se haya realizado con fondos comunes; pero, en este caso, la sociedad será acreedora del cónyuge propietario por el valor satisfecho (art. 1346, párrafo último, CC).

3.6. *Otros bienes privativos*

Finalmente, hay que tener en cuenta lo dispuesto en los arts. 1359 y 1360 CC, cuyas reglas son aplicables, tanto para los bienes privativos, como para los gananciales.

A tenor de dichos preceptos, tienen siempre carácter privativo las mejoras, edificaciones y plantaciones, que se realicen sobre bienes privativos, así como los incrementos patrimoniales incorporados a una explotación, establecimiento mercantil u otro género de empresa, que tenga el mismo carácter, y, ello, aunque dichas mejoras o incrementos patrimoniales, se realicen con fondos comunes.

Por lo tanto, si se construye una casa sobre un terreno privativo de uno de los cónyuges, aquella será privativa del mismo, aunque la edificación se hubiera pagado con dinero ganancial, sin perjuicio, claro está, del derecho de la sociedad a ser reembolsada por la cuantía del valor satisfecho. Además, "la sociedad será acreedora por el importe del valor del aumento del valor que los bienes tengan como consecuencia de la mejora, al tiempo de la disolución de la sociedad o de la enajenación del bien mejorado" (lo mismo sucederá, si la edificación fuera debida a la actividad de cualquiera de los cónyuges).

4. LOS BIENES GANANCIALES

Normativa reguladora

Los bienes gananciales constituyen una masa, que forma el patrimonio común: a ellos se refiere el 1347 CC (complementado por otros preceptos).

4.1. *Bienes gananciales por naturaleza o de carácter primario (indemnizaciones por despido)*

Hay unos bienes gananciales, por naturaleza, llamados de carácter primario, que son los siguientes:

a) "Los obtenidos por el trabajo o la industria de cualquiera de los cónyuges" (art. 1347.1º CC).

Cuestiones relevantes

8. También, según el art. 1351 CC, tienen el mismo carácter, las ganancias obtenidas por el marido o la mujer en el juego o las procedentes de otras causas que eximan de la restitución. Por lo tanto, **será ganancial el premio de lotería,** a pesar de que el boleto hubiera sido comprado por uno solo de los cónyuges, incluso, con dinero privativo del mismo (no se sigue, pues, el principio de subrogación real).

9. Es doctrina jurisprudencial reiterada que **las indemnizaciones percibidas por un cónyuge por despido tienen carácter ganancial, pero, exclusivamente, por los años trabajados durante la vigencia del régimen de sociedad de gananciales:** son, pues, privativas las cantidades correspondientes a los años en que no existía la sociedad de gananciales y, por lo tanto, las correspondientes a los años anteriores a la celebración del matrimonio [SSTS 26 junio 2007 *(Tol 1106830)*, 18 marzo 2008 *(Tol 1343839)*, 28 mayo 2008 *(Tol 1340499)* y 5 octubre 2016 *(Tol 5843464)*] (esto siempre que reciba la indemnización vigente la sociedad, pues, si la percibe después de su extinción, toda ella tendrá, en principio, carácter privativo).

La SSTS 18 marzo 2008 *(Tol 1343839)* y 28 mayo 2008 *(Tol 1340499)* afirman que "que la indemnización por despido constituye una compensación por el incumplimiento del contrato y por ello mismo va a tener la misma consideración que todas las demás ganancias derivadas del contrato, siempre que se hayan producido vigente la sociedad de gananciales"; más adelante añaden: "De todos modos debería tenerse en cuenta en el cálculo de la concreta cantidad, que tiene la naturaleza de bien ganancial el porcentaje de la indemnización que corresponde a los años trabajados durante el matrimonio"; y concluyen: "Por ello a la vista de que la indemnización por despido se calcula sobre la base del número de años trabajados, no deberían tener naturaleza ganancial las cantidades correspondientes a los años en que no existía la sociedad de gananciales".

La STS 3 julio 2019 *(Tol 7387240)* ha aplicado dicha doctrina, revocando la sentencia recurrida, que había considerado ganancial la totalidad de la indemnización por despido del marido, incluso la correspondiente a los años trabajados antes del matrimonio. Dice, así, que "la indemnización cobrada en virtud del despido en la empresa donde trabajaba un esposo debe ser considerada ganancial porque tiene su causa en un contrato de trabajo desarrollado a lo largo de la vida del matrimonio, pero solo por los años trabajados durante la vigencia del régimen de gananciales; en consecuencia, no tienen carácter ganancial las cantidades correspondientes a los años en que no existía la sociedad de gananciales".

Se ha dicho que, **si la indemnización por despido se cobra, una vez extinguida la sociedad, la misma tiene, en principio, carácter privativo:** esto es así, **a no ser que el derecho a cobrar la indemnización se hubiera adquirido antes de la extinción de la sociedad, pero se cobrara después.**

La STS 23 diciembre 2022 (*Tol 9223495*) reconoce el carácter ganancial de la indemnización por despido, en la parte correspondiente al período de vigencia de la sociedad. Se trataba de un despido anterior a la fecha de la sentencia de divorcio (y, por lo tanto, constante la sociedad), con cobro posterior de la indemnización. Afirma que "Lo relevante no es el momento en el que se pagó, sino que el despido se produjera durante la vigencia del régimen económico".

b) Los frutos, rentas o intereses que produzcan tanto los bienes privativos como los gananciales" (art. 1374.2º CC), p.ej., los frutos de un campo, los alquileres percibidos por el arriendo de una casa o los intereses de una cuenta bancaria.

Cuestiones relevantes

10. Son también gananciales los dividendos percibidos como consecuencia de la titularidad de acciones privativas de uno de los cónyuges, pero no los beneficios no repartidos, destinados a fondos de reservas de la sociedad.

La STS 3 febrero 2020 (*Tol 7813863*) establece las siguientes reglas: "a) Los beneficios destinados a reservas, en tanto en cuanto pertenecen a la sociedad de capital, sometidos al concreto régimen normativo societario, no adquieren la condición de bienes gananciales. b) Los dividendos, cuyo reparto acordó la junta general de socios, tienen naturaleza ganancial. c) No pierden tal condición jurídica y deberán incluirse como activo de la sociedad legal de gananciales, los beneficios cuyo acuerdo social de reparto se hubiera acordado vigente la sociedad ganancial, aunque su efectiva percepción se materialice tras la disolución de la misma. d) En los supuestos de fraude de ley, los beneficios no repartidos se podrán reputar gananciales, y como tales incluidos en las operaciones liquidatorias del haber común".

11. Si pertenece privativamente a uno de los cónyuges una cantidad o crédito pagadero en cierto número de años, las sumas que se cobren en los plazos vencidos durante el matrimonio no serán gananciales, sino que se estimarán capital del marido o de la mujer, dependiendo de la pertenencia del crédito (art. 1348 CC).

12. El derecho de usufructo o de pensión perteneciente a uno de los cónyuges formará parte de sus bienes propios, pero los frutos, pensiones o intereses devengados durante la vigencia de la sociedad serán gananciales (art. 1349 CC). Por lo tanto, las cantidades percibidas por quien cobra una pensión de jubilación con posterioridad a la extinción de la sociedad de gananciales tendrán carácter privativo (no las cobradas durante su vigencia, que serán gananciales).

13. Igualmente, se reputarán gananciales **las cabezas de ganado** que al disolverse la sociedad excedan del número aportado por cada uno de los cónyuges con carácter privativo (art. 1350 CC).

c) "Los bienes donados o dejados en testamento a los cónyuges conjuntamente y sin especial designación de partes, constante la sociedad, se entenderán gananciales, siempre que la liberalidad fuere aceptada por ambos y el donante o testador no hubiere dispuesto lo contrario" (art. 1353 CC).

4.2. Bienes gananciales por subrogación real

En otros casos, el carácter ganancial de los bienes deriva del principio de subrogación real, esto es, de la circunstancia de haber sido adquiridos con otros bienes o derechos, que ya tuvieran carácter ganancial.

Por consiguiente, serán gananciales todos los bienes adquiridos a título oneroso a costa del caudal común, bien se haga la operación para la comunidad, bien para uno solo de los esposos, es decir, con independencia de quien figure como comprador.

Este criterio de subrogación real también opera en otros casos.

a) En el art. 1354 CC (norma pensada para compras al contado de todo tipo de bienes realizadas durante la sociedad de gananciales), cuando establece que "Los bienes adquiridos mediante precio o contraprestación, en parte ganancial y en parte privativo, corresponderán pro indiviso a la sociedad de gananciales y al cónyuge o cónyuges en proporción al valor de las aportaciones respectivas".

Ejemplo: Los cónyuges "A" y "B", vigente la sociedad de gananciales, compraron una vivienda al contado, cuyo precio se pagó del siguiente modo: un 25%, con dinero privativo de "A"; un 25%, con dinero privativo de "B"; y un 50%, con dinero ganancial. Surge, entonces, una comunidad ordinaria o *pro indiviso*, en la que a cada uno de los cónyuges les corresponda una cuota del 25% y a la sociedad de gananciales, un 50% de la misma.

b) En el art. 1357.II CC (norma aplicable, exclusivamente, a compras realizadas antes de la constitución de la sociedad de gananciales), que aplica el mismo criterio de *pro indivisión* respecto de la vivienda y ajuar familiar (no respecto de otro tipo de inmuebles o viviendas), que han sido comprados a plazos por uno de los cónyuges antes de comenzar la sociedad, con su propio dinero, y que, posteriormente, durante la vigencia de aquella, han sido pagados, en todo o en parte, con dinero común.

Jurisprudencia

La STS 7 julio 2016 *(Tol 5775282)* explica que el art. 1357.II CC "surge tras la reforma operada por la Ley 11/1981, y aunque mereció críticas por algún sector de la doctrina, otro la justificó por acudir a remediar las situaciones poco equitativas que resultarían de una calificación de privatividad en los casos más corrientes en que tales bienes se compran antes de la boda por precio aplazado y después se pagan los plazos con bienes gananciales".

El art. 1357.I CC establece la regla general de que "Los bienes comprados a plazos por uno de los cónyuges antes de comenzar la sociedad tendrán siempre carácter privativo, aun cuando la totalidad o parte del precio aplazado se satisfaga con dinero ganancial" (sin perjuicio del correspondiente derecho de reembolso de la sociedad).

Ejemplo: El cónyuge "A", antes de casarse, y, por lo tanto, antes de comenzar la sociedad de gananciales, compró a plazos un campo de naranjas, pagando con dinero privativo suyo 20.000 euros; y ya, después de casarse, otros 20.000 euros, con dinero ganancial: el campo será privativo de "A", porque se compró antes de la vigencia de la sociedad, pero ésta tendrá un crédito contra aquél, por el importe del precio pagado con dinero ganancial, esto es, por 20.000 euros, el cual deberá ser reembolsado.

Sin embargo, el art. 1357.II CC exceptúa de la regla general "la vivienda y ajuar familiares, respecto de los cuales se aplicará el artículo 1.354", es decir, que, cuando los plazos posteriores hayan sido satisfechos, al menos, en parte, con dinero ganancial, surgirá una situación de comunidad entre la sociedad y el cónyuge comprador que pagó el primero de los plazos, dependiendo la cuantía de sus cuotas del valor de sus respectivas aportaciones.

Ejemplo: El cónyuge "A", antes de casarse, compró a plazos el piso que posteriormente sería la vivienda familiar, pagando con dinero privativo suyo 100.000 euros (una parte de ellos, después de haber contraído matrimonio); y, después de casarse, otros 100.000 euros, con dinero ganancial: a diferencia de lo que sucedía con el campo de naranjas, la vivienda no será exclusivamente privativa de "A", sino que pertenecerá en comunidad ordinaria (*pro indiviso*), por partes iguales, "A" y a la sociedad de gananciales (un 50% para cada uno de ellos).

Jurisprudencia

La STS 7 julio 2016 *(Tol 5775282)* observa que los arts. 1354 y 1357.II CC también se aplican cuando el pago del precio de la vivienda se ha realizado al contado antes del matrimonio, pero los plazos de amortización del préstamo hipotecario concedido para su adquisición se abonan al banco después, con dinero ganancial, asimilando este supuesto al del pago aplazado del precio. Dice, así, que "las cantidades del préstamo hipotecario abonadas constante matrimonio conllevan que se le atribuya a dicho bien, en esa parte, el carácter ganancial, perteneciendo en pro indiviso por esa cuota al activo de la sociedad de gananciales".

c) En el 1347.5º CC, al calificar de gananciales: "Las empresas y establecimientos fundados durante la vigencia de la sociedad por uno cualquiera de los cónyuges a expensas de los bienes comunes". "Si a la formación de la empresa o establecimiento concurren capital privativo y capital común, se aplicará lo dispuesto en el artículo 1354", es decir, pertenecerá *pro indiviso* a la sociedad de gananciales y al cónyuge o cónyuges en proporción al valor de las aportaciones respectivas.

Cuestiones relevantes

14. Este precepto plantea un problema interpretativo, cual es el de **determinar cuándo nos encontramos ante una "empresa", propiamente dicha, o, por el contrario, ante un "mero ejercicio profesional", carente de estructura empresarial y, por lo tanto, distinto a aquélla**: la distinción es importante, porque la jurisprudencia considera que este mero ejercicio profesional queda fuera del ámbito de aplicación del art. 1347.5° CC, con independencia de que sí tengan carácter ganancial los ingresos obtenidos por uno de los cónyuges con el mismo, y, aunque dicho ejercicio, se lleve a cabo en un inmueble ganancial.

La STS 10 noviembre 2017 *(Tol 6441710)* afirma que estaremos, en presencia de una "empresa o establecimiento cuando se trate de una actividad profesional que coordine un conjunto de elementos, una pluralidad de medios o de otros servicios, incluidos los de los auxiliares o los de otros prestadores de servicio, para intermediar en el mercado de servicios"; y no, cuando se trate del "mero ejercicio profesional y la prestación de servicios que, aun iniciados durante la vigencia de la sociedad, no se organicen de modo semejante al de los empresarios".

En el caso enjuiciado se discutía la naturaleza, ganancial o privativa, de una clínica dental, llegándose a la conclusión de que no se estaba ante el "mero ejercicio de una actividad profesional", pues, con "independencia de su denominación y de que desde el inicio la clínica se identificara con el nombre del marido, en los servicios prestados predomina el aspecto objetivo de la estructura y la organización mediante la apertura al público de un establecimiento en el que hay cuatro sillones de dentista y en el que trabajan, además [del marido] y del personal auxiliar, una ortodoncista y otros dos odontólogos, permaneciendo abierta muchas mañanas sin la presencia del marido, mientras éste trabaja en un centro público"; "por tanto, no se limita a desarrollar personalmente la actividad profesional que le es propia, sino que por el modo en que la ejercita ha dado lugar a un entramado de instrumentos que determina la aplicación del art. 1347.5° CC".

Por el contrario, la SAP Almería 19 mayo 2020 *(Tol 8287556)* ha considerado privativo el negocio de asesoría del marido, por no acreditarse la existencia de "una estructura y organización de empresa", destacando "el carácter personal del negocio alejado de una estructura de empresa", porque "lo que prevalece es formación profesional de asesor del actor sobre el elemento organizativo, cuenta con un pequeño local alquilado y el auxilio de una persona, prestando un asesoramiento *intuitu personae* a sus clientes".

4.3. Bienes gananciales por razón especial (en especial, los comprados a plazos)

Otros bienes son calificados de gananciales en atención a circunstancias especiales, como son el haber sido adquiridos en ejercicio de derechos de adquisición preferente (como el retracto) de carácter ganancial (1347.4 CC) o en virtud de un pacto expreso, que les atribuya dicho carácter, conforme a lo previsto en el art. 1355 CC.

Tratándose de bienes comprados a plazos por uno de los cónyuges, hay que distinguir, según que la adquisición se haya realizado antes o después de la constitución de la sociedad, aunque el criterio determinante es siempre el de la naturaleza del dinero con que se paga el primer plazo.

a) "Los bienes comprados a plazos por uno de los cónyuges antes de comenzar la sociedad tendrán siempre carácter privativo, aun cuando la totalidad o parte del precio aplazado se satisfaga con dinero ganancial" (art. 1357.I CC); pero ello, sin perjuicio del correspondiente derecho de reembolso de la sociedad por el importe de los plazos pagados con fondos comunes, así como con independencia de lo ya dicho al hablar de la vivienda y el ajuar familiar (art. 1357.II CC).

b) El carácter ganancial o privativo de los bienes comprados a plazos por uno de los cónyuges durante la vigencia de la sociedad dependerá de la naturaleza que tenga el primer desembolso, sin que importe el patrimonio que haya soportado el resto de los pagos. Por lo tanto "tendrán naturaleza ganancial si el primer desembolso tuviera tal carácter, aunque los plazos restantes se satisfagan con dinero privativo. Si el primer desembolso tuviere carácter privativo, el bien será de esta naturaleza" (art. 1356 CC).

No existe aquí la excepción prevista por el art. 1357.II CC, respecto de la compra a plazos de la vivienda familiar, antes del matrimonio, por parte de uno de los cónyuges, y la consiguiente remisión al art. 1354 CC. Normalmente, se explica la falta de una norma semejante en las compras realizadas durante el matrimonio, desde la consideración de que el art. 1320 CC brinda suficiente protección a la vivienda familiar.

Por lo tanto, si "A" y "B", estando casados, compran a plazos la vivienda familiar, el carácter privativo o ganancial de ésta, dependerá de la naturaleza de los fondos empleados en el pago del primero de los plazos pactados: si el dinero empleado para pagar el primer plazo es privativo, la vivienda también lo será; y, si es ganancial, la vivienda lo será igualmente; todo ello, sin perjuicio del reembolso de los fondos privativos usados para comprar una vivienda ganancial y del reintegro de los fondos gananciales utilizados para adquirir una vivienda privativa de uno de los cónyuges.

Cuestiones relevantes

15. Con relación a las **mejoras, incrementos y plusvalías de los bienes,** el criterio del que depende su valoración se encuentra sujeto al carácter que tenga el bien que recibe la mejora o la explotación a la que se incorpora el incremento patrimonial.

En todo caso, el patrimonio que proporcione los fondos deberá ser reembolsado por el valor satisfecho y si la mejora en bienes privativos se debiese a la inversión de fondos comunes o a la actividad de cualquiera de los cónyuges, la sociedad será acreedora del aumento de valor que los bienes sufran como consecuencia de esa mejora al tiempo de la disolución de la sociedad o de la enajenación del bien mejorado (arts. 1359 y 1360 CC).

5. LA ATRIBUCIÓN VOLUNTARIA DEL CARÁCTER GANANCIAL A LOS BIENES Y EL DERECHO DE REMBOLSO DEL DINERO PRIVATIVO EMPLEADO EN SU ADQUISICIÓN

Normativa reguladora

A tenor del art. 1355.I CC, "Podrán los cónyuges, de común acuerdo, atribuir la condición de gananciales a los bienes que adquieran a título oneroso durante el matrimonio, cualquiera que sea la procedencia del precio o contraprestación y la forma y plazos en que se satisfaga".

El mismo precepto establece, además, en su párrafo segundo, una regla interpretativa de la voluntad de los cónyuges favorable a dicho pacto. Dice, así, que "Si la adquisición se hiciere en forma conjunta y sin atribución de cuotas, se presume la voluntad favorable de ambos cónyuges a establecer el carácter ganancial de tales bienes".

La norma, introducida por la reforma de 1981, se basa en el principio de autonomía privada, al que da prevalencia respecto al de subrogación real. Ello quiere decir que los cónyuges pueden libremente determinar el carácter ganancial o privativo de los bienes que adquieran a título onerosos. Se halla, así, en estrecha conexión con el principio de libertad de contratación entre cónyuges establecido en el art. 1323 CC.

La atribución voluntaria del carácter ganancial a un bien no impedirá, en su caso, el nacimiento de un derecho de reembolso del valor satisfecho a costa del caudal propio de uno de los cónyuges, mediante el reintegro de su importe actualizado al tiempo de la liquidación (art. 1358 CC).

Por lo tanto, si ambos cónyuges atribuyen la condición de ganancial a un bien comprado con dinero privativo de uno de ellos, aquel a quien perteneciera el dinero con el que se hubiese pagado su precio no puede posteriormente pretender cambiar la calificación del bien adquirido, pretendiendo que se considere privativo suyo, por haber sido pagado con dinero de su propiedad. Eso sí, podrá reclamar ser reembolsado a costa del caudal común, conforme al art. 1358 CC, sin que para ello sea preciso que, al tiempo de realizarse la adquisición, se hubiera reservado el derecho a reclamar a la sociedad la devolución de la cantidad por él pagada (pues no se presume que la hubiese donado a aquella).

Jurisprudencia

Es esta una cuestión claramente resuelta por STS (Pleno) 27 mayo 2019 *(Tol 7258118)*, que, además, fijó doctrina sobre un punto que era discutido en la jurisprudencia de instancia, declarando que el derecho de reembolso procede, siempre que el propietario del dinero privativo no lo hubiera excluido expresamente, sin que sea necesario para poder ejercitarlo que aquel hubiera hecho reserva del derecho de reclamarlo en el momento de la adquisición. Dice, así, que, "El derecho de reembolso procede, por aplicación del art. 1358 CC, aunque no se hubiera hecho reserva alguna en el momento de la adquisición", lo que justifica, porque "en nuestro ordenamiento la donación no se presume, por lo que el reembolso que prevé el art. 1358 CC para equilibrar los desplazamientos entre las masas patrimoniales procede siempre que no se excluya expresamente (…) Por las razones expuestas, esta sala considera que son gananciales los bienes adquiridos conjuntamente por los esposos cuando consta la voluntad de ambos de atribuir carácter ganancial al bien adquirido, pero, en tal caso, si se prueba que para la adquisición se han empleado fondos privativos, el cónyuge titular del dinero tiene derecho a que se le reintegre el importe actualizado, aunque no hiciera reserva sobre la procedencia del dinero ni sobre su derecho de reembolso".

Dicha doctrina jurisprudencial, reiterada por la STS 11 julio 2019 (*Tol 7410791*), ha sido posteriormente aplicada por la STS 6 febrero 2020 *(Tol 7745721)* respecto de la vivienda familiar, que, en el momento de la liquidación de la sociedad, el marido había incluido en el inventario como ganancial, sin que la mujer se opusiera a ello, pero reclamando esta última el reembolso de dinero privativo (procedente de una herencia de su padre) con el que se había pagado su precio de adquisición. La sentencia de primera instancia declaró que el piso tenía carácter ganancial y que la mujer tenía a su favor un crédito por el precio actualizado, de adquisición de la vivienda. Sin embargo, la sentencia de segunda instancia negó que la mujer tuviera dicho derecho de rembolso, porque, en el momento de adquisición del inmueble, no había hecho reserva alguna sobre su derecho de reembolso. El TS, revocó la sentencia recurrida, y con cita expresa de la STS 11 julio 2019, declara "como doctrina que el derecho de reembolso procede, por aplicación del art. 1358 CC, aunque no se hubiera hecho reserva alguna en el momento de la adquisición", argumentando (como ya había hecho el Pleno) que "Esta doctrina tiene en cuenta que en nuestro ordenamiento la donación no se presume, por lo que el reembolso que prevé el art. 1358 CC para equilibrar los desplazamientos entre las masas patrimoniales procede siempre que no se excluya expresamente. La atribución del carácter ganancial al bien no convierte en ganancial al dinero empleado para su adquisición y genera un crédito por *el valor satisfecho* que es exigible en el momento de la liquidación si no se ha hecho efectivo con anterioridad (arts. 1358 y 1398.3.ª CC)".

La STS 12 febrero 2020 (*Tol 7764085*) ha aplicado la misma doctrina jurisprudencial a un supuesto en el que una vivienda había sido comprada a plazos en documento privado por la mujer, antes de casarse, escriturándose, sin embargo, el piso a nombre de los dos, después de celebrarse el matrimonio. Esta circunstancia (junto con otras, como la presentación de recibos de pago de parte del precio) llevó a la sentencia de primera instancia a declarar que existía una comunidad de bienes sobre la vivienda entre la mujer (por las cantidades pagadas por esta antes del matrimonio) y la sociedad de gananciales (por las cantidades satisfechas durante la vigencia de la sociedad). La sentencia de segunda instancia, por el contrario, revocando la anterior, consideró que, con independencia de la procedencia de los fondos empleados para adquirir la vivienda, la misma debía ser considerada como ganancial, por aplicación del art. 1355 CC, pues en la escritura notarial ambos cónyuges habían comprado para la sociedad de gananciales. El TS confirma dicha sentencia, recordando que "En virtud del art. 1355 CC la naturaleza ganancial del bien deriva del común acuerdo de los cónyuges, es decir, del consentimiento de ambos". Precisa que "La peculiaridad del presente caso es que los cónyuges otorgaron conjuntamente escritura pública de compraventa después de casados y bajo la vigencia del régimen de gananciales sin hacer referencia alguna al documento privado de compra otorgado por la esposa con anterioridad a la celebración del primer matrimonio". Pero afirma que "a pesar de que literalmente el art. 1355 CC se refiere a la adquisición a título oneroso «durante el matrimonio», debe tenerse en cuenta que, dada la amplitud con la que el art. 1323 CC admite la libertad de pactos entre cónyuges, ampara los desplazamientos patrimoniales entre el patrimonio privativo y ganancial y, en consecuencia, ampara que de mutuo acuerdo los cónyuges atribuyan la condición de ganancial tanto a un bien privativo como a un bien en parte ganancial y en parte privativo" (que, en el caso juzgado, lo sería de no haber mediado esta atribución voluntaria, conforme a los arts. 1354 y 1357.II CC). Ahora, bien, de acuerdo, con la doctrina sentada la STS (Pleno) 27 mayo 2019, reconoce a la mujer un derecho de crédito por el importe actualizado del dinero privativo empleado para la adquisición de la vivienda, "puesto que no consta que renunciara al mismo. Ello por cuanto el reembolso, que el Código civil asocia de manera natural al empleo de fondos privativos para la adquisición de bienes gananciales (o de fondos gananciales para la adquisición de bienes privativos), procede siempre que no se excluya expresamente con el fin de equilibrar los desplazamientos entre las masas patrimoniales".

Cuestiones relevantes

16. Ámbito de aplicación del art. 1355 CC.

El supuesto de la norma es la adquisición de un bien a título oneroso con fondos privativos de un cónyuge, constante el matrimonio, explicando la STS (Pleno) 27 mayo 2019 (*Tol 7258118*) que "Puesto que los bienes adquiridos a costa de bienes privativos son privativos (art. 1346.3 CC), el art. 1355 CC permite que los cónyuges atribuyan carácter ganancial a los bienes adquiridos con fondos privativos de un cónyuge, sustituyendo con su voluntad la determinación legal de los bienes".

Ahora bien, como dice la misma sentencia "Dada la amplitud con que el art. 1323 CC admite la libertad de pactos y contratos entre los cónyuges, son posibles acuerdos por los que se atribuya carácter ganancial a bienes privativos de uno de ellos (por ejemplo, por haber sido adquiridos antes de la sociedad, o adquiridos a título gratuito constante la sociedad, etc.)"; y además, **"Aunque el art. 1355 CC no lo menciona expresamente, los cónyuges también pueden atribuir carácter ganancial en su totalidad a bienes adquiridos mediante precio en parte ganancial y en parte privativo (art. 1354 CC)".**

Es el caso de una vivienda comprada al contado, vigente la sociedad, con fondos privativos y gananciales, la cual, a falta de acuerdo, corresponderá *pro indiviso* a la sociedad de gananciales y al cónyuge que aportó fondos propios en proporción al valor de las aportaciones respectivas (art. 1354 CC).

Es también caso de la vivienda comprada a plazos por uno de los cónyuges antes de casarse, que, a falta de atribución voluntaria de ganancialidad, pertenece *pro indiviso* al cónyuge del que proceden los fondos privativos y a la sociedad de gananciales en la proporción correspondiente a los fondos comunes aportados (art. 1357.II CC).

Por ello, la STS 18 diciembre 2023 *(Tol 9817973)* aplica el derecho de reembolso del art. 1355 CC en el caso de una vivienda comprada por el marido antes de casarse y aportada por él en escritura pública en pleno dominio "para que tenga carácter ganancial", pagándose posteriormente el precio restante con fondos no privativos del mismo. Reconocido el carácter ganancial de la vivienda, por atribución voluntaria, procede, no obstante, el reembolso de las cantidades pagadas con dinero privativo del marido antes de la celebración del matrimonio, puesto que no consta que renunciara al mismo.

El art. 1355 CC tiene como presupuesto un acuerdo de ambos cónyuges, no bastando para su aplicación la voluntad unilateral de uno de ellos.

La STS 15 enero 2024 (*Tol 9846576*) observa que son privativos por adquisición gratuita (art. 1346.II CC) los bienes adquiridos por el padre del marido cuando éste todavía estaba soltero y posteriormente (ya casado) puestos a nombre de este último, en dos escrituras de "compraventa", sin haber pagado precio alguno. en la que el "comprador" declara adquirir para su sociedad de gananciales, sin que su mujer hubiese intervenido en el otorgamiento de ninguna de ellas. Interpretación del art. 1355 CC: "La declaración del cónyuge que, al adquirir un bien en solitario, manifiesta hacerlo para su sociedad de gananciales (...) por sí sola no atribuye al bien adquirido la condición de ganancial (...) Ante una norma que para la atribución de ganancialidad exige el 'común acuerdo' de los cónyuges (y solo presume la voluntad común favorable en casos de adquisición conjunta sin atribución de cuotas), hay que entender que si adquiere uno solo es el no adquirente quien debe probar la existencia del acuerdo, dado que constituye un hecho positivo exigido por la norma como presupuesto para la atribución de la ganancialidad". "En el caso que juzgamos, no puede atribuirse carácter ganancial a los inmuebles litigiosos. Son privativos porque fueron inicialmente adquiridos y pagados por el padre del marido y transmitidos exclusivamente a este sin pagar contraprestación (art. 1346.2.° C), sin que conste la voluntad de que los recibiera también la esposa, que no intervino en el otorgamiento de las escrituras. Tampoco consta una voluntad común de los esposos, al amparo de la autonomía de la voluntad que rige en materia de régimen económico matrimonial, de atribuir carácter ganancial a los bienes (art. 1323 CC), sin que la sola manifestación del marido de adquirir para la sociedad de gananciales cambie la naturaleza privativa del bien".

6. LA PRESUNCIÓN DEL CARÁCTER GANANCIAL DE LOS BIENES

Normativa reguladora

El art. 1361 CC establece una regla probatoria favorable a la masa común. Dice, así, que "Se presumen gananciales los bienes existentes en el matrimonio mientras no se pruebe que pertenecen privativamente a uno de los dos cónyuges".

La presunción es, pues, *iuris tantum*, por lo que es posible demostrar el carácter privativo de un fin, probando que no fue adquirido con fondos comunes.

Jurisprudencia

Como explica la STS (Pleno) 27 mayo 2019 (*Tol 7258118*), "Combinando esta presunción [la del art. 1362 CC] con la afirmación de que son bienes gananciales los adquiridos a título oneroso a costa del caudal común (art. 1347.3 CC), resulta que todos los bienes adquiridos por título oneroso constante matrimonio son gananciales si no se demuestra que la adquisición se realizó con fondos propios".

Esta presunción actúa a favor de los acreedores de la sociedad conyugal en los su— puestos previstos en los arts. 1319, y 1365 a 1369 CC. También a favor de los acreedores del cónyuge deudor en el caso del art. 1371 CC; y, finalmente, en salvaguarda de los derechos del cónyuge que no aparezca como adquirente, por cuanto el titular no podrá disponer sin consentimiento del otro, ni a título oneroso (art. 1377 CC), ni gratuito (art. 1378 CC), y la falta de consentimiento impedirá la inscripción en el Registro de la Propiedad (art. 94.1 RH).

Según resulta del art. 1324 CC, la confesión del cónyuge no adquirente respecto del carácter privativo de la adquisición será bastante entre cónyuges para destruir la presunción *ex* art. 1361 CC, pero, por sí sola no perjudicará a los herederos forzosos del confesante, ni a los acreedores, sean de la comunidad o de cada uno de los cónyuges.

Obsérvese, por tanto, que la confesión produce únicamente efectos *inter partes*, por lo que, al fallecimiento del confesante, al adquirente le incumbe demostrar el carácter ganancial del bien.

7. LOS CRÉDITOS ENTRE PATRIMONIOS PRIVATIVO Y GANANCIAL (REMBOLSO DE DINERO PRIVATIVO INGRESADO EN CUENTAS COMUNES)

Los créditos entre patrimonios tienen lugar, cuando se adquieren bienes que ingresan en un patrimonio distinto de aquél de donde proceden los fondos empleados en su adquisición, en cuyo caso, conforme al art. 1358 CC, procederá "el reintegro de su importe actualizado al tiempo de la liquidación" (de la sociedad conyugal).

Cuestiones relevantes

17. Actualización de las cantidades que deben reintegrase al momento de la liquidación conforme a la variación del IPC.

La STS 24 marzo 2022 (*Tol 8893222*) observa que los créditos de los cónyuges frente a la sociedad de gananciales no son deudas de dinero, sino de valor, por lo que no es "la misma cantidad en su día abonada la que ha de ser integrada como pasivo de la sociedad de gananciales según un criterio nominalista, sino su valor adquisitivo al tiempo de liquidar el haber común", debiendo aplicarse para su actualización el índice de variación del IPC fijado por el INE.

La STS 29 noviembre 2023 *(Tol 9803379)* expone que las cantidades detraídas, de manera unilateral y en el propio beneficio, por la viuda de la cuenta corriente común, en concepto de liquidación anticipada de la sociedad (y, posteriormente, adjudicadas en el haber de la misma por el contador partidor) "deben contemplarse, no por el valor nominal de cada disposición, sino por su valor actualizado al tiempo de la liquidación, de manera semejante a lo que se establece de manera expresa por el legislador para el derecho de reembolso en los casos de créditos a favor de la sociedad de gananciales arts. 1358 y 1397 CC)" (según, jurisprudencia conforme al IPC), afirmando que "También a la hora de realizar la liquidación y adjudicación de bienes y de valorar lo que la viuda se llevó de manera anticipada para atribuirlo en su cuota debe estarse al poder adquisitivo de las cantidades gananciales de las que se apropió".

Por lo tanto, si se usan fondos privativos para adquirir un bien ganancial, el titular de dichos fondos podrá pedir su reembolso a cargo del patrimonio ganancial; y, al contrario, si se emplean fondos gananciales para adquirir un bien privativo, el propietario de éste deberá reembolsar a la sociedad su importe.

Cuestiones relevantes

18. Dada la presunción de ganancialidad de los bienes existentes en el matrimonio (art. 1366 CC), que alcanza también al dinero, es necesario que quien reclama el reembolso demuestre el carácter privativo de los fondos aportados, para lo cual es conveniente (aunque no necesario) que se haga constar el carácter privativo del dinero en la escritura de compra del bien ganancial, así como la reserva del derecho a reclamar el reintegro de su importe.

A falta de dicha constancia, será necesario acudir a otros **medios de prueba**.

La STS 2 noviembre 2022 (*Tol 9287007*) consideró acreditado que la vivienda familiar, comprada como ganancial, había sido pagada, en parte, con dinero privativo de la mujer, el cual procedía de la anterior venta (en documento privado) de un piso, de la que era propietaria, a una sociedad, que posteriormente vendió a los cónyuges la vivienda familiar. En la escritura de compra de la vivienda familiar se hizo hecho constar que la sociedad vendedora había recibido con anterioridad una cantidad de dinero equivalente al precio de venta del piso privativo de la mujer (reinvertido en la segunda operación). El TS afirma que "El hecho de que la escritura pública se otorgara cuatro meses después no desvirtúa la evidente conexión entre los dos contratos, en los que interviene la misma inmobiliaria, en un caso como compradora, en otro como vendedora".

La STS 23 noviembre 2022 (*Tol 9307462*) calificó como privativo el dinero pagado por el marido a una inmobiliaria, para la adquisición de la vivienda familiar, comprada como ganancial, el cual procedía de una cuenta bancaria de la que era titular exclusivo. Teniendo en cuenta una serie de circunstancias, entre ellas, la evolución de la economía de los cónyuges desde que se casaron, llegó a la conclusión de que había que descartar "que la suma ingresada procediera de frutos gananciales generados constante matrimonio, que apenas se celebró un año antes de la compraventa del inmueble".

La STS 6 marzo 2023 (*Tol 9482459*) consideró probado que parte del dinero empleado en la compra de la vivienda familiar, a la que también se había atribuido carácter ganancial, tenía carácter privativo, procediendo de la venta de dos pisos del marido. Concretamente, el precio de uno de ellos se había ingresado en una cuenta privativa de aquél, contra la cual giró un cheque para pagar parte del precio de la vivienda familiar.

En general, surgen créditos reembolsables entre patrimonios, cuando se usa dinero privativo para pagar cualquier deuda que sea de cargo de la sociedad de gananciales (art. 1364 y 1398.3º CC), o cuando, por el contrario, se utiliza dinero ganancial para pagar una deuda que no ha de ser soportada por la sociedad (art. 1397.3º CC): en el primer caso, la sociedad de gananciales será deudora del reintegro, y, en el segundo, acreedora del mismo.

Nada hay, pues, que devolver, cuando un cónyuge usa dinero ganancial para pagar una deuda que debe soportar la sociedad de gananciales. Sin embargo, no siempre es fácil determinar si una concreta cantidad de dinero ha sido empleada para satisfacer gastos que son de cargo de la sociedad u otros, que, por el contrario, no lo son.

Jurisprudencia

La STS 6 junio 2022 *(Tol 9050433)* afirma que, "Dada la facilidad probatoria (art. 217.6 LEC), corresponde [al cónyuge disponente] acreditar que la disposición del dinero ganancial no se hizo en su exclusivo lucro o beneficio". Reconoció un crédito a la sociedad por el importe del dinero ganancial del que la mujer dispuso después de la separación de hecho y antes de la sentencia de divorcio, salvo en las cantidades, que pudo probarse que estaban destinadas a la satisfacción de las cargas familiares (alquiler de la vivienda en la que pasó a residir y gastos de manutención de las hijas, que quedaron junto al padre en el domicilio familiar).

Cuestiones relevantes

19. No son infrecuentes los casos en los que **se ingresa dinero de carácter privativo en una cuenta conjunta, confundiéndose, así, con el dinero de carácter ganancial,** y con cargo a dicha cuenta se satisfacen cargas y obligaciones de la sociedad de gananciales.

En estos casos hay que tener en cuenta lo siguiente: 1º) el mero ingreso del dinero privativo en una cuenta conjunta no le priva de su carácter privativo; 2º se presume (salvo prueba en contrario por parte de quien lo niegue) que el dinero privativo gastado no lo fue a título de liberalidad del cónyuge propietario, sino que fue usado para atender las cargas de la sociedad de gananciales y procede, pues, su reintegro, conforme al art. 1364 CC; 3º) para ejercer el derecho al re— integro no se requiera que el cónyuge propietario, al tiempo de hacer el ingreso, hubiera realizado una reserva del derecho a la repetición.

Así resulta de la STS 11 diciembre 2017 *(Tol 7628261)* que consideró procedente el derecho de reembolso de la mujer, que había ingresado dinero privativo (procedente de la herencia de su padre, de una indemnización por accidente de circulación y de un seguro de accidentes) en una cuenta a nombre de los dos cónyuges, desde la que se pagaron gastos a cargo de la sociedad de gananciales (de adquisición, tenencia y disfrute de bienes comunes, ocio familiar y otros gastos y atenciones a la familia y a sus miembros), casando la sentencia recurrida, que había denegado el reembolso, con el argumento de que "para la existencia de un derecho de crédito contra la sociedad, la es— posa debió reservarse el derecho de reembolso y, en caso contrario, debe presumirse su voluntad de atribuir al dinero el carácter de ganancial, por aplicación de los arts. 1255, 1323, 1355 CC". Frente a este razonamiento el TS, afirma: 1º) "Una cosa es que se admita una amplia autonomía negocial entre los cónyuges (arts. 1323 y 1355 CC) y otra que pueda presumirse el ánimo liberal del cónyuge que emplea dinero privativo para hacer frente a necesidades y cargas de la familia". 2º) "De acuerdo con la jurisprudencia de esta sala, salvo que se demuestre que su titular lo aplicó en beneficio exclusivo, procede el reembolso del dinero privativo que se confundió con el dinero ganancial poseído conjuntamente pues, a falta de prueba, que incumbe al otro cónyuge, se presume que se gastó en interés de la sociedad". 3º) "La sentencia recurrida, cuando afirma que no procede reconocer un crédito a favor del cónyuge que ingresa dinero privativo en una cuenta conjunta y que se confunde con el dinero ganancial porque no se reservó el derecho de repetición, es contraria a la doctrina de la sala, y debe ser casada".

La misma doctrina reitera la STS 4 febrero 2017 *(Tol 7831819)* en un caso de traspaso de una cantidad donada por los padres a la mujer, desde una cuenta a nombre suyo, a otra a nombre del otro cónyuge, en la que figuraba como autorizada la donataria, y en la cual se cargaban gastos de mantenimiento de la familia. Afirma, así, que procede el rembolso del dinero ingresado por la donataria, presumiéndose, salvo prueba en contrario (a cargo del otro cónyuge), que dicho dinero fue destinado a atender las cargas de la sociedad de gananciales y que la amplia autonomía negocial de los cónyuges no implica que pueda presumirse el ánimo liberal de quien emplea dinero privativo para hacer frente a las cargas de la familia, sino que la previsión del art. 1364 CC, por el contrario, dispone el reintegro de las sumas gastadas en interés de la sociedad.

En el mimo sentido la STS 11 noviembre 2020 *(Tol 8209276)* confirma el carácter privativo del saldo de una cuenta corriente conjunta en la que se había ingresado dinero privativo del marido, procedente de una indemnización, como consecuencia de las lesiones sufridas en un accidente de tráfico. Reitera que el mero ingreso en una cuenta de titularidad compartida no convierte en ganancial la indemnización privativa, y tampoco en las relaciones entre cónyuges, aunque estén sometidos al régimen de gananciales, pues no se presume el ánimo liberal por el hecho de que se confunda el dinero privativo con el dinero poseído conjuntamente, ni se presume que el dinero privativo se aporte como ganancial.

15 La gestión de la sociedad de gananciales

José María Cardós Elena[1]

Sumario: 1. LA GESTIÓN DE LA SOCIEDAD DE GANANCIALES: ADMINISTRACIÓN Y DISPOSICIÓN. 2. EL PRINCIPIO DE COGESTIÓN. 2.1. Principio general: intervención de ambos cónyuges. 2.2. Prevalencia del régimen de gestión pactado en capitulaciones matrimoniales. 2.3. Autorización judicial para actos de administración por impedimento o negativa del otro cónyuge. 3. EXCEPCIONES LEGALES AL PRINCIPIO DE COGESTIÓN. 3.1. Anticipo de dinero ganancial para la administración de bienes propios o el ejercicio de la profesión. 3.2. Defensa de los bienes gananciales. 3.3. Gastos urgentes. 3.4. Disposición de frutos y productos de bienes privativos. 3.5. Titularidad formal y posesión de los bienes. 3.6. Liberalidades de uso. 4. GESTIÓN POR UNO SOLO DE LOS CÓNYUGES POR MINISTERIO DE LA LEY O POR RESOLUCIÓN JUDICIAL. 4.1. Atribución legal de las facultades de gestión al cónyuge del incapaz. 4.2. Atribución judicial de las facultades de gestión al cónyuge. 4.3. Cautelas y limitaciones. 5. DISPOSICIÓN DE BIENES GANANCIALES. 5.1. Disposición de bienes gananciales a título oneroso. 5.2. Disposición de bienes gananciales a título gratuito inter vivos. 5.3. Disposición de los bienes gananciales a título gratuito mortis causa. 6. RESPONSABILIDAD DEL CÓNYUGE POR GESTIÓN IRREGULAR. 6.1. Obtención de beneficio exclusivo o generación de daño a la sociedad de gananciales. 6.2. Rescisión del acto perjudicial cuando el cónyuge se concierte con un tercero. 7. DEBER DE INFORMACIÓN AL OTRO CÓNYUGE.

1. LA GESTIÓN DE LA SOCIEDAD DE GANANCIALES: ADMINISTRACIÓN Y DISPOSICIÓN

Normativa reguladora

La Sección 4ª del Capítulo IV del Título III del Libro IV del CC, que comprende los arts. 1375 a 1391 CC, se titula "De la administración de la sociedad de gananciales". Sin embargo, dichos preceptos no regulan solamente la administración, sino también la disposición de bienes gananciales. Por esta razón, la doctrina analiza conjuntamente los actos de administración y los actos de disposición, bajo la denominación común de gestión de la sociedad de gananciales, que engloba unos y otros.

En principio, la distinción entre actos de administración y de disposición no tiene apenas relevancia, pues ambos están regidos por el mismo principio de cogestión o actuación conjunta de ambos cónyuges (art. 1375 CC).

---

1 ASO, Derecho civil, Universidad de Valencia.

Cuando resulte necesario distinguir entre actos de administración y de disposición de la sociedad de gananciales, será útil atender a los criterios distintivos habituales: acto de administración es aquel que está orientado a la normal explotación y conservación, y que no compromete el patrimonio común, mientras que acto de disposición es aquel que no respeta la integridad del patrimonio ganancial. Con todo, un mismo acto puede ser de administración o de disposición, según los casos; por ello, la calificación como uno u otro acto vendrá determinada por la función económica que cumpla en el patrimonio ganancial, con independencia de su naturaleza objetiva.

Jurisprudencia

La STS 7 marzo 1996 (*Tol 1659388*) recalca que la distinción entre actos de administración y de disposición de la sociedad de gananciales debe hacerse atendiendo no a la denominación objetiva del acto, sino a su función económica: "tanto el art. 1377 cuando se refiere a actos de disposición a título oneroso, como el 1384 en su alusión a actos de administración, contemplan conceptos económicos, más que aspectos de pura técnica jurídica, por lo que han de considerarse actos de disposición sobre bienes gananciales los que afectan gravemente, con carácter duradero o extraordinario, al aprovechamiento de los mismos".

Cuestiones relevantes

1. Recurrentemente, se ha suscitado ante los Tribunales **si el arrendamiento de un bien inmueble ganancial constituye un acto de administración o de disposición.** Con base en el art. 1548 CC, se considera que un arrendamiento cuya duración exceda de seis años constituye un acto de disposición de la sociedad de gananciales, y no un mero acto de administración. La STS 17 enero 2018 (*Tol 6484723*) dice al respecto: "el arrendamiento es un acto de administración salvo cuando, por su duración, comprometa el aprovechamiento de las cosas (arg. 1548 y 271 CC). En tal caso se considera como acto de disposición. Así lo entendió la sentencia 333/2010, de 10 de junio, respecto del arrendamiento por quince años con posibilidad de prórroga de un piso ganancial, en un caso en el que el contrato fue otorgado, tras la muerte de la esposa, y sin autorización judicial, por la curadora del marido declarado pródigo. En el ámbito de la sociedad de gananciales, se ha considerado acto de disposición el arrendamiento de industria instalada en local ganancial por plazo de quince años (sentencia 341/1995 de 10 abril); también el arrendamiento de inmueble ganancial por cuatro años prorrogables a veinte por voluntad del arrendatario, con opción de compra a su favor (sentencia 1029/2000, de 14 noviembre); y la sentencia 31/1999, de 24 abril, con invocación de la doctrina de la sala según la cual los arrendamientos de bienes inmuebles por tiempo que no exceda de seis años tienen carácter de actos de administración, considera que en el caso la esposa estaba legitimada para otorgarlo sola, al no ser superior a ese plazo".

2. La STS 14 noviembre 2000 (*Tol 12810*) matiza que aunque **un contrato de arrendamiento se concierte por una duración de cuatro años, si es prorrogable a veinte años por voluntad del arrendatario, constituye un acto de disposición;** y ello, máxime cuando se concede en el mismo contrato un derecho de opción de compra, cuya virtualidad depende exclusivamente del ejercicio de opción por parte del optante-arrendatario. Por ello, "el contrato de que se trata, ni en su forma compleja, ni siquiera en sus individualidades o componentes (con su propia autonomía), es subsumible entre los actos que un cónyuge puede realizar con independencia del otro, de tal manera que (salvo que se hubiera dado un supuesto de excepción, que no es el caso) es precisa la actuación conjunta".

2. EL PRINCIPIO DE COGESTIÓN

Normativa reguladora

El art. 1375 CC dice que "en defecto de pacto en capitulaciones, la gestión y disposiciones de los bienes gananciales corresponde conjuntamente a los cónyuges, sin perjuicio de lo que se determina en los artículos siguientes".

Añade el art. 1376 CC que "cuando en la realización de actos de administración fuere necesario el consentimiento de ambos cónyuges y uno se hallare impedido para prestarlo, o se negare injustificadamente a ello, podrá el Juez suplirlo si encontrare fundada la petición".

2.1. Principio general: intervención de ambos cónyuges

Con anterioridad a la Ley 11/1981, de 13 de mayo, el marido tenía legalmente atribuida la facultad de administrar y disponer de los bienes gananciales. Como es conocido, uno de los principales objetivos de la referida Ley fue acomodar el Derecho de Familia a los principios constitucionales, entre los cuales cabe señalar el derecho fundamental a la igualdad y no discriminación (art. 14 CE), así como el derecho a contraer matrimonio con plena igualdad jurídica (art. 32 CE).

El principio de cogestión comportó un cambio radical, en la medida en que se atribuye legalmente a ambos cónyuges de manera conjunta la administración y disposición de los bienes gananciales, sin que en principio sea posible realizar ningún acto de administración o disposición sin la intervención de ambos.

Sin embargo, esta regla general admite importantes excepciones, puesto que la realidad empírica, el normal desenvolvimiento del tráfico jurídico, e incluso la seguridad jurídica, conducen a que en la práctica resulte inviable que en todo acto de administración o disposición de la sociedad de gananciales ambos cónyuges intervengan conjuntamente. Por ello, el principio general de cogestión está muy matizado en la práctica.

Más allá de las excepciones legales al principio de cogestión (que se examinarán más adelante), hay que tener en cuenta que se admite pacíficamente que los cónyuges pueden actuar individualmente en aquellos actos de gestión ordinaria tendentes a la conservación o aprovechamiento usual de los bienes gananciales. A este respecto, conviene recordar que el art. 1319 CC señala que "cualquiera de los cónyuges podrá realizar los actos encaminados a atender las necesidades ordinarias de la familia".

Además, es perfectamente posible que uno de los cónyuges actúe individualmente, pero con el consentimiento del otro. También es admisible que uno de los cónyuges actúe unilateralmente, sin contar con el conocimiento del otro cónyuge, y que este último consienta la actuación de manera expresa o tácita. La aceptación puede deducirse del conocimiento del acto unilateral por parte del otro cónyuge, sin reaccionar o actuar para preservar sus intereses. Dejar transcurrir el plazo de impugnación de un acto de gestión unilateral supone un claro ejemplo de aceptación tácita.

2.2. Prevalencia del régimen de gestión pactado en capitulaciones matrimoniales

El art. 1375 CC sienta el principio de cogestión "en defecto de pacto en capitulaciones". Ello implica que los cónyuges pueden desmarcarse del régimen de administración y disposición regulado en el CC, pactando un régimen particular en las capitulaciones matrimoniales.

En este sentido, se ha apuntado que, en virtud del principio de autonomía de la voluntad en sede de capitulaciones matrimoniales, reconocido en el art. 1325 CC, es perfectamente posible que los cónyuges pacten una administración solidaria o indistinta; la concesión de autorizaciones revocables a favor del otro cónyuge para determinados actos de administración o disposición; e incluso, la división de la masa ganancial en conjuntos de bienes, que administrará o sobre los que dispondrá uno de los cónyuges.

Mucho más problemática es la hipótesis de que los cónyuges puedan pactar que uno de ellos administre y disponga de bienes gananciales de manera exclusiva, permanente e irrevocable. A nuestro entender, es acertada la doctrina mayoritaria, que entiende que este tipo de pactos son nulos, por atentar contra el principio de igualdad (arts. 14 y 32 CC). Esta conclusión resulta congruente con el art. 1328 CC, a tenor del cual "será nula cualquier estipulación contraria a las Leyes o a las buenas costumbres o limitativa de la igualdad de derechos que corresponda a cada cónyuge".

2.3. Autorización judicial para actos de administración por impedimento o negativa del otro cónyuge

Si la regla general del art. 1375 CC es que en principio ambos cónyuges deben intervenir en todo acto de administración de un bien ganancial, es lógico que se prevea cómo proceder en el supuesto de que uno de los cónyuges esté impedido para prestar el consentimiento, o se niegue injustificadamente a prestarlo. El art. 1376 CC contempla dos casos en los que se atribuye al Juez la facultad de dirimir una controversia relativa a la administración de los bienes gananciales.

El primer supuesto consiste en que uno de los cónyuges "se hallare impedido" para prestar el consentimiento. Ello sucede en casos de incapacidades o trastornos intelectuales del cónyuge no dirimidos judicialmente. Se discute si es posible incardinar en este supuesto situaciones en las que el cónyuge esté incomunicado en un lugar lejano o apartado.

No obstante, hay que tener en cuenta que cuando se hayan adoptado medidas de apoyo para el cónyuge incapaz se aplica el art. 1387 CC, que atribuye la representación legal al cónyuge nombrado curador con facultades representativas. Además, el art. 1388 CC permite al Juez conferir la administración a uno de los cónyuges cuando el otro se encuentre "en imposibilidad de prestar consentimiento", supuesto que aparentemente se solapa con el ámbito de aplicación del art. 1376 CC. Parece evidente que el legislador intentó regular dos situaciones distintas; de tal forma que es razonable sostener que el art. 1388 CC se aplica solamente a situaciones en las que se pueda inferir que la imposibilidad se va a prolongar en el tiempo. Además, el art. 1386 CC permite que uno de los cónyuges realice unilateralmente gastos urgentes y necesarios, incluso extraordinarios.

Por todo ello, entendemos que el impedimento del cónyuge contemplado en el art. 1376 CC debe responder a situaciones de imposibilidad que no obedezcan a una necesidad consolidada (en cuyo caso se aplicarán los arts. 1387 o 1388 CC, según corresponda). Tampoco se aplicará el art. 1376 CC cuando exista una situación de urgencia (pues en tal caso regirá el art. 1386 CC).

El segundo supuesto de posible intervención judicial consiste en la negativa injustificada del otro cónyuge a prestar su consentimiento para un acto de administración. La previsión legal resulta lógica, puesto que ambos cónyuges tienen el deber de colaborar en la gestión de la sociedad de gananciales; y ante una negativa, por muy injustificada que sea, el otro cónyuge se vería abocado a realizar un acto de administración unilateral, que sería impugnable de conformidad con lo dispuesto en el art. 1322 CC. Por ello, se permite que el Juez autorice el acto de administración cuando la petición sea fundada, y la oposición o negativa del otro cónyuge resulte injustificada.

La decisión que adopte el Juez con base en el art. 1376 CC suplirá el consentimiento impedido o la negativa injustificada a prestarlo, lo que comportará la realización del acto de administración como si ambos cónyuges hubieran intervenido. Obviamente, habrá que estar a las circunstancias del caso concreto, sin que resulte posible establecer criterios apriorísticos; será el Juez quien valore si existe impedimento del cónyuge, si el acto de administración cuya autorización se solicita está fundado, o si la oposición del otro cónyuge es injustificada.

Finalmente, cabe destacar que el art. 1376 solamente se aplica a los actos de administración, puesto que el art. 1377 CC contempla reglas específicas para los actos de disposición.

Jurisprudencia

La STS de 14 mayo 1984 (*Tol 1737897*) destacó que, a diferencia del sistema anterior a la Ley 11/1981, de 13 de mayo, el régimen jurídico vigente relativo la gestión de los bienes gananciales está presidido por el criterio de la administración conjunta y del consentimiento dual.

Cuestiones relevantes

3. Si uno de los cónyuges necesita recabar la autorización del Juez para realizar actos de administración de un bien ganancial, porque el otro cónyuge está impedido, o se niega injustificadamente a consentirlos, deberá seguir el **trámite previsto en el art. 90 y siguientes de la Ley 15/2015, de 2 de julio, de la Jurisdicción Voluntaria.**

3. EXCEPCIONES LEGALES AL PRINCIPIO DE COGESTIÓN

Los arts. 1378, 1381, 1382, 1384, 1385 y 1386 CC contemplan excepciones legales al principio de cogestión, ya que permiten que ciertos actos sean realizados exclusivamente por uno de los cónyuges.

3.1. Anticipo de dinero ganancial para la administración de bienes propios o el ejercicio de la profesión

Normativa reguladora

Según el art. 1382 CC, "cada cónyuge podrá, sin el consentimiento del otro, pero siempre con su conocimiento, tomar como anticipo el numerario ganancial que le sea necesario, de acuerdo con los usos y circunstancias de la familia, para el ejercicio de su profesión o la administración ordinaria de sus bienes".

Obviamente, cada uno de los cónyuges puede administrar su patrimonio privativo y ejercer una profesión. Como los frutos y ganancias del trabajo y de los bienes privativos tienen carácter ganancial (art. 1347.1º y 2º CC), es lógico que se permita obtener dinero del patrimonio común para la realización de tales actividades.

A pesar de la dicción del precepto, el "anticipo" no es un préstamo, sino una provisión de fondos para la administración de bienes privativos o el ejercicio de actividades profesionales. Si al realizar tales actividades se obtiene un rendimiento o un beneficio, este ingresará en la sociedad de gananciales; de lo contrario, no habrá nada que devolver.

La actuación unilateral supone la existencia de limitaciones, tendentes a proteger los intereses del otro cónyuge. Solamente puede tomarse dinero ganancial, no bienes muebles o inmuebles de la sociedad conyugal. La cantidad de dinero utilizada debe ser acorde con la situación económica de la familia, ya que la gestión de una cantidad de dinero excesivo sí que provocará que el cónyuge adeude el exceso a la sociedad de gananciales. Por último, el otro cónyuge debe consentir la utilización del dinero ganancial. Dicho consentimiento puede ser previo, simultáneo o posterior, así como expreso o tácito.

Jurisprudencia

La SAP Zamora 30 noviembre 2005 (*Tol 802374*) considera que la utilización de una gran cantidad de dinero, cuando las relaciones ya estaban deterioradas, sin conocimiento del otro cónyuge, genera un crédito a favor de la sociedad de gananciales, al no haberse acreditado que dichos fondos se destinasen a atender gastos y cargas familiares: "está acreditado, en todo caso, que el esposo dispuso del dinero (extrayéndole de cuentas gananciales para ingresarlo en muchas ocasiones, bien en cuentas a su propio nombre bien en la abierta junto con una hermana, sirviéndose formalmente de la facultad de disposición que le confiere esa potestad, destinado parte a atender gastos derivados del ejercicio de su profesión de agricultor o la administración ordinaria de sus bienes (artículo 1382), o para realizar actos urgentes de carácter necesario, ya fueran ordinarios o extraordinarios (artículo 1386), pero, en cualquier caso, habiendo dispuesto de una cantidad importante, pues según el informe pericial emitido por Ingeniero Técnico Agrícola (vid f. 276), los ingresos, a la vista de los saldos de las cuentas, ascenderían a 9.863.170 ptas. y los gastos a 3.830.090 ptas., lo que daría un neto de 6.033.080 ptas., que no se justifica en qué se haya empleado y teniendo en cuenta que los años a que se refiere (97, 98, 99), no sólo se habían deteriorado las relaciones sino que se había iniciado y estaba pendiente el proceso de separación, por lo que incumbía al esposo, que es quien realizó los actos de disposición y administración de las características señaladas, dar cuenta al otro cónyuge de la razón del mismo, exigencia que se desprende de los propios artículos 1382 y 1383 del Código Civil, ya citados, en relación con el 1390 y 1391 de dicho cuerpo legal, lo que no consta que el esposo apelado hiciera ni durante el procedimiento de separación, ni posteriormente, hasta el punto que la esposa debió solicitar diligencias preliminares para averiguar el destino del dinero e ingresos del esposo, sin que tampoco en este procedimiento haya ni siquiera apuntado prueba alguna sobre que las cantidades de las que ha dispuesto las destinara a atender o sufragar gastos, como dice, sostenimiento de la familia, alimentación y educación de las dos hijas y demás atenciones de la familia, máxime cuando además tenía la facilidad probatoria a que se refiere el artículo 217.6 de la Ley de Enjuiciamiento Civil. Por todo lo expuesto, debe estimarse el motivo y acreditado por los apuntes de las cuentas y certificados de la Junta y saldo de la cuenta con la Cooperativa los ingresos procedentes de la PAC y así como los gastos, los cuales vienen a coincidir con los del informe pericial, procede considerar como crédito de la sociedad la suma de 36.259,54 €"

3.2. Defensa de los bienes gananciales

Normativa reguladora

El art. 1385.II CC dice que "cualquiera de los cónyuges podrá ejercitar la defensa de los bienes y derechos comunes por vía de acción o de excepción".

La finalidad de la norma es que cualquiera de los cónyuges, unilateralmente, pueda defender los bienes gananciales, evitado que ambos cónyuges tengan que interponer una demanda. El precepto tiene una clara finalidad procesal, pues evita que pueda apreciarse una falta de legitimación activa de uno solo de los cónyuges (el mal llamado litisconsorcio activo necesario).

Aunque el precepto parece pensar en la defensa de los bienes gananciales mediante el ejercicio de acciones judiciales, nada impide que se pueda hacer uso de dicha facultad extrajudicialmente.

Jurisprudencia

La STS 12 marzo 2008 (*Tol 1353299*) recuerda que la jurisprudencia "ha considerado que uno de los cónyuges puede actuar de forma individual en el ejercicio de aquellas acciones que sean beneficiosas para la sociedad, como declaró la sentencia de 7 julio 1994 cuando afirmó que "al amparo de una interpretación adecuada de lo dispuesto en el art. 1385 CC, parece indiscutible que en los aspectos de reclamación, o ejercicio de acciones que tienden a beneficiar la sociedad conyugal, la actuación por uno de los consortes es suficiente, sin que sea preciso para ello, tengan que actuar al unísono ambos componentes de la comunidad matrimonial" (asimismo y en un sentido muy parecido, las SSTS de 14 febrero 2000 y 7 febrero 2005)".

Cuestiones relevantes

4. El art. 1385.II CC no puede entenderse en el sentido de que uno de los cónyuges deba soportar en exclusiva el ejercicio de una acción judicial que afecte a ambos. El derecho a la tutela judicial efectiva, consagrado en el art. 24 CE, exige que la demanda se dirija contra los dos cónyuges si el éxito de la acción ejercitada resulta negativo para los dos. Si no se demanda a los dos cónyuges, habrá falta de litisconsorcio pasivo necesario [STS 20 diciembre 2001 (*Tol 4924475*)]. En este sentido, la STS 15 febrero 1999 (*Tol 5120269*) enumera en qué supuestos es necesario demandar a ambos cónyuges: "la jurisprudencia de esta Sala es directa y contundente, cuando establece que debe observarse la imposición del litisconsorcio pasivo necesario en: a) cuando se trata de acciones reales contradictorias o bien tuitivas del dominio de bienes de naturaleza ganancial (SS. de 16 de febrero de 1987 y 4 de abril de 1988), b) disposición de los bienes gananciales por uno de los cónyuges, sin consentimiento del otro (SS. de 6 de junio de 1988 y 22 de julio de 1991) y c) cuando se trata de la eficacia e ineficacia de una relación contractual y, por tanto, su resolución, en la que intervinieron ambos cónyuges de manera directa o indirecta, pero debida y suficientemente constatada, ya que ha de dirigirse la demanda contra los dos (SS. de 25 de enero de 1990 y 23 de febrero de 1994)".

3.3. *Gastos urgentes*

Normativa reguladora

Señala el art. 1386 CC que "para realizar gastos urgentes de carácter necesario, aun cuando sean extraordinarios, bastará el consentimiento de uno sólo de los cónyuges".

Este artículo pretende exceptuar el régimen de actuación conjunta para la gestión de bienes gananciales, cuando exista un gasto necesario (incluso extraordinario) que deba satisfacerse de manera urgente.

Aunque el precepto no lo indica, es obvio que los gastos deben recaer sobre el patrimonio ganancial, y que deben estar orientados a satisfacer el interés familiar (art. 1319 CC). La noción de gastos debe ser entendida en sentido amplio: no solo el pago de deudas con dinero ganancial, sino también la asunción de obligaciones contraídas en situación de necesidad.

La actuación unilateral del cónyuge solo será admisible cuando el gasto sea urgente y necesario, lo que dependerá de la situación familiar y de las circunstancias del caso.

Dado el carácter excepcional del art. 1386 CC, no es admisible recurrir al mismo cuando resulte posible recabar el consentimiento del otro cónyuge.

Jurisprudencia

La SAP Barcelona 23 febrero 2011 (*Tol 2100214*) consideró que las obras de reparación de la vivienda familiar son gastos necesarios: "la impugnación del pasivo se basa esencialmente en que incluye como partida esencial facturas por importe total de 8.165,22 euros por obras de reparación (revestimiento antihumedad) de la vivienda familiar de Vallirana, que el apelante cuestiona en tanto no consta su necesidad y descripción pormenorizada y fueron hechas sin su consentimiento. Tales argumentos no pueden acogerse, porque dada su cuantía y la entidad de la causa deben considerarse obras necesarias de mantenimiento decidido por la exesposa (artículo 1386 CC)".

Por el contrario, la SAP Bizkaia 4 junio 2004 (*Tol 7889795*) estimó que la celebración de un contrato de préstamo no puede tener la consideración de gasto urgente y necesario, por no haberse justificado la imposibilidad de contar con el consentimiento del otro cónyuge: "niega el esposo el carácter ganancial del préstamo obtenido por la esposa del Banco de Santander en octubre de 2000, una vez iniciado el proceso de separación. La sentencia reputa ganancial dicho préstamo pues, aunque fue contratado, exclusivamente por la esposa, razones de urgencia, de las previstas en el art. 1386 del CC permitían hacerlo sin el consentimiento del esposo. No compartimos dicha apreciación estimando que no existen los datos suficientes para reputar ganancial dicho préstamo. Por un lado, el robo de las joyas (que se alega motivó su contratación), sólo está probado por la propia denuncia de la recurrida; por otra parte, no se justifica, ni razona debidamente cual era la situación tan urgente a la que debía hacerse frente, que impedía recabar el consentimiento del otro cónyuge, y finalmente, tampoco hay prueba de que el dinero se reinvirtiera efectivamente en el negocio. La carencia de prueba en todos esos extremos, impide que el préstamo pueda reputarse ganancial, y en este aspecto la sentencia debe ser revocada".

3.4. *Disposición de frutos y productos de bienes privativos*

Normativa reguladora

El art. 1381 CC dispone que "los frutos y ganancias de los patrimonios privativos y las ganancias de cualquiera de los cónyuges forman parte del haber de la sociedad y están sujetos a las cargas y responsabilidades de la sociedad de gananciales. Sin embargo, cada cónyuge, como administrador de su patrimonio privativo, podrá a este solo efecto disponer de los frutos y productos de sus bienes".

La primera frase del precepto es redundante, pues repite el contenido de los arts. 1318 y 1347.1º y 2º CC. La segunda parte tiene más interés, pues contiene una excepción legal al principio de cogestión, al permitir que el cónyuge, con la finalidad de administrar su patrimonio privativo, pueda hacer uso de los frutos y productos de sus bienes.

Cuestiones relevantes

5. Es controvertido si el art. 1381 CC permite solo disponer de los frutos y productos (lo que se hará, normalmente, vendiéndolos), o si también se puede reinvertir lo obtenido. La doctrina mayoritaria, a partir de una interpretación integradora de los arts. 1381 y 1382 CC, entiende que **lo obtenido con la disposición de los frutos y productos se puede destinar a la conservación de la cosa, al pago de los gastos de producción o a la reinversión en el patrimonio propio, para conseguir cierta productividad.**

3.5. Titularidad formal y posesión de los bienes

Normativa reguladora

Según el art. 1384 CC, "serán válidos los actos de administración de bienes y los de disposición de dinero o títulos valores realizados por el cónyuge a cuyo nombre figuren o en cuyo poder se encuentren".

A pesar de la literalidad de la norma, es conveniente interpretarla restrictivamente, dado que constituye una excepción al régimen de cogestión, que se fundamenta en la protección del tráfico jurídico.

En cuanto a los actos de administración, pueden ser realizados por uno solo de los cónyuges en relación con todo tipo de bienes, cuando: a) los bienes gananciales figuren solo a su nombre (por ejemplo, porque en el título de adquisición aparezca como adquirente dicho cónyuge, o porque en un registro público conste inscrito el bien a nombre de ese mismo cónyuge); y b) los bienes gananciales que estén siendo poseídos exclusivamente por ese cónyuge.

En relación con los actos de disposición, la norma solo permite los que se refieran a dinero o títulos valores. Dentro de este reducido ámbito de actuación, el cónyuge puede disponer unilateralmente en los siguientes supuestos: a) cuando el dinero esté materialmente en su poder; b) cuando el título valor figure a su nombre (título nominativo); y c) cuando el título valor esté en su poder (título al portador).

Por su parte, el art. 1385.I CC dice que "los derechos de crédito, cualquiera que sea su naturaleza, serán ejercitados por aquel de los cónyuges a cuyo nombre aparezcan constituidos".

Esta norma aclara que el régimen económico de gananciales no afecta al ejercicio y dinámica de las relaciones obligatorias. En consecuencia, los créditos podrán ser ejercitados por el cónyuge que ostente su titularidad, con independencia de que dicho crédito sea o no ganancial. De este modo, se facilitan las operaciones en el tráfico jurídico.

No obstante, el crédito a que se refiere este precepto debe provenir de una relación contractual; si se tratase de un crédito por responsabilidad extracontractual, la titularidad del crédito corresponderá a ambos cónyuges (art. 1385.II CC).

Jurisprudencia

En cuanto al fundamento del art. 1384 CC, la STS 16 abril 2012 (*Tol 2538945*) se pronuncia así: "el artículo 1384 del Código Civil dispone que «serán válidos los actos de administración de bienes y los de disposición de dinero o títulos valores realizados por el cónyuge a cuyo nombre figuren o en cuyo poder se encuentren», lo que si, desde la perspectiva interna, se justifica por la necesidad de facilitar la gestión de determinados gananciales, desde la perspectiva externa enlaza con la seguridad característica del tráfico de los títulos valores fruto de la abstracción de los derechos incorporados a los mismos, que exige la inmunidad de los terceros adquirentes de buena fe frente a las cuestiones subyacentes a la causa de su creación y a su titularidad extradocumental".

En aplicación del art. 1384 CC, la STS 3 febrero 2020 (*Tol 7813863*) señala que "el cónyuge socio, dada su condición de titular privativo de las acciones o participaciones sociales, puede gestionarlas conforme a su conveniencia, incluso enajenarlas sin necesidad de contar con el consentimiento de su consorte (arts. 1381 y 1384 CC)".

La SAP Navarra 19 mayo 2004 (*Tol 453843*) aboga por una interpretación moderada del art. 1384 CC, que no permite "llegar a la conclusión, que parece mantener la parte apelada, de que en ellos se consagra una facultad ilimitada, sino que, por el contrario, atendiendo al espíritu y finalidad de la norma (finalidad que no es otra que la de facilitar la seguridad y rapidez del tráfico, así como los actos de gestión de la sociedad de gananciales). Ahora bien, esta finalidad, al igual que el régimen jurídico aplicable a la sociedad de gananciales o de conquistas, descansa en la existencia de unas mutuas relaciones de confianza entre ambos cónyuges y que se presumen en el desenvolvimiento de toda relación matrimonial normalizada. De hecho, la facultad que estamos examinando presupone, al menos, la tácita conformidad del otro cónyuge al permitir que determinados bienes gananciales o de conquistas, dinero o títulos valores, se encuentren en su poder o figuren a su solo nombre, sustrayéndose, de este modo, a la aplicación de la regla general de administración y disposición conjunta. Supone, por tanto, el ejercicio de esta facultad una situación previa de aquiescencia del otro cónyuge que puede suspender a su voluntad paralizando la aplicación de este artículo en aquellos casos en que hayan surgido determinadas desavenencias conyugales que hagan desaparecer las relaciones de mutua confianza que hicieron posible la posesión o titularidad exclusiva por uno solo de los cónyuges de los referidos bienes".

La SAP Madrid 28 octubre 2020 (*Tol 8308212*) afirma que el art. 1385.I CC tiene la finalidad de "agilizar las relaciones jurídicas sin que sea necesario exigir la intervención de ambos cónyuges en cualquier actividad relacionada con los contratos o negocios jurídicos que puedan acometer individualmente los esposos, lo que sería preciso si nos atenemos formalmente a lo establecido en el artículo 1375 del Código Civil que establece que «en defecto de pacto en capitulaciones, la gestión y disposiciones de los bienes gananciales corresponde conjuntamente a los cónyuges»".

La SAP Pontevedra 29 junio 2004 (*Tol 790112*) dice que la reclamación de un crédito con base en el art. 1385.I CC debe hacerse siempre en beneficio del interés común, y sin perjuicio de la eventual responsabilidad del cónyuge *ex* art. 1390 CC: "el precepto autoriza, pues, a cualquiera de los cónyuges para ejercitar la defensa de los bienes y derechos comunes por vía de acción, habiendo declarado la jurisprudencia que tal facultad para demandar se atribuye por la ley con plenitud de consecuencias y sin perjuicio de la responsabilidad del cónyuge demandante frente al otro prevista en el art. 1390 CC. Ahora bien, se trata de la defensa de los bienes y derechos comunes, no de los intereses particulares de uno de los cónyuges. En el supuesto enjuiciado, el préstamo fue otorgado por ambos esposos; cualquiera de ellos podría, con base en el art. 1385 CC, instar su devolución, pero para la sociedad de gananciales que constituían, no para beneficio personal de uno de ellos en perjuicio del otro".

Cuestiones relevantes

6. La regla contenida en el art. 1384 CC solamente es viable cuando la sociedad de gananciales esté vigente [SSTS 14 febrero 2005 (*Tol 598374*) y 31 diciembre 1998 (*Tol 5119718*)]. Si la sociedad ha quedado disuelta, resultarán de aplicación las reglas de la comunidad de bienes, que exigen la actuación de ambos cónyuges.

7. Como la titularidad formal de una cuenta bancaria no prejuzga quién es realmente el titular del dinero [STS 25 abril 2022 (*Tol 8920760*)], se plantea la **duda de si el art. 1384 CC permite que uno de los cónyuges, titular formal de una cuenta bancaria, pueda gestionarla unilateralmente, a pesar de que el dinero tenga carácter ganancial.** Parte de la doctrina, basándose en una interpretación literal del precepto, congruente con su carácter excepcional, considera que la mención al "dinero" se refiere al dinero metálico, no al saldo de una cuenta bancaria. En contra de la interpretación anterior, cabría alegar que la normativa limita cada vez más el uso de dinero fuera del circuito bancario, por lo que aquella interpretación, en la práctica, dejaría sin apenas contenido la disposición de dinero *ex* art. 1384 CC. Cierta jurisprudencia menor da por supuesto que la expresión "dinero" ampara la disposición del saldo de dinero existente en una cuenta bancaria. Cabe citar, en este sentido, la SAP A Coruña 21 mayo 2012 (*Tol 2548611*), o la SAP Navarra 19 mayo 2004 (*Tol 453843*), que llega a calificar la disposición del dinero obrante en una cuenta bancaria como un supuesto de aplicación muy frecuente del art. 1384 CC.

3.6. *Liberalidades de uso*

Normativa reguladora

El art. 1378 CC, tras sentar la regla general de que "serán nulos los actos a título gratuito si no concurre el consentimiento de ambos cónyuges", señala que "sin embargo, podrá cada uno de ellos realizar con los bienes gananciales liberalidades de uso".

Los supuestos más comunes de liberalidades de uso son propinas, limosnas, aguinaldos o regalos propios de ciertas celebraciones sociales, como bautizos, bodas y comuniones. La situación económica de la familia será determinante para distinguir una liberalidad de uso de una donación propiamente dicha, atendiendo al montante económico de la liberalidad.

Cuestiones relevantes

8. Se discute si los avales o fianzas prestados a favor de los hijos pueden ser considerados como liberalidades de uso, pues en tal caso sería admisible la actuación unilateral de uno solo de los cónyuges. La SAP Madrid 11 abril 2000 (*ECLI:ES:APM:2000:5717*) lo considera admisible: "la cuestión estriba en dilucidar qué deba entenderse por «liberalidades de uso», al haberse entendido en la instancia que la operación de garantía debatida se debía incluir en la expresada excepción en tanto que se hizo a favor de un hijo común conviviente con los padres y que, aunque se afirma que su comunicación con el apelante era menor que con la madre, no resultaba lógico que aquél desconociera la operación del todo. (...) Pueden tener por cualquier objeto y hacerse a cualquier tipo de personas, viniendo limitadas por la posición de la familia y por los usos sociales, sin que se vea la razón para que haya de interpretarse en sentido restrictivo, sino en sentido propio, siendo de la misma opinión gran parte de la doctrina. El negocio jurídico de garantía, aval o fianza suscrito por la codemandada esposa del apelante en su día ha de incardinarse, tal y como estimó adecuadamente la Juez «a quo» en dicho concepto exceptuado de la sanción de nulidad y sin perjuicio del crédito que a favor de la sociedad legal de gananciales pueda generar. A dicha conclusión coadyuva, además de lo antes argumentado, la circunstancia de tratarse de considerar que lo usual será que las liberalidades propiamente incluibles en el caso exceptuado de mutuo consenso sean las realizadas con la finalidad de favorecer a miembros de la propia familia, siendo una de las manifestaciones de la moral familiar vigente en nuestra sociedad".

4. GESTIÓN POR UNO SOLO DE LOS CÓNYUGES POR MINISTERIO DE LA LEY O POR RESOLUCIÓN JUDICIAL

Los arts. 1387 a 1389 CC contemplan supuestos en los cuales no es viable el principio de cogestión, como consecuencia de circunstancias especiales de carácter personal o familiar.

4.1. Atribución legal de las facultades de gestión al cónyuge del incapaz

Normativa reguladora

Según el art. 1387 CC, "la administración y disposición de los bienes de la sociedad de gananciales se transferirá por ministerio de la ley al cónyuge nombrado curador de su consorte con discapacidad, cuando le hayan sido atribuidas facultades de representación plena".

La norma en cuestión presupone que un cónyuge sea incapaz, y que exista una Sentencia judicial que haya nombrado al otro cónyuge curador con funciones representativas. Este último podrá administrar y disponer los bienes de la sociedad de gananciales.

Se trata de una atribución legal excepcional, consecuencia de la incapacidad jurídica del otro cónyuge, que nace con el nombramiento judicial del curador con funciones representativas, y que desaparece automáticamente en el supuesto de la extinción del cargo.

Cuestiones relevantes

9. El art. 1387 CC, en la redacción anterior a la reforma acometida por la Ley 8/2021, de 2 de junio, por la que se reforma la legislación civil y procesal para el apoyo a las personas con discapacidad en el ejercicio de su capacidad jurídica, atribuía las facultades de gestión "al cónyuge que sea tutor o representante legal de su consorte", lo que permitía entender que también se refería a los supuestos de ausencia legal declarada. Sin embargo, la actual redacción del precepto solo menciona al cónyuge nombrado curador de su consorte incapaz. Por ello, entendemos que **en una situación de ausencia no resulta de aplicación el art. 1387 CC, y que el defensor del ausente deberá solicitar autorización al Juez con base en el art. 1388 CC.**

4.2. Atribución judicial de las facultades de gestión al cónyuge

Normativa reguladora

El art. 1388 CC dice que "los Tribunales podrán conferir la administración a uno solo de los cónyuges cuando el otro se encontrare en imposibilidad de prestar consentimiento o hubiere abandonado la familia o existiere separación de hecho".

Este precepto permite que el Juez atribuya a uno de los cónyuges la facultad de decidir unilateralmente en tres supuestos concretos: imposibilidad de prestar consentimiento, abandono familiar o separación de hecho.

Aunque el art. 1388 CC solo alude a actos de administración, parece lógico entender que también ampara los actos de disposición, pues en caso contrario resultaría contradictorio con el art. 1389 CC, que se refiere a ambos.

La mención al abandono familiar o a la separación de hecho no plantea ningún problema interpretativo. Mayores dudas ofrece la imposibilidad para prestar consentimiento del otro cónyuge, dado que aparentemente constituye una reiteración de la autorización judicial prevista en los arts. 1376 y 1377 CC. Entendemos, tal y como hemos señalado anteriormente, que el art. 1388 debe circunscribirse a situaciones de imposibilidad de prestar consentimiento que previsiblemente se vayan a prolongar en el tiempo (como por ejemplo, la ausencia legalmente declarada).

Jurisprudencia

La SAP Murcia 10 junio 2011 (*Tol 2185445*) da a entender que, aunque el art. 1388 CC solo menciona a los actos de administración, también regula implícitamente los actos de disposición: "la separación de hecho sí afecta al régimen ordinario de gestión de los bienes gananciales, siendo posible que el cónyuge que de facto esté gestionando esos bienes, vea ampliadas sus facultades de administración y disposición (arts. 1368 y 1388), teniendo o dando validez a algunos de sus actos unilaterales".

Cuestiones relevantes

10. La autorización judicial por imposibilidad de prestar consentimiento, abandono familiar o separación de hecho, deberá ser solicitada por el cónyuge de conformidad con lo dispuesto en el art. 90 y siguientes de la Ley 15/2015, de 2 de julio, de la Jurisdicción Voluntaria.

4.3. *Cautelas y limitaciones*

Normativa reguladora

Dispone el art. 1389 CC que "el cónyuge en quien recaiga la administración en virtud de lo dispuesto en los dos artículos anteriores tendrá para ello plenas facultades, salvo que el Juez, cuando lo considere de interés para la familia, establezca cautelas o limitaciones. En todo caso, para realizar actos de disposición sobre inmuebles, establecimientos mercantiles, objetos preciosos o valores mobiliarios, salvo el derecho de suscripción preferente, necesitará autorización judicial".

Esta norma limita las facultades de gestión atribuidas legal o judicialmente al cónyuge en virtud de los arts. 1387 y 1388 CC.

En primer lugar, se permite que el Juez, en interés de la familia, establezca una serie de cautelas o limitaciones. No dice la ley en qué pueden consistir, quizá por la flexibilidad que exigen ante las múltiples hipótesis que en la práctica pueden darse. Parece razonable que el Juez pueda dictar medidas cautelares, impedir la realización de ciertos actos, o condicionarlos a que no excedan de un determinado importe.

No obstante, a pesar de haber sido atribuida a uno de los cónyuges todas las facultades de gestión, hay una serie de actos que siempre precisarán autorización judicial: la disposición de bienes inmuebles, establecimientos mercantiles, objetos preciosos o valores mobiliarios. Se excluye el derecho de suscripción preferente, que no requiere autorización por parte del Juez.

Jurisprudencia

Si el cónyuge realiza uno de los actos de disposición referidos en el art. 1389 CC sin haber recabado la autorización judicial, las SSTS 20 abril 2016 (*Tol 5699373*) y 23 septiembre de 2010 (*Tol 1952692*) sostienen que el acto en cuestión no será nulo de pleno derecho, sino anulable: "la ineficacia de los actos otorgados por el cónyuge tutor sin autorización judicial no es la nulidad general de los arts. 1259 y 4 CC, como ocurre en la disposición por el padre o el tutor de bienes de sus hijos o pupilos sin la autorización judicial, sino la de los artículos 1389 y 1322 CC, que establecen un tipo de ineficacia concreto para la disposición de los gananciales sin la preceptiva autorización".

No obstante, si la disposición se ha realizado con carácter gratuito, parece razonable que el acto sea nulo, en consonancia con lo dispuesto en los arts. 1322.II y 1378 CC. Esta es la conclusión que alcanza la SAP Asturias 8 julio 2020 (*Tol 8080343*): "se sostiene tanto en el recurso formulado por D. Román, como en el planteado por Dª Camino y Dª Caridad que rigen las disposiciones del art. 1387 del Código Civil y la falta de solicitud de autorización judicial por parte del tutor en orden a realizar tal negocio jurídico, en ningún caso convierte dicho negocio en nulo; la donación efectuada en nada perjudica a la cotitular de la sociedad de gananciales, Dª Paula, ni por ende a sus herederos ya que se hizo con carácter colacionable. Tampoco puede compartirse dicho argumento puesto que efectivamente rige el art. 1387 del CC y siguientes, en concreto como antes hemos indicado el 1389.2 del Código Civil, por lo que D. Román precisaba de una previa autorización judicial (ya que como tiene reconocido las acciones transmitidas eran gananciales) para poder donar a sus hijas Dª Camino y Dª Caridad las 7500 acciones de la empresa Norvil, S.A., y no siendo este el supuesto la donación efectuada debe reputarse nula por aplicación de los arts. 1378 y 1322.2 del CC que son los que se invocaban en la demanda planteada. Así el art. 1378 del CC señala que serán nulos los actos a título gratuito si no concurre el consentimiento de ambos cónyuges. Sin embargo, podrá cada uno de ellos realizar con los bienes gananciales liberalidades de uso y que viene a reiterar lo señalado en el párrafo 2º del art. 1.322 «no obstante, serán nulos los actos a título gratuito sobre bienes comunes si falta, en tales casos, el consentimiento del otro»".

5. DISPOSICIÓN DE BIENES GANANCIALES

Aunque por lo general la administración y la disposición de los bienes gananciales se regula en el CC de manera conjunta, los arts. 1377 a 1380 CC establecen el régimen jurídico de la disposición de los bienes gananciales, tanto a título oneroso (art. 1377 CC) como a título gratuito (arts. 1378 a 1380 CC). Tales preceptos deben complementarse con lo dispuesto en el art. 1322 CC.

Como enseguida se verá, la disposición de bienes gananciales también está presidida por la regla general de cogestión. No obstante, existen importantes diferencias entre los actos onerosos y los gratuitos, para el supuesto de que uno de los cónyuges disponga unilateralmente de bienes gananciales.

Además, debe tenerse en cuenta que los arts. 1384 y 1385 CC, ya analizados, contienen reglas especiales sobre la disposición de bienes gananciales.

5.1. *Disposición de bienes gananciales a título oneroso*

Normativa reguladora

El art. 1377.I CC señala que "para realizar actos de disposición a título oneroso sobre bienes gananciales se requerirá el consentimiento de ambos cónyuges".

Ya quedó apuntado que la distinción entre actos de administración y de disposición debe atender a su finalidad económica. No parece dudoso que las enajenaciones, la constitución de gravámenes o la constitución de derechos sobre bienes inmuebles son actos de disposición. Más dificultades plantean las agrupaciones, las segregaciones y las divisiones de fincas, las declaraciones de obra nueva o la constitución del régimen de propiedad horizontal, que suelen ser calificados como actos de riguroso dominio, pero que los arts. 93 y 94 RH regulan como si fuesen actos de administración.

Por el contrario, no plantea ninguna dificultad la noción de onerosidad, caracterizada por la existencia de contraprestación, en contraposición a la gratuidad. Esta es la razón por la que los actos dispositivos gratuitos se rigen por criterios muy diferentes, establecidos en los arts. 1378 a 1380 CC.

El art. 1377.I exige el consentimiento de ambos cónyuges para la realización de actos dispositivos onerosos sobre bienes gananciales. No obstante, ello no debe interpretarse en el sentido de que ambos cónyuges manifiesten el consentimiento presencialmente y de manera simultánea. Es perfectamente posible que uno de los cónyuges actúe por sí solo, habiendo recabado el consentimiento del otro. También es válido que uno de los cónyuges actúe unilateralmente, y que el otro cónyuge consienta el acto de manera expresa o tácita. El silencio, o la inacción ante un acto unilateral, puede ser considerado como una aceptación implícita del cónyuge que no ha intervenido.

Si uno de los cónyuges ha dispuesto de un bien ganancial unilateralmente, sin el concurso del otro cónyuge, el acto puede ser anulado. En este sentido, el art. 1322.I CC señala que "cuando la Ley requiera para un acto de administración o disposición que uno de los cónyuges actúe con el consentimiento del otro, los realizados sin él y que no hayan sido expresa o tácitamente confirmados podrán ser anulados a instancia del cónyuge cuyo consentimiento se haya omitido o de sus herederos". Por tanto, un acto dispositivo unilateral oneroso de bienes gananciales no es nulo, sino anulable; el acto tendrá eficacia claudicante, situación que cesará cuando el otro cónyuge asienta expresa o tácitamente, o cuando haya transcurrido el plazo de cuatro años para el ejercicio de la acción de anulabilidad.

El art. 1377.II CC señala que "si uno lo negare o estuviere impedido para prestarlo, podrá el Juez autorizar uno o varios actos dispositivos cuando lo considere de interés para la familia. Excepcionalmente acordará las limitaciones o cautelas que estime convenientes". La actuación judicial debe circunscribirse a los mismos supuestos de hecho expuestos en el epígrafe anterior al analizar el art. 1376 CC: situaciones de imposibilidad que no obedezcan a una necesidad consolidada (pues en tal caso se aplicarán los arts. 1387 o 1388 CC), o situaciones no urgentes (ya que si existe urgencia resultará aplicable el art. 1386 CC).

El Juez deberá comprobar si existe el impedimento invocado, o si la negativa al acto por parte del otro cónyuge es injustificada. De entenderlo así, concederá la autorización, que podrá comprender uno o varios actos dispositivos, en función de la petición que le haya sido formulada. Excepcionalmente, el Juez puede autorizar el acto dispositivo, pero estableciendo limitaciones o cautelas, sobre las cuales el CC nada aclara. Parece lógico que se pueda condicionar el acto dispositivo (por ejemplo, autorizando una venta a partir de un precio mínimo, u ordenando el ingreso de la contraprestación en una cuenta bancaria ganancial). Asimismo, las cautelas pueden consistir en el establecimiento de medidas cautelares (así, el establecimiento de una prohibición de disponer sobre el bien adquirido como consecuencia de la autorización judicial, o el depósito judicial del dinero obtenido fruto del acto autorizado).

Jurisprudencia

La STS 5 junio 2008 (*Tol 1331019*) recuerda que, aunque el principio general es el de cogestión, es posible apreciar el consentimiento expreso o tácito del cónyuge que no ha intervenido: "el consentimiento de uno de los cónyuges, cuando concurre el expreso del otro, puede revestir forma tácita o presunta, tanto por su asentamiento, como por su aquietamiento y conformidad a la actividad dispositiva materializada por el otro, pero con apoyo en las voluntades coincidentes de ambos". En el caso concreto, se estimó que "la interposición de la demanda conjuntamente por los cónyuges acredita el consentimiento de la esposa al otorgamiento unilateral por parte de su marido".

La STS 2 julio 2003 (*Tol 293894*) insiste en la doctrina del consentimiento tácito, que se evidencia por el conocimiento que tenía la esposa de la venta realizada unilateralmente por su marido, realidad ante la que nada hizo: "el consentimiento de la esposa puede ser expreso o tácito, anterior o posterior al negocio y también diferido de las circunstancias concurrentes, debiendo ponderarse la pasividad de la esposa y su no oposición a la enajenación conociendo la misma, así como la ausencia de fraude o perjuicio, incluso el silencio puede ser, en estos casos, revelador de consentimiento".

La falta de intervención de uno de los cónyuges no provoca la nulidad del acto dispositivo, sino que constituye una posible causa de anulabilidad. La STS 15 enero 2008 (*Tol 293894*) lo afirma en los siguientes términos: "el acto de disposición de un bien ganancial realizado por uno de los cónyuges sin consentimiento del otro se puede anular —anulabilidad, no nulidad— (sentencias de 17 de abril de 1990, 7 de junio de 1990, 22 de diciembre de 1993, 29 de septiembre de 2006, y 20 de septiembre de 2007, a instancia de aquel cuyo consentimiento se hubiera omitido (sentencias de 17 de abril de 1990, 22 de diciembre de 1993 y 20 de septiembre de 2007), según lo dispuesto en el artículo 1322 del Código Civil, que concreta la sanción legal prevista para el caso de no haberse dado cumplimiento a lo que dispone el 1377, conforme al cual, tratándose de la venta de un bien ganancial, es necesario el consentimiento de ambos cónyuges".

Insiste en la idea de consentimiento tácito y posible anulabilidad la STS 1 diciembre 1994 (*Tol 1657201*): "el consentimiento tácito y confirmación del acto dispositivo impugnado —que técnicamente estaría afectado de sanción de anulabilidad y no de nulidad (no se trata de disposición a título gratuito, artículo 1378 del Código Civil)—, se da efectivamente concurrente, conforme prevé el artículo 1322 del Código Civil y la jurisprudencia de esta Sala ha admitido y declarado reiteradamente".

Cuestiones relevantes

11. Si se pretende resolver un contrato de compraventa mediante el cual se adquirió un bien ganancial, la acción resolutoria, que tiene naturaleza dispositiva, debería ser ejercitada por ambos cónyuges. ¿Qué sucede si uno de ellos quiere demandar, y el otro se niega a hacerlo? Según la STS 8 febrero 2022 (*Tol 8803863*), la situación descrita no puede llevar al Juez a apreciar la falta de legitimación activa del cónyuge que ha demandado unilateralmente, pues ello conduciría a una "vía muerta", dejando imprejuzgada la cuestión de fondo. La solución correcta pasa por aplicar la doctrina del litisconsorcio pasivo necesario: el cónyuge interesado en la resolución debe dirigir la demanda contra la otra parte contratante, y además, contra su cónyuge, que se negó a demandar. Si la demanda no se ha dirigido contra ambos, durante la audiencia previa se deberá conceder plazo al cónyuge demandante para que subsane el defecto litisconsorcial y amplíe la demanda contra el cónyuge no demandante.

12. En el supuesto de que uno de los cónyuges se vea obligado a recabar la autorización del Juez para disponer de un bien ganancial a título oneroso, bien porque el otro cónyuge esté impedido, bien porque se niegue injustificadamente, la cuestión deberá dirimirse de conformidad con lo dispuesto en el art. 90 y siguientes de la Ley 15/2015, de 2 de julio, de la Jurisdicción Voluntaria.

5.2. *Disposición de bienes gananciales a título gratuito inter vivos*

Normativa reguladora

Según el art. 1378 CC, "serán nulos los actos a título gratuito si no concurre el consentimiento de ambos cónyuges. Sin embargo, podrá cada uno de ellos realizar con los bienes gananciales liberalidades de uso".

La jurisprudencia entiende que este precepto regula los actos gratuitos de disposición, pero no los de administración. Por ello, resulta aplicable a las donaciones *inter vivos* de bienes gananciales, disposiciones presididas por un *animus donandi* cuya causa es la mera liberalidad del bienhechor (art. 1274 CC). Sin embargo, el art. 1378 CC no es aplicable a la constitución por parte de un cónyuge de garantías gratuitas frente a terceros sin contraprestación, pues se entiende que tal acto no constituye una disposición, sino un acto de administración.

En el hipotético supuesto de que un cónyuge transmita gratuitamente un bien ganancial de manera unilateral, sin la intervención del otro cónyuge, la consecuencia es la nulidad radical e insubsanable. La nulidad se desprende no solo del tenor literal del art. 1378 CC, sino también del art. 1322.II CC, a tenor del cual "serán nulos los actos a título gratuito sobre bienes comunes si falta, en tales casos, el consentimiento del otro cónyuge".

Como quedó apuntado, como excepción a la regla, se admite que uno de los cónyuges realice unilateralmente liberalidades de uso con cargo a los bienes gananciales.

Jurisprudencia

La jurisprudencia entiende que en virtud del art. 1378 CC, una donación realizada por uno solo de los cónyuges es radicalmente nula. Según la STS 13 julio 2000 (*Tol 4974008*): "si se entiende que aquel esposo y causante hizo una atribución patrimonial gratuita, basada en contrato de donación, en favor de su sobrino, cuyo objeto era cosa mueble —dinero ganancial— cuyo carácter de bien ganancial consta acreditado, dicho contrato y la transmisión dominical serían nulos, según dispone el artículo 1378 del Código Civil que exige el consentimiento de ambos cónyuges para todo (salvo liberalidades de uso) acto a título gratuito. Lo cual viene complementado con el principio de que un negocio jurídico tan sólo es calificado de gratuito si consta la causa de liberalidad, probándose el «animus donandi»".

Idéntico criterio se desprende de la STS 26 abril 2000 (*Tol 4927007*): "el párrafo segundo del art. 1322 y el art. 1378 CC consideran nulos los actos de disposición de bienes gananciales a título gratuito por un cónyuge sin consentimiento del otro, siendo el criterio jurisprudencial de la anulabilidad o nulidad relativa aplicable únicamente a los actos de disposición a título oneroso".

El art. 1378 CC no se aplica la constitución de garantías sin contraprestación, por ser actos de administración, no de disposición. La STS 28 junio 1994 (*Tol 1666931*) afirma: "la fianza es una garantía personal no equiparable a los actos de disposición sobre bienes inmuebles o establecimientos mercantiles a que se refería el antiguo artículo 1413, por lo que el consentimiento de la mujer exigido en aquel precepto no resulta exigible, a más de que, en cualquier caso, el acto del marido realizado sin consentimiento «uxoris» sólo sería, como bien pone de manifiesto el Tribunal «a quo», anulable a instancia de la esposa".

En el mismo sentido se pronuncia la STS 13 marzo 1987 (*Tol 1736245*): "la naturaleza accesoria del contrato de fianza, al comportar las eventuales consecuencias de cumplimiento de la obligación garantizada en defecto del deudor principal, con los derechos típicos de reembolso y subrogación que determinan los artículos 1.838 y 1.839 del Código Civil, impide catalogar el acto de afianzamiento como presidido por un fin de liberalidad y gratuidad de los prohibidos".

5.3. Disposición de los bienes gananciales a título gratuito mortis causa

Los arts. 1379 y 1380 CC regulan la disposición de bienes gananciales gratuitamente *mortis causa*. Son normas situadas a caballo entre el Derecho de Familia y el Derecho de Sucesiones, y tienen su razón de ser en la naturaleza de la sociedad de gananciales: constante la sociedad, ninguno de los cónyuges puede disponer unilateralmente de los bienes que la integran. Ambos preceptos constituyen una excepción al referido principio.

Normativa reguladora

El art. 1379 CC señala que "cada uno de los cónyuges podrá disponer por testamento de la mitad de los bienes gananciales".

A pesar de su tenor literal, este artículo debe entenderse referido a la mitad del remanente que exista tras la liquidación de la sociedad conyugal, una vez abonadas las deudas y cargas (art. 1404 CC). En consecuencia, el testador no podrá disponer de más de la mitad del remanente líquido del haber ganancial.

El precepto no señala si la disposición debe hacerse a título universal (heredero) o particular (legatario). En principio, no hay motivo para excluir ninguna de las dos posibilidades; habrá que estar a voluntad del causante, tras la correspondiente interpretación del testamento.

Por su parte, el art. 1380 CC se refiere al legado de bienes gananciales determinados: "la disposición testamentaria de un bien ganancial producirá todos sus efectos si fuere adjudicado a la herencia del testador. En caso contrario se entenderá legado el valor que tuviera al tiempo del fallecimiento".

Esta norma declara la validez de la disposición *mortis causa* de bienes que forman parte de la sociedad de gananciales, pero la eficacia de dicha atribución se hace depender del resultado de la liquidación de la sociedad conyugal. Si el bien legado es adjudicado a la herencia del testador, en pago de la participación que le correspondía en el patrimonio ganancial, el legatario lo recibirá. Sin embargo, si el bien legado es adjudicado al cónyuge viudo en pago de su mitad de la sociedad de gananciales, será imposible el cumplimiento del legado *in natura*, por lo que habrá de abonarse al legatario su valor al tiempo del fallecimiento del causante.

En la práctica, los arts. 1379 y 1380 CC se aplican también a la comunidad postganancial, que existe entre la muerte del causante (momento en el que se produce la disolución de la sociedad de gananciales, art. 1392.1° CC) y la división de la herencia a favor del cónyuge viudo y los demás legitimarios.

Jurisprudencia

La SAP A Coruña 3 julio 2007 (*Tol 2618625*) destaca las principales diferencias entre los arts. 1379 y 1380 CC: "a diferencia del art. 1379 del Código Civil, que regula la disposición testamentaria de la cuota abstracta que corresponde al testador en el patrimonio ganancial, el art. 1380 del mismo Código, introducido por la Ley 11/1981, de 13 de mayo, contempla el legado de bienes gananciales concretos. De aquel precepto, en relación con el art. 1344 del CC, se desprende que, en realidad, los cónyuges sólo pueden disponer por testamento de su parte en el patrimonio ganancial, que es la mitad de lo que resulte de su liquidación, y no propiamente de «la mitad de los bienes» gananciales en sí mismos, como daría a entender una lectura literal del precepto. De acuerdo con esta interpretación, el legado de cosa ganancial, previsto en el art. 1380 del CC, ha de considerarse ordenado con cargo a la participación del testador en el patrimonio común, por lo que no se trata de un legado de cosa ajena, y debe entenderse que tiene por objeto la totalidad de la cosa, no solamente su mitad, razón por la cual no es, en principio, asimilable a los supuestos regulados en los arts. 861 y ss. del CC. El bien ganancial legado es indisponible separadamente para el testador, ya que en tanto no se liquide la sociedad ostenta una titularidad indeterminada sobre todo el haber común, pero no por ello es ajeno, pudiendo ser adjudicado en virtud de dicha liquidación a su patrimonio hereditario. Por ello, la circunstancia de que el testador conozca la ganancialidad del bien o crea que es propio es indiferente para la validez del legado, que producirá el mismo efecto en ambos casos. (…) El art. 1380 del CC supedita, pues, la eficacia o forma de cumplimiento de la disposición testamentaria, que no su validez, al resultado de la liquidación de la sociedad de gananciales, de manera que si el bien fuere adjudicado a la herencia del testador producirá todos sus efectos, y si no se adjudica a su participación en la masa común se entenderá legado el valor que tuviera la cosa al tiempo del fallecimiento".

La STS 28 septiembre 1998 (*Tol 2474*) alude a la razón de ser del art. 1380 CC: "el bien ganancial legado, aunque sea indisponible para el testador al tiempo del otorgamiento, puede quedar plenamente integrado en el caudal hereditario. (…) El artículo 1380 del Código Civil, permite que cualquiera de los cónyuges pueda disponer por testamento de un bien ganancial pese a que antes de la partición de la sociedad legal de gananciales, ninguno de los cónyuges tiene poder de disposición exclusivo sobre cualquiera de los bienes que forman su activo ni a ninguno le pertenece. Ya que es obvio que la naturaleza y el régimen propios de la sociedad de gananciales conlleva que el otorgamiento del testamento, vigentes los gananciales, facilita extraordinariamente el caso de que cualquiera de los cónyuges pueda instituir legados sobre cosas que, están en dicha sociedad y antes de su liquidación como ocurre en el presente caso".

Cuestiones relevantes

13. El art. 1380 CC hace referencia al legado de la totalidad de un bien ganancial. Sin embargo, **no hay motivo que impida ni el legado de una cuota de un bien ganancial, ni tampoco el legado de los derechos que le correspondan al testador sobre un bien ganancial** [STS 17 enero 2018 (*Tol 6484723*)].

6. RESPONSABILIDAD DEL CÓNYUGE POR GESTIÓN IRREGULAR

A pesar de que el CC sienta el principio de gestión conjunta de ambos cónyuges, existen múltiples excepciones, en las cuales uno de los miembros del matrimonio actúa unilateralmente. Por ello, es necesario que se regule la responsabilidad del cónyuge que ha actuado unilateralmente, perjudicando los intereses de la sociedad de gananciales. Esta es la razón de ser de los arts. 1390 y 1391 CC.

6.1. *Obtención de beneficio exclusivo o generación de daño a la sociedad de gananciales*

Normativa reguladora

Dice el art. 1390 CC que "si como consecuencia de un acto de administración o de disposición llevado a cabo por uno solo de los cónyuges hubiere éste obtenido un beneficio o lucro exclusivo para él u ocasionado dolosamente un daño a la sociedad, será deudor a la misma por su importe, aunque el otro cónyuge no impugne cuando proceda la eficacia del acto".

El precepto presupone la actuación unilateral de un cónyuge en los siguientes supuestos: a) cuando la ley le permite realizar actos de administración o disposición sobre los bienes comunes; b) cuando ambos cónyuges deberían haber actuado conjuntamente, pero se ha actuado unilateralmente, sin consentimiento del otro cónyuge; y c) cuando un cónyuge ha actuado con consentimiento del otro cónyuge, pero ha realizado un acto distinto al que había anunciado (por ejemplo, una donación disimulada en una compraventa).

Se sancionan dos conductas. La primera de ellas es la obtención por parte del cónyuge de un beneficio o lucro exclusivo. No se sanciona la mera obtención del beneficio o lucro, sino su aprovechamiento en exclusiva. El ejemplo paradigmático es la utilización de dinero ganancial para conseguir una revalorización de bienes privativos, que no revertirá en la sociedad de gananciales.

La segunda conducta consiste en causar dolosamente un daño a la sociedad de gananciales. La doctrina ha flexibilizado la alusión al dolo, de tal forma que se responsabiliza al cónyuge no solo cuando tenía la intención directa de provocar un perjuicio, sino también cuando tenía intención de realizar un acto y era razonable concluir que se iba a ocasionar un daño. También se entiende que en este supuesto cabría embeber el gasto de dinero ganancial para actos reprobables, como malgastar dinero ganancial sin justificación alguna, o costear vicios, placeres extravagantes o sumamente costosos, o juegos o apuestas.

En todo caso, el precepto castiga conductas dolosas, no las culposas o negligentes. Esta limitación resulta criticable, puesto que aboca al otro cónyuge a tener que solicitar la disolución de la sociedad de gananciales, por la realización de actos dañosos (art. 1392.2º CC).

La consecuencia del art. 1390 CC es que el cónyuge se convierte en deudor de la sociedad de gananciales por el importe del beneficio o lucro obtenido, o por el valor del daño infringido. La deuda puede ser exigida no solo por el otro cónyuge, sino también por los acreedores de la sociedad de gananciales. Es frecuente que la deuda se exija al tiempo de la liquidación de la sociedad conyugal; pero no hay inconveniente alguno en que su abono se solicite con anterioridad. En todo caso, hay que tener en cuenta que el art. 1390 *in fine* CC señala con total claridad que la deuda se debe abonar, aunque el otro cónyuge no haya impugnado el acto doloso.

Jurisprudencia

La STS 23 marzo 1998 (*Tol 1543*) afirma que el cónyuge que haya actuado dolosamente deberá abonar la deuda, aunque no se haya impugnado el acto realizado, en cuyo caso lo habitual será que se reclame el pago al tiempo de la liquidación de la sociedad de gananciales: "la aplicación sistemática de los indicados artículos 1390 y 1397 permite indudablemente traer a la masa ganancial el importe actualizado del valor de los bienes enajenados por negocio ilegal o fraudulento que no hubieran sido recuperados, tanto en el caso en que el negocio hubiera sido anteriormente impugnado como en el contrario, lo que exigirá, en este último, que en el juicio liquidatorio, que en tal aspecto no tiene límite, se entre previamente en la resolución de la ilegalidad o fraudulencia, como base imprescindible para las ulteriores operaciones particionales".

La STS 21 mayo 1994 (*Tol 5130267*) aplica el art. 1390 CC para responsabilizar al cónyuge debido a que "la resolución del contrato de arrendamiento se produjo por una causa imputable al recurrente que abandonó el uso del local sin causa alguna justificada para ello", entendiéndose que dicha conducta "causó dolosamente un daño a la sociedad, resultando así deudor de la misma por su importe, aunque el otro cónyuge no impugne cuando proceda la eficacia del acto, a tenor del artículo 1391 en relación con el 1390 del Código Civil, precepto que, si bien no es citado por la sentencia recurrida, sirve de cobertura legal a la solución en ella adoptada haciendo recaer sobre el recurrente las consecuencias económicas de su conducta dolosa para con la sociedad de gananciales".

Cuestiones relevantes

14. Habitualmente, el art. 1390 CC suele ser aplicado por los Tribunales cuando uno de los cónyuges, poco antes de la separación, o cuando ya existe separación de hecho, extrae dinero de cuentas o depósitos bancarios gananciales sin aparente justificación. En estos casos, **el cónyuge que ha dispuesto del dinero ganancial tiene la carga de acreditar que no lo hizo en su exclusivo lucro o beneficio, en virtud del principio de facilidad probatoria** [STS 6 junio 2022 (*Tol 9050433*)]. Parecido es el supuesto en el que un cónyuge ordena el cambio de la domiciliación bancaria de su salario a una cuenta privativa, sin contribuir a partir de ese momento a las cargas familiares [SAP A Coruña 21 septiembre 2016 (*Tol 5853585*)].

6.2. Rescisión del acto perjudicial cuando el cónyuge se concierte con un tercero

Normativa reguladora

El art. 1391 CC añade que "cuando el cónyuge hubiere realizado un acto en fraude de los derechos de su consorte será, en todo caso, de aplicación lo dispuesto en el artículo anterior y, además, si el adquirente hubiere procedido de mala fe, el acto será rescindible".

Resulta evidente que el art. 1391 CC es complementario al art. 1390 CC. El supuesto de hecho es el mismo: el cónyuge, actuando de manera unilateral, ha realizado un acto unilateral en beneficio propio y en perjuicio de la sociedad de gananciales, o ha causado dolosamente un daño a la sociedad conyugal. La diferencia radica en que el art. 1391 CC presupone que el cónyuge se ha concertado con una tercera persona, que también actúa de mala fe, para realizar el acto lesivo.

El art. 1391 CC permite que el cónyuge perjudicado pueda solicitar la rescisión del acto perjudicial. A pesar de que en muchas ocasiones el CC confunde la resolución con la rescisión, aquí se regula una genuina acción rescisoria, a la que será de aplicación el régimen jurídico contemplado en los arts. 1290 y siguientes del CC. Por tanto, el plazo de caducidad de ejercicio de la acción será de cuatro años. No obstante, a diferencia de lo previsto en el art. 1294 CC, debe entenderse que esta acción rescisoria no es subsidiaria, pues el art. 1391 CC no condiciona su ejercicio al agotamiento de otros posibles remedios jurídicos.

Jurisprudencia

La STS 28 febrero 2001 (*Tol 2506482*) justifica la rescisión con base en el art. 1391 CC en un supuesto en el que uno de los cónyuges, sin intervención del otro, firmó un contrato de arrendamiento con los hijos comunes, cobrando la totalidad de las rentas: "se dan todos y cada uno de los requisitos que exige la acción rescisoria especificada en el artículo 1391 del Código Civil. Efectivamente, está comprobado en autos y así se desprende del «factum» de la sentencia recurrida que el acto de disposición que supone el arrendamiento en cuestión, se efectuó sin el consentimiento del esposo —ahora recurrido y antes actor—; que en la fecha del contrato el matrimonio estaba separado de hecho y que las rentas del arrendamiento fueron a engrosar el patrimonio de la esposa arrendadora. Si a todo ello se une el dato de que la entidad arrendataria estaba constituida como socios por la referida esposa y los hijos del matrimonio y un yerno que actuaba como administrador, que firmó el tantas veces mencionado contrato de arrendamiento, hace que dicho negocio jurídico, aparezca impregnado con todo lo mencionado anteriormente, de una situación de mala fe incuestionable. En resumen, que uno de los cónyuges ha realizado un acto de administración, con lo que ha obtenido un concreto lucro exclusivo, que con ello se ha perjudicado al otro esposo, y apoyándose en un sentido de ocultación y ventaja «in partibus» que supone una situación subjetiva de mala fe. Con todo ello se han dado todos los requisitos que exige el artículo 1391 del Código Civil para el éxito de una acción rescisoria de negociaros jurídicos que afectan a la sociedad de gananciales".

Parece razonable entender que la acción rescisoria contemplada en el art. 1391 CC no debe ejercitarse de manera subsidiaria. Como apunta la SAP Asturias 16 junio 1998 (*AC 1998, 1197*), "la acción del art. 1391 no se califica por la doctrina como subsidiaria —diversamente a lo que ocurre con la rescisión en general; art. 1294 del Código Civil—, pues se considera a la vista de los términos empleados por el Legislador en los arts. 1390 y 1391 del Código Civil, que su ejercicio es «res facultatis» de modo que el cónyuge perjudicado puede optar por desviar hacia la cuenta del otro, en el patrimonio ganancial, al momento de la liquidación, las consecuencias de los actos ilícitos o fraudulentos —art. 1390— o acudir a la acción rescisoria del art. 1391 del Código Civil".

Cuestiones relevantes

15. Aunque el art. 1391 CC presupone que el tercero actúe como adquirente, también debería resultar de aplicación cuando el tercero actúe como disponente. A modo de ejemplo: un cónyuge concierta con un tercero la compraventa de un bien a un precio notablemente excesivo; el precio se paga con dinero ganancial; sin embargo, en realidad, el precio de compra pagado es menor que el que aparece reflejado en el contrato, porque el cónyuge comprador se queda con la diferencia. No parece lógico que en este hipotético supuesto no sea posible rescindir el contrato de compraventa con base en el art. 1391 CC, puesto que el fraude y la mala fe son evidentes, y la *ratio* de la norma es la misma.

7. DEBER DE INFORMACIÓN AL OTRO CÓNYUGE

Normativa reguladora

Según el art. 1383 CC, norma de muy escasa aplicación práctica, "deben los cónyuges informarse recíproca y periódicamente sobre la situación y rendimientos de cualquier actividad económica suya".

Como la sociedad de gananciales comporta la existencia de un patrimonio común, es lógico que ese carácter asociativo exija que los cónyuges se informen recíprocamente de las actividades económicas que realicen, dado que los rendimientos obtenidos con tales actividades tienen carácter ganancial (art. 1347.1° CC).

No aclara la norma si la información debe facilitarse previa petición del otro cónyuge, o si hay que informar sin necesidad de que exista un requerimiento previo en tal sentido. En la medida en que existe un deber de información periódica, parece lógico concluir que la prestación de información no está condicionada a la solicitud del otro cónyuge.

Cuestión distinta es cada cuánto tiempo debe facilitarse la información, debiendo estar a las circunstancias familiares concurrentes, puesto que en función de las actividades económicas realizadas, y su correlativa trascendencia cuantitativa y cualitativa en la sociedad ganancial, resultará adecuado prestar información con mayor o menor asiduidad. Nada impide que en las capitulaciones matrimoniales se estipule la periodicidad de la prestación de la información.

El derecho a ser informado debe ser entendido en términos generosos, lo que obliga a que la prestación de la información sea lo más amplia y detallada posible. Se ha cuestionado si el deber de información conlleva la necesidad de ofrecer documentación e información contable. A nuestro entender, así debe ser, especialmente en actividades económicas complejas, pues en caso contrario no se dispondría de medios para comprobar la veracidad y exactitud de la información proporcionada.

Ante la negativa a facilitar la información, ¿sería posible reclamarla judicialmente? Entendemos que sí, dado que el art. 1383 CC alude a un deber, no a una mera cortesía, y porque en caso contrario, la obtención de la información sería una mera expectativa ilusoria, que dependería exclusivamente de la voluntad del cónyuge que realiza la actividad económica. No nos parece convincente que el cónyuge no informado solo pueda solicitar la disolución de la sociedad de gananciales (art. 1393.4° CC), pues a primera vista parece una solución desproporcionada. Tampoco apreciamos ningún impedimento para que se pueda solicitar judicialmente al cónyuge que se niega a informar una indemnización de los daños y perjuicios causados.

Jurisprudencia

El deber de información al cónyuge debe ser interpretado en términos amplios. Según la STS 20 noviembre 2000 (*Tol 4974179*), "constituye obligación del cónyuge que ejerce una actividad económica, en este caso empresarial y un correlativo derecho del otro cónyuge, el informar y ser informado respectivamente de la situación y rendimientos del negocio, sin excepciones o exenciones que desvían el sentido general del precepto".

ESQUEMA

GESTIÓN DE LA SOCIEDAD DE GANANCIALES
1. Actos de administración
2. Actos de disposición

PRINCIPIO GENERAL: COGESTIÓN POR AMBOS CÓNYUGES

EXCEPCIONES A LA COGESTIÓN
1. Excepciones legales
2. Excepciones por resolución judicial

DISPOSICIÓN DE BIENES GANANCIALES
1. *Inter vivos*
2. *Mortis causa*

RESPONSABILIDAD POR ACTOS IRREGULARES
1. Presupuesto: beneficio exclusivo o generación de daño
2. Posible rescisión del acto irregular mediando intervención de un tercero

DEBER DE INFORMACIÓN AL OTRO CÓNYUGE

16 Cargas y deudas de la sociedad legal de gananciales

María José Reyes López[1]

Sumario: 1. LAS CARGAS DE LA SOCIEDAD LEGAL DE GANANCIALES. CONCEPTOS QUE COMPRENDE. 1.1. Gastos derivados del sostenimiento de la familia. 1.2. Gastos originados por la adquisición, tenencia y disfrute de los bienes comunes. 1.2.1. Adquisición de bienes comunes. 1.2.2. Gastos de tenencia y disfrute. 1.3. La administración ordinaria de los bienes privativos de cualquiera de los cónyuges. 1.4. La explotación regular de los negocios o el desempeño de la profesión, arte u oficio de cada cónyuge. 1.5. Cargas de la sociedad legal de gananciales por cantidades donadas. 1.5.1. Ámbito de aplicación. 1.5.2. Mutuo acuerdo. 1.5.3. Cantidades satisfechas con patrimonio privativo. 1.5.4. Cantidades satisfechas con patrimonio ganancial. 1.5.5. Pago por parte de un cónyuge de gastos o pagos a cargo de la sociedad legal de gananciales. 1.5.6. Momento de ejercicio del derecho de reintegro. 2. DEUDAS. 2.1. Obligaciones contraídas por uno solo de los cónyuges. 2.1.1. Deudas contraídas en el ejercicio de la potestad doméstica o de la disposición o gestión de gananciales, que por ley o por capítulos le corresponda. 2.1.2. Deudas contraídas en el ejercicio ordinario de la profesión, arte u oficio o en la administración ordinaria de los propios bienes. 2.1.3. Obligaciones extracontractuales de un cónyuge que sean consecuencia de su actuación en beneficio de la sociedad conyugal o en el ámbito de la administración de sus bienes, salvo fuesen debidas a dolo o culpa grave del cónyuge deudor. 2.1.4. Obligaciones contraídas por uno solo de los cónyuges, en caso de separación de hecho, para el sostenimiento, atención y educación de los hijos. 2.2. Obligaciones contraídas por ambos cónyuges. 2.2.1. Adquisición de bienes gananciales a plazos. 2.3. Deudas de juego. 2.4. Responsabilidad de la sociedad legal de gananciales por deudas privativas.

1. LAS CARGAS DE LA SOCIEDAD LEGAL DE GANANCIALES. CONCEPTOS QUE COMPRENDE

El pasivo de la sociedad de gananciales está compuesto por cargas y obligaciones. Como establece el AAP Madrid 4 junio 2013 (*Tol 4589972),* reproduciendo el criterio establecido en la STS 20 junio 2008 *(Tol 1343838)*, "Las cargas de la sociedad gananciales son los gastos o pagos que, por razón de su finalidad, deben repercutir, de modo definitivo, sobre el patrimonio ganancial, con independencia de que frente al acreedor haya o no obligación directa de la sociedad. Mientras que las obligaciones de la sociedad de gananciales son aquellas obligaciones de un cónyuge o de ambos de las que, además del cónyuge deudor, responden directamente frente al acreedor los bienes gananciales".

[1] CU, Derecho civil, Universidad de Valencia.

Dicha expresión incluye todas las deudas de la sociedad que se encuentren pendientes y no hayan sido satisfechas estando a su cargo y también las contraídas por ambos cónyuges conjuntamente o por uno de ellos cuando en su actuación vincula a la sociedad de gananciales.

Las cargas tienen trascendencia en el régimen interno de las relaciones entre los cónyuges, especialmente en el momento de la liquidación del régimen económico-matrimonial, mientras que las obligaciones se manifiestan en las relaciones externas frente a los acreedores y durante la vigencia de dicho régimen. Esta diferencia conduce a la consecuencia práctica de que, frente al acreedor, la obligación sea ganancial y, entre los cónyuges sea una carga privativa de uno sólo de los cónyuges.

Las cargas quedan enumeradas en los arts. 1362, 1363, 1366 y 1371 CC. Cuando se trata de estos gastos se habla también de responsabilidad definitiva, porque deben ser soportados siempre por la masa ganancial, de manera que, si en la esfera externa hubieran respondido frente al acreedor los bienes privativos de uno de los cónyuges, éste tendría un derecho de reembolso, tal y como establece el art. 1364 CC frente a la sociedad de gananciales.

Cuestiones relevantes

1. En el concepto de cargas no quedan comprendidas las deudas que existan con anterioridad y que hayan sido satisfechas antes o después de la disolución, sea quien fuere el que las hubiere pagado [STS 17 febrero 2014 (*Tol 4119495*)].

Tampoco es una carga la hipoteca que grava el piso que constituye la vivienda familiar, sino que es una deuda de la sociedad de gananciales y mientras subsista la sociedad debe ser pagada por mitad por los cónyuges [SSTS 21 julio 2016 *(Tol 5784634)* y 24 abril 2018 *(Tol 6591963)*].

2. La sociedad legal de gananciales no tiene personalidad jurídica, por lo que son los cónyuges los que deben responder con el patrimonio común.

La STS 1 febrero 2016 *(Tol 5642011)* observa que "La sociedad de gananciales no tiene personalidad jurídica, por lo que en sentido estricto no puede contraer deudas. Son los cónyuges los que aparecen como deudores. Ahora bien, si la deuda se ha contraído para satisfacer atenciones de la sociedad, habrán de utilizarse los bienes de ésta para su pago, y en caso de que sea el patrimonio de los cónyuges quien lo haga, tendrá un crédito contra el patrimonio ganancial. En este sentido puede hablarse de deudas «a cargo» de la sociedad de gananciales, en cuanto deben ser soportadas por su patrimonio. Pero no existe una estricta coincidencia entre el carácter de la deuda (ganancial o privativa) y el patrimonio que ha de responder, pues el Código Civil con un criterio generoso y favorecedor del tráfico hace responsables a los bienes privativos de deudas gananciales, sin perjuicio de los reintegros pertinentes, y viceversa". En el mismo sentido se pronuncia la STS 15 diciembre 2017 *(Tol 6460411)*, con numerosa jurisprudencia.

El art. 1362 CC describe los conceptos que se consideran cargas del matrimonio.

Normativa reguladora

El art. 1362 CC establece que: 1°. Los gastos que se originen por el sostenimiento de la familia, la alimentación y educación de los hijos comunes y las atenciones de previsión acomodadas a los usos y a las circunstancias de la familia. Sobre esta carga hay que destacar que la alimentación y educación de los hijos de uno solo de los cónyuges correrá a cargo de la sociedad de gananciales cuando convivan los hijos en el hogar familiar. En caso contrario, los gastos derivados de estos conceptos serán sufragados por la sociedad de gananciales, pero darán lugar a reintegro en el momento de la liquidación.

2°. Los gastos que se originen por la adquisición, tenencia y disfrute de los bienes comunes.

3°. Los gastos que se originen por la administración ordinaria de los bienes privativos de cualquiera de los cónyuges.

4°. Los gastos que se originen por la explotación regular de los negocios o el desempeño de la profesión, arte u oficio de cada cónyuge.

5°. También serán de cargo de la sociedad de gananciales las cantidades donadas o prometidas por ambos cónyuges de común acuerdo, cuando no hubiesen pactado que hayan de satisfacerse con los bienes privativos de uno de ellos en todo o en parte".

1.1. Gastos derivados del sostenimiento de la familia

Que corresponda al patrimonio conjunto del matrimonio hacerse cargo de los gastos derivados del sostenimiento de la familia es una consecuencia de lo previsto en el art. 1318 CC.

Este sostenimiento de la familia suscita dos problemas. El primero es el concerniente a la extensión que debe darse al concepto de familia. El segundo se corresponde con el alcance de los gastos vinculados a su sostenimiento.

Acorde con el tenor literal del precepto que establece distintos efectos en atención a que se trate de hijos comunes o de uno de los cónyuges según convivan o no en el hogar familiar, cabe entender que la mención al precepto está referida a la familia nuclear, integrada por los esposos e hijos no independizados, de la que derivan obligaciones para los hijos menores de edad o bien dependientes económicamente de sus progenitores.

En el primer caso, la alimentación y educación de los hijos de uno solo de los cónyuges correrá a cargo de la sociedad de gananciales haciendo frente la sociedad legal de gananciales a los gastos que deriven de su alimentación, educación... En caso contrario, los derivados de estos conceptos también serán sufragados por la sociedad de gananciales, pero, darán lugar a reintegro en el momento de la liquidación.

El sostenimiento de la familia es un concepto amplio e integrador que no se limita a aspectos vinculados con la alimentación o educación, sino que debe considerarse en un sentido amplio, que abarque todos los aspectos que redunden en el desarrollo de la personalidad de los menores y en la adopción de medidas encaminadas a lograr una buena calidad de vida. Debe incluir por tanto los de ocio o recreo, y otros exigidos según los usos sociales. Entre ellos, las atenciones de previsión, como los seguros de vida, los relativos a la vivienda y ajuar familiares, los seguros médicos, escolar, los obligatorios de viaje, etc.... gastos, en suma, que no son necesarios pero que contribuyen al desarrollo y expansión en distintos ámbitos de los miembros de la familia dependientes de la posición económica de la familia.

El concepto de cargas familiares es además más amplio que el de pensión de alimentos.

Jurisprudencia

La SAP Murcia (Sección 1ª) 25 marzo 2003 (sentencia núm. 123/2003) observa que “el concepto de cargas familiares es más amplio que el de pensión por alimentos, por cuanto que aquel hace mención el contenido del artículo 1362.1 del Código Civil, en relación con el artículo 142 del mismo cuerpo legal, referido a la atención de las necesidades ordinarias de la familia, acomodadas a los usos y circunstancias de la misma, así como a la obtención de los medios necesarios para el sostenimiento, habitación, alimentación, vestido, educación y asistencia médica de los hijos”.

Tampoco es un concepto que deba ser interpretado de manera restrictiva pues va más allá de los gastos por alimentos entendidos en el sentido amplio del art. 142 CC [SAP Soria 29 mayo 2007 *(Tol 7310786)*].

Cuestiones relevantes

3. Por tanto, son cargas del matrimonio los gastos de la casa que no son propiamente "alimentarios" y cuya concreción, depende de los usos y circunstancias, como son: gastos de ocio y recreo u otros determinados por las relaciones sociales, regalos de uso, dinero de bolsillo, pago de servicios domésticos, y cualesquiera atenciones de previsión acomodadas a los usos y a las circunstancias de la familia tales como seguros relativos a la vivienda y ajuar familiares, seguros médicos, escolar, etc.

Jurisprudencia

En este mismo sentido cabe citar la SAP Granada 7 noviembre 2008 *(Tol 7192686)* que considera el seguro de una vivienda privativa como gasto por atención de previsión acomodado a los usos, de igual modo que las primas del seguro de vida. Los "gastos de alimentación y educación" también comprenden los gastos de los hijos que sean de uno solo de los cónyuges siempre y cuando convivan en el hogar familiar pues, en caso contrario, serán sufragados por la sociedad de gananciales, pero con derecho a reintegro en el momento de la liquidación.

Para la SAP A Coruña 4 de octubre 2019 *(Tol 7742166)* los gastos médicos excepcionales (además cuantiosos y en medicina privada) no son una carga del matrimonio a la que deba contribuir obligatoriamente el otro cónyuge, y menos cuando el régimen económico es de separación absoluta de bienes.

Este apartado ha de relacionarse con el art. 1365.1º CC, que determina como responsabilidad directa del patrimonio común las deudas contraídas por un cónyuge en el ejercicio de la potestad doméstica.

1.2. Gastos originados por la adquisición, tenencia y disfrute de los bienes comunes

1.2.1. Adquisición de bienes comunes

Este apartado es justa correlación de lo dispuesto en el art. 347.2 CC ya que los frutos, rentas o intereses que produzcan tanto los bienes privativos como los gananciales se consideran gananciales.

El fundamento del carácter de cargo común de los gastos de tenencia y disfrute de los bienes comunes se halla en la condición ganancial de los frutos, rentas o intereses que produzcan tanto los bienes privativos como los gananciales, conforme dispone el art. 1347.2.ºCC, debiendo entenderse como gastos por tenencia, los relativos a la conservación o reparaciones precisas, así como los de mantenimiento para evitar el deterioro o destrucción de los bienes comunes, correspondiendo, a su vez, los concerniente al disfrute a aquellos que tienen como finalidad la producción de frutos.

En los "gastos de adquisición" de los bienes, se incluyen los plazos de la hipoteca de la vivienda familiar pues, como declara la STS 28 de marzo 2011 *(Tol 2082300)* y la que en ella se cita, STS 5 noviembre 2008 *(Tol 1401729)*, el préstamo destinado a la adquisición de la vivienda familiar es una deuda de la sociedad de gananciales por lo que, mientras subsista la sociedad, la hipoteca debe ser pagada por mitad por los propietarios del piso. Esta se trata de una deuda de la sociedad de gananciales, porque se ha contraído por ambos cónyuges en su beneficio, ya que el bien adquirido y financiado con la hipoteca tendrá la naturaleza de bien ganancial y corresponderá a ambos cónyuges por mitad.

Igualmente, deben incluirse como "gastos de adquisición" aquellos otros relativos a escrituración, impuesto y acceso al registro de los bienes gananciales [SSAP Valencia 20 septiembre 2004 *(Tol 523535)* y 28 enero 2013 *(Tol 3762763)*].

Sin embargo, como señala la STS 1 junio 2020 *(Tol 7966063)* y ha sido igualmente señalado en las SSTS 11 diciembre 2019 *(Tol 7628261)* y 4 febrero 2020 *(Tol 7831819)*, "el mero hecho de ingresar dinero privativo en una cuenta conjunta no permite atribuirle carácter ganancial y, en consecuencia, si se emplea para hacer frente a necesidades y cargas de la familia o para la adquisición de bienes a los que los cónyuges, de común acuerdo, atribuyen carácter ganancial, surge un derecho de reembolso a favor de su titular, aunque no hiciera reserva de ese derecho en el momento del ingreso del dinero en la cuenta".

En igual sentido, la STS 27 mayo 2019 (ECLI:ES:TS:2019:1591) reitera que el acuerdo de los cónyuges para atribuir carácter ganancial a un bien no convierte en ganancial al dinero empleado para su adquisición, y genera un crédito "por el valor satisfecho" a costa del caudal propio de uno de los esposos (art. 1358 CC), de manera coherente con lo dispuesto en el art. 1362.2.ª CC, conforme al cual, la adquisición de los bienes comunes es "de cargo" de la sociedad de gananciales (art. 1362.2.ª CC).

1.2.2. Gastos de tenencia y disfrute

Los "gastos de tenencia y disfrute", según se infiere de la STS 26 septiembre 2002 *(Tol 4920159)* son aquellos derivados de la administración ordinaria de los bienes, incluyéndose los gastos de mantenimiento y reparaciones precisas.

A tal efecto, como recuerda la STS 21 septiembre 2016 *(Tol 5829710)* el préstamo hipotecario es una deuda de la sociedad de gananciales (art. 1362.2 CC) [(SSTS 28 marzo 2011 *(Tol 2082300)* y 5 noviembre 2008 *(Tol 1401729)*]. Como tal deuda ha de ser afrontada al 50% por cada uno de los cónyuges, sin que pueda alterarse la obligación por razón del interés del menor, el cual debió de ser valorado a la hora de calcular la pensión por alimentos.

En el caso de adquisición de viviendas familiares, es carga de la sociedad el precio de su adquisición, así como la administración y explotación, las reparaciones ordinarias y extraordinarias. Según la STS 14 marzo 2002 (*Tol 4975394*), la razón de su inclusión se encuentra en el propio contenido patrimonial de la sociedad, que comporta que la misma cargue con los gastos de constitución o mantenimiento de su patrimonio.

Son también gastos de la sociedad de gananciales, debiéndose incluir en dicho concepto los impuestos, como pueda ser el IBI de la vivienda privativa, por ser cargas periódicas del bien [SAP Guipúzcoa 22 febrero 2013 (*Tol 4358595*)]. Así lo entiende también la STS 21 junio 2005 (*Tol 667508*), la cual señala que "Los impuestos derivados del trabajo, bienes o industria de los dos o de uno de los cónyuges son a cargo de la comunidad de gananciales; el concepto básico es que son carga de ésta, las obligaciones necesarias para la conservación de los patrimonios ganancial y privativo: así lo disponen los números 2 º y 3º del art. 1362, CC y así la deuda tributaria es a cargo de la comunidad de gananciales".

Cuestiones relevantes

4. Sin embargo, la solución es distinta **cuando la vivienda pertenece a uno solo de los cónyuges.** La STS 24 abril 2018 *(Tol 6591963)* recuerda que esta sala se ha pronunciado reiteradamente **excluyendo del concepto de "cargas matrimoniales" los pagos correspondientes a la amortización del préstamo hipotecario que grava la vivienda familiar,** pues de la amortización del préstamo habrá de responder quien lo suscribió, pero por razón de dicha obligación así contraída y no por la existencia de matrimonio entre los prestatarios.

1.3. La administración ordinaria de los bienes privativos de cualquiera de los cónyuges

La administración ordinaria de los bienes privativos se determina como deuda del patrimonio común. Se incluye en éstos, los gastos por cargas periódicas correspondientes a cada uno de los bienes (gastos de reparaciones ordinarias, costas de pleitos, gastos de administración...) y, en general, los gastos que se originen de su gestión, ordinarios o extraordinarios, mientras que, respecto al patrimonio privativo de cada cónyuge, solo serán cargas los gastos ordinarios derivados de la administración, entendiendo excluidos los extraordinarios.

Para determinar si se trata de gastos ordinarios, la doctrina ha señalado distintos criterios a seguir: las obras de mera reparación de bienes privativos son cargas gananciales, pero si son auténticas mejoras, la responsabilidad no es directamente ganancial, obteniendo un derecho de reembolso la sociedad por los gastos ocasionados. Lo trascendental es diferenciar entre los actos de disposición y los de mera administración, como señala la STS 23 septiembre 2010 *(Tol 1952692)*, en la que se determina la nulidad de un arrendamiento concertado sin la autorización judicial del cónyuge por ser tutor de su esposa, al negarse su consideración de acto de administración.

1.4. La explotación regular de los negocios o el desempeño de la profesión, arte u oficio de cada cónyuge

Sobre los gastos generados como consecuencia de dichas actividades, la doctrina jurisprudencial tiene establecido que: Los "gastos de explotación" que se contemplan son, solamente, los de carácter regular, que son aquéllos que, por su índole, deban considerarse económicamente gastos ordinarios de producción de los rendimientos del negocio privativo, lo que excluye los de carácter extraordinario, como los de construcciones (art. 1359 CC), las reparaciones extraordinarias (arts. 500 y 501 CC o cualquier otro que exceda de lo que se considera un gasto ordinario y habitual [SAP Murcia 16 junio 2011 *(Tol 2197368)*].

También deben entenderse incluidos los gastos derivados del pago de las cotizaciones a la Seguridad Social por estar adscrito al Régimen Especial de Trabajadores Autónomos pues, como advierte la SAP Madrid 21 junio 2005 *(Tol 699636)*, se trata de deudas ineludibles para poder desarrollar el trabajo que sirve para el sustento de la familia.

En cuanto a los gastos que origine la explotación regular de los negocios o el desempeño de la profesión, se ha cuestionado si la redacción del precepto lleva a la exclusión de algún gasto de explotación o profesión. La respuesta es negativa en los casos en los que la empresa es de carácter común. No obstante, ante el carácter privativo del negocio o profesión, los gastos que se establecen a cargo de la sociedad son exclusivamente los ordinarios, excluyéndose otros supuestos que se apartan de la habitualidad.

El fundamento es la condición de bienes comunes que tienen los ingresos profesionales de cualquier clase, por ello, la diferenciación entre la profesión, arte y oficio de un cónyuge comerciante y no comerciante, a diferencia de lo que ocurre en el art. 1365 CC, es irrelevante. A estos efectos, la STS 20 junio 2008 *(Tol 1343838)* determinó en cuanto al ámbito de responsabilidad que compete a cada uno, que ni del artículo 1362.2 CC ni del artículo 1365.1 CC se deduce la responsabilidad directa de los bienes gananciales, y que el art. 1362.2º CC se refiere a las cargas de la sociedad de gananciales, que la doctrina ha definido como "gastos o pagos que, por razón de su finalidad, deben repercutir, de modo definitivo, sobre el patrimonio ganancial, con independencia de que frente al acreedor haya o no obligación directa de la sociedad". Como prosigue dicha sentencia: "la cuestión que suscita la posibilidad de una carga de la sociedad de gananciales causada por uno de los cónyuges está en función, según el criterio que parece mejor fundado, de que el cónyuge ejercite una potestad de gestión social. El art. 1365.1 CC, por tanto, se refiere a la responsabilidad definitiva, o entre cónyuges, y no a la provisional, o frente a terceros. Es necesario investigar sobre la naturaleza de esta adquisición, si estamos ante un acto de administración, o si requiere la actuación conjunta de ambos cónyuges para comprometer definitivamente el patrimonio común. Lo cierto es que este art. 1362.2º está regulando la responsabilidad definitiva de los bienes gananciales, pero no la provisional respecto de terceros".

Jurisprudencia

La STS 13 septiembre 2017 *(Tol 6347675)* afirma: "3. Cierto que el art. 1362.3.ª CC pone a cargo de la sociedad los gastos de administración ordinaria de los bienes privativos, pero entre los gastos de administración ordinaria deben entenderse comprendidos los gastos de mantenimiento y conservación, pero no los costes necesarios para la adquisición del bien (tampoco los financieros".

1.5. Cargas de la sociedad legal de gananciales por cantidades donadas

El art. 1363 CC establece la presunción de que, cuando no haya pacto entre los consortes, también serán de cargo de la sociedad las cantidades donadas o prometidas por ambos cónyuges de común acuerdo sin perjuicio de que, aunque el tenor literal del precepto está referido a la entrega de cantidades en la práctica se entienda que incluye todo tipo de bienes.

Normativa reguladora

Art. 1363 CC: "Serán también de cargo de la sociedad las cantidades donadas o prometidas por ambos cónyuges de común acuerdo, cuando no hubiesen pactado que hayan de satisfacerse con los bienes privativos de uno de ellos en todo o en parte".

Jurisprudencia

La STS 31 marzo 2011 *(Tol 2114961)* declara que, aunque se alude a cantidad en metálico, ha de interpretarse de forma extensiva el objeto de la donación. Sin embargo, como recuerda la STS 28 febrero 2023 (*Tol 9482505*), el ingreso de dinero de exclusiva propiedad de uno de los cónyuges en una cuenta común de la que era cotitular con su esposa no da lugar a la copropiedad del dinero sin una cumplida prueba de ese ánimo de liberalidad. Se trata, por tanto, de una deuda personal entre las ex-cónyuges ajena a la liquidación del régimen de gananciales al ser una aportación anterior al matrimonio, cuyo pago podrá exigirse de los bienes que se vayan a adjudicar a la demandada.

1.5.1. Ámbito de aplicación

Se computa como carga de la sociedad legal de gananciales la donación ya realizada y la promesa de donación, incluyendo en ella la obligación de donar.

En todo caso se requiere que medie un pacto expreso entre los cónyuges puesto que la voluntad de donar no se presume. Además de ello, es necesaria la aceptación por parte del donatario como requisito de validez. Este es precisamente el presupuesto por el que la doctrina jurisprudencial se muestra contraria a la admisión de la promesa de donación, como manifiesta la STS 25 enero 2008 *(Tol 1256804)* a propósito de la promesa de donación establecida en un convenio regulador de donar a los hijos del matrimonio determinados bienes inmuebles cuando cumplieran 25 años, entendiendo que se trata de una donación incompleta por faltarle el presupuesto de la aceptación por parte del donatario.

Jurisprudencia

Según la STS 25 enero 2008 *(Tol 1256804)*, "Respecto de la promesa de donación (no donación meramente obligatoria como afirma el recurrente) debe recordarse aquí que (…) la doctrina de esta Sala califica la promesa como una donación incompleta, carente de los efectos jurídicos de la donación en la que concurren todos los requisitos legales".

Este criterio fue posteriormente reiterado en la STS 31 marzo 2011 *(Tol 2114961)*.

1.5.2. Mutuo acuerdo

La donación realizada a cargo de la sociedad legal de gananciales precisa además del consentimiento por parte de ambos cónyuges. Consecuentemente, las donaciones realizadas de manera individual por uno de los cónyuges sin contar con el consentimiento del otro cónyuge quedarán excluidas del ámbito de aplicación de este precepto, debiendo imputarse al patrimonio privativo del donante y respetando los límites impuestos en el art. 1320 CC.

Normativa reguladora

Art. 1320 CC: "Para disponer de los derechos sobre la vivienda habitual y los muebles de uso ordinario de la familia, aunque tales derechos pertenezcan a uno solo de los cónyuges, se requerirá el consentimiento de ambos o, en su caso, autorización judicial.

La manifestación errónea o falsa del disponente sobre el carácter de la vivienda no perjudicará al adquirente de buena fe".

La exigencia de consentimiento por parte de ambos cónyuges no implica que la actuación tenga que ser necesariamente conjunta por parte de ambos, pero sí requiere que sea anterior a la entrega del objeto de la donación puesto que, en caso contrario, la donación será nula.

En lo que respecta al gasto producido por la donación o la promesa será también imputable como carga de la sociedad, salvo que exista pacto entre los cónyuges que determine lo contrario.

1.5.3. Cantidades satisfechas con patrimonio privativo

En el caso de que ambos cónyuges estén conformes en realizar una donación, pero no cuenten con bienes suficientes y ésta se satisfaga con bienes privativos, la sociedad legal de gananciales se convertirá en deudora, naciendo un derecho de reintegro en uno u otro caso. Pero, si los cónyuges no cuentan con un acuerdo previo, se entenderán como donaciones imputables al patrimonio privativo de cada uno de los cónyuges.

1.5.4. Cantidades satisfechas con patrimonio ganancial

En el caso, por el contrario, de que el donante sólo sea uno de los cónyuges con dinero ganancial, se requerirá igualmente el consentimiento del otro consorte, pero no se imputará como carga de la sociedad, convirtiéndose dicho esposo en deudor de la sociedad legal de gananciales.

En cuanto a su valoración en el patrimonio de cada consorte se entiende que la donación ha sido realizada por mitad por cada cónyuge.

Normativa reguladora

Artículo 1046 CC: "La dote o donación hecha por ambos cónyuges se colacionará por mitad en la herencia de cada uno de ellos. La hecha por uno solo se colacionará en su herencia",

1.5.5. Pago por parte de un cónyuge de gastos o pagos a cargo de la sociedad legal de gananciales

Con carácter general y, con la finalidad de evitar un enriquecimiento injusto por parte del cónyuge que no pagó, el que hubiere aportado bienes privativos para los gastos o pagos que sean de cargo de la sociedad tendrá derecho a ser reintegrado por su valor a costa del patrimonio común.

Normativa reguladora

Artículo 1364 CC: "El cónyuge que hubiere aportado bienes privativos para los gastos o pagos que sean de cargo de la sociedad tendrá derecho a ser reintegrado del valor a costa del patrimonio común".

Esta máxima ha sido aplicada de forma constante por parte de la jurisprudencia, que establece que, salvo que se demuestre que su titular lo aplique en beneficio exclusivo, procede el reembolso del dinero privativo confundido con el dinero ganancial y poseído conjuntamente pues, a falta de prueba, que incumbe al otro cónyuge, se presume que se gastó en interés de la sociedad.

Para que el cónyuge que pagó pueda ejercitar el derecho de reintegro es necesario que cumplimente dos presupuestos:

a) Aportación de bienes privativos

El pago debe ser realizado con bienes privativos, sin embargo, aunque el precepto se refiere exclusivamente a la aportación de bienes privativos el criterio generalizado es aceptar que este derecho al reintegro podrá también ser reconocido cuando se trate de aportaciones dinerarias.

De otra parte, los bienes deben corresponderse con los fijados en el art. 1361 CC, en tanto, con carácter general opera la presunción de que los bienes de que dispongan los cónyuges, vigente el régimen tiene naturaleza ganancial. No obstante, como recuerda la STS de 22 noviembre 2021 *(Tol 8661361),* el Tribunal Supremo ha considerado la presunción de ganancialidad como "iuris tantum", lo que quiere decir que puede ser desvirtuada mediante prueba en contrario, que el Alto Tribunal ha exigido que sea suficiente, satisfactoria y convincente, no bastando la prueba indiciaria, debiendo resolverse las situaciones dudosas a favor de la pertenencia del bien a la sociedad matrimonial por la "vis atractiva" de la ganancialidad [STS 24 julio 1996 *(Tol 5152879)*].

b) Realizar el acto para pago de gastos a cargo de la sociedad legal de gananciales

El destino de los pagos que realice el cónyuge debe realizarse con la finalidad de atender las cargas de la sociedad legal de gananciales.

1.5.6. Momento de ejercicio del derecho de reintegro

El ejercicio de este derecho suele ejercitarse tras la liquidación de la sociedad y contra la misma, aunque no tenga reconocida personalidad jurídica, como señala la STS 22 noviembre 2021 *(Tol 8687347)*. Sin perjuicio de ello, cabe entender que puede realizarse en cualquier momento si se toma en consideración que el legislador establece como requisito el momento de liquidación fijado en el art. 1358 CC y en éste el legislador no lo hace. El presupuesto que sí es necesario es que la acción se ejercite antes de que se disuelva la sociedad de gananciales puesto que posteriormente habrá nacido una sociedad postganancial.

Jurisprudencia

Como tiene declarado la STS 19 junio 1998 *(Tol 5120113)*, disuelta la sociedad de gananciales en virtud de la sentencia de separación recaída entre las partes (arts. 95 y 1392-3º del Código Civil), los bienes integrantes del caudal conyugal quedan sometidos, en tanto se practica la liquidación y adjudicación de bienes a los cónyuges, al régimen de la comunidad de bienes (arts. 392 y siguientes del Código Civil).

En el caso de que la deuda contraída por la sociedad se extinga con anterioridad al momento de la liquidación no resultará aplicable el art. 1403 CC.

Normativa reguladora

Artículo 1403 CC: Pagadas las deudas y cargas de la sociedad se abonarán las indemnizaciones y reintegros debidos a cada cónyuge hasta donde alcance el caudal inventariado, haciendo las compensaciones que correspondan cuando el cónyuge sea deudor de la sociedad.

Jurisprudencia

La STS 29 septiembre 1997 *(Tol 5156609)* consideró que, por aplicación del art. 1364 CC, procedía el derecho de la esposa a ser reintegrada de una suma de dinero privativo que "no se demostró que la retuviera y mantuviera la recurrente, o la hubiera aplicado a su beneficio exclusivo, sino que en línea de racionalidad y lógica media, y a falta de prueba, cuya carga correspondía al marido, ha de declararse que fue destinada a atender los pagos y gastos a cargo de la sociedad ganancial, en el ámbito del artículo 1362 y concordantes del Código Civil, dada su imperatividad", con cita de las SSTS 14 enero 2003 *(Tol 4927565)*, 26 diciembre 2005 *(Tol 795332)* 29 septiembre 1997 *(Tol 5156609)* y 20 septiembre 1999 *(Tol 5120317)*.

Dicho pronunciamiento razona que el hecho de que se ingresara el dinero privativo en cuentas comunes no convierte el dinero en común y que, de acuerdo con la doctrina de esta sala, cuando el dinero privativo se confunde con el ganancial, si no se prueba que se ha destinado a la adquisición de bienes determinados, hay que concluir que se ha destinado al levantamiento de las cargas familiares y procede el derecho a su reintegro a cosa del patrimonio común.

La STS 14 enero 2003 *(Tol 4927565)*, en un caso de liquidación de la sociedad legal de gananciales por cantidades aportadas a la sociedad con bienes privativos, recibidas en concepto de herencia y de indemnización por accidente de circulación concluyó que, "al no haberse probado que la referida suma se destinara a la adquisición de bienes determinados, sino que, simplemente, —confundida con el dinero ganancial— se dedicó al sostenimiento de las cargas y obligaciones de la sociedad de gananciales, procede que, por aplicación del artículo 1364 del Código civil se reconozca su derecho a ser reintegrada de su valor a costa del patrimonio común".

En cuanto a la prueba del carácter privativo de los bienes que se destinan al pago o gastos de las cargas de la sociedad de gananciales, se aplica la presunción de que no cabe presumir el ánimo liberal del cónyuge que emplea dinero privativo para hacer frente a necesidades de la familia salvo que se demuestre que su titular lo aplicó en beneficio exclusivo. En todo caso, corresponde al cónyuge demostrar el destino del pago, si bien los criterios de apreciación por parte de la jurisprudencia no son muy restrictivos, bastando con la acreditación de indicios suficientes.

Jurisprudencia

Igualmente, la STS 11 diciembre 2019 *(Tol 7628261)*, en un supuesto de liquidación de sociedad de gananciales al que concurren bienes privativos y bienes gananciales, reconoce el derecho de reembolso sobre el derecho de crédito de la esposa por un dinero heredado y por las indemnizaciones percibidas por un accidente de circulación ingresados los importes en cuentas corrientes de las que eran titulares ambos esposos constante matrimonio, destinados al sostenimiento de cargas familiares, entendiendo que: “no cabe presumir el ánimo liberal del cónyuge que emplea dinero privativo para hacer frente a necesidades de la familia: salvo que se demuestre que su titular lo aplicó en beneficio exclusivo, procede el reembolso del dinero privativo que se confundió con el dinero ganancial poseído conjuntamente: a falta de prueba que incumbe al otro cónyuge, se presume que se gastó en interés de la sociedad: los gastos de abogado y procurador para obtener las indemnizaciones son exclusivos de la esposa por haber sido empleados en obtener un bien privativo”.

Dice la STS 21 febrero 2022 *(Tol 8820338)*: “Como señalamos en la sentencia 657/2019, de 4 de febrero, una cosa es que se admita una amplia autonomía negocial entre los cónyuges (arts. 1323 y 1355 CC) y otra que pueda presumirse el ánimo liberal del cónyuge que emplea dinero privativo para hacer frente a necesidades y cargas de la familia. El régimen legal, por el contrario, refuerza que deben restituirse las sumas gastadas en interés de la sociedad.

De acuerdo con esta jurisprudencia reiterada de la sala:

i) El derecho de reembolso del dinero invertido en la adquisición y la financiación de un bien ganancial procede, por aplicación del art. 1358 CC, aunque no se hubiera hecho reserva alguna en el momento de la adquisición.

ii) La atribución del carácter ganancial a un bien no convierte en ganancial al dinero empleado para su adquisición y debe reembolsarse el valor satisfecho a costa del caudal propio, mediante el reintegro de su importe actualizado al tiempo de la liquidación, si no se ha hecho efectivo con anterioridad (arts. 1358 y 1398.3.ª CC).

iii) En el caso de que se emplee dinero privativo para pagar la deuda contraída para la adquisición del bien ganancial, nace un derecho crédito del cónyuge titular del dinero, que se integra en el pasivo de la sociedad ganancial, por el importe actualizado de las cantidades satisfechas con tal fin (art. 1398.3.ª CC y sentencia 498/2017, de 13 de septiembre).

iv) El mero hecho de ingreso de dinero privativo en una cuenta común no lo convierte en ganancial. En consecuencia, si se emplea para hacer frente a necesidades y cargas de la familia o para la adquisición de bienes a los que los cónyuges, de común acuerdo, atribuyen carácter ganancial, surge un derecho de reembolso a favor de su titular, aunque no hiciera reserva de ese derecho en el momento del ingreso del dinero en la cuenta (sentencias 657/2019, de 11 de diciembre; 78/2020, de 4 de febrero; 216/2020, de 1 de junio y 637/2021, de 27 de septiembre)”.

La STS 31 enero 2022 *(Tol 8797792)* afirma: “Partiendo de la falta de prueba del destino del dinero la decisión de la sentencia recurrida en este caso no es incorrecta, pues el hecho de que el dinero privativo se haya gastado durante la vigencia de la sociedad de gananciales no da lugar a un derecho de reembolso; tal derecho solo estaría justificado, como dijo el juzgado, si los fondos se emplearon para hacer gastos o pagos que sean de cargo de la sociedad (art. 1364 CC), lo que la sentencia recurrida considera no probado. Debemos añadir que, en este caso, a diferencia de lo sucedido en otros supuestos decididos por la sala, no se ha planteado en ningún momento por el esposo ni, por tanto ha sido objeto de análisis ni pronunciamiento, si el dinero de la indemnización se confundió con dinero ganancial poseído conjuntamente, por lo que tampoco podría presumirse que, a falta de prueba, el dinero se gastó en interés de la sociedad”.

2. DEUDAS

En lugar de deudas de la sociedad es más preciso entender que son deudas "a cargo" de la sociedad de gananciales, en cuanto deben ser soportadas por su patrimonio, como matizó la STS 15 diciembre 2017 *(Tol 6460411)*.

El término "obligaciones" (o "responsabilidad") pertenece a la esfera externa. Los cónyuges, bien para atender las cargas de la sociedad de gananciales, o para otros fines, actúan en el tráfico jurídico relacionándose con terceros con los que pueden contraer deudas. Pero estos terceros necesitan criterios claros respecto a la determinación de los bienes que quedan sujetos a responsabilidad cuando contratan con una persona casada, dado que los acreedores no pueden conocer, ni se les puede exigir que conozcan, la finalidad a la que atiende determinada deuda que contrae con ellos una persona casada, para saber si responden o no los bienes gananciales o sólo los privativos del cónyuge deudor. Es por ello por lo que la ley establece unas normas que ordenan la sujeción de los bienes gananciales por determinadas deudas, y únicamente a ellas deben atender los terceros que contratan con uno de los esposos. Son los artículos 1365 a 1373 del Código Civil, salvo el 1371 CC. Pero se trata de una responsabilidad provisional, ya que es posible que aunque en la esfera externa, o en relación con los acreedores, hayan respondido bienes de naturaleza ganancial, no se trate de un gasto que deba soportar definitivamente la sociedad conyugal por no atender a las finalidades propias de la misma, en cuyo caso surgiría un derecho de reembolso (artículo 1364 CC) a favor de la sociedad de gananciales contra el cónyuge deudor, siendo a la inversa si se tratase de una carga de la sociedad de gananciales, contra la que surgiría un derecho de crédito a favor del cónyuge cuyos bienes privativos hubiesen sido agredidos por el acreedor.

La doctrina mayoritaria entiende que en esta partida se incluyen todas las deudas del consorcio de las que responde el patrimonio ganancial, aunque no sean cargas de la sociedad de gananciales, sin perjuicio de los reintegros o reembolsos debidos entre los patrimonios privativos y ganancial, aunque realmente, dado su tenor literal, debiera incluirse las cargas definitivas. Esto es, el pasivo definitivo.

La STS 28 marzo 2011 *(Tol 2082300)* deja fuera de toda duda la consideración de deuda ganancial, y no de carga familiar, el pago de las cuotas correspondientes a la hipoteca contratada por ambos cónyuges para la adquisición de la propiedad del inmueble destinado a vivienda familiar, estableciendo de forma expresa como doctrina, que se trata de una deuda de la sociedad de gananciales y como tal, queda incluida en el apartado 2 del artículo 1362 del Código Civil y no constituye carga del matrimonio a los efectos de lo dispuesto en los artículos 90 y 91 del citado texto legal [SAP Asturias 14 julio 2014 *(Tol 4490480)*].

Se incluyen también las deudas contraídas por un cónyuge para la adquisición de bienes gananciales, pendientes al momento de la liquidación, así como los créditos personales firmados por uno solo de los cónyuges, como ocurre generalmente, en el ejercicio de la potestad doméstica para la adquisición de enseres domésticos, pero con el normal acuerdo implícito del otro cónyuge [SSAP Valencia 30 junio 2003 *(Tol 321756)*, Ávila 30 marzo 2012 *(Tol 2505958)* y SAP Valencia 16 octubre 2013 *(Tol 4043134)*].

Los préstamos entre familiares generalmente no se documentan en una escritura pública, por lo que corresponderá acudir a la presunción judicial al amparo del artículo 386 LEC y resolver del conjunto de indicios, conforme a las reglas de la racionalidad y del criterio humano [SAP Badajoz 27 octubre 2015 *(Tol 5542858)*].

Atendiendo a la citada regulación, se pone de manifiesto la coincidencia casi total entre la esfera externa o responsabilidad provisional y la esfera interna o responsabilidad definitiva, dado que, salvo en algún caso, suelen coincidir los bienes que quedan sujetos a la responsabilidad correspondiente frente a los acreedores, y los bienes que deben soportar definitivamente el gasto originado por esa deuda en las relaciones intraconyugales. No obstante, en los casos en que así no sea, el equilibrio patrimonial quebrado se restaura mediante el nacimiento del correspondiente derecho de reembolso o de reintegro a favor de quien proceda, conforme a lo dispuesto en el 1364 CC.

No se incluirán sin embargo aquellas deudas que se contraigan una vez disuelta la sociedad, aunque las mismas puedan considerarse pasivo de la comunidad postganancial. Tampoco se incluirán aquellos gastos que, si bien constante la sociedad de gananciales constituían claramente cargas del consorcio, por derivar de un bien de naturaleza común, dejan de ser carga ganancial desde el momento en que sólo uno de los cónyuges disfruta del bien que las genera, como ocurrirá en todos aquellos supuestos en que el uso de la vivienda familiar le haya sido atribuido en exclusiva a uno sólo de los cónyuges, que además haya asumido el pago de las citadas cargas. En este sentido, la STS 14 mayo 2001 *(Tol 4974246)* manifiesta que no resultaría acreedor de la sociedad de gananciales, el cónyuge a quien se le adjudicó la vivienda familiar que fue subastada ya que la venta en subasta se produjo cuando la sociedad ya se había disuelto [SAP Málaga 15 marzo 2003 *(Tol 1185624)*].

De otra parte, al no existir presunción de ganancialidad de las deudas contraídas por los cónyuges durante la vigencia de la sociedad, la sola afirmación por parte de uno de ellos de que la deuda es ganancial no es suficiente para que figure en el pasivo de la sociedad. Es necesario que exista una previa aceptación del carácter común por parte del otro cónyuge o en su caso un pronunciamiento judicial de ganancialidad de la deuda puesto que no existe ninguna presunción de que las deudas contraídas durante la vigencia de la sociedad de gananciales tengan carácter común, sin perjuicio de que en ocasiones se suavice la carga de prueba, como resalta la SAP Huelva 9 julio 2002, rec. nº 638/2001). Igualmente recaerá sobre el acreedor la carga de acreditar que la deuda era ganancial si la deuda fue contraída por uno solo de los cónyuges [SAP Madrid (Sección 10ª) 17 febrero 2001, rec. nº 1208/1999].

Los bienes gananciales responderán en todo caso de las obligaciones contraídas por los dos cónyuges conjuntamente o por uno de ellos con el consentimiento expreso del otro. También responderán los bienes gananciales de las obligaciones contraídas por uno solo de los cónyuges en caso de separación de hecho para atender a los gastos de sostenimiento, previsión y educación de los hijos que estén a cargo de la sociedad de gananciales.

Normativa reguladora

Artículo 1365 CC: Los bienes gananciales responderán directamente frente al acreedor de las deudas contraídas por un cónyuge:

1.º En el ejercicio de la potestad doméstica o de la gestión o disposición de gananciales, que por ley o por capítulos le corresponda.

2.º En el ejercicio de la profesión, arte u oficio o en la administración ordinaria de los propios bienes.

Artículo 1366 CC: "Las obligaciones extracontractuales de un cónyuge, consecuencia de su actuación en beneficio de la sociedad conyugal o en el ámbito de la administración de los bienes, serán de la responsabilidad y cargo de aquélla, salvo si fuesen debidas a dolo o culpa grave del cónyuge deudor".

Jurisprudencia

La STS 25 octubre 2005 *(Tol 731290)*, a propósito de la responsabilidad por deudas contraídas por uno solo de los cónyuges se pronuncia en los términos siguientes: "la norma del artículo 1366 CC no permite disminuir las garantías del acreedor, sino que frente al tercero funcionará la responsabilidad de la sociedad de gananciales, con independencia de las acciones que los cónyuges tengan entre ellos para el reembolso de lo pagado que no debiera ir a cargo de la sociedad".

Dentro de esta categoría, hay que diferenciar entre:

2.1. Obligaciones contraídas por uno solo de los cónyuges

Con carácter general, rige el principio de que el débito contraído por uno solo de los cónyuges tiene carácter privativo. Como pone de relieve la RDGRN 22 marzo 2019 *(Tol 7160885)*, no existiendo en el Código Civil una presunción de ganancialidad de las deudas contraídas durante la vigencia de la sociedad de gananciales ninguna deuda adquirida por un solo cónyuge puede ser reputada ganancial y tratada jurídicamente como tal mientras no recaiga la pertinente declaración judicial en juicio declarativo entablado contra ambos cónyuges. No obstante, lo cual, responderá directamente el patrimonio ganancial frente a terceros cuando la obligación quede subsumida en alguno de los siguientes supuestos:

2.1.1. Deudas contraídas en el ejercicio de la potestad doméstica o de la disposición o gestión de gananciales, que por ley o por capítulos le corresponda

Si bien la regla que rige la actuación de los cónyuges es el principio de cogestión, este primer apartado, quiebra dicho criterio responsabilizando a la sociedad legal de gananciales por las deudas contraídas por un solo esposo, si bien justificándolo en el ejercicio de la potestad doméstica.

Dicho ejercicio se corresponde con las cargas que competen a la sociedad legal de gananciales descritas en el art. 1362.1 CC en el ejercicio de la potestad doméstica, pero mientras en este caso, la sociedad no será responsable frente a terceros por los gastos derivados de la alimentación y educación de los hijos de uno solo de los cónyuges si no conviven en el hogar familiar, en este caso, los gastos derivados de estos conceptos serán sufragados por la sociedad de gananciales, pero darán lugar a reintegro en el momento de la liquidación. No incluye por el contrario los actos encaminados a la adquisición de bienes comunes, recogidos en el apartado 2º del mismo precepto.

Corresponde igualmente a la sociedad hacer frente por las deudas contraídas en el ejercicio de actividades de gestión o disposición.

La propia regulación del régimen de gananciales establece estas situaciones. En concreto, cabe destacar los actos estipulados en las capitulaciones matrimoniales (arts. 1315, 1375 CC), la actuación de gestión de su propio patrimonio privativo que afecten a los frutos o ganancias (art. 1381 CC), la gestión de bienes gananciales, títulos valores o suma dineraria que figuren a su nombre o se encuentren en su poder (art. 1384 CC), el ejercicio de los derechos de crédito gananciales que estén constituidos a su nombre (art. 1385), las actuaciones de urgencia (art. 1386 CC), y actuaciones atribuidas por ministerio de la ley o por los Tribunales (arts. 1387, 1388 y 1389 CC).

Sin perjuicio de lo expuesto, aquellos actos de administración o disposición a título oneroso realizados por un cónyuge que requieran del consentimiento de su consorte serán anulables durante el plazo de cuatro años.

Jurisprudencia

Afirma la STS 11 junio 2001 *(Tol 4974454)*: "Aunque aceptásemos que el esposo no tuvo conocimiento del contrato, tampoco puede adoptarse una solución diferente ya que ante el carácter ganancial de bien objeto de la mediación, es evidente que la sociedad de gananciales debe responder del cumplimiento del mismo (art. 1.362 párrafo segundo del Código civil) y ello legitima perfectamente al marido al regir el sistema de administración conjunta para tal sociedad (art. 1.375 del Código civil), pues el contrato debe ser considerado como válido para obligar al régimen económico matrimonial de gananciales, pues los actos de administración realizados por uno de los cónyuges sin el consentimiento del otro no son nulos sino simplemente anulables (art. 1.322 párrafo primero del Código civil), y, por tanto, perfectamente válidos, mientras que no se acuerde su anulación, acción, que por otra parte, no ha sido ejercitada en modo alguno por el esposo".

A diferencia de lo previsto en el art. 1319 CC, el art. 1365 CC regula en la esfera interna de la sociedad la determinación de las obligaciones que responden al patrimonio ganancial para determinar un posible derecho de reembolso posterior al cónyuge que pagó con bienes privativos mientras que el primero actúa en el ámbito de la relación externa del pasivo frente a los acreedores, independientemente del funcionamiento interno de las diferentes masas privativas o ganancial.

Jurisprudencia

Como señala la STS 1 febrero 2016 *(Tol 5642011)*, a propósito de unos pagos realizados con una tarjeta de crédito por uno solo de los cónyuges. "si el dinero adeudado fue destinado a una cuenta de disposición común de ambos esposos para la satisfacción de los gastos familiares, entonces resulta irrelevante si el endeudamiento se hizo con el consentimiento o la autorización del otro cónyuge. Lo único relevante es el destino de las cantidades percibidas con aquellas operaciones de crédito, si resulta acreditado que fueron a parar a satisfacer gastos familiares".

2.1.2. Deudas contraídas en el ejercicio ordinario de la profesión, arte u oficio o en la administración ordinaria de los propios bienes

Como regla general, quedan obligados los bienes privativos del cónyuge y, con relación a los comunes, los arts. 6 y 7 CdeC prevén que, para que queden obligados, será necesario el consentimiento de ambos cónyuges.

Aunque es conveniente, no se exige el consentimiento expreso del otro cónyuge ya que se incluye el tácito, en los casos en los que se realice dicha actividad con conocimiento del otro cónyuge [STS 5 octubre 2007 *(Tol 1156467)*]. Igualmente se presume cuando el comercio se ejerza con conocimiento y sin oposición del otro, o cuando al contraer matrimonio se hallare uno de los cónyuges ejerciendo el comercio y lo continuase sin oposición del otro. En este caso se entiende además que la sociedad conyugal responderá no sólo de los actos derivados del ejercicio ordinario del comercio o profesión, sino que se extiende a todo tipo de acto realizado por este cónyuge, por remisión del precepto al art. 6 CdeC, que no comprende dicha limitación.

Las deudas de las que responderá la sociedad legal de gananciales serán las que deriven de la administración ordinaria de los bienes privativos de cada cónyuge, quedando excluidas por tanto las deudas que deriven de actos propios de administración extraordinaria.

Cuestiones relevantes

5. Para que los bienes comunes respondan se exige el consentimiento por parte de ambos cónyuges. No obstante, **la interpretación jurisprudencial amplia este criterio a los casos en que dicha actividad sea conocida y no cuente con la oposición expresa de su consorte** [SSTS 30 diciembre 1999 *(Tol 5157501)* y 3 julio 2007 *(Tol 1113024)*].

También la jurisprudencia ha aplicado el criterio de que, como señala la STS 28 mayo 2020 *(Tol 7966042)*, debe entenderse que la remisión a dichos artículos del Código de Comercio lo es únicamente con referencia a la esfera externa; esto es, en el ámbito de la responsabilidad frente a terceros, debiendo acudirse a la regulación prevista en el Código Civil para todas las cuestiones relacionadas con la responsabilidad interna y a la responsabilidad subsidiaria con los bienes gananciales.

Jurisprudencia

Igualmente, la STS 27 septiembre 2022 *(Tol 9247932)*, a propósito de la reclamación de unas deudas nacidas del impago de las rentas de un contrato de arrendamiento agrícola con el fin de cultivar y explotar la finca arrendada, entiende que la deuda, aunque contraída solo por el esposo de la demandada, es carga de la sociedad de gananciales, en cuanto permitía al arrendatario desempeñar su profesión de agricultor y obtener ingresos y rendimientos comunes. En este sentido, frente a terceros, la deuda es ganancial, y es incorrecto "negarle ese carácter por el hecho de que el contrato solo lo suscribiera el marido, cuando no se ha negado ni su condición de agricultor ni el destino de explotación agrícola de la finca arrendada, de acuerdo con el contenido del propio contrato concertado durante la vigencia del régimen económico de gananciales del arrendatario con su esposa ahora demandada.

Tampoco se excluye el carácter ganancial de la deuda por el hecho de que se previera el pago mediante unas letras de cambio aceptadas por el marido pues si bien esa circunstancia determinó que los juicios cambiarios se siguieran contra él, no excluye la naturaleza ganancial de la deuda reclamada, que por lo demás no quedará extinguida hasta su pago (art. 1170 CC".

Cuestiones relevantes

6. Como establece la STS 27 marzo 1999 *(Tol 1547)*, el artículo 1365 CC decreta la **responsabilidad directa de los bienes gananciales frente a los acreedores, cuando las deudas contraídas por uno de los esposos provienen del ejercicio ordinario de la profesión, arte u oficio o administración ordinaria de los bienes propios,** toda vez que, si bien el artículo 1362-4 CC se refiere literalmente a la explotación regular de los negocios o el desempeño de la profesión, arte u oficio de cada cónyuge, el precepto juega a efectos de determinar los gastos que son carga del patrimonio ganancial y, su operatividad jurídica se produce en la responsabilidad interna y determinación del pasivo definitivo; en cambio, el 1365 CC actúa hacia el exterior, en proyección a la defensa de los derechos de los acreedores por las deudas contraídas por uno de los cónyuges.

2.1.3. Obligaciones extracontractuales de un cónyuge que sean consecuencia de su actuación en beneficio de la sociedad conyugal o en el ámbito de la administración de sus bienes, salvo fuesen debidas a dolo o culpa grave del cónyuge deudor

La sociedad responderá de la responsabilidad generada por todas las obligaciones extracontractuales de un cónyuge excluidas las nacidas como consecuencia del daño ocasionado por la comisión de un delito.

El comportamiento del cónyuge tiene que estar encaminado a actuar en beneficio de la sociedad conyugal o en el ámbito de la administración de los bienes. Al no limitarse a este último caso, se entiende que el texto legal también integra las obligaciones extracontractuales nacidas en el ejercicio de la profesión por el cónyuge deudor.

Según interpretación jurisprudencial, la distinción entre si existió o no dolo o culpa grave en el cónyuge, solo tiene relevancia en el ámbito interno, pero no en el externo, ya que el acreedor podrá dirigirse contra los bienes privativos del deudor o contra los bienes gananciales, sin perjuicio del derecho de reembolso de la sociedad.

Sólo quedan exceptuados del ámbito de responsabilidad de la sociedad de gananciales aquellas actuaciones en las que el cónyuge haya participado como autor o, en su caso, cómplice, en la producción del comportamiento delictivo, pero no aquellas en las que el cónyuge se considere responsable civil subsidiario.

Jurisprudencia

Sobre la misma cuestión, la STS 25 octubre 2005 *(Tol 731290)* señala que "La norma del art. 1366, CC no permite disminuir las garantías del acreedor, sino que frente al tercero funcionará la responsabilidad de la sociedad de gananciales, con independencia de las acciones que los cónyuges tengan entre ellos para el reembolso de lo pagado que no debiera ir a cargo de la sociedad".

Igualmente, la STS 31 marzo 2004 *(Tol 365385)*, en un supuesto de responsabilidad civil nacida del delito como consecuencia de la condena a un pediatra por delito de imprudencia temeraria establece: "...el art. 1366 determina que las obligaciones extracontractuales serán de la responsabilidad y cargo de la sociedad de gananciales, es decir, frente al tercero responderá el patrimonio ganancial, y la obligación será pasivo de la misma y sólo se excepciona el caso de que «fuesen debidas a dolo o culpa grave del cónyuge deudor» sin que aparezca por parte alguna ningún otro requisito como el que pretende introducir arbitrariamente la recurrente (que es: en perjuicio del otro cónyuge o de la sociedad consorcial)".

Observa la STS 8 julio 1997 *(Tol 5156549)*: "El motivo segundo del recurso —al amparo del artículo 1692.4 de la Ley de Enjuiciamiento Civil por transgresión del artículo 1366 del Código Civil, debido a que, según la recurrente, la deuda procede de la responsabilidad civil extracontractual de don Manuel R. A., declarada en el juicio de menor cuantía número 91/1978 del Juzgado de Primera Instancia de Soria, cuyo procedimiento se dirigió contra éste, que fue condenado por «culpa in vigilando», y no contra doña Pilar O. O.—, se desestima porque el precepto reseñado se ha aplicado debidamente, pues para que las obligaciones extracontractuales, como la del supuesto del debate, sean a cargo de la sociedad de gananciales, es preciso, de una parte, que surjan de un cónyuge como secuela de su actuación o gestión en beneficio de ésta o en el ámbito de la administración de los bienes, y de otra, que la imputabilidad de la obligación se deba a responsabilidad por riesgo o incluso de una acción u omisión ilícita culpable, propia de las personas de que se debe responder, salvo que fueran debidas a dolo o culpa grave del esposo deudor, y los dos presupuestos concurren en este caso.

Se ha realizado una actuación en beneficio de los intereses de la familia, la cual, por consiguiente, se integra en el espacio personal, que abarca la problemática de los cónyuges y de sus hijos".

2.1.4. Obligaciones contraídas por uno solo de los cónyuges, en caso de separación de hecho, para el sostenimiento, atención y educación de los hijos

La previsión establecida en este apartado significa que, en ese período de separación de hecho conyugal, las deudas que se contraigan tendrán carácter privativo, teniendo tan solo la consideración de gananciales cuando se acredite que se actuó en interés de la familia. La persona legitimada para actuar en beneficio de los hijos corresponderá al cónyuge que en cada momento los tenga a su cargo.

Este precepto sólo regula la responsabilidad frente a terceros. En el caso de que sean saldadas con el patrimonio privativo resultará aplicable el art. 1364 CC, por lo que en la fase de liquidación de la sociedad deberán incluirse en su pasivo.

En cuanto a su vinculación con lo dispuesto en el art. 1362 CC, en este precepto se incluye como carga de la sociedad la concerniente al mantenimiento de los hijos de uno de los consortes siempre que convivan en el hogar familiar; sin embargo, en este caso, a diferencia de aquel, el precepto queda referido únicamente a los hijos comunes del matrimonio. Por ello, cada uno de los cónyuges tendrá que demostrar el origen de las deudas contraídas y su vinculación con el cuidado de los hijos.

2.2. Obligaciones contraídas por ambos cónyuges

Normativa reguladora

Artículo 1367 CC: "Los bienes gananciales responderán en todo caso de las obligaciones contraídas por los dos cónyuges conjuntamente o por uno de ellos con el consentimiento expreso del otro".

Los bienes comunes responden directamente frente a terceros en los siguientes supuestos:

a) Por la realización conjunta del acto o negocio jurídico por ambos cónyuges, independientemente de que se trate de actos de administración o disposición.

Se trata en este caso de un criterio destinado a aplicarse en la esfera externa de responsabilidad del patrimonio ganancial, en el que, partiendo del principio de cogestión que debe presidir la actuación de los cónyuges con los acreedores, se configura el consentimiento como pieza clave para convertir la deuda en ganancial [STS 20 junio 2008 *(Tol 1343838)*], pues lo decisivo para vincular a la sociedad es la conducta de ambos a llevar a cabo de mutuo acuerdo, y en conjunto, un acto que genera un débito [SAP Málaga 27 abril 2010 *Tol (1977400)*]. De tal forma que los actos o negocios jurídicos realizados por ambos cónyuges responsabilizan, en todo caso, los bienes comunes directamente frente a terceros aun cuando la obligación se hubiera contraído en interés exclusivo de alguno de ellos, sin perjuicio de las facultades de reintegro al patrimonio común por el cónyuge favorecido.

b) Por la realización de negocios jurídicos por uno de los cónyuges, con el consentimiento expreso del otro, en cuyo caso compromete también los bienes comunes, cualquiera que sea la naturaleza del negocio realizado [STS 10 diciembre 1990 *(Tol 1729471)*].

En este sentido, la jurisprudencia tiene declarado que el consentimiento no tiene prescrita forma determinada, pudiendo ser expreso, tácito o presunto y prestarse con anterioridad, simultáneamente o con posterioridad a la celebración del negocio jurídico, y responsabilizar los bienes comunes.

A diferencia sin embargo de la situación anterior, el único que contrae la deuda es el cónyuge que ha asumido la obligación, por lo que el consentimiento del consorte solo tiene el valor de asentir a que respondan los bienes gananciales, pero no legitima para que se pueda proceder sobre sus bienes privativos.

Jurisprudencia

La STS 2 julio 2003 *(Tol 4926519)* establece que "el consentimiento de uno de los cónyuges, cuando concurre el expreso del otro, puede revestir forma tácita o presunta, tanto por su asentamiento como por su aquietamiento y conformidad a la actividad dispositiva materializada por el otro, pero con apoyo en las voluntades coincidentes de ambos (...). Y es que según reiterada doctrina jurisprudencial (...) el consentimiento de la esposa puede ser expreso o tácito, anterior o posterior al negocio y también diferido de las circunstancias concurrentes, debiendo ponderarse la pasividad de la esposa y su no oposición a la enajenación conociendo la misma, así como la ausencia de fraude perjuicio incluso el silencio puede ser, en estos casos, revelador de consentimiento".

Cuestiones relevantes

7. Para que se pueda anotar un embargo sobre un bien inscrito con carácter ganancial **la demanda debe dirigirse contra ambos esposos, o en el caso de que se haya demandado sólo al que contrajo la deuda se le deberá dar traslado de la demanda ejecutiva y del auto que despache ejecución al cónyuge no demandado** [RDGRN 17 mayo 2017 *(Tol 6152725)*].

Cuando las deudas lo sean también de la sociedad responderán los bienes de la sociedad de gananciales.

Normativa reguladora

Artículo 1369 CC: "Cuando las deudas de un cónyuge sean además deudas de la sociedad, responderán solidariamente los bienes de ésta".

Aunque el precepto no lo indique la opinión generalizada es entender que las deudas a las que se refiere son las contenidas en el art. 1365 CC. En este caso, a la responsabilidad por las obligaciones contraídas por un cónyuge se suma el patrimonio ganancial para reforzar la posición de los acreedores en la relación externa. Por eso, se trata realmente de un supuesto de solidaridad impropia porque no se da entre deudores sino de solidaridad de patrimonios.

Tal actuación conjunta ha podido tener lugar por la concurrencia de ambos cónyuges al negocio que generó la obligación o por la actuación de uno sólo de los cónyuges con el consentimiento expreso del otro.

Cuando no haya existido actuación conjunta o consentimiento del otro cónyuge, la obligación contraída no formará parte del pasivo de la sociedad de gananciales, siendo de titularidad privativa del cónyuge que la contrajo

Esta responsabilidad conjunta del patrimonio obliga a dirigir la demanda contra ambos consortes o notificar el embargo al cónyuge que no demandó, en virtud de lo establecido en los arts. 541.2 LEC y 144 RH.

Jurisprudencia

Dice la STS 3 noviembre 2004 *(Tol 514244)*: "se hace necesario distinguir entre deuda (deber de realizar la prestación) y responsabilidad patrimonial (sujeción del patrimonio propio a las facultades de agresión de los acreedores, para la satisfacción coactiva de los créditos). Distinción que da pie para declarar que, en los matrimonios regidos por las normas de la sociedad de gananciales, si la obligación la contrae, nomine proprio, uno de los cónyuges él será el único deudor, no el otro (ni aquella sociedad, carente de personalidad jurídica); y que, pese a ello, responderán directamente ambos cónyuges con los bienes comunes si (como se ha dicho, habiéndola contraído sólo uno y, por lo tanto, no los dos o uno con el consentimiento del otro, casos previstos en el artículo 1367 del Código Civil [LEG 1889, 27]) la deuda es de la naturaleza que el legislador toma en consideración para facultar a los acreedores a que hagan efectivo su derecho con una ejecución directa sobre los bienes comunes.

Una de las deudas de tal condición es la que menciona el artículo 1365.1º..."

2.2.1. Adquisición de bienes gananciales a plazos

Normativa reguladora

Artículo 1370 CC: "Por el precio aplazado del bien ganancial adquirido por un cónyuge sin el consentimiento del otro responderá siempre el bien adquirido, sin perjuicio de la responsabilidad de otros bienes según las reglas de este Código".

Esta disposición trata de reforzar la garantía del acreedor de un bien vendido aplazadamente a un cónyuge, por lo que sólo afecta a las relaciones entre el cónyuge adquirente y el vendedor. Dicho consorte siempre será deudor frente al vendedor por lo que responderá, además de con el bien ganancial, con sus bienes privativos de manera solidaria puesto que esta situación también está contemplada en el art. 1369 CC.

Si el bien ganancial ha sido adquirido a plazos por uno de los cónyuges sin el consentimiento del otro, responderá directamente el bien adquirido, sin perjuicio de la responsabilidad de otros bienes según las reglas del Código Civil.

Jurisprudencia

La STS 20 junio 2008 *(Tol 1343838)* afirma: "Pero con ser ganancial el dinero con que se hizo la primera entrega y el bien adquirido, la deuda no es deuda de la sociedad de gananciales, es decir, no se trata de una obligación de un cónyuge de la que, además del cónyuge deudor, hayan de responder directamente frente al acreedor los bienes gananciales. La regla es que por la compra que un cónyuge hace sin consentimiento del otro no se genera una obligación de la sociedad (artículo 1367 CC), y el supuesto no es subsumible en el artículo 1365 CC, al menos a juzgar por los datos que obran en autos, en los que no se encuentra prueba alguna de conexión de la operación con el ejercicio ordinario de la profesión, arte u oficio, ni se detecta una relación con la administración de los propios bienes ni, desde luego, se encuentra vínculo con el ejercicio de la potestad doméstica o con la gestión o disposición de gananciales que por ley corresponda al cónyuge que ha llevado a efecto el negocio adquisitivo.

El artículo 1370 CC resuelve en especial el problema que se plantea cuando la obligación de pagar el precio aplazado, que en nuestro caso confluye con la de pagar los plazos del crédito hipotecario, no es obligación de la sociedad, y resuelve que el bien responde siempre, aunque sea ganancial y no lo sea la obligación de pagar el precio".

El precepto se aplicará mientras el bien se encuentre en la masa consorcial y no haya sido pagado en su integridad.

Como señala la STS 2 de diciembre 1997 *(Tol 215978)*, "Es criterio generalizado entender que el precepto no está reconociendo una garantía real de carácter especial como preferencia del acreedor del precio aplazado frente a los acreedores de la sociedad en los términos sancionados en los arts. 1922 CC y ss., o una prohibición de disponer".

Si bien la referencia a la adquisición de bienes gananciales pudiera en principio asimilarse a la compraventa, el supuesto de hecho incluye los casos de préstamos hipotecarios para la adquisición de viviendas familiares, o los créditos de financiación para bienes muebles y, no solo el precio aplazado de la adquisición, sino todos los gastos de constitución o cancelación de hipoteca o apertura de la financiación del crédito. Para que pueda operar requiere la concurrencia de dos presupuestos:

a) Previa actuación individual del cónyuge deudor, carente de consentimiento del cónyuge restante.

La actuación del cónyuge debe tener lugar dentro de la esfera de las potestades que el Código reconoce aisladamente a los cónyuges o aplicando el art. 1356 CC, si el primer desembolso fue ganancial. No obstante, es criterio generalizado entender que, aunque no hubiera existido este primer desembolso, debe aplicarse también el art. 1370 CC por la presunción de ganancialidad de los bienes, ex art. 1361 CC.

La caracterización del bien como ganancial sirve para fijar la responsabilidad del bien adquirido, estableciendo su inclusión en el activo ganancial, y no en el patrimonio privativo del cónyuge que contrató con independencia de si su valoración como deuda ganancial o privativa.

Jurisprudencia

Dice la STS 20 junio 2008 *(Tol 1343838)*: "el artículo 1370 del Código civil dispone que en los supuestos de adquisición por un cónyuge sin el consentimiento del otro a precio aplazado, responderá siempre el bien adquirido, pero añade que «sin perjuicio de la responsabilidad de otros bienes según las reglas de este Código» y no parece, por ello, que pueda ser interpretado en el sentido de que sólo responde el bien adquirido y no los demás bienes de la sociedad de gananciales, ya que en determinados supuestos la deuda será obligación de la sociedad de gananciales (artículo 1365 CC) y en tal caso responderán también, directa y solidariamente, los bienes del patrimonio ganancial (artículos 1365 y 1369 CC)".

Se trata de una norma de pasivo provisional que determina dos consecuencias: en primer lugar, la sujeción del bien adquirido, independientemente de la inexistencia del consentimiento del otro cónyuge y, en segundo lugar, la aplicación de las reglas generales de responsabilidad del Código Civil.

b) Pago aplazado de la adquisición.

Esta modalidad de pago determina que, independientemente de que la responsabilidad de la deuda se especifique a través del patrimonio privativo o ganancial, el bien queda sujeto a la satisfacción de la deuda.

2.3. Deudas de juego

A la responsabilidad de los patrimonios privativos y ganancial por deudas de juego se refieren los artículos 1371 y 1372 CC, cuyos efectos jurídicos quedan regulados en atención a que la deuda de juego de uno de los cónyuges haya sido o no saldada.

Nuestro ordenamiento establece un régimen de responsabilidad distinto según el montante de las pérdidas y el tipo de juego.

Si las pérdidas son moderadas con arreglo al uso y circunstancias de la familia, serán asumidas por la sociedad de gananciales sin que a su liquidación el cónyuge que las haya generado vea disminuida su parte respectiva de los gananciales (art. 1371 CC.). Si el juego en que se han generado tales pérdidas es uno en los que la ley concede acción para reclamar lo que se gane, aquéllas serán asumidas por el cónyuge deudor respondiendo de las mismas exclusivamente sus bienes privativos (art. 1372 CC.). Así, mientras el art. 1371 CC atiende al ámbito interno de responsabilidad del pasivo ganancial, el siguiente precepto regula la esfera externa e interna.

Normativa reguladora

Artículo 1371 CC: "Las deudas de juego pagadas por alguno de los cónyuges durante el matrimonio no disminuirán su parte respectiva de los gananciales, siempre que la pérdida sufrida se considere moderada con arreglo al uso y circunstancias de la familia".

Artículo 1372 CC: "En las deudas de juego no pagadas por alguno de los cónyuges en aquellos casos en que la ley reconoce acción para reclamar lo que se gane, responderán exclusivamente los bienes privativos del deudor".

Ambos preceptos establecen las consecuencias que derivan de la práctica de un juego lícito puesto que solo éstas son exigibles por el acreedor, y por tanto responderán los cónyuges jugadores.

Como presupuesto para no disminuir la parte de gananciales del jugador se exige que la deuda de juego atribuible y pagada por uno de los cónyuges sea de importe moderado en el supuesto de que la deuda haya sido pagada. Dicho criterio habrá de valorarse en atención al uso y a las circunstancias concretas de cada familia. Esta referencia al gasto moderado tiene su correlativo en el art. 1351 CC, que incluye las ganancias obtenidas por cualquiera de los cónyuges en el juego al activo de la sociedad de gananciales y, en lógica correspondencia, cabe entender que si hay ganancias es porque el cónyuge ha asumido un riesgo que, en algunas ocasiones puede traducirse en pérdidas.

La referencia que hace el precepto al matrimonio debe entenderse al tiempo que haya estado vigente la sociedad legal de gananciales.

En las deudas de juego aún no pagadas por el cónyuge la responsabilidad es exclusiva de los bienes privativos del jugador.

Jurisprudencia

SSAP Murcia 29 noviembre 2018 (ECLI:ES:APMU:2018:2475), Cantabria 13 febrero 2019 (ECLI:ES:APS:2019:131) y Cantabria (Sección 2ª) 29 junio 2005 (sentencia nº 344/2005).

2.4. *Responsabilidad de la sociedad legal de gananciales por deudas privativas*

Cada cónyuge responde con sus bienes privativos del montante de sus deudas. Sólo en el caso de que se acredite que el patrimonio del cónyuge deudor es insuficiente se podrá pedir el embargo de los gananciales.

Aunque la demanda ejecutiva sólo se dirigirá frente al cónyuge deudor, la notificación al cónyuge no deudor es un requisito necesario, la STS 7 junio 2006 *(Tol 961850)* afirma que la falta de notificación no puede variar la posible sujeción de los bienes gananciales a la ejecución seguida, ni determina que prospere la tercería de dominio. Sin embargo, la RDGRN 4 octubre 2010 *(Tol 1990001)* declara que "habrá de reconocerse que aquél (cónyuge no deudor) no sólo puede hacer valer la opción contemplada en dicho precepto sino también la interposición de la correspondiente tercería de dominio, y que en caso de no interponerse esta última, la enajenación alcanzada siempre quedará amenazada de ineficacia si se demuestra en el procedimiento al efecto iniciado contra el adjudicatario, que el bien era efectivamente privativo".

Normativa reguladora

Artículo 1373 CC: "Cada cónyuge responde con su patrimonio personal de las deudas propias y, si sus bienes privativos no fueran suficientes para hacerlas efectivas, el acreedor podrá pedir el embargo de bienes gananciales, que será inmediatamente notificado al otro cónyuge y éste podrá exigir que en la traba se sustituyan los bienes comunes por la parte que ostenta el cónyuge deudor en la sociedad conyugal, en cuyo caso el embargo llevará consigo la disolución de aquélla.
Si se realizase la ejecución sobre bienes comunes, se reputará que el cónyuge deudor tiene recibido a cuenta de su participación el valor de aquéllos al tiempo en que los abone con otros caudales propios o al tiempo de liquidación de la sociedad conyugal".

Artículo 541 LEC: "2. Cuando la ejecución se siga a causa de deudas contraídas por uno de los cónyuges, pero de las que deba responder la sociedad de gananciales, la demanda ejecutiva podrá dirigirse únicamente contra el cónyuge deudor, pero el embargo de bienes gananciales habrá de notificarse al otro cónyuge, dándole traslado de la demanda ejecutiva y del auto que despache ejecución a fin de que, dentro del plazo ordinario, pueda oponerse a la ejecución. La oposición a la ejecución podrá fundarse en las mismas causas que correspondan al ejecutado y, además, en que los bienes gananciales no deben responder de la deuda por la que se haya despachado la ejecución. Cuando la oposición se funde en esta última causa, corresponderá al acreedor probar la responsabilidad de los bienes gananciales. Si no se acreditara esta responsabilidad, el cónyuge del ejecutado podrá pedir la disolución de la sociedad conyugal conforme a lo dispuesto en el apartado siguiente.

3. Si la ejecución se siguiere a causa de deudas propias de uno de los cónyuges y se persiguiesen bienes comunes a falta o por insuficiencia de los privativos, el embargo

de aquéllos habrá de notificarse al cónyuge no deudor. En tal caso, si éste optare por pedir la disolución de la sociedad conyugal, el tribunal, oídos los cónyuges, resolverá lo procedente sobre división del patrimonio y, en su caso, acordará que se lleve a cabo con arreglo a lo dispuesto en esta Ley, suspendiéndose entre tanto la ejecución en lo relativo a los bienes comunes".

El cónyuge no deudor puede optar por especificar el embargo sobre los bienes que le corresponderían al deudor en el patrimonio ganancial. Para ello, es imprescindible la liquidación de la sociedad con el fin de determinar la parte correspondiente a cada cónyuge. En el caso de que no opte y se realice ejecución sobre bienes comunes, se reputará que el cónyuge deudor tiene recibido a cuenta de su participación el valor de aquéllos al tiempo en que los abone con otros caudales propios o en el momento de liquidación de la sociedad conyugal.

Jurisprudencia

La STS 22 diciembre 1995 *(Tol 5127722)* observa que "el... artículo 1373 del Código Civil se refiere exclusivamente al supuesto de deudas propias de uno sólo de los cónyuges, de las que responde con sus bienes privativos y si, por no ser éstos suficientes, se embargasen bienes gananciales, habrá de notificarse el embargo inmediatamente al otro cónyuge para que el mismo pueda hacer uso de las facultades que dicho precepto le concede".

Según la STS 5 octubre 2007 *(Tol 1156467)*, "La deuda, de naturaleza mercantil, fue contraída por el marido en el desarrollo de su actividad comercial, la cual ejercía con conocimiento y sin oposición de su esposa, habiéndose concertado la operación que dio lugar a la misma con anterioridad a la liquidación del régimen económico matrimonial de la sociedad de gananciales y su sustitución por el régimen de separación de bienes. Por consiguiente, de dicha deuda deben responder los bienes gananciales, aunque se hayan atribuido a la esposa con ocasión de la liquidación de la sociedad, sin que obste a que la demanda se dirija contra ambos cónyuges el que la obligación haya sido contraída por uno sólo de ellos, pues, al responder los bienes de la sociedad, puede demandarse al interviniente con notificación de la demanda al cónyuge no deudor, o formular la misma contra ambos cónyuges".

ESQUEMA

CARGAS DE LA SOCIEDAD LEGAL DE GANANCIALES

1. Gastos derivados del sostenimiento de la familia
2. Gastos originados por la adquisición, tenencia y disfrute de los bienes comunes
3. La administración ordinaria de los bienes privativos de cualquiera de los cónyuges
4. La explotación regular de los negocios o desempeño de la profesión, arte u oficio de cada cónyuge
5. Cargas por cantidades donadas

DEUDAS

1. Obligaciones contraídas por uno solo de los cónyuges
2. Obligaciones contraídas por ambos cónyuges
3. Responsabilidad por deudas privativas

17 La disolución y liquidación de la sociedad de gananciales

Adrián Arrébola Blanco[1]

Sumario: 1. DISOLUCIÓN. 2. LIQUIDACIÓN. 2.1. Inventario. 2.1.1. Activo. 2.1.2. Pasivo. 2.2. Avalúo. 2.3. Liquidación. 2.3.1. Deudas. 2.3.2. Reintegros. 2.4. División. 2.5. Adjudicación. 2.6. Plazo.

1. DISOLUCIÓN

Normativa reguladora

"La sociedad de gananciales concluirá de pleno derecho:

1.° Cuando se disuelva el matrimonio.

2.° Cuando sea declarado nulo.

3.° Cuando se acuerde la separación legal de los cónyuges.

4.° Cuando los cónyuges convengan un régimen económico distinto en la forma prevenida en este Código" (art. 1392 CC).

"También concluirá por decisión judicial la sociedad de gananciales, a petición de uno de los cónyuges, en alguno de los casos siguientes:

1.° Si respecto del otro cónyuge se hubieren dispuesto judicialmente medidas de apoyo que impliquen facultades de representación plena en la esfera patrimonial, si hubiere sido declarado ausente o en concurso, o condenado por abandono de familia. Para que la autoridad judicial acuerde la disolución bastará que el cónyuge que la pidiere presente la correspondiente resolución judicial.

2.° Venir el otro cónyuge realizando por sí solo actos dispositivos o de gestión patrimonial que entrañen fraude, daño o peligro para los derechos del otro en la sociedad.

3.° Llevar separado de hecho más de un año por acuerdo mutuo o por abandono del hogar.

4.° Incumplir grave y reiteradamente el deber de informar sobre la marcha y rendimientos de sus actividades económicas.

---

1 AYUDOC, Derecho civil, Universidad Complutense de Madrid.

En cuanto a la disolución de la sociedad por el embargo de la parte de uno de los cónyuges por deudas propias, se estará a lo especialmente dispuesto en este Código" (art. 1393 CC).

"Los efectos de la disolución prevista en el artículo anterior se producirán desde la fecha en que se acuerde. De seguirse pleito sobre la concurrencia de la causa de disolución, iniciada la tramitación del mismo, se practicará el inventario, y el Juez adoptará las medidas necesarias para la administración del caudal, requiriéndose, licencia judicial para todos los actos que excedan de la administración ordinaria" (art. 1394 CC).

La sociedad de gananciales concluye de pleno derecho cuando concurren las circunstancias a las que el legislador atribuye expresamente la disolución del régimen económico-matrimonial:

En primer lugar, concluye la sociedad de gananciales por la disolución del matrimonio al que sirve, el cual "se disuelve (...) por la muerte o la declaración de fallecimiento de uno de los cónyuges y por el divorcio" y, por tanto, no hará que concluya su régimen económico sino desde la fecha en que adquiera firmeza la sentencia o decreto que declare el divorcio —no admitiéndose la del auto de medidas provisionales ni la del de admisión a trámite de la demanda, aunque a partir de este momento quepa solicitar la formación de inventario—, desde la fecha en que se cónyuges consientan el divorcio en escritura pública, desde la fecha en la que el decreto que declare el fallecimiento determine que se entiende ocurrida la muerte del cónyuge ausente o desde la fecha de defunción de la que haga fe la inscripción de la muerte de cualquiera de los cónyuges en el Registro Civil [*cfr.* arts. 85, 89, 95 I, 195 II y 1392.1 CC, 808 LEC, 74 LJV y 62.1 y 78.2 LRC; SSTS 6 junio 2022 (*Tol 9050433*), 5 abril 2022 (*Tol 8909430*), 2 marzo 2020 (*Tol 7812301*), 28 mayo 2019 (*Tol 7271495*), 12 marzo 2008 (*Tol 1353299*), 27 febrero 2007 (*Tol 1044146*) y 3 febrero 2006 (*Tol 839278*)].

En segundo lugar, se disuelve la sociedad de gananciales a causa de la nulidad del matrimonio y desde la fecha en que adquiera firmeza la sentencia que la declare o el auto que reconozca eficacia civil a la resolución por la que la declaren los tribunales eclesiásticos —y no la del auto de medidas provisionales ni la del de admisión a trámite de la demanda, sin perjuicio de que sea posible solicitar la formación de inventario a partir de entonces—, pero en todo caso será necesaria la buena fe de al menos uno de los cónyuges para impedir que la retroactividad inherente a la nulidad extienda sus efectos sobre el propio régimen económico-matrimonial como si el mismo nunca hubiera existido [*cfr.* arts. 79, 80, 95 II, 1392.2 y 1395 CC y 778 y 808 LEC; SSTS 6 junio 2022 (*Tol 9050433*), 5 abril 2022 (*Tol 8909430*), 2 marzo 2020 (*Tol 7812301*), 28 mayo 2019 (*Tol 7271495*), 12 marzo 2008 (*Tol 1353299*) y 27 febrero 2007 (*Tol 1044146*)].

En tercer lugar, concluye la sociedad de gananciales con la separación legal de los cónyuges, pero no desde que se acuerde sino más bien desde que adquiera firmeza la sentencia o el decreto que la declare o desde que se consienta en escritura pública —y sin que sirva a tales efectos la fecha del auto de medidas provisionales ni la del de admisión a trámite de la demanda, aunque a partir de este momento quepa proceder a formar inventario para liquidar después el régimen económico-matrimonial—, como en caso de nulidad o de divorcio (*cfr.* arts. 83 II, 1392.3 y 1435.3 CC).

En cuarto y último lugar, queda disuelta la sociedad de gananciales mediante el convenio por el que los cónyuges sustituyan este régimen económico-matrimonial por otro distinto, como el régimen de separación de bienes, el régimen de participación en las ganancias o, incluso, una nueva sociedad de gananciales, a través del otorgamiento o modificación de las capitulaciones matrimoniales constante el matrimonio (*cfr.* arts. 1315, 1316, 1325, 1345, 1392.4 y 1409 CC).

Jurisprudencia

"... A diferencia de los cuatro supuestos que contempla el artículo 1392 del Código Civil, los que, por sí solos, operan 'ope legis' o de pleno derecho la disolución de la sociedad de gananciales, en los que relaciona el artículo 1393 del mismo Código (...) para que se produzca la disolución o conclusión de la sociedad de gananciales se requiere decisión judicial a petición de uno de los cónyuges..." [STS 14 febrero 2000 (*Tol 4927239*)].

Sin embargo, concluirá también la sociedad de gananciales, aunque no por ministerio de la ley sino por decisión judicial y a petición de uno de los cónyuges, en las siguientes circunstancias:

En primer lugar, cuando en favor del consorte se dispongan judicialmente medidas de apoyo que impliquen facultades de representación plena sobre su patrimonio y cuando el mismo sea declarado ausente o en concurso de acreedores o condenado por abandono de familia, siendo suficiente que el cónyuge que lo solicite presente la resolución judicial correspondiente ante la autoridad judicial competente (*cfr.* arts. 189 y 1393.1 CC y 125.1 TRLC).

En segundo lugar, cuando uno de los cónyuges venga realizando por sí solo y, por tanto, sin consentirlo el otro ni mediar autorización judicial supletoria, cualesquiera actos de disposición o de administración que entrañen fraude, daño o peligro para los derechos del consorte en la sociedad de gananciales (*cfr.* arts. 1320 I, 1366, 1367, 1375-1382, 1384-1391 y 1393.2 CC y 90 LJV).

En tercer lugar, cuando los cónyuges lleven separados de hecho más de un año por acuerdo mutuo o por abandono del hogar, estando excluido durante todo ese tiempo el fundamento de la sociedad de gananciales para impedir cualquier expectativa de los cónyuges sobre los bienes adquiridos por el otro una vez cesada la convivencia, salvo cuando este cese venga acompañado de la interposición de la demanda de nulidad, separación o divorcio [*cfr.* arts. 105 y 1393.3 CC; SSTS 29 mayo 2023 (*Tol 9595491*), 6 junio 2022 (*Tol 9050433*), 5 abril 2022 (*Tol 8909430*), 2 marzo 2020 (*Tol 7812301*), 27 septiembre 2019 (*Tol 7523725*), 28 mayo 2019 (*Tol 7271495*), 6 mayo 2015 (*Tol 5190899*), 21 febrero 2008 (*Tol 1294063*), 23 febrero 2007 (*Tol 1042370*), 4 diciembre 2002 (*Tol 4927536*), 26 abril 2000 (*Tol 4927007*), 11 octubre 1999 (*Tol 2337*), 24 abril 1999 (*Tol 5120888*), 14 marzo 1998 (*Tol 5157272*), 27 enero 1998 (*Tol 5114807*), 23 diciembre 1992 (*Tol 1662335*), 17 junio 1988 (*Tol 1734895*) y 13 junio 1986 (*Tol 1740329*)].

En cuarto lugar, cuando uno de los cónyuges incumpla grave y reiteradamente el deber que a ambos corresponde de informarse de forma recíproca y periódica sobre la marcha, situación y rendimientos de sus respectivas actividades económicas, no solo por lo que se refiere a los bienes gananciales, sino también en relación con los bienes privativos, y ello como corolario lógico de que los frutos de unos y de otros queden comprendidos en la sociedad de gananciales haciéndose ésta cargo, incluso, del levantamiento de los gastos que se originen por razón de la administración ordinaria de los mismos (*cfr.* arts. 1347.2, 1362.3, 1381, 1383 y 1393.4 CC).

En quinto y último lugar, cuando se solicite el embargo de bienes gananciales por deudas de uno solo de los cónyuges y, una vez notificado al otro, exija éste que en la traba se sustituyan tales bienes por la parte que corresponda al deudor en la sociedad de gananciales dando lugar a la disolución de la misma (*cfr.* arts. 1373, 1374, 1393 *in fine* y 1435.3 CC, 541 LEC y 144 RH).

En todo caso, no obstante, no concluirá la sociedad de gananciales sino desde la fecha en que adquiera firmeza la decisión judicial de que se trate, aunque el legislador indique expresamente que lo hará a partir del mismo momento en que se acuerde la disolución (*cfr.* art. 1394 CC).

Cuestiones relevantes

1. La disolución de la sociedad de gananciales que se produzca a causa de una resolución judicial no tendrá lugar sino desde la fecha en que la misma adquiera firmeza [*cfr.* SSTS 6 junio 2022 (*Tol 9050433*), 5 abril 2022 (*Tol 8909430*), 2 marzo 2020 (*Tol 7812301*), 28 mayo 2019 (*Tol 7271495*), 12 marzo 2008 (*Tol 1353299*), 27 febrero 2007 (*Tol 1044146*) y 3 febrero 2006 (*Tol 839278*)].

2. LIQUIDACIÓN

Normativa reguladora

"Disuelta la sociedad se procederá a su liquidación, que comenzará por un inventario del activo y pasivo de la sociedad" (art. 1396 CC).

"De la masa común de bienes se darán alimentos a los cónyuges o, en su caso, al sobreviviente y a los hijos mientras se haga la liquidación del caudal inventariado y hasta que se les entregue su haber; pero se les rebajarán de éste en la parte que excedan de los que les hubiese correspondido en razón de frutos y rentas" (art. 1408 CC).

El legislador establece expresamente que, una vez disuelta la sociedad de gananciales por cualquiera de las causas previstas en la ley, se procederá a su liquidación, y que de este modo los gananciales serán atribuidos por mitad al disolverse aquélla, como si el régimen económico del matrimonio mudase automáticamente de estado por este motivo (*cfr.* arts. 1344 y 1396 CC). No obstante, si bien es cierto que el tono imperativo que emplea a este respecto conduce a considerar que la liquidación de la sociedad de gananciales sigue a su propia disolución y no admite demora de ninguna clase, no lo es menos que semejante afirmación no debe interpretarse aisladamente, sino en armonía con el art. 1409 CC [RDGSJFP 6 septiembre 2005 (*Tol 719848*)]. Éste se refiere, precisamente, al caso en el "que haya de ejecutarse simultáneamente la liquidación de gananciales de dos o más matrimonios contraídos por una misma persona" —así como de dos o más sociedades de gananciales que de un modo u otro hubiesen servido a un solo matrimonio, como el propio legislador prevé que suceda en determinadas circunstancias—, constatándose, así, que la liquidación de la sociedad de gananciales no siempre procederá inmediatamente después de su efectiva disolución y que, por ende, no podía ser ésta la *mens legislatoris* [*cfr.* arts. 1344, 1374, 1396 y 1409 CC; SSTS 14 julio 2008 (*Tol 1347117*), 10 julio 2005 (*Tol 703327*), 3 junio 2004 (*Tol 449254*) y 7 noviembre 1997 (*Tol 5114663*) y RDGSJFP 6 septiembre 2005 (*Tol 719848*)]. Y, de hecho, en este mismo sentido se alude expresamente a "la sociedad conyugal disuelta que esté sin liquidar", a propósito de las facultades que uno de los cónyuges puede conferir a su consorte para caso de muerte o de declaración de fallecimiento en relación con el destino de su patrimonio (*cfr.* art. 831.1 CC).

La disolución de la sociedad de gananciales apenas significa que puede procederse a liquidarla entre los cónyuges, entre el cónyuge supérstite y los sucesores del otro o entre los sucesores de ambos, sin perjuicio de los derechos que a este respecto puedan ostentar terceras personas como cesionarios de unos u otros, a pesar del tono imperativo con que se expresa la voluntad del legislador [*cfr.* arts. 85, 196 I, 1392.1 y 1396 CC; STS 25 noviembre 1996 (*Tol 1658689*)]. En este sentido, de hecho, señala la jurisprudencia que "el efecto disolutorio" de las circunstancias que hacen concluir la sociedad de gananciales "es distinto de su liquidación", y que ésta tan solo es "una mera consecuencia de la (...) disolución" a la que nos estamos refiriendo, como se desprende incluso de que su tratamiento legislativo siempre haya venido precedido por lo que respecta a este último fenómeno [SSTS 8 octubre 1990 (*Tol 1729574*) y 4 mayo 1965 (*Tol 4307876*)]. Ello hace que resulte "inviable que la sociedad de gananciales (...) pueda entrar (...) en (...) liquidación sin que previa o simultáneamente se haya producido la disolución de la misma", aunque en la práctica se permita convenir "una anticipación de la liquidación (...) en espera de (...) su disolución", como la que pudiera acordarse en previsión de una crisis matrimonial [SSTS 19 diciembre 1997 (*Tol 5114781*), 17 febrero 1992 (*Tol 1654724*), 1 febrero 1990 (*Tol 1730405*) y 4 diciembre 1985 (*Tol 1736106*)]. Por tanto, salvo cuando la disolución y la liquidación se produzcan simultáneamente, en el periodo de tiempo comprendido entre la una y la otra surgirá una comunidad de bienes sobre la masa ganancial a la que usualmente conocemos por comunidad posganancial y en la que cada comunero tendrá una cuota abstracta sobre el todo hasta que la misma se materialice en una parte individualizada y concreta de bienes para cada uno de ellos, a través del conjunto de operaciones necesarias para llevar a cabo la liquidación de la sociedad de gananciales [*cfr.* art. 1408 CC; SSTS 21 febrero 2023 (*Tol 9506202*), 26 mayo 2020 (*Tol 7966068*), 27 enero 2017 (*Tol 5949939*), 17 octubre 2006 (*Tol 1002389*), 10 julio 2005 (*Tol 703327*), 7 noviembre 1997 (*Tol 5114663*), 14 marzo 1994 (*Tol 1665429*), 23 diciembre 1993 (*Tol 1655655*), 28 septiembre 1993 (*Tol 1655832*), 23 diciembre 1992 (*Tol 1662345*), 17 febrero 1992 (*Tol 1654724*), 8 octubre 1990 (*Tol 1729574*) y 21 noviembre 1987 (*Tol 1738613*); RRDGSJFP 25 enero 2019, 25 julio 2018, 6 junio 2018, 1 junio 2018, 27 enero 2015, 26 marzo 2014, 11 diciembre 2013, 10 diciembre 2012, 4 julio 2009 (*Tol 1582958*), 2 junio 2009, 19 noviembre 2007 (*Tol 1211332*), 1 octubre 2007 (*Tol 1173550*), 23 junio 2007 (*Tol 1160594*), 18 enero 2007 (*Tol 1033990*), 17 enero 2007 (*Tol 1033988*), 30 enero 2006, 5 mayo 2005, 20 abril 2005, 30 junio 2003 (*Tol 296879*), 10 octubre 1998 (*Tol 132498*), 9 octubre 1998 (*Tol 132496*), 28 febrero 1992, 11 diciembre 1991, 8 julio 1991, 10 mayo 1952, 2 diciembre 1929, 1 julio 1927, 9 enero 1915 y 30 abril 1908].

Jurisprudencia

"… durante el período intermedio entre la disolución (…) de la sociedad de gananciales y la definitiva liquidación de la misma surge una comunidad (…) sobre la antigua masa ganancial, cuyo régimen ya no puede ser el de la sociedad de gananciales, sino el de cualquier conjunto de bienes en cotitularidad ordinaria, y en la que cada comunero (…) ostenta una cuota abstracta sobre el 'totum' ganancial (…), pero no una cuota concreta sobre cada uno de los bienes integrantes del mismo, cuya cuota abstracta subsistirá mientras perviva la (…) comunidad (…) y hasta que, mediante las oportunas operaciones de liquidación-división, se materialice en una parte individualizada y concreta de bienes para cada uno de los comuneros...” [STS 17 febrero 1992 (*Tol 1654724*)].

La jurisprudencia indica además que el conjunto de operaciones comprendidas en la liquidación está dirigido a determinar si existen bienes gananciales y distribuirlos por mitad entre los cónyuges o, en su defecto, entre quienes ocupen su lugar, una vez realizadas las deducciones correspondientes por razón de reintegros y/o responsabilidades imputables a la sociedad de gananciales [SSTS 10 junio 2004 (*Tol 452735*) y 19 enero 1960 (*Tol 4339920*)]. Ello explica que el legislador haya establecido que los acreedores de la sociedad de gananciales tendrán en su liquidación los mismos derechos que le reconocen las leyes en la “partición y liquidación” hereditaria, y que en todo lo no previsto a tales efectos se observará también lo dispuesto para la “partición y liquidación” de la herencia, al amparo del paralelismo tan evidente que puede apreciarse entre el objetivo perseguido por el proceso de división de la herencia y el de liquidación de la sociedad de gananciales (*cfr.* arts. 1402 y 1410 CC). Y es por este preciso motivo por el que para liquidar la sociedad de gananciales se seguirán exactamente las mismas operaciones que requiere la partición y liquidación de la herencia, consistentes en el “inventario”, “avalúo”, “liquidación”, “división” y “adjudicación”, a las que se refiere expresamente la legislación procesal y que resultan aplicables a la sociedad de gananciales con independencia de que la liquidación y partición hereditaria solo deba trasladarse a esta sede en cuanto respecta a las leyes civiles, como alguna vez han señalado nuestros tribunales [*cfr.* arts. 1410 CC y 786 LEC; STS 15 julio 1998 (*Tol 5156884*)].

Jurisprudencia

“... bajo el nombre de liquidación de la sociedad de gananciales se comprenden todas las operaciones necesarias para determinar si existen gananciales y su distribución por mitad entre ambos cónyuges, previas las deducciones y reintegros a cada uno de los que son bienes de su pertenencia particular (...), así como de las responsabilidades que fueran imputables al acervo común, constituyendo el saldo resultante el activo verdadero de los gananciales, que han de dividirse por mitad entre ambos cónyuges...” [STS 19 enero 1960 (*Tol 4339920*)].

Cuestiones relevantes

2. La disolución de la sociedad de gananciales no implica la inmediata liquidación de la misma sino solamente la posibilidad de proceder a su liquidación tras disolverse por cualquier causa [*cfr.* SSTS 14 julio 2008 (*Tol 1347117*), 3 junio 2004 (*Tol 449254*) y 7 noviembre 1997 (*Tol 5114663*)].

3. La disolución de la sociedad de gananciales hace que surja una comunidad de bienes sobre la masa ganancial en la que cada comunero tendrá una cuota abstracta sobre el todo hasta que la misma se materialice en bienes concretos con la liquidación de la sociedad de gananciales [*cfr.* SSTS 21 febrero 2023 (*Tol 9506202*), 26 mayo 2020 (*Tol 7966068*), 27 enero 2017 (*Tol 5949939*), 17 octubre 2006 (*Tol 1002389*), 10 julio 2005 (*Tol 703327*), 7 noviembre 1997 (*Tol 5114663*), 14 marzo 1994 (*Tol 1665429*), 23 diciembre 1993 (*Tol 1655655*), 28 septiembre 1993 (*Tol 1655832*), 23 diciembre 1992 (*Tol 1662345*), 17 febrero 1992 (*Tol 1654724*), 8 octubre 1990 (*Tol 1729574*) y 21 noviembre 1987 (*Tol 1738613*); RRDGSJFP 25 enero 2019, 25 julio 2018, 6 junio 2018, 1 junio 2018, 27 enero 2015, 26 marzo 2014, 11 diciembre 2013, 10 diciembre 2012, 4 julio 2009 (*Tol 1582958*), 2 junio 2009, 19 noviembre 2007 (*Tol 1211332*), 1 octubre 2007 (*Tol 1173550*), 23 junio 2007 (*Tol 1160594*), 18 enero 2007 (*Tol 1033990*), 17 enero 2007 (*Tol 1033988*), 30 enero 2006, 5 mayo 2005, 20 abril 2005, 30 junio 2003 (*Tol 296879*), 10 octubre 1998 (*Tol 132498*), 9 octubre 1998 (*Tol 132496*), 28 febrero 1992, 11 diciembre 1991, 8 julio 1991, 10 mayo 1952, 2 diciembre 1929, 1 julio 1927, 9 enero 1915 y 30 abril 1908].

2.1. *Inventario*

Normativa reguladora

"Disuelta la sociedad se procederá a su liquidación, que comenzará por un inventario del activo y pasivo de la sociedad" (art. 1396 CC).

La liquidación de la sociedad de gananciales comenzará por un inventario del activo y pasivo de que disponga la misma una vez disuelta o, incluso, en trance de disolución, a propósito de la solicitud que los propios cónyuges o, en su caso, sus respectivos sucesores, cursen a estos efectos durante el procedimiento incoado para ello o a lo largo del de nulidad, separación o divorcio, como permite nuestro legislador (*cfr.* arts. 196 IV, 1057 III, 1394, 1396 y 1410 CC y 808 y 809 LEC). En tales casos, revestirá "una importancia excepcional, proporcionada a su concepto de base fundamental sobre la que descansan las operaciones particionales" de la sociedad de gananciales, pero tal cosa no implica en modo alguno que "solo a partir de la regular formación del mismo como operación inicial se pueda pasar a las subsiguientes" [SSTS 16 mayo 1984 (*Tol 1737754*), 15 octubre 1973 (*Tol 4257922*) y 26 noviembre 1955 (*Tol 4381749*); RDGSJFP 6 febrero 1995 (*Tol 223402*)]. Se trata ésta de una afirmación que solo adquiere sentido cuando el procedimiento judicial requiera realizar un inventario para dar paso al resto de actuaciones, si es que la sociedad de gananciales se liquida de este modo, y no de otro, como se sigue de que su falta de formación apenas se sancione con el establecimiento de un régimen especial de responsabilidad [*cfr.* arts. 405, 1003, 1023.3, 1084, 1401, 1402 y 1410 CC; SSTS 19 febrero 2014 (*Tol 4124597*), 7 noviembre 1997 (*Tol 5114663*), 14 junio 1993 (*Tol 1656370*), 20 marzo 1989 (*Tol 1732215*), 28 abril 1988 (*Tol 1733174*), 17 noviembre 1987 (*Tol 1738631*), 13 junio 1986 (*Tol 1740329*) y 15 febrero 1986 (*Tol 1735025*); RDGSJFP 6 septiembre 2005 (*Tol 719848*)].

La formación de inventario dispone sin embargo de un valor probatorio indiscutible respecto del activo y pasivo, aunque no llegue a constituir una prueba privilegiada en relación con las demás —como tal vez cupiera entender de que "se admitirá toda clase de pruebas en defecto de inventarios" cuando se traten de reconstruir dos comunidades posgananciales de las que simultáneamente forme parte un mismo sujeto—, y es en este sentido en el que verdaderamente se erige como base fundamental de la liquidación que se opere sobre la sociedad de gananciales [*cfr.* art. 1409 CC; STS 19 noviembre 1977 (*Tol 4247530*)]. Pero su formación, evidentemente, mientras no cuente con el concurso de voluntades de los miembros de la comunidad posganancial o con la falta de comparecencia de cualquiera de los cónyuges en el procedimiento judicial previsto para liquidar este régimen económico del matrimonio, exigirá tal volumen de documentación que en muchas ocasiones requerirá un complemento por omisión de unas u otras partidas [*cfr.* art. 808.2 II LEC; SSTS 16 junio 2015 (*Tol 5199608*), 25 enero 2008 (*Tol 1256804*), 10 diciembre 2003 (*Tol 348321*), 30 junio 2003 (*Tol 293892*), 16 marzo 2001 (*Tol 4964843*), 20 septiembre 1999 (*Tol 5102317*), 23 diciembre 1998 (*Tol 5119685*), 14 julio 1997 (*Tol 5156498*), 16 mayo 1997 (*Tol 5119387*), 10 marzo 1997 (*Tol 5114439*), 25 septiembre 1995 (*Tol 5123926*), 8 marzo 1995 (*Tol 1667311*), 22 febrero 1994 (*Tol 1664932*) y 20 noviembre 1993 (*Tol 1656439*)]. Por este motivo, de hecho, y sin perjuicio de las controversias que se susciten "sobre la inclusión o exclusión de algún concepto (...) o sobre el importe de cualquiera de las partidas" por razón de su formación, admiten nuestros órganos jurisdiccionales las solicitudes de diligencias preliminares que tengan por objeto la preparación de una inminente liquidación de la sociedad de gananciales [*cfr.* arts. 256-263 y 809.2 LEC; AAAP Castellón 8 abril 2004 (*Tol 561318*), Huelva 29 septiembre 2004, Madrid 19 febrero 2007 (*Tol 2055405*) y Jaén 27 noviembre 2007 (*Tol 7480461*)].

Jurisprudencia

"... la ley la reputa necesaria y concede al inventario una importancia excepcional proporcionada a su concepto de baso fundamental sobre la que descansan las operaciones particionales..." [STS 26 noviembre 1955 (*Tol 4381749*)].

Cuestiones relevantes

4. La inexistencia de inventario lleva aparejada la responsabilidad de los bienes del cónyuge no deudor en caso de deudas por las que deba responder la sociedad de gananciales (*cfr.* arts. 1396 y 1401 I CC).

2.1.1. Activo

Normativa reguladora

"Habrán de comprenderse en el activo:

1.° Los bienes gananciales existentes en el momento de la disolución.

2.° El importe actualizado del valor que tenían los bienes al ser enajenados por negocio ilegal o fraudulento si no hubieran sido recuperados.

3.° El importe actualizado de las cantidades pagadas por la sociedad que fueran de cargo sólo de un cónyuge y en general las que constituyen créditos de la sociedad contra éste" (art. 1397 CC).

La primera partida que ha de recogerse en el activo inventariable es la relativa a los bienes y derechos gananciales existentes en el momento de disolverse la sociedad de gananciales, una vez excluidos los privativos y los que pertenezcan a terceras personas, además de los que constituyan el ajuar doméstico en caso de muerte o declaración de fallecimiento de cualquiera de los cónyuges, aunque tal fecha podría ser inapropiada en muchos casos [*cfr.* arts. 1321 y 1397.1 CC y 125.2, 193.2 y 198.2 TRLC; SSTS 14 diciembre 2017 (*Tol 6454498*), 30 junio 2009 (*Tol 1567580*), 25 octubre 2006 (*Tol 1006911*), 10 junio 2004 (*Tol 452735*), 4 noviembre 2003 (*Tol 4973657*), 25 julio 2002 (*Tol 4975917*), 30 abril 1996 (*Tol 1659249*), 21 mayo 1994 (*Tol 5130267*) y 19 enero 1960 (*Tol 4339920*)]. Recuérdese, que, tras disolverse la sociedad de gananciales, no se procederá a su liquidación sino cuando los miembros de la comunidad posganancial lo estimen oportuno [SSTS 14 julio 2008 (*Tol 1347117*), 10 julio 2005 (*Tol 703327*), 3 junio 2004 (*Tol 449254*) y 7 noviembre 1997 (*Tol 5114663*) y RDGSJFP 6 septiembre 2005 (*Tol 719848*)], y que hasta entonces podrán éstos alterar su contenido mediante las enajenaciones y gravámenes que todos ellos autoricen unánimemente [*cfr.* arts. 250 b) CDFA y 463-5.1 CCCat; SSTS 13 diciembre 2022 (*Tol 9336227*), 14 febrero 2000 (*Tol 4927239*), 25 noviembre 1999 (*Tol 5120649*), 17 febrero 1995 (*Tol 1667103*), 28 septiembre 1993 (*Tol 1655832*), 27 marzo 1989 (*Tol 1732170*) y 8 marzo 1965 (*Tol 4320713*); RRDGSJFP 3 julio 2019, 31 octubre 2018, 10 diciembre

2012, 2 junio 2009, 28 noviembre 2000, 11 diciembre 1999 (*Tol 133113*), 25 febrero 1999 (*Tol 132776*), 10 diciembre 1998 (*Tol 132840*), 25 febrero 1993, 28 febrero 1992, 10 julio 1975, 9 enero 1915 y 30 abril 1908]. Por este motivo, precisamente, no tendría sentido que el inventario se elaborase en consideración al momento de la disolución de la sociedad de gananciales, a pesar de la literalidad de la ley, y de que la jurisprudencia haya estimado lo contrario [SSTS 28 noviembre 2007 (*Tol 1213866*), 4 noviembre 2003 (*Tol 4973657*), 29 junio 2000 (*Tol 4973892*) y 21 mayo 1994 (*Tol 5130267*)].

Pero es que, a mayor abundamiento, el contenido de la comunidad posganancial no solo puede verse modificado como consecuencia de la subrogación real que se siguiera de los actos dispositivos realizados por sus miembros, sino también por el cobro de los reintegros y créditos de que la misma sea acreedora con respecto a cualquiera de éstos o frente a terceros, por la mera fructificación de sus activos o por las adquisiciones que se produzcan en su beneficio por causa de usucapión comenzada durante la sociedad de gananciales y consumada con posterioridad a su disolución, en cuya virtud acusaría aún menor sentido el hecho de que éste sea el momento apropiado para proceder a la formación del inventario a que nos estamos refiriendo [*cfr.* arts. 354, 355, 1397.3 y 1408 CC y 250 a) CDFA; SSTS 6 noviembre 2019 (*Tol 7580175*), 10 noviembre 2017 (*Tol 6441710*), 7 noviembre 1997 (*Tol 5114663*), 28 septiembre 1993 (*Tol 1655832*), 23 diciembre 1992 (*Tol 1662345*), 8 octubre 1990 (*Tol 1729574*) y 18 marzo 1961 (*Tol 4336851*)]. Por todo ello, como ya insinuábamos al comienzo, en lugar de atender a la fecha en que se disuelva la sociedad de gananciales, tal vez fuera más preciso realizar el inventario en consideración a aquella en que ésta se liquide e, incluso, se parta, si entre ambas se diera tal *distantia temporis* que así lo aconsejase, según se extrae además de que los frutos y rentas de sus activos continúen engrosando la comunidad posganancial "hasta que se (...) entregue su haber" [*cfr.* arts. 1408 CC y 250 a) CDFA; SSTS 25 septiembre 1997 (*Tol 5156596*) y 21 mayo 1994 (*Tol 5130267*)].

La segunda partida que debe relacionarse como activo inventariable se corresponde con el importe actualizado del valor que tenían los bienes gananciales al ser enajenados por negocio ilegal o fraudulento durante la vigencia de la sociedad de gananciales (*cfr.* art. 1397.2 CC). Se trata de una imputación ficticia como las que se prevén en el régimen de participación en las ganancias para tutelar las expectativas que el cónyuge no enajenante pueda tener depositadas en su liquidación, aunque acomodada a la sociedad de gananciales (*cfr.* arts. 1423 y 1424 CC). Por este motivo no ha de concebirse tan restrictivamente como en principio se contempla y entender que tal imputación se extiende sobre los actos de enajenación, pero también sobre los de gravamen o administración que resulten igualmente ilegales o fraudulentos con independencia de que al mismo tiempo sean o no constitutivos de auténticos negocios jurídicos, como se establece en otras sedes (*cfr.* arts. 1301.5, 1320, 1322, 1375-1391 y 1397.2 CC). Sin embargo, al no tratarse aquí de cuantificar un crédito, sino de partir una comunidad de bienes y derechos entre sus respectivos titulares, semejante imputación requiere de algo más que la mera reunión ficticia que representa para el régimen de participación en las ganancias, como es la atribución de un reintegro por idéntico valor en beneficio de la sociedad de gananciales (*cfr.* arts. 1390, 1391 y 1397.3 CC).

En primer lugar, por actos ilegales, entiéndanse todos los que no respeten las reglas legal o convencionalmente establecidas para administrar o disponer de los bienes gananciales por haberse realizado sin el consentimiento de ambos cónyuges ni autorización judicial supletoria [*cfr.* arts. 1320, 1322, 1375-1378, 1381-1382 y 1385-1389 CC y 90.1 LJV; SSTS 20 abril 2016 (*Tol 6599373*), 18 diciembre 1997 (*Tol 5114777*) y 28 abril 1997 (*Tol 5114496*)]. Estos actos, no obstante, serán necesariamente onerosos, y ello por el hecho de que los valores en que se traduzcan solo podrán imputarse al activo de la sociedad de gananciales en tanto no hubieran sido recuperados mediante el ejercicio de las acciones de anulabilidad o de rescisión por lesión —a la vista de que un solo cónyuge puede ostentar en exclusiva la administración y disposición de todos los bienes gananciales como curador de su consorte, cuando le hayan sido atribuidas facultades de representación plena—, y porque, de ser gratuitos, devendrían nulos de pleno derecho y sus correspondientes importes habrían de recogerse en la primera partida del activo inventariable como existentes al tiempo de liquidar o de partir la comunidad posganancial —como sucedería con respecto a los bienes y derechos que hubiesen sido enajenados o gravados durante la misma sin el consentimiento de todos y cada uno de sus miembros [*cfr.* arts. 184.1, 276.1, 1291.1, 1291.2, 1295, 1296, 1301.5, 1303, 1307, 1322, 1377, 1378, 1387, 1397.1 y 1397.2 CC, 90.1 LJV y 463-5.1 CCCat; SSTS 10 junio 2010 (*Tol 1882286*), 30 mayo 2008 (*Tol 1324491*), 9 mayo 2007 (*Tol 1092845*), 17 febrero 2000 (*Tol 2397407*), 6 octubre 1997 (*Tol 6156701*), 25 septiembre 1995 (*Tol 5123926*) y 31 enero 1994 (*Tol 1664897*)].

En segundo lugar, por actos fraudulentos, entiéndanse todos los realizados por cualquiera de los cónyuges con la simple conciencia del perjuicio ocasionado a la sociedad de gananciales, y no solo los que revelen una auténtica intención de perjudicar la participación del consorte sobre la misma [STS 22 noviembre 1990 (*Tol 1729792*)], como se ha venido reconociendo por otros cauces [SSTS 4 septiembre 1995 (*Tol 1656841*), 13 febrero 1992 (*Tol 1661512*) y 30 abril 1985 (*Tol 1736794*)]. Partiendo de ello, aunque la jurisprudencia exija que se pruebe [SSTS 2 diciembre 1997 (*Tol 5114766*), 13 mayo 1992 (*Tol 1659685*) y 12 mayo 1989 (*Tol 1732543*)], no han de ignorarse lo útiles que son las presunciones que tan oportunamente asistirían a los interesados cuando quisieran rescindir actos ajenos a la liquidación de la sociedad de gananciales [SSTS 29 mayo 1985 (*Tol 1736091*) y 17 abril 1950]. En todo caso, no obstante, habrán de ser actos no impugnados para que pueda cumplirse el requisito de que lo defraudado no haya sido recuperado, porque, de lo contrario, no se tratará de reintegrar, sino de inventariar bienes y derechos existentes al tiempo de liquidar o de partir la sociedad de gananciales, como se seguiría a causa de la rescisión [*cfr.* arts. 1298, 1391, 1397.1 y 1397.2 CC; STS 23 marzo 1998 (*Tol 5157341*)].

La tercera y última partida que ha de hacerse constar en el activo inventariable la constituye el importe actualizado de las cantidades que constituyan créditos de la sociedad de gananciales contra cualquiera de los cónyuges, como serían los siguientes: en primer lugar, el del valor al que ascienda la inversión de bienes gananciales o actividad en la adquisición o mejora de los patrimonios privativos —así como la atribución de privatividad que se realizase con semejante propósito, si es que ésta llegara a admitirse en la práctica de nuestros jueces y tribunales— [*cfr.* arts. 1346 *in fine*, 1352 II, 1355, 1358-1360 y 1397.3 CC; SSTS 15 junio 2020 (*Tol 8010193*), 26 septiembre 2002 (*Tol 4920159*) y 30 marzo 1999 (*Tol 5120898*)]; en segundo lugar, el del valor al que asciendan el beneficio o lucro exclusivo obtenido por los cónyuges y el daño ocasionado por ellos a la sociedad de gananciales como consecuencia de actos unilaterales de administración o disposición de bienes gananciales [*cfr.* arts. 1390 y 1397.3 CC; SSTS 21 septiembre 2022 (*Tol 9231973*) y 3 febrero 2020 (*Tol 7813863*)]; y, por último, el del valor de las cargas y deudas de uno solo de los cónyuges que hubiesen sido satisfechas a costa de bienes gananciales [*cfr.* arts. 1319 III, 1362.1 II, 1364, 1371, 1373 II y 1397.3 CC; STS 26 noviembre 2001 (*Tol 4974956*)]. Para ello, no obstante, será indispensable partir de que todas las adquisiciones realizadas durante la sociedad de gananciales se presumen gananciales, salvo prueba en contrario (*cfr.* art. 1361 CC).

Cuestiones relevantes

5. El inventario ha de comprender los bienes gananciales existentes al tiempo de la disolución cuando la liquidación se realice simultáneamente y, en caso contrario, al de la liquidación o, incluso, al de la partición, cuando medie distancia temporal entre ambas operaciones (*cfr.* art. 1397.1 CC).

6. El inventario ha de recoger el valor de los bienes gananciales que hubieran sido objeto de actos de disposición o de administración ilegales o fraudulentos sin haber sido recuperados (*cfr.* arts. 1390, 1391 y 1397.2 CC).

7. El inventario ha de comprender el valor de los derechos de reintegro que la sociedad de gananciales tenga contra los patrimonios privativos por razón de adquisición y mejora de los mismos, del beneficio o lucro exclusivo obtenido en su favor o del daño ocasionado por los cónyuges a la sociedad de gananciales a causa de actos de administración o disposición, y de las cargas y deudas de uno solo de los cónyuges que se satisfagan con bienes gananciales [*cfr.* SSTS 21 septiembre 2022 (*Tol 9231973*), 15 junio 2020 (*Tol 8010193*), 3 febrero 2020 (*Tol 7813863*), 26 septiembre 2002 (*Tol 4920159*), 26 noviembre 2001 (*Tol 4974956*) y 30 marzo 1999 (*Tol 5120898*)].

2.1.2. Pasivo

Normativa reguladora

"El pasivo de la sociedad estará integrado por las siguientes partidas:

1.ª Las deudas pendientes a cargo de la sociedad.

2.ª El importe actualizado del valor de los bienes privativos cuando su restitución deba hacerse en metálico por haber sido gastados en interés de la sociedad.

Igual regla se aplicará a los deterioros producidos en dichos bienes por su uso en beneficio de la sociedad.

3.ª El importe actualizado de las cantidades que, habiendo sido pagadas por uno solo de los cónyuges, fueran de cargo de la sociedad y, en general, las que constituyan créditos de los cónyuges contra la sociedad" (art. 1398 CC).

La primera partida que ha de comprenderse en el pasivo del inventario estará compuesta por las deudas pendientes que estén a cargo de la sociedad de gananciales [*cfr.* arts. 1398.1 CC y 286.4 TRLC; SSTS 23 noviembre 2022 (*Tol 9307462*) y 27 septiembre 2022 (*Tol 9247932*)]. Éstas son tanto las contraídas durante la vigencia de este régimen económico-matrimonial como las surgidas en virtud de hechos acaecidos a lo largo del mismo periodo de tiempo [SSAP Cantabria 14 diciembre 2006 (*Tol 6228463*) y Madrid 28 noviembre 2001 (*Tol 126183*)], pero no las demás, sin perjuicio de que algunas de ellas puedan satisfacerse con el remanente que resulte tras deducir las deudas y reintegros de la sociedad de gananciales [*cfr.* art. 1405 CC; SSTS 25 enero 2003 (*Tol 4927591*), 5 julio 2000 (*Tol 4973841*), 7 noviembre 1997 (*Tol 5114663*), 14 marzo 1994 (*Tol 1665429*), 28 septiembre 1993 (*Tol 1655832*), 20 noviembre 1991 (*Tol 1728486*), 8 octubre 1990 (*Tol 1729574*) y 21 noviembre 1987 (*Tol 1738613*)]. Pero, además de ello, se exige que se encuentren pendientes de pago y, por ende, estén vencidas y sean exigibles, aunque habrán de sumarse a ellas las sujetas a condición suspensiva o término inicial con independencia de que éstas vayan a satisfacerse en un momento posterior al de la propia liquidación, siempre y cuando estén a cargo de la sociedad de gananciales [*cfr.* arts. 1082, 1398.1, 1399, 1401, 1402 y 1410 CC; STS 27 septiembre 2022 (*Tol 9247932*)].

Esta expresión, entendida en sentido estricto, conduciría a interpretar que solo son objeto de liquidación las deudas por las que la sociedad de gananciales hubiera de responder de manera definitiva y no solo provisionalmente [*cfr.* arts. 1362, 1363, 1366 y 1371 CC; SSTS 1 febrero 2016 (*Tol 5642011*), 3 noviembre 2004 (*Tol 514244*) y 27 marzo 1999 (*Tol 5120743*)], pero tal cosa haría que el resto de acreedores de la misma se vieran privados de la preferencia que ostentan sobre los demás, al obligárseles de este modo a concurrir con ellos en igualdad de condiciones cuando se liquide la comunidad posganancial (*cfr.* arts. 1034, 1399, 1401, 1402 y 1699 CC). Por tanto, en lugar de ello, más correcto sería inventariar todas las deudas de las que deba responder la sociedad de gananciales con independencia de que el valor de aquellas que no estén definitivamente a su cargo se repercuta, al mismo tiempo, y a modo de reintegro, en el activo inventariable (*cfr.* arts. 1397.3 y 1398.1 CC). Sin embargo, al no preverse presunción de ganancialidad alguna en este sentido, esta operación exigirá que los miembros de la comunidad posganancial reconozcan como tales a los acreedores de la sociedad de gananciales o que éstos acrediten que sus créditos están a cargo de la misma en tanto no se trate de deudas contraídas por ambos cónyuges o por uno solo con consentimiento del otro [*cfr.* arts. 995, 1082, 1361, 1367, 1373 y 1402 CC y 541.2, 782.4, 792.2 y 796.3 LEC; STS 13 septiembre 2017 (*Tol 6347675*); RRDGSJFP 22 marzo 2019, 20 junio 2018, 13 octubre 2016, 6 septiembre 2016, 7 enero 2015, 6 febrero 2008 (*Tol 1258635*), 5 julio 2007 (*Tol 1160600*), 29 diciembre 2005, 17 marzo 2005, 27 septiembre 2003 (*Tol 317352*), 4 abril 2003 (*Tol 268158*), 3 junio 2002 (*Tol 253097*), 15 abril 2002 (*Tol 156964*), 18 febrero 2002 (*Tol 9427*), 11 septiembre 2000 (*Tol 48196*), 18 julio 1991, 4 junio 1991, 3 junio 1991, 18 marzo 1988, 5 enero 1988, 6 noviembre 1987, 28 octubre 1987, 24 septiembre 1987 y 16 febrero 1987].

La segunda partida del pasivo inventariable se corresponde con el importe actualizado de los bienes privativos y gastados en interés de la sociedad de gananciales, en atención al valor que los mismos tuvieran por aquel entonces, siguiendo el criterio previsto para el activo [*cfr.* arts. 1397.2 y 1398.2 I CC; STS 6 junio 2006 (*Tol 952742*)]. Ello tan solo es consecuencia de que la inversión de bienes privativos impide que la sociedad de gananciales soporte un nuevo gasto que, en todo caso, estaría a su cargo, y opera por tanto como un enriquecimiento negativo que indudablemente redunda en su interés y cuyo reflejo en el activo ha de corregirse mediante reintegro, como cualquier otra atribución de ganancialidad (*cfr.* arts. 1355, 1358 y 1364 CC). Éste es el motivo por el que se establece al mismo tiempo que "(i)gual regla se aplicará a los deterioros producidos en dichos bienes por su uso en beneficio de la sociedad" de gananciales, en vista de que éstos también estarán expuestos durante su vigencia a una mera minusvaloración que no los gaste por completo ni los haga absolutamente inútiles (*cfr.* art. 1398.2 II CC). Fuera de estos supuestos se hallan sin embargo las pérdidas o devaluaciones experimentadas por los bienes privativos a causa de las oscilaciones del mercado, el transcurso del tiempo o la naturaleza perecedera de los mismos, al no redundar en interés o beneficio de la sociedad de gananciales.

La tercera y última partida de las que componen el pasivo inventariable la constituye el importe actualizado de las cantidades que constituyan créditos de los cónyuges contra la sociedad de gananciales, como serían el del valor al que asciendan las de naturaleza privativa que hubiese invertido cualquiera de los cónyuges en la adquisición o mejora de los bienes gananciales [*cfr.* arts. 1347.4, 1355-1356, 1358-1360, 1362.2 y 1398.3

CC; SSTS 28 febrero 2023 (*Tol 9482505*), 21 febrero 2023 (*Tol 9484716*), 6 marzo 2023 (*Tol 9482459*), 23 mayo 2023 (*Tol 9586972*), 3 octubre 2023 (*Tol 9727566*), 2 noviembre 2022 (*Tol 9287007*), 16 septiembre 2022 (*Tol 9221847*), 25 abril 2022 (*Tol 8920760*), 21 febrero 2022 (*Tol 8818663*), 9 diciembre 2021 (*Tol 8690139*), 22 noviembre 2021 (*Tol 8661361*), 28 junio 2021 (*Tol 8503679*), 31 mayo 2021 (*Tol 8463838*), 11 noviembre 2020 (*Tol 8209276*), 3 noviembre 2020 (*Tol 8209576*), 2 marzo 2020 (*Tol 7805139*), 12 febrero 2020 (*Tol 7764085*), 6 febrero 2020 (*Tol 7745721*), 11 julio 2019 (*Tol 7410791*), 27 mayo 2019 (*Tol 7258118*), 13 septiembre 2017 (*Tol 6347640*) y 19 junio 2006 (*Tol 961856*)], y el de aquellas otras de origen igualmente privativo que los mismos hubieran destinado a satisfacer determinadas cargas o deudas de la sociedad de gananciales [*cfr.* arts. 1362, 1363, 1364, 1371 y 1398.3 CC; SSTS 23 noviembre 2022 (*Tol 9307462*), 27 septiembre 2021 (*Tol 8614980*), 1 junio 2020 (*Tol 7966063*), 4 febrero 2020 (*Tol 7831819*), 11 diciembre 2019 (*Tol 7628261*), 20 junio 2006 (*Tol 961860*) y 14 enero 2003 (*Tol 4927565*)]. No obstante, el patrimonio privativo invertido por cualquiera de los cónyuges solo tendrá tal naturaleza a estos efectos cuando el interesado destruya la presunción de ganancialidad que opera sobre el mismo, a la vista de su aplicación a lo largo de la vigencia de la sociedad de gananciales [*cfr.* art. 1361 CC; SSTS 25 abril 2022 (*Tol 8920578*) y 11 diciembre 2019 (*Tol 7628261*)].

Cuestiones relevantes

8. El inventario ha de recoger las deudas que estén vencidas y resulten exigibles, así como las sujetas a condición suspensiva o término inicial con independencia de que las mismas se satisfagan tras la liquidación, siempre y cuando estén a cargo de la sociedad de gananciales (*cfr.* art. 1398.1 CC).

9. El inventario no ha de comprender el valor de las pérdidas o devaluaciones de los bienes privativos a causa de las oscilaciones del mercado, el transcurso del tiempo o la naturaleza perecedera de los mismos (*cfr.* art. 1398.2 CC).

10. El inventario ha de incluir el valor de los derechos de reintegro que los patrimonios privativos tengan contra la sociedad de gananciales tanto por razón de adquisición y mejora de bienes gananciales [*cfr.* SSTS 28 febrero 2023 (*Tol 9482505*), 21 febrero 2023 (*Tol 9484716*), 6 marzo 2023 (*Tol 9482459*), 23 mayo 2023 (*Tol 9586972*), 3 octubre 2023 (*Tol 9727566*), 2 noviembre 2022 (*Tol 9287007*), 16 septiembre 2022 (*Tol 9221847*), 25 abril 2022 (*Tol 8920760*), 21 febrero 2022 (*Tol 8818663*), 9 diciembre 2021 (*Tol 8690139*), 22 noviembre 2021 (*Tol 8661361*), 28 junio 2021 (*Tol 8503679*), 31 mayo 2021 (*Tol 8463838*), 11 noviembre 2020 (*Tol 8209276*), 3 noviembre 2020 (*Tol 8209576*), 2 marzo 2020 (*Tol 7805139*), 12 febrero 2020 (*Tol 7764085*), 6 febrero 2020 (*Tol 7745721*), 11 julio 2019 (*Tol 7410791*), 27 mayo 2019 (*Tol 7258118*), 13 septiembre 2017 (*Tol 6347640*) y 19 junio 2006 (*Tol 961856*)] como por la satisfacción de cargas y deudas de la misma [*cfr.* SSTS 23 noviembre 2022 (*Tol 9307462*), 27 septiembre 2021 (*Tol 8614980*), 1 junio 2020 (*Tol 7966063*), 4 febrero 2020 (*Tol 7831819*), 11 diciembre 2019 (*Tol 7628261*), 20 junio 2006 (*Tol 961860*) y 14 enero 2003 (*Tol 4927565*)].

2.2. Avalúo

Normativa reguladora

"Podrán también ser rescindidas las particiones por causa de lesión en más de la cuarta parte, atendido el valor de las cosas cuando fueron adjudicadas" (art. 1074 CC).

El contenido recogido separadamente en el inventario ha de ser objeto de una valoración como operación previa a la liquidación propiamente dicha (*cfr.* arts. 1410 CC y 786 LEC). Ésta se realizará frecuentemente conforme a criterios de mercado [STS 24 marzo 2022 (*Tol 8893222*)], pero no está en absoluto sustraída a la libre disponibilidad de los miembros de la comunidad posganancial y éstos podrán convenir un criterio distinto, si así lo desean [STS 30 octubre 2008 (*Tol 1401737*)]. En su defecto, no obstante, se estará al valor que el activo y pasivo de la sociedad de gananciales ostente al tiempo de la liquidación o, incluso, al de la partición —considerando que "en la partición de la herencia, cuya normativa es aplicable, con carácter supletorio, a la liquidación de la sociedad de gananciales (...) el valor que ha de ser tenido en cuenta es el que (...) corresponda en el momento de practicarse la partición" y no otro—, siempre y cuando entre ambas se diera tal *distantia temporis* que hiciese aconsejable una revalorización [*cfr.* arts. 1074 y 1410 CC; SSTS 6 junio 2006 (*Tol 952742*), 14 diciembre 2005 (*Tol 795337*), 21 octubre 2005 (*Tol 758275*), 25 mayo 2005 (*Tol 656569*), 27 octubre 2000 (*Tol 1877830*), 8 julio 1995 (*Tol 1658305*), 23 diciembre 1993 (*Tol 1655655*), 22 noviembre 1991 (*Tol 1727839*), 21 marzo 1985 (*Tol 1736797*), 17 enero 1985 (*Tol 1736306*), 16 noviembre 1955 (*Tol 4381874*), 22 diciembre 1944 (*Tol 4458775*) y 17 abril 1943 (*Tol 4458831*)].

Jurisprudencia

"... en la partición de la herencia, cuya normativa es aplicable, con carácter supletorio, a la liquidación de la sociedad de gananciales (...), el valor que ha de ser tenido en cuenta es el que a los bienes integrantes del caudal hereditario (ganancial, en este caso) les corresponda en el momento de practicarse la partición..." [STS 8 julio 1995 (*Tol 1658305*)].

Éste es el criterio que ha de mantenerse incluso en el marco del procedimiento judicial por el que se liquide la sociedad de gananciales, aunque "el importe de cualquiera de las partidas" al que se hace referencia como objeto de controversia eventual y contrapuesta a la que se suscite sobre "la inclusión o exclusión de algún concepto en el inventario", sugiera tomar en consideración este mismo momento para proceder al avalúo (*cfr.* art. 809.2 LEC). Efectivamente, todo parece apuntar a que esta operación no se realiza en fase de inventario, sino de liquidación, en cuanto se atribuye expresamente a los peritos que se designen en defecto de acuerdo sobre la misma (*cfr.* arts. 784.2, 784.3, 785.1, 786.1, 786.2 y 810.5 LEC). Por ello, tal "importe" no debe identificarse tanto con el resultado del avalúo como con la cuantía a la que asciendan cada uno de los importes que han de relacionarse en el activo y pasivo del inventario [*cfr.* arts. 1397.2, 1397.3, 1398.2 y 1398.3 CC; SSAP Alicante 19 enero 2009 (*Tol 1801788*), Almería 14 mayo 2013, Asturias 26 junio 2017 (*Tol 6273428*), Badajoz 12 septiembre 2007 (*Tol 7553768*), Burgos 21 febrero 2003, Cádiz 17 abril 2017 (*Tol 6185682*), Castellón 30 mayo 2005 (*Tol 697001*), Ciudad Real 4 mayo 2006 (*Tol 6322799*), Guipúzcoa 29 noviembre 2016 (*Tol 5938085*), La Coruña 9 mayo 2012 (*Tol 2558976*), La Rioja 19 enero 2018 (*Tol 6601219*), Las Palmas 18 enero 2008 (*Tol 7034489*), Madrid 10 abril 2018 (*Tol 6639200*), Málaga 24 julio 2008 (*Tol 7055471*), Pontevedra 9 abril 2008 (*Tol 1375956*), Salamanca 23 junio 2016 (*Tol 5818226*), Santa Cruz de Tenerife 28 junio 2010 (*Tol 2014904*), Vizcaya 16 abril 2009 (*Tol 6691005*) y Zamora 31 marzo 2006 (*Tol 892748*)]. Por supuesto, tal cosa no significa que estos importes estén exentos de avalúo por venir representados con valores numéricos, ya que estarán todavía pendientes de actualización al tiempo en que se liquide o se parta la sociedad de gananciales con arreglo a "la contemplación de todas las obligaciones de reembolso (...) como deudas de valor" que se anunciaba ya en el proyecto de ley de 14 de septiembre de 1979 [*cfr.* arts. 1346 *in fine*, 1347.4, 1352 II, 1358, 1359 I, 1397.2, 1397.3, 1398.2, 1398.3 y 1403 CC; STS 24 marzo 2022 (*Tol 8893222*)].

Cuestiones relevantes

11. El avalúo debe realizarse con arreglo al valor correspondiente al tiempo de la liquidación y, en caso de mediar distancia temporal, al de la partición de la sociedad de gananciales [*cfr.* SSTS 6 junio 2006 (*Tol 952742*), 14 diciembre 2005 (*Tol 795337*), 21 octubre 2005 (*Tol 758275*), 25 mayo 2005 (*Tol 656569*), 27 octubre 2000 (*Tol 1877830*), 8 julio 1995 (*Tol 1658305*), 23 diciembre 1993 (*Tol 1655655*), 22 noviembre 1991 (*Tol 1727839*), 21 marzo 1985 (*Tol 1736797*), 17 enero 1985 (*Tol 1736306*), 16 noviembre 1955 (*Tol 4381874*), 22 diciembre 1944 (*Tol 4458775*) y 17 abril 1943 (*Tol 4458831*)].

12. El avalúo realizado en base al valor convenido libre y voluntariamente excluye la rescisión por lesión que se pretenda obtener de conformidad con un criterio de valoración distinto [*cfr.* STS 30 octubre 2008 (*Tol 1401737*)].

2.3. Liquidación

Normativa reguladora

"Terminado el inventario se pagarán en primer lugar las deudas de la sociedad, comenzando por las alimenticias que, en cualquier caso, tendrán preferencia.

Respecto de las demás, si el caudal inventariado no alcanzase para ello, se observará lo dispuesto para la concurrencia y prelación de créditos" (art. 1399 CC).

Llama la atención que una de las fases de las que se compone la liquidación de la sociedad de gananciales sea la de "liquidación" (*cfr.* arts. 1396 y 1399 CC y 786 y 810 LEC). Ello responde a que la misma no se detiene en el pago de las deudas y cargas de la sociedad de gananciales, ni en el abono de reintegros a los miembros de la comunidad posganancial, sino que pretende determinar si existen bienes gananciales para distribuirlos después por mitad entre los mismos [*cfr.* arts. 968, 1344, 1379, 1399, 1403 y 1404 CC; SSTS 10 junio 2004 (*Tol 452735*) y 19 enero 1960 (*Tol 4339920*)]. Por este motivo, en lugar de hablar de "liquidación" de la sociedad de gananciales como sinónimo de un proceso compuesto por una sucesión de fases que culmina con la división y adjudicación de los bienes y derechos de los que la misma se componga, más bien debió hablarse de "partición" de la sociedad de gananciales, siguiendo un criterio teleológico (*cfr.* arts. 1402 y 1410 CC). En este sentido ha apreciado reiteradamente la jurisprudencia que es aplicable a ella el aforismo que nos indica que "antes es pagar que partir" y, por ende, que antes es liquidar que dividir y adjudicar, sin que tal cosa convierta la liquidación en condición de validez para partir la comunidad posganancial [*cfr.* art. 1401 CC; SSTS 1 junio 2006 (*Tol 952773*), 13 octubre 1994 (*Tol 1665591*), 17 noviembre 1987 (*Tol 1738631*) y 13 junio 1986 (*Tol 1740329*)].

Jurisprudencia

"... el artículo 1399 del Código civil relativo al pago de deudas, que recoge el aforismo 'antes es pagar que partir'. Esta es una norma en beneficio y protección de los acreedores, ajena al interés de los propios cónyuges: se refiere a la división propiamente dicha y no a la liquidación;

se entiende que este artículo, relacionado con el 1403, señala la preferencia de los acreedores comunes frente a los cónyuges" [STS 1 junio 2006 (*Tol 952773*)].

Cuestiones relevantes

13. La liquidación de la sociedad de gananciales consiste en la partición de la comunidad posganancial y, en consecuencia, está sometida a la regla de que "antes es pagar que partir" [*cfr.* SSTS 1 junio 2006 (*Tol 952773*), 13 octubre 1994 (*Tol 1665591*), 17 noviembre 1987 (*Tol 1738631*) y 13 junio 1986 (*Tol 1740329*)].

2.3.1. Deudas

Normativa reguladora

"Terminado el inventario se pagarán en primer lugar las deudas de la sociedad, comenzando por las alimenticias que, en cualquier caso, tendrán preferencia.

Respecto de las demás, si el caudal inventariado no alcanzase para ello, se observará lo dispuesto para la concurrencia y prelación de créditos" (art. 1399 CC).

"Cuando no hubiera metálico suficiente para el pago de las deudas podrán ofrecerse con tal fin adjudicaciones de bienes gananciales, pero si cualquier partícipe o acreedor lo pide se procederá a enajenarlos y pagar con su importe" (art. 1400 CC).

"Mientras no se hayan pagado por entero las deudas de la sociedad, los acreedores conservarán sus créditos contra el cónyuge deudor. El cónyuge no deudor responderá con los bienes que le hayan sido adjudicados, si se hubiere formulado debidamente, inventario judicial o extrajudicial.

Si como consecuencia de ello resultare haber pagado uno de los cónyuges mayor cantidad de la que le fuere imputable, podrá repetir contra el otro" (art. 1401 CC).

La liquidación comenzará por la satisfacción de las deudas de la sociedad de gananciales como corolario de la preferencia que sus acreedores ostentan sobre los demás en relación con la comunidad posganancial (*cfr.* arts. 1398.1 y 1399 CC y 810.1 LEC). Estos últimos, en consecuencia, estarán excluidos y no podrán cobrarse con cargo a los bienes y derechos concretos de los que ésta se componga hasta que se liquide por completo, aunque se les permita intervenir e incluso embargar la cuota abstracta de que sus deudores sean titulares sobre la misma, salvo cuando así se consienta unánimemente por sus miembros [*cfr.* arts. 1034, 1083, 1402, 1410, 1699, 1926 I y 1927 I CC, 782.5 LEC y 463-5.1 CCCat; SSTS 14 febrero 2000 (*Tol 4927239*), 25 noviembre 1999 (*Tol 5120649*), 7 noviembre 1997 (*Tol 5114663*), 17 febrero 1995 (*Tol 1667103*), 29 abril 1994 (*Tol 1665605*), 14 marzo 1994 (*Tol 1665429*), 28 septiembre 1993 (*Tol 1655832*), 17 febrero 1992 (*Tol 1654724*), 20 noviembre 1991 (*Tol 1728486*), 8 octubre 1990 (*Tol 1729574*), 27 marzo 1989 (*Tol 1732170*), 21 noviembre 1987 (*Tol 1738613*) y 8 marzo 1965 (*Tol 4320713*); RRDGSJFP 18 septiembre 2019, 3 julio 2019, 31 octubre 2018, 6 junio 2018, 1 junio 2018, 28 julio 2015, 24 octubre 2014, 5 julio 2013, 10 diciembre 2012, 4 octubre 2012, 16 enero 2012, 6 noviembre 2009 (*Tol 1754763*), 4 julio 2009 (*Tol 1582958*), 2 junio 2009, 18 enero 2007 (*Tol 1033990*), 17 enero 2007 (*Tol 1033988*), 20 abril 2005, 23 diciembre 2002 (*Tol 268266*), 28 noviembre 2000, 11 diciembre 1999 (*Tol 133113*), 25 febrero 1999 (*Tol 132776*), 10 diciembre 1998 (*Tol 132840*), 10 octubre 1998 (*Tol 132498*), 25 febrero 1993, 28 febrero 1992, 29 mayo 1987, 16 febrero 1987, 10 julio 1975, 9 enero 1915 y 30 abril 1908]. Sin embargo, entre los acreedores de la sociedad de gananciales, se establece a su vez un específico sistema de prelación que antepone la satisfacción de las deudas alimenticias frente a cualesquiera otras (*cfr.* arts. 1028 II, 1399 I, 1402 y 1410 CC).

Esta preferencia requiere que las obligaciones de la sociedad de gananciales revistan naturaleza alimenticia para sus respectivos acreedores (*cfr.* art. 1399 CC). Ello quiere decir que las anticipaciones hechas a los cónyuges en comestibles, vestido o calzado a que se refiere el legislador a la hora de clasificar los créditos no constituyen alimentos para sus acreedores ni tendría sentido abogar por su preferencia, como tampoco lo tendría entender que ésta se extiende sobre los alimentos a cuya percepción se tiene derecho con cargo a la comunidad posganancial durante su liquidación (*cfr.* arts. 1399, 1408 y 1924.2 F) CC). Estos últimos no constituyen auténticas obligaciones de la sociedad de gananciales en cuanto surgen siempre con posterioridad a su disolución —e, incluso, a veces, después de la liquidación—, ni son alimentos propiamente dichos, sino más bien "un anticipo de lo que se ha de percibir" tras la distribución de los bienes y derechos de la comunidad posganancial entre sus miembros [*cfr.* art. 1408 CC; SSTS 2 diciembre 1997 (*Tol 5114766*) y 26 enero 1961 (*Tol 4337305*)]. Por tanto, solo serán preferentes las deudas mediante las cuales ambos cónyuges obliguen a la sociedad de gananciales a prestar alimentos a terceros por simple ministerio de la ley, contrato de alimentos, donación con carga o disposición testamentaria de carácter modal (*cfr.* arts. 142-153, 619, 797 I, 879, 1367 y 1791-1797 CC).

Esta preferencia, como cualquier otra, adquirirá su máxima significación cuando la comunidad posganancial carezca de suficiente solvencia para atender todas las deudas de la sociedad de gananciales, pero, al margen de ello, y sin llegar a tan extrema situación, será útil también para los acreedores cuyos créditos contra la misma hayan de satisfacerse en una concreta especie. En esta dirección se permite incluso que los miembros de la comunidad posganancial ofrezcan adjudicaciones gananciales cuando "no hubiera metálico suficiente para el pago de las deudas" de que se trate, aunque no solo podrán hacerlo en tales circunstancias (*cfr.* art. 1400 I CC). Desde luego, estas adjudicaciones no procederán sino con el consentimiento de los acreedores a los que pretenda satisfacerse de este modo —como acontecería para cualesquiera otros subrogados del cumplimiento o cuando la deuda se asumiera por uno o varios miembros de la comunidad posganancial—, y la preferencia de sus créditos podría constituir una causa razonable para fundar su oposición (*cfr.* arts. 1166 I, 1205 y 1400 CC). En tales casos, además, si así se solicita, se procederá a enajenar los bienes y derechos oportunos para pagar con su importe a los acreedores de la sociedad de gananciales, sea a instancia de los mismos o de cualquiera de los miembros de la comunidad posganancial (*cfr.* art. 1400 CC). Por supuesto, aunque en principio pueda creerse lo contrario, esta alternativa no significa que los acreedores de la sociedad de gananciales hayan de esperar a que tales enajenaciones se lleven a cabo, sino solamente que podrán instar la ejecución de los bienes y derechos que formen parte de la comunidad posganancial (*cfr.* arts. 404 I, 1062 y 1400 CC y 144.4 RH).

Estos mismos acreedores contarán además con el vínculo real que afecta los bienes y derechos de la comunidad posganancial al pago de sus créditos, incluso después de la liquidación [*cfr.* art. 1401 I CC; SSTS 27 septiembre 2022 (*Tol 9247932*), 1 marzo 2006 (*Tol 866058*), 7 noviembre 1997 (*Tol 5114663*), 13 octubre 1994 (*Tol 1665591*), 19 febrero 1992 (*Tol 1661533*), 15 marzo 1991 (*Tol 1728208*), 20 marzo 1989 (*Tol 1732215*) y 13 junio 1986 (*Tol 1740329*)]. Ello requiere, sin embargo, no cualquier prueba capaz de verificar la verdadera procedencia de los bienes y derechos con cargo a los cuales quieran satisfacerse tales acreedores a partir de este momento, sino la previa formación de inventario por parte de los miembros de la comunidad posganancial [*cfr.* arts. 1369, 1373 I, 1401 I y 1409 CC y 144.4 RH; STS 27 septiembre 2022 (*Tol 9247932*)]. En su defecto, al confundirse sus respectivos bienes y derechos con el resto de elementos patrimoniales de estos últimos, se establece que todos ellos responderán solidaria y universalmente frente a los acreedores de la sociedad de gananciales que todavía permanezcan insatisfechos, sin perjuicio de que los no deudores lo hagan también subsidiariamente cuando se trate de obligaciones contraídas en el ejercicio de la potestad doméstica, con independencia de la previa formación de inventario [*cfr.* arts. 405, 1003, 1023.3, 1084, 1319 II, 1365.1, 1368, 1401 I, 1402, 1410 y 1911 CC; SSTS 7 noviembre 1997 (*Tol 5114663*), 14 junio 1993 (*Tol 1656370*), 20 marzo 1989 (*Tol 1732215*), 28 abril 1988 (*Tol 1733174*), 17 noviembre 1987 (*Tol 1738631*), 13 junio 1986 (*Tol 1740329*) y 15 febrero 1986 (*Tol 1735025*); RDGSJFP 6 septiembre 2005 (*Tol 719848*)]. En todo caso, por supuesto, semejante afección real de los bienes y derechos de la comunidad posganancial al pago de las deudas de la sociedad de gananciales no hará distinción entre las contraídas por uno solo de los cónyuges y las asumidas por ambos conjuntamente, a pesar de que la jurisprudencia invite a interpretar otra cosa [*cfr.* arts. 1367 y 1401 I CC; STS 28 abril 1988 (*Tol 1733174*)].

La extensión de la responsabilidad de la sociedad de gananciales con posterioridad a su disolución tiene especial relevancia cuando se sustituye el régimen económico del matrimonio, a la vista del volumen de casos en los que se ha impugnado el otorgamiento o modificación de capitulaciones matrimoniales por fraude de los acreedores de la misma [*cfr.* arts. 9.3, 1317 y 1325 CC; SSTS 18 noviembre 1998 (*Tol 5119725*), 13 octubre 1994 (*Tol 1665591*), 26 noviembre 1993 (*Tol 1663595*), 19 febrero 1992 (*Tol 1661533*) y 15 marzo 1991 (*Tol 1728208*)]. Sin embargo, en tales circunstancias, señala la jurisprudencia que no es necesario acudir a la vía revocatoria o pauliana para así agredir los bienes y derechos adjudicados en la medida en que éstos no dejan de estar afectos al pago de las deudas de la sociedad de gananciales por el hecho de haberse consumado la partición entre los miembros de la comunidad posganancial y, por tanto, tampoco se requiere reunir los presupuestos legales establecidos para lograr la rescisión [*cfr.* arts. 1111, 1291.3, 1294 y 1401 CC; SSTS 7 noviembre 1997 (*Tol 5114663*), 7 noviembre 1992 (*Tol 5123076*), 9 julio 1990 (*Tol 1730728*), 27 octubre 1989 (*Tol 1732019*), 20 marzo 1989 (*Tol 1732215*), 25 enero 1989 (*Tol 1732284*), 17 noviembre 1987 (*Tol 1738631*), 14 octubre 1987 (*Tol 1738329*), 10 septiembre 1987 (*Tol 1739889*), 16 febrero 1987 (*Tol 1739712*), 17 febrero 1986 (*Tol 1734092*) y 15 febrero 1986 (*Tol 1735025*)]. Piénsese que, además, estando esta vía a disposición de los acreedores de la sociedad de gananciales, ni siquiera prosperaría la acción revocatoria o pauliana en tanto "no podrá ejercitarse sino cuando el perjudicado carezca de todo otro recurso legal para obtener la reparación del perjuicio", como son los arts. 1401 y 1402 CC [*cfr.* arts. 1084 y 1294 CC; SSTS 7 noviembre 1992 (*Tol 5123076*), 9 julio 1990 (*Tol 1730728*), 27 octubre 1989 (*Tol 1732019*), 25 enero 1989 (*Tol 1732284*), 17 noviembre 1987 (*Tol 1738631*), 14 octubre 1987 (*Tol 1738329*) y 15 febrero 1986 (*Tol 1735025*)]. Ello no obsta, por supuesto, a que en última instancia pueda impugnarse la modificación de las capitulaciones matrimoniales por fraude de acreedores, si éstos no han podido cobrar de otro modo cuanto se les deba por la sociedad de gananciales mediante el recurso que proporcionan estos preceptos legales, y reúnen asimismo el resto de requisitos de la acción revocatoria o pauliana, como alguna vez se ha señalado [STS 9 julio 1990 (*Tol 1730728*)].

Cuestiones relevantes

14. Las deudas mediante las cuales ambos cónyuges obliguen a la sociedad de gananciales a prestar alimentos a terceros tienen preferencia en el momento de su liquidación (*cfr.* art. 1399 I CC).

15. Los bienes gananciales seguirán afectos a la satisfacción de las deudas de la sociedad de gananciales incluso una vez concluida la liquidación de la misma a través de su adjudicación [*cfr.* SSTS 27 septiembre 2022 (*Tol 9247932*), 1 marzo 2006 (*Tol 866058*), 7 noviembre 1997 (*Tol 5114663*), 13 octubre 1994 (*Tol 1665591*), 19 febrero 1992 (*Tol 1661533*), 15 marzo 1991 (*Tol 1728208*), 20 marzo 1989 (*Tol 1732215*) y 13 junio 1986 (*Tol 1740329*)].

2.3.2. Reintegros

Normativa reguladora

"Pagadas las deudas y cargas de la sociedad se abonarán las indemnizaciones y reintegros debidos a cada cónyuge hasta donde alcance el caudal inventariado, haciendo las compensaciones que correspondan cuando el cónyuge sea deudor de la sociedad" (art. 1403 CC).

Pagadas las deudas de la sociedad de gananciales se abonarán los reintegros debidos a cada uno de los cónyuges o a quienes, en su caso, hagan sus veces [*cfr.* arts. 1399 y 1403 CC; STS 1 junio 2006 (*Tol 952773*)]. Esta subordinación adquiere especial relevancia cuando la comunidad posganancial resulta deficitaria, no solo porque sus miembros no gozarán entonces de las facultades que se reconocen a los acreedores de la sociedad de gananciales para realizarse adjudicaciones o dirigirse contra el patrimonio de los demás, sino porque apenas podrán satisfacerse "hasta donde alcance el caudal inventariado" de la misma (*cfr.* arts. 1400, 1401 y 1403 CC). Podría pensarse, consecuentemente, en acudir a las reglas generales de concurrencia y prelación de créditos para dar respuesta a semejante situación, pero tal alternativa implicaría atribuir a la sociedad de gananciales una personalidad jurídica de la que carece, como resultado de identificar los reintegros con las "deudas" a las que debiera aplicársele el segundo párrafo del art. 1399 CC [*cfr.* arts. 93, 94 y 144.1 RH y 541.1 LEC; SSTS 29 noviembre 2018 (*Tol 6956937*), 17 enero 2018 (*Tol 6484723*), 8 febrero 2016 (*Tol 5647140*), 1 febrero 2016 (*Tol 5642011*), 3 noviembre 2004 (*Tol 514244*), 9 julio 1984 y 26 marzo 1979 (*Tol 1741160*); RRDGSJFP 9 mayo 2012, 24 septiembre 2010, 17 agosto 2010 y 31 enero 1979 (*Tol 940774*)]. Por lo tanto, en estas circunstancias, no tratándose de auténticas deudas —lo que nos llevaría a concebir a los cónyuges como posibles acreedores y deudores de sí mismos en cuanto titulares de sus patrimonios privativos y del ganancial, simultáneamente—, estos reintegros más bien habrían de satisfacerse en proporción a los importes debidos a cada cónyuge o a sus correspondientes subrogados y apostar por la aparición de sendos créditos que reconduzcan la insuficiencia de la comunidad posganancial al supuesto de hecho del art. 1405 CC (*cfr.* arts. 1156 y 1192 I CC).

Reza este precepto legal que, si uno de los cónyuges resulta acreedor personal del otro en el momento de la liquidación, estará facultado para "exigir que se le satisfaga su crédito adjudicándole bienes comunes", salvo cuando el deudor se avenga voluntariamente a pagarle con el resto de su patrimonio (*cfr.* arts. 1405 y 1911 CC). Esta alternativa, sin embargo, apenas serviría de utilidad cuando la comunidad posganancial carezca de liquidez, pero disponga de otros activos susceptibles de adjudicación, no siendo éste el caso que nos ocupa (*cfr.* art. 1397.1 CC). Por tanto, en lugar de acudir a ella, convendría traer a esta sede lo dispuesto para las deudas y entender que, si resulta haber pagado uno de los cónyuges mayor cantidad de la que le sea imputable, podrá éste o sus subrogados repetir contra el otro o los suyos para que se le abone el cincuenta por ciento del valor actualizado de cuanto invirtió por la sociedad de gananciales y no pudo cobrarse de la misma por razón de su insolvencia (*cfr.* arts. 968, 1087, 1344, 1379, 1404 y 1689 I CC).

El abono de los reintegros se realizará en todo caso mediante las compensaciones que correspondan entre los que se tengan contra la sociedad de gananciales y los debidos a la misma, a fin de extinguir unos y otros en las cantidades concurrentes (*cfr.* arts. 1156, 1202, 1371 y 1403 CC). Ello no es sino mera consecuencia de que, tras el pago de las deudas de la sociedad de gananciales, reste satisfacer los reintegros que obren tanto a favor como a cargo de la comunidad posganancial (*cfr.* arts. 1397.2, 1397.3, 1398.2 y 1398.3 CC). Para tal fin, recuérdese, son solo los reintegros "debidos" a los miembros de ésta los que están subordinados al previo pago de las deudas de la sociedad de gananciales y no los que los mismos deban satisfacer a esta última (*cfr.* arts. 1398.2, 1398.3 y 1403 CC). Por lo tanto, si éstos adelantan lo debido por tales conceptos para pagar de este modo a los acreedores de la sociedad de gananciales, sus importes no podrán ser ya objeto de compensación alguna por mucho que continúen constando en el activo inventariado cuando llegue el momento de proceder a ello (*cfr.* arts. 1397.2, 1397.3, 1399 I y 1403 CC).

Cuestiones relevantes

16. Los derechos de reintegro cuyo valor supere el del haber de la sociedad de gananciales darán lugar a derechos de crédito contra el consorte por la mitad del valor de los mismos (*cfr.* arts. 1403 y 1405 CC).

2.4. División

Normativa reguladora

"Hechas las deducciones en el caudal inventariado que prefijan los artículos anteriores, el remanente constituirá el haber de la sociedad de gananciales, que se dividirá por mitad entre los cónyuges o sus respectivos herederos" (art. 1404 CC).

"Si uno de los cónyuges resultare en el momento de la liquidación acreedor personal del otro, podrá exigir que se le satisfaga su crédito adjudicándole bienes comunes, salvo que el deudor pague voluntariamente" (art. 1405 CC).

La división, en principio, no habría de llevarse a cabo sino una vez hechas las deducciones en el caudal inventariado que en cada caso corresponda realizar a modo de deudas y reintegros a cargo de la sociedad de gananciales, pero nada impedirá que estos conceptos permanezcan insatisfechos con posterioridad a la liquidación de este régimen económico del matrimonio, como se extrae de los arts. 1401 y 1405 CC (*cfr.* art. 1404 CC). En todo caso, por división, debe entenderse el conjunto de operaciones dirigidas a que la cuota abstracta surgida sobre la comunidad posganancial "se materialice en una parte individualizada y concreta de bienes para cada uno de los comuneros", salvo cuando éstos celebren un pacto para permanecer en indivisión, exista prohibición por parte del testador o del donante de semejante cuota, y siempre que exista un "remanente" que distribuir entre ellos tras la liquidación [*cfr.* arts. 400, 637 I, 1051 I y 1404 CC; SSTS 27 enero 2017 (*Tol 5949939*), 17 octubre 2006 (*Tol 1002389*), 10 julio 2005 (*Tol 703327*), 7 noviembre 1997 (*Tol 5114663*), 23 diciembre 1993 (*Tol 1655655*), 28 septiembre 1993 (*Tol 1655832*), 17 febrero 1992 (*Tol 1654724*) y 8 octubre 1990 (*Tol 1729574*); RRDGSJFP 25 enero 2019, 25 julio 2018, 6 junio 2018, 1 junio 2018, 27 enero 2015, 26 marzo 2014, 11 diciembre 2013, 10 diciembre 2012, 4 julio 2009 (*Tol 1582958*), 2 junio 2009, 6 febrero 2008 (*Tol 1258635*), 19 noviembre 2007 (*Tol 1211332*), 1 octubre 2007 (*Tol 1173550*), 23 junio 2007 (*Tol 1160594*), 18 enero 2007 (*Tol 1033990*), 17 enero 2007 (*Tol 1033988*), 30 enero 2006, 5 mayo 2005, 20 abril 2005, 30 junio 2003 (*Tol 296879*), 10 octubre 1998 (*Tol 132498*), 9 octubre 1998 (*Tol 132496*), 28 febrero 1992, 11 diciembre 1991, 8 julio 1991, 10 mayo 1952 y 2 diciembre 1929)]. De este modo, por tanto, se determinan los bienes y derechos cuyo dominio exclusivo se transmitirá a los miembros de la comunidad posganancial cuando concluyan definitivamente las operaciones particionales mediante la adjudicación, a no ser que en su lugar se les atribuyan cuotas indivisas sobre ellos —lo que "(e)s perfectamente admisible" para la jurisprudencia—, según qué se incluya en la "mitad" correspondiente a unos o a otros [*cfr.* arts. 968, 1066, 1068, 1344, 1379 y 1404 CC y 786.1 LEC; STS 18 febrero 2009 (*Tol 1452538*) y RDGSJFP 22 mayo 1986].

La división del remanente que reste en comunidad tras liquidar la sociedad de gananciales está sujeta al principio de igualdad cualitativa a tenor del cual "se ha de guardar la posible igualdad, haciendo lotes o adjudicando a cada uno de los coherederos cosas de la misma naturaleza, calidad o especie" [*cfr.* arts. 1061, 1404 y 1410 CC; SSTS 9 mayo 2007 (*Tol 1079730*), 1 junio 2006 (*Tol 952773*), 25 enero 2005 (*Tol 582608*), 14 noviembre 2002 (*Tol 4975017*), 16 febrero 1998 (*Tol 5157284*), 16 diciembre 1995 (*Tol 1658025*) y 7 noviembre 1990 (*Tol 1729987*)]. Pese a todo, no obstante, "ello siempre será sobre la base de que sea posible" en función de las circunstancias de cada caso concreto; no siéndolo, por ejemplo, en algunas ocasiones, como resultado de las atribuciones preferentes que disciplinan los arts. 1406 y 1407 CC [SSTS 16 febrero 1998 (*Tol 5157284*), 14 junio 1993 (*Tol 1656370*), 17 junio 1980 (*Tol 1740555*) y 9 junio 1949]. Por este motivo, teniendo en cuenta que habla de la "posible" igualdad, suele decirse que este principio reviste un carácter más "facultativo y orientativo que de imperativa observancia" y que, por tanto, "no es de inexorable aplicación", sino "solo una recomendación subordinada a la posibilidad de cumplirla según la naturaleza de los bienes" y derechos que en cada caso formen parte de la comunidad posganancial [SSTS 11 octubre 2012 (*Tol 2673860*), 26 mayo 2011 (*Tol 2137130*), 1 junio 2006 (*Tol 952773*), 2 noviembre 2005 (*Tol 738283*), 25 noviembre 2004 (*Tol 538268*), 6 octubre 2000 (*Tol 4974135*), 23 junio 1998 (*Tol 5156905*), 15 marzo 1995 (*Tol 1667156*), 28 mayo 1992 (*Tol 1661753*), 7 enero 1991 (*Tol 1728242*), 21 junio 1986 (*Tol 1735371*), 25 junio 1977 (*Tol 4247369*), 30 noviembre 1974 (*Tol 4253638*), 8 febrero 1974 (*Tol 4253296*) y 13 junio 1970 (*Tol 4283982*)]. Ello se manifiesta, de hecho, "(c)uando una cosa sea indivisible o desmerezca mucho por su división", en la medida en que el legislador dispone que en tal caso "podrá adjudicarse a uno" solo de los miembros de la comunidad posganancial "a calidad de abonar a los otros el exceso en dinero" —e incluso podría repararse en el caso en que se convenga un reparto determinado con anterioridad a la disolución de la sociedad de gananciales, como reconoce la jurisprudencia—, y siempre que ninguno de ellos "pida su venta en pública subasta" [*cfr.* arts. 1062 y 1410 CC; SSTS 9 septiembre 2021 (*Tol 8592877*), 27 enero 2017 (*Tol 5949939*), 14 febrero 2013 (*Tol 3055818*), 1 junio 2006 (*Tol 952773*), 25 enero 2005 (*Tol 582608*), 30 marzo 1999 (*Tol 5120898*), 16 febrero 1998 (*Tol 5157284*), 19 diciembre 1997 (*Tol 5114781*), 16 diciembre 1995 (*Tol 1658025*), 14 junio 1993 (*Tol 1663177*), 1 febrero 1990 (*Tol 1730405*) y 4 diciembre 1985 (*Tol 1736106*)].

Jurisprudencia

"La posibilidad de realizar adjudicaciones de bienes, con compensación en metálico del exceso, es algo que la sala ha admitido en otras sentencias (...) en casos de (...) liquidación de régimen de gananciales..." [STS 24 octubre 2023 (*Tol 9764070*)].

La división de los bienes y derechos comunes no invertidos en liquidar la sociedad de gananciales estará al mismo tiempo sujeta al principio de igualdad cuantitativa [*cfr.* art. 1410 CC; SSTS 25 enero 2005 (*Tol 582608*), 10 diciembre 2003 (*Tol 348321*), 20 noviembre 1993 (*Tol 1656439*), 26 enero 1993 (*Tol 1662624*) y 24 julio 1990 (*Tol 1730743*)]. Podrán, así, ser rescindidas las particiones por causa de lesión en más de la cuarta parte, pero solo lo serán "atendido el valor de las cosas cuando fueron adjudicadas" —que no necesariamente coincidirá con la estimación realizada a efectos de la liquidación, si entre ambos momentos media una *distantia temporis* que aconseje su revaloración [*cfr.* art. 1074 CC; SSTS 6 junio 2006 (*Tol 952742*), 14 diciembre 2005 (*Tol 795337*), 21 octubre 2005 (*Tol 758275*), 25 mayo 2005 (*Tol 656569*), 27 octubre 2000 (*Tol 1877830*), 8 julio 1995 (*Tol 1658305*), 23 diciembre 1993 (*Tol 1655655*), 22 noviembre 1991 (*Tol 1727839*), 21 marzo 1985 (*Tol 1736797*), 17 enero 1985 (*Tol 1736306*), 16 noviembre 1955 (*Tol 4381874*), 22 diciembre 1944 (*Tol 4458775*) y 17 abril 1943 (*Tol 4458831*)]. Por ello, señala la jurisprudencia que "para calcular la lesión es necesario que se haya terminado la partición" mediante la adjudicación de los bienes y derechos de la comunidad posganancial y que la acción prevista a este respecto "actúa sobre partición ya efectuada" —salvo cuando el adjudicatario hubiese enajenado con anterioridad el todo o una parte considerable de los bienes y derechos que le hubieran sido adjudicados—, aunque el hipotético y futuro ejercicio de la misma debe ser igualmente valorado durante la división [*cfr.* art. 1078 CC; SSTS 19 marzo 2008 (*Tol 1371334*) y 21 febrero 2007 (*Tol 1038320*)].

La rescisión, en cambio, no será viable cuando la lesión en que se sustente proceda de una estimación realizada, no por su valor real, sino por el que libre y voluntariamente establezcan quienes en cada caso liquiden la sociedad de gananciales mediante convención, y aunque después pretenda obtenerse por cualquiera de ellos en base a "valoraciones de mercado, ajenas a las que fueron aceptadas" por los mismos [STS 30 octubre 2008 (*Tol 1401737*)]. En cualquier caso, no obstante, conviene distinguir la acción rescisoria que opera ante una incorrecta valoración de los bienes y derechos objeto de división respecto de la de complemento por "omisión de alguno o algunos objetos o valores" de la sociedad de gananciales, en vista de que la jurisprudencia no ha dejado de reiterar el imperativo procedente de nuestro legislador en tanto tal situación "no da lugar a que se rescinda la partición por lesión, sino a que se complete o adicione con los objetos o valores omitidos", con arreglo al principio de *favor partitionis* [*cfr.* arts. 1074 y 1079 CC; SSTS 16 junio 2015 (*Tol 5199608*), 25 enero 2008 (*Tol 1256804*), 12 diciembre 2005 (*Tol 795279*), 10 diciembre 2003 (*Tol 348321*), 30 junio 2003 (*Tol 293892*), 16 marzo 2001 (*Tol 4964843*), 20 septiembre 1999 (*Tol 5102317*), 23 diciembre 1998 (*Tol 5119685*), 14 julio 1997 (*Tol 5156498*), 16 mayo 1997 (*Tol 5119387*), 10 marzo 1997 (*Tol 5114439*), 8 marzo 1995 (*Tol 1667311*), 22 febrero 1994 (*Tol 1664932*) y 20 noviembre 1993 (*Tol 1656439*); RDGSJFP 6 septiembre 2005 (*Tol 719848*)]. Por último, a este respecto, el efecto de la rescisión tampoco se desencadenará cuando los demandados por esta causa opten por "indemnizar el daño" producido, en lugar de "consentir que se proceda a nueva partición" [*cfr.* art. 1077 CC; SSTS 8 marzo 1995 (*Tol 1667311*) y 26 enero 1993 (*Tol 1662624*)].

La formación de lotes, a propósito de la división, y aun rigiéndose por los principios de igualdad cualitativa y cuantitativa de la partición hereditaria, en absoluto puede prescindir de considerar las adjudicaciones de bienes y derechos comunes que uno de los miembros de la comunidad posganancial exija eventualmente a los demás por haber resultado "acreedor personal" de los mismos tras la liquidación (*cfr.* art. 1405 CC). Esta condición de "acreedor personal" es la resultante de aquellas relaciones jurídicas de naturaleza crediticia que hubiesen surgido entre los cónyuges durante la sociedad de gananciales o entre quienesquiera que formen parte de la comunidad posganancial como resultado de la liquidación, pero en todo caso ajenas a la injerencia de los patrimonios privativos en el ámbito de la masa común y viceversa, según sucedería cuando el caudal inventariado de esta última no alcanzase a satisfacer por completo todas las indemnizaciones y reintegros o con ocasión de los créditos surgidos al amparo del art. 1323 CC [*cfr.* arts. 1405 y 1410 CC; STS 28 febrero 2023 (*Tol 9437368*)]. Pese a que la jurisprudencia ha señalado que las reclamaciones correspondientes a este respecto deben ejercitarse "una vez concluidas las operaciones particionales y antes de las definitivas adjudicaciones de los bienes" y derechos comunes, conviene entender en su lugar que proceden tras las operaciones liquidatorias y con anterioridad a que la partición sea consumada mediante tales adjudicaciones o, dicho de otro modo, durante la división [STS 26 junio 2007 (*Tol 1106830*)]. Esta facultad, en cambio, no alcanza a la elección de los bienes y derechos objeto de adjudicación sino es en virtud de mutuo acuerdo entre acreedor y deudor, pero en todo caso deberá efectuarse con bienes y derechos comunes para no incurrir tal supuesto en una dación en pago ordinaria y, por ende, ajena a la ratio del art. 1405 CC [*cfr.* art. 1167 CC; RRDGSJFP 9 junio 2001 y 16 octubre 1998 (*Tol 132507*)]. En última instancia, no obstante, siempre quedará a disposición del deudor la facultad de oponerse a que se lleven a efecto semejantes adjudicaciones mediante el pago voluntario (*cfr.* art. 1405 CC).

Cuestiones relevantes

17. La liquidación de la sociedad de gananciales está sujeta a los principios de igualdad cualitativa e igualdad cuantitativa que operan en la partición de la herencia (*cfr.* arts. 1061, 1062 y 1410 CC).

2.5. *Adjudicación*

Normativa reguladora

"Cada cónyuge tendrá derecho a que se incluyan con preferencia en su haber, hasta donde éste alcance:

1.° Los bienes de uso personal no incluidos en el número 7 del artículo 1.346.

2.° La explotación económica que gestione efectivamente.

3.° El local donde hubiese venido ejerciendo su profesión.

4.° En caso de muerte del otro cónyuge, la vivienda donde tuviese la residencia habitual" (art. 1406 CC).

"En los casos de los números 3 y 4 del artículo anterior podrá el cónyuge pedir, a su elección, que se le atribuyan los bienes en propiedad o que se constituya sobre ellos a su favor un derecho de uso o habitación. Si el valor de los bienes o el derecho superara al del haber del cónyuge adjudicatario, deberá éste abonar la diferencia en dinero" (art. 1407 CC).

La legislación civil aplicable a la liquidación de la sociedad de gananciales apenas contiene referencia alguna a la fase que pone término a la misma salvo por cuanto respecta a los derechos de atribución preferente que reconoce a los cónyuges sobre determinados bienes y derechos hasta el momento pertenecientes a la comunidad posganancial, en función de los intereses personales, económicos o profesionales que estos mismos sujetos presumiblemente puedan tener en que les sean adjudicados [*cfr.* arts. 1406 y 1407 CC; STS 30 diciembre 1998 (*Tol 5119636*)]. Se trata, precisamente, y por este motivo, de unos derechos que en principio se encuentran legalmente reservados a "cada cónyuge" y que son por tanto intransmisibles a quienesquiera que eventualmente ocupen su lugar —en cuyo caso, el fundamento que sostiene la preferencia de tales atribuciones decaería por completo—, aunque en determinadas circunstancias tal vez sea aconsejable flexibilizar sus presupuestos subjetivos en atención a un interés legítimo que resulte debidamente acreditado (*cfr.* art. 1406 CC). En su defecto, nada obsta desde luego a que uno de los cónyuges lo oponga a los demás miembros de la comunidad posganancial ni a que ambos lo hagan entre sí mismos cuando cualquiera de ellos se proponga adjudicar un bien o derecho a un tercero en pago de una deuda de la sociedad de gananciales y éste constituya objeto potencial de una futura atribución preferente a favor del otro, así como acontecería incluso cuando uno de los cónyuges devenga acreedor personal de su consorte o de quienes hagan sus veces tras la liquidación y entonces reclame de ellos el pago de lo que le corresponda en forma de adjudicación de esta misma clase de bienes o derechos (*cfr.* arts. 1400, 1405, 1406 y 1407 CC). Distinto es el caso en que uno de los miembros de la comunidad posganancial o cualquier acreedor de la sociedad de gananciales solicite enajenar los bienes y derechos que después pudieran ser objeto de atribución preferente en favor de uno de los cónyuges, pues, en vista de que el ejercicio de este derecho aparece expresamente circunscrito a la división de cuanto reste tras el pago de las deudas y el abono de los reintegros, será cuando menos artificioso el detraerlo a un momento previo como lo es el de la liquidación de la sociedad de gananciales (*cfr.* arts. 1400, 1404 y 1406 CC).

Efectivamente, aunque este derecho se relaciona directamente con el contenido de las adjudicaciones que ponen fin a la comunidad posganancial existente entre los cónyuges y/o sus subrogados por sucesión o cesión, su ejercicio ha de considerarse en plena división a efectos de formar los lotes correspondientes en cada caso y guardar así la posible igualdad cualitativa entre los mismos, cuando las circunstancias todavía lo permitan (*cfr.* arts. 1061 y 1406 CC y 810.2 LEC). Este principio, además de ser más facultativo y orientativo que de imperativa observancia, recuérdese, tampoco debería impedir la acumulación de atribuciones preferentes que el legislador contempla como *lex specialis* respecto de la partición hereditaria por mucho que la jurisprudencia haya llegado a la conclusión contraria en alguna ocasión [*cfr.* arts. 1061, 1406 y 1410 CC; STS 28 noviembre 2007 (*Tol 1213866*)]. En cuanto a su dimensión cuantitativa, no obstante, nótese que la preferencia para incluir los bienes y derechos que son objeto de estas atribuciones en el haber de unos u otros solo será tal "hasta donde este alcance", aunque en relación con algunas de ellas quepa optar por su adjudicación a modo de "uso o habitación" como alternativa para sortear semejante limitación frente al valor superior del dominio (*cfr.* arts. 1406 y 1407 CC). Para estas últimas, además, se establece que "(s)i el valor de los bienes o el derecho superara al del haber del (...) adjudicatario, deberá éste abonar la diferencia en dinero", como habría de hacerse para todas las atribuciones preferentes e incluso cuando no existan otros bienes o derechos comunes con los que conformar el haber de los demás miembros de la comunidad posganancial para que la preferencia sobre los mismos no pierda su razón de ser [*cfr.* arts. 1062 I y 1407 CC y 125.3 TRLC; STS 1 julio 1991 (*Tol 1728884*)]. En todo caso, por supuesto, el abono correspondiente solo será "en dinero" mientras no se convenga otra cosa —como podría ser el pago mediante dación de bienes o derechos adquiridos como privativos (*cfr.* arts. 1062 I, 1166 I y 1407 CC).

La primera de estas atribuciones preferentes opera respecto de los "bienes de uso personal" que de un modo u otro pertenezcan a la comunidad posganancial en tanto no correspondan privativamente a ninguno de los cónyuges ni a terceros, como podrían ser las ropas y cualesquiera otros objetos que manifiesten un valor económico extraordinario al tiempo de su adquisición, además de los artísticos o históricos y las alhajas que el legislador parece asimilar a estos últimos en otra sede (*cfr.* arts. 1321 II, 1346.7 y 1406.1 CC). Este uso, por tanto, no se ciñe exclusivamente a las ropas y objetos del ajuar personal de cada cónyuge que queden fuera de sus respectivos patrimonios privativos por su extraordinario valor económico, sino que se extiende a cualesquiera otros bienes gananciales respecto de los cuales se acredite en beneficio de uno solo de ellos, aunque en todo caso habrán de ser cosas muebles por cómo se desprendería de que el legislador se remita a aquéllos cuando habla de estos últimos en el primer apartado del art. 1406 CC (*cfr.* art. 1346.7 CC). En cuanto atañe a los bienes inmuebles que puedan considerarse de uso personal de los cónyuges tan solo se prevé la atribución preferente del que constituya su vivienda habitual cuando intervenga el concurso de acreedores, la muerte o la declaración de fallecimiento de cualquiera de ellos; si bien, en estos dos últimos casos, previa detracción de las ropas, mobiliario y otros enseres que formen parte de su ajuar en tanto se entregarán al que sobreviva "sin computárselo en su haber" y, por ende, al margen de la liquidación de la sociedad de gananciales (*cfr.* arts. 1321 I, 1357 II y 1406.4 CC y 125.3 TRLC).

La segunda y tercera atribución preferente que prevé el legislador recaen respectivamente sobre la "explotación económica" que gestione de modo efectivo o el "local" que utilice para ejercer la profesión cada uno de los cónyuges al tiempo de disolverse la sociedad de gananciales o, en defecto de prueba sobre este particular, y según se extrae de la jurisprudencia emitida a este respecto, durante la comunidad posganancial, a no ser que se acredite una gestión efectiva o ejercicio profesional conjunto por ambas partes interesadas sin que su respectiva actividad tenga naturaleza meramente ocasional ni intervenga la muerte o declaración de fallecimiento de ninguna de ellas, en cuyo caso todavía podría apreciarse la atribución preferente que corresponda [*cfr.* arts. 1406.2 y 1406.3 CC; SSTS 10 noviembre 2017 (*Tol 6441710*), 9 mayo 2008 (*Tol 1331055*) y 30 diciembre 1998 (*Tol 5119636*)]. Respecto de las explotaciones económicas —cuyo entendimiento señala la jurisprudencia que no ha de ceñirse a las empresas o establecimientos a que alude el legislador en otras sedes por cuanto "debe estarse a un concepto amplio, comprensivo de toda organización (...) con independencia del sometimiento del titular al estatuto jurídico del empresario"—, no se requiere participar en su constitución para ser objeto de atribución preferente, sino que el elemento verdaderamente relevante a estos efectos lo constituye tan solo su gestión efectiva, extendiéndose a su vez sobre los instrumentos necesarios para ello que eventualmente sean parte integrante o pertenencias de las mismas [*cfr.* arts. 1346.8, 1347.5, 1360 y 1406.2 CC; SSTS 10 noviembre 2017 (*Tol 6441710*) y 9 mayo 2008 (*Tol 1331055*)]. Para los locales, además, y a diferencia de cuanto acontece para éstas, se prevé que la atribución pueda exigirse tanto en propiedad como mediante el uso o habitación con independencia de que el dominio quepa o no en el haber de su adjudicatario, a voluntad del mismo (*cfr.* arts. 1406.2 y 1407 CC). Por supuesto, en ambos casos habrá de tratarse de bienes o derechos que pertenezcan a la comunidad posganancial, aunque tal vez pudiera ser de utilidad a estos efectos la cesión del arrendamiento cuando el sujeto que conste formalmente como arrendatario no se corresponda con aquel de los cónyuges que gestione efectivamente la explotación económica o ejerza la profesión en el local que constituya el objeto del contrato (*cfr.* arts. 1362.4 y 1385 CC y 32.1 LAU).

La última de las atribuciones preferentes que se establecen sobre la comunidad posganancial tiene por objeto la "vivienda habitual" de los consortes, pero solo en caso de concurso de acreedores o de muerte o declaración de fallecimiento de cualquiera de ellos, y no necesariamente cuando este régimen económico-matrimonial se haya disuelto por estas razones, sino también cuando tales acontecimientos se manifiesten durante la liquidación del mismo con independencia de la causa por la que hubiese concluido (*cfr.* arts. 1392.1 y 1406.4 CC y 125.3 TRLC). Sin embargo, cuando ésta lleve aparejada la apertura de la sucesión, y el causante de la misma esté conviviendo con un legitimario suyo en situación de discapacidad, se establece que el derecho de habitación que este último tiene por ministerio de la ley con respecto a la vivienda habitual de aquél habrá de coexistir con el de atribución preferente que juzgue conveniente ejercitar el cónyuge supérstite sobre este inmueble, en cuyo caso se le ofrecen hasta dos alternativas: el dominio gravado con el derecho de habitación o el uso o habitación correspondiente que deberá conciliar con este mismo derecho a favor del legitimario con discapacidad (*cfr.* arts. 822, 1406.4 y 1407 CC). Por supuesto, el uso o habitación estará a disposición del cónyuge aun cuando no concurra esta circunstancia si finalmente opta por adjudicarse preferentemente estos derechos sobre la vivienda habitual frente al dominio, sin que en ningún caso pueda confundirse con todo ello el uso que sobre la misma le hubiese sido atribuido con motivo de una crisis matrimonial previa al concurso de acreedores, muerte o declaración de fallecimiento del consorte [*cfr.* arts. 96 y 1407 CC; SSTS 9 mayo 2007 (*Tol 1079730*), 16 febrero 1998 (*Tol 5157284*) y 10 noviembre 1997 (*Tol 215955*)].

La adjudicación, en definitiva, comprenda o no atribuciones preferentes, confiere a cada uno de los miembros de la comunidad posganancial la titularidad exclusiva o compartida en proindiviso ordinario de los bienes y derechos que eventualmente se les adjudique, como se reconoce por la propia jurisprudencia [*cfr.* arts. 1062, 1068 y 1410 CC; STS 27 enero 2017 (*Tol 5949939*)]. Por ello, se establece expresamente que los títulos de adquisición o pertenencia serán entregados al adjudicatario de los bienes o derechos a que éstos se refieran y que, en caso de haberse dividido entre varios adjudicatarios, quedarán en poder del mayor interesado y se facilitarán a los demás copias fehacientes con cargo a la comunidad posganancial, a no ser que todos tuvieran idéntico interés y se entregase a quien por acuerdo o por suerte corresponda (*cfr.* arts. 1065, 1066 y 1410 CC y 464-9.2 CCCat). Desde entonces, se tendrá por concluida la liquidación de la sociedad de gananciales y los acreedores de los consortes o de cualquiera de sus subrogados estarán legitimados para perseguir la satisfacción de sus respectivos créditos con cargo a bienes y derechos concretos y determinados de la extinta comunidad posganancial a que dio lugar su disolución, tengan o no previamente embargada la cuota abstracta que a sus deudores les corresponda sobre la misma, y en concurrencia con los acreedores cuyos créditos permanezcan pendientes de pago tras haberse liquidado la sociedad de gananciales [SSTS 7 noviembre 1997 (*Tol 5114663*), 29 abril 1994 (*Tol

1665605), 14 marzo 1994 (*Tol 1665429*), 17 febrero 1992 (*Tol 1654724*), 20 noviembre 1991 (*Tol 1728486*), 8 octubre 1990 (*Tol 1729574*) y 21 noviembre 1987 (*Tol 1738613*); RRDGSJFP 18 septiembre 2019, 6 junio 2018, 1 junio 2018, 28 julio 2015, 24 octubre 2014, 5 julio 2013, 4 octubre 2012, 16 enero 2012, 6 noviembre 2009 (*Tol 1754763*), 4 julio 2009 (*Tol 1582958*), 18 enero 2007 (*Tol 1033990*), 17 enero 2007 (*Tol 1033988*), 20 abril 2005, 23 diciembre 2002 (*Tol 268266*), 10 octubre 1998 (*Tol 132498*), 29 mayo 1987 y 16 febrero 1987].

Cuestiones relevantes

18. Las adjudicaciones preferentes de bienes gananciales han de tenerse en cuenta en la formación de lotes que tiene lugar a propósito de la división de la sociedad de gananciales (*cfr.* arts. 1061, 1404, 1406, 1407 y 1410 CC).

2.6. Plazo

Normativa reguladora

"Ningún copropietario estará obligado a permanecer en la comunidad. Cada uno de ellos podrá pedir en cualquier tiempo que se divida la cosa común.

Esto no obstante, será válido el pacto de conservar la cosa indivisa por tiempo determinado, que no exceda de diez años. Este plazo podrá prorrogarse por nueva convención" (art. 400 CC).

"Ningún coheredero podrá ser obligado a permanecer en la indivisión de la herencia, a menos que el testador prohíba expresamente la división.

Pero, aun cuando la prohíba, la división tendrá siempre lugar mediante alguna de las causas por las cuales se extingue la sociedad" (art. 1051 CC).

"No prescribe entre coherederos, condueños o propietarios de fincas colindantes la acción para pedir la partición de la herencia, la división de la cosa común o el deslinde de las propiedades contiguas" (art. 1065 CC).

La disolución de la sociedad de gananciales no implica en ningún caso que automáticamente deba procederse a su liquidación, siquiera por el tono imperativo que a este respecto emplea nuestro legislador [*cfr.* arts. 1344, 1396 y 1409 CC; STS 25 noviembre 1996 (*Tol 1658689*)]. En este mismo sentido matiza la jurisprudencia que este último apenas proscribe tal operación hasta que se disuelva la sociedad de gananciales y que "en modo alguno obliga a que ello se haga de inmediato, ni dentro de un determinado plazo" [STS 14 julio 2008 (*Tol 1347117*)]. Se trata, en definitiva, de una acción imprescriptible, no solo por las reglas generales conforme a las que "ningún copropietario estará obligado a permanecer en comunidad" de bienes, sino porque la remisión de la liquidación de la sociedad de gananciales a la partición hereditaria conduciría asimismo a concluir que "ningún coheredero podrá ser obligado a permanecer en la indivisión de la herencia" (*cfr.* arts. 400 I, 1051 I y 1410 CC y ley 331 FNN). Efectivamente, recuérdese, el objeto de la liquidación lo constituye una comunidad de bienes especial por cuanto su naturaleza se sitúa a medio camino entre la romana y la germánica y, por este motivo, resulta asimilable a la hereditaria, como dice la jurisprudencia [SSTS 17 octubre 2006 (*Tol 1002389*), 7 noviembre 1997 (*Tol 5114663*), 23 diciembre 1992 (*Tol 1662345*), 17 febrero 1992 (*Tol 1654724*), 20 noviembre 1991 (*Tol 1728486*) y 8 octubre 1990 (*Tol 1729574*)]. De este modo, así como no prescribe entre coherederos ni condueños las acciones para pedir la partición de la herencia o la división de la cosa común, tampoco prescribirá la acción para liquidar la sociedad de gananciales entre los miembros de la comunidad posganancial (*cfr.* arts. 1965 y 1410 CC y ley 331 FNN).

Cuestiones relevantes

19. Ningún miembro de la comunidad posganancial está obligado a permanecer en indivisión y podrá instar en cualquier momento la liquidación de la sociedad de gananciales [*cfr.* STS 14 julio 2008 (*Tol 1347117*)].

ESQUEMA

DISOLUCIÓN

1. Por ministerio de la ley
   - Disolución del matrimonio
   - Nulidad del matrimonio
   - Separación legal de los cónyuges
   - Sustitución del régimen económico del matrimonio
2. Por decisión judicial
   - Establecimiento de medidas de apoyo con facultades de representación plena
   - Declaración de ausencia o de concurso de acreedores
   - Condena por abandono de familia
   - Gestión patrimonial fraudulenta, dañosa o peligrosa
   - Separación de hecho superior a un año
   - Incumplimiento grave y reiterado del deber de información

LIQUIDACIÓN

1. Inventario
   - Activo
   - Pasivo
2. Avalúo
3. Liquidación
   - Deudas
   - Reintegros
4. División
5. Adjudicación
6. Plazo

18 El régimen de participación

María José Reyes López[1]

1. RASGOS BÁSICOS

El régimen de participación fue introducido por vez primera en nuestro país por la Ley 11/1981, de 13 de mayo, de reforma del Código civil, como una novedad en los regímenes económicos matrimoniales. Desde entonces no ha sido objeto de ninguna reforma legislativa. A fecha de hoy, ha tenido escasa incidencia práctica. Asimismo, es recogido en el CC. De Cataluña en sus arts. 232-13 a 232-24. Es igualmente el régimen convencional de primer grado en Alemania y supletorio de segundo grado en Francia.

Este régimen persigue favorecer al cónyuge que menos beneficios haya obtenido durante el tiempo que haya estado en funcionamiento. Para ello se requiere establecer los patrimonios iniciales y finales de cada uno de los consortes y determinar cuál de los dos es el que arroja un resultado mayor, tras contrastar el resultado final y dividir la partida más beneficiosa entre ambos.

No obstante, en España ha tenido escasa o nula repercusión debido entre otras razones a que, si bien es el que permite lograr un mayor equilibrio entre los cónyuges, porque aúna las ventajas del régimen de separación con el de gananciales, requiere contar con un complejo sistema contable basado en la conformación de los inventarios inicial y final que no lo hace atractivo. A este respecto, el CCCat establece de forma expresa en

---

1 CU, Derecho civil, Universidad de Valencia.

su art. 232-14 la obligatoriedad de hacer inventario de los bienes, cargas y obligaciones en la escritura de constitución del régimen.

Al contrario de los otros dos regímenes contemplados en el CC: de gananciales y de separación, se trata de un régimen convencional que requiere ser pactado expresamente por ambos cónyuges en capitulaciones matrimoniales. Lo mismo sucede respecto al régimen previsto en Cataluña.

Su especial naturaleza reside en ser un régimen híbrido que participa de los rasgos del régimen de separación durante su vigencia mientras que tras su disolución se configura en lo que se ha venido denominando una comunidad ficticia, que nace con el propósito de que los cónyuges puedan repartirse las ganancias que hayan obtenido hasta el momento de su liquidación.

Esta comunidad ficticia, solo tiene relevancia a efectos meramente contables, y se traduce en el nacimiento de un eventual derecho de crédito que nace a favor del cónyuge que menos ganancias haya obtenido, con el propósito de obtener una equiparación entre las ganancias que ambos hayan obtenido durante el tiempo que el régimen haya estado vigente.

Puede optarse por dicho régimen antes de contraer matrimonio o constante el mismo, estipulándolo en capitulaciones matrimoniales, ya que se trata de un régimen convencional.

Jurisprudencia

SAP Islas Baleares 27 marzo 2019 *(Tol 7294616)*.

Normativa reguladora

El artículo 1411 CC establece que: "En el régimen de participación cada uno de los cónyuges adquiere derecho a participar en las ganancias obtenidas por su consorte durante el tiempo en que dicho régimen haya estado vigente".

Cuestiones relevantes

1. Los supuestos que no estén previstos expresamente en el capítulo V, dedicado al régimen de participación, se regirán por **las normas relativas al régimen de separación de bienes, como régimen supletorio.** En lo concerniente a las **causas de extinción,** se extingue en los casos prevenidos para la **sociedad de gananciales**, aplicándose lo dispuesto en los arts. 1.394 y 1395 CC, en régimen de gananciales, por remisión del art. 1415 CC.

2. FUNCIONAMIENTO

Normativa reguladora

Según establece el artículo 1412 CC: "Corresponde a cada cónyuge, la administración, el disfrute y la libre disposición tanto de los bienes que le pertenecían en el momento de contraer matrimonio como de los que adquiera por cualquier título".

Artículo 1413 CC: "En todo lo no previsto en este capítulo se aplicarán, durante la vigencia del régimen de participación, las normas relativas al de separación de bienes".

Siguiendo las líneas propias del régimen de separación, mientras los esposos mantengan este régimen, cada cónyuge conserva la administración y el pleno dominio sobre los bienes que le pertenecían antes de contraer dicho régimen y el de los que adquiera posteriormente, aplicándose las normas del régimen de separación en aquellos supuestos que la normativa específica del régimen de participación no lo contemple. En concreto, se aplicarán:

a) Las normas acerca de la contribución de los cónyuges al levantamiento de las cargas de la familia y la responsabilidad de los cónyuges por deudas contraídas por necesidades ordinarias de la familia.

b) Las normas del régimen primario (arts. 1318 y 1319 CC).

c) Las normas referentes a la administración o gestión de bienes de un cónyuge por el otro (art. 1439 CC).

d) La norma de atribución legal conjunta a los cónyuges de los bienes cuya pertenencia no sea posible probar (art. 1441 CC).

e) Las normas contenidas en los arts. 1443 y 1444 CC.

Como durante la vigencia de este régimen los cónyuges mantienen los patrimonios separados, cuando se disuelva solo existirán patrimonios privativos regidos por el régimen de separación. Sólo en el caso de que hagan suyo conjuntamente algún bien o derecho les pertenecerá en régimen de proindiviso.

Cuestiones relevantes

2. Al mantener patrimonios separados, la primera cuestión que se plantea es cómo hacer frente a las **cargas familiares.** A falta de estipulación en sentido contrario, ambos cónyuges están sujetos a la obligación de levantar las cargas del matrimonio.

3. EXTINCIÓN

Normativa reguladora

Art. 1415 CC: "El régimen de participación se extingue en los casos prevenidos para la sociedad de gananciales, aplicándose lo dispuesto en los arts. 1394 y 1395".

Según estipula el art. 1415 CC, este régimen se extinguirá en los mismos casos que los previstos para la sociedad legal de gananciales, debiéndoseles aplicar los arts. 1394 y 1395 CC y también por la irregular administración de uno de los cónyuges si compromete gravemente los intereses del otro y a petición de este (art. 1416 CC). Este último precepto atiende más a la forma en cómo el cónyuge administra su patrimonio y sus negocios que a los resultados, puesto que exige que se trate de una administración continuamente negligente al entender que el concepto de administración debe vincularse a una cierta continuidad. Dicha administración deberá, además, comprometer gravemente los intereses del otro cónyuge, lo que justifica que la extinción del régimen solo la pueda solicitar aquel cuyos intereses puedan ser gravemente perjudicados.

Normativa reguladora

Artículo 1394 CC: "Los efectos de la disolución prevista en el artículo anterior se producirán desde la fecha en que se acuerde. De seguirse pleito sobre la concurrencia de la causa de disolución, iniciada la tramitación del mismo, se practicará el inventario, y el Juez adoptará las medidas necesarias para la administración del caudal, requiriéndose, licencia judicial para todos los actos que excedan de la administración ordinaria".

Artículo 1395 CC: "Cuando la sociedad de gananciales se disuelva por nulidad del matrimonio y uno de los cónyuges hubiera sido declarado de mala fe, podrá el otro optar por la liquidación del régimen matrimonial según las normas de esta Sección o por las disposiciones relativas al régimen de participación, y el contrayente de mala fe no tendrá derecho a participar en las ganancias obtenidas por su consorte".

Cuestiones relevantes

3. Los efectos de la disolución se producirán desde la fecha en que se acuerde.

Jurisprudencia

Al respecto, es significativa la SAP Madrid (Sección 22ª) 19 junio 2001, rec. nº 69/2000, que se pronunció acerca de si la fecha de disolución del régimen de participación debe corresponderse con el día de la sentencia de divorcio o computarse tras un año desde la separación de hecho, estimando que debía ser esta última.

4. LIQUIDACIÓN

Una vez extinguido el régimen de participación debe procederse a concretar las ganancias obtenidas por cada uno de los esposos, así como a determinar y actualizar el derecho de crédito. A tal fin, la liquidación persigue determinar cuál es el valor del crédito de participación y su satisfacción.

Para que surja el crédito se requiere que, al menos, uno de los cónyuges tenga ganancias o incrementos; es decir, que la diferencia entre los patrimonios: inicial y final de un cónyuge, arroje resultado positivo.

En el caso de que ninguno de ellos hubiese obtenido ganancias no surgirá el derecho a participar en las ganancias del otro puesto que no las hubo. Si solo se dieron pérdidas, tampoco se repartirán. Finalmente, en el caso de que ambos patrimonios finales ofrezcan resultados positivos, el crédito de participación se constituirá sobre el que presente mayores resultados positivos.

El cálculo del crédito se hará buscando la diferencia entre el valor del patrimonial final y el inicial, constituyéndose en acreedor el cónyuge cuyo patrimonio final tenga menor incremento o no lo tenga.

En el caso de que ambos arrojen un resultado positivo el cónyuge tendrá derecho a la mitad de la diferencia entre su propio incremento y el del otro cónyuge (art. 1427 CC). Si solo uno de los patrimonios ha alcanzado un incremento patrimonial, el cónyuge no titular del mismo tendrá derecho a la mitad (art. 1428 CC). Para el caso de que exista descendencia no común no se podrá convenir una participación que no sea por mitad.

5. EL PATRIMONIO INICIAL

5.1. Bienes que lo integran

El patrimonio inicial lo constituyen los bienes y derechos que pertenecieron a cada cónyuge al empezar el régimen y los adquiridos posteriormente a título de herencia, donación o legado, teniendo que deducir las obligaciones a que cada uno de los consortes se encontrase sujeto en el momento de empezarlo y, en su caso, las sucesorias o las cargas inherentes a la donación o legado en cuanto no excedan de los bienes heredados o donados (art. 1419 CC).

Normativa reguladora

Según establece el artículo 1418: "Se estimará constituido el patrimonio inicial de cada cónyuge:

1.° Por los bienes y derechos que le pertenecieran al empezar el régimen.

2.° Por los adquiridos después a título de herencia, donación o legado"

Tradicionalmente se ha cuestionado si debe integrarse en el patrimonio inicial, el derecho moral de autor o la realización de obras, proyectos incompletos o todavía no concluidos pero que sean susceptibles de valoración económica. Lo mismo sucede respecto a las rentas vitalicias, si bien cabe entender que podrán ser inventariadas aquéllas que proporcionen al patrimonio de su perceptor algo más que los frutos.

Los bienes o derechos patrimoniales no transmisibles pero que por sí sean susceptibles de integrar la idea de ganancia también deben incluirse en el patrimonio al que pertenezcan, así como los bienes o derechos de carácter temporal siempre que tengan contenido económico.

El Código civil no hace ninguna mención acerca de la inclusión o no de los frutos en el patrimonio inicial siendo varias las interpretaciones doctrinales al respecto si bien no se cuenta con apoyo jurisprudencial que se incline a favor de una u otra postura. Tampoco debe incluirse el ajuar doméstico si pertenece a ambos cónyuges, pero, en el caso de que esté compuesto por bienes exclusivos de un cónyuge sí deberán computarse salvo que puedan suponer una doble atribución al cónyuge supérstite por efecto del art. 1321 CC.

Los bienes llamados a perder una progresiva pérdida de valor y las titularidades que por su valor efímero estén llamadas a extinguirse también deberán incluirse, a tenor del art. 1418 CC.

De los bienes adquiridos después de comenzar el régimen a título de herencia, donación o legado, se incorpora al patrimonio inicial el valor de los bienes adquiridos a título gratuito después de constituido el régimen, si bien hay que tener en consideración que, a tenor de lo establecido en el art. 1420 CC, si el pasivo es superior al activo, ese patrimonio inicial puede ser inexistente. También se incluirán en el momento en que el evento se produzca, los bienes adquiridos *mortis causa*, antes de constituirse el régimen de participación y sometidos a sustitución fideicomisaria (arts. 781 y ss. CC). Siendo el cónyuge fiduciario, su valor se incluirá en el patrimonio inicial si el fideicomiso llega a purificarse y el cónyuge deviene propietario definitivo de los bienes. Igualmente se incluirán los bienes donados al cónyuge antes de constituirse el régimen, habiéndose reservado el donante la facultad de disponer, si bien, en este caso, su valor quedará definitivamente incluido en el patrimonio inicial si el donante muriese sin haber hecho uso de dicho derecho. En todo caso, cuando se trate de adquisiciones mortis causa sometidas a reserva, fideicomiso... así como de donaciones con reserva de la facultad de disponer, sujetas a reversión, a condición o modales, habrá que esperar a que se cumpla la condición o tener en cuenta la carga que pesa sobre ellas para deducirla del valor de los bienes donados.

Aunque se hayan producido durante el matrimonio, se incorporarán al patrimonio inicial, las adquisiciones por cualquier causa de muerte..., así como la indemnización de un seguro de vida en favor del cónyuge cuando no sea éste el que pague las primas.

En las donaciones remuneratorias, el valor a computar en el patrimonio inicial debe ser el resultado de restar al importe de la donación, el valor estimado del servicio que se remunera. En las donaciones conjuntas a ambos cónyuges sin especial designación de partes, si el donante no ha manifestado otra cosa, los bienes se consideran adquiridos por ambos cónyuges en copropiedad ordinaria, debiendo computarse en los respectivos patrimonios iniciales en su parte correspondiente. Sin embargo, las liberalidades de uso no deben computarse en el patrimonio inicial si bien plantean duda si alcanzan un elevado valor económico. Por ejemplo, en el caso de gratificaciones elevadas, su valor tendría que computarse, en su caso, en el patrimonio final.

Los bienes de fortuna, como los premios de lotería, juegos de apuestas, ganancias en bolsa o similares, no se consideran adquisiciones con causa gratuita por lo que no forman parte del patrimonio inicial y se computarán como ganancias mediante su inclusión en el patrimonio final.

Para determinar las ganancias individuales habrá de computarse el valor de las adquisiciones realizadas durante el régimen, siempre que no sean a título gratuito, ni sustituyan a otros bienes del patrimonio inicial; el importe de las rentas incluidas las del trabajo, frutos, productos y plusvalías de todos los bienes de cada cónyuge y, también, los incrementos ficticios como las donaciones efectuadas por uno de los cónyuges sin consentimiento del otro y las enajenaciones fraudulentas.

Los problemas más relevantes, a efectos de contabilización, se presentan con relación a sí deben incluirse los derechos personalísimos y las indemnizaciones por daños inferidos a la persona de uno de los cónyuges. Al respecto, con carácter general, las ropas, objetos de uso personal y ajuar familiar se excluyen, salvo que resulten ser de extraordinario valor o que el ajuar sea de uno de ellos.

Con relación a las indemnizaciones por daños, hay que diferenciar entre las recibidas por haberse causado un daño a la persona de uno de los cónyuges, que se considera excluida; de las recibidas por daños materiales, que se incluyen en el patrimonio cuando haya venido a sustituir el valor del bien afectado.

Finalmente, la inclusión o no de las rentas y pensiones dependerá de la naturaleza de cada una de ellas. Es criterio generalizado entender que las rentas vitalicias deben valorarse en ambos patrimonios mientras que quedan excluidas las pensiones de jubilación, invalidez...

5.2. *El pasivo del patrimonio inicial*

El pasivo del patrimonio inicial está compuesto por las obligaciones contraídas por el cónyuge antes de iniciarse el régimen, y por las cargas inherentes a las adquisiciones gratuitas que el cónyuge pueda recibir durante su vigencia siempre y cuando no excedan de los bienes heredados o donados.

5.3. *Valoración*

La evaluación de los bienes pertenecientes al patrimonio inicial comporta dos fases.

La primera se dará en el momento en que haya que apreciar el valor que los bienes tenían en la época de contraer matrimonio. Como ha establecido la STS 18 diciembre 2023 (*Tol 9818837*), los cónyuges pueden apartarse de la regla prevista en el art. 1421.1º CC para la estimación de los bienes constitutivos del patrimonio inicial, atribuyéndoles, de común acuerdo, otro valor, sin más límites que los establecidos a la autonomía de la voluntad (art. 1255 CC).

Una vez realizada dicha operación los bienes constitutivos del patrimonio inicial se estimarán según el estado y valor que tuvieran al iniciar el régimen o, en su caso, al tiempo en que fueron adquiridos, teniendo siempre en cuenta que el importe de estimación deberá actualizarse el día en que el régimen haya cesado (art. 1412 CC).

La segunda operación consiste en actualizar el valor del bien en el momento de liquidar el régimen económico.

Cuestiones relevantes

4. Esta operación de hecho es impracticable si no se ha formalizado un inventario ya que resulta extraordinariamente complicado, sobre todo para matrimonios de larga duración, remontarse años atrás en el tiempo para configurar un precio que difícilmente se ajustará al valor real que tendría el bien en aquella época puesto que ello requiere haber llevado un control adecuado de las mejoras que se hayan introducido en el bien a fin de descontarlas, al igual que sucede con las plusvalías que hayan repercutido sobre el valor del bien…

5. En el caso de que uno de los cónyuges omita relacionar algún bien que deba integrar el patrimonio inicial corresponderá al otro cónyuge demostrar la existencia del bien del que alega su existencia.

Jurisprudencia

Este es el supuesto que resolvió la SAP Islas Baleares 30 noviembre 2004 *(Tol 663792)*, que dilucidaba la composición del patrimonio inicial del esposo de un matrimonio contraído en Hanau (Alemania) en 1987, del que posteriormente se solicitó el divorcio en España en 1999.

También en el supuesto de que uno de los cónyuges quiera demostrar la subsistencia en el patrimonio inicial de algún bien le corresponderá la carga de la prueba.

En el caso de inexistencia de prueba, se presume que el patrimonio inicial tiene el valor: cero, por lo que todos sus bienes pasarán a formar parte del patrimonio inicial, contabilizándose como ganancia.

Finalmente, se deducirán las obligaciones del cónyuge al empezar el régimen y, en su caso, las sucesorias o las cargas inherentes a la donación o legado en cuanto no excedan de los bienes heredados o donados (art. 1419 CC).

Como puede apreciarse la función de este patrimonio es meramente contable ya que tiende a fijar las ganancias de cada cónyuge partiendo de la premisa de que este es el valor que debe restarse al patrimonio final para determinar las ganancias de cada uno de los cónyuges durante la vigencia del régimen, de forma tal que si no se pueden computar ganancias se entiende que no existe patrimonio inicial. A esta razón atiende que se declare que si el pasivo es superior al activo no habrá patrimonio inicial.

6. EL PATRIMONIO FINAL

El patrimonio final estará constituido por los bienes y derechos que componen la parte activa, de la que habrá que sustraer los débitos y las deudas, que integrarán la parte pasiva de este patrimonio.

Normativa reguladora

Artículo 1422 CC: "El patrimonio final de cada cónyuge estará formado por los bienes y derechos de que sea titular en el momento de la terminación del régimen, con deducción de las obligaciones todavía no satisfechas".

A tenor de lo establecido en los arts. 1422 CC, en correlación con los arts. 1423, 1424 y 1426 CC, el patrimonio final debe configurarse con los bienes y derechos de los que cada cónyuge sea titular en el momento de la terminación del régimen, con deducción de las obligaciones todavía no satisfechas, siendo el resultado de obtener la diferencia entre su activo y su pasivo.

Se incluirá también el valor de los bienes que el cónyuge hubiese dispuesto a título gratuito, salvo si se hizo con el consentimiento del consorte o se tratase de liberalidades de uso, y el valor perdido o no ingresado en el patrimonio a consecuencia de los actos realizados en fraude de los derechos del otro, aplicándose la misma regla respecto de los actos realizados por uno de los cónyuges en fraude de los derechos del otro. Asimismo, estará integrado por los créditos concedidos por uno de los cónyuges a su consorte, deduciéndose éstos a su vez del patrimonio del cónyuge deudor.

Cuestiones relevantes

6. Las ropas y objetos de uso personal, por mera aplicación analógica de las reglas de la sociedad de gananciales respecto a bienes privativos, **no deben computarse en ningún caso; y tampoco el ajuar familiar cuando pertenezca a ambos cónyuges.**

Jurisprudencia

Entre los escasísimos pronunciamientos judiciales que se han fallado hasta este momento con relación a la composición de los patrimonios inicial y final, la SAP Madrid (Sección 22ª) 19 junio 2001, rec. nº 69/2000, excluye la inclusión del ajuar familiar en los patrimonios inicial y final de ambos cónyuges; sin embargo, la SAP Islas Baleares 30 noviembre 2004 *(Tol 663792)* incluye el valor del ajuar del esposo por entender que sólo lo había aportado él al matrimonio.

Con relación a si las pensiones de jubilación deben ser computadas, la SAP Barcelona (Sección 12ª) 31 mayo 2005 *(Tol 8109029)* se pronunció en sentido negativo.

Finalmente, la SAP Granada 14 diciembre 2018 *(Tol 7447471)* cuestiona la valoración de determinados bienes en el patrimonio final del exmarido; en concreto, el derecho de uso y disfrute de la que fue vivienda familiar, una nave ubicada en una finca rústica y determinados vehículos tractores.

6.1. Bienes que lo integran

El patrimonio final es el resultante de obtener la diferencia entre el activo y el pasivo del patrimonio de cada uno de los consortes.

Se incluirá en el patrimonio final el valor de los bienes de que uno de los cónyuges hubiese dispuesto a título gratuito sin el consentimiento de su consorte, salvo si se tratase de liberalidades de uso. Para ello habrá que atender a los usos propios del ámbito en que se desenvuelve la vida familiar, social y profesional de los esposos. Esta integración se hace tasando los bienes conforme al estado que tenían el día en que fueron objeto de disposición a título gratuito y por el valor que hubiesen conservado hasta el día de la terminación del régimen de participación, sin perjuicio de que se liquiden posteriormente.

También debe incluirse en el patrimonio final lo pagado por cada cónyuge en cumplimiento de sus obligaciones contractuales. Si estas obligaciones han nacido como consecuencia de la actuación de un cónyuge en interés de la familia, o en el ámbito de la administración de sus bienes, quedarían excluidas por aplicación de lo dispuesto en el art. 1366 CC.

Cuestiones relevantes

7. Aunque las reglas sobre valoración del patrimonio final establecidas en el art. 1425 CC sólo contemplan la estimación de bienes que hubieran sido enajenados, las consecuencias, en virtud de lo establecido en el art. 1424 CC, se aplican igualmente para determinar **el valor que deba atribuirse a los bienes que hayan sido objeto de una administración fraudulenta.** Dicho valor se calcula según el estado que los bienes tenían el día de la enajenación y el valor que hubieran tenido si se hubiesen conservado hasta el día de la terminación del régimen (art. 1425 CC).

Respecto a los créditos que uno de los cónyuges tenga frente al otro, por cualquier título, incluso por haber atendido o cumplido obligaciones de aquél, se computarán también en el patrimonio final del cónyuge acreedor y se deducirán del patrimonio del cónyuge deudor.

Una vez determinado cual era el estado de los bienes en el momento en que fueron enajenados gratuita o fraudulentamente habrá que calcular el valor que tendrían en el momento de extinguirse el régimen.

Cuestiones relevantes

8. Es opinión prácticamente unánime por parte de la doctrina el criterio de que deben quedar excluidos del patrimonio final, los bienes de carácter personalísimo, entre los que cabe reseñar: las indemnizaciones por causa de muerte; las pensiones por accidente, invalidez u otras de carácter personalísimo; los derechos pasivos; beneficios de las mutualidades; rentas vitalicias y derechos no transmisibles, por entender que, en sentido técnico, no son ganancias; ni tampoco, los denominados derechos en formación, como puedan ser las donaciones todavía sin aceptar o las ofertas de contrato.

Los frutos de los bienes propios de cada cónyuge que hubieran sido consumidos por ellos no entran en el patrimonio final; pero sí, los frutos de todos los bienes que percibidos y no consumidos existan todavía, pues los ingresos no gastados incrementan el patrimonio final, aumentando el saldo favorable.

Finalmente, no forman parte de ese patrimonio, **las liberalidades de uso,** entendidas éstas como regalos módicos que suelen realizarse como hábito en la vida social por razón de cortesía, agradecimiento…

6.2. *El pasivo del patrimonio final*

El pasivo está compuesto por las obligaciones contraídas por el cónyuge antes de iniciarse el régimen y por las cargas inherentes a las adquisiciones gratuitas que el cónyuge pueda recibir durante la vigencia del régimen. Del montante de estos bienes deberá deducirse el correspondiente a todas las obligaciones del cónyuge que todavía no hayan sido satisfechas en el momento de extinción del régimen de participación.

6.3. *Momento de la valoración*

Con relación al momento en que procede hacer la valoración de los bienes, hay que distinguir según se trate de bienes existentes en el patrimonio de los cónyuges al tiempo de extinguir el régimen o de bienes que se traigan ficticiamente al patrimonio por haber sido enajenados gratuitamente o dispuestos con ánimo fraudulento en perjuicio del otro consorte y sin contar con su consentimiento. Respecto a los primeros, los bienes constitutivos del patrimonio final se estimarán según el estado y valor que tuvieran en el momento de la terminación del régimen mientras que los enajenados gratuita o fraudulentamente, conforme al estado que tenían el día de la enajenación y por el valor que hubieran tenido si se hubiesen conservado hasta el día de la terminación (art. 1.425 CC); los créditos que uno tuviera frente al otro por cualquier título, incluso por haber atendido o cumplido obligaciones de aquél, se computarán también en el patrimonio final del cónyuge acreedor y se deducirán del patrimonio del cónyuge deudor exceptuando las obligaciones todavía no satisfechas (arts. 1.426 y 1.422 CC).

6.4. Evaluación

Normativa reguladora

"Los bienes constitutivos del patrimonio final se estimarán según el estado y valor que tuvieran en el momento de la terminación del régimen y los enajenados gratuita o fraudulentamente, conforme al estado que tenían el día de la enajenación y por el valor que hubieran tenido si se hubiesen conservado hasta el día de la terminación" (art. 1425 CC).

Jurisprudencia

"Para realizar dicha operación es necesario utilizar un índice de actualización que el precepto no identifica y de cuya previsión por las partes tampoco tenemos constancia, por lo que así las cosas, y dado que lo perseguido por la norma es traducir el valor de la moneda de antes (el importe de la estimación de los bienes al empezar el régimen o, en su caso, al tiempo en que fueron adquiridos) al valor de la moneda de ahora (al día en que el régimen ha cesado) consideramos que procede utilizar, como índice de actualización, el IPC, pues como ya dijimos en la sentencia 224/2022, de 24 de marzo, en relación con la aplicación de la norma contenida en el art. 1398.3.ª CC..." [STS 18 diciembre 2023 (*Tol 9818837*)].

El patrimonio final recoge el montante de todos los bienes que posteriormente se evaluarán en metálico. Comprende, en concreto, los bienes que aportó el cónyuge al matrimonio siempre que éstos existieran todavía, así como aquellos que probablemente hubieran podido adquirir durante el transcurso del matrimonio y, en su caso, los frutos de dichos bienes.

Se incluirá también el valor de los bienes que el cónyuge hubiese dispuesto a título gratuito, salvo si se hizo con el consentimiento del consorte o se tratase de liberalidades de uso (art. 1423 CC) y el valor perdido o no ingresado en el patrimonio a consecuencia de los actos realizados en fraude los derechos del otro, aplicándose la misma regla respecto de los actos realizados por uno de los cónyuges en fraude de los derechos del otro (art. 1424 CC).

Del patrimonio final se tendrán que deducir las obligaciones contraídas por algún cónyuge pero que aún no hayan sido satisfechas (art. 1422 CC *in fine*).

Con relación a este último supuesto es necesario hacer mención del crédito concedido por uno de los cónyuges a su consorte. A este respecto, en el patrimonio final del cónyuge acreedor se deberán computar también los créditos concedidos al otro cónyuge, deduciéndose éstos a su vez del patrimonio del cónyuge deudor (art. 1426 CC). Los créditos que uno tuviera frente al otro por cualquier título, incluso por haber atendido o cumplido obligaciones de aquel, se computarán también en el patrimonio final del cónyuge acreedor y se deducirán del patrimonio del cónyuge deudor exceptuando las obligaciones todavía no satisfechas (arts. 1426 y 1422 CC).

Se considera como ganancia, los incrementos de valor o las plusvalías que hayan podido sufrir los bienes, repartiéndose en el momento de la liquidación del régimen las ganancias en la proporción que hayan convenido las partes por igual o por mitad en el supuesto de que existan descendientes no comunes (art. 1430 CC).

Los bienes enajenados gratuita o fraudulentamente se evaluarán por el valor que tuvieran en el momento en que se produjo la enajenación, creando una ficción en la que se considera que el bien tenía un valor determinado cuando se enajenó en atención a su naturaleza, característica y estado en aquel momento. Posteriormente es indiferente que el bien haya permanecido inalterable o haya sido objeto de mejora.

7. EL CRÉDITO DE PARTICIPACIÓN

Para que surja el crédito de participación se requiere que, al menos, uno de los cónyuges tenga ganancias o incrementos; es decir, que la diferencia entre su patrimonio inicial y final arroje resultado positivo.

El cálculo del crédito se hará buscando la diferencia entre el valor del patrimonial final y el inicial, constituyéndose en acreedor el cónyuge cuyo patrimonio final tenga menor incremento o no lo tenga.

En el caso de que ambos patrimonios finales ofrezcan resultados positivos, el crédito de participación se constituirá sobre el que presente mayores resultados positivos, teniendo derecho el menos beneficiado a la mitad de la diferencia entre su propio incremento y el del otro. En el caso de que ninguno de ellos hubiese obtenido ganancias no surgirá el derecho a participar en las ganancias del otro puesto que no las hubo. Si sólo se dieron pérdidas, tampoco se repartirán. Finalmente, si ambos patrimonios finales ofrecieran resultados positivos, el crédito de participación se constituirá sobre el que presente mayores resultados positivos.

Cuestiones relevantes

9. Si bien al constituirse el régimen podrá pactarse una participación distinta a la mitad, ésta deberá aplicarse por igual y en la misma proporción respecto de ambos patrimonios y en favor de ambos cónyuges, pero, **en el caso de que exista descendencia no común, no se podrá convenir una participación en una proporción diferente.**

Finalizadas las operaciones de configurar los patrimonios de ambos cónyuges, habrá que proceder a determinar las ganancias de cada uno de ellos por separado, restando el montante del patrimonio final sobre lo dispuesto en el inicial, para, a posteriori comparar ambos saldos y, sobre el que resulte mayor, restar las ganancias del otro cónyuge, plasmadas en la diferencia entre sus patrimonios y seguidamente proceder a dividir el resultado por mitad entre ambas partes, si éste era el porcentaje que expresamente se convino o sobre el que no hubo pronunciamiento, por remisión a las normas que regulan el régimen de participación, que operan en defecto de pacto y a modo de presunción.

El crédito deberá ser satisfecho en dinero, pudiendo pagarse mediante la adjudicación de bienes concretos siempre que medie el acuerdo de los interesados o si lo concediese el juez a petición fundada del deudor.

En el caso de que concurran circunstancias graves que imposibiliten el pago inmediato, el juez podrá conceder aplazamiento siempre que no exceda de tres años y que la deuda y sus intereses legales queden suficientemente garantizados.

Si no existiesen bienes suficientes en el patrimonio del deudor para hacer efectivo el crédito de participación, el cónyuge acreedor podrá impugnar las enajenaciones que hubieren sido hechas a título gratuito sin su consentimiento y las realizadas en fraude de sus derechos. Estas acciones tienen un plazo de caducidad de dos años desde la extinción del régimen y no podrán perjudicar a los adquirentes a título oneroso y de buena fe.

Realizadas esas operaciones contables los cónyuges pueden encontrarse con tres situaciones al extinguir el régimen de participación.

Un primer supuesto, más improbable, pero no por ello de imposible aparición, sería aquél en el que las ganancias o beneficios obtenidos por cada uno de ellos de modo independiente fueran similares. En este caso, ninguno de ellos habría resultado más favorecido durante la fase de vigencia del régimen y, por tanto, no se tendrían que repartir las ganancias.

Una segunda posibilidad es que ninguno de los cónyuges haya obtenido ganancias porque los saldos resulten negativos al haberse generado únicamente pérdidas o no hayan experimentado beneficios. En este caso, como este régimen se caracteriza por repartir sólo ganancias, pero no pérdidas, no se habrán dado tampoco las circunstancias necesarias para reconocer la existencia de un crédito de participación.

Finalmente, puede darse el caso de que uno de los patrimonios arroje un resultado positivo y superior al otro. En esta ocasión es cuando realmente cobra sentido y nace el crédito de participación.

Valorada la situación de ambos patrimonios y obtenidas las ganancias netas de los dos cónyuges, habrá que adjudicar el crédito de participación al que haya obtenido menos beneficios durante la vigencia del régimen de participación. De la operación resultante de sustraer las ganancias del menor patrimonio al de mayores beneficios y de dividir posteriormente el porcentaje previamente pactado o, en su defecto, por mitad, nace un sólo crédito. Este se atribuirá al cónyuge que menos beneficios haya obtenido, que desde ese momento se convertirá en el cónyuge acreedor de un crédito de naturaleza ordinaria, como consecuencia de la compensación entre los saldos finales habidos por cada uno de ellos.

7.1. *Criterios de determinación del crédito de participación*

Al tratarse de un régimen convencional, los cónyuges son libres para establecer los pactos que estimen convenientes, modificando los presupuestos previstos en el régimen legal salvo en aquellos extremos que tengan carácter imperativo, que cabe concretarlos en la necesidad de establecer un pacto por mitad y en la misma proporción cuando existan descendientes no comunes.

Esta fórmula expresada en el art. 1429 CC, de permisión, en primer término, de pactos que no sean por mitad y, de imposición, en segundo lugar, que rijan por igual y en la misma proporción respecto de ambos patrimonios y en favor de ambos cónyuges, se ha interpretado en sentido laxo, no limitándola exclusivamente a establecer que el porcentaje sea idéntico para ambas partes, en la proporción pactada o respecto a las ganancias designadas, abriendo con ello la posibilidad de entender que el precepto está incorporando un criterio de referencia que integra la facultad de aceptar todos aquellos pactos que se establezcan en sentido genérico para los dos, sin designación expresa a ninguno de ellos en particular, como pueda ser, atribuir un mayor porcentaje al cónyuge que sobreviva al otro...

Este régimen sólo regula las consecuencias si existen ganancias en, al menos, uno de los patrimonios. Así, en el supuesto de inexistencia en el patrimonio de ambos, porque sólo existan deudas no se produce una compensación entre ambos patrimonios, por lo que cada uno estará obligado a pagar sus deudas.

Jurisprudencia

SAP Barcelona 6 marzo 2017 (*Tol 6182263).*

7.2. *Límites*

El criterio general es admitir que se puede establecer un porcentaje distinto al de la mitad en la estimación de la cuota a valorar en el crédito de participación siempre que se respeten dos limitaciones. Una, que el pacto que se establezca entre los esposos fijando un criterio diferente, siempre debe regir por igual y en la misma proporción respecto de ambos patrimonios y en favor de ambos cónyuges (art. 1429 CC). La segunda, que, en el caso de que existan descendientes no comunes no se podrá atribuir una proporción distinta a la correspondiente al 50%.

7.2.1. Pactos por igual y en la misma proporción

El art. 1429 CC establece que, al constituirse el régimen, podrá pactarse una participación distinta de la fijada en los dos artículos anteriores, pero deberá regir por igual y en la misma proporción respecto de ambos patrimonios y en favor de los dos cónyuges. El precepto introduce así diversos factores que han requerido ser objeto de interpretación. En concreto, permite que se pueda convenir una cuota de participación distinta a la correspondiente a la mitad, pero establece como momento el de constitución del régimen, lo que plantea qué ocurriría si los esposos quisieran modificar ese pacto inicial.

A tenor de lo establecido en el art. 1325 CC, los cónyuges podrán modificar el porcentaje en el crédito de participación y darle la eficacia que les convenga, bien con carácter retroactivo o no, siempre que respeten los principios recogidos en el art. 1328 CC. Serían ellos mismos, por tanto, los que decidirían la interpretación que habría que dar a dicho pacto. No obstante, también habría que tomar en consideración si dicho pacto podría perjudicar los derechos de terceros. Dada la naturaleza de este régimen, en principio, dicho pacto no alteraría su situación, a lo que se sumaría, que durante su vigencia lo único que nace es la expectativa a un eventual derecho de crédito, que solo se concreta en el momento de su disolución, por lo que los acreedores hasta dicho momento no se verían afectados; sólo podrían estarlo, cuando al tiempo de la extinción, el cónyuge deudor de su consorte hubiese contribuido a incrementar con dicho acuerdo su participación en el crédito de participación en detrimento de su patrimonio y, consiguientemente, de sus acreedores. Dicha circunstancia podría acontecer si alguno de los cónyuges tuviese acreedores que vieran desmerecer su expectativa al crédito de participación si se produjese una rebaja en el pacto, pudiendo originar un doble efecto: respecto a los esposos, modificar el pacto de atribución de dicha cuota desde el momento que lo hubieran establecido; respecto a terceros, si ese pacto es desfavorable con relación a la situación existente con anterioridad, tener que liquidar el régimen y empezar nuevamente. Concurriendo dicha circunstancia y, con la finalidad de evitar situaciones que podrían considerarse fraudulentas, fundamentalmente cuando más cercanas se encuentran del final del régimen, lo conveniente sería optar por hacer una liquidación hasta esa fecha y proseguir con la pactada. Dada además la naturaleza contable de este régimen ésta sería la solución más práctica, puesto que con ello los derechos de los terceros quedarían a salvo y además se estaría obligando a hacer un inventario y una liquidación de los bienes en una fecha más acorde con la realidad de esa situación, en lugar de demorarla a un periodo posterior, que hace más difícil la cuantificación de ciertos bienes, sin perjuicio de que además sea necesario realizar una ulterior liquidación.

7.2.2. Descendientes no comunes

Otra de las limitaciones que se impone a los cónyuges en el establecimiento de su crédito de participación es que sólo pueda pactarse por mitad si existen descendientes no comunes. Se pretende con ello garantizar la situación de los hijos no comunes, que heredarán sólo de su progenitor, propiciando así que un pacto superior al 50% suponga una merma en los derechos del progenitor deudor con el consiguiente quebranto sobre la legítima de los hijos. En todo caso, cualquier pacto de atribución de cuota que no respete lo dispuesto en el art. 1430 CC debe considerarse nulo por contravenir uno de los límites que impone el propio régimen, debiendo ser sustituido por el criterio de la mitad, salvo que con posterioridad acaezcan causas sobrevenidas, como pueda ser la sentencia que determine la filiación de un hijo no reconocido anteriormente... En esas circunstancias, habrá que modificar dicha cláusula, sustituyéndola por la del criterio de atribución del 50%, que operará desde el mismo momento de la constitución del régimen por los efectos constitutivos que tiene dicha sentencia; pero, si alguno de los cónyuges tuviese un hijo extramatrimonial tras haberse pactado este régimen, habría que modificar ese pacto, lo que supondría liquidar el ya existente y celebrar otro posterior.

7.3. *El pago del crédito*

El último requisito exigido para el pago del crédito en el art. 1431 CC es que la deuda y sus intereses legales queden suficientemente garantizados.

Normativa reguladora

Artículo 1431 CC: "El crédito de participación deberá ser satisfecho en dinero. Si mediaren dificultades graves para el pago inmediato, el Juez podrá conceder aplazamiento, siempre que no exceda de tres años y que la deuda y sus intereses legales queden suficientemente garantizados".

La deuda podrá garantizarse mediante cualquier instrumento que resulte adecuado según las circunstancias y a criterio del juez, a lo que habrá que sumar los intereses de la deuda, salvo que previamente se hubiese estipulado otro criterio por las partes. A falta de pacto, el tipo de interés que se aplicará con carácter subsidiario será el legal, que nacerá desde el momento mismo en que se deje de satisfacer el crédito de participación.

Con carácter general se permite que el crédito de participación pueda pagarse mediante la adjudicación de bienes concretos, por acuerdo de los interesados o, si lo concediese el Juez, a petición fundada del deudor, pero nada se dice en cuanto al momento y modo de hacerlo.

7.3.1. Adjudicación de bienes concretos

El crédito de participación podrá satisfacerse mediante la entrega de bienes concretos y determinados, ya sea por acuerdo entre los interesados, ya sea por decisión judicial. En este caso, la adjudicación supondría una dación en pago, con origen convencional nacido del pacto entre los esposos o en la decisión judicial.

La atribución del derecho de propiedad se dispondrá en el auto que ponga fin al procedimiento mientras que la inscripción se realizará por la presentación de dicho auto, una vez firme, por aplicación del art. 3 LH.

Si los cónyuges hubiesen acordado en capitulaciones realizar el pago mediante la adjudicación de un bien concreto, cabría la posibilidad de que el cónyuge titular instara judicialmente la anotación preventiva de prohibición de disponer para evitar que, en el caso de que no se hubiera hecho constar registralmente esa afección, su expectativa de adquirir el bien quedara defraudada.

Cuestiones relevantes

10. Se ha entendido que esta facultad no queda referida únicamente a los cónyuges, sino que puede vincular igualmente a los **herederos que se vean en situación de no poder hacer frente al crédito de su progenitor.**

En los casos además en que mediaren dificultades graves para el pago inmediato, el Juez podrá conceder aplazamiento, siempre que no exceda de tres años y que la deuda y sus intereses legales queden suficientemente garantizados. Dichas dificultades tendrán que demostrarse y ser el juez quien las valore y otorgue la demora en el plazo; pero si los cónyuges hubiesen pactado un plazo para la satisfacción de la deuda, prevalecerá el acuerdo sobre lo dispuesto en el art. 1431 CC, si bien se ha venido entendiendo que, en cualquier caso, el plazo no podrá ser superior a tres años, por lo que, si tras el pacto, se reclama ante el juez, éste no podrá conceder una demora que rebase esa duración, debiendo considerar el tiempo que ya ha transcurrido desde el momento en que se realiza la liquidación y se conoce el montante al que asciende la cuantía del crédito.

7.3.2. Acuerdos

El acuerdo puede alcanzarse, tanto entre ambos cónyuges, como entre el supérstite y los herederos del otro, en caso de que se haya disuelto el régimen por fallecimiento de uno de ellos. Dicho pacto podrá establecerse, bien en las capitulaciones en el momento de su constitución, bien posteriormente modificando dichas capitulaciones, o en la fase de la liquidación, con motivo de falta de liquidez, habiendo podido señalar bienes concretos y determinados, así como su valor, o no.

Según el momento en que se acuerde, su eficacia será diferente, puesto que no es lo mismo convenir la entrega de un bien en el momento de la liquidación, en cuyo caso cabe presumir que se aceptará la entrega de dicho bien, a que previamente se haya asumido la forma de llevar a cabo dicha entrega o simplemente se haya aceptado la posibilidad de adjudicar bienes en pago del crédito sin haberlos especificado.

Será en el caso en que se haya acordado la entrega de bienes concretos cuando pueda surgir algún problema de no estar ya dichos bienes en el patrimonio. En dicha situación habrá que recurrir al juez para que adjudique otro, a solicitud fundada del deudor. Por ello, aunque nada puede oponerse a que se designe uno o varios bienes para pago del crédito de participación, parece una solución poco recomendable, en cuanto sobre esta opción siempre planeará la posibilidad de que en el momento de su adjudicación dicho bien haya desaparecido del patrimonio del cónyuge deudor, en cuyo caso, este último habrá de recurrir al juez para que designe otro bien de dicho patrimonio. De otra parte, la posibilidad contemplada en el art. 1432 CC de que los cónyuges puedan satisfacer el crédito mediante la adjudicación de un bien concreto debe respetar, en todo caso, los derechos de los acreedores y legitimarios. En el caso de adjudicación de un inmueble para pago del crédito de participación, estos primeros contarían con el sobrante existente entre el valor del inmueble y el crédito adjudicado mientras que, en cuanto a los segundos, el montante del crédito habría de detraerse del acervo hereditario.

Con el fin de garantizar el eventual derecho a las ganancias del otro cónyuge, otra de las cuestiones que también cabe suscitar es, sí antes de la extinción del régimen procede la anotación preventiva de embargo sobre algún bien que sea propiedad del cónyuge no deudor.

Finalmente, el art. 1432 CC permite que se pueda pagar el crédito de participación mediante la adjudicación de bienes concretos si el Juez lo concede a petición fundada del deudor. Cuando se realice en ejecución judicial tendrá la consideración de un negocio traslativo de carácter oneroso con eficacia ex nunc. La remisión a que sea el deudor quien solicite dicha adjudicación permite interpretar que, en el momento en que se haga la propuesta, ésta deberá incluir el bien o la relación de bienes que se ofrecen en pago del crédito de participación, con la debida explicación de los motivos que inducen a dicha elección.

Normativa reguladora

Artículo 1432 CC: "El crédito de participación podrá pagarse mediante la adjudicación de bienes concretos, por acuerdo de los interesados o si lo concediese el Juez a petición fundada del deudor".

7.3.3. Existencia de varios créditos sobre el crédito de participación

Dado que el crédito de participación es un crédito ordinario, cuando sean varias las deudas que se ciernen sobre el cónyuge acreedor entrarán en conflicto todos los créditos, por lo que habrá que estar a las normas sobre prelación y concurrencia de créditos. No obstante, en ese conflicto hay que dilucidar si los créditos anteriores a la disolución del régimen deben reputarse preferentes sobre el crédito de participación. Para dar respuesta a esta cuestión se ha conjugado la interpretación del art. 1422 CC, en relación con el art. 1433 CC. Partiendo del primero, que establece que el patrimonio final de cada cónyuge estará formado por los bienes y derechos de que sea titular en el momento de la terminación del régimen, con deducción de las obligaciones todavía no satisfechas, y, en conjunción con el art. 1433 CC., se ha entendido que las deudas pendientes nacidas antes de la disolución del régimen deben tener preferencia sobre el crédito de participación.

Normativa reguladora

Artículo 1433 CC: "Si no hubiese bienes en el patrimonio deudor para hacer efectivo el derecho de participación en ganancias, el cónyuge acreedor podrá impugnar las enajenaciones que hubieren sido hechas a título gratuito sin su consentimiento y aquellas que hubieren sido realizadas en fraude de sus derechos".

También en el caso de que exista colisión entre el crédito de participación y otros créditos, habrá que apreciar si éste es un crédito escriturario, en cuyo caso podrá gozar de preferencia en atención a la fecha, de conformidad con lo dispuesto en los arts. 1924.3º y 1929.2º CC.

Artículo 1924.3 CC: Con relación a los demás bienes muebles e inmuebles del deudor, gozan de preferencia":

3.º Los créditos que sin privilegio especial consten:

A) En escritura pública.

B) Por sentencia firme, si hubiesen sido objeto de litigio.

Estos créditos tendrán preferencia entre sí por el orden de antigüedad de las fechas de las escrituras y de las sentencias".

Artículo 1929.2 CC: "Los créditos que no gocen de preferencia con relación a determinados bienes, y los que la gozaren, por la cantidad no realizada o cuando hubiese prescrito el derecho a la preferencia, se satisfarán conforme a las reglas siguientes: (...)

2.ª Los preferentes por fechas, por el orden de éstas, y los que la tuviesen común, a prorrata".

Normativa reguladora

No obstante, el CCCAt, en su art. 232-22 ("Forma de pago"), establece:

"1. El crédito de participación debe pagarse en dinero, salvo que las partes acuerden otra cosa. Sin embargo, por causa justificada y a petición de cualquiera de las partes o de sus herederos, la autoridad judicial puede ordenar el pago total o parcial con bienes de la persona obligada.

2. Si el régimen se extingue por el fallecimiento de uno de los cónyuges y al superviviente le corresponde el crédito de participación, puede solicitar que se le adjudique la vivienda familiar en propiedad o en usufructo. Si el valor del bien o el derecho adjudicado es superior al del crédito de participación, el adjudicatario debe pagar la diferencia en dinero.

3. Por causa justificada y a petición del cónyuge deudor o de sus herederos, la autoridad judicial puede aplazar el pago u ordenar que se haga a plazos con un vencimiento máximo de tres años y un devengo del interés legal a contar del reconocimiento. En este caso, la autoridad judicial puede ordenar la constitución de garantías en favor del acreedor".

8. LA ACCIÓN DEL CÓNYUGE ACREEDOR

Como medida de protección del derecho de crédito del cónyuge acreedor se dispone que, si no hubiese bienes en el patrimonio deudor para hacer efectivo el derecho de participación a las ganancias, el cónyuge acreedor podrá impugnar las enajenaciones que hubieren sido hechas a título gratuito sin su consentimiento y aquellas que hubieren sido realizadas en fraude de sus derechos (art. 1432 CC).

Esta acción la podrá ejercitar tanto el cónyuge como sus herederos. Sus acreedores también podrán hacerlo en la medida en que cumplan las exigencias del art. 1111 CC. En cuanto a la legitimación pasiva, corresponderá al donatario y a los adquirentes que lo hayan sido en virtud de un negocio fraudulento.

Estas acciones de impugnación caducarán a los dos años de extinguido el régimen de participación y no se darán contra los adquirentes a título oneroso y de buena fe.

Normativa reguladora

No obstante, el art. 232-23 CCCat. ("Actos en perjuicio del crédito") establece:

"1. Si en el patrimonio del cónyuge deudor no existen bienes suficientes para satisfacer el crédito de participación, el acreedor puede solicitar la reducción o supresión de las donaciones y las atribuciones particulares en pacto sucesorio hechas por aquel durante la vigencia del régimen y hasta que haya sido liquidado, comenzando por la más reciente, siguiendo por la siguiente más reciente y así sucesivamente, por orden inverso de fecha. La reducción se hace a prorrata si la fecha es la misma o es indeterminada. El acreedor también puede impugnar los actos a título oneroso realizados por el deudor en fraude de su derecho.

2.Las acciones a que se refiere el apartado 1 caducan a los cuatro años de la extinción del régimen y no son procedentes cuando los bienes están en poder de terceras personas adquirientes a título oneroso y de buena fe".

9. PRESCRIPCIÓN DE LA ACCIÓN

Como no hay ninguna referencia expresa al momento de prescripción de la acción para reclamar la satisfacción del crédito de participación, habrá que remitirse a los criterios generales sobre prescripción establecidos en el CC, al tener el crédito de participación naturaleza obligacional. Dichas reglas deberán aplicarse, tanto en lo relativo a la duración de la acción para exigir que se practique la liquidación, como respecto a la subsistencia del crédito de participación desde el momento en que se concrete su cuantía, que es cuando deviene ejercitable y exigible (art. 1969 CC); pero si la liquidación se practica por acuerdo entre las partes, el momento inicial del plazo sería el del acuerdo entre ellas (art. 1972.2 CC) y, si la liquidación fuese decretada judicialmente, desde que la sentencia sea firme.

ESQUEMA

RASGOS BÁSICOS

FUNCIONAMIENTO

EXTINCIÓN

LIQUIDACIÓN

EL PATRIMONIO INICIAL

1. Bienes que lo integran
2. El pasivo del patrimonio inicial
3. Valoración

EL PATRIMONIO FINAL

1. Bienes que lo integran
2. El pasivo del patrimonio final
3. Momento de la valoración
4. Evaluación

EL CRÉDITO DE PARTICIPACIÓN

1. Criterios de determinación del crédito de participación
2. Límites
   - 2.1. Pactos por igual y en la misma proporción
   - 2.2. Descendientes no comunes
3. El pago del crédito
   - 3.1. Adjudicación de bienes concretos
   - 3.2. Acuerdos
   - 3.3. Existencia de varios créditos sobre el crédito de participación

LA ACCIÓN DEL CÓNYUGE ACREEDOR

PRESCRIPCIÓN DE LA ACCIÓN

19 El régimen de separación de bienes

Adrián Arrébola Blanco[1]

Sumario: 1. INTRODUCCIÓN. 2. ADQUISICIÓN DE VIGENCIA. 3. PUBLICIDAD REGISTRAL. 4. PRINCIPIOS RECTORES. 5. EXTINCIÓN. 6. LIQUIDACIÓN. 6.1. Compensación del trabajo doméstico. 6.1.1. Presupuestos. 6.1.2. Cuantificación. 6.1.3. Ejercicio. 6.2. Derechos de reintegro. 6.3. Comunidades de bienes.

1. INTRODUCCIÓN

El régimen de separación de bienes es una de las tres alternativas que el legislador ha puesto a disposición de los cónyuges o futuros contrayentes para cuando los mismos se propongan otorgar o modificar sus capitulaciones matrimoniales con el objeto de estipular en ellas el que en el futuro deba ser el régimen económico de su matrimonio. Durante mucho tiempo, casi un siglo, estuvo sujeto a la indiferencia y el menosprecio de la mayoría de la población en la medida en que los valores culturales del momento sembraron la creencia consistente en que la sociedad de gananciales trasladaba la esencia del matrimonio a la economía de sus contrayentes de un modo más fidedigno a aquel en que lo hacía el régimen de separación de bienes. Sin embargo, superada esta trasnochada concepción, constituye hoy en día una poderosa alternativa que amenaza incluso la hegemonía de la sociedad de gananciales en un contexto en el que la inestabilidad del matrimonio le ha dotado de un atractivo del que antes carecía en vista de las mejores aptitudes que presenta en lo que respecta a su adaptación a las crisis matrimoniales.

2. ADQUISICIÓN DE VIGENCIA

Normativa reguladora

"Existirá entre los cónyuges separación de bienes.

1.° Cuando así lo hubiesen convenido.

---

1 AYUDOC, Derecho civil, Universidad Complutense de Madrid.

> 2.° Cuando los cónyuges hubieren pactado en capitulaciones matrimoniales que no regirá entre ellos la sociedad de gananciales, sin expresar las reglas por que hayan de regirse sus bienes.
>
> 3.° Cuando se extinga, constante matrimonio, la sociedad de gananciales o el régimen de participación, salvo que por voluntad de los interesados fuesen sustituidos por otro régimen distinto" (art. 1435 CC).

El régimen de separación de bienes adquiere vigencia constante matrimonio cuando concurra una de las circunstancias en las que el legislador indica que surtirá efecto entre los cónyuges:

En primer lugar, "(e)xistirá entre los cónyuges separación de bienes (...) cuando así lo hubiesen convenido" mediante otorgamiento o modificación de las capitulaciones matrimoniales, como es cada vez más frecuente que se haga para impedir la aplicación supletoria de la sociedad de gananciales en la medida que "(e)l régimen económico del matrimonio será el que los cónyuges estipulen en capitulaciones matrimoniales" y sólo "(a) falta de capitulaciones (matrimoniales) o cuando éstas sean ineficaces, el régimen será el de la sociedad de gananciales" en su calidad de régimen económico-matrimonial supletorio, no admitiéndose además la validez del convenio de separación de bienes no comprendido en capitulaciones matrimoniales en tanto en cuanto son las capitulaciones matrimoniales el instrumento jurídico apropiado para "estipular" y "sustituir" el régimen económico del matrimonio (*cfr.* arts. 9.3, 1315, 1316, 1325 y 1435.1 CC).

En segundo lugar, "(e)xistirá (...) separación de bienes (...) cuando los cónyuges hubieren pactado en capitulaciones matrimoniales que no regirá entre ellos la sociedad de gananciales", pero no para someter la economía de su matrimonio a un régimen económico-matrimonial diferente sino cuando lo hagan "sin expresar las reglas por que hayan de regirse sus bienes" a lo largo de su vigencia, aunque éste no dejará de ser un escenario insólito porque "las capitulaciones habrán de constar en escritura pública" como requisito "(p)ara su validez", y "(e)l notario redactará el instrumento público conforme a la voluntad común de los otorgantes, la cual deberá indagar, interpretar y adecuar al ordenamiento jurídico, e informará a aquéllos del valor y alcance de su redacción", evitándose de este modo que en la mayoría de los casos lleguen a producirse las circunstancias expresamente previstas por el legislador (*cfr.* arts. 1316 y 1435.2 CC y 147 RN).

En tercer y último lugar, "(e)xistirá (...) separación de bienes (...) cuando se extinga, constante matrimonio, la sociedad de gananciales o el régimen de participación (en las ganancias), salvo que por voluntad de los interesados fuesen sustituidos por otro régimen (económico-matrimonial) distinto" mediante el otorgamiento o la modificación de las capitulaciones matrimoniales que los mismos lleven a cabo en cualquier momento o "salvo que, en el plazo de tres meses, el cónyuge del deudor opte en documento público por el comienzo de una nueva sociedad de gananciales" cuando el embargo de bienes pertenecientes a otra anterior en el tiempo hubiese conducido a la extinción a la que se refiere el legislador; pero, comoquiera que semejante extinción tiene lugar en muchos casos mediante una resolución judicial y a petición de uno de los cónyuges, éste alude en ocasiones al "derecho a la separación de bienes", a "(l)a demanda de separación de bienes" e, incluso, a "(l)a separación de bienes decretada", sembrando la confusión en torno a la existencia del origen judicial que originariamente tuvo el régimen de separación de bienes y que hoy en día se encuentra completamente derogado como corolario de las modificaciones legislativas operadas sobre este régimen económico-matrimonial durante las últimas décadas del siglo pasado (*cfr.* arts. 189, 1374, 1392, 1393, 1415, 1416, 1435.3, 1436, 1443 y 1444 I CC).

La incertidumbre surge en torno al régimen económico-matrimonial que resulta de aplicación cuando no es la sociedad de gananciales, ni el régimen de participación en las ganancias, sino el régimen de separación de bienes el que se enfrenta a una causa de extinción que no provoca la disolución del matrimonio como es la consistente en la separación legal de los cónyuges. En relación con este interrogante se han realizado pronunciamientos judiciales contrapuestos en tanto que, a juicio de unos, cabría apostar quizá por la continuidad del régimen de separación de bienes tras la separación legal de los cónyuges (STS 14 abril 1992), mientras que a tenor de otros se extinguiría por esta causa del mismo modo en que lo haría cualquier otro régimen económico-matrimonial sin que quepa entender que esta consecuencia está exclusivamente reservada a los demás [STS 11 diciembre 2015 (*Tol 5595880*)]. No obstante, una interpretación intermedia sería aquella por la cual se creyese extinguido el régimen de separación de bienes con ocasión de la separación legal de los cónyuges dando lugar a una situación de separación de bienes regida por el conjunto de medidas adoptadas convencional o judicialmente para dar respuesta a la crisis del matrimonio, aplicando a este respecto la conocida máxima en cuya virtud no debe distinguirse donde la ley no distingue (*cfr.* art. 95 I CC).

Jurisprudencia

"El artículo 95.1, que revela una técnica en verdad defectuosa, precisa ser interpretado partiendo de que (...) no son equiparables las consecuencias (...) de la nulidad del matrimonio o el divorcio y la separación, pues en esta última subsiste el matrimonio y ello hace necesario un régimen económico, siendo adecuado el de separación de bienes (...) y aunque éste no sea el caso, tampoco se ve inconveniente en referir el artículo 95.1 sólo a los regímenes económico-matrimoniales comunitarios, pues en el supuesto de previa separación de bienes carece, en rigor, de finalidad" (STS 14 abril 1992).

"Todo el esfuerzo argumental del motivo viene referido a las consecuencias que se derivan de la sentencia de separación en orden a la extinción del régimen económico matrimonial. Se dice que siguen casados y que el régimen de separación de bienes sigue subsistiendo hasta tanto no se disuelva el matrimonio (...) No es así. La fecha de la disolución del régimen económico matrimonial en casos de procedimientos de separación y divorcio, es la establecida en la sentencia, según el artículo 95 del Código Civil" [STS 11 diciembre 2015 (*Tol 5595880*)].

Cuestiones relevantes

1. **El régimen de separación de bienes es un régimen económico-matrimonial eminentemente convencional** que en la mayoría de ocasiones adquiere vigencia en base al convenio celebrado por los cónyuges o futuros contrayentes en capitulaciones matrimoniales (*cfr.* art. 1435.1 CC).

2. El régimen de separación de bienes **opera como régimen económico-matrimonial supletorio en circunstancias excepcionales a modo de regla de cierre** (*cfr.* arts. 1374, 1435.2, 1435.3 y 1443 CC).

3. El régimen de separación de bienes **carece del origen judicial que tuvo antiguamente** (*cfr.* arts. 189, 1436 y 1443 CC).

3. PUBLICIDAD REGISTRAL

Normativa reguladora

"En toda inscripción de matrimonio en el Registro Civil se hará mención, en su caso, de las capitulaciones matrimoniales que se hubieren otorgado, así como de los pactos, resoluciones judiciales y demás hechos que modifiquen el régimen económico del matrimonio. Si aquéllas o éstos afectaren a inmuebles, se tomará razón en el Registro de la Propiedad, en la forma y a los efectos previstos en la Ley Hipotecaria" (art. 1333 CC).

"La invalidez de las capitulaciones matrimoniales se regirá por las reglas generales de los contratos. Las consecuencias de la anulación no perjudicarán a terceros de buena fe" (art. 1335 CC).

"La demanda de separación de bienes y la sentencia firme en que se declare se deberán anotar e inscribir, respectivamente, en el Registro de la Propiedad que corresponda, si recayere sobre bienes inmuebles. La sentencia firme se anotará también en el Registro Civil" (art. 1436 CC).

La constancia registral de los regímenes económico-matrimoniales tiene como objetivo el de dar a conocer el conjunto de reglas que disciplinan la economía del matrimonio a los terceros que se relacionen con los cónyuges en el tráfico jurídico en la medida en que las mismas son capaces de alterar tanto la titularidad y el poder de disposición sobre los bienes como el sistema de responsabilidad patrimonial aplicable en cada caso a las obligaciones contraídas por ellos. En este sentido, establece el legislador que "(j) unto a la inscripción de matrimonio se inscribirá el régimen económico matrimonial legal o pactado que rija el matrimonio", pues "(c)uando no se presenten escrituras de capitulaciones (matrimoniales) se inscribirá como régimen económico matrimonial legal el (...) supletorio" de la sociedad de gananciales, además de que también se prevé expresamente la publicidad de "los pactos, resoluciones judiciales o demás hechos que modifiquen el régimen económico del matrimonio" o "que puedan afectar al mismo", a través del Registro Civil (*cfr.* arts. 9.3, 1316, 1325, 1333 y 1435 CC, 60.1 y 60.2 LRC y 266 RRC). Pero ello no obsta, sin embargo, a que el régimen de separación de bienes acceda al mismo tiempo, y por diferentes motivos, a otros registros públicos como son el Registro de la Propiedad o el Registro Mercantil (*cfr.* arts. 1333, 1435 y 1436 CC, 266 RRC, 75 RH, 22.1 CCom y 87.6 RRM).

Jurisprudencia

"... la publicidad del artículo 1333 se complementa con la publicidad del Registro Mercantil cuando uno de los cónyuges ejerce el comercio, no siendo oponibles al acreedor del comerciante las capitulaciones no inscritas, si merece el calificativo de tercero de buena fe, buena fe que se presume en tanto no se pruebe que conocía el acto sujeto a inscripción y no inscrito, el acto inscrito y no publicado o la discordancia entre la publicación y la inscripción (artículo 21.4 del Código de Comercio)" [STS 10 marzo 1998 (*Tol 5157282*)].

Cuestiones relevantes

4. Las capitulaciones matrimoniales, así como los pactos, resoluciones judiciales u otros hechos por los que adquiera vigencia el régimen de separación de bienes, acceden al Registro Civil (*cfr.* arts. 1333 CC, 60.1 y 60.2 LRC y 266 RRC).

5. El régimen de separación de bienes, en tanto en cuanto afecte a inmuebles a través de las capitulaciones matrimoniales, así como de los pactos, resoluciones judiciales u otros hechos relativos al régimen económico del matrimonio, accederá al Registro de la Propiedad (*cfr.* arts. 266 RRC y 75 RH).

6. Las capitulaciones matrimoniales por las que se convenga la aplicación del régimen de separación de bienes durante el matrimonio, así como las sentencias firmes dictadas en procedimientos de nulidad, separación o divorcio que afecten al mismo, accederán al Registro Mercantil (*cfr.* arts. 22.1 CCom y 87.6 RRM).

4. PRINCIPIOS RECTORES

Normativa reguladora

"En el régimen de separación pertenecerán a cada cónyuge los bienes que tuviese en el momento inicial del mismo y, los que después adquiera por cualquier título. Asimismo corresponderá a cada uno la administración, goce y libre disposición de tales bienes" (art. 1437 CC).

"Los bienes adquiridos por ambos cónyuges, sujetos a cualquier régimen de separación o participación, se inscribirán a nombre de uno y otro, en la proporción indivisa en que adquieran conforme al artículo 54 de este Reglamento" (art. 90.2 RH).

"Si los casados en régimen de participación adquirieran conjuntamente algún bien o derecho, les pertenece en *pro indiviso* ordinario" (art. 1414 CC).

El funcionamiento del régimen de separación de bienes obedece a tres principios rectores que se manifiestan sobre la titularidad, gestión y responsabilidad de los bienes, respectivamente:

En primer lugar, caracteriza al régimen de separación de bienes el sometimiento de la economía de los consortes bajo el principio de separación de patrimonios a cuyo tenor "pertenecerán a cada cónyuge los bienes que tuviese en el momento inicial del mismo y, los que después adquiera por cualquier título", sin perjuicio de donde provengan los fondos empleados por ellos en el hecho adquisitivo porque la adquisición estará sujeta al principio de titularidad formal y no al de subrogación real que opera en la sociedad de gananciales, siendo adquirente el que conste como tal en el título de adquisición y no el mero titular de los fondos empleados en ella, según se colige de la propia presunción muciana [*cfr.* arts. 609, 1437 y 1442 CC y 195 TRLC; SSTS 6 febrero 2008 (*Tol 1256786*), 11 noviembre 2004 (*Tol 513444*), 19 julio 2002 (*Tol 4975876*), 28 abril 1997, 23 noviembre 1990, 14 febrero 1989, 2 marzo 1977 y 2 noviembre 1965]. Pero este principio de separación de patrimonios no obsta en absoluto a que durante el matrimonio surja una comunidad de bienes, cuya constancia registral se prevé además en la legislación hipotecaria cuando dice que "(l)os bienes adquiridos por ambos cónyuges, sujetos a cualquier régimen de separación (de bienes) o participación (en las ganancias), se inscribirán a nombre de uno y otro, en la proporción indivisa en que adquieran" conforme a las reglas generales, sino solo a la existencia de una "comunidad matrimonial" al estilo de aquella a la que de este modo alude expresamente nuestra ley rituaria para referirse a la formada con ocasión de los regímenes de comunidad de bienes, como es la sociedad de gananciales [*cfr.* arts. 90.2 RH y 809 LEC; SSTS 5 noviembre 2019 (*Tol 7580282*), 14 marzo 1994 (*Tol 1657287*) y 14 febrero 1989; RRDGSJFP 15 septiembre 2020 (*Tol 8101234*), 21 mayo 2018 (*Tol 6628417*), 16 mayo 2021 (*Tol 6613114*), 2 noviembre 2017 (*Tol 6437336*), 5 mayo 2016 (*Tol 5745169*), 30 octubre 2014 (*Tol*

4555702), 22 diciembre 2010, 16 junio 2010, 22 marzo 2010, 29 octubre 2008 y 21 enero 2006]. Y es que, en definitiva, no hay motivo lo bastante capaz de destruir la evidente identidad de razón existente para con el régimen de participación en las ganancias que hace analógicamente aplicable al de separación de bienes la regla que establece que, "(s)i los casados en régimen de participación adquirieran conjuntamente algún bien o derecho, les pertenece en *pro indiviso* ordinario", como ha reconocido incluso el Tribunal Supremo [*cfr.* arts. 4.1, 392 I, 1413 y 1414 CC; STS 14 marzo 1994 (*Tol 1657287*)].

En segundo lugar, el régimen de separación de bienes está sujeto al principio de gestión separada en virtud del cual "corresponderá a cada uno (de los cónyuges) la administración, goce y libre disposición de tales bienes", entendiéndose por "tales bienes" los adquiridos por ellos mediante cualquier título y en cualquier momento y, por ende, cuya titularidad les pertenezca, siempre y cuando no sean aplicables las reglas generales de la comunidad de bienes "en la proporción indivisa en que adquieran" los consortes (*cfr.* arts. 348 I, 393, 398 y 1437 CC y 90.2 RH). Pero esta gestión separada no es, sin embargo, absoluta, sino que se ve limitada en relación con la enajenación o gravamen de la vivienda y ajuar familiares en tanto en cuanto "(p)ara disponer de los derechos sobre la vivienda habitual y los muebles de uso ordinario de la familia, aunque tales derechos pertenezcan a uno solo de los cónyuges, se requerirá el consentimiento de ambos o, en su caso, autorización judicial", así como por el mero sostenimiento de las cargas del matrimonio en vista de que "(c)uando uno de los cónyuges incumpliere su deber de contribuir al levantamiento de estas cargas, el Juez, a instancia del otro, dictará las medidas cautelares que estime conveniente a fin de asegurar su cumplimiento y los anticipos necesarios o proveer a las necesidades futuras" (*cfr.* arts. 1318 II, 1320 I y 1438 CC y 90.1 a) y 90.1 b) LJV). Salvando estas circunstancias, el régimen de separación de bienes atribuye una gestión separada a cada uno de los cónyuges sin perjuicio de que el legislador reconozca la injerencia que cualquiera de ellos pueda ejercer sobre el otro en vía de hecho, razón por la que a su vez establece que "(s)i uno de los cónyuges hubiese administrado o gestionado bienes o intereses del otro, tendrá las mismas obligaciones y responsabilidades que un mandatario, pero no tendrá obligación de rendir cuentas de los frutos percibidos y consumidos, salvo cuando se demuestre que los invirtió en atenciones distintas del levantamiento de las cargas del matrimonio" (*cfr.* arts. 1439 y 1720 CC).

En tercer y último lugar, el régimen de separación de bienes obedece al principio de separación de responsabilidades en la medida en que "(l)as obligaciones contraídas por cada cónyuge serán de su exclusiva responsabilidad" sin perjuicio de que ambos devengan codeudores solidarios o mancomunados, conforme a las reglas generales (*cfr.* arts. 1138, 1139, 1440 I y 1911 CC). Éste ha sido durante mucho tiempo uno de los principales atractivos del régimen de separación de bienes que incluso condujo al legislador a establecer que "(l)a modificación del régimen económico matrimonial realizada durante el matrimonio no perjudicará en ningún caso los derechos ya adquiridos por terceros", en prevención del fraude de acreedores en que incurrirían todos aquellos matrimonios que se parapetasen tras la modificación de las capitulaciones matrimoniales para eludir la responsabilidad de la sociedad de gananciales [*cfr.* arts. 1317 y 1326 CC; SSTS 18 noviembre 1998 (*Tol 5119725*), 7 noviembre 1997 (*Tol 5114663*), 13 octubre 1994 (*Tol 1665591*), 26 noviembre 1993 (*Tol 1663595*), 7 noviembre 1992 (*Tol 5123076*), 19 febrero 1992 (*Tol 1661533*) y 15 marzo 1991 (*Tol 1728208*), 9 julio 1990 (*Tol 1730728*), 27 octubre 1989 (*Tol 1732019*), 20 marzo 1989 (*Tol 1732215*), 25 enero 1989 (*Tol 1732284*), 17 noviembre 1987 (*Tol 1738631*), 14 octubre 1987 (*Tol 1738329*), 10 septiembre 1987 (*Tol 1739889*), 16 febrero 1987 (*Tol 1739712*), 17 febrero 1986 (*Tol 1734092*) y 15 febrero 1986 (*Tol 1735025*)]. Sin embargo, este principio de separación de responsabilidades encuentra una excepción en lo que se refiere a las cargas matrimoniales en la medida en que en el régimen de separación de bienes se establece expresamente a este respecto que "(e)n cuanto a las obligaciones contraídas en el ejercicio de la potestad doméstica ordinaria responderán ambos cónyuges", y entre las disposiciones generales de los regímenes económico-matrimoniales se prevé a su vez que "(d)e las deudas contraídas en el ejercicio de esta potestad responderán solidariamente los bienes comunes y los del cónyuge que contraiga la deuda y, subsidiariamente, los del otro cónyuge", operando el no deudor como un fiador con beneficio de excusión (*cfr.* arts. 1319, 1440 II y 1830 CC).

Jurisprudencia

"El régimen de separación (…) de bienes no resulta impeditivo para que pueda surgir (…) comunidad (…) de bienes, cuyo régimen es el de cualquier (…) cotitularidad ordinaria…" (STS 28 abril 1997).

"… bajo el régimen de separación de bienes (…) no cabe hablar de un patrimonio común de los esposos, aunque ello no excluye que existan bienes comunes adquiridos por ambos consortes durante el matrimonio, en la proporción que proceda a las aportaciones de cada uno de ellos, sometidos al régimen de la comunidad de bienes…" (STS 5 noviembre 2019).

"… el hecho de que entre dos cónyuges exista régimen de separación de bienes, no impide (…) que los mismos (…) puedan adquirir un bien 'por mitad e iguales partes en proindiviso', en cuyo caso, con relación a dicho concreto bien, surge entre los esposos (…) un condominio ordinario, como así lo dice expresamente el artículo 1414 del Código Civil para el régimen de participación (al que, durante la vigencia del mismo, se le aplican las normas relativas al de separación de bienes —artículo 1413 del mismo Cuerpo legal—), cuyo precepto (…) es, obviamente, también aplicable al régimen de separación…" [STS 14 marzo 1994 (*Tol 1657287*)].

Cuestiones relevantes

7. El régimen de separación de bienes no impide la existencia de la comunidad de bienes que surja entre los cónyuges con motivo de una adquisición realizada conjuntamente por ambos [*cfr.* SSTS 5 noviembre 2019 (*Tol 7580282*) y 28 abril 1997].

8. El régimen de separación de bienes **atribuye a cada uno de los cónyuges la gestión exclusiva de su patrimonio, salvo cuando media una comunidad de bienes entre ambos o cuando el uno o el otro llevan a cabo un acto de enajenación o gravamen sobre la vivienda y ajuar familiares, y siempre que no comprometa la contribución al levantamiento de las cargas matrimoniales** (*cfr.* arts. 397, 398 I, 1318 II, 1320 y 1437 CC).

9. El régimen de separación de bienes **establece la separación de responsabilidades entre los cónyuges de tal manera que cada uno de los consortes responde de sus propias deudas salvo en lo que respecta a las obligaciones contraídas en el ejercicio de la potestad doméstica** (*cfr.* arts. 1319 II, 1440 y 1911 CC).

5. EXTINCIÓN

Normativa reguladora

"En capitulaciones matrimoniales podrán los otorgantes estipular, modificar o sustituir el régimen económico de su matrimonio o cualesquiera otras disposiciones por razón del mismo" (art. 1325 CC).

"Tras la disolución a que se refiere el artículo anterior se aplicará el régimen de separación de bienes, salvo que, en el plazo de tres meses, el cónyuge del deudor opte en documento público por el comienzo de una nueva sociedad de gananciales" (art. 1374 CC).

"La sentencia firme, el decreto firme o la escritura pública que formalicen el convenio regulador, en su caso, producirán, respecto de los bienes del matrimonio, la disolución o extinción del régimen económico matrimonial y aprobará su liquidación si hubiera mutuo acuerdo entre los cónyuges al respecto" (art. 95 I CC).

"El matrimonio se disuelve, sea cual fuere la forma y el tiempo de su celebración, por la muerte o la declaración de fallecimiento de uno de los cónyuges y por el divorcio" (art. 85 CC).

La extinción del régimen de separación de bienes obedece mayoritariamente a las causas generales por las que, de pleno derecho, concluye el régimen económico-matrimonial, cualquiera que fuere:

En primer lugar, comoquiera que "(e)l régimen económico del matrimonio será el que los cónyuges estipulen en capitulaciones matrimoniales", y "(e)n capitulaciones matrimoniales podrán los otorgantes estipular (...) o sustituir el régimen económico de su matrimonio", el régimen de separación de bienes se extinguirá "(c)uando los cónyuges convengan un régimen económico distinto" por medio de este instrumento jurídico (*cfr.* arts. 9.3, 1315, 1325, 1392.4 y 1415 CC).

En segundo lugar, el régimen de separación de bienes concluirá de pleno derecho cuando el cónyuge no deudor "opte en documento público por el comienzo de una nueva sociedad de gananciales" que ocupe su lugar tras disolverse la sociedad de gananciales por el embargo de bienes gananciales que se lleve a cabo a causa de las deudas de su consorte (*cfr.* art. 1374 CC).

En tercer lugar, concluye el régimen de separación de bienes con motivo de la separación legal de los cónyuges en tanto en cuanto "(l)a sentencia firme, el decreto firme o la escritura pública que formalicen el convenio regulador (...) producirán (...) la disolución o extinción del régimen económico matrimonial", en términos generales [*cfr.* arts. 95 I y 1392.3 CC; STS 11 diciembre 2015 (*Tol 5595880*)]. No obstante, si bien cabría abogar por la continuidad del régimen de separación de bienes para impedir que el matrimonio quedase huérfano de régimen económico, una interpretación intermedia podría ser aquella por la cual se sostuviese la extinción del mismo sin perjuicio de que tras la separación legal de los cónyuges cupiese hablar en su lugar de una situación de separación de bienes que estuviera regida por las medidas adoptadas en relación con la crisis del matrimonio, conforme a la conocida máxima en cuya virtud no debe distinguirse donde la ley no distingue (*cfr.* art. 95 I CC; STS 14 abril 1992).

En cuarto lugar, concluye el régimen de separación de bienes por la disolución del matrimonio al que sirve, el cual "se disuelve (...) por la muerte o la declaración de fallecimiento de uno de los cónyuges y por el divorcio" y, por tanto, no hará que concluya su régimen económico sino desde la fecha en que adquiera firmeza la sentencia o decreto que declare el divorcio —no admitiéndose la del auto de medidas provisionales ni la del de admisión a trámite de la demanda, aunque a partir de este momento quepa solicitar la formación de inventario—, desde la fecha en que se cónyuges consientan el divorcio en escritura pública, desde la fecha en la que el decreto que declare el fallecimiento determine que se entiende ocurrida la muerte del cónyuge ausente o desde la fecha de defunción de la que haga fe la inscripción de la muerte de cualquiera de los cónyuges en el Registro Civil [*cfr.* arts. 85, 89, 95 I, 195 II y 1392.1 CC, 808 LEC, 74 LJV y 62.1 y 78.2 LRC; SSTS 17 octubre 2023 (*Tol 9750976*), 6 junio 2022 (*Tol 9050433*), 5 abril 2022 (*Tol 8909430*), 2 marzo 2020 (*Tol 7812301*), 28 mayo 2019 (*Tol 7271495*), 27 febrero 2007 (*Tol 1044146*), 28 marzo 2008 (*Tol 1353299*) y 3 febrero 2006 (*Tol 839278*)].

En quinto y último lugar, el régimen de separación de bienes se extingue a causa de la nulidad del matrimonio y desde la fecha en que adquiera firmeza la sentencia que la declare o el auto que reconozca eficacia civil a la resolución por la que la declaren los tribunales eclesiásticos, pero en todo caso será necesaria la buena fe de al menos uno de los cónyuges para impedir que la retroactividad inherente a la misma extienda sus efectos sobre el propio régimen económico-matrimonial como si nunca hubiera existido (*cfr.* arts. 79, 80, 95 II, 1392.2 y 1395 CC y 778 LEC).

Jurisprudencia

"El artículo 95.1, que revela una técnica en verdad defectuosa, precisa ser interpretado partiendo de que (...) no son equiparables las consecuencias (...) de la nulidad del matrimonio o el divorcio y la separación, pues en esta última subsiste el matrimonio y ello hace necesario un régimen económico, siendo adecuado el de separación de bienes (...) y aunque éste no sea el caso, tampoco se ve inconveniente en referir el artículo 95.1 sólo a los regímenes económico-matrimoniales comunitarios, pues en el supuesto de previa separación de bienes carece, en rigor, de finalidad" (STS 14 abril 1992).

"Todo el esfuerzo argumental del motivo viene referido a las consecuencias que se derivan de la sentencia de separación en orden a la extinción del régimen económico matrimonial. Se dice que siguen casados y que el régimen de separación de bienes sigue subsistiendo hasta tanto no se disuelva el matrimonio (...) No es así. La fecha de la disolución del régimen económico matrimonial en casos de procedimientos de separación y divorcio, es la establecida en la sentencia, según el artículo 95 del Código Civil" [STS 11 diciembre 2015 (*Tol 5595880*)].

Cuestiones relevantes

10. El régimen de separación de bienes se extingue por la sustitución del mismo mediante el otorgamiento o modificación de las capitulaciones matrimoniales o por medio de documento público cuando adquiera vigencia con ocasión del embargo de bienes gananciales, con ocasión de la separación legal de los cónyuges y de la muerte o declaración de fallecimiento de cualquiera de ellos, así como por la nulidad matrimonial cuando la buena fe de al menos uno de los cónyuges impida la invalidez del régimen económico del matrimonio [*cfr.* arts. 85, 95 I, 1325, 1374, 1435.1 y 1444 CC y 774.4 LEC; STS 11 diciembre 2015 (*Tol 5595880*)].

6. LIQUIDACIÓN

Normativa reguladora

"Los cónyuges contribuirán al sostenimiento de las cargas del matrimonio. A falta de convenio lo harán proporcionalmente a sus respectivos recursos económicos. El trabajo para la casa será computado como contribución a las cargas y dará derecho a obtener una compensación que el Juez señalará, a falta de acuerdo, a la extinción del régimen de separación" (art. 1438 CC).

"Cualquiera de los cónyuges podrá realizar los actos encaminados a atender las necesidades ordinarias de la familia, encomendadas a su cuidado, conforme al uso del lugar y a las circunstancias de la misma.

De las deudas contraídas en el ejercicio de esta potestad responderán solidariamente los bienes comunes y los del cónyuge que contraiga la deuda y, subsidiariamente, los del otro cónyuge.

El que hubiere aportado caudales propios para satisfacción de tales necesidades tendrá derecho a ser reintegrado de conformidad con su régimen matrimonial" (art. 1319 CC).

"En el régimen de separación pertenecerán a cada cónyuge los bienes que tuviese en el momento inicial del mismo y, los que después adquiera por cualquier título. Asimismo corresponderá a cada uno la administración, goce y libre disposición de tales bienes" (art. 1437 CC).

"Los bienes adquiridos por ambos cónyuges, sujetos a cualquier régimen de separación o participación, se inscribirán a nombre de uno y otro, en la proporción indivisa en que adquieran conforme al artículo 54 de este Reglamento" (art. 90.2 RH).

La naturaleza del régimen de separación de bienes condujo durante mucho tiempo a considerar que no merecía liquidación alguna por el común entendimiento de que no representaba siquiera un verdadero régimen económico para el matrimonio, sino más bien la ausencia del mismo, al tenerse por cierto que trataba a los cónyuges como a dos extraños. Ello era coherente, sin embargo, con la deficiente regulación que le dispensaron nuestros codificadores civiles y la falta de tradición jurídica que desde antiguo había venido manifestando entre las costumbres castellanas, pero a medida en que fue despertándose más interés por este régimen económico-matrimonial en el otorgamiento de las capitulaciones matrimoniales, esta concepción terminaría cediendo ante la propia realidad del matrimonio. De este modo, sin perjuicio de las compensaciones que eventualmente procedan por razón de trabajo doméstico, vemos cómo la mera convivencia de los cónyuges se transforma con frecuencia en múltiples y diversas relaciones jurídicas que necesitarán ser liquidadas cuando se aproxime una situación de crisis, con independencia de la naturaleza que revista el régimen de separación de bienes.

Jurisprudencia

"La separación de bienes no exime a ninguno de los cónyuges del deber de contribuir" [STS 14 julio 2011 (*Tol 2185564*)].

"... la liquidación de (...) los regímenes económicos matrimoniales, no excepciona al de separación de bienes ni a las cargas derivadas del mismo..." [STS 20 febrero 2018 (*Tol 6526201*)].

"... no es cierto que haber adoptado el régimen económico matrimonial de separación de bienes implique una total desvinculación de los cónyuges —ahora excónyuges— en el ámbito económico" [SAP A Coruña 24 marzo 2017 (*Tol 6073517*)].

Cuestiones relevantes

11. El régimen de separación de bienes requiere ser liquidado en lo que respecta a la compensación del trabajo doméstico y derechos de reintegro, así como en relación con la división de las comunidades de bienes surgidas entre los cónyuges a lo largo de su vigencia (*cfr.* arts. 400, 1319 III, 1437, 1438, 1440 II y 1441 CC).

6.1. *Compensación del trabajo doméstico*

Normativa reguladora

"Los cónyuges contribuirán al sostenimiento de las cargas del matrimonio. A falta de convenio lo harán proporcionalmente a sus respectivos recursos económicos. El trabajo para la casa será computado como contribución a las cargas y dará derecho a obtener una compensación que el Juez señalará, a falta de acuerdo, a la extinción del régimen de separación" (art. 1438 CC).

La evolución histórica del régimen económico-matrimonial manifiesta cómo toda ella ha dependido notablemente de la posición que hubiera venido ostentando cada uno de los cónyuges en el ámbito doméstico, en función del sexo y del diferente ejercicio de la capacidad jurídica que éste reconoció durante mucho tiempo en favor de uno o de otro, a lo largo de nuestra tradición. En este contexto se comprende la constante preocupación de los juristas por el establecimiento de instituciones correctoras de las consecuentes desigualdades que en este sentido se producen por razón del matrimonio y que se manifiestan, sobre todo, en situación de crisis. Partiendo de esta realidad, aun latente, sin embargo, el legislador dispone en la actualidad que "(e)l trabajo para la casa

(...) dará derecho a obtener una compensación que el Juez señalará, a falta de acuerdo, a la extinción del régimen de separación" de bienes, pero, si bien es cierto que se trata de "una norma de liquidación" de este concreto régimen económico-matrimonial [STS 11 diciembre 2015 (*Tol 5595880*)], no lo es menos que no se nos proporcionan a este respecto más orientaciones que las que eventualmente resulten de convenio, si es que éste llega a celebrarse —y siempre y cuando en tal caso no constituya una renuncia a su reconocimiento—, siendo preciso atender en su defecto a la doctrina establecida por el Tribunal Supremo [*cfr.* art. 1438 CC; SSTS 17 octubre 2023 (*Tol 9750976*) y 13 marzo 2023 (*Tol 9459869*)].

Esta doctrina concibe tal compensación como una indemnización por las oportunidades profesionales y/o académicas perdidas por cualquiera de los cónyuges a causa del trabajo desempeñado por ellos en el seno doméstico, como se observa en algunas resoluciones judiciales. En particular, se ha señalado cómo responde al supuesto en el "que uno de los cónyuges sacrifica su capacidad laboral o profesional —añádase a ella, la formación académica— a favor del otro, sin generar ingresos propios ni participar en los del otro", en la medida en que "la dedicación (...) al hogar sin poder trabajar fuera del mismo o formarse académicamente" constituye uno de los "presupuestos (...) que hacen que sea procedente que se otorgue la indemnización" en que de este modo se traduce dicho derecho [AATS 25 octubre 2017 (*Tol 6408455*) y 2 noviembre 2016 (*Tol 5872072*)]. Pero, a mayor abundamiento, no es sino en esta misma dirección en la que se sentó por primera vez doctrina a este respecto en la medida en que el correspondiente interés casacional se resolvió en aquel momento a favor de la línea jurisprudencial que ubicaba "su fundamento en la pérdida de expectativas laborales o profesionales" y/o académicas [STS 14 julio 2011 (*Tol 2185564*)].

Jurisprudencia

"El derecho a obtener la compensación por haber contribuido uno de los cónyuges a las cargas del matrimonio con trabajo doméstico en el régimen de separación de bienes requiere que habiéndose pactado este régimen, se haya contribuido a las cargas del matrimonio solo con el trabajo realizado para la casa. Se excluye, por tanto, que sea necesario para obtener la compensación que se haya producido un incremento patrimonial del otro cónyuge" [STS 14 julio 2011 (*Tol 2185564*)].

Cuestiones relevantes

12. La compensación del trabajo doméstico solamente será fijada por la autoridad judicial en defecto de acuerdo entre los cónyuges [*cfr.* art. 1438 CC; SSTS 17 octubre 2023 (*Tol 9750976*) y 13 marzo 2023 (*Tol 9459869*)].

6.1.1. Presupuestos

Normativa reguladora

"Los cónyuges contribuirán al sostenimiento de las cargas del matrimonio. A falta de convenio lo harán proporcionalmente a sus respectivos recursos económicos. El trabajo para la casa será computado como contribución a las cargas y dará derecho a obtener una compensación que el Juez señalará, a falta de acuerdo, a la extinción del régimen de separación" (art. 1438 CC).

La compensación del trabajo doméstico realizado durante el régimen de separación de bienes responderá a los presupuestos que le confieran los consortes o futuros contrayentes mediante convenio y, en su defecto, al conjunto de los procesales y sustantivos que resulten tanto de la legislación como de la doctrina del Tribunal Supremo. Esta última nos indica, en particular, que "(e)l derecho a obtener la compensación por haber contribuido uno de los cónyuges a las cargas del matrimonio con trabajo doméstico en el régimen de separación de bienes requiere que, habiéndose pactado este régimen, se haya contribuido a las cargas del matrimonio solo con el trabajo realizado para la casa", y que "(s)e excluye, por tanto, que sea necesario (...) que se haya producido un incremento patrimonial del otro cónyuge" [SSTS 17 octubre 2023 (*Tol 9750976*), 13 enero 2022 (*Tol 8765167*), 29 septiembre 2020 (*Tol 8120648*), 11 diciembre 2019 (*Tol 7563638*), 20 febrero 2018 (*Tol 6526201*), 26 abril 2017 (*Tol 6061137*), 14 marzo 2017 (*Tol 6001668*), 28 febrero 2017 (*Tol 5984428*), 5 mayo 2016 (*Tol 5716443*), 11 diciembre 2015 (*Tol 5595880*), 25 noviembre 2015 (*Tol 5579658*), 14 abril 2015 (*Tol 4918101*), 26 marzo 2015 (*Tol 4839258*), 31 enero 2014 (*Tol 4111346*) y 14 julio 2011 (*Tol 2185564*)]. Partiendo de ello, y tratándose entonces de un derecho que el legislador sujeta expresamente a la libre disponibilidad de los interesados, sus respectivos presupuestos cabría resumirlos en los que siguen a continuación:

1) La instancia de parte:

La compensación del trabajo doméstico realizado durante el régimen de separación de bienes constituye un derecho que el legislador confía a la libre disponibilidad de los consortes y, por ello, dentro de los procesos civiles —sean éstos los matrimoniales o los declarativos que eventualmente correspondan por razón de la cuantía—, estará sujeta a los principios dispositivo, de justicia rogada y de aportación de parte (*cfr.* art. 216 LEC). Sobre este particular, además, recordó la jurisprudencia que "cuando no existe petición expresa de un derecho subjetivo o dispositivo y éste tampoco se desprende de la *causa petendi*, el órgano jurisdiccional ha de sujetarse a lo solicitado, lo que ocurre en el aspecto puramente económico afectante a los cónyuges y no a los descendientes menores de edad" cuyos intereses concurren a menudo con los de éstos, a través de los procesos matrimoniales en los que se resuelven cuestiones relativas a su persona junto con otras estrictamente patrimoniales y exclusivamente atinentes a los mismos, como es el derecho que nos ocupa [STS 2 diciembre 1987 (*Tol 1738608*)]. Por este motivo habría de traerse aquí cuanto se ha dicho con respecto a la prestación compensatoria y entender que en la compensación correspondiente por razón de trabajo doméstico también "(h)ay (...) un derecho subjetivo, una situación de poder concreto, entregada al arbitrio de la parte, que puede hacerlo valer o no, sin que deba intervenir en tal aspecto y de modo coactivo el poder público" mediante la actuación de oficio de los órganos jurisdiccionales [STS 2 diciembre 1987 (*Tol 1738608*)].

2) La legitimación *ad causam:*

La jurisprudencia reconoce que el derecho a percibir una compensación por el trabajo doméstico realizado durante el régimen de separación de bienes constituye "una norma de liquidación" de este concreto régimen económico-matrimonial y, en consecuencia, no serán sino los propios cónyuges quienes en principio se encuentren activa y pasivamente legitimados para demandar y oponerse a su reconocimiento [STS 11 diciembre 2015 (*Tol 5595880*)]. Pero, además de éstos, en coherencia con la transmisibilidad por causa de muerte que actualmente revisten las acciones tendentes al resarcimiento de daños morales, estarán igualmente legitimados sus respectivos sucesores con independencia de que el régimen de separación de bienes se extinga en vida de los cónyuges o con ocasión de la muerte o declaración de fallecimiento de cualquiera de ellos [*cfr.* arts. 85, 196 I, 659 y 1438 CC; SAP Islas Baleares 11 junio 2014 (*Tol 4432950*)]. Evidentemente, si estos acontecimientos sobrevienen durante el curso de un proceso jurisdiccional incoado con el propósito de obtener el reconocimiento de este derecho —una vez disuelto el régimen de separación de bienes por éstos u otros motivos—, los sucesores de los cónyuges ocuparán el lugar de sus causantes conforme a las reglas que disciplinan la sucesión procesal (*cfr.* art. 16.1 LEC).

3) El pacto de separación de bienes:

La doctrina jurisprudencial vigente con respecto a la compensación del trabajo doméstico establece que ésta "solo puede acordarse en régimen de separación de bienes", siguiendo el criterio adoptado por algunas resoluciones judiciales que en el mismo sentido advirtieron de que únicamente es aplicable a este régimen económico-matrimonial con exclusión de los demás —como también lo ha señalado expresamente el legislador catalán—, pero lo hizo sin resolver el halo de incertidumbre que gira en torno a cuándo ha de entenderse que existe separación de bienes a los efectos de obtener este derecho [*cfr.* art. 233-4.2 CCCat; STS 26 abril 2017 (*Tol 6061137*) y SSAP Alicante 27 febrero 2017 (*Tol 6151959*), Barcelona 29 abril 1998, Córdoba 28 enero 2013 (*Tol 3864581*) y Madrid 25 mayo 2004 (*Tol 533585*)]. Recuérdese que esta doctrina a la que nos estamos refiriendo exige que el trabajo doméstico susceptible de compensación se lleve a cabo "habiéndose pactado este régimen" económico-matrimonial, aun cuando el "pacto" de los cónyuges o futuros contrayentes no agota las posibilidades por las que éste puede cobrar vigencia [*cfr.* art. 1435 CC; STS 14 julio 2011 (*Tol 2185564*)]. Ello explica que, al aplicar este presupuesto, adviertan nuestros tribunales que no existen motivos para distinguir entre las mismas y anudar a una sola el derecho a ser compensado por trabajo doméstico [SSAP Asturias 31 marzo 2014 (*Tol 4293659*) y Pontevedra 3 diciembre 2015 (*Tol 5610467*)]. Por tanto, mientras no se indique otra cosa por el legislador, esta exigencia ha de entenderse como un mero despiste e interpretarse en consecuencia que el trabajo doméstico realizado será susceptible de compensación con independencia de que el régimen de separación de bienes hubiese sido o no convenido en capitulaciones matrimoniales (*cfr.* art. 1435.1 CC).

Efectivamente, no importa tanto la causa por la que este régimen económico-matrimonial adquiera vigencia, como el hecho de que lo haga con arreglo a nuestro ordenamiento jurídico. De este modo, el derecho a percibir una compensación por razón de trabajo doméstico no sería aplicable a los regímenes de separación de bienes que se prevén en la legislación alemana, francesa, guatemalteca, aragonesa o catalana, como en ocasiones se ha pretendido [STSJ Aragón 26 febrero 2013 (*Tol 3660099*) y SSAP Barcelona 7 mayo 2019 (*Tol 7255040*), 11 julio 2014 (*Tol 4503749*), 19 abril 2006 (*Tol 1007230*) y 13 junio 2001]. Pero, a mayor abundamiento, ni siquiera lo sería en el régimen de participación en las ganancias, ya que éste solo se nutre del de separación de bienes en lo que respecta a su vigencia y no tras producirse su "extinción", como sería preciso para trasladarle este derecho (*cfr.* arts. 1413 y 1438 CC). Del mismo modo, tampoco será aplicable cuando la economía matrimonial esté sujeta a un régimen de comunidad de bienes como el de la sociedad de gananciales, al disponer éstos de su propio sistema compensatorio mediante la liquidación que sigue a su disolución [SSAP Alicante 27 febrero 2017 (*Tol 6151959*), Madrid 18 febrero 2013 (*Tol 3530482*) y 25 mayo 2004 (*Tol 533585*), Pontevedra 15 enero 2013 (*Tol 3020838*) y Valencia 19 diciembre 2012 (*Tol 3262478*)].

4) La dedicación exclusiva al hogar:

La doctrina jurisprudencial vigente en materia de compensación por trabajo doméstico requiere para su reconocimiento que, habiendo regido previamente la separación de bienes entre los cónyuges, además "se haya contribuido a las cargas del matrimonio solo con el trabajo realizado para la casa" o con exclusión de cualquier otra aportación distinta a tal fin, al entenderse que ésta únicamente surte efecto "cuando uno de los cónyuges solo tiene posibilidades de contribuir de esta manera", a juicio del Tribunal Supremo [SSTS 14 abril 2015 (*Tol 4918101*), 26 marzo 2015 (*Tol 4839258*) y 14 julio 2011 (*Tol 2185564*)]. Esta interpretación, sin embargo, no ha sido bien recibida por los órganos jurisdiccionales inferiores porque "no existe fundamento consistente (...) para mantener tal cosa" en la medida en que el legislador "no exige, en modo alguno, que la realización de las tareas del hogar constituya el exclusivo trabajo que desarrolle el posible acreedor del derecho" que nos ocupa [SSAP Castellón 11 diciembre 2012 (*Tol 3525843*) y Madrid 25 febrero 2005]. Lo contrario, de hecho, supondría poco menos que introducir "un importante elemento corrector de la norma (...) que no se encuentra en ella al aludir a que la dedicación a la casa debe serlo en régimen de exclusividad", y que ni siquiera es coherente con su objetivo a la hora de indemnizar las pérdidas de oportunidad profesionales y/o académicas, ya que éstas también pueden experimentarse a causa del ejercicio simultáneo del trabajo doméstico con el de otras actividades fuera del hogar [STSJ Cataluña 10 febrero 2003 (*Tol 2450701*)].

En definitiva, el supuesto de hecho contemplado por el legislador "no solo se da cuando el acreedor se dedica exclusivamente al hogar, sino también cuando lo hace en mayor medida" que el consorte [SAP Murcia 6 noviembre 2006 (*Tol 6288447*)]. En este sentido, por tanto, "de haber ambos aportado similar esfuerzo en la realización de tales atenciones es claro que no procede compensación alguna" por este motivo, pues, "si la dedicación de ambos cónyuges a las cargas del matrimonio ha sido similar o pareja (...) desaparecería el fundamento de la compensación porque no habría nada que compensar", al haber quedado sus respectivos créditos recíprocamente compensados hasta extinguirse por completo conforme a las reglas generales [*cfr.* art. 1202 CC; SSAP Asturias 26 mayo 2009 (*Tol 1564123*) y Sevilla 17 marzo 2004 (*Tol 7582834*)]. Ello se explica por el hecho de que, en tales circunstancias, aquéllos tan solo estarían cumpliendo con el deber que les corresponde de "compartir las responsabilidades domésticas" y carecería de sentido compensar el simple cumplimiento de una obligación legal [*cfr.* art. 68 CC; SSAP Barcelona 18 septiembre 2006 (*Tol 1053683*), Castellón 13 septiembre 2016 (*Tol 5900981*), Gerona 1 octubre 2015 (*Tol 5572735*) y Valencia 21 diciembre 2016 (*Tol 5968619*)]. No obstante, a pesar de que este criterio no coincide todavía con la opinión de la jurisprudencia, ésta ha llegado a admitir que el trabajo doméstico sea igualmente susceptible de compensación cuando su desempeño venga acompañado por la colaboración del consorte que lo lleve a cabo en las actividades profesionales usualmente realizadas por el otro [*cfr.* art. 97.5 CC; SSTS 13 enero 2022 (*Tol 8765167*), 29 septiembre 2020 (*Tol 8120648*), 26 abril 2017 (*Tol 6061137*) y 28 febrero 2017 (*Tol 5984428*)].

5) La irrelevancia del enriquecimiento o incremento patrimonial:

La concepción de la compensación del trabajo doméstico realizado durante el régimen de separación de bienes como una indemnización por las oportunidades profesionales y/o académicas perdidas por cualquiera de los cónyuges condujo a la jurisprudencia a acentuar que "(s)e excluye, por tanto, que sea necesario (...) que se haya producido un incremento patrimonial —o un 'enriquecimiento'— del otro cónyuge" para la percepción de este derecho, señalándose después que a tales efectos "(b)asta con el dato objetivo de la dedicación exclusiva a la familia" [SSTS 13 enero 2022 (*Tol 8765167*), 31 enero 2014 (*Tol 4111346*) y 14 julio 2011 (*Tol 2185564*)]. Estas declaraciones impiden por lo tanto que los órganos jurisdiccionales lo apliquen a modo de reintegro para corregir el enriquecimiento injustificadamente experimentado por razón de trabajo doméstico o como si de un crédito de participación en las ganancias se tratara, pero al mismo tiempo hacen coincidir su fundamento con el que viene atribuyéndose generalmente a la prestación compensatoria [SSTS 11 diciembre 2019 (*Tol 7563638*) y 25 noviembre 2015 (*Tol 5579658*)]. Por este motivo, se ha sentido la necesidad de indicar expresamente que esta compensación "no es incompatible" con la prestación compensatoria cuando medie un régimen de separación de bienes entre los cónyuges —aunque no existe todavía ningún pronunciamiento semejante con respecto a la indemnización por nulidad matrimonial—, sin perjuicio de que ésta pueda tenerse en cuenta a la hora de fijar el montante de cuanto deba percibirse en cada caso por el desempeño del trabajo doméstico [*cfr.* art. 98 CC; SSTS 11 diciembre 2019 (*Tol 7563638*) y 11 diciembre 2015 (*Tol 5595880*)].

6) El ejercicio en plazo de prescripción:

La acción por la que se reclame el reconocimiento del derecho a percibir una compensación por trabajo doméstico realizado durante el régimen de separación de bienes habrá de ejercitarse en el plazo de prescripción correspondiente, que, en principio, no será sino el general de cinco años que se establece para las acciones personales que no tengan uno determinado, aunque más bien debiera estarse al anual de las obligaciones derivadas de la culpa o negligencia en atención a la finalidad que le atribuye la doctrina jurisprudencial vigente (*cfr.* arts. 1964.2 y 1968.2 CC). Sea como fuere, cualquiera que sea el plazo, éste comenzará a partir de "la extinción del régimen de separación" de bienes por serle de aplicación la regla general conforme a la cual "(e)l tiempo para la prescripción de toda clase de acciones, cuando no haya disposición especial que otra cosa determine, se contará desde el día en que pudieron ejercitarse" (*cfr.* arts. 1438, 1968.2 y 1969 CC).

Jurisprudencia

"El derecho a obtener la compensación por haber contribuido uno de los cónyuges a las cargas del matrimonio con trabajo doméstico en el régimen de separación de bienes requiere que habiéndose pactado este régimen, se haya contribuido a las cargas del matrimonio solo con el trabajo realizado para la casa. Se excluye, por tanto, que sea necesario para obtener la compensación que se haya producido un incremento patrimonial del otro cónyuge" [STS 14 julio 2011 (*Tol 2185564*)].

"... en el caso que nos ocupa, quedó probado primero la existencia de un régimen de separación de bienes, segundo el cuidado de los hijos por la recurrente, tercero la dirección y supervisión del hogar y, cuarto la dedicación esencial al hogar sin poder trabajar fuera del mismo o formarse académicamente, presupuestos estos que hacen que sea procedente que se otorgue la indemnización solicitada" [ATS 2 noviembre 2016 (*Tol 5872072*)].

Cuestiones relevantes

13. La compensación del trabajo doméstico es exclusivamente aplicable al régimen estatal de separación de bienes con independencia de la causa por la que el mismo adquiera vigencia [*cfr.* STSJ Aragón 26 febrero 2013 (*Tol 3660099*) y SSAP Barcelona 7 mayo 2019 (*Tol 7255040*), 11 julio 2014 (*Tol 4503749*), 19 abril 2006 (*Tol 1007230*) y 13 junio 2001].

14. La compensación del trabajo doméstico **requiere que el cónyuge que la demande para sí tan solo hubiese contribuido a las cargas del matrimonio mediante la atención del hogar y/o colaborando en la actividad profesional de su consorte** [*cfr.* SSTS 13 enero 2022 (*Tol 8765167*), 29 septiembre 2020 (*Tol 8120648*), 26 abril 2017 (*Tol 6061137*), 14 abril 2015 (*Tol 4918101*) y 26 marzo 2015 (*Tol 4839258*)].

15. La compensación del trabajo doméstico **no requiere que se produzca un incremento en el patrimonio del consorte** [*cfr.* STS 14 julio 2011 (*Tol 2185564*)].

16. La compensación del trabajo doméstico **prescribe a los cinco años desde la extinción del régimen de separación de bienes** (*cfr.* art. 1964.2 CC).

6.1.2. Cuantificación

Normativa reguladora

"Los cónyuges contribuirán al sostenimiento de las cargas del matrimonio. A falta de convenio lo harán proporcionalmente a sus respectivos recursos económicos. El

> trabajo para la casa será computado como contribución a las cargas y dará derecho a obtener una compensación que el Juez señalará, a falta de acuerdo, a la extinción del régimen de separación" (art. 1438 CC).

La jurisprudencia ha denunciado que un inconveniente que presenta la compensación del trabajo doméstico realizado durante el régimen de separación de bienes "concierne a la forma de calcular la suma debida" por tal concepto, en defecto de toda orientación legislativa sobre este particular [SAP Murcia 6 noviembre 2006 (*Tol 6288447*)]. Por este motivo, al unificarse la doctrina de los tribunales, se consideró que "(u)na de las opciones posibles" para cuantificar este derecho podía residir en "el equivalente al salario mínimo interprofesional (...) o el sueldo que cobraría por llevarlo a cabo una tercera persona" —siguiéndose el criterio establecido para las relaciones laborales que en su caso se generarían en torno al servicio doméstico—, cuyo valor habría de multiplicarse por cada uno de los meses durante los cuales permaneciera vigente el régimen de separación de bienes [SSTS 17 octubre 2023 (*Tol 9750976*), 13 enero 2022 (*Tol 8765167*), 25 noviembre 2015 (*Tol 5579658*) y 14 julio 2011 (*Tol 2185564*)]. Sin embargo, como ya advirtió la jurisprudencia, resulta evidente que "la aplicación automática del salario mínimo a todo el periodo de convivencia supondría una cantidad exorbitante" cuya atenuación apenas cabría apelar a circunstancias tales como el ejercicio simultáneo de otras actividades profesionales y/o académicas, la colaboración del consorte o de un servicio doméstico y la concurrencia de atribuciones patrimoniales susceptibles de ser imputadas al pago de la compensación [SAP Asturias 11 septiembre 2009 (*Tol 1746588*)].

En primer lugar, exigiéndose que el trabajo doméstico realizado durante el régimen de separación de bienes lo haya sido en régimen de exclusividad, se ha matizado que este presupuesto "impide reconocer (...) el derecho a (...) compensación en aquellos supuestos en que el cónyuge que lo reclama hubiere compatibilizado el cuidado de la casa (...) con la realización de un trabajo fuera del hogar, a tiempo parcial o en jornada completa", pero, a pesar de ello, si de lo que se trata es de resarcir las oportunidades profesionales y/o académicas perdidas a causa de su desempeño "(p)oco importa (...) que el trabajo doméstico haya sido (...) a tiempo completo o parcial" o realizado "con la colaboración (...) del otro cónyuge (...) o con ayuda externa, pues la dedicación se mantiene al margen de que pueda tomarse en consideración para cuantificar la compensación" correspondiente, ya que todas estas circunstancias habrán amortiguado en buena medida la magnitud de los perjuicios derivados para el cónyuge acreedor [SSTS 13 enero 2022 (*Tol 8765167*), 11 diciembre 2019 (*Tol 7563638*) y 26 marzo 2015 (*Tol 4839258*) y STSJ Cataluña 27 abril 2000].

En segundo lugar, aunque la compensación del trabajo doméstico se difiera a la extinción del régimen de separación de bienes por mandato del legislador, nuestra jurisprudencia considera imputable al pago de este derecho la "anticipada compensación pecuniaria" que eventualmente se siga de las atribuciones patrimoniales que los cónyuges se hubiesen efectuado entre sí a lo largo de su vigencia [STS 31 enero 2014 (*Tol 4111346*)]. Evidentemente, entre estas atribuciones no ha de entenderse comprendido lo adquirido al amparo de una sociedad de gananciales previamente vigente entre los mismos, pues tales adquisiciones no serían sino "el resultado de la liquidación del preexistente régimen de gananciales y no una consecuencia derivada del (...) de separación de bienes" que se encuentre en proceso de ser liquidado, razón por la que debe concluirse a este respecto que "solo puede tomarse en consideración el tiempo transcurrido bajo la vigencia de este régimen" económico-matrimonial [SSAP Ciudad Real 18 diciembre 2014 (*Tol 4737914*) y 27 octubre 2009 (*Tol 1758197*) y Valencia 28 diciembre 2012 (*Tol 3661598*)]. Y lo mismo debe decirse, naturalmente, en relación con el crédito de participación en las ganancias y con la compensación por trabajo doméstico que se hubiera seguido de un régimen de separación de bienes anterior a aquel de cuya liquidación se trate, sirviéndonos, asimismo, del argumento proporcionado para la sociedad de gananciales.

Jurisprudencia

"La sentencia recaída en primera instancia en este procedimiento señaló una cantidad a la que había llegado después de aplicar los criterios que se reproducen ahora: 'en función del sueldo que cobraría por realizar el trabajo una tercera persona, de modo que se contribuye con lo que se deja de desembolsar o se ahorra por la falta de necesidad de contratar servicio doméstico ante la dedicación de uno de los cónyuges al cuidado del hogar'. Esta es una de las opciones posibles y nada obsta a que el juez la utilice para fijar finalmente la cuantía de la compensación, por lo que se admite en esta sentencia" [STS 14 julio 2011 (*Tol 2185564*)].

"Una de las opciones posibles es el equivalente al salario mínimo interprofesional o la equiparación del trabajo con el sueldo que cobraría por llevarlo a cabo una tercera persona…" [STS 25 noviembre 2015 (*Tol 5579658*)].

"El juzgado (…) fija la cuantía de la compensación en función del sueldo que se habría satisfecho a una tercera persona como empleada de hogar —criterio este que representa, como ya hemos dicho, una de las opciones posibles y admitidas por nuestra doctrina-…" [STS 13 enero 2022 (*Tol 8765167*)].

"También, hemos considerado que una de las opciones posibles sobre la forma de abordar el cálculo del montante de dicha compensación, en defecto de acuerdo entre los cónyuges, radica en el equivalente económico al salario mínimo interprofesional, o con el sueldo que cobraría una tercera persona por ejecutar los trabajos domésticos, de modo que se contribuye con lo que se deja de desembolsar o se ahorra por la falta de necesidad de contratar este servicio ante la dedicación de uno de los cónyuges al cuidado del hogar. Es éste un criterio que ofrece unas razonables y objetivas pautas de valoración, aunque en la práctica pueda resultar insuficiente en cuanto se niega al acreedor alguno de los beneficios propios de los asalariados que revierten en el beneficio económico para el cónyuge deudor y se ignora la cualificación profesional de quien resulta beneficiado..." [*cfr.* STS 17 octubre 2023 (*Tol 9750976*)].

Cuestiones relevantes

17. La compensación del trabajo doméstico es susceptible de ser cuantificada en base al salario mínimo interprofesional del personal laboral contratado al servicio del hogar [*cfr.* SSTS 17 octubre 2023 (*Tol 9750976*), 13 enero 2022, 25 noviembre 2015 (*Tol 5579658*) y 14 julio 2011 (*Tol 2185564*)].

6.1.3. Ejercicio

Normativa reguladora

"Los cónyuges contribuirán al sostenimiento de las cargas del matrimonio. A falta de convenio lo harán proporcionalmente a sus respectivos recursos económicos. El trabajo para la casa será computado como contribución a las cargas y dará derecho a obtener una compensación que el Juez señalará, a falta de acuerdo, a la extinción del régimen de separación" (art. 1438 CC).

La compensación del trabajo doméstico constituye un derecho de libre disposición que no requiere la intervención de los órganos jurisdiccionales sino solo "a falta de acuerdo" entre los interesados —y que es, por tanto, susceptible de arbitraje o mediación—, pero la importancia que actualmente manifiestan las crisis matrimoniales hace que a menudo sea solicitado en las demandas de nulidad, separación o divorcio (*cfr.* arts. 2.1 LA, 2.1 LM y 1438 CC). Sin embargo, no existe unanimidad en nuestros tribunales con respecto a esta posibilidad y mientras unos sostienen la validez de los procesos matrimoniales para liquidar el régimen económico del matrimonio [SSAP Asturias 15 febrero 2012 (*Tol 3913522*) y 13 enero 1998, Islas Baleares 17 julio 2012 (*Tol 2616907*) y 5 diciembre 1994, Madrid 11 abril 2014 (*Tol 4270221*), Valencia 7 julio 2001 y Zamora 9 julio 1999], otros la rechazan a favor de los declarativos que eventualmente correspondan por razón de la cuantía [SSAP Barcelona 27 marzo 2000, Burgos 9 enero 2003 y 5 octubre 2000, Castellón 29 mayo 1999, Córdoba 20 diciembre 2013 (*Tol 5381814*), Guipúzcoa 2 noviembre 2004 (*Tol 549069*) y 22 octubre 2004 (*Tol 7931670*), Huesca 28 septiembre 1995, Las Palmas 28 diciembre 2007 (*Tol 7353771*), Madrid 17 noviembre 1998 y 12 diciembre 2002, Málaga 13 febrero 2014 (*Tol 4553329*), 30 diciembre 2013 (*Tol 41859186*), 25 enero 2013 (*Tol 5376885*) y 20 septiembre 2011 (*Tol 2452863*), Navarra 2 junio 2004 (*Tol 498701*) y Valencia 11 septiembre 1999], motivo por el que conviene que nos detengamos en el cauce apropiado para liquidar el de separación de bienes.

La jurisprudencia nos indica que "el juez que resuelve el procedimiento principal tiene un conocimiento global (...) de los efectos (...) del divorcio —así como lo tendría también respecto de los de la nulidad o separación— y (...) ostenta mejor posición para fijar la indemnización" correspondiente por razón de trabajo doméstico, pero es que este derecho, a mayor abundamiento, no solo resulta compatible con la prestación compensatoria que derive del divorcio —o de la separación, entiéndase— como un efecto más del mismo, sino que se cuantificará en atención a lo percibido por este concepto en la medida en que ambas compensaciones tienen por objeto las oportunidades profesionales y/o académicas perdidas [SSTS 11 diciembre 2019 (*Tol 7563638*) y 11 diciembre 2015 (*Tol 5595880*) y SAP Islas Baleares 17 julio 2012 (*Tol 2616907*)]. Partiendo de ello, claro está, sería coherente considerar, como de hecho se ha considerado ya en diversas ocasiones, que "es legítimo debatir en el procedimiento de divorcio la procedencia y cuantía de la indemnización por trabajo doméstico", sobre la base de que esta compensación "puede hacerse efectiva (...) en el proceso conyugal o en un procedimiento independiente" a éste, así como "ejercitarse dentro del procedimiento matrimonial, o en uno posterior" al mismo, juzgando en todo caso "improcedente derivar a las partes a un procedimiento declarativo posterior" cuando previamente se hubiese solicitado por los cauces del matrimonial [SSTS 17 octubre 2023 (*Tol 9750976*), 20 febrero 2018 (*Tol 6526201*) y 11 diciembre 2015 (*Tol 5595880*)]. Sin embargo, si el legislador "establece que en las sentencias de nulidad, separación o divorcio (...) el Juez (...) determinará (...) las medidas que hayan de sustituir a las ya adoptadas (...) en relación con (...) la (...) liquidación del régimen económico" del matrimonio, pero que no lo hará sino "conforme a lo establecido en los artículos siguientes", y "según éstos, solo cabe (...) la disolución (...), no puede comprenderse en este pronunciamiento (...) el derecho a compensación a la extinción del régimen de separación" de bienes por escapar a este concepto y adentrarse en la liquidación de este régimen económico del matrimonio [*cfr.* arts. 91 I y 95 I CC; SAP Málaga 13 febrero 2014 (*Tol 4553329*)]. Pese a todo, mientras la opinión dominante no se rectifique en este sentido, el derecho a ser compensado por el trabajo doméstico realizado durante el régimen de separación de bienes podrá demandarse tanto por los cauces del proceso matrimonial como por los del declarativo que eventualmente corresponda por razón de la cuantía.

Jurisprudencia

"... es legítimo debatir en el procedimiento de divorcio la procedencia y cuantía de la indemnización por trabajo doméstico..." [STS 17 octubre 2023 (*Tol 9750976*)].

"... la acción (...) puede ejercitarse dentro del procedimiento matrimonial, o en uno posterior" [STS 20 febrero 2018 (*Tol 6526201*)].

"... la compensación (...) puede hacerse efectiva bien en el proceso conyugal o en un procedimiento independiente" [STS 11 diciembre 2015 (*Tol 5595880*)].

Cuestiones relevantes

18. El derecho a ser compensado por el trabajo doméstico realizado durante el régimen de separación de bienes puede ejercitarse tanto en el proceso matrimonial como en el declarativo [*cfr.* SSTS 17 octubre 2023 (*Tol 9750976*), 20 febrero 2018 (*Tol 6526201*)] y 11 diciembre 2015 (*Tol 5595880*)].

6.2. *Derechos de reintegro*

Normativa reguladora

"Los cónyuges contribuirán al sostenimiento de las cargas del matrimonio. A falta de convenio lo harán proporcionalmente a sus respectivos recursos económicos. El trabajo para la casa será computado como contribución a las cargas y dará derecho a obtener una compensación que el Juez señalará, a falta de acuerdo, a la extinción del régimen de separación" (art. 1438 CC).

"Cualquiera de los cónyuges podrá realizar los actos encaminados a atender las necesidades ordinarias de la familia, encomendadas a su cuidado, conforme al uso del lugar y a las circunstancias de la misma.

De las deudas contraídas en el ejercicio de esta potestad responderán solidariamente los bienes comunes y los del cónyuge que contraiga la deuda y, subsidiariamente, los del otro cónyuge.

El que hubiere aportado caudales propios para satisfacción de tales necesidades tendrá derecho a ser reintegrado de conformidad con su régimen matrimonial" (art. 1319 CC).

"Si uno de los cónyuges hubiese administrado o gestionado bienes o intereses del otro, tendrá las mismas obligaciones y responsabilidades que un mandatario, pero no tendrá obligación de rendir cuentas de los frutos percibidos y consumidos, salvo cuando se demuestre que los invirtió en atenciones distintas del levantamiento de las cargas del matrimonio" (art. 1439 CC).

Los cónyuges emprenden una comunidad de vida como resultado del matrimonio contraído que, incluso en el régimen de separación de bienes, se manifiesta en la sujeción de sus respectivos patrimonios al levantamiento de las cargas matrimoniales [*cfr.* arts. 68 y 1318 I CC; STS 5 noviembre 2019 (*Tol 7580282*)]. Sin embargo, en defecto de una masa común de bienes y derechos que ejerza una *vis atractiva* sobre determinadas adquisiciones para sufragar los gastos que legalmente se pongan a su cargo, en el régimen de separación de bienes se hace descansar sobre los cónyuges un deber expreso de contribuir a su sostenimiento (*cfr.* arts. 1346-1374 y 1438 CC). Podrán hacerlo, no obstante, del modo que más les convenga —en dinero, aportando bienes propios al uso de la familia o mediante la satisfacción del trabajo doméstico—, pero, a nivel cuantitativo, salvo que celebren un convenio por el que dispongan otra cosa —tanto dentro como fuera de las capitulaciones matrimoniales—, éstos cumplirán con su obligación en proporción a sus recursos económicos (*cfr.* arts. 1325 y 1438 CC). De este modo, en vista de que "(c)ualquiera de los cónyuges podrá realizar los actos encaminados a atender las necesidades ordinarias de la familia" sin precisar para ello del consentimiento del consorte, el deber de contribuir al sostenimiento de las cargas matrimoniales suele traducirse en constantes desajustes entre lo aportado por uno y por otro que habrán de ser debidamente corregidos mediante reintegro al liquidar el régimen de separación de bienes (*cfr.* art. 1319 I CC).

Los derechos de reintegro cumplen una finalidad imprescindible en la economía de los cónyuges en cuanto sirven para garantizar el equilibrio de sus respectivas aportaciones al sostenimiento de las cargas matrimoniales, pero este equilibrio, si bien es cierto que puede restablecerse durante el régimen de separación de bienes, no lo es menos que generalmente será perseguido con posterioridad a su extinción y no residirá sino en el estricto cumplimiento de lo convenido sobre el particular o, en su defecto, y solo entonces, de la proporcionalidad debida en relación con los recursos económicos y el volumen de cargas a que deba enfrentarse el matrimonio en un determinado momento (*cfr.* arts. 1319 III, 1438 y 1439 CC). Para calcularlo, en el frecuente caso de no haberse convenido nada a este respecto o cuando lo convenido no haya podido acreditarse fehacientemente por no encontrarse documentado, será imprescindible la formación de un inventario que recoja tanto las cargas matrimoniales como los recursos económicos y el valor que les corresponda a unas y a otros para averiguar con ello la medida en que se ajustaron las aportaciones de los cónyuges a las que realmente estaban obligados a realizar para su sostenimiento, a modo de rendición de cuentas (*cfr.* arts. 1439 CC y 208.1 CDFA).

La liquidación de los reintegros correspondientes en el régimen de separación de bienes requiere que estas cuentas revelen un desequilibrio, consistente en la concurrencia de una contribución excesiva y otra deficitaria por parte de los cónyuges, en el cómputo total del levantamiento de las cargas matrimoniales. Sin embargo, muchas veces la procedencia del reintegro no se justifica tanto en una aportación incorrecta a tal fin como en la inversión de recursos económicos para la satisfacción de gastos que en modo alguno están a cargo de ambos cónyuges —según se observa con frecuencia en la adquisición de viviendas en las que solo uno de ellos consta formalmente en calidad de propietario—, aunque en ambos casos se ventilará de la misma manera [SSTS 10 marzo

2023 (*Tol 9460417*), 5 noviembre 2019 (*Tol 7580282*), 24 abril 2018 (*Tol 6591963*), 21 julio 2016 (*Tol 5784634*), 17 febrero 2014 (*Tol 4119495*), 20 marzo 2013 (*Tol 3783030*), 26 noviembre 2012 (*Tol 2708269*), 26 noviembre 2012 (*Tol 2706946*), 28 marzo 2011 (*Tol 2082300*), 5 noviembre 2008 (*Tol 1401729*) y 31 mayo 2006 (*Tol 952779*), STSJ Islas Baleares 3 septiembre 1998 y SSAP Asturias 26 mayo 2009 (*Tol 1564123*), Navarra 11 junio 2014 (*Tol 4492676*) y Santa Cruz de Tenerife 1 abril 2011 (*Tol 2147374*)]. Efectivamente, en el régimen de separación de bienes todos los reintegros habrán de seguir los cauces que nos proporcionan las obligaciones y contratos —como el préstamo o el mandato, el cobro de lo indebido, la gestión de negocios ajenos, el pago por tercero o la doctrina del enriquecimiento injustificado— con independencia de la causa por la que los mismos se originen, al no resultarle de aplicación lo dispuesto expresamente a este respecto en relación con el levantamiento de las cargas del matrimonio (*cfr.* art. 1319 III CC).

En particular, a propósito de la potestad doméstica y sus posibles consecuencias, se establece respecto de los cónyuges que "(e)l que hubiere aportado caudales propios para satisfacción de tales necesidades —las que constituyen cargas matrimoniales— tendrá derecho a ser reintegrado de conformidad con su régimen matrimonial", como si realmente fuera aplicable a cualquiera de los que actualmente permite adoptar nuestra legislación (*cfr.* art. 1319 CC). Sin embargo, aunque este derecho en principio esté dirigido a todos los regímenes económico-matrimoniales por encontrarse regulado bajo las disposiciones generales y comúnmente aplicables a todos ellos, apenas lo será para los de comunidad de bienes que tengan a su cargo la satisfacción de las cargas matrimoniales (*cfr.* arts. 1319 III y 1362.1 CC). De lo contrario, piénsese, no tendría sentido que el reintegro operase sobre los "caudales propios" en un régimen económico-matrimonial que desconoce los comunes y en el que, necesariamente, por este motivo, tales "necesidades" hubieran de satisfacerse siempre con ellos, porque tal cosa conduciría al paradójico resultado de que ambos cónyuges debiesen reintegrarse todo cuanto estén obligados a contribuir al sostenimiento de las cargas del matrimonio (*cfr.* arts. 1319 III, 1362.1, 1364 y 1438 CC). Pero, a mayor abundamiento, ni siquiera el hecho de que se aluda a los "caudales propios" en lugar de a los "bienes privativos" debe entenderse como una referencia al régimen de separación de bienes, sino al resto de regímenes de comunidad de bienes que además de la sociedad de gananciales pueden ser atípicamente configurados en las capitulaciones matrimoniales (*cfr.* arts. 1315 y 1364 CC).

El sostenimiento de las cargas matrimoniales no solo es capaz de generar reintegros por la mera contribución de los cónyuges, sino también a causa de las deudas contraídas para con terceros acreedores con el propósito de dar satisfacción a las necesidades en que éstas se traducen. Éste es, sin embargo, el ámbito de la potestad doméstica, entendida hoy en día como un poder que faculta indistintamente a los cónyuges para realizar los actos jurídicos que estimen oportunos a este respecto bajo un sistema especial de responsabilidad que se distancia del que razonablemente cabría esperar de un régimen de separación de bienes, en el que las obligaciones contraídas por cada uno de ellos "serán de su exclusiva responsabilidad" sin que en principio puedan alcanzar al otro [*cfr.* arts. 1440 I y 1911 CC; STS 4 febrero 2021 (*Tol 8310094*)]. Particularmente, respecto de las asumidas en el ejercicio de esta potestad se establece que "responderán solidariamente los bienes (...) del cónyuge que contraiga la deuda y, subsidiariamente, los del otro", en cuyo caso éste podría contribuir en una medida excesiva al sostenimiento de las cargas matrimoniales mediante la satisfacción del crédito del acreedor —en función de lo convenido junto a su consorte o según resulte en proporción a sus respectivos recursos económicos—, estando en tales circunstancias legitimado para exigir el reintegro de las cantidades indebidamente satisfechas (*cfr.* arts. 1319 II y 1440 II CC).

Este derecho, no obstante, tendrá un ámbito de aplicación mucho más restringido del que dispondría para lograr la restitución de cuanto se invierta indebidamente a nivel contributivo, ya que la potestad doméstica y la responsabilidad subsidiaria derivada de ella apenas tienen por objeto las "necesidades ordinarias de la familia" y no las "cargas del matrimonio". Sobre este particular, si bien es cierto que el legislador emplea una terminología confusa por referirse unas veces a éstas (*cfr.* arts. 90.1 d), 91 I, 103.3, 103.5, 1318 I, 1438 y 1439 CC), y otras, a aquéllas (*cfr.* arts. 1319 I y 1440 II CC), no lo es menos que resulta comúnmente aceptado que ambos conceptos constituyen una suerte de círculos concéntricos. De este modo, avanzaríamos desde las amplias "cargas del matrimonio" hasta las restrictivas "necesidades ordinarias de la familia", siguiendo un orden de mayor a menor. Pese a todo, mientras los cónyuges o futuros contrayentes no convengan un aumento de las "cargas del matrimonio" mediante el que consideren como tales ciertos gastos que en principio quedarían excluidos de ellas —véanse los extraordinarios que no resulten inevitables para la economía doméstica—, éstas se identificarán con las "necesidades ordinarias de la familia" que en definitiva representan el contenido mínimo de las mismas, según se extrae de que la jurisprudencia interprete que "la noción de cargas del matrimonio debe identificarse con la de sostenimiento de la familia" [*cfr.* arts. 1041 I y 1386 CC; STS 31 mayo 2006 (*Tol 952779*)].

Esta interpretación sirve además para salvaguardar lo máximo posible la separación de responsabilidades que ha de presidir el régimen de separación de bienes —al restringir la subsidiariedad a las deudas contraídas para atender las necesidades ordinarias de la familia y, éstas, a su vez, en función de los usos del lugar y de las circunstancias de la misma—, no siendo por ello responsable ninguno de los cónyuges por las obligaciones del otro salvo cuando sean solidaria o mancomunadamente asumidas para con terceros acreedores o resulten cuantitativamente acordes al nivel de vida familiar, sin olvidar, además, que contarían con el beneficio de excusión (*cfr.* arts. 1319 II y 1830 CC). Pero, a pesar de ello, aún cabría la posibilidad de que uno de los cónyuges actuara en el tráfico jurídico bajo la apariencia de un nivel de vida superior al que realmente corresponda a la familia sin dejar al otro oportunidad alguna para oponerse por este motivo a las reclamaciones que los terceros acreedores le dirijan por la vía subsidiaria —a no ser que éstos conocieran o debieran conocer las verdaderas circunstancias familiares y acredite que no ejercitaron sus derechos conforme a las exigencias de la buena fe—, aunque tal cosa no supondría en ningún caso que éste hubiera de responder de forma definitiva sino solamente hasta se liquide el régimen de separación de bienes, a través del reintegro que resulte de las cuentas rendidas entre ambos por el levantamiento de las cargas matrimoniales (*cfr.* arts. 7.1, 1319 II y 1440 II CC).

A estos efectos podrá tenerse en cuenta todo el lapso de tiempo durante el que hubiese estado vigente el régimen de separación de bienes, incluyéndose en el mismo el de las separaciones de hecho que eventualmente pudieran haber mediado entre los cónyuges. Ello se debe, sobre todo, a que "la posibilidad de vincular los bienes (...) del otro cónyuge en el ejercicio de la potestad doméstica" solo cesa con la admisión a trámite de la demanda de nulidad, separación o divorcio y no, por tanto, con la simple ruptura de la convivencia, como se extrae además de que "también" respondan los bienes gananciales de las obligaciones contraídas por "cualquiera de los cónyuges en caso de separación de hecho", si éstas lo hubiesen sido para atender a algunos de los gastos que forman parte de las necesidades ordinarias de la familia (*cfr.* arts. 102.2, 1319, 1362.1, 1365.1 y 1386 CC). Desde luego, aunque las cargas matrimoniales y el deber de contribuir a su sostenimiento no desaparezcan por efecto de la separación de hecho —pese a que su contenido pueda experimentar modificaciones como resultado de la alteración de las circunstancias—, sí cesará durante la misma la presunción de que los frutos percibidos y consumidos por uno de los cónyuges, como consecuencia de haber gestionado o administrado bienes o intereses del otro, se destinaron a tales atenciones [*cfr.* art. 1439 CC; STS 8 marzo 1993 (*Tol 1662732*)]. Por tanto, mientras éstos no convengan otra cosa, el único efecto que a este respecto surtiría la mera ruptura de la convivencia no podría ser sino la inversión de la carga de la prueba en torno a las cantidades aportadas al levantamiento de las cargas matrimoniales (*cfr.* arts. 102.2 y 1439 CC).

La liquidación de reintegros surgidos durante el régimen de separación de bienes no requiere esperar a la extinción del mismo en cuanto son exigibles "desde luego", aunque lo más frecuente sea que se practique a partir de este momento (*cfr.* art. 1113 I CC). En tales circunstancias será preciso, sin embargo, que no hayan transcurrido todavía los cinco años de prescripción que le corresponde al ejercicio de estos derechos, al traducirse en acciones personales, y carecer de un plazo especialmente señalado para ello (*cfr.* arts. 1964.2 y 1969 CC). Pero, sea como fuere, si la extinción del régimen de separación de bienes hubiera venido motivada por la nulidad, la separación o el divorcio, no valdrán los cauces del proceso matrimonial —en la medida en que el conjunto de operaciones cuya realización se requiere para averiguar la verdadera procedencia de los reintegros escaparía notablemente al objeto del mismo—, ni los del previsto para liquidar los regímenes de comunidad de bienes y de participación en las ganancias —que tampoco servirían a estos efectos—, sino solo los declarativos que correspondan por razón de la cuantía (*cfr.* arts. 91 I y 95 CC y 806-811 LEC; SAP Barcelona 27 marzo 2000). Para calcularla, no obstante, conviene proceder también a su actualización, toda vez que las obligaciones de reintegro fueron concebidas desde un principio como deudas de valor, según puede observarse en la exposición de motivos del proyecto de ley de 14 de septiembre de 1979 (*cfr.* arts. 1346 *in fine*, 1347.4, 1352 II, 1358, 1359 I, 1397.2, 1397.3, 1398.2, 1398.3 y 1403 CC).

Cuestiones relevantes

19. Los derechos de reintegro pueden surgir en el régimen de separación de bienes tanto por excesos de contribución en el sostenimiento de las cargas del matrimonio como con ocasión de la responsabilidad patrimonial de los cónyuges en el ejercicio de la potestad doméstica (*cfr.* arts. 1319, 1438 y 1440 II CC).

6.3. Comunidades de bienes

Normativa reguladora

"En el régimen de separación pertenecerán a cada cónyuge los bienes que tuviese en el momento inicial del mismo y, los que después adquiera por cualquier título. Asimismo corresponderá a cada uno la administración, goce y libre disposición de tales bienes" (art. 1437 CC).

"Si los casados en régimen de participación adquirieran conjuntamente algún bien o derecho, les pertenece en *pro indiviso* ordinario" (art. 1414 CC).

"Cuando no sea posible acreditar a cuál de los cónyuges pertenece algún bien o derecho, corresponderá a ambos por mitad" (art. 1441 CC).

"Los bienes adquiridos por ambos cónyuges, sujetos a cualquier régimen de separación o participación, se inscribirán a nombre de uno y otro, en la proporción indivisa en que adquieran conforme al artículo 54 de este Reglamento" (art. 90.2 RH).

El legislador establece que en el régimen de separación pertenecerán a cada cónyuge los bienes que tuviese en el momento inicial del mismo y los que después adquiera por cualquier título, pero cuando ambos lo hagan conjuntamente procederá aplicar lo dispuesto para el de participación en las ganancias y entender que la adquisición les pertenece en proindiviso ordinario, ya que el carácter de este régimen económico-matrimonial "no resulta impeditivo para que pueda surgir (...) comunidad (...) de bienes" entre los mismos [*cfr.* arts. 1414 y 1437 CC y 90.2 RH; SSTS 5 noviembre 2019 (*Tol 7580282*), 14 marzo 1994 (*Tol 1657287*) y 14 febrero 1989; RRDGSJFP 15 septiembre 2020 (*Tol 8101234*), 21 mayo 2018 (*Tol 6628417*), 16 mayo 2021 (*Tol 6613114*), 2 noviembre 2017 (*Tol 6437336*), 5 mayo 2016 (*Tol 5745169*), 30 octubre 2014 (*Tol 4555702*), 22 diciembre 2010, 16 junio 2010, 22 marzo 2010, 29 octubre 2008 y 21 enero 2006]. Ello significa que el sistema general de adquisición de derechos reales no se ve alterado por el régimen de separación de bienes y nos advierte de que el funcionamiento propio de este régimen económico-matrimonial no ha de confundirse con el de la sociedad de gananciales [*cfr.* arts. 1346.3 y 1347.3 CC; SSTS 6 febrero 2008 (*Tol 1256786*), 11 noviembre 2004 (*Tol 513444*), 19 julio 2002 (*Tol 4975876*), 28 abril 1997, 23 noviembre 1990 (*Tol 1729480*), 2 marzo 1977 y 2 noviembre 1965]. Por tanto, todo lo adquirido durante el régimen de separación bienes no pertenecerá al titular de los fondos empleados en el hecho adquisitivo sino al que resulte como tal del título de adquisición, en base al principio de titularidad formal y no al de subrogación real que opera en la sociedad de gananciales, según se sigue de la mera existencia de la presunción muciana [*cfr.* arts. 609, 1437 y 1442 CC y 195 TRLC; SSTS 6 febrero 2008 (*Tol 1256786*) y 14 febrero 1989]. Pero, además de las que surjan por adquisiciones conjuntas, estarán igualmente sujetas a liquidación las comunidades de bienes que resulten de la llamada "presunción" de proindiviso y de las cuentas bancarias de titularidad colectiva que los cónyuges tengan a su disposición durante la vigencia del régimen de separación de bienes.

La comunidad de vida que genera el matrimonio celebrado entre los cónyuges dificulta a veces la determinación de la titularidad de los bienes y derechos adquiridos durante el régimen de separación de bienes, en virtud del principio de titularidad formal (*cfr.* art. 1437 CC). Pensando en estas situaciones se establece legalmente que, siempre y "(c)uando no sea posible acreditar a cuál de los cónyuges pertenece algún bien o derecho, corresponderá a ambos por mitad", en proindiviso ordinario (*cfr.* art. 1441 CC). Para aplicar esta regla, no obstante, señala la jurisprudencia que "se precisa la circunstancia de no ser posible asignar titularidad exclusiva a uno de los cónyuges de los bienes en controversia", porque la misma "no crea per se una (...) comunidad de bienes" entre éstos "sino que se limita a establecer una presunción y por ello ha de entenderse que se está más ante una norma procesal que (...) se supedita a la decisión del juzgador, si no resulta suficientemente acreditado (...) que los bienes objeto del conflicto son propiedad (...) de uno u otro cónyuge" en base a las pruebas practicadas [SSTS 14 febrero 1989 y 11 octubre 1988 (*Tol 1734411*) y STSJ Islas Baleares 28 octubre 1997]. Sin embargo, a pesar de que ésta sea comúnmente entendida como una "presunción" —que, como toda presunción, encontraría su fundamento en la probabilidad del hecho presunto en atención al hecho base—, en el régimen de separación de bienes resulta escasamente probable que los cónyuges deseen constituirse en comuneros de sus respectivos patrimonios, motivo por el que sería mucho más acertado considerar que semejante "presunción" en realidad se trata de una "ficción legal" [*cfr.* SSTS 28 abril 1997 y 11 octubre 1988 (*Tol 1734411*)].

Esta ficción, operante tan solo como regla de cierre, servirá entonces de cauce para crear una comunidad de bienes "que ingresa en el haber y disponibilidad dominical de cada uno de los consortes" como cualquier otra que hubiese surgido entre los mismos con motivo de una adquisición conjunta y "cuyo régimen es el de (...) cotitularidad ordinaria", no el de la comunidad de gananciales (*cfr.* arts. 1414, 1437 y 1441 CC y 90.2 RH; STS 28 abril 1997). Partiendo de ello se hace evidente que esta regla no se corresponde con la presunción de ganancialidad en cuya virtud "(s)e presumen gananciales los bienes existentes en el matrimonio mientras no se pruebe que pertenecen privativamente a uno de los dos cónyuges", además de que el régimen de separación de bienes tampoco genera una masa común de bienes y derechos sujeta a cargas y obligaciones que requiera de una vis atractiva con respecto a los de cada cónyuge, pero es que la ficción a la que nos estamos refiriendo ni siquiera se contenta con la mera falta de prueba en torno a los mismos, al tomar como punto de partida la imposibilidad de demostrar su pertenencia (*cfr.* arts. 1361 y 1441 CC; STS 11 octubre 1988). Por este motivo, si la incertidumbre no residiera en la titularidad sino en las cuotas que operen sobre lo que se sepa que pertenece a ambos cónyuges, no será de aplicación y cederá ante las reglas de la copropiedad (*cfr.* arts. 393 II, 1414 y 1441 CC).

Los cónyuges están obligados a contribuir al sostenimiento de las cargas matrimoniales con sus respectivos recursos económicos, pero no necesariamente en dinero —porque podrán hacerlo también mediante la realización del trabajo doméstico o poniendo bienes propios a disposición del uso familiar, si así lo desean—, aunque en la práctica lo más frecuente es que lo hagan a través de fondos depositados en cuentas bancarias de titularidad colectiva y, en particular, indistinta, ya que son éstas las que manifiestan una mayor conformidad con la potestad doméstica en tanto que la misma faculta a "(c)ualquiera de los cónyuges" para "realizar los actos encaminados a atender las necesidades ordinarias de la familia" (*cfr.* arts. 1319 I y 1438 CC). De este modo, el deber de contribuir a su sostenimiento no se traduce sino en una mera provisión de fondos para que cualquiera de los cónyuges pueda emplearlos en el tráfico jurídico con el propósito de darles satisfacción —llegándose, incluso, a presumir este destino en defecto de prueba en contrario—, sin precisar a tales efectos del consentimiento del consorte (*cfr.* art. 1439 CC). En este sentido, claro está, resulta previsible que el poder de disposición solidario y la titularidad colectiva de las cuentas bancarias se confundan en la práctica con un interesado condominio sobre los fondos depositados en ellas cuando una crisis matrimonial motive la liquidación del régimen de separación de bienes.

La titularidad colectiva de las cuentas bancarias de que dispongan los cónyuges durante la vigencia de este régimen económico-matrimonial apenas opera con respecto a las obligaciones que se sigan de las mismas para con la entidad depositaria, pero no en relación con los derechos reales que en cada caso se ostenten sobre los fondos depositados, según se extrae de que el depósito no exija la titularidad dominical del depositante como requisito de validez (*cfr.* art. 1771 CC). Por este motivo señala la jurisprudencia que la "apertura de una cuenta (...) bancaria, en forma indistinta, a nombre de dos (...) personas, lo único que significa (...) es que cualquiera de los titulares tendrá frente al (...) depositario, facultades dispositivas del saldo que arroje la cuenta", pero que "(t)ales depósitos (...) no suponen por ello comunidad de dominio", ya que "la existencia de un condominio (...) vendrá determinado únicamente por (...) la propiedad originaria de los fondos (...) de (...) dicha cuenta" [SSTS 28 febrero 2023 (*Tol 9437368),* 21 febrero 2022 (*Tol 8818663*), 28 junio 2021 (*Tol 8503679*), 28 septiembre 2018 (*Tol 6830615*), 15 febrero 2013 (*Tol 3055573*), 21 mayo 2007 (*Tol 1081744*), 14 marzo 2003 (*Tol 4929062*), 7 febrero 2003 (*Tol 4927745*), 25 mayo 2001 (*Tol 4974471*), 29 mayo 2000 (*Tol 4927078*), 5 julio 1999 (*Tol 5120303*), 31 octubre 1996 (*Tol 1659097*), 7 junio 1996 (*Tol 1659402*), 19 diciembre 1995 (*Tol 1658423*), 15 diciembre 1993 (*Tol 1655593*), 15 julio 1993 (*Tol 1663257*), 23 mayo 1992 (*Tol 1659827*), 8 febrero 1991 (*Tol 1728170*) y 19 octubre 1988 (*Tol 1733324*)]. Evidentemente, a pesar de ello, surgirá también tal condominio cuando los titulares de esta clase de cuentas bancarias estén unidos en matrimonio bajo el régimen de separación de bienes y no sea posible vincular la propiedad originaria de los fondos con ninguno de los cónyuges, como resultado de la llamada "presunción" de proindiviso (*cfr.* art. 1441 CC).

Sin embargo, exceptuando este caso, como indica la jurisprudencia, no existirá comunidad de bienes sobre los fondos depositados en cuentas bancarias de titularidad colectiva sino cuando se acredite que los mismos pertenecen a ambos cónyuges, pero tal cosa no significa que la participación que éstos ostenten sobre ellos deba consistir necesariamente en el cincuenta por ciento, si de las pruebas practicadas resulta que tales cuentas se nutrieron en una proporción distinta de sus respectivos patrimonios (*cfr.* arts. 392 I y 1441 CC). Por lo tanto, solo a falta de prueba en contrario será aplicable la regla general en cuya virtud "se presumirán iguales (...) las porciones correspondientes a los partícipes en la comunidad" de bienes, no siendo óbice para ello que los cónyuges hubiesen contribuido en una medida diferente al levantamiento de las cargas matrimoniales —en función de lo convenido o según resulte de la debida proporcionalidad a sus recursos económicos—, al no tratarse siquiera de un patrimonio que esté especialmente destinado a darles satisfacción [*cfr.* arts. 393 II, 1318 I y 1438 CC; STS 21 noviembre 1994 (*Tol 1665718*)]. Esta circunstancia, en absoluto infrecuente, apenas tendrá su reflejo en las cuentas que se rindan a este respecto para averiguar si procede el reintegro de cantidades por este motivo, pero no afectará de ningún modo a las cuotas que los cónyuges ostenten sobre los fondos depositados en las cuentas bancarias de que se trate, a los efectos de la liquidación que de ellos se haga con motivo de una crisis matrimonial mediante el ejercicio de la acción de división (*cfr.* art. 400 I CC).

En definitiva, siempre y cuando las comunidades de bienes surgidas entre los consortes durante su vigencia no se extingan por la pérdida o destrucción, renuncia, enajenación, expropiación, consolidación, usucapión o retracto de comuneros, ni medie la prohibición de hacerlo en base a la voluntad de los mismos o de un tercero —donante o testador, entiéndase—, será preciso proceder a su división mediante los cauces del procedimiento específicamente contemplado por el legislador para liquidar cualquier régimen económico-matrimonial que, por capitulaciones matrimoniales o disposición legal, determine la existencia de una masa común de bienes y derechos sujeta al levantamiento de ciertas cargas y obligaciones, al haber indicado la jurisprudencia que "es común a (...) todos los regímenes económicos matrimoniales" y "no excepciona al de separación de bienes ni a las cargas derivadas del mismo", como son las matrimoniales [*cfr.* arts. 806 LEC; STS 20 febrero 2018 (*Tol 6526201*)]. Pese a todo, si bien es cierto que las comunidades de bienes surgidas durante el régimen de separación de bienes están sujetas al levantamiento de las cargas matrimoniales por "disposición legal", no lo es menos que su existencia no vendrá determinada por el régimen económico-matrimonial sino por las reglas generales que disciplinan la copropiedad (*cfr.* arts. 1318, 1414 y 1438 CC). Por este motivo, aunque el legislador se refiera a "cualquier régimen económico matrimonial que (...) determine la existencia de una masa común de bienes y derechos sujeta a (...) cargas y obligaciones", no lo hace sino a cualquier régimen de comunidad de bienes que prevea o pueda prever tanto la legislación estatal como autonómica —ya que todos ellos suelen coincidir en atribuir "determinadas cargas y obligaciones" a la masa común de bienes y derechos—, pero en ningún caso a los de separación de bienes. De hecho, a pesar de que a éstos les es aplicable la regla general conforme a la cual "los bienes de los cónyuges están sujetos al levantamiento de las cargas del matrimonio", no se tratará de una verdadera sujeción como la operante en los de comunidad de bienes, según lo explica el deber expreso que suelen imponer a aquéllos para contribuir a tal fin y que el régimen de participación en las ganancias tenga un cauce procesal específico para su liquidación, siendo también éste de separación de bienes [*cfr.* arts. 1318 I CC y 811 LEC; SAP Málaga 18 noviembre 2015 (*Tol 5722705*)].

Este argumento consigue que también resulte inaplicable tal procedimiento para liquidar las comunidades que respondan a una situación de incertidumbre con respecto a la titularidad de los bienes sobre los que recaen —y que, en definitiva, serían las únicas verdaderamente determinadas "por disposición legal" comprendida en el régimen de separación de bienes—, en la medida en que tampoco manifestarán una auténtica sujeción al levantamiento de las cargas matrimoniales, como en principio exigiría la legislación procesal (*cfr.* arts. 806 LEC y 1441 CC). Por lo tanto, el cauce apropiado para dividir las comunidades surgidas durante el régimen de separación de bienes no residirá en el procedimiento específicamente contemplado para liquidar los regímenes económico-matrimoniales sino en el proceso declarativo que por razón de la cuantía corresponda a la *actio communi dividundo* salvo cuando proceda su acumulación a la acción de nulidad, separación o divorcio, aunque la jurisprudencia sostenga lo contrario [*cfr.* art. 437.4.4 LEC; SSTS 11 marzo 2004 (*Tol 356761*), 19 junio 2000 (*Tol 4973812*) y 28 febrero 1981]. De este modo, cuando las cosas sobre las que recaigan resulten indivisibles —por quedar inservibles para el uso a que se destinen o por ser esencialmente indivisibles— y los comuneros no convengan que se adjudique a uno de ellos indemnizando a los demás, se liquidarán mediante venta en pública subasta [*cfr.* arts. 401, 404, 406, 1061 y 1062 CC; STS 29 enero 2000 (*Tol 4927196*)]. En todo caso, no obstante, téngase en cuenta que semejante pretensión será imprescriptible en tanto nadie está obligado a permanecer en indivisión [*cfr.* arts. 400, 1051 y 1965 CC; STS 28 marzo 2003 (*Tol 4928930*)].

Jurisprudencia

"El régimen de separación (...) de bienes no resulta impeditivo para que pueda surgir (...) comunidad (...) de bienes, cuyo régimen es el de cualquier (...) cotitularidad ordinaria..." (STS 28 abril 1997).

"... bajo el régimen de separación de bienes (...) no cabe hablar de un patrimonio común de los esposos, aunque ello no excluye que existan bienes comunes adquiridos por ambos consortes durante el matrimonio, en la proporción que proceda a las aportaciones de cada uno de ellos, sometidos al régimen de la comunidad de bienes..." [STS 5 noviembre 2019 (*Tol 7580282*)].

"... el hecho de que entre dos cónyuges exista régimen de separación de bienes, no impide (...) que los mismos (...) puedan adquirir un bien 'por mitad e iguales partes en proindiviso', en cuyo caso, con relación a dicho concreto bien, surge entre los esposos (...) un condominio ordinario, como así lo dice expresamente el artículo 1414 del Código Civil para el régimen de participación (al que, durante la vigencia del mismo, se le aplican las normas relativas al de separación de bienes —artículo 1413 del mismo Cuerpo legal—), cuyo precepto (...) es, obviamente, también aplicable al régimen de separación..." [STS 14 marzo 1994 (*Tol 1657287*)].

"La posibilidad de realizar adjudicaciones de bienes, con compensación en metálico del exceso, es algo que la sala ha admitido en otras sentencias (...) en casos de (...) separación de bienes..." [STS 24 octubre 2023 (*Tol 9764070*)].

Cuestiones relevantes

20. El régimen de separación de bienes no impide que surja una comunidad de bienes entre los cónyuges como resultado de una adquisición conjunta conforme a las reglas generales [*cfr.* SSTS 5 noviembre 2019 (*Tol 7580282*) y 28 abril 1997].

21. El empleo de una cuenta bancaria de titularidad colectiva en forma indistinta durante el régimen de separación de bienes no se traduce necesariamente en una comunidad de bienes de los fondos depositados, sino solo significa que cualquiera de los cónyuges tendrá facultades dispositivas sobre el saldo depositado, ya que la existencia de la comunidad de bienes únicamente vendrá determinada por la propiedad originaria de los fondos de la misma" [*cfr.* SSTS 28 febrero 2023 (*Tol 9437368*), 21 febrero 2022 (*Tol 8818663*), 28 junio 2021 (*Tol 8503679*), 28 septiembre 2018 (*Tol 6830615*), 15 febrero 2013 (*Tol 3055573*), 21 mayo 2007 (*Tol 1081744*), 14 marzo 2003 (*Tol 4929062*), 7 febrero 2003 (*Tol 4927745*), 25 mayo 2001 (*Tol 4974471*), 29 mayo 2000 (*Tol 4927078*), 5 julio 1999 (*Tol 5120303*), 31 octubre 1996 (*Tol 1659097*), 7 junio 1996 (*Tol 1659402*), 19 diciembre 1995 (*Tol 1658423*), 15 diciembre 1993 (*Tol 1655593*), 15 julio 1993 (*Tol 1663257*), 23 mayo 1992 (*Tol 1659827*), 8 febrero 1991 (*Tol 1728170*) y 19 octubre 1988 (*Tol 1733324*)].

ESQUEMA

ADQUISICIÓN DE VIGENCIA

Estipulación realizada en capitulaciones matrimoniales
Exclusión de la sociedad de gananciales en capitulaciones matrimoniales
Disolución de la sociedad de gananciales o del régimen de participación en las ganancias

PUBLICIDAD REGISTRAL

Registro Civil
Registro de la Propiedad
Registro Mercantil

PRINCIPIOS RECTORES

Principio de separación de patrimonios
Principio de gestión separada
Principio de separación de responsabilidades

EXTINCIÓN

Otorgamiento o modificación de las capitulaciones matrimoniales
Opción en documento público
Separación legal de los cónyuges
Disolución del matrimonio

LIQUIDACIÓN

Compensación del trabajo doméstico

1. Presupuestos

Instancia de parte
Legitimación *ad causam*
Pacto de separación de bienes
Dedicación exclusiva al hogar
Irrelevancia del enriquecimiento o incremento patrimonial
Ejercicio en plazo de prescripción

2. Cuantificación
3. Ejercicio

Derechos de reintegro
Comunidades de bienes

20 La inscripción de bienes conyugales en el Registro de la Propiedad

Cristina Eugenia Sánchez López-Muelas[1]

Sumario: 1. INSCRIPCIÓN DE BIENES PERTENECIENTES A CÓNYUGES CASADOS EN RÉGIMEN DE SOCIEDAD DE GANANCIALES. 1.1. Inscripción de bienes gananciales. 1.2. Inscripción de bienes privativos. 1.2.1. Bienes que se inscriben como privativos por aplicación de la ley (art. 95.1 RH). 1.2.2. Bienes respecto de los que existe prueba de su carácter privativo (art. 95.2 RH). 1.2.3. Bienes privativos por confesión (art. 95.4 RH). 1.3. Inscripción de actos dispositivos sobre los bienes gananciales. 1.4. Inscripción de actos dispositivos sobre bienes privativos. 1.5. Anotación de embargo sobre bienes gananciales. 1.5.1. Anotación de embargo durante la vigencia de la sociedad de gananciales. 1.5.2. Anotación de embargo cuando la sociedad de gananciales está disuelta pero no liquidada. 1.5.3. Anotación de embargo cuando la sociedad de gananciales está liquidada. 2. INSCRIPCIÓN DE BIENES PERTENECIENTES A CÓNYUGES SUJETOS A RÉGIMEN DE SEPARACIÓN DE BIENES O DE PARTICIPACIÓN EN LAS GANANCIAS. 3. INSCRIPCIÓN DE BIENES PERTENECIENTES A CÓNYUGES CASADOS EN RÉGIMEN DE COMUNIDAD. 4. INSCRIPCIÓN DE BIENES PERTENECIENTES A CÓNYUGES SUJETOS A RÉGIMEN ECONÓMICO MATRIMONIAL EXTRANJERO. 5. INSCRIPCIÓN DE ACTOS DISPOSITIVOS SOBRE LA VIVIENDA FAMILIAR.

1. INSCRIPCIÓN DE BIENES PERTENECIENTES A CÓNYUGES CASADOS EN RÉGIMEN DE SOCIEDAD DE GANANCIALES

Durante la vigencia de la sociedad de gananciales, distinguiremos entre la inscripción de bienes gananciales y bienes privativos.

1.1. Inscripción de bienes gananciales

Las reglas para su inscripción se encuentran comprendidas en los arts. 93 y 94 RH de 14 de febrero de 1947.

Normativa reguladora

El art. 93 RH dispone lo siguiente: "1. Se inscribirán a nombre de marido y mujer, con carácter ganancial, los bienes adquiridos a título oneroso y a costa del caudal común por ambos cónyuges para la comunidad o atribuyéndoles de común acuerdo tal condición o adquiriéndolos en forma conjunta y sin atribución de cuotas.

1 Registradora de la Propiedad.

En la misma forma se inscribirán los bienes donados o dejados en testamento a los cónyuges conjuntamente y sin especial designación de partes, constante la sociedad, siempre que la liberalidad fuere aceptada por ambos y el donante o testador no hubiere dispuesto lo contrario".

En su párrafo 4 continúa señalando: "4. Los bienes adquiridos a título oneroso por uno sólo de los cónyuges para la sociedad de gananciales se inscribirán, con esta indicación a nombre del cónyuge adquirente"

El artículo 94 RH en su párrafo primero establece: "1. Los bienes adquiridos a título oneroso por uno solo de los cónyuges, sin expresar que adquiere para la sociedad de gananciales, se inscribirán a nombre del cónyuge adquirente con carácter presuntivamente ganancial".

De los arts. 93 y 94 resulta que los bienes pueden inscribirse:

1º) A nombre de ambos cónyuges con carácter ganancial (art. 93.1 RH).

Se produce únicamente en los siguientes casos:

a) bienes adquiridos a título oneroso a costa del caudal común por ambos cónyuges

b) bienes adquiridos atribuyéndoles de común acuerdo tal condición; o de forma conjunta y sin atribución de cuotas. Es una aplicación directa del art. 1355 CC, que distingue entre una atribución expresa de ganancialidad en su primer párrafo, y una atribución tácita o presunta en el segundo. Es también posible atribuir la ganancialidad con posterioridad a la adquisición, en virtud del principio de libertad de contratación entre cónyuges consagrado en el art. 1323 CC En tal supuesto, es reiterada la doctrina de la DGSJFP que exige que se haga constar la causa en la Escritura de aportación a sociedad de gananciales.

c) bienes donados o dejados en testamento a los cónyuges conjuntamente y sin especial designación de partes, constante la sociedad, siempre que la liberalidad sea aceptada por ambos y el donante o testador no disponga lo contrario. Es aplicación del art. 1353 CC.

2º) A nombre de uno de los cónyuges para su sociedad de gananciales (art. 93.4 RH).

El RH acoge la distinción entre bienes gananciales de titularidad conjunta y de titularidad privativa. En este último caso, uno de los cónyuges adquiere el bien, expresando que lo hace para su sociedad de gananciales. Esto no influye sobre el carácter ganancial de los bienes, que se mantiene en todo caso, pero sí tiene efectos en cuanto a la administración y la iniciativa de cara a disponer de los mismos, como veremos más adelante.

La mención hecha por el cónyuge de haber adquirido para su sociedad de gananciales, no puede ser revocada por éste de manera unilateral, pues ello afecta directamente a los derechos del otro cónyuge, y no es posible rectificar la inscripción sin su consentimiento de acuerdo con el art. 40 RH.

3º) A nombre de uno de los cónyuges con carácter presuntivamente ganancial (art. 94.1 RH).

Uno de los cónyuges adquiere el bien, durante la vigencia de la sociedad de gananciales, sin hacer manifestación alguna. Este precepto es la consecuencia de la presunción de ganancialidad consagrada en el art. 1361 CC.

1.2. Inscripción de bienes privativos

Normativa reguladora

Artículo 95. RH: "1. Se inscribirán como bienes privativos del cónyuge adquirente los adquiridos durante la sociedad de gananciales que legalmente tengan tal carácter.

2. El carácter privativo del precio o de la contraprestación del bien adquirido deberá justificarse mediante prueba documental pública.

3. Todos los actos inscribibles relativos a estos bienes se llevarán a cabo exclusivamente por el cónyuge adquirente aun antes de proceder a la liquidación de la sociedad conyugal disuelta.

4. Si la privatividad resultare sólo de la confesión del consorte, se expresará dicha circunstancia en la inscripción y ésta se practicará a nombre del cónyuge a cuyo favor se haga aquélla. Todos los actos inscribibles relativos a estos bienes se realizarán exclusivamente por el cónyuge a cuyo favor se haya hecho la confesión, quien no obstante necesitará para los actos de disposición realizados después del fallecimiento del cónyuge confesante el consentimiento de los herederos forzosos de éste, si los tuviere, salvo que el carácter privativo del bien resultare de la partición de la herencia.

5. Si la justificación o confesión de privatividad se refiriese solamente a una parte del precio o contraprestación, la inscripción se practicará a nombre del cónyuge a cuyo favor se haga aquélla en la participación indivisa que se indique en el título y a nombre de uno o ambos cónyuges, según proceda, para su sociedad de gananciales, en la participación indivisa restante del bien adquirido.

6. La justificación o confesión de la privatividad hechas con posterioridad a la inscripción se harán constar por nota marginal. No se consignará la confesión contraria a una aseveración o a otra confesión previamente registrada de la misma persona".

Artículo 91.2 y 3 RH: "2. El posterior destino a vivienda familiar de la comprada a plazos por uno de los cónyuges antes de comenzar la sociedad, no alterará la inscripción a favor de éste, si bien, en las notas marginales en las que se hagan constar con posterioridad, los pagos a cuenta del precio aplazado se especificará el carácter ganancial o privativo del dinero entregado.

3. La determinación de la cuota indivisa de la vivienda familiar habitual que haya de tener carácter ganancial, en aplicación del art. 1.357.2 CC, requerirá el consentimiento de ambos cónyuges, y se practicará mediante nota marginal".

A la vista de la regulación contenida en el art. 95 RH, es preciso distinguir entre los bienes que se inscriben como privativos porque legalmente tienen tal carácter, y aquéllos en los que existe una prueba su privatividad.

1.2.1. Bienes que se inscriben como privativos por aplicación de la ley (art. 95.1 RH)

Son aquellos bienes que tienen carácter privativo porque así lo determina el art. 1346 CC.

En relación con la vivienda familiar, el art. 91.2 RH trata el supuesto de que un cónyuge adquiera la vivienda con carácter privativo, antes de comenzar el régimen de sociedad de gananciales. Si posteriormente se constituye como vivienda familiar, ello no altera su carácter privativo; ahora bien, si se compró a plazos y los pagos posteriores se realizan con cargo a la sociedad de gananciales, se especificará por nota marginal. Esto es una aplicación del art. 1357 CC que remite al art. 1354, según el cual, el bien corresponderá pro indiviso a la sociedad de gananciales y al cónyuge o cónyuges en proporción al valor de las aportaciones respectivas. El art. 91.3 RH especifica que la determinación de la cuota indivisa que haya de corresponder a la sociedad de gananciales requerirá el consentimiento de ambos cónyuges y se practicará mediante nota marginal.

1.2.2. Bienes respecto de los que existe prueba de su carácter privativo (art. 95.2 RH)

El carácter privativo debe justificarse mediante prueba documental pública. Dada la presunción de ganancialidad establecida en el art. 1361 CC, esta prueba puede revestir cierta dificultad.

Cuestiones relevantes

1. La DGSJFP considera que, para justificar el carácter privativo del dinero empleado en la compra, no basta con que el comprador manifieste que dicho dinero proviene de la venta anterior de bienes privativos. Razona la Dirección General que el art. 95.2 RH exige al efecto prueba documental pública; en defecto de la cual, añade, se entiende que la prueba ha de venir de la fe notarial, y no de las simples manifestaciones de la parte interesada (por mucho que se documenten públicamente); en defecto de todo lo cual, concluye, se aplicará la presunción de ganancialidad del bien comprado (art. 1361 CC) (R 12 junio 2013, BOE 12-7).

En R 26 febrero 2020 (BOE 3-7), la DGSJFP señaló que la prueba de la privatividad de la contraprestación es especialmente difícil cuando ésta consiste en dinero, ya que el carácter fungible del mismo hace muy difícil demostrar que el utilizado es privativo, pues para ello hay que demostrar de forma indubitada que el invertido ahora es justo el mismo que se había adquirido previamente con carácter privativo por el cónyuge ahora pagador. El rastro del dinero ha de gozar de una prueba documental plena.

Es destacable, no obstante, la R 5 mayo 2022 (BOE 23-6), según la cual la rigidez con la que hasta ahora ha sido interpretado el art. 95.2 RH ha de ser flexibilizada atendiendo a la realidad social (art. 3.1 CC). En el caso concreto resuelto por la misma, se entendió que para justificar el carácter privativo del dinero empleado en la compra, si bien en principio no basta con que el comprador manifieste que dicho dinero proviene de una previa donación o de la venta anterior de bienes privativos, sí puede ser suficiente que, además de dicha manifestación, exista algún dato adicional que la corrobore, como sería el documento bancario del que resulte la correspondencia entre el pago ahora efectuado, y el previo ingreso en una cuenta de titularidad del comprador de dinero procedente de donación constatada en escritura pública.

1.2.3. Bienes privativos por confesión (art. 95.4 RH)

Este precepto está basado en el art. 1324 CC. El Reglamento Hipotecario permite que la confesión de privatividad se realice respecto de la totalidad del bien, o respecto a una participación indivisa, y con carácter simultáneo o posterior a la adquisición. Si la confesión se realiza con posterioridad debe hacerse constar por nota marginal. No es válida si es contraria a una aseveración ya hecha.

Cuestiones relevantes

2. Inscrito un bien a favor de una persona bajo confesión de privatividad hecha por su cónyuge al tiempo de la compra, basta para transmitir, que el transmitente manifieste que su cónyuge (o ex cónyuge, si fuera el caso) vive, sin que se precise prueba alguna de tal circunstancia o la comparecencia de quien en su día confesó (R 27 febrero 2019, BOE 26-3).

Fallecido el cónyuge confesante, será preciso el consentimiento de los herederos forzosos de éste para disponer del bien, salvo que el carácter privativo del mismo resulte de la partición de herencia.

No es admisible una confesión de privatividad contraria a una declaración anterior de ambos cónyuges. En R 2 abril 2012 se resolvió el supuesto en el que unos cónyuges que ya habían declarado que una finca era ganancial y que figuraba inscrita como tal (por compra del solar en su día por el marido con carácter presuntivamente ganancial, y posterior obra nueva declarada por ambos con fondos comunes) manifestaban ahora en Escritura que la finca era en realidad privativa del marido, por haber sido adquirida con dinero de su exclusiva propiedad. Entendió el Centro Directivo que no cabía la inscripción, por impedirlo el art. 95.6 RH, a menos que se aportara prueba del carácter privativo del dinero.

La R 12 junio 2020 (BOE 31-7) resolvió sobre un caso de compra por marido, casado en gananciales, en el que manifestaba emplear dinero privativo proveniente de herencia previa, y cuya manifestación era confirmada por la esposa. Ambos solicitaban la inscripción a nombre del esposo con carácter privativo, no por confesión (esgrimiendo el principio de autonomía de la voluntad de los arts. 1255 y 1355 CC); y añadían, a los efectos previstos en el art. 1358 CC, que, siendo privativo el dinero empleado por el marido, no procedería reembolso ni compensación alguna entre el patrimonio ganancial y el privativo del marido). Estimó la DGSJFP, que en el caso debatido, los cónyuges, en ejercicio de su autonomía de la voluntad, habían excluido la aplicación de la presunción de ganancialidad del art. 1361 CC, y que entre ellos estaba suficientemente causalizada la operación realizada, siendo un negocio oneroso, por existir una perfecta conmutatividad sinalagmática entre el carácter de lo adquirido y los fondos empleados en la adquisición.

Esta doctrina ha sido reiterada en resoluciones posteriores, aunque para su aplicación deben respetarse las exigencias de claridad y precisión que presiden el otorgamiento de los asientos registrales. Por ello en R. 17 diciembre 2020 (BOE 9-1-2021), se confirmó la calificación del Registrador que había denegado la inscripción de una compraventa, en la que el comprador y su cónyuge manifestaban que la compra se había efectuado con dinero propio del comprador, solicitando la inscripción de la finca adquirida como bien privativo, pues de la escritura no resultaba con claridad si lo que se estaba formalizando era una confesión sobre el carácter privativo del dinero, empleado en la adquisición de la finca, de suerte que la inscripción debía practicarse al amparo del art. 95.4 RH; o un negocio entre los cónyuges por el que ambos determinaban el carácter privativo del bien comprado.

1.3. *Inscripción de actos dispositivos sobre los bienes gananciales*

Normativa reguladora

El artículo 93 RH en sus apartados segundo, tercero y cuarto señala: "2. Para la inscripción de los actos de administración o de disposición, a título oneroso, de estos bienes será preciso que se hayan realizado conjuntamente por ambos cónyuges, o por uno cualquiera de ellos con el consentimiento del otro o con la autorización judicial supletoria.

3. Los actos de disposición a título gratuito de estos bienes se inscribirán cuando fueren realizados por ambos cónyuges conjuntamente, o por uno de ellos concurriendo el consentimiento del otro.

4. Los bienes adquiridos a título oneroso por uno sólo de los cónyuges para la sociedad de gananciales se inscribirán, con esta indicación a nombre del cónyuge adquirente. Para la inscripción de los actos de disposición de estos bienes se estará a lo dispuesto en los apartados 2 y 3 de este artículo y para la de los actos enumerados en el apartado 2 del artículo siguiente, se estará a lo que en él se dispone".

El artículo 94 RH establece: "2. Serán inscribibles las agrupaciones, segregaciones o divisiones de estas fincas, las declaraciones de obra nueva sobre ellas, la constitución de sus edificios en régimen de propiedad horizontal y cualesquiera otros actos análogos realizados por si solo por el titular registral.

3. Para la inscripción de los actos de disposición a título oneroso de los bienes inscritos conforme al apartado 1 de este artículo, será necesario que hayan sido otorgados por el titular registral con el consentimiento de su consorte o, en su defecto, con autorización judicial.

4. Los actos a título gratuito se regirán por lo dispuesto en el apartado 3 del artículo anterior".

Y finalmente el artículo 96 RH concluye: "1. Lo dispuesto en los artículos 93, 94 y 95 se entiende sin perjuicio de lo establecido por la Ley para casos especiales y de lo válidamente pactado en capitulaciones matrimoniales.

2. Las resoluciones judiciales que afecten a la administración o disposición de los bienes de los cónyuges se harán constar por nota marginal".

Para estudiar esta materia continuaremos con la clasificación de bienes gananciales que hemos realizado anteriormente:

1º) Bienes inscritos a nombre de ambos cónyuges con carácter ganancial: arts. 93.2 y 3 RH.

Para la inscripción de actos de administración o disposición a título oneroso se requiere que hayan sido realizados por ambos cónyuges conjuntamente o por uno con el consentimiento del otro o autorización judicial supletoria.

Para la inscripción de actos de disposición a título gratuito deben haber sido realizados por ambos conjuntamente o por uno con el consentimiento del otro.

2º) Bienes inscritos a nombre de uno de los cónyuges para su sociedad de gananciales: art. 93.4 RH.

El art. 93.4 reproduce las reglas anteriores para la inscripción de actos dispositivos.

Para la inscripción de agrupaciones, segregaciones, divisiones, declaraciones de obra nueva y división horizontal, es decir, actos de riguroso dominio, que no tienen carácter dispositivo, se admite que hayan sido realizados exclusivamente por el titular registral.

Para la realización de actos de administración, a falta de norma específica en el Reglamento Hipotecario, se aplica el art. 1384 CC, según el cual basta el consentimiento del cónyuge que figura como titular registral. En relación con ello, el art. 178.5 RH para el caso de hipoteca inscrita a nombre de un cónyuge para su sociedad de gananciales, admite que la cancelación por pago, que se considera acto de administración, pueda realizarse exclusivamente por el cónyuge a cuyo nombre aparezca constituido el crédito.

3º) Bienes inscritos a nombre de uno de los cónyuges con carácter presuntivamente ganancial: art. 94 RH.

Para los actos de riguroso dominio, la inscripción requiere que hayan sido realizados por el titular registral.

Para los actos dispositivos a título oneroso, será necesario que hayan sido otorgados por el titular registral con el consentimiento de su consorte, o en su defecto, con autorización judicial.

Para los actos a título gratuito, su inscripción precisa que hayan ido verificados por ambos cónyuges o por el titular registral con el consentimiento de su consorte.

4º) Casos especiales.

Finalmente el art. 96 se refiere a casos especiales previstos por la ley que podemos poner en relación con los arts. 1387 a 1389 CC: cónyuge tutor o representante legal del otro, imposibilidad de uno de los cónyuges, abandono de familia, separación de hecho.

Es posible asimismo que los cónyuges hayan pactado reglas especiales de administración y disposición en capitulaciones matrimoniales debidamente inscritas en el Registro Civil, en cuyo caso será preciso aportarlas en el momento de la inscripción del acto adquisitivo del bien, para que se puedan reflejar en el Registro de la Propiedad las reglas que han de cumplirse.

1.4. Inscripción de actos dispositivos sobre bienes privativos

Cada cónyuge puede disponer y administrar libremente sus bienes privativos, sin perjuicio de las limitaciones derivadas de la vida en común de los cónyuges y de las reglas especiales en materia de vivienda familiar que veremos más adelante.

1.5. Anotación de embargo sobre bienes gananciales

Normativa reguladora

Se regula en el artículo 144 RH: "1. Para que durante la vigencia de la sociedad conyugal sea notable en el Registro de la Propiedad el embargo de bienes inscritos conforme a lo previsto en los apartados 1 o 4 del artículo 93 o en el apartado 1 del artículo 94, deberá constar que la demanda ha sido dirigida contra los dos cónyuges o que estando demandado uno de los cónyuges, ha sido notificado al otro el embargo.

2. Cuando se trate de bienes inscritos conforme al número 4 del artículo 95, el embargo será anotable si la demanda se hubiere dirigido contra el cónyuge a cuyo favor aparezcan inscritos los bienes, sea o no el cónyuge deudor.

3. Llegado el caso de enajenación de los bienes embargados, se cumplirá lo pertinente de los artículos 93 y siguientes de este Reglamento.

4. Disuelta la sociedad de gananciales, si no figura en el Registro su liquidación, el embargo será anotable si consta que la demanda se ha dirigido contra ambos cónyuges o sus herederos.

Cuando constare en el Registro su liquidación, el embargo será anotable si el bien ha sido adjudicado al cónyuge contra el que se dirige la demanda o la ejecución, o del mandamiento resulta la responsabilidad del bien por la deuda que motiva el embargo y consta la notificación del embargo al cónyuge titular, antes del otorgamiento de aquélla".

1.5.1. Anotación de embargo durante la vigencia de la sociedad de gananciales

En materia de anotación de embargo, es preciso hacer énfasis en el carácter de la deuda que origina el embargo que se trata de anotar.

Si se trata de una deuda que ha sido contraída por ambos cónyuges, ambos pueden ser demandados y el embargo puede ser anotado sobre cualquier bien inscrito a nombre de uno u otro, o a favor de ambos, ya sea con carácter ganancial o privativo, ya que de las deudas así contraídas, responden tanto los bienes privativos como los gananciales, por aplicación del art. 1367 CC.

Si se trata de deudas contraídas por un sólo cónyuge, es posible que esa deuda sea además deuda de la sociedad de gananciales, en cuyo caso, responden los bienes privativos del deudor y los gananciales solidariamente, por aplicación del art. 1369 CC; o bien que se trate de deudas propias del cónyuge deudor, en cuyo caso, de acuerdo con el art. 1373 CC, responde el cónyuge deudor con su patrimonio personal, y si sus bienes privativos no fueran suficientes, cabe el embargo de bienes gananciales, siempre que tal embargo sea notificado al otro cónyuge.

Cuando se presenta un mandamiento de embargo en el Registro de la Propiedad, es frecuente que no se haga constar cuál es el carácter de la deuda, cuando ha sido contraída por uno solo de los cónyuges. A diferencia de la presunción de ganancialidad del art. 1361, que opera respecto de los bienes que son adquiridos durante la vigencia de la sociedad de gananciales, no existe una presunción de ganancialidad pasiva: esto es, las deudas contraídas por un cónyuge no se presumen gananciales. Por ello es preciso para poder anotar el embargo sobre bienes gananciales, cuando la demanda se ha dirigido contra uno sólo de los cónyuges, que se haya notificado al otro el embargo.

Así pues, podemos distinguir:

1º) Bienes inscritos con carácter ganancial, presuntivamente ganancial o para la sociedad de gananciales: art. 144.1 RH.

Si los dos cónyuges han sido demandados, el embargo puede anotarse sin problema.

Si sólo ha sido demandado uno de los cónyuges es preciso que se haya notificado al otro el embargo, por aplicación del art. 1373 CC. Esta notificación trata de evitar que la ejecución de bienes comunes se realice sin conocimiento del cónyuge no deudor: cuando éste recibe la notificación, si considera que la deuda no es ganancial, puede solicitar la disolución de la sociedad de gananciales, como resulta de los arts. 1373 CC y 541 LEC.

2º) Bienes inscritos como privativos por confesión: art. 144.2 RH.

Será preciso que la demanda se haya dirigido contra el cónyuge a cuyo favor aparecen inscritos los bienes, sea o no el cónyuge deudor.

1.5.2. Anotación de embargo cuando la sociedad de gananciales está disuelta pero no liquidada

Por aplicación del art. 144.4 RH, para que puedan embargarse bienes concretos inscritos con carácter ganancial, presuntivamente ganancial o para la sociedad de gananciales, será preciso que la demanda se haya dirigido contra ambos cónyuges o sus herederos.

Como señaló la DGSJFP en su conocida R 20 abril 2005, si lo que se pretende es embargar la cuota abstracta, que corresponde a un cónyuge sobre la sociedad de gananciales, es posible que las actuaciones judiciales se hayan seguido sólo con el cónyuge deudor. Recordemos que la sociedad de gananciales es una comunidad de tipo germánico, en la que no existen cuotas, y cuando ésta se disuelve, no corresponde a cada cónyuge una mitad indivisa sobre el patrimonio, sino una cuota abstracta que se concreta en el momento de la liquidación. Si se ordena el embargo de la cuota abstracta, éste se anotará sobre los bienes que especifique el oportuno mandamiento. Si una vez hecha la liquidación, estos bienes no son adjudicados al cónyuge deudor, no hay perjuicio para el acreedor, sino que pueden embargarse los demás bienes que le hayan sido atribuidos.

Lo que en todo caso rechaza la DG es que pueda anotarse el embargo sobre los derechos que correspondan a uno de los cónyuges sobre un concreto bien ganancial. Ello es así porque este bien puede adjudicarse o no al cónyuge deudor en el momento de la liquidación.

1.5.3. Anotación de embargo cuando la sociedad de gananciales está liquidada

De acuerdo con el art. 144.4 RH, una vez que se ha liquidado la sociedad de gananciales y a cada cónyuge se le han adjudicado bienes concretos, para anotar el embargo sobre un bien inscrito a nombre de uno de ellos con carácter privativo, por adjudicación en liquidación de Gananciales, no se plantean problemas si la demanda o ejecución se dirige contra él.

Ahora bien, si el bien se ha adjudicado a uno de los cónyuges y se pretende anotar el embargo por una deuda contraída por el otro, se imponen dos requisitos:

– Que del mandamiento resulte que ese bien responde de la deuda que motiva el embargo, por ser una deuda de la sociedad de gananciales y aplicación del art. 1401 CC.

– Que ese embargo haya sido notificado al cónyuge adjudicatario antes del otorgamiento de la liquidación de la sociedad.

Jurisprudencia

R 22 marzo 2019 (BOE 9-4): Para poder anotar un embargo decretado contra el marido, sobre finca inscrita a nombre de la esposa, como consecuencia de una previa liquidación de gananciales, es preciso (a la vista de que no existe una presunción de ganancialidad de las deudas contraídas durante la vigencia de la sociedad ganancial) que exista un pronunciamiento judicial sobre la ganancialidad de la deuda; definitivo e irrevocable, y adoptado en juicio declarativo seguido contra ambos cónyuges.

2. INSCRIPCIÓN DE BIENES PERTENECIENTES A CÓNYUGES SUJETOS A RÉGIMEN DE SEPARACIÓN DE BIENES O DE PARTICIPACIÓN EN LAS GANANCIAS

Normativa reguladora

Se regula en el art. 90 RH en sus apartados segundo y tercero: "2. Los bienes adquiridos por ambos cónyuges, sujetos a cualquier régimen de separación o participación, se inscribirán a nombre de uno y otro, en la proporción indivisa en que adquieran conforme al art. 54 de este Reglamento.

3. Si el régimen económico-matrimonial vigente fuera el de participación se hará constar el consentimiento del cónyuge del disponente si resultare del título y la disposición fuera a título gratuito".

Artículo 54 Reglamento Hipotecario: "1. Las inscripciones de partes indivisas de una finca o derecho precisarán la porción ideal de cada condueño con datos matemáticos que permitan conocerla indudablemente.

2. Esta regla se aplicará cuando las partes de un mismo bien, aun perteneciendo a un solo titular, tengan distinto carácter o distinto régimen.

3. No se considerará cumplido este requisito si la determinación se hiciere solamente con referencia a unidades de moneda, de medida superficial u otra forma análoga".

A la vista de los artículos citados, los bienes pertenecientes a cónyuges sujetos a un régimen de separación de bienes o participación en ganancias se inscriben a nombre del cónyuge adquirente. Si se adquieren conjuntamente se inscriben por mitades indivisas con carácter privativo, o en caso de que no adquieran por mitad, haciendo constar la porción ideal de cada uno de ellos.

La inscripción de actos de administración o disposición de los bienes, requiere que sean realizados por el titular registral, sin perjuicio de las reglas especiales en caso de vivienda familiar, que se aplican cualquiera que sea el régimen.

En caso de realización de actos dispositivos, a título gratuito, por un cónyuge casado en régimen de participación en ganancias, la inscripción únicamente requiere la intervención del titular registral, ahora bien, si cuenta con el consentimiento del otro, se hará constar así por nota marginal, como resulta del art. 90.2 RH, pues dicho consentimiento evitará que el acto pueda ser impugnado en el momento de la liquidación o que el valor del bien haya de incluirse en el patrimonio final del disponente, por aplicación de los arts. 1423 y 1433 CC.

3. INSCRIPCIÓN DE BIENES PERTENECIENTES A CÓNYUGES CASADOS EN RÉGIMEN DE COMUNIDAD

Normativa reguladora

Artículo 90.1 Reglamento Hipotecario: "1. Los bienes que con arreglo al Derecho foral o especial aplicable correspondan a una comunidad matrimonial, se inscribirán a nombre del cónyuge o de los cónyuges adquirentes, expresándose, cuando proceda, el carácter común y, en su caso, la denominación que aquélla tenga.

Si los bienes estuvieren inscritos a favor de uno de los cónyuges y procediera legalmente, de acuerdo con la naturaleza del régimen matrimonial, la incorporación o integración de los mismos a la comunidad podrá hacerse constar esta circunstancia por nota marginal"

4. INSCRIPCIÓN DE BIENES PERTENECIENTES A CÓNYUGES SUJETOS A RÉGIMEN ECONÓMICO MATRIMONIAL EXTRANJERO

Normativa reguladora

Artículo 92 RH: "Cuando el régimen económico-matrimonial del adquirente o adquirentes casados estuviere sometido a legislación extranjera, la inscripción se practicará a favor de aquél o aquéllos haciéndose constar en ella que se verifica con sujeción a su régimen matrimonial, con indicación de éste, si constare".

Art. 144.6 RH: "Cuando se trate de bienes inscritos conforme al artículo 92 de este Reglamento, a favor de adquirente o adquirentes casados sometidos a legislación extranjera, con sujeción a su régimen matrimonial, se haya o no indicado dicho régimen, el embargo será anotable sobre el bien o participación indivisa del mismo inscrita en tal modo, siempre que conste que la demanda o el apremio han sido dirigidos contra los dos cónyuges, o que estando demandado o apremiado uno de los cónyuges ha sido notificado al otro el embargo".

En las compras por extranjeros, es Doctrina reiterada por la DGSJFP que no es preciso que éstos manifiesten cuál es su régimen económico-matrimonial, ni que lo acrediten en el momento de la compra, en cuyo caso, se inscribe el bien a nombre de ambos cónyuges sin expresar el régimen matrimonial en la inscripción, difiriendo el problema al momento de la enajenación posterior (en la que podría darse el caso de que el problema no existiera, si, tratándose de enajenación voluntaria, vendiesen ambos cónyuges, o, siendo forzosa, se demandara a ambos). De ahí que el art. 92 RH se limite a exigir que se exprese en la inscripción que el bien se adquiere "con sujeción a su régimen matrimonial".

Ahora bien, si los cónyuges tienen distinta nacionalidad es preciso que se exprese en la escritura la ley material aplicable al matrimonio.

Jurisprudencia

R 29 octubre 2020 (BOE 25-11): escritura de compraventa en la que se dice que los compradores, español y bielorrusa, tienen domicilio en Lloret de Mar y están casados en régimen de separación de bienes. La Dirección confirma como defecto, que no consta la determinación de cuál sea la ley —española o extranjera— aplicable al régimen económico matrimonial de los compradores. Si bien el art. 92 RH no necesita de mayor aclaración en el caso de tratarse de dos cónyuges extranjeros de la misma nacionalidad, pues su régimen económico matrimonial, a falta de pacto, será el régimen legal correspondiente a su ley nacional común; precisa, en el caso de tratarse de dos esposos de distinta nacionalidad, la determinación de cuál sea la ley aplicable a su régimen económico matrimonial, de acuerdo con los criterios de conexión que determinan las normas de conflicto de Derecho internacional privado español.

Para el caso de que los cónyuges hayan otorgado capitulaciones matrimoniales, hay que tener presente que, si alguno de ellos es nacional español o si el matrimonio se contrae en España, causarán inscripción en el Registro Civil, por los que será preciso presentar certificación de dicha inscripción con carácter previo a la inscripción en el Registro de la Propiedad (art. 36 RH; y arts. 9 y 60 LRC).

5. INSCRIPCIÓN DE ACTOS DISPOSITIVOS SOBRE LA VIVIENDA FAMILIAR

Normativa reguladora

Artículo 91 RH: "1. Cuando la Ley aplicable exija el consentimiento de ambos cónyuges para disponer de derechos sobre la vivienda habitual de la familia, será necesario para la inscripción de actos dispositivos sobre una vivienda perteneciente a uno sólo de los cónyuges que el disponente manifieste en la escritura que la vivienda no tiene aquel carácter".

Artículo 144.5 RH: "5. Cuando la Ley aplicable exija el consentimiento de ambos cónyuges para disponer de derechos sobre la vivienda habitual de la familia, y este carácter constare en el Registro, será necesario para la anotación del embargo de vivienda perteneciente a uno solo de los cónyuges que del mandamiento resulte que la vivienda no tiene aquél carácter o que el embargo ha sido notificado al cónyuge del titular embargado".

El párrafo primero del art. 91 RH es una aplicación del art. 1320 CC, en materia de régimen económico matrimonial primario. Cualquiera que sea el régimen económico matrimonial y cualquiera que sea el cónyuge titular, la realización de actos dispositivos sobre la vivienda familiar requieren el consentimiento de ambos cónyuges o, en su caso, autorización judicial. Por ello, en las escrituras en las que uno de los cónyuges realiza un acto de disposición sobre una vivienda que le pertenece con carácter privativo, para prescindir del consentimiento del otro, o de la autorización judicial, debe manifestar, bajo pena de falsedad en documento público, que no se trata de la vivienda familiar.

Del mismo modo, con independencia de cuál sea el régimen económico matrimonial de los cónyuges, para practicar anotación de embargo sobre la vivienda familiar que pertenezca a uno sólo de ellos, es preciso que el mandamiento especifique que la vivienda ya no es la vivienda familiar o que el cónyuge del titular embargado ha sido notificado.

ESQUEMA

SUPUESTOS

1. Inscripción de bienes pertenecientes a cónyuges casados en régimen de sociedad de gananciales
2. Inscripción de bienes pertenecientes a cónyuges casados en régimen de separación de bienes o participación
3. Inscripción de bienes pertenecientes a cónyuges casados en régimen de comunidad
4. Inscripción de bienes pertenecientes a cónyuges sujetos a régimen económico matrimonial extranjero
5. Inscripción de actos dispositivos sobre la vivienda familiar

21 Las uniones de hecho

José Ramón de Verda y Beamonte[1]

Sumario: 1. CONSTITUCIÓN Y UNIÓN DE HECHO. 2. LA REGULACIÓN DE LAS UNIONES DE HECHO. 3. EXCLUSIÓN DE LA ANALOGÍA EN ORDEN A APLICAR A LA UNIÓN DE HECHO NORMAS REGULADORAS DEL MATRIMONIO. 3.1. Imposibilidad de aplicar las normas relativas al régimen económico matrimonial. 3.2. Imposibilidad de aplicar el art. 97 CC. 3.3. Imposibilidad de aplicar el art. 96.2 CC. 4. LA LIBERTAD DE PACTOS ENTRE CONVIVIENTES PARA REGULAR LOS ASPECTOS PATRIMONIALES DE LA UNIÓN. 4.1. La constitución tácita de una comunidad sobre la vivienda en la que se reside. 4.1.1. Pagos realizados con cargo a cuentas conjuntas. 4.1.2. Pagos realizados con cargo a cuentas de titularidad individual (posible existencia de fiducia). 4.1.3. Atribución voluntaria de carácter común, con independencia de la propiedad del dinero empleado para la adquisición de la vivienda. 4.1.4. Adquisición de vivienda por uno solo de los convivientes antes del inicio de la vida en común. 4.2. La constitución tácita de una sociedad irregular o de una comunidad de bienes en torno al ejercicio de una actividad profesional o empresarial. 5. EL PRINCIPIO DE PROHIBICIÓN DEL ENRIQUECIMIENTO INJUSTO.

1. CONSTITUCIÓN Y UNIÓN DE HECHO

El art. 39.1 CE establece que los poderes públicos aseguran la protección social, económica y jurídica de la familia. El precepto habla de "familia", y no de "familia legítima" (o "matrimonial"), por lo que la protección que el precepto otorga a la familia no debe identificarse, necesariamente, con la que tiene origen en el matrimonio, el cual se regula en un precepto específico (art. 32 CE), y en capítulo diverso.

Esta es la posición mantenida por la jurisprudencia constitucional desde tiempos tempranos, con apoyo en el principio constitucional de libre desarrollo de la personalidad consagrado en el art. 10.1 CE [SSTC 222/1992, de 11 de diciembre de 1992 (*Tol 82002*), 6/1993, de 18 de enero de 1993 (*Tol 82029*) y 47/1993, de 8 de febrero de 1993 (*Tol 82070*)], cuando afirma que "el concepto constitucional de familia (no) se reduce a la matrimonial" [STC 116/1999, de 17 de junio de 1999 (*Tol 13003*)]. Por lo tanto, dentro de la noción de familia contemplada en el art. 39.1 CE hay que situar las uniones no matrimoniales que tienen su origen en una decisión libre de los convivientes (que realizan, así, una determinada opción vital en el ejercicio de la libertad nupcial negativa) y en las que concurren las notas de unidad, estabilidad y afectividad.

---

1 CU, Derecho civil, Universidad de Valencia.

Ahora bien, la inclusión de la familia de hecho en el genérico mandato de protección que la norma dirige a los poderes públicos, no prejuzga la cuestión del "grado" de dicha protección.

Me parece, así, pertinente distinguir diversos grados de protección constitucional en el ámbito familiar: a) la Constitución garantiza la protección integral de los hijos y de las madres, sin que quepa discriminar a aquellos o a estas, por razón de su filiación o su estado civil, respectivamente; b) la Constitución no garantiza, en cambio, una protección uniforme para todo tipo de uniones entre personas situadas en posición de paridad (es decir, cónyuges o convivientes de hecho).

Como afirma reiterada jurisprudencia constitucional, "el matrimonio y la convivencia extramatrimonial no son realidades equivalentes. El matrimonio es una institución social garantizada por nuestra norma suprema, y el derecho a contraerlo es un derecho constitucional (art. 32.1), cuyo régimen jurídico corresponde a la ley por mandato constitucional" [STC 184/1990, de 15 de noviembre de 1990 (*Tol 81857*)]; por el contrario, la unión de hecho, "ni es una institución jurídicamente garantizada ni hay un derecho constitucional expreso a su establecimiento" [STC (Pleno) 93/2013, de 23 de abril *(Tol 3659972)*].

Por lo tanto, la parificación de trato jurídico que, en algunos aspectos, establecen ciertas normas civiles, estatales o autonómicas es, en general, una pura opción del legislador, que, si bien puede encontrar cobertura en el principio constitucional de libre desarrollo de la personalidad (siempre, claro está, que no se imponga imperativamente a los integrantes de la unión de hecho), no es una exigencia constitucional desde el punto de vista del respeto al derecho fundamental a la no discriminación, por lo que no me parece pertinente justificarla en el art. 14 CE.

Dicho de otro modo: las personas que, en el ejercicio de su libertad nupcial, deciden no casarse no pueden esperar beneficiarse automáticamente de todas las consecuencias jurídicas que la ley atribuye a las personas que ejercitan el derecho constitucional a contraer matrimonio. A este respecto, hay que recordar la consolidada doctrina jurisprudencial, según la cual el antiguo art. 174 LGSS, que (antes de la reforma llevada a cabo por la Ley 40/2007, de 4 de diciembre), a diferencia de lo que acontece en la actualidad (dándose las condiciones previstas en el vigente art. 221 LGSS), reconocía el derecho a percibir pensión de viudedad, exclusivamente, al cónyuge (no al conviviente) supérstite, no era contrario al principio constitucional de igualdad [SSTC (Pleno) 92/2014, de 10 de junio (*Tol 4422359*), y 93/2014, de 12 de junio (*Tol 4422358*)].

2. LA REGULACIÓN DE LAS UNIONES DE HECHO

En el Derecho civil común no existe una regulación orgánica de las uniones de hecho, sino, exclusivamente, algunas normas que, básicamente, las equiparan a los matrimonios en algunos aspectos concretos, siendo el caso paradigmático el art. 16.2 de la Ley de Arrendamientos Urbanos de 1994, en materia de subrogación en el arrendamiento urbano por muerte del conviviente del inquilino.

Sí existe, en cambio, un conjunto de normas civiles autonómicas que establecen una regulación detallada, pero diferente, de las uniones de hecho, lo que se traduce (desde mi punto de vista) en una indeseable dispersión normativa y en una inseguridad jurídica.

A saber, la Ley catalana, de 15 de julio de 1998, de "uniones estables de pareja", sustituida por el art. 234-1 a 14 del Código civil de Cataluña; la Ley aragonesa, de 26 de marzo de 1999, de "parejas estables no casadas", sustituida por los arts. 303-315 del Código de Derecho Foral de Aragón; la Ley balear, de 19 de diciembre de 2001, de "parejas estables"; la Ley madrileña, de 19 de diciembre de 2001 sobre "uniones de hecho" [cuyos arts. 4 y 5 han sido declarados inconstitucionales por la STC (Pleno) 81/2013, de 11 de abril (*Tol 3659972*)]; la Ley asturiana, de 23 de mayo de 2002, de "parejas estables", la Ley andaluza, de 16 de diciembre de 2002, de "parejas de hecho", la Ley canaria, de 6 de marzo de 2003, de "parejas de hecho, la Ley extremeña, de 20 de marzo de 2003, de "parejas de hecho", la Ley vasca, de 7 de mayo de 2003, "reguladora de las parejas de hecho"; o la Ley cántabra, de 16 de mayo de 2005, "reguladora de las parejas de hecho".

La Ley 10/2007, de 28 de junio, de reforma de la Disposición Adicional Tercera de la Ley 2/2006, de 14 de junio, de Derecho civil de Galicia, ha introducido modificaciones en el estatuto jurídico de las parejas de hecho, quienes en la redacción anterior se equiparaban *ope lejos* al matrimonio, exigiéndose ahora, en cambio, una declaración expresa respecto a este extremo en el momento de la inscripción en el Registro de Parejas de Hecho de Galicia.

Cosa semejante ha ocurrido en Navarra. La STC (Pleno) 93/2013, de 23 de abril *(Tol 3659972)*, declaró inconstitucionales, todos los preceptos de carácter estrictamente civil de La Ley de 22 de junio de 2000, "para la igualdad jurídica de las parejas estables", que imponían a los convivientes una serie de obligaciones, por el mero hecho de la convivencia, prescindiendo de su voluntad de asumirlas. En la actualidad, la Ley 106 del Fuero Nuevo de Navarra (actualizado por Ley Foral 4/2019, de 4 de abril) prevé que "Dos personas mayores de edad o menores emancipadas, en comunidad de vida afectiva análoga a la conyugal, si quieren constituirse en pareja estable con los efectos previstos en esta Compilación podrán hacerlo manifestando su voluntad en documento público". Añadiendo que "La pareja estable deberá inscribirse en un Registro único de parejas estables de la Comunidad Foral de Navarra a los efectos de prueba y publicidad previstos en la norma que lo regule, así como a los efectos que establezcan otras disposiciones legales".

Respecto de la Ley valenciana, de 15 de octubre de 2012, de "uniones de hecho formalizadas", hay que tener en cuenta que sus arts. 6, 7, 8, 9, 10, 11, 12, 13 y 14 (de carácter estrictamente civil) fueron declarados inconstitucionales por STC 110/2016, de 9 de junio *(Tol 5753921)*. De hecho, la Ley murciana, de 3 de julio de 2018, de "parejas de hecho", contiene una regulación puramente administrativa de la materia.

3. EXCLUSIÓN DE LA ANALOGÍA EN ORDEN A APLICAR A LA UNIÓN DE HECHO NORMAS REGULADORAS DEL MATRIMONIO

La falta de equivalencia entre el matrimonio y la unión de hecho desde un punto de vista constitucional, hace improcedente que se apliquen a estas últimas, por analogía, las normas reguladoras del primero en las relaciones de los convivientes entre sí (dejando siempre a salvo el principio de no discriminación entre los hijos matrimoniales y los no matrimoniales)

3.1. Imposibilidad de aplicar las normas relativas al régimen económico matrimonial

La jurisprudencia es, así, constante al afirmar que, dado que el matrimonio y las uniones de hecho no son realidades equivalentes (no hay identidad de razón entre ellos), es improcedente aplicar analógicamente a estas últimas las normas de la sociedad de gananciales, en particular, el art. 1344 CC, conforme al cual los cónyuges hacen comunes las ganancias o beneficios obtenidos indistintamente por cualquiera de ellos, que les serán atribuidos por mitad al disolverse la sociedad. *Vid.*, en contra de esa aplicación analógica: SSTS 18 febrero 1993 (*Tol 1662753*), 22 julio 1993 (*Tol 1655594*), 27 mayo 1994 (*Tol 1665406*), 20 octubre 1994 (*Tol 1665565*), 30 diciembre 1994 (*Tol 1665147*), 4 marzo 1997 (*Tol 215044*), 4 junio 1998 (*Tol 14803*), 23 julio 1998 (*Tol 7276*), 22 enero 2001 (*Tol 99617*) y 23 noviembre 2004 (*Tol 538271*), como también RDGRN 7 febrero 2013 (BOE 4 marzo 2013, p. 17011).

Cuestiones relevantes

1. En particular, los Tribunales **han excluido repetidamente la aplicación analógica en las uniones de hecho del art. 1351 CC, que considera gananciales los premios obtenidos en el juego por cualquiera de los cónyuges** [SSTS 31 octubre 1996 (*Tol 5119221*), 4 febrero 2010 (*Tol 1781437*) y 16 junio 2011 (*Tol 2153790*)].

Así sucedió, por ejemplo, en el caso resuelto por la STS 16 junio 2011 (*Tol 2153790*), en el cual un conviviente reclamaba al otro el 50% del importe del "Cuponazo" de la ONCE. El Supremo excluyó la aplicación de dicho precepto, afirmando que para el éxito de su pretensión el demandante debería haber demostrado que había habido un pacto (expreso o tácito), entre ellos, dirigido a crear una comunidad de ganancias o una comunidad sobre el dinero obtenido con el premio, cosa que, a su juicio, no había resultado probada. Dio, así, por buena la valoración de la prueba efectuada por sentencia recurrida, la cual había constatado que el dinero del premio había sido ingresado en una cuenta exclusiva de la demandada, por lo que no podía deducirse que los convivientes hubieran decidido "compartir todas las ganancias en régimen de comunidad, sino que gozaron de una independencia económica, en función de los ingresos de que disponían, sin perjuicio de que decidieran comprar una vivienda por partes iguales y abrir unas cuentas corrientes en que algunos gastos comunes se pudieran cubrir".

2. Por la misma razón, **tampoco procede aplicar analógicamente a las uniones de hecho las normas del régimen de separación de bienes, en concreto, el art. 1438 CC,** que atribuye al cónyuge que contribuyó al sostenimiento de las cargas del matrimonio, mediante su trabajo para la casa, el derecho a obtener una compensación económica en la cuantía que el Juez señale, al tiempo de la extinción del régimen de separación [STS 24 noviembre 1994 (*Tol 1665586*)].

Téngase en cuenta que el art. 5.3 de la Ley vasca, de 7 de mayo, "reguladora de las parejas de hecho" (tras la reforma llevada a cabo por la Disposición Adicional Segunda de la Ley 5/2015, de 25 de junio, de Derecho Civil Vasco), dispone que "A falta de pacto expreso el régimen económico-patrimonial de las parejas de hecho reguladas en esta ley será el de separación de bienes establecido en el Código Civil".

3.2. Imposibilidad de aplicar el art. 97 CC

Durante un tiempo, la jurisprudencia se mostró favorable a aplicar analógicamente a las uniones de hecho el art. 97 CC, concediendo la pensión por desequilibrio prevista en el precepto para el caso de separación o divorcio al conviviente perjudicado por la ruptura. Sin embargo, en la actualidad es doctrina jurisprudencial consolidada que no procede dicha aplicación analógica, dado que la unión de hecho y el matrimonio no son realidades equivalentes.

Por lo tanto, para reconocer a las uniones de hecho la pensión compensatoria del art. 97 CC, se requeriría una norma expresa, como la contenida en el art. 234-9 del Código civil de Cataluña, conforme al cual "Si un conviviente ha trabajado para la casa sustancialmente más que el otro o ha trabajado para el otro sin retribución o con una retribución insuficiente, tiene derecho a una compensación económica por esta dedicación siempre y cuando en el momento del cese de la convivencia el otro haya obtenido un incremento patrimonial superior, de acuerdo con las reglas del artículo 232-6" (núm. 1). "Se aplica a la compensación económica por razón de trabajo lo establecido por los artículos 232-5 a 232-10".

Jurisprudencia

La STS (Pleno) 12 septiembre 2005 (*Tol 719651*), con buen criterio, ha considerado que "es preciso afirmar que la unión de hecho es una institución que nada tiene que ver con el matrimonio [...] aunque las dos estén dentro del derecho de familia"; añadiendo: "Es más, hoy por hoy, con la existencia jurídica del matrimonio homosexual y el divorcio unilateral, se puede proclamar que la unión de hecho está formada por personas que no quieren, en absoluto, contraer matrimonio con sus consecuencias". "Por ello —continúa diciendo— debe huirse de la aplicación por "analogía iuris" de normas propias del matrimonio, como son los arts. 96, 97 y 98 CC, ya que tal aplicación analógica comporta inevitablemente una penalización de la libre ruptura de la pareja, y más especialmente una penalización al miembro de la unión que no desea su continuidad. Apenas cabe imaginar nada más paradójico que imponer una compensación económica por la ruptura a quien precisamente nunca quiso acogerse al régimen jurídico que prevé dicha compensación para el caso de ruptura del matrimonio por separación o divorcio". *Vid.* en sentido idéntico SSTS 22 febrero 2006 (*Tol 846265*), 19 octubre 2006 (*Tol 1006910*), 27 marzo 2008 (*Tol 1354577*), 30 octubre 2008 (*Tol 1432563*), 11 diciembre 2008 (*Tol 1432568*), 6 octubre 2011 (*Tol 2252090*) y (Pleno) 15 enero 2018 (*Tol 6480072*).

3.3. Imposibilidad de aplicar el art. 96.2 CC

La jurisprudencia, tras ciertas vacilaciones iniciales, se ha decantado claramente en contra de la aplicación analógica del art. 96.2 CC (antiguo 96.III) a las uniones de hecho, afirmando que, a falta de hijos menores de edad, no es posible atribuir, al conviviente más necesitado de protección el uso de la vivienda familiar [STS 27 marzo 2008 (*Tol 1658870*) y, más claramente, SSTS 6 octubre 2011 (*Tol 2252090*)]. Por el contrario, como es lógico, sí aplica analógicamente en las uniones de hecho el art. 96.1 CC, pues, por imperativo constitucional, la posición de los hijos menores de edad es la misma, con independencia de su filiación, por lo que no cabe que reciban un tratamiento distinto, de manera que procederá la atribución (sin limitación temporal) del uso de la vivienda familiar al progenitor (no casado) con el convivan, mientras persista su minoría de edad [SSTS 1 abril 2011 (*Tol 2093031*) y 14 abril 2011 (*Tol 2124703*)].

Jurisprudencia

La STS 24 marzo 2021 (*Tol 8379008)* ha recordado que "Hoy es doctrina consolidada de la sala que la atribución del uso de la vivienda a uno de los condóminos no impide al otro el ejercicio de la acción de división que el art. 400 CC reconoce a todo copropietario con el objeto de poner fin a la comunidad" y que "La tutela de los intereses de los hijos menores y del progenitor a quien corresponde el uso de la vivienda se consigue reconociendo la subsistencia del derecho de uso pese a la división y su oponibilidad frente al adquirente de la vivienda".

4. LA LIBERTAD DE PACTOS ENTRE CONVIVIENTES PARA REGULAR LOS ASPECTOS PATRIMONIALES DE LA UNIÓN

Es evidente que los convivientes pueden, en el ejercicio de su autonomía privada, regular los aspectos económicos de su unión, tanto, durante su vigencia (el caso paradigmático es el de su contribución al pago de los gastos generados por la atención ordinaria de la familia, estipulando, por ejemplo que se hagan cargo de ellos, por mitad o en proporción a sus respectivos recursos económicos), como también, para el supuesto de su extinción (previendo, por ejemplo, la atribución por mitad a cada uno de ellos de las ganancias obtenidas por ambos mediante el ejercicio de una actividad económica o profesional).

La licitud de estos pactos, admitidos por las legislaciones autonómicas sobre uniones de hecho, no suscita en la actualidad ninguna duda a la luz de los principios constitucionales, ya que si, en ejercicio del libre desarrollo de la personalidad consagrado en el art. 10.1 CE, toda persona puede optar entre formar una familia fundada en el matrimonio o en la mera convivencia de hecho, y, si tanto la familia matrimonial como la extramatrimonial encuentran encaje en el art. 39 CE, lógicamente, se debe reconocer a los convivientes, la posibilidad de que, al amparo del art. 1255 CC, puedan establecer los pactos que tengan por conveniente para liquidar sus relaciones económicas tras la ruptura de la convivencia.

Jurisprudencia

La STC (Pleno) 93/2013, de 23 de abril (*Tol 3659972*), observa que "Consustancial a esa libertad de decisión, adoptada en el marco de la autonomía privada de los componentes de la pareja, es el poder de gobernarse libremente en la esfera jurídica de ese espacio propio, ordenando por sí mismos su ámbito privado, el conjunto de derechos, facultades y relaciones que ostenten, si bien dentro de ciertos límites impuestos por el orden social, ya que la autonomía privada no es una regla absoluta [...] Pues bien, este respeto a la autonomía privada de quienes han decidido conformar una unión de hecho se traduce en el reconocimiento de que, en aras a su libertad individual, pueden desarrollar sus relaciones —antes, durante y al extinguirse esa unión —conforme a los pactos que consideren oportunos, sin más límites que los impuestos por la moral y el orden público constitucional; y esta libertad debe ser respetada por el ordenamiento jurídico en todo caso, salvo que su ejercicio concreto pudiera entrar en conflicto con valores constitucionales superiores que justificaran su constricción".

Cabe, así, que los convivientes, conforme al principio de autonomía privada, expresado en art. 1255 CC (y respetando los límites establecidos en el precepto), constituyan una comunidad bienes (por ejemplo, sobre la vivienda en la que habitan), una sociedad para el ejercicio de una actividad económica compartida por ambos o, incluso, una sociedad universal de ganancias.

A mi parecer, los convivientes pueden pactar (con arreglo al principio de libertad de forma, consagrado en el art. 1278 CC) una comunidad que tenga por objeto las ganancias obtenidas por cualquiera de ellos durante la convivencia y su reparto por mitad, una vez extinguida aquélla, pero lo que no pueden hacer es pactar una sociedad de gananciales; y ello, porque las normas que la regulan no solo tienen efectos internos (entre los cónyuges), sino también externos (frente a terceros), determinando erga omnes la titularidad de los bienes que integran las respectivas masas patrimoniales, su sistema de administración y de disposición y el régimen de responsabilidad a que están sujetos, efectos, estos últimos, que solo se pueden producir por expresa previsión de la Ley, y no por meros actos de autonomía privada (ni de los cónyuges, ni de los convivientes).

Jurisprudencia

La RDGRN 7 febrero 2013 (BOE 4 marzo 2013, p. 17011) ha negado así la inscripción de una escritura de aportación de un inmueble a una "sociedad de gananciales" constituida por dos convivientes en una escritura pública, inscrita en un Registro administrativo de uniones de hecho, afirmando que "no está regulada en las leyes una aplicación genérica y en bloque del estatuto ganancial al régimen de convivencia, incluso cuando haya sido objeto de un pacto expreso de remisión"; añade que "resulta difícil extender una organización jurídica basada en el carácter público del estatuto conyugal a unas relaciones personales, que desde el punto de vista jurídico —no así desde el social—, destacan precisamente por lo contrario"; y concluye "que carece de sentido aplicar a las uniones extramatrimoniales el régimen legal supletorio de la sociedad de gananciales, incluso mediante pacto expreso de los convivientes".

No obstante, hay que decir que, en la práctica, cada vez serán más raros los pactos de este tipo, pues si los convivientes pactan, normalmente, lo harán para excluir la existencia de una comunidad de ganancias, dejando clara la separación de sus respectivos patrimonios y haciendo constar que a cada uno de ellos les corresponde la propiedad y administración exclusiva de los bienes que los integran y de los que posteriormente pudiera adquirir por cualquier título.

Cuestiones relevantes

3. En la práctica (al menos, en Derecho civil común) no suelen ser frecuentes los pactos expresos entre convivientes, lo que plantea **el problema de determinar si tácitamente quisieron constituir una comunidad o sociedad.** Hay que tener en cuenta que la jurisprudencia es bastante reacia a considerar tácitamente constituida una sociedad universal de ganancias, que, en las relaciones entre los convivientes sería lo más aproximado a una sociedad de gananciales, ya que comprendería todo lo que ambos integrantes de la unión de hecho adquirieran durante la duración de ésta, con su trabajo o industria (art. 1675 CC). *Vid.* a este respecto SSTS 11 diciembre 1992 (*Tol 1654941*), 17 enero 2003 (*Tol 230655*) y 27 mayo 2004 (*Tol 448408*).

4. En relación con las **viviendas compradas en comunidad de bienes,** la STS 24 marzo 2021 *(Tol 8379008)* que "el hecho de que la adquisición sea conjunta, que lo adquirido sea la vivienda de la familia y que los adquirentes convivan more uxorio no revela de manera inequívoca que sea irrelevante, en las relaciones entre las partes, quién aporta el dinero". Por lo tanto, la adquisición conjunta de la vivienda familiar, que, en virtud del art. 393.II CC, se presume hecha por partes iguales, no excluye que quien demuestre haber realizado mayores aportaciones para su compra pueda reclamar el reembolso del exceso al otro comunero, a no ser que este último pruebe la concurrencia "de alguna causa que lo excluya, como el ánimo liberal del aportante, o el pacto de reparto de gastos familiares que compense lo aportado para la adquisición". En el caso concreto, no se consideró probado que existiese "un pacto implícito sobre la aplicación indistinta de recursos", del que cupiera "deducir la inexigibilidad de reembolsos". Se dice, así, que, puesto que "los convivientes percibían ingresos de sus respectivos trabajos y mantenían cuentas separadas resulta difícil concluir, como hace la sentencia recurrida, que las partes descartaran toda exigibilidad de créditos por mayores aportaciones realizadas por uno de ellos para el pago".

4.1. La constitución tácita de una comunidad sobre la vivienda en la que se reside

No son infrecuentes los casos en los que los tribunales entienden que los convivientes constituyeron tácitamente una comunidad de bienes sobre la casa en la que se ha desarrollado la vida familiar, a pesar de que dicha vivienda, aunque comprada durante el periodo de convivencia, figure a nombre de uno solo de ellos.

La jurisprudencia ha precisado, no obstante, que la mera convivencia de hecho, por prolongada que esta sea, no establece ninguna presunción de comunidad [SSTS 27 mayo 1995 (RAJ 1995, 382) y 17 enero 2003 (*Tol 230655*)], por lo que para entenderla constituida considera necesario probar la existencia de una voluntad tácita o implícita de los convivientes, de hacer común la vivienda adquirida, la cual ha de deducirse de hechos concluyentes [SSTS 21 octubre 1992 (*Tol 1655301*) y 16 junio 2011 (*Tol 2153790*)].

4.1.1. Pagos realizados con cargo a cuentas conjuntas

Habitualmente, el principal dato ponderado para afirmar la existencia de la comunidad es la existencia de una cuenta corriente conjunta, en la que ambos convivientes han realizado ingresos y con cargo a la cual se ha pagado el precio de compra de la vivienda o las amortizaciones del préstamo concedido para su adquisición por una entidad bancaria [STS 29 octubre 1997 (*Tol 216045*), así como SAP La Coruña 10 junio 2002 (*Tol 239650*)].

Sin embargo, hay que advertir de que la mera existencia de una cuenta corriente bancaria conjunta no autoriza para deducir la existencia de una comunidad de bienes sobre la vivienda, incluso, aunque el precio de compra haya sido satisfecho con cargo a dicha cuenta, si consta que solo uno de los convivientes ha realizado ingresos en ella [SAP Burgos 13 noviembre 2001 (*Tol 140238*)].

Cuestiones relevantes

5. Como ha sido reiteradamente dicho por la jurisprudencia, **la existencia de una cuenta corriente bancaria conjunta en favor de varias personas (en este caso, a nombre de los convivientes), incluso con firma indistinta, no implica, que todas ellas sean cotitulares de los fondos depositados** [STS 15 febrero 2013 (*Tol 3055573*)]. Lo único que significa es que cualquiera de ellas puede disponer del saldo frente al banco (aspecto externo de la solidaridad), pero será titular de los mismos aquella a quien correspondiese la propiedad originaria del dinero ingresado [SAP Las Palmas 19 enero 2016 (*Tol 5679322*)] (o a quien le pertenezca, según lo pactado por los cuentacorrentistas en sus relaciones internas) [SAP Badajoz 10 junio 2015 (*Tol 5192359*)].

4.1.2. Pagos realizados con cargo a cuentas de titularidad individual (posible existencia de fiducia)

En sentido inverso, la circunstancia de que el precio de la vivienda o de que la amortización del préstamo concedido para su adquisición haya sido satisfecha con cargo a una cuenta de titularidad exclusiva del conviviente a cuyo nombre figura la vivienda es, en principio, un claro indicio de que la vivienda pertenece solamente a dicho conviviente y que, por lo tanto, no existe sobre ella una comunidad de bienes tácitamente constituida [SAP Málaga 28 septiembre 2017 (*Tol 6543115)*].

No obstante, el dato de que la cuenta corriente con cargo a la cual se paga el precio de la vivienda aparezca exclusivamente a nombre de uno solo de los convivientes, que aparece como único adquirente en la escritura de compraventa (negocio fiduciario), con el fin de reforzar la apariencia (no correspondiente a la realidad) de ser aquel titular exclusivo de la vivienda (por ejemplo, para evitar que sea embargada por deudas del otro o para que sea más fácil acceder a ella, si es de protección oficial), no es óbice para que pueda probarse que existe una comunidad de bienes sobre dicha vivienda, si logra demostrarse que el otro conviviente ha realizado ingresos periódicos en dicha cuenta.

Jurisprudencia

La SAP Alicante 16 diciembre 2016 (*Tol 5969897*) entendió que había una comunidad de bienes sobre una vivienda de protección oficial comprada por uno solo de los convivientes. Para ello, tuvo en cuenta las diversas pruebas testificales de las que se deducía un propósito común de adquirir la vivienda para los dos: así, la directora de la sucursal bancaria declaró que "ambos estaban juntos en el préstamo" y una trabajadora de la promotora que "ambos acudieron para interesarse en la compra de una vivienda", indicándoseles la conveniencia de que figurara a nombre de uno de ellos para tener acceso a la concesión de ayudas. Además, que la demandada había avalado el préstamo y conservaba toda la documentación relativa al mismo y a la compra. Respecto de la cuota en la comunidad de cada uno de los convivientes, entendió que cabía "presumir una auténtica voluntad de adquisición al 50%, independientemente de una mayor o menor contribución por parte de cada uno de los compradores".

4.1.3. Atribución voluntaria de carácter común, con independencia de la propiedad del dinero empleado para la adquisición de la vivienda

Los indicios expuestos sirven para probar que una vivienda que figura a nombre de uno de los convivientes es, en realidad, de los dos, basándose en la circunstancia de que ambos aportaron dinero para adquirirla.

Pero puede darse el supuesto de viviendas que figuren a nombre de los dos convivientes, a pesar de haber sido compradas con dinero de uno solo de ellos, porque haya habido un propósito de adquirirlas para ambos (por ejemplo, para compensar la dedicación a la familia de quien no ejerce un trabajo remunerado o por considerar que se está ante una adquisición fruto de un ahorro común).

Si este propósito existe y resulta probado, el conviviente que pagó la vivienda no puede pretender que no hay comunidad de bienes sobre la misma, argumentando que el precio se pagó con fondos enteramente suyos, como tampoco parece que pueda reclamar al otro comunero el reembolso de la mitad del precio por él pagado, invocando el art. 1158.II CC, pues los convivientes, en el ejercicio del principio de autonomía privada, pueden pactar adquirir en común una vivienda, con independencia de a quién pertenezca el dinero empleado para pagar el precio (y, por lo tanto, sin derecho a reembolso, si el dinero es de uno solo de ellos, por ejemplo, el que percibe rendimientos del trabajo).

La STS 14 mayo 2004 (*Tol 420587*) considera "inaceptable" la pretensión alternativa del conviviente que había pagado íntegramente el precio de la vivienda comprada *pro indiviso* (su pretensión principal había sido que se le declarara propietario exclusivo de la misma), de que "se le abonen por la demandada una serie de gastos, siendo así que no se plantea el abono a ésta de los gastos, esfuerzos y aportaciones personales debidas a la convivencia en general y al cuidado de la hija común en particular".

Vid. en el mismo sentido, SAP Madrid 28 abril 2015 *(Tol 5172144)*, como también SAP Orense 23 junio 2016 *(Tol 5801599)*, que, revocando la sentencia apelada, desestimó la demanda de un conviviente de que el otro le abonara el 50% de las cuotas de dos hipotecas que gravaban dos viviendas inscritas a nombre de los dos, así como el mismo porcentaje de los impuestos y gastos de comunidad, que él había satisfecho totalmente. Afirma que "los convivientes decidieron adquirir los inmuebles en común y proindiviso, independientemente del origen del dinero empleado para el pago, por lo que no puede el actor pedir ahora el reembolso de la mitad de las cuotas hipotecarias y gastos, sin tener en cuenta las aportaciones personales de la vida en común, y económicas".

No obstante, la jurisprudencia admite el derecho de reembolso respecto de los pagos realizados por uno de los convivientes, después de la ruptura de la convivencia [SAP Madrid 28 abril 2015 (*Tol 5172144*) y SAP Orense 23 junio 2016 (*Tol 5801599*)].

4.1.4. Adquisición de vivienda por uno solo de los convivientes antes del inicio de la vida en común

Por último, hay que tener en cuenta que, si la vivienda ha sido adquirida por uno de los convivientes con anterioridad al inicio de la convivencia (y, por lo tanto, aparece como único propietario en la escritura de compraventa), la jurisprudencia es reacia a considerar constituida tácitamente una comunidad de bienes sobre ella, aunque, posteriormente, parte del precio aplazado haya sido satisfecho por el otro conviviente, reconociéndole, en tal caso, un derecho de reembolso, al extinguirse la unión de hecho.

Jurisprudencia

En tal sentido se orienta, SAP Vizcaya 31 marzo 2017 (*Tol 6143539*), que justificó tal solución en la aplicación analógica de los arts. 1354 y 1357 CC.

Más prudentemente, SAP Madrid 15 junio 2016 *(Tol 5836824)* niega la existencia de comunidad sobre una vivienda, constatando la circunstancia de que la demandada figuraba como compradora única de la misma en un contrato celebrado dos años antes de haberse iniciado la convivencia, habiendo sido la única pagadora de las cuotas del préstamo hipotecario desde su cuenta, "sin que figure pago alguno del actor para contribuir a esta deuda" (por lo que no le concede ningún derecho de reembolso).

Esta solución, a mi entender, es correcta, aunque debe matizarse, en el sentido de que es posible la existencia de una comunidad tácita, cuando la compra la realice uno solo de los convivientes, antes de iniciarse la convivencia, pero en vistas a instaurarla con el otro.

4.2. La constitución tácita de una sociedad irregular o de una comunidad de bienes en torno al ejercicio de una actividad profesional o empresarial

Tampoco son infrecuentes las sentencias en que los Tribunales aprecian la voluntad tácita de los convivientes de constituir entre ellos una sociedad particular de ganancias (art. 1678 CC), que se regirá, en cuanto sociedad irregular, por las normas de la comunidad de bienes (art. 1669 CC), entre ellas, por el art. 393.II CC, conforme al cual las participaciones de los integrantes de la unión de hecho se presumen iguales.

En general, se entiende que concurre dicha voluntad cuando uno de los convivientes ha participado en la actividad empresarial o comercial del otro, durante un período de tiempo prolongado y de manera permanente; y, ante la dificultad de determinar la cuantía de las respectivas participaciones, suele liquidarse la sociedad atribuyendo a cada uno de ellos la mitad del patrimonio común [SSTS 18 mayo 1992 (*Tol 1659829*) y 18 marzo 1995 (*Tol 1667230*), así como SSAP Alicante 17 mayo 2001 (*Tol 63718*) y Valencia 12 febrero 2002 (*Tol 231438*)].

Por el contrario, los Tribunales se muestran reacios a entender que ha quedado probada la voluntad tácita de constituir una sociedad, cuando la colaboración del reclamante en las actividades empresariales o comerciales del otro conviviente ha sido pasajera u ocasional, en particular, si consta que durante el tiempo en que se desarrolló la convivencia de hecho mantuvo una actividad laboral retribuida, propia e independiente de la desplegada por su compañero [STS 11 diciembre 1992 (*Tol 1654941)*].

Conviene precisar que la jurisprudencia más reciente tiende a considerar que los convivientes constituyeron, no una sociedad irregular, sino una comunidad de bienes, que tuvo como finalidad el desarrollo de una actividad profesional, comercial o empresarial en que los dos colaboraron, con el fin de atribuirles las ganancias obtenidas, mientras duró la convivencia. Quizás, porque esta calificación se ajusta mejor a la libertad que tienen los convivientes para poner fin al ejercicio conjunto de la actividad, tras la ruptura de la unión de hecho.

Jurisprudencia

Se ha deducido, así, la existencia de una comunidad de bienes sobre los ingresos obtenidos por los convivientes en un negocio de venta de artesanía, basándose en la duración de la unión (diez años) y en la explotación comercial conjunta, "con todo un juego de cuentas bancarias en común" [STS 22 febrero 2006 (*Tol 846265*)].

Por el contrario, se entendió que no había habido voluntad de constituir tácitamente una comunidad sobre una clínica veterinaria, que constaba exclusivamente a nombre del varón demandado y en la que la mujer demandante había colaborado en tareas administrativas y de funcionamiento. El dato decisivo para decidir el litigio fue la existencia de un contrato de trabajo a favor de la demandada [STS 8 mayo 2008 (*Tol 1324496*)].

5. El principio de prohibición del enriquecimiento injusto

Es habitual que la jurisprudencia recurra al principio general de enriquecimiento injusto, con el fin de proteger al perjudicado por la ruptura de la unión de hecho cuando los convivientes, expresa o tácitamente, no constituyeron una comunidad de bienes o una sociedad.

Jurisprudencia

La SAP Madrid 30 enero 2023 (*Tol 9422324*) aplicó el principio de prohibición de enriquecimiento injusto para condenar al varón a pagar a la mujer el importe del lavavajillas comprado por ella (compra acreditada mediante recibo bancario) para la vivienda familiar, en cuyo uso permaneció el demandado después de la cesación de la vida en común, así como también la cantidad pagada por ella para la compra de un vehículo nuevo, puesto a nombre del varón, quien lo vendió, por su cuenta, "ejerciendo las facultades de un propietario exclusivo", sin compartir el precio obtenido con la mujer. Afirmó que no procedía deducir el importe correspondiente a la depreciación del vehículo, por ser la misma mínima, al haberse adquirido tres meses antes de la ruptura de la convivencia.

Se trata, casi siempre, de supuestos en que ha existido una larga convivencia de hecho, con dedicación exclusiva de la mujer a las tareas domésticas o colaboración en las actividades económicas de su compañero sin recibir ninguna retribución; y ello, con independencia de que la ruptura de la unión de hecho haya tenido lugar por voluntad unilateral del varón o por el hecho de su muerte, lo que es perfectamente lógico, ya que no se trata aquí de sancionar a quien rompe la vida en común, sino de compensar económicamente al conviviente perjudicado por el enriquecimiento sin causa de su compañero.

Jurisprudencia

Es, por ello, que la STS 11 diciembre 1992 (*Tol 1654941*) condenó al varón, que voluntariamente había roto la convivencia more uxorio, que había durado seis años, a pagar a la mujer abandonada la cantidad de catorce millones de pesetas (algo más de 84.000 euros), al entender que esta última había sufrido un empobrecimiento, derivado de su dedicación desinteresada a las relaciones sociales de su compañero y a su atención doméstica, con el consiguiente enriquecimiento injustificado de este

La STS 27 marzo 2001 (*Tol 71705*) también reconoció a la mujer abandonada el derecho a percibir una indemnización compensatoria de quince millones de pesetas (algo más de 90.000 euros), por ruptura de la convivencia more uxorio, mediante la aplicación del principio general de prohibición de enriquecimiento injusto, teniendo en cuenta que la mujer "había sacrificado veinte años de su vida para atender al demandado e hijos, descuidando su formación laboral y sus expectativas en orden a dispensar un mejor cuidado y atención a la familia".

Con apoyo en el mismo principio, la STS 17 enero 2003 (*Tol 230655*) condenó al varón, responsable de la ruptura de una convivencia more uxorio, de diecinueve años, de la que habían nacido dos hijos, al pago de una indemnización compensatoria, cuya cuantía quedó establecida en un tercio de los bienes adquiridos por el varón durante el periodo en que había durado la unión de hecho. Precisó que, mediante el reconocimiento de la indemnización, "no se acepta la igualdad o asimilación (de la unión de hecho) al matrimonio, sino que trata de proteger a la parte que ha quedado perjudicada por razón de la convivencia y se pretende evitar el perjuicio injusto para el más débil".

Igualmente, la STS 17 junio 2003 (*Tol 285652*) reconoció a la mujer, integrante de una unión de hecho, disuelta por muerte del varón, el derecho a obtener una indemnización equivalente al veinticinco por ciento del valor de los bienes adquiridos por aquel durante el tiempo en que había durado la convivencia more uxorio con los ingresos obtenidos con su trabajo y por la explotación de una farmacia de la que era titular. Evidenció que la mujer se había dedicado, en exclusiva, durante cincuenta y tres años al cuidado de su compañero y del hogar familiar, "prestándole total ayuda moral y material, lo que repercutió positiva y significativamente en la formación del patrimonio de aquél, al tiempo que acarreó un desentendimiento de su propio patrimonio, pues tal dedicación no solo no le supuso ninguna retribución o compensación económica, sino que le impidió obtener beneficios privativos mediante el desarrollo de otra actividad en provecho propio".

Como regla general, puede, pues, afirmarse que se empobrece quien durante un prolongado período de tiempo se dedica, en exclusiva o de modo prioritario, a la atención del hogar o colabora en la empresa o negocio de su compañero sin recibir ninguna compensación por ello [SSTS 5 febrero 2004 (*Tol 348570*), 30 octubre 2008 (*Tol 1432563*) y (Pleno) 12 septiembre 2005 (*Tol 719651*)].

El empobrecimiento resulta, no solo de la no percepción de una retribución por el ejercicio de estas actividades, sino también de las dificultades que tiene para acceder a un empleo la persona que siempre se ha dedicado a las labores domésticas (pensemos en mujeres de avanzada edad, de escasa cualificación profesional, que nunca han trabajado fuera de casa), o también de las dificultades que encuentra para reincorporarse al mercado de trabajo quien lo ha abandonado durante un prolongado período de tiempo; empobrecimiento, que todavía es más claro cuando la mujer ha dejado un trabajo retribuido al tiempo de iniciarse la convivencia.

Cuestiones relevantes

6. La jurisprudencia no considera que existe empobrecimiento susceptible de ser resarcido cuando la mayor dedicación al hogar de uno de los convivientes no le ha impedido desempeñar una actividad retribuida.

La STS (Pleno) 15 enero 2018 (*Tol 5423872*) descartó la aplicación de la doctrina del enriquecimiento injusto, porque, "Durante la convivencia, la actora no se dedicó en exclusiva a la atención de los hijos y del hogar familiar, y el hecho de una mayor dedicación a los hijos no comportó un empobrecimiento de la actora y un enriquecimiento del demandado; la convivencia no implicó una pérdida de expectativas ni el abandono de una actividad en beneficio propio por la dedicación en beneficio del demandado, ni el desentendimiento de su propio patrimonio, ni le impidió obtener beneficios mediante el desarrollo de una actividad remunerada". *Vid.* también, denegando la indemnización pretendida SSAP La Rioja 11 septiembre 2015 (*Tol 5529876*) y Cáceres 5 febrero 2018 (*Tol 6534382*).

7. En cualquier caso, hay que excluir la aplicación del principio general de prohibición del enriquecimiento injusto cuando quien lo pretende no ha recibido propiamente una retribución por sus labores domésticas equiparable a un salario, pero sí otras compensaciones económicas, que impiden considerar que la situación en la que se ha desarrollado la convivencia de hecho y su posterior ruptura le ha producido un empobrecimiento.

Se denegó, así, la pretensión de la reclamante, de que el varón le satisficiera una indemnización por enriquecimiento injusto, valorando el hecho de que, mientras persistió la unión de hecho, el demandado había asumido la práctica totalidad de los gastos comunes, así como los generados por la atención de los dos hijos de la mujer, que vivían con ellos, domiciliando su nómina en la cuenta corriente de la demandante, y pagando, además, las amortizaciones del crédito hipotecario concedido para la adquisición de la vivienda, que era de propiedad exclusiva de aquélla [SAP Málaga

25 abril 2002 (*Tol 1189041*)]. Se desestimó igualmente la indemnización por enriquecimiento injusto solicitada por la conviviente, como consecuencia de la ruptura de la convivencia, argumentando que el varón demandado había transmitido gratuitamente a la actora, bajo la apariencia de un falso contrato de compraventa, carente de precio real, participaciones en la sociedad explotadora de un restaurante, ascendiendo las participaciones cedidas a casi la mitad del capital social [SAP Gerona 2 octubre 2002 (*Tol 263405*)].

ESQUEMA

EXCLUSIÓN DE LA ANALOGÍA EN ORDEN A APLICAR A LA UNIÓN DE HECHO NORMAS REGULADORAS DEL MATRIMONIO

1. Imposibilidad de aplicar las normas relativas al régimen económico matrimonial
2. Imposibilidad de aplicar el art. 97 CC
3. Imposibilidad de aplicar el art. 96.2 CC

LA LIBERTAD DE PACTOS ENTRE CONVIVIENTES

1. La constitución tácita de una comunidad sobre la vivienda en la que se reside
2. La constitución tácita de una sociedad irregular o de una comunidad de bienes en torno al ejercicio de una actividad profesional o empresarial

EL PRINCIPIO DE PROHIBICIÓN DEL ENRIQUECIMIENTO INJUSTO

III
FILIACIÓN, MENORES Y MEDIDAS DE APOYO

22 La filiación

Manuel Ángel Gómez Valenzuela[1]

1. CONCEPTO

La filiación se puede definir como aquella relación jurídica que el Derecho establece entre los progenitores y los hijos. La misma produce sus efectos desde que tiene lugar, teniendo su determinación efectos retroactivos, siempre que la retroactividad sea compatible con la naturaleza de aquellos y la Ley no dispusiese lo contrario (art. 112 CC).

La radiografía de la filiación conforme a sus antecedentes históricos, que seguía el Código napoleónico, distinguía entre la filiación legítima, que se identificaba con la procreación y concepción dentro del matrimonio con plenitud de derechos de los hijos concebidos de tal modo, y la ilegítima, pudiéndose distinguir en este entre los hijos adulterinos, incestuosos y sacrílegos, que eran objeto de un tratamiento desfavorable por el ordenamiento jurídico. El principio de igualdad consagrado en el art. 14 CE y la protección integral de los hijos, con independencia de su filiación (art. 29 CE), coadyuvó a que el legislador patrio estableciera en el art. 108.2 CC que la filiación matrimonial y la no matrimonial, así como la adoptiva, surtieran los mismos efectos.

[1] Profesor Sustituto Interino, Derecho civil, Universidad de Cádiz.

2. EFECTOS DE LA FILIACIÓN

Los hijos, sean matrimoniales o no matrimoniales, ostentan los siguientes derechos respecto al progenitor cuya filiación haya sido determinada: 1.º Apellidos; 2.º Alimentos; 3.º Derechos sucesorios.

2.1. *Apellidos*

Normativa reguladora

Dispone el art. 109 CC que la filiación "determinará los apellidos con arreglo a lo dispuesto en la ley. Si la filiación está determinada por ambas líneas, el padre y la madre de común acuerdo podrán decidir el orden de transmisión de su respectivo primer apellido, antes de la inscripción registral. Si no se ejercita esta opción, regirá lo dispuesto en la Ley". Establece el tercer párrafo del art. 109 CC que el orden de los apellidos inscrito para el mayor de los hijos "regirá en las inscripciones de nacimiento posteriores de sus hermanos del mismo vínculo", sin perjuicio de que, al alcanzar el hijo la mayoría de edad, "podrá solicitar que se altere el orden de sus apellidos".

La posibilidad de que los progenitores o el propio hijo, al alcanzar la mayoría de edad, puedan alterar el orden de los apellidos, obedece a rendir tributo al principio de igualdad en cuestión de género, prescindiéndose así de la histórica prevalencia del apellido paterno frente al materno.

Las prescripciones del Código Civil hay que complementarlas con lo dispuesto en la Ley 20/2011, de 21 de julio, del Registro Civil (LRC) y en el Decreto de 14 de noviembre de 1958, por el que se aprueba el Reglamento de la Ley del Registro Civil (RRC), como veremos a continuación.

Cuestiones relevantes

1. **¿Qué ocurre si los progenitores no se ponen de acuerdo respecto al orden de los apellidos?**

   El art. 49.2 LRC establece en su tercer párrafo que "En caso de desacuerdo o cuando no se hayan hecho constar los apellidos en la solicitud de inscripción, el Encargado del Registro Civil requerirá a los progenitores, o a quienes ostenten la representación legal del menor, para que en el plazo máximo de tres días comuniquen el orden de apellidos. Transcurrido dicho plazo sin comunicación expresa, el Encargado acordará el orden de los apellidos atendiendo al interés superior del menor".

2. Posibilidad de cambiar los apellidos.

Siguiendo el art. 53 LRC, el Encargado del Registro Civil, mediante declaración de voluntad del interesado, podrá autorizar el cambio de apellidos en los casos siguientes: "1.° La inversión del orden de apellidos. 2.° La anteposición de la preposición «de» al primer apellido que fuera usualmente nombre propio o empezare por tal, así como las conjunciones «y» o «i» entre los apellidos. 3.° La acomodación de los apellidos de los hijos mayores de edad o emancipados al cambio de apellidos de los padres cuando aquellos expresamente lo consientan. 4.° La regularización ortográfica de los apellidos a cualquiera de las lenguas oficiales correspondiente al origen o domicilio del interesado y la adecuación gráfica a dichas lenguas de la fonética de apellidos también extranjeros. 5.° Cuando sobre la base de una filiación rectificada con posterioridad, el hijo o sus descendientes pretendieran conservar los apellidos que vinieren usando antes de la rectificación. Dicha conservación de apellidos deberá instarse dentro de los dos meses siguientes a la inscripción de la nueva filiación o, en su caso, a la mayoría de edad".

3. ¿Es posible tener el segundo apellido de alguno de los progenitores?

A pesar de que los arts. 109 CC y 49.2 LRC establecen que se transmitirá el primer apellido de los progenitores, salvo que la filiación esté determinada por una sola línea (art. 49.2 LRC), el art. 54 LRC permite que una persona solicite al Encargado cambiar los apellidos en el sentido propuesto, siempre que se cumplan los siguientes requisitos: "a) Que el apellido en la forma propuesta constituya una situación de hecho, siendo utilizado habitualmente por el interesado. b) Que el apellido o apellidos que se tratan de unir o modificar pertenezcan legítimamente al peticionario. c) Que los apellidos que resulten del cambio no provengan de la misma línea". Asimismo, no será necesario que el apellido sea utilizado habitualmente por el interesado siempre que el apellido que tenga en el momento de la solicitud sea contrario a la dignidad o le ocasione graves inconveniente, ni tampoco, según el art. 208 RRC, cuando el apellido que se pretenda cambiar o modificar sea contrario al decoro o cuando lleve consigo la deshonra o tenga riesgo de desaparición del apellido español.

4. En las situaciones de acogimiento es viable que el acogido solicite llevar el apellido o apellidos del acogedor.

El acogimiento es el modo en el que la entidad pública ejerce la guarda del menor cuando haya una declaración de desamparo (art. 172 CC) o cuando los progenitores o tutores, por circunstancias graves y transitorias, no puedan cuidar al menor y soliciten a la entidad pública que esta asuma su guarda (art. 172 bis CC). En tales casos, es posible que, en el caso de articularse la guarda mediante el acogimiento familiar, la persona acogida solicite llevar el apellido del acogedor. Para ello será necesario que el interesado utilice habitualmente el apellido del acogedor y que este o, por haber fallecido, sus herederos, den el consentimiento al cambio y, en todo caso, será preciso el asentimiento del cónyuge y descendiente del titular del apellido (art. 54.3 LRC).

5. El cambio de apellidos en supuestos de violencia de género.

Establece el art. 208 RRC, según la redacción dada por la Ley Orgánica 1/2004, de 28 de diciembre, de Medidas de Protección Integral contra la violencia de Género, que "En caso de que el solicitante de la autorización del cambio de sus apellidos sea objeto de violencia de género, podrá accederse al cambio por Orden del Ministro de Justicia". Será necesario que el interesado acredite haber obtenido alguna medida cautelar de protección judicial en el ámbito de la violencia de género. La Orden ministerial no será objeto de publicación en el Boletín Oficial del Estado ni en cualquier otro medio, pudiendo formularse, respecto al cambio de apellidos, oposición por cualquier motivo razonable.

6. Los apellidos en casos de filiación desconocida.

Si la filiación es desconocida, el Encargado del Registro Civil impondrá un nombre y unos apellidos de uso corriente al nacido, al igual que ocurre si los progenitores no llegan a un acuerdo en el plazo de tres días tras el apercibimiento (art. 50.2 LRC). Queda prohibido la imposición de oficio del apellido Expósito u otro que indique que la filiación no está determinada (art. 196 RRC).

7. Orden de los apellidos cuando la filiación sea determinada con posterioridad al nacimiento.

Si la filiación está determinada por ambas líneas, el primer apellido de un español será el primero del padre y el segundo apellido el primero de la madre, aunque esta sea extranjera (art. 194 RRC). La dicción legal del precepto reglamentario citado no cohonesta con el art. 49 LRC, que establece que en caso de desacuerdo o cuando no se haya constar los apellidos en la solicitud de inscripción del nacimiento, "el Encargado del Registro Civil requerirá a los progenitores, o a quienes ostenten la representación legal del menor, para que en el plazo máximo de tres días comuniquen el orden de apellidos. Transcurrido dicho plazo sin comunicación expresa, el Encargado acordará el orden de los apellidos atendiendo al interés superior del menor".

Habida cuenta que la expresión "interés superior del menor" que emplea el art. 49 LRC es un concepto jurídico indeterminado, se ha planteado en la práctica si la determinación de la filiación paterna con posterioridad al nacimiento conllevaría la modificación de los apellidos del menor, alterándose el orden de los mismos de modo que este tendría como primer apellido el paterno y como segundo el materno.

La STC 167/2013, de 7 de octubre (*Tol 3991418*), descartó el cambio automático, señalando lo siguiente: "a) En primer lugar, debe subrayarse que las normas registrales del orden de apellidos están dirigidas al momento anterior a la inscripción registral de nacimiento, concediendo a los padres una opción que ha de ejercitarse «antes de la inscripción» y, de no realizarse, se aplica el orden supletorio establecido reglamentariamente (*cfr.* arts. 53 y 55 de la Ley del Registro Civil y 194 del Reglamento del Registro Civil). b) En el caso de determinación judicial de la paternidad, la filiación se establece de forma sobrevenida, con las consecuencias inherentes a los apellidos y entra en juego el derecho del menor a su nombre, puesto que en el periodo transcurrido entre el nacimiento y el momento en que se puso fin al proceso por Sentencia firme había venido utilizando el primer apellido materno, siendo patente la relevancia individualizadora del primero de los apellidos de una persona. c) El menor en el momento de iniciarse el proceso estaba escolarizado y había venido utilizando el primer apellido de su madre desde su nacimiento, sin que hubiera tenido una relación personal estable con su padre. En estas circunstancias es identificable el interés del menor en seguir manteniendo su nombre y en este caso su primer apellido materno, al ser conocido por el mismo en los diferentes ámbitos familiar, social o escolar. Desde esta perspectiva constitucional, debió ponderarse especialmente el interés del menor y su derecho fundamental al nombre como integrante de su personalidad, a la hora de decidir sobre el orden de los apellidos, por lo que se concluye reconociendo la vulneración del contenido constitucional del art. 18.1 CE, invocado por la parte recurrente como infringido". Exégesis reiterada en las SSTS 17 febrero 2105 (*Tol 4743455*), 11 noviembre 2015 (*Tol 5558185*), 12 noviembre 2015 (*Tol 5558305*) y 1 febrero 2016 (*Tol 5641559*).

Años después, las SSTS 10 noviembre 2016 (*Tol 5883317*) y 20 febrero 2018 (*Tol 6526006*), matizaron que lo relevante no es tanto si el cambio de apellidos supone un perjuicio para el menor, sino si la modificación le sería beneficiosa. De modo que, si no consta dicho beneficio, no habrá razón para alterar el primer apellido por el que viene siendo identificado el menor.

9. Cambio de apellido paterno por los dos maternos cuando se acredite que el padre abandono al hijo, provocando en el mismo repercusiones psíquicas, por padecer una crisis de identidad personal.

Según el art. 55 LRC, es posible el cambio de apellidos o identidad en circunstancias excepcionales al margen de los supuestos previstos en el art. 54.5 LRC. En tal caso, será necesario, amén de acreditar la excepcionalidad de los hechos que fundamentan la solicitud, la autorización del cambio por Orden Ministerial. Dicho aserto ha de cohonestarse, en teoría, con lo dispuesto en el art. 208 RRC.

Recientemente, en la STS 21 noviembre 2022 (*Tol 9305287*), el Alto Tribunal ha avalado la petición de una mujer que solicitaba cambiar el apellido paterno por los dos maternos, ante la perturbación emocional que le suponía llevar el apellido del padre, quien le abandonó cuando la solicitante era menor de edad. Ante el concepto jurídico indeterminado "circunstancias excepcionales" que alberga el art. 55 LRC, la sentencia lo delimita, a tenor de las circunstancias del caso, del siguiente modo:

"En definitiva, es preciso determinar si nos encontramos ante un supuesto peculiar, que se aparta de lo común, de modo que hace razonable y, por consiguiente, justifica, la autorización del cambio de apellido postulado. Es decir, que hagan a la actora acreedora de un tratamiento específico y diferenciado con respecto al común de los casos, y todo ello bajo una óptica de interpretación restrictiva,

> dada la seguridad que exige, en las relaciones sociales, la identificación de las personas mediante la estabilidad de sus apellidos legalmente determinados. Pues bien, la Sala, de acuerdo con el criterio del Ministerio Fiscal, considera que unas circunstancias de tal clase concurren, toda vez que es excepcional que un padre abandone de forma afectiva, emocional y material a una hija de escasa edad, cortando las relaciones con ella y despareciendo de su vida, al regresar a su país de origen por su condición de extranjero. Tampoco es habitual que una vivencia de tal clase constituya una repercusión psicológica tan negativa, como la que sufre la demandante, con clara afectación a su bienestar psíquico, provocando situaciones de evitación, lesiones en la autoestima y aislamiento social, con una vidente crisis de identidad personal, de modo que la petición formulada puede contribuir, decisivamente, al desarrollo de su estabilidad emocional que, desde luego, no fue propiciada por conducta a ella imputable, sino que vino condicionada por el abandono de su padre, con el correlativo daño psíquico sufrido que no ha sido superado. La utilización del apellido paterno le rememora las desagradables experiencias vividas y le produce un rechazo de costosa superación psíquica. En la resolución del Ministerio de Justicia se hacía referencia a que previsiblemente, con el transcurso del tiempo, la crisis de identidad de la actora desapareciera, lejos de ello se ha cristalizado dificultando el desarrollo de su personalidad. Se hacía referencia, también, a que el perjuicio sufrido se sustentaba, exclusivamente, en las afirmaciones efectuadas por la promotora; no obstante, las pruebas practicadas, especialmente las periciales, conducen a una valoración contraria en tanto en cuanto constatan las repercusiones negativas que sufre la actora con respecto a su identidad personal, que pretende obviar mediante la utilización de los apellidos de su madre en las relaciones sociales. Una vez que consideramos concurren circunstancias que se apartan de las comunes, estimamos que la medida postulada de utilización de los apellidos maternos es proporcionada y adecuada para satisfacer el derecho que se le reconoce a la demandante, sin menoscabar, con ello, los derechos o situaciones jurídicas protegibles de terceros. La actora es persona mayor de edad, soltera, sin hermanos, y su padre extranjero, residente en su país de origen, carece de vínculos dentro del ámbito del Registro Civil en el que desencadenará efectos esta sentencia".

2.2. *Alimentos*

Consecuencia ligada a la determinación de la filiación, es la obligación de los progenitores de alimentar a sus hijos con independencia de que ostenten la patria potestad (arts. 110 y 111 *in fine* CC). Aunque estemos ante un supuesto de exclusión o privación de la patria potestad, los progenitores tendrán la obligación de alimentar a sus hijos mientras sean menores de edad e incluso después, salvo que, en este último caso, concurra alguna circunstancia de cese de la obligación de alimentos (art. 152 CC).

La declaración de desamparo no exonera a los progenitores de este deber, pudiendo establecer la entidad pública que tenga la tutela *ex lege* (arts. 172 y 222 CC) la cantidad que deben abonar los progenitores o tutores "para contribuir, en concepto de alimentos y en función de sus posibilidades, a los gastos derivados del cuidado y atención del menor, así como los derivados de la responsabilidad civil que pudiera imputarse a los menores" (art. 172 ter. 4 CC).

Jurisprudencia

Que el deber de alimentos de los progenitores no quede exceptuado en supuestos de exclusión o privación de la patria potestad se explica porqué dicho deber no debe ligarse con la patria potestad, sino que se fundamenta en la filiación, sin que quepa hacer ningún tipo de discriminación según los hijos hayan nacido dentro o fuera del matrimonio. Asimismo, se infiere del art. 39.3 CE que no cabe exoneración de dicho deber mientras los hijos sean menores de edad.

La STS 5 octubre 1993 (*Tol 1655748*) dijo lo siguiente: "a) La norma constitucional (art. 39.2) distingue entre la asistencia debida a los hijos «durante su minoría de edad y en los demás casos en que legalmente proceda»; b) Aunque no es sostenible absolutamente que la totalidad de lo dispuesto en el Título VI del Libro Primero del Código Civil, sobre alimentos entre parientes, no es aplicable a los debidos a los hijos menores como deber comprendido en la patria potestad (art. 154.1.º), la cierto es que el tratamiento jurídico de los alimentos debidos al hijo menor de edad presenta una marcada preferencia —así, art. 145.3.º— y, precisamente por incardinarse en la patria potestad derivando básicamente de la relación paterno-filial (art. 110 del CC), no ha de verse afectado por limitaciones propias del régimen legal de los alimentos entre parientes que, en lo que se refiere a los hijos, constituye una normativa en gran parte sólo adecuada al caso de los hijos mayores de edad o emancipados; c) En este sentido ha de entenderse el art. 152.2.º que el recurrente dice haberse infringido, cuya alusión a las necesidades de la familia del alimentante denota una diferencia sólo comprensible si se admite una familia más próxima con derecho en todo caso preferente; d) Lo realmente pretendido por el recurrente, en lo que ahora interesa, es que se declare la cesación de su obligación alimentaria respecto a su hijo menor de edad porque carece de ingresos, mas ello ha de rechazarse en atención a que no es admisible que quien tuvo un puesto de trabajo y posteriormente dedica su tiempo a la propia mejora de su formación profesional, disponiendo de medios para cubrir sus gastos de toda clase, sea relevado de su obligación de alimentar a un hijo menor de edad".

También puede verse la STS 2 marzo 2015 (*Tol 4748228*), que, remitiéndose a las SSTS 5 octubre 1993 y 12 febrero 2015 (*Tol 4737717*), expuso lo que sigue: "De inicio se ha de partir de la obligación legal que pesa sobre los progenitores, que está basada en un principio de solidaridad familiar y que tiene un fundamento constitucional en el artículo 39.1 y 3 CE, y que es de la de mayor contenido ético del ordenamiento jurídico. De ahí, que se predique un tratamiento jurídico diferente según sean los hijos menores de edad, o no, pues al ser menores más que una obligación propiamente alimenticia lo que existen son deberes insoslayables inherentes a la filiación, que resultan incondicionales de inicio con independencia de la mayor o menor dificultad que se tenga para darle cumplimiento o del grado de reprochabilidad en su falta de atención". En el mismo sentido, la STS 16 julio 2002 (*Tol 4975875*).

De la jurisprudencia expuesta puede extraerse que las causas de extinción de alimentos del art. 152 CC no son extrapolables cuando el progenitor ha de prestar alimentos al hijo menor de edad.

Cuestiones relevantes

10. Es posible, en casos de pobreza extrema del progenitor, la suspensión del deber de alimentos.

Aunque los progenitores no tengan recursos económicos para satisfacer los alimentos del hijo menor de edad, los tribunales suelen establecer un mínimo que contribuya a sufragar los gastos imprescindibles para la atención y cuidado del menor. No obstante, de manera excepcional, se puede suspender temporalmente el deber de alimentos cuando el que ha de procurarlo está en una situación de pobreza extrema. Posibilidad que no se puede contemplar ante una mínima presunción de ingresos.

Así lo dispuso la STS 2 marzo 2015, ya citada, cuyo fundamento de derecho segundo reza lo siguiente: "Ocurre así en este caso —carácter muy excepcional— en atención a los datos que valora la sentencia recurrida. El interés superior del menor se sustenta, entre otras cosas, en el derecho a ser alimentado y en la obligación de los titulares de la patria potestad de hacerlo «en todo caso», conforme a las circunstancias económicas y necesidades de los hijos en cada momento, como dice el artículo 93 del Código Civil, y en proporción al caudal o medios de quien los da y a las necesidades de quien los recibe, de conformidad con el artículo 146 CC. Ahora bien, este interés no impide que aquellos que por disposición legal están obligados a prestar alimentos no puedan hacerlo por carecer absolutamente de recursos económicos, como tampoco impide que los padres puedan desaparecer físicamente de la vida de los menores, dejándoles sin los recursos de los que hasta entonces disponían para proveer a sus necesidades. La falta de medios determina otro mínimo vital, el de un alimentante absolutamente insolvente, cuyas necesidades, como en este caso, son cubiertas por aquellas personas que, por disposición legal, están obligados a hacerlo, conforme a los artículos 142 y siguientes del Código Civil, las mismas contra los que los hijos pueden accionar para imponerles tal obligación, supuesta la carencia de medios de ambos padres, si bien teniendo en cuenta que, conforme al artículo 152.2 CC, esta obligación cesa «Cuando la fortuna del obligado a darlos se hubiere reducido hasta el punto de no poder satisfacerlos sin desatender sus propias necesidades y las de su familia», que es lo que ocurre en este caso respecto al padre. Estamos, en suma, ante un escenario de pobreza absoluta que exigiría desarrollar aquellas acciones que resulten necesarias para asegurar el cumplimiento del mandato constitucional expresado en el artículo 39 CE y que permita proveer a los hijos de las presentes y futuras necesidades alimenticias hasta que se procure una solución al problema por parte de quienes están en principio obligados a ofrecerla, como son los padres".

"Sostienen los promotores del expediente que les resulta imposible ejercer la patria potestad, dada la actitud de la hija, que no les obedece ni les respeta, habiendo llegado incluso a agredirles, y en base a ello, pretende la parte apelante invertir los términos en que viene concebida legalmente la emancipación por concesión judicial, sobre la base de que se da la circunstancia contemplada en el nº 3 del artículo 320 del Código Civil, intentando justificar la posibilidad de que sean los padres quienes promuevan el expediente, y que sea la hija la que sólo sea oída, posibilidad que carece de todo apoyo legal, no sólo porque encierra una interpretación abiertamente contraria a lo que dispone el párrafo primero de ese mismo precepto, antes transcrito, sino también porque pretende desconocer que la emancipación por concesión judicial está concebida en interés del menor, y no como una imposición, cuando concurra alguna de las causas previstas en dicho artículo, y, más en concreto, en el supuesto contemplado en el número 3 («cuando concurra cualquier causa que entorpezca gravemente el ejercicio de la patria potestad»), como una forma de adelantar la plena capacidad del menor cuando este (no los padres) considere que el ejercicio de los deberes inherentes a la patria potestad se ve gravemente alterado, en su perjuicio, por cualquier causa".

13. No cabe el reembolso de las cantidades satisfechas por un padre a una hija cuando posteriormente se declara que la filiación es inexistente.

El caso que desembocó en la STS 24 abril 2015 (*Tol 5000676*) fue el siguiente: los cónyuges se separaron de mutuo acuerdo en el año 2003. En el convenio regulador se dispuso que el padre tenía que pagar a favor de la hija la cantidad de 300 euros mensuales, además de disponer de un régimen de visitas. En el año 2008 se dictó sentencia estimando la demanda del padre que dudaba de la paternidad, declarando que no le ligaba con la que era su hija ninguna relación biológica. Tras la sentencia del proceso de filiación, el otrora padre solicitó judicialmente a la madre que le abonara las cantidades satisfechas en concepto de alimentos desde el inicio del convenio regulador hasta que se declaró judicialmente la inexistencia de la relación paternofilial.

La citada sentencia, no sin previamente exponer los requisitos relativos a la doctrina del cobro de lo indebido (art. 1895 CC), denegó la pretensión del padre con base en los siguientes argumentos: "Estos alimentos, como las demás obligaciones que integran la potestad de los padres (artículo 154 CC) —velar por ellos, tenerlos en su compañía, educarlos, formarlos, representarlos y administrar sus bienes— y el propio hecho de la filiación (artículo 111 CC), han surtido sus efectos en cada uno de los momentos de la vida de la niña porque la función de protección debía cumplirse y a la hija debía de alimentarse, sin que pueda solicitarse su devolución por todo el periodo de vida de la niña, ni por supuesto, por el que ahora se reclama, por el hecho de que no coincide la paternidad real, basada en la realidad biológica, con la formal (...)El derecho a los alimentos de la hija existía, por tanto, por el hecho de haber nacido dentro del matrimonio y como consecuencia de esa apariencia de paternidad el padre hizo frente a todas las obligaciones que le correspondían, entre las que se encontraba no solo la manutención económica, sino la de velar por ella, tenerla en su compañía, educarla, formarla, representarla y administrar sus bienes. Por tanto, los pagos se hicieron como consecuencia de una obligación legalmente impuesta entre quien pagaba y quien se beneficiaba de dicha prestación, y es efectiva hasta que se destruye esta realidad biológica mediante sentencia dictada en proceso de impugnación de la filiación matrimonial, lo que hace inviable la acción formulada de cobro de lo indebido. La filiación, dice el artículo 112 CC, "produce sus efectos desde que tiene lugar", y "su determinación legal tiene efectos retroactivos, siempre que la retroactividad sea compatible con la naturaleza de aquéllos y la ley no disponga lo contrario"; efecto retroactivo de la determinación legal de la filiación que opera cuando éste sea positivo para el menor, pero no en el supuesto contrario, como sucede en otros casos (...) Es cierto que las relaciones de paternidad tienen como base principal la realidad biológica, pero esta realidad no excluye necesariamente situaciones como la contemplada en el caso resuelto por la sentencia de 20 de noviembre de 2013, en el que se atribuye la guarda y custodia de una niña a quien impugnó la paternidad, lo que pone en evidencia el riesgo de trasladar sin más determinadas acciones, como la que ahora se enjuicia, al ámbito de las relaciones familiares para fundar un derecho de crédito al margen de las reglas propias que resultan de la filiación, de la propia consideración del matrimonio y de la familia y, en definitiva, de un entramado de relaciones personales y patrimoniales que no es posible disociar".

Ni el fallo ni la argumentación fueron suscritos por los Magistrados Excmos. Sres. D. Antonio Salas Carceller y D. Francisco Javier Orduña Moreno, quienes emitieron un voto particular.

Tres años después, en la STS 13 noviembre 2018 (*Tol 6917267*), el Alto Tribunal reiteró su doctrina, pero esta vez, el *falsus* progenitor planteó la devolución de los alimentos satisfechos al amparo del art. 1902 CC, en vez de por el art. 1895 CC.

14. Inviabilidad de la pretensión de reembolso de la madre en torno a las cantidades satisfechas en concepto de alimentos tras la declaración judicial de paternidad.

El supuesto que estudió la STS 29 septiembre 2016 (*Tol 5832223*) giró en torno a la demanda de una madre que le reclamaba al padre todos los gastos satisfechos a favor del hijo menor en concepto de alimentos, siendo así que la paternidad se determinó *a posteriori*, una vez que el hijo alcanzó la mayoría de edad y no desde el nacimiento de este. La petición se fundamentó, básicamente, en el art. 1158 CC. El Tribunal, al amparo del art. 148 CC, desestimó la vindicación de reembolso, diciendo lo siguiente: "Cierto es que el artículo 148 CC establece una mínima retroactividad hasta la fecha de interposición de la demanda y no desde una posible reclamación extrajudicial, por un determinado periodo, como ocurre en el Código Civil de Cataluña, siendo así que hasta ese momento los alimentos ya se han prestado o han sido atendidos por quien los reclama, y como tales se han consumido, desapareciendo la necesidad. Se trata, sin embargo, de una previsión legal establecida en beneficio del alimentante que atiende a la especial naturaleza de la deuda alimenticia y a un momento en que este conoce su deber de prestación frente al alimentista que ha dejado de cumplir y que finalmente le impone la sentencia. La reclamación fija el momento a partir del cual si el deudor interpelado por el acreedor no paga, incumple la obligación que le impone la ley de abonar una prestación alimenticia que hasta ese momento ha sido cubierta. Y si el alimentista carece de acción para ampliar su reclamación a un momento anterior, porque lo impide el artículo 148 del CC, con mayor motivo no la tendrá su madre a través de la acción de reembolso ejercitada al margen de las reglas propias que resultan de la obligación de proveer alimentos en orden a satisfacer las múltiples necesidades de los hijos. Puede haber, sin duda, una obligación moral a cargo de quien finalmente es declarado padre, pero lo cierto es que la ley no concede acción para pedir el cumplimiento de un deber de esta clase y considera igualmente justo negar acción para compensar una situación que puede considerase injusta y pedir la devolución de lo pagado en aras de una regulación más ajustada al artículo 39 CE; solución que solo sería posible mediante una modificación del artículo 148 del Código Civil, que extendiera la obligación de prestar alimentos a los hijos menores más allá de lo que la norma autoriza, al menos desde el día de la interpelación del obligado por medio fehaciente, siempre que se interponga la demanda en un determinado tiempo, e incluso facilitando la acción de reembolso de lo gastado al progenitor que asumió el cuidado del hijo en la parte que corresponde al progenitor no conviviente, con el límite de la prescripción, como ocurre en otros ordenamientos jurídicos".

2.3. Derechos sucesorios

Determinada la filiación, los hijos tendrán derecho a la legítima por mor de los arts. 807 y 808 CC, e, igualmente, los padres y ascendientes serán legitimarios respecto a la herencia de sus hijos si estos no tienen descendencia (arts. 807 y 808 CC), salvo que algunos de los legitimarios, mal llamados por el legislador patrio "herederos forzosos", protagonice alguna conducta de las que dan lugar a la indignidad (art. 756 CC) o a la desheredación (art. 853 y 854 CC).

También ha de destacarse que los hijos, determinada la filiación, son los herederos llamados en primer lugar cuando entre en juego las reglas de la sucesión intestada (art. 930 CC).

Cuestiones relevantes

15. No cabe la aplicación retroactiva del principio de igualdad (art. 14 CE) o no discriminación respecto a sucesiones tramitadas en periodo preconstitucional y con relación a una declaración judicial de filiación no matrimonial.

En el marco de una sucesión de un causante que falleció en 1978, se planteó la aplicación del art. 14 CE respecto a una declaración de filiación no matrimonial de 2008, siendo así que el causante no otorgó ninguna disposición testamentaria a favor del hijo nacido extramuros del matrimonio. La hija del *cuius*, tras determinarse la filiación, reclamó su derecho hereditario, siendo desestimada la vindicación por la STS 29 abril 2015 (*Tol 50000595*), la cual, remitiéndose a la Disposición Transitoria Octava de la Ley 11/1981, de 13 de mayo, de modificación del Código Civil en materia de filiación, patria potestad y régimen económico del matrimonio —"Las sucesiones abiertas antes de entrar en vigor esta Ley se regirán por la legislación anterior y las abiertas después por la nueva legislación"—, dijo lo siguiente: "Dado que la apertura de la sucesión se produjo con anterioridad a la entrada en vigor de la Constitución Española, siendo de aplicación las Disposiciones transitorias que al respecto establecía la Reforma de 1981 del Código Civil. De igual modo, debe tenerse en cuenta que los efectos adquisitivos de los derechos a la sucesión de una persona se trasmiten desde el momento de su muerte (artículo 657 CC), momento en el que también se adquieren tras la correspondiente aceptación de la herencia (artículo 989 CC). Supuesto del presente caso, en donde tanto la sentencia de primera instancia, como la de segunda instancia, consideran acreditado la inmediata aceptación tácita de la herencia por los beneficiarios de la misma, así como la respectiva posesión de los bienes hereditarios. Sin que, por otra parte, pueda negarse estos efectos por no haberse practicado aún la partición de la herencia que, en modo alguno, condiciona o interrumpe el fenómeno transmisivo que encierra la sucesión".

Exégesis reiterada, con remisión al art. 28 CEDH y la jurisprudencia del TEDH, en la STS 15 noviembre 2021 (*Tol 8667658*): "En el caso que juzgamos, la determinación de la filiación del actor en el año 2013 y el planteamiento del presente procedimiento judicial, todo ello después de la ratificación por España del Convenio (el 4 de octubre de 1979, instrumento de ratificación publicado en el BOE del 10 de octubre), no convierte a la sucesión del causante en una sucesión abierta, ni la negativa a remediarlo ahora puede comportar a efectos del Convenio una nueva discriminación que, de producirse ahora, sí estaría proscrita por el Convenio. No solo es que la apertura de la sucesión se produjera en 1962 sino que en 1965 se realizó la partición de todos los bienes del caudal relicto. La discriminación del recurrente tuvo lugar tras el fallecimiento del causante, pues la partición de la herencia entre todos los herederos y legitimarios conforme al derecho vigente entonces lo excluyó de la herencia de su padre. Por ello, la corrección en este momento de la discriminación sufrida por el recurrente con anterioridad a la vigencia del Convenio comportaría una aplicación retroactiva de la misma, lo que ha sido rechazado por el TEDH por aplicación del art. 28 del Convenio de Viena del Derecho de los Tratados de 23 de mayo de 1968 (sic), que establece el principio de no retroactividad (así, con cita de su propia jurisprudencia, STEDH, Gran Sala, de 8 de marzo de 2006, caso Blecic c. Croacia). A la misma conclusión desestimatoria de la demanda, y ahora del recurso de casación, llegaríamos aun de considerar que la determinación de su filiación en 2013 permitía analizar la pretensión del recurrente de que se reconozcan derechos hereditarios en la herencia de su padre desde el punto de vista de los arts. 14 (prohibición de discriminación) y 8 (respeto a la vida privada y familiar) del CEDH (y el protocolo adicional 1, respeto a la propiedad). En efecto, a tal conclusión se llega a la vista de los criterios establecidos por la jurisprudencia del TEDH al interpretar estos artículos cuando ha tenido ocasión de pronunciarse sobre la aplicación por los tribunales nacionales de las normas transitorias de las legislaciones que, al mismo tiempo que introdujeron el principio de no discriminación de los hijos en materia sucesoria, establecieron fechas de corte para aplicar el principio de igualdad".

3. EXCLUSIÓN DE LA PATRIA POTESTAD POR HECHOS DERIVADOS DE LOS PROCESOS DE FILIACIÓN

A tenor de que la exclusión de la patria potestad está regulada en el art. 111 CC, en sede filiación (Capítulo I, Título V, del Libro I) y que la segunda causa de exclusión está estrechamente relacionada con los procesos de filiación, dedicaremos en este capítulo algunas líneas a dicho instituto.

Normativa reguladora

El art. 111 CC dispone que "Quedará excluido de la patria potestad y demás funciones tuitivas y no ostentará derechos por ministerio de la Ley respecto del hijo o de sus descendientes, o en sus herencias, el progenitor: 1. ° Cuando haya sido condenado a causa de las relaciones a que obedezca la generación, según sentencia penal firme. 2. ° Cuando la filiación haya sido judicialmente determinada contra su oposición". Producida esta exclusión, el hijo no ostentará los apellidos del progenitor, salvo si lo solicitara el mismo o su representante legal.

La exclusión deberá extenderse también a la condición de legitimario y a los derechos del progenitor a la sucesión intestada, pudiendo cesar las restricciones si lo solicita el representante del hijo con aprobación judicial o el propio hijo una vez alcanzada la plena capacidad.

La exclusión del art. 111 CC no exonerará al progenitor del deber de velar por el hijo y de prestarle alimentos (arts. 110 y 111 CC).

Jurisprudencia

La STS 2 febrero 1999 (*Tol 2160*) fue una de las primeras resoluciones en realizar un ensayo distinguiendo entre la privación y exclusión de la patria potestad, diciendo que esta última opera por ministerio de la Ley, sin necesidad de una resolución judicial *ad hoc*, y que la exclusión no desvirtúa, necesariamente, el interés del menor:

"Un análisis ponderado de los textos legales nos permite afirmar que excluir de la patria potestad a quien no la ejerció por no ser padre declarado del menor, no equivale a privarle de la patria potestad, concepto que comporta haberla ejercitado incurriendo en causa suficiente. El derecho derogado por la Ley de 13 de mayo de 1981 distinguía entre privación y suspensión de la patria potestad. El régimen vigente a partir de dicha Ley, tras establecer en el artículo 169 las causas de extinción de la patria potestad, establece en el artículo 170 la posible privación total o parcial de la potestad por sentencia fundada en el incumplimiento de los deberes inherentes a la misma, o dictada en causa criminal o matrimonial, añadiendo que en beneficio e interés del menor, los Tribunales pueden acordar la recuperación de la patria potestad cuando hubiera cesado la causa que motivó la privación. En este régimen pues, junto a la privación se instaura la figura de la exclusión del ejercicio de la patria potestad. Esta figura se impone por ministerio de la ley, no por sentencia, y eso es lo que pidió la demandante en su demanda, y no le concedieron ni el Juzgado ni la Audiencia, pero por no distinguir ambas figuras. La exclusión se produce cuando el padre biológico no acepta su paternidad, no busca salir de dudas extrajudicialmente, y demandado no se allana a la pretensión, bien que, como no podrá ser de otro modo, acepta la decisión judicial tras seguir el proceso. No se diga que la solución que surge de esta interpretación legal perjudica al menor, cuyo interés debe ser siempre prevalente, puesto que la exclusión del ejercicio no equivale a privación; basta leer el artículo 111 cuando concluye que sobre los padres excluidos del ejercicio «quedarán siempre a salvo las obligaciones de velar por los hijos y prestarles alimentos», y con el cumplimiento de tales deberes y el ejercicio materno de la patria potestad, queda cubierto el interés preponderante del menor; amén de que las restricciones podrán cesar, como también prevé el citado artículo 111".

Cuestiones relevantes

16. Interpretación de la oposición del progenitor en los procesos de filiación a efectos de la exclusión de la patria potestad.

Como hemos visto, reza el art. 111.2º CC que el progenitor, cuya filiación "haya sido judicialmente determinada contra su oposición", quedará excluido de la patria potestad y demás funciones tuitivas y no ostentará derechos respecto del hijo o de sus descendientes, inclusive los derechos sucesorios.

Una interpretación *ad pedem litterae* del inciso coadyuvaría a sostener que cualquier oposición del progenitor daría lugar a la exclusión, aunque este se opusiera en el proceso de filiación, a la espera del resultado de la prueba biológica, por albergar una duda razonable del vínculo de filiación. Pero no es esta la exégesis que ha secundado la jurisprudencia, al conciliar la exclusión de la patria potestad con el *favor minoris*, entendiendo el Tribunal Supremo que una primera oposición, que cesa con la prueba biológica, no debe llevar a la aplicación automaticista del art. 111 CC. Debe hacerse notar que, en ocasiones, la oposición del demandado está justificada por la certeza o sospecha de que la madre tuvo otras relaciones antes de la generación, pudiendo diluirse la oposición tan pronto como conozca el demandado el resultado de la prueba biológica.

Así lo sostuvo la STS 24 junio 2012 (*Tol 2459427*), en el fundamento de derecho segundo y tercero: "El Art. 111.2 es una norma que priva de derechos, lo que implica que deba ser interpretada de forma restrictiva, por lo que, de acuerdo con las SSTS de 2 febrero 1999 y 624/2004, de 24 junio, la exclusión del ejercicio de la patria potestad se producirá cuando el progenitor biológico no acepta su paternidad (...) La aplicación de esta doctrina determina: 1° No hubo en realidad oposición del demandado, porque como afirma la sentencia recurrida, una vez efectuada la prueba biológica y determinada la filiación y disipadas las dudas originadas por el hecho de las relaciones de la madre con otra persona poco tiempo después de haber cesado las del demandado, este estuvo dispuesto a hacerse cargo de la niña. En este punto, además, la recurrente hace supuesto de la cuestión, porque pretende que se revise la prueba convirtiendo así la casación en una tercera instancia. 2° No se opuso a la celebración de la prueba biológica y aceptó claramente los resultados, porque como afirma la STS 1072/2008, de 12 noviembre, "[...]sólo puede darse cuando a la determinación de la filiación se haya producido oposición del progenitor, oposición que ha de ser frente a lo que es evidente y al final resulta demostrado y ha de ser firme, sin poder identificarla con el derecho de defensa que a nadie puede negarse dentro de unos parámetros fundados seriamente". 3° No se ha demostrado en ningún momento que el interés del menor requiriera la exclusión de la patria potestad".

4. DETERMINACIÓN DE LA FILIACIÓN MATRIMONIAL Y EL JUEGO DE LAS PRESUNCIONES

Establece el art. 115 CC que "La filiación matrimonial materna y paterna quedará determinada legalmente: 1.º Por la inscripción del nacimiento junto con la del matrimonio de los padres. 2.º Por sentencia firme".

A pesar de que la filiación materna viene determinada por el parto, el legislador patrio no consagró ninguna regla expresa con dicha determinación. No fue hasta la Ley 35/1988, de 22 de noviembre, sobre Técnicas de Reproducción Asistida, cuando dispuso que, efectivamente, la filiación materna estaría determinada por el parto (art. 10). Asimismo, puede citarse el art. 139 CC, por cuanto establece que "la mujer podrá ejercitar la acción de impugnación de su maternidad justificando la suposición del parto o no ser cierta la identidad del hijo".

En cuanto a la filiación paterna, a pesar de la dicción del art. 115 CC, el nudo gordiano lo representa las presunciones, como veremos a continuación.

Normativa reguladora

Reza el art. 116 CC que "se presumen hijo del marido los nacidos después de la celebración del matrimonio y antes de los trescientos días siguientes a su disolución o a la separación legal o de hecho de los cónyuges". Esta presunción, vigente en el día de hoy, tiene como antecedente el brocardo del Derecho Romano *pater is est quem nuptiae demostrant.*

Sin embargo, la meritada presunción es *iuris tantum*, en tanto en cuanto el art. 117 CC admite su neutralización: "Nacido el hijo dentro de los ciento ochenta días siguientes a la celebración del matrimonio, podrá el marido destruir la presunción mediante declaración auténtica en contrario formalizada dentro de los seis meses siguientes al conocimiento del parto". La contrapresunción del citado precepto no será posible si el marido "hubiere reconocido la paternidad expresa o tácitamente o hubiese conocido el embarazo de la mujer con anterioridad a la celebración del matrimonio, salvo que, en este último supuesto, la declaración auténtica se hubiera formalizado con el consentimiento de ambos, antes del matrimonio o después del mismo, dentro de los seis meses siguientes al nacimiento del hijo".

Aun faltando la presunción del art. 116 CC por causa de la separación legal o de hecho de los cónyuges, el art. 118 CC permite que los cónyuges, nacido el hijo, inscriban la filiación como matrimonial si concurre el consentimiento de ambos.

Que el hijo haya nacido antes del matrimonio de los progenitores no es óbice para que la filiación sea matrimonial, habida cuenta que el art. 119 CC dice que "la filiación adquiere el carácter de matrimonial desde la fecha del matrimonio de los progenitores cuando éste tenga lugar con posterioridad al nacimiento del hijo siempre que el hecho de la filiación quede determinado legalmente" conforme a las disposiciones de la filiación no matrimonial que analizaremos posteriormente, siendo extensible esta regla a los descendientes del hijo fallecido.

Jurisprudencia

Aunque en el estado actual, una vez consagrado el principio de igualdad en la Constitución (arts. 14 y 39), no quepa hacer distinción entre la filiación matrimonial y no matrimonial (art. 108 CC), ello no es óbice para tenga cabida en el ordenamiento jurídico el binarismo entre ambas filiaciones a los efectos de su determinación, sin que ello albergue ninguna discriminación. Así lo señalaron las SSTC 238/2005, de 26 de mayo (*Tol 645229*), y 273/2005, de 27 octubre (*Tol 736332*):

"Los supuestos de hecho contemplados no presentan una igualdad sustancial y la diferenciación normativa establecida está dotada de una justificación suficiente, objetiva y razonable. Tal justificación radica en última instancia en los distintos regímenes de determinación de la filiación, y más concretamente de la paternidad. En efecto, es el hecho de la existencia del matrimonio el que fija el carácter matrimonial de la filiación, determinándose legalmente la paternidad del marido de la madre a través del juego de las presunciones (arts. 116 y 117 CC) basadas en la regla proveniente del Digesto *pater vero is est quem nuptiae demonstrant*, cuando el nacimiento se ha producido ex uxore, conectada con los deberes de convivencia y fidelidad de los cónyuges (art. 68 CC) y la presunción de convivencia conyugal (art. 69 CC). En razón del juego de presunciones establecidas por el legislador, es el nacimiento del hijo después de la celebración del matrimonio y antes de los trescientos días siguientes a la disolución del mismo o a la separación efectiva, sea legal o de hecho, de los cónyuges lo que determina la paternidad matrimonial, la cual se acredita, entre otros medios (arts. 113 y 115 CC), por la inscripción del nacimiento en el Registro Civil, que resulta ser así un título de legitimación privilegiado del estado civil de hijo matrimonial".

Cuestiones relevantes

17. La separación de hecho de los progenitores destruye la presunción de filiación matrimonial haciendo residenciar el régimen de impugnación de la paternidad en el art. 140 CC y no en el art. 136 CC.

Aunque, como hemos dicho, los efectos de la filiación matrimonial y no matrimonial sean idénticos, el legislador, con el aval postconstitucional del Tribunal Constitucional, diferenció ambas filiaciones en orden a su determinación y, también, en lo relativo a la impugnación de la paternidad. Basta hacer parangón entre el art. 136 CC —impugnación de la paternidad de la filiación matrimonial— y el art. 140 CC —impugnación de la paternidad de la filiación no matrimonial— para comprobar que entre ambas el plazo de caducidad de la acción es distinto.

La STS 12 mayo 2015 (*Tol 5199611*) fue relevante, no solo en orden a dicha distinción, sino también en que determinó que la separación de hecho destruía la presunción de la filiación matrimonial prevista en el art. 116 CC. En dicho supuesto, hubo un matrimonio del cual nacieron, en 1971 y 1977, dos hijas. Los cónyuges se separaron de hecho durante ocho años y, el 7 de junio de 1986, se dictó la sentencia de divorcio. En el año 1995, el que era el marido fue llamado para ser oído en un expediente de jurisdicción voluntaria sobre acogimiento de una menor, de quien se decía que él era el padre por la presunción que consagra el art. 116 CC. El presunto padre formuló, el 20 de octubre de 2010, una demanda de impugnación de la filiación no matrimonial al amparo del art. 140 CC, pretensión que fue estimada. El planteamiento del demandante fue que la menor nació cuando aquel llevaba ocho años separado de hecho de su esposa y, a falta de la posesión de estado, era de aplicación el primer párrafo del art. 140 CC, siendo así que el ejercicio de la acción no estaba supeditado a ningún plazo. Sin embargo, la defensa de la madre consistió en que, nacida la hija constante matrimonio, se presumía que la filiación era matrimonial y, por ende, la acción se debería haber ejercitado en el plazo de un año desde que el padre supo del nacimiento de la menor y la imposibilidad de la procreación, según el art. 136 CC.

Habida cuenta que la Audiencia Provincial acogió los argumentos de la madre, el Alto Tribunal acabó por estimar el recurso de casación planteado por el presunto padre, diciendo, en el fundamento de derecho segundo, lo siguiente:

"En efecto, en el presente caso la impugnación que acciona el actor no cursa el régimen establecido para la filiación matrimonial no siendo aplicable el plazo establecido a tal efecto en el artículo 136 del Código Civil. La razón no es otra que la quiebra del fundamento de la presunción legal de paternidad matrimonial (artículo 116 del Código Civil), esto es, la presunción de la convivencia entre cónyuges (artículo 69 del Código Civil). Presunción que, en el presente caso, ha resultado claramente destruida en atención a la larga y continuada separación de hecho (8 años) que precedió al divorcio de los cónyuges. De ahí, que resulte de aplicación el artículo 140 del Código Civil que, tras la Reforma de 1981, acoge la acción de impugnación de filiación «stricto sensu», esto es, dirigida a impugnar la filiación determinada por la falta de adecuación con la realidad de la misma, con independencia del título de determinación y en estrecha conexión con la exigencia del principio de verdad biológica y su innegable incidencia en la regulación de la filiación tras la citada Reforma de 1981. La consecuencia jurídica de este nuevo planteamiento de la cuestión, tal y como se desprende del artículo 140 del Código Civil para los supuestos, como es del caso, en donde falta la posesión de estado es que la acción, en principio, es imprescriptible".

5. MODOS DE DETERMINACIÓN DE LA FILIACIÓN NO MATRIMONIAL

Normativa reguladora

Reza el art. 120 CC que la filiación no matrimonial quedará determinada legalmente: "1.º En el momento de la inscripción del nacimiento, por la declaración conforme realizada por el padre en el correspondiente formulario oficial a que se refiere la legislación del Registro Civil. 2.º Por el reconocimiento ante el Encargado del Registro Civil, en testamento o en otro documento público. 3.º Por resolución recaída en expediente tramitado con arreglo a la legislación del Registro Civil. 4.º Por sentencia firme. 5.º Respecto de la madre, cuando se haga constar la filiación materna en la inscripción de nacimiento practicada dentro de plazo, de acuerdo con lo dispuesto en la Ley del Registro Civil".

El art. 120 CC debe relacionarse con la normativa registral, tal y como veremos a continuación.

5.1. *Declaración realizada por el progenitor en el correspondiente formulario oficial conforme a la legislación del Registro Civil*

Respecto a la declaración realizada por el progenitor en el correspondiente formulario oficial de acuerdo con la legislación del Registro Civil (art. 120.1.º CC), debemos relacionarlo con los arts. 44 y siguientes de la LRC. Si el parto se verifica en un centro sanitario, la dirección tiene la obligación de comunicar el nacimiento mediante formulario electrónico cumplimentado firmado por el facultativo y por los progenitores, en el plazo de 72 horas, a la Oficina General correspondiente del Registro Civil (art. 46 LRC). Si el parto ha tenido lugar extramuros de un centro sanitario, el plazo para promover la inscripción será de 10 días (art. 47 LRC), estando obligados a promoverla el médico o sanitario que haya atendido el parto, los progenitores, salvo que la madre renuncie al hijo en el momento del parto, en cuyo caso la obligación recaerá por la Entidad Pública correspondiente, y por el pariente más próximo o, en su defecto, por cualquier persona mayor de edad presente en el lugar del alumbramiento al tiempo de producirse (art. 45 LRC). No obstante, ambos plazos podrán ampliarse hasta 30 días si se acredita justa causa (art. 166 RRC).

5.2. Reconocimiento

En cuanto al reconocimiento como modo de determinar la filiación no matrimonial, la doctrina lo ha definido como un acto jurídico voluntario, irrevocable, solemne, *intuitu personae*, expreso e incondicional.

El carácter voluntario del reconocimiento se predica del art. 141 CC, que permite su impugnación si se realizó mediante error, violencia o intimidación. El carácter irrevocable del testamento queda patentado en el art. 741 CC, pues aunque se materialice en un testamento esencialmente revocable como el testamento, aquel no perderá "su fuerza legal aunque se revoque el testamento en que se hizo o éste no contenga otras disposiciones, o sean nulas las demás que contuviere". Así lo dispuso la RDGRN 14 marzo 1994, diciendo que, en tanto en cuanto el reconocimiento afecta al estado civil, "agotada la intervención que en la constitución del estado de hijo no matrimonial atribuye la ley al declarante, éste no puede después ni aun con el consentimiento de la madre, yendo, además, contra sus propios actos, ni renunciar en bloque a las consecuencias jurídicas que su acto jurídico comporta, ni tampoco arrepentirse o retractarse de su declaración, revocándola; y esta doctrina tiene su reflejo expreso en los preceptos del Código, pues ni siquiera en el caso de que el reconocimiento se haya efectuado en acto tan esencialmente revocable como el testamento, es posible la revocación del reconocimiento".

Cuestiones relevantes

18. La forma del reconocimiento es *ad solemnitatem*.

El principio espiritualista aplicable en materia contractual (arts. 1258 y 1278 CC) no es extrapolable, *stricto sensu*, al reconocimiento, toda vez que este debe hacerse mediante declaración ante el Encargado del Registro Civil, en documento público o en testamento. El art. 186 RRC establece una lista de documentos públicos aptos para materializar el reconocimiento: "la escritura pública, el acta civil de la celebración del matrimonio de los padres, el expediente de inscripción de nacimiento fuera de plazo, las capitulaciones matrimoniales y el acto de conciliación". Interesante, a estos efectos, es la STS 14 mayo 2004 (*Tol 420576*), la cual considera que el acta de manifestaciones no es un instrumento válido para materializar el reconocimiento, al albergar sustanciales diferencias, en cuanto a los requisitos legales, respecto a la escritura pública. Ello no es óbice para que la misma pueda servir para determinar a filiación no matrimonial por el cauce del art. 120.3.° CC, tal y como luego veremos. Si se efectúa el reconocimiento en testamento, la doctrina sostiene que este tiene que ser otorgado ante Notario, no admitiéndose el testamento ológrafo (art. 688 CC), y debe tratarse de un testamento notarial abierto (art. 695 CC).

19. El reconocimiento otorgado por menores no emancipados o personas mayores de edad con discapacidad.

Es posible que un menor de edad no emancipado efectúe el reconocimiento, pero para su eficacia se precisará aprobación judicial con audiencia del Ministerio Fiscal. Asimismo, cabe la posibilidad de que el sujeto activo del reconocimiento sea una persona con discapacidad; en tal caso, para su validez se estará a lo que resulte de las medidas de apoyo establecidas en la resolución judicial o la escritura pública que se haya establecido y, si nada se hubiese dispuesto, se instruirá la revisión de las medidas de apoyo judicialmente adoptadas (art. 121 CC).

El segundo párrafo del art. 121 CC fue reformado recientemente por la Ley 8/2021, de 2 de junio, por la que se reforma la legislación civil y procesal para el apoyo a las personas con discapacidad en el ejercicio de su capacidad jurídica (LAPCD). Sale a la palestra el problema de que el apoyo que se esté dispensando al potencial reconocedor sea a través de la guarda de hecho. El art. 121 CC parte de la presunción de que haya medidas judiciales o voluntarias de apoyo, excluyendo la medida informal más relevante, hasta tal punto de que no prevé el supuesto de que no existan medidas judiciales, al decir que, si nada se hubiere dispuesto en la resolución judicial "se instruirá la corresponde revisión". El vocablo revisión conlleva examinar lo preexistente; como el art. 121 CC emplea dicho término incluso en el caso de que no hubiera medidas de apoyo voluntarias, es dable afirmar que el término se extiende tanto a la incoación de un expediente para proveer una medida judicial de apoyo a fin de que el Juez le provea de un apoyo *ad hoc*, previo examen del discernimiento de la persona con discapacidad, como a la revisión *stricto sensu* de las medidas judiciales que en su día se acordaron. A nuestro juicio, en caso de que al presunto progenitor con discapacidad se le esté dispensando el apoyo mediante una guarda de hecho, caben dos opciones respecto al art. 121 CC: una, que consistirá en promover un expediente de constitución de una curatela o el nombramiento de un defensor judicial solicitando expresamente que se extienda el cargo, exclusivamente, al acto del reconocimiento de la filiación, al socaire de que, en lo que atañe a los otros ámbitos de la vida, el apoyo que precisa tiene la cobertura de la guarda de hecho; otra, que se basaría en la incoación de un expediente para que el Juez, previo examen de las facultades de la persona con discapacidad, concrete en una resolución judicial el apoyo que tendrá que ejercer el guardador en el ámbito del art. 121 CC, teniendo como asidero esta tesis el art. 264 CC, pues, de la misma manera que el guardador de hecho puede solicitar autorización judicial para realizar funciones representativas, también podrá pedir autorización judicial para que, sin necesidad de constituir una curatela que podría carecer de razón de ser (art. 269 CC), el Juez concrete el apoyo que tendría que ejercer el guardador en el acto de reconocimiento de la filiación, excluyendo, eso sí, cualquier posibilidad de representación, so riesgo de vulnerar las connotaciones *intuitu personae* que alberga dicho acto jurídico.

Por último, una lectura del precepto parece dar a pensar que, una vez establecidas las medidas de apoyo respecto al reconocimiento, descartándose las facultades de representación, la persona con discapacidad, auxiliándose del apoyo, podrá efectuar con autonomía el reconocimiento de la filiación, sin estar al albur de una coetánea o posterior autorización judicial, pues de exigirse dicha autorización el legislador lo habría previsto en el segundo párrafo del art. 121 CC, al igual que hace en el primero respecto a los menores no emancipados, exigiendo la autorización con audiencia del Ministerio Fiscal. Siendo esto así, no entendemos la razón por la que el art. 23.4 LJV dispone que se "se instará la aprobación judicial para la validez del reconocimiento no matrimonial por una persona con discapacidad con medidas de apoyo para el ejercicio de su capacidad jurídica". En nuestra opinión, sería incoherente, de acuerdo con los principios de la Convención sobre los derechos de las personas con discapacidad (CDPD), equiparar a la persona con discapacidad con el menor de edad; por ello, estimamos que el art. 23.4 LJV fue un gazapo legislativo que debe ser reformado.

20. ¿Puede ser la madre el sujeto activo del reconocimiento?

Puede deducirse de la dicción legal del art. 124 CC, que el único sujeto activo del reconocimiento es el padre, dado que es el *nomen* que emplea el precepto al referirse al reconocedor, sin embargo, cabe también la posibilidad de que sea la madre quien articule el reconocimiento, como tuvo la oportunidad de ver la RDGRN 11 octubre 1996, donde una madre quería reconocer a una menor guineana para que pudiese obtener la nacionalidad española por opción.

21. Requisitos del reconocimiento cuando el hijo es menor de edad.

Los hijos susceptibles de ser reconocidos son tanto menores como mayores de edad. Según el art. 124 CC, el reconocimiento de un hijo menor de edad precisará "el consentimiento expreso de su representante legal o la aprobación judicial con audiencia del Ministerio Fiscal y del progenitor legalmente conocido". No obstante, no será necesario el consentimiento del representante legal o la aprobación judicial si el reconocimiento "se hubiere efectuado en testamento o dentro del plazo establecido para practicar la inscripción del nacimiento", pudiendo instar la suspensión de la inscripción de paternidad la madre durante el año siguiente al nacimiento. En tal caso, el reconocedor podrá solicitar la confirmación de la inscripción, que necesitará de la aprobación judicial con audiencia del Ministerio Fiscal. El art. 124 CC debe relacionarse con el art. 188 RRC, que exceptúa el consentimiento del representante legal del menor si el reconocimiento se hace en testamento y, además, se acredita la defunción del reconocedor.

22. Requisitos del reconocimiento cuando el hijo es mayor de edad.

Si el hijo reconocido es mayor de edad, para la eficacia del reconocimiento el art. 123 CC exige su consentimiento expreso o tácito, y si es mayor de edad con discapacidad, el consentimiento se prestará por este "con los apoyos que requiera para ello". Si existe una resolución judicial o escritura pública disponiendo de las medidas de apoyo, "se estará a lo allí dispuesto". Si el hijo mayor de edad con discapacidad tiene una guarda de hecho, bastará, para que el reconocimiento despliegue sus efectos, que el guardador le dispense el apoyo necesario, sin necesidad de incoar un expediente de jurisdicción voluntaria para la constitución o revisión de las medidas de apoyo, como preceptúa, erróneamente a nuestro modo de ver, el art. 121 CC, aplicable si el sujeto activo del reconocimiento es una persona mayor de edad con discapacidad.

23. ¿Es posible reconocer a un hijo ya fallecido?

Es posible el reconocimiento de un hijo ya fallecido, para ello, el art. 126 CC exige el consentimiento de sus descendientes o sus representantes legales.

24. ¿Puede el progenitor manifestar en el reconocimiento la identidad del otro?

No está permitido que el progenitor reconocedor manifieste en el acto la identidad del otro, a no ser que esté determinada legalmente (art. 122 CC).

25. ¿Ofrece el Código Civil alguna regla especial respecto al reconocimiento de hijos incestuosos?

En lo relativo a hijos incestuosos, por ser lo progenitores hermanos o consanguíneos en línea recta, si la filiación está determinada respecto a uno de ellos, el reconocimiento del otro estará supeditado a previa autorización judicial, con audiencia del Ministerio Fiscal, que se concederá en interés del menor, pudiendo el hijo, alcanzada la mayoría de edad, invalidar el reconocimiento de no haberlo consentido (art. 125 CC).

Ad abundantiam, creemos que el art. 125 CC representa una reminiscencia histórica susceptible de derogación, pues, amén de obstruir la constitución de lazos de filiación conforme a la verdad biológica y constituir una suerte de ruptura del principio de igualdad entre todo tipo de filiación, dudosamente se justifica en el interés del menor, incardinándose anacrónicamente la norma en un escenario evolutivo en el que el concepto de familia es cada vez más plural y diverso.

5.3. *Expediente gubernativo*

La filiación no matrimonial podrá determinarse a raíz de la resolución dictada en el expediente gubernativo que regula el art. 47.7 LRC (art. 120.3º CC). El meritado precepto de la legislación registral dispone: "Podrá inscribirse la filiación mediante expediente aprobado por el Encargado del Registro Civil, siempre que no haya oposición del Ministerio Fiscal o de parte interesada notificada personal y obligatoriamente, si concurre alguna de las siguientes circunstancias: 1. ª Cuando exista escrito indubitado del padre o de la madre en que expresamente reconozca la filiación. 2. ª Cuando el hijo se halle en la posesión continua del estado de hijo del padre o de la madre, justificada por actos directos del mismo padre o de su familia. 3. ª Respecto de la madre, siempre que se pruebe cumplidamente el hecho del parto y la identidad del hijo. Formulada oposición, la inscripción de la filiación sólo podrá obtenerse por el procedimiento regulado en la Ley de Enjuiciamiento Civil".

Cuestiones relevantes

26. ¿Es necesario que, al tiempo de incoarse el expediente gubernativo, se acredite la supervivencia del progenitor cuya filiación va a ser determinada

La supervivencia del progenitor o del hijo no es requisito *sine qua non* para incoar el expediente, tal y como expresamente señala el art. 189 RRC. La incoación será notificada a todos los interesados, quienes podrán formular oposición, esgrimiendo las razones por la que estiman que faltan algunos de los requisitos enumerados para estimación del expediente gubernativo (RDGRN 9 noviembre 1996).

27. ¿Qué se entiende por escrito indubitado del progenitor?

Debe entenderse, por escrito indubitado del progenitor en que expresamente se reconozca la filiación, aquellos que no reúnen los requisitos para el reconocimiento como modo de determinar la filiación (art. 120.2. ° CC), como pudiera ser un testamento ológrafo o un acta de manifestaciones. El reconocimiento debe constar expresamente, no pudiendo admitirse aquellos dotados de ambigüedad o que se pueda deducir, de manera fundada, que el autor del documento no es el progenitor biológico, conforme al principio de veracidad biológica que inspira la filiación por naturaleza. No obstante, como luego veremos en sede en impugnación de la filiación, el reconocimiento, siguiendo a la reciente jurisprudencia, no debe, necesariamente, estar ligado con la verdad biológica, admitiéndose los reconocimientos de complacencia.

28. ¿El escrito indubitado puede bastar para determinar la filiación por expediente gubernativo prescindiendo de la posesión de estado?

El escrito indubitado no permite exceptuar la obligatoria acreditación de la posesión de estado, tal y como declaró la RDGRN 30 octubre 2001.

29. ¿Es imprescindible que concurra todos los requisitos de la posesión de estado?

Debemos entender por posesión de estado una situación de hecho avalada por la apariencia jurídica que sirve para establecer la realidad de la filiación de la que es reflejo, precisando la concurrencia del *nomen*, el *tractatus* y la *reputatio* o *fama*, si bien la jurisprudencia ha manifestado que es posible la apreciación de la posesión de estado aunque falta alguno de los elementos como el *nomen* [vid. STS 9 mayo 2018 (*Tol 6865345*)].

5.4. *Por sentencia firme*

Al socaire de que posteriormente trataremos las acciones de filiación cuya desembocadura natural será la sentencia firme reconociendo o no la filiación, prescindiremos de desarrollar aquí este apartado en la empresa de no incurrir en aportaciones tautológicas.

5.5. *Determinación de la filiación materna no matrimonial*

En los plazos que prevé el art. 46 LRC, la inscripción de nacimiento, verificado el parto, deberá practicarse "en virtud de declaración formulada en documento oficial debidamente firmado por el o los declarantes, acompañada del parte facultativo. A tal fin, el médico, el enfermero especialista en enfermería obstétrico-ginecológica o el enfermero que asista al nacimiento, dentro o fuera del establecimiento sanitario, comprobará, por cualquiera de los medios admitidos en derecho, la identidad de la madre del recién nacido a los efectos de su inclusión en el parte facultativo. Los progenitores realizarán su declaración mediante la cumplimentación del correspondiente formulario oficial, en el que se contendrán las oportunas advertencias sobre el valor de tal declaración conforme a las normas sobre determinación legal de la filiación". En caso de que la declaración de los progenitores y el parte facultativo no coincidan, prevalecerá este último (art. 44.4 LRC).

Cuestiones relevantes

30. ¿Es obligatorio promover la inscripción de la filiación materna si la madre renuncia a los derechos derivados de la filiación?

Es obligatorio hacer constar en toda inscripción de nacimiento producido en España la filiación materna, aun en el caso de que la madre renuncie a ejercer los derechos derivados de la filiación y así lo solicite (art. 44.4 LRC).

31. Inscripción de nacimiento de menores abandonados cuya filiación sea desconocida.

En los supuestos de menores abandonados, donde la filiación materna sea desconocida, las entidades públicas autonómicas de protección de menores deberán promover la inscripción de nacimiento del menor así como de la tutela *ex lege* derivada de la declaración de desamparo, teniendo también este deber el Ministerio Fiscal (art. 48 LRC).

32. El padre como promotor de la inscripción.

En el caso de que la inscripción de nacimiento la promueva el padre (supuesto donde, *ad exemplum*, el menor haya nacido fuera del centro sanitario), este podrá expresar la filiación materna "siempre que la identidad de la madre resulte del parte o comprobación exigidos para la inscripción" (art. 181 RRC). En tal caso, el Encargado del Registro Civil dará traslado mediante notificación a la madre, advirtiéndole expresamente que, transcurridos 15 días sin que formalice el desconocimiento, la inscripción de la filiación materna solo podrá cancelarse mediante sentencia (art. 183 RRC).

33. Si una mujer ha sido inscrita como madre de un menor y, realmente, no lo es ¿Podrá cancelar la inscripción de la filiación materna aunque no haya manifestado, en el plazo de los 15 días previstos en el art. 183 RRC, que la filiación es desconocida?

Sí, mediante el cauce de la impugnación de la filiación materna en sede judicial, justificando "la suposición del parto o no ser cierta la identidad del hijo" (art. 139 CC).

6. ACCIONES DE FILIACIÓN

Normativa reguladora

El marco jurídico de las acciones de filiación viene establecido en el Capítulo III, Título V del Libro I del Código Civil y en el Capítulo III, Título I del Libro IV de la Ley de Enjuiciamiento Civil, los cuales se tiene que hilvanar con las disposiciones generales a los procesos especiales contempladas en el Capítulo I, Título I del Libro IV de este último cuerpo legal.

Jurisprudencia

La arquitectura de las acciones de filiación fue cristalizada, con sus sucesivas reformas, por la Ley 11/1981, de 13 de mayo, que, en resumidas cuentas, discriminó la regulación del sistema de acciones según fuese la filiación matrimonial o no matrimonial, dando importancia a la posesión de estado y posibilitando, en relación con el art. 39 CE, la investigación de la paternidad.

Así lo reseño la STS 3 diciembre 2014 (*Tol 4586844*) en su fundamento de derecho tercero: "El legislador pretendió equilibrar los delicados intereses en conflicto y proteger la certeza de la filiación matrimonial. El matrimonio no se prima respecto a los efectos de la filiación, pero su existencia o no si influye a la hora de discriminar los títulos de su determinación así como para articular el sistema de acciones. Como dice la exposición de motivos del proyecto de Ley «haciendo más fácil la reclamación de una filiación matrimonial y más difícil su impugnación. Otro factor en que incide la reforma en cuanto al régimen de las acciones es el de la existencia o no de la posesión de estado. Con esos pilares aborda la diferenciación de plazos y legitimación activa para facilitar la adecuación de la filiación legal a la social, esto es, la que se vive por la posesión de estado, y poner trabas o límites a la impugnación de la filiación matrimonial. Sobre todo ello es ilustrador lo que afirma la exposición de motivos del proyecto de Ley: «Al regular la determinación del vínculo jurídico de filiación, la presente ley refleja la influencia de dos criterios encontrados. De una parte, el de hacer posible el descubrimiento de la verdad biológica para que siempre pueda hacerse efectivo el deber de los padres de prestar asistencia de todo orden a sus hijos. Pero, de otro lado se ha procurado impedir que a voluntad de cualquier interesado puedan llevarse sin límites a los tribunales cuestiones que tan íntimamente afectan a la persona. Y ello, principalmente, para dar estabilidad a las relaciones de estado en beneficio del propio hijo, sobre todo, cuando ya vive en paz una determinada relación de parentesco». En esta fase legislativa postconstitucional destaca: i) la no discriminación de la filiación no matrimonial; ii) la admisión de la investigación de la paternidad y iii) algo de sumo interés, cual es, la consideración de que el interés del hijo es preeminente respecto al del progenitor, como se desprende de que aquél siempre esté legitimado para el ejercicio de las acciones de filiación así como que el mayor de edad pueda negarse al reconocimiento por su progenitor".

Las sucesivas reformas en la normativa de filiación han ido en la senda de ponderar el interés del menor con el ejercicio de las acciones de filiación cuyo fundamento ha sido el principio de la verdad biológica, señalando la STS 30 junio 2016 (*Tol 5765231*) que la finalidad de las mismas no ha sido otra que la defensa del interés del hijo.

6.1. Acciones de reclamación de la filiación

Normativa reguladora

El legislador concede un trato de favor a la existencia de la posesión de estado, entendida esta como una situación de hecho a través de la cual se manifiesta o puede deducirse la existencia de una relación de filiación, ampliando, a través del art. 131

CC la legitimación activa para el ejercicio de las acciones de filiación, admitiendo su ejercicio por "cualquier persona con interés legítimo", salvo en "el supuesto en que la filiación que se reclame contradiga otra legalmente determinada".

La acción de reclamación de la filiación matrimonial, a falta de la posesión de estado, corresponderá al padre, a la madre y al hijo, siendo aquella imprescriptible. No obstante, "si el hijo falleciere antes de transcurrir cuatro años desde que alcanzase plena capacidad, o durante el año siguiente al descubrimiento de las pruebas en que se haya de fundar la demanda, su acción corresponde a sus herederos por el tiempo que faltare para completar dichos plazos".

Tratándose del ejercicio de la acción de reclamación no matrimonial faltando la posesión de estado, el legislador concede legitimación al hijo, durante toda su vida, y a los progenitores, en el plazo de un año contado "desde que hubieran tenido conocimiento de los hechos en que hayan de basar su reclamación". Si el hijo falleciese antes de transcurrir cuatro años desde que alcanzare la mayoría de edad o desde que se eliminaren las medidas de apoyo que tuviera previstas a tales efectos, o durante el año siguiente al descubrimiento de las pruebas en que se funde la demanda, su acción corresponderá a sus herederos por el tiempo que faltare para completar dichos plazos". En cuanto a los progenitores, los cuales tienen un año para interponer la acciones siendo el *dies a quo* el conocimiento de los hechos que fundamente su reclamación, si estos fallecen la acción no será transmisible a los herederos, "quienes solo podrán continuar la acción que el progenitor hubiere iniciado en vida" (art. 133 CC).

Si al tiempo de ejercitar la acción existe otra contradictoria, el hijo o el progenitor podrá, en todo caso, impugnarla (art. 134 CC).

Los preceptos de la Ley sustantiva debemos relacionarlo con la normativa procesal, en concreto, con el art. 765 LEC, que establece que el representante legal o el Ministerio Fiscal, indistintamente, podrán ejercitar la acción de determinación o impugnación de la filiación que corresponda al hijo menor de edad. Si se trata de una persona con discapacidad con medidas de apoyo, esta podrá ejercitar la acción o quien le preste apoyo, siempre que esté expresamente facultado para ello, y, en su defecto, el Ministerio Fiscal. Por su parte, dispone el art. 766 LEC, en lo relativo a la legitimación pasiva, que "serán parte demandada, si no hubieran interpuesto ellos la demanda, las personas a las que en ésta se atribuya la condición de progenitores y de hijo, cuando se pida la determinación de la filiación y quienes aparezcan como progenitores y como hijo en virtud de la filiación legalmente determinada, cuando se impugne ésta. Si cualquiera de ellos hubiere fallecido, serán parte demandada sus herederos".

Cuestiones relevantes

34. No se admite la excepción del retraso desleal cuando la acción la ejercita el hijo.

En escenarios donde el hijo ha demorado en demasía el ejercicio de la acción, a pesar de conocer con bastante antelación la verdad biológica, los demandados han vindicado la desestimación de la demanda a tenor de la doctrina del abuso del derecho o del retraso desleal. La STS 12 abril 2012 (*Tol 2516759*) desestimó dicha apología a tenor de los siguientes argumentos: "Las razones por las que la ley declara imprescriptible una acción obedecen a la necesidad de proteger determinados principios o intereses generales que son superiores a otros presentes y absolutamente legítimos, pero que no tienen la preponderancia de aquellos especialmente protegidos. Siguiendo este argumento, la acción para reclamar la determinación de la filiación biológica es una manifestación del principio de protección de la persona, que es preferente en nuestro ordenamiento por declaración expresa del art. 10 CE y para ello, en el art. 39.2 CE se afirma que la ley posibilita la investigación de la paternidad, que va a abrir la puerta a las obligaciones impuestas en el párrafo tercero del propio art. 39 CE. Consecuencia de ello, el Código civil trata de forma distinta la prescripción en las acciones de impugnación y las de reclamación: estas son imprescriptibles para el interesado, es decir, el hijo, quien puede ejercerlas durante toda su vida. La pretensión de que se considere abusivo que el hijo ejercite una acción de reclamación mucho tiempo después de haber conocido su origen biológico, resulta contraria a los principios protegidos en el ordenamiento jurídico, que priman la dignidad de la persona frente a los que los recurrentes consideran vulnerados".

35. No cabe desestimar la acción de filiación, por la doctrina de los actos propios, si la hija que acciona aceptó, a sabiendas de la verdad biológica, la herencia de su madre registral.

Nos remitimos a la STS 12 enero 2015 (*Tol 4720040*), que expone lo siguiente: "Cercenar por abusiva o desleal una acción en cuya virtud solo se decide algo tan consustancial a la dignidad de la persona como es su filiación por haber utilizado la actora los tiempos con fines sucesorios no es posible, sin perjuicio, como decimos, de que tales retrasos y combinaciones temporales puedan valorarse con arreglo a derecho en futuros litigios con pretensiones de otra naturaleza, si llegasen a plantearse. No concurren, pues, circunstancias suficientes para alterar la doctrina clara y contundente de la Sala en materia de acciones de reclamación de filiación por los hijos. Las inferencias del tribunal de instancia, detalladamente expuestas, sobre las falsas esperanzas que la actora creó tanto en sus "progenitores registrales" como en la "madre biológica" al mantenerse de forma pacífica y pasiva en la situación jurídica falsaria, una vez que todos eran conscientes de ella, no pueden calificarse de ilógicas o absurdas. En efecto, es fácilmente colegible que a causa de tal conducta los "progenitores registrales" la designasen testamentariamente heredera en calidad de hija y que la actora aceptase en tal condición la herencia, con las consecuencias fiscales para ella y de capacidad de disponer para los testadores que ello comportaba. Y también es fácilmente comprensible que tal conducta influyese en la madre biológica a la hora de ordenar su sucesión, teniendo en cuenta que podía acogerse a la vecindad foral navarra. No obstante, como ya se ha indicado, tales circunstancias podrán considerarse en litigios en que el objeto sea de otra naturaleza, pero no para justificar el mantenimiento de un estado civil falsario en cuanto a la filiación, que tiene una especial transcendencia y protección como la citada doctrina de la Sala tiene sentado".

36. Es obligatorio plantear una acumulación de acciones cuando exista una filiación registral contradictoria.

El art. 134 CC posibilita al actor que reclama la declaración de una determinada filiación impugnar la contradictoria si consta como tal en el Registro Civil. En relación a dicho aserto, la jurisprudencia ha manifestado que, aras de constituir válidamente el objeto procesal y garantizar el derecho de defensa y a ser oído del progenitor registral, es necesario plantear, al alimón de la acción de determinación de la filiación, la impugnación que presuntamente la contradiga [vid. STS 8 julio 2004 (*Tol 483431*) y 3 julio 2015 (*Tol 5205512*)].

37. Es posible ejercitar la acción de reclamación de alimentos junto a la acción de determinación de la filiación.

La STS 11 diciembre 2011 (*Tol 4924487*), ratificando la exégesis de la STS 23 octubre 1990 (*Tol 1729974*), avaló la acumulación de la acción de determinación de la filiación con la de reclamación de alimentos.

38. Necesidad de nombrar un defensor judicial cuando el progenitor, en representación del hijo menor de edad, ejercita la acción de filiación y se aprecie conflicto de intereses.

Como se ha expuesto *supra*, el art. 765 LEC reza que podrá ejercitar la acción de determinación o impugnación de la filiación que corresponda al hijo menor de edad el representante legal o el Ministerio Fiscal. Generalmente, el progenitor registral será el que, como titular de la patria potestad, tenga el deber de representar al menor ex art. 154.2° CC. Lo mismo ocurre cuando el hijo menor de edad es demandando por el presunto progenitor en un procedimiento de filiación (art. 766 LEC): asumiendo aquel la legitimación pasiva en el proceso, el progenitor cuya filiación conste, asumirá la representación legal del menor. En tales casos, se ha planteado en la práctica forense si es necesario, ante un posible conflicto de intereses, el nombramiento de un defensor judicial.

Unas de la primeras resoluciones que se pronunció sobre el particular fue la STS 7 noviembre 2002 (*Tol 4974993*), en un caso en el que el demandante demandó a la madre y al menor en el ejercicio de la acción de la reclamación de la filiación no matrimonial, contestando la madre a la demanda en su propio nombre y representación y en representación de su hijo menor de edad. El Alto Tribunal planteó de oficio si, en tal caso, había un conflicto de intereses que provocara el nombramiento de un defensor judicial. Valorando que la madre negaba que el demandante fuese el progenitor y que, a su vez, se negó a someterse a la prueba biológica, el fundamento de derecho segundo dijo lo siguiente: "Parece necesario advertir que el carácter de orden público del estado civil determina el mismo régimen para la reclamación de filiación no matrimonial hecha por el hijo que pretende el reconocimiento de la paternidad, como la hecha por el padre que pretende el mismo reconocimiento. En este caso son contrarios los intereses de la madre demandada, que no quiere establecer en ningún caso la realidad que sea procedente sobre la paternidad, con los intereses del hijo, tanto desde el punto de vista de su persona como del orden público del estado civil. El conflicto de intereses existe cuando en la realización de los actos de guarda y protección la actuación de los representantes pone en peligro el beneficio del menor e incapaz al ser éste contrario al interés subjetivo o personal de aquéllos. Conforme a lo previsto en el artículo 299 del Código Civil, el defensor judicial es la persona que asume temporalmente la representación y defensa de los intereses de los menores de edad, o de los incapacitados cuando la persona que legalmente debe hacerlo, padres, tutores o curadores no lo hacen. Se trata de un cargo judicial porque es necesaria una resolución judicial que acuerde su nombramiento. Cuando actúa debe obrar dentro de las facultades precisas y concretas que se le han atribuido y cuando actúa judicialmente debe probar que lo hace así". Exégesis reiterada en la STS 4 marzo 2003 (*Tol 4927749*).

Más recientemente, la STS 30 junio 2016 (*Tol 5765231*), insistió en la necesidad del nombramiento de un defensor judicial del menor de edad en un supuesto en el que la madre ejercitaba una acción de reclamación de la paternidad no matrimonial y de impugnación de la filiación matrimonial contradictoria basada, esta última, en un reconocimiento que la madre accionante, curiosamente, consintió (art. 124 CC), apreciando la sentencia el conflicto de intereses a tenor de que la madre, bajo el pretexto de buscar y encontrar la verdad biológica, no estaba actuando por el interés preferente de su hija menor, sino por motivos personales y distintos al *favor minoris*, abocando con su acción a la hija a una nueva y perjudicial situación con la pérdida de su núcleo familiar actual.

6.2. Acciones de impugnación de la filiación

Normativa reguladora

a) Impugnación de la filiación matrimonial:

La impugnación de la filiación matrimonial está cristalizada en el art. 136 CC, el cual permite al marido ejercitar la acción en el plazo de un año desde la inscripción de la filiación en el Registro Civil. Sin embargo, si desconociese el nacimiento, el *dies a quo* se computará desde el fallecimiento de dicho hecho, siguiendo vigente el plazo anual si, fallecido el marido, el heredero conociese posteriormente el nacimiento del hijo cuya filiación desea impugnar.

Ante la eventualidad de que el marido, pese a conocer el hecho del nacimiento del hijo inscrito como suyo, desconociera su falta de paternidad, el *dies a quo* del plazo anual empezará a contar desde el día que conociera dicha circunstancia.

Habiendo fallecido el marido antes de transcurrir el plazo de anual descrito en los dos párrafos anteriores, la acción corresponderá a los herederos por el tiempo que falte para completar dicho plazo.

La impugnación de la filiación matrimonial también podrá ser impugnada por el hijo, en virtud del art. 137 CC, distinguiendo el precepto según haya o no posesión de estado. Concurriendo posesión de estado, el plazo para el ejercicio de la acción será de un año, cuyo *dies a quo* será desde la inscripción de la filiación. Si el hijo fuere menor de edad o persona con discapacidad con medidas de apoyo, el plazo para la impugnación comenzará a contar desde la mayoría de edad o la extinción de las medidas de apoyo. Mientras el hijo sea menor, el ejercicio de la acción corresponderá a la madre que ostente la patria potestad, a su representante legal o al Ministerio Fiscal, debiendo ejercitar la acción en el plazo de un año desde la inscripción de la filiación. En el caso de persona con discapacidad con medida de apoyo, podrá ejercitar la acción esta, quien preste apoyo si está facultado para ello y, en su defecto, el Ministerio Fiscal, en el plazo de un año desde la inscripción.

No obstante, habiendo transcurrido el plazo de un año desde la inscripción de la filiación, desde la mayoría de edad del hijo o desde la extinción de las medidas de apoyo, este podrá ejercitar la acción de impugnación si desconociese la falta de paternidad biológica del progenitor inscrito, siendo el plazo de un año desde el conocimiento de la falta de filiación. Fallecido el hijo antes de transcurrir los plazos descritos, la acción corresponderá a los herederos durante el tiempo que faltare para completarlos.

Faltando la posesión de estado, la acción podrá ser ejercitada por el hijo o sus herederos sin que la acción esté al albur de ningún plazo.

La mujer podrá impugnar la filiación de su maternidad "justificando la suposición del parto o n ser cierta la identidad del hijo" (art. 141 CC).

b) Impugnación de la filiación no matrimonial:

El art. 140 CC distingue, a la hora de regular la impugnación de la filiación no matrimonial, según haya o no posesión de estado. Faltando la posesión de estado, la filiación paterna o materna podrá ejercitarla "aquellos a quienes perjudique". Existiendo posesión de estado, la acción corresponderá a quien aparezca "como hijo o progenitor y a quienes por la filiación puedan resultar afectados en su calidad de herederos forzosos". La acción caducará pasados cuatro años desde que el hijo, una vez inscrita la filiación, goce de la posesión de estado. Mientras falte la posesión de estado, entiende la doctrina que la acción es imprescriptible.

En cualquier caso, los hijos tendrán un año después de alcanzada la mayoría de edad o recobrar la capacidad para ejercitar la acción. Esta regla, prevista en el último párrafo del art. 140 CC, debe relacionarse con aquellos casos donde exista posesión de estado, de modo que el hijo, mientras sea menor de edad, podrá impugnar la filiación en cualquier momento y, después de alcanzar la mayoría de edad o recuperar la capacidad, tendrá un plazo suplementario de un año.

c) Impugnación del reconocimiento.

Atendiendo a que el Tribunal Supremo ha establecido la dicotomía entre la impugnación de la filiación y del reconocimiento, debemos remitirnos, respecto a esta última acción, a los arts. 138 y 141 CC. El primero establece que "el reconocimiento y demás actos jurídicos que determinen conforme a la ley una filiación matrimonial o no matrimonial podrán ser impugnados por vicio de consentimiento", correspondiendo la acción a quien hubiere otorgado el reconocimiento mediante error, violencia o intimidación. Establece el art. 141 CC que "la acción caducará al año del reconocimiento o desde que cesó el vicio de consentimiento, y podrá ser ejercitada o continuada por los herederos de aquél, si hubiere fallecido antes de transcurrir el año".

Cuestiones relevantes

39. La responsabilidad civil por daño moral en el ámbito de la impugnación de la filiación.

Se ha planteado en los Tribunales la viabilidad de pretensiones ejercitadas por el padre contra la madre reclamando una indemnización por los daños morales derivados de la pérdida de los lazos afectivos con el hijo tras demostrarse en juicio la falta de paternidad biológica.

La SAP Valencia 13 noviembre 2014 (*Tol 4792314*) condenó a una madre a satisfacer al "falso padre" la suma de 30.000 euros. La pareja no podía tener descendencia mediante la cópula carnal, viéndose obligados a acudir a un tratamiento de reproducción asistida. La madre hizo creer a su pareja que quedó embarazada mediante el tratamiento con el material genético de este, ocultándole que, verdaderamente, no era el padre. Al cabo de unos años, el matrimonio se separó y el presunto padre, según un auto de medidas provisionales del proceso de separación, tendría la patria potestad compartida, un régimen de visitas y la obligación de pagar una pensión de alimentos. El padre se sometió a pruebas de fertilidad arrojando como resultado que era estéril. A raíz de este hecho, impugnó la paternidad, siendo la sentencia favorable. Ante la actuación dolosa de la madre, quién hizo creer a su consorte que la hija era suya, el Juzgado de 1ª Instancia la condenó a abonar al demandante la suma de 100.000 euros, cantidad que fue rebajada en apelación a 30.000 euros. Misma resolución adoptó la SAP Castellón 12 junio 2014 (*Tol 4462229*) y la SAP Murcia 18 noviembre 2009 (*Tol 1759612*), condenando esta última no solo por los daños morales, sino también por las cantidades satisfechas hasta la fecha de la sentencia de impugnación de paternidad en concepto de mantenimiento.

La STS 13 noviembre 2018 (*Tol 6919709*), desestimó la acción fundamentada en el art. 1902 CC por un varón que reclamaba a la madre la satisfacción de la indemnización por los daños morales derivados del engaño en la concepción y paternidad de dos hijas.

40. La impugnación del reconocimiento de complacencia.

Ha habido un intenso debate doctrinal en torno a la validez del reconocimiento por complacencia y la posibilidad de su impugnación. Entendiendo este reconocimiento como aquel que otorga, de manera voluntaria y consciente, una persona a sabiendas de que no es el padre biológico, la DGRN, apelando a que la filiación está vinculada al principio de veracidad biológica, ha declarado que este tipo de reconocimiento es nulo de pleno derecho (RDGRN 8 septiembre 1992, 28 diciembre 2002, 2 febrero 2004, 3 junio 2003, 23 marzo 2011, 29 octubre

2012) y también algunas sentencias del Tribunal Supremo [SSTS 28 marzo 1994 (*Tol 1656686*), 31 octubre 1997 (*Tol 5156805*), 27 mayo 2004 (*Tol 448407*) o 12 julio 2004 (*Tol 476875*)]. Sin embargo, la STS 14 julio 2004 (*Tol 483491*), matizó la tesis de la nulidad, descartando la impugnación de la filiación determinada por el reconocimiento a tenor de la caducidad de la acción.

La STS 29 octubre 2008 (*Tol 1396398*), seguida por las SSTS 5 diciembre 2008 (*Tol 1413621*) y 4 julio 2011 (*Tol 2234835*), introdujo el dualismo impugnatorio, diciendo que el reconocimiento de complacencia está sometido a la acción de impugnación del mismo acto de reconocimiento por vicio de la voluntad, cristalizada en el art. 141 CC y, por otro lado, a la acciones de impugnación de la filiación matrimonial o no matrimonial, para concluir que el reconocimiento de complacencia puede ser impugnado por el reconocedor al amparo del art. 136 CC —impugnación de la filiación matrimonial— o del art. 140 CC —impugnación de la filiación no matrimonial—.

La STS 15 julio 2016 (*Tol 5780303*), que ha provocado ríos de tinta en el seno de la doctrina, ha confirmado la posibilidad de que el reconocedor impugne la filiación derivada del reconocimiento siempre que la acción se ejercite respetando los plazos de caducidad previstos en los arts. 136 o 140 CC. La citada sentencia, en el fundamento de derecho tercero, da respuesta a la cuestión que gira en torno a si el reconocimiento de complacencia es nulo de pleno derecho, descartando la nulidad y afirmando, expresa o implícitamente, que el reconocimiento no debe estar necesariamente vinculado con la verdad biológica. Posteriormente, remitiéndose a la ya citada STS 4 julio 2011, sostiene que cabe que quien ha realizado un reconocimiento de complacencia de su paternidad ejercite una acción de impugnación de la filiación fundada en el hecho de no ser el padre biológico, provocando la ineficacia del reconocimiento. De ser la filiación matrimonial, la acción deberá fundamentarse en el art. 136 CC y de ser no matrimonial en el art. 140 CC, sin que, en palabras de la sentencia, sea oponible la doctrina de los actos propios.

41. El reconocedor deberá impugnar la filiación derivada del reconocimiento de complacencia con base en el art. 136 CC si este contrajo matrimonio con la madre después del nacimiento.

La STS 15 julio 2015, citada *supra*, así lo sostiene: "En caso de que el autor del reconocimiento de complacencia y la madre del reconocido hayan contraído matrimonio con posterioridad al nacimiento de éste, la acción de impugnación de la paternidad que dicho reconocedor podrá ejercitar será la regulada en el artículo 136 CC, durante el plazo de caducidad de un año que el mismo artículo establece. También será esa la acción, cuando el reconocimiento se haya realizado con anterioridad a la celebración del referido matrimonio; y a no ser que hubiera caducado antes la acción que regula el artículo 140.II CC, en cuyo caso, el reconocedor no podrá ejercitar la acción del artículo 136 CC: el matrimonio no abrirá un nuevo plazo de un año a tal efecto. Las razones por las que fijamos dicha doctrina jurisprudencial —y que la hacen aplicable sea, o no, de complacencia el reconocimiento— son las que se exponen a continuación: 1.ª) La finalidad del artículo 119 CC es robustecer la protección jurídica de la familia que se ha convertido en matrimonial, y precisamente por la razón de que ha venido a serlo; un robustecimiento que consiste, especialmente, en hacer más difícil la impugnación de la filiación. 2.ª) No se compadece con esa finalidad entender que la aplicación del artículo 119 requiere que «los progenitores» a los que se refiere sean el padre y la madre biológicos. Hay que interpretar dicha expresión en el sentido de «el padre y la madre» legales, esto es, las personas cuya paternidad y maternidad ha quedado determinada legalmente. Y quizás porque tal determinación puede producirse con posterioridad a la celebración del matrimonio entre ellas, fue la simple razón por la que el legislador empleó la expresión «los progenitores», en vez de «el padre y la madre». 3.ª) El artículo 235-7 del Código Civil de Catalunya dispone: «1. Los hijos comunes nacidos antes del matrimonio del padre y de la madre tienen, desde la fecha de celebración de éste, la condición de matrimoniales si la filiación queda determinada legalmente» 2. La impugnación de la filiación a que se refiere el apartado 1 se rige por las reglas de la filiación no matrimonial». Nada semejante aparece en el Código Civil del Estado. 4.ª) Ni el tenor literal ni la ratio del artículo 119 CC permiten limitar en modo alguno el alcance de su consecuencia jurídica en atención al hecho de que la determinación legal de la filiación —el reconocimiento de la paternidad en lo que aquí interesa— se haya producido con anterioridad a la celebración del matrimonio. De hecho, lo que se había planteado la doctrina es si ése sería el único caso en el que el precepto se aplicaría, respondiendo unánimemente en sentido negativo. El orden temporal en el que hayan tenido lugar el matrimonio y la determinación legal de la filiación (el reconocimiento de la paternidad en lo que interesa) es irrelevante para la consecuencia de que la filiación adquiere a todos los efectos el carácter de matrimonial desde la fecha del matrimonio. Conviene añadir que, si el reconocimiento es posterior al matrimonio, el dies a quo del plazo de caducidad de un año será el día de la perfección del reconocimiento. Si el matrimonio es posterior, el día de su celebración; aunque, si hubiera caducado antes la acción para impugnar la paternidad no matrimonial, debería denegarse también al reconocedor la acción del artículo 136 CC, pues no parece lógico que disponga de un mayor plazo para impugnar por el simple hecho de haberse casado con la madre. 5.ª) En fin, no se nos alcanza razón alguna para que lo que antecede no deba valer igual porque sea de complacencia el reconocimiento que determine legalmente la paternidad del hijo de la cónyuge del reconocedor".

6.3. Cuestiones procesales

A continuación, expondremos algunas de las cuestiones procesales que con más frecuencia se plantea en la práctica forense.

6.3.1. Principio de prueba

Normativa reguladora

El art. 767 LEC consagra el principio de prueba, diciendo que "en ningún se admitirá la demanda sobre determinación o impugnación de la filiación si con ella no se presenta un principio de prueba de los hechos en que se funde".

Jurisprudencia

La jurisprudencia, en un ensayo de conciliar el derecho a la tutela judicial efectiva (art. 24.1 CE), con el principio que posibilita la investigación de la paternidad (art. 39.2 CE), ha espiritualizado el principio de prueba consagrado, inicialmente, en el art. 127 CC y, actualmente, en el art. 767 LEC, diciendo, en la STS 18 marzo 2000 (*Tol 492688*) que "basta con que en la demanda conste la oferta de practicar determinadas prueba en el momento adecuado y, de este modo, pueda llevarse a cabo un control de la razonabilidad de dicha demanda, pues el requisito procesal dicho precepto constituye un complemento tendente a procurar la seriedad de la demanda, pero nunca puede dar lugar a una restricción, ni a un obstáculo a la posibilidad que abre el artículo 39 CE de la Constitución".

La interpretación espiritualizada del principio de prueba tiene la finalidad, según la STS 1 febrero 2002 (*Tol 4975176*), de "servir de filtro para impedir aquellas reclamaciones que sean absolutamente infundadas y caprichosas y tal exigencia probatoria no es confundible con la prueba de los hechos constitutivos de la pretensión que habrá de realizarse en el proceso", de modo que el art. 767 LEC debe concebirse como "un complemento tendente a procurar la seriedad de la demanda, pero nunca una restricción, ni un obstáculo y basta con que en el cuerpo de este escrito inicial existan referencias concretas a medios de prueba a prácticas que contribuyan a conferir al sustento fáctico de la petición, credibilidad y verosimilitud aunque luego no prospere la demanda".

6.3.2. Efectos de la negativa del demandado a someterse a la prueba biológica

Normativa reguladora

En materia de prueba en los procesos de filiación el marco normativo viene cristalizado en los tres últimos apartados del art. 764 LEC. El apartado segundo dice que "será admisible la investigación de la paternidad y de la maternidad mediante toda clase de pruebas, incluidas las biológicas", pudiendo declararse la filiación, en ausencia de pruebas directas, por el reconocimiento expreso o tácito, de la posesión de estado, de la convivencia con la madre en la época de la concepción, o de otros hechos de los que se infiera la filiación, de modo análogo". Finalmente, dispone el art. 764.4 LEC que "la negativa injustificada a someterse a la prueba biológica de paternidad o maternidad permitirá al tribunal declarar la filiación reclamada, siempre que existan otros indicios de la paternidad o maternidad y la prueba de ésta no se haya obtenido por otros medios".

Jurisprudencia

La jurisprudencia, tanto del Tribunal Constitucional como del Tribunal Supremo, ha manifestado, en reiteradas ocasiones, que la negativa del demandado a someterse a la prueba biológica no representa una *ficta confessio*, aunque puede estimarse como un potente indicio probatorio que, avalado por otros, permita declarar la filiación.

La STS 24 mayo 2001 (*Tol 4974371*), expuso lo siguiente: "Es doctrina pacífica de esta Sala la que establece que la negativa a la práctica de la prueba hematológica que puede ser determinante de una declaración de paternidad, y sobre todo cuando no hay base para tal negativa, no debe dársela el valor de una ficta confessio —en puridad terminológica ficta pericia—, y como tampoco se da el enlace preciso y directo para encuadrar tal actitud dentro de la presunción como medio impugnatorio, sólo queda valorarla como un indicio muy cualificado que en unión del conjunto de otras pruebas, puede llevar al ánimo del Tribunal la convicción de la paternidad postulada". Tesis también sostenida por la STC 29/2005, de 14 de febrero (*Tol 579127*).

Dos años después, la STS 27 febrero 2007 (*Tol 1059061*), dijo que "la negativa a la práctica de la prueba biológica de paternidad no puede interpretarse como una ficta confessio [confesión presunta] del afectado, sino que tiene la condición de un indicio probatorio que ha de ser ponderado por el órgano judicial en relación con la base probatoria indiciaria existente en el procedimiento. Según estas doctrina, en efecto, dicha negativa no es base para integrar una ficta confessio, aunque representa o puede representar un indicio «valioso» o «muy cualificado» que, puesto en relación o conjugado con las demás pruebas practicadas en el proceso, permite declarar la paternidad pretendida, pese a que éstas en sí mismas y por sí solas no fueran suficientes para estimar probada una paternidad que por sí es de imposible prueba absoluta", matizando que la vinculación del demandando a la prueba biológica no constituye un deber, sino una carga procesal que "no puede dar lugar a imponer su realización mediante medios coactivos, sino que únicamente determina que, en caso de ser injustificada la negativa, recaigan sobre la persona renuente las consecuencias de la falta de prueba, siempre que concurran los requisitos determinados por la doctrina constitucional y la jurisprudencia civil". Zanjando que "la existencia de indicios de este carácter, según la orientación que se ha consolidado en nuestra jurisprudencia, priva de justificación a la negativa, y colma su eficacia indiciaria. Desde esta perspectiva, la plataforma fáctica integrada por los indicios antes reseñados, que demuestran la observación por diferentes personas que los conocen de actitudes de familiaridad, compañía y expresión de una relación de cariño durante un período de tiempo significativo entre los litigantes, anterior y coincidente con el de la concepción, que permiten reconocer la verosimilitud, en términos de razonabilidad, de la existencia de relaciones sexuales entre los litigantes, integra un conjunto de hechos desde luego insuficientes para fundar por sí mismos la determinación de la paternidad en virtud de una presunción hominis [de hombre, es decir, no legal], pero a los que es fuerza reconocer un valor coadyuvante de relevancia suficiente para colmar una presunción de paternidad apoyada solidariamente en la negativa injustificada del afectado a someterse a la prueba biológica como indicio especialmente cualificado —en el concierto jurídico de los derechos afectados—, pero necesitado para su plena virtualidad —en el sistema constitucional de derechos fundamentales, interpretado por el Tribunal Constitucional— del apoyo de otros indicios, como los que, extraídos de la prueba practicada en el proceso con todas las garantías, hemos ponderado racionalmente según las reglas del criterio humano".

Nos remitimos también a las SSTS 17 junio 2011 (*Tol 2150337*), 11 abril 2012 (*Tol 2516759*), 3 diciembre 2014 (*Tol 4586844*) o 28 mayo 2015 (*Tol 5166524*).

6.3.3. El valor relativo de la cosa juzgada en los procesos de filiación

El art. 223.3 LEC dice que "en las sentencias sobre estado civil, matrimonio, filiación, paternidad, maternidad e incapacitación y reintegración de la capacidad, la cosa juzgada tendrá efectos frente a terceros a partir de su inscripción o anotación en el Registro Civil". Por otra parte, el art. 764.2, como reverso del art. 222 LEC, dispone que "los tribunales rechazarán la admisión a trámite de cualquier demanda que pretenda la impugnación de la filiación declarada por sentencia firme, o la determinación de una filiación contradictoria con otra que hubiere sido establecida también por sentencia firme", diciendo el segundo párrafo que "si la existencia de dicha sentencia firme se acreditare una vez iniciado el proceso, el tribunal procederá de plano al archivo de éste".

A pesar de que la excepción de la cosa juzgada es oponible en los procesos de filiación, recientemente el Tribunal Supremo ha relativizado dicha excepción al amparo de una interpretación del art. 764.2 LEC al compás del interés del menor, la investigación de la paternidad y el principio de la veracidad biológica inherente a la filiación.

Jurisprudencia

Los antecedentes del caso que desembocaron en la STS 17 noviembre 2022 (*Tol 9318691*) fueron los siguientes: fruto de una relación no matrimonial nació un menor; cuando la madre tenía 18 años de edad, en 1986, presentó una demanda de reclamación de la filiación no matrimonial paterna en nombre propio y en el de su hijo menor en virtud del derogado art. 129 CC y, además, de reclamación de alimentos. El resultado de la prueba biológica arrojó un 99,3% de probabilidades de que el demandado fuese el padre. A pesar del resultado de la prueba biológica y que el demandando reconociera que mantuvo, al menos, una relación sexual con la madre, el Juzgado desestimó la demanda, pues la madre, que se dedicaba a la prostitución, habría podido tener otras relaciones, no siendo descartable que el padre fuese otra persona, diciendo, en cuanto a la prueba biológica, que "aunque arrojan una probabilidad extremadamente probable de paternidad, no dejan de ser eso, una mera probabilidad, y por tanto insuficientes y no concluyentes para imputar una paternidad, hecho de gran trascendencia en la vida de una persona dejando en el juzgador una duda considerable sobre la verdadera y auténtica paternidad, por lo que procede desestimar la demanda". Contra la sentencia del Juzgado *a quo* se interpuso un recurso de apelación que quedó desierto.

En 2020, el hijo presentó una demanda de reclamación de la filiación paterna no matrimonial al amparo del art. 133. Admitida la demanda y la prueba biológica, el demandado no acudió al Instituto Nacional de Toxicología y Ciencias Forense, alegando en su contestación la excepción de cosa juzgada, la cual fue estimada por el Juzgado de 1ª Instancia y posteriormente por la Audiencia Provincial de Granada, esgrimiendo la virtualidad del derogado art. 129 CC que permitía a la madre interponer la acción de filiación en representación de su hijo, como así aconteció en el primer proceso, y que era aplicable el art. 222 LEC, sin que pretensiones relativas a la verdad biológica pueda excepcionar la oposición de la cosa juzgada. Contra la sentencia de la Audiencia Provincial el hijo presentó un recurso extraordinario por infracción procesal que fue estimado, razonando el Tribunal Supremo lo que sigue:

"Al promoverse la demanda, el hoy actor era un recién nacido, que no alcanzaba el año. Su madre, de dieciocho años, carecía de recursos propios para litigar, por lo que lo hizo acogida a los beneficios de justicia gratuita. En el procedimiento, se practicó una prueba biológica que descartó que el demandado, que reconoció, al menos, una relación sexual con la codemandada, no fuera el padre biológico del menor y que arrojó un porcentaje de paternidad a su favor del 99,3% que, según los predicados verbales de Hummel, implica una "paternidad extremadamente probable". No obstante, se desestimó la demanda sin que el Ministerio Fiscal recurriese la sentencia. La madre sí la apeló, pero, por razones que se desconocen, no se llegó a formalizar el recurso, mediante el personamiento de la apelante ante la Audiencia Territorial de Granada. La situación descrita propició que el menor sufriese una lesión en su interés superior (...) Por todo ello, en el juicio de proporcionalidad entre la seguridad jurídica, de la que es manifestación la cosa juzgada, y el derecho del actor al ejercicio de la acción de reclamación de paternidad, que le corresponde conforme al art. 133.1 CC, ha de prevalecer este último en función de las consideraciones siguientes: En primer término, dado que el demandante es titular de un derecho fundamental a conocer su filiación biológica paterna que se integra también dentro del derecho al libre desarrollo de la personalidad (arts. 10 y 39 CE y 8 CEDH). En segundo lugar, dado que el derecho a la tutela judicial efectiva sin indefensión proclamado por el art. 24.1 CE, no fue debidamente satisfecho durante la minoría de edad del demandante, en el primer proceso seguido para determinar su filiación, al no activarse todos los resortes para garantizarlo, y someter la efectividad de sus derechos a un juicio que agotase las posibilidades de defensa y protegiese de forma plena su interés superior. Por todo ello, esa primera sentencia no la podemos reputar como antecedente necesario para obviar el ulterior ejercicio de la presente acción por el actor, alcanzada su mayoría de edad y, con ello, el pleno goce de sus derechos civiles (arts. 240 y 246 CC). La estimación del recurso, por otra parte, no implica una eventual variación de inscripciones o anotaciones registrales previas, pues la primera sentencia dictada no tuvo acceso al Registro Civil, al ser desestimatoria, ni afecta a estados familiares consolidados en perjuicio del reclamante de la filiación que, por el contrario, desarrolló su vida sin la presencia de un progenitor paterno. Las consideraciones expuestas determinan que, en atención a las concretas circunstancias concurrentes, no extrapolables a otros casos distintos, no opere la excepción de cosa juzgada apreciada por las sentencias recurridas".

A tenor de los argumentos expuestos, y descartada la excepción de la cosa juzgada, el Tribunal Supremo devolvió las actuaciones a la Audiencia Provincial, a fin de que el demandado tuviese oportunidad de someterse a la práctica de la prueba biológica.

6.3.4. El litisconsorcio pasivo necesario

El litisconsorcio pasivo necesario en los procesos de filiación es un óbice procesal apreciable de oficio y en cualquier fase del proceso, aunque no haya sido planteado en instancias inferiores. La falta de litisconsorcio pasivo se presenta con asiduidad en los procesos de filiación cuando se omite, vulnerando los arts. 113.2 CC y 766 LEC, impugnar la filiación contradictoria cuando se reclama la determinación de otra filiación.

Jurisprudencia

Es ilustrativa la STS 25 septiembre 2023 (*Tol 9724370*).

El caso fue el siguiente: Luciano y Carmela, ligados por matrimonio, tuvieron una hija llamada Reyes, mientras que el mismo día y en el mismo hospital nació Sacramento de la unión no matrimonial entre Fausto y Sonsoles. Por equivocación, los bebes fueron erróneamente entregados el día 16 de junio de 2002 a distintas uniones, de modo que constaron registralmente Luciano y Carmela como los progenitores de Sacramento y Fausto y Sonsoles como los progenitores de Reyes. Fausto y Sonsoles, dada su discapacidad, fueron incapacitados en 1997 y 2003, respectivamente, y respecto a su hija menor Reyes se articuló un acogimiento permanente a favor de la abuela materna. La tutora de Fausto, que era su hermana, presentó una demanda de impugnación de la filiación paterna de Reyes, al saber que esta no era la hija biológica de su hermano. Estimada la demanda tras la práctica de la prueba biológica y realizada la rectificación del Registro Civil, se realizó también pruebas biológicas, extramuros de un proceso judicial, entre la menor Reyes y su madre Sonsoles, resultando que tampoco era su hija biológica, sin embargo, nunca se llegó a presentar demanda de impugnación de la maternidad contra la madre.

Tras indagar el Ministerio Fiscal sobre el intercambio de bebes en el hospital donde nacieron las dos menores (Sacramento y Reyes), Reyes formuló demanda por la que se ejercitaba la acción de reclamación de paternidad y maternidad respecto a Luciano y Carmela, la cual falleció en 2018; la demanda, respecto a esta última, se dirigía contra los herederos de esta (su cónyuge

Luciano y los sus hijos: Imanol y Sacramento). Asimismo, Reyes ejerció la acción de impugnación de filiación paterna y materna de Sacramento, ya que Luciano y Carmela no eran sus padres biológicos. Igualmente, el Ministerio Fiscal presentó demanda reclamando la filiación matrimonial a favor de Reyes frente a Luciano. Los demandados contestaron la demanda de ambos, solicitando que se dictara sentencia conforme a Derecho y sin condenas en costas.

El Juzgado de 1ª Instancia núm. 8 de Logroño dicto sentencia el 22 de noviembre de 2021, estimando parcialmente la demanda, declarando que Reyes, que ya era mayor de edad, es la hija biológica y matrimonial de Luciano y Carmela, procediendo la inscripción de la filiación en el Registro Civil. En cambio, desestimó la acción de impugnación de la paternidad y maternidad respecto a Sacramento.

Reyes presentó recurso de apelación, el cual fue desestimado por la SAP La Rioja 25 julio 2022, alegando que Reyes carecía de legitimación activa para la impugnación de la filiación de Sacramento. Tras el fallo, Reyes presentó recurso de casación.

Aunque el recurso de casación presentado por Reyes se centrara en la legitimación de esta para impugnar la filiación de Sacramento respecto a sus padres, el Ministerio Fiscal evacuó un informe diciendo que, respecto a la acción de filiación materna contra Carmela, hubo una falta de litisconsorcio pasivo necesario, pues pese a que se practicó, extramuros del proceso, una prueba biológica que determinó que Reyes no era la hija biológica de su madre Sonsoles, nunca se dedujo demanda contra esta, infringiéndose el art. 113.2 CC. El Tribunal Supremo dijo que, respecto a la acción de paternidad de Luciano, no contradice una paternidad opuesta, dado que ya hubo una sentencia anterior que determinó que Fausto no era el padre de Reyes. En cambio, la acción de determinación de la filiación materna contra Carmela obligaba a Reyes, a la sazón demandante, a impugnar la maternidad de Sonsoles. Siendo la falta de litisconsorcio pasivo necesario un óbice procesal apreciable, incluso de oficio, en cualquier fase del proceso, el Tribunal declaró la nulidad de lo actuado únicamente en lo que se refería a la acción de reclamación de la maternidad de Reyes, retrotrayéndose las actuaciones.

Yendo a la impugnación de la filiación de Sacramento respecto a Luciano y su fallecida esposa Carmela articulada por Reyes, esta dijo durante todo el proceso que ostentaba legitimación. Sin embargo, la sentencia dictada en casación que lo que le permitía a Reyes el artículo 134 CC era reclamar la filiación paterna y materna y, al alimón, impugnar la contradictoria, con el fin de que el ejercicio de la primera acción no se vea obstaculizada por los plazos de la impugnación de la filiación no matrimonial, sin que dicho precepto implique que ostente legitimación para impugnar la filiación entre Sacramento y sus progenitores (Luciano y Carmela), máxime cuando dicha filiación es compatible con la de Reyes y dichos progenitores.

ESQUEMA

CLASES DE FILIACIÓN

1. Filiación matrimonial
2. Filiación no matrimonial
3. Filiación adoptiva

EFECTOS DE LA FILIACIÓN

1. Apellidos
2. Alimentos
3. Derechos sucesorios

DETERMINACIÓN FILIACIÓN MATRIMONIAL

1. Por la inscripción del nacimiento junto con el matrimonio de los padres
2. Por sentencia firme

DETERMINACIÓN DE LA FILIACIÓN NO MATRIMONIAL

1. Declaración realizada por el progenitor en el correspondiente formulario oficial conforme a la legislación del Registro Civil
2. Reconocimiento
3. Expediente gubernativo
4. Por sentencia firme
5. La filiación materna, cuando así conste, junto a la inscripción del nacimiento

ACCIONES DE FILIACIÓN

1. Acción de reclamación de la filiación matrimonial
   Con posesión de estado (art. 131 CC)
   Sin posesión de estado (art. 132 CC)
2. Acción de reclamación de la filiación no matrimonial
   Con posesión de estado (art. 131 CC)
   Sin posesión de estado (art. 133 CC),
3. Acción de impugnación de la filiación
   Impugnación de la filiación paterna matrimonial (arts. 136 y 137 CC)
   Impugnación de la filiación paterna no matrimonial (art. 140 CC)
   Impugnación de la filiación materna (art. 139 CC)
   Impugnación del reconocimiento (art. 138 y 141 CC)

23 La filiación derivada del uso de las técnicas de reproducción asistida

José Ramón de Verda y Beamonte[1]

1. LA LEY 14/2006, DE 26 DE MAYO, DE TÉCNICAS DE REPRODUCCIÓN HUMANA ASISTIDA

La filiación plantea cuestiones específicas, cuando es fruto del uso de las técnicas de reproducción asistida, materia esta, que actualmente está contemplada por la Ley 14/2006, de 26 de mayo, la cual deroga la anterior Ley 35/1988, de 22 de noviembre, que había sido parcialmente modificada por la Ley 45/2003, de 21 de noviembre.

La Ley 14/2006, regula la aplicación de las técnicas que enumera en su Anexo I A), como son la inseminación artificial o la fecundación in vitro, tratando, no obstante, de aspectos más amplios, que los de la mera filiación, como son el del diagnóstico prenatal o el de la investigación con gametos o embriones, aspecto, este último, que siempre suele aparecer asociado en las normativas sobre la materia. En cualquier caso, "Se prohíbe la clonación en seres humanos con fines reproductivos" (art. 1.3).

1 CU, Derecho civil, Universidad de Valencia.

Ante todo, hay que precisar, que, como prevé el art. 7.1 de la Ley 14/2006, "La filiación de los nacidos con las técnicas de reproducción asistida se regulará por las leyes civiles, a salvo de las especificaciones establecidas en los tres siguientes artículos" (en materia de determinación legal de la filiación, fecundación póstuma o gestación por sustitución), precisando el precepto que, "En ningún caso, la inscripción en el Registro Civil reflejará datos de los que se pueda inferir el carácter de la generación".

2. LA USUARIA DE LAS TÉCNICAS DE REPRODUCCIÓN ASISTIDA

Normativa reguladora

A tenor del art. 6.1 de la Ley 14/2006, "Toda mujer mayor de 18 años y con plena capacidad de obrar podrá ser receptora o usuaria de las técnicas reguladas en esta Ley, siempre que haya prestado su consentimiento escrito a su utilización de manera libre, consciente y expresa".

No obstante, por aplicación del art. 3.1 de la Ley 14/2006, podrá negarse el uso de estas técnicas, cuando dadas las circunstancias, p. ej., la avanzada edad de la solicitante o su precario estado de salud, "no haya posibilidades razonables de éxito" o exista "un riesgo grave para la salud, física o psíquica, de la mujer o la posible descendencia".

"La mujer podrá ser usuaria o receptora de las técnicas reguladas en esta Ley con independencia de su estado civil y orientación sexual" (art. 6.1.II).

Ahora bien, "Si la mujer estuviera casada, se precisará, además, el consentimiento de su marido, a menos que estuvieran separados legalmente o de hecho y así conste de manera fehaciente" (art. 6.3).

La razón de esta exigencia es clara: hay que ponerla en relación con la presunción de paternidad del marido de los hijos nacidos, constante el matrimonio y antes de los trescientos días siguientes a su disolución o separación legal o de hecho de los cónyuges (art. 116 CC). Por ello, parece lógico que, si la usuaria está casada, no con un varón, sino con otra mujer, aquella no necesite el consentimiento de esta para poder acudir a las técnicas de reproducción asistida.

Salvo en el caso de la llamada fecundación homóloga, realizada con gametos del marido o conviviente de hecho, "la elección del donante de semen solo podrá realizarse por el equipo médico que aplica la técnica, que deberá preservar las condiciones de anonimato de la donación"; por lo tanto, "En ningún caso podrá seleccionarse personalmente el donante a petición de la receptora". Ahora bien, "En todo caso, el equipo médico correspondiente deberá procurar garantizar la mayor similitud fenotípica e inmunológica posible de las muestras disponibles con la mujer receptora" (art. 6.5).

Jurisprudencia

La SAP Las Palmas 16 mayo 2016 (*Tol 5777448*) ha resuelto un caso curioso. Una pareja de hecho había acudido a la reproducción asistida homóloga, naciendo dos gemelos, que, sin embargo, no resultaron ser hijos biológicos del conviviente, sino de un tercero anónimo. La sentencia condenó a la clínica a indemnizar el daño patrimonial (pérdida de pensión de alimentos) y moral sufrido por los hijos, como consecuencia de la imposibilidad de identificar a su padre y de conocer sus orígenes biológicos (120.000 euros para cada uno de ellos por ambos tipos de daños), así como el daño moral padecido por la madre, consistente en la afectación personal e impacto en su vida por tener que asumir en solitario la crianza de los hijos, sentimiento de angustia por no saber la identidad del padre de los mismos (75.000 euros). La sentencia tiene gran importancia, porque reconoce el resarcimiento del daño moral por violación del derecho a la identidad de los hijos. Habla, así, de un "daño sufrido por los menores en cuanto lesión a sus derechos inmateriales como personas, a su dignidad (artículo 10 CE), que les acompañará durante toda su existencia, es superior al que hubiera supuesto la pérdida de un padre, puesto que como indica la parte actora se les priva de conocer una parte importante de su identidad, de conocer su procedencia biológica, sus antepasados por la línea paterna, su propia historia, y su origen será siempre un interrogante en sus vidas. Ciertamente la Constitución Española en el artículo 39 recoge como principio rector de la política social y económica la protección integral de los hijos, y exige a la ley posibilitar la investigación de la paternidad. La identidad personal es producto de la confluencia de diversos elementos, entre los que forma parte esencial el origen y la integración del individuo en un entorno, desde la herencia genética y familiar, la pertenencia a un grupo étnico, o a un Estado. Este sentimiento de identidad personal es un derecho inmaterial cuya lesión genera un daño moral indemnizable".

3. DETERMINACIÓN LEGAL DE LA FILIACIÓN

En orden a la explicación de las especialidades que la Ley 14/2006 establece en orden a la determinación de la filiación, hay que distinguir los siguientes supuestos:

3.1. Usuaria casada con un varón: necesidad de consentimiento del marido e imposibilidad de impugnación de la presunción de paternidad

Normativa reguladora

Si la usuaria está casada con un varón, cuando este haya prestado "su consentimiento formal, previo y expreso" a que aquella sea fecundada con gametos de otro hombre, ni él, ni su mujer, "podrán impugnar la filiación matrimonial del hijo nacido como consecuencia de tal fecundación" (art. 8.1). Por lo tanto, no se podrá discutir el carácter matrimonial de la filiación, a pesar de existir una disociación entre la paternidad legal y la biológica.

Este precepto no crea un nuevo título constitutivo de la filiación matrimonial distinto de la generación, y tampoco establece un nuevo título de determinación de la misma, que sigue siendo la presunción de paternidad del art. 116 CC: se limita a establecer una causa de exclusión de impugnación, basada en la voluntad de ambos cónyuges de atribuir al hijo que nazca la filiación del marido, con independencia de quien sea su padre biológico. Por ello, la falta de este consentimiento previo no impide la inscripción de la filiación paterna en favor del marido, conforme al art. 44, 4, III, a) de la Ley del Registro Civil de 2011 (acreditado el matrimonio de los progenitores y la procedencia de la presunción de paternidad del marido), sino que lo que sucede es que se excluye la aplicación del art. 8.1 de la Ley 14/2006, por lo que la filiación podrá ser impugnada, por no corresponderse con la verdad biológica.

3.2. *Usuaria casada con una mujer: posibilidad de que la cónyuge pueda consentir ante el Registro Civil la inscripción a su favor del hijo concebido artificialmente (posición de la DGRN, hoy DGFPSJ, respecto a la necesidad de prueba del carácter artificial de la procreación)*

Normativa reguladora

Si la usuaria está casada con una mujer, según se ha dicho, no se exige que esta consienta que aquella acuda a las técnicas de reproducción asistida. No obstante, el art. 7.3 de la Ley 14/2006 prevé que, si la mujer de la usuaria no está separada legalmente o de hecho, pueda, "manifestar conforme a lo dispuesto en la Ley del Registro Civil que consiente en que se determine a su favor la filiación respecto al hijo nacido de su cónyuge". La razón de ser de la norma es clara: posibilitar que el hijo tenga dos progenitores.

Cuestiones relevantes

1. El consentimiento a que se refiere el precepto ha de darlo la mujer de la usuaria en el momento de practicarse la inscripción del nacimiento (para que quede determinada la filiación del hijo también respecto de ella). Pero **¿qué valor tendría (de haberse dado) el consentimiento previo de la cónyuge de la usuaria a que la misma se sometiera a una fecundación artificial?** Es cierto que legalmente no es preciso este consentimiento previo, pero, a veces, se da como expresión de un propósito común de ambas mujeres

de tener descendencia. A mi parecer, dicho consentimiento no tiene efectos en orden a la atribución de la filiación, aunque puede ser un indicio de que el posteriormente dado para la inscripción ha sido prestado de manera libre.

Es interesante el supuesto resuelto por la SAP Islas Baleares 31 marzo 2014 (*Tol 4265448*), que ha rechazado que el consentimiento de la usuaria para que el niño se inscribiera como hijo de su mujer estuviese viciado, al haber sido prestado (según la demandante) por su debilidad de carácter y por el dominio que sobre ella ejercía su cónyuge. Frente a ello, la Audiencia resalta que las dos mujeres (todavía no casadas) habían consentido en la clínica que la otra fuera inseminada artificialmente; que, tras nacer un niño de una de ellas, la otra había hecho reserva de semen del mismo donante, para que el hijo que de ella pudiera nacer tuviera el mismo padre; posteriormente, se habían casado e inscrito el niño nacido como hijo de las dos. Deduce, así, "la existencia de una voluntad concorde de ambas litigantes de formar una familia", destacando también que la demandante es licenciada en Educación Física y tenía 33 años cuando se quedó embarazada, sufriendo entonces una decepción "pensando que el trato recibido de la demandada no era adecuado, pero no se aprecia vicio alguno invalidante del consentimiento".

2. A mi parecer, **para poder inscribirse la filiación respecto de ambas mujeres, además del consentimiento de la cónyuge de la usuaria, se requiere que se acredite que el hijo, cuya filiación se desea inscribir ha sido concebido mediante las técnicas de reproducción asistida.**

No lo ha considerado necesario la RDGRN 8 febrero 2017 (1º) con el argumento de que del actual tenor del art. 7.3 de la Ley 14/2006 (coincidente con el del art. 44 de la Ley del Registro Civil de 2011, redactado también por la Ley 19/2015), "cabe colegir que la intención del legislador ha sido facilitar la determinación de la filiación de los hijos nacidos en el marco de un matrimonio formado por dos mujeres, independientemente de que hayan recurrido o no a técnicas de reproducción asistida".

Esta posición no me convence: no existiendo una presunción de maternidad de la mujer de la usuaria semejante a la que el art. 116 CC establece respecto del marido, parece mucho más razonable exigir la prueba de que la gestación del niño ha tenido lugar mediante dichas técnicas. Además, hay que tener en cuenta que la solución que propugna la Dirección General de los Registros y del Notariado (hoy Dirección General de Seguridad jurídica y Fe Pública) fomentará, sin duda, el uso de técnicas de reproducción asistida distintas de las previstas por la Ley; y, más concretamente, las auto-inseminaciones artificiales con gametos de varones anónimos comprados a distancia a bajo precio en países extranjeros.

Jurisprudencia

La SAP Valencia (*Tol 6525594*) ha contemplado ya un supuesto de una inseminación artificial doméstica, precedida de un documento en el que el varón donante de semen renunciaba a todo "derecho de paternidad que pudiese tener sobre la menor que naciera de dicha inseminación". Nació una niña que fue inscrita como hija matrimonial de dos mujeres, casadas entre sí. Sin embargo, posteriormente, el donante se "arrepintió" de lo que había firmado y ejercitó una demanda de reclamación de paternidad, que fue estimada en primera instancia, sin que prosperara el recurso de apelación interpuesto por las demandadas, quienes pretendían que se aplicada analógicamente el art. 7.3 de la Ley 14/2006, con el fin de que no pudiera impugnarse la maternidad del cónyuge de la usuaria. La Audiencia, con buen criterio, rechazó la aplicación analógica del precepto, afirmando que, más que "ante un supuesto análogo al previsto por la ley, ante lo que nos encontramos es una infracción o soslayamiento de la propia norma", que debe llevar a la declaración de la paternidad extramatrimonial del actor, "con respeto a la verdad biológica, conforme al artículo 39-2 de la Constitución Española". También, muy certeramente, negó valor contractual al documento firmado por el donante, al no ser conforme al art. 1255 CC, considerándolo contrario "al interés y al orden público, pues la fijeza y seguridad del estado civil es una exigencia de ese interés, así como la correspondencia con la verdad biológica dentro de los límites y requisitos legales". Consideró, en fin, que la decisión judicial que reconocía la paternidad del demandante no era contraria al interés de la menor, porque no implicaba ningún perjuicio para ella, "más allá de la reorganización del grupo familiar como consecuencia de la declaración relativa a la filiación, que en sí mismo no aparece como negativa para los intereses de la hija, máxime cuando se trata de una niña de muy corta edad, abierta por lo tanto a la fijación y consolidación de nuevos vínculos familiares".

3.3. *Usuaria unida de hecho con un varón: el consentimiento a la reproducción asistida como escrito indubitado a efectos registrales y su función en orden al ejercicio de la acción de reclamación de la paternidad*

Normativa reguladora

Si la usuaria no está casada, sino unida de hecho con un varón, no necesita el consentimiento de este para ser fecundada con los gametos de un tercero (no existe la presunción de que sea padre del hijo que nazca). Ahora bien, el art. 8.2 de la Ley 14/2006 considera que el documento en el que se recoja dicho consentimiento (de darse), prestado con anterioridad a la utilización de las técnicas de reproducción asistida ante el centro en las que se realicen, será considerado como un escrito indubitado a los efectos de iniciar el expediente gubernativo del art. del art. 44.7º. II LRC 2011 para la inscripción de la filiación no matrimonial respecto del conviviente.

Cuestiones relevantes

3. A mi parecer, **el consentimiento para la fecundación homóloga o heteróloga de la usuaria (o para que le sea implantado un embrión de un tercero) dado en las condiciones previstas en el art. 8.2 de la Ley 14/2006, impedirá la impugnación de la filiación determinada,** que no podrá ser atacada con el argumento de que no se corresponde con la verdad biológica. *Vid.*, respecto de un caso de fecundación heteróloga con gametos de donante anónimo, SAP Zaragoza 27 octubre 2015 (JUR 2015, 259702); y, respecto de un caso de implantación de un embrión de tercero, SAP Sevilla 22 diciembre 2014 *(Tol 4822147)*. Es cierto que en este caso no existe una previsión semejante a la establecida en el art. 8.1 de la Ley respecto de la filiación matrimonial, pero entiendo que se puede pensar en una aplicación analógica del precepto, basándose en la buena fe y en la doctrina de los actos propios.

Es dudoso es el alcance del **inciso final del 8.2 de la Ley 14/2006,** que añade: "Quedará a salvo la acción de reclamación de paternidad". La **interpretación de la norma** es discutible, pero una cosa es clara: en el caso de que la fecundación haya sido heteróloga, el donante no podrá en ningún caso, ejercitar esta acción, pues ello iría en contra del carácter anónimo de la donación de gametos.

Parece que la intención del legislador es que el hijo (o la madre, representándolo) pueda ejercitar la acción, cuando el demandado no lo hubiese reconocido y se hubiese opuesto a la inscripción en el expediente gubernativo, desde la consideración de que su consentimiento previo a la fecundación de la usuaria con gametos de un tercero constituye un acto de responsabilidad, que debe asimilarse al de la generación por vía natural; y, que, por la misma razón, también el varón pueda ejercitar la acción, cuando quien se hubiera opuesto a la inscripción hubiese sido la madre (sin cuya previa aquiescencia aquel no hubiera podido consentir).

Jurisprudencia

La SAP Alicante 23 diciembre 2014 (*Tol 4788954)* estimó la acción de reclamación de paternidad no matrimonial ejercitada por la madre de un hijo concebido con el semen del varón con el que convivía. Parece que la estimación del fallo, se basa en la existencia del previo consentimiento del varón a que su conviviente se sometiera a las técnicas de reproducción asistida. Ahora bien, lo cierto es que el demandado era el padre biológico del hijo, al tratarse de una fecundación homóloga.

3.4. Usuaria unida de hecho con otra mujer: consentimiento previo a la práctica de la reproducción asistida y posesión de estado

Si la usuaria está unida de hecho con otra mujer, la Ley 14/2006 no contiene una previsión semejante a la recogida en el art. 8.2 respecto del conviviente varón, para el caso de que esta hubiera consentido previamente que aquella se sometiera a las técnicas de reproducción asistida, lo que parece ser una opción consciente del legislador.

No obstante, la jurisprudencia ha admitido que dicho consentimiento (de darse) pueda ser considerado como un indicio de posesión de estado, en orden a la reclamación de la maternidad, ex art. 131 CC.

Jurisprudencia

La STS 5 diciembre 2013 (*Tol 4035995*) ha confirmado una sentencia que había admitido la reclamación de filiación por posesión de estado presentada por la excónyuge de la madre (contra la oposición de esta), entendiendo que el consentimiento prestado a la inseminación artificial por las entonces convivientes (antes de casarse) era "de particular significación porque constituye la voluntad libre y manifestada por ambas litigantes del deseo de ser progenitoras mediante consentimiento expreso, hasta el punto de que en casos como este dicho consentimiento debe ser apreciado, aunque la posesión de estado hubiera sido escasa o no suficientemente acreditada como de ordinario se exige". En cualquier caso, la sentencia recurrida había afirmado que la posesión de estado se deducía también de las actuaciones judiciales llevadas a cabo por la demandante para mantener contacto con las menores (había pedido el establecimiento de un régimen de vistas a su favor y había iniciado un procedimiento de adopción). Había valorado también declaraciones testificales en las que se afirmaba que durante un año la demandante había compartido su vida con las menores "en calidad de madre, hasta que la ruptura de la pareja produce también la ruptura de la relación con las niñas".

Posteriormente, la STS (Pleno) 15 enero 2014 (*Tol 4122750*) ha confirmado la posibilidad de que pueda prosperar la acción de reclamación de la maternidad del hijo concebido con el consentimiento de la conviviente de la usuaria, basada en la posesión de estado. Dice, así, que "los consentimientos prestados con ocasión del empleo de las técnicas de reproducción asistida, claramente acreditados de los hechos obrantes y que llevó a la madre biológica a poner como segundo nombre del niño el primer apellido de su pareja, como antecedente o causa de la filiación reclamada, integran y refuerzan la posesión de estado de la mujer homosexual tanto en el plano de su función legitimadora del ejercicio de la acción, como en su faceta de medio de prueba de la filiación reclamada". Más adelante, añade: "En efecto, en el presente caso, probado el propósito común de ambas mujeres para recurrir a la técnica de reproducción asistida, así como la existencia de una posterior unidad familiar entre las dos convivientes y el hijo biológico de una de ellas, el consentimiento prestado en su momento, por la conviviente que no es la madre biológica del menor, vino investido por un claro interés moral o familiar plenamente legitimado en su aspiración de ser madre, cuya efectividad depende, precisamente, del éxito de la acción entablada".

La STS 27 enero 2022 *(Tol 8791218)*, sin embargo, ha venido a matizar el alcance de esta orientación jurisprudencial. En el caso por ella resuelto, había mediado también el consentimiento de la conviviente de la usuaria para que esta se sometiera a una inseminación artificial, como consecuencia de la cual nació un niño, que fue inscrito como hijo extramatrimonial de la madre. Posteriormente, ambas se casaron, pero se separaron en el mismo año de la celebración del matrimonio, marchándose la madre con su hijo a casa de sus padres. Un año después de la separación de hecho se divorciaron, mediante una sentencia que fue dictada en rebeldía de la cónyuge de la madre, quien dos años después interpuso demanda de reclamación de maternidad por posesión de estado, la cual fue estimada en las dos instancias.

Sin embargo, interpuesto recurso de casación por la madre, el mismo fue estimado por el TS, que realiza dos importantes precisiones.

La primera, que la mera "prestación de consentimiento en la clínica" no determina la posesión de estado, pues la misma exige "hechos públicos repetidos y encadenados de los que resulte el goce público de una relación de filiación", lo que no acontecía en el caso examinado: constata, así, la brevedad del "tiempo de convivencia transcurrido desde el nacimiento del niño hasta la separación de las dos mujeres", lo que, unido "a las circunstancias concurrentes", hace que no pueda considerarse que dicha convivencia tenga "entidad suficiente para conformar una relación de maternidad vivida"; se refiere también a los actos posteriores a la ruptura, afirmando que, tras "la separación, la relación se ha limitado a contactos esporádicos, más propios de la amistad con la madre, con quien tiempo después del divorcio la demandante quiso recuperar la relación a la que había puesto fin, que con una relación de maternidad con el niño"; además, no intentó "solicitar medidas personales y patrimoniales respecto del niño en el procedimiento de divorcio, lo que permite cuestionar la constancia y continuidad en la relación".

La segunda de las precisiones tiene que ver con el principio del interés superior del menor. Dice, así, que la sentencia recurrida "da por supuesto que el superior interés del menor queda tutelado por el hecho de que, como consecuencia de la estimación de la demanda, el cumplimiento de los deberes inherentes a la patria potestad recaería en dos personas". "Sin embargo —añade—, no es esa una valoración correcta del interés del menor que conduzca a la estimación de una reclamación de maternidad, porque desde ese punto de vista todas las acciones de reclamación de paternidad y maternidad respecto de menores deberían ser estimadas, aunque no se dieran sus presupuestos legales y jurisprudenciales". Afirma que el mencionado principio solo puede invocarse para "preservar la unidad y estabilidad familiar derivadas de una relación materno filial"; y, que, "En el presente caso no se da esa situación ni se ve el beneficio que reportaría para la estabilidad personal y familiar del niño la creación por sentencia de una relación jurídica que no se basa en un vínculo biológico y que no preserva una continuada y vivida relación materno filial de la demandante con el niño, que desde hace años es cuidado exclusivamente por su madre".

La STS 11 julio 2022 *(Tol 9141622)* se orienta en el mismo sentido, la cual, revocando la recurrida, ha desestimado la demanda de reconocimiento de la maternidad de la antigua conviviente de la usuaria, basada en una pretendida posesión de estado. En este caso, la demandante no había prestado el consentimiento para que su compañera acudiera a las técnicas de reproducción asistida, se había interrumpido la convivencia entre ellas cuando el niño tenía ocho meses y, aunque posteriormente tuvieron una relación no continuada, la misma se rompió al alcanzar el menor los tres años de edad. No obstante, la antigua pareja de la madre le había ayudado a cuidar del niño en semanas alternas, debida a las necesidades laborales de aquella, hasta el momento en el que hijo se había negado a convivir con la expareja, manifestando un "rechazo frontal" hacia ella.

El Tribunal Supremo estima el recurso de la madre biológica. Admite la existencia de una relación sentimental entre las partes y el hecho de que "la demandante sintiera afecto y cariño por el hijo de su compañera, incluso después de su ruptura como pareja, pero ello —afirma— no determina que sea su madre".

Niega que la demandante formara parte de la unidad familiar constituida por la madre biológica y el hijo, constatando la titularidad de una tarjeta de familia monoparental y la existencia de carnets individuales, lo que reflejaba el modelo de familia; que la tarjeta sanitaria del hijo llevaba los apellidos de su madre biológica, y que el niño llamaba "papá" a la actual pareja de la demandada. Observa que la demandante incurría en una contradicción, al postularse como madre, "pues no solo no consintió la inseminación ni realizó intento alguno de que posteriormente quedara determinada la filiación por las vías legales disponibles", sino que no había asumido gastos en favor del menor, afirmando que "Ello, evidentemente, no comporta una realidad integradora de la posesión de estado de quien como madre asume las necesidades ordinarias y diarias de sus hijos con los requisitos de constancia y exteriorización que se precisan".

Respecto al interés superior del menor, vuelva a reproducir las consideraciones expuestas por la sentencia anteriormente citada, pero, además, presta una especial atención a la voluntad del hijo, para la determinación de dicho interés superior en el caso concreto, y, en particular, al informe psicosocial en el que se manifestaba el rechazo frontal de aquel, ya de 13 años", hacia la demandante. Concluye, así, que "Es improcedente y contrario al interés del menor que, tras no haber quedado determinada la filiación por el cauce legal previsto para ello se fije judicialmente cuando no solo no resulta de una constante relación de maternidad vivida, sino que además es contraria a la voluntad, los deseos, sentimientos y opiniones de un menor ya adolescente, a quien debe reconocerse su derecho a participar en las decisiones progresivamente, en función de su edad, madurez, desarrollo y evolución personal, en una etapa tan fundamental para su vida".

No comparto la posición jurisprudencial mantenida por las sentencias expuestas, que, a mi parecer, desnaturaliza la figura de la posesión de estado, que es una situación de hecho, dada la cual es posible presumir que quien es tratado como hijo realmente lo es; y, de ahí que el art. 113 CC le atribuya el carácter de título de determinación subsidiario de una filiación que se considera probable. Por ello, por definición, no existe posesión de estado (en el sentido del art. 113 CC), cuando, como sucede en el caso de uniones del mismo sexo, la filiación que se reclama es claramente contradicha por la verdad biológica, la cual permite establecer, con absoluta certeza, que quien pretende ser progenitor, claramente, no lo es.

Cuestiones relevantes

4. El vínculo afectivo de los niños entre sí y con quien fue pareja de su respectivo padre no es, por sí mismo, título para el establecimiento de un vínculo legal de filiación

La STS 16 mayo 2023 *(Tol 9284111)* ha resuelto el conocido caso mediático que enfrentaba a un popular cantante, con quien había sido su pareja sentimental. Ambos habían acudido a la maternidad subrogada, aunque, en procesos de reproducción asistida diversos, como consecuencia de los cuales habían nacido, con siete meses de diferencia, dos niños con material biológico del cantante, y otros dos, con material biológico de su expareja. La filiación de los hijos se había inscrito, exclusivamente, respecto de sus respectivos padres biológicos.

En el origen del litigio se encuentra una doble acción de paternidad, ejercitada por la expareja del artista, para que se determinase: de una parte, que el propio demandante "es el padre no matrimonial de los dos hijos biológicos de quien fue su pareja masculina, y cuya paternidad está inscrita en el Registro Civil"; de otra que "su expareja es el padre no matrimonial de los dos hijos biológicos del propio demandante, cuya paternidad está inscrita en el Registro Civil".

La demanda fue desestimada en las dos instancias, así como el recurso de casación.

La sentencia comentada se enmarca en la tendencia restrictiva de la consideración de la posesión de estado como título de determinación de la filiación, aunque, respecto de los casos resueltos, hay una importante diferencia (aparte de la resultante de haber mediado la maternidad subrogada, como consecuencia del sexo masculino de los integrantes de la expareja de hecho): en los anteriores, quien invocaba la posesión de estado, pretendía que, con apoyo en ella, se le reconociera como madre; en el presente, quien acude a la posesión de estado pide, no sólo que se declare su paternidad respecto de los hijos biológicos de su antiguo compañero sentimental, sino también la paternidad de este último (en contra de su voluntad) respecto de los de aquél (los del demandante).

El salto cualitativo es, pues, evidente, porque el recurso se basa en un argumento, que, desarrollado hasta sus últimas consecuencias, lleva a afirmar que la mera circunstancia de que el demandando hubiera tratado con un afecto cuasi paternal a los hijos de su compañero hace que, legalmente, deba ser considerado como padre, como consecuencia de la aplicación de la posesión de estado (y ello, aunque, en este supuesto, como pone de manifiesto la sentencia que nos ocupa, ninguno de los litigantes pudiera ser considerado padre de intención de los hijos del otro, para la gestación de los niños que no eran hijos biológicos suyos", "pues es indiscutido que ninguno de ellos intervino ni prestó el consentimiento).

Frente a ello, con innegable sentido común, el TS afirma que "El vínculo socio afectivo de los niños entre sí y con quien fue pareja de su respectivo padre no es por sí título para el establecimiento de un vínculo legal de filiación"; y que, "Para este tipo de supuestos el ordenamiento establece el cauce de la adopción, que no se ha querido seguir"; y concluye "No es el ordenamiento español el que impedía la adopción, sino que fueron los litigantes quienes, pudiendo hacerlo, no quisieron adoptar, sin que el hecho de que ahora no sea viable la adopción por la ruptura determine que deba establecerse un vínculo legal de filiación al margen de las causas previstas por el legislador". En realidad, como observa el TS, la desestimación de pretensión no discrimina a los menores, "por el hecho de haber sido concebidos mediante técnicas de reproducción asistida", pues la solución sería la misma "en cualquier caso en el que se hubiera creado una convivencia estable con efectivas relaciones personales entre dos progenitores y sus respectivos hijos, con independencia tanto de las circunstancias de su nacimiento (mediante el empleo de técnicas de reproducción asistida o no, por naturaleza o filiación adoptiva) como del sexo de los progenitores".

Descarta también que la filiación respecto de quienes no se es padre biológico, pueda quedar determinada, por una genérica invocación al principio del interés superior del menor. Dice, así, que "ni una anterior convivencia establecida voluntariamente y amparada por acuerdos alcanzados por las partes, ni una invocación genérica e interesada del principio del interés del menor, justifican que se puedan establecer unas paternidades, con el conjunto de derechos y obligaciones que ello comporta, que carecen de cobertura legal".

Precisa que "El respeto a la vida familiar con independencia de los lazos biológicos entre personas que han vivido juntas con cierta estabilidad, protegido por el art. 8 del Convenio Europeo para la Protección de los Derechos Humanos y Libertades, no exige que en este caso deba establecerse la filiación que se reclama. Los menores tienen su identidad jurídica atribuida por la determinación de la filiación respecto de sus respectivos padres, cuyos apellidos llevan, y desde la separación por voluntad de sus progenitores están integrados en sus respectivas familias"; y añade: "no se trata siquiera de mantener una unidad familiar que ya está rota, y tampoco se alcanza a comprender el beneficio que podría reportar la declaración de la filiación pretendida, que conllevaría la cotitularidad de la patria potestad por dos personas, cuyas vidas, intereses y opiniones no transcurren paralelas, con la fuente de conflictos que pueden derivarse de tomar cada uno parte en las decisiones que afectan a los hijos del otro hasta que alcancen la mayoría de edad".

Para entender este razonamiento, hay que tener en cuenta que el TEDH, en ocasiones, al conocer de casos de maternidad subrogada realizada en países extranjeros, ha acudido al art. 8 del Convenio de Roma, que consagra el derecho al respeto a la vida privada y familiar, para justificar la necesidad de reconocer una relación jurídica de filiación entre los menores y los padres de intención; y ello, con dos finalidades diversas: una, evitar que el menor que nazca carezca de padres, quedando en una especie de "limbo jurídico"; la otra, para juridificar una relación familiar de hecho consolidada, cuya continuación beneficia al menor.

Muestra de ello, son las SSTEDH 26 junio 2014, caso Mennesson c. Francia, rec. núm. 65192/11, y caso Labassee, rec. núm. 65941/11, en las que se condenó a Francia, por no permitir la inscripción en el Registro civil francés de hijos nacidos en Estados Unidos mediante gestación por sustitución con gametos del varón integrante de la pareja heterosexual comitente; y las posteriores SSTEDH 21 julio 2016, caso Foulon y Bouvet c. Francia, rec: núm. 9063/14 y 10410/14, que condenaron, también a

Francia, por impedir sus tribunales inscribir en el Registro Civil del país las declaraciones de reconocimiento formuladas por los padres biológicos, que habían acudido a la India para poder concebir hijos, eludiendo la prohibición de la utilización de la maternidad subrogada.

Por el contrario, la STEDH (*Grande Chambre*) 24 enero 2017, caso Paradiso y Campanelli, rec. núm. 25358/12, entendió que no había existido vulneración del derecho al respeto a la vida privada y familiar, como consecuencia de la negativa de las autoridades italianas a inscribir la filiación de un niño nacido en Rusia, sin material genético de ninguno de los comitentes. Consideró que no había habido violación del derecho al respecto a la "vida familiar", porque, en rigor, en el supuesto enjuiciado, no había existido una verdadera "vida familiar", teniendo en cuenta, tanto la ausencia de un vínculo biológico entre el niño y los demandantes, como la corta duración de las relaciones entre ellos: la convivencia con el hijo en Italia había sido de 6 meses, si bien la Señora Campanelli había además convivido con el niño dos meses más en Rusia.

A mi parecer, tiene razón el TS cuando niega que el recurso al principio del interés superior del menor pueda llevar, sin más, al establecimiento de una relación de filiación con quien no se es padre biológico, porque dicho interés superior debe ser apreciado en atención al caso concreto; y, desde luego, no es lo mismo, juridificar una relación de hecho consolidada, en el seno de una familia armónica en la que se desarrolla positivamente la personalidad del menor, que crear legalmente una relación de filiación con una persona con la que no se tiene vínculos genéticos y que, además, mantiene una relación conflictiva con el padre biológico.

4. LA FECUNDACIÓN PÓSTUMA

Normativa reguladora

El art. 9.2.I de la Ley 14/2006 permite la fecundación póstuma, también llamada post mortem, con gametos del marido de la usuaria, pero con cautelas, cumplidas las cuales, quedará determinada la filiación del hijo respecto del fallecido, con sus correspondientes consecuencias, en particular, en el ámbito sucesorio, siendo llamado a la herencia del padre muerto.

4.1. Requisitos legales

El precepto exige el consentimiento del marido "para que su material reproductor pueda ser utilizado en los 12 meses siguientes a su fallecimiento para fecundar a su mujer", plazo este en el que, por lo tanto, deberá realizarse la fecundación.

Cuestiones relevantes

5. La ausencia del consentimiento del varón a la fecundación post mortem no puede ser suplida por la vía de la autorización judicial para satisfacer las aspiraciones de la mujer de tener un hijo de su marido premuerto [AAP La Coruña (Sección 4ª) 3 noviembre 2001, rec. núm. 608/2000].

A diferencia de lo que acontecía bajo la vigencia de la Ley 35/1988, dicho consentimiento podrá prestarse, no solo "en escritura pública, en testamento o documento de instrucciones previas", sino también en el documento a que se refiere el art. 6.3 de la Ley, esto es, en el documento privado, suministrado por el centro autorizado, en el que se autoriza la fecundación de la mujer. "El consentimiento para la aplicación de las técnicas en dichas circunstancias podrá ser revocado en cualquier momento anterior a la realización de aquellas".

En el caso de fecundación con gametos del conviviente, según el artículo 9.3 de la Ley 14/2006, el consentimiento prestado por este será considerado como un escrito indubitado a los efectos de iniciar el expediente gubernativo, para la inscripción de la filiación natural del hijo, previsto en el art. 44.7, II LRC 2011 sin perjuicio —dice el precepto— de la acción de la reclamación judicial de paternidad, acción, que podrá ser ejercitada por el hijo, en el caso de que en el expediente se manifestare oposición por parte del Ministerio Fiscal o de parte interesada, probando que su padre manifestó en la forma legalmente prevista que su material reproductor pudiera ser utilizado para fecundar a su compañera y que dicha fecundación tuvo lugar o, al menos, se inició dentro de los doce meses siguientes a su fallecimiento.

4.2. *Efectos sucesorios: condición de heredero forzoso del hijo concebido póstumamente, como consecuencia del principio constitucional de igualdad*

Determinada la filiación del hijo, creo que este será llamado a la herencia del padre, tanto si existe un llamamiento testamentario hecho a su favor (actualmente no plantea ninguna duda la posibilidad de instituir heredero a un concepturus bajo la condición suspensiva de que llegue a nacer), como si, a falta de testamento, es la propia Ley quien lo llama a suceder ab intestato. Es cierto que, en este último caso, existe un obstáculo legal a dicha sucesión, pues del art. 758 CC resulta que el heredero ha de existir al tiempo del fallecimiento del causante o, al menos, ha de estar concebido en este momento (esto último, por aplicación del art. 29 CC), lo que no acontece en el caso que nos ocupa.

Sin embargo, dicho obstáculo legal debe ceder ante las exigencias que derivan del principio constitucional de igualdad: determinada legalmente la filiación, no se puede negar a los hijos nacidos de una fecundación post mortem los derechos sucesorios que la ley reconoce a todo hijo, pues ello supondría una discriminación contraria al art. 14 de la Constitución. Por las razones apuntadas, me parece que el hijo concebido póstumamente tendrá la condición de heredero forzoso del padre premuerto, por lo que podría ejercitar la acción de preterición en defensa de su legítima, si este, al hacer testamento, no lo hubiera nombrado heredero o legatario. Si hubiese sido hecho testamento después de haber autorizado la fecundación "post mortem", creo que la preterición sería intencional, por lo que habría que proceder a reducir la institución de heredero en la medida necesaria para preservar su legítima (art. 814.I CC); si, en cambio, lo hubiese hecho antes, es claro que la preterición sería no intencional, por lo que se anularía la institución de heredero (art. 814.II CC).

4.3. *La transferencia "post mortem" de embriones*

Distinta de la fecundación póstuma de óvulos de la mujer con material reproductor de su marido o conviviente muerto, es la transferencia post mortem de embriones, ya fecundados al tiempo de su fallecimiento, la cual parece que es posible realizar sin necesidad de un específico consentimiento de aquel a la misma.

En tal sentido creo que debe interpretarse el art. 9.2.II de la Ley 14/2006, de 26 mayo, según el cual "Se presume otorgado el consentimiento a que se refiere el párrafo anterior cuando el cónyuge supérstite hubiera estado sometido a un proceso de reproducción asistida ya iniciado para la transferencia de [embriones] constituidos con anterioridad al fallecimiento del marido".

Es indudable que el embrión concebido in vitro, aunque todavía no haya sido transferido al útero materno, goza de la protección del art. 29 CC, por lo que resultará llamado a la herencia del padre premuerto, siempre que sea transferido dentro de los doce meses siguientes a su fallecimiento.

5. LA GESTACIÓN POR SUSTITUCIÓN

5.1. *La posición del ordenamiento jurídico español: la nulidad del contrato y la atribución legal de la maternidad a la gestante*

El art. 10.1 de la Ley 14/2006, prevé que "Será nulo de pleno derecho el contrato por el que se convenga la gestación, con o sin precio, a cargo de una mujer que renuncia a la filiación materna a favor del contratante o de un tercero".

Por consiguiente, es nulo el contrato que se celebra, cuando una pareja es fértil, pero la mujer no puede o no quiere llevar a cabo el proceso de gestación, razón por la cual se acuerda realizar una fecundación in vitro con gametos de la propia pareja e implantar el embrión obtenido en el útero de otra mujer. Es igualmente nulo el contrato que se celebra cuando la mujer de una pareja es estéril, por lo que se acuerda inseminar artificialmente a otra mujer o fecundar in vitro un óvulo de esta con gametos del varón, para, posteriormente, implantar en su útero el embrión resultante: en este caso, la mujer que acepta asumir el proceso de gestación será madre gestante y madre biológica.

La nulidad del contrato de gestación por sustitución hace que, a efectos legales, haya que considerar siempre como madre a la gestante, y no, a la biológica (en el caso de que esta sea distinta de aquella). El art. 10.2 de la Ley 14/2006, de 26 mayo, dice, así, que "La filiación de los hijos nacidos por gestación de sustitución será determinada por el parto".

Sin embargo, el art. 10 de la Ley 14/2006, de 26 mayo, añade que "Queda a salvo la posible acción de reclamación de paternidad respecto del padre biológico, conforme a las reglas generales". Cabría, pues, que el padre biológico ejercitara la acción de reclamación de paternidad y que posteriormente, previo consentimiento de la madre gestante, el hijo fuera adoptado por la mujer de aquel, sin necesidad de mediar la declaración de idoneidad prevista en el art. 176 CC. Esta posibilidad es sugerida por la STS (Pleno) 6 febrero 2014 *(Tol 4100882)* y por el ATS 2 febrero 2015 (rec. nº 245/2012), en interés del menor concebido por gestación por sustitución en California a iniciativa de un matrimonio de varones españoles.

Jurisprudencia

No obstante, las SSTS (Sala de lo Social) 25 octubre 2016 *(Tol 5915521)* y 16 noviembre 2016 *(Tol 5911261)* (seguidas de otras posteriores) han entendido que el nacimiento de un hijo mediante maternidad subrogada (realizada en el extranjero) puede dar lugar a baja laboral y a las correspondientes prestaciones por maternidad, considerando que existe analogía entre la maternidad subrogada y la adopción o el acogimiento. Especialmente curioso es el caso resuelto por la primera de las sentencias: un varón español acudió a la maternidad subrogada en la India, utilizándose en la reproducción asistida su material genético. La madre gestante alumbró dos niñas y aceptó que el varón español asumiera, en exclusiva, "todas las funciones y obligaciones que se derivan de la patria potestad". Las menores fueron inscritas en el Registro Consular como hijas del padre biológico, siendo trasladadas a España por aquel. La Seguridad Social española denegó las prestaciones "por maternidad" solicitadas por el padre biológico de las menores, argumentando que la legislación española considera nulo el contrato de maternidad por sustitución. El TS, sin embargo, entiende fundada la pretensión del solicitante, afirmando que las prestaciones por maternidad también cubren supuestos de adopción o acogimiento, que la madre puede transferir al padre una parte de ellas y que, en ciertos casos, cuando la madre biológica no puede disfrutarlas (muerte, ausencia de protección), se transfieren al padre.

Más recientemente, entre otras, las SSTSJ Andalucía (Sala de lo Social) 18 noviembre 2020 *(Tol 8540519)* o Madrid (Sala de lo Contencioso-Administrativo) 7 mayo 2021 *(Tol 8514103)* reconocen prestaciones de maternidad al padre biológico comitente, sobre la base de la necesidad de proteger la integración del menor nacido mediante maternidad subrogada en el núcleo familiar formado con aquel.

La STSJ Cataluña (Sala de lo Social) 25 febrero 2022 *(Tol 8943483)* ha confirmado la sentencia de instancia, que había concedido a la demandante la prestación de maternidad derivada de la adopción de su hija adoptiva, descontadas las ocho semanas en que previamente había percibido prestación de paternidad. La hija había nacido por maternidad subrogada en Ucrania, con material genético del marido, y posteriormente fue adoptada por la demandante. El TSJ afirma que el argumento del INSS de que "la actora no era progenitora legal en la fecha del nacimiento del hijo por subrogación, no tiene relevancia alguna".

5.2. *La posición de la jurisprudencia ante las gestaciones por substitución realizadas en países extranjeros, donde esta práctica es legal: imposibilidad de inscribir la filiación (interés superior del menor y mercantilización de la gestación y de la filiación)*

En la práctica, sucede que parejas estériles (o formadas por miembros del mismo sexo) acuden a países donde está permitida la gestación por sustitución, donde conciertan un contrato de útero de alquiler; y, una vez que nace el niño, lo inscriben en el Registro Consular, como si fuera hijo suyo. Se trata de una práctica que se opone a lo establecido en el art. 10.1 de la Ley 14/2006, precepto que tiene un claro carácter imperativo y determina la formación del orden público español.

Jurisprudencia

La STS (Pleno) 6 febrero 2014 (*Tol 4100882*) ha confirmado la cancelación de la inscripción de la filiación, que había sido realizada en el Registro Civil Consular de los Ángeles, con apoyo en una certificación registral californiana, en favor de dos varones, que habían acudido a la gestación por sustitución. Ha considerado que tal inscripción iba contra el orden público español, pues en "nuestro ordenamiento jurídico y en el de la mayoría de los países con ordenamientos basados en similares principios y valores, no se acepta que la generalización de la adopción, incluso internacional, y los avances en las técnicas de reproducción humana asistida vulneren la dignidad de la mujer gestante y del niño, mercantilizando la gestación y la filiación, «cosificando» a la mujer gestante y al niño, permitiendo a determinados intermediarios realizar negocio con ellos, posibilitando la explotación del estado de necesidad en que se encuentran mujeres jóvenes en situación de pobreza y creando una especie de «ciudadanía censitaria» en la que solo quienes disponen de elevados recursos económicos pueden establecer relaciones paterno-filiales vedadas a la mayoría de la población".

El ATS 2 febrero 2015 (rec. nº. 245/2012) desestimando un incidente de nulidad de actuaciones, ha considerado que la solución adoptada por la STS (Pleno) 6 febrero 2014 no es contraria a la jurisprudencia del Tribunal Europeo de Derechos Humanos, que ha condenado a Francia, por no permitir la inscripción en el Registro civil francés de hijos nacidos en Estados Unidos mediante gestación por sustitución con gametos del varón integrante de la pareja heterosexual comitente [se refiere a las SSTEDH 26 junio 2014, caso Mennesson c. Francia (rec. nº 65192/11), y caso Labassee c. Francia (rec. nº 65941/11]. Observa el TS que la condena al país galo se fundamenta en "la absoluta imposibilidad de que el ordenamiento jurídico francés reconozca cualquier vínculo de filiación entre los comitentes y el niño, no solamente por la imposibilidad de transcribir el acta de nacimiento norteamericana, sino también por la imposibilidad de que se reconozca la filiación biológica paterna (lo que el Tribunal de Estrasburgo considera injustificable), la filiación derivada de la posesión de estado, o la filiación por adopción por parte de los comitentes", "lo que supone una situación de incertidumbre jurídica incompatible con las exigencias del art. 8 del Convenio" de Roma [que consagra el derecho al respeto de la vida familiar, del que forma parte el derecho a la identidad]. El Tribunal de Estrasburgo —añade— "no afirma que la negativa a transcribir al Registro Civil francés las actas de nacimiento de los niños nacidos en el extranjero por gestación por subrogación infrinja el derecho al respeto de la vida privada de esos menores. Lo que afirma es que a esos niños hay que reconocerles un estatus definido, una identidad cierta en el país en el que normalmente van a vivir [...]. En el caso de España, ese estatus puede proceder del reconocimiento o establecimiento de la filiación biológica con respecto a quienes hayan proporcionado sus propios gametos para la fecundación, puede proceder de la adopción, y, en determinados casos, puede proceder de la posesión de estado civil, que son los criterios de determinación de la filiación que nuestro ordenamiento jurídico vigente ha considerado idóneos para proteger el interés del menor".

No puede considerarse que la posición de la legislación española per se sea contraria al interés superior del menor, pues no está dicho que, en principio, lo mejor para este sea que se le reconozca la filiación, siempre respecto de los comitentes, en vez de respecto de la madre gestante, lo que, además, supondría posibilitar que los jueces crearan una regla general de atribución de la filiación, contraria a la claramente establecida por el legislador, en una aplicación discutible de un concepto jurídico indeterminado, como es el "interés del menor", respecto del cual no existe unanimidad. Por otro lado, hay que insistir en que, conforme al art. 10.3 de la Ley 14/2006, cabe que, siendo uno de los comitentes el padre biológico reclame la paternidad y, posteriormente su cónyuge (cualquiera que sea su sexo) lo adopte, sin necesidad de la declaración administrativa de idoneidad (art. 176.2º.2. CC), como también que pueda constituirse un acogimiento en favor de los comitentes, si existe una situación de desamparo por no ocuparse la madre gestante de su hijo

Jurisprudencia

En este sentido se orienta la STS (Pleno) 31 marzo 2022 (*Tol 8898029*), que ha ratificado la doctrina de que la gestación por sustitución comercial (que era la contemplada en el caso enjuiciado) es contraria al orden público, "vulnerando gravemente los derechos fundamentales reconocidos en nuestra Constitución y en los convenios internacionales sobre derechos humanos en los que España es parte". Dice, así, que, "Tanto la madre gestante como el niño a gestar son tratados como meros objetos, no como personas dotadas de la dignidad propia de su condición de seres humanos y de los derechos fundamentales inherentes a esa dignidad", y más adelante: "En definitiva, el futuro niño, al que se priva del derecho a conocer sus orígenes, se cosifica pues se le concibe como el objeto del contrato, que la gestante se obliga a entregar a la comitente. Para que el contrato llegue a buen término, se imponen a la gestante unas limitaciones de su autonomía personal y de su integridad física y moral incompatibles con la dignidad de todo ser humano". Igualmente invoca el art. 2 a) del Protocolo Facultativo de la Convención sobre los Derechos del Niño, en el que se define la venta de niños (proscrita por el art. 35 de la Convención) como "todo acto o transacción en virtud del cual un niño es transferido por una persona o grupo de personas a otra a cambio de remuneración o de cualquier otra retribución", así como el Informe de la Relatora Especial ante la Asamblea General de la ONU, de 15 de enero de 2018, según el cual "la gestación por sustitución comercial entra de lleno" en dicha definición cuando concurren tres elementos: a) la "remuneración o cualquier otra retribución"; b) "el traslado del niño (de la mujer que lo ha gestado y parido a los comitentes)"; y c) "el intercambio de *a)* por *b)* (pago por la entrega del niño)"; precisando que "La entrega a que se obliga la madre gestante no tiene que ser necesariamente actual (esto es, de un niño ya nacido), puede ser futura, como ocurre en el contrato de gestación por sustitución".

Hay que observar que, en el caso resuelto, no se pretendía —como en el contemplado en la STS 6 febrero 2014— el reconocimiento en España de un acto de una autoridad extranjera. La demanda origen del procedimiento había sido interpuesta por el padre de una mujer, que había sido reconocida en México como madre legal de un niño nacido mediante sustitución por gestación. En ella, con apoyo en el art. 131.I CC, se pretendía que se reconociera la maternidad de la hija por posesión de estado, ya que el niño había convivido dos años con ella, habiéndolo tratado como hijo durante este período, argumentándose, además, que no era posible acudir a la adopción, por existir una diferencia de edad superior a los 45 años entre ellos.

El TS pone de manifiesto la falta de legitimación activa del padre del comitente para ejercitar la acción, pues la filiación reclamada se oponía a otra legalmente determinada, esto es, a la de la madre gestante, a tenor del art. 10.2 de la Ley 14/2016 (aplicable, conforme al art. 9.4 CC). Pero su argumentación va más allá, puesto que en la demanda se había invocado también el interés superior del menor y en la sentencia recurrida se había estimado aquélla, haciéndose referencia al interés del niño a "no mudar la naturaleza del modelo familiar en que vive".

El TS toma en consideración el interés superior del niño, pero niega que el mismo deba llevar a un reconocimiento directo de la relación de filiación en un proceso iniciado por quien carecía de legitimación activa para instarlo. Indica que la vía por la que debe tener lugar el establecimiento de la relación de filiación es la de la adopción; y es en este ámbito, en el que debe apreciarse el interés superior del niño, dándose relevancia a la relación familiar de hecho que mantiene con la comitente, en orden a acreditar con "prontitud" el requisito de su idoneidad para la adopción, e, incluso, suprimiéndose dicho requisito por aplicación del núm. 3º del art. 176.2 CC (al haber existido una guarda de hecho por un tiempo superior a 1 año). Respecto de la cuestión de la diferencia de edad entre el menor y comitente, afirma que no se trata de un "obstáculo excesivo, habida cuenta de que la diferencia máxima de 45 años entre adoptante y adoptado prevista en la normativa reguladora de la adopción no tiene un carácter absoluto" (no es necesario, según el art. 175.1 CC, en los casos previstos en el artículo 176.2 CC), "tanto más cuando los hechos fijados por la Audiencia Provincial revelan la integración del menor en el núcleo familiar y los cuidados de que es objeto desde hace varios años".

Concluye, afirmando que "Esta solución satisface el interés superior del menor, valorado in concreto", "pero a la vez intenta salvaguardar los derechos fundamentales", "como son los derechos de las madres gestantes y de los niños en general", "que resultarían gravemente lesionados si se potenciara la práctica de la gestación subrogada comercial porque se facilitara la actuación de las agencias de intermediación en la gestación por sustitución, en caso de que estas pudieran asegurar a sus potenciales clientes el reconocimiento casi automático en España de la filiación resultante del contrato de gestación subrogada, pese a la vulneración de los derechos de las madres gestantes y de los propios niños, tratados como simples mercancías y sin siquiera comprobarse la idoneidad de los comitentes para ser reconocidos como titulares de la patria potestad del menor nacido de este tipo de gestaciones".

Cuestiones relevantes

6. La posición del TS es conforme al Dictamen Consultivo del TEDH (Grande Chambre), de 10 de abril de 2019 (demanda nº P16-2018-001), que ha señalado que, reconocida la paternidad legal del padre de intención, que, a su vez, sea padre biológico del niño, el derecho al respeto a la vida privada de este último exige que el Derecho interno ofrezca también la posibilidad de establecer un vínculo de filiación respecto de la "madre de intención", que, aunque no sea la madre biológica, sin embargo, sea designada como madre legal en un certificado de nacimiento extranjero, legalmente expedido. Ahora bien, precisa que el establecimiento de la maternidad no tiene porqué realizarse a través de la inscripción en el Registro Civil nacional en base al certificado de nacimiento extranjero, sino que se puede acudir a otras vías, como es la de la adopción, siempre que se garantice la efectividad y celeridad de las mismas, de acuerdo con el interés superior del niño.

5.3. *La posición contraria a la Ley de la DGRN (hoy DGFPSJ): admisión de la inscripción, cuando se acompañe una resolución judicial extranjera en la que se determine la filiación del nacido*

No obstante lo dicho, la Instrucción de la DGRN (hoy DGSJFP) de 5 de octubre de 2010 mantiene una discutible posición sobre la materia.

a) En su directriz segunda, afirma que: "En ningún caso se admitirá como título apto para la inscripción del nacimiento y filiación del nacido, una certificación registral extranjera o la simple declaración, acompañada de certificación médica relativa al nacimiento del menor en la que no conste la identidad de la madre gestante".

Por lo tanto, se abandona la posición mantenida por la RDGRN 18 febrero 2009, que, en el supuesto anteriormente mencionado (los dos varones que habían viajado a California para poder acceder a la gestación por sustitución), había admitido la posibilidad de inscribir la filiación de los hijos nacidos mediante gestación por sustitución a través de un mero certificado registral de nacimiento (expedido por las autoridades californianas), lo que, por lo tanto, ya no será posible.

b) Por el contrario, sí que admite la inscripción en los Registros civiles consulares de los hijos nacidos mediante gestación por sustitución, cuando, al menos, uno de los solicitantes sea español y se presente ante el encargado del Registro una resolución judicial, dictada en el país de origen.

En su directriz primera dice, así, que: "La inscripción de nacimiento de un menor, nacido en el extranjero como consecuencia de técnicas de gestación por sustitución, solo podrá realizarse presentando, junto a la solicitud de inscripción, la resolución judicial dictada por Tribunal competente en la que se determine la filiación del nacido" (párrafo primero).

Por consiguiente, la atribución de la filiación de los nacidos mediante gestación por sustitución debe basarse en una previa resolución judicial, que (salvo que resulte de aplicación un Convenio Internacional) habrá de ser objeto de exequátur, conforme al procedimiento establecido en los arts. 52 y ss. de la Ley 29/2015, de 30 de julio, de cooperación jurídica internacional en materia civil.

Así lo exige, como regla general, la directriz primera de la Instrucción, según la cual: "Para proceder a la inscripción de nacimiento deberá presentarse ante el Registro Civil español, la solicitud de la inscripción y el auto judicial que ponga fin al mencionado procedimiento de exequátur" (párrafo segundo).

Sin embargo, la misma directriz, en su párrafo tercero, establece que no será necesario acudir al procedimiento de exequátur, cuando la resolución judicial extranjera "tuviera su origen en un procedimiento análogo a uno español de jurisdicción voluntaria", disponiendo que, en tal caso, "el encargado del Registro Civil controlará incidentalmente, como requisito previo a su inscripción, si tal resolución judicial puede ser reconocida en España".

En este mero control incidental —continúa la Instrucción— el encargado "deberá constatar: a) La regularidad y autenticidad formal de la resolución judicial extranjera y de cualesquiera otros documentos que se hubieran presentado. b) Que el Tribunal de origen hubiera basado su competencia judicial internacional en criterios equivalentes a los contemplados en la legislación española. c) Que se hubiesen garantizado los derechos procesales de las partes, en particular, de la madre gestante. d) Que no se ha producido una vulneración del interés superior del menor y de los derechos de la madre gestante. En especial, deberá verificar que el consentimiento de esta última se ha obtenido de forma libre y voluntaria, sin incurrir en error, dolo o violencia y que tiene capacidad natural suficiente. e) Que la resolución judicial es firme y que los consentimientos prestados son irrevocables, o bien, si estuvieran sujetos a un plazo de revocabilidad conforme a la legislación extranjera aplicable, que este hubiera transcurrido, sin que quien tenga reconocida facultad de revocación, la hubiera ejercitado".

A mi parecer, la solución propuesta por la Instrucción no es correcta, porque, en definitiva, está prestando cobertura administrativa a un "turismo reproductivo", el cual trata de eludir la aplicación de un precepto legal (el art. 10.1 de la L 14/2006), que, claramente, establece la nulidad del contrato de gestación por sustitución, norma esta, que creo que debe ser considerada de orden público; y ello, en la medida en que responde al principio, común en los países de la Europa continental, de que no pueden ser objeto de tráfico jurídico las facultades reproductivas y de gestación de la mujer.

ESQUEMA

DETERMINACIÓN LEGAL DE LA FILIACIÓN

1. Usuaria casada con un varón
2. Usuaria casada con otra mujer
3. Usuaria unida de hecho con un varón
4. Usuaria unida de hecho con otra mujer

FECUNDACIÓN PÓSTUMA

1. Requisitos legales
2. Efectos sucesorios

GESTACIÓN POR SUSTITUCIÓN

1. La posición del ordenamiento jurídico español
2. La posición de la jurisprudencia
3. La posición contraria a la Ley de la DGRN (hoy DGFPSJ)

24 La patria potestad[1]

Pilar María Estellés Peralta[2]

Sumario: 1. CONCEPTO Y NATURALEZA. 2. PRINCIPIOS Y CARACTERES. 3. TITULARES Y BENEFICIARIOS. 4. EJERCICIO DE LA PATRIA POTESTAD. 4.1. Distinción entre titularidad y ejercicio de la patria potestad. 4.2. Formas de ejercicio. 4.3. Ejercicio de la patria potestad en caso de conflicto familiar. 4.3.1. Discrepancia entre ambos titulares de la patria potestad. 4.3.1.1. Desacuerdos puntuales. 4.3.1.2. Desacuerdos reiterados. 4.3.2. Discrepancia de los progenitores con el menor. 5. CONTENIDO DE LA PATRIA POTESTAD. 5.1. Ámbito personal. 5.1.1. Velar por los hijos, tenerlos en su compañía, alimentarlos, educarlos y procurarles una formación integral. 5.1.2. El derecho de corrección y el recurso al auxilio de la "autoridad". 5.1.3. Los correlativos deberes filiales de obediencia, respeto y de contribución material y personal a las cargas familiares. 5.2. Ámbito patrimonial de la patria potestad. 5.2.1. La representación legal de los hijos menores. 5.2.2. La administración de los bienes de los hijos. 6. EXTINCIÓN Y PRIVACIÓN DE LA PATRIA POTESTAD. 6.1. Causas. 7. EXCLUSIÓN DE LA PATRIA POTESTAD. 8. LA SUPRESIÓN DE LA PATRIA POTESTAD PRORROGADA O REHABILITADA.

1. CONCEPTO Y NATURALEZA

Una de las consecuencias inherentes a la determinación de la filiación entre padres e hijos es la atribución de un derecho-deber a los padres que debe ser ejercido por ambos en beneficio de los hijos e hijas menores de edad no emancipados. Esta función, que es irrenunciable e indisponible, se califica actualmente como una responsabilidad parental que debe ser ejercida en interés de los hijos de acuerdo con su personalidad y con respeto a sus derechos y a su integridad física y mental.

En relación con la naturaleza de la patria potestad, la actual redacción del art. 154, *in fine* CC, identifica la patria potestad como una responsabilidad parental. Ello significa que el derecho-deber de los padres se convierte *ope legis* en responsabilidad únicamente, no en potestad, pese a que se mantenga esta expresión en la mayoría de los preceptos que regulan esta materia. Así, la referencia del precepto a la "función" parental en vez de al derecho-deber, conlleva un progresivo debilitamiento de la patria potestad pese a que se

[1] El presente trabajo ha sido realizado en el marco del Grupo de Investigación de la Universidad de Valencia "Persona y Familia" (GPF), GIUV2013-101, del que es IP el profesor José Ramón de Verda y Beamonte.

[2] Profesor Agregado Doctor, Derecho civil, Universidad Católica de Valencia "San Vicente Mártir"-

trata de una institución de orden público en el ámbito familiar que se encuadra dentro de las denominadas potestades familiares.

Normativa reguladora

El derecho-poder en que consiste la patria potestad se regula en el Título VII del Libro I, arts. 154-170 del Código Civil, con la rúbrica Relaciones paterno filiales, redactados conforme a la Ley de 13 de mayo de 1981, de reforma CC en materia de filiación, patria potestad y régimen económica del matrimonio, ley que reformó y tranformó la regulación y entendimiento de la patria potestad.

Esta regulación debe completarse con la LO 1/1996, de 15 de enero de protección jurídica del menor ha sufrido importantes transformaciones (en adelante LOPJM), modificada por la Ley Orgánica 8/2015 de 22 de julio, de modificación del sistema de protección a la infancia y a la adolescencia (en adelante LOMSPIA)y por la Ley 26/2015, de 28 de julio, de modificación del sistema de protección a la infancia y a la adolescencia (en adelante LMSPIA), con la Ley 8/2021, de 2 de junio y con la Ley orgánica 8/2021, de 4 de junio, de protección de los niños y adolescentes frente a la violencia (en adelante LOPIAFV).

Jurisprudencia

En este sentido, las STS 11 octubre 1991 (RJ 1991, 7447) y SAP Málaga 4 marzo 2021 (*Tol 8558072*) señalaban que "el derecho de los padres a la patria potestad con relación a sus hijos menores viene incluido entre los que la doctrina dominante denomina derechos-función, en los que, la especial naturaleza que les otorga su carácter social, que trasciende del ámbito meramente privado, hace que su ejercicio se constituya, no en meramente facultativo para su titular —como sucede en la generalidad de los derechos subjetivos— sino en obligatorio para quien lo ostenta, toda vez que el adecuado cumplimiento llena unas finalidades sociales —en este caso de interés familiar— que le hacen especialmente preciado para el ordenamiento jurídico".

Asimismo, destaca la STS 11 octubre 2004 (*Tol 514241*) al señalar que la patria potestad "más que un poder actualmente se configura como una función en beneficio de los hijos menores". En igual sentido se pronunciaban, las SSTS 9 noviembre 2015 (*Tol 5551640*) y 13 enero 2017 (*Tol 5934212*), 16 mayo 2017 (*Tol 6113452*) y 16 septiembre 2022 (*Tol 9232223*), entre otras.

Se trata de un derecho-deber que se ejercita en plano de igualdad y no de subordinación como señalan las STS 11 octubre 2004 (*Tol 514214*), 12 julio 2004 (*Tol 483397*) y 15 diciembre 2021 (*Tol 8707803*).

Cuestiones relevantes

1. La transformación gradual e irreversible en la concepción y contenido de la actual regulación de la patria potestad, denominada ahora como responsabilidad parental tras la reforma del art. 154 CC por la LMSPIA supone que el conjunto de facultades que la ley otorga a los padres —de potestades, en sentido técnico— va dirigido o está subordinado al cumplimiento de unos deberes y funciones de crianza, formación y protección. Así, el derecho de los padres, como señala la STS 12 mayo 2011 (*Tol 2124714*), no tiene en realidad carácter de derecho o interés preponderante sino de fin subordinado a la atención preferente del interés del hijo menor. Consecuentemente, la patria potestad debe concebirse como un officium, una función, un deber, una responsabilidad parental subordinada a la defensa prevalente del interés superior del menor, del hijo, como establece de forma reiterada la jurisprudencia en numerosas sentencias entre las que destacamos las SSTS 9 noviembre 2015 (*Tol 5551640*), y 13 enero 2017 (*Tol 5934212*), 11 octubre 2004 (*Tol 514241*) y 19 abril 2012 (*Tol 2532886*), entre otras y que debe ejercerse con respeto a los derechos y la integridad física y mental del hijo.

2. Esta transformación en la concepción y contenido de la actual regulación de la patria potestad o responsabilidad parental (de derecho-deber o *potestas* a *officium*) supone, en contrapartida, un **debilitamiento de la función en que consiste la patria potestad,** lo que podrían suponer una grieta para los intereses del menor que se pretenden proteger, al dificultar el cumplimiento de los deberes y facultades de "velar por ellos, tenerlos en su compañía, alimentarlos, educarlos y procurarles una formación integral".

3. Cabe destacar "el **carácter de irrenunciable que ostentan los derechos —como consecuencia de la forzosidad de su ejercicio por parte de su legítimo titular—** que impide al mismo abandonar las finalidades que su cumplimiento persigue, así como su imprescriptibilidad, hasta el punto de que su no ejercicio, voluntario o forzoso, durante un cierto tiempo carece de virtualidad extintiva del mismo, subsistiendo la posibilidad de su ejercicio, a no ser que, por alguna razón legal y previa resolución judicial, se haya producido su extinción. Ésta parece ser la concepción sustentada por el Código Civil español que en el artículo 154 contempla de manera especial los intereses trascendentes que subyacen en la patria potestad —al decir que se ejercerá siempre un beneficio de los hijos de acuerdo con su personalidad— y resalta el carácter de derecho-función de la misma, proclamando que comprende derechos y deberes que se enumeran en el indicado precepto" como señala la SAP Málaga 4 marzo 2021 (*Tol 8558072*).

2. PRINCIPIOS Y CARACTERES

En su actual configuración la patria potestad o responsabilidad parental —que debe ser compartida por ambos progenitores y debe inspirarse en la igualdad de trato y de oportunidades entre ambos titulares— se configura tanto en situación de paz como de crisis familiar, de acuerdo con una serie de principios y caracteres que atienden fundamentalmente al beneficio o interés primordial del menor beneficiario.

Conviene destacar dos aspectos de gran relevancia: la convivencia democrática y la solución pacífica de conflictos; es aquí donde es más complejo el ejercicio "adecuado" de la parentalidad positiva una vez suprimidas las medidas de corrección paternas, razonables y moderadas. No es fácil, en general, la aplicación de estos principios que deben ser entendidos como la única vía para una educación adecuada, aun cuando el modelo educativo adoptado sea el democrático o autorizativo, más favorable para el desarrollo del menor en vez del autoritario, el negligente e incluso, el indulgente o permisivo, nada favorables. Todo ello debe atender al interés superior del menor. Para ello, la patria potestad se ejercerá de acuerdo con la denominada "parentalidad positiva", con pleno respeto a la personalidad y a la integridad física y mental del hijo.

La parentalidad positiva consiste en el comportamiento de los padres hacia los hijos e hijas fundamentado en el interés superior del niño, niña o adolescente y orientado a que la persona menor de edad crezca en un entorno afectivo y sin violencia y que incluya el derecho a expresar su opinión y a participar los asuntos que le afecten y a que se favorezca el desarrollo de sus capacidades y se permita su pleno desarrollo en todos los órdenes.

Normativa reguladora

El interés del hijo menor viene consagrado en nuestra legislación en diversos preceptos del Código Civil (arts. 92, 93, 94, 103.1, 154, 158 y 170 CC) y, en general, en cuantas disposiciones regulan cuestiones matrimoniales, paterno-filiales o tutelares, constituyendo un principio fundamental y básico orientador de la actuación judicial que concuerda con el constitucional de protección integral de los hijos (arts. 39.2 CE) y responde a la nueva configuración de la patria potestad.

La LOMSPIA que modifica la LOPJM, especialmente en la formulación casuística del interés del niño (artículo 2) y la reforma derecho fundamental del menor a la audiencia (artículo 9).

El art. 1 LOPIAFV establece que: "1. La ley tiene por objeto garantizar los derechos fundamentales de los niños, niñas y adolescentes a su integridad física, psíquica, psicológica y moral frente a cualquier forma de violencia, asegurando el libre desarrollo de su personalidad y estableciendo medidas de protección integral, que incluyan la sensibilización, la prevención, la detección precoz, la protección y la reparación del daño en todos los ámbitos en los que se desarrolla su vida...". A los efectos de esta ley, el precepto define qué se entiende por violencia. El art. 1.3 LOPIAFV señala específicamente los principios de convivencia democrática y la solución pacífica de conflictos como los adecuados para ejercicio de una parentalidad positiva.

El art. 26.3.a) señala que: "3. Las medidas a las que se refiere el apartado anterior deberán estar enfocadas a: a) Promover el buen trato, la corresponsabilidad y el ejercicio de la parentalidad positiva. A estos efectos, el propio precepto define el concepto de parentalidad positiva.

Jurisprudencia

El reconocimiento de la prevalencia del interés superior del hijo menor a nivel jurisprudencial se observa tanto en el Tribunal Supremo en las SSTS 29 abril 2013 (*Tol 3711046*), 20 octubre 2014 (*Tol 4529938*), 17 noviembre 2015 (*Tol 5596288*), 27 junio 2016 (*Tol 5775431*), 27 junio 2016 (*Tol 5775378*), 21 junio 2017 (*Tol 6201490*), 26 febrero 2019 (*Tol 7099258*), 29 julio 2020 (*Tol 8039309*) y 29 julio 2020 (*Tol 8039303*), 26 septiembre 2022 (*Tol 9246390*) que señala entre otras que el interés del menor se ha considerado como bien constitucional, lo suficientemente relevante para motivar la adopción de medidas legales que restrinjan derechos y principios constitucionales, como en el Tribunal Constitucional en las SSTC 152/2005, de 2 de junio (*Tol 673515*), 124/2002, de 20 de mayo, FD 6 (*Tol 258656*), 138/2014, de 8 de septiembre (*Tol 4517085*), y 185/2012, de 17 de octubre (*Tol 2675044*) y en el Tribunal Europeo de Derechos Humanos en las STEDH de 11 octubre de 2016, rec. nº 23298/12, affaire Iglesias Casarrubias et Cantalapiedra Iglesias c. Espagne (*Tol 6412910*) que han recogido reiteradamente este principio en sus pronunciamientos.

De acuerdo con la STS 27 octubre 2021 (*Tol 8640031*), el interés superior del menor es la consideración primordial a la que deben atender todas las medidas concernientes a los menores "que tomen las instituciones públicas o privadas de bienestar social, los tribunales, las autoridades administrativas o los órganos legislativos", según el art. 3.1 de la Convención sobre los derechos del niño ratificada por España mediante instrumento de 30 de noviembre de 1990 (SSTC 178/2020, de 14 de diciembre de 2020, FJ 3, y 64/2019, de 9 de mayo, FJ 4, entre las más recientes), y dado el carácter de principio general, de "cláusula general" y "principio jurídico indeterminado" que puede atribuirse a la protección del interés del menor es preciso llenar su contenido. En cada caso concreto hay que identificar lo que resulta más adecuado al interés de ese menor en sus concretas circunstancias.

La STS 16 septiembre 2022 (*Tol 9232223*), señala que la utilización de la expresión "consideración primordial" en relación con el interés del hijo menor, "significa que dicho principio no está al mismo nivel que el de los otros intereses concurrentes, sino superior y preferente para resolver los supuestos de colisión o conflictos de derechos en el que el menor pueda hallarse inmerso y que no sean susceptibles de recíproca satisfacción".

Las SSTC 158/2009, de 29 de junio (*Tol 1568038*); SSTS 12 julio 2004 y 27 enero 2014 (*Tol 4101573*) señalan que la patria potestad se ejercerá con respeto a la personalidad del hijo.

Cuestiones relevantes

4. La patria potestad como responsabilidad parental es una función que corresponde a los padres en interés o beneficio del hijo y que debe ejercerse de acuerdo a la personalidad del hijo y respetando sus derechos fundamentales. El ejercicio de esta responsabilidad parental, como regla general, debe ser compartido por ambos progenitores y debe inspirarse en la igualdad de trato y de oportunidades entre mujeres y hombres.

5. Pese a ser una de las finalidades de la LOPIAFV, el principio del interés superior del menor se reconoce, pero no se define concretamente, aunque exige sin duda un compromiso mayor y una colaboración de los progenitores como señalan las SSTS 5 abril 2019 (*Tol 7205213*), 25 noviembre 2019 (*Tol 7615742*), 4 abril 2018 (*Tol 6568354*) y 12 septiembre 2016 (*Tol 5823940*). Por ello, la jurisprudencia ha ido definiendo tal concepto en el sentido de entender que **el "interés del menor" constituye una cuestión de orden público y está por encima del vínculo parental, debiendo presidir cualquier interpretación y decisión que le afecte durante su minoría de edad.** Se trata de procurar que los derechos fundamentales del niño resulten protegidos y que ello suceda de forma prioritaria y preferente a los de los demás implicados, debido a la falta de capacidad del menor para actuar defendiendo sus propios intereses. En tal sentido se preservará el mantenimiento de sus relaciones familiares; se protegerá la satisfacción de sus necesidades básicas, tanto materiales, físicas y educativas como emocionales y afectivas; se ponderará el irreversible efecto del transcurso del tiempo en su desarrollo y la necesidad de estabilidad de las soluciones que se adopten; se procurará que las medidas que se adopten en interés superior del menor no restrinjan o limiten más derechos que los que amparan. Así las SSTS 25 abril 2018 (*Tol 6592125*), 15 diciembre 2017 (*Tol 6461936*), 19 octubre 2017 (*Tol 6402978*), 28 septiembre 2016 (*Tol 5843549*), 17 noviembre 2015 (*Tol 5596288*) y 31 enero 2013 (*Tol 3020982*).

6. La intervención judicial en sede de patria potestad tendrá como eje de actuación el interés del sujeto a patria potestad; en tales circunstancias, **el interés del niño ha de ser entendido como superior y prevalente en todo caso, más allá de las preferencias de los padres** de acuerdo con la STS 30 junio 2016 (*Tol 5765231*), tutores o administraciones públicas según señalan las SSTS 5 febrero 2013 (*Tol 3010824*), 18 noviembre 2014 (*Tol 4556709*), 16 febrero 2015 (*Tol 4719934*), 17 noviembre 2015 (*Tol 5596288*), 27 junio 2016 (*Tol 5775378*), 12 mayo 2017 (*Tol 6097928*), 22 septiembre 2017 (*Tol 6355916*), 15 enero 2018 (*Tol 6484675*), 14 febrero 2018 (*Tol 6516349*), 6 abril 2018 (*Tol 6566012*), 24 abril 2018 (*Tol 6592056*), 9 de mayo 2018 (*Tol 6602553*), 15 octubre 2018 (*Tol 6852505*), 17 enero 2019 (*Tol 6999235*), 26 febrero 2019 (*Tol 7099258*), 5 abril 2019 (*Tol 7205213*) y 24 septiembre 2019 (*Tol 7503994*), 29 marzo 2021 (*Tol 8384759*), 31 mayo 2021 (*Tol 8463907*); 4 octubre 2021 (*Tol 8614999*); 27 octubre 2021 (*Tol 8640031*). Asimismo, la SAP Ávila 30 septiembre 2019 (*Tol 7575498*). De acuerdo con la STS 27 octubre 2021 (*Tol 8640031*), el interés superior del menor es la consideración primordial a la que deben atender todas las medidas concernientes a los menores "que tomen las instituciones públicas o privadas de bienestar social, los tribunales, las autoridades administrativas o los órganos legislativos", según el art. 3.1 de la Convención sobre los derechos del niño ratificada por España mediante instrumento de 30 de noviembre de 1990 (SSTC 178/2020, de 14 de diciembre de 2020, FJ 3, y 64/2019, de 9 de mayo, FJ 4, entre las más recientes). Destacan, asimismo, las interesantes SSTS 20 octubre 2014 (*Tol 4529938*), 7 marzo 2017 (*Tol 5990893*), 25 octubre 2017 (*Tol 6408304*), 15 enero 2018 (*Tol 6484675*) y 25 abril 2018 (*Tol 6592318*).

7. El interés superior que debe atender en cada caso, es el particular y personal interés del menor en liza en ese momento y circunstancia concretos, el de ese menor perfectamente individualizado, según pone de relieve la STS 13 febrero 2015 (*Tol 4712378*) y, además, debe ponerse en relación con el desarrollo libre e integral de su personalidad poniendo especial cuidado en su respeto según la STS 5 febrero 2013 (*Tol 3010824*).

8. El menor tiene derecho a ser escuchado (art. 9 LOPJM), a que sean tenidas en cuenta sus opiniones y deseos. En relación con este derecho del menor a ser escuchado, destacar la sustitución del término "juicio" por el de "madurez", que se ajusta más con la aptitud no solo para comprender sino también para poder asumir las consecuencias de la actuación en el supuesto concreto; en todo caso, la norma considera que tiene suficiente madurez a partir de los 12 años cumplidos —reconocimiento legal de suficiencia madurativa que desatiende que cada niño tiene un nivel de desarrollo físico y emocional, que no siempre es coincidente con su edad cronológica—, y siendo menor de dicha edad, la madurez para poder comprender y opinar habrá de valorarse por personal especializado no siendo suficiente una valoración del Juez.

9. La denominada "parentalidad positiva", del art. 26.3.a) LOPIAFV, consiste en el comportamiento de los representantes legales "fundamentado en el interés superior del niño, niña o adolescente y orientado a que la persona menor de edad crezca en un entorno afectivo y sin violencia que incluya el derecho a expresar su opinión, a participar y ser tomado en cuenta en todos los asuntos que le afecten, la educación en derechos y obligaciones, que favorezca el desarrollo de sus capacidades, ofrezca reconocimiento y orientación, y permita su pleno desarrollo en todos los órdenes".

10. En el contexto actual la protección del menor se arbitra como una protección contra la inseguridad o peligros extrafamiliares, y en algunos casos —los menos— intrafamiliares, en particular, el art. 2.2.c) LOPJM menciona la conveniencia de que la vida y desarrollo del menor "tenga lugar en un entorno familiar adecuado y libre de violencia". El art. 1.3 LOPIAFV exige que las relaciones parentales estén presididas por lo que denomina "buen trato" y que define, a los efectos de la ley (y por tanto, ausencia de violencia) como aquel que, respetando los derechos fundamentales de los niños, niñas y adolescentes, promueve activamente los principios de respeto mutuo, dignidad del ser humano, convivencia democrática, solución pacífica de conflictos, derecho a igual protección de la ley, igualdad de oportunidades y prohibición de discriminación de los niños, niñas y adolescentes.

11. No obstante, dos aspectos de los señalados: **convivencia democrática y solución pacífica de conflictos no parece que vayan a facilitar el ejercicio "adecuado" de esta parentalidad positiva privada de medidas de corrección paternas, razonables y moderadas,** pues se atisba en la norma un cierto exceso al recortar las facultades parentales y un cierto recelo contra la familia como un entorno por definición peligroso y dañino para los niños, lo que se evidencia en la reciente LOPIAFVP; habrá situaciones familiares que indudablemente entrañen riesgos, violencia y desamparo para los menores que las leyes han de atajar rápidamente, pero en su gran mayoría, la propia familia es la que verdaderamente cuida, asiste y protege al menor, incluso de sí mismo. Y así lo reconoce el legislador cuando establece la necesidad para los menores de esta asistencia parental tanto en el plano jurídico como en el personal.

3. TITULARES Y BENEFICIARIOS

Los titulares de la patria potestad, son el padre y la madre cuya paternidad o maternidad esté determinadas legalmente, que la ejercerán de manera conjunta mientras no sean privados de ella o se extinga la misma.

El sujeto pasivo o beneficiario de la patria potestad es el hijo o hija menor no emancipado, tanto matrimonial como no matrimonial, ya se trate de hijo biológico o adoptivo.

Normativa reguladora

El art. 154 CC establece en su párrafo primero que: "Los hijos e hijas no emancipados están bajo la patria potestad de los progenitores".

Asimismo, el art. 155 CC señala que: "Los hijos deben: 1° Obedecer a sus padres mientras permanezcan bajo su potestad, y respetarles siempre. 2° Contribuir equitativamente, según sus posibilidades, al levantamiento de las cargas de la familia mientras convivan con ella".

Cuestiones relevantes

12. Los titulares de la patria potestad son únicamente el padre y la madre cuya paternidad o maternidad esté determinadas legalmente, ya sea ésta biológica o adoptiva. No obstante, la transformación de las facultades parentales que continúa con la reforma introducida por la LMSPIA, llevó a cabo una nueva modificación del art. 154 CC haciendo referencia a los "progenitores" y suprimiendo toda referencia a los padres (modificación que ya había introducido la Ley 13/2005, de 1 de julio, por la que se reforma el Código Civil en materia de derecho a contraer matrimonio), conculcando los derechos de los padres adoptivos que biológicamente no son progenitores en ningún caso pero que el legislador no ha tenido en cuenta y a los que denomina genérica e impropiamente "progenitores".

13. Los beneficiarios de la patria potestad son los hijos e hijas menores de edad. En torno a ellos, la progresiva evolución en la forma de concebir la capacidad jurídica del niño atendiendo a su desarrollo y grado de autonomía, ha provocado una transformación del enfoque tradicional que atribuía a los niños el papel de receptores pasivos de cuidados y atenciones de los adultos a reconocerlos como protagonistas activos y, por tanto, llamados a participar en el proceso de adopción de aquellas decisiones en el ejercicio de la patria potestad que puedan afectarles de acuerdo con su capacidad y madurez.

14. En esta nueva concepción de los menores, más amplia, deben tomarse en consideración, para la resolución de las crisis familiares, el derecho del menor a ser escuchado, a tener en cuenta sus opiniones y deseos en todos los procedimientos administrativos y judiciales que le afecten, promoviéndose la participación de éste y velándose por que se tengan debidamente en cuenta sus opiniones en todos los asuntos que le conciernen. **La edad o la madurez del niño no suponen límite alguno para el ejercicio del derecho a ser oído y escuchado, aunque sirvan para modularlo, con la consiguiente obligación de darle audiencia en todos los procedimientos que le afecten.**

15. Sobre los hijos beneficiarios se establece un **deber de obediencia y respeto a los padres y la obligación de contribuir equitativamente, según sus posibilidades, al levantamiento de las cargas de la familia mientras convivan con ella,** que analizamos más adelante.

4. EJERCICIO DE LA PATRIA POTESTAD

La patria potestad se caracteriza porque debe ser ejercida personalmente por ambos progenitores o padres adoptivos. Se trata de una función que debe ser ejercida de manera obligatoria; es indisponible, irrenunciable e intransmisible.

Ha de ejercitarse en beneficio del menor y de acuerdo con su personalidad y con respeto a sus derechos y su integridad física y mental. El interés superior del menor constituye la pauta y el vértice para el ejercicio de esta potestad que deberá ejercerse teniendo en cuenta la personalidad del hijo, es decir, sus condiciones, aptitudes, aficiones y limitaciones; debe prevalecer por encima de cualquier otro, incluido el de sus padres o progenitores, hasta el punto de que el llamado bonum filii o favor filii ha sido elevado a principio universal del derecho.

Normativa reguladora

Se regula en el art. 154. 2 CC: "La patria potestad, como responsabilidad parental, se ejercerá siempre en interés de los hijos e hijas, de acuerdo con su personalidad, y con respeto a sus derechos, su integridad física y mental…".

Asimismo, el art. 156 CC hace referencia a las formas de ejercicio de este derecho-deber.

Jurisprudencia

La STS 26 septiembre 2022 (*Tol 9246390*) señala que en el ejercicio de la patria potestad es necesario preservar a los menores de la exposición de situaciones de riesgo cara a una deseada inserción futura en el mundo de los adultos, sin repercusiones peyorativas provenientes de las situaciones vividas. Todo ello sin perder además la perspectiva de que los niños y las niñas son titulares de derechos, no simples personas objeto de protección jurídica, y, como tales, indiscutibles beneficiarios de todos los derechos humanos. El menor, como individuo en formación, precisa pues de una protección especial, en tanto en cuanto tiene una personalidad en desarrollo que es necesario preservar.

Cuestiones relevantes

16. La patria potestad como responsabilidad parental es una función que corresponde a los progenitores y se ejercerá atendiendo a los principios de beneficio o interés del menor. La protección del interés del menor constituye una cuestión de orden público y un principio general de carácter interpretativo tendente a procurar que los derechos fundamentales del niño resulten protegidos de forma prioritaria y preferente a los de los demás intereses implicados, atendiendo a la evidente falta de capacidad del menor para actuar en defensa de sus propios intereses [SSTS 19 abril 2012 (*Tol 2532886*) y 25 abril 2011 (*Tol 2125260*)].

17. Las relaciones parentales deben estar presididas por lo que la LOPIAFV denomina **"buen trato" y con respeto a la personalidad e integridad física y mental del hijo, lo que incluye velar, entre otros, por la protección de los derechos de su personalidad** como el honor, la intimidad e imagen del menor, su salud, libertad religiosa, etc. Así las SSTC 158/2009, de 29 de junio (*Tol 1568038*); SSTS 12 julio 2004 y 27 enero 2014 (*Tol 4101573*).

18. El ejercicio de la responsabilidad parental, como regla general, debe ser compartido por ambos progenitores y debe inspirarse en la igualdad de trato y de oportunidades entre ambos titulares se hallen o no bien avenidos. Supone que todos los derechos y deberes que entraña la patria potestad se han de ejercer siempre de común acuerdo por ambos progenitores y que en caso de desacuerdo, será el Juez quien determine cuál de los dos titulares ha de ejercer todas o algunas de las facultades que la patria potestad comporta y por cuanto tiempo, pero sin que esta intervención judicial sobre los desacuerdos de los progenitores implique la supresión de estos derechos-deberes de la patria potestad que se ejercitan en un plano de igualdad y no de subordinación.

19. Se amplía el control jurisdiccional sobre los titulares de la patria potestad, estableciéndose en el art. 156 CC los mecanismos para dirimir los desacuerdos y en el art. 158 CC un control jurisdiccional ante posibles conductas parentales que puede conducir a la privación total o parcial de la patria potestad.

4.1. Distinción entre titularidad y ejercicio de la patria potestad

Aun cuando el contenido de la titularidad de la patria potestad si viene disociada del ejercicio, no se detalla en el Código Civil, sí podemos diferenciar claramente entre patria potestad y "guarda y custodia".

Cuestiones relevantes

20. La patria potestad debe ser entendida como la responsabilidad general en la toma de decisiones que afectan a los menores que se ejerce, como regla general, por el padre y la madre conjuntamente; por tanto, cuando los dos progenitores son cotitulares de la patria potestad —lo que se produce en la mayoría de los casos—, ello supone el deber de compartir todas y cada una de las decisiones que afecten a la formación y educación de los hijos y, como tales, han de ser informados cumplida y oportunamente por el custodio temporal, teniendo en cuenta que en el ejercicio de esa patria potestad prima el interés de los menores y, en caso de discrepancia, se han de someter a la decisión del Juez correspondiente y si ese ejercicio deviene perjudicial para los hijos, el Ministerio Fiscal, como defensor de los mismos, debiera promover la privación de la patria potestad del que no actúe en consonancia con el interés superior del menor, según la SAP Madrid, 18 octubre 2021 (*Tol 8722592*).

21. En consecuencia **caerían dentro de la órbita de las funciones de la patria potestad todas aquellas decisiones de especial relevancia, entidad o transcendencia que acontezcan en la vida del menor, que deberán ser asumidas de forma conjunta por ambos padres,** decisiones dentro del ámbito de la salud, orientación en los estudios o la educación del hijo —si el colegio ha de ser público o privado, religioso o laico—, de la religión a practicar —recepción del Bautismo, de la Primera Comunión— o de no practicar ninguna. Así lo avalan numerosas sentencias de nuestros tribunales: SSAP

Madrid 8 marzo 2006 (*Tol 876916*), Las Palmas 30 marzo 2006 (*Tol 6395126*), Huesca 24 octubre 2006 (*Tol 1062969*), Madrid 17 enero 2007 (*Tol 7398733*), 12 diciembre 2013 (*Tol 4041997*) y 20 febrero 2014 (*Tol 4142537*), etc.

22. Para el caso de desacuerdo será el Juez quien determine qué padre ha de ejercer todas o algunas de las facultades que comporta la patria potestad y por cuanto tiempo, teniendo en cuenta los derechos de los hijos a la protección y cuidado necesarios para su bienestar y los derechos y deberes de los padres en lo que respecta a la crianza y desarrollo de los hijos y del derecho de los padres a ejercer la patria potestad aun en el caso de que vivan separados, según señalan las SSTS 26 octubre 2012 (*Tol 2672517*), 29 abril 2013 (*Tol 37110446*), 30 diciembre 2015 (*Tol 5624783*) y 29 marzo 2016 (*Tol 5681244*), 30 mayo 2022 (*Tol 9002322*), entre otras.

23. Podríamos definir la facultad de "guarda" como una facultad que comprende todos aquellos aspectos derivados del quehacer diario más inmediato de cuidado y atención de los menores, es decir, alimentación, imposición de normas de disciplina, consuelo, estudio, etc., es decir, se trata de cuestiones diarias, habituales, ordinarias y rutinarias [SAP Sevilla 26 enero 2006 (*Tol 1611562*) y STS 29 marzo 2016 (*Tol 5681244*)]; hace referencia a convivencia, no implicando más derechos y, consecuentemente, no supone un estatus privilegiado de un progenitor frente al otro y, por tanto, la atribución de la guarda y custodia a uno solo de los progenitores no supone que se esté privando de la titularidad de la patria potestad al otro progenitor.

24. La facultad de "guarda", además, se puede compartir entre ambos progenitores, en los tiempos de convivencia en que los hijos comunes permanecen con cada uno de ellos y que **puede atribuirse de manera individual o compartida según convenga al menor en cada caso.**

25. No son equiparables la patria potestad y la "guarda y custodia" ya sea esta individual o compartida, sino que la "guarda y custodia" quedaría integrada en la patria potestad. En este sentido, se pronuncia la jurisprudencia cuando determina que el actor, pese a no tener la custodia de su hija, no debe quedar excluido de la toma de decisiones sobre los aspectos más relevantes vinculados al ejercicio de la patria potestad sobre la menor, por lo que podrá intervenir en las decisiones importantes que afecten a la vida de la menor y, en particular, a los aspectos relacionados con el cuidado, la salud y la educación de aquélla, las cuales habrán de adoptarse de mutuo acuerdo, debiendo decidir el Juzgado en caso de discrepancia.

4.2. Formas de ejercicio

La patria potestad se puede ejercer conjuntamente por ambos progenitores o por uno solo con el consentimiento expreso o tácito del otro o de manera individual en los casos de ausencia o imposibilidad de uno de los titulares.

Normativa reguladora

El art. 156 CC en la última redacción dada por la Ley 8/2021, 2 de junio.

Jurisprudencia

Señala muy acertadamente la STS 18 mayo 2022 (*Tol 8976982*), que "en condiciones de armonía familiar, la relación jurídica paternofilial se construye sobre la convivencia de los hijos con sus progenitores" y que "a un menor, no se le puede privar del contacto con sus progenitores, máxime cuando el padre y la madre desempeñan un decisivo rol en el ulterior desarrollo de la personalidad de sus hijos, en tanto en cuanto participan en su formación integral cara a la futura incorporación al mundo de los adultos".

Pero en ocasiones, la jurisprudencia, como en la STS 27 mayo 2022 (*Tol 8920050*) entiende adecuado que el ejercicio de la patria potestad se atribuya en exclusiva a la madre, por revelarse como lo más beneficioso para el menor. Igualmente, la SAP Cáceres, 3 septiembre 2021 (*Tol 8653168*) estableció que no procederá el ejercicio conjunto cuando cualquiera de los progenitores se halle incurso en un proceso penal iniciado por atentar contra la vida, la integridad física, la libertad, la integridad moral o la libertad e indemnidad sexual del otro cónyuge o de los hijos que convivan con ambos. E incluso puede quedar afectado el régimen de vistas. Así, la STS 26 noviembre 2015 (*Tol 5579444*) y 26 septiembre 2022 (*Tol 9246390*), sientan doctrina jurisprudencial al establecer que los contactos de un padre con su hija, cuando aquel previamente ha sido condenado por malos tratos a otra de sus hijas, deben ser sumamente restrictivos y debe predominar la cautela del tribunal a la hora de fijarlos, pues el factor de riesgo es más que evidente, en relación con un menor con escasas posibilidades de defensa y establece que el Juez o Tribunal podrá suspender el régimen de visitas del menor con el progenitor condenado por delito de maltrato con su cónyuge o pareja y/o por delito de maltrato con el menor o con otro de los hijos, valorando los factores de riesgo existentes.

Cuestiones relevantes

26. El art. 156 CC establece que la patria potestad se ejercerá por ambos progenitores conjuntamente o por uno sólo con el consentimiento expreso o tácito del otro, dictando reglas para el ejercicio de la patria potestad en caso de desacuerdo o separación de los padres.

27. La regla general es el ejercicio conjunto o mancomunado de la patria potestad por ambos progenitores. No obstante, se admite el ejercicio de un progenitor con el consentimiento del otro, situación que supone, asimismo, el ejercicio conjunto de ambos progenitores, aunque uno de ellos lo haga por vía del consentimiento lo que equivaldría a un apoderamiento, en base al art. 156.1 CC que admite el ejercicio de la patria potestad por uno solo de los progenitores con el consentimiento expreso o tácito del otro.

28. Pese a la regla general de actuación conjunta es posible la **actuación unilateral de uno de los progenitores** de conformidad con el uso social y las circunstancias en relación con el hijo y/o la familia o en situaciones de urgente necesidad que requieran de la actuación inmediata o sin las demoras que toda decisión consensuada de los padres puede conllevar.

29. Es posible el **ejercicio de la patria potestad por uno de los progenitores** cuando ausencia, o imposibilidad de uno de los titulares y en el caso de que los padres vivan separados, al progenitor con quien el hijo conviva.

30. No es renunciable la titularidad, sí el ejercicio: de acuerdo con la SAP Málaga 4 marzo 2021 (*Tol 8558072*), "no cabe la aprobación de la renuncia a la patria potestad del padre respecto al hijo, ni tampoco cabe que pueda tener efecto jurídico alguno el consenso de ambos progenitores respecto de dicha cuestión" en convenio regulador que podría resultar válido si lo convenido se hubiera ajustado a los términos del artículo 92.4 del Código Civil al establecer: (l)os padres podrán acordar en el convenio regulador o el Juez podrá decidir, en beneficio de los hijos, que la patria potestad sea ejercida total o parcialmente por uno de los cónyuges; o a los términos del artículo 156 del mismo texto legal al disponer que la patria potestad se ejercerá conjuntamente por ambos progenitores o por uno solo con el consentimiento expreso o tácito del otro, lo que en este caso no se hace sino que, como ya se ha dicho, se renuncia por el padre expresamente y sin matizaciones a la patria potestad respecto del menor". En el mismo sentido, SAP Cáceres 7 septiembre 2011 (*Tol 2237985*).

31. En el caso de **menores, hijas e hijos de las mujeres víctimas de violencia de género,** a tenor del art. 156.2 CC, dictada una sentencia condenatoria y mientras no se extinga la responsabilidad penal o iniciado un procedimiento penal contra uno de los progenitores por atentar contra la vida, la integridad física, la libertad, la integridad moral o la libertad e indemnidad sexual de los hijos o hijas comunes menores de edad, o por atentar contra el otro progenitor, bastará el consentimiento de este para la atención y asistencia psicológica de los hijos e hijas menores de edad, debiendo el primero ser informado previamente. Igualmente, aunque no se haya interpuesto denuncia previa, cuando la mujer esté recibiendo asistencia en un servicio especializado de violencia de género, siempre que se acredite dicha situación mediante informe emitido por dicho servicio. Si la asistencia hubiera de prestarse a los hijos e hijas mayores de dieciséis años se precisará en todo caso el consentimiento expreso de estos.

4.3. *Ejercicio de la patria potestad en caso de conflicto familiar*

La resolución de las crisis familiares no siempre tiene su origen en una crisis conyugal entre los cónyuges; existe un abanico de problemáticas que conviene analizar porque en su resolución puede quedar también afectado o perjudicado el interés del hijo. El art. 156.1 CC señala que la patria potestad se ejercerá conjuntamente por ambos cónyuges, por tanto, la titularidad y el ejercicio conjunto de la patria potestad constituyen la regla general. Esto no significa que los titulares de la misma actúen siempre conjuntamente; la titularidad seguirá siendo conjunta, pero se puede ejercer por uno solo de los progenitores con el consentimiento expreso o tácito del otro.

El ejercicio de la patria potestad puede entrañar diferentes problemas dados los intereses en conflicto de los distintos sujetos titulares activos y pasivos de la misma. Estos problemas se pueden plantear a varios niveles entre los que destacamos: 1° Discrepancia entre ambos titulares de la patria potestad, tanto en caso de crisis matrimoniales como constante matrimonio; 2° Discrepancia de los progenitores con el menor.

Los asuntos que pueden generar conflictos en el ejercicio de la patria potestad se enmarcan, fundamentalmente, en el ámbito de la salud, la orientación en los estudios o la educación del hijo —tipo de colegio: público o privado, religioso o laico— o el inicio o mantenimiento de una determinada educación religiosa e incluso cambio de la orientación religiosa o de practicar a no practicar ninguna; estas cuestiones pueden ser objeto de discrepancia entre los titulares de la patria potestad, que o bien mantienen posiciones encontradas o bien adoptan y ejecutan actos en contra de la decisiones previamente consensuadas o sin respetar el contenido de las mismas o de forma individual sin el consenso necesario del otro cotitular; asimismo, la discrepancia o conflicto, puntual o reiterado, puede originarse entre los padres y el menor.

Jurisprudencia

Todas aquellas decisiones de especial entidad o relevancia que acontezcan en la vida del menor, deberán ser asumidas de forma conjunta por ambos progenitores [SAP Sevilla 28 diciembre 2018 (*Tol 7086222*) y STS 10 octubre 2018 (*Tol 6846059*), entre otras], tales como cambios de lugar de residencia, decisiones dentro del ámbito de la salud, orientación en los estudios, orientación religiosa.

La STS 21 octubre 2019 (*Tol 7597014*) señala que es necesario el consenso de las dos partes para decidir las cuestiones sanitarias.

Las SSTC 158/2009, de 29 de junio (*Tol 1568038*); SSTS 12 julio 2004 y 27 enero 2014 (*Tol 4101573*), señalan que la patria potestad se ejercerá con respeto a la personalidad y derechos del hijo como su salud, libertad religiosa, la intimidad e imagen del menor, etc.

4.3.1. Discrepancia entre ambos titulares de la patria potestad

El cuidado, la crianza y educación de los hijos constituyen derechos-deberes de gran importancia y trascendencia en el marco de las funciones de la patria potestad. La transmisión de padres a hijos de sus propias creencias y modelos de educación constituyen valores que ayudan a construir la personalidad del menor. Evidentemente es deseable que ambos padres estén de acuerdo con el tipo de educación, valores y creencias que desean para sus hijos, sin embargo, en ocasiones, y no pocas, surgen discrepancias entre ambos titulares de la patria potestad con independencia de que la falta de acuerdo se plantee en el seno del matrimonio, en casos de inexistencia de vínculo conyugal entre los progenitores, o de la atribución de la custodia individual o compartida; sin embargo, el desacuerdo entre ambos padres, titulares de la patria potestad es posible también constante matrimonio, aunque menos probable que en los casos de no convivencia o de crisis matrimonial.

La mayoría de los conflictos se plantean no sólo por el debate sobre la custodia del menor sino también por la propuesta de un cambio en la educación, creencias y/o formación moral o religiosa recibida por el hijo hasta la fecha o por una frontal oposición a su continuidad o por cuestiones médicas o de cambio de residencia.

Para resolver estos conflictos y discrepancias entre los padres no puede darse una "solución" válida para todos ellos, pues habrá que tener en cuenta las circunstancias que concurren en cada uno de los supuestos.

Cuestiones relevantes

32. En caso de que ambos progenitores sean cotitulares de la patria potestad, lo que se produce en la mayoría de las situaciones, ello supone el deber de compartir todas y cada una de las decisiones que afecten a la formación y educación de los hijos teniendo en cuenta que en el ejercicio de esa patria potestad prima el interés de los menores y, en caso de discrepancia se ha de someter la cuestión controvertida a la decisión del Juez correspondiente. En consecuencia, **todas aquellas decisiones de especial entidad o relevancia que acontezcan en la vida del menor, deberán ser asumidas de forma conjunta por ambos progenitores** [SAP Sevilla 28 diciembre 2018 (*Tol 7086222*) y STS 10 octubre 2018 (*Tol 6846059*), entre otras], tales como cambios de lugar de residencia, decisiones dentro del ámbito de la salud, orientación en los estudios, orientación religiosa —recepción del Bautismo, de la Primera Comunión, de la religión a practicar o de no practicar ninguna, elección o cambio de colegio —si el colegio ha de ser público o privado, religioso o laico—, etc.

33. La STS 21 octubre 2019 (*Tol 7597014*) señala que es necesario el consenso de las dos partes para decidir las cuestiones sanitarias pues el ejercicio exclusivo sólo se atribuye al actor para las cuestiones académicas. Se considera que el énfasis puesto en la obligación de información en otras cuestiones se debe a que el progenitor ostenta la guarda del hijo, y que esa obligación es precisamente el presupuesto de la necesidad del consenso de los dos progenitores.

34. El procedimiento para solucionar el conflicto se regula en el art. 156 CC, precepto que distingue dos tipos de desacuerdo: desacuerdos puntuales y desacuerdos reiterados y ofrece, asimismo, las correspondientes soluciones.

4.3.1.1. Desacuerdos puntuales

Cuestiones relevantes

35. Si se trata de un desacuerdo puntual —en un único asunto—: el Juez, oyendo a los padres y al hijo, si tuviera suficiente madurez o fuera mayor de doce años, otorgará la facultad de decidir al padre o la madre. El Código Civil no atribuye al Juez el poder de adoptar por sí la decisión de fondo referente al menor, sino el de atribuir al padre o la madre la facultad decidir, teniendo en cuenta el beneficio e interés del menor. Así la STS 20 octubre 2014 (*Tol 4529938*) fija como doctrina jurisprudencial que el cambio de residencia al extranjero del progenitor custodio puede ser judicialmente autorizado únicamente en beneficio e interés de los hijos menores bajo su custodia que se trasladen con él. Ello significa que la decisión que se deba adoptar sobre la cuestión controvertida no le corresponde a la autoridad judicial sino al padre o a la madre pero, qué duda cabe, que la decisión sobre el fondo la habrá adoptado el Juez indirectamente en la mayoría de los casos y por ese motivo atribuye la facultad de decidir a un progenitor y no a otro, a aquél cuyo planteamiento se asimila más al del juzgador. Luego, indirectamente, sí decide el Juez quien se convierte en el "tercer progenitor".

4.3.1.2. Desacuerdos reiterados

Cuestiones relevantes

36. Si se trata de un desacuerdo que alcance a varios asuntos o si se producen los desacuerdos de forma reiterada, o concurriera cualquier otra causa que entorpezca gravemente el ejercicio de la patria potestad el Juez podrá optar por una de estas tres soluciones para un plazo no superior a dos años de acuerdo con el art. 156.3 CC: a) Atribución en exclusiva del ejercicio de la patria potestad a uno solo de los padres; b) Atribución parcial del ejercicio de la patria potestad a uno de los progenitores, para aquellos supuestos conflictivos; c) Distribución de funciones entre ambos cotitulares de la patria potestad para que, cada uno de ellos, ejecute las decisiones en el área que le haya sido atribuida. En este sentido, el ATS 27 febrero 2019 (*Tol 7091756*) confirma la AAP Madrid 21 diciembre 2018 y la sentencia del Juzgado Violencia de la Mujer, nº 5 Madrid, 12 noviembre 2018 (*Tol 7003218*) que establecía la suspensión de la patria potestad por imposibilidad de su ejercicio por prisión del padre, ahora recurrente, por drogadicción que afecta al mismo, y falta de comunicación entre los progenitores al encontrarse condenado cumpliendo condena por agresión, quebrantamiento de condena, y drogadicción, basada dicha suspensión en el interés de la menor.

37. La decisión que adoptará el Juez estará basada en una serie de criterios legales y jurisprudenciales para dirimir la controversia que constituyen la clave de bóveda de toda esta cuestión. En cualquier caso, **el criterio rector en atención al cual deben ponderarse todos los factores es, indiscutiblemente, el interés superior del menor** como ponen de relieve numerosas sentencias del Tribunal Supremo tanto para mantener la titularidad de la patria potestad, como la STS 11 septiembre 2019 (*Tol 7494640*), como para suprimirla [SSTS 29 mayo 2019 (*Tol 7295230*) y 21 julio 2017 (*Tol 6201490*), entre otras], señalando el órgano judicial que en su decisión debe hacerse prevalecer el preponderante interés del hijo. La STS 27 octubre 2021 (*Tol 8640031*) señala que el interés del menor es la suma de varios factores que tienen que ver con las circunstancias personales de sus progenitores, las necesidades afectivas de los hijos tras la ruptura y con otras circunstancias personales, familiares, materiales, sociales y culturales que deben ser objeto de valoración para evitar en lo posible un factor de riesgo para la estabilidad, derivado de la falta absoluta de entendimiento entre los padres; en estos casos, la conflictividad de los padres son un factor de riesgo para el interés del menor. Es reiterada la doctrina de la sala en el sentido de que, si bien en abstracto la custodia compartida es un sistema beneficioso para los menores, la medida que en cada caso se adopte sobre la guarda y custodia debe estar fundada en el interés del concreto menor. Así lo recalca el nuevo art. 92 CC, modificado por la disposición final segunda de la LMSPIA.

4.3.2. Discrepancia de los progenitores con el menor

Habiendo acuerdo entre los progenitores puede suceder que quien genera la discrepancia sea el hijo menor, normalmente adolescente, a quien los nuevos vientos legislativos colocan en el vértice de la pirámide familiar y cuyos deseos hay que garantizar y hacer prevalecer incluso frente al criterio sereno, sosegado, cargado de razones y de común acuerdo de los padres.

Cuestiones relevantes

38. Resulta significativo que **la obligación de obediencia de los hijos hacia los padres** que establece el art. 155 CC vaya quedando diluida y ya ni se mencione entre los deberes de los hijos, del art. 9 ter. de la Ley Orgánica 1/1996, de 15 de enero, de

Protección Jurídica del Menor (en adelante LOPJM), limitando los mismos a un deber de respeto y colaboración doméstica, según analizamos más adelante.

39. Teniendo en cuenta que **los padres** ya **no ostentan la representación legal de sus hijos con suficiente madurez respecto al ejercicio de sus derechos de la personalidad siempre que puedan los hijos ejercitarlos por sí mismos, en relación con el ejercicio de derechos que afectan a la salud y a la integridad física de los hijos menores,** actuaciones claramente encuadradas en el ámbito sanitario y la prestación del consentimiento del menor-paciente a un tratamiento médico, la Ley de Autonomía del Paciente (LAP) distingue entre menores que carecen de madurez y aquellos que tienen madurez suficiente y/o son mayores de dieciséis años (arts. 9.3 y 9.4). **En el caso de menores inmaduros, el consentimiento lo prestan sus representantes legales después de haber escuchado la opinión del menor** —pese a tratarse de un menor inmaduro y con opiniones poco razonadas o conscientes— conforme lo dispuesto en el art. 9 de la LOPJM. Estamos ante el supuesto de consentimiento "por representación" de menores de 16 años no maduros, e incluso mayores de esta edad pero sin la suficiente madurez. Para los mayores de edad de dieciséis años con suficiente madurez no cabe que los padres o representantes legales presten el "consentimiento por representación", no obstante, ante una actuación de grave riesgo para la vida o salud del menor, según el criterio del facultativo, el consentimiento lo prestará el representante legal del menor, una vez oída y tenida en cuenta la opinión del mismo; asimismo, cuando el mayor de 16 años con suficiente madurez no sea capaz de tomar decisiones, a criterio del médico responsable de la asistencia, o su estado físico o psíquico no le permita hacerse cargo de su situación —art. 9.3, a) de la Ley de Autonomía del Paciente— el consentimiento lo prestará igualmente el representante legal del menor; se permite en estos casos una intervención parental en virtud de los deberes de cuidado y asistencia que corresponden a los titulares de la patria potestad, atendiendo siempre al mayor beneficio para la vida o salud del hijo.

40. En relación con el ejercicio del derecho a la libertad religiosa, de conciencia e ideológica del menor en relación con el derecho a educar a los hijos en las creencias religiosas profesadas por los padres, **diversas normas reconocen al menor el derecho a la libertad de ideología, conciencia, de religión y de culto;** la STC 141/2000, de 29 de mayo (*Tol 2779*), afirmó que los menores de edad eran titulares del derecho de libertad religiosa y con capacidad para ejercerlo de acuerdo a su grado de madurez. Sin embargo, la libertad religiosa del menor está ligada a la institución de la patria potestad y es, a los padres, como titulares de la misma, a quienes compete la decisión sobre la orientación y educación religiosa de sus hijos menores de edad hasta el momento en el que éstos alcanzan la madurez suficiente para decidir ellos mismos su opción religiosa. A la vista de la madurez establecida a los 12 años, las orientaciones paternas quedan muy limitadas en la vida del menor; en esta materia los padres tienen el derecho y el deber de cooperar para que el menor ejerza esta libertad de modo que contribuya a su desarrollo integral, sin que sea posible imponer, dificultar o impedir su ejercicio al hijo menor.

5. CONTENIDO DE LA PATRIA POTESTAD

La patria potestad o responsabilidad parental es una función que confiere a los padres un conjunto de derechos y deberes destinados a promover y salvaguardar el bienestar del hijo.

5.1. Ámbito personal

En el ámbito personal la patria potestad comprende el derecho-deber de velar por los hijos, por tanto, el cuidado, la protección y la educación del hijo como el mantenimiento de relaciones personales y la convivencia con éste en el domicilio familiar; y la administración de sus bienes, así como la representación legal del menor en el ámbito patrimonial.

Sucesivas reformas legislativas han modificado el enfoque y naturaleza de la patria potestad como la LOPIAFV, que introduce nuevos retos en la convivencia intrafamiliar y la educación de los hijos desde el prisma de la parentalidad positiva y la exigencia de una convivencia intrafamiliar *democrática*.

Normativa reguladora

El art. 154 CC en aras de la protección de los intereses del hijo menor establece unos deberes y facultades de los padres que comprenden la obligación de "velar por ellos, tenerlos en su compañía, alimentarlos, educarlos y procurarles una formación integral", desde el prisma de la parentalidad positiva y la convivencia democrática como nuevos retos en la convivencia intrafamiliar y en la educación de los hijos que introduce la LOPIAFV en los arts. 1 y 26.3.a) de la misma.

Jurisprudencia

Los principios de corresponsabilidad y parentalidad no constituyen una novedad en el ejercicio de la "nueva" patria potestad fruto de las reformas enunciadas, sino que ya se venían aplicando en su ejercicio siendo exigidos por los tribunales como en las SSTS 27 enero 2014 (*Tol 4101573*) y 19 abril 2012 (*Tol 2532886*), entre otras.

Incluso en situaciones de ruptura, la STS 18 mayo 2022 (*Tol 8976982*) pone especial acento en la comunicación y estancia del menor con sus progenitores que "se configura como un derecho del menor, una de cuyas plurales manifestaciones normativas se encuentra en el art. 24.3 de la Carta de Derechos Fundamentales de la Unión Europea, cuando proclama que: «Todo niño tiene derecho a mantener de forma periódica relaciones personales y contactos directos con su padre y con su madre, salvo si ello es contrario a sus intereses». A través de este derecho busca el Legislador que la ruptura de la pareja no acarree la desvinculación con los hijos, porque es bueno para éstos, para su desarrollo integral y afianzamiento de su identidad, el mantenimiento de la relación personal con su padre y con su madre, al formar parte de su núcleo afectivo y de dependencia", porque facilitar el contacto padre e hijo, al constituir el interés y beneficio del menor, conforma obligación de ambos progenitores, de esta nueva parentalidad y corresponsabilidad parental. Así señala el Tribunal que "en condiciones de armonía familiar, la relación jurídica paternofilial se construye sobre la convivencia de los hijos con sus progenitores. En un contexto de tal clase las responsabilidades parentales se ejercen, de una forma natural y espontánea, a través de recíprocos pactos informales para atender al cuidado y crianza de los hijos comunes, con la obligación de actuar en interés de la familia (art. 67 CC). No obstante, la fractura de la pareja pone fin a la convivencia, produciéndose lo que se ha denominado disgregación del ejercicio de las facultades propias de la patria potestad, que precisa una reconfiguración adaptativa a la nueva situación. Surge, entonces, necesariamente, un nuevo *modus vivendi*, que si no es cuidadosamente regulado constituye un potencial traumatizador para los hijos. A un menor, no se le puede privar del contacto con sus progenitores, máxime cuando el padre y la madre desempeñan un decisivo rol en el ulterior desarrollo de la personalidad de sus hijos, en tanto en cuanto participan en su formación integral cara a la futura incorporación al mundo de los adultos".

Cuestiones relevantes

41. El nuevo enfoque de la función parental, denominada como "parentalidad positiva" que se regula en el art. 26.3.a) LOPIAFV, consiste en el comportamiento de los representantes legales fundamentado en el interés superior del niño, niña o adolescente y orientado a que la persona menor de edad crezca en un entorno afectivo y sin violencia que incluya el derecho a expresar su opinión, a participar y ser tomado en cuenta en todos los asuntos que le afecten, la educación en derechos y obligaciones, que se favorezca el desarrollo de sus capacidades, se le ofrezca reconocimiento y orientación, y se permita su pleno desarrollo en todos los órdenes.

42. En tal sentido, debe tenerse en cuenta la **Recomendación 19 del Comité de Ministros a los Estados Miembros de Naciones Unidas (Rec. (2006) 19), adoptada por el Comité de Ministros del Consejo de Europa el 13 de diciembre de 2006 en la 983ª reunión de los Delegados de los Ministros,** mediante la que se aprecia el cambio producido de la autoridad parental a la responsabilidad parental y en el fomento de la parentalidad positiva pues se entiende que favorece el desarrollo de relaciones paterno-filiales beneficiosas y la optimización del potencial de desarrollo del niño.

43. De conformidad con la mencionada Recomendación 19, las políticas y las medidas de apoyo al ejercicio de la parentalidad han de plantearse de manera que se considere a padres e hijos como titulares de derechos y obligaciones. Ello es de gran interés porque, en efecto, debe reconocerse que **los padres son los principales responsables de sus hijos,** salvo en el caso de que el Estado deba intervenir para proteger al niño. El cómo y el cuándo de esta intervención deberá establecerse atendiendo a criterios de proporcionalidad y atendiendo al interés superior del menor llegando, incluso, a suspender el régimen de visitas y comunicación con el menor como hace la STS 26 septiembre 2022 (*Tol 9246390*) entre otras.

44. En el marco de la "parentalidad positiva" se incide en una visión de las relaciones entre padres e hijos —que deben considerarse como "socios"— procurando garantizar la participación igualitaria y equitativa por parte de ambos progenitores. Los niños y los jóvenes deben disfrutar de igualdad de oportunidades, con independencia de su sexo, posición, capacidades y situación familiar. La Convención de Naciones Unidas sobre los Derechos del Niño de 2006 (CDN) recoge el derecho del niño a la protección (a ser tratado sin violencia) y el derecho a la participación (respeto a sus opiniones). También subraya la importancia de que cada niño desarrolle al máximo su potencial, y reconoce que las necesidades relacionadas con su desarrollo evolucionan en el tiempo y según las distintas etapas de su vida. De acuerdo con las disposiciones de la CDN padres y madres deben proporcionar a sus hijos e hijas cuidado, educación, protección, estructura y reconocimiento como personas con derechos propios y capacitarlos para que actúen como individuos.

45. Las sucesivas reformas en materia de patria potestad introducen un contrapunto de melodías jurídicas de difícil encaje en algunos casos para el correcto desarrollo del derecho-deber de velar por los hijos, educarlos y procurarles una formación integral, principalmente.

5.1.1. Velar por los hijos, tenerlos en su compañía, alimentarlos, educarlos y procurarles una formación integral

De acuerdo con lo antedicho y con el art. 154 CC los padres tienen los siguientes derechos-deberes en el ámbito personal: velar por los hijos, tenerlos en su compañía, alimentarlos, educarlos y procurarles una formación integral. Estos derechos-deberes o funciones están relacionados con la condición de progenitores o de padres adoptivos por lo que subsisten aun cuando uno o ambos padres hayan sido privados de la patria potestad (art. 110 CC) lo que denota que derivan de la mera relación paterno-filial al margen de la institución de la patria potestad, a la que trascienden.

Normativa reguladora

El art. 154.3 regula el contenido de la patria potestad. Como los derechos-deberes que constituyen el contenido de ésta subsisten en situaciones de crisis conyugal, debemos citar los arts. 90 CC relativo al contenido mínimo del convenio regulador, 91 y 92, 93, 94 y 103 CC.

48. El derecho de visitas es un derecho-deber cuya finalidad es la de satisfacer las necesidades afectivas y educativas de los hijos menores y no el de privilegiar al progenitor que no tiene a los hijos en su compañía en situaciones de crisis conyugal; por tanto, la función del derecho de visitas es la de garantizar la "normalidad" de las relaciones con los progenitores pese a la ruptura familiar. En consecuencia, es irrenunciable (SSAP La Rioja 29 diciembre 2016 (*Tol 5947726*) y Las Palmas 27 junio 2017 (*Tol 6356669*) entre otras) y de necesaria concreción judicial según las circunstancias y siempre en interés del menor según señala la SAP Huelva 4 julio 2012 (*Tol 3659600*) o SSAP Badajoz 17 julio 2018 (*Tol 6832702*), Jaén 23 octubre 2018 (*Tol 6860766*), Santander 28 octubre 2021 (*Tol 8645154*).

49. El deber de los padres de alimentar a los hijos es consecuencia del ejercicio de la patria potestad y forma parte de su contenido; duración que se extiende durante la minoría de edad de éstos. La jurisprudencia, con anterioridad a la entrada en vigor de la Ley 8/2021 había equiparado la situación de los hijos con discapacidad (aunque fueran mayores de edad) con la de los menores no emancipados. En tal sentido, se pronunció la STS 7 julio 2014 (*Tol 4426700*), no obstante, ello ya no será posible tras la reforma de la incapacitación y para determinar la pretensión de alimentos de los hijos mayores de edad con discapacidad habrá que acudir a los arts. 142 y siguientes CC, salvo que se den los presupuestos del art. 93.II CC.

50. Igualmente se impone y concede a los padres el **derecho-deber de educar a los hijos** tanto profesional como cívicamente y procurarles una formación integral que va más allá de los meros conocimientos académicos y que abarca, sin duda, la transmisión de valores y creencias éticas, morales y religiosas de acuerdo con las propias convicciones de los padres, en conexión con el art. 27 CE.

51. Para cumplir con tan relevantes y primordiales deberes el padre y la madre deben contar con cierto poder o potestad. Restringir estos poderes o facultades puede conllevar a crisis de importancia en las tareas educativas y de formación integral de los hijos que no se resuelven con el recurso a la autoridad que plantea el precepto.

52. Asimismo, el importante art. 158 CC regula diversas **medidas de protección del hijo menor en el ámbito personal que suponen un control judicial del correcto ejercicio de la patria potestad** y que puede conllevar la adopción de medidas que impidan perturbaciones dañosas e, incluso, el desamparo del menor, sino otras orientadas a evitar su sustracción, comunicación visual, verbal o escrita con el menor y que alcanzan, en algunas ocasiones, a la suspensión cautelar del ejercicio de la patria potestad y de la guarda y custodia.

5.1.2. El derecho de corrección y el recurso al auxilio de la "autoridad"

La actual redacción del Código Civil no contempla la corrección pedagógica y educativa, que quiso la reforma de 1981 que fuera moderada y razonable aunque posteriormente quedó totalmente suprimida en 2007 debido a que el Comité de los Derechos del Niño, órgano de seguimiento del cumplimiento de la Convención, ya el año 1994, en sus observaciones finales respecto de nuestro país, señaló su preocupación por la posibilidad de que la facultad de corrección moderada que se reconocía a los padres y tutores en la legislación española por virtud del art. 154 CC pudiera contravenir el artículo 19 de la Convención sobre los Derechos del Niño de 20 de noviembre y sugería y recomendaba a las autoridades españolas que revisaran dicho precepto, incluso cuando el entonces vigente art. 154 CC sólo hacía referencia a la potestad de corregir moderada y razonablemente. Consecuentemente, si la facultad de corregir ya era una facultad excepcional, tras la reforma mencionada se dejó únicamente vigente que "los padres podrán, en el ejercicio de su potestad, recabar el auxilio de la autoridad".

Normativa reguladora

El art. 154 in fine CC establece que "Los progenitores podrán, en el ejercicio de su función, recabar el auxilio de la autoridad".

Jurisprudencia

El extinto derecho de corrección del art. 154 CC nunca permitió la violencia familiar, ni por supuesto, se trataba de una facultad de los padres para maltratar a sus hijos y así se pronuncian algunas sentencias posteriores a la reforma de 2007 como la SAP Ciudad Real 23 marzo 2009 (*Tol 6881103*), cuando señala que "el derecho de corrección, que vemos ha sido incluso suprimido como tal derecho en el Código Civil, no autoriza ni alcanza la utilización del castigo físico, sin que el hecho de que en algunos supuestos de insignificancia de la acción, como un cachete o un simple azote o una simple bofetada sin intención alguna de producir un menoscabo físico por su levedad y que no causan lesión propinadas con intención de corregir un comportamiento insolente, violento o agresivo por parte del hijo menor que hace proporcionada tal acción, no merecen reproche penal". Esta línea interpretativa viene avalada por la STS 8 enero 2020 que en su FJ 1, establece que aun "habiéndose suprimido la facultad de corregir moderadamente a los hijos por el legislador, eso no impide que los menores no puedan ser corregidos por sus padres, ya que es uno de los deberes y obligaciones impuestos a los padres por nuestro Código Civil en el art. 154 y correlativos al establecer entre las obligaciones de los padres la de educarles y formarles, corregirles en su comportamiento. Deber del padre que estaría dentro de los deberes impuestos en el art. 154, párrafo 2º C. Civil (velar por ellos, tenerlos en su compañía, alimentarlos, educarlos y procurarles una formación integral)".

Cuestiones relevantes

53. La exclusión del ius corrigendi del articulado del Código Civil priva legalmente a los padres de la posibilidad de utilizar medidas disuasorias (razonables, equilibradas, adecuadas y respetuosas con la integridad física y psicológica de los menores) con la finalidad de corregir las conductas no apropiadas de los hijos y de educarles incluso dentro del modelo democrático, por lo que excluida la potestad de corregir a los hijos, tan sólo queda el recurso a la "autoridad" (¿la policial, la judicial?) cuando la situación escapa del control parental, lo que ocasiona que el contenido de la patria potestad se desvirtúe, al menos en uno de sus principales contenidos, cual es el derecho-deber de educar a los hijos y procurarles una formación integral dentro de una sana relación afectiva si se priva a los padres de mecanismos que los asistan en esta tarea educativa y formativa para el caso de que los hijos no obedezcan las instrucciones parentales que no cabe equiparar, en ningún caso al castigo físico.

54. La STS 8 enero 2020 (*Tol 7684330*), en su FJ 4, señala que parece obvio que el instrumento que actualmente nos brinda el Código Civil en el art. 154 como ayuda paterna, esto es, recabar el auxilio de la autoridad, "es inoperante en los casos habituales de aquellos comportamientos tales como llegar tarde a casa, no hacer los deberes y tantas otras conductas que requieran corrección, entendida ésta, claro está, como moderada y razonable, tal y como se preveía en el inciso ahora derogado", porque el ejercicio de la patria potestad no puede desvincularse de la capacidad de los progenitores de corregir razonable y moderadamente a sus hijos ante los comportamientos inadecuados de éstos, como una manifestación esencial del derecho-deber que les impone el art. 154 CC a educarlos y a procurarles una formación integral; en consecuencia, la obligación obedecer a sus padres y respetarles siempre que impone el art. 155.1 CC a los hijos sujetos a la patria potestad, constituye el reverso de la moneda respecto del derecho paterno.

55. En el **ejercicio del derecho de corrección** —derecho que la jurisprudencia entiende hoy todavía vigente—, cualquier medida de corrección al menor ha de estar presidida por **los principios de proporcionalidad, razonabilidad y moderación** (para no incurrir en la figura del delito de malos tratos del artículo 153.2 del Código Penal) y debe procurar e incidir directamente en su educación; así la STS 8 enero 2020 (*Tol 7684330*) señala que si analizadas las medidas correctivas aplicadas al hijo menor o adolescente según las circunstancias de cada caso, resulta que no exceden los límites del derecho de corrección, la actuación no tendrá consecuencias penales ni civiles, sin embargo, "los comportamientos violentos que ocasionen lesiones —entendidas en el sentido jurídico-penal como aquellas que requieren una primera asistencia facultativa y que constituyan delito— no pueden encontrar amparo en el derecho de corrección" y se sancionan muy claramente el art. 1.2 de la LOPIAFV, cuando señala que "en cualquier caso, se entenderá por violencia el maltrato físico, psicológico o emocional, los castigos físicos, humillantes o denigrantes, el descuido o trato negligente, las amenazas, injurias y calumnias...así como la presencia de cualquier comportamiento violento en su ámbito familiar".

56. Quizás el art. 1.2 LOPIAFV deba ser reinterpretado jurisprudencialmente por el nuevo freno que puede suponer a la tarea educadora de los padres en el proceso de debilitación de la autoridad parental, según lo expresa la lo expresa la STS 8 enero 2020 (*Tol 7684330*), FJ 4, no por lo que previene o sanciona —la violencia de los padres hacia los hijos, que es inadmisible—, sino porque al incluir como "violencia" la conductas parentales que integran la facultad de corrección a los hijos quizás provoque que se recrudezca el fenómeno —en creciente ascenso— de la violencia filio-parental de los hijos hacia los padres, según señala la SAP Valencia 17 abril 2020 (*Tol 8054892*). Y es que esta norma da pie a entender como "violencia" la imposición de determinados límites a los hijos (como no salir con los amigos por no estudiar matemáticas o la "amenaza" de no asistir al cumpleaños de un compañero si no se come las verduras) y aunque no lo entiende así, de momento, la jurisprudencia cuando señala que debe considerarse que el derecho de corrección, pese a la reforma del art. 154.2 *in fine* CC, sigue existiendo como necesario para la función de educar inherente a la patria potestad contemplada en el art. 39 CE y como contrapartida al deber de obediencia de los hijos hacia sus padres, previsto en el art. 155 CC, pues únicamente de este modo, los padres pueden, dentro de unos límites, actuar para corregir las conductas inadecuadas de sus hijos; de lo contrario, si consideráramos suprimido el derecho de corrección y bajo su amparo determinadas actuaciones de los padres, estos actos podrían integrar tipos penales tales como el maltrato o la detención ilegal, lo que le parece exagerado al juzgador. Por lo tanto, y pese a la reforma del art. 154.2 CC, entiende el Tribunal Supremo que el derecho de corrección es una facultad inherente a la patria potestad y no depende su existencia del reconocimiento legal expreso, sino de su carácter de derecho autónomo, por lo que sigue teniendo plena vigencia. Cosa distinta es la exclusión de los comportamientos violentos hacia los hijos que no pueden encontrar amparo en el derecho de corrección (STS 8 enero 2020 (*Tol 7684330*), FJ 5), en ningún caso.

5.1.3. Los correlativos deberes filiales de obediencia, respeto y de contribución material y personal a las cargas familiares

El acento de las distintas modificaciones legislativas en esta materia, favoreciendo la libertad del menor en general y en el seno de la familia en particular; esta progresiva madurez del hijo en relación con la adopción de decisiones relevantes a nivel personal y vital y los deberes dimanantes de la relación familiar y parental, cobran una especial relevancia si se contrapone con la existencia del derecho de los padres orientado a que los hijos cumplan sus indicaciones para el correcto ejercicio de su función parental y consecuentemente, con el derecho de hacerse obedecer, para que los padres puedan llevar a cabo con éxito su deber de educarlos y proporcionarles una formación integral. Pese a la poca fuerza con que el legislador plantea o no contempla este deber filial (especialmente en la LMSPIA, que ha modificado la LOPJM), el Código Civil lo sigue exigiendo, al menos hasta la fecha.

Normativa reguladora

Asimismo, el art. 155 CC señala que: "Los hijos deben: 1° Obedecer a sus padres mientras permanezcan bajo su potestad, y respetarles siempre. 2° Contribuir equitativamente, según sus posibilidades, al levantamiento de las cargas de la familia mientras convivan con ella". Asimismo, el art. 165 CC establece el deber de contribuir al levantamiento de las cargas familiares.

Por otro lado, los arts. 9 bis a quinquies de la LOPJM regulan los deberes de los menores en el ámbito familiar, social y escolar.

Cuestiones relevantes

57. Cuando el art. 26.3.a) LOPIAFV, exige un comportamiento de los progenitores denominado por el precepto como "parentalidad positiva", y el art. 1.3 LOPIAFV señala que se actúa con "buen trato" con los hijos cuando se promueven activamente, entre otros, los principios de convivencia democrática y solución pacífica de conflictos, digamos que junto a ello se debe conjugar el deber de obediencia que alcanza a los hijos menores sometidos a la patria potestad. Y sobre estos hijos menores pesan determinados deberes familiares que establecen el art. 155 CC y la LMSPIA, que ha modificado la LOPJM, introduciendo un nuevo Capítulo III, en el Título I, con la rúbrica "Deberes del menor" (art. 9 bis a quinquies), regulando los deberes de los menores en general, así como en los ámbitos familiar, escolar y social.

58. Este derecho de los padres a hacerse obedecer guarda correlación con el deber de obediencia que al menos, de momento, parece mantener el art. 155 CC, aunque el art. 9 la LOPJM curiosamente ya no menciona entre los deberes de los hijos la obligación de obedecer a los padres, limitando sus obligaciones a un deber de respeto y colaboración doméstica. Obsérvese que el art. 9 ter. 1. LOPJM establece que "los menores deben participar en la vida familiar respetando a sus progenitores y hermanos, así como a otros familiares". Se habla de respeto, pero no de obediencia, aun cuando el deber de obediencia alcanza a los hijos menores sometidos a la patria potestad.

59. El cumplimiento del deber de obediencia se extiende a todas aquellas órdenes e indicaciones parentales relacionadas con los derechos-deberes de los que son titulares y encaminadas a la correcta formación integral del hijo, su educación, alimentación, salud y seguridad e integridad personal, mientras permanezca bajo su potestad. Desobediencia será la negativa a aceptar estas órdenes e indicaciones parentales.

60. Las consecuencias de esa desobediencia filial deben ponerse en relación con el "derecho" de corrección de los titulares de la patria potestad a cuyo comentario nos remitimos.

61. Los hijos deben, además de obedecer a sus padres, contribuir equitativamente y según sus posibilidades, al levantamiento de las cargas familiares, mientras convivan en el hogar familiar. Asimismo, deben participar a nivel personal y corresponsabilizarse de las tareas domésticas y del cuidado del hogar en consonancia a su edad, capacidad y autonomía personal. Ello es consecuencia y efecto del principio de solidaridad familiar. El art. 165 CC señala ciertos bienes como los frutos o todo lo adquirido con su trabajo o industria que, aun perteneciendo siempre al hijo no emancipado, los padres podrán destinar, en la parte que le corresponda, al levantamiento de las cargas familiares, sin estar obligados a rendir cuentas en este caso, de lo que hubiesen consumido en tales atenciones, cuestión ésta que se analiza seguidamente.

62. A los hijos se les impone en los arts. 9 bis a 9 quinquies LOPJM, un deber general de respeto en el ámbito familiar, escolar y social.

5.2. Ámbito patrimonial de la patria potestad

Los padres en ejercicio de la patria potestad tienen encomendadas las funciones de representación y legal y administración de los bienes de los hijos. No obstante, esta función de representación legal del menor está específicamente exceptuada en los supuestos contemplados por el art. 162 CC en relación con los derechos de la personalidad u otros que el hijo pueda realizar por sí mismo y aquellos en que exista conflicto de intereses entre los padres y el hijo.

5.2.1. La representación legal de los hijos menores

Consecuencia de la capacidad de obrar limitada de los menores, aquellos que ejercen la patria potestad o tutela sobre ellos tienen que representarles en el ejercicio de sus derechos en relación con todos los actos en que deban intervenir los hijos no emancipados.

Normativa reguladora

El art. 162 CC establece que los padres que ostenten la patria potestad tienen la representación legal de sus hijos menores no emancipados. El mismo precepto establece ciertas excepciones.

El art. 163 CC atiende al posible conflicto de intereses entre los padres y los hijos.

Jurisprudencia

El derecho de los padres, según señala la STS 12 mayo 2011 (*Tol 2124714*), no tiene carácter de derecho o interés preponderante, sino de fin subordinado al fin al que debe atenderse, que no es otro que el interés preferente del menor. Y la STS 19 abril 2012 (*Tol 2532886*) destaca el carácter de función u *officium* y de derecho-deber que en la actualidad tiene la patria potestad, para la consecución del interés del menor, STS 10 febrero 2012 (*Tol 2450933*), que entre otras cuestiones debe orientarse como ha señalado la STS 12 de mayo de 2011 (*Tol 2124714*) a salvaguardar los derechos fundamentales de la persona, los derechos de su propia personalidad.

Este *bonum filii* tiene un carácter informador del Derecho de familia según señala la STS 19 abril 2012 (*Tol 2532886*).

A tenor de lo que señala la STS 5 junio 2012 (*Tol 2557983*) existe conflicto de intereses "cuando los intereses y derechos de los titulares de la patria potestad y del hijo son contrarios u opuestos en un asunto determinado, de modo que el beneficio de uno puede comportar el perjuicio para el otro. Siendo el deber de los padres ejercer la patria potestad en beneficio de los hijos sujetos a ella, la excepción que, para el concreto ejercicio de la representación que la norma les atribuye, significa que la actuación del defensor judicial ha de estar justificada en los supuestos en los que la defensa por los padres de sus propios intereses irá en detrimento de los de los hijos". En idéntico sentido, la STS 15 mayo 2004 (*Tol 434248*) señaló que la excepción que, para el concreto ejercicio de la representación que la norma les atribuye, significa la actuación del defensor judicial ha de estar justificada por la inutilidad de aquella para cumplir, en el caso concreto, el antes mencionado fin. De ahí que la situación de conflicto se identifique con supuestos en los que sea razonable entender que la defensa por los padres de sus propios intereses irá en detrimento de los de los hijos (STS 17 enero y 5 noviembre 2003). Sin embargo, añade, es claro, por otro lado, que el que los intereses de padres e hijos sean distintos no implica necesariamente incompatibilidad, pues es posible que todos concurran y que resulte admisible una defensa conjunta. La cita STS 5 junio 2012 (*Tol 2557983*) señala que "la actuación del defensor judicial ha de estar justificada en los supuestos en que la defensa por los padres de sus propios intereses irá en detrimento de los de los hijos". Asimismo, Resoluciones DGRN 23 mayo 2012, 15 septiembre 2003, 15 mayo 2002, y 3 abril 1995, entre otras.

Cuestiones relevantes

63. Todas las facultades que integran la patria potestad incluso, la representación de los hijos, constituyen un derecho-deber en favor del interés superior del hijo, que ejercen los padres con la extensión que determina el **art. 162 CC,** precepto que define **el ámbito de la representación legal de modo negativo,** es decir, señalando lo que no pueden hacer los padres en nombre de sus hijos. Todo lo demás, lo pueden realizar.

64. Sin embargo, **están específicamente exceptuados de esta representación** (art. 162 CC) **los actos relativos a derechos de la personalidad,** al tratarse de derechos personalísimos, **u otros que el hijo, de acuerdo con las leyes y con sus condiciones de madurez, pueda realizar por sí mismo,** en que, naturalmente, será el propio menor el que deba realizarlos (v.gr., derecho a la integridad, derecho al honor, intimidad e imagen, derecho al nombre, etc.) aunque se confiere un cierto control o asistencia de los padres en el ejercicio de dichos derechos. Por tanto, el poder de representación que ostentan los padres, que nace de la ley y que sirve al interés superior del menor, no puede extenderse a aquellos ámbitos que supongan una manifestación o presupuesto del desarrollo de la libre personalidad del menor, reconociendo al menor una importante independencia para la toma de decisiones que afecten al libre desarrollo de su personalidad como la elección una carrera profesional o deportiva, con exclusión de cualquier representación parental dado que la decisión afecta a su desarrollo personal y a su autodeterminación, según señaló la SAP Valencia 30 enero 2020 (*Tol 8004577*) entendiendo que este tipo de contratos afecta a la decisión personal sobre su futuro profesional como aspecto o presupuesto del desarrollo de su libre personalidad. Sólo en el caso de que esta elección vaya en contra de su propio interés se dará opción de los padres para intervenir, dadas sus funciones de cuidado y asistencia.

65. Asimismo, habrá que tener en cuenta que, para celebrar **contratos que obliguen al hijo a realizar prestaciones personales** [STS 5 febrero 2013 (*Tol 3010824*)], **se requiere el previo consentimiento de éste si tuviere suficiente juicio,** para completar la representación del titular de la patria potestad, sin perjuicio de lo establecido en el art. 158 CC, para evitarle perturbaciones dañosas.

66. De acuerdo con el nuevo art. 1263 CC se reconoce un progresivo ámbito de autonomía en los menores en materia contractual más acorde con la realidad social actual, **permitiendo a los menores celebrar aquellos contratos relativos a bienes y servicios de la vida corriente propios de su edad de conformidad con los usos sociales.**

67. Se exceptúan de la representación, igualmente, aquellos actos en que exista conflicto de intereses entre los padres y el hijo, ya que serían nulos de pleno derecho. En estos casos, se nombrará al hijo un defensor judicial que lo represente en juicio y fuera de él y cuya intervención deberá limitarse al asunto en que exista el conflicto. Se procederá también a este nombramiento cuando los padres tengan un interés opuesto al del hijo menor emancipado cuya capacidad deban completar (art. 163 CC). Ahora bien, si el conflicto de intereses existiera sólo con uno de los progenitores, corresponde al otro por Ley, y sin necesidad de especial nombramiento, representar al menor o completar su capacidad. El nudo del problema reside, pues, en la existencia de conflicto de intereses entre ambos padres y el hijo dado que los intereses de padres e hijos sean distintos no implica necesariamente incompatibilidad, al ser posible que todos concurran y que resulte admisible una defensa conjunta.

5.2.2. La administración de los bienes de los hijos

Los padres en ejercicio de la patria potestad son los administradores legales de los bienes de los hijos. Estas obligaciones implican las obligaciones generales de todo administrador; pesa sobre ellos una obligación de inventario y de rendición de cuentas, así como un canon de diligencia: la misma que si fuesen suyos.

En relación con los frutos y rentas de los bienes de los hijos, los padres pueden destinar parte de estas rentas o frutos al levantamiento de las cargas familiares; sin embargo, esta contribución ha de ser equitativa, incluso, si el nivel de renta del hijo es muy superior a la de la familia, en cuyo caso, será proporcional y adecuada para el levantamiento de las cargas de la familia, sin que puedan cubrirse dichas cargas familiares sólo con su aportación, ni tampoco deberá servir para elevar el nivel del resto de la familia.

La administración de los bienes de los hijos puede conllevar que los padres ostenten poderes dispositivos, aunque éstos se hallan limitados (art. 166 CC).

Normativa reguladora

El art. 164 CC dispone que "los padres administrarán los bienes de los hijos con la misma diligencia que los suyos propios, cumpliendo las obligaciones generales de todo administrador y las especiales establecidas en la Ley Hipotecaria" con algunas excepciones.

Asimismo, el art. 165 CC señala la titularidad del menor y sus obligaciones de contribución al sostenimiento de la familia respectos de ciertos bienes del menor.

El art. 166 CC establece ciertas limitaciones a la administración paterna y el art. 167 CC adopta soluciones en previsión de una administración parental de riesgo; y el art. 168 CC regula la rendición de cuentas y la posible responsabilidad por daños y perjuicios.

Jurisprudencia

STS 22 abril 2010, FJ 5 (*Tol 1864654*) El acto realizado con falta de poder, es decir, sin los requisitos exigidos en el artículo 166 CC constituye un contrato o un negocio jurídico incompleto, que mantiene una eficacia provisional, estando pendiente de la eficacia definitiva que se produzca la ratificación del afectado, que puede ser expresa o tácita. Por tanto, no se trata de un supuesto de nulidad absoluta, que no podría ser objeto de convalidación, sino de un contrato que aún no ha logrado su carácter definitivo al faltarle la condición de la autorización judicial exigida legalmente, que deberá ser suplida por la ratificación del propio interesado, de acuerdo con lo dispuesto en el artículo 1259.2 CC, de modo que no siendo ratificado, el acto será inexistente.

Cuestiones relevantes

68. La regla general es que corresponde a los padres, como titulares de la patria potestad, la administración de los bienes de los hijos, sin embargo, el art. 164 CC exceptúa de la administración paterna: 1. Los bienes adquiridos por título gratuito cuando el disponente lo hubiere ordenado de manera expresa. Se cumplirá estrictamente la voluntad de éste sobre la administración de estos bienes y destino de sus frutos. 2. Los adquiridos por sucesión en que uno o ambos de los que ejerzan la patria potestad hubieran sido justamente desheredados o no hubieran podido heredar por causa de indignidad, que serán administrados por la persona designada por el causante y, en su defecto y sucesivamente, por el otro progenitor o por un administrador judicial especialmente nombrado. 3. Los que el hijo mayor de dieciséis años hubiera adquirido con su trabajo o industria. Los actos de administración ordinaria serán realizados por el hijo, que necesitará el consentimiento de los padres para los que excedan de ella.

69. El legislador exige de los padres la misma diligencia para administrarán los bienes de los hijos que para administrar los suyos propios (art. 164 CC) y el art. 167 CC adopta soluciones en previsión de una administración parental de riesgo incluso exigiendo caución o fianza para la continuación en la administración.

70. En relación con los actos de disposición sobre los bienes y derechos de los hijos, el art. 166 CC exige dos **requisitos** para renunciar a los derechos de que los hijos sean titulares, enajenar o gravar sus bienes inmuebles, establecimientos mercantiles o industriales, objetos preciosos y valores mobiliarios, salvo el derecho de suscripción preferente de acciones: 1) que el acto dispositivo se realice por causas justificadas de utilidad o necesidad; 2) la previa autorización del Juez del domicilio, con audiencia del Ministerio Fiscal, salvo que el menor haya cumplido 16 años (sin necesidad de esté emancipado) y consienta en documento público.

71. Los actos realizados sin la preceptiva autorización judicial que exige el art. 166 CC, entiende la jurisprudencia que se trata de una extralimitación del poder de representación y, por tanto, goza de una **eficacia provisional pendiente de ratificación** del hijo menor cuando alcance la mayoría de edad, de acuerdo con el art. 1259.II CC, según señalan entre otras, las SSTS 22 abril 2010 (*Tol* 1864654) y 8 julio 2010 (*Tol 1954246*).

72. Los padres deben rendir cuestas y responder por los daños y perjuicios causados, de acuerdo con el art. 168 CC que regula esta rendición de cuentas al término de la patria potestad y la acción para exigir el cumplimiento de esta obligación que prescribirá a los tres años.

6. EXTINCIÓN Y PRIVACIÓN DE LA PATRIA POTESTAD

Las causas de extinción de la patria potestad las contempla el art. 169 CC, concretamente, la muerte o la declaración de fallecimiento de los padres o del hijo, su emancipación o la adopción por terceros. Se trata de tres supuestos de verdadera extinción de la misma. El primero obedece al hecho de la desaparición de los sujetos que pueden ejercerla o sobre el que se ejerce este derecho-poder. La extinción por emancipación del hijo tiene su fundamento en que la patria potestad se ejerce sobre los hijos no emancipados. En tercero de los supuestos, la patria potestad de los padres por naturaleza se extingue y, en contrapartida, será ejercida por los padres adoptivos.

La privación de la patria potestad es una medida restrictiva y judicial adoptada como sanción en los casos exclusivamente contemplados en el art. 170 CC.

Normativa reguladora

El art. 169 CC regula la extinción de la patria potestad y el art. 170 CC contempla la privación de la misma.

6.1. *Causas*

Las crisis familiares provocan a menudo situaciones de graves y reiterados incumplimientos de las obligaciones parentales que perjudican el desarrollo emocional y material de los menores. A su vez, existen situaciones en los que la autoridad pública considera que el menor se encuentra desatendido o en situación de desamparo porque ninguno de los padres puede ejercer de forma adecuada sus responsabilidades paterno-filiales, en cuyo caso, se encomienda su custodia a una entidad o a una familia acogedora.

La causa principal de privación de la patria potestad obedece al incumplimiento grave y reiterado de deberes inherentes a la patria potestad. Así las SSTS 11 octubre 2004 (*Tol 51424*), 6 junio 2014 (*Tol 4364744*), 9 noviembre 2015 (*Tol 5551640*), 23 mayo 2019 (*Tol 7260577*) y 1 octubre 2019 (*Tol 7520752*).

Las causas criminales impiden, asimismo, el correcto cumplimiento de la función parental o que suponen un riesgo o daño para el menor tipificado penalmente.

Por ello, y para corregir posibles perjuicios a los hijos menores el art. 158 CC establece la intervención judicial, incluso de oficio, para dictar las medidas y disposiciones necesarias con el fin de preservar al menor de posibles peligros o perjuicios; en tal sentido, la ley regula la asunción de la tutela del menor y la suspensión de la patria potestad ante supuestos de desamparo, cuestión esta última, que se analiza más adelante en relación con el art. 172 CC.

Jurisprudencia

Las SSTS 11 octubre 2004 (*Tol 51424*), 6 junio 2014 (*Tol 4364744*), 9 noviembre 2015 (*Tol 5551640*), 23 mayo 2019 (*Tol 7260577*) y 1 octubre 2019 (*Tol 7520752*), atienden al incumplimiento grave y reiterado de deberes inherentes a la patria potestad para determinar su privación.

La tendencia de la jurisprudencia más reciente atiende fundamentalmente a una posible lesión del interés del menor y exige la privación de la patria potestad del progenitor que se desentiende del hijo a nivel no sólo material sino afectivo incumpliendo de manera grave y reiterada el deber de pago de la pensión de alimentos o no relacionándose con el hijo de manera voluntaria y consciente, según las SSTS 1 octubre 2019 (*Tol 7520752*) y 23 mayo 2019 (*Tol 7260577*). Igualmente, la STS 9 noviembre 2015 (*Tol 5551640*) constató la falta de relaciones personales entre la menor y el padre quien hizo "dejación de sus funciones tanto en lo afectivo como en lo económico, y sin causa justificada".

La STS 9 noviembre 2015 (*Tol 5551640*) que señala que no puede mantener esta potestad quien no ejerce en beneficio del hijo ninguno de los deberes inherentes a la patria potestad —función inexcusable que se ejerce siempre en beneficio de los hijos para facilitar el pleno desarrollo de su personalidad y conlleva una serie de deberes personales y materiales hacia ellos en el más amplio sentido, tratándose de una función con un amplio contenido, no de un mero título o cualidad. En el mismo sentido, la STS 23 mayo 2019 (*Tol 7260577*) manifiesta que "la total desatención personal que supone la falta de trato alguno entre un padre y su hijo durante su primera infancia, unido a la desatención patrimonial, únicamente corregida recurriendo a la vía ejecutiva, revelan objetivamente un grave incumplimiento de los deberes inherentes a la patria potestad".

Entre las causas de privación se contemplan las criminales y en este sentido, la STS 23 mayo 2019 (*Tol 7260577*) señala el incumplimiento grave y reiterado de las funciones parentales sin causa justificada habiendo sido condenado penalmente por esa razón como autor de un delito de abandono de familia: "La total desatención personal que supone la falta de trato alguno entre un padre y su hijo durante su primera infancia, unido a la desatención patrimonial, únicamente corregida recurriendo a la vía ejecutiva, revelan objetivamente un grave incumplimiento de los deberes inherentes a la patria potestad".

La STS 30 septiembre 2015 (*Tol 4712378*), avala la privación de la patria potestad en vía penal, a un padre que intentó asesinar a su pareja en presencia de la hija de corta edad de ambos. STS 6 junio 2014 (*Tol 4364744*) en la que se reconocen malos tratos al hijo por ambos progenitores y desamparo. Téngase en cuenta que el alejamiento del menor de su núcleo familiar se configura como una medida excepcional, solo justificable en aquellos supuestos, como en el caso enjuiciado, en que la permanencia en la familia sea claramente perjudicial para el menor. La STS 11 abril 2018 (*Tol 6573981*) priva de la patria potestad al recurrente por incumplimiento grave y reiterado de sus obligaciones parentales y por haber sido condenado por un delito de maltrato familiar y un delito de amenazas. Es, asimismo, significativa la STS 13 enero 2017 (*Tol*

5934212) que priva al progenitor de la patria potestad sobre su hijo por haber sido condenado en sentencia firme por abusos sexuales contra la hija de su pareja, por lo que entiende el Tribunal que no está capacitado para el ejercicio de la patria potestad quien ha incurrido en una grave agresión sexual a la hija de su pareja porque no reúne las características propias de un buen padre de familia, por lo que se afectaría gravemente el interés de su propio hijo, al que se abocaría a un riesgo y peligro cierto si se permitiese el ejercicio de la patria potestad por quien es evidente que no está capacitado para el cumplimiento de las obligaciones de cuidado y respeto de un menor (art. 170 del CC), señalando el Tribunal, que para la privación de la patria potestad no es necesario que la agresión o incumplimiento de deberes tenga como sujeto pasivo directo al hijo, sino como se refiere la sentencias citada, también se puede inferir de la agresión a la madre o, como en este caso, a una hermana. En este sentido, la STS 4 febrero 2016 (*Tol 5638073*) señaló que no se pueden dejar sin repuesta hechos indiscutidos de violencia en el ámbito familiar con evidente repercusión en los hijos que viven en un entorno de violencia del que son también víctimas, directa o indirectamente, y a quienes el sistema de guarda compartida propuesto por el progenitor paterno y acordado en la sentencia les colocaría en una situación de riesgo por extensión al que sufre su madre, directamente amenazada. Y es que una cosa es la lógica conflictividad o incluso la alta conflictividad que puede existir entre los progenitores como consecuencia de la ruptura y otra distinta que ese marco de relaciones se vea tachado por una injustificable condena por un delito de violencia de género que aparta al padre del entorno familiar y de la comunicación con la madre, lo que va a imposibilitar el ejercicio compartido de la función parental adecuado al interés de sus dos hijos. La más reciente STS 27 octubre 2021 (*Tol 8640031*) señala que los casos de conflictividad de los padres son un factor de riesgo para el interés del menor que llega a su máxima expresión cuando uno de ellos es condenado por delitos contra el otro cónyuge de los que se citan en el art. 92.7 CC. Señala el TS que en el presente caso, no es conveniente adoptar el sistema de custodia compartida pues de los hechos probados en la sentencia penal, queda acreditado el desprecio del padre hacia la madre y el tono vejatorio y humillante con que se dirigía a ella, por lo que resulta inimaginable cualquier tipo de comunicación entre los progenitores, y es impensable que se dé el mínimo necesario de información de las cuestiones que afectan a los hijos ni el apoyo o respeto mutuo como padres ni la comunicación a los niños de un clima de lealtad mutua.

Cuestiones relevantes

73. La privación de la patria potestad es una medida restrictiva y judicial adoptada como sanción en los casos exclusivamente contemplados en el art. 170 CC, que establece que el padre o la madre podrán ser privados total o parcialmente de su potestad por sentencia fundada en el incumplimiento de los deberes inherentes a la misma o dictada en causa criminal o matrimonial. Esta medida que trae causa del incumplimiento de los deberes inherentes a la patria potestad solo se puede adoptar judicialmente —en procedimiento civil ordinario, sentencia penal o proceso matrimonial—, sin embargo, tal privación no constituye una consecuencia necesaria e inevitable del incumplimiento, sino solo posible, en función de las circunstancias concurrentes en cada caso y condicionada por el beneficio e interés de los hijos. Al tratarse de una medida excepcional por sus consecuencias, ha de aplicarse únicamente en casos graves y reiterados de incumplimiento, en procesos criminales (arts. 225 bis y 226 CP fundamentalmente) o cuando en el proceso matrimonial se revele causa para ello (art. 92.3 CC).

74. Podemos determinar que la privación de la patria potestad atiende a ciertas consideraciones esenciales como que el titular de la patria potestad debe comportarse razonable y responsablemente en el cumplimiento de sus obligaciones parentales y siempre en beneficio del hijo, lo que en ocasiones **exige una conducta no sólo diligente sino incluso sacrificada por el bien del menor.**

75. La privación de la patria potestad, sea temporal, parcial o total, requiere, de manera ineludible, la inobservancia de los deberes parentales de modo constante, grave y peligroso para el beneficiario y destinatario de la patria potestad, el hijo, en definitiva. Los tribunales no sancionan incumplimientos esporádicos de escasa entidad [STS 6 junio 2014 (*Tol 4364744*)]. En esta línea, la STS 10 noviembre 2005 (*Tol 765860*) ya señalaba que la privación total o parcial de la patria potestad requiere la realidad de un efectivo incumplimiento de los deberes de cuidado y asistencia imputable de forma relevante al titular o titulares de la patria potestad, basados en datos contrastados y suficientemente significativos de los que pueda inducirse la realidad de aquel incumplimiento con daño o peligro grave y actual para los menores derivados del mismo.

76. La privación de la patria potestad no es tanto una medida sancionadora (que lo es) como una medida orientada a preservar el interés prevalente del niño y dirigida a la protección de sus derechos fundamentales y, especialmente, de su bienestar e integridad material y moral [STS 23 mayo 2019 (*Tol 7260577*), entre otras]. La privación de la patria potestad **en tanto medida sancionadora, es de carácter excepcional por lo que** el art. 170 CC **debe ser objeto de interpretación restrictiva,** [SSTS 11 febrero 2004 (*Tol 514214*); 23 mayo 2005 (*Tol 656547*) y 10 noviembre 2005 (*Tol 765860*)].

77. El derecho a la patria potestad es indisponible irrenunciable e imprescriptible, lo que no impide que, en determinados supuestos, su falta de ejercicio temporal su ejercicio en forma no encaminada a la finalidad social que su institución comporta, puede acarrear la extinción del mismo, siempre que concurran los requisitos que la ley contempla, y aquélla sea acordada por un organismo judicial [SAP Cáceres 7 septiembre 2011 (*Tol 2237985*)].

78. Entre las causas de privación se contemplan otras **causas como las criminales que impiden el correcto cumplimiento de la función parental o que suponen un riesgo o daño para el menor tipificado penalmente** [STS 30 septiembre 2015 (*Tol 4712378*)] o entrañan situaciones de desamparo [STS 6 junio 2014 (*Tol 4364744*)] y violencia doméstica [STS 11 abril 2018 (*Tol 6573981*)]. El riesgo, peligro o daño directo o indirecto que pueda padecer el menor es el elemento a tener en cuenta por la jurisprudencia en estos casos para alejar al menor de su núcleo familiar y privar a sus padres de la patria potestad [STS 26 noviembre 2015 (*Tol 5579444*)]; así lo observamos en los casos de desamparo y en los de violencia familiar [SAP Cáceres, 3 septiembre 2021 (*Tol 8653168*) y la STS 20 junio 2023 (*Tol 9626561*)].

79. Por otro lado, y lejos del delito de violencia de género o de abuso sexual, merece un análisis diferenciado el art. 1.2 LOPIAFV que amplía el concepto de violencia en las relaciones parentales al considerar como violencia toda **acción, omisión o trato negligente que priva a las personas menores de edad de sus derechos y bienestar, que amenaza o interfiere su ordenado desarrollo físico, psíquico o social, con independencia de su forma y medio de comisión.** Téngase en cuenta que la violencia, a los efectos de esta ley puede ser ejercida mediante acción, omisión y trato negligente, esto es, «descuido». Y que en cualquier caso —afirma el precepto comentado— se entenderá por violencia el maltrato físico, psicológico o emocional, los castigos físicos, humillantes o denigrantes, el descuido o trato negligente, las amenazas, injurias y calumnias, la explotación, incluyendo la violencia sexual, la corrupción, la pornografía infantil, la prostitución, el acoso escolar, el acoso sexual, el ciberacoso, la violencia de género, la mutilación genital, la trata de seres humanos con cualquier fin, el matrimonio forzado, el matrimonio infantil, el acceso no solicitado a pornografía, la extorsión sexual, la difusión pública de datos privados así como la presencia de cualquier comportamiento violento en su ámbito familiar.

80. La privación de la patria potestad no exime a los padres del deber de velar y prestar alimentos a los hijos (arts. 110 y 111 *in fine* CC). Significativamente, **el deber de alimentos es exigible por imperativo legal aun cuando el progenitor quede excluido de la patria potestad.**

81. Se debe acordar la **recuperación de la patria potestad** cuando hubiere cesado la causa que motivó la privación STS 4 octubre 2004 (*Tol 514214*), entre otras, en los términos del artículo 170.2 CC.

7. EXCLUSIÓN DE LA PATRIA POTESTAD

Además de los supuestos de privación de la patria potestad es posible excluirla al progenitor que incurra en determinados supuestos contemplados en el Código Civil.

Normativa reguladora

Esta solución se regula en el art. 111 CC.

Jurisprudencia

La exclusión por ser privativa de derechos debe interpretarse de forma restrictiva por lo que la exclusión del ejercicio de la patria potestad se producirá únicamente cuando el progenitor biológico no acepta su paternidad [SSTS 2 de febrero de 1999 (*Tol 2160*), 12 noviembre 2008 (*Tol 1401714*)].

La STS 16 febrero 2012 (*Tol 2459427*) señala que "se trata de una norma que sanciona la negativa del padre demandado al reconocimiento de la filiación, cuando ésta resulta probada, que el Tribunal no ha aplicado dicha norma de forma rígida puesto que entiende que no resulta conveniente para el interés del menor la privación de la patria potestad en aquellos casos en que si bien ha existido una primera oposición, ha desaparecido cuando los resultados de la prueba biológica han sido incontestables y el demandado los ha aceptado sin mayor oposición".

Cuestiones relevantes

82. Queda excluido de la patria potestad y demás funciones tuitivas y no ostentará derechos por ministerio de la Ley respecto del hijo o de sus descendientes, o en sus herencias, el **progenitor que haya sido condenado a causa de las relaciones a que obedezca la generación, según sentencia penal firme.**

83. Queda igualmente excluido de la patria potestad el **progenitor cuya filiación haya sido judicialmente determinada contra su oposición.** Este caso, supone la exclusión de la titularidad y ejercicio de la patria potestad como sanción al progenitor biológico que no acepta su paternidad habiendo sido determinada ésta judicialmente y habiéndose opuesto a su determinación, a diferencia de los supuestos de suspensión y privación en que sí ha existido atribución ex lege a los progenitores de la patria potestad, por el hecho de la filiación.

84. En ambos supuestos, **el hijo no ostentará el apellido del progenitor en cuestión más que si lo solicita él mismo o su representante legal.**

85. Dejarán de producir efecto estas restricciones por determinación del representante legal del hijo aprobada judicialmente, o por voluntad del propio hijo una vez alcanzada la plena capacidad.

86. Por otra parte, **aunque los padres no ostenten la patria potestad sobre sus hijos, están obligados a velar por los que sean menores y a prestarles alimentos.**

87. La exclusión por ser privativa de derechos debe **interpretarse de forma restrictiva** [SSTS 2 febrero 1999 (*Tol 2160*), 12 noviembre 2008 (*Tol 1401714*) y 16 febrero 2012 (*Tol 2459427*)].

8. LA SUPRESIÓN DE LA PATRIA POTESTAD PRORROGADA O REHABILITADA

De acuerdo con el art. 171 CC por la Ley 8/2021, de 2 de junio, por la que se reforma la legislación civil y procesal para el apoyo a las personas con discapacidad en el ejercicio de su capacidad jurídica (LAPCD) ya no es posible que, llegada la mayoría de edad del hijo con discapacidad, la patria potestad se prorrogue una vez suprimida la incapacitación, sin embargo, de acuerdo con la Disposición Transitoria Segunda de citada ley: "Quienes ostenten la patria potestad prorrogada o rehabilitada continuarán ejerciéndola hasta que se produzca la revisión a la que se refiere la Disposición Transitoria Quinta".

Normativa reguladora

El nuevo artículo 254 CC dispone que: "Cuando se prevea razonablemente en los dos años anteriores a la mayoría de edad que un menor sujeto a patria potestad o a tutela pueda, después de alcanzada aquella, precisar de apoyo en el ejercicio de su capacidad jurídica, la autoridad judicial podrá acordar, a petición del menor, de los progenitores, del tutor o del Ministerio Fiscal, si lo estima necesario, la procedencia de la adopción de la medida de apoyo que corresponda para cuando concluya la minoría de edad. Estas medidas se adoptarán si el mayor de dieciséis años no ha hecho sus propias previsiones para cuando alcance la mayoría de edad. En otro caso se dará participación al menor en el proceso, atendiendo a su voluntad, deseos y preferencias".

Cuestiones relevantes

88. La Exposición de motivos de la Ley 8/2021, **justifica la eliminación** del ámbito de la discapacidad no sólo la tutela, sino también **de la patria potestad prorrogada y rehabilitada** por considerarlas el legislador figuras demasiado rígidas y poco aptas para favorecer la autonomía de las personas adultas con discapacidad y no constituyen medidas de apoyo para ellas. Se alega que las nuevas concepciones sobre la autonomía de las personas con discapacidad ponen en duda que los progenitores sean siempre las personas más adecuadas para favorecer que el hijo adulto con discapacidad logre adquirir el mayor grado de independencia posible y se prepare para vivir en el futuro sin la presencia de sus progenitores, dada la previsible supervivencia del hijo; a lo que se añade que cuando los progenitores se hacen mayores, a veces esa patria potestad prorrogada o rehabilitada puede convertirse en una carga demasiado gravosa, pero ¿no serán los progenitores quienes asumirán las funciones de apoyo de sus hijos con discapacidad a los que se les ha privado de la patria potestad rehabilitada o prorrogada? La solución legal, en consecuencia, no es acorde con la realidad social española.

89. No obstante, **se mantiene el ejercicio temporal de la potestad parental prorrogada o rehabilitada** de acuerdo con la DT 2ª de la LAPCD **en tanto se produce la revisión judicial de todas y cada una de estas medidas judiciales que establece la DT 5ª.** Sin embargo, sentencias como la SAP Santander 14 febrero 2022 (*Tol 8818918*) dictada en un proceso de modificación de medidas sobre un hijo mayor de edad con discapacidad intelectual, sorprenden por la *ratio decidendi* de la misma en la que se contempla la guarda y custodia sobre los hijos mayores con discapacidad después de suprimidas la patria potestad prorrogada y la rehabilitada por el legislador en 2021, amén del singular entendimiento en relación con la guarda y custodia y la guarda de hecho.

ESQUEMA

CONCEPTO Y NATURALEZA

PRINCIPIOS Y CARACTERES

TITULARES Y BENEFICIARIOS DE LA PATRIA POTESTAD

EJERCICIO DE LA PATRIA POTESTAD

1. Distinción entre titularidad y ejercicio de la patria potestad
2. Formas de ejercicio
3. Ejercicio de la patria potestad en caso de conflicto familiar
   - 3.1. Discrepancia entre ambos titulares de la patria potestad
     - 3.1.1. Desacuerdos puntuales
     - 3.1.2. Desacuerdos reiterados
   - 3.2. Discrepancia de los progenitores con el menor

CONTENIDO DE LA PATRIA POTESTAD

1. Ámbito personal y parentalidad positiva
   - 1.1. Velar por los hijos, tenerlos en su compañía, educarlos y procurarles una formación integral
   - 1.2. El derecho de corrección y el recurso al auxilio de la "autoridad"
   - 1.3. Los correlativos deberes filiales de obediencia, respeto y de contribución material y personal a las cargas familiares
2. Ámbito patrimonial de la patria potestad
   - 2.1. La representación de los hijos
   - 2.2. La administración de sus bienes

EXTINCIÓN Y PRIVACIÓN DE LA PATRIA POTESTAD

1. Causas

EXCLUSIÓN DE LA PATRIA POTESTAD

LA SUPRESIÓN DE LA PATRIA POTESTAD PRORROGADA O REHABILITADA

25 Tutela administrativa, desamparo y acogimiento de menores

Adela Serra Rodríguez[1]

Sumario: 1. EL MARCO REGULADOR DE LAS INSTITUCIONES DE PROTECCIÓN DEL MENOR: PRINCIPIOS INSPIRADORES. 2. LA SITUACIÓN DE DESPROTECCIÓN DEL MENOR. 2.1. La situación de riesgo y el desamparo del menor. 2.2. La declaración de desamparo. 2.3. Efectos de la declaración de desamparo. 3. LA OPOSICIÓN Y LA REVOCACIÓN DE LA DECLARACIÓN DE DESAMPARO. 3.1. La oposición a la declaración de desamparo y demás decisiones administrativas en relación con el menor. 3.2. La revocación administrativa de la declaración de desamparo. 4. EL CESE DE LA TUTELA. 5. LA GUARDA ADMINISTRATIVA DEL MENOR. 6. EL ACOGIMIENTO. 6.1. Concepto. 6.2. Modalidades de acogimiento. 6.2.1. El acogimiento familiar. 6.2.2. El acogimiento residencial. 6.3. La constitución del acogimiento. 6.3.1. Constitución del acogimiento familiar. 6.3.2. Constitución del acogimiento residencial. 6.4. Cese del acogimiento.

1. EL MARCO REGULADOR DE LAS INSTITUCIONES DE PROTECCIÓN DEL MENOR: PRINCIPIOS INSPIRADORES

Del art. 39 CE, de los textos internacionales ratificados por España (fundamentalmente, la Convención de los Derechos del Niño de Naciones Unidas, Carta Europea de los Derechos del Niño, Observación General núm. 14 del Comité de Naciones Unidas para los derechos del Niño) y de las disposiciones legales se deriva la existencia en nuestro ordenamiento de un principio general de protección de los menores, que debe presidir la actuación de todos los poderes públicos, cual es el principio de primacía del interés superior del menor. Al tratarse de un concepto jurídico indeterminado son los tribunales los encargados de precisar, atendiendo a las circunstancias concurrentes y a las previsiones del art. 2.2 y 3 LOPJM, qué ha de entenderse por tal "interés" en cada momento, teniendo en cuenta que nos encontramos ante un principio de fin o directriz, esto es, se establece un mandato por razón del fin que persigue.

Normativa reguladora

La primacía del interés del menor es el principio informador de la Ley Orgánica 1/1996, de 15 de enero, de Protección Jurídica del Menor (en adelante, LOPJM), que abordó una importante reforma de las tradicionales instituciones de protección del menor

[1] CU, Derecho civil, Universidad de Valencia.

contenidas en el CC, ya iniciada con la Ley 21/1987, de 11 de noviembre. La Ley Orgánica 8/2015, de 22 de julio, y la Ley 26/2015, de 28 de julio, de modificación del sistema de protección a la infancia y adolescencia han introducido los cambios necesarios tanto en la LOPJM como en el CC para continuar garantizando la protección de la infancia y la adolescencia de manera uniforme en todo el territorio español, adecuándola a las transformaciones sociales transcurridas desde la promulgación de la LOPJ. Por último, hay que tener también en cuenta la Ley Orgánica 8/2021, de 4 de junio, de protección integral a la infancia y la adolescencia frente a la violencia, que también ha afectado parcialmente a la regulación contenida en la LOPJ, el CC y la LEC.

A tenor del actual art. 2.1 LOPJ "Todo menor tiene derecho a que su interés superior sea valorado y considerado como primordial en todas las decisiones que le conciernan, tanto en el ámbito público como en privado. En la aplicación de la presente ley y demás normas que le afecten, así como en las medidas concernientes a los menores que adopten las instituciones públicas o privadas, los Tribunales, los órganos legislativos primará el interés superior de los mismos sobre cualquier otro interés legítimo que pueda concurrir".

Ya la Observación núm. 14 (2013) del Comité de los Derechos del Niño de Naciones Unidas destaca que el interés superior del menor tiene tres dimensiones: a) Un derecho sustantivo: derecho a que su interés sea una consideración primordial que se evalúe y se tenga en cuenta al sopesar distintos intereses para tomar una decisión sobre una cuestión debatida, y la garantía de que ese derecho se pondrá en práctica siempre que se tenga que adoptar una decisión que afecte a un niño, a un grupo de niños concreto o genérico o a los niños en general. El artículo 3, párrafo 1, establece una obligación intrínseca para los Estados, es de aplicación directa (aplicabilidad inmediata) y puede invocarse ante los tribunales. B) Un principio jurídico interpretativo fundamental: si una disposición jurídica admite más de una interpretación, se elegirá la interpretación que satisfaga de manera más efectiva el interés superior del niño…C) Una norma de procedimiento: siempre que se tenga que tomar una decisión que afecte a un niño en concreto, a un grupo de niños concreto o a los niños en general, el proceso de adopción de decisiones deberá incluir una estimación de las posibles repercusiones (positivas o negativas) de la decisión en el niño o los niños interesados. La evaluación y determinación del interés superior del niño requieren garantías procesales…".

El art. 2 LOPJ contiene una serie de criterios generales conforme a los que ha de interpretarse y aplicarse en cada caso, el interés superior del menor, junto con unos elementos generales de ponderación de dichos criterios generales.

Según el art. 2.2 LOPJ estos criterios generales de interpretación y aplicación son: "a) La protección del derecho a la vida, supervivencia y desarrollo del menor y la satisfacción de sus necesidades básicas, tanto materiales, físicas y educativas como emocionales y afectivas; b) La consideración de los deseos, sentimientos y opiniones del menor, así como su derecho a participar progresivamente, en función de su edad, madurez, desarrollo y evolución personal, en el proceso de determinación de su interés superior; c) La conveniencia de que su vida y desarrollo tenga lugar en un entorno familiar adecuado y libre de violencia. Se priorizará la permanencia en su familia de origen y se preservará el mantenimiento de sus relaciones familiares, siempre que sea posible y positivo para el menor. En caso de acordarse una medida de protección, se priorizará el acogimiento familiar frente al residencial. Cuando el menor hubiera sido separador de su núcleo familiar, se valorarán las posibilidades y conveniencia de su retorno, teniendo en cuenta la evolución de la familia desde que se adoptó la medida protectora y primando siempre el interés y las necesidades del menor sobre las de la familia; d) La preservación de la identidad, cultura, religión, convicciones, orientación e identidad sexual o idioma del menor, así como la no discriminación del mismo por éstas o cualesquiera otras condiciones, incluida la discapacidad garantizando el desarrollo armónico de su personalidad".

La LOPJM distingue entre situación de riesgo y situación de desamparo en que puede encontrarse un menor. Así, el art. 17 LOPJM prescribe las actuaciones que deben llevarse a cabo por parte de la administración pública competente cuando se detecte y aprecie una situación de riesgo del menor, mientras que el art. 18 LOPJM se ocupa de definir la situación de desamparo, incluyendo diversos indicadores o circunstancias que, valoradas y ponderadas según los principios de necesidad y proporcionalidad, puedan suponer una situación de desamparo por quedar los menores privados de la necesaria asistencia moral o material.

La guarda y protección de los menores (de su persona y sus bienes) se lleva a cabo, normalmente, en el seno de su propia familia, a través de la patria potestad para el caso de hijos menores no emancipados (art. 154 CC); de la tutela, para los menores no emancipados que no estén bajo la patria potestad (art. 199.2º CC); o del llamado guardador de hecho, que es la persona, normalmente vinculada a la familia, que *de facto* atiende las necesidades del menor sin que le asista ningún título, de modo que si la autoridad judicial tiene conocimiento podrá adoptar las medidas de control y vigilancia que estime necesarias, pudiendo hasta que se constituya una medida de protección adecuada atribuirle funciones tutelares e incluso constituir un acogimiento temporal (art. 237 CC).

No obstante, por imperativo del art. 39.2 CE, es preciso arbitrar un sistema público de protección de los menores, para el caso de que la patria potestad o las instituciones tutelares se muestren insuficientes para una adecuada protección del menor. Este sistema se regula, básicamente, en los arts. 172 y sigs. CC y 12 y sigs. LOPJM y gira en torno al principio del interés superior del menor que debe presidir todas las decisiones y actuaciones que se adopten en este ámbito.

En la determinación de las medidas de protección del menor se buscará siempre su interés, debiendo mantenerlo, salvo que el propio interés del menor lo desaconseje, en el medio familiar de origen [art. 11.2 b) LOPJM]. Sin embargo, como ha reiterado la jurisprudencia y la doctrina, el interés del menor ha de prevalecer sobre el principio de su mantenimiento en su familia de origen, que no es un derecho absoluto, sino que cede cuando el propio interés haga precisas otras medidas.

Además, "se priorizará, cuando no sea contrario a dicho interés, su reintegración en la propia familia y que la guarda de los hermanos se confíe a una misma institución o persona para que permanezcan unidos", priorizando el acogimiento familiar frente al institucional [art. 172 ter.1 y 2 CC y arts. 2.2 c) y 11.2 c) LOPJM].

Por tanto, el alejamiento del menor de su núcleo familiar se configura como una medida excepcional, sólo justificable en aquellos supuestos en que la permanencia en la familia sea claramente perjudicial para él. El derecho de los progenitores de tener consigo a sus hijos debe ceder ante el interés superior del menor, que puede exigir una separación de su familia. Ahora bien, en la medida en que sea posible y salvo que la situación de desprotección del menor sea definitiva, debe intentarse el reintegro del menor en su familia de origen.

Jurisprudencia

Esta primacía del interés del menor, que puede aconsejar una separación de la familia de origen, frente al pretendido derecho de los padres a tenerlos consigo, cuando se detecta una situación de desprotección, es destacada por la STS 21 febrero 2011 (*Tol 2052804*) "el derecho de los padres biológicos no es reconocido como principio absoluto cuando se trata de adoptar medidas de protección respecto de un menor desamparado y tampoco tiene carácter de derecho o interés preponderante, sino de fin subordinado al fin que debe atenderse de forma preferente, que es el interés del menor". Esta doctrina jurisprudencial es reiterada, entre otras, por las SSTS 13 junio 2011 (*Tol 2189133*), 17 febrero 2012 (*Tol* 2459269), 17 marzo 2016 (*Tol 5681281*), 21 diciembre 2016 y 23 febrero 2022 (*Tol 8820208*) que destacan que "el derecho de los menores a desarrollarse y ser educados en su familia de origen no es un derecho absoluto, sino que cede cuando el propio interés del menor haga necesaria otras medidas". En el mismo sentido, la STSJ Galicia 30 noviembre 2021 (*Tol 8754660*).

Por su parte, la STS 14 julio 2015 (*Tol* 5390920) insiste en la idea de que "el interés en abstracto no basta para ni puede ser interpretado desde el punto de vista de la familia biológica, sino desde el propio interés del menor", lo que exige tener en cuenta las circunstancias concretas concurrentes, que es confirmado por la STS 23 febrero 2022 (*Tol 8820208*). En suma, el interés superior del menor, en cuanto concepto jurídico indeterminado precisa de su configuración y concreción en cada caso y la doctrina ha venido relacionándolo bien con desenvolvimiento libre e integral de la personalidad del menor y la supremacía de todo lo que le beneficie, bien con su salud y su bienestar psíquico y afectividad, junto con otros aspectos de tipo material, bien simplemente con la protección de sus derechos fundamentales (STS 27 octubre 2014, *Tol 4538488*). La STS 2 noviembre 2022 (*Tol 9291533*) considera como principios de actuación de los poderes públicos "la primacía del interés del menor, la preferencia de las actuaciones de prevención, el mantenimiento del menor en su familia de origen y la preferencia del acogimiento familiar frente al residencial".

2. LA SITUACIÓN DE DESPROTECCIÓN DEL MENOR

2.1. *La situación de riesgo y el desamparo del menor*

Tanto la LOPJM (arts. 12, 17 y 18), como las normas autonómicas de protección de menores distinguen, en atención a su gravedad o intensidad, entre situación de desamparo y situación de riesgo, estableciendo consecuencias diversas para cada una.

Es situación de riesgo aquella en que, a causa de circunstancias personales o familiares, carencias o conflictos familiares, sociales o educativos, del menor, o por influencia de su entorno, se ve perjudicado su desarrollo personal, familiar, o social o educativo, pero sin la entidad, gravedad o persistencia que fundamentarían una situación de desamparo.

Cuando se tenga constancia de una situación de riesgo las entidades públicas competentes deberán valorar e intervenir, para lo que tendrán elaborar y poner en marcha un proyecto de intervención social, que deberá incluir medidas que podrán abarcar desde la intervención técnica obligatoria hasta la concesión de prestaciones económicas. La actuación de los poderes públicos a través del proyecto de intervención estará orientada a disminuir los factores de riesgo y la dificultad social que incidan en la situación personal y social en que se encuentra el menor y a promover su protección y el mantenimiento de éste en su medio familiar.

La declaración de la situación de riesgo corresponde a la administración pública competente conforme a la legislación estatal y autonómica, mediante una resolución administrativa, previa audiencia de los progenitores, tutores, guardadores o acogedores y del menor si tiene suficiente madurez y, en todo caso, a partir de los doce años. La resolución incluirá las medidas a adoptar, incluidas las atinentes a los deberes de los progenitores, tutores, guardadores o acogedores. Contra dicha resolución cabe recurso conforme la LEC.

Esta situación de riesgo cesará si las circunstancias varían permitiendo un adecuado desarrollo del menor o si, por el contrario, se declara una situación de desamparo por haber concluido el período previsto en el proyecto de intervención y persistir la situación de desprotección sin que se garantice la asistencia necesaria del menor o se requiera la separación del menor de su entorno.

2.2. La declaración de desamparo

Se considera situación de desamparo la que se produce de hecho a causa del incumplimiento o del imposible o inadecuado ejercicio de los deberes de protección establecidos en las leyes para la guarda de los menores (p. ej. velar por los hijos menores o tutelados, educarles y procurarles una formación integral), cuando éstos queden privados de la necesaria asistencia moral o material (*cfr.* art. 18 LOPJM; art. 172.1.II CC en relación con arts. 154 y 269 CC).

Se trata, por tanto, de una situación fáctica apreciada y declarada por las entidades que tengan encomendadas la protección de los menores, atendiendo a las circunstancias concurrentes.

Cuestiones relevantes

1. Algunas leyes autonómicas y sus normas de desarrollo han ido **precisando el concepto jurídico indeterminado de "situación de desamparo"**, incluyendo expresamente causas que provocan dicha desprotección, y que habían sido recogidas por la jurisprudencia, como el abandono voluntario del menor por la familia, malos tratos físicos o psíquicos, abusos sexuales, imposibilidad de ejercicio de la guarda por las personas

a las que compete por trastorno mental grave o drogadicción, ausencia de escolarización del menor, inducción a la mendicidad, prostitución o delincuencia, etc. Así lo hace también el vigente art. 18.2 LOPJ.

2. Se considera un **indicador de desamparo,** entre otros, el **tener un hermano declarado en tal situación,** salvo que las circunstancias hayan cambiado de forma evidente.

3. Se ha planteado la cuestión si la **existencia de un guardador de hecho,** figura que se caracteriza por su provisionalidad y transitoriedad, **que asiste material y moralmente al menor,** supliendo el incumplimiento de los progenitores de sus deberes de protección, impedía o no la declaración de desamparo de este. Al respecto, la STS 27 octubre 2014 (*Tol 4538488*) fijó, como doctrina jurisprudencial, que es necesario un análisis objetivo en cada caso concreto, de manera que "ni se excluye ni se impone la declaración de desamparo, debiendo ser las circunstancias concretas de la guarda de hecho, interpretadas al amparo del interés superior del menor, las determinantes a la hora de decidir la situación jurídica respecto de su eficaz protección".

Ante el conocimiento de una situación de desamparo de un menor, la autoridad pública competente incoará un procedimiento para constatar dicha situación y, en caso de apreciarla, dictará resolución administrativa de declaración de desamparo, en la que se establecerán las causas de dicha situación, la asunción de la tutela administrativa por ministerio de la ley y, normalmente, la forma de ejercicio de la guarda (esto es, el acogimiento), aunque sea con carácter provisional·

A tal efecto, establece el art. 172.1 CC que, la entidad pública, que en cada territorio tenga atribuida la protección de menores, constatada la situación de desamparo "deberá adoptar las medidas de protección necesarias para su guarda, poniéndolo en conocimiento del Ministerio Fiscal y, en su caso, del Juez que acordó la tutela. La resolución administrativa debe notificarse en forma legal a los padres, tutores o guardadores y al menor afectado si tuviere suficiente madurez y, en todo caso, si fuere mayor de doce años, de forma inmediata sin que sobrepase el plazo máximo de cuarenta y ocho horas".

Cuestiones relevantes

4. Las leyes autonómicas contienen disposiciones específicas sobre el procedimiento de declaración de situación de desamparo en su respectivo ámbito territorial. Cada entidad pública designará de oficio el órgano que ejercerá la tutela de acuerdo con sus estructuras orgánicas de funcionamiento.

5. Según el art. 172.1 CC siempre que sea posible **se informará a los padres, tutores o guardadores,** "en el momento de la notificación, de forma presencial y de modo claro y comprensible de las causas que dieron lugar a la intervención de la Administración y de los posibles efectos de la decisión adoptada". Según el art. 172.1 CC la información será clara, comprensible y en formato accesible, Siempre que sea posible, y especialmente en el caso del menor, esta información se facilitará de forma presencial.

Además, se prevé una guarda provisional del menor a cargo de la Entidad pública, acordada por resolución administrativa, sin declaración de desamparo previa ni solicitud de los progenitores o tutores, con del fin de ofrecer una atención inmediata al menor que lo necesite, comunicándolo al Ministerio Fiscal y procediendo a las diligencias pertinentes para identificar al menor, investigar sus circunstancias reales y constatar, en su caso, la situación de desamparo, para adoptar la medida de protección más adecuada en el plazo más breve posible (arts. 172.4 CC).

Cuestiones relevantes

6. En cualquier caso, es posible formular **oposición a las resoluciones administrativas en materia de protección de menores** —por tanto, ante la que aprecie el desamparo y declare la asunción de la tutela por ministerio de la ley— ante la jurisdicción civil en el plazo de dos meses, sin necesidad de reclamación administrativa previa (art. 780.1 LEC.

2.3. Efectos de la declaración de desamparo

a) La entidad pública competente en materia de protección de menores asume, por ministerio de la ley, la tutela automática del menor que se halle en situación de desamparo (arts. 18.1 LOPJ y 172.1 CC).

Sin embargo, si existen personas que, por sus relaciones con el menor o por otras circunstancias, se hallan en mejores condiciones que la propia entidad pública para ejercer las funciones tutelares en interés de aquella, es posible que la entidad pública, el Ministerio Fiscal o las personas llamadas al ejercicio de la tutela promuevan la tutela ordinaria (art. 222 CC). En tal caso, el nombramiento de tutor se hará por la autoridad judicial y, previamente a la resolución o en la misma resolución se acordará la suspensión o privación de la patria potestad, ejercitándose dicha tutela bajo la vigilancia del Ministerio Fiscal.

b) La asunción de la tutela por la entidad pública conllevará la suspensión de la patria potestad o de la tutela ordinaria (arts. 172.1.III CC y 18.1 LOPJ).

c) La entidad pública asumirá la representación legal del menor. No obstante, serán válidos los actos de contenido patrimonial que realicen los padres o tutores en representación del menor y que sean de interés de éste beneficiosos para él.

d) Además, la entidad pública competente que asuma la tutela del menor desamparado debe adoptar las medidas protección necesarias para su guarda y que se ejercerá través del acogimiento.

e) La entidad pública que asuma la tutela o la guarda del menor debe elaborar un plan individualizado de protección que incluirá los objetivos, previsión y el plazo de las medidas de intervención a adoptar con su familia de origen, incluido, en su caso, el programa de reintegración familiar.

3. LA OPOSICIÓN Y LA REVOCACIÓN DE LA DECLARACIÓN DE DESAMPARO

3.1. La oposición a la declaración de desamparo y demás decisiones administrativas en relación con el menor

Conforme a la legislación procesal, están legitimados para oponerse a las resoluciones administrativas en materia de protección de menores los menores afectados por la resolución, los progenitores, tutores, acogedores, guardadores, el Ministerio Fiscal y aquellas personas a las que la Ley les reconozca expresamente dicha legitimación (art. 780.1.II LEC).

Este procedimiento de oposición a estas resoluciones tendrá carácter preferente y será competente el Juzgado de Primera Instancia del domicilio de la entidad pública protectora. (art. 779 LEC) El plazo para formular la oposición es de dos meses desde la notificación de la resolución y se hará mediante presentación de un escrito inicial en que el opositor expresará sucintamente su pretensión y la resolución a la que se opone.

A continuación, el Letrado de la Administración de Justicia reclamará a la entidad administrativa testimonio del expediente completo, que deberá ser aportado en diez días, y, una vez recibido, se emplazará al actor por diez días para que presente demanda (art. 780.3 y 4 LEC).

Cuestiones relevantes

7. El cauce adecuado para tramitar la demanda de oposición a las decisiones relativas a la protección del menor será el juicio verbal (753 LEC).

8. Los menores tendrán derecho a ser parte y a ser oídos y escuchados en el proceso conforme la LOPJM.

9. Ha sido controvertido en los tribunales si al resolver la **impugnación de la resolución** que formalizaba una medida de protección jurídica del menor (la declaración de desamparo y la constitución de acogimiento familiar), podían tener en cuenta un **cambio de las circunstancias producido con posterioridad a la momento en que se declaró** o si, por el contrario, deben sólo contemplarse las circunstancias que concurrían en el momento en que la Administración asumió la tutela del menor y subordinar el examen de un posible cambio de las circunstancias a una solicitud de revocación de las medidas acordadas.

La STS 31 julio 2009 (*Tol 1723143*) sostuvo que "es procedente que el juez, al examinar la impugnación de la declaración de desamparo por la Administración interpuesta al amparo del art. 172.6 CC (en su versión anterior a la Ley 26/2015), contemple el cambio de circunstancias producido con posterioridad al momento en que se produjo la declaración con el fin de determinar si los padres se encuentran en condiciones de asumir nuevamente la patria potestad". Por ello, pese a que se estime que, cuando se adoptó la resolución impugnada (la declaración de desamparo y la constitución de acogimiento) estuviera justificada por las circunstancias concurrentes en aquel momento, al conocer de la demanda de oposición a tal medida **es menester tener en cuenta la evolución posterior de los progenitores.** En el mismo sentido, STS 17 febrero 2012 (*Tol 2459269*).

3.2. *La revocación administrativa de la declaración de desamparo*

Durante el plazo de dos años desde la notificación de la resolución administrativa que declare el desamparo y atribuya *ex lege* la tutela a la Administración podrán los padres, que tengan suspendida la patria potestad, o los tutores, que tengan suspendida la tutela, solicitar de la entidad pública el cese de la suspensión y la revocación de la declaración de desamparo "si por cambio de circunstancias que la motivaron entienden que se encuentran en condiciones de asumir nuevamente la patria potestad o la tutela" (art. 172.2 CC). Igualmente, están legitimados durante el mismo plazo para oponerse a las decisiones que se adopten respecto a la protección del menor.

Pasado dicho plazo, no podrán solicitar dicho cese ni la revocación, sin perjuicio de que informen a la Entidad pública o al Ministerio Fiscal de cualquier cambio de las circunstancias que motivaron la declaración de desamparo (art. 172.2 CC). En todo caso, transcurridos los dos años, solo podrá el Ministerio Fiscal oponerse a la resolución de la entidad pública.

Junto a ello, la declaración de desamparo puede ser revocada por la entidad pública, en todo momento, de oficio o a instancia del Ministerio Fiscal o de persona o entidad interesada, acordándose "la vuelta del menor con su familia si no se encuentra integrado de forma estable en otra familia o si se entiende que es lo más adecuado en interés del menor siempre que se entienda que es lo más adecuado para su interés", lo que se notificará al Ministerio Fiscal (art. 172.3 CC).

Cuestiones relevantes

10. Según la STS 14 noviembre 2011 (*Tol 2286633*) el art. 172.7 CC (en su versión anterior a la Ley 26/2015, que ha pasado con dicción similar al vigente art. 172.2 CC) contiene "dos reglas que abarcan dos posibilidades distintas: a) la recuperación de la patria potestad suspendida, por la sobreveniencia de nuevas circunstancias; y b) la oposición a cada una de las medidas que la administración tome en relación a los menores desamparados, sin que ello comporte la recuperación de la patria potestad. Estas dos acciones no son incompatibles porque se refieren a supuestos distintos".

11. Es controvertida la cuestión de **si es posible acordar la revocación de la declaración de desamparo por una alteración sobrevenida de las circunstancias en los padres y con ello ordenar el retorno a la familia de origen, cuando el menor se encuentra plenamente integrado en una familia de acogida y se han desarrollado vínculos afectivos con ella.** Al respecto, la jurisprudencia ha entendido que "no basta una evolución positiva de los padres biológicos, ni con el propósito o el deseo de desempeñar adecuadamente el rol paterno y materno, sino que es menester que esta evolución, en el plano objetivo y con independencia de las deficiencias personales o de otro tipo que puedan haber determinado el desamparo, sea suficiente para restablecer la unidad familiar en condiciones que supongan la eliminación del riesgo de desamparo del menor y compensen su interés en que se mantenga la situación de acogimiento familiar en que se encuentre teniendo en cuenta, entre otras circunstancias, el tiempo transcurrido en la familia de acogida, si su integración en ella y en el entorno es satisfactoria, si se han desarrollado vínculos afectivos con ella, si obtiene en la familia de acogida los medios necesarios para su desarrollo físico y psíquico, si se mantienen las referencias parentales del menor con la familia biológica y si el retorno al entorno familiar biológico comporta riesgos relevantes de tipo psíquico" [SSTS 31 julio 2009 (*Tol 1723143*)]. Esta doctrina es seguida por las SSTS 21 febrero 2011 (*Tol 2052804*), 17 febrero 2012 (*Tol 2459269*), 9 julio 2015 (*Tol 5205501*), 28 septiembre 2015 (*Tol 5503614*), 10 marzo 2016 (*Tol 5673586*), 21 diciembre 2016 (*Tol 5920376*) y 23 febrero 2022 (*Tol 8820208*).

12. En ocasiones, aun habiéndose acordado judicialmente la reinserción del menor en la familia biológica de origen, ha sido imposible posteriormente ejecutar dichas resoluciones por estimarse que lo más adecuado, en interés del menor, era permanecer con sus acogedores (o incluso, adoptantes, al haberse llevado a cabo dicho procedimiento), como consecuencia del tiempo transcurrido desde que fue separado de sus progenitores. En estos casos, **ante la imposibilidad de la ejecución se ha estimado aplicable el art. 18.2 LOPJ concediendo una indemnización sustitutoria al ejecutante.** Así, en relación con este tema y la vulneración del derecho a la tutela judicial efectiva las SSTC 25 noviembre 2002 (*Tol 224822*), 19 abril 2004 (*Tol 397386*) y 21 enero 2008 (*Tol 1244616*). Existe jurisprudencia del TEDH que ha condenado a España a indemnizar por daño moral al progenitor por violación del derecho al respeto a la vida familiar (art. 8 CEDH), cuando no ha sido posible el reintegro del menor a su familia de origen por haberse acordado un acogimiento familiar preadoptivo o una adopción (así, SSTEDH 24 mayo 2011, 10 abril 2012, 18 junio 2013, 18 junio 2019, 23 junio .2020).

4. EL CESE DE LA TUTELA

Junto con la revocación de la declaración de desamparo instada por los padres o tutores o por el Ministerio Fiscal y que tendrá, como efecto, el cese de la tutela automática de la entidad pública competente, el art. 172.5 CC —modificado por la Ley Orgánica 8/2021— establece específicamente unas causas de cesación de la tutela que ostenta la entidad pública sobre los menores declarados en situación de desamparo.

Así, según este precepto, la entidad pública "cesará en la tutela que ostente cuando constate, mediante los correspondientes informes, la desaparición de las causas que motivaron su asunción, por alguno de los supuestos previstos en los artículos 276 y 277.1, y cuando compruebe fehacientemente alguna de las siguientes circunstancias:

a) Que el menor se ha trasladado voluntariamente a otro país.

b) Que el menor se encuentra en el territorio de otra comunidad autónoma en cuyo caso procederá al traslado del expediente de protección y cuya Entidad pública hubiere dictado resolución sobre declaración de situación de desamparo y asumido su tutela o medida de protección correspondiente, o entendiere que ya no es necesario adoptar medidas de protección a tenor de la situación del menor.

c) Que hayan transcurrido doce meses desde que el menor abandonó voluntariamente el centro de protección, encontrándose en paradero desconocido".

Y, aunque no se contemple expresamente, la tutela de la entidad pública cesará también cuando se constituya la tutela ordinaria del menor *ex* art. 222.IV CC.

La comprobación por el órgano competente de causas de cese de la tutela administrativa previstas en el art. 172.5 CC dará lugar a la extinción de la tutela, pero esta precisará de una resolución administrativa, previa tramitación del oportuno procedimiento, que habrá que notificar a los interesados y al Ministerio Fiscal.

Cuestiones relevantes

13. El art. 172.5 CC **remite,** en cuanto al cese de la tutela, expresamente **a los supuestos previstos en los arts. 276 y 277.1 CC,** a pesar de que, tras la Ley 8/2021, de 2 de junio, por la que se reforma la legislación civil y procesal para el apoyo a las personas con discapacidad en el ejercicio de su capacidad jurídica, dichas causas se encuentran ahora reguladas en el art. 231 CC.

Son causas, por tanto, de extinción de la tutela ordinaria, y por remisión la tutela administrativa de la entidad pública protectora, conforme el actual art. 231 CC: "1°. La mayoría de edad, la emancipación o la concesión del beneficio de la mayoría de edad al menor; 2°. la adopción; 3° la muerte o declaración de fallecimiento del menor; 4° Cuando habiéndose originado por privación o suspensión de la patria potestad, el titular de esta la recupera, o cuando desaparezca la causa que impedía al titular de la patria potestad ejercitarla de hecho".

5. LA GUARDA ADMINISTRATIVA DEL MENOR

Prevén los arts. 172 bis CC y 19 LOPJM dos supuestos en los que la entidad pública competente en materia de protección de menores puede asumir la guarda del menor con carácter provisional.

a) A instancia de los padres o tutores: solamente si concurren circunstancias graves y transitorias debidamente acreditadas que impiden transitoriamente que puedan cuidar al menor (p. ej. enfermedad, ingreso en prisión). En tal caso, los padres o tutores no pierden la patria potestad o la tutela, sólo la guarda, durante el tiempo necesario, que se atribuye a una entidad pública. Esta asunción de guarda no podrá sobrepasar dos años como máximo, salvo que el interés del menor aconseje, excepcionalmente, una prórroga.

En los supuestos de guarda voluntaria será necesario el compromiso de la familia de someterse, en su caso, a la intervención profesional.

La entrega de la guarda se hará constar por escrito, dejando constancia de que los padres o tutores han sido informados de las responsabilidades que siguen manteniendo respecto del hijo menor, así como de la forma en que va a ejercerse por la Administración, garantizándose, en particular a los menores con discapacidad, la continuidad de los apoyos especializados que vinieran recibiendo o la adopción de otros más adecuados a sus necesidades (art. 172 bis.1 CC). Si se varía posteriormente la forma de ejercicio de la guarda tiene que fundamentarse y comunicarse a los padres y al Ministerio Fiscal (art. 172 bis.1 CC). Si la imposibilidad de atender al menor fuera permanente o definitiva debería declararse la situación de desamparo con asunción *ex lege* de la tutela por la entidad pública.

b) En virtud de resolución judicial en los casos en que legalmente proceda (art. 172 bis.2 CC). Así, por ejemplo, podría acordarse como medida cautelar en un proceso de filiación (*cfr.* art. 768 LEC).

6. EL ACOGIMIENTO

6.1. Concepto

El acogimiento es el modo de ejercicio de la guarda del menor, en aquellos casos en que ésta ha sido asumida por la entidad pública competente a iniciativa de los padres, o cuando ha sido atribuida la tutela *ex lege* como consecuencia de una declaración de desamparo.

El acogimiento puede ser familiar o residencial, siendo preferente el primero, salvo que no sea "posible o conveniente para el interés del menor". En virtud de los principios que rigen el sistema de protección del menor, se buscará siempre el interés del menor y se procurará, cuando no sea contrario a dicho interés, la reintegración en la propia familia. Además, como vimos, si hay hermanos debe procurarse que las medidas de protección se lleven a cabo por la misma persona o entidad para que permanezcan unidos (art. 172 ter CC).

Aun cuando se haya constituido un acogimiento, como regla, no se suspenden las comunicaciones y visitas con la familia de origen, sino que la entidad pública regulará las que correspondan a los progenitores, abuelos, hermanos y demás parientes y allegados. No obstante, podrá "acordar motivadamente, en interés del menor, la suspensión temporal de las mismas, previa audiencia de los afectados y del menor si tuviere suficiente madurez y, en todo caso, si fuera mayor de doce años, con inmediata notificación al Ministerio Fiscal" (arts. 160 y 161 CC).

El art. 172 ter CC prevé que la situación del menor en relación con su familia de origen, tanto respecto a la guarda como al régimen de visitas y otras de formas de comunicación deberá ser revisada, al menos cada seis meses.

Jurisprudencia

El principio del interés del menor y el de su reinserción en la propia familia constituyen principios fin o directrices, en cuanto no establecen mandatos genéricos por razón del objeto, sino por razón del fin. Ambos principios pueden entrar en contradicción, que se resuelve atendiendo a la superior jerarquía que el legislador atribuye al deber de perseguir el interés del menor, como sostuvo la relevante STS (Pleno) 31 julio 2009 (*Tol 1723143*).

En la citada Sentencia se estableció, como doctrina, que para acordar el retorno del menor declarado en situación de desamparo con los progenitores biológicos no basta con una evolución positiva de estos, ni con su propósito de desempeñar adecuadamente el rol paterno y materno, sino que es menester que esta evolución, en el plano objetivo y con independencia de las deficiencias personales o de otro tipo que pudieran haber determinado el desamparo, sea suficiente para restablecer la unidad familiar en condiciones que supongan la eliminación del riesgo de desamparo del menor y compensen su interés en que se mantenga la situación de acogimiento en que se encuentra, teniendo en cuenta, entre otras circunstancias, el tiempo transcurrido con la familia de acogida, si su integración en ella y en el entorno es satisfactoria, si se han desarrollado vínculos afectivos con ella, si se obtiene en la familia de acogida los medios necesarios para su desarrollo físico y psíquico, si se mantienen las referencias parentales con la familia biológica y si el retorno al entorno familiar biológico es comporta riesgos relevantes de tipo psíquico. Esta doctrina ha sido seguida, entre otras, por la SSTS 9 julio 2015 (*Tol 520551*), 28 septiembre 2015 (*Tol 5503614*), 17 marzo 2016 (*Tol 5681281*), 14 febrero 2018 (*Tol 6516473)* y SSAP Cádiz 20 enero 2006 (*Tol 882082*), Barcelona 2 junio 2011 (*Tol 2207733*), Ávila 6 marzo 2013 (*Tol 3538838*) y Zaragoza 26 marzo 2013 (*Tol 3661899*), habiendo tenido reflejo en la redacción actual del art. 19 bis.3 LOPJ.

Respecto del derecho a relacionarse los progenitores con sus hijos la entidad pública es competente para suspender el régimen de visitas de los menores bajo su tutela y en acogimiento por haber sido declarados en situación de desamparo, con base en el interés superior del menor, como ya sostuvo, antes de la reforma del CC por la Ley 26/2015, la SSTS 18 junio 2015 (*Tol 5185888*), y con posterioridad por la STS 3 mayo 2016 (*Tol 5716395*).

6.2. Modalidades de acogimiento

El art. 172 ter CC contempla dos modalidades de acogimiento de menores, el familiar y el residencial, si bien posteriormente los arts. 173 y 173 bis se ocupan más detenidamente sólo del acogimiento familiar.

6.2.1. El acogimiento familiar

El acogimiento familiar puede ejercerse por la propia familia extensa del menor o por familia ajena, pudiendo en este caso ser especializado (art. 173 bis.1 CC y 20.1 LO-

PJM). En el acogimiento familiar el ejercicio de la guarda corresponderá a la persona o personas que designe la entidad pública.

El acogimiento familiar produce la plena participación del menor en la vida de la familia e impone a quien lo recibe las obligaciones de velar por él, tenerlo en su compañía, alimentarlo, educarlo y procurarle una formación integral en un entorno afectivo (art. 173.1 CC; *cfr.* art. 154 CC). En el caso de menor con discapacidad, deberá continuar con los apoyos especializados que viniera recibiendo o adoptar unos más necesarios adecuados a sus circunstancias.

Por duración y objetivos el acogimiento familiar puede ser (art. 173 bis CC):

a) Acogimiento familiar de urgencia: principalmente para menores de seis años. Tiene una duración no superior a seis meses, en tanto se adopte una medida de protección más estable.

b) Acogimiento familiar temporal: tiene carácter transitorio, bien porque de la situación del menor se prevea la integración en su propia familia, bien en tanto se adopte una medida de protección más estable como el acogimiento familiar permanente o la adopción. Tiene una duración máxima de dos años, salvo que el interés del menor aconseje la prórroga por la inmediata y previsible reintegración familiar o la adopción de otra medida de protección definitiva.

c) Acogimiento familiar permanente: se constituye al finalizar el plazo de dos años del temporal por no ser posible la reintegración familiar o directamente en el caso de menores con necesidades especiales o cuando las circunstancias del menor y su familia así lo aconsejen.

6.2.2. El acogimiento residencial

Según los principios antes expuestos, debe ser excepcional y provisional (art. 21.3 LOPJM y 172 ter.1 CC). El acogimiento residencial se lleva a cabo en centros dirigidos a menores, autorizados y acreditados por la entidad pública competente. En tal caso, la guarda la ejerce el Director o responsable del centro donde sea acogido el menor.

Entre las obligaciones impuestas por la ley a estas entidades públicas, se contempla expresamente la de mantener los vínculos del menor con su familia de origen, fomentando la convivencia y relación entre hermanos, potenciar las salidas del menor los fines de semana y periodos vacacionales con su familia de origen o, de no ser posible, con familias alternativas, etc.

Cuestiones relevantes

14. Es **especializado** el acogimiento cuando se desarrolla en una familia en la que alguno de sus miembros dispone de cualificación, experiencia y formación específica para desempeñar esta función respecto de menores con necesidades o circunstancias especiales con plena disponibilidad, percibiendo por ello una **compensación económica,** pero sin suponer en ningún caso relación laboral (art. 20.1.II LOPJM). No obstante, este acogimiento especializado podrá ser profesionalizado, si reuniendo los requisitos anteriores, existe una relación laboral entre la Entidad pública y el acogedor o acogedores (art. 20.1.III LOPJM).

15. No se acordará **acogimiento residencial para menores de tres años,** salvo en los supuestos de imposibilidad, debidamente acreditada, de adoptar en ese momento el acogimiento familiar o cuando esta medida no convenga al interés superior del menor. Esta limitación también se aplicará a los menores de seis años en el plazo más breve posible. En todo caso, y con carácter general, el acogimiento residencial de estos menores no tendrá una duración superior a tres meses.

16. Tras la Ley 26/2015, el acogimiento preadoptivo pasa a denominarse **"guarda con fines adoptivos"** y se integra como una fase más del procedimiento de adopción (art. 176 bis CC). Se formalizará por la entidad pública cuando eleve la propuesta de adopción del menor, informada por los servicios de atención al menor, ante la autoridad judicial, siempre que los acogedores reúnan los requisitos para adoptar, hayan sido seleccionados y hayan prestado ante la entidad pública su consentimiento a la adopción y el menor se encuentre en situación adecuada para su adopción.

De otra parte, los nuevos arts. 25 a 35 LOPJM (tras la LO 8/2015) regulan una nueva modalidad de acogimiento en centros de protección específicos de menores con problemas de conducta.

6.3. *La constitución del acogimiento*

6.3.1. Constitución del acogimiento familiar

El acogimiento familiar se ha de formalizar por la entidad pública que tenga atribuida la tutela o la guarda, previa valoración de la adecuación de la familia acogedora.

Requerirá el consentimiento de los acogedores y del acogido si tuviere bastante madurez y, en todo caso, si fuera mayor de doce años (art. 20.2 LOPJM y art. 173.2 CC). No se exige el consentimiento de los progenitores —no privados de la patria potestad— ni, en su caso, del tutor —no removido de la tutela—, siendo suficiente que se les notifique la resolución administrativa en que se formaliza el acogimiento. Podrán oponerse al acogimiento recurriendo la resolución ante la jurisdicción civil, sin necesidad de haber agotado la vía administrativa (arts. 172.2.II CC y 780 LEC).

La resolución en que se formalice el acogimiento familiar deberá ir acompañado de un anexo que deberá contener los extremos previstos en el art. 20.3 LOPJM:

a) Identidad de acogedores y acogido.

b) Consentimientos y audiencias necesarias.

c) Modalidad del acogimiento, duración prevista, carácter de acogimiento familiar en familia extensa o ajena.

d) Los derechos y deberes de las partes: en particular, el régimen de visitas, estancia, relación o comunicación por parte de la familia de origen, que podrá modificarse por la entidad pública con base en el interés superior del menor (*cfr.* art. 161 CC); asunción por los acogedores de gastos de manutención, educación y atención socio-sanitaria.

e) El contenido del seguimiento que ha de hacer la entidad pública y el compromiso de colaboración de la familia acogedora.

f) En caso de menores con discapacidad, los recursos de apoyo que precisa.

g) La compensación económica, apoyos técnicos y otro tipo de ayudas que, en su caso, vayan a recibir los acogedores.

h) Plazo en el cual la medida vaya a ser revisada.

La resolución administrativa que constituya el acogimiento, junto con el documento anexo, deberá ser notificada al Ministerio Fiscal en el plazo de un mes, al corresponderle la superior vigilancia de la tutela, acogimiento o guarda de menores (art. 174.1 CC).

Todas las actuaciones de formalización del acogimiento se realizarán con la obligada reserva (art. 173.5 CC). Una vez constituido, podrá tomarse anotación del acogimiento en el Registro Civil (art. 154.3 RRC).

6.3.2. Constitución del acogimiento residencial

El acogimiento residencial está regulado en el art. 21 LOPJM, y en los arts. 25 a 35 para la nueva modalidad de acogimiento en centros de protección específicos para menores con problemas de conducta. Como vimos, es preferente el familiar, sobre todo para los menores de seis años, no pudiéndose acordar para los menores de tres años, salvo imposibilidad acreditar de no poder adoptar un acogimiento familiar o no convenga éste al interés superior del menor.

Este acogimiento, al igual que el familiar, se constituye por resolución administrativa, que se notificará a los padres o tutores no privados de la patria potestad o tutela, así como al Ministerio Fiscal. Además, los padres, tutores o guardadores tendrán que ser informados por la Entidad Pública que tenga menores en acogimiento de su situación cuando no exista resolución judicial que lo prohíba (*cfr.* art. 158 CC).

Se incluye en el art. 21 LOPJM un elenco de obligaciones básicas a cumplir por las entidades públicas, los servicios y centros donde estén acogidos los menores, entre las que destacan la elaboración para cada menor de un proyecto socioeducativo individual y un plan de protección a revisar periódicamente; además, de una serie de obligaciones orientadas a mantener vínculos con su familia de origen, siempre que sea posible o procedente.

Junto a ello, se reconocen, en el art. 21 bis.3 LOPJM, a los menores en régimen de acogimiento residencial unos derechos, además de los previstos genéricamente para todos los acogidos en el apartado 1 del mismo precepto. Entre aquellos destaca el derecho a ser escuchado en caso de queja y ser informado de todos los sistemas de atención y reclamación, incluido el derecho de audiencia en la Entidad Pública.

El Ministerio Fiscal ejercerá la vigilancia sobre las decisiones de acogimiento residencial que se adopten, así como la inspección sobre todos los servicios y centros de acogimiento residencial, analizando, entre otros, el Proyecto individualizado.

Cuestiones relevantes

17. Junto con la regulación del acogimiento familiar y residencial, la LO 8/2021 ha introducido en la LOPJM una serie de **disposiciones relativas al acogimiento transfronterizo** de personas menores de edad en España remitidas por un Estado miembro de la Unión Europea o por un Estado parte del Convenio de La Haya de 1996 y al acogimiento transmitido desde España a otro Estado miembro de la Unión Europea o a un Estado parte del Convenio de La Haya de 1996.

6.4. *Cese del acogimiento*

El art. 173.4 CC se ocupa del cese del acogimiento familiar, guardando, sin embargo, silencio respecto del cese del residencial, al igual que hace la LOPJ, por lo que se puede entender que se aplican las mismas causas.

Junto a ello, el art. 173.3 CC contempla la “remoción de la guarda”, que pueden solicitarla a la Entidad Pública, si surgen problemas graves de convivencia entre el menor y la persona o personas a quien hubiere sido confiado la guarda en acogimiento familiar, el propio menor, la persona o personas acogedoras, el Ministerio Fiscal, los progenitores —no privados de patria potestad— o tutores —no removidos de la tutela—, o cualquier persona interesada.

El art. 173.4° CC prevé que el acogimiento familiar cesará:

a) Por resolución judicial.

b) Por resolución de la Entidad Pública, de oficio o a propuesta del Ministerio Fiscal, de los progenitores, tutores, acogedores o del propio menor si tuviera suficiente madurez, cuando se considere necesario para salvaguardar el interés del menor, oídos los acogedores, el menor, sus progenitores o tutor.

c) Por la muerte o declaración de fallecimiento del acogedor o acogedores del menor.

d) Por la mayoría de edad del menor.

Cuestiones relevantes

18. El cese judicial del acogimiento tendrá lugar cuando los progenitores, tutores o demás personas legitimadas se hayan opuesto a la constitución del acogimiento familiar con base en el art. 780 LEC.

19. Las causas c) y d) previstas en el art. 173.4 CC **operarán de forma automática,** al igual que otra que se ha omitido, cual es el transcurso del plazo de duración previsto para el acogimiento temporal o de urgencia (art. 172 bis CC).

20. En relación con **menores extranjeros no acompañados** que se encuentren en situación de desamparo cuando la entidad pública haya asumido su tutela y constituido un acogimiento residencial el abandono voluntario del centro por el menor, desconociéndose su paradero determina que la entidad pública puede revocar la declaración de desamparo, extinguiéndose con ello la tutela y el cese del acogimiento, por imposibilidad de ejercer la guarda. Así, SAP Cáceres 29 enero 2015,

ESQUEMA

LOS PRINCIPIOS INSPIRADORES DEL SISTEMA DE PROTECCIÓN DE LAS PERSONAS MENORES

1. La supremacía del principio del "interés superior del menor". Principio fin
2. El sistema público de protección de menores. El derecho del menor a ser oído y escuchado

LAS SITUACIONES DE DESPROTECCIÓN DE LAS PERSONAS MENORES

1. La situación de riesgo del menor: apreciación, valoración y consecuencias
2. La declaración de desamparo: concepto y consecuencias
3. La asunción de la tutela administrativa: consecuencias. La extinción de la tutela
4. El derecho a relacionarse con la familia y la reintegración familiar
5. La oposición a las decisiones sobre protección del menor. La revocación de la declaración de desamparo

EL ACOGIMIENTO DEL MENOR EN SITUACIÓN DE DESAMPARO

1. El acogimiento familiar: concepto, procedimiento. Derechos y obligaciones de los acogedores y de la persona menor acogida
2. El acogimiento residencial
3. El principio de preferencia del acogimiento familiar. Supuestos en que no cabe el acogimiento residencial
4. El cese del acogimiento

26 La adopción

Sonia Rodríguez Llamas[1]

Sumario: 1. CONCEPTO Y EVOLUCIÓN NORMATIVA DE LA FILIACIÓN ADOPTIVA. 2. PRINCIPIOS DE LA ADOPCIÓN. 2.1. El control administrativo previo. 2.2. Equiparación a la filiación por naturaleza. 2.3. Primacía del interés superior del menor. 3. EL PROCEDIMIENTO DE ADOPCIÓN. 3.1. Iniciación del procedimiento. 3.1.1. Propuesta de la Entidad Pública. 3.1.2. Solicitud del adoptante. 3.1.3. Prohibiciones. 3.2. Sujetos intervinientes. 3.2.1. Sujetos que deben prestar su consentimiento. 3.2.2. Sujetos que deben asentir la adopción. 3.2.3. Sujetos que simplemente deben ser oídos. 3.3. Conclusión del procedimiento. 4. LA GUARDA CON FINES DE ADOPCIÓN. 5. EFECTOS DE LA ADOPCIÓN. 5.1. La adopción abierta. 6. EXTINCIÓN DE LA ADOPCIÓN. 7. EXCLUSIÓN DE LA ADOPCIÓN.

1. CONCEPTO Y EVOLUCIÓN NORMATIVA DE LA FILIACIÓN ADOPTIVA

La filiación según el art. 108 del CC puede tener lugar por naturaleza o por adopción. La filiación por adopción se produce mediante un acto de autoridad que se constituye en virtud de una resolución judicial por la que se atribuye a los adoptantes el rol de padre y/o madre respecto de otra persona a la que se atribuye el rol de hijo o hija, llamado adoptado, sin que haya mediado entre ellos una relación biológica de generación. La adopción se configura en nuestro ordenamiento jurídico como una institución jurídica en la que prima, sobre cualquier otro interés en juego, la protección de niños, niñas y adolescentes, así como su completa integración familiar.

En nuestro ordenamiento jurídico la adopción no es una materia cuya regulación esté reservada exclusivamente al Estado. La adopción se regula por distintas normas estatales y autonómicas.

Normativa reguladora

La regulación de la adopción en el Código Civil, en se contiene en la Sección Segunda del Capítulo V De la adopción y otras formas de protección de menores, del Título VII De las relaciones paternofiliales, del Libro I "De las personas", en los arts. 175 a 180.

[1] TU, Derecho civil, Universidad de Valencia.

Esta regulación procede de la Ley 21/1987, de 11 de noviembre, por la que se modifican determinados artículos del Código Civil. A la Ley 21/1987, de 11 de noviembre, le siguieron las modificaciones operadas en la regulación de la adopción nacional por la Ley Orgánica 1/1996, de 15 de enero, de protección jurídica del menor, de modificación parcial del Código civil y de la Ley de Enjuiciamiento Civil, la Ley 13/2005, de 1 de julio, por la que se modifica el Código civil en materia de derecho a contraer matrimonio y la Ley 54/2007, de 28 de diciembre que regula la adopción internacional.

La última reforma se ha llevado a cabo a través de la Ley 26/2015, de 28 de julio, de modificación del sistema de protección a la infancia y a la adolescencia que, como señala en su Preámbulo, tiene por objeto introducir los cambios necesarios en la legislación española de protección de la infancia y de la adolescencia que permitan continuar garantizando a los menores una protección uniforme en todo el territorio del Estado, mediante una normativa que constituya un referente para las Comunidades Autónomas en el desarrollo de su respectiva legislación en la materia. Esta norma regula de forma más detallada la capacidad de los adoptantes e introdujo figuras nuevas como la guarda con fines de adopción y la adopción abierta.

En la 15/2015, de 6 de julio, de la Jurisdicción voluntaria, se regula el expediente de jurisdicción voluntaria en materia de adopción en los arts. 33 a 42 dentro del Título II dedicado a los expedientes de jurisdicción voluntaria en materia de personas.

Por lo que se refiere a la regulación procesal la Ley de Enjuiciamiento Civil regula los procedimientos de oposición a las resoluciones administrativas en materia de protección de menores y el procedimiento para determinar la necesidad de asentimiento en la adopción en su Libro IV dedicado a los procedimientos especiales.

Finalmente, también se ha de hacer referencia a un conjunto de leyes autonómicas administrativas y civiles que regulan la adopción y que rigen con carácter preferente en su respectivo ámbito territorial de aplicación.

2. PRINCIPIOS DE LA ADOPCIÓN

Son principios básicos de la adopción regulada en el ordenamiento jurídico español:

2.1. El control administrativo previo

El principio de control administrativo de las adopciones tiene como finalidad evitar el tráfico de niños, garantizar la idoneidad de los adoptantes y que la adopción sea beneficiosa para el menor. Los expedientes de adopción, como regla general, sólo se pueden iniciar a propuesta de la Entidad Pública que en cada territorio tenga encomendada la protección de los menores, a favor del adoptante o adoptantes que la propia Entidad Pública haya declarado idóneos.

Jurisprudencia

El AAP Valencia 7 abril 2011 (ECLI:ES:APV:2011:231A) observa que "La regla general es que el expediente judicial que va a dar lugar a la adopción comience con una propuesta de la Entidad Pública, a favor del adoptante o adoptantes, que dicha entidad ha declarado idóneo para el ejercicio de la patria potestad. Esa exigencia debe entenderse como una medida establecida en beneficio del menor, suponiendo una garantía para el mismo. El control previo de la administración es un requisito legal que se manifiesta con especial intensidad en la necesidad de que el adoptante haya sido declarado idóneo por la Administración para el ejercicio de la patria potestad. Requisito éste, el de la idoneidad, que es sometido a un doble control, el primero y previo por vía administrativa y el segundo, a posteriori por vía judicial al conocer del expediente de adopción, de conformidad con el art. 176 del CC".

2.2. Equiparación a la filiación por naturaleza

La asimilación de los efectos de la adopción a los derivados de la filiación por naturaleza implica que la adopción no genera sólo una relación de filiación entre el adoptante y el adoptado, sino que da lugar a una relación plena de parentesco entre el adoptado y los parientes de quien le adoptó.

Jurisprudencia

La STC 200/2001, de 4 octubre (*Tol 113855*), afirma que el trato diferenciado de consecuencias en la filiación por naturaleza y adoptiva contraviene lo dispuesto en el art. 14 y 39.2 de la CE y más concretamente la no discriminación por razón de nacimiento: "dentro de la prohibición de discriminación del art. 14 CE y, más concretamente, dentro de la no discriminación por razón del nacimiento".

Cuestiones relevantes

1. **La asimilación de los efectos derivados de la filiación adoptiva a los de la filiación por naturaleza** impide que en un contrato de seguro sanitario se establezca un trato diferente en cuanto a la cobertura sanitaria de unos y otros al amparo del principio de autonomía de la voluntad que rige el derecho contractual español [SAP Zaragoza 14 junio 2013 (*Tol 3864307*)].

2.3. *Primacía del interés superior del menor*

El principio de primacía del interés del menor, que se sobrepone al de sus progenitores y al de los adoptantes.

Jurisprudencia

En términos de la STS 24 marzo de 2014 (*Tol 4183575*), "siendo muy legítima la aspiración de cualquier persona a la paternidad o maternidad y a satisfacerla mediante la adopción, no es propiamente un derecho subjetivo que se tenga que satisfacer a toda costa, sino que está en función del interés superior del niño, razón por la cual, entre las reseñadas garantías legales se encuentra que los adoptantes gocen de idoneidad y los mecanismos para garantizar que esta idoneidad concurra al verificarse una concreta adopción".

La STS 18 junio 1998 *(Tol 5120127)* se refiere a la necesidad de examinar las circunstancias específicas de cada caso concreto para poder llegar a una solución justa y estable especialmente para el menor y desde luego los intereses del menor deben prevaler en la adopción: "Indudablemente, el instituto de la adopción se encuentra inspirado en el interés del menor, al ser el más digno de protección, y debe evitarse que puedan perjudicarse las puras situaciones humanas y afectivas que deben informar las relaciones paterno-filiales, por lo que es preciso examinar las circunstancias específicas de cada caso concreto para poder llegar a una solución justa y estable, especialmente, para el menor (…) Ahora bien, semejante planteamiento implica una cuestión de hecho a apreciar por el Juzgador con apoyo en el resultado probatorio, el cual, en el caso que nos ocupa, y atendiendo, una vez más, al conjunto de hechos acreditados, no permite aseverar que la adopción del menor fuera desfavorable a sus intereses".

3. EL PROCEDIMIENTO DE ADOPCIÓN

El procedimiento de adopción se tramita a través de un procedimiento de jurisdicción voluntaria regulado en los arts. 33 y siguientes de la LJV. La tramitación de este tipo de procedimientos tiene carácter preferente y se tramita con la intervención del Ministerio Fiscal, no siendo necesario que los solicitantes intervengan asistidos de abogado ni representados por procurador (art. 34 LJV).

En los expedientes sobre adopción, será competente el Juzgado de Primera Instancia correspondiente a la sede de la Entidad Pública que tenga encomendada la protección del adoptando y, en su defecto, el del domicilio del adoptante (art. 33 LJV).

3.1. *Iniciación del procedimiento*

El procedimiento de adopción puede iniciarse de dos modos:

3.1.1. Propuesta de la Entidad Pública

La regla general es que el procedimiento de adopción se inicie mediante una propuesta formulada por la Entidad Pública acompañando a dicha propuesta la declaración de idoneidad de los adoptantes.

Se entiende por idoneidad la capacidad, aptitud y motivación adecuadas para ejercer la responsabilidad parental, atendiendo a las necesidades de los menores a adoptar, y para asumir las peculiaridades, consecuencias y responsabilidades que conlleva la adopción. La declaración de idoneidad por la Entidad Pública requerirá una valoración psicosocial sobre la situación personal, familiar, relacional y social de los adoptantes, así como su capacidad para establecer vínculos estables y seguros, sus habilidades educativas y su aptitud para atender a un menor en función de sus singulares circunstancias. Dicha declaración de idoneidad se formalizará mediante la correspondiente resolución administrativa.

Esa exigencia debe entenderse como una medida establecida en beneficio de los adoptandos, suponiendo una garantía adicional para los mismos.

No podrán ser declarados idóneos para la adopción quienes se encuentren privados de la patria potestad o tengan suspendido su ejercicio, ni quienes tengan confiada la guarda de su hijo a la Entidad Pública.

Cuestiones relevantes

2. El hecho de tener antecedentes penales no es obstáculo para la determinación de la idoneidad del adoptante toda vez que dichos antecedentes se encuentran cancelados cuando se solicita la adopción y se reúnen el resto de los requisitos para acordarla.

Dice la SAP Valencia 29 abril 2020 (*Tol 8011061*): "La sala entiende, sin embargo, que este hecho por sí solo no impide la constitución de la adopción, si se tiene en cuenta que han sido ya cancelados. Lo contrario supondría negar la capacidad de rehabilitación de la persona después de haber extinguido su responsabilidad penal. Se tiene en cuenta especialmente la acreditada estabilidad del grupo familiar, en cuyo seno ha nacido un nuevo hijo común del actor y de la madre biológica de los menores cuya adopción se pide, así como el consentimiento dado a la adopción por la menor de 13 años".

Las personas que se ofrezcan para la adopción deberán asistir a las sesiones informativas y de preparación organizadas por la Entidad Pública o por Entidad colaboradora autorizada.

En la propuesta de adopción formulada por la Entidad Pública se expresarán especialmente:

a) Las condiciones personales, familiares y sociales y los medios de vida del adoptante o adoptantes asignados y sus relaciones con el adoptando, con detalle de las razones que justifiquen la elección de aquél o aquéllos.

b) En su caso y cuando hayan de prestar su asentimiento o ser oídos, el último domicilio conocido del cónyuge del adoptante o de la persona a la que esté unida por análoga relación de afectividad a la conyugal, o el de los progenitores, tutor, familia acogedora o guardadores del adoptando.

c) Si unos y otros han formulado su asentimiento ante la Entidad Pública o en documento público.

3.1.2. Solicitud del adoptante

La adopción también podrá iniciarse, si bien con carácter excepcional, mediante escrito de solicitud del adoptante. Dicha solicitud podrá llevarse a cabo en los supuestos en que en el adoptado concurra alguna de las circunstancias contempladas en el art. 176.2 del CC que son:

a) Ser huérfano y pariente del adoptante en tercer grado de consanguinidad o afinidad.

b) Ser hijo del cónyuge o de la persona unida al adoptante por análoga relación de afectividad a la conyugal.

c) Llevar más de un año en guarda con fines de adopción o haber estado bajo la tutela del adoptante por el mismo tiempo de un año.

En estos casos se prescinde del control previo de la Entidad Pública al presumirse su idoneidad, bien por su relación familiar con el adoptando, bien en atención a las propias circunstancias personales de este último.

En estos tres supuestos puede llegar a constituirse la adopción, aunque el adoptante hubiera fallecido (adopción *post mortem*), siempre y cuando éste hubiera prestado su consentimiento ante el Juez o el mismo hubiera sido otorgado mediante documento público o en testamento. En estos casos, los efectos de la resolución judicial se retrotraerán a la fecha de prestación del consentimiento (art. 176.4 CC).

d) Ser mayor de edad o menor emancipado.

El ofrecimiento para la adopción del adoptante se presentará por escrito, en que expresará las indicaciones contenidas en el art. 35.2 LJV en cuanto fueren aplicables, y las alegaciones y pruebas conducentes a demostrar que en el adoptando concurre alguna de las circunstancias exigidas por dicha legislación.

En ambos casos el Juez, analizada la propuesta y comprobada su competencia, admitirá a trámite el expediente mediante providencia y en ésta citará a las personas que deban intervenir en el procedimiento dándose igualmente traslado del expediente al Ministerio Fiscal.

Cuestiones relevantes

3. La participación de los distintos sujetos que son llamados a intervenir en el proceso de adopción tiene como finalidad aportar una serie de elementos valorativos al juzgador para que pueda adoptar la decisión de constituir o no la adopción.

Así, según el AAP Barcelona 9 febrero 1998 (ECLI:ES:APB:1998:105A): "La adopción se configura como un acto de autoridad (art. 176 CC), en cuanto que es el juez quien constituye la adopción tras la tramitación de un expediente de Jurisdicción Voluntaria, en el que intervienen una serie de personas, pero su intervención sólo tiene como finalidad la de aportar los elementos valorativos precisos de la decisión judicial, tanto en relación con la existencia de los presupuestos de la adopción (el consentimiento del adoptante y, en su caso, del adoptado y la situación previa de desamparo del menor o la especial relación entre adoptando y adoptantes, como en relación a los beneficios que pueda reportar al adoptado por ser sus intereses los más dignos de protección".

3.1.3. Prohibiciones

Se establecen una serie de prohibiciones para la adopción que se justifican por razones de parentesco, así como de salvaguarda de los intereses patrimoniales del menor. En concreto, no se podrá adoptar según lo previsto en el art. 175.3 CC:

A un descendiente.

A un pariente en segundo grado de línea colateral por consanguinidad o afinidad.

A un pupilo por su tutor hasta que haya sido aprobada definitivamente la cuenta general justificada de la tutela.

Cuestiones relevantes

4. La interpretación que se hace de las prohibiciones para la adopción del art. 175.3 CC no debe ser estricta si con ella se conculca el interés superior del menor, principio que ha de prevalecer en la toma de decisión acerca de la adopción de un menor.

Dice la SAP Granada 17 febrero 2017 (*Tol 6447386*): "La Sala comparte los razonamientos de la parte apelante, en orden a considerar excesivamente rigorista el fundamento de inadmisión, fundado en la pendencia de rendición de cuenta general justificada de la tutela que ejercen sobre el adoptando los propios solicitantes de la adopción; la cual, en todo caso, por referirse a una norma sustantiva, nunca puede considerarse como un requisito de procedibilidad para la iniciación del correspondiente procedimiento. Siendo, por el contrario, perfectamente viable el inicio y continuación del procedimiento de adopción, en tanto se tramita la extinción de la tutela, con la oportuna rendición y aprobación de la cuenta general justificada, por ser ello conforme con el art. 39.1 de la LJV, según el cual, «el Juez podrá ordenar la práctica de cuantas diligencias estime oportunas para asegurarse de que la adopción sea en interés del adoptando». Quedando, entre tanto, en suspenso la resolución sobre la adopción ya sea en vía de jurisdicción voluntaria o contenciosa, con acuerdo, hasta su resolución, de las medidas que, en su caso, fueran adecuadas al interés del menor, a instancias del M. Fiscal, conforme al art. 299 bis del CC; una vez extinguida la tutela y dado que, conforme al art. 279 del CC, la obligación de rendir cuentas surge tras el cese del ejercicio de la función tutelar. Tanto más cuanto, como en el presente caso ocurre, y como resulta de la documentación de la solicitud inicial, consta el mantenimiento de la convivencia desde largo tiempo entre adoptantes y adoptando, precisamente por el ejercicio normal de la tutela constituida a favor del menor, sobre la que se han ido aprobando las sucesivas rendiciones de cuentas anuales desde su constitución".

En caso de que el adoptando se encontrara en acogimiento permanente o guarda con fines de adopción de dos cónyuges o de una pareja unida por análoga relación de afectividad a la conyugal, la separación o divorcio legal o ruptura de la relación de los mismos que conste fehacientemente con anterioridad a la propuesta de adopción no impedirá que pueda promoverse la adopción conjunta siempre y cuando se acredite la convivencia efectiva del adoptando con ambos cónyuges o con la pareja unida por análoga relación de naturaleza análoga a la conyugal durante al menos dos años anteriores a la propuesta de adopción (art. 175.5 CC).

Jurisprudencia

En los supuestos de separación o divorcio de los adoptantes la razón del requisito previo de la convivencia efectiva durante al menos dos años deriva de la necesidad de apreciar la existencia de un círculo familiar estable y regular, donde se han afianzado los lazos afectivos de manera que la convalidación legal de esos lazos familiares a través de la figura de la adopción sería lo más beneficioso para el adoptando aún en el caso de ruptura familiar producida con anterioridad a la misma.

En este sentido dice la SAP Asturias 24 abril 2018 (*Tol 6964852*): "Ese es el tiempo mínimo necesario que el legislador nacional considera que debe darse para considerar producida la integración del menor en un círculo familiar regular y estable, esto es, para entender que se ha consolidado la relación entre quienes lo forman y se han afianzado los vínculos afectivos, de manera que la convalidación legal de esos lazos familiares a través de la figura de la adopción sería lo más beneficioso para el adoptando aún en el caso de ruptura familiar producida con anterioridad a la misma"; y añade: "Pero sucede que en este caso la convivencia efectiva de los menores con la solicitante apenas duró seis meses desde su nacimiento, tiempo claramente insuficiente para que pueda considerarse efectivamente creados esos lazos familiares y una relación de facto en condiciones análogas a una propia relación de filiación, de manera que la continuidad de la misma debiera resultar más beneficiosa para los niños pese a que ya no podría desarrollarse en el marco de una unidad familiar de la que formaran parte ambos progenitores, biológico y adoptivo".

3.2. Sujetos intervinientes

El art. 177 del CC regula la intervención de distintos sujetos en el proceso de adopción y su intervención posee distinto contenido y alcance.

Cuestiones relevantes

5. La modificación del art. 175.4 CC equipara de forma absoluta las parejas de hecho heterosexuales y homosexuales al matrimonio a efectos de adopción conjunta en el texto principal del Código civil al disponer que nadie podrá ser adoptado por más de una persona, salvo que la adopción se realice conjunta o sucesivamente por ambos cónyuges o por una pareja unida por análoga relación de afectividad a la conyugal. Además, como sucede para los matrimonios, se admite la adopción unilateral por la persona unida en pareja de hecho, ya sea entre personas de mismo o de distinto sexo, del hijo biológico del otro miembro de la pareja.

Los sujetos que intervienen en el proceso de adopción debiendo consentir, asentir o simplemente ser oídos son los siguientes:

3.2.1. Sujetos que deben prestar su consentimiento

a) El adoptante o en su caso adoptantes.

El adoptante es el sujeto o sujetos a favor de quienes se realiza la propuesta de adopción ante el Juez por la Entidad Pública o, en su caso, quien la solicita directamente ante el Juez en los supuestos previstos en el art. 176.2 CC. En cualquier caso, estas personas deben consentir la adopción en presencia del juez. El adoptante debe reunir los requisitos que se establecen en la art. 175.1 CC que son:

a.1) Tener, como mínimo, veinticinco años. Si son dos los adoptantes, basta con que uno de ellos haya alcanzado dicha edad. En todo caso, la diferencia de edad entre adoptante y adoptado debe ser, como mínimo, de dieciséis años y no puede ser superior a cuarenta y cinco, salvo en los casos previstos en el art. 176.2 CC. Cuando son dos las personas adoptantes, basta con que en una de ellas concurra la diferencia de edad máxima. Si los adoptantes están en disposición de adoptar grupos de hermanos o menores con necesidades especiales, la diferencia de edad máxima puede ser superior.

La fijación de una diferencia de edad máxima en la adopción obedece, según la Exposición de Motivos de la Ley 26/2015 de 28 de julio, al objetivo de evitar que las discrepancias existentes en la normativa autonómica sobre edades máximas en la idoneidad provoquen distorsiones no deseables.

Jurisprudencia

El Tribunal Europeo de Derechos Humanos ha analizado si la exclusión de la adopción por motivos de edad es compatible con el art. 14 CEDH, en relación con el artículo 8, confirmando que el deber de adoptar medidas proporcionadas para proteger el interés superior del niño tiene una importancia fundamental.

Así, en la STEDH de 10 de junio de 2010 (*Tol 9069718*), asunto Schwizgebel contra Suiza, la demandante, una mujer soltera de 47 años que no pudo adoptar un segundo niño por la diferencia de edad entre ellos, alegaba haber sido víctima de discriminación por razón de edad. El TEDH consideró que la denegación de autorización para acoger un niño para su posterior adopción en el caso de la demandante buscaba el fin legítimo de proteger el bienestar y los derechos del niño. Dada la falta de consenso europeo sobre el derecho de las personas solteras a adoptar, los límites máximos y mínimos de edad del adoptante y la diferencia de edad entre adoptante y adoptado, así como el consiguiente amplio margen de apreciación del Estado en este ámbito y la necesidad de proteger el interés superior del niño, la denegación de la autorización para la acogida de un segundo niño no contraviene el principio de proporcionalidad. El Tribunal consideró, por tanto, que la justificación ofrecida por el Estado parecía objetiva y razonable y que la diferencia de trato no había sido discriminatoria en el sentido del art. 14 CEDH.

Salvo que la adopción se realice conjunta o sucesivamente por ambos cónyuges o por una pareja de hecho, nadie puede ser adoptado por más de una persona. El matrimonio celebrado con posterioridad a la adopción permite al cónyuge la adopción de los hijos de su consorte. La misma opción de adopción posterior tendrán las parejas de hecho que se constituyan con posterioridad a la adopción inicial.

En caso de muerte del adoptante o cuando éste sufra una de las causas de exclusión contempladas en el art. 179 CC será posible una nueva adopción del adoptado tal y como se prevé en el art. 175.4 CC.

Cuestiones relevantes

6. La constitución de filiación adoptiva es un negocio jurídico de derecho de familia en el que el o los adoptantes han de consentir la adopción en presencia judicial; siendo dicho consentimiento un acto personalísimo de los adoptantes, y que ha de ser prestado en presencia del Juez en el procedimiento de adopción, como requisito formal constitutivo o *ad solemnitatem*.

Así, dice el AAP Castellón 4 octubre 2012 (*Tol 5367438*): "No se puede prescindir del consentimiento prestado por los adoptantes personalmente en el procedimiento de constitución de filiación adoptiva. Y la falta de dicho consentimiento no puede ser suplida ni por el hecho de que los Sres. Jesús Carlos y Rebeca se hubiera hecho cargo del apelante como si se tratara de un hijo, ni de que en el testamento notarial abierto otorgado por d. Jesús Carlos el 13 de febrero de 2007 este instruyera heredero universal al actor apelante, a quien llama «hijo adoptivo» (aunque precisa que, formalizar la documentación de adopción»). (...) Lo que pretende la parte actora apelante no es una interpretación «extensiva» del art. 177 del CC, ni una interpretación integradora de dicho precepto con arreglo a la realidad social actual (art. 3.1 del CC) y a la equidad (art. 3.2 del CC), y al art. 10 de la Constitución. Lo que se postula es prescindir de la normativa legal establecida en el art. 177 del CC".

7. La no concurrencia del requisito de diferencia de edad mínima entre adoptantes y adoptado determina la nulidad de la adopción.

La SAP Barcelona (Sección 12ª) 14 febrero 2001, rec. nº 1045/2000, observa: "es inexcusable que concurra ministerio legis el requisito de la diferencia mínima de edad entre adoptado y adoptante conforme previenen los artículos citados (art. 175.1 del CC), que «en todo caso» exigen tal diferencia de edad; expresión equivalente a la catalana «en quasevol cas» del art. 181 b) Ley 37/1991 vigente en el momento del expediente de adopción; a la empleada por art. 115.1 letra b) del Código de Familia al decir «per a poder adopta es requereix» «esser major de Vin-i-cin anys i tenir com mínim catorze anys més» que la persona adoptada; lo que al no suceder lleva a revocar la sentencia apelada y declarar nula la adopción".

b) El adoptando mayor de doce años.

Si el adoptando es mayor de doce años necesariamente debe consentir la adopción en presencia del juez (art. 177.1 CC).

Como regla general solo se puede adoptar a menores de edad no emancipados. Esta regla posee una excepción según la cual una persona mayor de edad o un menor emancipado podrán ser adoptado siempre y cuando, inmediatamente antes de la emancipación, hubiese existido una situación de acogimiento con los futuros adoptantes o de convivencia estable con ellos de, al menos, un año (art. 175.2 CC). El requisito de necesidad de convivencia estable de un año sin mayores requisitos supone una novedad respecto de la legislación anterior que exigía que esta situación de acogimiento o convivencia se hubiera iniciado antes de que el adoptando hubiera cumplido 14 años, lo que no se exige en la redacción dada al art. 175.2 CC por la Ley 26/2015, de 28 de julio, de modificación del sistema de protección a la infancia y adolescencia.

Jurisprudencia

Una cuestión sobre la que ha habido cierta oscilación en la interpretación jurisprudencial se refiere precisamente al requisito de previa convivencia "inmediata" e "ininterrumpida" del adoptando mayor de edad o menor emancipado con los adoptantes.

Una corriente jurisprudencial representada por la SAP Córdoba (Sección 2ª) 15 febrero 2001, rec. nº 390/2000, establece una interpretación restrictiva de ambos términos, como también el AAP La Rioja 9 marzo 2012 (ECLI:ES:APLO:2012:144A).

Con posterioridad, el AAP Gerona 24 octubre 2018 (ECLI:ES:APGI:2018:886A) aboga por una interpretación extensiva de los requisitos de convivencia. Dice, así, que, "Aunque pueda aceptarse que la adopción de un mayor de edad se prevé en nuestro derecho como una figura excepcional, pues la adopción tiene como finalidad la protección de menores de edad que al carecer de padres o incumplir estos sus obligaciones parentales, se pretende dar una estabilidad familiar a los mismos, no por ello debe hacerse un interpretación restrictiva de los requisitos legales para la adopción de mayores de edad, cuando no existe ninguna oposición de todas las personas que pueden verse afectadas por la adopción pretendida y no va en contra de normas imperativas o prohibitivas"; y concluye: "Por ello, nada impide realizar una interpretación amplia del requisito de la convivencia ininterrumpida en atención a las múltiples incidencias que puedan darse en tal convivencia".

Con mayor razón, según el AAP La Rioja 8 julio 2020 (*Tol 8129354*), debe optarse por una interpretación amplia del requisito de la convivencia previa del adoptando mayor de edad si tenemos en cuenta que "las palabras «no interrumpida» que antes aparecían en el artículo 175.2 del Código Civil fueron suprimidas por la reforma introducida por la Ley 26/2015 tras la cual, para posibilitar la adopción de un mayor de edad, o de un menor emancipado, basta con que inmediatamente antes de la emancipación hubiere existido una situación de acogimiento o convivencia estable de, al menos, un año, de modo que, tras la Ley 26/2015 ya no es preciso tampoco que la convivencia se hubiere iniciado antes de que el adoptando hubiera cumplido los catorce años".

3.2.2. Sujetos que deben asentir la adopción

Según el art. 177.2 CC deberán asentir a la adopción, de forma libre, previa información de sus consecuencias y en la forma legal requerida:

1.º El cónyuge o persona unida al adoptante por análoga relación de afectividad a la conyugal salvo que medie separación o divorcio legal o ruptura de la pareja que conste fehacientemente, excepto en los supuestos en los que la adopción se vaya a formalizar de forma conjunta.

2.º Los progenitores del adoptando que no se hallare emancipado, a menos que estuvieran privados de la patria potestad por sentencia firme o incursos en causa legal para tal privación. Esta situación solo podrá apreciarse en el procedimiento judicial contradictorio que se tramitará conforme a la Ley de Enjuiciamiento Civil (art. 781).

Jurisprudencia

No cabe recurso de casación contra la sentencia dictada en apelación en un procedimiento para determinar la necesidad de asentimiento en la adopción seguido bajo el régimen de la LEC tras su reforma por la Ley 26/2015, de 28 de julio, de modificación del sistema de protección a la infancia y a la adolescencia.

Dice el ATS 22 enero 2018 (*Tol 6508819*): "Aunque es indudable la trascendencia de esta materia para el interés del menor, como subraya el Ministerio Fiscal, no debe olvidarse, por un lado, que el interés del menor también puede requerir una especial celeridad que excluya los recursos extraordinarios, cual sucede con las medidas relativas a la restitución o retorno de menores en los supuestos de sustracción internacional, en las que solo cabe recurso de apelación (art. 778 quinquies. 11 LEC); y de otro, que en casos como el presente la demanda de la hoy recurrente vino precedida por la declaración de desamparo del menor confirmada judicialmente en un proceso que sí tenía acceso a la casación y en el que también fue parte demandante la hoy recurrente, sin necesidad de pronunciarse sobre la otra causa de inadmisión detectada por la Sala".

Cuestiones relevantes

8. La falta de asentimiento de los progenitores en el proceso de adopción no supone un obstáculo para que el juez que conoce del expediente de adopción pueda entrar a valorar el interés superior del menor como criterio determinante para acordar la adopción.

Se trata de una postura intermedia, con base en la STS 20 abril 1987 (*Tol 1736945*): "el «asentimiento» que deben de prestar determinadas personas, entre las cuales figuran el padre y la madre del adoptando menor de edad sujeto a la patria potestad, que tiene la naturaleza de una *condictio iuris*, cuya ausencia puede producir una «ineficacia condicionada» del negocio adoptivo, en cuanto el legislador deja al arbitrio del juez la posibilidad de decretar o no dicha ineficacia, imponiéndole como única limitación tener en cuenta «lo que considere más conveniente para el adoptado, si cualquiera de los llamados a prestar su consentimiento, fuera de los casos del adoptante y del adoptado, no pudiera ser citado, o citado no concurriere» (art. 173, párrafo IV), facultad judicial que, según la doctrina científica, hay que extender incluso al supuesto de que dichas personas se negaren a prestar tal «asentimiento», pues aunque el legislador ha contemplado este evento sólo para el caso de las personas que deben «ser oídas», el mencionado art. 173 no sanciona con nulidad la carencia del «asentimiento»".

Cuando en el expediente de jurisdicción voluntaria se plantea por los progenitores la necesidad de su asentimiento en lugar de su simple audiencia se abre un incidente dentro del procedimiento principal que se sustanciará por los trámites del procedimiento verbal en el que los progenitores que consideran ser necesario su asentimiento se constituyen en parte actora. Se establecen los siguientes trámites:

1. Los progenitores que pretendan que se reconozca la necesidad de su asentimiento para la adopción pueden comparecer ante el tribunal que esté conociendo del correspondiente expediente de adopción y manifestarlo así.

2. El letrado de la Administración de justicia debe suspender el expediente y otorgar un plazo de 15 días para la presentación de la demanda, para cuyo conocimiento es competente el mismo tribunal.

3. Si no se presenta la demanda en el plazo fijado, el letrado de la Administración de justicia dicta decreto dando por finalizado el trámite y alzando la suspensión del expediente de adopción, que continúa tramitándose por el procedimiento de jurisdicción voluntaria. El decreto es recurrible directamente en revisión ante el tribunal. Firme dicha resolución, no se admite ninguna reclamación posterior de los mismos sujetos sobre la necesidad de asentimiento para la adopción de que se trate.

4. En caso de presentación de la demanda, el letrado de la Administración de justicia dicta decreto declarando contencioso el expediente de adopción y acuerda la tramitación de la demanda presentada en el mismo procedimiento, como pieza separada (LEC art. 753).

5. Una vez firme la resolución que se dicte en la pieza separada sobre la necesidad del asentimiento de los progenitores del adoptando, el letrado de la Administración de justicia debe acordar la citación ante el juez de las personas que deban prestar el consentimiento o asentimiento a la adopción, así como ser oídos, y que todavía no lo hayan hecho.

6. A continuación el proceso continúa según las normas de la jurisdicción voluntaria, con la resolución del expediente.

No será necesario el asentimiento cuando los que deban prestarlo se encuentren imposibilitados para ello, imposibilidad que se apreciará motivadamente en la resolución judicial que constituya la adopción. Tampoco será necesario que presten su asentimiento aquéllos obligados si ya lo hubieran hecho previamente ante la Entidad Pública o en documento público, siempre y cuando no hubiera transcurrido el plazo de seis meses desde que lo prestaron (art. 37 LJV).

Tampoco será necesario el asentimiento de los progenitores que tuvieren suspendida la patria potestad cuando hubieran transcurrido dos años desde la notificación de la declaración de situación de desamparo, en los términos previstos en el art. 172.2, sin oposición a la misma o cuando, interpuesta en plazo, hubiera sido desestimada.

Cuestiones relevantes

9. El asentimiento o disentimiento de los padres naturales del adoptado, concurriendo los presupuestos de la adopción (el consentimiento del adoptante y, en su caso, del adoptando y la situación previa de desamparo del menor o la especial relación existente entre el adoptante y el adoptado), no determina la corrección o incorrección de la adopción constituida.

Los argumentos que sostienen el alcance de la falta de asentimiento de los padres biológicos en el proceso de adopción se expresan en el AAP Barcelona 9 febrero 1998 (ECLI:ES:APB:1998:105A): "el asentimiento (o disentimiento) que determinadas personas manifiestan en el expediente de adopción no es una *«conditio iuris»* de la misma por las siguientes razones: a) porque se fundamenta en la patria potestad y en el cumplimiento de los deberes inherentes a la misma (o en el matrimonio) y ésta tiene actualmente un carácter de función, esto es, ha perdido todo carácter patrimonialista sobre el hijo biológico; b) porque la única eficacia que le reconoce la Ley es la posibilidad temporal y limitada por el interés del menor, que tiene el progenitor biológico de solicitar la extinción de la adopción cuando sin culpa suya no hubiera intervenido en el expediente, es decir, en el caso de que no hubieran podido mostrar su asentimiento o disentimiento (artículo 180)".

10. La falta de consentimiento de los sujetos que deben prestarlo determina la inexistencia del negocio familiar adopcional. En cambio, el asentimiento y la audiencia, siendo trámites obligatorios, no constituyen una conditio iuris de eficacia del negocio adopcional [SAP Alicante 23 julio 2009 (*Tol 1307699*)].

El asentimiento de la madre no podrá prestarse hasta que hayan transcurrido seis semanas desde el parto.

Cuestiones relevantes

11. Agotamiento de las citaciones procesales para conseguir la citación de la madre.

"La importancia de los intereses en juego y la adecuada tutela de los derechos de la madre biológica exigían se hubiera agotado las prevenciones procesales prevista para conseguir la citación de la madre a fin de ser oída (art. 177-3-1.° CC) o eventualmente de prestar su asentimiento a la adopción (art. 177-2-2.ª CC), y no habiéndolo efectuado se ha incurrido en una infracción procesal causante de indefensión determinante de la nulidad de actuaciones (art. 238-3.° LOPJ)" [AAP León 11 septiembre 2009 (*Tol 6838451*)].

> **12. La falta de un trámite legal, como es la audiencia de la madre, sin culpa de ella, produce la nulidad de la adopción,** porque esa infracción adquiere dimensión constitucional al producir indefensión y constituir, en consecuencia, una vulneración del artículo 24. 1 de la Constitución [STS 9 septiembre 2001 (*Tol 66380*)].

En las adopciones que exijan propuesta previa no se admitirá que el asentimiento de los progenitores se refiera a adoptantes determinados.

3.2.3. Sujetos que simplemente deben ser oídos

El procedimiento exige citar en audiencia a:

– los progenitores que no hayan sido privados de la patria potestad cuando asentimiento no sea necesario para constituir la adopción;

– el tutor y, en su caso, la familia acogedora y el guardador o guardadores;

– el adoptando menor de doce años, de acuerdo con su edad y madurez;

Cuestiones relevantes

> **13.** En algún supuesto la jurisprudencia ha considerado que **la falta del trámite de la audiencia al menor de doce años no invalida el expediente de adopción si de las pruebas practicadas en el mismo se evidencia que la adopción es notoriamente beneficiosa para el menor** [AAP Madrid 14 noviembre 2001 (ECLI:ES:APM:2001:1871A)].

– la entidad pública para que aprecie la idoneidad del adoptante, si no es precisa su propuesta previa —caso de llevar el adoptando más de 1 año en acogimiento preadoptivo o en tutela.

3.3. Conclusión del procedimiento

Concluidas las actuaciones, y antes de dictar la resolución que decida sobre la adopción se dará traslado del expediente al Ministerio Fiscal con el objeto de emitir un informe en la que interesará la constitución de la adopción o su oposición a la misma. El expediente de adopción finaliza con un auto del juez en el que da lugar o no a la adopción propuesta o solicitada. Contra el auto que resuelve la adopción puede interponerse recurso de apelación, que tiene carácter preferente y no produce efectos suspensivos. El testimonio de la resolución judicial firme que acuerda la adopción se remite al Registro

Civil correspondiente, para que se practique su inscripción (art. 39.4 y 5 LJV). Estos asientos poseen una publicidad restringida, dada la naturaleza reservada de la materia.

La resolución judicial que resuelve el expediente de adopción si resuelve en favor de la adopción crea el vínculo adoptivo, de forma que dicha resolución posee carácter constitutivo.

4. LA GUARDA CON FINES DE ADOPCIÓN

Regulada en el art. 176 bis del CC la guarda con fines de adopción persigue dar cobertura a un período de convivencia previo a la adopción entre el posible adoptante o adoptantes y el hijo adoptivo mientras se tramita aquella. En la regulación actual, la guarda que se atribuye a los posibles padres adoptivos ya no constituye una modalidad del acogimiento (el acogimiento preadoptivo de la regulación anterior), sino que se configura como una fase de la adopción. De ahí que su regulación ya no se encuentre en sede de acogimiento (anterior art. 173 bis CC) sino de adopción (art. 176 bis CC).

Jurisprudencia

La STS 15 junio 2018 (*Tol 6645442*) explica: "Este precepto ha sido introducido por el art. 2.21 de la Ley 26/2015, de 28 de julio, de modificación del sistema de protección a la infancia y a la adolescencia. En él se recoge la figura de la guarda con fines adoptivos en los casos en que el menor se encuentra en una situación de desamparo. Con esta figura se ha venido a sustituir el anterior acogimiento preadoptivo, que regulaba el antiguo art. 173 bis 3.º CC, y ha desaparecido de entre las formas de acogimiento familiar del art. 173 bis CC, para incluirse como una fase del proceso de adopción, siempre y cuando concurran ciertas circunstancias. Esta sustitución no supone una simple modificación terminológica, pues se persigue con esta figura conseguir que el menor se integre en la que será su familia adoptiva. De ahí que con la guarda con fines adoptivos se produce la suspensión del régimen de visitas y relaciones con la familia de origen (arts. 176 bis, 2 CC), salvo excepciones. Pero como no se trata de una adopción definitiva es por lo que las relaciones con la familia de origen no se extinguen, sino que se suspenden, en tanto no se obtenga la resolución judicial constitutiva de aquella. Las excepciones a esta previsión son las siguientes: (i) que convenga hacer lo contrario atendiendo al interés del menor (ii) que se dé alguno de los supuestos previstos en el art. 178.4 CC que se refiere a la posibilidad de acordar el mantenimiento de alguna forma de relación o contacto entre el menor, los miembros de la familia de origen que se determine y la familia adoptiva".

Cuestiones relevantes

14. La STS 15 junio 2018 (*Tol 6645442*) otorga a la **abuela biológica** un **derecho de visitas sobre un menor en régimen de acogida con fines de adopción,** al no demostrarse que dicha relación perjudique a su desarrollo o integración con la familia de acogida.

15. El inicio de un periodo de convivencia con la familia preadoptiva, previa a la adopción, no impone en virtud del art. 176.2. bis CC la suspensión ex lege de las visitas del menor con la familia biológica y, en todo caso, dicho precepto deja siempre a salvo que convenga otra cosa al interés del menor.

En este sentido se manifiesta claramente claramente la SAP Segovia 18 octubre 2018 (*Tol 7120954*)] que observa que "es precisamente la edad de la menor [3 años] y su relación afectiva manifestada con su familia biológica hasta la suspensión de las visitas la que revela la conveniencia para aquélla del mantenimiento de las visitas con dicha familia".

5. EFECTOS DE LA ADOPCIÓN

La resolución judicial que constituye la adopción produce dos efectos: uno negativo y otro positivo. El efecto positivo implica que se crea el vínculo adoptivo entre adoptado y adoptante y la familia de éste. Se trata de un vínculo de filiación que produce los mismos efectos que la filiación por naturaleza. El efecto negativo supone la extinción de los vínculos con la familia biológica.

Cuestiones relevantes

16. Si bien la adopción determina en principio el cambio los apellidos del adoptado, existe la posibilidad de conservar los anteriores apellidos siempre que exista justa causa y no haya perjuicio de tercero, lo que no resulta desvirtuado por el principio de que la adopción produzca la ruptura de los vínculos con la familia de origen y la integración plena en la familia del adoptante, pues de tal aserto no cabe "extraer la conclusión de una imperatividad incondicionada en la citada determinación de los apellidos..." [AAP Asturias, 18 febrero 2010 (*Tol 3562261*)].

Para permitir una total integración del adoptado en la familia del adoptante el art. 178.1 CC establece un efecto negativo consistente en la extinción de los vínculos jurídicos entre el adoptado y su familia de origen. En todo caso se entiendo que sin perjuicio de lo dispuesto sobre los impedimentos matrimoniales.

Jurisprudencia

Fallecido el progenitor con anterioridad a la constitución de la adopción, el menor recibió válidamente la delación cuando falleció su progenitor, y ello por cuanto al tiempo del fallecimiento no se había extinguido el vínculo jurídico con su familia de origen, y, no mediando renuncia a la herencia, la facultad de adquirir la herencia mediante su aceptación estaba integrada en el patrimonio del menor al tiempo de su adopción [STS 10 mayo 2019 (*Tol 7223930*)].

Excepcionalmente subsisten los vínculos jurídicos con la familia del progenitor que, según el caso, corresponda:

Cuando el adoptado sea hijo del cónyuge o de la persona unida por análoga relación de afectividad a la conyugal aunque el consorte o el otro miembro de la pareja estable no matrimonial hubiere fallecido.

Cuando uno solo uno de los cónyuges haya sido legalmente determinado, siempre que tal efecto hubiera sido solicitado por el adoptante, el adoptado mayor de doce años y el progenitor cuyo vínculo haya de persistir.

5.1. La adopción abierta

El nuevo 178.4 CC incorpora una novedad de especial relevancia, la llamada adopción abierta, en que se mantiene la relación, no los vínculos jurídicos, que se extinguen, entre el adoptado y su familia de origen. Se prevé que el mantenimiento de relaciones con la familia de origen cuando lo aconseje el interés del menor, debido a su situación familiar, edad o cualquier otra circunstancia significativa valorada por la entidad pública.

Puede acordarse el mantenimiento de alguna forma de relación o contacto a través de visitas o comunicaciones entre el menor, los miembros de la familia de origen que se considere y la adoptiva. Se debe favorecer especialmente, cuando sea posible, la relación entre los hermanos biológicos.

En estos casos, el juez, al constituir la adopción, puede acordar el mantenimiento de dicha relación, determinando su periodicidad, duración y condiciones, a propuesta de la entidad pública o del Ministerio Fiscal y con el consentimiento de la familia adoptiva y del adoptando, si tiene suficiente madurez y siempre si es mayor de 12 años. En todo caso, debe ser oído el adoptando menor de 12 años, de acuerdo con su edad y madurez.

En la declaración de idoneidad debe hacerse constar si las personas que se ofrecen a la adopción aceptarían adoptar a un menor que fuese a mantener la relación con la familia de origen.

Si es necesario, dicha relación se puede llevar a cabo con la intermediación de la entidad pública o de entidades acreditadas a tal fin.

El juez puede acordar, también, su modificación o finalización, en atención al interés superior del menor. Pueden solicitar la suspensión o supresión de dichas visitas o comunicaciones: la entidad pública; la familia adoptiva; la familia de origen; y— el menor, si tiene suficiente madurez y, en todo caso, si es mayor de 12 años.

Cuestiones relevantes

17. La omisión del consentimiento de los adoptantes en cuanto al mantenimiento de las relaciones con la familia de origen es un defecto subsanable que no invalida de nulidad la resolución que acuerda la adopción [AAP Badajoz 30 mayo 2018 (*Tol 6793747*)].

18. El establecimiento de contactos con la familia biológica del adoptado es una posibilidad establecida por la modificación del art. 178 CC introducida por la Ley 8/2015 de 22 de julio, no cabiendo una aplicación retroactiva de la modificación del precepto y por ende el establecimiento de un régimen de visitas entre el adoptado y su familia biológica [AAP Navarra 22 noviembre 2016 (*Tol 6151049*)].

19. El establecimiento de una adopción abierta debe establecerse al constituirse la adopción, no siendo posible acordar dichas medidas de contacto con la familia biológica en el procedimiento de oposición a la exclusión del asentimiento [SAP Granada 26 octubre 2021 (Tol. *8794914*)].

6. EXTINCIÓN DE LA ADOPCIÓN

La adopción es irrevocable (art. 180.1 CC) y únicamente se extingue por prosperar la demanda interpuesta por los progenitores contra el procedimiento de constitución de esta al que no fueron correctamente citados (art. 180.2 CC). Es necesario que la demanda se haya interpuesto dentro de los 2 años siguientes a la adopción y que la extinción solicitada no perjudique gravemente al menor. Si el adoptado es mayor de edad, la extinción de la adopción requerirá su consentimiento expreso. La sentencia que declare la extinción no tiene efectos retroactivos.

Jurisprudencia

La STS 18 enero 2012 (*Tol 2441274*) alude a la necesidad del consentimiento del progenitor natural del adoptado. En la demanda se pidió la nulidad de un auto del año 1981 por el que se aprobó la adopción por unos abuelos de su nieta, con el consentimiento de su madre natural, que entonces tenía 15 años. La Sala declara la nulidad de la adopción por falta de consentimiento de la madre, pues, aunque había consentido la adopción, o hizo siendo menor de edad, con lo que entró en conflicto de intereses con sus padres, sin que existiera figura legal en aquel momento que solucionara el conflicto. Según la Sala, la resolución del litigio pasa por la consideración de que la adopción realizada fue ficticia, atendiendo a las circunstancias fácticas del caso, y estaba motivada por las concepciones sociales de la época en la que se produjo. Así, concluye que la aprobación de la Constitución en 1978, la consagración del principio de igualdad de los hijos ante la ley en sus artículos 14 y 39 y la progresiva aceptación social de la maternidad fuera del matrimonio llevan a considerar que casos como el enjuiciado deban ser considerados como reminiscencias de una época, que, en todo caso, el Derecho debe intentar solucionar.

Cuestiones relevantes

20. Los padres biológicos que impugnan la adopción han de acreditar que si no comparecieron en el expediente de adopción fue por causa que no les fuera imputable. Debe procederse al emplazamiento personal siempre que los interesados sean conocidos e identificables a partir de los datos que obren en el escrito de interposición o en el expediente, siendo sólo válida la citación edictal, cuando no conste en las actuaciones el domicilio de la persona que debe ser emplazada o se ignore su paradero por haber cambiado de domicilio. Es "Doctrina aplicable a los procedimientos judiciales de adopción en los que, por estar en juego intereses de la mayor importancia en el orden personal y familiar, resulta especialmente necesaria la comparecencia de los padres biológicos del menor adoptado, lo que le obliga a rodear de las mayores garantías y del más escrupuloso celo los actos judiciales de comunicación con estos últimos que se practiquen en tales procedimientos" [STC 143/1990 de 26 de septiembre (*Tol 81824*)].

21. El *dies a quo* para el cómputo del plazo de dos años en el que debe interponerse la acción de nulidad es aquél en que quedó constituida la adopción por resolución firme y no aquél en que hayan tenido conocimiento de la misma los padres del adoptado, pues precisamente lo que se pretende con el plazo de caducidad es evitar una interinidad permanente en la adopción constituida [SAP Madrid 27 octubre 2006 (*Tol 6227590*)].

22. La resolución judicial que declara la filiación no es causa de extinción del vínculo adoptivo. Por ello, la jurisprudencia excluye el juego de la extinción prevista en el artículo 180.2 CC en los casos en que el padre del adoptado no participó en el expediente de adopción por no estar determinada la filiación paterna pues cuando la filiación no está determinada legalmente no es necesario el asentimiento paterno, ni tiene que ser oído para que la adopción quede válidamente constituida [STS 2 marzo 1989 (*Tol 1732313*)].

23. Es posible que no siendo firme la resolución que determina la adopción, y concurriendo circunstancias sobrevenidas que evidencian la idoneidad del adoptante pueda revocarse la adopción respecto de él.

Así se prevé en el supuesto contemplado en la SAP Valencia 5 octubre 2017 (*Tol 6454247*): "Para resolver el recurso de apelación, al que no se opuso la representación de la adoptante Dª Marí Trini, ha de tomarse en consideración, por una parte, que si bien el art. 180.1 del Código Civil dispone que «La adopción es irrevocable», ha de entenderse que tal irrevocabilidad se da una vez que la resolución que acuerda la adopción es firme y no con anterioridad (...) Después de dictarse el auto de adopción el Sr. Raimundo compareció ante la Sección del Menor y manifestó la ruptura de la pareja y de las relaciones paterno-filiales con el menor y no consta que esta última haya tenido lugar por causa independiente de su voluntad, lo que indica un grado de irresponsabilidad muy elevado y desentendimiento respecto del menor. No se discute el hecho que alega la Conselleria de que fue la Sra. Marí Trini la que desde la ruptura de la convivencia de la pareja se hizo cargo del menor, tanto en lo relativo a su cuidado como a la atención de sus necesidades, no constando colaboración alguna del adoptante. Por todo ello, ha de considerarse al Sr. Raimundo no idóneo para el ejercicio de la patria potestad".

La extinción produce efectos limitados, pues no afecta a la nacionalidad, a la vecindad civil adquirida ni a los efectos patrimoniales producidos con anterioridad a la extinción de la adopción.

7. EXCLUSIÓN DE LA ADOPCIÓN

Distinta de la extinción es la denominada exclusión del adoptante de las funciones tuitivas y de los derechos que le correspondan respecto del adoptado o sus descendientes, incluso los sucesorios regulada en el art. 179 CC. Se trata de una suspensión indefinida y parcial de su eficacia. El adoptante excluido ve vaciado temporalmente el contenido de las funciones tuitivas de la patria potestad y demás derechos respecto de su hijo

Esta exclusión tiene lugar cuando dicho adoptante haya incurrido en causa de privación de la patria potestad por incumplimiento de los deberes de esta o por sentencia dictada en causa criminal o matrimonial. este supuesto legal es un caso de privación de la patria potestad del adoptante, por concurrir el supuesto de hecho previsto en el art. 170 CC.

Cuestiones relevantes

24. El art. 193 del CP establece habiéndose dictado una sentencia condenatoria por un delito contra la libertad sexual, procede efectuar el correspondiente pronunciamiento en orden a la determinación de que la filiación y fijación de alimentos.

En el caso de la filiación adoptiva la SAP Salamanca 22 febrero 2013 (*Tol 3524803*) establece: "Según lo dispuesto en el artículo 179 CC del Código Civil, a solicitud del adoptado, el juez acordará que el adoptante que hubiere incurrido en causa de privación de la patria potestad, quede excluido de las funciones tuitivas y de los derechos que por ley le correspondan respecto del adoptado o sus descendientes o en sus herencias, por lo que, procede declarar extinta y sin efecto la declaración judicial de adopción, ordenando suprimir cualquier signo o vestigio de la misma en el Registro Civil y declarando el derecho de Eufrasia a no llevar los apellidos de los que hasta ahora eran sus padres adoptivos, recuperando en su lugar los apellidos originarios de su familia biológica y según lo establecido en los artículos 170 y 111 del mismo Código, condenado el acusado, Alonso a causa de las relaciones a las que obedece la generación, debe quedar excluido de la patria potestad y demás funciones tuitivas y no ostentará derechos por ministerio de la ley respecto de la hija Angelica o de sus descendientes, o en sus herencias, sin perjuicio de la obligación que tiene que velar por su hija y prestarle alimentos".

La exclusión no afecta a los derechos del adoptado (y sus descendientes) para con el adoptante (alimentos, derechos sucesorios…), que permanecen intactos.

Están legitimados para solicitar la exclusión el Ministerio Fiscal o el representante legal del menor, en caso de que el adoptado sea menor no emancipado; el adoptado, si es mayor de edad o menor emancipado, cuando no hayan pasado más de 2 años desde que alcanzó la plena capacidad.

En casos de exclusión se permite la rehabilitación de la adopción, que tiene lugar por determinación del propio hijo, una vez alcanzada la plena capacidad. Mediante la rehabilitación dejan de producir efecto las restricciones producidas por la exclusión. No se prevé plazo alguno para instar la rehabilitación del adoptante, por lo que puede ejercitarse en cualquier momento siempre y cuando el adoptante no haya fallecido.

ESQUEMA

CONCEPTO Y EVOLUCIÓN NORMATIVA DE LA FILIACIÓN ADOPTIVA

PRINCIPIOS DE LA ADOPCIÓN

1. El control administrativo previo
2. Equiparación a la filiación por naturaleza
3. Primacía del interés superior del menor

EL PROCEDIMIENTO DE ADOPCIÓN

1. La iniciación del procedimiento
2. Sujetos intervinientes
3. Conclusión del procedimiento

LA GUARDA CON FINES DE ADOPCIÓN

EFECTOS DE LA ADOPCIÓN

EXTINCIÓN DE LA ADOPCIÓN

EXCLUSIÓN DE LA ADOPCIÓN

27 Tutela y guarda de menores

Josefina Alventosa del Río[1]

Sumario: 1. LAS INSTITUCIONES DE GUARDA Y PROTECCIÓN DE LOS MENORES DE EDAD. CONSIDERACIONES PRELIMINARES. 2. LA TUTELA DE LOS MENORES DE EDAD. 2.1. La tutela de menores. Concepto. 2.2. Personas sujetas a tutela. 2.3. Promoción de la tutela. 2.4. Constitución de la tutela. 2.4.1. Establecimiento de la tutela por los progenitores. 2.4.2. Constitución de la tutela por la autoridad judicial. 2.5. Nombramiento de tutor. 2.6. Causas que impiden a una persona ser tutor. 2.6.1. Inhabilidad del tutor. 2.6.2. Remoción de la tutela. 2.6.3. Excusa de la tutela. 2.7. Contenido y ejercicio de la tutela. 2.8. Extinción de la tutela. 3. EL DEFENSOR JUDICIAL DEL MENOR. 4. LA GUARDA DE HECHO DEL MENOR.

1. LAS INSTITUCIONES DE GUARDA Y PROTECCIÓN DE LOS MENORES DE EDAD. CONSIDERACIONES PRELIMINARES

En nuestro ordenamiento jurídico se ha prestado especial atención a la situación jurídica de los menores de edad en nuestro país, fundamentalmente a partir de la publicación de la Constitución Española de 1978.

De ello se ha derivado numerosa legislación en torno al menor, tanto a nivel estatal como autonómico, que tratan cuestiones de muy diversa naturaleza en diferentes ámbitos (constitucional, civil, penal, laboral, sanitario, educativo, entre otros).

De dicha legislación es necesario destacar la Ley Orgánica 1/1996, de 15 de enero, de Protección Jurídica del Menor, de modificación del Código Civil y de la Ley de Enjuiciamiento Civil, de conformidad con la Convención sobre los Derechos del Niño, de 20 de noviembre de 1989 de NU (ratificada por España el 30 de noviembre de 1990).

Esta ley supuso la reforma en profundidad de instituciones tradicionales de protección del menor reguladas en el Código civil, modificando sustancialmente esta norma y la Ley de Enjuiciamiento Civil. En su origen, fue una ley breve que contaba con 25 artículos distribuidos en dos Títulos, en los que se trataba fundamentalmente de los derechos de los menores (Título I), y de las actuaciones en situación de desprotección social del menor e instituciones de protección de menores (Título II), en donde se reformaban las instituciones de protección reguladas fundamentalmente en el Códi-

1 TU, Derecho civil, Universidad de Valencia.

go civil (la guarda de menores, el acogimiento familiar) y se dotaba de regulación a la adopción internacional. La Ley es aplicable a todos los menores de 18 años que se encuentran en territorio español, salvo que, en virtud de la ley que les sea de aplicación, hayan alcanzado anteriormente la mayoría de edad (art. 1 de la Ley). Y establece como un principio general en la aplicación de la misma que "primará el interés superior de los menores sobre cualquier otro interés legítimo que pudiera concurrir" (art. 2.1). Estructura y contenido que sigue vigente en la actualidad, aunque se han modificado, como se indicará posteriormente, el contenido de algunos de sus preceptos.

Respecto a ella es necesario realizar dos observaciones importantes: Por un lado, que esta norma considera a los menores como sujetos de derecho, y, sobre todo, de los derechos fundamentales; y, por otro lado, que reconoce la autonomía de actuación de los mismos.

Esta norma fue modificada posteriormente por la Ley Orgánica 8/2015, de 22 de julio, y por la Ley 26/2015, de 28 de julio, de modificación del sistema de protección a la infancia y a la adolescencia ambas, señalándose en el Preámbulo de la Ley Orgánica que se habían producido importantes cambios sociales que incidían en la situación de los menores y que demandaban una mejora de sus instrumentos de protección jurídica en aras del cumplimiento efectivo del art. 39 CE, por lo que el objeto de la Ley era introducir los cambios jurídicos-procesales y sustantivos necesarios en aquellos ámbitos considerados como materia orgánica, al incidir en los derechos fundamentales y libertades públicas establecidos, buscándose con ello la mejora de los citados instrumentos de protección, a los efectos de continuar garantizando a los menores una protección uniforme en todo el territorio del Estado, que sirviera de marco a las Comunidades Autónomas en el desarrollo de su respectiva legislación de protección de menores, con independencia de su situación administrativa, en caso de extranjeros. Lo que efectivamente sucedió modificándose sucesivamente la legislación relativa a los menores de edad en los distintos ámbitos que regulaban su situación.

Dicha norma ha sufrido una nueva modificación por virtud de la Ley 8/2021, de 2 de junio, por la que se reforma la legislación civil y procesal para el apoyo a las personas con discapacidad en el ejercicio de su capacidad jurídica (que ha reformado los arts. 12, 14, 17, 20, 21, 27, 28, 29 y 30 de la LOPJM)

Es necesario observar que en la legislación que trata sobre los menores de edad se utiliza una distinta terminología para referirse a los mismos con el fin de atribuirles distinta capacidad de obrar o para asignarles derechos. En este sentido, se utilizan los términos *menores*, *niños/as*, *adolescentes* y *jóvenes*

Sin embargo, en nuestro ordenamiento jurídico no se delimitan con precisión estas etapas por las que pasa un menor.

Sin embargo, en el ámbito civil, en el Título X del Código civil, intitulado "De la mayor edad y la emancipación", se señala con precisión quienes son mayores de edad y menores emancipados, aunque no se hace referencia a quienes son menores de edad, y, como se observa, así se refleja en la rúbrica de dicho título.

El art. 240 CC establece, en consonancia con el art. 12 de la Constitución Española, que "La mayor edad empieza a los dieciocho años cumplidos", disponiendo el art. 246 CC que "El mayor de edad es capaz para todos los actos de la vida civil, salvo las excepciones establecidas en casos especiales por este Código".

De esta regulación se deduce, *a contrario sensu*, que es menor de edad no emancipado todo el que no haya cumplido 18 años, que no esté emancipado.

Esta idea viene refrendada en la Ley Orgánica 5/2000, de 12 de enero, reguladora de la responsabilidad penal de los menores, cuyo art. 1.4 dispone que "Al efecto de designar a las personas a quienes se aplica esta Ley, en el articulado de la misma se utiliza el término menores para referirse a las que no han cumplido dieciocho años, y el de jóvenes para referirse a las mayores de dicha edad" (hasta los veintiún años).

Por otro lado, en las leyes relativas a la infancia y a la juventud de las diversas Comunidades Autónomas, la distinción es diferente, pues en ellas se utilizan en particular los términos *niños/as* y *jóvenes*, aunque no existe una norma que claramente establezca quienes se pueden considerar unos y otros. Hay Comunidades en las que menores son todos los que no han cumplido 18 años (Aragón, Canarias, Castilla y León, La Rioja, Región de Murcia y Comunidad Valenciana) en consonancia con las disposiciones del CC; otras entienden que niños/as son los menores comprendidos entre el nacimiento y los doce años, y adolescentes, los comprendidos entre los 13 y la mayoría de edad (Cantabria, Cataluña, Navarra, y País Vasco); por último, otras Comunidades estiman que jóvenes son las personas comprendidas entre los 14 y los 30 años (leyes integrales de la juventud de las Islas Baleares, de Canarias y de Madrid).

De la antedicha legislación se desprende que la atribución del estatus de infancia se realiza en torno a un criterio básico, la edad, y que no hay un criterio homogéneo en nuestro ordenamiento jurídico a la hora de establecer quién es menor y quién es adolescente o joven.

La distinta terminología utilizada en la legislación que versa sobre los menores y la edad consignada en la misma se debe al diferente contenido del estatus jurídico que se atribuye en cada norma. En el Código civil se está otorgando una concreta capacidad de obrar para ejercitar derechos y asumir obligaciones; en la LO 5/2000 se está imputando una responsabilidad penal a los menores por la comisión de determinados delitos; y en las leyes sobre la infancia se están concediendo una serie de derechos a los menores en el ámbito de una determinada Comunidad Autónoma.

En el ámbito civil, se puede afirmar que en su texto fundamental, el Código civil (complementado por alguna legislación extracodicial y por los textos legales de los Derechos civiles especiales), se establece el estatuto jurídico básico del menor pues se regula, a través de una serie de disposiciones concretas, la capacidad de obrar de los mismos (arts. 239 y ss. CC), y los derechos que tienen dentro del ámbito familiar, mediante la regulación de la patria potestad (arts. 154 y ss. CC) y de las relaciones paterno-filiales, que afectan tanto a los hijos biológicos como a los adoptados (arts. 108 y ss. CC), tanto en las situaciones de convivencia normal como en las situaciones de crisis familiares (arts. 90 y ss., y 142 y ss. CC); asimismo, se regula la constitución de instituciones jurídicas para su protección, como la adopción (arts. 175 y ss. CC), la tutela y la guarda de hecho (arts. 199 y ss. CC); también se tiene en cuenta la situación de los menores para atribuirles derechos sucesorios, tanto en el ámbito de la sucesión testada (a través de la legítima, arts. 806 y ss. CC) como en la sucesión intestada (arts. 930 y ss. CC).

Ahora bien, de lo antedicho se deduce que el menor de edad no tiene capacidad plena para gobernar sus intereses (art. 246 CC *a contrario sensu*), a pesar de la capacidad progresiva que le va reconociendo nuestro ordenamiento en distintos ámbitos, por lo que nuestro CC señala que los hijos e hijas no emancipados están bajo la patria potestad de los progenitores y que éstos tienen la representación legal de sus hijos menores no emancipados, como regla general y salvo las excepciones establecidas en el propio CC (arts. 154 y 162).

No obstante, pueden existir causas por las que los progenitores no puedan ejercer dicha representación en interés de sus hijos (fallecimiento de los padres, incapacidad de los mismos para ejercer la patria potestad, privación de la misma, desconocimiento de la filiación, etc.).

En tales circunstancias, el ordenamiento jurídico establece unos mecanismos jurídicos para proceder a la protección de los menores que se encuentran en esta circunstancia de desprotección, cuya regulación se contiene fundamentalmente en el Código civil, aunque es complementada por otras normas, como la Ley de Enjuiciamiento civil o la Ley de la Jurisdicción Voluntaria. Asimismo, hay que tener en cuenta que las Comunidades Autónomas han regulado también ciertos aspectos de estas instituciones en Derechos civiles especiales y en la legislación sobre protección de los colectivos más vulnerables.

Normativa reguladora

Actualmente, la situación jurídica de los menores de edad que se encuentran en situación de desprotección se regula fundamentalmente en el CC, reconociéndose tres instituciones de protección que son la tutela, la guarda de hecho y el defensor judicial.

En nuestro Código civil la regulación sobre dichas instituciones ha sido reformada en diversas ocasiones; así, por la Ley 13/1983, de 24 de octubre, de reforma del Código civil en materia de tutela, por la Ley 21/1987, de 11 de noviembre, por la que se modifican determinados artículos del Código civil y de la Ley de Enjuiciamiento civil en materia de adopción, por la Ley Orgánica 1/1996, de 15 de enero, de Protección Jurídica del Menor, por la Ley Orgánica 8/2015, de 22 de julio, de modificación del sistema de protección a la infancia y a la adolescencia, por la Ley 26/2015, de 28 de julio, de modificación del sistema de protección a la infancia y a la adolescencia, y por la Ley 15/2015, de 2 de julio, de la Jurisdicción Voluntaria.

Sin embargo, la reforma más profunda de estas instituciones de protección a los menores se ha producido por la Ley 8/2021, de 2 de junio, por la que se reforma la legislación civil y procesal para el apoyo a las personas con discapacidad en el ejercicio de su capacidad jurídica, que entró en vigor el 3 de septiembre de 2021, que ha modificado el contenido de estas instituciones y la propia estructura del Código civil, y que modifica al mismo tiempo el título relativo a la edad y a las instituciones tuitivas de los menores de edad. La Ley se centra en dar una nueva regulación a la situación jurídica de las personas con discapacidad en consonancia con los principios establecidos en la Convención Internacional de Naciones Unidas, hecha en Nueva York el 13 de diciembre de 2006, sobre los derechos de las personas con discapacidad, fundamentalmente en lo relativo al ejercicio de la capacidad jurídica por dichas personas, en igualdad de condiciones que las demás en todos los aspectos de la vida; situación que reguló en los Títulos XI y XII del Libro I que se redactan de nuevo, lo que obligó a la reordenación de la regulación de la minoría de edad, la mayoría de edad y la emancipación y de las instituciones tuitivas, de modo que el Título IX del mencionado Libro pasa a referirse a la tutela y la guarda de los menores, mientras que el Título X se destina a la mayoría de edad y a la emancipación.

En el Preámbulo de la Ley 8/2021 se alude a dos reformas importantes respecto a la anterior regulación en punto a las instituciones tuitivas de los menores; y así señala que "En consonancia con lo dicho, la tutela, con su tradicional connotación representativa, queda reservada para los menores de edad que no estén protegidos a través de la patria potestad, mientras que el complemento de capacidad requerido por los emancipados para el ejercicio de ciertos actos jurídicos será atendido por un defensor judicial".

De modo que la reforma más importante que realiza esta Ley se refiere a las instituciones tutelares tanto de los menores como de las personas con discapacidad.

Así, se suprime toda referencia a la incapacitación (que se regulaba en el Título IX del Libro I del CC, arts. 199 a 201), pasando este Título a rubricarse "De la tutela y de la guarda de menores" (arts. 199 a 238). La situación de las personas con discapacidad se regula en el Título XI, bajo la rúbrica "De las medidas de apoyo a las personas con discapacidad" (arts. 249 a 299), y que incluye en su contenido la regulación de la curatela, guarda de hecho y defensor judicial de la persona con discapacidad, y en el Titulo XII bajo el título "Disposiciones comunes", abarcando tan solo un precepto (art. 300). Y se reserva el Título X para regular las situaciones "De la mayor edad y emancipación" (arts. 239 a 248), con apenas modificaciones en su contenido.

Como consecuencia de la reforma introducida, la Ley 8/2021 distingue entre las instituciones tuitivas de los menores de edad y las instituciones de protección de las personas con discapacidad. Dentro de las primeras se regulan la tutela, la guarda de hecho y el defensor judicial del menor (arts. 199 a 238); y como instituciones tuitivas de las segundas se incluyen la curatela, la guarda de hecho y el defensor judicial (art. 250.1).

La regulación de las instituciones tuitivas de los menores, como se ha indicado, se recoge en el Título IX del Libro I del CC bajo la rúbrica "De la tutela y de la guarda de los menores". Dicho Título se divide en tres Capítulos dedicados cada uno de ellos a las tres figuras tuitivas básicas de los menores. El Capítulo I trata "De la tutela" (arts. 199 a 234), siendo la figura con mayor regulación, distribuyéndose en cuatro secciones, dedicadas a regular disposiciones generales, a la delación y el nombramiento del tutor, al ejercicio de la tutela, y a la extinción de la tutela y rendición de cuentas, respectivamente. El Capítulo II regula la figura del defensor judicial del menor (arts. 235 y 236). Por último, el Capítulo III trata de la guarda de hecho del menor (arts. 237 y 238).

Por otra parte, la Ley 8/2021 también modifica el derecho procedimental, introduciendo reformas en la LEC y en la LJV, donde se establecen medidas para la protección de menores.

Por último, hay que señalar que la Disposición transitoria segunda de la citada Ley dispone que "Los tutores, curadores, con excepción de los curadores de los declarados pródigos, y defensores judiciales nombrados bajo el régimen de la legislación anterior ejercerán su cargo conforme a las disposiciones de esta Ley a partir de su entrada en vigor", añadiendo que a los curadores de los emancipados cuyos progenitores hubieran fallecido o estuvieran impedidos para el ejercicio de la asistencia prevenida por la ley y de los menores que hubieran obtenido el beneficio de la mayor edad se les aplicarán las normas establecidas para el defensor judicial del menor.

Cuestiones relevantes

1. En los últimos años se ha producido un especial interés por los menores y por su situación en la sociedad, considerándolos un colectivo susceptible de una protección especial, a partir, sobre todo, de la Convención sobre los Derechos del Niño de 20 de noviembre de 1989. De ahí la múltiple legislación internacional, estatal y autonómica sobre los menores. Dado que la Ley Orgánica de Protección Jurídica del Menor los considera sujetos de derechos, existe una postura entre los expertos en utilizar una terminología más acorde con la nueva perspectiva con que se mira a los menores; así, se utiliza actualmente para referirse a los mismos los términos infancia o adolescencia, y concretamente los términos niños y niñas, según la etapa de edad en la que se encuentren, términos que se consideran más correctos inclusive en el ámbito jurídico.

2. Como consecuencia de la reforma introducida por la Ley 8/2021 se ha suprimido para los menores de edad la curatela como figura tuitiva, que queda reservada únicamente para las personas con discapacidad.

En su virtud, los menores de edad emancipados en las situaciones que requieren complemento de capacidad en el ejercicio de su capacidad de obrar, y no pueden asumir este papel los progenitores, se les nombra un defensor judicial, pero no un curador porque tal figura ha desaparecido en el ámbito de la minoría de edad (vid. art. 247 CC y apartado IV del Preámbulo de la Ley 8/2021).

2. LA TUTELA DE LOS MENORES DE EDAD

2.1. La tutela de menores. Concepto

La tutela es una institución por la cual la ley designa representante legal con carácter estable a un menor que no se encuentra sujeto a la patria potestad.

Nuestra legislación contempla dos modalidades de la misma: la tutela ordinaria y la tutela automática (art. 199 CC).

La tutela ordinaria se constituye cuando no existen personas que ejerzan la patria potestad (art. 199.2º CC) y se instituye siempre judicialmente.

La tutela automática o por ministerio de la ley se produce cuando los menores se encuentran en situación de desamparo, es decir, privados de la necesaria asistencia moral o material (art. 199.1º CC), y es acordada por una Entidad Pública.

Ambas modalidades de tutela, aunque son figuras de protección del menor, se distinguen por la distinta finalidad de ambas, por los modos de constitución y por los sujetos implicados. En cuanto a la finalidad, hay que señalar que la tutela ordinaria es supletoria de la patria potestad, mientras la tutela administrativa establece la protección del menor cuando la patria potestad o la tutela ordinaria no se la proporcione, por lo que su finalidad es hacer frente de forma rápida a la situación de urgente necesidad en que se halla el menor desasistido de hecho. En cuanto a los sujetos titulares de ambas instituciones también son diferentes, pues en la tutela ordinaria pueden ser nombrados tutores las personas físicas o jurídicas idóneas para cumplimentar las funciones tutelares por la autoridad judicial, mientras en la tutela administrativa se da entrada a la Administración pública como garante subsidiario del menor. Por último, ambas tutelas se distinguen también por el modo de constitución de ambas modalidades, pues mientras la tutela ordinaria se constituye por la autoridad judicial, la tutela administrativa asume la tutela del menor por el ente público de manera automática, es decir, por ministerio de la ley, cuando la propia Administración declara al menor en desamparo, sin necesidad de resolución judicial.

Por todo ello, ambas modalidades se regulan en sedes distintas: la tutela ordinaria en un título propio del Libro I del CC, el Título IX; mientras la tutela administrativa se regula en los arts. 172 y ss. dentro del Capítulo V, dedicado a la adopción y a otras formas de protección de los menores, del Título VII del Libro I, que trata de las relaciones paterno-filiales.

Normativa reguladora

La tutela de los menores se regula en los arts. 199 a 234 CC.

El art. 199 establece que "Quedan sujetos a tutela: 1.° Los menores no emancipados en situación de desamparo. 2.° Los menores no emancipados no sujetos a patria potestad". Hay que advertir que en el mismo precepto se están contemplando las dos modalidades de tutela: la tutela ordinaria y la tutela automática, aunque su regulación no se produce en el mismo Título, dado que la tutela por ministerio de la ley se regula en los arts. 172 y ss CC (dentro del Título VII, que trata de las relaciones paterno-filiales, en el Capítulo V, que versa sobre la adopción y otras formas de protección de los menores).

A continuación de este precepto, el legislador regula las funciones de la tutela de los menores señalando que las funciones tutelares constituyen un deber, se ejercerán en beneficio del tutelado y estarán bajo la salvaguarda de la autoridad judicial (art. 200.1º CC).

En el mismo precepto se hace una referencia a las medidas y disposiciones previstas en el art. 158 CC, estableciendo que podrán ser acordadas también por la autoridad judicial en todos los supuestos de tutela de menores, en cuanto lo requiera el interés de estos (art. 200.2º). Dichas medidas se refieren al establecimiento de aquellas que sean convenientes para asegurar la prestación de alimentos y proveer a las futuras necesidades del menor, en caso de incumplimiento de este deber, por sus padres; a las disposiciones a fin de evitar a los menores perturbaciones dañosas en los caso de cambio de titular de la potestad de guarda; a las necesarias para evitar la sustracción de los hijos menores por alguno de los progenitores o por terceras personas; a la prohibición a los progenitores, tutores, a otros parientes o a terceras personas de aproximarse al menor y acercarse a su domicilio o centro educativo y a otros lugares que frecuente, con respeto al principio de proporcionalidad cuando se hubiere establecido tal medida; a la posibilidad de prohibir la comunicación con el menor, que impedirá a los progenitores, tutores, a otros parientes o a terceras personas establecer contacto escrito, verbal o visual por cualquier medio de comunicación o medio informático o telemático, con respeto al principio de proporcionalidad; y a la suspensión cautelar en el ejercicio de la patria potestad y/o en el ejercicio de la guarda y custodia, la suspensión cautelar del régimen de visitas y comunicaciones establecidos en resolución judicial o convenio judicialmente aprobado y, en general, las demás disposiciones que considere oportunas, a fin de apartar al menor de un peligro o de evitarle perjuicios en su entorno familiar o frente a terceras personas.

Por otro lado, se hace una especial mención a los menores que estén bajo la tutela de una entidad pública, estableciendo que estas medidas solo podrán ser acordadas por la autoridad judicial de oficio o a instancia de dicha entidad, del Ministerio Fiscal o del propio menor. La entidad pública será parte en el procedimiento y las medidas acordadas serán comunicadas a esta, que dará traslado de dicha comunicación al director del centro residencial o a la familia acogedora (arts. 200.3º y 158.2º CC).

Jurisprudencia

En relación a la modalidad de tutela automática o por ministerio de la Ley, se han planteado ante nuestros tribunales bastantes demandas de oposición a la resolución de la entidad pública que declara la improcedencia de la medida de tutela por razón de la edad de menores extranjeros no acompañados.

Así, en la STS 27 julio 2022 (*Tol 9156*263) el demandante presentó recurso de casación a la SAP de Madrid 1 octubre 2021 en la cual se planteó demanda de oposición a la resolución de la entidad pública que declaró la improcedencia de la medida de tutela del demandante tras ser decretada su mayoría de edad por la Fiscalía. En las dos instancias se desestimaron las correspondientes demandas por entender que, aun de estarse a la documentación aportada por el demandante, al dictar la Audiencia su sentencia el apelante ya sería mayor de edad, por lo que no procedería adoptar medida de tutela, que era su pretensión inicial, que habría quedado vacía de contenido. El demandante interpuso recurso por infracción procesal y casación que, de acuerdo con el criterio del Ministerio Fiscal, fueron estimados. El TS señala, contra lo que afirma la sentencia recurrida, que en casos semejantes ha reiterado que no procede apreciar carencia sobrevenida del objeto puesto que, con independencia de que haya adquirido la mayoría de edad a lo largo de la tramitación del procedimiento (por lo que, aun de estimarse el recurso y la demanda, ya no procedería su tutela inmediata por parte de los servicios de protección de menores de la Comunidad Autónoma de Madrid), el recurrente seguía teniendo un interés legítimo en que se declare que la resolución administrativa que le denegó la declaración de desamparo no fue conforme a derecho (por todas, sentencia 307/2020, de 16 de junio). Y señala que las sentencias 357/2021, de 24 de mayo, y 307/2020, de 16 de junio, sintetizan el marco normativo y la doctrina de la Sala. Así afirma que el criterio prioritario en esta materia es la protección del menor que se encuentra en nuestro país sin familia, lo que hace de él un menor muy vulnerable, por lo que la interpretación de los textos legales debe llevarse a cabo de conformidad con la Convención sobre los Derechos del Niño, que dispone que se debe tener en cuenta el interés superior del menor, lo cual requiere una valoración particularizada de cada caso en atención a las circunstancias concurrentes. Pone de relieve también el TS que en nuestra legislación los extranjeros indocumentados cuya minoría de edad no pueda ser establecida con seguridad deben ser considerados menores de edad hasta que se determine su edad (art. 35.3 de la Ley Orgánica 4/2000, de 11 de enero, sobre derechos y libertades de los extranjeros en España y su integración social —y art. 190 del Real Decreto 557/2011, de 20 de abril, por el que se aprueba su Reglamento— y art. 12.4 LOPJM). En el caso que se juzgó, el TS estimó que las sospechas de una posible mayoría de edad no debían haber prevalecido sobre la edad que efectivamente figuraba en la documentación oficial (pasaporte) dado que ésta no llegó a ser impugnada. Y señaló que "Es doctrina de la Sala «que no considerar fiable los documentos aportados, de los que ni se acredita ni se afirma que sean falsos, irregulares o estén manipulados, y que no han sido impugnados, comporta una vulneración del derecho de igualdad y no discriminación ante la ley, basada en el origen nacional del menor. Ello está vedado por el principio de igualdad y no discriminación (art. 14 CE) y es incompatible con el compromiso de respetar los derechos enunciados en la Convención de los derechos del niño y asegurar su aplicación sin distinción alguna, independientemente de la raza, el color, el sexo, el idioma, o el origen nacional, étnico o social (art. 2.1 de la Convención)» [STS 410/2021, de 18 de junio; 412/2021, de 21 de junio y 610/2021, de 20 de septiembre]". Por todo lo anterior, el TS estimó los recursos y la demanda contra la resolución administrativa impugnada, declarando que el recurrente debió ser tenido por menor de edad cuando se dictó la resolución cuestionada, lo que le otorgaba el derecho a quedar bajo la protección que la ley dispensa a los menores no acompañados.

Esta doctrina se reitera en otras resoluciones del mismo TS, entre otras muchas, como más recientes, las SS 12 julio 2022 (*Tol 9141804*), 5 julio 2022 (*Tol 9124095*), 27 abril 2022 (*Tol 8940944*) y 20 abril 2022 (*Tol 8917255*).

Cuestiones relevantes

3. La doctrina ha destacado ciertos caracteres de la tutela de menores. Entre ellos cabe citar: 1) Subsidiariedad, porque se configura como un mecanismo paralelo y subsidiario de la patria potestad; 2) Naturaleza pública del cargo, porque la constitución de la tutela se produce por la autoridad judicial; 3) Obligatoriedad, dado que las funciones tutelares constituyen un deber, salvo los casos de excusa; 4) Generalidad, porque la tutela atribuye el cuidado y la protección integral de la persona y los bienes del menor; y, por último, 5) Control judicial, pues el ejercicio de la función tutelar se realiza bajo la vigilancia del Ministerio Fiscal y la autoridad judicial podrá establecer las medidas de vigilancia y control que estime oportunas en beneficio del tutelado así como recabar los informes que considere oportunos.

4. En relación a la consideración de las funciones tutelares como un deber, la doctrina considera que no hay que entender esta expresión en sentido absolutamente estricto, entre otras razones, porque se admite la excusa del cargo, sino que viene a significar que el tutor en el cargo tiene el deber de ejercer las funciones legalmente establecidas en los términos precisados por el juez y en beneficio del tutelado.

5. En cuanto a la afirmación de que la tutela se ha de ejercer en beneficio del tutelado, se ha de entender que el criterio fundamental es el del interés superior del menor. Este criterio del interés del menor, que, inspira no sólo toda la regulación de la tutela sino cualquier regulación sobre los menores, debe interpretarse conforme a lo dispuesto en el art. 2 LOPJM, que establece los criterios generales que deberán tenerse en cuenta a efectos de la interpretación y aplicación en cada caso concreto del interés superior del menor, los elementos de ponderación de tales criterios, que deberán valorarse conforme a los principios de necesidad y proporcionalidad, y la prevalencia de este interés frente a cualquier otro cuando exista incompatibilidad.

2.2. *Personas sujetas a tutela*

La tutela ordinaria se constituye sobre menores no emancipados en situación de desamparo o que no estén sujetos a la patria potestad (art. 199 CC).

Cuando se habla de menores se hace referencia a todas las personas que no hayan cumplido los 18 años, y que no estén emancipados, según se desprende de los arts. 246, *a contrario sensu,* y 247 CC.

La Ley 8/2021 ha limitado la tutela únicamente a los menores de edad no emancipados, suprimiendo dicha figura para las personas con discapacidad, por el principio fundamental de reconocer la capacidad jurídica de tales personas en igualdad de condiciones con las demás, en virtud de lo que dispone el art. 2 de la Convención de Nueva York de 2006. Y así el propio Preámbulo de la Ley señala que "(...) la tutela, con su tradicional connotación representativa, queda reservada para los menores de edad que no estén protegidos a través de la patria potestad, mientras que el complemento de capacidad requerido por los emancipados para el ejercicio de ciertos actos jurídicos será atendido por un defensor judicial" (apartado IV). Lo que queda subrayado por el art. 231.1 CC que establece que la tutela se extingue con "la emancipación o concesión del beneficio de la mayoría de edad". Y aunque el art. 199 CC no lo explicita, quedan también excluidos de la tutela los menores que han obtenido este beneficio de la mayor edad, que se equiparan a los emancipados (según establece el art. 247.3 CC).

Normativa reguladora

El art. 199 establece que "Quedan sujetos a tutela: 1.º Los menores no emancipados en situación de desamparo. 2.º Los menores no emancipados no sujetos a patria potestad".

La doctrina señala que es elemento esencial que el menor no emancipado no se encuentre sujeto a la patria potestad, pues en caso contrario no sería necesaria la tutela; situación que puede suscitarse concurriendo distintas circunstancias; así: cuando la filiación no esté determinada; cuando, estándolo, fallezcan o se produzca una declaración de fallecimiento de los progenitores; cuando, estando determinada la filiación y estando vivos, los progenitores. éstos hayan sido privados de la patria potestad por resolución judicial en juicio civil o dictada en causa criminal, afectando ello a ambos progenitores, pues si sólo se refiere a uno, será el otro el que asuma el ejercicio de la patria potestad.

Cuestiones relevantes

6. Los menores emancipados no se encuentran sometidos a tutela, pues el art. 247 CC establece que "La emancipación habilita al menor para regir su persona y bienes como si fuera mayor", y para los casos en que necesite un complemento de capacidad (tomar dinero a préstamo, gravar o enajenar bienes inmuebles y establecimientos mercantiles o industriales u objetos de extraordinario valor, o disposición de los bienes comunes si estuvieren casados) requieren el consentimiento de sus progenitores y, a falta de ambos, el del defensor judicial, pues a éstos ya no se les nombra curador.

En caso de que un menor emancipado se encontrara en una situación de discapacidad, y éste no hubiera designado persona para ejercer el apoyo necesario, se le nombrara un curador por la autoridad judicial, pero no un tutor, por aplicación de las normas que regulan el ejercicio de la capacidad jurídica de las personas con discapacidad (arts. 249 y 250 CC), salvo que exista un guardador de hecho o dicho ejercicio sólo requiera el nombramiento de un defensor judicial.

2.3. *Promoción de la tutela*

Dada la situación de desprotección y vulnerabilidad en la que se puede encontrar un menor de edad no emancipado, el legislador obliga a determinadas personas a poner en conocimiento de la autoridad judicial tal circunstancia y a promover el expediente de tramitación de la tutela.

Normativa reguladora

Están obligados a promover la constitución de la tutela, desde el momento en que conocieran el hecho que la motivare, los parientes llamados a ella y la persona bajo cuya guarda se encuentre el menor, y si no lo hicieren serán responsables solidarios de la indemnización de los daños y perjuicios causados (art. 206 CC).

En cuanto a los parientes, estos pueden ser llamados a la tutela por la ley o designados por los progenitores. La ley no obliga a promover la tutela a cualquier pariente sino sólo a los llamados a la tutela, y éstos se especifican en el art. 213 señalando que son los ascendientes y los hermanos, con independencia de que el parentesco lo sea por naturaleza o por adopción. Por tanto, son los abuelos y otros ascendientes ulteriores y los hermanos los que están obligados a solicitar el inicio del expediente de tutela. Quedan excluidos de tal obligación y de la legitimación para iniciar tal expediente otros parientes (como los tíos, los primos hermanos, los primos, etc.), que no son llamados por la ley, salvo que sean llamados de forma voluntaria o salvo que sean guardadores de hecho. El llamamiento voluntario, al que se refiere el primer inciso del precepto, es el realizado por los padres en testamento o documento público notarial (art. 201 CC);

los designados por este cauce que sean parientes estarán también obligados a solicitar el inicio del expediente si conocen el hecho determinante de la tutela; sin embargo, los llamados por esta vía que no sean parientes no tienen obligación ni legitimación para solicitar el inicio del expediente.

De otro lado, el precepto también atribuye esta obligación a los guardadores de hecho, sean estos personas físicas o jurídicas.

Ahora bien, nuestra legislación permite también a cualquier persona que observe un hecho que sea determinante de tutela poner dicha situación en conocimiento del Ministerio Fiscal o de la autoridad judicial (art. 207 CC). Se trata de un llamamiento genérico, que incluye a cualquier persona, tanto sean parientes del menor como terceros extraños. Por tanto, los parientes que no sean llamados por la ley o designados por los progenitores y los terceros no parientes designados por los progenitores pueden utilizar esta vía para el inicio del expediente de tutela. Técnicamente esta posibilidad no constituye una obligación de las personas, sino que el precepto y solo faculta a cualquier persona para poner en conocimiento los hechos determinantes de la tutela. Los receptores de esta información son el Ministerio Fiscal o la autoridad judicial.

En cuanto al momento en que se de promover la tutela, el precepto sólo indica que se realizará "desde el momento en que conocieran el hecho que la motivare".

La doctrina estima pues que se ha de tener en cuenta no el momento en que se produzca el hecho, sino el momento en que se conozca que se ha producido el hecho. Asimismo, entiende la doctrina que la referencia que hace el precepto al "hecho que la motivare" ha de entenderse en el sentido de que el menor ha dejado de estar sujeto a la patria potestad, cualquiera que haya sido la causa que motivare la desaparición de dicha patria potestad. La norma no fija plazo para que, a partir del momento del conocimiento, se proceda a promover la tutela, pero la doctrina y la jurisprudencia coinciden en que ello deberá realizarse con la mayor diligencia y celeridad posibles.

La promoción se efectuará en la forma que establece el art. 45 LJV. Los sujetos obligados deberán presentar solicitud de inicio de expediente de constitución de la tutela en la que expresen el hecho concreto que dé lugar a ella e indiquen los parientes más próximos del menor y sus domicilios. A esta solicitud se deben adjuntar los documentos acreditativos de la legitimación para promover el expediente, el certificado de nacimiento del menor y, en su caso, el certificado de últimas voluntades de los progenitores y el testamento o documento público notarial otorgado por estos en los que se disponga sobre la tutela.

La consecuencia jurídica del incumplimiento de la obligación de promover la tutela es que se responderá de la indemnización de los daños y perjuicios causados, según establece el propio art. 206 CC.

Cuestiones relevantes

7. En cuanto a la indemnización derivada del incumplimiento de esta obligación, estima la doctrina que se trata de una responsabilidad solidaria y una responsabilidad objetiva, señalándose que los daños de los que se responde son los causados al menor tanto en al ámbito personal como patrimonial. El ejercicio de la acción corresponderá al nombrado tutor o al propio tutelado cuando llegue a la mayoría de edad.

8. Por otro lado, hay que poner de relieve que **el incumplimiento de la obligación de promover la tutela no se considera por el legislador como una causa de inhabilitación para el nombramiento de tutor.**

2.4. *Constitución de la tutela*

Dado que la tutela es una medida legal de protección del menor, la constitución fundamental de la misma se realiza por la autoridad judicial. Sin embargo, el legislador ha permitido a los progenitores poder realizar la designación de tutor y cuantas disposiciones consideren oportunas para regir la persona y el patrimonio de sus hijos.

2.4.1. Establecimiento de la tutela por los progenitores

El legislador permite que los progenitores puedan designar tutor a sus hijos, así como establecer otras disposiciones en torno al ejercicio de dicha tutela. Ello se fundamenta en que la protección fundamental de los menores se atribuye por el CC a sus progenitores y en que éstos son los que mejor conocen las necesidades de sus hijos.

Normativa reguladora

En los arts. 201 y 203 CC, se permite que los padres puedan establecer las disposiciones que consideren oportunas sobre la tutela y la designación de tutor para sus hijos menores de edad, así como cualquier otra disposición sobre la persona o los bienes de los mismos.

No obstante, existe una limitación impuesta por el propio legislador pues considera ineficaces aquellas disposiciones realizadas por el disponente que hubiese sido privado de la patria potestad (art. 204 CC).

La privación, en sentido técnico, está regulada en el art. 170 CC que establece que "El padre o la madre podrán ser privados total o parcialmente de su potestad por sentencia fundada en el incumplimiento de los deberes inherentes a la misma o dictada en causa criminal o matrimonial", lo que supone que se excluye la patria potestad como consecuencia del incumplimiento de los padres de la protección que deben al menor; dado que el art. 204 no distingue, la ineficacia de las disposiciones establecidas por los progenitores se produce en cualquier supuesto de privación de la patria potestad, es decir, tanto si es total como parcial. Por otra parte, hay que recordar que el art. 111 CC excluye por ministerio de la ley al progenitor de la patria potestad y le niega derechos respecto del hijo cuando haya sido condenado penalmente, por sentencia firme, a causa de las relaciones a que obedezca la generación o cuando la filiación haya sido judicialmente determinada contra su oposición, en cuyo caso también hay que entender que se produce la ineficacia de tales disposiciones. En cuanto al momento temporal en que se debe entender producida dicha ineficacia, estima la doctrina que tales disposiciones solo serán ineficaces si el progenitor está privado de la patria potestad en el momento de realizarlas, no si se la privación de la misma se produce después, de modo que el art. 204 no se aplicaría cuando los progenitores sólo estuvieran incursos en causa de privación.

Estima la doctrina que, fuera de los padres, el legislador no permite realizar a nadie nombramiento de tutor o disposiciones acerca de la tutela del menor, ni siquiera al propio menor respecto de sí mismo, pues no está previsto que éste intervenga en el diseño de sus instituciones de protección, dado que la ley solo permite que la propia persona establezca disposiciones sobre sí misma cuando es mayor de edad o menor emancipado en previsión de circunstancias que puedan dificultarle el ejercicio de su capacidad jurídica. Sólo hay una excepción al respecto, la consignada en el art. 205 CC en relación al sujeto que disponga de bienes a título gratuito en favor de un menor, que permite a este sujeto establecer reglas de administración de estos bienes.

El legislador impone una determinada forma para la validez de las disposiciones establecidas por los progenitores, y es que se deben realizar en testamento o en documento público notarial (art. 201 CC). Sin embargo, el legislador también ha previsto que los progenitores hubieran realizado dichas disposiciones en ambos documentos, señalando que en este caso se aplicarán unas y otras conjuntamente en cuanto fueren compatibles, y no siéndolo se establece que se adoptarán por la autoridad judicial, en decisión motivada, las que considere más convenientes para el interés superior del menor (art. 203 CC). De otro lado, si tales disposiciones se establecen conjuntamente por ambos progenitores deberán realizarse en documento público notarial, dado que el testamento en el sistema sucesorio del CC es personalísimo (art. 670.1), y sólo en algunos Derechos civiles especiales se admite el testamento mancomunado (Aragón, Navarra).

En cuanto al contenido de estas disposiciones realizadas por los progenitores, el precepto señala que éstos pueden: a) designar tutor; b) establecer cualquier otra disposición sobre la persona y los bienes del menor; en su virtud, la doctrina señala que podrán dejar instrucciones relativas a su cuidado personal, educación, formación, asignación de la custodia en caso de divorcio o separación de los tutores, entre otras; o instrucciones sobre la administración, inversión, y otros extremos en relación a sus bienes; o realizar otras previsiones sobre el funcionamiento de la tutela, como la fijación de una retribución (art. 229.2 CC) o la asignación de frutos de bienes del menor a cambio de prestarle alimentos (art. 229.3 CC); c) establecer órganos de fiscalización de la tutela, así como designar las personas que hayan de integrarlos; y, por último, d) excluir como tutores a determinadas personas (art. 217.1° CC).

Dichas disposiciones vincularán al Juez, salvo que éste considere que son perjudiciales para el tutelado en base al interés superior del mismo en resolución motivada (arts. 202 y 203 CC).

Por último, hay que señalar que se establece una disposición especial, señalando que "El que disponga de bienes a título gratuito en favor de un menor podrá establecer las reglas de administración y disposición de los mismos y designar la persona o personas que hayan de ejercitarlas. Las funciones no conferidas al administrador corresponden al tutor" (art. 205 CC).

Dicha norma es similar a la que el legislador ha dispuesto en la regulación relativa a las medidas de apoyo para el ejercicio de la capacidad jurídica de las personas con discapacidad en el art. 252 CC. No señala el CC la forma en la que se debe realizar esta disposición, pero la doctrina estima, en relación con el art. 201, que se debe realizar en testamento o documento público.

Cuestiones relevantes

9. En cuanto a la designación de tutor por los progenitores, la doctrina considera que se ha mejorado la expresión que utiliza el legislador, pues antes se hacía referencia al nombramiento del tutor, cuando en buena técnica jurídica el nombramiento del mismo sólo lo puede realizar la autoridad judicial.

10. Aunque no lo precise el CC, la doctrina estima que **los progenitores pueden designar como tutor a cualquier persona física o jurídica** (por analogía con los arts. 211 y 212 CC), **y a uno o varios tutores, incluso diferenciando la tutela de la persona de la tutela sobre los bienes del menor** (por analogía con los arts. 218 y 219 CC).

11. En cuanto a los documentos donde pueden constar estas previsiones de los progenitores, la doctrina estima que, en relación al testamento, caben todos los testamentos admitidos en el Derecho civil común y en los Derechos civiles especiales, y en cuanto a los documentos notariales públicos, se apunta que este documento público no tiene por qué ser específicamente tutelar, sino que las previsiones de los padres pueden estar contenidas en cláusulas de escrituras de contenido más amplio (por ejemplo, en capitulaciones matrimoniales).

12. En relación a estos documentos, el CC no dispone expresamente su inscripción en el RC; sin embargo, la doctrina considera que, teniendo en cuenta el art. 300 CC (situado sistemáticamente en el Título XII referido a "Disposiciones comunes"), que establece que las "resoluciones judiciales y los documentos públicos notariales sobre los cargos tutelares y medidas de apoyo a personas con discapacidad habrán de inscribirse en el Registro Civil", **parece que los documentos del art. 201 CC se hallan incluidos dentro de la expresión "documentos públicos notariales sobre los cargos tutelares" y que, por tanto, habrán de inscribirse.**

13. En cuanto al carácter vinculante de las disposiciones en relación al Juez, la doctrina estima que se basan en razones de Derecho natural, pues se entiende que los progenitores son los que mejor saben lo que les conviene a los hijos y en base al propio sistema del ordenamiento jurídico privado pues la facultad de realizar las disposiciones del art. 201 CC forma parte del ejercicio de la patria potestad. En cuanto a la posibilidad de desvincularse el Juez de tales disposiciones, entiende la doctrina que tal desvinculación se producirá cuando la opción de los progenitores cause perjuicio al menor al no procurarle el cuidado necesario para su desarrollo, debiendo motivar la causa de tal desvinculación.

14. En el caso del disponente a título gratuito en favor del menor, no existe ningún precepto similar al art. 202 CC que establezca la vinculación o no del Juez a respetar tales disposiciones, estimando la doctrina que la respuesta debe encontrarse en el principio del interés superior del menor que inspira la regulación del Título IX y en las amplias facultades otorgadas al Juez como garante de dicho interés (vgr. arts. 200 y 210 CC).

2.4.2. Constitución de la tutela por la autoridad judicial

A la constitución de la tutela por la autoridad judicial se refieren los arts. 208 a 210 CC expresamente, regulación complementada por las disposiciones de la Ley de Jurisdicción Voluntaria en relación a la tramitación del expediente de constitución de la misma, en el Capítulo IV del Título II de la LJV, que lleva por rúbrica: "De la tutela, la curatela y la guarda de hecho".

Normativa reguladora

El art. 208 CC establece que "La autoridad judicial constituirá la tutela mediante un expediente de jurisdicción voluntaria, siguiendo los trámites previstos legalmente".

Este expediente está regulado en los arts. 44 y siguientes de la Ley 15/2015, de 2 de julio, de la Jurisdicción Voluntaria.

El expediente se iniciará mediante solicitud presentada por el Ministerio Fiscal o por cualquiera de las personas legalmente indicadas para promover la tutela o curatela. En la solicitud deberá expresarse el hecho que dé lugar a ella, acompañando los documentos acreditativos de la legitimación para promover el expediente e indicando los parientes más próximos de la persona respecto a la que deba constituirse la tutela y sus domicilios. Igualmente deberá acompañarse certificado de nacimiento de ésta y, en su caso, el certificado de últimas voluntades de los progenitores, el testamento o documento público notarial otorgado por éstos en los que se disponga sobre la tutela de sus hijos menores.

El Juez constituirá la tutela previa audiencia de los parientes más próximos, de las personas que considere oportuno, y, en todo caso, del tutelado si tuviera suficiente juicio y siempre si fuera mayor de doce años (art. 45, 1° y 2°, LJV), lo que resulta preceptivo y de obligado cumplimiento para el propio Juez, y se establece que tanto el Juez como el Ministerio Fiscal actuarán de oficio en interés del menor. Ello se realizará en audiencia pública y con la asistencia del Ministerio Fiscal.

La autoridad judicial dictara resolución en la que constara la constitución de la tutela, nombrando tutor, y las medidas de vigilancia y control que estime por convenientes en beneficio del tutelado; asimismo, en cualquier momento podrá exigir del tutor que informe sobre la situación del menor y del estado de la administración de la tutela (arts. 210 CC y 45, 4º y 5º, LJV).

La tutela se ejercerá bajo la vigilancia del Ministerio Fiscal, que actuará de oficio o a instancia de la persona menor de edad o de cualquier interesado, pudiendo exigir del tutor en cualquier momento que le informe sobre la situación del menor y del estado de la administración de la tutela (art. 209 CC).

Cuestiones relevantes

15. La Ley 15/2015, de 2 de julio, de Jurisdicción Voluntaria en el art. 43, modificado por la Ley 8/2021, establece que: **"1. Será competente para el conocimiento de este expediente el Juzgado de Primera Instancia del domicilio o, en su defecto, de la residencia del menor o persona con discapacidad".**

16. Considera la doctrina que sería **conveniente que quede acreditado en el expediente que da lugar a la constitución de la tutela,** y dado que la autoridad judicial puede acordar medidas de vigilancia y control, **respecto del menor, su forma de vida, situación escolar, con quien ha vivido desde la muerte de sus progenitores, relaciones con la familia del tutor, etc.; y en relación al tutor, su situación personal, medios económicos, relaciones familiares, etc.**

17. En estos expedientes no es necesaria la intervención de Abogado ni de Procurador, según se establece en Disposición adicional tercera de la Ley Orgánica 1/1996, y en el art. 43.3 de la LJV en su redacción dada por la Ley 8/2021.

2.5. *Nombramiento de tutor*

El Código civil regula la delación y el nombramiento del tutor dedicándole una Sección específica, la Sección segunda del Capítulo I, teniendo una de las regulaciones más amplias dentro del régimen de la tutela: arts. 211 a 223.

Según se desprende de la regulación establecida en las Secciones primera y segunda de este Capítulo, la designación del tutor la pueden realizar los progenitores en testamento o documento público (art. 201 CC) o la autoridad judicial, lo cual no se señala explícitamente en el CC, pero se desprende del art. 208 CC, aunque sí se establece expresamente en el art. 45.3 LJV.

El nombramiento del tutor se regula en los citados arts. 211 a 223, y en dicha regulación se parte de la idea de que pueden ser nombrados tutores tanto las personas físicas como las personas jurídicas.

Sin embargo, el legislador no especifica si dicha regulación se aplica a la tutela constituida por la autoridad judicial, cuya aplicación se presume, o si también se aplica a la designación de tutor por los progenitores.

Ahora bien, el CC sí que establece que, si hay designación de tutor por parte de los progenitores en testamento o documento público notarial, la autoridad judicial queda vinculada por tal designación, salvo que el interés superior del menor exija otra cosa, en cuyo caso dictará resolución motivada (art. 202 CC), como se ha señalado anteriormente.

Normativa reguladora

Como regla general, el nombramiento de tutor lo realiza la autoridad judicial (arts. 208 CC y 45.3 LJV), pero si hay designación por parte de los progenitores en testamento o documentos público notarial la autoridad judicial queda vinculada por la designación realizada por los progenitores, salvo que otra cosa considere en virtud del interés superior del menor (arts. 201 y 202 CC).

No obstante, se ha introducido una norma especial en el art. 205 CC, a la que ya se ha hecho alusión, según la cual el que disponga de bienes a título gratuito en favor de un menor podrá establecer las reglas de administración y disposición de los mismos y designar la persona o personas que hayan de ejercitarlas, señalándose que todas las funciones no conferidas al administrador corresponden al tutor. No se trata, pues, de que el que realiza una atribución a título gratuito a favor del menor pueda designar tutor sino de permitirle la facultad de establecer él mismo el contenido de la administración y disposición y/o designar un administrador sobre los bienes atribuidos. Lo cual implica que hay un tutor nombrado que compatibiliza sus funciones con este administrador específico.

Señala la ley que los cargos tutelares son siempre de carácter obligatorio, salvo si existieren causas de excusa, se ejercerán en beneficio del tutelado y estarán bajo la salvaguarda de la autoridad judicial (art. 200.1° CC).

Pueden ser nombrados tutores las personas físicas y las personas jurídicas.

1) En cuanto a las personas físicas, pueden ser tutores todas las personas físicas que, a juicio de la autoridad judicial, cumplan las condiciones de aptitud suficientes para el adecuado desempeño de su función y en quienes no concurra ninguna causa de inhabilidad establecidas por la ley (art. 211 CC).

El CC establece un orden en el nombramiento de las personas físicas.

Así, el art. 213 CC dispone que: "Para el nombramiento de tutor se preferirá: 1°) A la persona o personas designadas por los progenitores en testamento o documento público notarial. 2°) Al ascendiente o hermano que designe la autoridad judicial".

a) Personas designadas por los progenitores. Hay que recordar que la autoridad judicial, para nombrar tutor, deberá atender en primer lugar a las disposiciones que los padres hayan establecido respecto de sus hijos en actos de última voluntad o en documento público notarial (arts. 201 y 202 CC), por entender que los progenitores han dispuesto el nombramiento de una persona que ellos consideran idónea para sus hijos. Sin embargo, se considerarán ineficaces las disposiciones hechas en testamento o documento público notarial sobre la tutela si, en el momento de adoptarlas, el disponente hubiese sido privado de la patria potestad (art. 204 CC). Los progenitores podrán nombrar a personas físicas o jurídicas, con las condiciones establecidas en el CC.

b) Fuera de esta disposición, como se observa, las personas llamadas por la ley a ser tutores son los parientes más próximos al tutelado (parientes en línea recta, como lo son los ascendientes, y colaterales en segundo grado, hermanos, con independencia de la naturaleza del parentesco, sea este por naturaleza o por adopción, y sean los hermanos de doble vínculo o de vínculo sencillo), es decir, los que pertenecen al círculo más íntimo del tutelado dentro del grupo familiar. Y se establece que, si hubiere varios hermanos, se procurará que el nombramiento de tutor recaiga en la misma persona para todos ellos (art. 215 CC).

En relación a los hermanos, estima la doctrina que no es imperativo para el Juez establecer un tutor para todos los hermanos; señalando que con esta disposición de tutela única se trata de conseguir unidad de criterio, reducir los gastos que genera la tutela, al compartir un mismo domicilio todos los hermanos, así como de concretar la responsabilidad en el mismo tutor, ya sean los hermanos de doble vínculo o de vínculo sencillo, matrimoniales o extramatrimoniales, del mismo o diferente sexo; sin embargo, algún sector de la doctrina considera que las situaciones de los hermanos, sobre todo, si se trata de familias reconstituidas, puede ser muy diferente y que habría que estar al caso concreto.

Dispone el legislador que la autoridad judicial debe seguir el orden establecido en dicho precepto. Pero, excepcionalmente, el Juez, en resolución motivada, podrá alterar este orden o prescindir de todas las personas mencionadas, si el interés superior del menor así lo exigiere (art. 213.2° CC).

Además, se establece que, en defecto de las personas mencionadas, el Juez designará tutor a quien, por sus relaciones con el tutelado y en beneficio de éste, considere más idóneo (art. 214 CC).

Señala la doctrina que este precepto recoge una norma de cierre del sistema. El precepto se refiere a la posibilidad de que la autoridad judicial nombre a quien considere más adecuado sin establecer ningún orden ni ninguna preferencia, y, como se observa, el precepto no exige ningún requisito al respecto. Las posibilidades que pueden dar lugar a esta designación pueden ser muy variadas: que no exista ninguna de las personas mencionadas en el art. 213, o que, en el caso de haberlas, el Juez no las considere idóneas para el ejercicio del cargo, o que concurra una causa de inhabilidad para ser tutor, entre otras muchas. Esta designación judicial de tutor es de carácter subsidiaria, pues el Juez procederá a este nombramiento en defecto de las personas señaladas en el citado art. 213. Los únicos límites que impone el legislador es que la autoridad judicial tiene que tener en cuenta las relaciones que tenga el menor con el designado tutor, así como el interés superior del mismo.

Como regla general, la tutela se desempeñara por un solo tutor, salvo en algunos casos en que se puede ejercer por varios tutores conjuntamente (art. 218.1° CC), como cuando convenga separar como cargos distintos el de tutor de la persona y el de los bienes, cuando se designa tutor al hermano del progenitor y se considera conveniente que ejerza también la tutela el cónyuge del tutor o la persona que se halle en análoga relación de afectividad, o cuando los progenitores del tutelado hayan designado en testamento o documento público notarial más de un tutor para que ejerzan la tutela conjuntamente (art. 218 CC).

A la existencia de una pluralidad de tutores se refieren algunos preceptos del CC, concretamente en relación a la toma de decisiones y al cese en la tutela de alguno de ellos.

En cuanto a la primera cuestión, el art. 219.1° CC dispone la actuación solidaria de los tutores si los padres lo hubieren dispuesto de modo expreso, de manera que cualquiera de los tutores nombrados podrá realizar de forma individual los actos relativos a la tutela. Por el contrario, en los demás casos, si no existe dicho nombramiento conjunto, las facultades de la tutela habrán de ser ejercitadas por los tutores de modo conjunto, valiendo lo que se haga con el acuerdo del mayor número de ellos; si no existiese dicho acuerdo, el Juez, después de oír al tutelado si tuviese suficiente madurez y a los tutores, resolverá sin ulterior recurso lo que estime conveniente; y si tales desacuerdos fueren reiterados y entorpecieren gravemente el funcionamiento de la tutela, el Juez puede reorganizar dicho funcionamiento e incluso proveer al nombramiento de nuevo tutor (art. 219.2° CC). Si hubiere incompatibilidad u oposición de intereses en alguno de ellos para un acto o contrato concreto, éste podrá realizarse por otro tutor o por los demás de forma conjunta (art. 220 CC).

Con respecto al cese de algún tutor, establece el art. 221 CC que la tutela subsistirá con los restantes a no ser que al hacer el nombramiento se hubiera dispuesto otra cosa de modo expreso.

2) En cuanto a las personas jurídicas, el legislador permite que sean tutores siempre que no tengan finalidad lucrativa, tanto sean públicas como privadas, y entre cuyos fines específicos figure la protección y asistencia de menores (art. 212 CC). Por ello, estima la doctrina que no pueden ser nombrados tutores ni las sociedades civiles ni las mercantiles pues son personas jurídicas en las que prevalece el ánimo de lucro.

El nombramiento de tutor se debe inscribir en el Registro civil para que tenga plena validez y eficacia. Al respecto, la Ley 8/2021 modificó la Ley 20/2011, de 21 de julio, del Registro Civil, en cuyo art. 4.13° se establece que se inscribirá en el Registro Civil tanto la tutela del menor como la defensa judicial del menor emancipado.

Jurisprudencia

El art. 200.1° CC establece que las funciones tutelares se deben ejercer en beneficio del tutelado. En correlación con ello, la jurisprudencia ha subrayado que el nombramiento del tutor debe realizarlo el Juez, siempre en interés y beneficio del tutelado.

En este sentido se han pronunciado muchas sentencias de nuestros tribunales. Así, ponen de relieve que el nombramiento de tutor se debe realizar en beneficio del tutelado las SSAP Islas Baleares 28 abril 2009 *(Tol 1565559)*, Palencia 13 diciembre 2011 *(Tol 2340547)*, y SSTS 11 octubre 2012 *(Tol 2674037)*, 5 febrero 2013 *(Tol 3010824)*, 16 mayo 2017 (*Tol 611490*), 18 de julio

2018 (*Tol 6676470*), 17 de septiembre 2019 (*Tol 7504191*), entre otras muchas, aunque referidas algunas de ellas a las personas con discapacidad, y, actualmente hay que tener en cuenta que en punto a estas personas la reforma prima la voluntad, deseos y preferencias de dichas personas por encima del interés general de las personas con discapacidad.

Se ha señalado que como regla general la autoridad judicial debe respetar el orden establecido para el nombramiento de tutor en el art. 213 CC. De hecho, en la SAP Zaragoza 21 julio 1993 *(Tol 382656)* se nombró tutora a la abuela de la nieta por privación de la patria potestad de la madre, es decir, a la ascendiente de la menor frente a otros parientes. En el mismo sentido la SAP Ciudad Real 19 octubre 2023 (*Tol 9832289*), en la que también se nombraba tutora a la abuela por suspensión de la patria potestad de la madre.

Se establece que en defecto de las personas mencionadas en el art. 213 CC, el Juez designará tutor a quien, por sus relaciones con el tutelado y en beneficio de éste, considere más idóneo (art. 214 CC). En este sentido cabe destacar el AAP Sevilla 14 junio 1999 *(AC 1999/851)*, sobre constitución de tutela de una menor de once años, cuya madre había fallecido, teniendo la custodia de la misma el padre, quien mantenía una relación de pareja estable con una persona transexual (inicialmente varón, y en el momento de los hechos, mujer), y que reclamaban los abuelos maternos al producirse el fallecimiento del padre de la misma, en el cual se concedió la custodia a la pareja del padre, con quien había convivido la menor, considerándose tal atribución en beneficio e interés de la misma, pues se estimó que atribuir la tutela a los abuelos maternos supondría desarraigar a la menor de lo que para ella desde el nacimiento había constituido su núcleo familiar.

El legislador ha establecido que, como regla general, la tutela se desempeñara por un solo tutor, salvo en algunos casos en que se puede ejercer por varios tutores conjuntamente (art. 218.1º CC), como, por ejemplo, en el caso en que por concurrir circunstancias especiales en la persona del tutelado o en su patrimonio, convenga separar como cargos distintos el de tutor de la persona y el de los bienes, Sin embargo, en la jurisprudencia se señala que, no existiendo circunstancia excepcional que lo exija, no debe dividirse la tutela personal y patrimonial; así, SAP Zaragoza 8 noviembre 1999 *(Tol 391695)*

Cuestiones relevantes

18. En el CC no se establece la capacidad para ser tutor sino tan solo se exige tener las condiciones de aptitud suficientes para realizar todos los actos de la vida civil sin ninguna restricción. Por ello, la doctrina estima que para ser tutor habrá que ser mayor de edad, sin que puedan serlo los menores emancipados, pues no tienen capacidad para realizar todos los actos civiles.

19. Respecto al requisito que se exige a las personas jurídicas de que entre los fines de éstas figure la protección y asistencia de menores, la doctrina se encuentra dividida, pues un sector de la misma estima que este requisito debe exigirse de modo estricto y expreso y no con carácter general, mientras otro sector se manifiesta en contra pues opina que si se exigiera de modo tan estricto en todas las personas jurídicas que optan a ser tutores serían muy pocas las personas aptas para poder ser designadas tutores. Pero también se recuerda que la norma es de carácter imperativo y, por tanto, de obligado cumplimiento.

20. En cuanto a las personas jurídicas, y dado el tenor del art. 212 CC, se considera por la doctrina que podrán ser tutores las corporaciones, asociaciones y fundaciones de interés público reconocidas por la Ley, así como las personas jurídico-públicas siempre que en sus estatutos o en sus títulos constitutivos tengan reconocidos entre sus fines el de la protección y asistencia de menores, o bien las personas jurídico-públicas que tengan encomendada tal función.

21. Se ha señalado que **la autoridad judicial puede alterar el orden de llamamientos que establece el CC para el nombramiento de tutor atendiendo al interés superior del menor.** En este sentido, la doctrina considera que es beneficioso para el menor, y por tanto, responde al interés superior del mismo, la integración del menor en la familia del tutor.

22. En relación al nombramiento que puede realizar la autoridad judicial en el art. 214, apartándose del orden del art. 213, nada se dice en el CC de que tal designación deba ser motivada; pero la doctrina se muestra partidaria de que se produzca tal motivación sobre la base de la regulación anterior, y por relación con el art. 213 CC, que así lo exige, y porque tanto el art. 213 como el 214 CC tienen identidad de razón.

2.6. Causas que impiden a una persona ser tutor

El CC establece una serie de situaciones por las cuales una persona no puede ser nombrado tutor o, siendo nombrado, puede dejar de serlo.

Estas situaciones dan lugar a las denominadas inhabilitación, remoción o excusa del tutor, siendo conceptos distintos.

2.6.1. Inhabilidad del tutor

Por el alcance y responsabilidad que implica la tutela, el CC señala una serie de personas que, debido a las circunstancias en las que se encuentran, no pueden ser tutores, lo que da lugar a la inhabilidad de las mismas para tal nombramiento. Causas que se tienen en cuenta en el momento de constituir la tutela y a todo lo largo del ejercicio de la misma.

Las causas de inhabilidad para ser tutor están reguladas en los arts. 216 y 217 CC. La diferencia entre ambas es que el art. 216 CC regula las causas objetivas por las que una persona no puede nunca llegar a ser tutor, mientras que el art. 217 CC establece causas que impiden inicialmente ser tutor, pero el Juez podrá nombrarlas si existe causa justificada.

La doctrina estima que las causas de inhabilidad para ser tutor son taxativas, un *numerus clausus*, de modo que solo se puede inhabilitar a una persona para ser tutor si concurre en alguna de ella, pudiendo ser tutor si no se encuentra en ninguno de los supuestos recogidos en ambos preceptos.

Normativa reguladora

Las causas que dan lugar a la inhabilidad de una persona para ser nombrada tutor se recogen en el art. 216 CC, en donde se señala que "No podrán ser tutores: 1º) Los que, por resolución judicial, estuvieran privados o suspendidos en el ejercicio de la patria potestad o, total o parcialmente, de los derechos de guarda y protección. 2º) Los que hubieren sido legalmente removidos de una tutela, curatela o guarda anterior".

En cuanto a la privación de la patria potestad, entiende la doctrina que quien ha incumplido gravemente los deberes paterno filiales derivados del ejercicio de la patria potestad respecto a sus hijos, demuestra una falta de idoneidad para ejercer la tutela ocupándose de otros menores que no sean sus hijos. Hay que recordar que las causas de privación de la patria potestad se regulan en el art. 170 CC, las cuales se basan fundamentalmente en el incumplimiento de los deberes inherentes a la misma (art. 154 CC), y también hay causa de privación de la misma en el art. 111 CC. La privación de la patria potestad debe hacerse en resolución judicial.

Por lo que se refiere a la suspensión de la patria potestad, no existe en el CC un precepto que en concreto regule la misma, aunque hay diversos preceptos que la contemplan. De modo que para un sector de la doctrina no cabe referirse a la suspensión de la patria potestad, pero para otro sector de la misma, al estar contemplada en algunos preceptos del CC, entiende que se trata de una figura autónoma dotada de un régimen jurídico específico, señalando que mientras la privación total de la patria potestad afecta a la titularidad de la misma, la suspensión solo se circunscribe a su ejercicio, y no conlleva su extinción. Por esta razón, la inclusión de la suspensión como causa de inhabilidad ha suscitado dudas a la doctrina.

Por lo que se refiere a la remoción, estima la doctrina que con esta prohibición se pretende evitar que el tutor pueda volver a incurrir en la misma causa que originó la remoción anterior.

Además, el Código civil en el art. 217 establece otras circunstancias que inhabilitan para ser tutor y así la autoridad judicial no podrá nombrar tutores: 1.º A quien haya sido excluido por los progenitores del tutelado; 2.º A quien haya sido condenado en sentencia firme por cualquier delito que haga suponer fundadamente que no desempeñará bien la tutela; 3.º Al administrador que hubiese sido sustituido en sus facultades de administración durante la tramitación del procedimiento concursal; 4.º A quien le sea imputable la declaración como culpable de un concurso, salvo que la tutela lo sea solo de la persona; y 5.º A quien tenga conflicto de intereses con la persona sujeta a tutela.

En este precepto se recogen causas que, aunque en un principio impiden el nombramiento de tutor a favor de una persona, el Juez por causa justificada sí que podrá nombrarle tutor.

2.6.2. Remoción de la tutela

La remoción de la tutela supone el cese de la persona nombrada para ser tutor por las causas señaladas por la ley.

El Código civil realiza una remisión conjunta de las causas y procedimientos de remoción y excusa de la tutela del menor, señalando que serán los mismos que los establecidos para la curatela (art. 223.1°). Por lo que hay que remitirse a los arts. 278 y 279 CC relativos a las causas de excusa y remisión de la curatela, y a los arts. 49 y 50 LJV.

Normativa reguladora

En cuanto a la remoción de la tutela, el Código civil se refiere a ella en el art. 223.2° CC, y, por remisión del art. 223.1° CC, hay que aplicar también el art. 278 CC, relativo a las causas de remoción de la curatela.

En el art. 223.2° CC el legislador posibilita al menor de edad para solicitar la remoción del tutor, estableciendo que la autoridad judicial podrá decretar la remoción a solicitud de la persona menor de edad si tuviere suficiente madurez, y que en todo caso será tenida en cuenta su opinión y se le dará audiencia si fuere mayor de doce años.

Pero el CC no establece causas específicas de remoción de la tutela de los menores, sino que remite a las establecidas para la remoción del curador de las personas con discapacidad.

Estas causas se recogen en el art. 278 CC que dispone que serán removidos de la curatela los que, después del nombramiento, incurran en una causa legal de inhabilidad, o se conduzcan mal en su desempeño por incumplimiento de los deberes propios del cargo, por notoria ineptitud de su ejercicio o cuando, en su caso, surgieran problemas de convivencia graves y continuados con la persona a la que prestan apoyo.

A continuación, el precepto señala los sujetos que pueden solicitar la remoción del curador, en este caso también del tutor, disponiendo que la autoridad judicial, de oficio o a solicitud de la persona a cuyo favor se estableció el apoyo (hay que entender que en el caso de la tutela de menores, es el propio menor, como así lo subraya el art. 223.2° CC) o del Ministerio Fiscal, cuando conociere por sí o a través de cualquier interesado circunstancias que comprometan el desempeño correcto de la curatela (en el caso presente, el desempeño de la tutela), podrá decretar la remoción del curador (tutor) mediante expediente de jurisdicción voluntaria.

Se establece también que durante la tramitación del expediente de remoción la autoridad judicial podrá suspender al curador (al tutor) en sus funciones y, de considerarlo necesario, acordará el nombramiento de un defensor judicial.

La regulación del procedimiento a seguir para la remoción del tutor en los casos en los que se acredite la concurrencia de un inadecuado desempeño de su función se produce en el art. 49 LJV. El procedimiento de remoción se inicia por el tutelado, por el Ministerio Fiscal o de oficio por el Juez o por cualquier persona interesada. El procedimiento es de jurisdicción voluntaria, pero si hay oposición se convierte en contencioso. Así como para el nombramiento de tutor no era necesaria la intervención de abogado y procurador, para la remoción es preceptiva la asistencia de abogado. Una vez que la autoridad judicial examine las cuentas de la tutela y el estado del tutelado, deberá dar audiencia al tutor y al tutelado con suficiente madurez o mayor de doce años, y dictará la resolución acordando o no la remoción, en función de la prueba practicada. Durante la tramitación del expediente de remoción, el Juez debe suspender en sus funciones al tutor y nombrar al tutelado un defensor judicial, salvo si hubiera pluralidad de tutores, en cuyo caso asumirán la tutela los demás que no hayan sido removidos.

Por último, el art. 278 dispone que, declarada judicialmente la remoción, se procederá al nombramiento de nuevo curador (de tutor), en la forma establecida en el Código, salvo que fuera pertinente otra medida de apoyo. Cabría señalar que esta disposición también se aplicaría a la situación de remisión del tutor; y así es, pues específicamente para la tutela del menor el art. 223.3º CC establece que "Declarada la remoción, se procederá al nombramiento de nuevo tutor en la forma establecida en este Código".

2.6.3. Excusa de la tutela

La excusa de la tutela implica que existen circunstancias en el nombrado tutor que le impiden ejercer las funciones propias de la tutela por causas ajenas a su voluntad.

Dado el carácter obligatorio de la tutela, el tutor no se puede eximir de la misma, salvo cuando el motivo alegado sea uno de los previstos en la ley y sea aceptado por el Juez.

El Código civil, como se ha indicado, realiza una remisión conjunta de las causas y procedimientos de remoción y excusa de la tutela a las establecidas para la curatela (art. 223.1º). Por lo que hay que remitirse a los arts. 278 y 279 CC relativos a las causas de excusa y remisión de la curatela, y a los arts. 49 y 50 LJV.

Normativa reguladora

Por remisión del art. 223.1º, las causas que dan lugar a la excusa de la tutela son las mismas que dan lugar a la excusa en la curatela, lo que implica la aplicación de los arts. 279 y 280 CC.

El art. 279 establece que será excusable el desempeño de la curatela, es decir, de la tutela en este caso, si resulta excesivamente gravoso o entraña grave dificultad para la persona nombrada para el ejercicio del cargo o cuando durante su desempeño le sobrevengan los motivos de excusa.

Como se observa, las causas de excusa se establecen de un modo general, quedando al arbitrio judicial en cada caso la apreciación de si existe una causa de excusa.

Las personas jurídicas privadas podrán excusarse cuando carezcan de medios suficientes para el adecuado desempeño de la curatela (o sea, de la tutela) o las condiciones de ejercicio de ésta no sean acordes con sus fines estatutarios. Hay que recordar que el CC permite en materia de menores de edad que se pueda ejercitar la tutela por persona jurídica entre cuyos fines figure la protección y asistencia de menores (art. 212).

El legislador establece el plazo de quince días a contar desde que tuviera conocimiento del nombramiento para que el designado alegue la causa de excusa, y si la causa fuera sobrevenida podrá hacerlo en cualquier momento.

Sin embargo, se añade que mientras la autoridad judicial resuelva acerca de la excusa, el nombrado tutor estará obligado a ejercer su función. Si no lo hiciera y fuera necesaria una actuación de apoyo, se procederá a nombrar un defensor judicial que sustituya al curador (tutor), quedando el sustituido responsable de los gastos ocasionados por la excusa, si esta fuera rechazada.

Admitida la excusa, se procederá al nombramiento de nuevo curador, es decir, de un nuevo tutor.

Por su parte, el art. 280 se refiere al curador nombrado en atención a una disposición testamentaria. Hay que recordar que el art. 201 también permite a los progenitores el nombramiento de tutor a sus hijos menores en testamento (o documento público notarial), por lo que será de aplicación a dichos tutores la norma del art. 280, que dispone que si el curador nombrado en una disposición testamentaria se excusa de la curatela por cualquier causa, perderá lo que en consideración al nombramiento le hubiere dejado el testador; por tanto, el tutor nombrado en testamento que se excuse, perderá también lo dejado por el testador en consideración al nombramiento.

Hay que señalar que el art. 281.4º CC dispone que "No concurrirá causa de excusa cuando el desempeño de los apoyos haya sido encomendado a entidad pública".

Por último, hay que señalar que el art. 281.3º CC establece una disposición común a la remoción y a la excusa, estableciendo que "En ningún caso, la admisión de causa de excusa o la decisión de remoción de las personas físicas o jurídicas designadas para el desempeño de los apoyos podrá generar desprotección o indefensión a la persona que precisa dichos apoyos, debiendo la autoridad judicial actuar de oficio, mediante la colaboración necesaria de los llamados a ello, o bien, de no poder contar con estos, con la inexcusable colaboración de los organismos o entidades públicas competentes y del Ministerio Fiscal".

2.7. *Contenido y ejercicio de la tutela*

El Código civil dedica la Sección 3ª del Capítulo I del Título IX dedicado a la tutela de los menores íntegramente al ejercicio de esta tutela, bajo el título "Del ejercicio de la tutela".

Normativa reguladora

El ejercicio de la tutela de menores se regula en los arts. 224 a 230 CC. Esta regulación se complementa en los arts. 43 a 51 LJV que regula la tramitación de los expedientes relativos a la tutela y la curatela.

Lo primero que hace el legislador en el art. 224 es realizar una remisión a las normas de la curatela en la regulación del ejercicio de la tutela, lo que supone una remisión a los arts. 282 a 290 CC, en materia de curatela, aunque realiza algunas precisiones en sede de tutela.

Una vez constituida la tutela, la persona designada como tutor debe aceptar su nombramiento y tomar posesión de su cargo en presencia del letrado de la Administración de Justicia (art. 46, 1° y 3°, LJV). A tal efecto se dictará resolución citando al nombrado tutor para que comparezca en el día y hora señalada para la aceptación del cargo. El designado aceptará en acta otorgada ante el letrado de la Administración de Justicia la obligación de cumplir los deberes de su cargo conforme a las leyes, y éste acordará dar posesión del cargo, le conferirá las facultades establecidas en la resolución judicial que acordó su nombramiento y le entregará certificación de ésta.

Las resoluciones judiciales de nombramiento de tutor y del acta de aceptación de éste se inscribirán en el Registro civil (art. 46.5 LJV) y se practicarán de oficio en virtud de la comunicación que la autoridad judicial deberá remitir al encargado del Registro Civil. Así lo establece también el art. 282.1° CC en relación a la curatela.

Las obligaciones que tiene el tutor al constituirse la tutela son dos, reguladas en los arts. 45.5, 46 y 47 LJV (así se establece también en el art. 284 en la curatela):

a) Prestar fianza, si la ha fijado el Juez de modo excepcional, con la finalidad de asegurar el cumplimiento de las obligaciones que asume el tutor, permitiéndose todas las modalidades admitidas por la ley.

b) Hacer inventario de los bienes del tutelado en un plazo de sesenta días desde que tomo posesión. Parece que, por virtud del art. 224, se deben aplicar aquí las disposiciones que sobre inventario de bienes se establecen en los arts. 285 y 286 para la curatela con facultades representativas.

El inventario de bienes contendrá la relación de los bienes del afectado, así como las escrituras, documentos y papeles de importancia que se encuentren.

A continuación, el letrado de la Administración de Justicia señalará día y hora para su formación y citará a los interesados, a las personas afectadas si tuvieran suficiente madurez y, en todo caso, al menor si tuviere más de 12 años y al Ministerio Fiscal.

Si se suscitare controversia sobre la inclusión o exclusión de bienes en el inventario, el letrado de la Administración de Justicia citará a los interesados a una vista, continuando la tramitación con arreglo a lo previsto para el juicio verbal, suspendiéndose su formación hasta que la misma sea resuelta. La sentencia que se pronuncie sobre la inclusión o exclusión de bienes en el inventario dejará a salvo los derechos de terceros.

Si no hubiera oposición o resuelta ésta, el letrado de la Administración de Justicia aprobará el inventario, debiendo la persona designada proceder a su administración en los términos establecidos en la resolución judicial (art. 47 LJV)

Como medida cautelar para la mejor defensa de los intereses patrimoniales del tutelado, el letrado de la Administración de justicia podrá decretar que determinados bienes muebles de cierto valor del patrimonio del tutelado (dinero, alhajas, objetos preciosos y valores mobiliarios) y ciertos documentos, no obstante estar relacionados en el inventario, sean depositados en un establecimiento destinado al efecto (art. 285 CC).

Una vez realizadas estas operaciones iniciales, se inicia el ejercicio de la tutela por el tutor o tutores designados.

En el ejercicio de la tutela hay que destacar que el legislador ha determinado en el art. 225 CC que el tutor es el representante del menor salvo para aquellos actos que pueda realizar por sí solo, ya sea por disposición expresa de la ley o para los que únicamente precise asistencia. En ello se distingue de la curatela, en la cual el curador no es representante de la persona con discapacidad, aunque se le pueden atribuir facultades representativas (art. 249.3° CC). Pero, cómo son de aplicación los preceptos que regulan el ejercicio de la curatela, hay que señalar que en ésta se establece que el curador en el ejercicio de la misma estará obligado a mantener contacto personal con la persona a la que va a prestar apoyo y a desempeñar las funciones encomendadas con la diligencia debida, asistirá a la persona a la que preste apoyo en el ejercicio de su capacidad jurídica respetando su voluntad, deseos y preferencias, procurará que la persona con discapacidad pueda desarrollar su propio proceso de toma de decisiones y fomentara las aptitudes de la persona a la que preste apoyo, de modo que pueda ejercer su capacidad con menos apoyo en el futuro. Lo que parece que haya que aplicar a la tutela con las debidas precauciones y ajustes, pues hay que tener en cuenta lo que de específico en la tutela de menores se dispone en el art. 228 CC, al que se alude después.

Los tutores deben ejercer su cargo de acuerdo con la personalidad de sus pupilos y con respeto a sus derechos. Cuando sea necesario para el ejercicio de la tutela podrán recabar el auxilio de la autoridad (art. 227 CC).

El tutor está obligado a velar por el tutelado y, en particular, a procurarle alimentos, a educarle y a procurarle una formación integral, a promover su mejor inserción en la sociedad, a administrar el patrimonio del menor con la diligencia debida, a informar al Juez anualmente sobre la situación del menor y a rendirle cuenta anual de su administración, y a oír al menor antes de adoptar decisiones que le afecten (art. 228 del CC).

Como se indica en el propio precepto, el tutor tiene la facultad de administrar el patrimonio del menor, lo cual es un deber también; dicha facultad es personal e intransmisible, debiendo desempeñarla con la diligencia debida.

Como representante del menor puede realizar todos los actos judiciales y extrajudiciales en su nombre, salvo los que el menor pueda realizar por sí solo, o para los que únicamente precise asistencia, como ya se ha indicado.

En cuanto a la salvedad que se refiere a que el menor puede realizar el acto por sí solo, la doctrina estima que ello puede ser bien porque tiene condiciones de madurez suficientes para llevarlo a cabo, o bien porque la Ley le permite actuar por sí mismo.

Por lo que se refiere a la excepción a la representación legal del tutor de los actos para los que el menor únicamente precise asistencia, señala la doctrina que si lo que procede para un acto concreto es la asistencia, no es posible una actuación representativa, por la propia configuración de una y otra; aunque no hay un precepto que establezca cuáles son los actos para los que el menor únicamente precisa asistencia, sino que dichos actos se encuentran dispersos en distintas normativas.

Sin embargo hay actos que se prohíbe realizar al tutor; en concreto, recibir liberalidades del tutelado o de sus causahabientes, mientras no se haya aprobado definitivamente su gestión, representar al tutelado cuando en el mismo acto intervenga en nombre propio o de un tercero y existiera conflicto de intereses, y adquirir por título oneroso bienes del tutelado o transmitirle por su parte bienes por igual título (art. 226 CC).

La prohibición relativa a las liberalidades tiene como finalidad evitar la captación de la voluntad del tutelado por parte del tutor, con la finalidad de asegurar la libertad del tutelado. El objeto de la prohibición, según el tenor literal del precepto, son las liberalidades, es decir, los actos que tienen carácter lucrativo (donación, condonación, etc.); aunque en materia de sucesión *mortis causa*, hay que recordar el art. 753.1 CC que declara nulas las disposiciones testamentarias hechas a favor del tutor por el tutelado. Ahora bien, la prohibición cesará para el tutor una vez aprobada la cuenta general justificada de su administración, o cuando prescriba la acción para exigir la rendición de dicha cuenta.

En cuanto a la prohibición relativa a representar al tutelado cuando en el mismo acto intervenga en nombre propio o de un tercero y existiera conflicto de intereses, estima la doctrina que la finalidad es evitar la concurrencia de la figura del autocontrato o contrato consigo mismo. Requisito fundamental es que en esa representación haya conflicto de intereses, cuyo concepto de suyo no es claro. La mayoría de la doctrina y la jurisprudencia se inclina por ampliar la definición de intereses contrapuestos a asuntos familiares y personales. Hay que tener en cuenta que en nuestro derecho no se contempla específicamente esta figura, aunque de diversos preceptos se deduce que el legislador no es partidario de la misma, pero la jurisprudencia la permite cuando no existe el conflicto de intereses y, en el caso particular de la tutela de menores, cuando el contrato o negocio jurídico es beneficioso para el tutelado.

Por último, en cuanto a la prohibición de adquirir por título oneroso bienes del tutelado o transmitirle por su parte bienes por igual título, estima la doctrina que ésta se establece como medida de prevención, para evitar el peligro de conflicto que puede subyacer en la relación onerosa. La aplicación de esta prohibición concluye una vez haya cesado en sus funciones el tutor, sin que se extienda hasta el momento en el que se haya aprobado definitivamente su gestión pues, a diferencia del núm. 1º de este precepto, nada dice al respecto el núm. 3º.

Por otra parte, si se deben aplicar las normas de la curatela en el ejercicio de la tutela de los menores por remisión del art. 224, hay que recordar que el art. 287 CC, en sede de curatela, establece una serie de actos para los que el curador requiere autorización judicial: 1º. Realizar actos de transcendencia personal o familiar cuando el tutelado no pueda hacerlo por sí mismo, a salvo lo dispuesto legalmente en materia de internamiento, consentimiento informado en el ámbito de la salud o en otras leyes especiales; 2º. Enajenar o gravar bienes inmuebles, establecimientos mercantiles o industriales, o derechos de especial significado personal o familiar, bienes muebles de extraordinario valor, objetos preciosos y valores mobiliarios no cotizados en mercados oficiales que pertenezcan a los menores, así como dar inmuebles en arrendamiento por término inicial que exceda de seis años, o celebrar contratos o realizar actos que tengan carácter dispositivo y sean susceptibles de inscripción. Se exceptúa la venta del derecho de suscripción preferente de acciones; 3°. Disponer a título gratuito de bienes o derechos, salvo los que tengan escasa relevancia económica y carezcan de especial significado personal o familiar; 4°. Renunciar derechos, así como transigir o someter a arbitraje cuestiones en que el tutelado estuviese interesado, salvo que sean de escasa relevancia económica o se sometan a arbitraje de consumo; 5°. Aceptar sin beneficio de inventario cualquier herencia o repudiar ésta o las liberalidades; 6°. Hacer gastos extraordinarios en los bienes; 7°. Interponer demanda en nombre del tutelado salvo en los asuntos urgentes o de escasa cuantía; 8°. Dar y tomar dinero a préstamo y prestar aval o fianza; y, por último, 9°. Celebrar contratos de seguro de vida, renta vitalicia y otros análogos, cuando éstos requieran de inversiones o aportaciones de cuantía extraordinaria.

Por su parte, el art. 288 permite que la autoridad judicial autorice la realización de una pluralidad de actos.

Por el contrario, no requieren autorización judicial la partición de herencia o la división de cosa común, aunque una vez practicadas requerirán aprobación judicial (arts. 289, y 1060 CC).

Antes de autorizar o aprobar cualquiera de los actos anteriores, la autoridad judicial oirá al Ministerio Fiscal y a la persona con medidas de apoyo (se entiende que al tutelado, si tuviere suficiente juicio) y recabará los informes que le sean solicitados o estime pertinentes (art. 290 CC).

Se reconoce que el tutor tiene derecho a una retribución siempre que el patrimonio del menor lo permita, así como al reembolso de los gastos justificados, e incluso si en el ejercicio de la función tutelar sufre daños y perjuicios, sin culpa por su parte, tendrá derecho a la indemnización de éstos con cargo a los bienes del tutelado, de no poder obtener por otro medio su resarcimiento (arts. 229.1° y 230 CC y 48 LJV).

Corresponde a la autoridad judicial fijar el importe de tal retribución y el modo de percibirla, para lo cual tendrá en cuenta el trabajo a realizar y el valor y la rentabilidad de los bienes, salvo que los progenitores hubieran establecido otra cosa, y sin perjuicio de que dichas previsiones puedan modificarse por la autoridad judicial si lo estimase conveniente para el interés del menor (arts. 229.2° CC y 48.1 LJV).

En principio, el tutor no tiene derecho a los frutos de los bienes del tutelado a cambio de prestarle los alimentos; sin embargo, el art. 229.3° CC permite que los padres en sus disposiciones de última voluntad establezcan que el tutor haga suyos los frutos de los bienes del tutelado a cambio de prestarle los alimentos, salvo que la autoridad judicial, en resolución motivada, disponga otra cosa en interés del menor.

Jurisprudencia

Como se ha señalado, el tutor ha de llevar a cabo la administración del patrimonio del menor con la diligencia debida, según el art. 228.4º CC.

En este sentido, la reciente STS 12 mayo 2021 (*Tol 8429958*), en un caso sobre responsabilidad del tutor de una persona con discapacidad, sostiene que "el nivel de diligencia exigible al tutor hace referencia a un módulo objetivo que, en cada caso, debe ajustarse en atención a las concretas circunstancias de las personas, del acto, del tiempo y del lugar (art. 1104 CC). La diligencia que proceda en cada caso, además de pauta de conducta, es también la medida del incumplimiento y responsabilidad del tutor (...). No es óbice a la responsabilidad exigida al tutor (...) que la operación se autorizara por el juez de la tutela, ni que se aprobara la cuenta final. La autorización judicial, respaldada en la documentación aportada por el propio tutor en un procedimiento de jurisdicción voluntaria no le exime de la responsabilidad por los daños causados por no observar la debida diligencia de un buen administrador en atención a las circunstancias, ni tampoco la rendición general de cuentas".

Cuestiones relevantes

23. La LRC establece en el art. 4.13 que son inscribibles la tutela y la defensa judicial del menor. El Registro civil competente será el del domicilio del menor en el momento de constituirse la tutela, abriéndose folio registral, pudiéndose realizar por anotación todas las circunstancias que sobrevenidamente sucedan en el ejercicio de la tutela.

24. En relación con las funciones de cuidado y atención de la persona del menor, la doctrina ha señalado que la obligación de procurarle alimentos no tiene la naturaleza genérica de deuda alimenticia contemplada en los arts. 142 y ss. CC, sino que los alimentos tendrán su fuente en el patrimonio del pupilo cuando éste exista y sea suficiente, o, en su defecto, se reclamarán al pariente obligado a prestarlos y, por último, se proporcionarán a cargo del patrimonio personal del tutor si a cambio se ha establecido que perciba los frutos de aquél, o si, después de gestionar las ayudas que procedan no obtiene lo suficiente para cumplir esta obligación.

25. En cuanto a los derechos del menor que debe respetar el tutor, la doctrina se ha referido especialmente a los derechos fundamentales y de la personalidad, entre ellos, el derecho que tienen los menores al honor, a la intimidad personal y familiar y a la propia imagen, señalando que deben protegerlos frente a posibles ataques de terceros, que deben velar para que la información que reciban sea veraz, plural y respetuosa con los principios constitucionales y que deben cooperar para que los menores ejerzan su derecho a la libertad de ideología, conciencia y religión (arts. 4.5, 5.2 y 6.3 Ley 1/1996).

26. En relación a los actos que puede realizar el tutelado por disposición de la ley, a los que alude el art. 225 CC, hay que entender que el precepto se refiere a determinados actos de carácter personalísimo, dado que se establece que el tutor no puede realizar dichos actos. Así, el ejercicio de los derechos de la personalidad, la posibilidad de contraer matrimonio, o el otorgamiento de testamento, entre otros Sin embargo, estima la doctrina que una interpretación estricta de este precepto daría lugar a que el tutelado se viera privado del ejercicio de los derechos de la personalidad por no poderlos ejercitar por sí mismos, por lo que un sector de la misma entiende que debe permitirse el ejercicio de las facultades y las acciones necesarias para defender la persona del menor, cuando las circunstancias concretas así lo requieran y siempre que no lo prohíba la ley.

27. En cuanto a las prohibiciones establecidas en el art. 226 tienen carácter absoluto; por lo que, la doctrina estima que, en caso de contravención, la sanción ha de ser la nulidad de pleno derecho por aplicación de lo dispuesto en el art. 6.3 CC.

2.8. Extinción de la tutela

La extinción de la tutela, a diferencia de la remoción, supone la desaparición de las causas que han motivado su constitución.

En el Título IX se dedica la Sección 4.ª a la extinción de la tutela y a la rendición final de cuentas.

Normativa reguladora

La extinción de la tutela se regula en los arts. 231 a 234 CC, complementándose por los preceptos de la LJV que regulan la tramitación de los expedientes relativos a la tutela y la curatela.

El art. 231 establece las causas de extinción de la tutela, disponiendo que ésta se extingue por cumplir el menor de edad los dieciocho años, por la emancipación o concesión del beneficio de la mayor de edad, por la adopción del tutelado menor de edad, por muerte o declaración de fallecimiento del menor de edad y por recuperación de la patria potestad en los casos de privación o suspensión de la misma.

La primera causa que se menciona en el art. 231 CC se refiere a la edad, señalando que cuando un menor de edad cumple la mayoría de edad, se emancipa u obtiene el beneficio de la mayor edad la tutela se extingue; esto se debe a que en tales situaciones al menor de edad se le reconoce la plena capacidad de obrar en el caso de la mayoría de edad (art. 246 CC) o una capacidad equiparable a ésta en los otros dos casos, aunque con las limitaciones establecidas por el legislador (arts. 247 y 248 CC), por lo que dichos menores no necesitan que se les represente.

En el caso de la adopción, el adoptante adquiere la patria potestad sobre el menor, lo que implica la obligación de velar por él y representarlo (arts. 108 y 176.1° CC). Por lo que el menor ya tiene la protección establecida por la ley y no requiere de otra figura.

En el caso de la muerte del menor, hay que señalar que el fallecimiento de una persona extingue su personalidad y todas las relaciones jurídicas que no sean transmisibles (art. 32 CC); por tanto, es una causa obvia de extinción de la tutela pues el objetivo de protección de la persona deja de existir. A la muerte del menor se equipara la declaración de fallecimiento, pues ésta implica considerar a la persona fallecida, con efectos jurídicos similares a la muerte de la persona (art. 195 CC).

La recuperación de la patria potestad, que se prevé pueda producirse cuando hubiera cesado la causa que la motivó (art. 170.2° CC), determina la recuperación de las funciones inherentes a la misma, con la consiguiente protección del menor. Por tanto, se hace innecesaria la figura del tutor, pues las funciones que se le atribuyen al mismo ya las cumple el progenitor.

En el momento de la extinción, el tutor debe rendir cuentas de su gestión en el plazo de tres meses desde su cese como tal, salvo que la autoridad judicial conceda una prórroga si estima que hay causa justa para ello (arts. 232.1° CC y 51 LJV).

La aprobación de la cuenta corresponde al Juez, debiendo oír previamente al nuevo tutor, en su caso, al tutelado o a sus herederos (art. 232.3° CC).

Los gastos necesarios de la rendición de cuentas serán de cargo del tutelado y el saldo de la cuenta general devengará interés legal a favor o en contra del tutor (art. 233 CC). Si el saldo es a favor del tutor, el interés legal se devengará desde el requerimiento para el pago, previa restitución de los bienes a su titular. Si es en contra del tutor, devengará el interés legal una vez transcurridos los tres meses siguientes a la aprobación de la cuenta.

Establece el CC que la acción para exigir la rendición de cuentas prescribe a los cinco años, contados desde la terminación del plazo establecido para efectuarlo (art. 232.2° CC), cómputo que debe aplicarse con prioridad a otras normas por razón de la especialidad de la materia.

Por otra parte, la aprobación judicial no impedirá el ejercicio de las acciones que recíprocamente puedan asistir al tutor y al tutelado o a sus causahabientes por razón de la tutela (arts. 232.4° CC y 51.5 LJV).

Por último, cabe señalar que el tutor responderá de los daños que hubiese causado al menor por su culpa o negligencia, prescribiendo a los tres años contados desde la rendición de las cuentas la acción para reclamar dicha responsabilidad (art. 234 CC).

Cuestiones relevantes

28. En relación a la enumeración de las causas de extinción que se realiza en el art. 231 CC, ésta no parece exhaustiva, pues hay otras causas no mencionadas en dicho precepto que también pueden extinguir la tutela (por ejemplo, el fallecimiento del tutor, o la determinación de la filiación).

29. En el art. 231 CC se hace referencia a la declaración de fallecimiento como causa de extinción de la tutela, pero guarda silencio en relación a la declaración legal de ausencia del menor de edad. Al respecto, la doctrina mantiene posturas diversas. Para un sector de la misma, la tutela se debe considerar suspendida y el tutor debe asumir la representación del ausente; sin embargo, para otro sector mayoritario la tutela no se suspende, sino que continúa en vigor, y a partir de ese momento el tutor es el representante legal del ausente, pues se considera que el tutor es el representante legal del mismo y no sería necesario nombrar un nuevo representante. La opinión mayoritaria entiende que si el menor es declarado ausente no es necesario nombrarle un nuevo representante legal, pues el tutor es su representante legal, con lo que se evita nombrar un representante diferente al tutor.

3. EL DEFENSOR JUDICIAL DEL MENOR

El defensor judicial es una figura tuitiva que se nombra para la defensa y protección de los intereses del menor en determinadas situaciones, por lo que se caracteriza por ser un cargo ocasional o esporádico y compatible con la existencia de los restantes mecanismos tutelares (tutela y guarda de hecho) e inclusive con el ejercicio de la patria potestad por los progenitores del menor.

El Código civil regula la figura del defensor judicial del menor en el Capítulo II del Título IX, aunque no establece un régimen propio sino que remite a las normas del defensor judicial de las personas con discapacidad, que considera aplicables al defensor judicial del menor (art. 236 CC), remitiendo, por tanto, a los arts. 295 a 298 CC. Dicha regulación se complementa en los arts. 27 y 32 LJV que regulan los trámites para la habilitación para comparecer en juicio y del nombramiento de defensor judicial. Aunque hay que señalar que en otros preceptos del CC se hace referencia al defensor judicial del menor en ámbitos concretos del derecho de familia (así, arts. 163, 247, 248 CC).

Normativa reguladora

El CC sólo regula la figura del defensor judicial del menor en los arts. 235 y 236, y de estos dos preceptos, el segundo lo utiliza el legislador para remitir a la regulación del defensor judicial de las personas con discapacidad (arts. 295 a 298 CC).

La única norma que se establece en particular para el defensor judicial en relación a los menores es el art. 235 que se refiere a los casos en los que se puede realizar dicho nombramiento, que son los siguientes:

1.° Cuando en algún asunto exista conflicto de intereses entre los menores y sus representantes legales, salvo en los casos en que la ley prevea otra forma de salvarlo. Los representantes legales del menor son los progenitores (art. 162.1° CC) y el tutor (art. 225 CC).

En el caso de los progenitores, hay que recordar que, si el conflicto es sólo con uno de los progenitores, la representación del menor la tendrá atribuida el otro progenitor (art. 163.2° CC). Por tanto, para que se dé el supuesto para nombramiento de defensor judicial, el conflicto se tiene que dar con los dos progenitores (lo que subraya también el art. 163.1° CC). Si se trata de familias monoparentales el conflicto sólo se puede dar con un progenitor y, por tanto, se procederá al nombramiento de defensor judicial del menor.

Si existe tutor, y hay conflicto de intereses con éste también procederá el nombramiento de un defensor judicial. Si fueren varios los tutores, el conflicto de intereses deberá afectar a todos ellos, pues de lo contrario, si sólo afecta a uno, el otro tutor o tutores serán los responsables de representar al menor en el supuesto concreto (lo que parece deducirse del art. 296 CC, referido al defensor judicial de la persona con discapacidad, que se debe aplicar al defensor judicial del menor por remisión al mismo del art. 236 CC).

El art. 27 LJV señala además otras causas que pueden dar lugar a que se requiera nombrar defensor judicial cuando el menor no emancipado o la persona con discapacidad, siendo demandado o siguiéndosele gran perjuicio de no promover la demanda, se encuentre en alguno de los casos siguientes: a) Hallarse los progenitores, tutor o persona designada para ejercer el apoyo de ausentes ignorándose su paradero, sin que haya motivo racional bastante para creer próximo su regreso. b) Negarse ambos progenitores, tutor o persona designada para ejercer el apoyo a representar o asistir en juicio al menor o persona con discapacidad. c) Hallarse los progenitores, tutor o persona designada para ejercer el apoyo en una situación de imposibilidad de hecho para la representación o asistencia en juicio.

2.º Cuando, por cualquier causa, el tutor no desempeñare sus funciones, hasta que cese la causa determinante o se designe otra persona.

El precepto no especifica las causas que impiden al tutor desempeñar sus funciones, que, como se ha indicado, son varias. Pero lo que sí se deduce del precepto es que tales causas pueden ser de carácter temporal o definitivo. Si son de carácter temporal, el nombramiento de defensor judicial se realiza hasta que cese la causa que impide al tutor retomar sus funciones. Las causas de carácter definitivo pueden hacer alusión a la remoción y excusa de la tutela, y en estos casos hay que recordar que el art. 223 CC reenvía, en materia de remoción y excusa de la tutela, a las normas que regulan estos extremos en el régimen jurídico de la curatela, lo que se encuentra recogido en los arts. 278 y 279 CC, como se ha indicado anteriormente; por tanto, en los casos previstos en dichos preceptos en los que se haya producido la excusa o la remisión del tutor, se podrá nombrar defensor judicial para representar a los menores que requieran su asistencia en los casos concretos que señale la autoridad judicial hasta que se nombre nuevo tutor (arts. 278, 3º y 4º, y 279, 4º y 5º, CC).

3.º Cuando el menor emancipado requiera el complemento de capacidad previsto en los artículos 247 y 248 y a quienes corresponda prestarlo no puedan hacerlo o exista con ellos conflicto de intereses.

Este supuesto se relaciona con lo expresamente establecido en los citados arts. 247 y 248 que se refieren a los menores emancipados, y que efectivamente establecen el nombramiento de defensor judicial en defecto de progenitores para otorgar consentimiento para que dicho menor pueda realizar los actos que se establecen en estos preceptos (tomar dinero a préstamo, enajenar o gravar bienes inmuebles, establecimientos mercantiles u objetos de extraordinario valor, o para que el casado menor de edad pueda enajenar o gravar bienes inmuebles, establecimientos mercantiles u objetos de extraordinario valor que sean comunes).

Por lo demás, el art. 236 CC, como se ha indicado, dispone que "Serán aplicables al defensor judicial del menor las normas del defensor judicial de las personas con discapacidad". Dichas normas están contenidas en los arts. 296 a 298 CC.

El art. 295 establece el nombramiento de defensor judicial para las personas con discapacidad en los casos que señala la norma. Lo mismo que, como se ha visto, realiza el art. 235 para los menores. Parece que el art. 235 debe aplicarse con preferencia al art. 295 CC por ser específico del defensor judicial del menor.

Pero en cuanto a quiénes pueden ser nombrados defensores judiciales del menor, nada se dice en el CC expresamente; pero, por la remisión del art. 236 CC al régimen jurídico del defensor judicial de la persona con discapacidad, parece que hay que aplicar el último párrafo del art. 295, que dispone: "Una vez oída la persona con discapacidad, la autoridad judicial nombrará defensor judicial a quien sea más idóneo para respetar, comprender e interpretar la voluntad, deseos y preferencias de aquella".

Por ello, se puede entender que el letrado de la Administración de Justicia puede nombrar defensor judicial a cualquier persona que considere idónea para defender los intereses del menor, lo que viene subrayado expresamente en el art. 30.2 LJV.

El procedimiento para nombrar al defensor judicial se regula en los arts. 27 a 32 LJV, que regulan dicho nombramiento tanto para el menor como para la persona con discapacidad.

Será competente para el conocimiento de este expediente el Secretario judicial (letrado de la Administración de Justicia) del Juzgado de Primera Instancia del domicilio o, en su defecto, de la residencia del menor o, en su caso, aquél correspondiente al Juzgado de Primera Instancia que esté conociendo del asunto que exija el nombramiento de defensor judicial.

El expediente se iniciará de oficio, a petición del Ministerio Fiscal, o por iniciativa del menor o de cualquier otra persona que actúe en interés de éste. En la tramitación del presente expediente no será preceptiva la intervención de Abogado ni Procurador.

En el caso de que el menor o persona con discapacidad haya de comparecer como demandado o haya quedado sin representación procesal durante el procedimiento, el Ministerio Fiscal asumirá su representación y defensa hasta que se produzca el nombramiento de defensor judicial.

El Secretario judicial (letrado de la Administración de Justicia) convocará a comparecencia al solicitante, a los interesados que consten como tales en el expediente, a quienes estime pertinente su presencia, al menor si tuviere suficiente madurez y, en todo caso, al menor si tuviere más de 12 años y al Ministerio Fiscal.

En la resolución en que se acceda a lo solicitado se nombrará defensor judicial a quien el Secretario judicial (letrado de la Administración de Justicia) estime más idóneo para el cargo, con determinación de las atribuciones que le confiera. El testimonio de la resolución de nombramiento de defensor judicial se remitirá al Registro Civil competente para proceder a su inscripción.

En su caso, el defensor judicial deberá comunicar al órgano judicial la desaparición de la causa que motivó su nombramiento. Igualmente deberá comunicar al órgano judicial cuando alguno de los progenitores o representantes se presten a comparecer en juicio por el afectado, o cuando se termine el procedimiento que motivó la habilitación.

Asimismo, serán aplicables al defensor judicial las disposiciones establecidas para la formación de inventario, en su caso, la excusa y la remoción de los tutores y para su rendición de cuentas una vez concluida su gestión, que se tramitarán y decidirán por el Secretario judicial competente (letrado de la Administración de Justicia) (art. 32 LJV).

Ahora bien, el art. 296 CC dispone que no se nombrara defensor judicial si el apoyo se ha encomendado a más de una persona, salvo que ninguna pueda actuar o la autoridad judicial motivadamente considere necesario el nombramiento. Es decir, trasladando esta disposición al ámbito de los menores, que, si se han nombrado varios tutores, no se nombra defensor judicial del menor si pueden ejercer la tutela los demás nombrados, salvo que ninguno pueda actuar o la autoridad judicial considere necesario dicho nombramiento.

Por su parte, el art. 297 dispone que serán aplicables al defensor judicial las causas de inhabilidad, excusa y remoción del curador, así como las obligaciones que a éste se atribuyen de conocer y respetar la voluntad, deseos y preferencias de la persona a la que se preste apoyo. Lo que parece debe aplicarse al defensor judicial del menor por virtud de la remisión que realiza el art. 236 CC. Igual disposición se recoge en el art. 32 LJV.

Por lo que se refiere a las obligaciones del defensor judicial, nada se dice al respecto en el CC, salvo la referencia que se hace en el art. 297 a la obligación de conocer y respetar la voluntad, deseos y preferencias de la persona a la que se preste apoyo, refiriéndose a la persona con discapacidad. Pero se deduce del propio régimen y función que se atribuye a esta figura que el defensor judicial, una vez que sea firme la resolución en la que se le designa, deberá aceptar el cargo y desempeñar las funciones que se le hayan atribuido en la resolución en beneficio exclusivo del menor.

A pesar de que apenas existe regulación específica respecto al defensor judicial del menor, el legislador señala expresamente que dicho defensor ejercerá su cargo en interés del menor, de acuerdo con su personalidad y con respeto a sus derechos (art. 236, inciso final, CC).

El art. 30.2 de la LJV establece que en la resolución en la que se nombre defensor judicial el Secretario Judicial (letrado de la Administración de Justicia) determinará las atribuciones que le confiere.

Por tanto, las funciones que se le atribuyen al defensor judicial del menor vendrán determinadas en cada caso en la resolución judicial. No obstante, en el CC hay algunas actuaciones concretas que se atribuyen al defensor judicial de un menor que no está debidamente representado; así, en la partición de la herencia (art. 1060 CC).

Por último, el art. 298 señala que en el nombramiento se podrá dispensar al defensor judicial de la venta en subasta pública, fijando un precio mínimo, y de la aprobación judicial posterior de los actos.

En cuanto a las causas de inhabilidad, excusa y remoción del curador, a las que se refiere el art. 297, y se reitera en el art. 32 LJV, se establece que deben aplicarse las del tutor, que a su vez remite a las del curador, a las que ya se ha hecho referencia anteriormente.

Nada se dice tampoco en el CC acerca del momento de finalización o extinción de la figura del defensor judicial. Pero hay que entender que se extingue cuando finaliza el supuesto para el que ha sido designado. Aunque puede extinguirse por otras causas, como el fallecimiento del propio defensor judicial.

Sin embargo, el legislador sí se refiere a las obligaciones que tiene el defensor judicial una vez se extingue su función. Así se señala que una vez realizada su gestión, deberá rendir cuentas de ella (art. 298 CC, que se refiere al defensor judicial de la persona con discapacidad y que debe aplicare por remisión del art. 236 CC), y así lo señala expresamente el art. 32 LJV, al disponer que "Serán aplicables al defensor judicial las disposiciones establecidas para la formación de inventario, en su caso, la excusa y la remoción de los tutores y para su rendición de cuentas una vez concluida su gestión, que se tramitarán y decidirán por el Secretario judicial competente".

Jurisprudencia

Dado que el art. 235 es el único precepto que regula el nombramiento del defensor judicial, hay que destacar que en la jurisprudencia hay casos de nombramiento de defensor judicial del menor por alguna de las causas concretas contempladas en este precepto; así, especialmente por conflicto de intereses entre progenitores e hijos en las SSTS 7 noviembre 2002 *(Tol 225448)* y 17 enero 2003 *(Tol 239719)*, ambas en supuestos de reclamación de paternidad.

En cuanto a la actuación del defensor judicial en representación del menor, cabe destacar el Auto Aclaración del TS 21 junio 2022 (*Tol 9097539*) en el que se realiza una rectificación de un error material respecto al nombre del menor, pero en el que se reconoce la representación de la defensora judicial del menor para promover un expediente de jurisdicción voluntaria para recabar aprobación judicial de operaciones particionales de la herencia deferida al menor, y, a su vez, autorización de venta de bienes del menor de edad. Así como el reconocimiento de la intervención correcta del defensor judicial designado para la defensa de los intereses del menor en las operaciones particionales de la herencia en el AAP Santander 7 marzo 2023 (*Tol 9477320*), entre otras.

Cuestiones relevantes

30. Se ha planteado por la doctrina el significado de la expresión conflicto de intereses, dado que el CC se refiere a esta situación como causa para nombrar al defensor judicial en el art. 235.1° CC, pero no especifica el significado y alcance de dicha expresión, y se encuentra en la base de todo el régimen de la tutela. Estima la doctrina que dichos conflictos pueden ser de muy diversa índole, y pueden incluir tanto las cuestiones de carácter personal como patrimonial, lo que se deduce del texto de los arts. 162.2 y 163 CC. Se añade a ello que el conflicto de intereses es una cuestión de hecho que debe ser valorada por la autoridad judicial en cada caso concreto, razón por la cual existe dificultad en dar una definición del mismo, aún cuando la doctrina haya proporcionado algunas. Algún autor ha señalado que para poder apreciar el conflicto de intereses se deben reunir los requisitos siguientes: el conflicto debe ser real y no aparente, debe ser actual, los intereses deben ser incompatibles, y debe ser grave, pudiendo ser tanto judicial como extrajudicial.

31. En cuanto a los supuestos en que se requiere la presencia del defensor judicial, además de los señalados en el art. 235 CC, la doctrina estima que también se requiere su nombramiento en los casos de formación del inventario en la liquidación de la sociedad de gananciales, ya que al ser una operación en la cual pueden producirse grandes oscilaciones entre los patrimonios a repartir, se podría producir un conflicto de intereses y el consiguiente perjuicio para el menor, aunque esta opinión no es unánime; por otra parte, existe unanimidad en considerar que en la declaración de herederos *ab intestato* no es necesario el nombramiento de defensor judicial, puesto que a lo que conduce es sencillamente a declarar qué personas son las que han de suceder al difunto, sin requerir en ese momento de la declaración actuación alguna por parte del menor.

4. LA GUARDA DE HECHO DEL MENOR

La guarda de hecho es una situación fáctica en virtud de la cual un sujeto tiene la guarda y custodia de hecho de un menor sin que haya recaído resolución judicial que le otorgue dicha función de protección del menor.

La Ley 8/2021 ha pretendido reforzar esta situación, como indica en su Exposición de Motivos, al señalar que la guarda de hecho, con referencia a la de las personas con discapacidad, se transforma en una propia institución jurídica de apoyo, al dejar de ser una situación provisional cuando se manifiesta como suficiente y adecuada para la salvaguarda de los derechos de la persona con discapacidad.

Por ello, el Código civil regula con mayor amplitud la guarda de las personas con discapacidad que la guarda de menores, a la que dedica únicamente dos preceptos en el Capítulo III del Título IX.

En consecuencia, se establece que, con carácter supletorio, serán aplicables las normas de la guarda de hecho de las personas con discapacidad (art. 238 CC).

Normativa reguladora

La guarda de hecho de los menores se regula en los arts. 237 y 238 CC, e igual que sucede con la tutela y el defensor judicial de los menores, el legislador utiliza uno de estos dos preceptos, el segundo, para remitir, con carácter supletorio, a las normas que regulan la guarda de hecho de las personas con discapacidad (arts. 263 a 267 CC). Asimismo se hace referencia a la guarda de hecho en el art. 52 LJV, en la regulación que dedica esta ley a la tramitación de los expedientes relativos a la tutela y la curatela, en una sección propia que contiene un único artículo ya citado (Sección 3ª, en la que se regulan conjuntamente en el art. 52 el "Requerimiento y medidas de control" para la guarda de hecho de personas con discapacidad y de menores).

El art. 237 dispone que cuando la autoridad judicial tenga conocimiento de la existencia de un guardador de hecho podrá requerirle para que informe de la situación de la persona y los bienes del menor y de su actuación en relación con los mismos, pudiendo establecer las medidas de control y vigilancia que considere oportunas (art. 237.1.1º CC, lo que se reitera en el art. 52.1 LJV). Ello es concorde con lo que dispone el art. 265 para la guarda de hecho de las personas con discapacidad.

No se dice cuando se reconoce la guarda de hecho de un menor. Sin embargo, por aplicación del art. 263 CC, por remisión del art. 238 a la regulación de la guarda de hecho de una persona con discapacidad, hay que entender que quien viniere ejerciendo adecuadamente la guarda de hecho de un menor continuara en el desempeño de su función dado que el citado art. 263 dispone que "Quien viniere ejerciendo adecuadamente la guarda de hecho de una persona con discapacidad continuará en el desempeño de su función incluso si existen medidas de apoyo de naturaleza voluntaria o judicial, siempre que estas no se estén aplicando eficazmente". Aunque surge la cuestión de si se puede aplicar textualmente el precepto a la guarda de hecho del menor, pues parece que podría plantearse si, en el caso de los menores de edad, se ejercería dicha guarda de hecho cuando hubiese sido nombrado un tutor al menor que se encuentra bajo esta guarda de hecho, lo que no parece procedente dado el tenor del art. 237.1.2°, pues permite la guarda hasta que se constituya la medida de protección adecuada.

Una vez reconocida la existencia de la guarda de hecho, los arts. 237.1.1° CC y 52, 1 y 2, LJV establecen dos disposiciones.

Por una parte, permiten a la autoridad judicial requerir del guardador que le informe de varios extremos relativos a dicha guarda de hecho: en primer lugar, de la situación en la que se encuentra el menor guardado; en segundo lugar, de los bienes de ese menor; y, en tercer lugar, de las actuaciones que haya realizado el guardador. Por tanto, el legislador permite que la autoridad judicial pueda recabar informes tanto de la situación personal y patrimonial del menor como de la situación del propio guardador respecto del menor.

Por otra parte, autorizan a la autoridad judicial establecer las medidas de control y vigilancia de la guarda de hecho que considere oportunas. Tales medidas se adoptarán previa comparecencia citando a la persona a quien afecte la guarda de hecho, al guardador y al Ministerio Fiscal (art. 52.2 LJV).

Se permite a la autoridad judicial otorgar facultades tutelares a los guardadores, de modo cautelar y hasta que se constituya la medida de protección adecuada, si procediera, adoptando las medidas de control y de vigilancia que estime oportunas, y se admite, incluso, un acogimiento temporal, siendo acogedores los guardadores (arts. 237.1.2° CC y 52.2 LJV). En estos casos, el legislador dispone que procederá la declaración de situación de desamparo de los menores cuando, además de esta circunstancia, se den los presupuestos objetivos de falta de asistencia contemplados en el art. 172 CC. Es decir, pese a estar el menor en situación de guarda de hecho si el guardador le desatiende y queda privado el menor de la necesaria asistencia se considerara situación de desamparo, siendo necesaria la intervención de la Administración Pública que debe buscar una institución de protección más adecuada. En los demás casos, el guardador de hecho podrá promover la privación o suspensión de la patria potestad, remoción de la tutela o el nombramiento de tutor (art. 237.2 CC).

En este otorgamiento de facultades tutelares al guardador de hecho, por remisión del art. 238 parece que se debe aplicar el art. 264 CC relativo a la guarda de hecho de las personas con discapacidad. Aplicación del art. 264 a la guarda del menor que no es reconocida por toda la doctrina.

El art. 264 dispone que cuando, excepcionalmente, se requiera la actuación representativa del guardador de hecho, este habrá de obtener la autorización para realizarla a través del correspondiente expediente de jurisdicción voluntaria, en el que se oirá a la persona con discapacidad; la autorización judicial para actuar como representante se podrá conceder, previa comprobación de su necesidad, en los términos y con los requisitos adecuados a las circunstancias del caso; la autorización podrá comprender uno o varios actos necesarios para el desarrollo de la función de apoyo y deberá ser ejercitada de conformidad con la voluntad, deseos y preferencias de la persona con discapacidad; en todo caso, quien ejerza la guarda de hecho deberá recabar autorización judicial conforme a lo indicado en el párrafo anterior para prestar consentimiento en los actos enumerados en el art. 287 CC. Los actos que precisan autorización judicial, según este último precepto, son personales y patrimoniales, tanto de administración y de disposición. En contra de la aplicación de este precepto a la guarda de hecho de los menores se ha señalado por la doctrina que puesto que se exige para muchos supuestos autorización judicial en el art. 287 CC, podría afirmarse que el art. 264 CC no sería necesario, de esta manera, en principio las actuaciones representativas no son la regla general, tal y como aparece recogido en el art. 264 CC, sino que dicho precepto es excepcional y restrictivo. Sin embargo, hay que señalar que el precepto se refiere a la actuación del guardador de hecho en representación del guardado, en este caso, del menor; y claramente el art. 264 establece que, para realizar actuaciones en representación de la persona con discapacidad, en nuestro caso, del menor, el guardador debe pedir autorización judicial, y en todo caso, cuando se trate de los actos referidos en el art. 287 CC. Por tanto, esta regla general debe ser de aplicación también al guardador del menor dado que el legislador no estima que el guardador sea el representante legal del menor.

Sin embargo, el art. 264 dispone que: "No será necesaria autorización judicial cuando el guardador solicite una prestación económica a favor de la persona con discapacidad, siempre que esta no suponga un cambio significativo en la forma de vida de la persona, o realice actos jurídicos sobre bienes de esta que tengan escasa relevancia económica y carezcan de especial significado personal o familiar". Lo que parece también haya de ser de aplicación a la actuación del guardador hecho del menor para agilizar la actuación de este en el tráfico jurídico sin necesidad de autorización judicial.

Por último, el art. 264 establece que "La autoridad judicial podrá acordar el nombramiento de un defensor judicial para aquellos asuntos que por su naturaleza lo exijan". Ello se refiere al nombramiento de defensor judicial de persona con discapacidad. Como se ha indicado antes, el art. 237 CC establece las causas para nombrar un defensor judicial al menor, entre las que no figura la causa recogida en el art. 264, que, además, se expresa en términos generales. Por tanto, parece que nada obsta para aplicar esta causa también al defensor judicial del menor, lo que supone hacer expandir las causas de nombramiento del defensor judicial del menor.

Fuera de lo que se establece en el art. 237, nada más se regula en relación a la guarda de hecho del menor.

Sin embargo, en la guarda de hecho de las personas con discapacidad, se abordan dos cuestiones más: la relativa al reembolso de gastos y la referida a las causas de extinción, regulación que debe entenderse aplicable a la guarda de hecho del menor por virtud del art. 238 CC, que hace una remisión en bloque a la regulación de la guarda de hecho de las personas con discapacidad, según ya se ha indicado.

En cuanto a los reembolsos de gastos, el art. 266 dispone: "El guardador tiene derecho al reembolso de los gastos justificados y a la indemnización por los daños derivados de la guarda, a cargo de los bienes de la persona a la que presta apoyo". Derechos que se pueden aplicar también al guardador de hecho del menor.

En cuanto a la extinción de la guarda de hecho, el art. 267 establece que ésta se extingue en relación a las personas con discapacidad: "1.° Cuando la persona a quien se preste apoyo solicite que este se organice de otro modo.— 2.° Cuando desaparezcan las causas que la motivaron.— 3.° Cuando el guardador desista de su actuación, en cuyo caso deberá ponerlo previamente en conocimiento de la entidad pública que en el respectivo territorio tenga encomendada las funciones de promoción de la autonomía y asistencia a las personas con discapacidad.— 4.° Cuando, a solicitud del Ministerio Fiscal o de quien se interese por ejercer el apoyo de la persona bajo guarda, la autoridad judicial lo considere conveniente".

La doctrina ha planteado ciertas dudas acerca de la aplicación de este precepto a la extinción de la guarda de hecho del menor. Menos la primera de las causas, que suscita ciertas dudas, parece que las demás causas pueden aplicarse también a la guarda de hecho del menor, con los debidos ajustes. Sin embargo, la primera de las causas origina cierta problemática en admitirla como causa de extinción de la guarda de hecho del menor dado que en este caso se facilitaría al menor solicitar que la protección se originase de distinta manera a la guarda; ello supondría solicitar por el menor la constitución de la tutela o el nombramiento de defensor judicial, y en estos casos los arts. 206 y 207 para la primera, y 235 para el segundo, no prevén esta posibilidad. En cuanto a que desaparezcan las causas que motivaron la guarda de hecho, tratándose de un menor de edad, se puede referir a que el menor alcance la mayoría de edad, o la emancipación o el beneficio de la mayor edad, o se recupere la patria potestad o la tutela, o se determine la filiación, o por cualquier otra causa en la que el menor ya no necesite la protección del guardador de hecho. También cabe aplicar a la guarda de menores la extinción por desestimiento del propio guardador, en cuyo caso se debería proceder a atribuir al menor otro tipo de protección (la tutela ordinaria o administrativa). Asimismo, cabe aplicar a la guarda de hecho la última de las causas de extinción, es decir, la guarda de hecho de los menores se extingue cuando la autoridad judicial lo considere conveniente; en este sentido cabe recordar que el art. 237.2° CC establece que el propio guardador de hecho podrá promover el nombramiento de tutor, y el art. 52.2 LJV dispone que el Juez puede promover expediente para la constitución de la tutela si procediera en el caso de que constatase la existencia de una guarda de hecho

Por último, hay que señalar que la guarda de hecho tiene acceso al Registro civil, con el valor de anotación registral, según el art. 40.3 LRC que dispone que pueden ser objeto de anotación "9°) El acogimiento, la guarda administrativa y la guarda de hecho". Dicha anotación no tiene en ningún caso el valor probatorio que proporciona la inscripción, pero tiene un valor informativo. Sin embargo, hay que recordar que sí tiene acceso al Registro Civil, con valor de inscripción, cualquier representación que se otorgue mediante nombramiento especial y comprenda la administración y guarda de un patrimonio (art. 74 LRC).

Jurisprudencia

En resoluciones recientes se ha planteado el reconocimiento de la guarda de hecho en relación a los abuelos de la menor. Así, en el AJPII núm. 4 18 octubre 2021 (*Tol 9190754*) se contempló un caso en el cual consta que por SJPII núm. 1 de 31 de octubre de 2017, de modificación de medidas, se aprobó el convenio regulador, en el que se atribuía la guarda y custodia de la menor a la madre; sin embargo, los abuelos paternos solicitaron la concesión de la guarda y custodia exclusiva de la menor a ellos, pidiendo que se estableciera un régimen de visitas con sus padres, poniendo de manifiesto que desde febrero de 2021 la menor no quería vivir con la pareja de su madre, y que vivía con ellos, los cuales se hacían cargo de la misma como guardadores de hecho. Señala el Juzgado que, si los abuelos y otras personas vienen desempeñando la guarda de hecho, actualmente es de aplicación el art. 237 CC, en el que se reconoce facultades de protección sobre los menores a dichos guardadores, añadiendo que igualmente los abuelos podrían acudir para proteger el interés del menor, por razones de urgencia, a la vía del art. 158 CC. Pero el propio juzgador señala que "si bien el juicio ordinario interpuesto sería adecuado en cuanto se ha formulado contra los padres de la menor, lo cierto es que nada se solicita en cuanto a la privación de la patria potestad y la constitución de la tutela ordinaria, o, al menos, la suspensión de la patria potestad de los padres sobre el menor, y/o la atribución de su ejercicio a los demandantes junto con la custodia del menor, y/o nombramiento de tutor", indicando que, salvo que alguno de los progenitores inste la correspondiente modificación de medidas, los abuelos, como guardadores de hecho, tienen las facultades que les otorga bien el art. 158 CC, dentro del procedimiento de familia en el que se acordó la guarda y custodia de la menor, bien las facultades que le confiere el art. 237 CC. Pero considera que lo que no es posible, aún en un procedimiento ordinario, es que constituida la guarda y custodia de una menor en una resolución judicial, se modifique la misma y se atribuya a terceros, sin hacer pronunciamiento alguno sobre la modificación de dicha resolución, ni sobre a quién se atribuiría las facultades de la patria potestad, etc., señalando que el Juzgado en cuestión carecía de competencia para dejar sin efecto la sentencia del JPII que atribuyó la guarda y custodia de la menor a la madre. Por lo que se inadmitió la demanda, sin perjuicio de que la parte demandante pudiera ejercer sus derechos en el procedimiento y ante el Juzgado competente. Por su parte, la SAP Sevilla 10 marzo 2023 (*Tol 9688311*) deniega a la tía abuela de los menores, cuyos progenitores se encontraban en prisión, la custodia de dichos menores como guardadora de hecho por considerar que existen indicadores de riesgo grave de desamparo, siendo rechazado el recurso de casación en STS 25 octubre 2023 (*Tol 9751479*).

Cuestiones relevantes

32. Ante el silencio del CC en relación a las personas que pueden ser guardadores de hecho, **la doctrina estima que la guarda de hecho puede ser ejercitada tanto por una persona física como jurídica.**

33. Hay que poner de relieve que la regulación de la **guarda de hecho de los menores** es excesivamente parca: tan sólo dos preceptos, y uno de ellos para hacer una remisión en bloque a las normas que regulan la guarda de hecho de las personas con discapacidad. Sin embargo, la doctrina estima que dicha remisión supone un acercamiento a las medidas de apoyo más estables y un reforzamiento indirecto de la guarda de hecho de menores.

34. La doctrina ha señalado que **uno de los grandes problemas de la figura de la guarda de hecho es la acreditación de la condición de guardador de hecho para su actuación en el tráfico jurídico,** lo que dificulta su actividad, crea una importante inseguridad jurídica, y provoca en los guardadores una sensación de abandono por el ordenamiento jurídico. Estima la doctrina que dicha acreditación se puede realizar mediante la anotación en el RC, si existe, o mediante certificado o testimonio del letrado de la Administración de Justicia en base al art. 145.3 LEC, porque puede certificar que en un determinado acto una persona ha actuado como guardador de hecho.

35. En punto a los actos que se permite al guardador de hecho de las personas con discapacidad en el art. 264 CC, que se aplica al guardador de hecho del menor, señala la doctrina que esta fórmula queda abierta a posibles problemas de interpretación sobre cuáles son los supuestos y prestaciones económicas en los que el guardador puede actuar sin necesidad de autorización judicial.

36. Además de las **causas de extinción de la guarda de hecho** señaladas en el art. 267 CC, la doctrina estima que dicha guarda se extingue también por otras causas, aunque no lo mencione el citado precepto; así, cuando el menor se declare en situación de desamparo, cuando se pase a otro sistema de guarda más adecuado (como, por ejemplo, la adopción), o cuando fallezca el menor o el guardador, entre otras.

ESQUEMA

TUTELA

1. Sujetos a tutela
2. Personas legitimadas para la promoción de la tutela
3. Nombramiento de tutor
4. Contenido de la tutela
5. Extinción y rendición de cuentas

EL DEFENSOR JUDICIAL DEL MENOR

1. Remisión a las normas del defensor judicial de las personas con discapacidad
2. Causas de nombramiento del defensor
3. Alcance de su actuación
4. Rendición de cuentas

LA GUARDA DE HECHO DEL MENOR

1. Aplicación supletoria de las normas de la guarda de hecho de las personas con discapacidad
2. Medidas judiciales de control y vigilancia
3. Posibilidad de otorgamiento de facultades tutelares a los guardadores

28 Medidas de apoyo a las personas con discapacidad

Josefina Alventosa del Río[1]

Sumario: 1. LA REGULACIÓN DE LA SITUACIÓN JURÍDICA DE LAS PERSONAS CON DISCAPACIDAD. 2. LAS MEDIDAS DE APOYO A LAS PERSONAS CON DISCAPACIDAD PARA EL EJERCICIO DE SU CAPACIDAD JURÍDICA. DISPOSICIONES COMUNES. 2.1. El establecimiento de las medidas de apoyo. Modalidades de las medidas de apoyo. 2.2. Personas que pueden prestar apoyo. Funciones de las mismas. Limitaciones y prohibiciones. 2.3. Responsabilidad de la persona con discapacidad. 2.4. Inscripción de las medidas de apoyo. 3. MEDIDAS VOLUNTARIAS DE APOYO A LAS PERSONAS EN SITUACIÓN DE DISCAPACIDAD. 3.1. Concepto. 3.2. Sujetos. 3.3. Contenido. 3.4. Forma. 3.5. Referencia al poder o mandato preventivo. 3.5.1. Noción de poderes y mandatos preventivos. Tipos de poderes previstos en el Código civil. 3.5.2. Sujetos y capacidad en el otorgamiento del poder preventivo. 3.5.3. Forma de los poderes preventivos. 3.5.4. Contenido del poder preventivo. 3.6. Extinción de las medidas de apoyo de naturaleza voluntaria y de los poderes y mandatos preventivos. 4. MEDIDAS FORMALES DE APOYO A LAS PERSONAS EN SITUACIÓN DE DISCAPACIDAD. 4.1. La curatela de las personas con discapacidad. 4.1.1. Concepto de curatela. 4.1.2. Constitución de la curatela. 4.1.3. Nombramiento del curador. 4.1.3.1. La autocuratela. 4.1.3.2. Nombramiento del curador por autoridad judicial. 4.1.4. Contenido y ejercicio de la curatela. 4.1.5. Extinción de la curatela. 4.2. El defensor judicial de las personas con discapacidad. 5. MEDIDAS INFORMALES DE APOYO A LAS PERSONAS EN SITUACIÓN DE DISCAPACIDAD. LA GUARDA DE HECHO (REMISIÓN).

1. LA REGULACIÓN DE LA SITUACIÓN JURÍDICA DE LAS PERSONAS CON DISCAPACIDAD

Según el art. 29 CC la capacidad jurídica se atribuye a todas las personas, sean mayores o menores de edad, o se encuentren en cualquier circunstancia o condición personal.

En nuestro ordenamiento jurídico el ejercicio adecuado de la capacidad jurídica viene subordinado fundamentalmente a dos elementos. Por un lado, a la edad del sujeto, y, por otro lado, a las facultades cognitivas y volitivas de la persona. Nuestra legislación en diversas y distintas normas exige tener una determinada edad para realizar actos jurídicos válidos; y, a su vez, aunque no exista un precepto concreto que exija la existencia de unas determinadas facultades cognitivas y volitivas en la persona, lo cierto es que en las distintas instituciones que se regulan en el Código civil y en otra legislación sobre materia civil se exige que el consentimiento de las personas para realizar actos jurídicos válidos sea consciente y libre.

[1] TU, Derecho civil, Universidad de Valencia.

La edad de la persona determina un diverso alcance en el ejercicio de la capacidad jurídica de la misma. Nuestro Código civil, tomando como referencia la edad de los 18 años, que la Constitución Española establece como mayoría de edad (art. 12) y así se refleja en el Código civil (art. 240.I), distingue distintas etapas según la edad de la persona, la mayoría de edad, la minoría de edad y la emancipación, a las que atribuye un diferente ejercicio de la capacidad jurídica.

Además de la edad, para el ejercicio adecuado de la capacidad jurídica se requiere que la persona esté en posesión de facultades cognitivas y volitivas efectivas, tanto se trate de mayores de edad como de menores de edad, emancipados o no, que puedan otorgar su consentimiento de manera libre y consciente previa la información pertinente.

En nuestra realidad social se producen circunstancias (normalmente, debidas a enfermedades o limitaciones físicas o psíquicas) que determinan que una persona se encuentre en una situación de discapacidad, debido a la cual no puede tomar decisiones conscientes y libres, lo que le impide realizar actos jurídicos válidos.

En algunas situaciones ello se debe a limitaciones de carácter sensorial, que no afectan al entendimiento de la persona, que requieren determinados instrumentos de apoyo para que ésta pueda recibir la información oportuna y otorgar el consentimiento correspondiente (tales serían los casos, por ejemplo, de deficiencias visuales o auditivas u orales). En otras situaciones, las circunstancias en las que se encuentra la persona le impide gestionar su persona y sus bienes de manera adecuada a sus necesidades, por lo que requiere de un apoyo para realizar esta gestión según su voluntad (así, por ejemplo, determinadas situaciones de la persona derivadas de adicciones). Por último, hay situaciones en las que la persona carece de facultades cognitivas y volitivas, lo que le imposibilita de modo absoluto gestionar su persona y bienes, por lo que se requiere un sujeto que actúe en representación de sus intereses (por ejemplo, casos de enfermedad de Alzheimer severa).

Ante ello, el ordenamiento jurídico establece unos mecanismos jurídicos para proceder al apoyo de las personas que se encuentran en esta situación de discapacidad a fin de poder facilitar el ejercicio adecuado de su capacidad jurídica.

Normativa reguladora

La situación de las personas con discapacidad que pueden tener dificultades para el ejercicio de su capacidad jurídica ha sido regulada en diversas normas de nuestro ordenamiento jurídico, que han sufrido recientemente una modificación importante, de gran trascendencia en nuestro derecho interno.

En nuestro ordenamiento jurídico es fundamental la mención que a las personas en situación de discapacidad se realiza en la Constitución Española en los arts. 49 y 50, los cuales se refieren a la atención a personas con discapacidad y personas mayores y a un sistema de servicios sociales promovido por los poderes públicos para el bienestar de los ciudadanos. Sin embargo, el art. 49 CE ha sido objeto de un Proyecto de Ley de reforma presentado por el Gobierno el 12 de mayo de 2021, calificado en el Congreso el 18 de mayo de 2021 (BOCG 21 mayo 2021, núm. 54-1, Serie A, Proyectos de Ley), y que se encuentra todavía en tramitación, que fundamenta dicha reforma en la nueva regulación sobre las personas con discapacidad, derivada de la Convención de 2006.

Por su parte, la situación jurídica de las personas con discapacidad se regulaba de manera más específica fundamentalmente en el Código civil a través de la institución denominada incapacitación (arts. 199 a 201), aunque en el propio Código se realizaban referencias a la incapacitación en otros preceptos del mismo (así, en los arts. 1263.2°, 56 y 663 a 665), y en la Ley de Enjuiciamiento civil (arts. 756 a 763), que regulaba el procedimiento de incapacitación.

Sin embargo, la norma más importante en relación a las personas en situación de discapacidad se produjo en el ámbito internacional y es la Convención sobre los Derechos de las personas con discapacidad, de 13 de diciembre de 2006, hecha en Nueva York por Naciones Unidas. En dicha Convención, uno de los principios fundamentales que se establece es el reconocimiento de la capacidad jurídica de "las personas con discapacidad en igualdad de condiciones con los demás en todos los aspectos de su vida" (art. 12.2), suprimiéndose la tradicional diferencia entre capacidad jurídica y capacidad de obrar, lo que ha recibido alguna crítica por parte de la doctrina. Ello determinó en nuestro país la publicación de una serie de normas para adaptar la regulación sobre la situación de las personas con discapacidad de nuestro ordenamiento jurídico a los nuevos principios instaurados por la citada Convención.

En la actualidad la más importante de todas ellas es la Ley 8/2021, de 2 de junio, por la que se reforma la legislación civil y procesal para el apoyo a las personas con discapacidad en el ejercicio de su capacidad jurídica.

En su Preámbulo se señala que con esta reforma se pretende dar un paso decisivo en la adecuación de nuestro ordenamiento jurídico a la Convención Internacional de Naciones Unidas, fundamentalmente en lo relativo al ejercicio de la capacidad jurídica por las personas con discapacidad, en igualdad de condiciones que las demás en todos los aspectos de la vida, estableciendo las modificaciones necesarias en el proceso judicial de determinación de apoyos para la toma libre de decisiones de las personas con discapacidad que los precisen.

Sigue señalando el Preámbulo que la nueva regulación está inspirada en el respeto a la dignidad de la persona, en la tutela de sus derechos fundamentales y en el respeto a la libre voluntad de la persona con discapacidad, que recoge la CE en el art. 10, así como en los principios de necesidad y proporcionalidad de las medidas de apoyo que pueda necesitar dicha persona en el ejercicio de su capacidad jurídica.

La Ley 8/2021 consta de ocho artículos, dos disposiciones adicionales, seis disposiciones transitorias, una disposición derogatoria y tres disposiciones finales, y modifica el Código civil, la Ley Notarial, la Ley Hipotecaria, la Ley de Enjuiciamiento civil, la Ley del Registro civil, la Ley de la Jurisdicción Voluntaria, la Ley de 18 noviembre de 2003, el Código penal, y el Código de comercio.

En particular, en relación al Código civil, la Ley 8/2021 suprime la figura de la incapacitación, y reforma totalmente las instituciones tutelares. En relación a esta supresión, el Preámbulo de la Ley señala que "el elemento sobre el que pivota la nueva regulación no va a ser ni la incapacitación de quien no se considera suficientemente capaz, ni la modificación de una capacidad que resulta inherente a la condición de persona humana y, por ello, no puede modificarse", pues la idea central del nuevo sistema es la de apoyo a la persona que lo precisa con respeto absoluto a su autonomía; y, en base a ese criterio, se suprime la tutela para las personas en situación de discapacidad así como la patria potestad prorrogada y la patria potestad rehabilitada, figuras, según el legislador, "demasiado rígidas y poco adaptadas al sistema de promoción de la autonomía de las personas adultas con discapacidad que ahora se propone".

En consonancia con ello, la Ley modifica en el Código civil, además de la regulación de las instituciones tutelares, algunos preceptos relativos a la nacionalidad, a la patria potestad, a la filiación, a las medidas comunes a la nulidad matrimonial, separación y divorcio, al régimen económico matrimonial, a la posesión, y a otros artículos del Código civil en materia de contratos y de sucesiones.

La reforma más importante que realiza esta Ley se refiere a la instauración de un sistema de medidas de apoyo a las personas con discapacidad y a la modificación de las instituciones tutelares de protección de las mismas, alterando tanto la estructura como el contenido de éstas en el Código civil.

Así, se suprime toda referencia a la incapacitación, que se regulaba en el Título IX del Libro I del CC (arts. 199 a 201), pasando este Título a rubricarse "De la tutela y de la guarda de menores" (arts. 199 a 238), contemplándose la situación de las personas con discapacidad en el Título XI, bajo la rúbrica "De las medidas de apoyo a las personas con discapacidad para el ejercicio de su capacidad jurídica" (arts. 249 a 299), que incluye en su contenido la regulación de las medidas voluntarias de apoyo, de la curatela, guarda de hecho y defensor judicial de la persona con discapacidad; además, se añade el Capítulo VI, que se dedica a la responsabilidad de la persona con discapacidad (art. 299), y el Titulo XII, que se titula "Disposiciones comunes", abarcando tan solo un precepto (art. 300), referido a la inscripción en el Registro civil. Por su parte, se reserva el Título X para regular las situaciones "De la mayor edad y emancipación" (arts. 239 a 248), con apenas modificaciones en su contenido. Asimismo, la Ley 8/2021 modifica la Disposición Adicional 4ª del CC.

Como consecuencia de la reforma introducida, la Ley 8/2021 establece una serie de medidas de apoyo a las personas con discapacidad para el ejercicio de su capacidad jurídica y distingue entre las instituciones tuitivas de los menores de edad y las instituciones de protección de las personas con discapacidad. Dentro de las primeras se regulan la tutela, la guarda de hecho y el defensor judicial del menor (arts. 199 a 238 CC); y como instituciones tuitivas de las segundas se incluyen la curatela, la guarda de hecho y el defensor judicial (según el art. 250.I CC).

El principio fundamental que rige esta regulación es el respeto a la autonomía de las personas con discapacidad, teniendo en cuenta su voluntad, sus deseos y preferencias. Y ello con la finalidad de permitir el pleno desarrollo de su personalidad y su desenvolvimiento jurídico en condiciones de igualdad (como así se recoge en el art. 249 CC).

Por tanto, siguiendo las directrices establecidas en la Convención Internacional de NU de 2006, se considera a las personas con discapacidad plenos sujetos titulares de derechos y no meros objetos de tratamiento y protección social, tomando en consideración sus deseos, y procurando que tomen decisiones sobre su vida de modo autónomo.

Además de esta Ley, hay que señalar que existen también otras normas de carácter nacional y autonómico que inciden sobre distintos aspectos que afectan a las personas con discapacidad. Entre las primeras se pueden citar la Ley 41/2003, de 18 de noviembre, de protección patrimonial de las personas con discapacidad, y de modificación del Código civil, de la Ley de Enjuiciamiento Civil y de la normativa tributaria (modificada por la Ley 1/2009, de 25 de marzo y por la Ley 8/2021), que se publicó con la finalidad de proteger la masa patrimonial de las personas con discapacidad, vinculándola a la satisfacción de las necesidades vitales de la misma, e introdujo por primera vez en nuestro Derecho la figura de la autotutela; la Ley 39/2006, de 14 de diciembre, de Promoción de la Autonomía Personal y Atención a las personas en situación de dependencia; el Real Decreto Legislativo 1/2013, de 29 de noviembre, por el que se aprobó el Texto Refundido de la Ley General de derechos de las personas con discapacidad y de su inclusión social; la reforma de la Ley 15/2015, de 2 de julio, de la Jurisdicción Voluntaria, modificada por la Ley 4/2017, de 24 de junio (en relación con el derecho de las personas con discapacidad a contraer matrimonio en igualdad de condiciones); la reforma de la Ley Orgánica 1/2017, de 13 de diciembre, de modificación de la Ley Orgánica 5/1995, de 22 de mayo, del Tribunal del Jurado, para garantizar la participación de las personas con discapacidad sin exclusiones; la Ley Orgánica 2/2018, de 5 de diciembre, para la modificación de la Ley Orgánica 5/1985, de 19 de junio, del Régimen Electoral General, para garantizar el derecho de sufragio de todas las personas con discapacidad; y la Ley Orgánica 2/2020, de 16 de diciembre, de modificación del Código penal para la erradicación de la esterilización forzada o no consentida de personas con discapacidad incapacitadas judicialmente, que ha eliminado este supuesto del texto penal.

En materia de discapacidad, existen dos Comunidades Autónomas que tienen legislación específica sobre la materia: Cataluña y Aragón. Después de la Convención de Nueva York de 2006, Cataluña publicó la Ley 25/2010, de 29 de julio, del Libro II del Código civil de Cataluña, en donde se regula la situación de las personas con discapacidad, aunque manteniendo la institución de la incapacitación; ante la aparición de la Ley 8/2021, la Comisión General de Codificación emprendió la modificación de esta regulación, y mientras se culmina este proceso, se ha publicado una norma que establece un régimen transitorio, el Decreto Ley 19/2021, de 31 de agosto, por el que se adapta el Código civil de Cataluña a la reforma del procedimiento de modificación judicial de la capacidad. Por su parte, en Aragón la materia se regula en el Código de Derecho Foral de Aragón, cuya normativa procede de la Ley 13/2006, de 27 de diciembre, de Derecho de la persona, que también se encuentra en proceso de adaptación a la nueva regulación.

En el ámbito procesal se modifican la Ley 1/2000, de 7 de enero, de Enjuiciamiento Civil (art. cuarto de la Ley) y la Ley 15/2015, de 2 de julio, de la Jurisdicción Voluntaria (art. séptimo de la Ley), en las que se sustituyen los procesos de modificación judicial de la capacidad o incapacitación por los procedimientos para provisión de medidas de apoyo a las personas con discapacidad que los necesiten.

El legislador ha optado de manera preferente, como se señala en el Preámbulo de la propia Ley, por el cauce de la jurisdicción voluntaria, considerando de manera esencial la participación de la propia persona, facilitando que pueda expresar sus preferencias e interviniendo activamente y donde la autoridad judicial interese la información precisa, ajustándose siempre a los principios de necesidad y proporcionalidad. En la Ley 15/2015 de la JV se introduce la regulación de un nuevo expediente de provisión de medidas judiciales de apoyo a personas con discapacidad (Capítulo III bis) para los supuestos en los que, de acuerdo con las normas civiles, sea pertinente la previsión de alguna medida judicial de apoyo de carácter estable y no exista oposición. En la LJV se añade el art. 7 bis, y un nuevo Capítulo III bis al Título II, integrado por los arts. 42 bis a) a 42 bis c), y se modifican los arts. 27, 44, 48, 49, 51, añadiéndose además el art. 51 bis, 52, 61, 62, 64, 65, 93.2 y 94; se da nueva redacción a la Sección 3.ª del Capítulo II del Título III con la rúbrica "Sección 3.ª De las medidas de protección relativas al ejercicio inadecuado de la potestad de guarda o de administración de los bienes del menor o persona con discapacidad", afectando a los arts. 87 a 89; y en el apartado veinte del art. séptimo de la Ley se explica la sustitución de términos que debe realizarse en dicha Ley.

Por su parte, la Ley 1/2000, como se señala en el Preámbulo de la Ley 8/2021, se ha sometido a una revisión de conjunto en la que, más allá de las necesarias revisiones terminológicas, se han introducido los ajustes requeridos por la adaptación a la Convención en el ejercicio de las acciones de determinación o impugnación de la filiación, en los procedimientos de separación y divorcio y en el procedimiento para la división de la herencia (apartado V). Pero se realiza una reforma profunda del procedimiento para la provisión de medidas de apoyo a la persona con discapacidad, que sustituye al procedimiento anterior de modificación judicial de la capacidad de obrar. Este procedimiento, sin embargo, se establece como subsidiario al expediente de provisión de apoyos regulado en la Ley de la Jurisdicción Voluntaria. Así se modifican los arts. 7, introduciéndose un nuevo art. 7 bis, 52.1, 162, 222, 749, 751.2, 753, 755, 756 a 762, 765, 770, 771, 775, 777, 783, 790, 793.3, 795 y 796, así como las rúbricas del Título I del Libro IV y del Libro IV, Título I, Capítulo II.

Jurisprudencia

Antes de la publicación de la Ley 8/2021, la doctrina y la jurisprudencia habían manifestado su postura de adaptar la legislación existente a los principios proclamados en la Convención de 2006.

Nuestros Tribunales tuvieron ocasión de pronunciarse sobre la aplicación de la Convención de 2006 en nuestro país en diversas resoluciones, sobre distintos aspectos que afectaban a las personas con discapacidad, procurando adaptar la regulación existente en nuestro ordenamiento jurídico, singularmente en el Código civil y en la Ley de Enjuiciamiento civil, a los parámetros de la Convención, no siempre con acierto, incidiendo más precisamente en la situación de la persona y sus necesidades, utilizando una terminología más acorde con los principios de la misma, como la referencia a las expresiones apoyo o sistemas de protección, y recurriendo más a la figura del curador antes que a la del tutor. Así, por ejemplo, sin ánimo exhaustivo, en las SSTS 21 septiembre 2011 (*Tol 2248621*), 17 julio 2012 (*Tol 2635528*), 11 octubre 2012 (*Tol 2674037*), 24 junio 2013 (*Tol 3800142*), 1 julio 2014 (*Tol 4468983*), 13 mayo 2015 (*Tol 5000594*), 4 noviembre 2015 (*Tol 5550396*), 16 mayo 2017 (*Tol 6113490*), 7 marzo 2018 (*Tol 6538335*), 15 marzo 2018 (*Tol 6548076*); y también se puede citar la STC 7/2011 (Sala Primera), de 14 de febrero (*Tol 2054040*), así como la Sentencia de la Audiencia Nacional, Sala de lo Contencioso-Administrativo, Sección 3.ª, de 2 de noviembre de 2009 (*Tol 4316562*). Por último, hay que destacar que de manera expresa, en la STS 6 mayo 2021 (*Tol 8431634*), el Alto Tribunal recoge los principios jurisprudenciales derivados del Convenio de 2006.

Por otra parte, nada más recién entrada en vigor la Ley 8/2021 se pronunció la STS 589/2021, de 8 de septiembre *(Tol 8585229)*, en la que se aplica por primera vez las normas y principios establecidos en dicha Ley, en la que se aborda un caso de provisión de medidas judiciales de apoyo a una persona que padece el síndrome de Diógenes, lo que provoca que se encuentre en una situación que produce perjuicios tanto a sí mismo como a terceros, y en la que el TS se ha pronunciado sobre diversos aspectos, en concreto, sobre las situaciones de transitoriedad de la Ley, sobre los nuevos principios instaurados en la regulación de la misma, sobre la constitución de la curatela y su contenido, y sobre el alcance que pueda tener la oposición de la persona con discapacidad a las medidas de apoyo. Dicha sentencia tuvo una influencia importante en las resoluciones posteriores emitidas por las Audiencias Provinciales y marcó unas pautas de actuación en dichos tribunales.

Cuestiones relevantes

1. En la Ley 8/2021 se ha suprimido la diferencia entre capacidad jurídica y capacidad de obrar en consonancia con lo que establece la Convención Internacional de NU de 2006.

En dicha Convención, uno de los principios fundamentales que se establece es el reconocimiento de la capacidad jurídica de "las personas con discapacidad en igualdad de condiciones con los demás en todos los aspectos de su vida" (art. 12.2), suprimiéndose, pues, la tradicional diferencia entre capacidad jurídica y capacidad de obrar.

Sin embargo, la Convención no define el concepto de capacidad jurídica, aunque se refiere tanto a la titularidad de derechos como al ejercicio de los mismos. Dicho concepto, sin embargo, se define por el Comité sobre derechos de las personas con discapacidad en la Observación General núm. 1, insistiendo en que la capacidad jurídica incluye la capacidad de ser titular de derechos y la de actuar en derecho.

En la Ley 8/2021 tampoco se define la capacidad jurídica, y, por tanto, no se recoge en el Código civil dicha noción. Sin embargo, se hace alusión a este concepto en el Preámbulo de la Ley señalando que "Al respecto, ha de tomarse en consideración que, como ha puesto en evidencia la Observación General del Comité de Expertos de las Naciones Unidas elaborada en 2014, dicha capacidad jurídica abarca tanto la titularidad de los derechos como la legitimación para ejercitarlos" (apartado I, párrafo final).

En base a estas afirmaciones parece claro que la Ley ha eliminado la diferencia de conceptos de capacidad jurídica y capacidad de obrar, que actualmente engloba en uno mismo, capacidad jurídica. No obstante, a la hora de establecer medidas de apoyo sigue distinguiendo ambas manifestaciones de la capacidad jurídica, pues dispone que dichas medidas se establecerán cuando la persona que las precise no pueda ejercer adecuadamente su capacidad jurídica.

El principio de presunción de capacidad de las personas con discapacidad ya se había puesto de relieve en las SSTS 145/2018 (*Tol 6544108*) y 146/2018 (*Tol 6548076*), ambas de 15 de marzo (ponente Mª Ángeles Parra), señalando la doctrina que éste ha quedado reforzado por la Convención sobre los Derechos de las Personas con Discapacidad, aunque la capacidad natural ha de comprobarse *in situ*, es decir, en el lugar y momento en que pretenda otorgarse el acto de que se trate

La idea central de la reforma es que "las personas con discapacidad son titulares del derecho a la toma de sus propias decisiones, derecho que ha de ser respetado; se trata, por tanto, de una cuestión de derechos humanos" (apartado II, párrafo tercero del Preámbulo de la Ley 8/2021). Por consiguiente, se trata de respetar al máximo la autonomía de la persona con discapacidad en el ejercicio de su capacidad jurídica. Y cuando dicha persona no pueda ejercitar adecuadamente su capacidad jurídica, se trata de proporcionarle ayuda, para con su consenso, según su proyecto vital, poder ejercitar dicha capacidad

2. A la vista de que toda esta legislación pivota alrededor de las personas con discapacidad, cabría plantearse **qué se entiende en el ámbito jurídico por personas en situación de discapacidad.**

Desde una perspectiva no jurídica, la discapacidad abarca situaciones muy diversas en las que puede encontrarse una persona.

La Convención Internacional de 2006 señala en el art. 1, párr. 2.°, que "Las personas con discapacidad incluyen a aquellas que tengan deficiencias físicas, mentales e intelectuales o sensoriales a largo plazo que, al interactuar con diversas barreras, pueden impedir su participación plena y efectiva en la sociedad, en igualdad de condiciones con las demás".

Como ya se ha señalado, en nuestro ordenamiento jurídico la regulación de la situación de las personas con discapacidad se recoge fundamentalmente en el Título XI, Libro I, del Código civil, con el título de "De las medidas de apoyo a las personas con discapacidad para el ejercicio de su capacidad jurídica". El art. 249, dentro del Capítulo I ("Disposiciones generales"), que abre dicho Título, se refiere a las "personas mayores o menores emancipadas" que precisan medidas de apoyo "para el adecuado ejercicio de su capacidad jurídica"; no se utiliza la expresión en este precepto de "personas con discapacidad", pero cabe señalar que dicho artículo se refiere a estas personas, pues la rúbrica del Título XI, donde se ubica este precepto, se refiere a las personas con discapacidad, como se ha visto, y la expresión se utiliza a lo largo del texto articulado de dicho Título.

Por su parte, el citado Real Decreto Legislativo 1/2013, de 29 de noviembre, por el que se aprueba el Texto Refundido de la Ley General de derechos de las personas con discapacidad y de su inclusión social, define la "Discapacidad" señalando que "es una situación que resulta de la interacción entre las personas con deficiencias previsiblemente permanentes y cualquier tipo de barreras que limiten o impidan su participación plena y efectiva en la sociedad, en igualdad de condiciones con las demás" (art. 2, a). Y la "Vida independiente" manifestando que "es la situación en la que la persona con discapacidad ejerce el poder de decisión sobre su propia existencia y participa activamente en la vida de su comunidad, conforme al derecho al libre desarrollo de la personalidad" (art. 2, h).

Más concretamente, el art. 4.1 del RD establece que "Son personas con discapacidad aquellas que presentan deficiencias físicas, mentales, intelectuales o sensoriales, previsiblemente permanentes que, al interactuar con diversas barreras, puedan impedir su participación plena y efectiva en la sociedad, en igualdad de condiciones con los demás", recogiendo, como se observa, el texto del citado art. 1.2° de la Convención.

Dicho precepto añade que "Además de lo establecido en el apartado anterior, y a todos los efectos, tendrán la consideración de personas con discapacidad aquellas a quienes se les haya reconocido un grado de discapacidad igual o superior al 33 por ciento. Se considerará que presentan una discapacidad en grado igual o superior al 33 por ciento los pensionistas de la Seguridad Social que tengan reconocida una pensión de incapacidad permanente en el grado de total, absoluta o gran invalidez, y a los pensionistas de clases pasivas que tengan reconocida una pensión de jubilación o de retiro por incapacidad permanente para el servicio o inutilidad" (art. 4.2).

Por su parte, en el Código civil, la Disposición adicional cuarta (reformada por la Ley 8/2021), se hace una referencia a cómo debe entenderse la discapacidad.

Así, dicha Disposición adicional dispone que "La referencia a la discapacidad que se realiza en los artículos 96, 756 número 7.°, 782, 808, 822 y 1041, se entenderá hecha al concepto definido en la Ley 41/2003, de 18 de noviembre, de protección patrimonial de las personas con discapacidad y de modificación del Código Civil, de la Ley de Enjuiciamiento Civil y de la Normativa Tributaria con esta finalidad, y a las personas que están en situación de dependencia de grado II o III de acuerdo con la Ley 39/2006, de 14 de diciembre, de Promoción de la Autonomía Personal y Atención a las personas en situación de dependencia".

En relación a estas dos leyes que se mencionan en dicha Disposición, hay que señalar lo siguiente. El art. 2.2 de la Ley 41/2003 establece que "A los efectos de esta Ley únicamente tendrán la consideración de personas con discapacidad: a) Las que presenten una discapacidad psíquica igual o superior al 33 por ciento.— b) Las que presenten una discapacidad física o sensorial igual o superior al 65 por ciento". Por otra parte, la Ley 39/2006 establece los grados de dependencia, concretamente en el art. 26: "1. La situación de dependencia se clasificará en los siguientes grados: a) Grado I. Dependencia moderada: cuando la persona necesita ayuda para realizar varias actividades básicas de la vida diaria, al menos una vez al día o tiene necesidades de apoyo intermitente o limitado para su autonomía personal.— b) Grado II. Dependencia severa: cuando la persona necesita ayuda para realizar varias actividades básicas de la vida diaria dos o tres veces al día, pero no quiere el apoyo permanente de un cuidador o tiene necesidades de apoyo extenso para su autonomía personal.— c) Grado III. Gran dependencia: cuando la persona necesita ayuda para realizar varias actividades básicas de la vida diaria varias veces al día y, por su pérdida total de autonomía física, mental, intelectual o sensorial, necesita el apoyo indispensable y continuo de otra persona o tiene necesidades de apoyo generalizado para su autonomía personal"; la fijación de los grados se establece conforme al art. 27 de esta Ley 39/2006 y criterios determinados allí.

Señala el segundo párrafo de la citada Disposición adicional que "A los efectos de los demás preceptos de este Código, salvo que otra cosa resulte de la dicción del artículo de que se trate, toda referencia a la discapacidad habrá de ser entendida a aquella que haga precisa la provisión de medidas de apoyo para el ejercicio de la capacidad jurídica".

Como se observa, este segundo párrafo no puntualiza qué debe entenderse por persona con discapacidad. Sin embargo, parece que hay una remisión indirecta al art. 249 CC. Y, por tanto, habrá que tener en cuenta la noción que se recoge en el art. 1.2° de la Convención de 2006. Y ello significa, que la noción de discapacidad abarca muchas y muy diferentes situaciones.

3. Las medidas de apoyo deberán estar inspiradas en el respeto a la dignidad de la persona y en la tutela de sus derechos fundamentales y, además, deberán ajustarse a los principios de necesidad y proporcionalidad. El principio de necesidad significa que la medida de apoyo existirá si la persona con discapacidad no puede expresar adecuadamente su voluntad, sus deseos o preferencias, siendo precisa la asistencia de ciertos apoyos para expresar dicha voluntad. El principio de proporcionalidad significa que la medida de apoyo debe adecuarse a la situación para la que la persona con discapacidad necesita esa asistencia.

4. El sistema jurídico de regulación de la situación de las personas con discapacidad anterior basado en una incapacitación en la que se designaban sujetos que podían tomar decisiones por el incapacitado (tutela, con funciones representativas o sustitutivas) se transforma actualmente en un **sistema en el que la toma de decisión la realiza la propia persona con discapacidad, aun cuando requiera de apoyos para tomar tal decisión. Y solo excepcionalmente, en casos en los que ni siquiera con esos apoyos pueda la persona expresar su voluntad, las medidas de apoyo podrán incluir funciones representativas,** en cuyo caso incluso se deberá tener en cuenta la trayectoria vital de la persona con discapacidad, sus creencias y valores, y los factores que ella hubiera tomado en consideración, con el fin de tomar la decisión que hubiera adoptado la persona en caso de no requerir representación (art. 249.3° CC).

Dicha voluntad se superpone al interés superior de la persona con discapacidad, que hasta ahora ha sido un criterio de determinación de la situación de protección que se dispensaba a la misma, dando absoluta prevalencia a la voluntad, deseos y preferencias de dicha persona. Posición que ha sido criticada por un sector de la doctrina científica al entender que cuando dicha voluntad no se pueda determinar, el criterio que debe primar es el de dicho interés superior, aunque un sector de la doctrina entiende las decisiones sustitutorias deben tener como criterio de actuación la mejor salvaguarda de los derechos de la persona con discapacidad en atención a la misma.

2. LAS MEDIDAS DE APOYO A LAS PERSONAS CON DISCAPACIDAD PARA EL EJERCICIO DE SU CAPACIDAD JURÍDICA. DISPOSICIONES COMUNES

2.1. El establecimiento de las medidas de apoyo. Modalidades de las medidas de apoyo

En consonancia con los fines perseguidos por la reforma operada por la Ley 8/2021, se establecen en el Código civil las medidas de apoyo a las personas mayores de edad o menores emancipados que las precisen para el adecuado ejercicio de su capacidad jurídica (arts. 249 a 298), que tendrán por finalidad permitir el desarrollo pleno de su personalidad y su desenvolvimiento jurídico en condiciones de igualdad.

Como ya se ha indicado, estas medidas de apoyo deberán estar inspiradas en el respeto a la dignidad de la persona y en la tutela de sus derechos fundamentales. Y rige en ellas el respeto al principio de autonomía de la persona con discapacidad.

Estas medidas de apoyo a las personas con discapacidad engloban, como señala el propio Preámbulo de la Ley 8/2021, "todo tipo de actuaciones: desde el acompañamiento amistoso, la ayuda técnica en la comunicación de declaraciones de voluntad, la ruptura de barreras arquitectónicas y de todo tipo, el consejo, o incluso la toma de decisiones delegadas por la persona con discapacidad".

Por tanto, las medidas de apoyo se establecerán según sean las circunstancias de la persona que se encuentre en una situación de discapacidad, y van desde, como se señala en el Preámbulo de la Ley, el mero acompañamiento hasta el nombramiento de persona con facultades representativas de la persona con discapacidad.

Sin embargo, este abanico de medidas no se contempla, ni, por tanto, se regulan en el texto articulado del CC, quien como medidas de apoyo sólo se refiere a unas concretas, a las que después se aludirá; pero a dichas medidas se hace referencia en otras leyes (así, por ejemplo, en las leyes procedimentales, LJV y LEC, en sus respectivos arts. 7 bis, y en la Ley del Notariado en su art. 24).

El Código civil distingue dos modalidades de medidas de apoyo: aquellas que la propia persona con discapacidad puede disponer (medidas voluntarias de apoyo) y aquellas que se establecen por la ley o por el juez (medidas de origen legal o judicial), reconociendo la guarda de hecho también como una medida de apoyo.

Normativa reguladora

Las medidas de apoyo vienen mencionadas en los arts. 249 y 250 CC.

En el art. 249 se establece expresamente que las medidas de apoyo a las personas mayores de edad o menores emancipadas que las precisen para el adecuado ejercicio de su capacidad jurídica tendrán por finalidad permitir el desarrollo pleno de su personalidad y su desenvolvimiento jurídico en condiciones de igualdad, medidas que deberán estar inspiradas en el respeto a la dignidad de la persona y en la tutela de sus derechos fundamentales. Se señala, además, que las medidas de apoyo de origen legal o judicial solo procederán en defecto o insuficiencia de la voluntad de la persona de que se trate, procurando que la persona con discapacidad pueda desarrollar su propio proceso de toma de decisiones, informándola, ayudándola en su comprensión y razonamiento y facilitando que pueda expresar sus preferencias, y fomentando que la persona con discapacidad pueda ejercer su capacidad jurídica con menos apoyo en el futuro. Pues el objetivo fundamental es que sea la propia persona con discapacidad la que intervenga en la toma de decisiones respecto a su persona y sus bienes, respetando al máximo su autonomía personal. Por ello, se considera que el sujeto que debe prestar apoyo no es un representante legal de la persona que requiere el apoyo.

Como consecuencia, se dispone que, excepcionalmente, cuando, pese a haberse hecho un esfuerzo considerable, no sea posible determinar la voluntad, deseos y preferencias de la persona, las medidas de apoyo podrán incluir funciones representativas (art. 249.3º CC); en este caso, se procurará por parte de la persona que debe prestar apoyo tener en cuenta la trayectoria vital de la persona con discapacidad, sus creencias y valores, así como los factores que ella hubiera tomado en consideración, con el fin de tomar la decisión que habría adoptado la persona en caso de no requerir representación.

Además, la autoridad judicial podrá dictar las salvaguardas que considere oportunas a fin de asegurar que el ejercicio de las medidas de apoyo se ajuste a los criterios que se fijan en la Ley y, en particular, atienda a la voluntad, deseos y preferencias de la persona que las requiera.

El Código civil, en el art. 250, establece concretamente cuáles son estas medidas de apoyo para el ejercicio de la capacidad jurídica de las personas que lo precisen, que son, además de las de naturaleza voluntaria, la curatela, el defensor judicial y la guarda de hecho.

En dicho precepto se señala el concepto de cada una de ellas.

Así se señala que "Las medidas de apoyo de naturaleza voluntaria son las establecidas por la persona con discapacidad, en las que designa quién debe prestarle apoyo y con qué alcance. Cualquier medida de apoyo voluntaria podrá ir acompañada de las salvaguardas necesarias para garantizar en todo momento y ante cualquier circunstancia el respeto a la voluntad, deseos y preferencias de la persona" (art. 250.3º CC).

La curatela es "una medida formal de apoyo que se aplicará a quienes precisen el apoyo de modo continuado. Su extensión vendrá determinada en la correspondiente resolución judicial en armonía con la situación y circunstancias de la persona con discapacidad y con sus necesidades de apoyo" (art. 250.5º CC).

El nombramiento de defensor judicial "como medida formal de apoyo procederá cuando la necesidad de apoyo se precise de forma ocasional, aunque sea recurrente" (art. 250.6º CC).

La guarda de hecho es "una medida informal de apoyo que puede existir cuando no haya medidas voluntarias o judiciales que se estén aplicando eficazmente" (art. 250.4º CC).

En el propio Código se establece una reglamentación propia de cada una de ellas, además de unas disposiciones generales, comunes a todas ellas, que se refieren a la función de las personas que deben proporcionar el apoyo, las prohibiciones para desempeñar las medidas de apoyo, las situaciones de urgencia y una regla específica en relación a las disposiciones a título gratuito que se realicen a favor de personas con discapacidad. También se pueden considerar como disposiciones comunes aquellas que hacen referencia a la responsabilidad de la persona con discapacidad (art. 299) y a la necesidad de inscripción en el Registro civil de tales medidas (art. 300).

Cuestiones relevantes

5. Uno de los presupuestos fundamentales para que se pueda establecer una medida de apoyo, y singularmente la curatela, es que la persona afectada "precise" esta medida de apoyo (arts. 249.1° y 250.5° CC) o exista necesidad de la misma. Este requisito legal ha sido subrayado no sólo por la doctrina sino también por nuestros Tribunales en sentencias recientes, en las que tanto ha reconocido la necesidad de adoptar una medida de apoyo, con nombramiento de curador, como ha apreciado que la persona con discapacidad no requería de dicha medida de apoyo.

Jurisprudencia

Este presupuesto de la necesidad de la medida de apoyo en la persona con discapacidad para el ejercicio de su capacidad jurídica ya se apreció en la primera sentencia del Tribunal Supremo 8 septiembre 2021 (*Tol 8585229*), que se dictó muy poco tiempo después de la entrada en vigor de la Ley 8/2021 (la Ley se publicó el 2 de junio, y entró en vigor el 3 de septiembre), en donde se estima la necesidad de apoyo a una persona que padece síndrome de Diógenes, nombrando curadora a la Administración Pública de Asturias, aún en contra de la voluntad del propio afectado.

El supuesto de hecho, que se produjo en fecha anterior a la publicación de dicha Ley, es el siguiente: Dámaso, un hombre de 66 años, vivía solo y no se le conocía parientes próximos; los vecinos del inmueble donde vivía se pusieron en contacto con la fiscalía preocupados por la situación en que se encontraba su vecino, comunicando que acumulaba en su vivienda trastos y alimentos que recogía de los cubos de la basura de la vía pública, por lo que ponía en peligro las condiciones de salubridad en el vecindario, añadiendo, además, que no acudía al médico desde hacía años, por lo cual su situación personal se estaba deteriorando progresivamente y necesitaba atención social y sanitaria. El Ministerio Fiscal promovió demanda de juicio verbal ante el Juzgado de Primera Instancia de Oviedo, para la determinación de la capacidad, medios de apoyo y salvaguardas adecuadas y efectivas para su ejercicio de Dámaso, solicitando se nombrara tutor. Dámaso se opuso expresamente a la provisión de apoyos aduciendo que no padecía ninguna enfermedad o deficiencia persistente de carácter físico o psíquico que justificara la declaración de que carecía de capacidad para regir su persona y administrar sus bienes. El Juzgado de Primera Instancia, a la vista de los informes periciales, concluyó que el demandado padecía de síndrome de Diógenes con posible trastorno de la personalidad, que debía ser tratado médicamente, por lo que establece en su sentencia que la Administración Pública de Asturias sea tutora de Dámaso a fin de ordenar la asistencia y limpieza de su casa; sentencia que fue ratificada por la Audiencia Provincial de Oviedo en el recurso de apelación interpuesto por el afectado. Dámaso recurrió en casación ante el TS por infracción del art. 199 CC, en relación con los arts. 200 y 322 del mismo texto legal (en redacción dada antes de la reforma de los mismos por Ley 8/2021), referidos a las causas de incapacitación y presunción de capacidad, con infracción de la jurisprudencia que los interpreta, pues estimaba que la sentencia recurrida se apoya en un posible trastorno, lo que resulta insuficiente para modificar la capacidad de obrar.

El TS dicta sentencia en la cual se analizan diversas cuestiones. Por un lado, señala el Alto Tribunal que, en virtud de la disposición transitoria sexta de la Ley 8/2021, que se refiere a los procesos en tramitación, como es el caso, en la medida en que esta sentencia iba a ser dictada con fecha posterior a la entrada en vigor de la Ley 8/2021 (3 de septiembre de 2021), el tribunal estaba afectado por esta disposición transitoria, por lo que aplica al supuesto de hecho referido la regulación establecida por dicha Ley. Por otro lado, recuerda los principios sobre los que la nueva Ley se asienta, según los cuales se suprime la tutela, no se modifica la capacidad del sujeto sino que se le establecen medidas de apoyo para ayudar al ejercicio de su capacidad jurídica, se debe respetar lo máximo posible su autonomía y las medidas tomadas por el juez en el procedimiento de provisión de apoyos deben responder a las necesidades de la persona que las precise y ser proporcionadas a esta necesidad. Por último, examina si lo acordado en la instancia se acomoda al nuevo régimen de la provisión judicial de apoyos; y recuerda que las sentencias del JPI y de la AP contienen dos pronunciamientos: el primero se refiere a la modificación de la capacidad de Dámaso y el segundo, a la medida de apoyo establecida para Dámaso en la que se nombra tutora del mismo a la Administración Pública de Asturias; en cuanto al primer pronunciamiento, el TS estima que, tras la reforma de la Ley 8/2021, debe suprimirse, ya que desaparece cualquier declaración judicial de modificación de capacidad, aunque señala que es una cuestión distinta la provisión de apoyos, que debe tener en cuenta la necesidad de la persona con discapacidad y acomodarse a ella; en cuanto al segundo pronunciamiento, que acuerda la medida de apoyo, el TS examina si se acomoda al nuevo régimen legal, y concluye que hay algunos pronunciamientos que no están acordes a los nuevos principios instaurados, y así deja sin efecto la declaración de modificación de capacidad, sustituye la tutela por la curatela, y, en cuanto al contenido de las medidas de apoyo, las confirma y completa con algunas de las propuestas señaladas por el Ministerio fiscal. Por otro lado, también examina el alcance de la oposición de la persona con discapacidad a la medida de apoyo establecida, precisando que el art. 268 CC estipula que el Tribunal debe tener en cuenta la voluntad del afectado pero que no determina que no haya de seguir siempre la voluntad de la persona afectada, concluyendo que, aunque la voluntad de la persona es fundamental, esta persona no es consciente de su enfermedad ni, por tanto, de la necesidad de apoyo, y que resultaría que no intervenir en estos casos, bajo la excusa del respeto a la voluntad manifestada en contra de la persona afectada sería una crueldad social. Hay que advertir que esta sentencia ha sido criticada por un sector de la doctrina al considerar que no sigue los principios establecidos en la Ley 8/2021 pues no respeta el principio fundamental de respetar la voluntad de la persona afectada. Hacen referencia también a la necesidad del apoyo aún contra la voluntad contraria de la persona, la SAP Murcia (Sección 4ª) 8 octubre 2021 (*Tol 8720564*) y la SAP Cádiz 27 octubre 2021 (*Tol 8764765*).

Reconocen también la exigencia del presupuesto de la necesidad de la medida de apoyo las SSTS 19 octubre 2021 (*Tol 8628066*), 2 noviembre 2021 (*Tol 8639708*) y 21 diciembre 2021 (*Tol 8739270*); así como en las SSAP Zaragoza 15 noviembre 2021 (*Tol 8753136*), Barcelona 17 noviembre 2021 (*Tol 8780158*), donde se atribuyó medida de apoyo de Asistencia a una Fundación, según el Código civil de Cataluña, apreciando necesidad de apoyo en la persona afectada en virtud de los diversos informes de expertos y demás pruebas practicas presentadas en el procedimiento, Valencia 20 octubre 2021 (*Tol 8747620*), en donde, valorando en conjunto la prueba médica practicada en la instancia, la ratificada por el médico forense en alzada y los testimonios de la madre y la hermana de la persona afectada, la Sala concluye la necesidad de un apoyo que le asista para la efectividad de su capacidad jurídica a través de la figura del curador que ejercerá su hermana, delimitando los actos para los que se nombra dicha figura, Cádiz 17 octubre 2021 (*Tol 8764765*), que atribuyó la curatela de la persona afectada a una Fundación, a la vista de los informes médico forenses y médico psiquiatra, a la vista de la inexistente atención de la familia y que la persona afectada requiere una labor de asistencia continuada y de supervisión en el seguimiento del tratamiento, y Madrid 24 septiembre 2021 (*Tol 8662832*).

Entre las sentencias que apreciaron que la persona con discapacidad no requería esta concreta medida de apoyo, se pueden citar la SAP La Coruña 8 octubre 2021 (*Tol 8706013*), en la que la AP, en base a los informes periciales, la entrevista que el tribunal mantuvo con la afectada y las audiencias con los parientes más cercanos, consideró que la afectada "no precisa actualmente que se adopten medidas de apoyo para el adecuado ejercicio de su capacidad jurídica"; y las SSAP La Coruña (Sección 3ª) 20 octubre 2021 (*Tol 8703451*), Santander 13 diciembre 2021 (*Tol 8702734*), Islas Baleares 17 enero 2022 (*Tol 8808423*) y Barcelona 13 octubre 2021 (*Tol 8688569*).

2.2. Personas que pueden prestar apoyo. Funciones de las mismas. Limitaciones y prohibiciones

En el Código civil no existe una norma en concreto que se refiera a las personas que pueden ser nombradas para prestar apoyo, aunque se hace referencia a ellas en diversos artículos del mismo, y se señalan en concreto quienes pueden ser curadores o ser nombrados defensores judiciales.

Normativa reguladora

En las medidas voluntarias de apoyo, la persona con discapacidad designa quién debe prestarle apoyo y con qué alcance (art. 250.3º y 255.2º, y 271 CC).

En el caso de las medidas judiciales o legales, el Código civil se refiere en su respectiva sede a quien puede desempeñar dichas medidas.

Si se trata de establecer una curatela, el art. 275 dispone que pueden ser curadores las personas mayores de edad que, a juicio de la autoridad judicial, sean aptas para el adecuado desempeño de su función, y, además, las fundaciones y demás personas jurídicas sin ánimo de lucro, públicas o privadas, entre cuyos fines figure la promoción de la autonomía y asistencia a las personas con discapacidad, estableciendo a continuación de forma más precisa quienes pueden ser y el orden de nombramiento.

Si se trata de realizar nombramiento de defensor judicial, el art. 295.2° establece que la autoridad judicial nombrará defensor judicial a quien sea más idóneo para respetar, comprender e interpretar la voluntad, deseos y preferencias de aquella.

Si sobre la persona con discapacidad se está ejerciendo la guarda de hecho, el Código civil establece que el guardador que viniere ejerciendo adecuadamente dicha guarda de hecho continuará en el desempeño de su función incluso si existen medidas de apoyo de naturaleza voluntaria o judicial, siempre que éstas no se estén aplicando eficazmente (art. 263 CC).

Sin embargo, se establece con carácter general que no podrán ejercer ninguna de las medidas de apoyo quienes, en virtud de una relación contractual, presten servicios asistenciales, residenciales o de naturaleza análoga a la persona que precisa el apoyo (art. 250.8° CC).

En cuanto a la función de las medidas de apoyo, el Código civil señala, con carácter general, que consistirá en asistir a la persona con discapacidad en el ejercicio de su capacidad jurídica en los ámbitos en los que sea preciso, respetando su voluntad, deseos y preferencias (art. 250.2° CC); asimismo, las personas que deban prestar apoyo procurarán que la persona con discapacidad pueda desarrollar su propio proceso de toma de decisiones, informándola, ayudándola en su comprensión y razonamiento y facilitando que pueda expresar sus preferencias; y fomentarán que la persona con discapacidad pueda ejercer su capacidad jurídica con menos apoyo en el futuro (art. 249.2° CC).

Así pues, la función fundamental de la persona que presta apoyo es la de auxiliar a la persona con discapacidad en el ejercicio de su capacidad jurídica, pero no ostentan su representación legal.

Sin embargo, como ya se ha anticipado, se prevé que "en casos excepcionales, cuando, pese a haberse hecho un esfuerzo considerable, no sea posible determinar la voluntad, deseos y preferencias de la persona, las medidas de apoyo podrán incluir funciones representativas", añadiéndose que en este caso, en el ejercicio de esas funciones se deberá tener en cuenta la trayectoria vital de la persona con discapacidad, sus creencias y valores, así como los factores que ella hubiera tomado en consideración, con el fin de tomar la decisión que habría adoptado la persona en caso de no requerir representación (art. 249.3° CC).

En cuanto al alcance de las funciones que debe prestar la persona de apoyo, tratándose de medidas de apoyo de naturaleza voluntaria, su contenido vendrá establecido por la persona con discapacidad, pues en el establecimiento de tales medidas el legislador dispone que en ellas puede designar quién debe prestarle apoyo y con qué alcance (arts. 250.3° y 255.2° CC).

No obstante, si se trata de medidas establecidas por la autoridad judicial, si la medida es la curatela, su extensión vendrá determinada en la correspondiente resolución judicial en armonía con la situación y circunstancias de la persona con discapacidad y con sus necesidades de apoyo (arts. 250.5° y 269.2° CC). Si la medida supone el nombramiento de un defensor judicial, como éste se realiza de forma puntual y temporal, las funciones del defensor serán establecidas por la autoridad judicial y tendrá las obligaciones que se atribuyen al curador de conocer y respetar la voluntad, deseos y preferencias de la persona a la que se preste apoyo (art. 297 CC).

Sin embargo, el propio Código establece limitaciones a la posibilidad del ejercicio de las medidas de apoyo, señalando que se procurará evitar situaciones en las que se puedan producir conflictos de intereses o influencia indebida (art. 250.7° CC).

De igual manera, se establecen, además, una serie de prohibiciones a la persona que desempeñe alguna medida de apoyo.

Así, el art. 251 CC señala que se prohíbe a quien desempeñe alguna medida de apoyo: 1.° Recibir liberalidades de la persona que precisa el apoyo o de sus causahabientes, mientras que no se haya aprobado definitivamente su gestión, salvo que se trate de regalos de costumbre o bienes de escaso valor; 2.° Prestar medidas de apoyo cuando en el mismo acto intervenga en nombre propio o de un tercero y existiera conflicto de intereses; y 3.° Adquirir por título oneroso bienes de la persona que precisa el apoyo o transmitirle por su parte bienes por igual título.

En las medidas de apoyo voluntarias estas prohibiciones no resultarán de aplicación cuando el otorgante las haya excluido expresamente en el documento de constitución de dichas medidas (art. 251.2° CC).

Por otra parte, y de manera similar a lo que se contempla en la tutela de menores, se permite establecer reglas de administración y disposición y designación de persona para realizar tales actividades, a la persona que disponga de bienes a título gratuito en favor de una persona necesitada de apoyo (art. 252 CC).

Por último, el Código civil contempla la situación de urgencia en la que una persona necesita apoyo para el ejercicio de su capacidad jurídica, careciendo de guardador de hecho, disponiendo que el apoyo lo prestará de modo provisional la entidad pública que en el respectivo territorio tenga encomendada esta función, debiendo poner dicha situación en conocimiento del Ministerio Fiscal en el plazo de veinticuatro horas (art. 253 CC).

2.3. *Responsabilidad de la persona con discapacidad*

Normativa reguladora

El Código civil regula la responsabilidad de la persona con discapacidad por los daños causados a otros, estableciendo que responderá de acuerdo a los requisitos y criterios establecidos en la responsabilidad extracontractual, por la remisión que hace a la regulación contenida en el Capítulo II del Título XVI del Libro Cuarto del Código civil, sin perjuicio de lo establecido en materia de responsabilidad extracontractual respecto a otros posibles responsables (art. 299 CC).

2.4. *Inscripción de las medidas de apoyo*

Normativa reguladora

El Código civil dispone que tanto las resoluciones judiciales como los documentos públicos notariales sobre los cargos tutelares y medidas de apoyo a personas con discapacidad habrán de inscribirse en el Registro Civil (arts. 300 CC, y 4, núms. 10º y 11º, y 72 y 77 de la Ley 20/2011, de 21 de julio, del Registro Civil).

Cuestiones relevantes

6. La publicidad que se establece de la existencia de las medidas de apoyo a través de su inscripción en el Registro civil ha sido criticada por un sector de la doctrina porque se estima que vulnera la intimidad de la persona con discapacidad. Sin embargo, hay que recordar que los arts. 83 y 84 de la LRC establecen que los datos relativos a las medidas de apoyo son datos especialmente protegidos y restringen el círculo de personas que tienen acceso a tales datos.

3. MEDIDAS VOLUNTARIAS DE APOYO A LAS PERSONAS EN SITUACIÓN DE DISCAPACIDAD

3.1. *Concepto*

El propio Código civil define lo que son las medidas de apoyo de naturaleza voluntaria como "las establecidas por la persona con discapacidad, en las que designa quién debe prestarle apoyo y con qué alcance" (art. 250.3º CC).

El mismo precepto añade que tales medidas podrán ir acompañadas de las salvaguardas necesarias para garantizar en todo momento y ante cualquier circunstancia el respeto a la voluntad, deseos y preferencias de la persona.

Normativa reguladora

Las medidas de apoyo de carácter voluntario se establecen en los arts. 254 a 262 CC.

Dichas medidas suponen una previsión que realiza una persona en situación de discapacidad o que prevé que pueda llegar a estar en una situación de discapacidad, o a encontrarse en alguna circunstancia que pueda dificultarle el ejercicio de su capacidad jurídica, sobre las medidas de apoyo que desea se le apliquen en caso de necesitar dicho apoyo (art. 254 CC).

El CC establece unas disposiciones generales en los arts. 254 y 255, destinando los demás preceptos a regular los poderes y mandatos preventivos.

Dichas medidas tienen carácter preferente a cualquier otra medida que se pueda establecer. Y así se señala expresamente en el Código civil al disponer que "Las de origen legal o judicial solo procederán en defecto o insuficiencia de la voluntad de la persona de que se trate" (art. 249.1° CC), y que "Solo en defecto o por insuficiencia de estas medidas de naturaleza voluntaria, y a falta de guarda de hecho que suponga apoyo suficiente, podrá la autoridad judicial adoptar otras supletorias o complementarias" (art. 255.5° CC). Como consecuencia de ello, las medidas de apoyo de naturaleza voluntaria pueden coexistir también con las medidas de carácter judicial, coexistencia que, en opinión de la doctrina, puede ser muy variada.

Llama la atención que, siendo la voluntad del interesado la columna vertebral de todo el nuevo sistema de regulación de la situación de las personas con discapacidad, la regulación de las medidas de apoyo de naturaleza voluntaria sea tan parca, dando lugar a cuestiones que no han sido contempladas por la ley y crean dudas en la aplicación de la misma.

3.2. *Sujetos*

Normativa reguladora

Pueden establecer dichas medidas los mayores de edad y los menores emancipados (art. 255.1° CC).

Sin embargo, el Código civil permite que en caso de menores sujetos a patria potestad o a tutela, respecto de los cuales se prevea razonablemente en los dos años anteriores a la mayoría de edad que, alcanzada ésta, necesiten de apoyo en el ejercicio de su capacidad jurídica, la autoridad judicial podrá acordar, a petición del menor, de los progenitores, del tutor o del Ministerio Fiscal, si lo estima necesario, la procedencia de la adopción de la medida de apoyo que corresponda para cuando concluya la minoría de edad. Ahora bien, se precisa que estas medidas se adoptarán si el menor, que sea mayor de 16 años, no haya hecho sus propias previsiones para cuando alcance la mayoría de edad. En otro caso, se dará participación al menor en el proceso, atendiendo a su voluntad, deseos y preferencias (art. 254 CC).

Cuestiones relevantes

7. En el art. 255.1° CC se excluye de la posibilidad de establecer medidas de apoyo de carácter voluntario a los menores de edad no emancipados, salvo la referencia que hace el citado art. 254 CC.

Ello ha suscitado ciertas dudas en la doctrina en cuanto a su alcance. De un lado, se ha estimado que, a pesar de lo que dispone el precepto, el mayor de 16 años no emancipado no podrá otorgar poder preventivo o proponer el nombramiento de curador en la autocuratela, pues se exige una capacidad determinada en ambos supuestos (que sea mayor de edad o menor emancipado); de otro lado, se ha pensado que es un mero descuido del legislador y que el legislador en realidad se está refiriendo al menor de edad mayor de 16 años emancipado; por otra parte, se he señalado que dicho precepto podría aludir a la constitución de otras medidas de apoyo diferentes a la autocuratela y a los poderes y mandatos preventivos pues en éstos se exige la mayoría de edad o la emancipación; por último, se ha considerado que realmente se establece una excepción a la regla general y se permite a estos menores la constitución de autocuratela o poderes preventivos, aunque en éstos se requiera la emancipación; e incluso se ha apuntado la improcedencia de esta medida.

3.3. Contenido

El Código civil permite a la persona establecer el contenido de las medidas de apoyo con amplitud.

Normativa reguladora

Concretamente, la ley precisa que la persona que constituya estas medidas podrá establecer el régimen de actuación, el alcance de las facultades de la persona o personas que le hayan de prestar apoyo, o la forma de ejercicio del apoyo, las medidas u órganos de control que estime oportuno, y las salvaguardas necesarias para evitar abusos, conflicto de intereses o influencia indebida y los mecanismos y plazos de revisión de las medidas de apoyo (art. 255, 1º, 2º y 3º, CC).

Jurisprudencia

Se reconoce la validez del nombramiento de persona que presta apoyo por parte de la persona con discapacidad en las SSTS 19 octubre 2021 (*Tol 8628066*), 2 noviembre 2021 (*Tol 8639708*), en las que las personas afectadas designaron a quienes querían como personas que prestaban apoyo en testamento y en documento público respectivamente, lo que no se había tenido en cuenta en las resoluciones de las Audiencias Provinciales respectivas.

3.4. *Forma*

Normativa reguladora

Las medidas de apoyo de naturaleza voluntaria se deben acordar en escritura pública, estando obligado el Notario autorizante a comunicar el documento público que contenga dichas medidas al Registro civil para que quede constancia en el Registro individual del otorgante (arts. 255, 1° y 4°, y 300 CC, y arts. 4.10° y 77 de la LRC).

Esta publicidad que se da a través del Registro también ha recibido ciertas críticas por parte de la doctrina, señalándose que podría ser un requisito que implicara cierto grado de discriminación de dichas personas que podría vulnerar la privacidad de las mismas. Frente a ello hay que recordar que LRC considera como datos especialmente protegidos "La discapacidad y las medidas de apoyo", así como los documentos archivados que contengan los extremos citados o que estén incorporados a expedientes de carácter reservado (arts. 83 y 84).

3.5. *Referencia al poder o mandato preventivo*

El Código civil de manera concreta prevé la posibilidad de que se establezcan estas medidas otorgando poder o mandato preventivo, siendo poderdante la persona que precisa o va a precisar de apoyo para el ejercicio de su capacidad jurídica, y apoderado, la persona que debe prestar el apoyo.

3.5.1. Noción de poderes y mandatos preventivos. Tipos de poderes previstos en el Código civil

Normativa reguladora

Dentro de las medidas de apoyo de carácter voluntario se regulan los poderes y mandatos preventivos de modo concreto y más amplio en la Sección Segunda del Capítulo II dedicado a dichas medidas en los arts. 256 a 262 CC.

A falta de una noción de los mismos en la Ley, la doctrina ha definido el poder o mandato preventivo como "el negocio jurídico unilateral (*poder*) o bilateral (*mandato*) en virtud del cual una persona, anticipando que pueda llegar a tener necesidad de apoyo en el futuro, designa para ese caso uno o varios apoderados (mandatarios) cuya aceptación implica que deben proporcionárselo actuando en su nombre o por su cuenta en el ámbito y con el alcance que ella misma hubiera establecido".

Se ha señalado por la doctrina que estos instrumentos se configuran como actos unilaterales del poderdante cuya validez y eficacia depende exclusivamente de la voluntad del mismo, y son de carácter recepticio,

El Código civil establece un régimen jurídico respecto a estos poderes o mandatos, que son extensibles al caso de mandato sin poder (art. 262 CC).

En el Código civil se posibilita que el poder preventivo se pueda configurar de dos modos diferentes: El poder o mandato preventivo puede subsistir en el futuro si así lo ha previsto el poderdante, e incluso puede otorgar poder para el caso de que en el futuro precise medidas de apoyo, que mantendrán su vigencia pese a la constitución de otras medidas de apoyo en favor del poderdante, tanto si éstas han sido establecidas judicialmente como si han sido previstas por el propio interesado (arts. 256 y 257 CC). Pero si tales poderes se hubieran otorgado a favor del cónyuge o de la pareja de hecho del poderdante, el cese de la convivencia producirá su extinción automática, salvo voluntad en contra del poderdante.

Precisa el art. 257 CC que "En este caso, para acreditar que se ha producido la situación de necesidad de apoyo se estará a las previsiones del poderdante. Para garantizar el cumplimiento de estas previsiones se otorgará, si fuera preciso, acta notarial que, además del juicio del Notario, incorpore un informe pericial en el mismo sentido".

Cuestiones relevantes

8. La doctrina señala que se requieren dos **presupuestos legales para la eficacia de tales poderes o mandatos:** que el otorgante se encuentre en una situación de necesitar apoyo, que puede incluir un gran abanico de situaciones, y la concurrencia en el futuro de circunstancias que puedan dificultar al poderdante el ejercicio de la capacidad jurídica en igualdad de condiciones con los demás.

3.5.2. Sujetos y capacidad en el otorgamiento del poder preventivo

Normativa reguladora

En el régimen jurídico establecido para los poderes y mandatos preventivos no se hace referencia a los sujetos que pueden otorgar dichos poderes y mandatos.

Se ha puesto de relieve que el Código civil guarda silencio en relación a la capacidad que se requiere para otorgar estos poderes, salvo la referencia general a la capacidad que se realiza en el citado art. 255.1° CC, que establece que cualquier persona mayor de edad o menor emancipado puede prever en escritura pública medidas de apoyo.

La doctrina estima que, al requerir su formalización en escritura pública, de nuevo será el Notario el encargado de emitir un juicio sobre la capacidad del otorgante.

Cuestiones relevantes

9. Se ha cuestionado si podría otorgar dichos poderes una persona que ya necesitara medidas de apoyo al tiempo del otorgamiento, estimándose que sería posible, siempre que se acreditase ser esa su voluntad y con los apoyos suficientes para el ejercicio de la misma.

10. En cuanto a la persona del apoderado tampoco el Código civil se refiere a dicha persona.

Ante el silencio del CC, se ha señalado que tanto pueden ser nombrados apoderados las personas físicas como las personas jurídicas.

En cuanto a las personas físicas, nada se dice acerca de la capacidad de las mismas; pero teniendo en cuenta las funciones que se pueden atribuir al apoderado, difícilmente podría pensarse que pueden ser menores de edad o menores emancipados, pues incluso éstos últimos requieren un complemento de capacidad para la realización de determinados actos.

Por lo que se refiere a las personas jurídicas, se plantea la doctrina si se le pueden aplicar las restricciones que se establecen para éstas en el régimen jurídico de la curatela judicial; pero, teniendo en cuenta que se trata de una designación de carácter privado, la doctrina se inclina por estimar que no se deben aplicar dichas limitaciones a las personas jurídicas designadas por el poderdante.

Sin embargo, al designado apoderado se le aplicarán las normas relativas a las prohibiciones establecidas para ser designado como persona que puede prestar apoyo consignadas en el art. 251 CC, puesto que éstas tienen carácter general, así como también se le aplicará la prohibición contenida en el art. 250.8° CC.

3.5.3. Forma de los poderes preventivos

Normativa reguladora

Este poder o mandato debe otorgarse también en escritura pública debiendo el Notario comunicarlo igualmente al Registro civil para que quede constancia en el registro individual del otorgante (art. 260 CC). Lo que está en concordancia con los arts. 300 CC y 77 LRC.

Cuestiones relevantes

11. Se ha señalado por la doctrina que el art. 260 CC no detalla el procedimiento específico de otorgamiento ni la referencia a un contenido mínimo sobre el cual el otorgante deba pronunciarse.

12. Se plantea la doctrina si esta inscripción es declarativa o constitutiva, inclinándose por la respuesta negativa señalándose que esta inscripción no es constitutiva, aunque debería existir una previa comunicación al poderdante (aunque no lo diga la propia norma).

3.5.4. Contenido del poder preventivo

Normativa reguladora

El contenido del poder abarca los mismos extremos que los consignados en escritura pública, además de que se permite al poderdante instituir también formas de extinción del mismo; por tanto, el poderdante podrá establecer medidas referidas tanto a cuestiones personales como a cuestiones patrimoniales; y más concretamente, como se señala en el propio Código civil, el poderdante podrá otorgar facultades al apoderado, establecer las medidas u órganos de control que estime oportuno, condiciones e instrucciones para el ejercicio de las facultades del apoderado, salvaguardas para evitar abusos, conflicto de intereses o influencia indebida y los mecanismos y plazos de revisión de las medidas de apoyo, con el fin de garantizar el respeto de su voluntad, deseos y preferencias (arts. 255 y 258 CC).

Aunque no lo señale expresamente el Código civil, se estima que el poderdante puede nombrar como apoderado a una sola persona o a una pluralidad, e incluso a sustitutos. Sin embargo, el propio legislador prevé la permanencia del nombrado apoderado si procediese la adopción de medidas de apoyo en resolución judicial (art. 258.1° CC).

Dentro del contenido que se permite realizar al poderdante, se dispone, además, expresamente que éste podrá establecer formas de extinción del poder; con respecto a este último aspecto, el legislador dispone que cualquier persona legitimada para instar el procedimiento de provisión de apoyos puede solicitar judicialmente la extinción del poder preventivo por las mismas causas de remisión del curador, salvo voluntad en contra del poderdante (arts. 258 CC y 51 bis LJV).

Asimismo, se desprende del régimen jurídico establecido en estos preceptos que el poderdante pueda conceder facultades representativas al apoderado. El art. 261 CC dispone: "El ejercicio de las facultades representativas será personal, sin perjuicio de la posibilidad de encomendar la realización de uno o varios actos concretos a terceras personas. Aquellas facultades que tengan por objeto la protección de la persona no serán delegables".

Cuestiones relevantes

13. Al margen de este contenido que viene consignado por el legislador, **se ha planteado por la doctrina la posibilidad de que el poderdante pueda otorgar un poder preventivo de índole general, que considera factible en base al art. 259 CC.** Dicho precepto establece que el apoderado, en aquellos poderes que contengan una cláusula de subsistencia para el caso de que el poderdante precise apoyo en el ejercicio de su capacidad o se conceda solo para ese supuesto, y que comprenda todos los negocios del poderdante, quedará sujeto a las reglas aplicables a la curatela en todo aquello no previsto en el poder, salvo que el poderdante haya determinado otra cosa (art. 259 CC). Ahora bien, la doctrina señala que en este caso hay que tener en cuenta las limitaciones establecidas por el legislador que puede tener un mandato concebido en términos generales (art. 1713 CC), del cual quedan excluidos, además, los actos de carácter personalísimo.

14. Se plantea también la cuestión del ejercicio del apoyo por el apoderado, a lo que no se hace referencia expresa en el CC, excepto por lo que respecta el ejercicio de las facultades representativas. La doctrina estima, a diferencia de las medidas judiciales de apoyo, que el designado por el poderdante puede aceptar o rechazar la designación. Si se produce la aceptación, ésta puede darse de modo simultáneo al otorgamiento del poder o posteriormente, así como puede hacerse expresa o tácitamente. En general, el apoderado en el ejercicio de sus funciones está sometido a las disposiciones que haya dispuesto el poderdante, y subsidiariamente, a las reglas generales de actuación de la persona que presta apoyo, que están contenidas en las disposiciones generales del Título XI (singularmente en el art. 249 CC). Estima también la doctrina que el apoderado debe cumplir con sus funciones con la diligencia debida (arts. 1718 y 1726 CC) y que esta diligencia es la diligencia media de una persona razonable (según se desprende del art. 1719.2° CC).

3.6. Extinción de las medidas de apoyo de naturaleza voluntaria y de los poderes y mandatos preventivos

Normativa reguladora

En el CC no se regulan de modo expreso las causas de extinción de las medidas de apoyo de carácter voluntario.

Sin embargo, en la regulación de los poderes y mandatos preventivos, sí que se hace alusión a la extinción de los mismos. Por un lado, de una manera general, se establece que el poderdante puede "prever formas específicas de extinción del poder" (art. 258.3° *in fine* CC). Y, por otro lado, se establecen algunas causas específicas de extinción de los poderes y mandatos preventivos: A) En primer lugar, se establece que dichos poderes y mandatos se extinguirán automáticamente cuando se hubieren otorgado a favor del cónyuge o de la pareja de hecho del poderdante y se hubiera producido el cese de la convivencia de los mismos (art. 258.2° CC), salvo que el otorgante hubiere determinado otra cosa o que el cese venga determinado por el internamiento de éste. Se señala por la doctrina que no se exige en el precepto que medie separación legal o divorcio, sino tan solo el cese efectivo de la convivencia que es una situación fáctica. El precepto establece la extinción automática del poder, pero mientras no se comunique fehacientemente, el apoderado quedara responsable frente a terceros. Por otra parte, dicha extinción tiene una excepción pues el propio poderdante puede establecer que, a pesar de tal cese, el cónyuge siga siendo apoderado; excepción que se ha podido establecer con anterioridad o posterioridad a tal cese. La referencia al internamiento ha producido cierta perplejidad a la doctrina pues se estima que el internamiento no produce *per se* el cese de la convivencia conyugal y se dejaría sin efecto unas medidas de apoyo ya previstas por el propio poderdante. B) En segundo lugar, se dispone que "Cualquier persona legitimada para instar el procedimiento de provisión de apoyos y el curador, si lo hubiere, podrán solicitar judicialmente la extinción de los poderes preventivos, si en el apoderado concurre alguna de las causas previstas para la remoción del curador, salvo que el poderdante hubiera previsto otra cosa" (arts. 258.4° CC y 51 bis LJB).

Cuestiones relevantes

15. La doctrina se plantea si además de estas causas existen otras que puedan extinguir estas medidas de apoyo de naturaleza voluntaria. Y así, y aunque se trate de un documento público o un poder o mandato de naturaleza específica, se plantea la doctrina si cabría aplicar las causas generales de extinción del mandato contenidas en el art. 1732 (que ha sido modificado por la Ley 8/2021), cuestionándose la doctrina la aplicación de alguna de ellas, como la renuncia del mandatario.

4. MEDIDAS FORMALES DE APOYO A LAS PERSONAS EN SITUACIÓN DE DISCAPACIDAD

El propio CC establece como medidas formales de apoyo la curatela y el defensor judicial en el art. 250, párrafos cinco y seis.

Ambas medidas se establecen en el correspondiente procedimiento judicial, por lo que algunos autores las denominan medidas de carácter judicial.

4.1. La curatela de las personas con discapacidad

4.1.1. Concepto de curatela

Normativa reguladora

La curatela tiene una regulación propia en el Código civil, que le dedica el Capítulo IV, bajo la rúbrica general "De la curatela", del Título XI dedicado a las medidas de apoyo, desarrollando dicha regulación en los arts. 268 a 294, complementándose esta normativa con la reglamentación establecida en la LJV y en la LEC. Aunque hay que tener en cuenta que a la curatela se hace referencia en otros preceptos del Código civil y en otras leyes. Además, dado que la curatela es una medida de apoyo para las personas con discapacidad, se le deben aplicar las disposiciones generales contenidas en los arts. 249 a 253 CC, y la disposición común del art. 300 CC.

El Código civil define la curatela como "una medida formal de apoyo que se aplicará a quienes precisen el apoyo de modo continuado. Su extensión vendrá determinada en la correspondiente resolución judicial en armonía con la situación y circunstancias de la persona con discapacidad y con sus necesidades de apoyo" (art. 250.5° CC).

Asimismo se especifica que la autoridad judicial constituirá la curatela mediante resolución motivada cuando no exista otra medida de apoyo suficiente para la persona con discapacidad (art. 269.1° CC).

Se han señalado como características de la curatela que se trata de una medida formal, lo que significa que se establece en un procedimiento de jurisdicción voluntaria, a través de un expediente *ad hoc;* que es una medida de carácter estable, pues la ley dispone que tal medida se establece cuando la persona con discapacidad requiere una medida de apoyo de carácter continuado; que es una medida subsidiaria que solo entrará en juego en defecto o insuficiencia de la voluntad de la persona necesitada de apoyo; y que tiene carácter fundamentalmente asistencial.

En base a ello, y a las funciones que se atribuyen a la curatela, la doctrina ha distinguido, aunque no lo hace así de manera expresa el legislador, la curatela asistencial y la curatela con facultades representativas, aunque hay que señalar que el legislador no distingue distintas figuras de curatela, sino tan solo las funciones que puede asumir el curador.

Cuestiones relevantes

16. Uno de los presupuestos fundamentales para que se pueda establecer una curatela, sea asistencial o con facultades representativas, es que la persona afectada "precise" esta medida de apoyo (art. 250.5° CC) o exista necesidad de la misma. Este requisito legal ha sido subrayado no sólo por la doctrina sino también por nuestros Tribunales en sentencias recientes (singularmente la citada STS 8 septiembre 2021), en las que tanto se ha reconocido la necesidad de adoptar una medida de apoyo y nombramiento de curador, como se ha apreciado que la persona con discapacidad no requería de dicha medida de apoyo, como ya se ha señalado anteriormente.

17. Hay que destacar de la regulación establecida por la Ley 8/2021 **sobre la curatela el nuevo enfoque que se da a la figura.** Actualmente, dicha figura no se designa para complementar la capacidad de la persona que precisa el apoyo en el ejercicio de su capacidad jurídica, puesto que se reconoce dicha capacidad a la persona con discapacidad y no se le puede privar de ella, sino que sólo tiene la misión, salvo situaciones excepcionales, de asistir a dicha persona, respetando en lo máximo que pueda su autonomía, y, en consecuencia, actuando según su voluntad, deseos y preferencias, ayudándola en el proceso de toma de decisiones por si misma (arts. 249.1° y 268.1° CC). Por tanto, **a diferencia del antiguo tutor, el curador no es un representante de la persona con discapacidad, aunque se le puedan atribuir funciones de representación en casos excepcionales.**

Jurisprudencia

En cuanto al presupuesto de la necesidad de designar un curador se han pronunciado nuestros Tribunales, en unos casos admitiendo dicha necesidad y designando, por tanto, un curador, y en otros casos no apreciando la necesidad de apoyo, desestimando la solicitud de establecer cualquier medida de apoyo, incluida la designación de curador.

Se aprecia la necesidad de apoyos, que se concreta en la constitución de curatela, en las SSTS 8 septiembre 2021 (*Tol 8585229*), 19 octubre 2021 (*Tol 8628066*), 2 noviembre 2021 (*Tol 8639708*) y 21 diciembre 2021 (*Tol 8739270*); así como en las SSAP Zaragoza 15 noviembre 2021 (*Tol 8753136*), Barcelona 17 noviembre 2021 (*Tol 8780158*), Valencia 20 octubre 2021 (*Tol 8747620*), Cádiz 17 octubre 2021 (*Tol 8764765*), y Madrid 24 septiembre 2021 (*Tol 8662832*), entre otras.

Por el contrario, entre las sentencias que apreciaron que la persona con discapacidad no requería esta concreta medida de apoyo, se pueden citar la SAP La Coruña 8 octubre 2021 (*Tol 8706013*), las SSAP La Coruña 8 octubre 2021 (*Tol 8706013*), La Coruña (Sección 3ª) 20 octubre 2021 (*Tol 8703451*), Santander 13 diciembre 2021 (*Tol 8702734*), Islas Baleares 17 enero 2022 (*Tol 8808423*) y Barcelona 13 octubre 2021 (*Tol 8688569*).

4.1.2. Constitución de la curatela

Normativa reguladora

Como medida formal que es la curatela, configurada así en el art. 250.5° CC, en el articulado que regula esta figura se hace referencia concreta a la constitución de la curatela en resolución judicial en el correspondiente procedimiento judicial; así, el art. 269.1° CC establece que "La autoridad judicial constituirá la curatela mediante resolución motivada cuando no exista otra medida de apoyo suficiente para la persona con discapacidad".

La tramitación del expediente relativo a la curatela se regula en la Ley 15/2015, de 2 de julio, de Jurisdicción voluntaria, reformada precisamente por la Ley 8/2021 (art. 7.3) para introducir un procedimiento *ad hoc* para establecer las medidas de apoyo a personas con discapacidad en el Capítulo III bis [arts. 42 bis a)-42 bis c)], cuya rubrica es "Del expediente de provisión de medidas judiciales de apoyo a personas con discapacidad". Este procedimiento es preferente al procedimiento contencioso, como se deduce del art. 42 bis a) 1 y del art. 42 bis b) 5 de la propia Ley y del art. 756.1 LEC. El expediente se iniciará mediante solicitud presentada por el Ministerio Fiscal o por cualquiera de las personas legalmente indicadas para promover la tutela o curatela. En la comparecencia se oirá al promotor, a la persona cuya designación como curador se proponga si fuera distinta al promotor, a aquel cuya curatela se pretenda constituir si fuera mayor de 12 años, a los parientes más próximos, al Ministerio Fiscal, y a cuantas personas se considere oportuno. Tanto el Juez como el Ministerio Fiscal actuarán respetando la voluntad, deseos y preferencias de la persona con discapacidad en lo que conste, adoptando y proponiendo las medidas, diligencias, informes periciales y pruebas que estimen oportunas (art. 45 LJV).

Hay que destacar que la autoridad judicial durante la comparecencia en el expediente debe informar a la persona con discapacidad de las medidas alternativas que pueden existir para darle apoyo, a la vista de los informes que ha recabado, de los peritos y de las entidades especializadas, en su caso. Si, tras la información ofrecida por la autoridad judicial, la persona con discapacidad opta por una medida alternativa de apoyo, la ley dispone que se pondrá fin al expediente [art. 42 bis b) 4].

En punto a la extinción del expediente se establece que "La oposición de la persona con discapacidad a cualquier tipo de apoyo, la oposición del Ministerio Fiscal o la oposición de cualquiera de los interesados en la adopción de las medidas de apoyo solicitadas pondrá fin al expediente" [art. 42 bis b) 5, en consonancia con lo que dispone el art. 756.1 LEC].

Por último, el expediente de provisión de apoyos finaliza por el Auto de la autoridad judicial donde se decretan las medidas de apoyo que se deben adoptar [art. 42 bis c) 1], además de por las otras causas que se han mencionado.

Las medidas que adopte la autoridad judicial serán proporcionadas a las necesidades de la persona que las precise, respetarán siempre la máxima autonomía de esta en el ejercicio de su capacidad jurídica y atenderán en todo caso a su voluntad, deseos y preferencias (art. 268.1° CC). Asimismo, se hace referencia al contenido de tales medidas. Así, se señala que la autoridad judicial determinará los actos para los que la persona requiere asistencia del curador en el ejercicio de su capacidad jurídica atendiendo a sus concretas necesidades de apoyo, y que sólo en los casos excepcionales en los que resulte imprescindible por las circunstancias de la persona con discapacidad, la autoridad judicial determinará en resolución motivada los actos concretos de forma precisa en los que el curador habrá de asumir la representación de la persona con discapacidad, indicando cuáles son aquellos donde debe ejercer tal representación (art. 268, 2°, 3° y 4° CC).

Dichas medidas serán revisadas periódicamente en un plazo máximo de tres años. No obstante, la autoridad judicial podrá, de manera excepcional y motivada, en el procedimiento de provisión o, en su caso, de modificación de apoyos, establecer un plazo de revisión superior que no podrá exceder de seis años [arts. 268.2° CC y 42 bis c) LJV], siendo revisadas, en todo caso, ante cualquier cambio en la situación de la persona que pueda requerir una modificación de dichas medidas.

Cuando por las razones indicadas se ponga fin al expediente de la JV, el art. 756.1 LEC dispone que "En los supuestos en los que, de acuerdo con la legislación civil aplicable, sea pertinente el nombramiento de curador y en el expediente de jurisdicción voluntaria dirigido a tal efecto se haya formulado oposición, o cuando el expediente no haya podido resolverse, la adopción de medidas judiciales de apoyo a personas con discapacidad se regirá por lo establecido en este Capítulo". Por tanto, la provisión de medidas de apoyo en virtud del procedimiento previsto en la LEC es subsidiaria, señalando la doctrina que necesariamente toda provisión de apoyos se debe encauzar en primer lugar por el cauce de la jurisdicción voluntaria, lo cual ha recibido ciertas críticas.

El proceso contencioso se regula en concreto en el Capítulo II del Título I del Libro IV, bajo la rúbrica "De los procesos sobre la adopción de medidas judiciales de apoyo a personas con discapacidad" (arts. 756 a 763, aún cuando éste último se refiere al "Internamiento no voluntario por razón de trastorno psíquico", que no ha sido modificado por la Ley 8/2021).

En dicho Título se establece que será siempre parte el Ministerio Fiscal, aunque no haya sido promotor de los mismos ni deba asumir su defensa (art. 749). Dichos procesos se sustanciarán por los trámites del juicio verbal y de modo preferente (art. 753). En cuanto a los procesos sobre adopción de medidas de apoyo, estos pueden promoverlos la propia persona interesada, su cónyuge no separado de hecho o legalmente o quien se encuentre en una situación de hecho asimilable, su descendiente, ascendiente o hermano, o en su defecto, el Ministerio Fiscal (art. 757). La persona interesada puede comparecer con su propia defensa y representación, y si esto no es así, se procederá a nombrarle un defensor judicial, salvo que ya lo tuviese designado (art. 758). El Tribunal puede practicar las pruebas siguientes: entrevista con la persona con discapacidad, audiencia del cónyuge o pareja de hecho, y dictámenes periciales pertinentes (art. 759). La sentencia se ajustará a lo dispuesto en la legislación civil y será revisable conforme a sus normas (arts. 760 y 761).

Jurisprudencia

Cabe destacar la citada STS 8 septiembre 2021 (*Tol 8585229*), en la cual, habiendo apreciado la necesidad de apoyo a una persona que padece síndrome de Diógenes, se estableció en un procedimiento contencioso como medida de apoyo la curatela, con carácter asistencial, pero no representativo, nombrando curadora a una persona jurídica (la Administración Pública de Asturias), aun contra la oposición de la persona afectada. Similar postura a la del TS se adoptó en la SSAAPP Santander 29 octubre 2021 (*Tol 8643464*), Murcia 8 octubre 2021 (*Tol 8720564*), Cádiz 27 octubre 2021 (*Tol 8764765*) y Granada 20 enero 2023 (*Tol 9543182*).

4.1.3. Nombramiento del curador

Al abordar el nombramiento del curador hay que partir de la premisa de que dicho nombramiento procede cuando la persona con discapacidad requiere un apoyo de modo continuado (art. 250.5° CC), y, además, en defecto o insuficiencia de medidas de apoyo de naturaleza voluntaria, y a falta de guarda de hecho que suponga apoyo suficiente, en cuyos casos podrá la autoridad judicial establecer otras supletorias o complementarias, como, inclusive, la designación de curador (art. 255.5° CC)

El Código civil prevé dos modos de designar curador: un nombramiento realizado por la propia persona que puede llegar a encontrarse en situación de no poder ejercer su capacidad jurídica, denominado la autocuratela, y un nombramiento realizado por la autoridad judicial.

4.1.3.1. La autocuratela

Normativa reguladora

El Código civil permite que los mayores de edad y los menores emancipados, previendo que no puedan ejercer su capacidad jurídica en un futuro, puedan proponer el nombramiento o la exclusión de una o varias personas como curadores (art. 271 CC).

Se puede nombrar a un curador o a varios, o establecer sustitutos al curador. Si se nombran sustitutos y no se establece el orden de la sustitución, si la propuesta se ha realizado en el mismo documento, será preferido el propuesto en primer lugar; si se realiza en documentos diferentes, será preferido el propuesto en el documento posterior. Asimismo se permite que la elección del curador la realice el cónyuge u otra persona de entre los designados por la persona que necesita apoyo (arts. 273 y 274 CC).

En cuanto al contenido, en el documento de nombramiento se puede incluir por el otorgante el funcionamiento y contenido de la curatela (cuidado de su persona, reglas de administración y disposición de sus bienes, retribución del curador, reglas relativas al inventario, y medidas de vigilancia y control, e incluso de revisión de las propias medidas) (art. 271.2° CC).

Este nombramiento y demás disposiciones se debe realizar en escritura pública (art. 271.1° CC).

La propuesta de nombramiento y las disposiciones consignadas deben ser respetadas por la autoridad judicial al constituir la curatela, aunque podrá prescindir mediante resolución motivada, total o parcialmente, de esas disposiciones voluntarias, de oficio o a instancia de las personas llamadas por ley a ejercer la curatela o del Ministerio Fiscal si existen circunstancias graves desconocidas por la persona que las estableció o alteración de las causas expresadas por ella o que presumiblemente tuvo en cuenta en sus disposiciones (art. 272 CC).

Jurisprudencia

En la STS 2 noviembre 2021 *(Tol 8639708)*, se señalan como características de la autocuratela las siguientes: a) Es un negocio jurídico de derecho de familia, de carácter unilateral, pues proviene de la voluntad del otorgante, sin necesidad de concordarla con la propia de la persona designada, al tiempo de su otorgamiento; b) Es personalísimo, pues pertenece exclusivamente a la esfera dispositiva de la persona interesada que la ejerce; c) Es un negocio jurídico inter vivos, en tanto en cuanto desencadena sus efectos en vida de la persona con discapacidad; d) Es solemne, puesto que su validez precisa que la voluntad se manifieste en escritura pública notarial, como las medidas voluntarias de apoyo (art. 271 CC); e) Vincula al juez al proceder al nombramiento de curador, sin perjuicio de que pueda prescindir de dicha designación mediante resolución motivada, por razones graves, desconocidas al tiempo del otorgamiento o por alteración de las circunstancias tenidas en cuenta en el momento de la designación (art. 272 CC); f) Es revocable, puesto que entra en el marco de las facultades dispositivas del otorgante dejar sin efecto una previa designación efectuada; g) Es inscribible en el Registro Civil (art. 4.10º LRC); y h) Por último, las facultades de la persona interesada no sólo se limitan a la designación de quien vaya a ejercer las funciones de curador, incluso sus sustitutos (art. 273 CC), sino también contempla la opción de establecer las disposiciones, que se consideren oportunas con respecto al funcionamiento y ejercicio del cargo (art. 271.2º CC).

En la SAP Madrid 24 febrero 2023 (*Tol 9510318*) se pretendía el cambio de curador meramente asistencial, que recaía en una persona jurídica, a persona física, la esposa del curatelado, por incumplimiento de las funciones de la curatela y por ser esa la voluntad de la persona con discapacidad, lo que no fue admitido por la Audiencia que apreció que la curadora cumplía correctamente sus funciones y que la voluntad del discapacitado no fue constituida en este caso en escritura pública, además de consideraba que había una serie de actos jurídicos de mayor complejidad y trascendencia patrimonial que el propio curatelado reconocía que no podía llevar a cabo solo, por lo que, habiendo sido parcialmente incapacitado en su día respecto de los mismos, exigiéndose la asistencia del curador, no tendría sentido que se le reconociera capacidad para determinar qué persona ha de asistirle precisamente en esos actos; y aunque fue manifestada la voluntad del curatelado de que fuera su esposa la curadora, y aparte de razones de carácter formal, estima la AP que dicho deseo manifestado no coincide con su superior interés, dado que la esposa tenía motivaciones económicas subyacentes y que existía un evidente conflicto de entidad entre ella y la familia extensa del curatelado. Sin embargo, en la SAP La Coruña 31 marzo 2023 (*Tol 9584652*), se admite el cambio de curador nombrado en escritura notarial por la propia persona con discapacidad a otro sujeto designado por dicha persona en el procedimiento judicial en donde manifestó claramente ante la autoridad judicial haber cambiado de parecer y no desear ya que fuera su curadora la designada en aquella escritura pública, entendiendo la AP que tenía capacidad volitiva suficiente y que hay que atender con preeminencia a la voluntad, preferencias y deseos de la persona con discapacidad.

Cuestiones relevantes

18. La primera característica que define **la autocuratela** es que **es una declaración de voluntad unilateral.** Sin embargo, cabe destacar que esta declaración de voluntad es una propuesta que realiza el disponente, y **que tiene que ser sancionada por la autoridad judicial,** que se halla vinculada por esta propuesta al constituir la curatela (art. 272.1° CC).

19. No se señala la **capacidad que debe requerir el sujeto para disponer la autocuratela.** Se ha partido de la idea de que se requiere la capacidad general para el ejercicio adecuado de la capacidad jurídica. Pero se ha cuestionado por la doctrina si en el ámbito del citado precepto se admite la posibilidad de que pueda otorgar escritura pública de autocuratela la persona en la que existe en dicho momento algún grado de discapacidad. La doctrina se inclina por la respuesta afirmativa estimando que esta interpretación es más acorde con los principios que inspiran la reforma de la Ley 8/2021 y de la Convención de Nueva York y en concordancia con lo dispuesto en el art. 253 CC para las medidas de apoyo de naturaleza voluntaria.

4.1.3.2. Nombramiento del curador por autoridad judicial

Normativa reguladora

Cuando proceda la constitución de la curatela en resolución judicial (art. 269.1° CC), el art. 276.1° CC establece que "La autoridad judicial nombrará curador a quien haya sido propuesto para su nombramiento por la persona que precise apoyo o por la persona en quien esta hubiera delegado, salvo que concurra alguna de las circunstancias previstas en el párrafo segundo del artículo 272", señalándose en el art. 276.2° que, en defecto de tal propuesta, será la autoridad judicial quien nombrará curador.

A falta de designación de curador por el propio interesado, o si no pudiera proceder por las causas señaladas en la ley, el legislador dispone que el nombramiento del curador lo realizará la autoridad judicial en expediente de jurisdicción voluntaria (arts. 44 y ss LJV).

El Código civil establece una regla general en relación a los sujetos que pueden ser nombrados curadores, y una serie de excepciones (art. 275 CC).

Como regla general se establece que pueden ser curadores las personas físicas mayores de edad que sean aptas para el adecuado desempeño de las funciones de la curatela.

También pueden ser nombradas curadores las personas jurídicas sin ánimo de lucro, públicas o privadas, entre cuyos fines figure la promoción de la autonomía y asistencia a las personas con discapacidad.

En defecto de nombramiento por la persona que necesita apoyo, la autoridad judicial nombrara curador:

1.º Al cónyuge, o a quien se encuentre en una situación de hecho asimilable, siempre que convivan con la persona que precisa el apoyo.

2.º Al hijo o descendiente. Si fueran varios, será preferido el que de ellos conviva con la persona que precisa el apoyo.

3.º Al progenitor o, en su defecto, ascendiente. Si fueren varios, será preferido el que de ellos conviva con la persona que precisa el apoyo.

4.º A la persona o personas que el cónyuge o la pareja conviviente o los progenitores hubieran dispuesto en testamento o documento público.

5.º A quien estuviera actuando como guardador de hecho.

6.º Al hermano, pariente o allegado que conviva con la persona que precisa la curatela.

7.º A una persona jurídica en la que concurran las condiciones indicadas (art. 275.2º CC).

Este orden que ha establecido el legislador para el nombramiento de curador, puede ser alterado por la autoridad judicial, una vez oída la persona que precise apoyo, y si lo considera oportuno, puede nombrar a quien considere más idóneo para comprender e interpretar la voluntad, deseos y preferencias de dicha persona (art. 276, 3º y 4º, CC).

Se puede nombrar a uno o más curadores, si la voluntad o las necesidades de la persona así lo requirieran. Puede existir un curador para la persona y otro para los bienes. O pueden existir varios curadores, en cuyo caso la autoridad judicial establecerá las reglas de funcionamiento, respetando la voluntad de la persona que necesita apoyo (art. 277 CC).

En relación al nombramiento del curador, el Código civil señala una serie de excepciones al mismo.

a) Inhabilidad del curador.

Por el alcance y responsabilidad que implica la curatela, el CC señala una serie de personas que, debido a las circunstancias en las que se encuentran, no pueden ser curadores. Así no pueden ser designados como tales, según el art. 275.2 CC: 1.º Quienes hayan sido excluidos por la persona que precise apoyo. 2.º Quienes por resolución judicial estuvieran privados o suspendidos en el ejercicio de la patria potestad o, total o parcialmente, de los derechos de guarda y protección. 3.º Quienes hubieren sido legalmente removidos de una tutela, curatela o guarda anterior.

A continuación, el CC establece otras circunstancias que inhabilitan para ser curador (art. 275.3 CC); y así la autoridad judicial no podrá nombrar curador, salvo circunstancias excepcionales debidamente motivadas, a las personas siguientes: 1.º A quien haya sido condenado por cualquier delito que haga suponer fundadamente que no desempeñará bien la curatela. 2.º A quien tenga conflicto de intereses con la persona que precise apoyo. 3.º Al administrador que hubiese sido sustituido en sus facultades de administración durante la tramitación del procedimiento concursal. 4.º A quien le sea imputable la declaración como culpable de un concurso, salvo que la curatela lo sea solamente de la persona.

b) Remoción de la curatela.

La remoción de la curatela supone el cese de la persona nombrada para ser curador por las causas señaladas por la ley. Por tanto, dicho cese supone que la remoción se produce después del nombramiento del curador. A ella se refiere el art. 278 CC. Las causas que pueden dar lugar a la remoción del curador es que éste haya incurrido en causa legal de inhabilidad, o se conduzca mal en su desempeño por incumplimiento de los deberes propios del cargo, por notoria ineptitud de su ejercicio o cuando, en su caso, surgieran problemas de convivencia graves y continuados con la persona a la que presta apoyo.

Corresponde a la autoridad judicial decretar la remoción del curador mediante expediente de jurisdicción voluntaria (art. 49 LJV). Dicha remoción se puede realizar de oficio o a solicitud de la persona a cuyo favor se estableció el apoyo o del Ministerio Fiscal cuando conociere por sí o a través de cualquier interesado circunstancias que comprometan el desempeño correcto de la curatela (arts. 278.2° CC y 49.1 LJV).

Durante la tramitación del expediente de remoción la autoridad judicial podrá suspender al curador en sus funciones y, de considerarlo necesario, acordará el nombramiento de un defensor judicial.

Una vez que se haya declarado judicialmente la remoción, se procederá al nombramiento de nuevo curador en la forma establecida en este Código, salvo que fuera pertinente otra medida de apoyo, debiendo remitir la correspondiente comunicación al Registro civil (arts. 278.4° CC y 49.3 LJV).

En ningún caso, la decisión de remoción de las personas físicas o jurídicas designadas para el desempeño de los apoyos podrá generar desprotección o indefensión a la persona que precisa dichos apoyos, debiendo la autoridad judicial actuar de oficio, mediante la colaboración necesaria de los llamados a ello, o bien, de no poder contar con estos, con la inexcusable colaboración de los organismos o entidades públicas competentes y del Ministerio Fiscal (art. 281.3° CC).

c) Excusa de la curatela.

Dado el carácter obligatorio de la curatela, el curador sólo se puede eximir de la misma cuando el motivo alegado sea uno de los previstos en la ley. El CC permite que el curador se excuse de la tutela cuando el desempeño de la curatela le resulte excesivamente gravoso o entrañe grave dificultad para la persona nombrada para el ejercicio del cargo, o cuando durante su desempeño le sobrevengan los motivos de excusa; asimismo, las personas jurídicas privadas podrán excusarse cuando carezcan de medios suficientes para el adecuado desempeño de la curatela o las condiciones de ejercicio de la curatela no sean acordes con sus fines estatutarios (arts. 279, 1° y 2°, CC y 50 LJV).

El interesado que alegue causa de excusa deberá hacerlo dentro del plazo de quince días a contar desde que tuviera conocimiento del nombramiento, y si la causa fuera sobrevenida podrá hacerlo en cualquier momento. Mientras se resuelve acerca de la excusa, el nombrado curador estará obligado a ejercer su función. Si no lo hiciera y fuera necesaria una actuación de apoyo, se procederá a nombrar un defensor judicial que sustituya al curador, quedando el sustituido responsable de los gastos ocasionados por la excusa, si ésta fuera rechazada.

En cuanto se aprecie la excusa, el llamado a la curatela quedara eximido de su cargo y la autoridad judicial procederá a designar nuevo curador (arts. 279.5º CC y 50.4 LJV), aunque si se tratase de curador nombrado en testamento, éste perderá lo que en consideración a su cargo le hubiese dejado el testador (art. 280 CC).

Igual que en el caso anterior la admisión de la causa de excusa no puede generar desprotección o indefensión a la persona que precisa dichos apoyos.

No concurrirá causa de excusa cuando el desempeño de los apoyos haya sido encomendado a entidad pública (art. 281.4º CC).

Jurisprudencia

Nuestros Tribunales han dado prioridad al nombramiento del curador realizado por la persona con discapacidad. Así sucede en las SSTS 19 de octubre (*Tol 8628066*), 2 de noviembre *(Tol 8639708)* y 21 de diciembre de 2021 *(Tol 8739270)* en las que se dio preferencia al nombramiento realizado por la persona afectada; en las dos primeras sentencias, la persona afectada había designado curador en testamento y en documento público a descendientes, y, sin embargo, la Audiencia Provincial designó como curadora a una persona jurídica; en la tercera sentencia, la persona afectada había designado curador en el mismo procedimiento contencioso, pero la Audiencia Provincial nombró a persona jurídica como curadora; en todos los casos el TS estableció la preferencia de la designación realizada por la propia persona afectada. La misma solución ha sido adoptada por las SSAP Salamanca 10 septiembre 2021 (*Tol 8653009*) y Valencia 15 noviembre 2021 (*Tol 8778495*). Sin embargo, en la SAP Madrid 24 febrero 2023 (*Tol 9510318*) se pretendía el cambio de curador, meramente asistencial, que recaía en una persona jurídica, a persona física, la esposa del curatelado, por incumplimiento de las funciones de la curatela y por ser esa la voluntad de la persona con discapacidad, lo que no fue admitido por la Audiencia que apreció que la curadora cumplía correctamente sus funciones y que la voluntad del discapacitado no fue constituida en este caso en escritura pública, además de consideraba que había una serie de actos jurídicos de mayor complejidad y trascendencia patrimonial que el propio curatelado reconocía que no podía llevar a cabo solo, por lo que, habiendo sido parcialmente incapacitado en su día respecto de los mismos, exigiéndose la asistencia del curador, no tendría sentido que se le reconociera capacidad para determinar qué persona ha de asistirle precisamente en esos actos; y aunque fue manifestada la voluntad del curatelado de que fuera su esposa la curadora, y aparte de razones de carácter formal, estima la AP que dicho deseo manifestado no coincide con su superior interés, dado que la esposa tenía motivaciones económicas subyacentes y que existía un evidente conflicto de entidad entre ella y la familia extensa del curatelado.

Asimismo nuestros Tribunales también se han pronunciado en relación al orden de nombramiento del curador establecido en el art. 276 CC. Así en la SAP Barcelona 18 octubre 2021 (*Tol 8700*192) y en la SAP Pontevedra 17 marzo 2022 (*Tol 8889205)* se prefirió como curador al descendiente antes que a otros sujetos. En la SJPI Castellón de la Plana 23 septiembre 2021 (*Tol 8622354*) y en la SAP Barcelona 19 octubre 2021 (*Tol 8700211*) se nombró como curador a los progenitores en vez de a la persona jurídica propuesta. En el AAP Salamanca 5 junio 2023 (*Tol 9799873*) se acuerda el nombramiento como curadora a una persona jurídica dado que la persona con discapacidad manifestó en el procedimiento que no quería que fuesen ni su padre ni sus hermanos, lo que fue admitido por el Juez dada la inidoneidad del padre para ejercer las funciones de curador y la imposibilidad y dificultad material de prestarle apoyo los hermanos. Se admite expresamente la alteración del orden legal en SAP León 2 junio 2023 (*Tol 9804574*).

En cuanto al nombramiento de persona jurídica que se recoge en el último lugar del orden establecido en el citado precepto, se ha constatado que el mayor número de nombramientos como curadores recae en personas jurídicas, por la especialización que dichas personas tienen en la asistencia de personas con discapacidad, como así sucede en la citada STS 8 de septiembre 2021 y en las SSAP Valencia (Sección 10ª) 16 septiembre 2021 (*Tol 8660565*), Islas Baleares (Sección 4ª) 5 octubre 2021 (*Tol 8688248*), Navarra 21 octubre 2021 (*Tol 8789533),* Barcelona 15 septiembre 2021 (*Tol 8625614*), Barcelona 17 noviembre 2021 (*Tol 8780*158), Burgos 22 febrero 2021 (*Tol 8425251*), Cádiz 17 octubre 2021 (*Tol 8764765*), Córdoba 15 septiembre 2021 (*Tol 8794511*), Cuenca 23 noviembre 2021 (*Tol 8781820*), Guadalajara 30 junio 2022 *(Tol 9226713),* Islas Baleares 17 enero 2022 (*Tol 8808423),* La Coruña 23 diciembre 2021 *(Tol 8807188),* Lugo 21 octubre 2021 (*Tol 8765556),* Navarra 21 octubre 2021 (*Tol 8789533)* y 28 octubre 2021 (*Tol 8792040),* Pontevedra 17 septiembre 2021 (*Tol 8657725*), Santander 29 septiembre 2021 (*Tol 8605648)* y 15 diciembre 2021 (*Tol 8794839*), Valencia 25 octubre 2021 (*Tol 8747653*) y Zaragoza 15 noviembre 2021 (*Tol 8753136*).

Después de la reforma por Ley 8/2021 se reconoce la escisión entre la curatela en la esfera personal y en la patrimonial en las SSAP Álava 27 septiembre 2021 (*Tol 8774*999) y Madrid 24 septiembre 2021 (*Tol 8662832*) y Zaragoza 12 abril 2023 (*Tol 9693132*) en la cual se distribuyeron ambos tipos de curatela entre lo progenitores del hijo.

Se aprecia la excusa del curador en la SAP Badajoz 16 mayo 2022 *(Tol 9114023)* pues los familiares no podían asumir las funciones de la curatela. Sin embargo, en el AAP Orense 15 junio 2023 (*Tol 9799921*) se presenta la excusa por el anterior tutor alegando que, al haber trasladado su domicilio, le resulta muy gravoso su ejercicio, solicitándose que se sustituyese la tutela por una guarda de hecho, lo que la Audiencia no admitió por considerar que se debe instar el correspondiente proceso de revisión contenido en la Disposición transitoria quinta de la Ley 8/2021.

4.1.4. Contenido y ejercicio de la curatela

Normativa reguladora

Una vez constituida la curatela, la persona designada como curador debe aceptar su nombramiento y tomar posesión de su cargo en presencia del letrado de la Administración de Justicia (arts. 282.1º CC y 46, 1 y 3, LJV). Las resoluciones judiciales de nombramiento de curador se inscribirán en el Registro civil (art. 46.5 LJV).

Las obligaciones que tiene el curador son la de prestar fianza, si la ha fijado el Juez de modo excepcional, con la finalidad de asegurar el cumplimiento de las obligaciones que asume, y la de hacer inventario de los bienes del tutelado en un plazo de sesenta días desde que tomo posesión (arts. 45.5, 46 y 47 LJV).

Una vez realizadas estas diligencias, el curador comienza el ejercicio de la curatela.

La curatela se puede establecer de dos maneras: bien tan solo como una medida de apoyo y asistencia a la persona con discapacidad (curatela asistencial), o bien con facultad representativa (curatela representativa), la cual se establecerá solo en casos excepcionales en los que resulte imprescindible cuando la persona con discapacidad no pueda ejercer su capacidad jurídica (arts. 269.3º, 249.3º, 282 y 285 CC). La función asistencial se ha atribuido con preferencia al curador tanto en el CC como en las primeras sentencias del TS y de las AAPP dictadas después de la entrada en vigor de la Ley 8/2021.

El contenido de la curatela viene determinado por la autoridad judicial quien delimitará los actos para los que la persona requiere asistencia del curador en el ejercicio de su capacidad jurídica atendiendo a sus concretas necesidades de apoyo (art. 269.2º CC). Con mayor precisión se establece que si se trata de una curatela representativa, la autoridad judicial señalará los actos concretos en los cuales el curador debe ejercer la representación de la persona con discapacidad (art. 269.4º CC).

Por otra parte, hay que recordar que el legislador ha establecido imperativamente que en ningún caso podrá incluir la resolución judicial la mera privación de derechos (art. 269.5º CC).

En cualquier caso, el curador actuará bajo los criterios fijados en el artículo 249 CC (art. 269.4º CC).

La autoridad judicial puede establecer también en la resolución que constituya la curatela o en otra posterior las medidas de control que estime oportunas para garantizar el respeto de los derechos, la voluntad y las preferencias de la persona que precisa el apoyo, así como para evitar los abusos, los conflictos de intereses y la influencia indebida. Asimismo, podrá exigir en cualquier momento al curador que informe sobre la situación personal o patrimonial de aquella. Igualmente, el Ministerio Fiscal podrá recabar en cualquier momento la información que considere necesaria a fin de garantizar el buen funcionamiento de la curatela (arts. 270 CC y 51.1 LJV).

El Código civil dispone, en el régimen jurídico que le es propio, las funciones concretas que debe cumplir el curador en el art. 282, que son las siguientes: el curador estará obligado a desempeñar las funciones encomendadas con la diligencia debida, y a mantener contacto personal con la persona a la que va a prestar apoyo, asistir a la persona en el ejercicio de su capacidad jurídica, respetando su voluntad, deseos y preferencias, procurar que pueda desarrollar su propio proceso de toma de decisiones, y fomentar las aptitudes de la persona de modo que pueda ejercer su capacidad con menos apoyo en el futuro.

Si se trata de una curatela con facultades representativas el curador también estará obligado a hacer inventario del patrimonio de la persona en cuyo favor se ha establecido el apoyo dentro del plazo de sesenta días, a contar desde aquel en que hubiese tomado posesión de su cargo, ante el letrado de la Administración de Justicia, con citación de las personas que estime conveniente, aunque dicho plazo se puede prorrogar si concurriere causa para ello (arts. 285 CC y 47 LJV).

Todos los objetos que no deban quedar en poder del curador, como dinero, alhajas, objetos preciosos y valores mobiliarios o documentos, serán depositados en un establecimiento destinado a este efecto. Los gastos que ocasionen el establecimiento de estas medidas correrán a cargo de los bienes de la persona en cuyo apoyo se haya establecido la curatela. Si el curador no incluye los créditos que tenga contra la persona que requiera el apoyo, se considera que renuncia a ellos (art. 286 CC).

El curador con facultades representativas, sin embargo, requiere autorización judicial para la realización de los actos que determine la resolución judicial, y en todo caso para los actos señalados en el art. 287 CC, que son los siguientes:

1.° Realizar actos de transcendencia personal o familiar cuando la persona afectada no pueda hacerlo por sí misma, todo ello a salvo lo dispuesto legalmente en materia de internamiento, consentimiento informado en el ámbito de la salud o en otras leyes especiales.

2.° Enajenar o gravar bienes inmuebles, establecimientos mercantiles o industriales, bienes o derechos de especial significado personal o familiar, bienes muebles de extraordinario valor, objetos preciosos y valores mobiliarios no cotizados en mercados oficiales de la persona con medidas de apoyo, dar inmuebles en arrendamiento por término inicial que exceda de seis años, o celebrar contratos o realizar actos que tengan carácter dispositivo y sean susceptibles de inscripción. Se exceptúa la venta del derecho de suscripción preferente de acciones. La enajenación de los bienes mencionados en este párrafo se realizará mediante venta directa salvo que el Tribunal considere que es necesaria la enajenación en subasta judicial para mejor y plena garantía de los derechos e intereses de su titular.

3.° Disponer a título gratuito de bienes o derechos de la persona con medidas de apoyo, salvo los que tengan escasa relevancia económica y carezcan de especial significado personal o familiar.

4.° Renunciar derechos, así como transigir o someter a arbitraje cuestiones relativas a los intereses de la persona cuya curatela ostenta, salvo que sean de escasa relevancia económica. No se precisará la autorización judicial para el arbitraje de consumo.

5.° Aceptar sin beneficio de inventario cualquier herencia o repudiar ésta o las liberalidades.

6.° Hacer gastos extraordinarios en los bienes de la persona a la que presta apoyo.

7.° Interponer demanda en nombre de la persona a la que presta apoyo, salvo en los asuntos urgentes o de escasa cuantía. No será precisa la autorización judicial cuando la persona con discapacidad inste la revisión de la resolución judicial en que previamente se le hubiesen determinado los apoyos.

8.° Dar y tomar dinero a préstamo y prestar aval o fianza.

9.° Celebrar contratos de seguro de vida, renta vitalicia y otros análogos, cuando éstos requieran de inversiones o aportaciones de cuantía extraordinaria.

Sin embargo, el curador no necesita autorización judicial para la partición de la herencia o la división de cosa común, pero una vez practicadas requerirán aprobación judicial. Si hubiese sido nombrado un defensor judicial para la partición deberá obtener también la aprobación judicial, salvo que se hubiera dispuesto otra cosa al hacer el nombramiento (art. 291 CC).

Para autorizar o aprobar estos actos, la autoridad judicial oirá al Ministerio Fiscal y a la persona con medidas de apoyo y recabará los informes que le sean solicitados o estime pertinentes (art. 290 CC).

Si el curador se encuentra impedido de modo transitorio para actuar en un caso concreto o existe un conflicto de intereses ocasional entre él y la persona a quien preste apoyo, el letrado de la Administración de Justicia nombrará a un defensor judicial en estos casos para que sustituya al curador. Si tales situaciones se prolongarán, se podrá reorganizar el funcionamiento de la tutela o incluso nombrar un nuevo curador. Si en estos casos, hubiesen varios curadores, las funciones de la curatela serán asumidas por aquellos que no estén afectados por el impedimento o conflicto de intereses (art. 283 CC).

Por último, hay que señalar que el curador tiene derecho a una retribución, siempre que el patrimonio de la persona con discapacidad lo permita así como al reembolso de los gastos justificados y a la indemnización de los daños sufridos sin su culpa en el ejercicio de la curatela. Dicha retribución será fijada en cuanto a su cuantía y el modo de percibirla por la autoridad judicial, que tendrá en cuenta el trabajo a realizar y la rentabilidad de los bienes (arts. 281, 1° y 2°, CC y 48 LJV).

Jurisprudencia

Nuestros Tribunales han dado preferencia a la constitución de una curatela asistencial frente a la curatela con facultades representativas, tal como indica la ley. Así, la citada STS 8 septiembre 2021 se constituye, dadas las circunstancias de la persona afectada, expresamente una curatela asistencial, descartando la curatela con facultades representativas; y, en cuanto al contenido de las medidas de apoyo establece fundamentalmente dos medidas: a) Dispone que la entidad designada como curadora realice los servicios de limpieza y orden de la casa del afectado, estando, para cumplir esta función, autorizada a entrar en el domicilio con la periodicidad necesaria, y b) encomienda a la entidad designada como curadora que asegure la efectiva atención médico-asistencial de la persona afectada en lo que respecta al trastorno que padece y lo que guarde directa relación con él. Se establece también la curatela asistencial en las SSAP Córdoba 15 septiembre 2021 (*Tol 8794511*), Pontevedra 21 septiembre 2021 (*Tol 8667068*), Murcia (Sección 4ª) 8 octubre 2021 (*Tol 8720564*), Valencia (Sección 10ª) 20 octubre 2021 (*Tol 8747618*), Madrid 25 octubre 2021 (*Tol 8738265*), Pontevedra 21 marzo 2022 (*Tol 8889213*), Murcia 2 febrero 2023 (*Tol 9563989*), Bizkaia 28 abril 2023 (*Tol 9808942*), Santander 20 junio 2023 (*Tol 9649094*) y León 6 julio 2023 (*Tol 9804579*), entre otras muchas. Pero también se han establecido curatelas con facultades de representación; así en SSAAP Navarra 6 febrero 2023 (*Tol 9661714*), Valencia 9 febrero 2023 (*Tol 9465711*), Alicante 19 febrero 2023 (*Tol 9663972*), León 5 abril 2023 (*Tol 9704729*), Orense 24 septiembre 2021 (*Tol 8661841*), Pontevedra 26 septiembre 2023 (*Tol 9808280*), Islas Baleares 5 octubre 2021 (*Tol 8688248*), entre otras, aunque señalándose con precisión los actos en los que se debe producir la representación. En alguna sentencia se ha señalado que la extensión de la curatela se debe circunscribir a las reales limitaciones que padece la persona, así en la SAP Orense 27 marzo 2023 (*Tol 9565969*).

Como se ha señalado, no se permite la privación de derechos en la resolución judicial en la que se establezcan medidas de apoyo. En este sentido se pronunció la SAP Cuenca 2 diciembre 2021 (*Tol 8789213)*, en un caso en el que la SJPI había declarado la modificación judicial de la capacidad de obrar de una persona, estableciendo ampliamente las limitaciones de la misma, entre ellas, la incapacidad para conducir vehículos, ante lo que recurrió la persona afectada solicitando se suprimiera dicha limitación; la AP, que aplicó la nueva normativa con fundamento en la DT 6ª de la Ley 8/2021, estimó el recurso en base al art. 269.5º CC, sin perjuicio, obviamente, de las resoluciones o determinaciones que pudiera adoptar la autoridad administrativa competente tras la realización de los exámenes y pruebas pertinentes. Igualmente admitieron recurso con solicitud similar la SAP Tarragona 17 noviembre 2021 (*Tol 8770742)* y la SAP Murcia 23 septiembre 2021 (*Tol 8691629*), en la cual se suprimió la prohibición de utilización de armas y conducción de vehículos.

Por otro lado, la STS 21 marzo 2023 (*Tol 9469771*) establece la nulidad del contrato celebrado sin asistencia del curador, aunque matiza la cuantía de la restitución atendiendo a las circunstancias en las que se produjo dicho contrato.

Además, nuestros Tribunales han exigido la autorización judicial para los actos recogidos en el art 287 CC. Así, la SAP Pontevedra 13 marzo 2023 (*Tol 9613632*) no admitió acción de desahucio por precario porque el curador carecía de la correspondiente autorización judicial para interponerla.

Cuestiones relevantes

20. Al tener la curatela una función preferentemente asistencial, la doctrina estima que **la declaración del curador asistencial no es habilitante del acto o negocio jurídico que realiza la persona con discapacidad, ni es autorizativa ni tampoco ratifica dicho acto o negocio jurídico.**

21. La doctrina se ha planteado si el curador puede oponerse a la decisión tomada por la persona con discapacidad. Como regla de principio, esa posibilidad viene contradicha por los principios que informan la nueva regulación de la situación de las personas con discapacidad que impone atender a su voluntad, deseos y preferencias y no cabe fundamentarse en el mejor interés de dicha persona puesto que este principio también se ha descartado. Sin embargo, puede plantearse que la decisión de la persona con discapacidad vulnere su dignidad o su mejor derecho. En tal caso, la única posibilidad que tiene el curador es acudir a la vía judicial para no ser acusado de incumplimiento de los deberes establecidos en el art. 282 en relación con los principios establecidos en los arts. 249 y 250 CC.

22. En los casos de la curatela con facultades de representación, se ha señalado por la doctrina algunas situaciones problemáticas que se pueden plantear. Así, por un lado, se ha suscitado la cuestión de determinar cuál es la excepcionalidad a la que se refiere el art. 249 CC que origina, en contra de la regla general, la atribución al curador de esa representación de la persona con discapacidad; a este respecto señala la doctrina que tales casos serían aquellos en los que la persona está privada absolutamente de sus facultades volitivas y cognitivas, lo que obliga a una previa evaluación de la capacidad real de la persona, que debe apreciar el Juez a la vista de los informes que debe recabar [arts. 42 bis b) 1 y 2.2º LJV y 759.1.3º LEC]. Por otro lado, la segunda cuestión que se plantea la doctrina se refiere a la dificultad que entraña que el curador deba actuar, según el art. 249.3° CC, teniendo en cuenta "la trayectoria vital de la persona con discapacidad, sus creencias y valores, así como los factores que ella hubiera tomado en consideración, con el fin de tomar la decisión que habría adoptado la persona en caso de no requerir representación", lo cual obliga a una labor de interpretación del propio curador, que deberá actuar según la voluntad presunta de la persona con discapacidad, que en algunos supuestos no será posible bien porque no se puede conocer realmente dicha voluntad bien porque nunca la ha tenido; esta dificultad ha llevado a la doctrina a defender la idea de que en estos casos extremos se debe dar entrada al interés superior de la persona con discapacidad, a pesar de que es un criterio abandonado por la propia Convención de 2006 y sobre el que guarda un silencio absoluto la regulación relativa a la situación jurídica de las personas con discapacidad.

23. En cuanto a los actos para los cuales el curador debe requerir autorización judicial, en el núm. 1° del art. 287 CC se señala que se requiere dicha autorización para realizar actos de transcendencia personal o familiar cuando la persona afectada no pueda hacerlo por sí misma, a salvo lo dispuesto legalmente en materia de internamiento, consentimiento informado en el ámbito de la salud o en otras leyes especiales. Sin embargo, se ha puesto de relieve por la doctrina que la legislación en materia de salud no ha sido modificada para adaptarla a los principios establecidos en la Ley 8/2021, de modo que en dicha legislación todavía se establece que el tutor tomará las decisiones en dicho ámbito por las personas incapacitadas o que tengan modificada judicialmente su capacidad, pues, dado que no se ha producido la reforma necesaria, se sigue regulando conforme a la anterior regulación que se establecía para las personas con discapacidad. Así sucede en la Ley 41/2002, de 14 de noviembre, básica reguladora de la autonomía del paciente y de derechos y obligaciones en materia de información y documentación clínica, y legislación autonómica concordante, en el Real Decreto 1723/2012, de 28 de diciembre de 28 de diciembre, por el que se regulan las actividades de obtención, utilización clínica y coordinación territorial de los órganos humanos destinados al trasplante y se establecen requisitos de calidad y seguridad, en la Ley 14/2007, de 3 de julio, de Investigación biomédica, en el Real Decreto 1090/2015, de 4 de diciembre, por el que se regulan los ensayos clínicos con medicamentos, los Comités de Ética de la Investigación con medicamentos y el Registro Español de Estudios Clínicos, y en la Ley Orgánica 2/2010, de 3 de marzo, de salud sexual y reproductiva y de la interrupción voluntaria del embarazo. En estos casos cabe entender que debe otorgar su consentimiento la propia persona con discapacidad, y que, en caso de que esto fuera imposible, lo pueda dar el curador con facultades representativas, y cabe cuestionarse si requeriría autorización judicial.

24. También en el ámbito de la actuación que pueda realizar el curador, se ha planteado por la doctrina la **cuestión relativa a la interposición de las demandas de separación matrimonial y de divorcio por el curador cuando el cónyuge con discapacidad, por sus circunstancias, no puede interponer dichas acciones.** En la Ley 8/2021 no se ha introducido ninguna reforma en el CC que expresamente se refiera al cónyuge con discapacidad, ni tampoco, por tanto, a esta cuestión en concreto.

Antes de la publicación de la Ley 8/2021, se planteó en nuestros tribunales la posibilidad de interposición de las acciones de separación y divorcio por los tutores (aunque no con respecto a la interposición de la acción de nulidad) en nombre de la persona tutelada, con pronunciamientos favorable a dicha posibilidad en casos excepcionales, en los que se admitió que la demanda de separación y la de divorcio pudieran ser interpuestas por el representante legal de un cónyuge con la capacidad modificada judicialmente en nombre de éste cuando no pueda hacerlo por sí mismo, con la finalidad de defender sus intereses, en virtud del derecho fundamental a la tutela judicial efectiva, en las fundamentales STC 311/2000, de 18 de diciembre (*Tol 81734*) y STS 21 septiembre 2011 (*Tol 2248621*).

Con posterioridad a la entrada en vigor de la Ley 8/2021, la doctrina ha señalado que el cónyuge con un grado de discapacidad que le permita ejercer la capacidad jurídica podrá instar las respectivas acciones de separación matrimonial o divorcio, con los ajustes de capacidad que prevé el art. 7 bis LEC, y la garantía que para sus derechos supone la presencia del Ministerio Fiscal (arts. 8 y 749 LEC), y las medidas de apoyo, si las hubiere, que le hubieren atribuido (art. 249 CC); por el contrario, el cónyuge cuya discapacidad no le permita ejercitar su capacidad jurídica, parece que no podrá instar las acciones de separación matrimonial y divorcio. Dado que no se ha regulado dicha situación en la Ley 8/2021, queda sin determinarse cómo quedaría la situación de estos cónyuges y si los curadores de los cónyuges en situación de discapacidad podrían instar las correspondientes acciones de separación y divorcio. Sin embargo, en base a las resoluciones judiciales antedichas se ha defendido por la doctrina la idea de que los curadores en casos excepcionales y con los requisitos que se señalaban en dichas sentencias puedan interponer dichas demandas para defender los intereses de los cónyuges con discapacidad que no puedan interponerlas por si mismos. En este sentido, la SAP Pontevedra 7 febrero 2023 (*Tol 9565453*) ha admitido la legitimación de la tutora (hija de la discapacitada) para solicitar la demanda de divorcio de la persona con discapacidad, interpuesta antes de la publicación de la Ley 8/2021, concluyendo la AP que la petición de divorcio se ajusta a la voluntad de la persona con discapacidad, esto es, a sus deseos y preferencias, y que es acorde a su interés, con razonamientos del Juzgador que comparte, y que no pueden ser reemplazados por las subjetivas valoraciones que de la prueba efectúa la parte recurrente (el marido de la persona con discapacidad, que además se había desentendido de sus cuidados).

4.1.5. Extinción de la curatela

La extinción de la curatela supone la desaparición de la figura del curador como medida de apoyo de las personas con discapacidad.

Normativa reguladora

La curatela se extingue de pleno derecho por la muerte o la declaración de fallecimiento de la persona con medidas de apoyo, y por resolución judicial cuando ya no sea precisa esta medida de apoyo o cuando se adopte otra medida más adecuada para la persona que necesite dicho apoyo (art. 291 CC).

Una vez extinguida la curatela, el curador tiene la obligación de rendir cuentas de su actividad ante la autoridad judicial (arts. 292.1° CC y 51.4 LJV). Tiene el plazo de tres meses, prorrogables por el tiempo que fuere necesario si concurre justa causa. La acción para exigir la rendición de esta cuenta prescribe a los cinco años, contados desde la terminación del plazo establecido para efectuarla. Antes de resolver sobre la aprobación de la cuenta, la autoridad judicial oirá también en su caso al nuevo curador, a la persona a la que se prestó apoyo, o a sus herederos.

En cuanto a los gastos necesarios derivados de la rendición de cuentas, éstos serán a cargo del patrimonio de la persona a la que se prestó apoyo (art. 293.1° CC). Las cuentas deben ser aprobadas por la autoridad judicial, aunque esta aprobación, no impedirá el ejercicio de las acciones que recíprocamente puedan asistir al curador y a la persona con discapacidad que recibe el apoyo o a sus causahabientes por razón de la curatela (arts. 292.4° CC y 51.5 LJV).

Por último, hay que señalar que el curador responderá de los daños que hubiese causado por su culpa o negligencia a la persona a la que preste apoyo. Esta acción prescribe a los tres años contados desde la rendición final de cuentas (art. 294 CC).

Jurisprudencia

Considera la muerte de la persona con discapacidad como causa de extinción de la curatela la SAP Sevilla 19 noviembre 2021 (*Tol 8811970*). En la SAP Ciudad Real 9 febrero 2023 (*Tol 9649441*) la hija de la persona con discapacidad impugnó la rendición de cuentas dada por la curadora, persona jurídica, ante lo cual la Audiencia declaró que no está legitimada para tal impugnación, siendo el único legitimado el Ministerio Fiscal, quien no impugnó.

Cuestiones relevantes

25. La doctrina considera que, además de las causas de extinción señaladas en el art. 291, pueden existir **otras causas de extinción de la curatela,** o, por mejor decir, de extinción del nombramiento de curador (que puede no implicar la extinción de la curatela), como la apreciación de una causa de inhabilidad una vez nombrado el curador, la existencia de una causa de remoción en el curador o la excusa del propio curador (arts. 278 y 279 CC). Asimismo, el fallecimiento o la declaración de fallecimiento del curador extingue la curatela para éste, aunque se mantenga la medida de apoyo en otros posibles curadores si la curatela fuera pluripersonal o con la entrada del sustituto si se hubieran nombrado éstos; en el caso de que no existieran estos sujetos, será necesario nombrar un nuevo curador si así lo considera oportuno la autoridad judicial o establecer la medida de apoyo procedente.

4.2. El defensor judicial de las personas con discapacidad

El defensor judicial se caracteriza por ser un cargo ocasional o esporádico, que puede ser compatible con el desempeño de la curatela o de las medidas de apoyo voluntarias.

Normativa reguladora

El Código civil señala que es "una medida formal de apoyo que procederá cuando la necesidad de apoyo se precise de forma ocasional, aunque sea recurrente" (art. 250.6° CC).

Tiene una regulación muy breve (arts. 295 a 298 CC y arts. 27 y ss LJV), aplicándose al defensor judicial las causas de inhabilidad, excusa y remoción de los curadores (arts. 297 CC y 32 LJV).

El defensor judicial representa y ampara los intereses de aquellas personas que le hayan designado, pero no es su representante legal.

El expediente para su nombramiento se iniciará de oficio, a petición del Ministerio Fiscal, o por iniciativa del menor o persona con capacidad modificada judicialmente o cualquier otra persona que actúe en interés de éste. En la tramitación del expediente no será preceptiva la intervención de Abogado ni Procurador (art. 28, 2 y 3, LJV).

Los casos para los que se puede nombrar defensor judicial son los siguientes: cuando la persona que haya de prestar apoyo no pueda hacerlo hasta que cese la causa determinante o se designe a otra persona, cuando exista conflicto de intereses entre la persona que necesita apoyo y la persona que le presta dicho apoyo, cuando se tramite una excusa por parte del curador, cuando se haya tramitado causa de remoción, cuando se hubiere promovido la provisión de medidas judiciales de apoyo a la persona con discapacidad y la autoridad judicial considere necesario proveer a la administración de los bienes hasta que recaiga resolución judicial, y cuando la persona con discapacidad requiera el establecimiento de medidas de apoyo de carácter ocasional, aunque sea recurrente (arts. 295, 278.3° y 264.4° CC).

Puede ser nombrado defensor judicial por la autoridad judicial cualquier persona que dicha autoridad estime más idóneo para el cargo, para respetar, comprender e interpretar la voluntad, deseos y preferencias de la persona que precise apoyo (arts. 295.2° y 297 CC). Sin embargo, no se nombrará defensor judicial si el apoyo se hubiera encomendado a varias personas, puesto que si no puede actuar una de ellas, pueden actuar las otras, salvo que ninguna pueda actuar o la autoridad judicial motivadamente considere necesario el nombramiento de defensor judicial (art. 296 CC). Su nombramiento se remitirá al Registro civil para su inscripción (art. 30.3 LJV).

No se refiere el Código civil a las obligaciones del defensor judicial en concreto, salvo la obligación que se refiere a conocer y respetar la voluntad, deseos y preferencias de la persona a la que se preste apoyo (295.2º CC); pero es claro que, en la resolución judicial, la autoridad judicial le señalará los actos para los cuales se produce tal nombramiento.

Por último, hay que señalar que deberá rendir cuentas de su gestión al finalizar ésta (art. 298.2º CC).

Jurisprudencia

En nuestros Tribunales se ha procedido en distintas circunstancias a nombrar defensor judicial de la persona con discapacidad. Así, se nombra defensor judicial a la persona afectada en la SAP Orense 27 junio 2022 (*Tol 9221055*), en un caso en que se solicitaba internamiento involuntario de la persona con discapacidad, en un procedimiento de provisión de medidas de apoyo, y en las SSAP Barcelona 2 febrero 2022 (*Tol 8970712*), y León 30 noviembre 2021 (*Tol 8789236*), en sendos casos de conflicto de intereses entre el curador y la persona afectada y solicitud de remoción del curador.

5. MEDIDAS INFORMALES DE APOYO A LAS PERSONAS EN SITUACIÓN DE DISCAPACIDAD. LA GUARDA DE HECHO (REMISIÓN)

La guarda de hecho es objeto de estudio específico en el tema siguiente.

ESQUEMA

LA REGULACIÓN DE LA SITUACIÓN JURÍDICA DE LAS PERSONAS CON DISCAPACIDAD

Actualmente la regulación fundamental procede de la Ley 8/2021, de 2 de junio, por la que se reforma la legislación civil y procesal para el apoyo a las personas con discapacidad en el ejercicio de su capacidad jurídica

Esta Ley modifica los arts. 249 a 300 CC

Se complementa dicha regulación con la legislación procedimental recogida en Ley 1/2000, de 7 de enero, de Enjuiciamiento Civil (arts. 756 a 763) y la Ley 15/2015, de 2 de julio, de la Jurisdicción Voluntaria (art. 42 bis)

EL ESTABLECIMIENTO DE LAS MEDIDAS DE APOYO. MODALIDADES DE LAS MEDIDAS DE APOYO

Se establecen medidas de apoyo para mayores de edad y menores de edad que precisen ayuda en el ejercicio de la capacidad jurídica

Las funciones de la persona que presta apoyo es de asistencia y apoyo a la persona con discapacidad

La persona que presta apoyo no es representante de la persona con discapacidad, aunque en casos excepcionales puede tener funciones representativas

El CC establece limitaciones y prohibiciones para las personas que prestan apoyo

Las medidas de apoyo que se regulan en el CC son las medidas voluntarias, la curatela, el defensor judicial y la guarda de hecho

Se establece la responsabilidad de la persona con discapacidad cuando de su actuación resulten daños a un tercero

Se establece que las resoluciones judiciales y documentos públicos donde consten las medidas de apoyo deben inscribirse en el Registro civil

MEDIDAS VOLUNTARIAS DE APOYO A LAS PERSONAS EN SITUACIÓN DE DISCAPACIDAD

Son las medidas que establece la propia persona con discapacidad

En ellas la persona con discapacidad o persona que puede encontrarse en un futuro en situación de discapacidad puede designar persona que le preste apoyo y otras disposiciones relativas, entre otras, al ejercicio y funciones de la persona que presta apoyo, medidas de control y revisión de las mismas

Dichas medidas deben constar en escritura pública e inscribirse en el Registro civil. Pueden otorgarse a través de poderes y mandatos preventivos

Se extinguen por las formas específicas que haya establecido la persona con discapacidad, cuando se hubiere producido el cese de la convivencia de los cónyuges y cuando se solicite si en el apoderado concurre alguna de las causas previstas para la remoción del curador

MEDIDAS FORMALES DE APOYO A LAS PERSONAS EN SITUACIÓN DE DISCAPACIDAD

Como medidas formales el CC regula la curatela y el defensor judicial

1. La curatela

Es una medida formal de apoyo que se aplicará a quienes precisen el apoyo de modo continuado

ESQUEMA

Es una medida de apoyo de carácter estable y subsidiario
El curador tiene la función, salvo situaciones excepcionales, de asistir a la persona con discapacidad, respetando en lo máximo que pueda su autonomía, y, en consecuencia, actuando según su voluntad, deseos y preferencias, ayudándola en el proceso de toma de decisiones por sí misma
Se constituye mediante resolución judicial motivada cuando no exista otra medida de apoyo suficiente para la persona con discapacidad. El procedimiento se tramita a través de un expediente de jurisdicción voluntaria, regulado específicamente en la Ley 15/2015, de 2 de julio, de Jurisdicción voluntaria, y excepcionalmente a través del procedimiento contencioso regulado en la Ley 1/2000, de 7 de enero, de Enjuiciamiento Civil
Uno de los presupuestos para que se pueda establecer una curatela, sea asistencial o con facultades representativas, es que la persona afectada "precise" esta medida de apoyo
El nombramiento del curador lo puede realizar la persona afectada, y en caso de que no haya este nombramiento o por otras causas, será la autoridad judicial quien designe el curador, según el orden establecido en el CC, que, por razones justificadas puede alterar dicha autoridad. Tiene preferencia la designación realizada por la persona afectada
Pueden ser curadores las personas físicas mayores de edad y aptas para ejercer la función de curador, y las personas jurídicas, sin ánimo de lucro, públicas o privadas, que entre sus fines figure la promoción de la autonomía y asistencia a las personas con discapacidad
Cabe la inhabilidad y remoción del curador por las causas establecidas en la ley. El legislador también permite la excusa por causas establecidas en el CC
La curatela como norma general es de carácter asistencial. Pero excepcionalmente el curador puede tener funciones de carácter representativo
Los actos que debe realizar el curador tienen que precisarse en la resolución judicial, tanto se trate de curatela asistencial como representativa. El curador necesita autorización judicial para los actos señalados en el CC
La curatela se extingue por muerte o declaración de fallecimiento de la persona con discapacidad, o por resolución judicial cuando ya no sea precisa esta medida de apoyo o cuando se adopte una forma de apoyo más adecuada para la persona sometida a curatela
2. El defensor judicial de las personas con discapacidad
Es una medida formal de apoyo que procederá cuando la necesidad de apoyo se precise de forma ocasional, aunque sea recurrente
Se puede nombrar defensor judicial cuando no se hubiere designado todavía curador o éste no pueda ejercer su función, cuando exista conflicto de intereses entre la persona que necesita apoyo y la persona que le presta dicho apoyo, en los casos de remoción y excusa del curador, y cuando la persona con discapacidad requiera el establecimiento de medidas de apoyo de carácter ocasional, aunque sea recurrente
El defensor judicial se nombra por la autoridad judicial y puede ser nombrado cualquier persona que dicha autoridad estime más idóneo para el cargo, para respetar, comprender e interpretar la voluntad, deseos y preferencias de la persona que precise apoyo

ESQUEMA

El defensor judicial sólo puede actuar en los actos que le haya designado la autoridad judicial

MEDIDAS INFORMALES DE APOYO A LAS PERSONAS EN SITUACIÓN DE DISCAPACIDAD. LA GUARDA DE HECHO

29 La guarda de hecho de las personas con discapacidad

José Ramón de Verda y Beamonte[1]

Sumario: 1. LA GUARDA DE HECHO. 2. EL GUARDADOR. 3. FACULTADES ASISTENCIALES DEL GUARDADOR. 4. FACULTADES REPRESENTATIVAS. 4.1. Por ministerio de la Ley. 4.2. Previa autorización judicial. 5. LA PRUEBA DE LA GUARDA DE HECHO. 5.1. La posición de las administraciones públicas. 5.2. El recurso al acta de notoriedad. 5.3. La posibilidad de instar un auto judicial de declaración de la condición de guardador de hecho. 5.4. La denominada "declaración responsable ante la entidad bancaria". 6. LA IMPROCEDENCIA DE CONSTITUIR UNA CURATELA CUANDO EXISTE UNA GUARDA DE HECHO QUE FUNCIONA ADECUADAMENTE (ART. 263 CC). 7. CASOS EN QUE PROCEDE CONSTITUIR UNA CURATELA, POR INEXISTENCIA DE UNA GUARDA DE HECHO ADECUADA A LAS NECESIDADES DE LA PERSONA CON DISCAPACIDAD. 7.1. Desatención de la persona con discapacidad. 7.2. Desatención del patrimonio. 7.3. Existencia de conflictos reiterados con la persona con discapacidad. 7.4. Existencia de conflictos entre los guardadores de hecho o las personas, que, por razones familiares, podrían llegar a serlo. 7.5. Situaciones de riesgo familiar provocadas por la enfermedad de las personas con discapacidad. 7.6. Tendencia al gasto que no puede controlarse a través de la guarda de hecho. 7.7. Dificultad para seguir ejercitando la guarda de hecho. 7.8. Carácter temporal de la residencia en la entidad que ejerce la guarda de hecho. 7.9. Existencia de un patrimonio, cuya administración requiera la petición de continuas autorizaciones judiciales para realizar actuaciones representativas. 7.10. Existencia de un precario estado de salud que requiere tratamientos médicos personalizados a los que la persona con discapacidad, que carece de consciencia de su enfermedad, se niega reiteradamente, reaccionando agresivamente. 8. CONTROL JUDICIAL DE LA ACTUACIÓN DEL GUARDADOR. 9. REEMBOLSO DE GASTOS, INDEMNIZACIONES Y RETRIBUCIÓN. 10. CAUSAS DE EXTINCIÓN DE LA GUARDA DE HECHO.

1. LA GUARDA DE HECHO

Normativa reguladora

La guarda de hecho de las personas con discapacidad se regula en los arts. 263 a 267 CC, redactado conforme a la Ley 8/2021, de 2 de junio.

La Ley 8/2021 pretende una "razonable desjudicialización" en materia de discapacidad, que se plasma en el reforzamiento de la guarda de hecho, la cual, según se dice en la Exposición de Motivos de la misma, había sido "entendida tradicionalmente como una situación fáctica y de carácter provisional", debiendo ahora "convertirse en una verdadera guarda de derecho, otorgándole la categoría de institución jurídica de apoyo".

---

1 CU, Derecho civil, Universidad de Valencia.

Esta expresión de "guarda de derecho" puede suscitar cierta perplejidad, pero no debe llevar a confusión: seguimos estando ante una medida de apoyo de carácter espontáneo e informal, normalmente llevada a cabo por familiares que conviven con la persona con discapacidad, a quien prestan asistencia cotidiana de manera habitual y desinteresada.

Cuando se habla de la conversión de la "guarda de hecho" en una "guarda de derecho", lo que se quiere evidenciar (que no es poco) es la consideración de la misma como la medida de apoyo estable y prioritaria (en defecto de medidas voluntarias), con el consiguiente carácter subsidiario de las medidas judiciales, así como (a causa de dicha prioridad legal), la introducción de una regulación de la figura más extensa que la anterior a la reforma, en la que se contemplaba como una situación provisional llamada a resolverse en una tutela.

El art. 269.I CC dice, así, que "La autoridad judicial constituirá la curatela mediante resolución motivada cuando no exista otra medida de apoyo suficiente para la persona con discapacidad", de donde se deduce que, cuando no hayan sido previstas medidas de naturaleza voluntaria, "Quien viniere ejerciendo adecuadamente la guarda de hecho de una persona con discapacidad continuará en el desempeño de su función" (art. 263 CC), de modo que la constitución de la curatela es subsidiaria, exclusivamente, para el caso de que no existiera una guarda de hecho que funcionase correctamente.

En la Exposición de Motivos se explica que "La realidad demuestra que en muchos supuestos la persona con discapacidad está adecuadamente asistida o apoyada en la toma de decisiones y el ejercicio de su capacidad jurídica por un guardador de hecho —generalmente un familiar, pues la familia sigue siendo en nuestra sociedad el grupo básico de solidaridad y apoyo entre las personas que la componen, especialmente en lo que atañe a sus miembros más vulnerables—, que no precisa de una investidura judicial formal que la persona con discapacidad tampoco desea"; y que "Para los casos en que se requiera que el guardador realice una actuación representativa, se prevé la necesidad de que obtenga una autorización judicial ad hoc, de modo que no será preciso que se abra todo un procedimiento general de provisión de apoyos, sino que será suficiente con la autorización para el caso, previo examen de las circunstancias".

2. EL GUARDADOR

El guardador de hecho es la persona, normalmente, un familiar o allegado de quien sufre una discapacidad, a quien, de modo espontáneo y habitual, le presta asistencia cotidiana, de manera desinteresada, en virtud de una relación de confianza y afecto mutuo, sin que entre ambos exista una relación contractual (como, por ejemplo, un contrato de vitalicio o alimentos o un arrendamiento de servicios, en el caso de cuidadores profesionales), siendo, además, frecuente su convivencia bajo un mismo techo.

Jurisprudencia

La SAP León 2 junio 2023 (*Tol 9679482*) deniega la constitución de la curatela solicitada, porque el padre, de 89 años, viudo, tenía un hijo, que estaba pendiente de él y se ocupaba de sus asuntos, encontrándose ingresado en una residencia de mayores, "donde tiene todas sus necesidades cubiertas". Observa que padece "una demencia degenerativa en fase moderada que genera en el mismo una situación de discapacidad y que, a causa de la enfermedad, precisa apoyo para una larga lista de actos", pero el padre "queda cubierto con la guarda de hecho que ejerce su hijo".

No obstante, también puede tener la condición de guardador de hecho una persona jurídica (por ejemplo, una institución o fundación pública de carácter autonómico) que proporcione "servicios asistenciales, residenciales o de naturaleza análoga a la persona que precisa el apoyo", siempre que no lo haga "en virtud de una relación contractual", pues, en este caso, no podrá ejercer ninguna medida de apoyo (art. 250.VIII CC).

Jurisprudencia

La SAP La Coruña 17 julio 2022 (*Tol 9227360*) reconoce como guardadora de hecho a una ONG, denominada "Comité Ciudadano Anti-SIDA, A Coruña", al no existir un contrato de asistencia entre dicha entidad y la persona con discapacidad, "por lo que no concurre la prohibición del artículo 250 del Código Civil. La relación se enmarca en una actividad social de voluntariado, sin perjuicio de que, para la Xunta de Galicia les conceda subvenciones, deban cumplir con unos protocolos de actuación".

Cuestiones relevantes

1. Es posible que exista más de un guardador de hecho, por ejemplo, dos padres que se ocupen del hijo que sufre una discapacidad o varios hijos que cuiden de un padre enfermo, plateándose, en tal caso, si los guardadores deben actuar mancomunadamente o pueden hacerlo solidariamente, siendo, a mi parecer, preferiblemente esta última solución, dada la naturaleza prioritariamente asistencial de la labor que lleva a cabo el guardador. Si existiere un desacuerdo puntual entre ellos, se procederá al nombramiento de un defensor judicial (art. 264.IV CC); y, si los desacuerdos fueran graves o reiterados, de modo que afectaran al correcto funcionamiento de la guarda de hecho, lo procedente sería la constitución de una curatela.

2. Es también **posible que la guarda de hecho coexista con otras medidas de apoyo, voluntarias o judiciales**, lo que podrá ocurrir en dos casos. En primer lugar, cuando dichas medidas estén circunscritas al ámbito puramente patrimonial, por lo que el cuidado de la persona con discapacidad podrá ser asumido por un guardador distinto de quien tiene encomendado el ejercicio de aquéllas. En segundo lugar, como, expresamente prevé el art. 263 CC, cuando existan medidas voluntarias o legales, pero las mismas "no se estén aplicando eficazmente"; y ello, mientras subsista esta situación: en este caso, serían válidos los actos realizados por el guardador, actuando dentro de su esfera de legitimación.

3 FACULTADES ASISTENCIALES DEL GUARDADOR

Las facultades del guardador son, básicamente, asistenciales, centrándose habitualmente en el cuidado cotidiano y personal de quien sufre la discapacidad, también en el ámbito de la salud, y en la administración ordinaria de su patrimonio.

Cuestiones relevantes

3. La asistencia del guardador puede también manifestarse ocasionalmente, ayudando a la persona con discapacidad a formar su voluntad para celebrar actos jurídicos o contratos (también ante Notario), presupuesto que tenga capacidad para consentirlos. Pero, en este caso, **su función es puramente auxiliar**, siendo, pues, bien distinta de la que corresponde al curador, quien ha de intervenir, necesariamente, en los supuestos en que así lo haya previsto la sentencia constitutiva de la curatela, consintiendo la celebración del contrato celebrado por la persona con discapacidad, siendo, en caso contrario, anulable dicho contrato (art. 1302.III CC). No sucede lo mismo respecto del guardador, pues, no siendo su intervención precisa (no es requisito de validez), su ausencia no determina la anulabilidad del contrato.

Esta idea aparece claramente expresada en la Circular informativa 3/2021 de la Comisión Permanente del Consejo General del Notariado, de 27 de septiembre, sobre el ejercicio de la capacidad jurídica por las personas con discapacidad, en la cual se observa que la guarda de hecho "no tiene que acreditarse ante notario, ni su existencia representa un condicionante para la actuación de la persona con discapacidad", por lo que el guardador de hecho "puede comparecer ante el notario para prestar simplemente su apoyo instrumental", "para ayudar a la persona con discapacidad a entender y ser entendida, sin que su intervención represente una confirmación o aprobación de la decisión adoptada por el interesado en el ejercicio de su capacidad jurídica". A continuación, se pregunta, si, "por imitación a la curatela", "debe el notario, atendidas las circunstancias del caso, demandar su asentimiento", concluyéndose que "El notario no es un juez, que pueda condicionar el otorgamiento del instrumento público a la aprobación del guardador", y que "La función del guardador de hecho, en el ámbito notarial, no debe ir más allá de prestar su auxilio a la persona con discapacidad para expresar o tomar su decisión y comprender el contenido del instrumento público notarial".

En definitiva, no cabe aproximar el guardador de hecho al curador carente de facultades representativas, para llegar a la errada conclusión de que, al igual que este, ha de consentir los contratos celebrados por la persona a quien apoya (cuando se le atribuye esta función en la sentencia constitutiva de la curatela). Cuestión distinta es que el guardador de hecho pueda actuar sustitutivamente, en representación de la persona con discapacidad en los casos previstos en el art. 264.III CC, así como en el art. 264.I CC (aquí, previa autorización judicial).

4. FACULTADES REPRESENTATIVAS

Tras la reforma del 2021, al guardador se le encomiendan, facultades, no sólo asistenciales, sino también representativas: unas, por ministerio de la Ley; otras, previa autorización judicial.

4.1. Por ministerio de la Ley

"No será necesaria autorización judicial cuando el guardador solicite una prestación económica a favor de la persona con discapacidad, siempre que esta no suponga un cambio significativo en la forma de vida de la persona, o realice actos jurídicos sobre bienes de esta que tengan escasa relevancia económica y carezcan de especial significado personal o familiar" (art. 264.III CC).

En las "Conclusiones de las Jornadas de Fiscales especialistas de las secciones de atención a personas con discapacidad y mayores", celebradas en Madrid los días 27 y 28 de septiembre de 2021, se dice que "La determinación de cuales sean estos actos dependerá del caso concreto, por lo que resulta necesario tener en cuenta el contexto personal, su modo de vida, ingresos (atender al 'histórico bancario' puede resultar revelador a esos efectos), etc".

Jurisprudencia

Las SSAP Cádiz 5 septiembre 2022 (*Tol 9285277*) y 5 septiembre 2022 (*Tol 9285608*) observan que "Las posibles actuaciones en las que el guardador de hecho puede ejercer su función como medida de apoyo, pueden concretarse en otros numerosos contextos, como señala el Ministerio fiscal: peticiones de recursos sociales, pensiones, plazas residenciales, centros de día, ayuda a domicilio, matriculaciones en centros de educación o formación profesional, entre otras, solicitudes a los bancos, etc. La función del guardador tiene reconocimiento en otros entornos. En el ámbito de la salud, el guardador de hecho se encuentra asimilado al cuidador principal, Allegado o persona vinculada por razones familiares o de hecho (art. 5.3 y 9.2 de la Ley 41/2002 de 14 de noviembre, básica reguladora de la autonomía personal y derechos y obligaciones en materia de información y documentación clínica y ANEXO III apartado 7.7 del Real Decreto 1030/2006 de 15 de septiembre por el que se establece la cartera de servicios comunes del sistema nacional de salud y el procedimiento para su actualización. Las peticiones de auxilio a las FFCCSE por parte de los guardadores de hecho ante agitaciones, incidentes, altercados familiares de la persona con discapacidad o trastorno mental, tienen amparo en el marco del artículo 11.1 de la LO 2/1986 de Cuerpos y fuerzas de Seguridad del Estado".

Cuestiones relevantes

4. Respecto de las **disposiciones en cuentas corrientes**, el Documento 1º, de julio de 2023, relativo a "La guarda de hecho en la Ley 8/21", interpretativo del Protocolo Marco de Colaboración para la efectividad de las medidas de apoyo a la capacidad jurídicas de las personas con discapacidad en el ámbito bancario, entre la Fiscalía General del Estado y las Asociaciones Bancarias, de 19 de julio de 2023, se refiere al concepto de **actos "escasa relevancia económica"**, para cuya conclusión el art. 264.III CC legitima al guardador de hecho.

Afirma que "No presenta dificultades la categorización como tales de los gastos y disposiciones finalistas que respondan a cargos habituales en cuenta o contra factura por tratarse de la atención de necesidades básicas de cuidado personal, habitación, alimentación, vestido o salud; gastos relativos a la conservación ordinaria de su patrimonio en la parte necesaria para asegurar su disponibilidad para sus necesidades de cuidado; pago de suministros y prestaciones de servicios vitales; finalmente, otros gastos que, sin ser esenciales para su cuidado, sean acordes con sus deseos y preferencias y se hubieran consolidado en su trayectoria anterior siempre que sean acordes a sus medios y posibilidades".

Por el contrario, entiende que, "En cuanto a las disposiciones de efectivo no finalistas —como salvaguarda en consideración a que el guardador de hecho no rendirá habitualmente cuenta judicial de su gestión—, se hace imprescindible como buena práctica establecer límites cuantitativos de referencia"; y añade: "A tal efecto, son útiles, como pautas o cuantificaciones orientativas, las que resultan de los índices estadísticos oficiales relativos a gasto medio por persona y/u hogar que periódicamente publica el Instituto Nacional de Estadística (al vencimiento del primer semestre del año siguiente). El establecimiento de esas referencias no obsta a su flexibilización en razón de las circunstancias —medios y necesidades— del caso concreto".

4.2. *Previa autorización judicial*

El art. 264.I CC prevé que, "Cuando, excepcionalmente, se requiera la actuación representativa del guardador de hecho, este habrá de obtener la autorización para realizarla a través del correspondiente expediente de jurisdicción voluntaria, en el que se oirá a la persona con discapacidad. La autorización judicial para actuar como representante se podrá conceder, previa comprobación de su necesidad, en los términos y con los requisitos adecuados a las circunstancias del caso. La autorización podrá comprender uno o varios actos necesarios para el desarrollo de la función de apoyo y deberá ser ejercitada de conformidad con la voluntad, deseos y preferencias de la persona con discapacidad".

Cuestiones relevantes

5. El guardador deberá solicitar la autorización "a través del correspondiente expediente de jurisdicción voluntaria, en el que se oirá a la persona con discapacidad", por lo que, "antes de tomar una decisión, la autoridad judicial entrevistará por sí misma a la persona con discapacidad y podrá solicitar un informe pericial para acreditar la situación de esta. También podrá citar a la comparecencia a cuantas personas considere necesario oír en función del acto cuya autorización se solicite" (art. 52.3 LJV).

Nótese que el juez deberá oír a la persona con discapacidad, pero no dice que deba seguir su voluntad, en todo caso. Creo, así, que el juez podrá conceder la autorización, si existe una clara necesidad de realizar un acto, aun oponiéndose aquella, cuando la misma no pueda formar libremente su voluntad, por sufrir una enfermedad que le prive de la facultad de discernimiento.

Según el Documento definitivo, Anexo I, del Grupo de trabajo sobre el nuevo sistema de provisión judicial de apoyos a personas con discapacidad y su aplicación transitoria (Cód. EX2201) de 2022, "Cuando el guardador de hecho solicite una autorización para representar a la persona con discapacidad en la enajenación de bienes inmuebles, **se seguirá el procedimiento previsto en los arts. 61 y ss. LJV, por ser el más específico para este acto, y no el general del art. 52.3 LJV"**.

En particular, conforme al art. 63.1 LJV, "En la solicitud deberá expresarse el motivo del acto o negocio de que se trate, y se razonará la necesidad, utilidad o conveniencia del mismo; se identificará con precisión el bien o derecho a que se refiera; y se expondrá, en su caso, la finalidad a que deba aplicarse la suma que se obtenga". Además, "Con la petición que se deduzca se presentarán los documentos y antecedentes necesarios para poder formular juicio exacto sobre el negocio de que se trate y, en su caso, las operaciones particionales de la herencia o de la división de la cosa común realizada". Según el art. 63.2 LJV, "En el caso de autorización solicitada para transigir, se acompañará, además, el documento en que se hubieren formulado las bases de la transacción". Por último, a tenor del art. 63.3 LJV, "podrá también incluirse en la solicitud la petición de que la autorización se extienda a la celebración de venta directa, sin necesidad de subasta ni intervención de persona o entidad especializada. En este caso, deberá acompañarse de dictamen pericial de valoración del precio de mercado del bien o derecho de que se trate y especificarse las demás condiciones del acto de disposición que se pretenda realizar".

Jurisprudencia

El AJPI (núm. 5) Córdoba 15 septiembre 2022, Procedimiento de Jurisdicción Voluntaria Genérico 1297/2021, constatando la condición de guardadora de hecho de la hija de una persona con demencia avanzada, ha aplicado los arts. 61 y ss. LJV, para autorizar a aquella a vender directamente la cuota de un inmueble, por considerar que dicha venta revertiría en beneficio de la madre, que se encontraba en una residencia, "no pudiendo afrontar el gasto total de su estancia con las pensiones que percibe", observando que el resto de comuneros estaban de acuerdo en la operación y que se había aportado una copia del preacuerdo de venta, en el que constaban los datos de las partes, vendedora y compradora, así como el precio de venta, que era ligeramente superior al valor de tasación fijado en el informe adjuntado. Se acuerda también requerir a la guardadora de hecho para que acredite que el dinero correspondiente a su madre "se ha destinado a las finalidades expuestas en la demanda (ingreso en una cuenta bancaria de la persona con discapacidad para atender los gastos de ésta)".

5. LA PRUEBA DE LA GUARDA DE HECHO

La desjudicialización que supone el reforzamiento de la guarda de hecho como medida de apoyo parece totalmente razonable, pero debe ir acompañada de un sistema que facilite la prueba de la condición de guardador, pues, en caso contrario, este difícilmente podrá actuar en representación de la persona con discapacidad en los actos a los que se refiere el art. 264.III CC, los cuales, aunque de escasa cuantía económica (razón por la que, precisamente, no requieren autorización judicial), pueden tener una gran trascendencia práctica.

5.1. La posición de las administraciones públicas

La Consulta INSS 30 noviembre 2021, en relación a la competencia para solicitar y percibir prestaciones del sistema de la Seguridad Social cuando los beneficiarios de las mismas son personas mayores de edad con discapacidad, ha declarado que "el guardador de hecho puede solicitar la prestación económica de Seguridad Social en favor de la persona con discapacidad, sin requerirse para ello autorización judicial, ingresándose la pensión en la cuenta bancaria de la persona con discapacidad", añadiendo que "La condición de guardador de hecho puede acreditarse mediante libro de familia (que acredite, en su caso, la relación de parentesco que mantienen el guardador y la persona con discapacidad), certificado de empadronamiento o documentación que acredite convivencia, así como aquellos documentos de los que se desprenda claramente dicha condición".

Por su parte, las administraciones autonómicas, en orden a las solicitudes de reconocimiento de grado de discapacidad, están admitiendo las presentadas por guardadores de hecho a través de declaraciones de responsabilidad sobre los siguientes extremos: que se tiene la guarda de hecho de la persona con discapacidad, con expresión de las razones por las que se ostenta; que "a su juicio dicha persona no tiene capacidad de autogobierno"; y la relación de parientes, con indicación de nombres y apellidos, edad, tipo de parentesco y dirección.

5.2. El recurso al acta de notoriedad

No creo que haya ningún obstáculo a que la prueba de la guarda de hecho se realice mediante un acta de notoriedad, al amparo del art. 209 del Reglamento Notarial, pues, aunque se trata de una situación de hecho informal, sin embargo, tiene un carácter estable; y, desde luego, no cabe duda de que quien la desempeña, está legitimado para realizar actos con trascendencia jurídica en la esfera personal y patrimonial de la persona con discapacidad. No obstante, dado que el cambio de guardador es posible, parece que deberá prestarse atención a la fecha del acta de notoriedad, en orden a considerar que quien pretende realizar un acto en nombre de la persona con discapacidad sigue siendo su guardador.

El Notario deberá constatar que la persona con discapacidad, examinadas sus capacidades cognitivas y volitivas, necesita de medias de apoyo estables para el ejercicio de su capacidad; y esto presupuesto, como observa la Circular de la Junta Directiva del Colegio Notarial de las Islas Canarias, adoptada en Acuerdo de 29 de abril de 2022, 6, "la existencia de la guarda de hecho; su adecuado ejercicio; y que no existan medidas de apoyo de naturaleza voluntaria o judicial que se estén aplicando eficazmente".

La Circular referida afirma que, "Con carácter general el requerimiento debe formularse conjuntamente por el guardador de hecho y por la persona apoyada. Ambos tienen que comparecer y aseverar bajo su responsabilidad la certeza del hecho cuya notoriedad se pretende establecer, es decir: la existencia de la guarda de hecho; que el guardador viene prestando su apoyo de forma adecuada; que no existen medidas de apoyo de naturaleza voluntaria o judicial que se estén aplicando eficazmente; y que no concurre entre la persona apoyada y el guardador relación contractual que le obligue a la prestación de servicios asistenciales, residenciales o de naturaleza análoga u otros apoyos (art. 250 CC)".

Observa que, "En los casos excepcionales en los que la persona guardada no tenga aptitud para consentir (pensemos en las situaciones de personas mayores que están bajo el cuidado de un familiar pero que no tienen aptitud para prestar consentimiento) el acta de notoriedad puede ser también un instrumento que permita la actuación del guardador dentro de los límites legales que señala el artículo 264 del Código civil"; y concluye que, "En ese caso, el Notario dejará constancia de la imposibilidad de hecho de manifestar y conformar voluntad y de la inaptitud de prestar consentimiento por parte de la persona guardada, debiendo en este supuesto advertir expresamente de que la actuación del guardado queda dentro de los límites del artículo 264, requiriéndose autorización judicial en los casos prevenidos en dicho artículo, si bien, "no será necesaria autorización judicial cuando el guardador solicite una prestación económica a favor de la persona con discapacidad, siempre que esta no suponga un cambio significativo en la forma de vida de la persona, o realice actos jurídicos sobre bienes de esta que tengan escasa relevancia económica y carezcan de especial significado personal o familiar"".

Estos extremos no añaden nada a lo que ya dice el art. 264 CC, pero su constatación en el acta puede ser útil en el tráfico jurídico, para disipar dudas de las personas u organismos que deban tratar con el guardador.

Cuestiones relevantes

6. Respecto de los **elementos de prueba**, la Circular de la Junta Directiva del Colegio Notarial de las Islas Canarias, adoptada en Acuerdo de 29 de abril de 2022, se remite al art. 209 del Reglamento Notarial, el cual prevé que "el Notario practicará, para comprobación de la notoriedad pretendida, cuantas pruebas estime necesarias, sean o no propuestas por el requirente". Concretamente, considera "recomendable, dada la naturaleza de los hechos a probar, la prueba testifical", precisando que "Los testigos han de conocer al guardador y a la persona apoyada y les debe constar que son ciertos los hechos manifestados por los requirentes, en especial la existencia de la guarda y que se viene ejerciendo adecuadamente". "Otras pruebas recomendables a practicar —continúa— podrían ser solicitar informe al trabajador social, la obtención de información del Registro Civil o cualesquiera otras pruebas que el Notario considere conveniente. "No parece aconsejable —concluye— la publicación de edictos a fin de preservar el derecho a la intimidad de la persona con discapacidad".

En las actas de notoriedad, frecuentemente, se protocolizan los siguientes documentos de prueba: certificado de discapacidad, emitido por el organismo de la Comunidad Autónoma de residencia; certificado de empadronamiento, del que se desprende la convivencia entre los requirentes; fotocopia del Libro de familia acreditativa del parentesco entre ambos; y partida de nacimiento de la persona con discapacidad, de la que resulta la inexistencia de medidas de apoyo judiciales o voluntarias, inscritas o anotadas.

7. La Circular Informativa 1/2023, de 27 de mayo, del Consejo General del Notariado, sobre la actuación notarial en las medidas de apoyo voluntario y para la declaración de notoriedad de la guarda de hecho (Ley 8/2021), p. 20, entiende que, "A fin evitar que circulen 'datos informativos cuya difusión debe ser cuidadosamente valorada, se considera conveniente que [el acta de notoriedad] se formalice en **dos instrumentos públicos**, lo que permite que se acredite la existencia de la notoriedad solo con la exhibición del acta de cierre, en la que consta la declaración de notoriedad". Por lo tanto, según la referida Circular, el acta de notoriedad, "incluso aunque se inicie, se practiquen las pruebas y concluya en el mismo día y en un solo acto, se debe documentar en dos instrumentos públicos": **un acta inicial**, que "contendrá las declaraciones, las pruebas y documentación" y se incorporará al protocolo como instrumento independiente; y, un **acta final**, que sólo "contendrá una escueta relación de las pruebas practicadas, sin entrar en detalles y el juicio de notoriedad por el Notario".

5.3. *La posibilidad de instar un auto judicial de declaración de la condición de guardador de hecho*

En la práctica, surgen dificultades con las entidades de crédito, que son renuentes a permitir que el guardador de hecho pueda retirar fondos de una cuenta bancaria de la que es titular la persona con discapacidad. Para constatar que se es guardador de hecho, como ya he dicho, es posible acudir a un acta de notoriedad y, en los casos de negativa infundada, cabrá instar un auto de declaración de la condición de guardador de hecho frente a la entidad bancaria a través de un proceso de jurisdicción voluntaria.

Jurisprudencia

El AJPI (núm. 3) Córdoba 11 enero 2022, procedimiento Jurisdicción Voluntaria, genérico, 1641/2021, ha reconocido, así, la condición de guardadora de la madre frente a BBK BANK CAJASUR y, en consecuencia, ha declarado que "se encuentra legitimada por ley para realizar respecto de cuentas bancarias de la que su hija sea titular, funciones de administración ordinaria y disposición".

Ciertamente, resulta paradójico que, siendo la guarda de hecho una medida de apoyo informal, el guardador se vea obligado a acudir a un Juzgado para que se le declare formalmente como tal, a fin de poder realizar una actuación representativa, para la cual está expresamente legitimado por el art. 264.III CC (parece, pues, que asistimos a una suerte de "judicialización" de la "desjudicialización").

Jurisprudencia

El AJPI (núm. 5) Córdoba 7 febrero 2022, Prov. Medidas judiciales de apoyo a personas con discapacidad 1030/2021, constata dicha paradoja, al estimar la demanda de reconocimiento de la condición de guardadora de hecho de una hermana. Dice, así, que "la guarda de hecho no precisa de una investidura judicial formal", pero que la guardadora "se ve necesitada de recabar el auxilio judicial con el objeto de que se reconozca por parte de entes públicos y privados las facultades que ya vienen reconocidas legalmente en aras, única y exclusivamente, a tutelar los intereses de su hermana, cuya discapacidad consta acreditada en autos"; y añade: "Esta cuestión no deja de ser preocupante pues lleva ínsito un desconocimiento e incumplimiento por parte de dichos entes de la nueva regulación legal para la protección de las personas con discapacidad, obstaculizando, entorpeciendo y retrasando que puedan ejercitar sus derechos a través de sus guardadores de hecho". Observa que la guardadora de hecho no necesita que se declare judicialmente su condición de tal, a efectos de poder cancelar una cuenta bancaria de su hermana, solicitar los atrasos a los que esta tiene derecho, por la pensión de orfandad que tiene reconocida por el INSS, ni para disponer de la cantidad que le corresponde por un seguro de defunción de Mapfre del que es beneficiaria, porque el Código civil "establece que la guarda de hecho no precisa de una investidura judicial formal para la guarda de hecho ni para los actos descritos". Sin embargo, dado los obstáculos a los que se enfrenta la demandante para poder ejercer sus funciones, se accede a su pretensión y se le declara guardadora de hecho de su hermana "a todos los efectos legales".

También en el Documento definitivo, Anexo I, del Grupo de trabajo sobre el nuevo sistema de provisión judicial de apoyos a personas con discapacidad y su aplicación transitoria (Cód. EX2201) de 2022, se dice que "Cuando en el expediente de Jurisdicción voluntaria incoado por la solicitud de provisión judicial de medidas de apoyo, tras la entrevista con la persona con discapacidad y la práctica de las pruebas consideradas necesarias, se advierta que existe una guarda de hecho adecuada y suficiente, procedería dictar un auto de archivo del expediente sin adoptar las medidas de apoyo judicial solicitadas". No obstante (sin duda a efectos prueba de la condición de guardador), se añade que "Es recomendable que ese mismo auto deje constancia de la existencia de una guarda de hecho ejercida por NN en relación a la persona de NN, y reseñar las funciones que el Código Civil atribuye al guardador de hecho".

Jurisprudencia

Esto es lo que hace la SAP La Coruña 17 julio 2022 (*Tol 9227360*), que confirma la sentencia que había desestimado la pretensión de constituir una curatela en apoyo de una persona que, según el informe médico forense, "presentaba un deterioro cognitivo grave, en contexto de la enfermedad de SIDA, de carácter crónico, con tendencia a un mayor deterioro, no siendo esperable mejoría, no pudiendo tomar decisiones en relación con su persona y administración de bienes"; y ello, por existir una guarda de hecho, ejercida por una ONG. Sin embargo, considera conveniente la declaración judicial de la condición de guardador de hecho de la referida ONG, "a los meros efectos de acreditar esa condición frente a terceros", y especifica, con bastante detalle, los actos que la guardadora puede realizar, sin limitarse a hacer una genérica remisión al art. 264.III CC. Dice, así, que "podrá representar plena y totalmente" a la persona con discapacidad en los siguientes actos: 1) En la obtención y renovación de un certificado digital electrónico de la Fábrica Nacional de Moneda y Timbre, a fin de poder realizar gestiones telemáticas en las que sea precisa la utilización de tal medio de identificación y firma. 2) En la gestión, administración y disposición ante la entidad bancaria [en la que a la persona con discapacidad le ingresan la pensión no contributiva]. 3) En las solicitudes de actos médicos, toma de decisiones y en su caso suscripción del consentimiento informado para la realización de intervenciones médicas. 4) En cualquier acto ante la Administración General del Estado y organismos dependientes, como AEAT y la Dirección General de Tráfico, ante la Xunta de Galicia y organismo dependientes, y ante la Administración Local; y en general, en cualquier acto de gestión de los intereses ordinarios de [la persona con discapacidad]". También lo faculta para realizar un acto, que no es de los comprendidos en el art. 264.III CC, ante la existencia de una necesidad actual de autorización judicial; y ello, sin duda, con la finalidad de evitar que posteriormente tuviera que iniciarse un procedimiento de jurisdicción voluntaria para obtener dicha autorización: "En la aceptación, cobro y suscripción de carta de pago de la herencia de su difunto padre; y, especialmente, para el cobro de una cantidad correspondiente a un seguro, cuya cuota parte ya percibieron sus hermanos". Concluye: "Cualquier otra necesidad de apoyo representativo puntual que pudiera surgir en el futuro deberá ser solicitada por el cauce del expediente de jurisdicción voluntaria".

La SAP Álava 17 enero 2023 (*Tol 9641703*) procede de manera semejante, rechazando la pretensión de constitución de curatela, por existir una guarda de hecho desempeñada por la madre, desde que su hijo había alcanzado la mayoría de edad, "si bien, parece oportuno realizar una declaración judicial sobre el carácter de guardadora de hecho" de aquélla, "aunque sea a los meros efectos de acreditar esa condición frente a terceros". Además, precisa que la guardadora podrá representar a su hijo en los siguientes actos: "1) En la obtención y renovación de DNI/pasaporte y obtención de un certificado digital electrónico de la Fábrica Nacional de Moneda y Timbre, a fin de poder realizar gestiones telemáticas en las que sea precisa la utilización de tal medio de identificación y firma. 2) En la toma de decisiones de contenido económico, educativo, así como, gestión, administración y disposición ante la entidad bancaria en la que [el hijo] tenga abierta una cuenta corriente 3) En las solicitudes de actos médicos, toma de decisiones y en su caso suscripción del consentimiento informado para la realización de intervenciones médicas. 4) En cualquier acto ante la Administración y Tribunales, y en general, en cualquier acto de gestión de los intereses ordinarios de [del hijo] ante la Administración y Tribunales". Concluye que "Cualquier otra necesidad de apoyo representativo puntual que pudiera surgir en el futuro deberá ser solicitada por el cauce del expediente de jurisdicción voluntaria"

En las "Conclusiones de las Jornadas de Fiscales especialistas de las secciones de atención a personas con discapacidad y mayores", de 2021, se afirma que "realizado un proceso de revisión de medida que concluya en el archivo de una tutela, curatela o patria potestad prorrogada o rehabilitada, acordadas con anterioridad a la reforma, por entenderse ahora suficiente y adecuada para la persona la guarda de hecho, dicha resolución constituirá un título acreditativo extraordinario sobre esta institución, así como la propia sentencia que en su día las constituyó".

5.4. *La denominada "declaración responsable ante la entidad bancaria"*

El Documento 1º, de julio de 2023, relativo a "La guarda de hecho en la Ley 8/21", interpretativo del Protocolo Marco de Colaboración para la efectividad de las medidas de apoyo a la capacidad jurídicas de las personas con discapacidad en el ámbito bancario, entre la Fiscalía General del Estado y las Asociaciones Bancarias, de 19 de julio de 2023, contempla lo que llama una "declaración responsable ante la entidad bancaria".

Sin embargo, dicho documento, en rigor, es un poder realizado ante el banco por la persona, que, aun teniendo una discapacidad, no obstante, puede manifestar una voluntad libremente formada; y ello, con la finalidad de legitimar a quien designa como guardador, para realizar una serie de operaciones dentro de los límites establecidos en el documento de apoderamiento.

Se dice, así, que "la declaración responsable ante la entidad financiera reflejará, entre otros, los siguientes contenidos: la identificación de los sujetos intervinientes; la relación de parentesco o vínculo que les une, el alcance y modalidad de la actuación del guardador o guardadores ante la entidad; los niveles de acceso a la información bancaria; las autorizaciones de gestión operativa; la precisión y adecuación al caso concreto (...) de los límites de la gestión económica de escasa relevancia; la autorización o no de medios de pago —que nunca podrán implicar financiación o endeudamiento, en cuanto se asimilarían a operaciones de crédito precisadas de autorización judicial— y las modalidades operativas pactadas para los mismos; la especificación de la (...) cuenta bancaria de referencia para la operativa a desarrollar con la intervención del guardador y la relación de los productos vinculados a la misma".

Cabe preguntarse por qué se denomina "declaración responsable" a lo que no es, sino un apoderamiento.

La razón estriba en que, en un principio, esta "declaración responsable" se concibió como una declaración del guardador de hecho, en los supuestos en que la persona con discapacidad no puede exteriorizar una voluntad libremente formada, la cual era semejante a la que el guardador realiza ante las administraciones públicas para solicitar prestaciones económicas. Se pretendía, pues, que dicha declaración acreditara ante el banco la condición de guardador de hecho y que, en consecuencia, éste pudiera actuar en representación de la persona necesitada de apoyo, para concluir en su nombre operaciones bancarias para cuya conclusión le habilita el art. 264.III CC.

Sin embargo, posteriormente, se cambió de opinión, seguramente, ante el temor de que dicha declaración de responsabilidad, hecha por el propio guardador, pudiera posibilitar actuaciones en perjuicio de la persona con discapacidad. En su lugar, se previó el actual documento de apoderamiento suscrito por ambas partes, conservándose, sin embargo, la denominación de "declaración de responsabilidad", lo que, a todas luces, resulta inadecuado a la naturaleza del documento, que es un título voluntario de legitimación del guardador para actuar dentro de los límites y con las salvaguardas en él establecidas.

Por lo tanto, la llamada "declaración de responsabilidad" es inoperante en el caso para el que originariamente se pensó, es decir, para la acreditación de la condición de guardador de hecho de la persona que no puede manifestar una voluntad libre y responsable, caso este, en el que el Documento interpretativo resalta la "especial eficacia" de las actas de notoriedad, "por aportar mayor seguridad jurídica", "en cuanto dan fe de los elementos esenciales de la guarda, es decir, la discapacidad que requiere el apoyo, el vínculo entre las partes y la suficiencia y adecuación de la propia guarda".

Precisa, además, una idea importante, al observar que la prueba realizada a través del acta de notoriedad "reflejará un momento temporal preciso, por lo que deberá tenerse en cuenta la necesidad de cierta actualización periódica para detectar eventuales cambios de situación en la guarda, sin perjuicio de la obligación del guardador de comunicar dichas circunstancias desde el mismo momento en que se produzcan".

6. LA IMPROCEDENCIA DE CONSTITUIR UNA CURATELA CUANDO EXISTE UNA GUARDA DE HECHO QUE FUNCIONA ADECUADAMENTE (ART. 263 CC)

Es claro que en la nueva regulación las medidas judiciales de apoyo, en concreto, la curatela tiene un claro carácter subsidiario, por lo que solo procederá constituir una curatela cuando no exista una guarda de hecho que se ejerza adecuadamente (art. 263 CC) y, siempre —claro está— que no se hayan previsto medidas de apoyo de naturaleza voluntaria, pues las "de origen legal o judicial solo procederán en defecto o insuficiencia de la voluntad de la persona" con discapacidad (249.I CC).

Sin embargo, esta idea, expresión de la desjudicialización propugnada por la Ley 8/2021, no está siendo acogida por igual en las primeras resoluciones judiciales de instancia, que, en su mayoría, resuelven juicios de modificación de capacidad instados conforme a la anterior legislación, en los que se pedía, por parte de quien ejercitaba la guarda de hecho de un familiar el nombramiento de un tutor.

Jurisprudencia

Un sector de la jurisprudencia de instancia considera que, siendo la guarda de hecho la figura primordial de apoyo de las personas con discapacidad, no procede el nombramiento de un curador con facultades de representación (que sería lo más semejante al antiguo tutor de los incapacitados), cuando existe una guarda que funciona adecuadamente, sino que lo procedente es que el demandante continúe ejercitando la guarda de hecho, tal y como lo venía haciendo, pidiendo la correspondiente autorización judicial en el caso excepcional de que debiese realizar algún acto representativo distinto de los previstos en el art. 264.III CC. *Vid,* entre otras, SSAP Cantabria 30 marzo 2022 (*Tol 8958686*), Córdoba (Sección 1ª) 22 marzo 2022, rollo de apelación 68/2022, Castellón 16 septiembre 2022 (*Tol 9668524*) o La Coruña 31 enero 2023 (*Tol 9438990*).

Sin embargo, hay otra orientación jurisprudencial distinta, existiendo sentencias que constituyen una curatela, debido a la gravedad de la enfermedad que padece la persona con discapacidad; y ello, a pesar de existir un guardador de hecho, que se ocupa eficazmente de aquélla, por considerar que, concurriendo una discapacidad severa, la guarda de hecho no puede funcionar correctamente. *Vid.,* por ejemplo, en este sentido, SSAP Málaga 20 septiembre 2022 (*Tol 9513643*), Badajoz 10 octubre 2022 (*Tol 9302373*), León 8 febrero 2023 (*Tol 9454274*) o Alicante 20 febrero 2023 (*Tol 9663952*).

Se observa que el argumento en que reposa esta orientación jurisprudencial es el de que la gravedad de la enfermedad que padece la persona con discapacidad le imposibilita para exteriorizar su voluntad, por lo que es necesario que el apoyo se realice a través de reiteradas actuaciones de carácter sustitutivo, lo cual exige el nombramiento de un curador con facultades de representación, con el fin de evitar que el guardador de hecho tenga que pedir repetidas autorizaciones judiciales para actuar en nombre de la persona a la que apoya.

Este argumento olvida que el guardador de hecho tiene atribuidas directamente facultades de representación por el art. 264.III CC y que, si bien es cierto que, para realizar actos no contemplados en dicho precepto, deberá recabar autorización judicial en los términos del art. 264.I CC, sin embargo, también lo es que el curador con facultades de representación tendrá que pedir autorización, cuanto menos, para realizar todos los actos enunciados en el art. 287 CC.

Por otro lado, una cosa es que una persona no pueda prestar su consentimiento habitualmente, como consecuencia de la discapacidad que padece, y otra muy distinta, que, para apoyarla, sea necesario llevar a cabo constantes actuaciones representativas no previstas en el art. 264.III CC: esto último no tiene por qué suceder, por ejemplo, si no tiene un cuantioso patrimonio que administrar.

La STS 23 enero 2023 (*Tol 9500850*) se ha pronunciado sobre la cuestión, optando claramente por la tesis de que, "En el nuevo régimen legal, con independencia del grado de discapacidad, las medidas de apoyo judiciales son subsidiarias", de modo que, "si de hecho hay alguien que (…) se está encargando eficazmente de prestar el apoyo que necesita la persona con discapacidad, no se da el presupuesto que exige la nueva ley para que el juez adopte una medida de apoyo". Constata que la Ley 8/2021 "consagra la realidad sociológica de que la mayor parte de las personas con algún tipo de discapacidad reciben el apoyo de su entorno más cercano, generalmente por parte de algún familiar, sin que esta situación requiera ser modificada por resultar el apoyo prestado adecuado". Consiguientemente, ha considerado procedente que el hijo, que se ocupaba de la madre, continuara haciéndolo, en concepto de guardador de hecho, por no haberse constatado la existencia de problemas o dificultades que llevaran a concluir que la guarda de hecho no funcionara "eficazmente" y fuera preciso recurrir a las medidas judiciales de apoyo.

Es, pues, claro que el TS, en esta sentencia, rechaza la tesis de que un grado de discapacidad intenso, por sí mismo, determine la necesidad de constituir una curatela, incluso, aunque existiera una guarda de hecho que funcionara correctamente. Ahora bien, hay que tener en cuenta que en el supuesto resuelto la persona no sufría un alto grado de discapacidad, que afectara gravemente a su capacidad de discernimiento y a la posibilidad de exteriorizar una voluntad libremente formada. De hecho, el TS afirma que la solución adoptada por las resoluciones de instancia, las cuales habían sometido a tutela a la persona con discapacidad y, por tanto, a representación, ni siquiera eran conformes a la regulación vigente en el momento en que se habían dictado (la anterior a la reforma llevada a cabo por la Ley 8/2021), pues se habían limitado "a transcribir el diagnóstico de la enfermedad", sin prestar atención a cómo la misma afectaba "a su funcionalidad en su vida diaria", ni tener "en cuenta su autonomía para los actos cotidianos que realiza ella sola". En definitiva, que "un apoyo representativo como el que se ha establecido en las sentencias de instancia resulta innecesario y desproporcionado".

Por el contrario, la STS 20 octubre 2023 (*Tol 9740872*), confirmando la sentencia recurrida, parece seguir la tesis contraria, en un caso en el que, por la gravedad de la enfermedad, era necesaria una amplísima actuación representativa en apoyo de la persona con discapacidad, lo que, por sí mismo, a juicio del TS, parece justificar el nombramiento de un curador.

De hecho, relata que "La Audiencia toma en consideración también el relato de la esposa acerca de las dificultades a que se enfrenta en la vida diaria (actividades cotidianas, medicación, manejo del dinero, incluso que firma por él), problemas para relacionarse con la administración por no tener conferida la representación de su esposo".

Afirma, así: "Es cierto que la regulación de la guarda de hecho permite al guardador de hecho solicitar y obtener una autorización judicial para actuar en representación de la persona con discapacidad, y que la autorización puede comprender uno o varios actos necesarios para el desarrollo de la función de apoyo (art. 264 CC), pero cuando por la discapacidad que afecta a la persona no puede prestar consentimiento y es precisa de manera diaria la actuación representativa de quien presta el apoyo, es obvio que la necesidad de acudir al expediente de previa autorización judicial de manera reiterada y continua revela la insuficiencia de la guarda de hecho, la falta de agilidad en su actuación y en el desempeño de la prestación de apoyos, su falta de adecuación a la necesidad del apoyo requerido y, en consecuencia, la conveniencia de una medida judicial".

7. CASOS EN QUE PROCEDE CONSTITUIR UNA CURATELA, POR INEXISTENCIA DE UNA GUARDA DE HECHO ADECUADA A LAS NECESIDADES DE LA PERSONA CON DISCAPACIDAD

La nueva concepción de la Ley 8/2021 en materia de discapacidad, que, como he dicho, consagra el principio de conservación de la guarda de hecho ejercida correctamente, obliga a determinar cuándo la misma no funciona adecuadamente, pues solo entonces procederá la constitución de una curatela.

Cuestiones relevantes

8. Con mayor razón, procederá la curatela, cuando la persona que necesite medidas de apoyo carezca de guardador. Repárese en que el art. 263 CC establece el principio de conservación de la guardia de hecho ejercida correctamente, pero no permite denegar la constitución de una curatela, con el argumento de que es posible apoyar a la persona con discapacidad a través del ejercicio de una guarda de hecho, pudiendo asumir la condición de guardador quien, al tramitarse el procedimiento, no lo es, pero está dispuesto a ser nombrado curador.

La SAP La Coruña 24 abril 2023 (ECLI:ES: APC:2023:1048) revocó la sentencia, que había denegado la constitución de una curatela con el argumento de que la persona con discapacidad era atendida por dos de sus hijos. Se trataba de una persona, internada en una residencia, que padecía una enfermedad de Parkinson diagnosticada hace más de veinticinco años, por lo que tenía un deterioro cognitivo avanzado, sin posibilidad de comunicación verbal, ni de otra clase, siendo "absolutamente dependiente de la ayuda de terceros para las más elementales actividades de la vida diaria".

La Audiencia observa que "no todo familiar próximo" de la persona con discapacidad "ha de ser reconocido, por esa sola circunstancia, como su guardador de hecho, y que tampoco la cercanía familiar y/o afectiva de una persona con discapacidad con respecto a otras de su entorno —sus cinco hijos, en este caso— selecciona automáticamente a cualquiera de ellas como guardador de hecho, con las obligaciones y responsabilidades inherentes".

Afirma que la persona con discapacidad al enviudar y perder a su marido, "perdió también a su verdadero guardador de hecho, a la persona que la había cuidado y asistido desde que hace aproximadamente veinticinco años aparecieron los primeros síntomas de la enfermedad", añadiendo que "La situación que se produjo con el óbito [del marido] es, precisamente, la que la Ley contempla: no existe otra medida de apoyo suficiente para la persona con discapacidad (art. 269)", descartando que la circunstancia de que los hijos reaccionaran, inmediatamente, para atender a su madre, buscándole habitación en una residencia especializada, y de que, un mes después del fallecimiento del padre, presentaran solicitud de provisión judicial de apoyos, no los convertía en guardadores de hecho. Nombro, así, curadora con facultades de representación, en la esfera personal y patrimonial, a una de las hijas, con la aquiescencia del resto de los hermanos.

7.1. Desatención de la persona con discapacidad

Un caso evidente es el que tiene lugar cuando el guardador no presta la asistencia debida a la persona con discapacidad.

Jurisprudencia

La SAP Cádiz 3 junio 2022 (*Tol 9230999*) contempló el supuesto de una persona que padecía "Corea de Hutchington" y que, según el informe del médico forense, no tenía autonomía personal (era dependiente en vestido y aseo, había que prepararle la comida, darle de comer, no se desplazaba y no sabía la medicación que tomaba), no podía prestar un "consentimiento válido en actos de la vida civil" y carecía de la capacidad de gestionar su patrimonio. Valoró el esfuerzo del guardador de hecho, uno de los hijos de la persona con discapacidad, "para atender y cuidar a su padre dentro de sus posibilidades y pese a la escasa ayuda recibida por parte de sus familiares", pero constató que no estaban "cubiertas sus necesidades básicas", pues el padre presentaba un estado higiénico-dietético muy deficiente, las condiciones higiénicas de la casa en la que vivía eran "deplorables", hallándose, además, en un estado de aislamiento, sin que durante, aproximadamente, cinco años hubiera salido de la vivienda y sin que apenas se levantase de la cama. Por ello, consideró que la guarda de hecho ejercida por la familia no era "la medida idónea para salvaguardar los apoyos necesarios", confirmando la sentencia recurrida, que había encomendado la tutela a una entidad pública, si bien sustituyendo la tutela por curatela (aplicando ya la Ley 8/2021) y desestimando el recurso del guardador de que se le nombra curador de su padre.

7.2. *Desatención del patrimonio*

Otro caso claro es el del guardador que descuida la administración del patrimonio de la persona con discapacidad, bien por negligencia, bien por una mala fe extrema, abusando de la confianza de aquel a quien cuida o ejerciendo una influencia indebida sobre su voluntad en su propio beneficio.

En este sentido se orienta el Documento definitivo, Anexo I, del Grupo de trabajo sobre el nuevo sistema de provisión judicial de apoyos a personas con discapacidad y su aplicación transitoria (Cód. EX2201) de 2022, que considera que la guarda de hecho no es adecuada cuando existen "abusos del guardador de hecho o influencia indebida del mismo sobre la persona con discapacidad".

Cuestiones relevantes

9. También es procedente la constitución de una curatela, cuando el guardador de hecho es diligente en la administración del patrimonio de la persona que se halla bajo su guarda, pero no puede llevarla a cabo adecuadamente, por la conducta de esta última, que, con su actuación, pone en riesgo su propio patrimonio.

Así lo entendió la STS 20 octubre 2023 (*Tol 9740661*), que, desestimando el recurso de casación del Ministerio Fiscal, confirmó la sentencia recurrida, la cual había establecido una curatela con facultad de representación en apoyo de un anciano de 92 años, que, como consecuencia de diversas enfermedades psiquiátricas, de carácter muy severo, carecía de la capacidad de gobernarse por sí mismo.

Consideró que la guarda de hecho, ejercida por el hijo con el que convivía (nombrado curador), no era suficiente medida de apoyo, pues el padre "se escapa de la casa sin avisar, que mismo se va al banco para sacar dinero, o incluso aperturar nuevas cuentas y adoptar distintos sistemas de gestión, lo que supone un riesgo por la vulnerabilidad del mismo".

7.3. *Existencia de conflictos reiterados con la persona con discapacidad*

La guarda de hecho no funciona correctamente cuando existen continuos conflictos entre la persona con discapacidad y sus familiares.

A este supuesto se refiere El Documento definitivo, Anexo I, del Grupo de trabajo sobre el nuevo sistema de provisión judicial de apoyos a personas con discapacidad y su aplicación transitoria (Cód. EX2201) de 2022 (puede consultar en línea en el Foro Justicia y Discapacidad en la web del Poder Judicial).

Jurisprudencia

Es claro caso resuelto por la SAP Valencia 20 octubre 2021 (*Tol 8747620*), relativo a una persona diagnosticada de esquizofrenia paranoide, con abuso de sustancias psicoactivas, cannabis y ludopatía, por lo que, según el informe médico forense, presentaba una disminución importante de sus facultades intelectuales, de su conducta adaptativa y de su capacidad de entender, así como de su capacidad de independencia personal y social. La Audiencia constituyó una curatela con facultades de representación, nombrando como curador al IVASS, "en atención a las graves dificultades en las que se desarrolla la relación" de la persona con discapacidad "con su familia y que impiden que se puedan hacer cargo su hijo y hermano, respectivamente". La madre y los hermanos, en efecto, en sus declaraciones, habían puesto de manifiesto todos ellos la imposibilidad actual de convivencia con el demandando, "admitiendo no poder hacerse cargo de su hijo y hermano".

También la SAP Valencia 6 mayo 2022 (*Tol 9167127*) entendió procedente la constitución de una curatela, nombrando curadora a la misma entidad pública, en apoyo de una persona que padecía un trastorno límite de la personalidad, un trastorno depresivo crónico y un trastorno explosivo, como consecuencia del consumo de cannabis, cocaína y alcohol. Dice, así, que, "Habida cuenta de la situación en el hogar en el que habita el demandado, y los problemas que plantea la convivencia con sus padres, se considera necesario que el Instituto Valenciano de Atención Social y Sanitaria, organismo encargado de la curatela del demandado a falta de otra persona más idónea para el ejercicio del cargo, habida cuenta de la avanzada edad de los progenitores, procure al demandado una vivienda tutelada, de acuerdo con el deseo del propio apelante, y también el de sus padres".

La SAP Alicante 27 abril 2023 (*Tol 9663977*) consideró igualmente procedente la curatela encomendada al IVASS, constituida por la sentencia recurrida, rechazando el recurso de la mujer de la persona con discapacidad, la cual argumentaba que "era ella misma la que estaba desempeñando el papel de guardadora de hecho del demandado y era quien debía asumir su curatela". Frente a ello, la Audiencia afirma que es evidente que la convivencia entre los cónyuges "es insostenible", "habiéndose producido, incluso, episodios de violencia de género", y que en el acto de la vista la mujer "llegó a manifestar que no quería convivir con su esposo, y que, si lo hacía, debía ser a cambio de una pensión compensatoria", manifestando, además, éste que no quería seguir conviviendo con aquélla. Concluye que "Dicha situación permite descartar la existencia de una guarda de hecho eficaz y adecuada y determina la necesidad de designar un curador".

7.4. Existencia de conflictos entre los guardadores de hecho o las personas, que, por razones familiares, podrían llegar a serlo

Un caso frecuente, que motiva el nombramiento de un curador, es el motivado por la existencia de conflictos entre los guardadores o entre el guardador y los familiares próximos de la persona con discapacidad.

Jurisprudencia

La SAP Sevilla 4 octubre 2022 (*Tol 9465521*) revocó la sentencia (dictada con anterioridad a la entrada en vigor de la Ley 8/2021), que había prorrogado la patria potestad de ambos progenitores, respecto de un hijo con un "profundo retraso mental", nombrando curadora a la madre, tras constatar que "las relaciones entre los padres no son buenas, lo que corrobora objetivamente el posterior proceso de divorcio y el resultado de la audiencia de ambos en esta segunda instancia".

La SAP Pontevedra 1 febrero 2023 (*Tol 9485697*) revocó la sentencia recurrida, que había considerado improcedente constituir una curatela en favor de una persona de 92 años, que padecía una demencia severa, tipo Alzheimer, por lo que necesitaba "apoyo intenso para realizar todas las actividades de la vida, tanto simples como complejas". Constató la "existencia de diferencias" entre los hijos "en cuestiones de ámbito económico que afectan al uso de la vivienda", en la que actualmente vivía uno de los hijos y cuyo usufructo correspondía a la persona con discapacidad, habiendo "también discrepancias entre los hermanos acerca del pago de los gastos por suministros de esa vivienda". Se nombró curadora con facultad de representación a la hija con la que convivía aquélla.

7.5. Situaciones de riesgo familiar provocadas por la enfermedad de las personas con discapacidad

Tampoco funciona (o puede funcionar) correctamente la guarda de hecho cuando la enfermedad de la persona con discapacidad provoca una situación de riesgo para los familiares que han asumido o que podrían asumir aquella, de no existir dicha situación.

Jurisprudencia

La SAP Valencia 16 septiembre 2021 (*Tol 8660565*) conoció del caso de una persona que padecía un trastorno esquizo-afectivo y de la personalidad grupo B y consumo tóxico, con alteraciones del comportamiento, como consecuencia de tal consumo, siendo tal patología de carácter crónico y persistente. Como consecuencia de dichas patologías, veía parcialmente afectadas sus facultades de autogobierno y, en fase de descompensación de la enfermedad, podían verse mermadas sus capacidades intelectivas y volitivas. No era consciente de la enfermedad, por lo que era necesario supervisar el tratamiento médico, que incluía ingresos en centros adecuados en épocas de desestabilización. La Audiencia revocó la sentencia de primera instancia, que había incapacitado al demandado, sujetándolo a tutela del IVASS y (de acuerdo ya con la Ley 8/2021) estableció una curatela con facultad de representación, que comprendía la supervisión del autocuidado, del consentimiento para el tratamiento médico y para el manejo de la medicación, y de la supervisión de las actividades económicas, jurídicas y administrativa, pudiendo la persona con discapacidad disponer de dinero de bolsillo (40 euros mensuales). Se constató la existencia de una situación de riesgo familiar, por haberse producido numerosos incidentes violentos, de modo que todos los hermanos estaban asustados, razón por la cual la curatela se encomendó al IVASS. En este supuesto, el demandado estaba de acuerdo con la sustitución de la tutela por una curatela con facultades de representación, pero había pedido que se designara a sus hermanos como curadores, petición que no fue atendida.

7.6. Tendencia al gasto que no puede controlarse a través de la guarda de hecho

La guarda de hecho no es adecuada en situaciones de una desmesurada tendencia al gasto, en cuyo caso es conveniente que la eficacia jurídica de los contratos realizados por la persona con discapacidad se subordine a la asistencia de un curador o, incluso, en los casos más extremos, que se le atribuya a éste facultades de representación para concluirlos en nombre de aquella, con la finalidad de evitar que pueda dilapidar su patrimonio.

Jurisprudencia

La SJPI Castellón de la Plana 4 octubre 2021 (*Tol 8622355*) contempló el supuesto de una persona soltera de 35 años, que convivía con sus padres, guardadores de hecho, la cual padecía un trastorno esquizoafectivo con patrón bipolar, lo que le provocaba fases en que presentaba vivencias expansivas con dimensión delirante de tipo megalómano. Durante dichas fases era vulnerable a influencias externas, habiendo sido instrumentalizada económicamente por terceras personas, que la habían inducido a adquirir bienes que luego tuvo que malvender, así como por oportunistas, habiendo podido salir de situaciones comprometidas por la protección de la familia con la que vivía. Por ello, consideró precisa la existencia de un apoyo judicial, para evitar que la persona con discapacidad tomara decisiones e hiciera planes desajustados que pusieran en riesgo su vida y sus bienes, dado que no era consciente de la descompensación que presentaba, mostrando aquella su conformidad con el establecimiento de las medidas de apoyo y aceptando que las asumiera cualquiera de sus progenitores, aunque mostrando su preferencia por el padre. En consecuencia, nombró al padre como curador con facultades de representación: en el ámbito personal, en orden a consentir tratamientos médicos y su internamiento cuando se descompensara de su enfermedad y hasta su estabilización; y, en el ámbito económico, respecto de los actos de administración y disposición económica y celebración de contratos, debiendo solicitar autorización judicial en los supuestos contemplados en el art. 287 CC, no siendo necesario nombrar un curador para el resto de apoyos que precisaba, dado que los efectuaban sus padres, como guardadores de hecho, sin problema alguno.

La SAP Madrid 25 octubre 2021 (*Tol 8738265*) sujetó a curatela a una persona que padecía un trastorno psicótico no especificado y rasgos paranoides de personalidad, la cual no tenía "conciencia de enfermedad", por lo que no seguía el tratamiento psicofarmacológico pautado, y, "al no tener conocimiento cierto de la realidad tampoco lo tiene sobre su economía": en el informe forense de primera instancia se dice que "gastó 20.000 euros en el día a día" y que "puede gastar en un día la mayor parte de la pensión confiando en las ayudas que recibe de su familia". Revocó la sentencia de incapacitación (dictada con arreglo al régimen legal anterior) y estableció una curatela de carácter asistencial, nombrando como curador al hijo que en primera instancia había sido designado como tutor. Previó la asistencia del curador en el ámbito de la salud de la madre, "en concreto, la asistencia a consultas médicas, el seguimiento del tratamiento farmacológico pautado y cualquier otro que guarde directa relación con ello"; así como en el "ámbito de la administración y disposición de sus bienes, exceptuando el dinero de bolsillo" (facultad de complemento de ejercicio de capacidad).

La SAP La Coruña 2 mayo 2023 (ECLI:ES:APC:2023:1075) revocó la sentencia recurrida, que había denegado la constitución de una curatela, con el argumento de que la persona con discapacidad estaba ya apoyada de manera suficiente y adecuada por la hermana, guardadora de hecho, que es la que pretendía ser nombrada curadora. Según el informe médico diagnosticada, la persona con discapacidad, sufría "una esquizofrenia paranoide, enfermedad que cursa con brotes, con ideaciones delirantes y juicio de la realidad alterado" y que "para evitar estos episodios es imprescindible seguir el tratamiento continuamente", lo cual no acontecía en el caso juzgado en el que, en diversas ocasiones, se había abandonado el tratamiento, lo que había provocó diversos brotes; y, en trámites de aclaraciones, se evidenció que la enferma no conocía los precios de las cosas, no daba los datos económicos, "decía que no sabía, por lo que sería muy influenciable para que alguien la pudiera engañar". La promotora del procedimiento había declarado que su hermana "ha sido estafada, que la estafa llegó a unos 60.000 euros, que su hermana ha realizado compras compulsivas, que ahora pasa todo el día en la residencia por el miedo que tiene a salir, miedo que se vincula a aquellos hechos". La Audiencia nombró curadora a la hermana con facultades de representación, "para lo relativo a las actividades de carácter médico y que afecten al ámbito de salud, concediéndole facultades de representación salud (consentimiento del tratamiento médico, suministro medicación pautada, consentimiento de intervenciones quirúrgicas, seguimiento pautas alimenticias, toma medicación) y para aquellas actividades de carácter económico-jurídico-administrativas y contractuales (seguimiento de sus cuentas, ingresos, gastos, para administrar sus ingresos, para gestionar sus gastos ordinarios, para realizar actos de carácter económico o administrativo complejos como prestamos, enajenaciones, donaciones), sin perjuicio de que, en las cuestiones cotidianas, se respeten sus gustos y preferencias".

Cuestiones relevantes

10. Hay que recordar que **la Ley 8/2021 ha suprimido la figura de la prodigalidad** y que, precisamente, una de las desventajas de la guarda de hecho, en relación con la curatela que incluye facultad de complemento del ejercicio de la capacidad jurídica, es la circunstancia de que, **en el caso de existencia de guarda de hecho, los contratos celebrados por la persona con discapacidad no pueden ser anulados por la falta de intervención del guardador, como, en cambio, sucede con los concluidos sin la asistencia del curador, cuando la misma fuera precisa (art. 1302.3 CC), debiendo, en su caso, acudirse a la acción de nulidad por falta de consentimiento**, si se carece de la capacidad natural de entender y de querer las consecuencias del concreto acto celebrado, **o a la de anulación del contrato por error o por dolo**, cuyo éxito suscita más dificultades de prueba que la mera circunstancia objetiva, fácilmente constatable, de la falta de intervención del curador.

Sin embargo, esta ventaja de la curatela se circunscribe, según la dicción del vigente art. 1302.3 CC, al supuesto en que sea la propia persona con discapacidad quien demande la anulación del contrato, pues, si es el curador quien lo hace, para que pueda reconocerse legitimación, no bastará con constatar su no intervención, sino que será preciso probar que el otro contratante era "conocedor de la existencia de medidas de apoyo en el momento de la contratación o se hubiera aprovechado de otro modo de la situación de discapacidad obteniendo de ello una ventaja injusta".

Respecto de la **anulación por dolo**, hay que tener en cuenta que, habitualmente, el dolo se resuelve en un error, es decir, provoca en el declarante un estado psicológico de falso conocimiento de la realidad, determinante de la prestación de su consentimiento, por lo que es usual calificar al dolo como un error provocado por la mala fe de la parte contraria. Sin embargo, lo cierto es que no parece que haya de excluir apriorísticamente la existencia de hipótesis de dolo-vicio, que no sean reconducibles a un error propiamente dicho. De hecho, existen algunas sentencias (ciertamente escasas), en las cuales **se aprecia la existencia de dolo concurrente en casos en que uno de los**

contratantes, abusando de una situación de prevalencia, capta ilícitamente la voluntad del otro (una persona anciana, enferma o aislada socialmente), sin inducirlo a un error en el sentido estricto del término. *Vid.* en este sentido SSTS 13 febrero 1967, 15 julio 1987 (*Tol 1740062*), 27 febrero 1989 (*Tol 1731480*) o 28 septiembre 2011 (*Tol 2246826*), la cual anuló por dolo una donación de varias fincas hecha por una anciana octogenaria, cediendo a la presión provocada por un estado emocional creado por su hijo, que pretendía "arrancar" el consentimiento de aquella de forma irreflexiva.

7.7. Dificultad para seguir ejercitando la guarda de hecho

Otro caso que puede determinar la constitución de una curatela es la existencia de una dificultad para seguir desempeñando adecuadamente la guarda de hecho (por ejemplo, la avanzada edad o empeoramiento de salud de quien la ejerce), lo que pueda llevar al guardador a desistir de sus funciones (art. 267.3º CC).

Jurisprudencia

La SAP Valencia 20 octubre 2021 (*Tol 8744555*) constituyó una curatela en apoyo de una persona con un cuadro negativo de esquizofrenia típico, que recibía atención domiciliaria, la cual tenía una conciencia ambivalente de su enfermedad, por lo que no era posible asegurar que siguiera el tratamiento médico, necesitando, además, supervisión para organizar adecuadamente las actividades de la vida diaria. La madre, con quien vivía, era su guardadora de hecho y administraba las dos pensiones que percibía (por orfandad y minusvalía), pero tenía 84 años y necesitaba que su hija mayor acudiera diariamente a la vivienda, para encargarse de hacer la comida, la limpieza y atenderla. En estas condiciones se consideró razonable establecer una curatela, nombrándose curadora a la hermana mayor (de acuerdo con la preferencia manifestada por la persona con discapacidad).

La SAP Valencia 6 mayo 2022 (*Tol 9167127*), constituyó también una curatela, nombrando al IVASS curador de la persona con discapacidad, "porque ni su madre, ni sus hermanos, se han mostrado con disposición para desempeñar el cargo, aduciendo la madre su edad e impotencia, y los hermanos, la necesidad de un apoyo especializado".

7.8. Carácter temporal de la residencia en la entidad que ejerce la guarda de hecho

Puede también determinar la constitución de una curatela el carácter necesariamente temporal de la residencia de la persona con discapacidad en la entidad, guardadora de hecho.

Jurisprudencia

La SAP Cádiz 27 octubre 2021 (*Tol 8764765*) confirmó la sentencia recurrida, que había sujetado a una persona con esquizofrenia paranoide a curatela de la Fundación Gaditana de Tutela, contra su voluntad y el parecer del Ministerio Fiscal para quien la guarda de hecho, ejercida por una institución de salud mental en la que residía, por haber ingresado en ella voluntariamente, "viene a garantizar los apoyos necesarios para la realización de los actos de la vida civil", conviviendo los fines de semana en el domicilio familiar. En el informe forense y en la declaración de la psiquiatra que trata ordinariamente a la persona con discapacidad se pone de manifiesto "la necesidad de contar con los apoyos necesarios que garanticen la continuidad del tratamiento que viene recibiendo por motivo de su enfermedad mental", la parcial conciencia de su enfermedad (con el consiguiente riesgo de abandono del tratamiento) y el carácter provisional del ingreso en la institución sanitaria (que, por protocolo, no puede exceder de dos años), lo que la coloca en situación de no tener dónde ir, "dado el rechazo de su núcleo familiar habida cuenta de los problemas de convivencia con sus familiares relacionados con las fases de descompensación", cuando abandona el tratamiento, momento en el que surgen "numerosos enfrentamientos y episodios de agresividad" (que dieron lugar a procesos penales por malos tratos y lesiones). En consecuencia, la Audiencia no considera que la guarda de hecho ejercida por la institución sanitaria "sea la medida idónea para salvaguardar los apoyos necesarios que permitan asegurar la efectividad del tratamiento", ya que se "impone una labor asistencial continuada de supervisión en el seguimiento del tratamiento", que "sólo mediante el ejercicio de la curatela puede procurarse".

7.9. Existencia de un patrimonio, cuya administración requiera la petición de continuas autorizaciones judiciales para realizar actuaciones representativas

En el Documento definitivo, Anexo I, del Grupo de trabajo sobre el nuevo sistema de provisión judicial de apoyos a personas con discapacidad y su aplicación transitoria de 2022 (Cód. EX2201), se afirma que podrá entenderse que la guarda de hecho no es una medida de apoyo suficiente, "cuando, por las circunstancias de la persona con discapacidad, se advierta que va a ser necesaria la solicitud de autorizaciones judiciales por el guardador, para actuar en representación de la persona con discapacidad de forma reiterada, y por ello deberá acudir de modo reiterado al juzgado (p. ej. en caso de patrimonio que por su entidad o cantidad implica una administración superior a la entendida ordinaria)".

Jurisprudencia

La SAP Cádiz 27 mayo 2022 (*Tol 9200886*) afirma que la necesidad de vender la vivienda de una persona con discapacidad, para poder pagar la residencia en la que vive, no justifica la constitución de una curatela, al existir una guarda de hecho, ejercida por sus hijos, que funcionaba correctamente, siendo lo pertinente que los guardadores de hecho pidiesen autorización para realizar la venta en expediente de jurisdicción voluntaria. En consecuencia, revoca la sentencia que había constituido una curatela representativa, nombrando curadora a una de las hijas. En las declaraciones testificales todos los hijos "afirmaron que el motivo de la demanda es que todos los hermanos consideran necesaria la venta del domicilio propiedad de su madre, para hacer frente a los gastos de la residencia, pues con su pensión no es suficiente".

La SAP Cádiz 17 junio 2022 (*Tol 9226651*) observa que tampoco era motivo para constituir la curatela solicitada la necesidad de aceptar la herencia a la que estaba llamada una persona con discapacidad, por existir una guarda de hecho, ejercida por su mujer, que funcionaba adecuadamente, sino que lo procedente era que la guardadora de hecho pidiese autorización para aceptar tal herencia en expediente de jurisdicción voluntaria. Revoca, así, la sentencia recurrida, que había constituido una curatela representativa, nombrando curadora a la mujer, que era quien cuidaba de su marido, tanto en el aspecto personal y médico, como en la gestión de su economía, estando autorizada en su cuenta y administrando sus ingresos. En declaración testifical, tanto la mujer, como el hijo, habían afirmado "que el motivo de la demanda es la aceptación de la herencia de la madre del discapaz".

7.10. Existencia de un precario estado de salud que requiere tratamientos médicos personalizados a los que la persona con discapacidad, que carece de consciencia de su enfermedad, se niega reiteradamente, reaccionando agresivamente

Igualmente, es procedente constituir una curatela cuando la persona con discapacidad se encuentra en una situación de salud tal, que necesita continuos tratamientos médicos, que rechaza, con agresividad, al no ser consciente de la enfermedad que padece.

Jurisprudencia

La SAP Jaén 14 septiembre 2022 (*Tol 9285247*) se mostró favorable a constituir una curatela con facultad de representación respecto de una persona que, según el informe forense, padecía una "demencia degenerativa primaria asociada a componente vasculo-degenerativo en estadio severo", con "trastornos cognitivos y conductuales", que podían "producir estados continuados de incapacidad", los cuales requerían "de apoyos en las áreas detalladas en sus capacidades adaptativas", teniendo dicha patología "un carácter evolutivo crónico e irreversible". La persona con discapacidad se negaba sistemáticamente a recibir todo tipo de tratamiento médico, mostrándose agresiva cuando se intentaba suministrárselo.

Nombró curador a uno de los hijos, que, de acuerdo, con los demás, había aceptado dejar de trabajar para ocuparse de su padre, sustituyendo en esa tarea a otro de los hermanos, que, hasta ese momento, había ejercido la guarda de hecho, pero que tenía que seguir trabajando. Dice, así, que "la actual situación de guarda de hecho resulta insuficiente ante el delicado estado de salud psíquica del demandado, y aún más en los meritados episodios que viene sufriendo. Sin que pueda conminarse al actual guardador o a quien ahora se postula como tal (el aquí recurrente) a acudir a la autoridad judicial cada vez que su padre necesite tratamiento médico y/o farmacológico y éste se niegue al recibirlo, dada la nula conciencia en la materia que padece, suficientemente constatada en las pruebas practicadas como ha quedado dicho. A lo que se añade que la tramitación de un expediente judicial para la obtención de la correspondiente autorización, en cada caso el episodio en que sea preciso, es indudable supondría una dilación o retraso en la necesaria y urgente atención médica y asistencial del [padre], por completo inconveniente dado su estado de salud".

8. CONTROL JUDICIAL DE LA ACTUACIÓN DEL GUARDADOR

El art. 265 CC prevé los siguientes controles judiciales de la actuación del guardador.

a) "A través de un expediente de jurisdicción voluntaria, la autoridad judicial podrá requerir al guardador en cualquier momento, de oficio, a solicitud del Ministerio Fiscal o a instancia de cualquier interesado, para que informe de su actuación" (art. 265.I CC).

Esta previsión se complementa con lo dispuesto en el art. 52.1 LJV, conforme al cual, "A instancia del Ministerio Fiscal, de la persona que precise medidas de apoyo o de cualquiera que tenga un interés legítimo, la autoridad judicial que tenga conocimiento de la existencia de un guardador de hecho podrá requerirle para que informe de la situación de la persona y bienes del menor o de la persona con discapacidad y de su actuación en relación con los mismos".

Un sector de la doctrina ha criticado —creo que, con razón— la redacción de este último precepto, constatando que la misma guarda evidentes similitudes con la del anterior art. 303.1.I CC, siendo posible encontrar en ella un reflejo de la tradicional desconfianza con que antes de la reforma de 2021 se contemplaba la guarda de hecho, como una situación provisional que, por "sospechosa", debía desembocar en la constitución de tutela.

Sin embargo, la existencia de un potencial control judicial del guardador me parece razonable, siempre que se aplique con prudencia. En la actual regulación de la discapacidad, donde se quiere potenciar la guarda de hecho como una medida de apoyo prioritaria (respecto a las de carácter judicial) la existencia de un guardador no puede verse como algo "sospechoso", sino al contrario, como algo deseable, en cuanto que, en principio, evita la necesidad de iniciar un procedimiento para constituir una curatela. Ahora bien, ello no obsta para que, si el Juez tiene conocimiento, no de la mera existencia de una guarda de hecho, sino de la posibilidad de que la misma no funcione debidamente, requiera al guardador para que le informe de su actuación.

b) En expediente de jurisdicción voluntaria el Juez podrá también "establecer las salvaguardias que estime necesarias" (art. 265.I CC), previendo el art. 52.2 LJV que "El Juez podrá establecer las medidas de control y de vigilancia que estime oportunas".

Entre dichas salvaguardas, podría incluirse el nombramiento de un defensor judicial, si en el algún punto concreto existe un conflicto de intereses entre el guardador de hecho y la persona con discapacidad. Se ha apuntado también la posibilidad excepcional de exigir al guardador la formación de inventario o la prestación de fianza, para poder seguir ejerciendo la medida de apoyo.

c) "Asimismo [la autoridad judicial], podrá exigir que el guardador rinda cuentas de su actuación en cualquier momento" (art. 265.II CC).

La exigencia de rendición de cuentas al guardador parece un tanto contradictoria, en relación con una medida de apoyo que surge espontáneamente y se desarrolla al margen de la autoridad judicial, por lo que solo parece tener sentido en dos casos: bien, cuando el Juez tenga sospechas o indicios de un comportamiento indebido por parte del guardador, bien para comprobar el resultado de actos para cuya realización haya dado una previa autorización, al no poder llevarlos a cabo el guardador sin ella.

9. REEMBOLSO DE GASTOS, INDEMNIZACIONES Y RETRIBUCIÓN

Conforme al art. 266 CC, "El guardador tiene derecho al reembolso de los gastos justificados y a la indemnización por los daños derivados de la guarda, a cargo de los bienes de la persona a la que presta apoyo".

a) La expresión "gastos justificados" no significa que, simplemente, se hayan probado, sino que hay que ponerlos en relación con su finalidad, que es la prestación del apoyo.

El guardador podrá reclamar —desde luego— el reembolso de los gastos hechos que fuesen necesarios para el cuidado de la persona con discapacidad (por ejemplo, de adquisición de medicamentos o de limpieza de la vivienda) o para la administración ordinaria de su patrimonio (gastos de reparación de una cosa propia o alquilada), pero también —creo— el de los gastos meramente convenientes, que, siendo de cuantía moderada, redunden en beneficio de la persona bajo su guarda o de su patrimonio, teniendo en consideración su concreta personalidad: así, por ejemplo, puede estar perfectamente justificada la compra de una entrada para un concierto de un artista por el que aquella siente especial predilección.

Incluso cabe reclamar el reembolso de gastos superfluos decididos por la persona con discapacidad, siempre que la misma se encuentre en condiciones de formar su voluntad libremente y sean acordes con su nivel de vida: decide que quiere la compra de un mueble del que se ha encaprichado o realizar un viaje a un lugar que le apetece visitar.

b) Respecto de la "indemnización por los daños derivados de la guarda", creo que el precepto está pensando, básicamente, en los causados por la persona a quien desinteresadamente cuida, pareciendo establecer el precepto un caso de responsabilidad objetiva, lo que resulta lógico, dado que, en muchas ocasiones, la persona con discapacidad no será imputablemente civilmente y, en consecuencia, no podrá afirmarse su culpa en la causación del daño.

El precepto tiene una redacción diversa a la del art. 281.I CC, que reconoce al curador la posibilidad de pedir la "indemnización de los daños sufridos sin culpa por su parte en el ejercicio de su función". Sin embargo, no creo que el guardador de hecho pueda solicitar la reparación de los daños causados por su culpa, pues esto supondría una desviación absoluta de las reglas generales en materia de responsabilidad civil (la culpa exclusiva de la víctima rompe el nexo de causalidad). Además, si bien es cierto que el guardador de hecho no tiene obligación de asumir esta medida de apoyo, una vez que lo hace, debe ejercerla con la debida diligencia.

c) El art. 266 CC, a diferencia del art. 281.I CC, en sede de curatela, no prevé una retribución a cargo del guardador de hecho, lo cual es lógico, porque estamos ante una medida de apoyo que se caracteriza por su carácter altruista.

Es discutible si puede concedérsela voluntariamente la persona con discapacidad. A mi parecer es dudoso, pues, si la retribución es una especie de contraprestación pactada por los cuidados que recibe, estaríamos ante una relación contractual, que excluiría la existencia de una auténtica guarda de hecho (art. 250.VIII CC); y, si se trata de una donación, la misma está prohibida, "salvo que se trate de regalos de costumbre o bienes de escaso valor" (art. 251.I.1º CC).

Sí que, en cambio, podrá hacer disposiciones mortis causa en favor del guardador que sea pariente con derecho a sucederle ab intestato (art. 753.IV CC); y, en general, siempre que se trate de una persona física, utilizando el testamento notarial abierto (art. 753.III CC).

10. CAUSAS DE EXTINCIÓN DE LA GUARDA DE HECHO

Las causas de extinción de la guarda de hecho están previstas en el art. 267 CC, que contempla cuatro supuestos.

1º) "Cuando la persona a quien se preste apoyo solicite que este se organice de otro modo".

Cabe aquí pensar en varias posibilidades.

a) La primera es que la persona con discapacidad desee que lo asista una nueva persona, lo que, en puridad, no comportará una extinción de la guarda de hecho, sino, simplemente, la sustitución de la persona del guardador, siempre que haya quien acepte serlo y se hallare en condiciones de desempeñar adecuadamente su función, pues, en caso contrario, habría que acudir a las medidas judiciales de apoyo.

b) La segunda posibilidad es que la persona bajo la guarda de hecho pida, ella misma, la constitución de una curatela (siempre se halle en condiciones de hacerlo), lo que raramente tendrá lugar, siendo más frecuente que la soliciten sus familiares, solicitud a la que se accede más fácilmente si la persona con discapacidad muestra su conformidad; aunque, a tenor del art. 263 CC, la medida judicial de apoyo solo debiera tener lugar cuando la guarda de hecho no funcionara correctamente.

En cualquier caso, conforme al art. 42 bis b) 3 LJV, en el marco del procedimiento de jurisdicción voluntaria en que solicite la constitución de la curatela, "En la comparecencia se procederá a celebrar una entrevista entre la autoridad judicial y la persona con discapacidad, a quien, a la vista de su situación, podrá informar acerca de las alternativas existentes para obtener el apoyo que precisa, bien sea mediante su entorno social o comunitario, o bien a través del otorgamiento de medidas de apoyo de naturaleza voluntaria".

c) La tercera posibilidad sería una solicitud, por parte de la persona con discapacidad, de que se pusiera fin a la guarda de hecho, rechazando todo tipo de medida de apoyo, también las juridiciales".

En este punto hay que tener en cuenta que la STS 8 septiembre 2021 *(Tol 8585229)* entiende que es posible establecer medidas judiciales de apoyo en beneficio de una persona que las rechaza expresamente, cuando existe una necesidad asistencial, cuya ausencia está provocando un grave deterioro personal y una degradación que le impide el ejercicio de sus derechos y las necesarias relaciones con las personas de su entorno, principalmente, con sus vecinos. Concretamente, consideró adecuado sujetar a curatela a una persona que sufría el síndrome de Diógenes. Afirma, así que "El trastorno no sólo le provoca esa situación clara y objetivamente degradante, como persona, sino que además le impide advertir su carácter patológico y la necesidad de ayuda"; y añade: "No intervenir en estos casos, bajo la excusa del respeto a la voluntad manifestada en contra de la persona afectada, sería una crueldad social, abandonar a su desgracia a quien por efecto directo de un trastorno (mental) no es consciente del proceso de degradación personal que sufre. En el fondo, la provisión del apoyo en estos casos encierra un juicio o valoración de que, si esta persona no estuviera afectada por este trastorno patológico, estaría de acuerdo en evitar o paliar esa degradación personal".

Por lo tanto, no cabe excluir las medidas de apoyo en favor de quien las rechaza, cuando es su propia enfermedad la que le impide tener conciencia de la necesidad objetiva de establecerlas. Por supuesto, no procederá establecer las medidas judiciales de apoyo cuando la enfermedad que padece la persona no impida a ésta tomar conciencia de su conveniencia o, incluso necesidad, pero, aun así, en ejercicio de su libertad, decida rechazarlas.

2º) "Cuando desaparezcan las causas que la motivaron".

Este supuesto se dará cuando cese la situación de necesidad de apoyos, bien por muerte de la persona sujeta a la guarda, bien por mejoría de la enfermedad que padecía, en cuyo caso no hay porqué prolongar la guarda de hecho: la "necesidad" ha de apreciarse teniendo en cuenta la situación actual de la persona, no, en atención a circunstancias pasadas o a riesgos futuros; y se trata, además, de un concepto distinto al de la mera "conveniencia" estimada según parámetros ajenos a los valorados por la propia persona con discapacidad.

3º) "Cuando el guardador desista de su actuación, en cuyo caso deberá ponerlo previamente en conocimiento de la entidad pública que en el respectivo territorio tenga encomendada las funciones de promoción de la autonomía y asistencia a las personas con discapacidad".

Esta causa de extinción de la guarda de hecho obedece a la circunstancia de que nadie está obligado a ejercer esta medida de apoyo, razón por la cual el guardador puede renunciar a esta condición, cuando así lo estime oportuno, sin que deba invocar motivo alguno. Sin embargo, con el fin de evitar que se causen daños a la persona con discapacidad se le obliga a comunicar su voluntad de no querer seguir ejerciendo la guarda, siendo, por lo tanto, responsable de los que se le originen como consecuencia de una comunicación tardía.

4º) "Cuando, a solicitud del Ministerio Fiscal o de quien se interese por ejercer el apoyo de la persona bajo guarda, la autoridad judicial lo considere conveniente".

El juez constituirá una curatela, en el caso de que aprecie que la guarda de hecho no funciona correctamente, lo cual puede suceder en una serie de casos (ya enunciados en el epígrafe 7), como, por ejemplo, en el supuesto de existencia de conflictos entre el guardador y la persona con discapacidad, de situaciones de riesgo familiar provocadas por la enfermedad de la persona asistida, de desmedida tendencia al gasto que no pueda controlarse a través de la guarda de hecho o de dificultad del guardador para seguir ejercitando la medida de apoyo (por ejemplo, por razón de su edad o por sufrir una enfermedad).

ESQUEMA

¿QUIÉN PUEDE SER GUARDADOR DE HECHO?

PRUEBA DE LA GUARDA DE HECHO

FACULTADES ASISTENCIALES

FACULTADES REPRESENTATIVAS

OBLIGACIONES DEL GUARDADOR

EXTINCIÓN DE LA GUARDA DE HECHO

30 El patrimonio protegido de las personas con discapacidad

Concepción Saiz García[1]

Sumario: 1. MARCO LEGAL. 2. NOTA PRELIMINAR SOBRE LA REFORMA DE LA LEY 41/2003, DE 18 DE NOVIEMBRE, DE PROTECCIÓN PATRIMONIAL DE LAS PERSONAS CON DISCAPACIDAD POR LA LEY 8/2021, DE 2 DE JUNIO. 3. FINALIDAD DE LA FIGURA DEL PATRIMONIO PROTEGIDO. 4. CONCEPTO Y NATURALEZA JURÍDICA DEL PATRIMONIO PROTEGIDO DE LAS PERSONAS CON DISCAPACIDAD. 5. SUJETOS. 5.1. Tipos. 5.2. Beneficiarios. 5.3. Constituyentes. 6. CONSTITUCIÓN DEL RÉGIMEN. 6.1. Requisitos formales. 6.2. Contenido del documento público. 7. COMPOSICIÓN DEL PATRIMONIO PROTEGIDO DE LAS PERSONAS CON DISCAPACIDAD Y BENEFICIOS FISCALES. 7.1. Aportaciones integrantes del patrimonio protegido. 7.2. Beneficios fiscales. 8. ADMINISTRACIÓN DEL PATRIMONIO PROTEGIDO DE LAS PERSONAS CON DISCAPACIDAD. 8.1. Administrador del patrimonio protegido. 8.2. Reglas de administración del patrimonio protegido. 8.3. Sujetos que pueden ser nombrados administradores del patrimonio protegido. 8.4. Supervisión de la administración. 9. EXTINCIÓN DEL RÉGIMEN. 10. PUBLICIDAD REGISTRAL.

1. MARCO LEGAL

El patrimonio protegido de las personas con discapacidad se encuentra regulado en la Ley 41/2003, de 18 de noviembre, de protección patrimonial de las personas con discapacidad, y de modificación del Código civil, de la Ley de Enjuiciamiento Civil y de la normativa tributaria (en adelante, LPPD)

La Ley de Jurisdicción Voluntaria regula las actuaciones judiciales sobre protección patrimonial de las personas con discapacidad y, en concreto, las de su art. 56: constitución del patrimonio protegido o aprobación de las aportaciones cuando el apoyo, ejerciendo funciones representativas, se negara injustificadamente a consentirlas; el nombramiento de administrador cuando no se pueda a partir de lo dispuesto en el documento público de constitución; el establecimiento de exenciones a la exigencia de obtener el administrador autorización judicial para realizar actos de disposición, gravamen, etc.; la sustitución del administrador, el cambio de reglas de administración, el establecimiento de medidas especiales de fiscalización, adopción de cautelas, extinción o cualquier otra medida de análoga naturaleza que sea necesaria tras la constitución del patrimonio protegido. La competencia judicial corresponde al Juez de Primera Instancia del domicilio o, en su caso, residencia de la persona con discapacidad (art. 57 LJV)

---

[1] TU, Derecho civil, Universidad de Valencia.

Normativa reguladora

La LPPD se dicta en cumplimiento del mandato constitucional a los poderes públicos, contenido en el art. 49 CE, de amparar los derechos fundamentales y las libertades públicas de los ciudadanos en situación de vulnerabilidad social. Ha sido modificada en varias ocasiones: Ley 1/2009, de 25 de marzo, de reforma de la Ley de 8 de junio de 1957, sobre el Registro Civil, en materia de incapacitaciones, cargos tutelares y administradores de patrimonios protegidos; Ley 15/2015, de 2 de julio, de la Jurisdicción Voluntaria; y, la más reciente, Ley 8/2021, de 2 de junio, por la que se reforma la legislación civil y procesal para el apoyo a las personas con discapacidad en el ejercicio de su capacidad jurídica, en la que se impone un profundo cambio de sistema, para adecuar nuestro ordenamiento jurídico a la Convención internacional sobre los derechos de las personas con discapacidad, hecha en Nueva York, el 13 de diciembre de 2006, cuyo art. 12 proclama la capacidad jurídica de las personas con discapacidad en igualdad de condiciones con las demás en todos los aspectos de la vida.

La aplicación de esta norma es preferente a lo dispuesto en el Título XI del Libro I del Código Civil, que se aplica con carácter subsidiario.

Existe legislación específica en las CC.AA. de Navarra y Cataluña: Ley 44 de la Ley 1/1973, de 1 de marzo, por la que se aprueba la Compilación del Derecho Civil Foral de Navarra y Ley 25/2010, de 29 de julio del Libro segundo del Código Civil de Cataluña relativo a la persona y a la familia. Aquí, nos ceñiremos a la ley estatal.

2. NOTA PRELIMINAR SOBRE LA REFORMA DE LA LEY 41/2003, DE 18 DE NOVIEMBRE, DE PROTECCIÓN PATRIMONIAL DE LAS PERSONAS CON DISCAPACIDAD POR LA LEY 8/2021, DE 2 DE JUNIO

La defectuosa técnica legislativa empleada por el legislador al acometer la reforma de la LPPD a través de la Artículo Quinto de la Ley 8/2021, de 2 de junio, ha contribuido a empeorar el panorama normativo que regula el patrimonio protegido de las personas con discapacidad. Aquél contaba ya con suficientes contradicciones y errores que contribuían a la escasa utilización de la figura y justificaban una reforma más profunda. Sin embargo, la intervención ha sido demasiado tímida para el cambio tan radical que ha supuesto la reforma del Código Civil en materia de capacidad jurídica. La desjudicialización de la vida de las personas con discapacidad y el fomento de su autonomía, la convivencia de las medidas de apoyo judiciales con las voluntarias que aquéllas hubieren determinado y, en general, el cambio de filosofía traído por la Ley 8/2021 deben envolver la interpretación una norma, la Ley 41/2003, construida bajo la anterior distinción entre capacidad jurídica y capacidad de obrar, que se ha limitado a recibir remiendos puntuales.

El carácter eminentemente práctico de esta obra, en general y de este capítulo en particular, impide ocuparse de un análisis profundo de todas las dudas que la actual redacción de la LPPD plantea. Sin embargo, y precisamente por ello y dada la falta de jurisprudencia y otra documentación oficial al respecto (todavía se están elaborando los informes y circulares que se van a adoptar en las distintas instancias implicadas en la aplicación de la misma), tampoco va a poder presentar soluciones consolidadas en relación a muchas de las cuestiones prácticas que esta figura jurídica plantea.

Esta situación agrava, por tanto, un escenario normativo que ya no invitaba a que los interesados recurrieran a la figura del patrimonio protegido con la intención de aportar protección económica a favor de esas personas cercanas a su entorno familiar que no cuentan, por razón de su discapacidad, con las mismas posibilidades de proporcionarse por sí mismas medios económicos suficientes para atender sus necesidades vitales. De modo que, si su aplicación era antes escasa, es fácil augurar que, hasta que todos los problemas normativos añadidos se resuelvan, todavía sea menor.

3. FINALIDAD DE LA FIGURA DEL PATRIMONIO PROTEGIDO

Cuestiones relevantes

1. La finalidad del patrimonio protegido es incentivar la aportación de bienes y derechos a un patrimonio que permita a la persona con discapacidad costearse sus necesidades vitales.

Se trata de una protección compatible y adicional a la función asistencial del Estado a través de la concesión de ayudas o subvenciones a las personas con discapacidad, mediante la que se pretende que estás por sí mismas, sus familiares y/o terceras personas destinen bienes y derechos que les permitan a las primeras costearse en el presente y/o en el futuro sus necesidades vitales.

El aumento de esperanza de vida de las personas en esta situación ha favorecido la necesidad de crear este instrumento. Hasta la promulgación de la LPPD, el Código Civil solo se ocupaba del estado civil de la incapacitación y del sometimiento del incapacitado a un régimen de guarda como instrumento de protección de su persona y/o de su patrimonio, regulados bajo un sistema en el que predominaba la sustitución en la toma de decisiones que a ellos afectaban. La ley 8/2021, de 2 de junio, deroga y reemplaza estos principios por otros basados en el respeto de su voluntad, deseos y preferencias, quien, como regla general, se encargará de tomar sus propias decisiones ya sea por sí misma, ya sea a través de los apoyos que para ello requiera (art. 249 CC).

2. El patrimonio protegido de la persona con discapacidad es un patrimonio separado del personal de la persona con discapacidad, destinado por ley a la satisfacción de sus necesidades vitales, pero no responde exclusivamente de las deudas contraídas

por este concepto. Carece de personalidad jurídica y está sujeto a un régimen especial de administración y supervisión, así como tributario.

Normalmente, son los progenitores quienes utilizan esta figura, puesto que, frente a una donación o una venta, sujetas a un tipo impositivo superior, o sin tener que esperar a transmitir sus bienes mortis causa, pueden vincular determinados bienes concretos con los rendimientos que se deriven de su administración a satisfacer aquellas necesidades. Las ventajas fiscales que acompañan a las aportaciones (dinero, derechos, inmuebles, títulos, etc.) pretenden animar a ciertos parientes a contribuir a la formación de este patrimonio. Sin embargo, a diferencia de los ordenamientos jurídicos catalán y navarro, la última reforma de la LPPD sigue sin limitar la responsabilidad de este instrumento a las deudas vinculadas a la satisfacción de las necesidades vitales de su titular. A esa falta de limitación de la responsabilidad a las deudas contraídas por el propio beneficiario —o quien ejerza la medida de apoyo correspondiente— para atender sus necesidades vitales ordinarias y extraordinarias, a los exiguos beneficios fiscales y al gran desconocimiento de la figura por parte del entorno familiar de la persona con discapacidad se atribuye la escasa aplicación de la figura.

Jurisprudencia

Resolución vinculante de Dirección General de Tributos de V138321 de 13 de mayo de 2021; Sobre las ventajas fiscales asociadas a este patrimonio: Sentencia Tribunal Económico-Administrativo Central 3 septiembre 2019 *(Tol 7668644)*; SAP La Rioja 20 enero 2022 *(Tol 8912749)*.

4. CONCEPTO Y NATURALEZA JURÍDICA DEL PATRIMONIO PROTEGIDO DE LAS PERSONAS CON DISCAPACIDAD

La noción de patrimonio protegido de las personas con discapacidad se asocia a una masa patrimonial vinculada inmediata y directamente a la satisfacción de las específicas necesidades vitales ordinarias y extraordinarias de su titular, aislada del resto del patrimonio personal y sujeta a un régimen de administración y supervisión y, también, de tributación, propios. Se compone de los bienes y derechos aportados a título gratuito —que pretende favorecer la LPPD—, así como de los frutos, productos y rendimientos que vayan produciendo estos.

Por definición legal, este patrimonio especial carece de personalidad jurídica propia y responde al concepto de patrimonio por destino por cuanto, según el art. 1, "las distintas aportaciones tienen como finalidad la satisfacción de las necesidades vitales de sus titulares". Además, la exposición de motivos de la LPPD señala que los bienes y derechos que forman este patrimonio "se aíslan del resto del patrimonio personal de su titular-beneficiario, sometiéndolos a un régimen de administración y supervisión específico". Ahora bien, la doctrina discute, ante la falta de previsión legal sobre las deudas y obligaciones que genere esta masa patrimonial, así como la ausencia de un régimen especial de responsabilidad, que se trate, además, de un patrimonio separado. No obstante, cumple las exigencias de haber sido creado expresamente por el legislador y de suponer un aislamiento de bienes y derechos, respecto del patrimonio general de la persona con discapacidad. Quienes defienden su carácter de patrimonio separado, además, lo consideran una figura similar al "trust" y a determinadas formas de fundaciones de interés particular.

5. SUJETOS

Normativa reguladora

Artículo 2 LPPD. Beneficiarios.

"1. El patrimonio protegido de las personas con discapacidad tendrá como beneficiario, exclusivamente, a la persona en cuyo interés se constituya, que será su titular.

2. A los efectos de esta Ley únicamente tendrán la consideración de personas con discapacidad:

a) Las que presenten una discapacidad psíquica igual o superior al 33 por ciento.

b) Las que presenten una discapacidad física o sensorial igual o superior al 65 por ciento.

3. El grado de discapacidad se acreditará mediante certificado expedido conforme a lo establecido reglamentariamente o por resolución judicial firme.

Artículo 3. Constitución.

"1. Podrán constituir un patrimonio protegido:

a) La propia persona con discapacidad beneficiaria.

b) Quienes presten apoyo a las personas con discapacidad.

c) La persona comisaria o titular de la fiducia sucesoria, cuando esté prevista en la legislación civil, autorizada al respecto por el constituyente de la misma.

2. Cualquier persona con interés legítimo podrá solicitar de la persona con discapacidad, con el apoyo que requiera, la constitución de un patrimonio protegido, ofreciendo al mismo tiempo una aportación de bienes y derechos adecuados, suficiente para ese fin.

En caso de negativa injustificada de la persona encargada de prestar aquel apoyo, el solicitante podrá acudir al Ministerio Fiscal, quien instará de la autoridad judicial lo que proceda atendiendo a la voluntad, deseos y preferencias de la persona con discapacidad. Si la autoridad judicial autorizara la constitución del patrimonio protegido, la resolución judicial determinará el contenido a que se refiere el apartado siguiente. El cargo de administrador no podrá recaer, salvo justa causa, en la persona encargada de prestar el apoyo que se hubiera negado injustificadamente a la constitución del patrimonio protegido".

Real Decreto 888/2022, de 18 de octubre, por el que se establece el procedimiento para el reconocimiento, declaración y calificación del grado de discapacidad.

5.1. Tipos

En el régimen del patrimonio protegido, cabe distinguir entre los sujetos que se benefician del mismo —beneficiarios—, que serán sus titulares, y aquellos que tienen legitimación para constituirlo o, al menos, para solicitar su constitución —constituyentes—.

5.2. Beneficiarios

Cuestiones relevantes

3. No pueden ser beneficiarias de un patrimonio protegido las personas que no acrediten un determinado grado de discapacidad, independientemente de que sean o no mayores de edad y de que puedan o no tomar decisiones por sí mismas.

Tratándose de una discapacidad psíquica, la ley exige que haya sido valorada con un grado igual o superior al 33 por ciento. Si la discapacidad es física o sensorial, debe ser igual o superior al 65 por ciento (art. 2.2 LPPD). Estos porcentajes coinciden, al menos hasta que entre en vigor el Real Decreto 888/2022, de 18 de octubre, por el que se establece el procedimiento para el reconocimiento, declaración y calificación del grado de discapacidad, con los que marcan el umbral a partir del que se puede disfrutar de compensaciones sociales. Aunque, a partir de ahora, la gradación de la discapacidad de una persona no se adscribe exclusivamente a deficiencias físicas y/o psíquicas o mentales, sino a la evaluación de otros factores, lo que requerirá una modificación de este artículo 2.2 LPPD. Este RD deroga el anterior RD 1971/1999, de 23 de diciembre, por el que se establece el procedimiento para el reconocimiento, declaración y calificación del grado de discapacidad y la Orden de 2 de noviembre de 2000, por la que se determina la composición, organización y funciones de los Equipos de Valoración y Orientación dependientes del Instituto de Mayores y Servicios Sociales y se desarrolla el procedimiento de actuación para la valoración del grado de discapacidad dentro del ámbito de la Administración General del Estado.

El nuevo baremo para la valoración y calificación de la discapacidad, a partir de la entrada en vigor del RD 888/2022, el 20 de abril de 2023, no coincide con la hasta ahora bipartita discapacidad física o psíquica o intelectual, sino que se refiere a 4 criterios: Baremo de Deficiencia Global de la Persona, en la que se evalúan sus funciones y estructuras corporales; Baremo de Limitaciones de la Actividad, en la que se evalúan las capacidades de la persona; Baremo de las Restricciones en la participación, en el que se evalúa el desempeño y, por último, el Baremo de los Factores Contextuales y Barreras Ambientales. De la lectura del Anexo II puede fácilmente observarse que, a partir de ahora, la determinación del grado de discapacidad, pese a ser mucho más certera, va a ser bastante más compleja y no ayudará a definir el porcentaje de discapacidad que permitirá o excluirá la constitución de un patrimonio protegido.

Ese grado de discapacidad ha de acreditarse mediante el certificado correspondiente expedido por la Administración competente según Disposición Adicional primera del Real Decreto 888/2022, de 18 de octubre, o por sentencia judicial firme, si bien, en relación a esta última, hay que recordar que la reforma operada por la Ley 8/2021, de 2 de julio, ha suprimido la figura de la incapacitación y los cargos tutelares, sustituyéndolos por medidas de apoyo que ayudan a la persona con discapacidad a ejercer plenamente su capacidad jurídica. Actualmente, solo en situaciones excepcionales en las que la discapacidad impide a la persona manifestar y tomar sus propias decisiones, las medidas de apoyo podrán cumplir funciones de carácter representativo.

4. No pueden ser beneficiarios de un patrimonio protegido las personas dependientes que no acrediten los porcentajes de discapacidad requeridos legalmente. Esto sí es posible en las legislaciones navarra y catalana.

5. Se discute si es posible constituir un patrimonio protegido a favor de varios beneficiarios. A diferencia del art. 227-3 CCCat. [SAP Barcelona 12 marzo 2020 (*Tol 7895711*)], la ley estatal se refiere al beneficiario del patrimonio protegido siempre en singular, lo que, sumado a otros argumentos, parece inclinar la balanza a favor de la titularidad individual.

5.3. Constituyentes

Las personas que pueden constituir un patrimonio protegido se enumeran en el art. 3, apartados 1 y 2 LPPD. Como el resto de preceptos, su interpretación debe integrarse con la relativa a la protección jurídica de las personas con discapacidad contenida en el Código Civil (art. 1.2 LPPD), profundamente modificada por la Ley 8/2021, especialmente con el principio general de respeto de la voluntad, deseos y preferencias de la persona con discapacidad en la toma de decisiones en ejercicio de su capacidad jurídica (art. 249 CC). En consecuencia, siempre que la persona con discapacidad pueda manifestar por sí misma o por medio de medidas de apoyo de carácter meramente instrumental, será ella la única que podrá constituir el patrimonio protegido, debiendo considerarse su oposición, en los casos en que una persona distinta sea quien pueda constituirlo o solicitar su constitución, un impedimento a la misma.

Cuestiones relevantes

6. La ley contempla dos situaciones en función de si los bienes que van a integrar el patrimonio protegido son propios del beneficiario (art. 3.1) o de la persona que pretende constituirlo (art. 3.2).

7. Para que pueda constituir un patrimonio protegido con bienes propios la propia persona con discapacidad o quienes le presten medidas de apoyo es necesario que aquella pueda manifestar su voluntad por ella misma o a través de las medidas de apoyo, en este caso, meramente instrumentales.
Se ha sustituido de la anterior redacción la referencia a los padres, tutores y curadores cuando la persona con discapacidad no tuviera capacidad de obrar. Hoy, debe entenderse en el sentido de legitimar a quienes ejerzan medidas de apoyo con funciones representativas la constitución de un patrimonio protegido a favor de la persona con discapacidad con bienes de esta última. Ahora bien, el carácter informador del principio general contenido en el art. 249 III CC, obliga, incluso en los casos más excepcionales, en los que las medidas de apoyo cumplan funciones de carácter representativo y no sea posible averiguar la voluntad, deseos y preferencias de quien las requiera, a tomar la decisión "teniendo en cuenta la trayectoria vital de la persona con discapacidad, sus creencias y valores, así como los valores que ella hubiera tomado en consideración, con el fin de tomar la decisión que habría adoptado la persona de no requerir representación".

8. En relación al valor de la voluntad de la persona con discapacidad en el proceso de provisión de medidas y en su ejecución, el Tribunal Supremo ha señalado que, aunque la directriz legal sea la de contar con la voluntad, deseos y preferencias del interesado, esto no determina que en todo caso haya que seguir siempre el dictado de lo manifestado por el interesado [STS 8 septiembre 2021 *(Tol 8585229)*], aunque, de ser así, se requerirá una motivación especial en la que se expliciten, en su caso, las concretas razones por las que se hace [STS 21 diciembre 2021 *(Tol 8739270)*]. De todos modos, a ser la escritura pública otorgada ante notario un requisito esencial para la constitución del patrimonio protegido, aquél deberá valorar la situación en consideración de todas las circunstancias concurrentes en el mismo acto de otorgamiento y, "excepcionalmente", no permitirlo. No hay que olvidar que, incluso en estos casos en que la discapacidad impidiera al interesado tomar sus propias decisiones por sí mismo, el cambio de perspectiva operado por la reforma de 2021 obliga al notario, en el juicio de valoración del consentimiento (antes llamado juicio de capacidad jurídica), no solo a tener en cuenta su voluntad, preferencias y deseos, sino también a procurar que aquel "desarrolle su propio proceso de toma de decisiones, apoyándole en su comprensión y razonamiento y facilitando, con los ajustes que sean necesarios, que pueda expresar su voluntad, deseos y preferencias" (art. 665 CC). De ahí, también, la relevancia de lo que este hubiera dispuesto, en su caso, en los mandatos, poderes preventivos o en la escritura de autocuratela (art. 271 CC). En todo caso, la Circular Informativa 3/2021 de la comisión permanente del consejo general del notariado, de

27 de septiembre, sobre el ejercicio de su capacidad jurídica por las personas con discapacidad, recomienda consignar dicho proceso en un acta preliminar en la que se reflejen los apoyos instrumentales.

9. Cuando la curatela se ejerza con funciones representativas, habrá que estar a lo dispuesto en la resolución judicial para saber si se precisa o no autorización judicial para constituir un patrimonio protegido con bienes propios del beneficiario (art. 269 CC).

La doctrina califica este acto como acto de disposición, por lo que la autorización judicial será siempre necesaria, como sucede en la guarda de hecho, dada la relevancia económica de la constitución y funcionamiento de este patrimonio funcional (art. 264 III CC *a sensu contrario*). Puesto que la guarda de hecho es una figura de apoyo por definición, "informal", su intervención en el acto de constitución del patrimonio protegido no tiene que acreditarse de ningún modo, bastando la voluntad del propio beneficiario. Sin embargo, cuando se advierta en el propio acto la calidad representativa (y no meramente instrumental) de su asistencia, como es la creación de un patrimonio "separado" con bienes propios del asistido adscrito a la satisfacción de sus necesidades vitales, el notario debería abstenerse e informar de la necesaria autorización judicial (Circular 3/2021).

10. Fuera de los casos en que el patrimonio protegido se constituye con bienes propios, el art. 3.1c LPPD menciona también la posibilidad de que la persona comisaria o titular de la fiducia sucesoria, cuando esté prevista en la legislación civil, autorizada al respecto por el causante constituya un patrimonio protegido a favor de la persona con discapacidad.

Entendemos que, para ello, la atribución tendrá que ser aceptada por el beneficiario del patrimonio protegido, salvo que otra cosa resulte de las medidas de apoyo establecidas, tanto judicial como voluntariamente mediante documento público (art. 996 CC). En estos casos, el fedatario público será también quien valore el consentimiento de la persona con discapacidad para otorgar la aceptación por sí misma de la forma que antes se ha comentado para constituir el patrimonio protegido y, en caso de no existir medidas de apoyo formalmente establecidas, podrá acudir a medidas no formales como el guardador de hecho o particulares para un acto, como el defensor judicial. El art. 287.5 CC exige autorización judicial para aceptar la herencia sin beneficio de inventario y para repudiarla, así como liberalidades. No obstante, la DGSJFP ha flexibilizado esta exigencia [RDGSJFP 31 mayo 2022 (*Tol 9013022*) y 30 marzo 2022 (*Tol 8908392*)]. La ubicación de estos sujetos en el apartado primero del precepto, en vez de en el segundo, deja sin contemplar la posibilidad de que el interesado, o quien ejerce su apoyo con función representativa, se oponga a la constitución del PPD como prevé el núm. 2 del art. 3 LPPD. No obstante, por la similitud de los supuestos e intereses protegidos, es fácilmente reconducible a lo dispuesto para la oposición cuando son terceros con interés legítimo quienes solicitan la constitución del patrimonio protegido y que se trata a continuación.

11. Para que cualquier otra persona con interés legítimo pueda solicitar la constitución de un patrimonio protegido debe acompañar la solicitud de una aportación de bienes y/o derechos suficientes para dicho fin, art. 3.2 LPPD.

12. Dentro de los terceros con interés legítimo que pueden promover la constitución (que no constituir) de un patrimonio protegido se encuentran aquellas personas que ejerzan sobre su titular medidas de apoyo, tanto si son meramente instrumentales como si tienen funciones representativas.

13. Para que ello sea posible, la persona con discapacidad por sí misma o quienes ejerzan las medidas de apoyo deben consentir su constitución.

Ante la negativa injustificada de la persona que presta el apoyo, la solicitante podrá acudir al Ministerio fiscal, y este instará de la autoridad judicial (arts. 56 y ss. LJV) lo que proceda atendiendo, en todo caso, a la voluntad, deseos y preferencias de la persona con discapacidad. Si la autoridad judicial autorizara finalmente la constitución del patrimonio protegido, la resolución judicial deberá establecer el mismo contenido obligatorio que incumbe, en el resto de supuestos, al documento público por el que se constituye este patrimonio, sin que el cargo de administrador pueda recaer en la persona encargada de prestar el apoyo que se negó injustificadamente a la constitución del patrimonio protegido.

14. A diferencia del art. 4.2 LPPD, **el art. 3.2 LPPD no exige expresamente el consentimiento de la persona con discapacidad para que un tercero pueda constituir un patrimonio protegido a su favor.** Pero, como sucede en el supuesto de la letra c) del art. 3.1 LPPD, al ser necesario acompañar la solicitud de constitución de una aportación de bienes a título gratuito, resulta de aplicación el art. 630 CC, el cual supedita la validez de la donación a la aceptación del donatario. En consecuencia, y aunque a la misma conclusión se llegaría aplicando el principio general del respeto a la voluntad, deseos y preferencias de la persona con discapacidad, así como la exigencia expresa del consentimiento del beneficiario en el caso de aportaciones posteriores a su constitución según el número 2 del art. 4 LPPD, solo cabe concluir que, en caso de oposición del propio beneficiario, careciendo sus medidas de apoyo de funciones representativas, no se podría constituir dicho patrimonio protegido, ni iniciarse un expediente de jurisdicción voluntaria. Si tuviera funciones representativas para la realización de este acto y, siguiendo los "deseos" del beneficiario de no constituir un patrimonio protegido, se opusiera, siempre podría acudirse al MF para que este instara resolución judicial al respecto.

Jurisprudencia

La interpretación del art. 268 CC sobre la consideración de la voluntad, deseos y preferencias de la persona afectada sobre las medidas de apoyo debe atenerse a la singularidad del caso, y a si su oposición manifiesta proviene del propio trastorno que le afecta. Aunque la directriz legal sea la de contar con la voluntad, deseos y preferencias del interesado, esto no determina que, en todo caso, haya que seguir siempre el dictado de lo manifestado por el interesado [ST 8 septiembre 2021 *(Tol 8585229)*]. Cuando sea este el caso, se requerirá una motivación especial en la que se expliciten, en su caso, las concretas razones por las que se hace [STS 21 diciembre 2021 (*Tol 8739270)*].

En relación a la aceptación de la herencia de la persona con discapacidad, la DGSJFP ha flexibilizado el criterio de autorización judicial como requisito de validez de su aceptación sin beneficio de inventario [RRDGSJFP 31 mayo 2022 (*Tol 9013022*) y 30 marzo 2022 *(Tol 8908392)*].

6. CONSTITUCIÓN DEL RÉGIMEN

Normativa reguladora

Artículo 3. Constitución.

"3. El patrimonio protegido se constituirá en documento público, o por resolución judicial en el supuesto contemplado en el apartado anterior.

Dicho documento público o resolución judicial tendrá, como mínimo, el siguiente contenido:

a) El inventario de los bienes y derechos que inicialmente constituyan el patrimonio protegido.

b) La determinación de las reglas de administración y, en su caso, de fiscalización, incluyendo los procedimientos de designación de las personas que hayan de integrar los órganos de administración o, en su caso, de fiscalización. Dicha determinación se realizará conforme a lo establecido en el artículo 5 de esta Ley.

c) Cualquier otra disposición que se considere oportuna respecto a la administración o conservación del patrimonio protegido.

Asimismo, el documento público o resolución judicial podrá establecer las medidas u órganos de control que estime oportunos para garantizar el respeto de los derechos, deseos, voluntad y preferencias del beneficiario, así como las salvaguardas necesarias para evitar abusos, conflicto de intereses e influencia indebida.

Los Notarios comunicarán inmediatamente la constitución y contenido de un patrimonio protegido por ellos autorizado al fiscal de la circunscripción correspondiente al domicilio de la persona con discapacidad, mediante firma electrónica avanzada. Igual remisión efectuarán de las escrituras relativas a las aportaciones de toda clase, que se realicen con posterioridad a su constitución.

El fiscal que reciba la comunicación de la constitución de un patrimonio protegido y no se considere competente para su fiscalización lo remitirá al fiscal que designe el Fiscal General del Estado, de acuerdo con su Estatuto Orgánico".

6.1. Requisitos formales

La exposición de motivos de la LPPD señala que para la constitución del patrimonio protegido es necesaria una aportación originaria de bienes y derechos que, como regla general, deberá realizarse en escritura pública otorgada por el notario [arts. 17 LN y 144 RN (art. 3.3 c LPPD), introducido por la Ley 1/2009, de 25 de marzo y recientemente reformado por la Ley 8/2021, de 2 de julio]. Este habrá de comunicar inmediatamente al Ministerio Fiscal la constitución y contenido del patrimonio protegido mediante firma electrónica avanzada, para que pueda llevarse a cabo su fiscalización, al igual que, después, habrá de remitir del mismo modo las escrituras relativas a las aportaciones que se vayan haciendo con posterioridad con cargo a dicho patrimonio. La constitución del patrimonio protegido se producirá por resolución judicial cuando, solicitada por una persona con interés legítimo, aportando bienes y derechos suficientes para ello, quien prestara el apoyo de carácter representativo se negara injustificadamente y, comunicado al Ministerio Fiscal e instado a la autoridad juridicial, ésta así lo hubiera considerado (art. 3.2 II LPPD). Se trata de los casos menos habituales, aunque, también, la formalización del acto de constitución en documento público es un requisito de forma *ad solemnitatem* y, por tanto, de existencia de dicho patrimonio [en relación con la autocuratela, STS 2 noviembre 2021 (*Tol 8639708*) y la autotutela, SAP Navarra 14 junio 2005 *(Tol 773808)*, FJ. 3].

Los actos relativos a la constitución y demás circunstancias relativas al patrimonio protegido y a la designación y modificación de los administradores de dicho patrimonio se comunican de oficio por el notario autorizante al Registro Civil competente para su inscripción, arts. 4.12º y 76 LRC, aunque, como señala la Exposición de motivos de la ley 1/2009, en este caso, aquélla tiene carácter meramente declarativo y no constitutivo.

Cuestiones relevantes

15. La formalización del acto de constitución en documento público es un requisito de forma *ad solemnitatem.*

6.2. Contenido del documento público

El artículo 3.3 LPPD exige que tanto la escritura pública cuanto la resolución judicial, contengan, como mínimo, los siguientes extremos (art. 3.3 LPPD): a) El inventario de los bienes y derechos que inicialmente se aportan; b) Las reglas de administración y, en su caso, de fiscalización, incluyendo los procedimientos de designación de las personas que hayan de integrar los órganos de administración o, en su caso, de fiscalización; c) Cualquier otra disposición que se considere oportuna respecto a la administración o conservación del patrimonio protegido.

Adicionalmente, y con carácter facultativo, podrá establecerse en dicho documento las medidas u órganos de control que estime oportunos para garantizar el respeto de los derechos, deseos, voluntad y preferencias del beneficiario, así como las salvaguardas necesarias para evitar abusos, conflicto de intereses e influencia indebida. Las medidas que pueden adoptarse tanto de control del apoyo como de garantía para evitar el abuso en decisiones esenciales como pueden ser las relativas a los actos de disposición de bienes y derechos integrantes de este patrimonio son muy variadas: la rendición de cuentas de la persona que administra el patrimonio protegido, realización de auditorías, supervisiones no programadas inopinadas, etc. No obstante, de oficio o a solicitud de cualquier persona, la supervisión de la administración del patrimonio corresponde, como veremos, al Ministerio Fiscal (art. 7 LPPD)

Los notarios tienen, además, la obligación de comunicar la constitución y el contenido del patrimonio protegido, así como de las sucesivas aportaciones, al Fiscal de la circunscripción correspondiente al domicilio de la persona con discapacidad mediante firma electrónica avanzada (art. 3.3 III LPPD).

7. COMPOSICIÓN DEL PATRIMONIO PROTEGIDO DE LAS PERSONAS CON DISCAPACIDAD Y BENEFICIOS FISCALES

Normativa reguladora

Artículo 4. Aportaciones al patrimonio protegido.

1. Las aportaciones de bienes y derechos posteriores a la constitución del patrimonio protegido estarán sujetas a las mismas formalidades establecidas en el artículo anterior para su constitución.

2. Cualquier persona con interés legítimo, con el consentimiento de la persona con discapacidad con el apoyo que requiera, podrá aportar bienes o derechos al patrimonio protegido. Estas aportaciones de bienes o derechos deberán realizarse siempre a título gratuito, incluso a través de pacto sucesorio en aquellas legislaciones civiles vigentes que la permitan, y no estarán sujetas a término. Las aportaciones podrán efectuarse por la persona comisaria o titular de una fiducia sucesoria en nombre del comitente ya fallecido, en los supuestos regulados en las legislaciones civiles vigentes que lo permitan.

3. Al hacer la aportación de un bien o derecho al patrimonio protegido, los aportantes podrán establecer el destino que deba darse a tales bienes o derechos o, en su caso, a su equivalente, una vez extinguido el patrimonio protegido conforme al artículo 6,

siempre que hubieran quedado bienes y derechos suficientes y sin más limitaciones que las establecidas en el Código Civil o en las normas de derecho civil, foral o especial, que, en su caso, fueran aplicables.

7.1. Aportaciones integrantes del patrimonio protegido

Además de los bienes y/o derechos que quedaran inventariados en el documento público de constitución, el patrimonio protegido de las personas con discapacidad se compone de las aportaciones de bienes y derechos que ya sea la propia persona con discapacidad, ya sea un tercero, realicen tras la constitución del mismo, así como de los frutos, productos y rendimientos que todos ellos, aquellos y estos, produzcan. Tales aportaciones, que necesariamente deben hacerse a título gratuito, pueden realizarse tanto a través de un negocio *inter vivos* como *mortis causa*, pero sujetas a los mismos requisitos que la constitución, independientemente de la naturaleza del bien o bienes o derechos aportados. Esta exigencia de escritura pública dificulta la realización de aportaciones poco cuantiosas.

Las personas jurídicas también pueden realizar aportaciones al patrimonio protegido. En todo caso, como advierte la exposición de motivos de la LPPD, los actos de aportación realizados por terceras personas quedan sujetos a las reglas comunes del Derecho civil, de manera que, si se realiza la aportación mediante donación, esta quedará sujeta a las reglas del CC, o de las legislaciones autonómicas, cabiendo su rescisión cuando haya sido realizada, por ejemplo, en fraude de acreedores, o su revocación por superveniencia o supervivencia de hijos del donante, o su reducción por inoficiosa. Si la aportación se realiza mediante negocio *mortis causa*, al requerir las mismas formalidades que su constitución y, con ello, su formalización en escritura pública (art. 4.1 LPPD) no cabría otro tipo de instrumento que el testamento notarial abierto, pues, en ningún otro podría el notario comprobar que se reúnen todos los requisitos exigidos legalmente.

Cuestiones relevantes

16. Las aportaciones de terceros requieren el consentimiento de la persona con discapacidad ya pueda prestarlo ella por sí misma, ya con la asistencia del apoyo representativo en el sentido que antes se ha apuntado (artículo 4.2. LPPD).

17. Las aportaciones de terceros están sujetas a las mismas formalidades que las requeridas para la constitución del patrimonio protegido (art. 4.1) debiendo, pues, instrumentarse en escritura pública autorizada por Notario, aplicándose igualmente la obligación de comunicarlo inmediatamente al Fiscal territorialmente competente (art.

3.3 LPPD), y contener los extremos previstos en el art. 3.3 LPPD (inventario, reglas de administración y supervisión, como cualquier otra regla que se considere oportuna a este respecto).

18. Además, deberán realizarse siempre a título gratuito, incluso a través de pacto sucesorio en aquellas legislaciones civiles vigentes que la permitan (Derechos civiles vasco, catalán, navarro, aragonés, gallego y balear. En Derecho común sería posible hacerlas al amparo de los arts. 826, 827 y 1341 CC), y no podrán someterse a término.

19. En el caso de que la legislación lo permita, podrán efectuarse por la persona comisaria o titular de una fiducia sucesoria en nombre del comitente ya fallecido. Por tanto, también, se puede realizar mediante la facultad otorgada al testador, tras la reforma por esta misma ley del art. 831 CC, para que, en su testamento, pueda conferir al cónyuge supérstite amplias facultades para mejorar y distribuir la herencia del difunto entre los hijos y descendientes comunes. Así, como señala la Exposición de motivos, en su apartado VII d) esto "permitirá no precipitar la partición de la herencia cuando uno de los descendientes tenga una discapacidad, y aplazar dicha distribución a un momento posterior en el que podrán tenerse en cuenta la variación de las circunstancias y la situación actual y necesidades de la persona con discapacidad. Además, estas facultades pueden concedérselas los progenitores con descendencia común, aunque no estén casados entre sí".

20. Puede suceder que la persona con discapacidad o quien ejerza la medida de apoyo con funciones representativas se niegue a consentir la aportación de un tercero. Aunque la ley no lo diga, entendemos que el oferente podrá, como en el caso del art. 3.2 II LPPD, acudir al Ministerio Fiscal para que inste al juez lo que proceda, atendiendo al interés de la persona con discapacidad y teniendo en cuenta su voluntad, deseos y preferencias. Aunque, a diferencia de la redacción anterior del art. 4.2 LPPD, esta posibilidad no está contemplada en la LPPD, la omisión debe ser un *lapsus legislatoris*. No obstante, si no se interpretarse de este modo, debería suplirse el vacío normativo acudiendo al art. 287.5 CC que exige autorización judicial para repudiar liberalidades. Creemos, sin embargo, que la solución propuesta no es más que la adaptación del anterior art. 4.2 II, al espíritu de la nueva normativa ya plasmado previamente por el legislador en los arts. 3.2 II LPPD, así como 249 II CC.

21. Opcionalmente, al hacer la aportación de un bien o derecho al patrimonio protegido, los aportantes pueden determinar el destino que haya de darse a tales bienes o derechos o, en su caso, a su equivalente, una vez extinguido este patrimonio. Así, podrán determinar que tales bienes o derechos reviertan en el aportante o sus herederos o darles cualquier otro destino. Dice la propia Exposición de motivos que esta facultad está sujeta a un límite, ya que la salida del bien o derecho aportado del patrimonio protegido solo puede producirse por extinción de este y ello elimina la posibilidad de afectar o someter a término la disposición de los mismos. Además, será preciso que hubieren quedado bienes y derechos suficientes y, además, serán de aplicación las limitaciones que, en su caso, establezca el CC o las normas de derecho civil foral o especial que, eventualmente, fueran aplicables (art. 4.3 LPPD).

7.2. Beneficios fiscales

Los beneficios fiscales de las aportaciones a patrimonios protegidos de personas con discapacidad están regulados en el art. 54 de la Ley 35/2006, de 28 de noviembre, del Impuesto sobre la Renta de las Personas Físicas y de Modificación parcial de los impuestos sobre sociedades, sobre la renta de no residentes y sobre el Patrimonio. Grosso modo, los dos primeros párrafos del precepto permiten practicar, en el caso de aportaciones dinerarias, una reducción de la base imponible del aportante hasta un máximo de 10.000 euros anuales y siempre que las reducciones practicadas por todas las personas que efectúen aportaciones al patrimonio protegido no excedan de 24.250 euros anuales, en cuyo caso, se minorarán de forma proporcional. A los excesos que no hayan podido reducirse, podrán hacerlo en los cuatro periodos impositivos siguientes, hasta agotar, en su caso, en cada uno de ellos los importes máximos de reducción. Si la aportación es no dineraria, se tomará como importe de la aportación el que resulte de la aplicación de la normativa de régimen fiscal de las entidades *sin fines* lucrativos y de los incentivos fiscales al mecenazgo.

Cuestiones relevantes

22. Para beneficiarse del régimen fiscal que acompaña a las aportaciones del patrimonio protegido la DGT exige que los declarantes demuestren que estas cumplan los requisitos exigidos por la legislación civil.

23. No todos los aportantes pueden beneficiarse de este régimen fiscal especial. El párrafo primero menciona expresamente las aportaciones realizadas por personas que guarden una relación de parentesco en línea directa o colateral hasta el tercer grado incluyendo al cónyuge de la persona con discapacidad; así como quienes lo tuviesen a su cargo en régimen de tutela o acogimiento (que hoy ha de leerse en tutela —en caso de menores con discapacidad— curatela y guarda de hecho, en caso de personas mayores de edad con discapacidad). Ahora bien, la DGT exige, para ello, que las aportaciones cumplan con las formalidades exigidas por la legislación civil, además de entender que la norma se refiere exclusivamente al parentesco por consanguinidad, quedando, pues, excluido el parentesco por afinidad. Por su parte, el núm. 4 excluye expresamente a la propia persona con discapacidad titular del patrimonio protegido.

24. Resulta especialmente disuasoria la rigidez de los Tribunales a la hora de exigir, para aplicar los beneficios fiscales de los aportantes, que los gastos costeados con el patrimonio protegido se realicen para satisfacer necesidades vitales de la persona con discapacidad, teniendo en cuenta que estas son diferentes de las necesidades corrientes [STSJ Madrid 2 diciembre 2011, FJ 4° (*Tol 5612503*)].

Jurisprudencia

Las aportaciones deben cumplir con las formalidades exigidas por la legislación civil (Resolución vinculante de Dirección General de Tributos de V138321 13 mayo 2021)

La carga de la prueba de que la constitución del patrimonio protegido y las aportaciones de bienes y derechos cumplen con los requisitos legalmente establecidos incumbe al sujeto pasivo que pretende hacer valer un derecho que le beneficia para que puedan ser tenidos en cuenta [SSTSJ Castilla La Mancha 27 enero 2020 (*Tol 9728882*), Madrid 26 marzo 2014 (*Tol 4181804*) y Murcia 17 diciembre 2021 (*Tol 8738484)*].

Incumbe a los padres constituyentes y aportantes de los patrimonios protegidos de sus hijos probar que las disposiciones de dinero que se han ido realizando durante el plazo de cuatro años tenían o no por objeto atender necesidades vitales de sus hijos y no cualquier necesidad corriente de la persona a cuyo favor se constituyó y concretar cuáles son [STSJ Murcia 17 diciembre 2021 (*Tol 8738484*)].

8. ADMINISTRACIÓN DEL PATRIMONIO PROTEGIDO DE LAS PERSONAS CON DISCAPACIDAD

Normativa reguladora

Artículo 5 LPPD. Administración.

"1. Cuando el constituyente del patrimonio protegido sea el propio beneficiario del mismo, su administración, cualquiera que sea la procedencia de los bienes y derechos que lo integren, se sujetará a las reglas establecidas en el documento público de constitución.

2. En los demás casos, las reglas de administración quedarán sujetas a lo dispuesto en el documento público de constitución o aportación, pudiendo establecerse los apoyos o salvaguardas que se consideren convenientes, ya sea por el propio constituyente o aportante o por la autoridad judicial, de oficio o a solicitud del Ministerio Fiscal o de aquellas personas legitimadas para promover la adopción de medidas de apoyo respecto del titular del patrimonio protegido.

En ningún caso será necesaria la subasta pública para la enajenación de los bienes o derechos que integran el patrimonio protegido.

En todo caso, y en consonancia con la finalidad propia de los patrimonios protegidos de satisfacción de las necesidades vitales de sus titulares, con los mismos bienes y derechos en él integrados, así como con sus frutos, productos y rendimientos, no se considerarán actos de disposición el gasto de dinero y el consumo de bienes fungibles integrados en el patrimonio protegido, cuando se hagan para atender las necesidades vitales de la persona beneficiaria.

3. No obstante lo dispuesto en el apartado anterior, los constituyentes o el administrador podrán instar al Ministerio Fiscal que solicite de la autoridad judicial competente la excepción de la autorización judicial en determinados supuestos, en atención a la composición del patrimonio, las circunstancias personales de su beneficiario, las necesidades derivadas de su discapacidad, la solvencia del administrador o cualquier otra circunstancia de análoga naturaleza.

4. Todos los bienes y derechos que integren el patrimonio protegido, así como sus frutos, rendimientos o productos, deberán destinarse a la satisfacción de las necesidades vitales de su beneficiario o al mantenimiento de la productividad del patrimonio protegido.

5. En ningún caso podrán ser administradores las personas o entidades que no puedan ser curadores, conforme a lo establecido en el Código Civil o en las normas de derecho civil, foral o especial que, en su caso, fueran aplicables.

6. Cuando no se pudiera designar administrador conforme a las reglas establecidas en el documento público o resolución judicial de constitución, la autoridad judicial competente proveerá lo que corresponda, a solicitud del Ministerio Fiscal, teniendo en cuenta los deseos, voluntad y preferencias del beneficiario".

Arts. 61 a 66 de la Ley 15/2015, de 2 de julio, de la Jurisdicción Voluntaria.

Real Decreto 1853/2009, de 4 de diciembre, por el que se modifica el Real Decreto 177/2004, de 30 de enero, por el que se determina la composición, funcionamiento y funciones de la Comisión de protección patrimonial de las personas con discapacidad.

Art. 76 Ley 20/2011, del Registro Civil. Inscripción de actos relativos al patrimonio protegido de las personas con discapacidad. "Es inscribible en el registro individual de la persona con discapacidad el documento público o resolución judicial relativos a la constitución y demás circunstancias relativas al patrimonio protegido y a la designación y modificación de administradores de dicho patrimonio".

El art. 5 LPPD utiliza el término "administración" del patrimonio en un sentido amplio, incluyendo, también, los actos de disposición y establece que, en cualquier caso, todos los actos, tanto de administración *stricto sensu,* cuanto de disposición, han de ir encaminados a que todos los bienes y derechos que forman parte del patrimonio, así como sus frutos, rendimientos o productos se destinen a la satisfacción de las necesidades vitales del beneficiario o al mantenimiento de la productividad del patrimonio protegido (art. 5.4 LPPD).

8.1. Administrador del patrimonio protegido

Administrador —o, en su caso, administradores— del patrimonio protegido es quien se haya determinado en la escritura de constitución del mismo, pudiendo suceder que sean personas distintas las que administren este patrimonio y el personal de la persona con discapacidad. En todo caso, de no coincidir la persona designada para administrar los bienes y derechos del patrimonio protegido con la que administre su patrimonio personal, "las facultades no conferidas al administrador corresponderán al favorecido por la disposición de los bienes que las ejercitará, en su caso, con el apoyo que proceda" (art. 252 CC).

Por supuesto, cuando la discapacidad no impida a la persona tomar decisiones por sí misma o con los apoyos necesarios, será ella quien nombre al administrador —que podrá ser ella misma o un tercero— y determine las reglas a las que deberá sujetarse su actuación en la escritura pública de constitución del patrimonio protegido. Sin embargo, a falta de autonomía suficiente para manifestar su voluntad a este respecto, será la autoridad judicial quien lo determine (arts. 5.6 LPPD y art. 56.1b) y d) LJV). En todo caso, tendrá preferencia, en este último caso, lo que la persona con discapacidad hubiera dispuesto, eventualmente, en los poderes y mandatos preventivos o escritura de auto curatela. Las mismas reglas se aplicarán para la sustitución del administrador (art. 56.1d LJV).

8.2. Reglas de administración del patrimonio protegido

Las reglas que regirán la administración del patrimonio protegido y de las aportaciones que se realicen tras su constitución son las que se determinen en la escritura pública de constitución y de aportación respectivamente.

Cuestiones relevantes

25. En el caso de que el constituyente del patrimonio protegido sea el propio beneficiario, dichas reglas se aplicarán a todos los bienes y derechos que lo integren, con independencia de su procedencia (art. 5.1 LPPD), favoreciéndose así que la administración pueda corresponder a entidades sin ánimo de lucro especializadas en la atención a las personas con discapacidad.

26. Cuando el patrimonio protegido lo hubiera constituido otra persona distinta con sus bienes, será esta quien determine las reglas de administración, pueda o no el beneficiario manifestar su voluntad por sí mismo o con los apoyos meramente instrumentales necesarios. La norma sigue la línea de los arts. 164 y 205 CC, en relación a la administración y disposición de los bienes donados a los hijos menores por terceros y el art. 252 CC, a la administración de los donados a una persona necesitada de apoyo.

27. Tanto el propio constituyente como el aportante o la autoridad judicial, de oficio o a solicitud del Ministerio Fiscal o de aquellas personas legitimadas para promover la adopción de medidas de apoyo respecto del titular del patrimonio protegido podrán establecer los apoyos y salvaguardas que se consideren convenientes (art. 5.2 LPPD). Por tanto, puede suceder que existan distintas reglas de administración para el patrimonio protegido, las aportaciones posteriores y patrimonio personal de la persona con discapacidad. Si bien, entendemos, que el administrador del PPD y de las aportaciones posteriores deberá ser la misma persona, dada la obligación de rendir cuentas que le incumbe (art. 8.2 LPPD), cosa que no sucede en relación con el patrimonio personal de la persona con discapacidad.

28. Una de las cuestiones que puede suscitar dudas es si el constituyente o el aportante pueden disponer de los bienes y derechos aportados prescindiendo de autorización judicial. Al no exigirse ya expresamente en la norma que el documento público de constitución o aportación prevea la necesaria autorización judicial en los casos que requería el tutor respecto de los bienes del tutelado, parte de la doctrina considera que aquella ya no es necesaria, siempre que sea para atender las necesidades vitales del beneficiario. La ventaja de esta postura es la agilización de la gestión de estos bienes, así como evitar sentencias como la del JPI núm. 13 Valladolid 21 junio 2010 en la que se denegó a los padres constituyentes del patrimonio enajenar un inmueble aportado por ellos al PPD por entender que la situación económica o jurídica que acompañaba a la venta la desaconsejaba. Sin embargo, atendiendo a la prohibición de afectar las aportaciones posteriores y sujetarlas a término, a la expresa no consideración de actos de disposición el consumo de dinero y bienes fungibles cuando se haga para atender las necesidades vitales de la persona beneficiaria y, sobre todo, al mantenimiento del núm. 3 del art. 5 LPPD previendo la posibilidad de instar al Ministerio Fiscal la flexibilización del régimen de autorización (también prevista en el 56.1c LJV), entendemos más coherente con el sistema sostener la obligatoriedad de la autorización judicial para disponer y gravar bienes pertenecientes a un patrimonio protegido por quien tenga asignada su administración, siempre que la persona con discapacidad necesite apoyo de carácter representativo, salvo que expresamente se hubiera exonerado al administrador de aquella en la escritura de constitución. De hecho, así lo sigue previendo el tenor del art. 61 LJV y así se está mencionando en los autos que conceden o no dichas autorizaciones los Juzgados de Primera Instancia e Instrucción. Además, no se puede obviar que también para los padres sigue siendo preceptiva la autorización judicial para realizar actos de administración extraordinaria (166 CC). En todo caso, la autorización no será preceptiva cuando el beneficiario no requiera de apoyo con función representativa para celebrar válidamente el negocio jurídico patrimonial que se pretenda realizar.

29. Se puede flexibilizar este régimen solicitando al Ministerio Fiscal que inste de la autoridad judicial competente la excepción de autorización judicial en determinados supuestos, en atención a la composición del patrimonio, las circunstancias personales de su beneficiario, las necesidades derivadas de su discapacidad, la solvencia del administrador o cualquier otra circunstancia de análoga naturaleza [art. 5.3 LPPD y 56.1c) LJV], sin que sea preciso acudir al procedimiento de subasta pública, ni intervención de persona o entidad especializada para la enajenación de los bienes o derechos que integran el patrimonio protegido. Con ello se asegura que el precio obtenido con la venta del bien se ajuste al de mercado y no a otro muy inferior.

30. Finalmente, otro de los grandes problemas de esta norma (y de la falta de éxito de esta institución) es el **diferente tratamiento que a los actos de disposición sobre los bienes que configuran este patrimonio especial otorgan los tribunales de lo Contencioso-administrativo a la hora de aplicar los beneficios fiscales que el art. 54 de la LIRPF a determinados aportantes.** Mientras el párrafo tercero del art. 5.2 LPPD excluye de la consideración de la disposición de dinero y bienes fungibles del patrimonio protegido como actos de disposición, los Tribunales de lo Contencioso Administrativo consideran lo contrario. La falta de alcance fiscal de la Ley 1/2009 de 25 de marzo (DF Sexta), de reforma de la Ley de 8 de junio de 1957, sobre el Registro Civil en materia de incapacitaciones, cargos tutelares y administradores de patrimonios protegidos, que añadió un último párrafo al apartado 2 del art. 5, excluyendo de la consideración de actos de disposición el consumo de dinero y bienes fungibles cuando se haga para atender las necesidades vitales de la persona beneficiaria, ha llevado a los tribunales de lo Contencioso Administrativo a considerar que el precepto no supone una modificación del art. 54 LIRPF y, en consecuencia, no interpretan su núm. 5 en el sentido de que sea posible disponer del patrimonio para satisfacer las necesidades vitales de la persona a cuyo favor se ha constituido. En este sentido, la STSJ Madrid 2 diciembre 2015 *(Tol 5612503)*. Con todo, sentencias como las SSTSJ Madrid 26 marzo 2014 *(Tol 4181804)* y Murcia 17 diciembre 2021, acogen la doctrina de las decisiones de la Agencia a consulta vinculante de los aportantes al patrimonio en las que se establece que "el gasto de dinero y el consumo de bienes fungibles integrados en el patrimonio protegido, cuando se hagan para atender las necesidades vitales de la persona beneficiaria, no debe considerarse como disposición de bienes o derechos, a efectos del requisito de mantenimiento de las aportaciones realizadas durante los cuatro años siguientes al ejercicio de su aportación establecido en el artículo 54.4 de la LIRPF" (Consulta 0184-11).

De este modo, el aportante no puede reducir de la base imponible las aportaciones realizadas al patrimonio protegido por considerar que los gastos de dinero que han realizado durante los primeros cuatro años desde su constitución incumplen el requisito de permanencia de los bienes durante el periodo impositivo en que se realiza la aportación o los cuatro años posteriores. Es evidente, que en este sentido urge una reforma de la norma fiscal en adecuación a lo previsto en la LPPD.

8.3. Sujetos que pueden ser nombrados administradores del patrimonio protegido

Pueden ser administradores del patrimonio protegido: a) La propia persona con discapacidad beneficiaria del mismo; b) Cualquier otra persona distinta designada por la propia persona beneficiaria, cuando ha sido esta la constituyente del patrimonio protegido, o por el constituyente del patrimonio protegido con aceptación del beneficiario, cuando aquel sea un tercero. También pueden nombrarse varios administradores para el patrimonio protegido, en cuyo caso, habrá que fijar las normas de su funcionamiento o, en su caso, las determinará la autoridad judicial respetando la voluntad de la persona que precisa el apoyo (art. 277 II CC).

Ahora bien, no pueden ser nombrados administradores aquellas personas o entidades que no puedan ejercer la curatela según la legislación civil vigente tanto en el Estado como en algunas CCAA (art. 5.5 LPPD). Así, según el art. 275. 1 CC, pueden serlo las personas mayores de edad que, a juicio de la autoridad judicial, sean aptas para el desempeño de la función; así como las personas jurídicas sin ánimo de lucro, públicas o privadas, entre cuyos fines se encuentre la promoción de la autonomía y asistencia a las personas con discapacidad. Por no cumplir el primero de los requisitos, quedan excluidas las sociedades mercantiles. Pero, según el apartado 2, además, no pueden ser administradores del patrimonio protegido quienes hayan sido excluidos por la persona que precise apoyo; quienes por resolución judicial estuvieran privados o suspendidos en el ejercicio de la patria potestad o, total o parcialmente, de los derechos de guarda y protección; y quienes hubieren sido legalmente removidos de una tutela, curatela o guarda anterior.

Tampoco podrá nombrar curador la autoridad judicial competente, salvo circunstancias excepcionales, debidamente motivadas, a quien haya sido condenado por cualquier delito que haga suponer fundadamente que no desempeñará la curatela; a quien tenga conflicto de intereses con la persona que precise apoyo; al administrador que hubiese sido sustituido en sus facultades de administración durante la tramitación del procedimiento concursal y, finalmente, a quien se sea imputable la declaración como culpable de un concurso, salvo que la curatela lo sea solamente de la persona. Pero tampoco pueden ser administradores de un patrimonio protegido aquellas personas que, en virtud de una relación contractual, presten servicios asistenciales, residenciales o de naturaleza análoga a la persona que precisa el apoyo *ex* art. 250 CC.

8.4. Supervisión de la administración

El constituyente del patrimonio protegido o, en su caso, el aportante, en las respectivas escrituras públicas de constitución y aportación, pueden determinar cuáles son las medidas u órganos de control y fiscalización que estimen oportunos para garantizar el respeto a los derechos, deseos, voluntad y preferencias del beneficiario, así como las salvaguardas necesarias para evitar abusos, conflicto de intereses e influencia indebida (arts. 3 I b, c; III y 4.1 LPPD)

Al lado de esta supervisión "voluntaria", el art. 7 LPPD prevé otra de carácter institucional que corresponde al Ministerio Fiscal, quien cuenta con el apoyo, asesoramiento y auxilio de la Comisión de Protección Patrimonial de las personas con discapacidad (Real Decreto 177/2004, de 30 enero, por el que se determina la composición, funcionamiento y funciones de la Comisión de protección patrimonial de las personas con discapacidad). El Ministerio Fiscal, de oficio o a solicitud de cualquier persona, podrá instar de la autoridad judicial competente, lo que proceda teniendo en cuenta la voluntad, deseos y preferencias del titular del patrimonio protegido siempre que ello sea posible. Entre las medidas que puede instar del juez está la sustitución del administrador, el cambio de las reglas de administración, la adopción de cautelas, la extinción del patrimonio protegido, o cualquier otra medida de análoga naturaleza que sea necesaria (art. 7. 1 LPPD y 56. 1d LJV).

Esa supervisión institucional por parte del Ministerio Fiscal puede ser de dos tipos: a) Permanente y general, por medio de la cual el administrador ha de remitirle, periódicamente, información acerca de la administración del patrimonio; b) esporádica y concreta, para cuando las circunstancias concurrentes lo hicieran preciso. En este último caso, el Ministerio Fiscal, actuando de oficio o a instancia de la persona interesada, puede solicitar del juez la adopción de cualquier medida de fiscalización o de control en beneficio de la persona con discapacidad.

En su apartado segundo, el art. 7.2 LPPD contiene (desde su promulgación) una errata y sujeta a la obligación de rendir cuentas al administrador del patrimonio protegido "cuando no sea la propia persona con discapacidad beneficiaria del patrimonio". Es obvio que se refiere a que no sea la propia persona con discapacidad "administradora" del patrimonio, no obstante, debe corregirse pues, no se puede entender de otra manera. La propia exposición de motivos declara abiertamente que "beneficiarios solo pueden ser, exclusivamente, las personas con discapacidad...". Salvada esta cuestión, se suma actualmente un nuevo problema para el éxito de esta figura jurídica. El precepto libera de la obligación de rendir cuentas exclusivamente a la propia persona con discapacidad cuando sea ella la administradora del patrimonio protegido. La nueva redacción del número 2 del art. 7 LPPD deja fuera de la exención a los padres, quienes habitualmente constituyen el patrimonio protegido con sus propias aportaciones y, a partir de ahora, salvo que esto se resuelva, están obligados a remitir, en todo caso anualmente, una relación de su gestión y un inventario de los bienes y derechos que lo formen, todo ello justificado documentalmente. Adicionalmente, el Ministerio Fiscal podrá requerir ulterior documentación y solicitar cuantas aclaraciones estime pertinentes.

Jurisprudencia

Necesaria autorización judicial del curador para realizar actos de administración extraordinaria (art. 287 CC) y realización de la enajenación mediante venta directa salvo que el Tribunal considere que es necesaria enajenación en subasta judicial para mejor y plena garantía de los derechos e intereses de su titular. Se debe justificar ante el juzgado, además, una vez se haya procedido a la enajenación, que se ha destinado el dinero de la venta al patrimonio o cuenta de la persona con discapacidad. Cuando se trate de la administración de bienes o derechos determinados, con facultades concretas sobre los mismos, conferida por su transmitente a título gratuito a favor de quien no ostente la representación legal, o cuando se ejerzan separadamente la tutela o curatela de la persona y la de los bienes deberá solicitar la autorización, si fuere precisa, el administrador designado por el transmitente o el tutor de los bienes. Si se trata de actos relativos a los bienes del patrimonio protegido, el legitimado será su administrador, AAJPII Tudela 15 febrero 2022 (*Tol 9191000*), 14 marzo 2022 (*Tol* 9191005), 21 marzo 2022 (*Tol 9191008*), 11 abril 2022 *(Tol 9191008)* y 11 mayor 2022 *(Tol 9191001)*.

El AJPII 7 junio 2022 *(Tol 9240578)* autoriza al hijo, en calidad curador representativo, a vender unas acciones de una sociedad deportiva, titularidad de su madre, a la que esta ya no acude con el consiguiente gasto inútil. El AJPII 25 abril 2022 (*Tol 9240585)* autoriza a la tutora la venta en nombre de su hija una casa no habitada que genera gastos de mantenimiento innecesarios.

A efectos fiscales, en contra de lo dispuesto en el art. 5.2 II LPPD, la disposición de dinero o bienes fungibles durante los cuatro años tras la constitución del patrimonio protegido no se considera acto de disposición [STSJ Madrid 2 diciembre 2015 *(Tol 5612503)*].

9. EXTINCIÓN DEL RÉGIMEN

Normativa reguladora

Artículo 6. Extinción.

"1. El patrimonio protegido se extingue por la muerte o declaración de fallecimiento de su beneficiario o por dejar éste de tener la condición de persona con discapacidad de acuerdo con el artículo 2.2 de esta ley.

2. Si el patrimonio protegido se hubiera extinguido por muerte o declaración de fallecimiento de su beneficiario, se entenderá comprendido en su herencia.

Si el patrimonio protegido se hubiera extinguido por dejar su beneficiario de cumplir las condiciones establecidas en el artículo 2.2 de esta ley éste seguirá siendo titular de los bienes y derechos que lo integran, sujetándose a las normas generales del Código Civil o de derecho civil, foral o especial, que, en su caso, fueran aplicables.

3. Lo dispuesto en el apartado anterior se entiende sin perjuicio de la finalidad que, en su caso, debiera de darse a determinados bienes y derechos, conforme a lo establecido en el artículo 4.3 de esta ley.

En el caso de que no pudiera darse a tales bienes y derechos la finalidad prevista por sus aportantes, se les dará otra, lo más análoga y conforme a la prevista por éstos, atendiendo, cuando proceda, a la naturaleza y valor de los bienes y derechos que integren el patrimonio protegido y en proporción, en su caso, al valor de las diferentes aportaciones".

Salvo en el caso especial de que sea el juez quien acuerde la extinción del patrimonio protegido cuando así convenga al interés de la persona con discapacidad —que indica solamente la Exposición de motivos—, solo hay dos causas de extinción de aquél: la muerte o declaración de fallecimiento de su beneficiario o dejar de tener el grado de discapacidad preceptivo para su constitución. No contempla la ley estatal, a diferencia del art. 227-7 CCCat, la renuncia de todos los beneficiarios ni la expiración del plazo por el que se constituyó o el cumplimiento de alguna condición resolutoria establecida en la escritura de constitución. Si el patrimonio protegido se extingue por casusa de muerte o declaración de fallecimiento de su beneficiario, los bienes y derechos integrantes del patrimonio protegido pasarán a formar parte de su herencia, aplicándose las normas del CC (o la legislación civil foral o especial que corresponda) a su sucesión *mortis causa*. Cuando se extingue por dejar de tener el grado de discapacidad preceptivo, el titular del extinto patrimonio protegido continuará siendo titular de los bienes y derechos que lo integraran, los cuales se unirán a los de su patrimonio personal.

No obstante, las aportaciones realizadas por terceros posteriormente al acto de constitución del patrimonio protegido pueden regirse por reglas distintas, cuando los aportantes han determinado un destino específico para los bienes y derechos aportados al patrimonio protegido en la escritura pública de aportación una vez este se extinga, siempre que aún subsistieran en todo o en parte. De ese modo, no se aplicarán las reglas del resto de bienes y derechos a los que aquellos hubieran dado alguna finalidad especial. En caso de que esta no pudiera cumplirse, dispone el art. 6.3 II LPPD que habrá de dárseles otra lo más análoga posible y conforme a la que ellos establecieron, atendiendo a la naturaleza y valor de los bienes y derechos que integren el patrimonio protegido y en proporción, en su caso, a las diferentes aportaciones.

10. PUBLICIDAD REGISTRAL

Normativa reguladora

Artículo 8. Constancia registral.

"1. La representación legal a la que se refiere el artículo 5.7 de esta Ley se hará constar en el Registro Civil, en la forma determinada por su Ley reguladora.

2. Cuando el dominio de un bien inmueble o derecho real sobre el mismo se integre en un patrimonio protegido, se hará constar esta cualidad en la inscripción que se practique a favor de la persona con discapacidad en el Registro de la Propiedad correspondiente, conforme a lo previsto en la legislación hipotecaria. Si el bien o derecho ya figurase inscrito con anterioridad a favor de la persona con discapacidad se hará constar su adscripción o incorporación al patrimonio protegido por medio de nota marginal.

La misma constancia registral se practicará en los respectivos Registros respecto de los restantes bienes que tengan el carácter de registrables. Si se trata de participaciones en fondos de inversión o instituciones de inversión colectiva, acciones o participaciones en sociedades mercantiles que se integren en un patrimonio protegido, se notificará por el notario autorizante o por el juez, a la gestora de los mismos o a la sociedad, su nueva cualidad.

3. Cuando un bien o derecho deje de formar parte de un patrimonio protegido se podrá exigir por quien resulte ser su titular o tenga un interés legítimo la cancelación de las menciones o notas marginales a que se refiere el apartado anterior.

4. La publicidad registral de los asientos a que se refiere este precepto se deberá realizar, en los términos que reglamentariamente se determinen, con pleno respeto a los derechos de la intimidad personal y familiar y a la normativa sobre protección de datos de carácter personal".

El art. 8 LPPD se ocupa de la constancia registral del patrimonio protegido. Por un lado, en el ámbito del Registro Civil, el art. 8.1 LPPD se remite a la constancia registral de "la representación legal a la que se refiere el art. 5.7 de esta Ley". Sin embargo, este párrafo ha sido suprimido por la Ley 8/2021 sin haber previsto la reforma ninguna solución alternativa. En este apartado séptimo del art. 5 LPPD se disponía la condición de representante legal de la persona con discapacidad del administrador del patrimonio protegido para todos los actos de administración de bienes y derechos integrantes del mismo, liberándole del concurso de los padres o tutor para su validez y eficacia. La eliminación de las figuras tutelares, en tanto que representantes legales de la persona con discapacidad, arrastra, lógicamente, la del administrador del patrimonio protegido como representante. Sin embargo, al no contemplarse en la reforma del Código civil su posible calificación como medida de apoyo, aparte de no quedar clara la naturaleza jurídica de su cargo cuando no ha sido nombrado por voluntad la propia persona con discapacidad, impide la aplicación, al menos, *ab initio*, del art. 300 CC que obliga a inscribir en el RC "las resoluciones judiciales y los documentos públicos notariales sobre cargos tutelares y medidas de apoyo de las personas con discapacidad".

Pese a ello, el art. 4 LRC en su ordinal 12º, dispone el acceso al RC de los actos relativos a la constitución y régimen del patrimonio protegido de las personas con discapacidad su art. 76 LRC, permite la inscripción en el registro individual de la persona con discapacidad el documento público o resolución judicial relativos a la constitución y demás circunstancias relativas al mismo, y a la designación y modificación de administradores de dicho patrimonio. Es evidente que la norma debería referirse a la constancia en el RC del administrador del patrimonio protegido o, simplemente, ceñirse a remitir a dicho cuerpo normativo, pues de su lectura así se derivaría. No obstante, dadas las responsabilidades que incumben al administrador de un patrimonio protegido, sobre todo, cuando se trata de una persona distinta del propio beneficiario, su identificación es clave en el funcionamiento de esta institución.

Además, en relación con los bienes y derechos que integran este patrimonio, se requiere hacer constar dicha cualidad en la inscripción que se practique a favor de la persona con discapacidad en el Registro de la Propiedad correspondiente y, en caso de que se trate de participaciones en fondos de inversión o instituciones de inversión colectiva, acciones o participaciones en sociedades mercantiles que se integren en el mismo, se notificará por el notario autorizante o por el juez, a la gestora de los mismos o a la sociedad, su nueva cualidad. También deberá cancelarse dicha mención cuando los bienes y derechos dejen de formar parte de dicho patrimonio, aunque, en este caso, queda en manos del nuevo titular o de quien tenga un interés legítimo, cursar la cancelación de los asientos o las notas marginales.

ESQUEMA

FINALIDAD

NATURALEZA

BENEFICIARIOS

CONSTITUYENTES

1. El propio beneficiario
2. Terceros
   - 2.1. Con oposición de las medidas de apoyo
   - 2.2. Con oposición de la propia persona con discapacidad

CONSTITUCIÓN

1. Requisitos formales
2. Requisitos materiales

APORTACIONES

1. Requisitos
2. Beneficios fiscales

ADMINISTRACIÓN

1. Por la propia persona con discapacidad
2. Por un tercero

SUPERVISIÓN

1. Voluntaria
2. Institucional

EXTINCIÓN

1. Por causa de muerte
2. Por pérdida del grado de discapacidad

CONSTANCIA REGISTRAL

IV
INTERDISCIPLINAR

31 Los delitos en el ámbito del derecho de familia

Fermín Morales Prats[1] / Luis de las Heras Vives[2]

Sumario: 1. LA NEGATIVA A LA ENTREGA DE MENORES A SUS PADRES O GUARDADORES (ART. 223 CP). 2. INDUCCIÓN DE MENORES O DISCAPACITADOS AL ABANDONO DE DOMICILIO O LUGAR DE RESIDENCIA (ART. 224.I CP). 3. INDUCCIÓN DEL PROGENITOR A SU HIJO MENOR A INFRINGIR EL RÉGIMEN DE CUSTODIA ESTABLECIDO POR LA AUTORIDAD JUDICIAL O ADMINISTRATIVA (ART. 224.II CP). 4. ACTUACIÓN POSTDELICTIVA ATENUATORIA: LA RESTITUCIÓN DEL MENOR AL DOMICILIO U OTRO LUGAR CONOCIDO Y SEGURO SIN SUFRIR DAÑOS (ART. 225 CP). 5. LA SUSTRACCIÓN DE MENORES (art. 225 bis). 6. EL INCUMPLIMIENTO DE LOS DEBERES LEGALES DE ASISTENCIA (ART. 226 CP). 7. EL IMPAGO DE PENSIONES (ART. 227 CP). 8. EL ABANDONO DE MENORES DE EDAD O INCAPACES (ARTS. 229 Y 230 CP). 9. EL ABANDONO IMPROPIO DE MENORES DE EDAD O INCAPACES (ART. 231 CP). 10. LA EXPLOTACIÓN DE MENORES PARA LA MENDICIDAD (ART. 232 CP). 11. ASPECTOS COMUNES AL ABANDONO Y EXPLOTACIÓN DE MENORES (ART. 233 CP).

1. LA NEGATIVA A LA ENTREGA DE MENORES A SUS PADRES O GUARDADORES (ART. 223 CP)

Normativa reguladora

El art. 223 CP castiga la negativa a la entrega de un menor de edad o incapaz a sus padres o guardadores, pero, siempre que concurran dos requisitos:

(i) que por parte de los padres o guardadores medie un requerimiento previo al sujeto activo para que efectúe la entrega del menor o incapaz;

(ii) que no concurra en el sujeto activo una causa que justifique la negativa a la entrega del menor o incapaz.

Jurisprudencia

Tal como recuerda el AAP Madrid 28 diciembre 2018 (*Tol 7233522)*, se trata de un delito de mera omisión "para cuya consumación no se requiere la producción de un resultado, sino que

---

1 CU, Derecho penal de la Universidad Autónoma de Barcelona, Abogado.

2 Profesor Doctor, Derecho Penal, Universidad Internacional de la Rioja. Abogado.

es suficiente con que la seguridad del menor o del incapaz se vea afectada como consecuencia de no haber sido reintegrados a sus padres o guardadores".

Como ejemplo paradigmático de esta conducta para que se comprenda bien la acción típica puede citarse la SAP Cáceres 12 febrero 2002 (*Tol 7730976*). Se trata de un caso en el que la abuela paterna del menor, quien durante ocho años había sido la guardadora de hecho hasta que la tutela administrativa fue asumida por la Dirección General de la Infancia y la Familia de la Consejería de Bienestar Social de la Junta de Extremadura, fue condenada porque en el marco de una visita de su nieto en el Hogar infantil, tenía que reintegrar al menor a las 20.00 horas, pero decidió llevárselo a Lisboa sin reintegrarlo al Centro de Acogida. En idéntico sentido puede leerse en el AAP Lérida 22 abril 2010 (*Tol 3606594*): "El delito contra los derechos y deberes familiares que describe el art. 223 del CP difícilmente es aplicable a la madre, pues gozando de la patria potestad y planteado el tipo entre "custodios de un menor" (sujeto activo) y padres o guardadores (a los que se debe presentar) no parece que sea el sujeto activo al que se dirige". Y también el AAP Cádiz 30 junio 2011 (*Tol 3606594*): "La lectura del precepto pone de manifiesto que el sujeto activo tiene que tener atribuida la custodia de un menor y la acción tiene que consistir en no presentar al menor a sus padres o guardadores, como precisamente la denunciada es la madre del menor, considero que no es posible subsumir el hecho denunciado entre de esa tipificación".

En este sentido, debe entenderse, por tanto, que entregar al menor o incapaz a sus padres o guardadores es —por propia definición del verbo entorno al que se articula el injusto— ponerlo a su disposición.

A su vez, por la propia configuración del tipo, es un delito de peligro abstracto por no exigirse lesión o daño concreto al menor o incapaz. La esfera de lesividad reside entonces en un juicio general de la experiencia, cifrado en a infracción de un deber.

Puede ser sujeto activo cualquier persona que tenga temporalmente a su cargo el cuidado del menor distinto a los progenitores o guardadores.

Por tener temporalmente a cargo el cuidado del menor, debe entenderse con el AAP Madrid 4 marzo 2011 (*Tol 3648776*): "toda situación transitoria por la que, por las circunstancias o por el título que sean, ostente el cuidado, la guarda o, en general, la protección temporal del menor" [AAP Madrid 4 marzo 2011 (*Tol 3648776*)].

En consecuencia, no puede ser sujeto activo la persona que tengan atribuida la guarda y patria potestad del menor o incapaz. Así, el AAP Madrid 28 diciembre 2018 (*Tol 7233522*) deniega la condición de sujeto activo a una madre por tener atribuida la custodia de la hija menor. Y, en idéntico sentido razona el AAP Barcelona 29 septiembre 2005 (ECLI: ES:APB:2005:4605A) que "el delito contra los derechos y deberes familiares que describe el art. 223 del CP difícilmente es aplicable al padre, pues gozando de la patria potestad y planteado el tipo entre «custodios de un menor» (sujeto activo) y padres o guardadores (a los que se debe presentar) no parece que sea el sujeto activo al que se dirige, sobre todo considerando que en la fecha de los hechos no había sido modificado el CP con la inclusión del art. 225 bis. Por otra parte, entre las conductas que el art. 225 bis estima sustracción de menores no está la que se denuncia".

En consecuencia, a la pregunta de si es posible la comisión de este delito por la persona en quien concurre la condición de progenitor que tiene la custodia de hecho, con la obligación de reintegrar a sus hijos al otro progenitor quien tiene concedida la guarda y custodia de derecho; la respuesta, como señala la SAP Almería 23 septiembre 2011 (*Tol 2410241*) "debe ser negativa pues, en otro caso cometerían el delito todos los progenitores separados y sometidos a un determinado régimen de guarda y custodia o de régimen de visitas, cuando no cumplieran puntualmente con lo acordado en el convenio regulador o con lo ordenado en la sentencia reguladora de tal situación". En idéntico sentido SAP Álava 4 octubre 2002 (ECLI:ES:APVI:2002:497): "Respecto al delito de infracción de los deberes de custodia de menores, del art. 223 del Código Penal, el fundamento segundo de la sentencia de instancia concluye con la imposibilidad de aplicar tal tipo al progenitor en supuestos de divorcio o separación, por lo que la expresa mención absolutoria en el fallo de la sentencia es una consecuencia necesaria, dada la acusación que sobre tal tipo se hace la acusación particular".

La determinación de la condición de menor de edad se hará conforme al código civil, habiéndose de excluir a los emancipados por la propia lógica de sus efectos (art. 323 CC).

En cuanto al concepto de incapaz habrá que estar a las previsiones del art. 25 CP.

Cuestiones relevantes

1. **La causa de justificación para la no entrega y el error de obrar justificadamente.**

Ya hemos dicho que uno de los requisitos que deben concurrir es que no se de en el sujeto activo una causa que justifique la negativa a la entrega del menor o incapaz.

La doctrina ha distinguido dos grandes grupos de justificaciones: las de derecho y las de hecho (se han puesto como ejemplo de las primeras: el incumplimiento de las obligaciones impuestas o una resolución judicial. Mientras que como ejemplo de situaciones justificantes de hecho: enfermedades del menor, imposibilidad material para su entrega, la no disposición del menor por haber sido entregado a un tercero y siempre que esa entrega sea racional, por ejemplo, a otro familiar, allegado o responsable). De entre todas ellas, por su problemática, destaca la renuencia del menor a volver con sus padres o guardadores, esto es, aquellas situaciones en las que el menor consiente esa no devolución. En estos casos, la jurisprudencia lo que señala es que existe causa de justificación a la no presentación del menor a sus guardadores, cuando en el menor, con suficiente madurez, se aprecia una negativa seria y firme. Así, el AAP Madrid 23 julio 2010 (*Tol 5295657*) razona que "no puede exigirse al denunciado otro comportamiento, que partiría del recurso a la violencia o la intimidación para que los menores se reintegren al domicilio de la madre".

Parece, en todo caso, obvio que la edad de los menores y la madurez será un parámetro manifiestamente relevante en este punto. Así en el citado caso, los menores contaban con la edad de dieciséis y catorce años. En consecuencia, cuando la edad y la madurez del menor consentidor no sea la razonable para entender que existe esa negativa seria, real y persistente, habrá que restituirlo. Asimismo, ese consentimiento del menor exigirá que el sujeto activa haga uso de todos los medios a su alcance para reconfigurar la situación para salir de ese estado de hecho justificante.

En cuanto al error sobre la creencia de actuar conforme a derecho o, dicho más allá, de estar actuando bajo la creencia de obrar justificadamente para no devolver al menor o incapaz, operará como un error de prohibición. Por el contrario, si lo que ocurre es una incorrecta valoración de los hechos justificantes, el error será de tipo.

2. Problemas concursales.

Debemos distinguir entre un quebrantamiento de los deberes de custodia *per se* y la remisión genérica a cualquier otro delito más grave (detención ilegal y secuestro: art. 163 y ss. CP), en concurso de leyes del art. 8.4 CP, por aplicación del principio de gravedad o alternatividad (AAP Madrid 4 marzo 2011 (*Tol 3648776*). Dicho de otro modo, cuando el sujeto activo sea persona en la que no concurre la condición de progenitores o guardadores, habrá que acudir a las detenciones ilegales del art. 163 y ss. CP.

Asimismo, cuando el sujeto activo, tal como hemos visto, incumplidor de la obligación de restitución es su padre o guardador, la conducta podrá ser calificada como inducción del menor al abandono del domicilio (art. 224 CP) o sustracción del menor por su progenitor (art. 225 bis CP)

Desde el punto de vista del concurso, este delito, como se desprende nítidamente al ser de peligro abstracto, puede acudirse a la solución del concurso real para castigar resultados que desbordan los castigados por este delito, por ejemplo, lesiones.

2. INDUCCIÓN DE MENORES O DISCAPACITADOS AL ABANDONO DE DOMICILIO O LUGAR DE RESIDENCIA (ART. 224.I CP)

Normativa reguladora

Dispone el art. 224 CP: "El que indujere a un menor de edad o a una persona con discapacidad necesitada de especial protección a que abandone el domicilio familiar, o lugar donde resida con anuencia de sus padres, tutores o guardadores, será castigado con la pena de prisión de seis meses a dos años. (…) ".

Nos encontramos ante un delito cuya estructura típica presenta escasos problemas más allá de los inherentes a los de cualquier inducción, ya que, se trata de la incriminación de dicha forma de participación. Esto es, la inducción de un menor de edad o persona con discapacidad a abandonar el domicilio familiar o lugar donde resida con anuencia de sus padres, tutores o guardadores.

Jurisprudencia

El concepto típico de inducción contemplado en el art. 224 CP no puede ser coincidente íntegramente —aunque si orientativamente— con el jurídico-penal del art. 28.II.a) CP, sino, como señala la SAP Granada 21 junio 2013 (*Tol 3987311*) con "su acepción gramatical de «instigar, persuadir o mover a alguien» a hacer alguna cosa, sea objetivamente eficaz en el esfuerzo del autor por convencer al menor de edad de que se ausente del espacio natural donde encuentra su referente protector y afectivo y donde son menos intensos los riesgos que le puedan acechar, por lo que el juicio de valor sobre la relación de causalidad entre el estímulo inductor y el abandono del domicilio familiar por el menor dependerá de la capacidad de autodeterminación que tenga el propio menor para decidir la marcha".

Asimismo, como quiera que la inducción es en sí misma una conducta de mera actividad, el tipo objetivo no exige que el inductor consiga su propósito [AAP Madrid 8 junio 2006 (*Tol 6287269*)].

No es posible inducir a un menor de edad o a una persona con discapacidad necesitada de especial protección, si alguno de estos carece de capacidad intelectiva. Así, el AAP Girona 20 enero 2000 ECLI: ES:APGI:2000:22A), confirma el sobreseimiento por entender que el art. 224 CP no es de posible aplicación porque se requiere "en el menor o incapaz una mínima capacidad de decisión que evidentemente se haya ausente en un niño de dos años, quien por sí mismo, ninguna decisión, aunque sea viciada por la influencia de otra persona, puede adoptar".

Además de todo lo apuntado, conviene también precisar que el consentimiento del menor carece de relevancia típica (exclusión), pues los hijos no emancipados están bajo la patria potestad de los progenitores (art. 154 CC) y entre su catálogo de obligaciones está la de obedecer a sus padres mientras permanezcan bajo su potestad, y respetarles siempre (art. 155.1º CC).

Cuestiones relevantes

3. La consumación.

Como quiera que el tipo utiliza la siguiente literalidad: "El que indujere [...] a que...", parece claro que el delito se perfecciona una vez surge o brota la voluntad de abandono en el sujeto pasivo. De hecho, como señala la SAP Murcia 21 noviembre 2000 (ECLI: ES:APMU:2000:3142): "debemos considerar que el inductor no actúa como partícipe del delito sino que en este concreto caso la inducción ha sido elevada a la categoría de autoría, justamente por ausencia de tipicidad de la conducta principal, por lo que la no realización de la conducta principal no lleva aparejado el calificativo de que fuera ineficaz la inducción realizada cuando, tal y como sucedió en el supuesto enjuiciado, no se consiguió su finalidad por causas ajenas a la inducida que en este caso fue el que acudiera su tío a la estación de autobuses". Por tanto, concluye la Audiencia que "al hallarnos ante una forma de inducción elevada a la categoría de autoría, es indiferente el grado de perfección de la conducta principal, bastando con que el menor intente abandonar el hogar con actos relevantes para que se perfeccione el delito, actos relevantes que estimamos se han producido según se ha razonado anteriormente".

4. Problemas concursales.

Como ha señalado la doctrina, si el sujeto activo consigue la finalidad de su conducta, esto es, el abandono del domicilio por parte del menor o incapaz y éste queda en su poder, tras el oportuno requerimiento de sus padres o guardadores, incurre en la comisión concursal (medial) del subsiguiente delito del art. 223 CP o, en su caso, del de detención ilegal del art. 163 CP.

Por supuesto, ningún obstáculo habrá para apreciar concurso real de delitos en aquellos casos que como consecuencia de la inducción al abandono se produzca algún daño sobre el menor o incapaz. El ejemplo clásico puesto por la doctrina es el de lesiones u homicidio imprudente al desarrollar el menor o incapaz un viaje el solo para dar cumplido a la idea sembrada, es decir, el abandono del domicilio.

En cuanto al art. 225 bis CP relativo a la sustracción de menores, la relación es de concurso de leyes y no de delitos, pues en el caso del art. 224 CP, la conducta de abandono efectivo (que sería el elemento generador del reproche del art. 225 bis CP) la lleva a cabo el propio inducido, mientras que en el 225 bis CP, la sustracción es ejecutada por el progenitor. En los casos de utilizar al menor o incapaz como instrumento mediato (autoría mediata) es claro que estaríamos ante un art. 225 bis CP.

3. INDUCCIÓN DEL PROGENITOR A SU HIJO MENOR A INFRINGIR EL RÉGIMEN DE CUSTODIA ESTABLECIDO POR LA AUTORIDAD JUDICIAL O ADMINISTRATIVA (ART. 224.II CP)

Normativa reguladora

Dispone el art. 224.II CP: " (…) En la misma pena incurrirá el progenitor que induzca a su hijo menor a infringir el régimen de custodia establecido por la autoridad judicial o administrativa. ".

Jurisprudencia

La conducta típica es la inducción que lleva a cabo un progenitor para que su hijo menor infrinja el régimen de custodia establecido por la autoridad judicial o administrativa. Por esta razón se ha dicho por el AAP Madrid 8 junio 2006 (*Tol 6287269*) que: "Si en el primer párrafo parece claro que se tipifica un comportamiento que puede crear un peligro relevante para el menor o incapaz, a quien se incita a abandonar el «medio protegido» en que se encuentra, en el segundo esta finalidad tutelar es menos evidente, prevaleciendo la desobediencia indirecta u oblicua a lo dispuesto judicial o administrativamente".

Especial atención requiere el concepto de "custodia", debiendo estarse, por el propio significado del precepto, a cualquier resolución judicial o administrativa en la que se organice el cuidado, guarda y visita del hijo menor. Por tanto, se observa como este delito tiene más que ver con una desobediencia que con un delito contra las relaciones familiares.

Por otro lado, a diferencia de lo que sucede en el primer párrafo del art. 224 CP, este delito es especial al únicamente poderse cometer por los progenitores (sujeto activo).

En cuanto al sujeto pasivo, lo es el hijo menor del sujeto activo.

4. ACTUACIÓN POSTDELICTIVA ATENUATORIA: LA RESTITUCIÓN DEL MENOR AL DOMICILIO U OTRO LUGAR CONOCIDO Y SEGURO SIN SUFRIR DAÑOS (ART. 225 CP)

Normativa reguladora

El art. 225 CP es un precepto de caótica estructura que prevé un tipo atenuado con base en una conducta postdelictiva que exige tres requisitos cumulativos:

(i) la restitución del menor de edad o de la persona con discapacidad necesitada de especial protección;

(ii) que la restitución sea en el domicilio o residencia del menor o incapaz o lo deposite en un lugar conocido y seguro; y

(iii) que el menor o incapaz no haya sufrido vejaciones, sevicias o acto delictivo alguno ni haber puesto en peligro su vida, salud, integridad física o libertad sexual.

A los que habrá que añadirse, además, alguno de los dos siguientes requisitos:

(iv.1) el lugar de estancia del menor de edad o incapaz haya sido comunicado a sus padres, tutores o guardadores; o

(iv.2) la ausencia no hubiera sido superior a 24 horas.

5. LA SUSTRACCIÓN DE MENORES (art. 225 bis)

Normativa reguladora

En el artículo 225 bis CP nos hallamos ante el único precepto con el que el código penal castiga la sustracción de menores *per se*. Se trata de un precepto abigarrado y de amplio espectro.

El precepto se articula en torno a cinco apartados:

En el apartado primero se regula el tipo básico.

En el apartado segundo se define normativamente el concepto de sustracción de menores.

En el apartado tercero se prevén dos tipos agravados.

En el apartado cuarto una exclusión punitiva y un tipo atenuado.

Y, por último, en el apartado quinto una cláusula de extensión de la autoría a algunos de los parientes del menor y del progenitor.

Jurisprudencia

El precepto no prevé la tasación normativa del sintagma típico "sin causa justificada", en consecuencia, el tipo permite una gran flexibilidad a los órganos jurisdiccionales para no apreciar la antijuridicidad exigida por el precepto. Así, se ha dicho por nuestra jurisprudencia que la referencia a causa justificada no es más que "una referencia a una causa de justificación en relación con los deberes de custodia, teniendo en cuenta que al otro progenitor le corresponden también los deberes inherentes a la patria potestad, entre ellos, el de velar por la hija menor de edad (art. 154 del Código Civil)" [SAP Almería 19 diciembre 2013 (*Tol 4491080*)].

A título de ejemplo, por el AAP Madrid 17 junio 2004 (*Tol 497805*) se ha considerado atípica el abandono del hogar de una madre con sus hijos por temor a que el esposo pudiera realizar algún acto de violencia contra cualquiera de ellos. También señala la SAP Jaén 20 enero 2005 (*Tol 656223*) que lo es cuando dicho abandono se produce por necesidad económica o porque atendiendo a las circunstancias del caso apunta el AAP Sevilla 28 mayo 2004 (*Tol 7706849*) debe prevalecer el interés del menor.

En cuanto al elemento nuclear: "la sustracción", queda definida por el apartado segundo del art. 225 bis CP:

(i) El traslado de una persona menor de edad de su lugar de residencia habitual sin consentimiento del otro progenitor o de las personas o instituciones a las cuales estuviese confiada su guarda o custodia.

(ii) La retención de una persona menor de edad incumpliendo gravemente el deber establecido por resolución judicial o administrativa.

Por tanto, una interpretación cosintáctica y cosemántica de ambos apartados de conformidad con el AAP Madrid 17 junio 2004 (*Tol 497805*)"permite inferir que la norma presupone una situación en la que un menor se encuentra bajo la custodia de uno de los progenitores o de una tercera persona o de una institución, en virtud de lo establecido por una resolución judicial o administrativa, y el otro progenitor (o cualquiera de ellos, si el menor está confiado a una tercera persona o a una institución) se lo lleva (lo traslada) de su lugar de residencia, ocultando el punto al que el menor ha sido trasladado; o, aprovechando la oportunidad de tenerlo en su compañía, no lo devuelve (lo retiene) cuando y donde tenía el deber de hacerlo, de forma tal que revela su propósito de convertir en definitiva la convivencia que había de ser meramente temporal". Ahora bien, con la importante precisión que con la reforma operada por la Ley Orgánica 8/2021, de 4 de junio del art. 225 bis CP, el traslado es ahora "de su lugar de residencia habitual" y no, como decía anteriormente, "de su lugar de residencia".

En cuanto al tipo subjetivo, recuerda el AAP Madrid 17 junio 2011 (*Tol 3621931*) que se trata de un delito doloso que "no puede entenderse de otra forma que como la intención del autor de trasladar o retener al menor con voluntad de permanencia en tal situación".

En cuanto a sujeto activo del delito solo puede serlo "el progenitor que no ostente la titularidad de la custodia del menor" o "los ascendientes del menor y a los parientes del progenitor hasta el segundo grado de consanguinidad o afinidad" (art. 225 bis.5 CP). Así recuerda el AAP Barcelona 22 junio 2005 (*Tol 6324131*) que: "el sujeto activo tan sólo podrá serlo el padre o madre que ostentando la titularidad de la patria potestad tan sólo cuente con un derecho de visita".

Cuestiones relevantes

6. **En cuanto al bien jurídico, desde el punto de vista doctrinal, las opiniones son diversas. Los hay quienes sostienen que el bien jurídico es la seguridad del menor, frente a los que sostienen que el precepto busca proteger las relaciones regulares del menor con cada uno de sus padres.**

   Por lo que respecta a nuestra jurisprudencia, alguna considera que el bien jurídico protegido es "el derecho del menor a relacionarse regularmente con sus dos padres en caso de crisis familiar, pues el precepto se halla sistemáticamente incluido en el Capítulo «De los delitos contra los derechos y deberes familiares»" [AAP Tarragona 28 noviembre 2003 (*Tol 342609*)]. Y otra que es "el derecho del menor a mantener su ámbito familiar afectivo, conservando en supuestos de crisis de pareja la relación de educación y cariño hasta entonces llevada con ambos progenitores, así como a salvaguardar el marco geográfico en el que conformaba su desarrollo mediante un entramado de relaciones sociales, familiares, educativas o de esparcimiento, evitando que todo ello sucumba de manera mezquina en un ciego enfrentamiento propiciado por los desafectos de pareja y sin sujeción a la vía judicial legalmente establecida para —en supuestos de discrepancia-ponderar las circunstancias concurrentes y velar así por los derechos del menor" [AAP Barcelona 22 junio 2006 (*Tol 6181306*)].

7. **Tipos agravados (art. 225 bis.3 CP).**

   El tipo básico encuentra dos agravaciones para imponer la pena en su mitad superior: (i) el traslado del menor fuera de España o (ii) exigir alguna condición para su restitución.

   En lo que concierne a la primera causa de agravación, esto es, el traslado del menor fuera de España, su fundamento se halla en la especial dificultad para la localización efectiva y restitución del menor y con ello, evidentemente, una agravación del daño causado sobre el progenitor víctima.

Conviene precisar para evitar confusiones que la sustracción internacional de menores tiene lugar como recuerda la SAP Asturias 10 octubre 2014 (*Tol 4568873*): "cuando un menor es trasladado ilícitamente a un país distinto de donde reside habitualmente, violando el derecho de custodia atribuido a una persona o a una institución, o en aquellos casos en que el padre o la madre se haya trasladado con el menor para residir en otro país, e impida al otro progenitor que tenga atribuido el derecho de visita ejercitarlo", pero la agravación del art. 225 bis.3 CP operará cuando haya ese traslado fuera de España o se exija alguna condición para su restitución. Dicho de otro modo, el art. 225 bis CP no contempla una agravación en atención al concepto de "sustracción internacional de menores", sino al especial desvalor de las expresas conductas contempladas por el tipo agravado.

En cuanto a la segunda causa de agravación, es decir, exigir alguna condición para su restitución, el fundamento se encuentra en el especial desvalor que supone instrumentalizar la sustracción del menor —de por sí delictiva (tipo básico)— para lograr doblegar la voluntad del otro progenitor al exigirle alguna condición para la restitución del menor. De esta forma la conducta típica agrede no sólo al bien jurídico ínsito al tipo básico, sino también a libertad del progenitor víctima. En consecuencia, con este tipo agravado se castiga el exceso de desvalor (libertad) que no quedaría abarcado por el desvalor castigado en el tipo básico.

8. Exención de pena (art. 225 bis.4.I CP) y tipo atenuado (art. 225 bis.4.II CP).

8.1. En el párrafo primero del apartado cuarto del art. 225 bis CP, se contempla una cláusula que elimina la punición de la conducta típica para el caso de que concurra alguna de las siguientes circunstancias:

(i) el progenitor sustractor comunique el lugar de estancia al otro progenitor o a quien corresponda legalmente su cuidado dentro de las veinticuatro horas siguientes a la sustracción con el compromiso de devolución inmediata que efectivamente lleve a cabo.

(ii) la duración de la sustracción no sea superior a veinticuatro horas.

Se trata, en definitiva, de comportamientos postdelictivos o postconsumativos positivos que suponen una excusa absolutoria. Pese a esto, no falta algún sector doctrinal que ha calificado estas dos conductas como causas de atipicidad al no tener la conducta suficiente entidad para lesionar el bien jurídico.

8.2. Por su parte, cuando la restitución del menor se realiza dentro de los quince días siguientes a la sustracción, aun sin la comunicación exigida en la exención punitiva, el art. 225 bis.4.II CP prevé un tipo atenuado acreedor de una pena de prisión de seis meses a dos años.

Es importante señalar que la restitución tiene que ser un acto de la voluntad del sujeto activo, es decir, que tiene que ser una conducta voluntariamente restitutiva. Así, la SAP Burgos 9 julio 2009 (*Tol 1571227*) no apreció esta atenuante porque sólo cuando el acusado fue detenido se sintió obligado a señalar el lugar en el que se encontraban sus hijos.

8.3. La cuestión temporal es aspecto común a la exención de la pena (24 horas para que se restablezca la situación conforme a derecho) y al tipo atenuado (15 días para la restitución).

Se ha discutido por la doctrina en torno a si uno u otro plazo computa desde que tiene lugar la sustracción del hijo menor o desde el momento en que se denuncia la sustracción. Esta cuestión está claramente delimitada por la propia literalidad de la norma al decir que: "Estos plazos se computarán desde la fecha de la denuncia de la sustracción", tal y como recuerda el AAP Las Palmas 14 abril 2005 (ECLI:ES:APGC:2005:535A).

6. EL INCUMPLIMIENTO DE LOS DEBERES LEGALES DE ASISTENCIA (ART. 226 CP)

Normativa reguladora

El art. 226 CP prevé la desatención dolosa de algunas de las siguientes obligaciones:

(i) el cumplimiento de los deberes legales de asistencia inherentes a la patria potestad, tutela, guarda o acogimiento familiar (vid., arts. 110; 154; 173 y 269 CC).

(ii) la asistencia necesaria legalmente establecida para el sustento de sus descendientes, ascendientes o cónyuge, que se hallen necesitados (vid., art. 142 CC).

Por esta razón se ha dicho que este precepto contempla dos delitos diferenciados.

Jurisprudencia

La acción típica, como recuerda la STS 27 mayo 2009 (*Tol 1547659*), consiste en una conducta, activa u omisiva, que genera una situación de desamparo para el menor o incapaz por el incumplimiento de los deberes de protección fijados en las normas civiles.

Nos encontramos, por tanto, ante un tipo penal en blanco que exige su integración normativa con las previsiones del Código Civil sobre los deberes inherentes a la patria potestad, tutela, guarda o acogimiento o alimentos [STS 15 diciembre 1998 (*Tol 5133514*)].

En cuanto al tipo subjetivo, se exige que el sujeto activo conozca las circunstancias fácticas que generan el deber de asistencia. De he hecho, especifica la SAP Bizkaia 19 febrero 2018 (*Tol 6648987*): "El tipo del art. 226 CP es básicamente un delito de omisión, por incumplimiento injustificado y doloso de los deberes de asistencia inherentes a la patria potestad, y parte de la existencia de la capacidad para realizar la acción debida y del conocimiento de las circunstancias fácticas que generan el deber de asistencia".

Cuestiones relevantes

9. Sobre los sujetos activos y pasivos de ambos delitos.

Respecto del primer delito (pasaje primero) sólo pueden ser sujetos activos quienes ostenten la patria potestad (art. 154 y ss. CC), tutela (art. 269 CC), guarda legal y de hecho (arts. 303 y 304 CC) y acogimiento familiar (172 y 173 CC).

Por lo que se refiere a la guarda de hecho así se ha apreciado por la jur., vid. SAP Álava 14 febrero 2005 (*Tol 611867*) que asume la doctrina del TS relativa al art. 229 CP: "Viene al caso la cita de la Sentencia del Tribunal Supremo de 12 de septiembre de 2003, que en estudio del artículo 229, pero con argumentos predicables de nuestro caso, enseñaba lo siguiente: "De aquí deducimos nosotros que el concepto «encargado de su guarda» ha de interpretarse, no con referencia a la situación concreta de guardador de hecho, a la que ahora se refieren los arts. 303 y 304 CC, sino, con una mayor amplitud, a cualquier persona que está de hecho ejerciendo labores de custodia de un menor (o incapaz —art. 229—), de tal manera que ha de considerarse comprendido en los amplios términos aquí utilizados por el legislador quien por cualquier título, oneroso o gratuito, o incluso sin título alguno, tiene de hecho a su cargo el cuidado de una de estas personas tan necesitadas de protección. Son precisamente esos amplios términos legales utilizados en estos tipos delictivos básicos —«persona encargada de la guarda»— y esa necesidad de proteger bienes jurídicos tan valiosos, las razones que nos llevan a efectuar aquí una interpretación generosa de la ley penal, en todo caso respetuosa con sus propias palabras, como exige el principio de legalidad tan esencial en el Derecho Penal desde hace ya varios siglos, como una de las más importantes conquistas del moderno Estado de Derecho». Continuaba la Sentencia citada argumentando que «no hay razón alguna para que una persona encargada de la guarda de un menor, en los amplios términos a que acabamos de referirnos (...) haya de quedar sin castigo por el hecho de que se trate de actividades de guarda realizadas a título gratuito y sin obligación alguna por razón de un título legal»".

Asimismo, la STS 29 octubre 1991 (*Tol 454416*) permite extender el radio a guardador a la pareja de hecho del progenitor biológico: "Por lo brevemente expuesto se deberá dar lugar a estos dos primeros motivos de casación, aunque haciendo resaltar que el delito de abandono de familia sólo ha de entenderse cometido por la madre de la víctima, ya que del escrito de formalización del Ministerio Fiscal se deduce que la impugnación de la sentencia en este punto sólo afecta a dicha persona. La verdad, sin embargo, es que la conducta del otro inculpado hubiera sido merecedora de la misma calificación, pues aunque es dudoso que en el momento de ocurrir los hechos hubiera contraído matrimonio, la verdad es que al convivir bajo un mismo techo, hacer vida marital y tener acogidos a los descendientes de uno y otro, la responsabilidad de cuidado y los deberes inherentes a la paternidad también correspondían al varón (cuidador de hecho), al haber éste aceptado voluntariamente tal convivencia".

En cuanto al segundo delito (pasaje segundo), podrán ser sujetos activos los ascendientes, descendientes o cónyuge (por estricta aplicación del principio de legalidad debe quedar excluida la pareja de hecho) del sujeto pasivo.

En cuanto al sujeto pasivo, respecto del primer delito, podrán serlo aquellas personas sometidas a la patria potestad, tutela, guarda y acogimiento familiar (que ejerce el sujeto activo). Por lo que respecta al segundo, podrán ser sujeto pasivo los descendientes, ascendientes o cónyuge necesitados del sujeto activo.

10. Problemas concursales.

Como ha puesto de manifiesto la doctrina, el problema relativo al concurso de normas entre los dos pasajes del art. 226 CP, se explica desde la perspectiva de dos círculos secantes, de forma y manera que el incumplimiento de alimentos será prevalente al resto de incumplimientos.

En cuanto a la relación de los delitos del art. 226 CP con el abandono (art. 229 CP), puede significarse que este último exige mayor grado de antijuricidad o de ataque el bien jurídico protegido por el art. 226 CP, razón que ha llevado al TS a considerar que el abandono del art. 229 CP es un abandono definitivo, permanente, indefinido o, en general, de mayor riesgo o peligro, que la simple dejación pasajera del menor por razón de alguna circunstancia concurrente en el hecho [SSTS 12 julio 2011 (*Tol 2189128*) y 18 junio 2014 (*Tol 4443387*)].

En cuanto a la relación concursal normativa con delito de impago de pensión de alimentos (art. 227 CP), éste será de aplicación por su grado de especificidad.

Por último, como recuerda la STS 29 octubre 1991 (*Tol 454416*), otros daños causados por el abandono, p.ej. unas lesiones, serán castigados en concurso real.

7. EL IMPAGO DE PENSIONES (ART. 227 CP)

Normativa reguladora

El art. 227 CP contempla un delito de pura omisión cuya conducta típica objetiva consiste en:

(i) dejar de abonar durante dos meses consecutivos o cuatro meses no consecutivos cualquier prestación económica establecida judicialmente en favor del cónyuge o los hijos (art. 227.1 CP); o

(ii) el impago de cualquier otra prestación económica establecida de forma conjunta o única en los supuestos inmediatamente dichos (art. 227.2 CP). Por ejemplo: las indemnizaciones de daños y perjuicios a favor del cónyuge de buena fe en casos de nulidad matrimonial (art. 98 CC); rentas vitalicias, usufructos de determinados bienes o la entrega de un capital en bienes o dinero (art. 99 CC).

Jurisprudencia

Por lo que respecta al primer elemento de la estructura típica, se exige que la obligación al pago esté determinada en un convenio judicial aprobado o resolución judicial (autos y sentencias) que no necesariamente tiene que ser firme, sino exigible su cumplimiento.

Es importante destacar que un convenio establecido en escritura pública sin aprobación judicial no satisface el presupuesto típico conforme señala la STS 21 noviembre 2011 (*Tol 1213939*): "El debate en el caso que ahora juzgamos se centra por ello en determinar si reúne la condición típica la resolución judicial que despacha ejecución en virtud de la escritura pública por la que el acusado se obligaba, en pacto con la madre de sus hijos y con la que había mantenido relación de afectividad estable, a pagar alimentos a dichos hijos. No es difícil advertir una substancial diferencia entre tal tipo de resolución (despacho de ejecución) que se limita a valorar como título ejecutivo un acuerdo respecto del cual carece el Juzgador de toda facultad de control a efectos de homologación, y la resolución a que se refiere el tipo penal, caracterizada porque la Autoridad Judicial efectúa una valoración de las circunstancias concurrentes para decidir, con buena autonomía respecto a la voluntad de los sujetos obligado y acreedor de la prestación. De ahí que el tipo penal utilice el verbo establecer como contenido de la resolución judicial cuya inobservancia permite calificar de típica la conducta del incumplidor. Es obvio que no tiene igual significación antijurídica el incumplimiento de una obligación únicamente configurada por la voluntad de sujetos contratantes, sin sometimiento a homologación judicial, que incumplir la obligación que, aunque responda a la misma función, se configura desde la imparcialidad del titular de la potestad jurisdiccional. En el caso presente, la prestación cuya insatisfacción se denuncia es meramente contractual y la ejecución se despacha por resolución jurisdiccional que atiende a los requisitos del título, pero no a los criterios con que la obligación se configura en el marco de los procesos a que la norma penal hace referencia".

SAP Castellón 7 septiembre 2007 (*Tol 7508482*): "Si se consulta cualquier base o repertorio de jurisprudencia, numerosa casuística de sentencias de Audiencias aluden a la resolución firme que contenga la obligación económica, más parece que no en un sentido estrictamente procesal de agotamiento de los recursos posibles ni de irremovilidad de lo resuelto, sino de exigencia definitiva indubitada y exacta de la prestación impuesta judicialmente, pues igualmente se podrá comprobar los factum de numerosos precedentes que entre los cómputos de impagos incluyen los débitos de naturaleza provisional de las medidas y los devengados durante la tramitación del pleito matrimonial, sin entrar en más disquisiciones. Cierto es que el TS viene a recoger en la sentencia de fecha 3 de abril de 2001 entre los elementos constitutivos del tipo penal la existencia de una resolución judicial firme o convenio aprobado por la autoridad judicial, más tal precedente se remonta a hechos acontecidos antes de la entrada en vigor de la LEC de 2000, cuyo art. 774.5 vino a disponer que: «los recursos que, conforme a la ley, se interpongan contra la sentencia no suspenderán la eficacia de las medidas que se hubieren acordado en ésta». Aquel precedente del Alto Tribunal no tenía el óbice actual del art. 774.5 de la LEC. Por lo tanto, a nuestro juicio no es entendible que, si una obligación de condena impuesta en sentencia civil no está afectada por el efecto suspensivo de un recurso, es decir sea de obligado cumplimiento para el demandado, incluso sin necesidad de interesarlo como ejecución provisional la contraparte, o sea no sujeta a petición previa, el incumplimiento no genere o exponga la rebeldía que implica la detección de la antijuricidad que el tipo penal describe. No tiene el menor sentido otra conclusión, y menos a poco que se reflexione sobre la naturaleza asistencial y alimenticia de las obligaciones que se pretenden ver satisfechas, como impone su perentorio cumplimiento, tan acorde como su perentoria e inaplazable necesidad por quien debe recibirlas. Esa fue la idea del legislador al establecer la excepcionalidad ex art. 774.5 de la LEC al efecto suspensivo natural de los recursos, para proteger de manera pronta y rápida a los necesitados Y a partir de ahí, nos resulta difícilmente defendible que alguien pueda sustraerse a la ofensiva penal que contra el incumplidor concede el legislador, precisamente para reforzar la posición de lo más débiles. El precepto ex art. 227 parte de un requisito meridianamente claro, que las prestaciones económicas sean exigibles (para nada que tuvieren que ser, además, firmes), y no puede arbolarse aquí que las impuestas en la sentencia de separación el 30 de julio de 2004 no fueran de obligado cumplimiento para el Sr. Arturo. Lo eran, indiscutiblemente por prescripción legal. A partir de ahí, poco queda por decir".

Por parte de la jurisprudencia, ante el riesgo derivado de una excesiva aplicación formal del precepto, se ha llegado a apreciar alguna situación de hecho como eximente de esa obligación al pago. Así, por ejemplo, la SAP Madrid 3 abril 2006 (*Tol 6386301*) aborda la cuestión de la eficacia, en relación con este delito, que debe darse a la reconciliación de los cónyuges tras el dictado de una sentencia de separación, que no ha sido puesta en conocimiento del juzgado que conoció dicha separación, entendiendo que "la reconciliación aun no comunicada al Juez civil deja sin efecto las medidas adoptadas en la sentencia de separación, quedando excluido el elemento objetivo del tipo del art. 227 CP, pudiéndose señalar en esta línea junto a la sentencia citada en el sentencia recurrida (AP Castellón Sec. 2ª S 15-07-98), las Ss AP Asturias Sec. 8ª, S 4-2-2005, nº 27/2005 y 28-3-2003, nº 65/2003".

Respecto al segundo elemento imprescindible: el incumplimiento de la obligación de pago durante dos meses consecutivos, cuatro meses no consecutivos (art. 227.1 CP) o de pago único (art. 227.2 CP), debe puntualizarse que su exigibilidad sólo opera durante cinco años desde que es exigible ex art. 1966 CC.

En este punto es importante recordar el criterio fijado por la reciente STS 25 junio 2020 (*Tol 8001362*) que ha considerado que las cuotas hipotecarias constituyen una prestación económica a cargo de ambos progenitores con independencia de su naturaleza como carga del matrimonio o como deuda de la sociedad de gananciales. Y, como tal, por tanto, integran el elemento del tipo que exige el art. 227.1 CP.

Por último, en lo que respecta a la capacidad de pago, no estamos ante un supuesto de prisión por deudas. Recuerda la STS 13 febrero 2001 (*Tol 31341*): "La necesaria culpabilidad del sujeto dentro de los inexcusables principios culpabilísticos del artículo 5 del Código Penal, con la concurrencia, en este caso de omisión dolosa (art. 12 CP), del conocimiento de la obligación de pagar y de la voluntariedad en el impago; voluntariedad que resulta inexistente en los casos de imposibilidad objetiva de afrontar la prestación debida. En tal sentido esta Sala ya declaró en Sentencia de 28 de julio de 1999 que el precepto penal aplicado (art. 227 CP/95) ha sido doctrinalmente criticado desde diversas perspectivas. La más relevante, porque podría determinar su inconstitucionalidad, es la de que supusiese una forma encubierta de «prisión por deudas». Ahora bien la prisión por deudas se encuentra expresamente prohibida por el artículo 11 del Pacto Internacional de Derechos civiles y Políticos de Nueva York, de 19 de diciembre de 1966 (BOE 30 de abril de 1977), que dispone que «nadie será encarcelado por el solo hecho de no poder cumplir una obligación contractual», precepto que se integra en nuestro Ordenamiento Jurídico, conforme a lo dispuesto en los artículos 10.2º y 96.1º de la Constitución

Española. Esta norma obliga a excluir de la sanción penal aquellos supuestos de imposibilidad de cumplimiento («no poder cumplir»), solución a la que ha de llegarse igualmente desde la perspectiva de la cláusula general de salvaguardia propia de los comportamientos omisivos, conforme a la cual el delito únicamente se comete cuando se omite la conducta debida pudiendo hacerla". Y, más adelante, continúa diciendo nuestro Alto Tribunal que: "Lo anteriormente expuesto ha de completarse en un doble sentido: A) En los casos de cumplimiento parcial del débito económico debe rechazarse cualquier formal automatismo que convierta en acción típica todo lo que no sea un íntegro y total cumplimiento de la prestación económica. La antijuridicidad material de la conducta —y no sólo la antijuridicidad formal de su subsunción típica— exige la sustancial lesión del bien jurídico protegido. De ahí que ni todo abono parcial de la deuda conduce a la atipicidad de la conducta, ni ésta se convierte en delictiva cuando lo insatisfecho es de tan escasa importancia en relación con lo pagado que resulta irrelevante para integrar el delito del artículo 227.1º del Código Penal. Tal cuestión habrá de determinarse en caso concreto en función de las circunstancias concurrentes, excluyendo interpretaciones que supongan la consagración de la prisión por deudas con olvido de que en definitiva se trata de una modalidad típica del «abandono» de familia. B) En segundo lugar, de la inexistencia del delito en los casos de imposibilidad de pago no se sigue que la acusación deba probar, además de la resolución judicial y de la conducta omisiva, la disponibilidad de medios bastantes por el acusado para pagar, pues siendo este dato uno de los factores a valorar en la resolución que establezca la prestación, y siendo susceptible de actualización o alteración por modificación de las circunstancias, el hecho mismo de que se haya establecido judicialmente y se mantenga su importe permite inicialmente inferir de manera razonable la posibilidad de pago por el deudor y por lo mismo la voluntariedad de su omisión. Ahora bien: esto no obsta la posibilidad de que por el acusado se pruebe la concurrencia de circunstancias que hayan hecho imposible el pago, acreditándose así la ausencia de dolo en el impago de la prestación debida".

Sin embargo, aunque pareciera obvio que corresponde a la acusación probar, a través de cualquier medio probatorio admitido en derecho, la capacidad económica del acusado, esta es una posición no unánime [SAP Barcelona 20 mayo 2015 (*Tol 5172611*)], pues también son numerosas las resoluciones que entienden que la falta de capacidad económica, en tanto que causa de inexigibilidad, corresponde su prueba a quien la alega, esto es, al acusado [SAP Zaragoza 6 mayo 2015 (*Tol 5009317*)].

A su vez, para quienes consideran que la carga de la prueba de la capacidad económica recae sobre el acusador, esta también se divide en dos posturas. La primera de ellas, que la capacidad económica puede presumirse *iuris tantum* del hecho que el acusado no haya instado la modificación de la obligación a la que viene obligado (STS 13 febrero 2001). Y la segunda que considera que, si bien puede deducirse a través de indicios, éstos corresponden ser probados por la acusación (así la SAP Madrid 18 enero 2008 (*Tol 1281651*) considera suficiente prueba para enervar la presunción de inocencia la declaración sobre la capacidad económica de la exmujer e hijas del acusado).

Cuestiones relevantes

11. Sobre la cuestión del sujeto activo y pasivo, se trata de un delito especial propio que sólo puede ser cometido por quien está obligado (sujeto activo) al pago de las prestaciones en favor de sus hijos o del cónyuge (sujeto pasivo).

En lo que respecta a los hijos, como recuerda la STC 67/1998, de 18 de marzo (*Tol 80924*), están protegidos tanto los matrimoniales como extramatrimoniales.

En cuanto al cónyuge, se ha señalado por la STS 21 noviembre 2007 (*Tol 1213939*) que expresamente "el tipo penal cuya aplicación se postula en el siguiente motivo, circunscribe el comportamiento tipificado al impago de prestaciones a favor de los hijos o del cónyuge del obligado. Así pues, la existencia de una obligación de alimentos a favor de otra persona en la que no concurre aquella calidad resulta intranscendente para el tipo penal invocado. Y no la reúne la persona que mantiene una relación de afectividad equiparable a la de esposa. Porque, aunque esta relación se equipara en consecuencias jurídicas en múltiples presupuestos, la equiparación la hace o la propia ley o no implica una ampliación de una norma represiva. En este caso, ampliar el presupuesto típico sería analogía proscrita para instaurar una consecuencia penal de ampliación del presupuesto de la pena".

12. El problema de la determinación de la responsabilidad civil *ex delicto* **reclamable.**

Señala el art. 227.3 CP que "La reparación del daño procedente del delito comportará siempre el pago de las cuantías adeudadas". Sin embargo, uno de los problemas prácticos clásicos a la hora de fijar la cuantía adeudada era si el límite a su reclamación venía fijado por el auto de procedimiento abreviado, el escrito de acusación o a la fecha de juicio oral.

Esta cuestión ha sido finalmente zanjada por la reciente STS 25 junio 2020 (*Tol 8020816*) que señala en relación con el art. 227.1 y 3 CP que: "El periodo objeto de enjuiciamiento debe comprender hasta el momento procesal del acto del juicio oral, ya que ningún menoscabo a la defensa del acusado puede ocasionar el hecho de que todos los impagos ocurridos hasta ese momento se incorporen a la pretensión acusatoria planteada tras la práctica de las pruebas en el juicio oral, pues en tales casos el acusado pudo perfectamente defenderse de esa imputación". Señalándose así que: "en este tipo de delitos de «tracto sucesivo acumulativo», se puede producir la extensión de los hechos hasta el mismo momento del Juicio Oral, siempre que las acusaciones así lo recojan en sus conclusiones definitivas y el acusado se haya podido defender adecuadamente de tal acusación. En aplicación de esta tesis al supuesto concreto de autos, el límite temporal de los hechos a enjuiciar se contendría en dicho escrito de conclusiones y modificado el mismo en el acto del juicio, no cabe entender que se produzca indefensión, ya que conforme a la configuración de este tipo penal la acreditación de la falta de posibilidades para el abono compete al imputado y no consta que solicitase —ex art. 788.4 de la LE Criminal— la suspensión ante la modificación de la calificación".

13. El problema de la prescripción penal y civil.

Al haber sido definido el delito de impago de pensiones como un delito permanente de tracto sucesivo acumulativo, el plazo de prescripción no puede iniciarse hasta que la situación de lesión para el bien jurídico no ha expirado, de forma que mientras subsista la omisión típica, subsiste la situación ilícita. En este sentido, nos recuerda el art. 132 CP que los plazos de prescripción del art. 131 CP "se computarán desde el día en que se haya cometido la infracción punible. En los casos de delito continuado, delito permanente, así como en las infracciones que exijan habitualidad, tales términos se computarán, respectivamente, desde el día en que se realizó la última infracción, desde que se eliminó la situación ilícita o desde que cesó la conducta". Un ejemplo puede verse en el AAP Pontevedra 10 diciembre 2020 (*Tol 8353684*): "En primer término, en cuanto a la prescripción, presentada denuncia en fecha 30/1/2012 por la progenitora y ratificada por el hijo mayor en fecha 28/6/12 no se recibió declaración al investigado hasta el 16/10/17, por comisión rogatoria, tras haber sido declarado en rebeldía en fecha 17/6/15, tratándose de un delito permanente de tracto sucesivo el término de prescripción tal como actualmente recoge el art. 132 del CP. acogiendo una consolidada jurisprudencia, respecto de los delitos continuados y permanentes, los plazos de prescripción del art. 131.1 se computarán desde el día en que se realizó la última infracción, desde que se eliminó la situación ilícita o desde que cesó la conducta. En este caso no consta que se hubiera producido el cese de la situación ilícita o reanudación del pago, por lo que la prescripción no se había producido".

Mayor enjundia presentaba el problema de la cuestión del plazo de prescripción de las pensiones alimenticias cuando su impago ha dado lugar a una condena por el delito del art. 227 CP.

Esta cuestión ha sido finalmente resuelta por la STS 29 abril 2021: "Prescripción civil y prescripción penal son instituciones distintas y disciplinadas por regímenes diferenciados (significativo es por ej., que la prescripción civil solo es apreciable a instancia de parte, y la penal puede y debe decretarse de oficio) aunque tengan en último término una raíz común. Desde ese planteamiento la responsabilidad civil dimanante de delito (fuese cual fuese el delito y su plazo prescriptivo) prescribía a los quince años hasta la ley 42/2015, de 5 de octubre, de reforma de la Ley 1/2000 de 7 de enero, de Enjuiciamiento Civil, que modificó el art. 1964 CCiv reduciendo a cinco años ese plazo".

Y recuerda el Tribunal Supremo que: "ni toda la responsabilidad civil nacida de un delito se ejercita en el proceso penal (...) ni todas las acciones civiles que pueden ejercitarse en el proceso penal constituyen responsabilidad civil ex delicto (art. 1093 CCiv). El dato del marco procesal en que se ejercitan unas y otras no varía ni su naturaleza ni su régimen sustantivo, aunque pueda incidir indirectamente en algunas cuestiones".

En consecuencia, "[l]a responsabilidad civil nacida de delito, aunque se ejercite en un proceso civil (v. gr., porque el perjudicado se la reservó), no pierde su específico régimen, lo que significa, entre otras cosas, que su plazo de prescripción no será de un año, sino de cinco (según la reforma de 2015). En principio, las acciones son lo que son, con independencia del escenario procesal en el que se hagan valer".

14. El impago de pensión de alimentos como forma de violencia económica: una nueva sensibilidad de los tribunales.

En la STS 17 marzo 2021 (*Tol 8367292*), nuestro Alto Tribunal utilizó por primera vez en la historia —al menos que nos conste— la expresión "violencia económica" en relación con el delito de impago de pensión de alimentos. Así, en un *obiter dicta* señala que el delito de impago de pensión alimenticia puede "configurarse como una especie de violencia económica, dado que el incumplimiento de esta obligación deja a los propios hijos en un estado de necesidad en el que, ante su corta edad, y carencia de autosuficiencia, necesitan de ese sustento alimenticio del obligado a prestarlo, primero por una obligación moral y natural que tiene el obligado y si ésta no llega lo tendrá que ser por obligación judicial. Y ello, al punto de que si se produce el incumplimiento del obligado a prestarlos, ello exige al progenitor que los tiene consigo en custodia a llevar a cabo un exceso en su esfuerzo de cuidado y atención hacia los hijos, privándose de atender sus propias necesidades para cubrir las obligaciones que no verifica el obligado a hacerlo". Razones que llevan al Tribunal Supremo a afirmar que este tipo de conductas —impago de pensiones— puedan ser denominadas como "violencia económica cuando se producen impagos de pensiones alimenticias. Y ello, por suponer el incumplimiento de una obligación que no debería exigirse ni por ley ni por resolución judicial, sino que debería cumplirse por el propio convencimiento del obligado a cubrir la necesidad de sus hijos; todo ello desde el punto de vista del enfoque que de obligación de derecho natural tiene la obligación al pago de alimentos".

Un paso más lo da sin lugar a duda la SJP 2 Mataró 22 julio 2021 (*Tol 8609836*) que al amparo del art. 4.2 CP "un precepto específico que contemple la violencia económica (en sus diversas modalidades y, específicamente el impago de pensiones) como modalidad de violencia de género en coherencia con el Pacto de Estado contra las violencias machistas aprobado por el Congreso de los Diputados en 2017, el artículo 14 de la Constitución relativo a la igualdad entre mujeres y hombres, que impone además una actitud proactiva de todos los poderes públicos para su efectividad (art. 9.2 Constitución) y con las exigencias de debida diligencia para prevenir, investigar, sancionar y reparar los delitos calificados como de violencia sobre la mujer (art. 5 y 45 del Convenio del Consejo de Europa sobre prevención y lucha contra la violencia contra la mujer y la violencia doméstica, hecho en Estambul el 11 de mayo de 2011, vigente en España desde 2014), por el que se impone la obligación específica del Estado de adoptar las medidas legislativas o de otro tipo necesarias para que los delitos previstos en el presente Convenio (en el que se incluye también la violencia económica) sean castigados con sanciones efectivas, proporcionales y disuasivas, según su gravedad, y se prevea una reparación integral a las víctimas que no solo comprenda el daño económico efectivamente causado sino también el denominado «daño social».

Asimismo, conviene puntualizar que, precisamente, a la hora de modular y encontrar el equilibrio entre el desvalor de acción y del resultado con la pena efectivamente individualizada, existe el escollo de que no es posible apreciar la circunstancia mixta de parentesco (art. 23 CP) por razones obvias, pues el propio elemento objetivo del tipo se configura alrededor de la esencia de la circunstancia de parentesco (la relación entre sujeto activo y pasivo), por lo que no puede utilizarse la relación entre sujeto activo y pasivo para integrar el tipo y, además, agravar la responsabilidad en base a esa misma relación.

A nuestro juicio ningún obstáculo existe para que pueda apreciarse la agravante de género del art. 22.4ª CP, pues el legislador considera la mayor punición cuando los hechos "lo son por constituir una manifestación específicamente lesiva de violencia y de desigualdad", pues recuerda la STS 20 julio 2021 (*Tol 8539118*) que "no es el sexo en sí de los sujetos activo y pasivo lo que el legislador toma en consideración con efectos agravatorios, sino —una vez más importa resaltarlo— el carácter especialmente lesivo de ciertos hechos a partir del ámbito relacional en el que se producen y del significado objetivo que adquieren como manifestación de una grave y arraigada desigualdad. La sanción no se impone por razón del sexo del sujeto activo ni de la víctima ni por razones vinculadas a su propia biología".

En este sentido, precisamente, señala la STS 19 noviembre 2018 (*Tol 6919645*) "la doctrina apunta en cuanto a la admisión de la compatibilidad de ambas agravantes que la circunstancia mixta de parentesco prevista en el artículo 23 del Código Penal tiene un fundamento objetivo de agravación que se aplica siempre que medie entre autor y víctima las relaciones previstas en el mismo, mientras que la agravante de género prevista en el artículo 22.4° CP tiene un fundamento subjetivo, necesitando que concurra en el autor del delito una ánimo de mostrar su superioridad frente a la víctima mujer y demostrarle que ésta es inferior por el mero hecho de serlo. Con ello, no se vulnera la prohibición de doble valoración (*non bis in idem*) por la aplicación de ambas, ya que existen dos hechos distintos, que no se tienen que dar necesariamente juntos, y que permiten fundamentar la agravación en uno y otro caso. También pone de manifiesto la doctrina que la agravante por razón de género se fundamenta, precisamente, en la discriminación que sufre la mujer en atención al género, y ello con independencia de la existencia o no de una relación de pareja entre la víctima y el sujeto activo. Por su parte, la agravante de parentesco se asienta en el menosprecio a los deberes morales u obligaciones que imponen las relaciones familiares o de afectividad, presentes o pretéritas".

En consecuencia, cuando en el delito de impago de prestación del art. 227 CP, existe en el autor un ánimo de demostrar la superioridad frente a la víctima mujer y con ello evidenciar su inferioridad, unido a que el impago de prestaciones ha sido calificado recientemente como violencia económica, ningún obstáculo existe para su apreciación como agravante sin que ello —al encontrar distinto fundamento— suponga una contravención del *bis in idem* que en cambio sí que impide apreciar la circunstancia mixta de parentesco.

15. La condición objetiva de procedibilidad (art. 228 CP).

El art. 228 CP exige la denuncia del agraviado o de su representante legal. Y para el caso de que este sea menor de edad, persona con discapacidad necesitada de especial protección o una persona desvalida, también podrá denunciar el Ministerio Fiscal.

El concepto de agraviado se interpreta, como recuerda la SAP Barcelona 8 marzo 2005 (*Tol 637309*), restrictivamente para que, en aquellos casos de mayoría de edad, solo éste pueda cumplir el requisito de procedibilidad.

8. EL ABANDONO DE MENORES DE EDAD O INCAPACES (ARTS. 229 Y 230 CP)

Normativa reguladora

El art. 229 y 230 CP castiga la situación de peligro que genera a un menor o persona con discapacidad necesitada de especial protección, el cese o abandono de su custodia por parte de las personas encargadas de ellos o, dicho de otra forma, la ruptura de los vínculos que unen al menor e incapaz con su entorno habitual [STS 12 julio 2011 (*Tol 2189128*)].

El art. 229.1 CP castiga el abandono de un menor de edad o de una persona con discapacidad necesitada de especial protección por parte de la persona encargada de su guarda.

El art. 229.2 CP recoge un tipo agravado cuando el abandono es cometido por los padres, tutores o guardadores legales.

El art. 229.3 CP contiene un tipo superagravado cuando por las circunstancias del abandono se haya puesto en concreto peligro la vida, salud, integridad física o libertad sexual del menor de edad o de la persona con discapacidad necesitada de especial protección.

Y el art. 230 CP prevé un tipo privilegiado respecto del art. 229 CP, cuando el abandono del menor o de la persona con discapacidad necesitada, sea temporal.

Jurisprudencia

Por lo que respecta al concepto de abandono, existe cuando: (i) se deja al menor o al incapaz a su suerte desvinculándolo de su entorno habitual, de modo que queda excluido de la esfera de los cuidados que venía recibiendo; o (ii) no recibe las debidas atenciones por parte de quien lo está cuidando, de modo que llega a encontrarse en una situación tan extrema que puede hablarse de abandono por parte de esa persona que le cuida y lo hace sin la dedicación adecuada [STS 12 septiembre 2003 (*Tol 4916311*)]. Así, por ejemplo, la STS 25 octubre 2006 (*Tol 1002315*), apreció abandono de un menor en un caso en que el acusado sustrajo un vehículo a motor, en cuyo interior se encontraba una menor de tres años, la cual estaba tumbada en el asiento trasero del vehículo. Una vez se despierta, y el acusado la mantiene sentada en el vehículo dando vueltas con el coche, hasta que lo abandona a las seis de la mañana «en la parte final de un camino de tierra que desemboca en el mar, en las inmediaciones del Monasterio de Couto. Dicho lugar era una zona sin iluminación, cerca del mar y a distancia de cualquier edificio, y la menor no fue encontrada, junto al automóvil, hasta las 11,45 horas de ese mismo día».

Por la propia configuración de la acción típica y su resultado, admite una comisión activa y omisiva, "pues la situación de riesgo, resultado del abandono, puede ser cometido de forma activa y deforma omisiva, mediante el incumplimiento de los deberes jurídicamente señalados en la protección de menores que obligan a los guardadores del menor y también aquellas personas que por su actuar precedente y por la puesta en peligro del bien jurídico garantizan la observancia de los específicos deberes de guarda y custodia" [STS 25 octubre 2006 (*Tol 100215*)]. En este sentido, razona la citada sentencia que: "El acusado, con su actuar precedente, la sustracción del vehículo en el que se encontraba la menor, la colocó en una situación de riesgo que le obligaba a garantizar la indemnidad de su seguridad física. No lo hizo el acusado, quien abandonó a la menor en un descampado, desprotegida frente a los riesgos inherente a la situación de desvalimiento en que la colocó. Como acertadamente señala el Ministerio fiscal, de haberse producido un resultado lesivo, en la integridad física o en la vida de la menor, no se dudaría de la autoría, por comisión omisiva, de quien estaba en posición de garante, esto es el acusado respecto a las situaciones de riesgo en que pudiera encontrase la menor, precisamente por la conducta del acusado".

En cuanto al aspecto subjetivo, se exige que la conducta sea dolosa, es decir, que el sujeto activo tenga conocimiento de que en su comportamiento concurren los hechos que configuran todos y cada uno de los elementos objetivos del tipo: (i) que el sujeto pasivo es un menor (o incapaz); (ii) que él mismo se encuentra encargado de su guarda; y (iii) que con su conducta está originando, propiciando o favoreciendo la situación de abandono de dicho sujeto pasivo. En consecuencia, actúa dolosamente quien con ese triple conocimiento actúa y produce (o ayuda) ese abandono [STS 12 septiembre 2003 (*Tol 4916311*)].

Cuestiones relevantes

16. Pueden ser sujetos pasivos del delito los menores o personas con discapacidad necesitadas de especial protección.

En cuanto a los sujetos activos, respectivamente (*vid.* arts. 229.1 y 229.2 CP), pueden serlo desde la persona encargada de su guarda hasta los padres, tutores o guardadores legales. De conformidad con la STS 25 octubre 2006 (*Tol 1002315*), el concepto de "encargado de su guarda", ha de interpretarse "no con referencia a la situación concreta de guardador de hecho, a la que ahora se refieren los arts. 303 y 304 CC, sino, con una mayor amplitud, a cualquier persona que está de hecho ejerciendo labores de custodia de un menor (o incapaz —art. 229—), de tal manera que ha de considerarse comprendido en los amplios términos aquí utilizados por el legislador quien por cualquier título, oneroso o gratuito, o incluso sin título alguno, tiene de hecho a su cargo el cuidado de una de estas personas tan necesitadas de protección".

17. **El problema concursal derivado del art. 229.3 CP.**

Se ha señalado por la doctrina que la naturaleza de este precepto no es clara, pues un sector —minoritario— considera que se trata de una cuestión concursal, y otro —mayoritario— señala que realmente se trata de un problema de subsidiariedad expresa, de forma que si el abandono es para producir el resultado dañoso sobre el menor, el abandono entra a ser parte del *iter criminis* del delito dañoso para el menor o incapaz.

En aquellos casos en que el resultado no sea atribuible a título de dolo, sino de imprudencia, se ha señalado que estaremos ante un concurso ideal de forma que el autor responderá como autor de un delito de abandono de menores en concurso ideal con el delito contra la vida, salud o libertad sexual (siempre que, evidentemente, en estos haya una modalidad culposa).

9. EL ABANDONO IMPROPIO DE MENORES DE EDAD O INCAPACES (ART. 231 CP)

Normativa reguladora

Dispone el art. 231 CP que: "1. El que, teniendo a su cargo la crianza o educación de un menor de edad o de una persona con discapacidad necesitada de especial protección, lo entregare a un tercero o a un establecimiento público sin la anuencia de quien se lo hubiere confiado, o de la autoridad, en su defecto, será castigado con la pena de multa de seis a doce meses. 2. Si con la entrega se hubiere puesto en concreto peligro la vida, salud, integridad física o libertad sexual del menor de edad o de la persona con discapacidad necesitada de especial protección se impondrá la pena de prisión de seis meses a dos años".

Se trata de un precepto carente de aplicación hasta la fecha (únicamente es marginalmente citado por la STS 11 julio 2018 (*Tol 6670778*) para descartar su aplicación) que castiga en su tipo básico a quien teniendo a su cargo la crianza o educación de un menor de edad o de una persona con discapacidad necesitada de especial protección, lo entrega a un tercero o a un establecimiento público sin consentimiento de quien se lo hubiere confiado, o de la autoridad, en su defecto.

Por su parte, el apartado segundo contempla un tipo agravado cuando como consecuencia de la entrega se hubiere puesto en concreto peligro la vida, salud, integridad física o libertad sexual del menor de edad o de la persona con discapacidad necesitada de especial protección.

10. LA EXPLOTACIÓN DE MENORES PARA LA MENDICIDAD (ART. 232 CP)

Normativa reguladora

El art. 232.1 CP, en su tipo básico, castiga el uso o préstamo de menores para la práctica de la mendicidad, incluso si ésta es encubierta.

El art. 232.2 CP prevé un tipo agravado cuando para la práctica de la mendicidad, se trafique con menores de edad o personas con discapacidad necesitadas de especial protección, se empleare con ellos violencia o intimidación, o se les suministrare sustancias perjudiciales para su salud.

Jurisprudencia

En cuanto al significado de mendicidad debe estarse a su sentido natural, esto es, a la acción de mendigar entendida como pedir limosna. Así, por ejemplo, la STS 12 abril 1999 (*Tol 5134407*), entre otros delitos, condenó a dos padres que obligaban a su hija menor a pedir por las calles de las localidades por las que se desplazaban exigiéndole que llevara algo a casa y si no cumplía con esa exigencia la pegaban.

Debe precisarse, en todo caso, que con buen criterio la doctrina ha señalado que el precepto no castiga la acción de mendigar *per se*, sino cuando se usan o prestan para dicha finalidad a menores o incapaces.

Cuestiones relevantes

18. Sobre la polémica de si la mera presencia de menores —pasiva— junto con un adulto que es quien solicita la dádiva de terceros, integra o no la conducta típica de este delito, la STS 10 noviembre 2000 (*Tol 8019*) ha considerado que no. Así razona que: "Lo cierto es que la dignidad de los menores o incapaces resulta esencialmente perjudicada cuando son instrumentalizados y se les dedica a la recaudación de dinero, mendigando, en beneficio de los mayores que se aprovechan con su explotación. Ello justifica la intervención del Derecho Penal a través de la figura de mendicidad de menores que examinamos. Otra interpretación del tipo básico, previsto en el apartado 1° del artículo 232 del Código Penal, no resultaría acorde desde un punto de vista gramatical —-nada se dice de que sea típica la conducta de aquellas personas que se hagan acompañar de menores para practicar la mendicidad como ocurría en el apartado 10 del artículo 584 del Código Penal antes de la reforma operada por la Ley Orgánica 3/89, de 21 de junio—; histórico —-los antecedentes legislativos antes mencionados no apoyan esa interpretación, especialmente cuando la Exposición de Motivos de la Ley Orgánica 3/1989 se refiere expresamente a destinar a menores de dieciséis años a la práctica de la mendicidad—; lógico ni sistemático —dado el bien jurídico que se pretende tutelar—. Es más, se resistirían los principios de legalidad y mínima intervención que caracterizan al derecho penal y acarrearía efectos criminógenos en perjuicio de los propios menores o incapaces a cuya protección se orienta la conducta típica".

11. ASPECTOS COMUNES AL ABANDONO Y EXPLOTACIÓN DE MENORES (ART. 233 CP)

Normativa reguladora

En el apartado primero del art. 233 CP se prevé que el Juez o Tribunal pueda, si lo estima oportuno en atención a las circunstancias del menor, imponer a los responsables de los delitos previstos en los artículos 229 al 232 CP, la pena de inhabilitación especial para el ejercicio de la patria potestad o de los derechos de guarda, tutela, curatela o acogimiento familiar por tiempo de cuatro a diez años.

El apartado segundo del art. 233 CP, señala que cuando el culpable ostentare la guarda del menor por su condición de funcionario público, se le impondrá además la pena de inhabilitación especial para empleo o cargo público por tiempo de dos a seis años.

Y, por último, el apartado tercero del art. 233 CP, dispone que el Ministerio Fiscal, en todo caso, instará de la autoridad competente las medidas pertinentes para la debida custodia y protección del menor.

Con todo, causa perplejidad que este precepto esté únicamente referido a los menores y excluya a las personas con discapacidad necesitadas de especial protección. Esta preterición sólo puede entenderse por la deficiente técnica del legislador.

ESQUEMA

Los delitos contra los derechos y deberes familiares quedan estructurados alrededor de tres categorías delictivas que configuran los ejes sobre los que se construye la protección penal de los derechos y deberes familiares.

I. EL QUEBRANTAMIENTO DE LOS DEBERES DE CUSTODIA Y LA INDUCCIÓN DE MENORES AL ABANDONO DEL DOMICILIO (ARTS. 223 A 225 CP)

1. La negativa a la entrega de menores a sus padres o guardadores (art. 223 CP)
2. Inducción de menores o discapacitados al abandono del domicilio o lugar de residencia (art. 224.I CP)
3. Inducción del progenitor a su hijo menor a infringir el régimen de custodia establecido por la autoridad judicial o administrativa (art. 224.II CP)
4. Actuación postdelictiva atenuatoria: la restitución del menor al domicilio u otro lugar conocido y seguro sin sufrir daños (art. 225 CP)

II. LA SUSTRACCIÓN DE MENORES (ART. 225 BIS CP)

5. Definición legal de sustracción (art. 225 bis.2 CP)

III. EL ABANDONO DE FAMILIA, MENORES O PERSONAS CON DISCAPACIDAD NECESITADAS DE ESPECIAL PROTECCIÓN (arts. 226 a 233 CP)

6. El incumplimiento de los deberes legales de asistencia (art. 226 CP)
7. El impago de pensiones (art. 227 CP)
8. El abandono de menores de edad o incapaces (arts. 229 y 230 CP)
9. El abandono impropio de menores de edad o incapaces (art. 231 CP)
10. La explotación de menores para la mendicidad (art. 232 CP)
11. Aspectos comunes al abandono y explotación de menores (art. 233 CP)

32 La regulación procesal de las crisis familiares

Ana Montesinos García[1]

1. INTRODUCCIÓN

Normativa reguladora

Los procesos matrimoniales se regulan, junto a los procesos sobre la adopción de medidas judiciales de apoyo a personas con discapacidad, filiación y menores, en el título I del Libro IV de la LEC dedicado a los procesos especiales, concretamente en los arts. 769 a 778.

Las pretensiones que se pueden tramitar en estos procesos son de diversa índole y contenido:

a) Pretensiones de nulidad matrimonial, separación o divorcio. En el caso de la separación o divorcio, el proceso podrá ser contencioso o de mutuo acuerdo. A estas pretensiones generalmente se acumulan otras referidas a las relaciones con los hijos, así como otras de contenido patrimonial.

b) Pretensiones relativas a la guarda y custodia de hijos menores y de alimentos reclamados por un progenitor frente a otro en favor de los hijos.

---

[1] TU, Derecho procesal, Universidad de Valencia.

c) Pretensiones sobre la adopción de medidas provisionales previas a la demanda o derivadas de su admisión.

d) Pretensiones de modificación de las denominadas medidas definitivas (acerca de las consecuencias personales y patrimoniales derivadas del proceso matrimonial) por haber variado las circunstancias tenidas en cuenta a la hora de su adopción.

e) Pretensiones de reconocimiento de eficacia civil de resoluciones dictadas por Tribunales eclesiásticos sobre nulidad del matrimonio canónico o de las decisiones pontificias sobre matrimonio rato y no consumado.

Como podemos observar, la mayoría de pretensiones son constitutivas dado que persiguen la modificación o extinción de una situación jurídica. Pero no debemos olvidar que en los procesos matrimoniales también pueden ventilarse pretensiones que tienden a regular los denominados efectos patrimoniales y personales de los cónyuges y sus hijos. De modo que nos encontramos ante una amplia variedad de pretensiones, pues no se resuelve únicamente sobre el vínculo matrimonial, sino que, además, se deciden cuestiones relacionadas con la atribución de la guarda y custodia de los hijos, el régimen de visitas de los mismos, la atribución de la vivienda familiar, la determinación de las cargas económicas, la distribución de bienes, el régimen de administración y disposición de los bienes privativos afectados a las cargas del matrimonio, las medidas sobre el régimen económico matrimonial, etc.

2. COMPETENCIA Y LEGITIMACIÓN

2.1. Competencia

Normativa reguladora

La competencia objetiva viene regulada con carácter general en los arts. 45 y 46 LEC, con las particularidades previstas en los arts. 87 ter LOPJ y 775.1 LEC. La competencia territorial se regula en el art. 769 LEC.

La competencia objetiva para conocer de las pretensiones relativas a las crisis familiares corresponde a los Juzgados de Primera Instancia y, donde los haya, a los Juzgados de Familia (arts. 45 y 46 LEC). En los procesos por violencia de género, se atribuirá la competencia a los Juzgados de Violencia sobre la Mujer (art. 87 ter LOPJ).

En el caso particular de las pretensiones de modificación de las medidas adoptadas en estos procesos, será competente el Juzgado que conoció del proceso en el que se adoptaron (art. 775.1 LEC). Mientras que en los supuestos de separación o divorcio legal de mutuo acuerdo, puede ser también competente el letrado de la Administración de Justicia o incluso, un notario cuando no existan hijos menores no emancipados.

La competencia territorial se regula detalladamente en el art. 769 LEC mediante una serie de normas imperativas. Son cinco los fueros territoriales aplicables en estos procesos:

a) La regla general consiste en que será competente el Juzgado de Primera Instancia del lugar del domicilio conyugal. Este es el fuero principal y excluyente. En su defecto, esto es, en el caso de residir los cónyuges en distintos partidos judiciales, será tribunal competente, a elección del demandante, el del último domicilio del matrimonio o el de residencia del demandado. Los que no tuvieren domicilio ni residencia fijos podrán ser demandados en el lugar en que se hallen o en el de su última residencia, a elección del demandante y, por último, si tampoco pudiere determinarse así la competencia, corresponderá ésta al tribunal del domicilio del demandante.

b) La competencia territorial en los casos de violencia de género viene atribuida, en virtud del art. 15 bis de la LECrim, al órgano jurisdiccional del lugar del domicilio de la víctima.

c) En los procedimientos de separación o divorcio de mutuo acuerdo, será competente el Juzgado del último domicilio común o el del domicilio de cualquiera de los solicitantes.

d) En los procesos que versen exclusivamente sobre guarda y custodia de hijos menores o sobre alimentos reclamados por un progenitor contra el otro en nombre de los hijos menores, será competente el Juzgado de Primera Instancia del lugar del último domicilio común de los progenitores. En su defecto, será competente, a elección del demandante, el Tribunal del domicilio del demandado o el de la residencia del menor.

e) Para la adopción de medidas provisionales previas a la demanda de nulidad, separación o divorcio, será competente el tribunal del domicilio del cónyuge que se proponga demandar la nulidad, separación o divorcio de su matrimonio (art. 771 LEC).

Jurisprudencia

Nuestros tribunales se han planteado en diversas ocasiones qué debe entenderse por domicilio del solicitante, dado que esta cuestión ha dado lugar a diversos conflictos de competencia negativos. Al respecto, el TS ha precisado en su ATS 27 mayo 2014 *(Tol 4405012)*, que "con carácter general ha de atenderse el lugar donde se reside con habitualidad, que equivale a domicilio real, ya que materializa la voluntad de permanencia en determinado lugar". En idéntico sentido lo ha hecho, la STS 13 julio 1996 (*Tol 1659421*). De esta doctrina, señala el TS en su ATS 29 noviembre 2016 *(Tol 5914396)*, se extrae que una cosa es la vecindad administrativa determinada, por ejemplo, a través del padrón municipal o de los datos de la Agencia Tributaria, y otra diferente es el lugar dónde la persona reside con un cierto carácter de habitualidad. Es relativamente frecuente que, en las crisis matrimoniales, uno de los cónyuges abandone el domicilio conyugal y pase a residir en otro domicilio diferente, generalmente un lugar al que le una algún vínculo (segunda residencia, domicilio de algún familiar, etc.). Por tanto, el carácter de "habitualidad" a la hora de determinar el domicilio de una persona ha de ser interpretado de una forma más amplia y menos rigurosa que en otros supuestos, y no debe ser exigida una prueba exhaustiva sobre dicho carácter habitual.

Cuestiones relevantes

1. **En estos procesos el tribunal examina de oficio su competencia, resultando nulos los acuerdos de las partes que se opongan a las reglas competenciales previamente mencionadas,** en sintonía con el carácter improrrogable de los fueros previstos en el art. 769 LEC [SAP León 9 noviembre 2001 *(Tol 140030)*].

2.2. *Legitimación*

2.2.1. Sujetos legitimados

Normativa reguladora

La legitimación se encuentra regulada en el CC, concretamente en sus arts. 74, 75, 76, 81 y 86 CC.

Los principales legitimados son los cónyuges, dado que son ellos quienes van a verse afectados de forma directa por la resolución que se dicte. Los dos deben intervenir necesariamente en el proceso. Sin embargo, de acuerdo a los arts. 74, 81 y 86 CC, y según el tipo de pretensión que se interponga, también ostentan legitimación otros sujetos. Veamos los cuatro supuestos con los que podemos encontrarnos.

a) La acción para pedir la nulidad del matrimonio corresponde a los cónyuges, al Ministerio Fiscal —de manera preceptiva— y a cualquier persona que tenga interés directo y legítimo en ella (art. 74 CC, con las excepciones de los arts. 75 y 76 CC). Si la causa de nulidad fuere la falta de edad, mientras el contrayente sea menor sólo podrá ejercitar la acción cualquiera de sus padres, tutores o guardadores y, en todo caso, el Ministerio Fiscal (art. 75.1 CC).

b) En los supuestos de separación y divorcio, los únicos legitimados son los cónyuges (arts. 81 y 86 CC). Podrá instar la pretensión cualquiera de ellos (uno solo de los cónyuges, ambos o uno con el consentimiento del otro), salvo en el supuesto previsto en el art. 81.2 CC, en el que únicamente podrá pedir la separación el cónyuge respecto del cual existe un riesgo para la vida, la integridad física, la libertad, la integridad moral o libertad e indemnidad sexual.

c) En los procesos sobre guarda, custodia y alimentos de menores, además de los progenitores (en cuanto a la guardia y custodia) e hijos (en cuanto a los alimentos), será preceptiva la intervención del Ministerio Fiscal, tal y como proclama el art. 749.2 LEC.

d) Por último, resta señalar que en los procesos en los que lo que se pretenda sea la modificación de medidas definitivas, estarán legitimados los cónyuges y, si hubiera hijos menores o hijos con discapacidad con medidas de apoyo atribuidas a sus progenitores, el Ministerio Fiscal.

Jurisprudencia

Como manifiesta la STS 12 marzo 2010 *(Tol 7119477)*, se echa en falta la existencia de una norma que expresamente conceda legitimación al progenitor convivente con el hijo mayor de edad para solicitar la contribución del otro en el sostenimiento del hijo. Como consecuencia de la citada laguna, ha tenido que ser la jurisprudencia la que ha decidido la cuestión, que ha quedado zanjada en la STS 24 abril 2000 (*Tol 2473281)*, ampliamente citada por la doctrina científica, y seguida por la STS 12 julio 2014 (*Tol 4480889*). Ambas sentencias han supuesto un cambio en el estado de la cuestión, al dejar clara la legitimación del progenitor convivente en lo que se refiere a los alimentos del hijo mayor de edad, pero naturalmente siempre que se cumplan los requisitos establecidos en el art. 93.2 CC, sin necesidad de que sean los hijos los que acudan a otro proceso declarativo independiente.

Se ha confirmado que la legitimación del cónyuge con el que conviven los hijos mayores de edad para reclamar alimentos subsiste si el hijo se va a vivir a otro lugar por razones de estudios en la SAP Palencia 11 abril 2005 (*Tol 634828*), dado que por convivencia paterno-filial no debe entenderse únicamente la situación de permanente compañía o residencia en una misma vivienda o en una misma localidad, pues cuando tal situación no se produzca y sea a causa de necesidades concretas, como es el caso del estudio del hijo, mas se siga manteniendo una dependencia no sólo económica, sino también de atención, debe darse por cierta a efectos de la legitimación del art. 93.

Cuestiones relevantes

2. Nos cuestionamos a quiénes se refiere el art. 74 CC cuando indica que la acción para pedir la nulidad también corresponde a cualquier persona que tenga interés directo y legítimo. Entendemos que la norma está pensando, no solo en el supuesto contemplado en el artículo 75 CC (padres, tutores o guardadores del menor que contrajo matrimonio cuando la causa de nulidad fuere la falta de edad), sino también en otros sujetos como podrían ser los parientes en general (padres de los cónyuges, abuelos, hijos...), hijos de un matrimonio anterior del viudo que temen ver perjudicados sus intereses, etc. La ley no distingue entre tipo de interés alguno, ni excluye el meramente económico que puedan ostentar los legitimados [SAP La Coruña 14 noviembre 2003 [(Sección 1ª) Recurso de Apelación núm. 1337/2003].

El Tribunal Constitucional ha declarado en su STC 195/1992, de 16 de noviembre (*Tol 81975*), que, "al conceder el art. 24.1 de la Constitución el derecho a la tutela judicial efectiva a todas las personas que son titulares de derechos e intereses legítimos, está imponiendo a los Jueces y Tribunales la obligación de interpretar con amplitud las fórmulas que las leyes procesales utilicen en orden a la atribución de la legitimación activa para acceder a procesos judiciales". Como señala el AAP Castellón 15 julio 2003, pueden incluirse dentro del elenco de sujetos que ostentan un interés directo y legítimo, otros supuestos de parentesco en distintos grados, haciendo extensivo el concepto de legitimidad a un uso ponderado del derecho que ha de ser probado por quien lo invoca, y cuando la ley dice "cualquier persona" se está refiriendo a un tercero cuya relación jurídica puede verse afectada por la existencia de la relación matrimonia [AAP Castellón 15 julio 2003 (*Tol 665813*)].

3. En lo que al litisconsorcio pasivo en los procedimientos matrimoniales se refiere, los tribunales han discutido acerca de la necesidad de demandar o no a los hijos mayores de edad que sigan conviviendo con alguno de los progenitores, respecto de las medidas que les afecten. Algunas AP han entendido que era necesario dirigir la demanda también contra ellos cuando una de las pretensiones tuviera por objeto la supresión de la pensión de alimentos de la que hasta entonces había sido recepto [SAP Álava 17 febrero 1999 (ECLI:ES:APVI:1999:144)]. Sin embargo, la mayoría de AP han declarado que no es necesario demandar a los hijos mayores por entender que los únicos legitimados para actuar en el proceso son los progenitores [SAP Madrid 7 julio 1998 (ECLI:ES:APM:1998:8422)].

2.2.2. Postulación

Normativa reguladora

La postulación se regula con carácter general en los arts. 23 y 32 LEC y, de manera específica para los procesos sobre provisión de medidas judiciales de apoyo a personas con discapacidad, filiación, matrimonio y menores, en el art. 750 LEC.

Las partes actuarán en el proceso con asistencia de abogado y representadas por procurador. Sin embargo, se prevén dos excepciones a la exigencia de la preceptiva postulación. La primera se refiere a los supuestos en los que uno de los cónyuges sea defendido por el Ministerio Fiscal pues, como todos sabemos, el Ministerio público puede comparecer por sí mismo y no precisa postulación. La segunda la encontramos en el art. 771.1.II LEC, que expresamente señala que, para formular la solicitud de medidas provisionales previas a la demanda de nulidad, separación o divorcio, no será precisa la intervención de procurador y abogado, pero sí será necesaria dicha intervención para todo escrito y actuación posterior.

Por último, debemos hacer referencia a la particularidad contenida en el párrafo segundo del art. 750 LEC que prevé que, en los procedimientos de separación o divorcio solicitados de común acuerdo por los cónyuges, estos podrán valerse de una sola defensa y representación. No obstante, este mismo precepto contempla la posibilidad de la existencia de una desavenencia entre las partes durante la tramitación del procedimiento, que puede ocasionar la ruptura en la mencionada unidad de defensa y representación. En este sentido, expresamente se recoge en primer lugar que, si alguno de los pactos propuestos por los cónyuges no fuera aprobado por el Tribunal, se requerirá a las partes a fin de que en el plazo de cinco días decidan si quieren continuar con la defensa y representación únicas o si, por el contrario, prefieren litigar cada una con su propia defensa y representación. En segundo lugar y a diferencia del caso anterior, se impone (pues no se trata de una opción que deben decidir las partes), la ruptura de dicha unidad cuando, a pesar del acuerdo suscrito por las partes y homologado por el Tribunal, una de las partes pida la ejecución judicial de dicho acuerdo. En este último caso, el legislador parte de la consideración de que tal petición implica la existencia de un desacuerdo entre las partes, de manera que exige a la otra parte que nombre otro abogado y procurador.

Cuestiones relevantes

4. Dado que los cónyuges tienen que ir representados por procurador y asistidos por letrado, podría suceder que la posición económica de uno de los cónyuges impidiera obtener al otro el beneficio de la justicia gratuita (téngase en cuenta que la LAJG 1/1996 se refiere a los ingresos obtenidos en la "unidad familiar"), lo que podría provocar una situación de indefensión. La solución podemos encontrarla en el Código Civil, que regula la necesidad de que los cónyuges contribuyan a las cargas del matrimonio, incluidas las **"litis expensas"** (art. 103.3 CC), es decir, los gastos procesales que deba soportar el cónyuge que genere más ingresos. De manera que, **el cónyuge que carezca de suficiente solvencia económica podría pedir las "litis expensas" como medida provisional previa y con carácter urgente a la demanda de separación** [SAP Alicante 23 marzo 2001 (*Tol 22759*)].

3. LOS PROCEDIMIENTOS MATRIMONIALES

Recuérdese que han desaparecido las causas legales de separación o divorcio. De manera que hoy en día ya no es necesario alegar ni probar ninguna causa de separación o divorcio, requiriéndose únicamente que se respete el límite temporal de haber trascurrido tres meses desde la celebración del matrimonio (arts. 81 y 82 CC)— excepto en los supuestos en los que se dé una de las situaciones de riesgo previstas en el art. 81.2 CC—. Se han mantenido, sin embargo, las causas de nulidad que vienen expresamente recogidas en el art. 73 del CC.

3.1. *El procedimiento de nulidad, separación y divorcio contencioso*

Normativa reguladora

Las pretensiones de nulidad (todas ellas sin excepción) y las de separación y divorcio en las que no exista acuerdo entre las partes, es decir, contenciosas, se sustanciarán a través del juicio verbal (art. 753 LEC) pero con sujeción a las reglas específicas contenidas en el art. 770 LEC, junto a las especialidades procedimentales previstas en los arts. 748 a 755 con carácter general para los procesos que versen sobre la adopción de medidas judiciales de apoyo a personas con discapacidad, filiación, matrimonio y menores.

3.1.1. Demanda y Reconvención

A la demanda deben acompañarse, además de los documentos establecidos con carácter general en la LEC (arts. 264 y 265 LEC), la certificación de la inscripción del matrimonio y, en su caso, de la inscripción de nacimiento de los hijos en el Registro Civil, así como aquéllos en los que el cónyuge demandante funde su derecho. Si se solicitan medidas de carácter patrimonial, el demandante deberá aportar los documentos que permitan evaluar la situación económica de los cónyuges y, en su caso, de los hijos, tales como, declaraciones tributarias, nóminas, certificaciones bancarias, títulos de propiedad o certificaciones registrales. De igual forma se deberá acreditar, de existir, la resolución judicial o acuerdo en virtud del cual corresponde el uso de la vivienda familiar.

Admitida la demanda, el LAJ dará traslado de la misma al Ministerio Fiscal, cuando proceda, y a las demás personas que, conforme a la ley, deban ser parte en el procedimiento, hayan sido o no demandados, emplazándoles para que la contesten (art. 753 LEC).

Cuando se presente una demanda de la que pueda ser competente por razón de la materia un juzgado de violencia sobre la mujer, se recabará la oportuna consulta al sistema de registros administrativos de apoyo a la Administración de Justicia, así como al sistema de gestión procesal correspondiente a fin de verificar la competencia. Estas consultas se reiterarán antes de la celebración de la vista o comparecencia del procedimiento contencioso o de jurisdicción voluntaria o del acto de ratificación de los procedimientos de mutuo acuerdo.

Del mismo modo, en el decreto de admisión, se requerirá a las partes para que comuniquen, en el plazo de cinco días, si existen o han existido procedimientos de violencia sobre la mujer entre los cónyuges, su estado procesal actual, y si constan adoptadas medidas civiles o penales. Igualmente se advertirá a ambas partes de la obligación de comunicar inmediatamente cualquier procedimiento que inicien ante un juzgado de violencia sobre la mujer durante la tramitación del procedimiento civil, así como cualquier incidente de violencia sobre la mujer que se produzca.

El demandado tendrá un plazo de veinte días para comparecer y contestar por escrito, proponiendo en su caso reconvención (art. 770.2 LEC), respecto de la cual, el actor dispondrá de un plazo de diez días para contestar. Esta reconvención exige una conexión objetiva especial con la pretensión interpuesta, de modo que se inadmitirá cuando no se refiera a ninguno de los cuatro supuestos siguientes: a) la nulidad del matrimonio fundada en una causa distinta a la alegada por el demandante; b) el cónyuge demandado de separación o de nulidad pretenda el divorcio; c) el cónyuge demandado de nulidad pretenda la separación; d) el cónyuge demandado pretenda la adopción de medidas definitivas que no hubieran sido solicitadas por el demandante, siempre que no se trate de medidas sobre las que el tribunal no deba pronunciarse de oficio, que son generalmente las relativas a los menores.

3.1.2. Vista. En especial, la fase probatoria

A la vista deben concurrir las partes acompañadas de sus abogados. La incomparecencia de alguna de las partes sin causa justificada podrá determinar que el órgano jurisdiccional considere admitidos los hechos alegados por la parte compareciente para fundamentar sus peticiones sobre medidas definitivas de carácter patrimonial. Por tanto, su inasistencia no supone la suspensión de la vista, sino que va a continuar celebrándose, pudiendo tener como efecto que se sancione a la parte no compareciente con una *ficta confessio*, pero solo y exclusamente con relación, como acabamos de señalar, a las medidas definitivas de carácter patrimonial. Constante doctrina jurisprudencial ha venido pronunciándose acerca de la discrecionalidad de la facultad de declarar la *ficta confessio*, que es potestativa y no puede ser revisada en casación [STS 21 mayo 2002 (*Tol 4975617*)].

Al no contener ninguna otra especialidad, la vista se celebrará en la forma prevista para el juicio verbal en los arts. 443, 444 y 445 LEC, con las particularidades probatorias contempladas en el art. 752 LEC que vamos a ver a continuación y que, sin embargo, no serán de aplicación cuando las pretensiones que se formulen sean materias sobre las que las partes puedan disponer libremente [STC 291/2006, de 16 noviembre (*Tol 1001098)*].

En primer lugar, determinadas pruebas se podrán practicar fuera del acto de la vista dentro del plazo que el Tribunal señale, que no podrá exceder de treinta días. Durante el mismo, el juez puede acordar oficio las pruebas que estime necesarias "para comprobar la concurrencia de las circunstancias en cada caso exigidas por el CC para decretar la nulidad, separación o divorcio, así como las que se refieran a hechos de los que dependan los pronunciamientos sobre medidas que afecten a los hijos menores o a los mayores que precisen apoyo, de acuerdo con la legislación civil aplicable" (art. 770.4 LEC). Además, y en virtud del art. 752.1 LEC, se decidirán los procesos con arreglo a los hechos que hayan sido objeto de debate y resulten probados, con independencia del momento en que hubieren sido alegados o introducidos de otra manera en el procedimiento. De modo que se flexibiliza enormemente el trámite relativo a la aportación de los hechos al proceso y su preclusión, por lo que, en cualquier momento del trascurso del proceso, podrán introducirse hechos nuevos relacionados con el objeto del proceso, sin el necesario cumplimiento de los requisitos de novedad o ignorancia acerca de su acaecimiento previstos en el art. 286 LEC.

Podrá proponerse por las partes o acordar de oficio por el tribunal la práctica de prueba anticipada que se considere pertinente y útil . En este caso, se procurará que el resultado de dicha prueba obre en las actuaciones con anterioridad a la celebración de la vista, estando a disposición de las partes.

La conformidad de las partes sobre los hechos no vinculará al tribunal, ni podrá este decidir la cuestión litigiosa basándose exclusivamente en la misma o en el silencio o respuestas evasivas sobre los hechos alegados por la parte contraria. Tampoco estará el tribunal vinculado a las disposiciones de la LEC en materia de fuerza probatoria del interrogatorio de las partes, de los documentos públicos y de los privados reconocidos (art. 752.2 LEC). Rige, por ende, el principio de valoración libre de la prueba en su plenitud.

Por último, se permite que pueda oírse a los hijos menores y, en todo caso, deberá darse audiencia a los mayores de doce años, si se estima necesario de oficio o a petición del fiscal, partes o miembros del equipo técnico judicial o del propio menor. También habrán de ser oídos cuando precisen apoyo para el ejercicio de su capacidad jurídica y este sea prestado por los progenitores, así como los hijos con discapacidad, cuando se discuta el uso de la vivienda familiar y la estén usando. En las exploraciones de los menores o mayores con discapacidad, se garantizará que el menor pueda ser oído en condiciones idóneas para la salvaguarda de sus intereses, sin interferencias de otras personas y recabando excepcionalmente el auxilio de especialistas cuando sea necesario [STC 152/2005, de 6 de junio (*Tol 673515*)].

3.1.3. Transformación del proceso

En los procedimientos de separación y divorcio contencioso se permite expresamente que los cónyuges en cualquier momento del proceso pueden llegar a un acuerdo y transformar el procedimiento contencioso en uno de mutuo acuerdo (art. 770.5 LEC). También podrán las partes pedir de común acuerdo la suspensión del proceso para someterse a mediación (regla que, por cierto, no añade nada nuevo a lo previsto en el art. 19.1 LEC).

3.1.4. Recursos

Los recursos que se interpongan contra las sentencias que se dicten en estos procesos no suspenderán la eficacia de las medidas definitivas que se hubieren acordado. Si la impugnación afectara únicamente a los pronunciamientos sobre medidas, se declarará por el LAJ la firmeza del pronunciamiento sobre la nulidad, separación o divorcio (art. 774.5 LEC). De modo que, a pesar de la apelación, las medidas serán ejecutadas.

Jurisprudencia

Aunque el art. 770.2 LEC no contenga ninguna excepción a la regla general del art. 406.3 LEC (que consagra la necesidad de que la reconvención sea expresa), la jurisprudencia ha flexibilizado esta exigencia en los procesos de familia. A pesar de no encontrar acomodo en la literalidad de la ley, lo cierto es que en la práctica se admite la formulación de reconvenciones implícitas en estos procesos, tal y como reflejan las SSAP Sevilla 5 noviembre 2010 (*Tol 2083045*) y Navarra de 28 julio 2006 (*Tol 1027231*).

La STS 10 septiembre 2012 (*Tol 2675498*) se ha pronunciado acerca de la flexibilización del requisito de la formulación expresa de la reconvención en los procesos matrimoniales. En ella se debate si resulta imprescindible para que el tribunal se pronuncie sobre la pensión compensatoria, que la parte demandada formule una reconvención o si por el contrario, puede entenderse que esta no es necesaria en la medida en que dicha pretensión ya ha sido introducida en el proceso por el demandante en primer lugar y a continuación, por la demandada en su respuesta a la demanda. El TS se decanta por una postura favorable a la innecesaridad de plantear una reconvención. Son tres básicamente las razones que avalan su decisión: a) Cuando el actor en su demanda, anticipándose a una posterior petición del demandado, se opone al reconocimiento de la pensión, en realidad formula una acción declarativa dirigida a que se pronuncie que no ha lugar su fijación, contra la que cabe entender formulada la acción contraria (declarativa del derecho negado por el demandante), sin necesidad de acudir a la formalidad de la reconvención sino simplemente contestando a la demanda. b) La reconvención en los procesos matrimoniales únicamente exige el requisito formal de que se proponga con la contestación a la demanda. Al contar esta institución con una regulación específica en los procesos matrimoniales, por la singularidad de los mismos, puede considerarse razonable entender que no son de aplicación a estos procesos las exigencias formales que el art. 406 LEC impone a los procesos ordinarios referente a la imposibilidad de formular pretensiones reconvencionales en forma implícita. c) Incluso aplicando la exigencia de reconvención explícita del art. 406 LEC en los procesos matrimoniales, los singulares principios que inspiran estos procesos deben llevar al órgano judicial a entender que el incumplimiento de esta formalidad no puede acarrear una consecuencia jurídica tan desproporcionada como tenerla por no formulada para así dejar sin juzgar las peticiones implícitas. Se considera razonable interpretar esa exigencia en el sentido de que corresponde al juez de familia velar por que los escritos de contestación se ajusten a la misma, estando entre sus facultades detectar las posibles peticiones de naturaleza reconvencional pero implícitamente deducidas, a fin de que se pueda dar traslado de ellas a la parte demandante y con ello evitar posibles indefensiones.

Cuestiones relevantes

5. La jurisprudencia se encuentra dividida a la hora de admitir la trasformación del proceso contencioso en uno de mutuo acuerdo en fase de recurso. La duda se plantea dado que el art. 770.5 LEC señala expresamente que puede proceder la trasformación "en cualquier momento del proceso". Entre otras, la SAP Murcia 20 febrero 2001 (— ECLI:ES:APMU:2001:572), siguiendo la opinión mayoritaria, declara que la transformación de contencioso a convencional es admisible también en segunda instancia [SAP Tarragona 15 julio 1996 [(Sección 1ª) Apelación núm. 41/1995)]. Sin embargo, otras Audiencias, como la de Barcelona [AAP Barcelona 5 abril 2001 (Sección 12ª) Recurso de Apelación núm. 1206/2000], han manifestado la inviabilidad de la reconversión después de dictada sentencia en la instancia y durante la pendencia del recurso de apelación.

6. El art. 92.6 CC regula la audiencia de los menores por el juez, cuando tengan suficiente juicio y el juez lo estime necesario. El art. 770.1.4° LEC establece que "se les oirá, si tuvieren suficiente juicio y, en todo caso, si fueren mayores de 12 años". Sin embargo, el art. 777.5 LEC ofrece una redacción similar a la del Código Civil, es decir, amplía las facultades del juez para oír o no al menor. La aparente contradicción entre el CC y la LEC, viene a ser aclarada por la Ley del Menor y por el Convenio sobre Derechos del Niño, en el sentido de que cuando la edad y madurez del menor hagan presumir que tiene suficiente juicio y, en todo caso, los mayores de 12 años, habrán de ser oídos en los procedimientos judiciales en los que se resuelva sobre su guarda y custodia, sin que la parte pueda renunciar a la proposición de dicha prueba, debiendo acordarla, en su caso, el juez de oficio. En este sentido se ha pronunciado las SSTC 152/2005, de 6 de junio (RTC 2005, 152), 221/2002, de 25 de noviembre (*Tol 224822*), y 71/2004, de 19 de abril (*Tol 397386*), en las que se considera preceptiva la audiencia del menor en todo proceso en el que haya de adoptarse una decisión que le afecte en su esfera personal, social o familiar, cuando el mismo posea la madurez y condiciones suficientes para formarse un juicio propio, integrándose, el derecho a ser oído en el derecho a la tutela judicial efectiva del art. 24 CE, que resultará vulnerado cuando se omita la audiencia al mismo dando lugar a la nulidad de actuaciones.

3.2. *El procedimiento de separación o divorcio de mutuo acuerdo*

Normativa reguladora

El art. 777 LEC dedica un cauce procedimental específico a la separación o divorcio de mutuo acuerdo, al que serán de aplicación supletoria las reglas del juicio verbal.

En los procesos de separación y divorcio de mutuo acuerdo, la competencia la comparten entre el Juez, cuando hay hijos menores no emancipados o mayores con discapacidad con medidas de apoyo atribuidas a sus progenitores y el LAJ, cuando no los hay. En este último caso, desde la reforma operada por la Ley 15/2015, de 2 de julio, de la Jurisdicción voluntaria, también es posible que la separación o divorcio se realice ante notario.

3.2.1. La separación o divorcio de mutuo acuerdo ante los Tribunales

El procedimiento se inicia con la solicitud de ambos cónyuges o de uno con el consentimiento del otro, a la que se acompañarán los documentos previstos en el art. 777.2 LEC, esto es, la certificación de la inscripción del matrimonio y, en su caso, del nacimiento de los hijos en el Registro Civil, así como la propuesta de convenio regulador y el documento/s en que los cónyuges funden su derecho, incluyendo, en su caso, el acuerdo final alcanzado en el procedimiento de mediación familiar.

El convenio regulador es un documento imprescindible que recoge el estatuto que regula las consecuencias de la separación o divorcio, tanto las cuestiones atinentes a quienes hasta el momento han sido cónyuges, como los aspectos relacionados con sus hijos. Puede contener las siguientes estipulaciones: patria potestad, guarda y custodia, régimen de visitas, atribución del uso de la vivienda familiar, pensión de alimentos para los hijos, pensión compensatoria a favor del cónyuge, disolución y liquidación del régimen económico matrimonial, etc. Su falta de presentación impedirá que el procedimiento continúe por los trámites del art. 777 LEC.

Los cónyuges pueden valerse de una sola defensa y representación, tal y como permite el art. 750.2 LEC. Aunque tomen dicha decisión, los procuradores y abogados de cada una de las partes tendrán que firmar el mismo escrito que contenga la demanda, o en su lugar, presentar otro escrito de aceptación de la demanda presentada.

La petición de separación o divorcio viene sujeta a la exigencia de su ratificación personal por parte de cada uno de los cónyuges, para cerciorarse de que actúan libremente. Esta ratificación no solo es de la petición de separación o divorcio sino también de la propuesta de convenio. En este sentido, admitida la solicitud de separación o divorcio, el LAJ citará a los cónyuges, dentro de los tres días siguientes, para que ratifiquen por separado la pretensión de separación o divorcio y el convenio regulador. En caso contrario, es decir, si no fuera ratificada por alguno de los cónyuges, se archivarán las actuaciones y las partes tendrán la posibilidad de iniciar un proceso contencioso de acuerdo con el art. 770 LEC.

Ratificada por ambos cónyuges la solicitud, si la documentación aportada fuera insuficiente, se les concederá un plazo de diez días para que la completen. Durante este plazo se practicará, en su caso, la prueba que los cónyuges hubieren propuesto y la demás que el tribunal considere necesaria (art. 777.4 LEC). Mientras que si la documentación presentada fuera suficiente, los cónyuges no hubieran propuesto ninguna prueba y el matrimonio no tuviere hijos o éstos fueran mayores de edad, el juez dictará sentencia (o en su caso, el LAJ decreto), inmediatamente después de dicha ratificación.

Si hubiere hijos menores o mayores con discapacidad y medidas de apoyo a sus progenitores, el juez debe requerir informe del Ministerio Fiscal para decidir acerca de su situación, es decir, para pronunciarse sobre los términos del convenio relativos a los hijos. Además, tendrá que darles audiencia si tuvieran suficiente juicio cuando se estime necesario de oficio o a petición del fiscal, partes o miembros del equipo técnico judicial o incluso del propio menor. A diferencia del proceso contencioso, ya no es preceptiva la declaración de los mayores de doce años. Estas actuaciones se llevarán a cabo en el plazo de 10 días al que se refiere el art. 777.4 LEC y, si éste no se hubiera abierto, en el plazo de cinco días (art. 777.5 LEC).

Recuérdese que las materias en juego no son íntegramente de libre disposición de las partes, especialmente cuando hay hijos menores o mayores con discapacidad y medidas de apoyo a sus progenitores, de ahí que la propuesta de convenio pueda no ser aprobada por el órgano jurisdiccional en su totalidad, fundamentalmente si los acuerdos a los que han llegado los cónyuges son dañosos para los hijos o gravemente perjudiciales para uno de ellos. Además, si los acuerdos fueran gravemente perjudiciales para el bienestar de los animales de compañía, la autoridad judicial ordenará las medidas a adoptar, sin perjuicio del convenio aprobado (art. 90.2 CC). De modo que, si a pesar de haber estimado la pretensión, no se aprobase en todo o en parte el convenio regulador propuesto, se concederá a las partes un nuevo plazo de diez días para una nueva propuesta de convenio, limitado, en su caso, a los puntos que no hayan sido aprobados por el tribunal, transcurrido el cual, el tribunal resolverá mediante auto lo que estime procedente (art. 777.7 LEC).

El órgano jurisdiccional puede dilucidar si en el convenio regulador que se somete a su aprobación existe, aparte de alguna cláusula perjudicial o perniciosa para los hijos menores de los consortes, algún acuerdo o pacto que sea contrario a Derecho, lo que inviabiliza su aprobación u homologación. Por su parte, si fuera el LAJ el competente, y considerase que, a su juicio, alguno de los acuerdos pudiera ser dañoso o gravemente perjudicial para uno de los cónyuges, para los hijos mayores o menores emancipados afectados, o para el bienestar de los animales de compañía, lo advertirá a los otorgantes y dará por terminado el expediente. En este caso, los cónyuges sólo podrán acudir ante el juez para su aprobación.

Si el órgano jurisdiccional concede la separación o el divorcio, habrá de pronunciarse sobre el convenio regulador. Si lo aprueba de manera íntegra, el procedimiento termina una vez notificada la resolución a las partes, sin que pueda interponerse recurso alguno; aunque sí podrá hacerlo, en interés de los hijos menores o incapacitados, el Ministerio Fiscal (art. 777.8.II LEC). Por el contrario, la sentencia que deniegue la separación o el divorcio y el auto que acuerde alguna medida que se aparte de los términos del convenio propuesto por los cónyuges, sí podrán ser recurridos en apelación por los cónyuges. El recurso contra el auto que decida sobre las medidas no suspenderá la eficacia de las mismas, ni afectará a la firmeza de la sentencia relativa a la separación o al divorcio.

Jurisprudencia

El convenio es un negocio jurídico de derecho de familia que, de acuerdo con la autonomía de la voluntad de los afectados, puede contener tanto pactos típicos como atípicos [STS 4 noviembre 2011 (*Tol 2270289*)]. Se encuentra perfectamente consagrado el principio de la libre autonomía de la voluntad en el ámbito propio del derecho de familia, con plena vigencia en las relaciones horizontales entre los cónyuges, y bajo la limitación del principio de orden público del interés y beneficio de los menores en las relaciones verticales con los hijos [STS 30 mayo 2022 (*Tol* 9002244)].

La jurisprudencia que reconoce plena eficacia *inter partes* a los convenios entre los cónyuges, aunque carezcan de la sanción judicial, se haya plenamente consolidada. Entre otras, SSTS 15 febrero 2002 (*Tol 134962*), 7 noviembre 2018 (*Tol 6906992*) y 21 diciembre 1998 *(Tol 2437796)*. La STS 22 abril de 1997 (*Tol 5119376*) distingue claramente entre los convenios con y sin homologación judicial, y si bien considera tal homologación *conditio iuris* de eficacia del convenio regulador del art. 90 CC, en absoluto desconoce la eficacia del que no haya sido objeto de aprobación judicial en tanto que negocio jurídico válido concertado según el principio de autonomía de la voluntad que proclama el art. 1255 CC. En esta sentencia se discute acerca de la naturaleza del convenio regulador en las situaciones de crisis matrimonial que no ha obtenido la aprobación judicial por no haber sido ratificado por las partes. En principio, según la misma, debe ser considerado como un negocio jurídico de derecho de familia, expresión del principio de autonomía privada que, como tal convenio regulador, requiere la aprobación judicial, como *conditio iuri* determinante de su eficacia jurídica. Por tanto, cuando es aprobado judicialmente queda integrado en la resolución judicial, con toda la eficacia procesal que ello conlleva, pero, si no hubiese llegado a ser aprobado judicialmente, no es ineficaz, sino que tiene la eficacia correspondiente a todo negocio jurídico. La falta de ratificación, y por ende de homologación, le impide formar parte del proceso de divorcio, pero no pierde eficacia procesal como negocio jurídico.

Sobre el alcance del pacto sobre la pensión compensatoria incluido en el convenio regulador de separación matrimonial en el juicio posterior de divorcio contencioso, interesante resulta la STS 11 diciembre 2015 (*Tol 559588*). En ella el TS señala que, desde la perspectiva del art. 101 CC, puede afirmarse con carácter general que el reconocimiento del derecho a pensión en juicio anterior de separación no constituye óbice para declarar su extinción en el posterior pleito de divorcio, de considerarse acreditado el supuesto de hecho normativo al que se refiere dicho precepto, y que fue causa de su reconocimiento [SSTS 23 enero (*Tol 2407043*) y 10 diciembre 2012 (*Tol 2722256*)].

Cuestiones relevantes

7. Los cónyuges siempre podrán solicitar la modificación del convenio regulador aprobado, cuando varíen las circunstancias que se tuvieron en cuenta en el momento de su adopción. Para ello, se acudirá, si las partes están de acuerdo, al procedimiento de separación o divorcio de mutuo acuerdo, acompañando un nuevo convenio regulador. Si no lo están, se recurrirá al procedimiento de modificación de medidas definitivas previsto en el art. 775 LEC. No procede entender que las situaciones que preexisten y se conocen al momento del convenio regulador puedan constituir "alteración sustancial", dado que no pueden considerarse como sobrevenidas [SSTS 20 de junio 2013 (*Tol 3794192*) y 26 marzo 2014 (*Tol 4223908*)].

3.2.2. El expediente notarial de separación o divorcio

Normativa reguladora

Los cónyuges que no tienen hijos menores no emancipados o mayores respecto de los que se haya establecido judicialmente medidas de apoyo atribuidas a sus progenitores, transcurridos tres meses desde la celebración del matrimonio, pueden acordar su separación matrimonial o divorcio de mutuo acuerdo ante notario (arts. 82 y 87 CC).

En este sentido, los cónyuges podrán formular un convenio regulador en escritura pública en el que, junto a la voluntad inequívoca de separarse, determinarán las medidas que hayan de regular los efectos derivados de la separación. Para ello, prestarán su consentimiento ante el notario del último domicilio común o el del domicilio o residencia habitual de cualquiera de los solicitantes. Este consentimiento debe prestarse de manera personal (sin que quepa representación) y asistidos de letrado en ejercicio. La solicitud, tramitación y otorgamiento de la escritura pública se ajustarán a lo dispuesto en el Código Civil y en la Ley del Notariado (art. 54). Por su parte, los hijos mayores o menores emancipados también deberán otorgar el consentimiento ante el notario respecto de las medidas que les afecten por carecer de ingresos propios y convivir en el domicilio familiar (art. 82.1 *in fine* CC).

Adviértase que, si el notario considerase que, a su juicio, alguno de los acuerdos pudiera ser dañoso o gravemente perjudicial para uno de los cónyuges, para los hijos mayores o menores emancipados afectados, o para el bienestar de los animales de compañía, lo advertirá a los otorgantes y dará por terminado el expediente. En este caso, los cónyuges sólo podrán acudir ante el juez para la aprobación de la propuesta del convenio regulador.

El notario que autorice la escritura pública que formaliza el convenio regulador, deberá remitir en el mismo día o al siguiente hábil y por medios electrónicos testimonio de la misma a la Oficina General del Registro Civil, que practicará de forma inmediata su inscripción.

3.3. El procedimiento para el reconocimiento de eficacia civil de determinadas resoluciones de Derecho canónico

Normativa reguladora

Tal y como proclama el art. VI.2 del Acuerdo Jurídico entre España y la Santa Sede de 1979 y el art. 80 CC, las resoluciones dictadas por los Tribunales eclesiásticos sobre nulidad de matrimonio canónico o las decisiones pontificias sobre matrimonio rato y no consumado tendrán eficacia en el orden civil, a solicitud de cualquiera de las partes, si son homologadas.

El art. 778 LEC regula el procedimiento para el reconocimiento de la eficacia civil de las resoluciones de los tribunales eclesiásticos o de las decisiones pontificias sobre matrimonio rato y no consumado.

El Estado Español reconoce efectos jurídicos a las decisiones pontificias y eclesiásticas sobre matrimonio y nulidad. Ahora bien, como ha señalado nuestro TC, la cooperación del Estado con la Iglesia Canónica no implica automatismo en el reconocimiento de las resoluciones dictadas por los Tribunales eclesiásticos [STC 66/1982, de 12 de diciembre (*Tol 8782*)]. De manera que se exige una resolución civil de homologación de la propia resolución eclesiástica. Esto es, a través del exequátur deben declararse ajustadas al Derecho del Estado en resolución dictada por el Juez civil competente.

El procedimiento previsto en el art. 778 LEC distingue los supuestos en los que se pide únicamente el reconocimiento de la eficacia civil de estas resoluciones de aquéllos en los que, además, se solicita la adopción o modificación de medidas. El procedimiento en el primero de los supuestos, esto es, si se pide exclusivamente el reconocimiento de la eficacia civil de las resoluciones, es sencillo. El tribunal dará audiencia por plazo de diez días al otro cónyuge y al Ministerio Fiscal y resolverá por medio de auto lo que resulte procedente sobre la eficacia en el orden civil de la resolución eclesiástica (art. 788.1 LEC). Sin embargo, si, además, en la demanda se solicita la adopción o modificación de medidas, se sustanciará la petición de eficacia civil de la decisión canónica conjuntamente con la relativa a las medidas, siguiendo el procedimiento que corresponda con arreglo a lo dispuesto en el art. 770 LEC (regulador del procedimiento de separación y divorcio general contencioso).

Jurisprudencia

La STS 1 julio 1994 *(Tol 1665041)* ha precisado que el examen de fondo a que obliga el requisito del respeto o no contradicción con el orden público de la sentencia cuyo reconocimiento se pretende, solamente se extiende "a constatar si las declaraciones de la sentencia dictadas conforme al Derecho canónico no están en contradicción con los conceptos jurídicos y disposiciones equiparables o análogas del Derecho estatal". Esto es, si no contradicen el orden público interno integrado por "principios no solo jurídicos públicos y privados, sino también por políticos, económicos, morales e incluso religiosos y hasta supranacionales, que hay que preservar para el mantenimiento de la paz y orden social en toda su amplitud", en definitiva, por los principios constitucionales y rectores del matrimonio según el derecho interno del foro. En un sentido similar se pronuncia la STS 24 octubre 2007 (*Tol 1229944*) al señalar que "los efectos civiles de las resoluciones eclesiásticas, regulados por la Ley civil, son de la exclusiva competencia de los Jueces y Tribunales civiles, como consecuencia de los principios de aconfesionalidad del Estado y de exclusividad jurisdiccional. Este principio permite al juez civil rechazar el reconocimiento de efectos civiles a las resoluciones canónicas de nulidad cuando advierte, entre otras circunstancias, que la petición de reconocimiento de efectos civiles se verifica con abuso del derecho o fraude procesal o, en definitiva, se funda en causas contrarias al orden público estatal o las resoluciones cuya eficacia se pretende resultan inconciliables con otra dictada en un litigio entre las mismas partes en el Estado miembro requerido o, en suma, concurre cualquier otra circunstancia que anuda a dicho reconocimiento la existencia de una vulneración del derecho a la tutela judicial efectiva o de otro derecho fundamental".

Como señala la STS 5 marzo 2001 (*Tol 4217826*), el juicio de homologación no debe extenderse a hacer nuevos pronunciamientos que desvirtuarían su naturaleza y excederían del cometido que tiene atribuido por ley. En idéntico sentido se pronuncia la STS 23 noviembre 1995 (*Tol 209983*).

Cuestiones relevantes

8. El ámbito de actuación de los tribunales civiles no llega al extremo de realizar una revisión de fondo de la causa canónica, sino que únicamente se limita a estimar si las resoluciones dictadas por los Tribunales eclesiásticos se ajustan o no a la legalidad estatal. Como señala el TS [SSTS 5 marzo 2001 (*Tol 4217826*) y 23 noviembre 1995 (*Tol 209983*)], la eficacia en el orden civil de las sentencias canónicas depende exclusivamente, sin mayores cortapisas, de la superación de un juicio de homologación que se ciñe a dos extremos concretos: a) autenticidad de la sentencia firme, esto es, comprobación o verificación de su validez extrínseca o, en otras palabras, que el documento es veraz y no falso, y b) adecuación de la sentencia (en su contenido) al Derecho del Estado, lo cual comporta un examen de fondo que sólo se extiende a constatar si las declaraciones de la sentencia, conforme al Derecho canónico, no están en contradicción con los conceptos jurídicos y disposiciones equiparables o análogas del Derecho estatal, de manera que no se vea perjudicado o alterado el sistema de libertades públicas y derechos fundamentales del ciudadano español.

4. LOS EFECTOS COMUNES A LA NULIDAD, SEPARACIÓN Y DIVORCIO. LAS MEDIDAS EN LOS PROCESOS DE FAMILIA

4.1. Medidas provisionales

Normativa reguladora

Las medidas provisionales se regulan en los art. 102 y 103 CC y su tramitación en los arts. 771 (de manera previa a la demanda) y 773 LEC (de manera simultánea a la demanda).

Se denominan medidas provisionales a los efectos que genera sobre el matrimonio el mero hecho de la presentación de la demanda en cualquiera de las situaciones de crisis matrimonial. Algunos de estos efectos son de tal trascendencia que el CC considera que deben producirse en todo caso por ministerio de la ley. En este sentido, el Código establece unos efectos que se producen "por ministerio de la ley", de cesación de la convivencia conyugal y de revocación de los consentimientos y poderes que cualquiera de los cónyuges hubiera otorgado al otro (art. 102 CC). Mientras que el resto de efectos pueden ser acordados por las partes y en su defecto, decididos por el juez. Estos últimos pueden versar sobre las siguientes cuestiones: atribución de la guarda y custodia de los hijos, régimen de visitas de los mismos, atribución de la vivienda familiar, determinación de las cargas económicas, distribución bienes, régimen de administración y disposición de los bienes privativos afectados a las cargas del matrimonio, medidas sobre el régimen económico matrimonial, etc. (art. 103 CC). Nótese que el contenido de estas medidas es similar al contenido del convenio regulador.

Las medidas provisionales se pueden solicitar tanto con carácter previo a la demanda, (medidas provisionales previas), como de manera simultánea a su interposición (medidas provisionales coetáneas).

4.1.1. Medidas provisionales previas a la demanda

El art. 771 LEC permite al cónyuge que se propone demandar la nulidad, separación o divorcio de su matrimonio, que solicite ante el tribunal de su domicilio los efectos y medidas a los que se refieren los arts. 102 y 103 CC. Para formular esta solicitud no será precisa la intervención de procurador y abogado, aunque sí será necesaria dicha intervención para todo escrito y actuación posterior.

Estas medidas podrán ser acordadas por el órgano jurisdiccional siempre que se cumplan dos presupuestos: 1) que el cónyuge tenga la intención de interponer demanda de nulidad, separación o divorcio y 2) que no se hayan adoptado medidas en un proceso matrimonial anterior, pues en tal caso, se tendría que acudir a los mecanismos que establece la LEC para la modificación de medidas (art. 775.3 LEC).

Entre las medidas provisionales previas se encuentras las medidas provisionales previas urgentes, también llamadas "provisionalísimas", que son aquéllas que cuando la "urgencia del caso lo aconsejare" (que tendrá que ser acreditada, AAP Zaragoza 10 septiembre 2001 (ECLI:ES:APZ:2001:462A), serán acordadas por el juez en la misma resolución en la que se cita a las partes a la comparecencia de medidas previas, sin oír a la parte contraria. Estas medidas tienen por objeto adelantar de manera precautoria las medidas provisionales previstas para cuando se inicie formalmente el respectivo procedimiento y su alcance se circunscribe a los efectos a los que se refiere el art. 102 CC, así como a la guarda y custodia de hijos y uso de la vivienda y ajuar familiares del art. 103 CC. No son susceptibles de recurso.

El resto de medidas provisionales previas a la demanda que no ostentan carácter urgente, se tramitan del siguiente modo. Recibida la solicitud de las medidas, el LAJ citará a una comparecencia a los cónyuges (ahora ya sí asistidos por procurado y abogado) y, si los hubiere, a los hijos menores o hijos con discapacidad con medidas de apoyo atribuidas a sus progenitores, así como al Ministerio Fiscal, que se celebrará en los diez días siguientes. En ella las partes tratarán de alcanzar un acuerdo sobre las mismas. Si no se lograre ningún acuerdo o si dicho acuerdo, oído en su caso el Ministerio Fiscal, no fuera aprobado en todo o en parte por el Tribunal, se oirán las alegaciones de los concurrentes y se practicará la prueba pertinente. El tribunal resolverá en un plazo de tres días mediante auto irrecurrible. Adviértase que, si en un plazo de treinta días no se presenta la correspondiente demanda de nulidad, separación o divorcio, se extinguirán las medidas adoptadas y sus efectos.

Tengamos en cuenta que, instado el proceso, si las partes no piden su modificación por el procedimiento establecido en el art. 772 LEC, las medidas provisionales podrán mantener su vigencia hasta que sean sustituidas por las medidas que se acuerden de manera definitiva en la sentencia. De acuerdo a este precepto, si se hubieren adoptado medidas con anterioridad a la demanda, una vez sea ésta admitida, el LAJ unirá las actuaciones sobre adopción de dichas medidas a los autos del proceso matrimonial. Si las actuaciones sobre las medidas se hubieran producido en un Tribunal distinto del que conoce de la demanda, se le solicitará, a tal efecto, el correspondiente testimonio. Por tanto, no se exige un nuevo pronunciamiento sobre las medidas que ya han sido adoptadas. Sin embargo, este mismo artículo, en su segundo párrafo, prevé una posible revisión de las mismas al señalar que, cuando el Tribunal considere que procede completar o modificar las medidas previamente acordadas, ordenará que se convoque a las partes a una nueva comparecencia que señalará el LAJ para decidir sobre dicho extremo mediante auto, contra el que no cabrá recurso alguno.

Jurisprudencia

Respecto del cómputo del plazo de 30 días —para presentar la demanda tras la solicitud de medidas previas—, el AAP Navarra 16 noviembre 1998 [(Sección 2ª) Apelación núm. 205/1998)], determina que no puede entenderse como día inicial, el de firmeza del auto de adopción de las medidas, sino el de dicho auto o el de su notificación, pues es claro que aun cuando sea recurrido dicho auto y no firme el mismo de modo inmediato, la demanda de separación deberá interponerse en el plazo de 30 días y no desde que fuere confirmado o revocado el auto, sino desde la adopción de las iniciales medidas, que, en otro caso, quedarían sin efecto con independencia de la fecha de la firmeza del auto.

4.1.2. Medidas provisionales derivadas de la admisión de la demanda

En el supuesto en el que no se hubieren adoptado medidas provisionales con anterioridad a la demanda, estas pueden solicitarse por vez primera en la misma demanda de nulidad, separación o divorcio. La adopción de las medidas de manera coetánea o simultánea a la demanda viene regulada en el art. 773 LEC.

El cónyuge que solicite la nulidad, separación o divorcio podrá, por tanto, pedir en la demanda lo que considere conveniente sobre las medidas provisionales a adoptar. Del mismo modo, también podrán ambos cónyuges someter a la aprobación del tribunal el acuerdo al que hubieren llegado sobre tales cuestiones. En todo caso y a falta de petición expresa del demandante, el juez podrá acordar de oficio las medidas que considere pertinentes de acuerdo con lo previsto en el art. 103 LEC (art. 773.2 LEC).

Tanto si solicita las medidas el cónyuge demandante como si ambos presentan un acuerdo sobre las mismas, el juez resolverá sobre su conveniencia una vez admitida la demanda y convocada una comparecencia por el LAJ a la que acudirán los cónyuges y, en su caso, el Ministerio Fiscal (si hubiere hijos menores o hijos con discapacidad con medidas de apoyo atribuidas a sus progenitores), que se sustanciará conforme a lo previsto en el art. 771 LEC. Contra el auto que se dicte no cabrá recurso alguno.

También puede solicitar medidas provisionales el cónyuge demandado, si no hubieran sido solicitadas por el demandante (o no se hubieran acordado con anterioridad), lo que hará en la contestación a la demanda y se sustanciará en la vista principal cuando esta se señale dentro de los diez días siguientes a la contestación, resolviendo el tribunal por medio de auto no recurrible cuando la sentencia no pudiera dictarse inmediatamente después de la vista. Si la vista no pudiera señalarse en dicho plazo, el LAJ convocará a las partes a la comparecencia del art. 777 LEC.

En cualquiera de los dos casos, las medidas provisionales quedarán sin efecto al ser sustituidas por las que se establezcan de manera definitiva en la sentencia o cuando se ponga fin al procedimiento de otro modo (art. 773.4 LEC).

Jurisprudencia

En la SAP Madrid 12 noviembre 1998 [(Sección 22ª) Recurso núm. 1792/1998)], se advierte que los pronunciamientos realizados en las medidas provisionales, no vinculan la decisión definitiva en la *litis* principal. De manera que "es permitido en el procedimiento principal una valoración *ex novo* de la realidad subyacente, sin estricta dependencia del criterio seguido en la fase de medidas provisionales, con el que se podrá coincidir o discrepar, pero sin que, en ningún caso, pueda hablarse de modificación de medidas en un sentido técnico— jurídico".

Si las partes proponen un régimen de visitas y comunicación de los nietos con los abuelos, el juez puede dar audiencia previa a los abuelos para que éstos presten su consentimiento [SAP Huelva 8 marzo 2010 (*Tol 1976514*)].

Cuestiones relevantes

9. Existen dos tipos de medidas que pueden adoptarse: a) Las de interés público, que revisten carácter irrenunciable y necesario, de manera que el juez viene obligado a adoptarlas y, b) las de interés privado, que son renunciables al ser facultativas y deben ser solicitadas a instancia de parte. En este sentido, señala el AAP Castellón 1 septiembre

2003 (ECLI:ES:APCS:2003:252A), que las medidas que pueden ser objeto de regulación, tal como relaciona el art. 102 CC, vienen integradas por un primer núcleo que conforman las denominadas de orden público, sobre las que, en todo caso, el juez tendrá que pronunciarse, aun cuando las partes no las haya solicitado. Su función es asegurar las relaciones convivenciales mínimas de la familia. Sin embargo, existe un segundo bloque en el que se integran las medidas que afectan a derechos cuya realización está sujeta al principio de rogación de parte, sobre las que el juez no puede resolver de oficio si no son expresamente solicitadas por alguno de los litigantes. Adviértase que la Ley 17/2021 ha añadido una medida que debe adoptar el juez, a falta de acuerdo de ambos cónyuges aprobado judicialmente, y que consiste en determinar, atendiendo al interés de los miembros de la familia y al bienestar del animal, si los animales de compañía se confían a uno o a ambos cónyuges, la forma en que el cónyuge al que no se hayan confiado podrá tenerlos en su compañía, así como también las medidas cautelares convenientes para conservar el derecho de cada uno (art. 103.1ª bis CC).

10. La petición de pensión compensatoria no es una medida de ius cogens y, por tanto, no es una medida que pueda adoptar el juez de oficio AAP Zaragoza 10 septiembre (ECLI:ES:APZ:2001:462A).

4.2. Medidas definitivas

Normativa reguladora

Las medidas definitivas se regulan en el art. 774 LEC y su modificación en el art. 775 LEC

4.2.1. Determinación de las medidas definitivas

Las medidas definitivas se acuerdan por el juez cuando finaliza el proceso. Su finalidad no es otra que establecer las consecuencias de la nueva situación familiar y patrimonial de los cónyuges tras la nulidad, separación o divorcio. Se establecen independientemente de si se han acordado o no de manera previa medidas provisionales.

Debemos diferenciar dos supuestos, dado que el procedimiento difiere según haya existido o no acuerdo entre los cónyuges en relación a las medidas.

a) Si existe acuerdo entre las partes, en el acto de la vista del juicio, si no lo hubieren hecho antes, las partes podrán plantear los acuerdos alcanzados en relación a las consecuencias de la nulidad, separación o divorcio. Para ello, podrán proponer la prueba que consideren conveniente. En sentencia el tribunal resolverá sobre las medidas solicitadas de común acuerdo, tanto si ya hubieran sido adoptadas, en concepto de provisionales, como si se hubieran propuesto con posterioridad. Adviértase que la aprobación de estas medidas no siempre es automática, pues puede existir oposición por parte del Ministerio Fiscal o incluso del juez, por considerar de oficio que existe algún pacto contrario a los intereses de las partes, protegidos por normas imperativas [SAP Alicante 13 mayo 2008 (*Tol 7277830*)].

b) Si no existe acuerdo de las partes sobre las medidas a adoptar o en caso de no aprobación del mismo, en el acto de la vista se practicará la prueba que los cónyuges o el Ministerio Fiscal propongan y la que el tribunal acuerde de oficio sobre los hechos que sean relevantes para la decisión sobre las medidas a adoptar. El tribunal determinará, en la propia sentencia, las medidas que hayan de sustituir a las ya adoptadas con anterioridad en relación con los hijos, la vivienda familiar, las cargas del matrimonio, disolución del régimen económico y las cautelas o garantías respectivas, estableciendo las que procedan si para alguno de estos conceptos no se hubiera adoptado ninguna [SAP Zaragoza 31 enero 2018 (*Tol 6540301*)].

4.2.2. La modificación de las medidas definitivas

Las medidas definitivas son modificables judicialmente o por nuevo convenio aprobado por el Juez, siempre que hayan variado sustancialmente las circunstancias tenidas en cuenta al aprobarlas o acordarlas, o lo que es lo mismo, cuando así lo aconsejen las nuevas necesidades de los hijos, animales de compañía o el cambio de las circunstancias de los cónyuges (art. 90.3 CC y art. 775 LEC).

La solicitud de modificación de estas medidas se tramitará conforme a lo previsto en el art. 770 LEC (regulador del procedimiento matrimonial contencioso). Mientras que, si la petición se hiciera por ambos cónyuges de común acuerdo o por uno con el consentimiento del otro y acompañando propuesta de convenio regulador, se tramitará por el procedimiento establecido en el art. 777 LEC (que regula el procedimiento de separación o divorcio de mutuo acuerdo). Resta por señalar, tal y como prevé el párrafo quinto del art. 775 LEC, que también cabe la modificación provisional de las medidas definitivas concedidas en un pleito anterior, lo que se sustanciará de acuerdo al art. 773 LEC (regulador de las medidas provisionales derivadas de la admisión de la demanda de nulidad, separación o divorcio).

Jurisprudencia

La STS 24 mayo 2016 (*Tol 5739301*) mantiene una postura jurisprudencial que da preeminencia al interés del menor en el análisis de las cuestiones relativas a la protección, guarda y custodia, considerando que las nuevas necesidades de los hijos no tendrán que sustentarse en un cambio "sustancial", pero si cierto. Reitera que no es preciso que el cambio de circunstancias sea sustancial, sino que sea cierto e instrumentalmente dirigido al interés del menor la STS 1 abril 2019 (*Tol 7216461*).

Sobre el derecho del menor a ser oído y escuchado, la STS 27 julio 2021 (*Tol 8587710*) estima un recurso de casación, en un proceso de modificación de medidas, en el que ni se ha oído a los menores ni se ha resuelto de forma motivada sobre su audiencia, por lo tanto, se han quebrantado las normas legales contenidas en los arts. 92 CC y 9 LOPJM, desatendido la jurisprudencia establecida sobre el derecho de los menores a ser oídos y vulnerado su derecho a la tutela judicial efectiva. Estamos ante un hecho objetivo que, en la materia de que se trata, la doctrina del TS, considera esencial para modificar una situación anterior. De manera que se acuerda anular la sentencia y retrotraer las actuaciones al momento anterior al de su dictado para que, antes de resolver sobre la modificación de medidas, se haga efectivo el derecho de los menores a ser oídos y escuchados sobre su guarda y custodia.

La STS 3 octubre de 2008 (*Tol 1386042*) establece, con base en los arts. 106 CC y 774.5 LEC, que la primera resolución que fije la pensión de alimentos podrá imponer el pago desde la fecha de interposición de la demanda, dado que hasta esa fecha no estaba determinada la obligación. Sin embargo, las restantes resoluciones serán eficaces desde que se dicten, porque solo entonces sustituyen a las dictadas anteriormente. Esta doctrina ha sido reiterada en SSTS 26 octubre 2011 (*Tol 4177207*) y 19 noviembre 2014 (*Tol 4587230*).

Además, el TS se ha pronunciado sobre la retroactividad y la prestación alimenticia cuando se plantea un procedimiento de modificación de medidas [STS 3 julio 2023 (*Tol 9647693*) y STS 6 febrero 2020 (*Tol 7745778*)]. Al respecto, manifiesta que la pensión que en él se fije (si es diferente a la de primera instancia), opera desde el dictado de la sentencia fallada en el procedimiento de modificación. Es decir, los alimentos no tienen efectos retroactivos, de forma que no puede obligarse a devolver las pensiones percibidas, consumidas en necesidades perentorias de la vida. De manera que la modificación o la extinción de alimentos tiene sus efectos desde la fecha de la sentencia que lo acuerda.

Por su parte, la STS 8 octubre 2009 (*Tol 1635092*) establece que la modificación de las medidas en sentencia exige una motivación especial, siempre en interés del menor.

La STS 9 febrero 2012 (*Tol 2450794*) suaviza la prueba de vida marital necesaria para que, conforme al art. 101.1 CC, quede extinguida la pensión compensatoria fijada. El TS exige estabilidad, con independencia de que la pareja tenga propio domicilio o comparta vivienda solo durante unos días, basta con que la relación goce de elementos de sentimiento de exclusividad afectiva y estabilidad emocional, con vocación de continuidad, sin olvidar la publicidad.

Cuestiones relevantes

11. Como señala la SAP Granada 27 julio 2007 (*Tol 1634999*), **las medidas acordadas para regir los efectos derivados de las crisis matrimoniales, tienen un valor *rebus sic stantibus*,** esto es, modificada seriamente la realidad que aconsejó o determinó su decreto, ha de ser alterada aquella, la medida, para adaptarla a la nueva realidad. A la alteración sustancial de las circunstancias, lo que determina la referida modificación, se refieren, entre otros, los arts. 90, 93, 94 y 100 CC. Ahora bien, aun cuando todas las medidas sean revisables, la petición de parte ha de basarse en hechos posteriores a la adopción de aquellas. Téngase en cuenta en todo caso que, el contenido del nuevo acuerdo no puede referirse a cuestiones que hayan surgido con posterioridad y que no guarden relación alguna con la crisis familiar. En este sentido, SAP Madrid 12 junio 1998 (ECLI:ES:APM:1998:7293).

12. Según criterio reiterado por la jurisprudencia, son **requisitos para que pueda prosperar una demanda modificativa** que: a) se haya producido un cambio en el conjunto de las circunstancias que fueron consideradas en el momento de su adopción [SAP Salamanca 8 junio (ECLI:ES:APSA:1998:384)]; b) que dicho cambio sea sustancial, es decir, importante, fundamental; c) que la alteración o variación afecte a las circunstancias que fueron tenidas en cuenta por las partes o el juez en la adopción de las medidas que influyeron en su determinación; d) que la alteración evidencie signos de permanencia en el tiempo de modo que permita distinguirla de un cambio meramente coyuntural o transitorio de tales circunstancias que fueron tenidas en cuenta a la hora de ser adoptadas [SAP Salamanca 28 diciembre 2016 (*Tol 5947771*)], e) que no sea imputable a la simple voluntad de quien insta la revisión, ni preconstituida con finalidad de fraude, f) que la alteración no haya sido prevista [SAP Toledo 1 diciembre 1998 *(*ECLI:ES:APTO:1998:984)*]*; g) que se asiente sobre hechos posteriores a los ya enjuiciados y finalmente, h) cuando verse sobre pretensiones patrimoniales, no debe olvidarse que el derecho de alimentos y la pensión compensatoria es una deuda de valor y de ahí que para su fijación o corrección deba siempre atenderse al binomio posibilidad y necesidad que se contempla en la ley [SAP Barcelona 28 noviembre 2019 (*Tol 7632767*)].

13. Un supuesto frecuente en la práctica es el de la atribución de la vivienda a uno de los cónyuges y su posterior modificación con ocasión de haber contraído dicho cónyuge nuevo matrimonio. El art. 96 CC, párrafo 3.°, recoge un criterio de atribución del uso sobre la vivienda familiar cuando no ha de hacerse en atención a los hijos. En estos casos el juez podrá atribuir el uso al cónyuge no titular de la vivienda, si las circunstancias aconsejasen dicha atribución y su interés fuera el más necesitado de protección. Sin embargo, cuando aquél a quien se atribuyó el uso deja de representar un interés necesitado de protección, es lógico que se extinga el derecho de uso en exclusiva. De manera que, si el cónyuge que disfruta de la vivienda contrae nuevo matrimonio y reside habitualmente en la vivienda de su nuevo esposo, carece de un interés digno de especial protección a la hora de mantener a su favor la atribución del uso de la vivienda familiar y, por tanto, se puede dejar sin efecto la atribución de la vivienda familiar a su favor inicialmente acordada [STS 16 octubre 2019 (*Tol 7548334*)].

5. LA EJECUCIÓN EN LOS PROCESOS MATRIMONIALES

Normativa reguladora

Salvo determinadas reglas previstas en el art. 776 LEC, la ejecución de los procesos matrimoniales se rige por las reglas generales de la ejecución contempladas en los arts. 517 a 711 LEC, a los que se remite expresamente dicho precepto.

En realidad, las sentencias de nulidad, separación y divorcio no precisan ejecución dado que, al ser declarativas (en el caso de la nulidad) o constitutivas, bastan por sí mismas para producir sus efectos jurídicos. De manera que las sentencias en estos procesos dan lugar a ejecución impropia (arts. 521 y 522 LEC) que se agota con su inscripción registral. Para ello, el LAJ acordará que las sentencias y demás resoluciones dictadas se comuniquen de oficio a los Registros Civiles para la práctica de los asientos que correspondan. También es posible la inscripción de estas sentencias a instancia de parte en cualquier otro registro público, como pueden ser los Registros de la Propiedad y Mercantil (art. 755 LEC).

El art. 776 LEC introduce medidas a adoptar ante el incumplimiento de las obligaciones previstas a los cónyuges en las sentencias de nulidad, separación y divorcio. Concretamente, establece la imposición de multas coercitivas al cónyuge o progenitor que incumpla de manera reiterada sus obligaciones, así como la posibilidad de hacer efectivas las cantidades sobre su patrimonio. En caso de incumplimiento de obligaciones no pecuniarias de carácter personalísimo, la especialidad que se establece se refiere a que no procederá la sustitución automática por el equivalente pecuniario prevista en el art. 709.3 LEC, sino el posible mantenimiento de las multas coercitivas mensuales todo el tiempo que sea necesario más allá del plazo de un año establecido en dicho precepto. Mientras que el incumplimiento reiterado de las obligaciones derivadas del régimen de visitas por parte de cualquier progenitor podrá dar lugar a la modificación por el Tribunal del régimen de guarda y visitas [STC 17 enero 2005 (*Tol 570194*)]. Por último, cuando deban ser objeto de ejecución forzosa gastos extraordinarios, no expresamente previstos en las medidas definitivas o provisionales, deberá solicitarse previamente al despacho de ejecución la declaración de que la cantidad reclamada tiene la consideración de gasto extraordinario. El escrito solicitando la declaración de gasto extraordinario se trasladará a la parte contraria y, en caso de oposición dentro de los cinco días siguientes, el Tribunal convocará a las partes a una vista que se sustanciará con arreglo a lo dispuesto en los arts. 440 y siguientes y que se resolverá mediante auto.

Jurisprudencia

El único requisito para la imposición de la multa es el impago reiterado. No es necesaria la concurrencia de mala fe o el requerimiento previo [AAP Madrid 4 noviembre 2011 (*Tol 6763456*)].

Cuestiones relevantes

14. Se han suscitado interrogantes acerca del cumplimiento del plazo de caducidad de cinco años de la acción ejecutiva previsto en el art. 518 LEC. La jurisprudencia menor se encuentra dividida al respecto. Se ha considerado que la ejecución en los procesos matrimoniales sí se somete a este plazo en el AAP Madrid 3 noviembre 2011 (ECLI:ES:APM:2011:14434A). Sin embargo, considera lo contrario, el AAP Madrid 12 febrero 2008 (*Tol 7098158*), que señala expresamente que "con independencia de las opiniones encontradas que al respecto pueden surgir, es lo cierto que la más elemental lógica jurídica impide aplicar el referido plazo de caducidad, en su cómputo desde la firmeza de la sentencia, en orden a obligaciones de futuro sancionadas en la misma, y respecto de las que difícilmente podría nacer la acción ejecutiva, en dicho intervalo, cuando su incumplimiento por el obligado sólo acaece tras los cinco años desde la firmeza, por lo que, de aplicarse el art. 518 en su rigurosa literalidad, se llegaría a la absoluta impunidad en el ámbito civil, e inclusive en el penal, de quien hace caso omiso de los mandatos judiciales, amparado en el mero transcurso del tiempo, lo que supondría un fraude de ley".

15. También se ha discutido acerca del plazo de espera de 20 días previsto en el art. 548 LEC para despachar la ejecución. En la práctica forense nuestros tribunales abogan en su mayor parte por la no vigencia del mismo a la hora de solicitar el cumplimiento forzoso de las medidas acordadas en los procesos matrimoniales, especialmente cuando se refiriere a medidas provisionales. La razón no es otra que la tutela de bienes jurídicos muy necesitados de protección [AAP Murcia 7 diciembre 2010 (ECLI:ES:APMU:2010:673A) y Barcelona 18 enero 2008 (*Tol 7247923*)].

16. Doctrina y jurisprudencia han discutido acerca de si la ejecución de las medidas acordadas en los procesos de familia, debe solicitarse por los trámites de la ejecución provisional o, por el contrario, pueden incluirse en una ejecución definitiva previa a la firmeza de la sentencia. La duda se plantea por la aparente contradicción existente entre el art. 525.1 LEC y el art. 774.5 LEC. El primero de ellos, que se encuentra entre las normas generales de la ejecución forzosa, señala que en ningún caso son susceptibles de ejecución provisional las sentencias dictadas en los procesos sobre paternidad, maternidad, filiación, nulidad de matrimonio, separación y divorcio, salvo los pronunciamientos que regulen las obligaciones y relaciones patrimoniales relacionadas con lo que sea objeto principal del proceso. Por su parte, el art. 774.5 LEC, ubicado sistemáticamente dentro de los procesos matrimoniales, manifiesta que los recursos que se interpongan contra la sentencia no suspenderán la eficacia de las medidas que se hubieran acordado en ésta.

Parece que la LEC ha querido distinguir, por un lado, las medidas definitivas de carácter indisponible, a las que se refiere el art. 774.5, que no se ejecutan provisionalmente, sino que tienen eficacia directa e inmediata tras su adopción por sentencia y, por otro lado, las medidas de contenido patrimonial (como puede ser, la pensión de alimentos o la pensión compensatoria) que sí será posible su ejecución provisional al amparo del art. 525 LEC. En definitiva, las medias de *ius cogens* no permiten la ejecución provisional, mientras que las medidas de alcance dispositivo si podrán ejecutarse provisionalmente. En este sentido se han pronunciado, entre otras, la SAP Murcia 10 enero 2006 (ECLI:ES:APMU:2006:232) que considera que es posible ejecutar las medidas acordadas por prevalecer el contenido del art. 774.5 como norma especial frente a la norma general del art. 525.1 LEC.

Es prácticamente unánime la jurisprudencia menor que considera que son ejecutables las medidas adoptadas en un proceso de familia cuya sentencia no es firme al haber sido recurrida. Se pueden citar a favor de esta tesis los AAP Valencia 14 julio 2017 (*Tol 6373894*), Santa Cruz de Tenerife 21 septiembre 2017 (*Tol 6583507*), La Coruña 8 noviembre 2017 (*Tol 6491382*), Cuenca 12 diciembre 2017 (*Tol 6501131*) y Huelva 2 abril 2002 (ECLI:ES:APH:2002:95A). Sin embargo, también se han pronunciado en contra otras Audiencias como, a título de ejemplo, el AAP La Rioja 10 diciembre 2001 (ECLI:ES:APLO:2001:290A), en el que, sin examinar la posible contradicción entre los artículos citados, se aplica la previsión general del art. 525 LEC.

ESQUEMA

COMPETENCIA

LEGITIMACIÓN Y POSTULACIÓN

LOS PROCEDIMIENTOS MATRIMONIALES

1. El procedimiento de nulidad, separación y divorcio contencioso
2. El procedimiento de separación o divorcio de mutuo acuerdo
3. El procedimiento para el reconocimiento de eficacia civil de determinadas resoluciones de Derecho canónico

LOS EFECTOS COMUNES A LA NULIDAD, SEPARACIÓN Y DIVORCIO: LAS MEDIDAS EN LOS PROCESOS DE FAMILIA

1. Medidas provisionales
2. Medidas definitivas
3. La modificación de las medidas definitivas

LA EJECUCIÓN EN LOS PROCESOS MATRIMONIALES

33 Mediación y arbitraje

Sonia Rodríguez Llamas[1]

1. MARCO LEGAL DE LA MEDIACIÓN FAMILIAR EN ESPAÑA

La mediación familiar en España se regula tanto mediante la Ley 5/2012, de 6 de julio de mediación en asuntos civiles y mercantiles como a través de una serie de leyes autonómicas específicas sobre mediación familiar.

Normativa reguladora

La Ley 5/2012 de 6 de julio de mediación en asuntos civiles y mercantiles incorporó al ordenamiento jurídico español la Directiva 52/2008 del Parlamento Europeo y del Consejo, de 21 de mayo de 2008, sobre ciertos aspectos de la mediación en asuntos civiles y mercantiles. Esta regulación estatal, que abarca la mediación civil y mercantil de forma global, deja a salvo la regulación sectorial específica de la mediación familiar regulada con carácter previo por la mayoría de Comunidades Autónomas. Podríamos decir que la regulación estatal conforma un marco general dentro del que se desarrollan las concretas leyes autonómicas de mediación familiar.

No encontramos ningún aspecto en el que la Ley 5/2012 se aparte abiertamente o contradiga el modelo de mediación ordenado por las leyes autonómicas, si bien es cierto que su regulación no es en todos los puntos análoga.

---

1 TU, Derecho civil, Universidad de Valencia.

2. CONCEPTO DE MEDIACIÓN FAMILIAR

La mediación familiar es definida tradicionalmente como un proceso acotado en el tiempo en virtud del cual un tercero, la persona mediadora, a través de técnicas comunicacionales y de gestión de emociones e intereses, ayuda a los participantes en una situación conflictiva familiar a su resolución, que se expresa en un acuerdo consistente en una solución mutuamente aceptable y estructurada de manera que permita, de ser necesario, la continuidad de las relaciones entre las personas involucradas en el conflicto.

Jurisprudencia

La STSJ Cataluña 9 diciembre 2013 *(Tol 4104093)* define la mediación del siguiente modo: "La mediación sería así un modo de resolver un conflicto realizada por las mismas partes inmersas en él con la ayuda de un tercero imparcial que por medio de su formación ofrecería vías de entendimiento y favorecimiento del dialogo para que acerquen posturas y que sean ellas mismas en forma pacífica las que pongan fin al conflicto. Así, frente a la imposición de una decisión por un tercero basada en la autoridad tras un procedimiento adversarial, el mediador centra su actividad en restaurar la comunicación entre las partes y propiciar que sean ellas las que en un entorno reservado y seguro resuelvan la controversia. Ofrecería así la mediación «una oportunidad razonable de recomponer la situación sin vencedores ni vencidos» …".

Por su parte, y esta vez a los fines de distinguir si una cláusula inserta en un contrato es de sometimiento a arbitraje o por el contrario de sometimiento a mediación, la STSJ Madrid 14 mayo 2015 (*Tol 5186162*) distingue ambos sistemas alternativos de resolución de conflictos: "La citada Ley 5/2012, de 6 de julio (Disposición Final Tercera), ha asimilado la mediación al arbitraje en orden a sustraer el conocimiento del conflicto a los jueces mediante la fórmula de la declinatoria (art. 63.1 LEC), siendo la principal diferencia consiste en que en el arbitraje el árbitro resuelve, como lo hace un juez, pero con un alcance más limitado; en todo caso, resuelve sobre el fondo del conflicto a través del laudo vinculante, aunque para su ejecución sea necesario acudir a la tutela judicial. Mientras que el mediador no tiene la capacidad de resolver de forma vinculante el conflicto; de hecho, no lo resuelve, sino que, incluso cuando se le dota de la posibilidad de emitir una propuesta de solución, son exclusivamente las partes las que deciden asumirlo o rechazarlo. El acuerdo es, por ende, el fin del proceso mediador".

3. PRINCIPIOS DE LA MEDIACIÓN FAMILIAR

Los principios informadores que rigen todo procedimiento de mediación familiar son: a) la voluntariedad y libre disposición; b) Igualdad de las partes e imparcialidad de las personas mediadoras; c) la neutralidad; y d) la confidencialidad.

3.1. *La voluntariedad y libre disposición*

Las partes adoptarán voluntariamente, durante el curso del proceso de mediación el acuerdo que entiendan más conveniente para solucionar el conflicto, sin que en ningún caso la persona mediadora les indique u obligue al cumplimiento de cualquier acuerdo, ni siquiera, aunque piense que sería mejor para ellas. La mediación es voluntaria, por tanto, cualquiera de las personas mediadas puede en cualquier fase del proceso de mediación poner fin a la misma. Así mismo, la persona mediadora también puede dar por finalizado el proceso de mediación si valora que las partes no podrán llegar a un acuerdo viable para ambas.

Jurisprudencia

El principio de voluntariedad que preside la mediación impide considerar como temeraria y contraria a la buena fe, a los efectos de la imposición de las costas procesales, la conducta de quien no llega a un acuerdo y desiste de un proceso de mediación intrajudicial, que finalmente ser resuelve con un allanamiento parcial del demandado [SAP Albacete 30 noviembre 2017 (*Tol 6486801*)].

3.1.1. Modo de hacer valer el acuerdo de sumisión a mediación en el procedimiento judicial

Según dispone el art. 6.2 de la Ley 5/2012 de 6 de julio de mediación en asuntos civiles y mercantiles cuando exista un pacto por escrito que exprese el compromiso de someter a mediación las controversias surgidas o que puedan surgir, se deberá intentar el procedimiento pactado de buena fe, antes de acudir a la jurisdicción o a otra solución extrajudicial. Dicha cláusula surtirá estos efectos incluso cuando la controversia verse sobre la validez o existencia del contrato en el que conste.

Jurisprudencia

Cuando las partes han pactado en el convenio regulador o plan de parentalidad la sumisión de las controversias surgidas en relación con las cuestiones pactadas en dicho documento a un proceso de mediación, el proceso de mediación se configura como requisito de procedibilidad. En dicho supuesto, si una de las partes obvia dicho acuerdo y presenta un proceso de ejecución directamente ante el órgano judicial, es obligación del juzgado advertir a la parte que venía obligada a acreditar el intento previo de mediación, con o sin resultado [SAP Barcelona 13 octubre 2020 (*Tol 8216159*)].

Cuestiones relevantes

1. La declinatoria es el cauce procesal adecuado para la denuncia de un previo sometimiento de la contienda a mediación (arts. 39 y 63.1 de la LEC) [SSAP Madrid 26 abril 2013 (*Tol 3776722*) y Barcelona 9 diciembre 2020 (*Tol 8272602*)].

3.2. Igualdad entre las partes e imparcialidad de la persona mediadora

La imparcialidad de las personas mediadoras hace referencia a que su actuación estará guiada por la ausencia de favoritismo, predisposición o prejuicio en favor o en contra de alguien o algo; y además no se aliará con alguna de las personas mediadas y no dará ni quitará la razón a ninguna de ellas. Ello implica que prestará ayuda a ambas partes en la gestión del conflicto y en el proceso de toma de decisiones, dirigiendo las sesiones de mediación sin tomar partido por ninguna de las partes.

3.3. Neutralidad

La neutralidad de la persona mediadora hace referencia a que ésta no verá condicionada su actuación a lo largo de todo el procedimiento de mediación por sus experiencias, creencias y valores, ni impondrá éstas a las personas mediadas.

Durante el proceso de mediación, el mediador respetará las posiciones de las partes, así como las soluciones que ellas planteen sin imponer criterios propios en la toma de decisiones. El mediador no tendrá relación con las partes, el asunto en mediación, o el resultado, que comprometa o ponga en duda los principios de la mediación.

3.4. Confidencialidad

El procedimiento de mediación y la documentación utilizada en el mismo es confidencial. La obligación de confidencialidad se extiende a la persona mediadora, que queda protegida por el secreto profesional, a las instituciones de mediación y a las personas mediadas intervinientes de modo que no podrán revelar la información que hubieran podido obtener derivada del procedimiento. Por todo ello, las personas mediadoras o las personas que participen en el procedimiento de mediación no podrán estar obligadas a declarar o aportar documentación en un procedimiento judicial o en un arbitraje sobre la información y documentación derivada de un procedimiento de mediación o relacionada con el mismo, excepto cuando las personas mediadas de manera expresa y por escrito les dispensen del deber de confidencialidad o cuando, mediante resolución judicial motivada, sea solicitada.

Jurisprudencia

El deber de confidencialidad también alcanza a los abogados/as intervinientes en los procedimientos judiciales a los que se conecta la mediación, a quienes se puede sancionar por incumplimiento de este [SAP Barcelona 17 septiembre 2020 (*Tol 8174475*)].

4. EL OBJETO DE LA MEDIACIÓN FAMILIAR

La mediación es una herramienta aplicable a los conflictos que pueden surgir en los más diversos campos de las relaciones humanas. A nivel intrajudicial cobra impulso la mediación en los distintos órdenes jurisdiccionales, si bien podemos decir que su cuna se encuentra en el conflicto familiar.

Tradicionalmente la mediación familiar se acotaba a los conflictos surgidos en procesos derivados de las rupturas de pareja (matrimonial o de hecho): materias disponibles en divorcios, separaciones, nulidades matrimoniales; rupturas de parejas no casadas con hijos menores; modificaciones de medidas adoptadas con anterioridad y ejecuciones de sentencias (impago de pensiones e incumplimientos de visitas fundamentalmente). El análisis de la evolución normativa autonómica en esta materia evidencia un claro impulso de la mediación más allá de los conflictos nacidos en el seno de las familias. Así, se puede constatar que las leyes autonómicas se van modificando y cada vez contemplan ámbitos objetivos más amplios. Es el caso de Cataluña, Cantabria, Castilla-La Mancha y Comunidad Valenciana. En sus respectivas leyes no se limitan únicamente a la regulación de la mediación aplicada a los conflictos familiares, sino que van más allá en el impulso de este proceso alternativo de solución de conflictos.

Pese a ello, la mayor parte de la normativa autonómica sigue regulando la mediación desde la perspectiva del conflicto familiar y como proceso complementario al proceso judicial para su solución. Dentro de los conflictos que se suelen someter a mediación familiar podemos establecer los siguientes grupos y vías de acceso a la mediación familiar:

Cuestiones relevantes

2. La vía del art. 158.6 CC puede utilizarse para acordar como medida cautelar derivar a las partes en conflicto a un proceso de mediación familiar sobre la base del interés superior del menor [SJPI Requena 13 octubre 2016 (*Tol 8114814*) y SAP Madrid 29 junio 2018 *Tol 6770316)*; en contra, sin embargo, SAP Alicante 18 febrero 2013 (*Tol 3672002*)].

3. Es especialmente conveniente explorar la mediación familiar como vía alternativa de solución de conflictos familiares, así como de todas aquellas cuestiones patrimoniales y económicas que en muchas ocasiones rodean al conflicto familiar como las divisiones judiciales de patrimonios (gananciales, hereditarios... etc.) [SAP Tenerife 5 julio 2010 (*Tol 2007614*)].

4. Son mediables los asuntos de naturaleza dispositiva en materia de filiación, adopción y acogida, así como las situaciones que surjan entre la persona adoptada y su familia biológica o entre los padres biológicos y los adoptantes, como consecuencia de haber ejercido el derecho a conocer el propio origen conflictos mediables.

El AAP Cádiz 17 mayo 2006 (*Tol 6260847*) observa que "Ello no obstante y *obiter dicta*, es claro que no estamos ante un procedimiento en el que se debatan intereses privados por lo que el interés público ínsito en la materia y más tratándose de menores permite al Juez, a la vista además, de cómo se ha patentizado la relación de la acogedora con la madre biológica, que el acogimiento es exclusivamente familiar permanente, debiendo primar el mantenimiento y relación de la menor con su madre biológica a fin de favorecer la reinserción familiar, y la necesidad de fomentar el contacto entre ésta y la menor (a lo que se opone la acogedora), ha llevado —como decimos— a la Juez a establecer la necesidad de una mediación familiar que lime esa mala relación y las intenciones perceptibles de la acogedora-apelante de impedir la relación entre ambas, sin necesidad de que se lo haya pedido nadie, salvaguardando los intereses de la menor lo que puede determinar, incluso, caso de persistir en una actitud negativa y excluyente, a la cesación del acogimiento. Por ello es absolutamente acertada la decisión de la jueza no solo del amplio régimen de visitas y estancias sino de la mediación acordada".

5. La mediación familiar se encuentra prohibida, a nivel estatal, en todos aquellos supuestos en los que el conflicto familiar se encuentra teñido de violencia de género. Por ello el pacto contenido en un convenio regulador o plan de parentalidad de someter las cuestiones derivadas del ejercicio de la custodia compartida a un proceso de mediación será un pacto nulo, al ser contrario a una norma imperativa [SAP Barcelona, 16 julio 2014 (*Tol 4503557*)].

5. LOS ACUERDOS DE MEDIACIÓN FAMILIAR

5.1. La obligatoriedad

Los acuerdos que se tomen tras un procedimiento de mediación familiar, una vez suscritos, serán válidos y obligatorios para las partes si en ellos concurren los requisitos necesarios para la validez de los contratos. En concreto, en el ámbito de los conflictos familiares, los acuerdos que se adopten no podrán afectar a materias indisponibles (determinación de la filiación; o declaración de la nulidad, separación o divorcio, por poner algún ejemplo), debiéndose respetar los intereses de las personas menores de edad y personas vulnerables como los dependientes y personas con discapacidad.

Las crisis familiares, especialmente en casos de las separaciones y divorcios, poseen cierta singularidad derivada de que los acuerdos adoptados en el seno de la mediación deberán ser trasladados convenio regulador o plan de parentalidad para su preceptiva homologación judicial. Dicha circunstancia ha hecho plantearse a la doctrina y jurisprudencia la eficacia de los acuerdos adoptados tras un procedimiento de mediación respecto de los acuerdos contenidos en un convenio regulador.

Cuestiones relevantes

6. Los acuerdos adoptados por las partes tras un proceso de mediación familiar y documentados en un acta final o acuerdo de mediación, cuando no han sido incorporados a un convenio regulador, constituyen negocios jurídicos de derecho de familia que obliga a los firmantes al cumplimiento de lo pactado [SAP Asturias 4 marzo 2016 (*Tol 5688284*)].

Jurisprudencia

Con carácter previo a la aprobación de la Ley 5/2012, de 6 de julio, de mediación en asuntos civiles y mercantiles la jurisprudencia no equiparaba la obligatoriedad de los acuerdos adoptados tras un procedimiento de mediación familiar a aquéllos que se encuentran incorporados a un convenio regulador homologado judicialmente [SAP Barcelona 21 febrero 2007 *(Tol 1103152)*].

En sentido opuesto, y en este caso tras la promulgación de la Ley 5/2012 de 6 de julio de mediación en asuntos civiles y mercantiles, la SJPI Málaga 17 diciembre 2013 *(Tol 4055628)* entiende que precisamente por haberse alcanzado los acuerdos en un proceso de mediación, con independencia de su falta de homologación judicial, dichos acuerdos poseen un plus de obligatoriedad, que viene reforzada al encontrarnos ante negocios jurídicos de derecho de familia adoptados en un entorno favorecido por la voluntariedad y la igualdad. En el mismo sentido la SAP Barcelona 13 de mayo 2020 *(Tol 7956407)* considera la obligatoriedad del acuerdo sobre la pensión de alimentos al hijo común pese a que dicho acuerdo adoptado en un proceso de mediación familiar no fue homologado judicialmente.

5.2. La ejecutividad

La normativa estatal sobre mediación en asuntos civiles y mercantiles introdujo como novedad la ejecutividad de los acuerdos alcanzados tras un procedimiento de mediación siempre y cuando dichos acuerdos se eleven a escritura pública, siguiendo de este modo el régimen previsto en la Ley de Enjuiciamiento Civil. La ejecutividad de los acuerdos se obtiene elevando el acuerdo alcanzado en mediación a escritura pública con la intervención de un notario. Aunque los acuerdos de mediación tienen un índice de cumplimiento voluntario por las partes muy superior al de los laudos arbitrales y las sentencias, facilitar su ejecutividad supone incrementar su eficacia. Si el acuerdo se alcanza en una mediación intrajudicial, la homologación y ejecución de este podrá solicitarse ante el propio Tribunal que conoce del caso.

Cuestiones relevantes

7. Si el proceso de separación o divorcio se inicia de forma contenciosa, y en el curso de este las partes llegan al acuerdo de suspender dicho procedimiento para someter sus diferencias a mediación familiar y conseguir un acuerdo, el acuerdo que finalmente se alcance no debe necesariamente revestir la forma de convenio regulador [SAP Tenerife 26 abril 2018 *(Tol 6680063)*].

6. EL ARBITRAJE EN LAS CRISIS FAMILIARES

En los procesos derivados de las crisis familiares existe un interés público que limita la capacidad dispositiva de las partes sobre el conflicto familiar. A diferencia de la mediación, el arbitraje es un sistema heterocompositivo de resolución de conflictos, donde las partes confían a un tercero con potestad decisoria, distinto del juez, la solución del conflicto. Por ello, las limitaciones derivadas del interés público que subyace en algunas de las cuestiones derivadas de las crisis familiares impiden la sumisión de algunas de sus cuestiones a este sistema heterocompisitivo de resolución de conflictos.

Así, el art. 751 LEC que regula la indisponibilidad del objeto del proceso en los procesos especiales sobre capacidad, filiación, matrimonio y menores no menciona el arbitraje entre los supuestos de disponibilidad limitada regulados en el mismo, pudiendo concluirse que no cabe el arbitraje en estos procedimientos.

ESQUEMA

MEDIACIÓN Y ARBITRAJE EN LAS CRISIS FAMILIARES

1. Marco legal de la mediación familiar en España
2. Concepto de la mediación familiar
3. Principios de la mediación familiar
4. El objeto de la mediación familiar
5. Los acuerdos de mediación familiar
6. El arbitraje en las crisis familiares

34 El tratamiento fiscal de la familia

Fernando Hernández Guijarro[1]

1. EL DEBER CONSTITUCIONAL DE PROTECCIÓN ECONÓMICA DE LA FAMILIA POR LOS PODERES PÚBLICOS

El art. 39.1 CE dispone que "los poderes públicos aseguran la protección social, económica y jurídica de la familia". Nuestra Ley Fundamental es consciente de la impor-

[1] PCDOC, Dpto. de Economía y Ciencias Sociales, Universitat Politècnica de València. Magistrado suplente de la Sala de lo Contencioso-Administrativo del TSJ de la Comunidad Valenciana.

tancia y necesidad de esta institución y, por ello, da un mandato directo a los poderes públicos (especialmente al Legislador) para que protejan a la familia en los ámbitos más importantes entres los que encuentra el económico y, por ende, el tributario. La Declaración Universal de los Derechos Humanos otorga una mención especial en su art. 16.3 donde se refiere a ésta en los siguientes términos "la familia es el elemento natural y fundamental de la sociedad y tiene derecho a la protección de la sociedad y del Estado".

Convine traer a colación la legislación española sobre protección de la familia y, concretamente, de la familia numerosa. No en vano, su esfuerzo protector debe ser mayor. A tal efecto, la Exposición de Motivos de la Ley 40/2003, de 18 de noviembre, de Protección a las Familias Numerosas comienza afirmando que "la familia, como núcleo fundamental de la sociedad, desempeña múltiples funciones sociales, que la hacen merecedora de una protección específica tal como señalan numerosos instrumentos internacionales, entre los que destacan la Declaración Universal de Derechos Humanos y la Carta Social Europea", junto a ello, "dentro de las diversas realidades familiares, las llamadas familias numerosas presentan una problemática particular por el coste que representa para ellas el cuidado y educación de los hijos o el acceso a una vivienda adecuada a sus necesidades".

Este deber de protección tendrá su plasmación en las leyes tributarias y la fiscalidad que los tributos en general, y los impuestos subjetivos en especial, hacen al considerar las circunstancias personales y familiares del sujeto para a la hora de graduar su carga tributaria.

Cuestiones relevantes

1. El Legislador español puede y debe adoptar un sistema fiscal justo para la protección social y económica de la familia dado que, los tributos, inciden con mucha fuerza en las cargas patrimoniales de la familia —fuera de lo que representaría el consumo o mantenimiento de la misma—. A tal efecto, vamos a exponer los distintos impuestos que afectan a esta institución y comprobaremos las distintas figuras tributarias que se aplican a la familia. Pues la fiscalidad debe dar un cabal cumplimiento al principio de justicia tributaria que fija la Constitución en su precepto 31.1 al establecer "todos contribuirán al sostenimiento de los gastos públicos de acuerdo con su capacidad económica mediante un sistema tributario justo inspirado en los principios de igualdad y progresividad que, en ningún caso, tendrá alcance confiscatorio".

2. Es de advertir, por supuesto, que la familia no es sujeto pasivo de los tributos. Los impuestos, las tasas y las contribuciones especiales tienen como contribuyentes a personas físicas o jurídicas concretas. Por ello, en este trabajo, se analizarán las cuestiones específicas que afecten a la fiscalidad de los sujetos pasivos y que tengan como origen, o se vean afectados, por la circunstancia personal de formar parte de una familia. También se expondrán las cuestiones fiscales que puedan resultar de la extinción del matrimonio.

2. EL SISTEMA TRIBUTARIO ESPAÑOL Y EL IMPUESTO SOBRE LA RENTA DE LAS PERSONAS FÍSICAS

Normativa reguladora

Además de la CE y la LGT que establece y regulan el marco tributario español, los impuestos se deben crear por ley como consecuencia de la reserva que establece expresamente el art. 31.3 CE. Por dicho motivo, debemos acudir a las leyes de éstos para atender a las cuestiones que afectan a la carga de cada impuesto y que vengan como consecuencia de formar parte de una familia. Y el impuesto personal más importante y que afecta directamente a las personas físicas es el IRPF, establecido en la Ley 35/2006, de 28 de noviembre, y el reglamento que la desarrolla.

2.1. *La declaración individual o conjunta en el IRPF*

Cuestiones relevantes

3. En el IRPF existen dos modalidades de tributación; por una parte, la individual y, por otro, la opción por la tributación conjunta (art. 83 LIRPF). Con carácter general, la declaración del IRPF se presenta de forma individual. No obstante, las personas integradas en una unidad familiar pueden optar, si así lo desean, por declarar de forma conjunta, siempre que todos sus miembros sean contribuyentes por este impuesto.

Se considera unidad familiar la integrada por los cónyuges no separados legalmente y, si los hubiera:

a) Los hijos menores, con excepción de los que, con el consentimiento de los padres, vivan independientes de éstos.

b) Los hijos mayores de edad incapacitados judicialmente sujetos a patria potestad prorrogada o rehabilitada.

En los casos de separación legal, o cuando no existiera vínculo matrimonial, también se considera unidad familiar la formada por el padre o la madre y todos los hijos que convivan con uno u otro y que reúnan los requisitos del apartado a) y B) anterior.

2.2. *El mínimo personal y familiar en el IRPF*

Normativa reguladora

El art. 56 IRPF establece lo que denomina "mínimo personal o familiar". Dicho mínimo constituye la parte de la base liquidable que, por destinarse a satisfacer las necesidades básicas personales y familiares del contribuyente, no se somete a tributación por el impuesto. Como establece el art. 56.3 LIRP "el mínimo personal y familiar será el resultado de sumar el mínimo del contribuyente y los mínimos por descendientes, ascendientes y discapacidad", el cual, como se ha expuesto, no se someterá a tributación. Las cuantías del citado mínimo personal y familiar se establecen en los arts. 57 a 60 LIRPF.

Cuestiones relevantes

4. La primera cuestión que aborda la LIRPF es el **mínimo del contribuyente** que será, con carácter general, de 5.550 euros anuales. Cuando el contribuyente tenga una edad superior a 65 años, el mínimo se aumentará en 1.150 euros anuales. Si la edad es superior a 75 años, el mínimo se aumentará adicionalmente en 1.400 euros anuales.

5. Por lo que respecta al **mínimo por descendiente,** la ley concede por cada hijo/a menor de veinticinco años o con discapacidad cualquiera que sea su edad, siempre que conviva con el contribuyente y no tenga rentas anuales, excluidas las exentas, superiores a 8.000 euros, los siguientes importes: para el primer descendiente 2.400 euros, para el segundo en 2.700, y 4.000 y 4.500 para tercero y sucesivos. Hay que considerar también que se asimilarán a los descendientes aquellas personas vinculadas al contribuyente por razón de tutela y acogimiento, y que cuando el descendiente sea menor de tres años, el mínimo anterior se aumentará en 2.800 euros anuales.

6. La LIRPF considera también la **circunstancia de la convivencia de ascendientes.** A tal efecto, el mínimo por ascendientes será de 1.150 euros anuales, por cada uno de ellos mayor de 65 años o con discapacidad cualquiera que sea su edad que conviva con el contribuyente y no tenga rentas anuales, excluidas las exentas, superiores a 8.000 euros. Cuando el ascendiente sea mayor de 75 años, el mínimo anterior se aumentará en 1.400 euros anuales.

7. Por último, el art. 61 LIRPF que regula la **aplicación del mínimo familiar** señala que cuando dos o más contribuyentes tengan derecho a la aplicación del mínimo por descendientes, su importe se prorrateará entre ellos por partes iguales. No obstante, la aplicación del mínimo por descendientes no procederá cuando los descendientes que generen el derecho a los mismos presenten declaración por este impuesto con rentas superiores a 1.800 euros.

2.3. El mínimo por discapacidad

Cuestiones relevantes

8. El art. 60 LIRPF establece que "el **mínimo por discapacidad** será la suma del mínimo por discapacidad del contribuyente y del mínimo por discapacidad de ascendientes y descendientes". El mínimo por discapacidad del contribuyente será de 3.000 euros anuales cuando sea una persona con discapacidad y 9.000 euros anuales cuando sea una persona con discapacidad y acredite un grado de discapacidad igual o superior al 65 por ciento. Dicho mínimo se aumentará, en concepto de gastos de asistencia, en 3.000 euros anuales cuando acredite necesitar ayuda de terceras personas o movilidad reducida, o un grado de discapacidad igual o superior al 65 por ciento.

9. El mínimo por discapacidad de ascendientes o descendientes será de 3.000 euros anuales por cada uno de los descendientes o ascendientes que generen derecho a la aplicación del mínimo familiar anteriormente expuesto, y será de 9.000 euros anuales, cuando acrediten un grado de discapacidad igual o superior al 65 por ciento. Dicho mínimo se aumentará, en concepto de gastos de asistencia, en 3.000 euros anuales por cada ascendiente o descendiente que acredite necesitar ayuda de terceras personas o movilidad reducida, o un grado de discapacidad igual o superior al 65 por ciento.

2.4. La deducción por familia numerosa en el IRPF

Cuestiones relevantes

10. El art. 81.bis LIRPF establece que los contribuyentes que realicen una actividad por cuenta propia o ajena por la cual estén dados de alta en el régimen correspondiente de la Seguridad Social o mutualidad podrán minorar la cuota diferencial del impuesto una deducción por ser un ascendiente, o un hermano huérfano de padre y madre, que forme parte de una **familia numerosa** conforme a la Ley 40/2003, de 18 de noviembre, de Protección a las Familias Numerosas, o por ser un ascendiente separado legalmente, o sin vínculo matrimonial, con dos hijos sin derecho a percibir anualidades por alimentos y por los que tenga derecho a la totalidad del mínimo por descendiente, hasta 1.200 euros anuales. En caso de familias numerosas de categoría especial, esta deducción se incrementará en un 100 por ciento.

La cuantía de la deducción a que se refiere el párrafo anterior se incrementará hasta en 600 euros anuales por cada uno de los hijos que formen parte de la familia numerosa que exceda del número mínimo de hijos exigido para que dicha familia haya adquirido la condición de familia numerosa de categoría general o especial, según corresponda.

3. LA FISCALIDAD DE LA CRISIS FAMILIAR

Una de las vertientes que se genera como consecuencia de las crisis familiares son las derivadas de las obligaciones económicas que pueden establecerse como consecuencia de la separación o divorcio. Estas obligaciones en forma de pensiones, pagos de alquileres, préstamos e incluso indemnizaciones, van a tener su consecuente repercusión tributaria.

La sentencia o el acuerdo regulador previsto en el art. 90 CC fija la situación jurídica individualizada de cada uno de los cónyuges. A tal efecto, la pensión por alimentos, la pensión compensatoria y otras cargas que pudieran establecerse como consecuencia de la separación o divorcio tendrá las consecuencias fiscales que conlleva su establecimiento y, en su caso, la modificación que pudieran sufrir a lo largo del tiempo como, por ejemplo, en el caso de la pensión compensatoria regulada en el art. 97 CC. Todas estas transmisiones de derechos, reales o no, tendrán repercusiones tributarias.

3.1. El convenio regulador

Normativa reguladora

El art. 90 CC establece el contenido mínimo del convenio regulador, que recoge los pactos derivados de la separación o divorcio entre los cónyuges. Estos acuerdos, presentados ante el órgano judicial, serán aprobados por el Juez salvo si son dañosos para los hijos o gravemente perjudiciales para uno de los cónyuges. Y las obligaciones y derechos que se derivan del mismo, desplegarán efectos fiscales, entre ellos, la reducción de la base imponible para el contribuyente que abone la compensación tal y como establece el art. 55 LIRPF.

Jurisprudencia

La emblemática STS 25 marzo 2021 (*Tol 8396867*) estableció que “una interpretación literal del artículo 55 de la LIRPF parece abonar la tesis de la sentencia y de la recurrida, de la exigencia de una intervención judicial. Sin embargo, hay que tener en cuenta que la Ley de Jurisdicción Voluntaria, que modifica los preceptos del Código Civil antes transcritos es posterior, y por otra parte cuando se aprueba la LRPF vigente no existía la posibilidad de divorciarse o separarse ante Notario o Letrado de la Administración de Justicia". Junto a ello, la sentencia razona que "esta posibilidad, sin duda dirigida a facilitar los trámites de separación y divorcio, y los convenios e incidencias correspondientes a dicha separación o divorcio, y de aligerar sin duda la sobrecargada Administración de Justicia, se frustraría si como sostiene la recurrida se exigiera en todo caso una posterior intervención judicial, cuando la separación o divorcio, en el que se hubiera fijado la pensión compensatoria, se hubiera realizado ante Notario o Letrado de la Administración de Justicia, teniendo en cuenta además que en el caso de separación o divorcio realizada ante el Juez, si hay mutuo acuerdo en la fijación de la pensión compensatoria, el Juez no fija la pensión, sino que acepta la presentada por las partes". Y por ello, fija la siguiente doctrina "la reducción en la base imposible del IRPF por el pago de pensiones compensatorias abarca también a los supuestos de fijación mediante un convenio regulador formalizado ante el letrado de la Administración de Justicia o el notario, en virtud del régimen de separación o divorcio de mutuo acuerdo".

3.2. La fiscalidad de la pensión por alimentos

Normativa reguladora

El art. 90 CC menciona la contribución a las cargas del matrimonio y alimentos. Y es el art. 93 del mismo texto legal el que concreta que "el Juez, en todo caso, determinará la contribución de cada progenitor para satisfacer los alimentos y adoptará las medidas convenientes para asegurar la efectividad y acomodación de las prestaciones a las circunstancias económicas y necesidades de los hijos en cada momento". Con ello, el legislador, quiere establecer la garantía y distribución de las cargas de los cónyuges por el concepto de alimentos después de la situación de crisis. Dando siempre la protección debida a los hijos fruto de la relación que se separa o disuelve.

Esta pensión, junto con la prevista para el cónyuge, encuentra su regulación fiscal en el art. 55 LIRPF que determina que "las pensiones compensatorias a favor del cónyuge y las anualidades por alimentos, con excepción de las fijadas en favor de los hijos del contribuyente, satisfechas ambas por decisión judicial, podrán ser objeto de reducción en la base imponible".

Cuestiones relevantes

11. Sobre la tributación de este abono y cobro como consecuencia de la pensión por alimentos, la Dirección General de Tributos, en su Consulta vinculante V2043-17, de fecha 27 de julio de 2017, respondía a la aplicación de algún beneficio fiscal en la declaración del IRPF del ejercicio 2016, afirmado que: respecto a **las anualidades por**

alimentos fijadas a favor de los hijos no podrán reducir la base imponible general, según lo establecido en el art. 55 LIRPF. **Ahora bien,** debe recordarse que las citadas anualidades por alimentos **(a diferencia de las pensiones compensatorias) están exentas de tributación en el Impuesto sobre la Renta de las personas Físicas de su perceptor.**

No obstante lo anterior, desde la perspectiva del pagador, sí se tiene en cuenta las anualidades satisfechas para calcular la cuota íntegra estatal y autonómica del Impuesto. En concreto, el art. 64 LIRPF establece las especialidades aplicables en los supuestos de anualidades por alimentos a favor de los hijos en los siguientes términos "los contribuyentes que satisfagan anualidades por alimentos a sus hijos por decisión judicial sin derecho a la aplicación por estos últimos del mínimo por descendientes previsto en el art. 58 de esta Ley, cuando el importe de aquéllas sea inferior a la base liquidable general, aplicarán la escala prevista en el número 1.° del apartado 1 del art. 63 de esta Ley separadamente al importe de las anualidades por alimentos y al resto de la base liquidable general. La cuantía total resultante se minorará en el importe derivado de aplicar la escala prevista en el número 1.° del apartado 1 del art. 63 de esta Ley, a la parte de la base liquidable general correspondiente al mínimo personal y familiar incrementado en 1.980 euros anuales, sin que pueda resultar negativa como consecuencia de tal minoración".

En el mismo sentido se manifiesta el art. 75 LIRPF para el cálculo de la cuota íntegra autonómica.

En consecuencia, partiendo de la premisa de que el consultante no puede aplicarse el mínimo por descendientes por su hija previsto en el art. 58 de la Ley del Impuesto, al consultante le será de aplicación el citado régimen de anualidades por alimentos, dado que está satisfaciendo a su hija una pensión alimenticia fijada en escritura de divorcio, debiendo en este caso rellenar la casilla 481 "importe de las anualidades por alimentos en favor de los hijos satisfechas por decisión judicial" que figura en el apartado M "datos adicionales" de la página 14 del modelo (D-100) de declaración del Impuesto sobre la Renta de las Personas Físicas y del Impuesto sobre el Patrimonio, ejercicio 2016, aprobado por la Orden HFP/255/2017, de 21 de marzo (BOE de 23 de marzo), para que se tengan en cuenta dicho importe a la hora de proceder al cálculo del Impuesto.

12. Por otra parte, la Consulta vinculante V2185-07, de 16 de octubre de 2007, respondía al siguiente planteamiento: el consultante abona mensualmente a cada uno de sus dos hijos 2.334 euros en concepto de pensión por alimentos fijada judicialmente. Su cónyuge, además de ser madre de estos dos hijos comunes, es madre de otro hijo habido en un matrimonio anterior. El consultante, sin que exista ninguna obligación al respecto decide dar, a este otro hijo de su cónyuge, a modo de liberalidad otros 2.334 euros mensuales en concepto de pensión por alimentos.

En la respuesta de la DGT acerca del trabamiento de los tipos de pagos hacía una diferenciación. En primer lugar, respecto de **las anualidades por alimentos que el consultante satisface a sus dos hijos por decisión judicial,** estas cantidades son percibidas por los hijos no por el "animus donandi" de su padre, sino como consecuencia de la existencia de una obligación legal derivada de sentencia judicial. Por tanto, para los hijos las cantidades percibidas **quedarán sujetas al Impuesto sobre la Renta de las personas Físicas y no al Impuesto sobre Sucesiones y Donaciones. Estas cantidades constituirán para sus perceptores —los hijos— rendimientos del trabajo** de conformidad con lo establecido en la letra f del apartado 2 del art. 17 LIRPF, **si bien estarán exentos** en virtud de la letra k) del art. 7 de la citada Ley.

Por su parte, el consultante no podrá reducir su base imponible por las cantidades satisfechas, en virtud del art. 55 LIRPF, pues se trata de anualidades por alimentos a favor de sus hijos satisfechas por decisión judicial. No obstante, aplicará las escalas general y autonómica del Impuesto de manera separada al importe de las anualidades por alimentos y al resto de su base liquidable general en los términos establecidos en los arts. 64 y 75 LIRPF.

En segundo lugar, respecto de **las cantidades satisfechas a modo de liberalidad al hijo de su cónyuge,** estas cantidades se satisfacen por el "animus donandi" del consultante, no existiendo obligación legal de satisfacerlas. Por tanto, para su perceptor —el hijo de su cónyuge— las rentas percibidas **no quedan sujetas al Impuesto sobre la Renta de las Personas Físicas,** de conformidad con el apartado 4 del art. 6 LIRPF, **sin perjuicio de la tributación por el Impuesto sobre Sucesiones y Donaciones.**

Por su parte, el consultante no podrá computar ninguna pérdida patrimonial por los importes satisfechos, de conformidad con la letra c) del apartado 5 del art. 33 LIRPF, al satisfacerse a modo de liberalidad. Tampoco podrá reducir su base imponible al no satisfacerse una anualidad por alimentos por decisión judicial, ni podrá aplicar separadamente las escalas pues no satisface una anualidad por alimentos a su hijo.

13. Con relación al pago de la pensión por alimentos que realiza el contribuyente a sus hijos, esta previsión tiene su reflejo fiscal en el arts. 64 y 75 LIRPF que permitirá considerar estos gastos. A este respecto, resulta muy interesante la STSJ Madrid 30 enero 2017 (*Tol 5953133*) en la que, el recurrente, en su demanda solicita la anulación de las resoluciones impugnadas y que la AEAT gire nuevas liquidaciones admitiendo la anualidad por alimentos a favor de los hijos del recurrente consignadas en las declaraciones de IRPF de 2010 y 2011. A tal fin manifiesta que en el convenio regulador de separación, ratificado mediante sentencia de 6 de noviembre de 2006, las partes acuerdan que los gastos extraordinarios serán asumidos por mitades por ambos progenitores, comprometiéndose cada uno de ellos al abono de una cantidad mensual de 350 euros que debe depositarse en una cuenta común abierta a tal efecto, considerando que dichas cantidades pueden enmarcarse en el concepto de "anualidades por alimentos a favor de los hijos", entendiendo como "alimentos" en sentido amplio y legal del término del art. 142 del CC, todos los gastos que se satisfacen a los hijos, salvo los atinentes a la manutención, que cada progenitor abona en su caso, al tener la custodia compartida.

El Tribunal hace referencia a que **"la mención a las anualidades por alimentos constituye un concepto jurídico que se ha de interpretar atendiendo al tenor literal del convenio aprobado en sentencia de separación y al sentido que las partes quisieron atribuir a sus cláusulas"**, y da la razón al contribuyente al sostener que "los alimentos comprenden todo lo que es indispensable para el sustento, habitación, vestido, asistencia médica, así como la educación e instrucción del alimentista mientras sea menor de edad y aún después cuando no haya terminado su formación por causa que no le sea imputable. Así pues, no podemos entender una equiparación entre la anualidad por alimentos a los hijos que menciona el art. 75 ya citado, y los destinados estrictamente al sustento de los hijos, toda vez que aquel concepto engloba los gastos médicos, de transporte, vestuario, material escolar o deportivo, y cualesquiera otros gastos indispensables para atender al sostenimiento y educación de los descendientes, salvedad hecha de su manutención o sustento, pues al hallarse la custodia compartida, lógicamente han de sufragarse por el progenitor con quién convivan, como así prevé el propio convenio aprobado judicialmente.

En consecuencia, procede estimar el recurso que nos ocupa y anular las resoluciones impugnadas, debiéndose admitir la pretensión recurrente en relación con la anualidad por alimentos a favor de los hijos".

3.3. La pensión compensatoria

Normativa reguladora

El art. 97 CC que establece que: "el cónyuge al que la separación o el divorcio produzca un desequilibrio económico en relación con la posición del otro, que implique un empeoramiento en su situación anterior en el matrimonio, tendrá derecho a una compensación que podrá consistir en una pensión temporal o por tiempo indefinido, o en una prestación única, según se determine en el convenio regulador o en la sentencia". Dicho precepto, como puede comprobarse, establece un derecho para el cónyuge que sufre un desequilibrio económico y una obligación para el otro. Por ello, lo primero que debemos considerar es que, como consecuencia de una separación o divorcio, cuando exista dicho desequilibrio y se reconozca la pensión compensatoria, surgirán dos situaciones jurídicas con transcendencia fiscal. La del cónyuge que abona la pensión y la del que la recibe.

Para determinar la cuantía de la compensación, el citado precepto continúa diciendo que, "a falta de acuerdo de los cónyuges, el Juez, en sentencia, determinará su importe teniendo en cuenta las siguientes circunstancias: los acuerdos a que hubieran llegado los cónyuges, la edad y el estado de salud, la cualificación profesional y las probabilidades de acceso a un empleo, la dedicación pasada y futura a la familia, la colaboración con su trabajo en las actividades mercantiles, industriales o profesionales del otro cónyuge, la duración del matrimonio y de la convivencia conyugal, la pérdida eventual de un derecho de pensión, el caudal y los medios económicos y las necesidades de uno y otro cónyuge y cualquier otra circunstancia relevante".

Cuestiones relevantes

14. La periodicidad de la pensión compensatoria, su forma de pago —así como su actualización—, la duración y las garantías para su efectividad, se fijarán en la resolución judicial o en el convenio regulador formalizado ante el Secretario judicial o el Notario.

De cara a reunir todos los elementos que pueden afectar a la fiscalidad de la compensación, el art. 99 del CC establecerá que "en cualquier momento podrá convenirse la sustitución de la pensión fijada judicialmente o por convenio regulador formalizado conforme al art. 97 por la constitución de una renta vitalicia, el usufructo de determinados bienes o la entrega de un capital en bienes o en dinero". Por lo que, además de la fijación de la pensión en el momento de producirse la separación o divorcio, habrá que tener en cuenta las posibles variaciones sobre la misma, en los términos del citado precepto.

De todas estas relaciones jurídicas de índole privado surgirá una obligación de dar para una parte y un derecho a recibir de la otra que, en la medida que pone de manifiesto alteraciones de índole patrimonial, repercute en las situaciones fiscales de cada una de las partes afectadas.

3.4. Fiscalidad la pensión compensatoria en el IRPF

Normativa reguladora

La tributación de las consecuencias derivadas del establecimiento y modificación del régimen de la pensión compensatoria se encuentra en la LIRPF. A tal efecto, resulta distinta la situación del cónyuge que abona la compensación del que la recibe:

Para el que la recibe, el art. 17.2.f) LIRPF califica esta renta como rendimiento del trabajo: "las pensiones compensatorias recibidas del cónyuge". Claramente es una ficción jurídica pero el legislador ha decidido incluirlas en dicho concepto.

No obstante, el art. 61.3.A.2° del reglamento del IRPF establecerá que: no tendrán que declarar, los contribuyentes que obtengan rentas procedentes exclusivamente 15.000 euros anuales, cuando se perciban por pensión compensatoria.

Para el que la abona, en este caso nos encontraremos con una reducción de la base imponible. El art. 55 LIRPF determinará que: "las pensiones compensatorias a favor del cónyuge y las anualidades por alimentos, con excepción de las fijadas en favor de los hijos del contribuyente, satisfechas ambas por decisión judicial, podrán ser objeto de reducción en la base imponible".

Ello tiene razón de ser dado que, además de no disponer de dicha renta, el legislador ha decidido que tribute el cónyuge que recibe la compensación, por lo que el que la abona debe eliminarla de su base imponible. De no ser así, se estaría tributando dos veces por lo mismo; el cónyuge que recibe la compensación y el que la paga. Todo lo cual daría con un enriquecimiento injusto de la Administración Tributaria, y ello está prohibido por el ordenamiento jurídico.

3.4.1. Tributación del cónyuge que recibe la compensación

Cuestiones relevantes

15. El art. 17.2.f) de la LIRPF establece que **dicha percepción debe tributar como rendimiento del trabajo.** A tal efecto dicho precepto dispone que, "en todo caso, tendrán la consideración de rendimientos del trabajo: f) Las pensiones compensatorias recibidas del cónyuge".

El artículo transcrito deja meridianamente claro la situación tributaria del cónyuge que recibe la pensión. En este sentido, deberá incluir el importe de la compensación recibida como renta procedente del trabajo en su declaración del IRPF. Dicho rendimiento será compatible con la obtención de otros rendimientos con la misma naturaleza, así como cualquier otro que perciba procedente el capital mobiliario, capital inmobiliario, ganancia patrimonial, etc. Todos ellos formarán la base imponible del IRPF y deberán ser declarados en la autoliquidación a presentar en los términos y plazos que determine el reglamento.

Es importante señalar que, como indica el art. 96.3 LIRPF, los contribuyentes estarán obligados a presentar y suscribir declaración por este Impuesto. No obstante, no tendrán que declarar los contribuyentes que obtengan rentas procedentes exclusivamente de pensiones compensatorias del cónyuge con el límite de 15.000 euros anuales. Por lo que el cónyuge que perciba una compensación que supere dicho umbral, estará obligado a presentar autoliquidación por este impuesto.

3.4.2. Tributación del cónyuge que abona la compensación

Cuestiones relevantes

16. La parte que debe abonar la compensación tendrá derecho a una reducción en su base imponible del IRPF como consecuencia del pago del citado emolumento. Dicho traslado de patrimonio implica, en consecuencia, el traspaso de la capacidad económica. Por ello, la búsqueda de la renta que somete a gravamen este impuesto conlleva la reducción de la base imponible del sujeto pasivo que paga la compensación y, por otra parte, el sometimiento a tributación del que la recibe. Todo ello en aras a la equitativa distribución de la carga tributaria (art. 3.1 LGT).

El mecanismo de la reducción de la base imponible se contempla en el art. 55 LIRPF que establece que "las pensiones compensatorias a favor del cónyuge y las anualidades por alimentos, con excepción de las fijadas en favor de los hijos del contribuyente, satisfechas ambas por decisión judicial, podrán ser objeto de reducción en la base imponible". Es por ello que se aprecia la intención del legislador de llevar la carga de tributar por la compensación a quien la recibe y no a quien la abona. Con ello, entendemos que se realiza una correcta distribución de la obligación de contribuir. Su reparto entre los cónyuges, por un lado, cumple con el mandato constitucional de que todos deben contribuir al sostenimiento de los gastos públicos de acuerdo con su capacidad económica y, por otro, al trasladar la tributación de la compensación del cónyuge que la abona al que la recibe, se evita los efectos del sistema progresivo dado que el reparto de la renta atempera el tipo impositivo aplicable en el IRPF.

Dicha reducción de la base imponible que aminorará la cuota íntegra del cónyuge que paga la pensión compensatoria, conlleva, de forma encadenada, la consideración de dicha circunstancia a la hora de determinar la base para calcular el tipo de retención. A tal efecto, el art. 83.3.f) RIRPF establece que "cuando el perceptor de rendimientos del trabajo estuviese obligado a satisfacer por resolución judicial una pensión compensatoria a su cónyuge, el importe de ésta podrá disminuir la cuantía" de las retribuciones del trabajo a efectos de la base para el cálculo de la retención. A tal fin, continúa el citado precepto "el contribuyente deberá poner en conocimiento de su pagador, en la forma prevista en el art. 88 de este Reglamento, dichas circunstancias".

3.5. *La fiscalidad de la indemnización del art. 98 CC*

Normativa reguladora

Un último supuesto nos queda por atender es la situación que se da cuando un cónyuge percibe una indemnización por la nulidad del matrimonio. Esta situación la regula el art. 98 CC y establece que "el cónyuge de buena fe cuyo matrimonio haya sido declarado nulo tendrá derecho a una indemnización si ha existido convivencia conyugal, atendidas las circunstancias previstas en el art. 97".

Jurisprudencia

Respecto a la naturaleza de la indemnización, la STS (Sala 1ª) 10 marzo 1992 (*Tol 1654788*) mantiene el siguiente criterio: "la indemnización que dicho art. 98 CC reconoce no es de naturaleza alimenticia, ni tampoco se corresponde a la pensión compensatoria que refiere el precepto 97 de aquel cuerpo legal, sino que más bien se trata de que en cierto sentido una equitativa reparación económica equilibradora de los amplios y variados desajustes que pueda ocasionar la nulidad de un matrimonio por la extinción de un proyecto común de vida de los esposos afectados, que no ha ido consolidándose en los años de convivencia, hasta producir su desaparición. No trata el precepto de imponer sanciones, (…), sino que más bien la norma se proyecta a reducir distancias económicas sociales y derivadas entre los que en su día estuvieron unidos por legítimo vínculo matrimonial, polarizándose sobre los principios de autosuficiencia y neutralidad de costes, al faltar una adecuada institución estatal de previsión social autónoma, sobre todo para las mujeres carentes de actividades laborales, lo que la realidad de los tiempos parece cada vez demandar en forma urgente y necesaria de satisfacción de justicia social".

Cuestiones relevantes

17. Sobre las consecuencias fiscales de esta situación ha tenido oportunidad de pronunciarse la DGT en su Consulta vinculante número V0922-06, de fecha 11 de mayo de 2006. La pregunta que se formuló fue sobre el régimen tributario de la consultante, cuyo matrimonio fue declarado nulo, reclama judicialmente a su excónyuge la indemnización que establece el art. 98 CC.

Respecto a la tributación de esta indemnización en el IRPF procede indicar que no se encuentra amparada por ninguno de los supuestos de exención o no sujeción establecidos legalmente. Dicho lo anterior, a continuación, procede determinar qué componente de renta constituye la indemnización.

El art. 17 LIRPF definidor de los rendimientos del trabajo, incluye en su apartado 1 el concepto genérico de estos rendimientos y en su apartado 2 unos supuestos específicos que, con independencia de su acomodamiento a la definición del apartado 1, son calificados expresamente por la ley como rendimientos del trabajo, supuestos de los que procede entresacar aquí el recogido en el subapartado f): "Las pensiones compensatorias recibidas del cónyuge y las anualidades por alimentos, sin perjuicio de lo dispuesto en el art. 7 de esta ley" donde se declara la exención de las anualidades por alimentos percibidas de los padres en virtud de sentencia judicial.

De acuerdo con lo expuesto, **al no corresponderse la indemnización del art. 98 del CC con la pensión compensatoria, su calificación queda al margen de su posible consideración como rendimientos del trabajo.** Rechazada esta calificación, cabe afirmar que la percepción de **la indemnización comporta una alteración en la composición del patrimonio del contribuyente (incorporación de dinero) que da lugar a una ganancia patrimonial,** tal como dispone el art. 33.1 de la Ley del Impuesto, ganancia patrimonial que, al no proceder de una transmisión, debe cuantificarse en el importe de la indemnización. Así resulta de lo dispuesto en el art. 34.1.b) de la misma ley: "El importe de las ganancias o pérdidas patrimoniales será en los demás supuestos (distintos del de transmisión), el valor de mercado de los elementos patrimoniales o partes proporcionales, en su caso".

4. CRITERIOS DE LA DGT

Tal y como hemos visto en la cita de la legislación civil, el cónyuge al que la separación o el divorcio produzca un desequilibrio económico en relación con la posición del otro, que implique un empeoramiento en su situación anterior en el matrimonio, tendrá derecho a una compensación que podrá consistir en una pensión temporal o por tiempo indefinido, o en una prestación única, según se determine en el convenio regulador o en la sentencia. Por lo que tanto, la compensación podrá tener diversas formas y modos de establecerse.

También hemos visto que, en cualquier momento, podrá convenirse la sustitución de la pensión fijada judicialmente o por convenio regulador por la constitución de una renta vitalicia, el usufructo de determinados bienes o la entrega de un capital en bienes o en dinero. Es decir, una vez establecida la compensación a favor del cónyuge, ésta puede sufrir cambios a lo largo del tiempo.

En los siguientes apartados se van a exponer diversos supuestos y casos donde la Dirección General de Tributos ha manifestado su criterio y se resuelven conflictos en la aplicación de la tributación derivada de la compensación por separación o divorcio, así como las consecuencias de una eventual modificación de esta.

4.1. Efectos temporales de convenio regulador

4.1.1. Aplicación del convenio regulador

Cuestiones relevantes

18. El convenio regulador produce efectos jurídicos desde su firma [STS (Sala 1ª) 7 noviembre 2018 (*Tol 6906992*)], si bien ha de ser ratificado judicialmente de acuerdo con el artículo 90 CC de forma que, una vez aprobado, el convenio tendrá la misma eficacia ejecutiva que una resolución judicial, pudiendo exigirse el cumplimiento de lo acordado desde la fecha de su adopción.

Desde la firma del convenio ambas partes quedan obligadas a su cumplimiento, debiendo la perceptora declarar a partir de ese momento la pensión compensatoria recibida como rendimiento del trabajo personal del IRPF —art. 17.2.f) y 96.3.b) de la Ley del Impuesto—, y pudiendo la pagadora reducirse la base imponible del IRPF (evitando así la doble imposición) en la cuantía satisfecha que hubiese sido aprobada por el Juez (Resolución TEAR Extremadura 18 diciembre 2019, núm. 06/254/2017).

En definitiva, **una vez convalidado por el juez el convenio (también en los supuestos de fijación mediante un convenio regulador formalizado ante el letrado de la Administración de Justicia o el notario,** en virtud del régimen de separación o divorcio de mutuo acuerdo —STS 25 marzo 2021 (*Tol 8396867*)—, **se podrá aplicar la reducción desde la fecha y en los términos judicialmente aprobados.**

4.1.2. Efectos fiscales de la firma y ratificación del convenio regulador en el IRPF

Cuestiones relevantes

19. La Consulta DGT V0402-15, de fecha 2 de febrero de 2015, versa sobre la situación en la que los cónyuges suscriben el convenio regulador del divorcio en fecha 1 de octubre de 2013 y se ratifica judicialmente por sentencia dictada en el mes de mayo de 2014. La cuestión que se plantea es **sobre la aplicación de la reducción en concepto de pensiones compensatorias a favor del cónyuge satisfechas desde la firma del convenio regulador.**

El art. 89 CC establece que la disolución del matrimonio por divorcio sólo podrá tener lugar por sentencia que así lo declare y producirá efectos a partir de su firmeza. A partir de ahí, y en relación a los convenios reguladores de la separación o divorcio, el art. 90.2 CC señala, entre otros extremos, que los acuerdos de los cónyuges, adoptados para regular las consecuencias de la nulidad, separación o divorcio serán aprobados por el Juez, salvo si son dañosos para los hijos o gravemente perjudiciales para uno de los cónyuges.

De conformidad con la normativa civil, en el presente caso el divorcio tiene efectos a partir del año 2014, concretamente desde el mes de mayo, que es cuando se deviene firme la sentencia declaratoria de disolución del matrimonio. Por ello, procede señalar en materia tributaria y en relación al ejercicio impositivo 2013 no procederá aplicación de la reducción prevista en el art. 55 LIRPF. En cuanto al año 2014, tampoco procederá la aplicación de la reducción en concepto de pensiones compensatorias a favor del cónyuge en cuanto a las cantidades que se hayan podido satisfacer por dicho concepto hasta el mes de mayo, habida cuenta que a dicha fecha no se ha producido la ruptura del vínculo matrimonial.

En conclusión, la DGT señala que el contribuyente podrá aplicar la reducción en su base imponible de conformidad con la LIRPF respecto a las cantidades satisfechas a su cónyuge desde el mes de mayo de 2014.

4.2. Pago de la compensación con derechos reales

4.2.1. Adjudicación de un bien inmueble: fiscalidad de las partes

Cuestiones relevantes

20. La Consulta DGT V0779-13, de fecha 13 de marzo de 2013, sostiene que **la sustitución a que hace referencia el art. 99 CC permite aplicar la reducción por pensión compensatoria del art. 55 LIRPF.** Por dicho motivo, se hace necesario abordar la fiscalidad de la operación desde la perspectiva de ambas partes.

Para el cónyuge que entrega el bien: la sustitución del pago de la pensión compensatoria a favor del cónyuge, mediante la cesión de la propiedad de un bien inmueble, da derecho a la reducción de la base imponible general del pagador sin que pueda resultar negativa como consecuencia de esta disminución. El remanente, en el supuesto que existiera, podrá reducir la base imponible del ahorro sin que ésta, igualmente, pueda resultar negativa como consecuencia de dicha minoración. Como se trata de la entrega de un bien inmueble, la valoración de la compensación se efectuará por el valor de mercado del mismo, conforme a lo dispuesto en el art. 43 LIRPF. Por otra parte, la transmisión de tales bienes originará en el consultante una ganancia o pérdida patrimonial, que se calculará con arreglo a lo dispuesto en los art. 34 y siguientes LIRPF.

21. Para el cónyuge que recibe el bien: de conformidad con el artículo 17.2.f) LIRPF, la percepción de la pensión compensatoria tendrá la consideración de rendimientos del trabajo. La sustitución de una pensión compensatoria por la entrega de un bien inmueble en ningún caso desvirtúa su calificación como rendimientos del trabajo para su perceptor, si bien, al percibirse en un único pago, la entrega, en sustitución de una pensión, tendría la consideración de rendimiento del trabajo en especie, conforme al art. 42 LIRPF, siendo la valoración de la misma por el valor de mercado del inmueble (art. 43 LIRPF).

Por último, al haber sido obtenido de forma notoriamente irregular en el tiempo, de acuerdo con lo dispuesto en el artículo 12.1 RIRPF, le sería de aplicación la reducción del 30 por 100 prevista en el artículo 18.2 LIRPF.

4.2.2. La cesión del 50% de la propiedad de la vivienda

Cuestiones relevantes

22. La Consulta DGT V0368-12, de fecha 21 de febrero de 2012, respondió a la cuestión sobre la tramitación del divorcio y la posibilidad de adjudicar a su cónyuge la propiedad de la mitad de la vivienda que ha constituido domicilio conyugal. Todo ello de conformidad con lo establecido en el art. 97 del CC. Hay que recordar que el art. 55 LIRPF establece que "las pensiones compensatorias a favor del cónyuge y las anualidades por alimentos, con excepción de las fijadas en favor de los hijos del contribuyente, satisfechas ambas por decisión judicial, podrán ser objeto de reducción en la base imponible". Y este pago al cónyuge que sufre el desequilibrio económico puede tener forma de entrega de un capital en dinero o bienes.

El pago de la compensación a favor del cónyuge mediante la cesión del 50% de la propiedad de la vivienda, da derecho a la reducción de la base imponible general del pagador sin que pueda resultar negativa como consecuencia de esta disminución. El remanente, en el supuesto que existiera, podrá reducir la base imponible del ahorro sin que ésta, igualmente, pueda resultar negativa como consecuencia de dicha minoración. Al tratarse de la entrega en la parte correspondiente de un bien inmueble, la valoración de la compensación se efectuará por el valor de mercado de este, conforme a lo dispuesto en el art. 43.1 IRPF.

Para concluir, habrá que tener presente que la cesión del citado bien originará en el transmitente una ganancia o pérdida patrimonial, que se calculará con arreglo a lo dispuesto en los arts. 33 y siguientes LIRPF.

4.2.3. Cesión de usufructo de un inmueble: fiscalidad del cobro del arrendamiento del citado bien

Cuestiones relevantes

23. En esta situación, contemplada en la Consulta DGT V0366-07, de 23 de febrero de 2007, resultaba que, por decisión judicial, se sustituyó el pago de la pensión compensatoria fijada a favor del consultante por la constitución de un derecho de usufructo sobre un inmueble que se encontraba arrendado.

La forma habitual de pago de las pensiones compensatorias es mediante pagos periódicos en dinero, si bien el CC, en su artículo 99, prevé la posibilidad de que, en cualquier momento, pueda convenirse la sustitución de la pensión fijada judicialmente por la constitución de una renta vitalicia, el usufructo de determinados bienes o la entrega de un capital en bienes o en dinero. **La sustitución de una pensión compensatoria por la constitución de un derecho de usufructo sobre determinados bienes en ningún caso desvirtúa su calificación como rendimientos del trabajo para su perceptor, si bien, al percibirse un único derecho en sustitución de una pensión, tendría la consideración de rendimiento del trabajo en especie, y obtenido de forma notoriamente irregular en el tiempo.**

Constituido el usufructo a favor del consultante y, por lo tanto, siendo éste el titular de dicho derecho real, debemos atender a las consecuencias jurídicas de dicha institución. A tal efecto, el artículo 467 CC establece que "el usufructo da derecho a disfrutar los bienes ajenos con la obligación de conservar su forma y sustancia, a no ser que el título de su constitución o la ley autoricen otra cosa". Por su parte, el art. 471 del mismo código dispone que "el usufructuario tendrá derecho a percibir todos los frutos naturales, industriales y civiles, de los bienes usufructuados". Frutos civiles entre los que se encuentran los alquileres y arrendamientos conforme al artículo 355 CC.

24. La atribución al usufructuario de todos los frutos que produzcan los bienes usufructuados comporta que será a él a quien corresponderá la atribución de los alquileres derivados del inmueble. Por su parte, del art. 22.1 LIRPF se deriva que tendrán la consideración de rendimientos íntegros del capital inmobiliario los rendimientos íntegros procedentes de la titularidad de bienes inmuebles rústicos y urbanos o de derechos reales que recaigan sobre los ellos todos los que se deriven del arrendamiento o de la constitución o cesión de derechos o facultades de uso o disfrute sobre aquéllos, cualquiera que sea su denominación o naturaleza. Asimismo, el art. 11.3 LIRPF dispones que estos rendimientos del capital inmobiliario se atribuirán a los contribuyentes que, según lo previsto en el art. 7 LIP, sean titulares de los elementos patrimoniales, bienes o derechos, de que provengan dichos rendimientos.

Por todo lo expuesto, los rendimientos derivados del alquiler de los inmuebles tendrán la consideración de rendimientos del capital inmobiliario y se atribuirán al titular del derecho de usufructo.

4.3. Pago de la compensación con otros bienes o derechos

4.3.1. Cesión del 100% del plan de pensiones. Tras el divorcio se suscribe otro plan de pensiones: fiscalidad de los importes percibidos de los dos planes

Cuestiones relevantes

25. En el IRPF, la percepción del plan de pensiones tiene un tratamiento de rendimientos íntegros del trabajo (art. 17.2.a).3ª LIRPF). Dichos cobros tributan exclusivamente en sede del beneficiario y por el importe total percibido. Por ello, las prestaciones derivadas de ambos planes de pensiones tributan en el impuesto del consultante. Junto a ello debe señalarse que, en la medida en que la cantidad que el consultante percibe del primer plan de pensiones se lo abona a su excónyuge como pago de la compensación, él mismo podría tener derecho a practicar en su base imponible general la reducción establecida en el art. 55 LIRPF por dicho importe.

De conformidad con lo expuesto, la Consulta DGT V1262-08, de fecha 18 de junio de 2008, expone que el contribuyente: de una parte, deberá tributar por la percepción del plan de pensiones que adjudica a su mujer como compensación por el desequilibrio económico producido por la separación o divorcio, pero; por otra parte, podrá reducir dicho importe de su base imponible para ajustar su tributación a su capacidad económica real.

4.3.2. Pago en sustitución de una pensión compensatoria periódica por un pago único o un seguro de renta vitalicia de prima única

Cuestiones relevantes

26. La Consulta DGT 1057-04, de fecha 21 de abril de 2004, y la Consulta DGT V1546-05, se pronuncias sobre el caso en el que, por sentencia judicial, se venía satisfaciendo la pensión compensatoria periódicamente y se plantea la **fiscalidad de su sustitución por un pago único o contratar, en favor de su excónyuge, un seguro de renta vitalicia de prima única.**

Debemos comenzar poniendo de manifiesto que la opción de sustituir una pensión periódica por otro tipo de pago está amparada por el art. 99 CC cuando determina que "en cualquier momento podrá convenirse la sustitución de la pensión fijada judicialmente conforme al art. 97 por la constitución de una renta vitalicia, el usufructo de determinados bienes o la entrega de un capital en bienes o en dinero". Esta opción es reconocida por la DGT (Consultas 1357-97, 1409-98 y 2131-03) y permite la aplicación de la reducción de la base imponible del pagador como seguidamente expondremos.

En el caso planteado, en sus dos variantes —contratación de un seguro de renta vitalicia o satisfacción de un pago único—, la reducción operaría en el período impositivo en que se satisficiera la prima única o el pago único, debiendo tenerse en cuenta que la base liquidable general no podría resultar negativa como consecuencia de dichas disminuciones (art. 50 LIRPF). En su caso, el remanente, podría aplicarse a la base imponible del ahorro sin que pudiera dar con ello una base liquidable del ahorro negativa.

27. Respecto a la tributación del excónyuge, ambos supuestos comportan para aquel la obtención de rendimientos del trabajo (por el importe de la prima, en el primer caso, o por el capital recibido, en el segundo caso), tal como resulta de lo dispuesto en el art. 17.2.f) LIRPF, que otorga tal calificación a "las pensiones compensatorias recibidas del cónyuge". A su vez, en aplicación del art. 18 de la misma ley operaría la reducción del 30 por 100, al tratarse de rendimientos obtenidos de forma notoriamente irregular en el tiempo. En idéntico caso se pronunció la Consulta DGT V0830-14, de fecha 23 de marzo de 2014. En este caso se trataba de una sustitución de pensión anual por un pago único en efectivo. Sobre la aplicación de esta reducción, el art. 18.1 LIRPF establece que, como regla general, los rendimientos íntegros se computarán en su totalidad, salvo que les resulte de aplicación alguno de los porcentajes de reducción. En este sentido, el apartado 2 de dicho artículo recoge una reducción del 30 por 100 para los rendimientos íntegros que tengan un período de generación superior a dos años y que no se obtengan de forma periódica o recurrente.

4.3.3. Pago de una compensación mensual por uso de vivienda: fiscalidad para la parte que la abona

Cuestiones relevantes

28. La situación que se plantea es la **posibilidad de deducir en la declaración del IRPF la referida compensación que abona a la otra parte.** Sobre ello la DGT informa que sólo cabría, de ser aplicable, la reducción establecida en el artículo 55 LIRPF. A tal efecto, la Administración entiende que el pago de las cantidades mensuales objeto de consulta, suponen la retribución por la cesión de un derecho de uso de la vivienda familiar en favor del consultante, y, por tanto, no puede considerarse como el pago de una pensión compensatoria. Por ello, cabe concluir que el abono de la compensación económica por la adjudicación del uso de la vivienda familiar no tendrá incidencia en sus declaraciones por el IRPF (Consulta DGT V1005-19, de fecha 9 de mayo de 2019).

Sobre esta situación, la DGT no acepta la reducción de la base imponible del contribuyente que abona la compensación porque la misma va en forma de pago por el uso de la vivienda y ello no entraría entre los supuestos del art. 97 CC, ni en los sustitutos del art. 99 CC. Dicho criterio podría quedar avalado por la prohibición de la analogía recogida en el art. 14 GT.

4.3.4. Pago de pensión por alimentos a los hijos y el arrendamiento de la vivienda familiar de su excónyuge e hijos

Cuestiones relevantes

29. En este supuesto, en virtud de sentencia de divorcio, el contribuyente abona mensualmente, además de la pensión compensatoria a la exesposa y la pensión alimenticia a los hijos, el importe del arrendamiento de la vivienda familiar cuyo uso corresponde a su exesposa y a sus hijos. La cuestión que se plantea es si procede reducir la base imponible por el importe satisfecho por el citado arrendamiento.

La Consulta DGT 0332-01, de fecha 19 de febrero de 2001, afirma que **dentro de los conceptos que dan derecho a la reducción de la base imponible en el IRPF por pensión compensatoria no queda recogido el pago de la vivienda y, menos aún, la pensión por alimentos de los hijos comunes dado que éstos quedan, expresamente, excluidos en el art. 55 LIRPF.** La pensión compensatoria a que se refiere el citado artículo y cuyo importe anual puede reducirse la parte general de la base imponible, es la regulada en el art. 97 CC: "El cónyuge al que la separación o el divorcio produzca un desequilibrio económico en relación con la posición del otro, que implique un empeoramiento en su situación anterior en el matrimonio, tendrá derecho a una compensación que podrá consistir en una pensión temporal o por tiempo indefinido, o en una prestación única, según se determine en el convenio regulador o en la sentencia".

Lo previsto en la normativa civil es diferente la atribución del uso de la vivienda familiar y el levantamiento de las cargas familiares, los cuales, no dan derecho a reducir la base imponible, pues no cabe entenderlas comprendidas en los conceptos de pensión compensatoria ni anualidades por alimentos a favor de la esposa, a los que se refiere la LIRPF.

En consecuencia, las cantidades satisfechas por el consultante por el arrendamiento de la vivienda familiar, cuyo uso corresponde a su exesposa y a sus hijos, no dan derecho a reducir la parte general de la base imponible.

4.3.5. Pago del 50% del préstamo hipotecario que grava la vivienda cuyo uso corresponde al excónyuge e hijos

Cuestiones relevantes

30. Como hemos visto hasta ahora, las cantidades que una parte abona a su excónyuge para el "levantamiento de las cargas familiares" no dan derecho a reducir la parte general de la base imponible, pues no cabe entenderlas comprendidas en los conceptos de compensación o anualidades por alimentos a favor de la parte que sufre el desequilibrio económico. Por lo que se refiere a las pensiones alimenticias a favor de los hijos, tampoco dan derecho a reducir la parte general de la base imponible.

En el presente caso, se analizará el **tratamiento de las cantidades del préstamo hipotecario que grava la vivienda habitual, cuyo uso corresponde al excónyuge e hijos del contribuyente, y que son satisfechas por éste y su incidencia fiscal por el derecho de uso sobre la citada vivienda familiar.**

El derecho del uso de la vivienda familiar que el art. 96 CC atribuye a los hijos y al cónyuge en cuya compañía queden, posee una naturaleza jurídica no definida expresamente por el CC y controvertida en la jurisprudencia del Tribunal Supremo. Así, por ejemplo, mientras la STS (Sala 1ª) 18 octubre 1994 (*Tol 1665543*) lo configura como un "derecho real familiar de eficacia total" (FD 2º), la STS (Sala 1ª) 29 abril 1994 (*Tol 1665344*) contempla la posibilidad de que carezca del carácter de derecho real, cuando afirma en su FD 4º: "El derecho de uso de la vivienda común concedido a uno de los cónyuges por razón del interés familiar más necesitado y porque queden a su disposición los hijos no tiene en sí mismo considerado la naturaleza de derecho real, pues se puede conceder igualmente cuando la vivienda está arrendada y no pertenece a ninguno de los cónyuges (...) todo ello, sin perjuicio de que el propietario del inmueble o incluso el Juez, puedan constituir un auténtico derecho real de uso". Por otro lado, la STS (Sala 1ª) 11 diciembre 1992 (*Tol 1655307*) lo califica, en su FD 2º, como "una carga que pesa sobre el inmueble".

31. No obstante, la actual indefinición sobre la naturaleza jurídica del derecho de uso sobre la vivienda familiar previsto en el art. 96 CC, a juicio de la DGT cabe afirmar que, dados los términos en que se pronuncia el art. 22 LIRPF, es difícil pensar que en el espíritu de la ley se residencie la voluntad de someter a tributación la situación planteada, por tanto, en el caso consultado la aplicación de lo dispuesto en dicho precepto no afectará al consultante. Asimismo, tampoco procederá la imputación de una renta inmobiliaria en los términos señalados en el art. 85 LIRPF (Consulta DGT 0359-00, de fecha 29 de febrero de 2000).

La conclusión anterior, es decir, **la no existencia de un rendimiento de capital inmobiliario por la vivienda habitada por el cónyuge separado legalmente determina que el consultante no pueda deducir las cuotas y recargos devengados por el Impuesto —municipal— sobre Bienes Inmuebles, ni los intereses del préstamo hipotecario por él satisfechos. Del mismo modo, tampoco darán derecho a deducción en la cuota por inversión en vivienda habitual, las cantidades satisfechas por el consultante.**

5. OTRAS FORMAS DE PAGO O EXTINCIÓN DE LA PENSIÓN COMPENSATORIA

5.1. Compensación del pago de la pensión compensatoria con deudas del otro excónyuge: posibilidad de aplicación de la reducción de la base imponible

Cuestiones relevantes

32. La Consulta DGT V1023-20, de fecha 23 de abril de 2020, analiza el **supuesto donde el convenio regulador aprobado por sentencia establece el pago al otro cónyuge**

de una pensión compensatoria en forma de capital (30.000 euros), en una fecha concreta. Por otra parte, el convenio también incluye el pago por el otro cónyuge de determinados gastos: los correspondientes a la vivienda conyugal y las pensiones de alimentos a hijas. Llegado el momento del pago de la compensación, estos gastos no fueron atendidos por la parte obligada y se reclamaron judicialmente. Dictándose dos sentencias en las que se confirma la existencia de una deuda por importe de 17.538,68 euros en favor del cónyuge que debe pagar la pensión compensatoria.

Ante el desconocimiento del paradero y cuenta bancaria de la otra parte, tramita en el juzgado la consignación de la diferencia entre el importe de la pensión compensatoria y el adeudado por su exmujer, por lo que la cuestión fiscal a analizar es si se puede aplicar respecto al importe neto la reducción por pensiones compensatorias del artículo 55 LIRPF.

Previo a resolver la cuestión específica, conviene aclarar si el importe que le adeuda su exmujer —importe que asciende a 17.538,68 euros, está reconocido judicialmente, y que ha procedido a descontar del importe correspondiente a la compensación que tenía que abonar y que, ante la imposibilidad de entrega, procede a consignar judicialmente— puede reducirse de la base imponible en los términos que recoge el artículo 55 LIRPF. A esta pregunta se debe contestar negativamente, pues el importe adeudado por la excónyuge incorpora también anualidades por alimentos en favor de las hijas que no pueden ser objeto de reducción.

Dicho esto, partimos de la compensación entre las deudas de los intervinientes. Sobre esta institución, el art. 1.202 CC determina que "el efecto de la compensación es extinguir una y otra deuda en la cantidad concurrente, aunque no tengan conocimiento de ella los acreedores y deudores", lo que se viene interpretando por la doctrina y la jurisprudencia como carácter automático de la compensación si se cumplen los requisitos del art. 1.196 CC.

Por todo lo expuesto, el importe de la deuda de la pensión compensatoria —neto de lo adeudado por la otra parte— y que se consigna judicialmente, podrá ser objeto de reducción de la base imponible en los términos recogidos en el art. 55 LIRPF pues corresponde a los conceptos que sí dan el derecho a la citada minoración.

5.2. Extinción de la pensión compensatoria tras la celebración de un nuevo matrimonio entre las mismas partes

Cuestiones relevantes

33. Esta situación se presenta en la Consulta DGT V1019-15, de fecha 30 de marzo de 2015. Se trata de un supuesto en el que el convenio regulador de divorcio establece el pago de una pensión compensatoria durante 10 años. Tras un periodo, las partes deciden casarse otra vez manteniendo el pago de la pensión y se plantea la posibilidad de aplicación de la reducción de la base imponible general del pagador.

Para poder dar respuesta a este caso, conviene tener presente que el art. 101 CC establece que "el derecho a la pensión se extingue por el cese de la causa que lo motivó, por contraer el acreedor nuevo matrimonio o por vivir maritalmente con otra persona". Por ello, la obligación de abono de la citada compensación pierde sus efectos en el momento del nuevo enlace conyugal.

De conformidad con lo expuesto, en materia tributaria y en relación al ejercicio impositivo en el que se celebra el nuevo matrimonio y siguientes, **no se podrá aplicar la reducción en concepto de pensiones compensatorias a favor del cónyuge, por las cantidades que se hayan podido satisfacer por dicho concepto habida cuenta de la existencia de vínculo matrimonial del consultante.**

6. CRITERIOS DE TEAC

6.1. Reducción de la base imponible por pensiones compensatorias y por las anualidades por alimentos a favor del cónyuge

Cuestiones relevantes

34. La Resolución TEAC núm. 2309/2004, 14 septiembre 2016, estableció en su FD 4°: "la reducción de la base imponible del Impuesto sobre la Renta de las Personas Físicas, prevista en el art. 71.2 de la Ley 18/1991 y en el art. 62 del vigente Real Decreto Legislativo 3/2004, **sólo se producirá por las pensiones compensatorias satisfechas a favor del cónyuge, a las que se refiere el art. 97 del CC, que se establezcan y se cuantifiquen por sentencia judicial, así como por las anualidades por alimentos satisfechas también a favor del cónyuge, excluyéndose por lo tanto las prestaciones acordadas por cualquier otro concepto, como por ejemplo, las cargas familiares".**

El fundamento cuarto aclara: "los conceptos de "cargas del matrimonio" y el de "pensión compensatoria" tienen diferente naturaleza y fundamento jurídico, pues el primero puede considerarse como el conjunto de gastos de interés común que origina la vida familiar, y, en cambio, la pensión compensatoria tiene como finalidad evitar el desequilibrio económico que la nulidad, separación, o el divorcio pueden producir en uno de los cónyuges. Por tanto al no poderse equiparar ambos conceptos, la base imponible se reducirá, exclusivamente, en el importe de las pensiones compensatorias a favor del cónyuge y las anualidades por alimentos satisfechas, ambas, por decisión judicial, excluyéndose por lo tanto las prestaciones derivadas de las cargas familiares".

6.2. Consideración como pensión compensatoria a favor del cónyuge las cantidades satisfechas por préstamos de adquisición de la vivienda atribuida en uso a los hijos o al cónyuge

Cuestiones relevantes

35. La Resolución TEAC núm. 2416/2000, 4 abril 2003, estableció en su FD 3º: "**el importe del préstamo hipotecario satisfecho por el interesado no puede ser considerado como parte de la pensión compensatoria** a que se refiere el art. 71.2 de la ley 18/1991, cuando, como en este caso, no establece el convenio regulador aprobado por el órgano judicial, cantidad alguna en concepto de pensión compensatoria a favor del cónyuge, ni cuando, como ocurre en la resolución citada, si existe pensión compensatoria fijada por el órgano judicial pero no se incluyen las cantidades satisfechas por el préstamo, por lo que no reduce la base imponible; y en consecuencia, procede estimar en parte el recurso extraordinario y declarar en unificación de criterio que «a efectos de lo dispuesto en el art. 71.2 de la Ley 18/1991, las cantidades satisfechas por el préstamo destinado a la adquisición de la vivienda cuyo uso se atribuye a los hijos y al cónyuge no forma parte de las pensiones compensatorias a favor del cónyuge, salvo que así se establezca por resolución judicial»".

6.3. Requisitos para la efectiva reducción por las pensiones compensatorias a favor del cónyuge

Cuestiones relevantes

36. La reducción en la base imponible del IRPF de las pensiones compensatorias entre cónyuges exige no sólo el establecimiento de las mismas por decisión judicial sino, también, el efectivo abono y justificación del pago de las citadas pensiones.

La Resolución TEAC núm. 797/1999, 7 marzo 2002, afirmaba en su FJ 3º: "cabe señalar la existencia en el precepto referenciado de un requisito necesario para la producción del efecto pretendido por el mismo, que por lo que se refiere al caso que nos ocupa, de la minoración de los rendimientos en el ejercicio del obligado a satisfacer las anualidades por alimentos, es el de la efectiva satisfacción de las dichas cantidades mediante su correspondiente abono, ya que dicha condición se desprende de su tenor literal al referirse a las mismas como «satisfechas», y, reiterarse igualmente al final del precepto cuando se alude a la minoración de los rendimientos del obligado a «satisfacerlas», reproduciéndose, asimismo, la exigencia de dicho requisito en la legislación posterior, constituida por la ley 18/1991, que, en su art. 71 referido a las reducciones en la base imponible regular, permite la reducción de la misma de las partidas satisfechas por anualidades por alimentos como consecuencia de decisión judicial. CUARTO: Aplicado lo expuesto al caso examinado, del examen del expediente se desprende que no fue acreditado en el mismo el efectivo abono de las citadas cantidades controvertidas a los efectos pretendidos de minoración de los rendimientos del obligado a satisfacerlas ya que requerido por la Oficina Gestora para la aportación de los correspondientes justificantes de pago de las anualidades referenciadas no se acreditó el abono en cuestión, por todo lo cual, y respetando la situación jurídica particular derivada de las resoluciones recurridas debe estimarse el recurso interpuesto y revocar las resoluciones recurridas declarando que para la minoración de los rendimientos del ejercicio del obligado al pago de anualidades por alimentos es condición necesaria no sólo la existencia de resolución judicial al efecto sino también la efectividad del pago de su importe".

7. EFECTOS FISCALES EN LA LIQUIDACIÓN PATRIMONIAL DEL MATRIMONIO

A continuación, vamos a analizar los efectos tributarios de la liquidación patrimonial del matrimonio como consecuencia de la crisis conyugal. Para ello, lo primero que tenemos que distinguir es el régimen económico de éste pues, no en vano, serán distintos los efectos fiscales de la liquidación cuando nos encontremos ante una sociedad de gananciales, que cuando nos enfrentemos ante el régimen de separación de bienes.

7.1. Efectos fiscales en la liquidación de la sociedad de gananciales

Cuestiones relevantes

37. Como se ha expuesto anteriormente, en el régimen de sociedad de gananciales los bienes adquiridos durante la vigencia del mismo pertenecen por partes iguales a ambos cónyuges. Por ello, la cuestión capital que debemos atender en la disolución y liquidación de este régimen es si, como consecuencia ella, surgen o no excesos de adjudicación.

En efecto, si cada uno de los cónyuges se atribuye exactamente el 50% de los bienes de la sociedad, no hay exceso alguno y, por lo tanto, no surge transmisión patrimonial que genere efectos fiscales. Sin embargo, para el caso de no darse esta distribución equitativa, debemos atender a la existencia o no de compensación para conocer la tributación en su caso.

7.1.1. Repercusión en ITP-AJD e ISD

Cuestiones relevantes

38. Si el reparto de bienes se atribuye por mitad entre los cónyuges, la Ley que regula el ITP-ADJ establece en su art. 45.1.B.3 que están exentas "las adjudicaciones que a su favor y en pago de las mismas se verifiquen a su disolución y las transmisiones que por tal causa se hagan a los cónyuges en pago de su haber de gananciales". Por lo que, **en la disolución de las sociedades gananciales en el matrimonio, queda exenta del citado impuesto en su modalidad de transmisión patrimonial onerosa** (TPO).

39. Dicho esto, para el caso de que exista exceso de adjudicación, es decir, que alguno de los cónyuges se adjudica más del 50% de los bienes, debemos atender a la existencia o no de compensación por este exceso.

En efecto, **cuando un cónyuge se queda con más de la mitad del valor de los bienes de la sociedad y no compensa al otro por el citado exceso, surge una donación por la cuantía de dicho exceso.** Por ello, la parte beneficiada en la distribución deberá tributar por el Impuesto sobre Donaciones (ISD). A tal efecto, el artículo 3.1.b) LISD dispone que es hecho imponible: "la adquisición de bienes y derechos por donación o cualquier otro negocio jurídico a título gratuito, intervivos".

40. Cuando existe compensación de la parte que recibe el exceso a la parte que ha quedado perjudicada, debemos atender a si la misma es evitable o no. Si el exceso de adjudicación que ha recibido uno de los cónyuges es como consecuencia de la indivisibilidad del bien, el art. 7.2.B) LITP-AJD establece la no tributación. A tal efecto, dicho precepto no considera transmisión patrimonial los excesos de adjudicación cuando la cosa sea indivisible o desmerezca mucho por su división (art. 1.062 CC). Sin embargo, para el caso de que el exceso fuese evitable, se considera una transmisión de bienes sujeta al impuesto en su modalidad de transmisión patrimonial onerosa.

7.1.2. Repercusión en el IRPF

Jurisprudencia

La reciente STS 10 octubre 2022 (*Tol 9260060*) ha fijado doctrina en torno a determinar en qué casos la compensación percibida por el comunero, a quien no se adjudica el bien cuando se disuelve el condominio, comporta para dicho comunero la existencia de una ganancia patrimonial sujeta al IRPF, teniendo en consideración la posible diferencia de valoración de ese bien entre el momento de su adquisición y el de su adjudicación y, en su caso, que aquella compensación fuera superior al valor de la parte proporcional que le correspondiera sobre ese bien.

A esta cuestión, el Alto Tribunal ha establecido que "la compensación percibida por un comunero, a quien no se adjudica el bien cuando se disuelve el condominio, comportará para dicho comunero la existencia de una ganancia patrimonial sujeta al IRPF, cuando exista una actualización del valor de ese bien entre el momento de su adquisición y el de su adjudicación y esa diferencia de valor sea positiva".

Cuestiones relevantes

41. La liquidación de la sociedad de gananciales, en los casos en los que se divide el patrimonio en partes iguales, no debe tributar. Así se pronuncia el art. 33.2.b) LIRPF al determinar que no existe alteración en la composición del patrimonio en la disolución de la sociedad de gananciales, por lo que no surgirá ganancia ni pérdida patrimonial. Dicho esto, en los casos en los que exista exceso de adjudicación evitable o cuando exista una actualización del valor del bien en los términos fijados por el TS, dicha transmisión de bienes sí quedaría sujeta al IRPF en la medida en que se produjese una ganancia o pérdida patrimonial.

7.1.3. Repercusión en el IIVTNU

Cuestiones relevantes

42. El art. 104.1 del Real Decreto Legislativo 2/2004, de 5 de marzo, por el que se aprueba el Texto Refundido de la Ley Reguladora de las Haciendas Locales (TRLRHL) regula la naturaleza y el hecho imponible del IIVTNU, estableciendo que: "el Impuesto sobre el Incremento de Valor de los Terrenos de Naturaleza Urbana es un tributo directo que grava el incremento de valor que experimenten dichos terrenos y se ponga de manifiesto a consecuencia de la transmisión de la propiedad de los terrenos por cualquier título o de la constitución o transmisión de cualquier derecho real de goce, limitativo del dominio, sobre los referidos terrenos".

Tal y como se expondrá en los casos de separación de bienes, el Tribunal Supremo, en numerosas ocasiones, se ha pronunciado afirmando que **el acto extintivo del condominio en el aspecto fiscal no es un acto transmisivo de la titularidad dominical que constituya objeto de tributación por el concepto de IIVTNU.** Por lo que no tendrá efectos fiscales la disolución de la sociedad de gananciales en este impuesto.

7.2. Efectos fiscales en la liquidación de la separación de bienes

Cuestiones relevantes

43. Tal y como dispone el art. 1437 CC, "en el régimen de separación pertenecerán a cada cónyuge los bienes que tuviese en el momento inicial del mismo y, los que después adquiera por cualquier título. Asimismo, corresponderá a cada uno la administración, goce y libre disposición de tales bienes". Este régimen, por lo tanto, dará lugar a condominios cuando los cónyuges adquieran bienes de forma común, y **en la medida que la disolución de este régimen es el de una disolución de una comunidad de bienes, los efectos fiscales serán los mismos que una disolución de ésta.**

7.2.1. Repercusión en ITP-AJD e ISD

Cuestiones relevantes

44. Como hemos vistos en el régimen de sociedad de gananciales, la ley que regula el ITP-ADJ establece en su art. 45.1.B.3 que **están exentas las adjudicaciones que a su favor y en pago de las mismas se verifiquen a su disolución y las transmisiones que por tal causa se hagan a los cónyuges en pago de su haber de gananciales.** Dicho esto, y como ya se ha mencionado con anterioridad, el Derecho Tributario no admite la analogía en virtud del art. 14 LGT. Por ello, esta exención no será ampliable a los supuestos de adjudicación de bienes comunes integrantes de un matrimonio en separación de bienes. Esta disolución, por consiguiente, "debe tratarse como cualquier otra comunidad de bienes de las reguladas en el Código Civil (arts. 392 a 406)".

45. La Consulta DGT V0105-06, de 19 de enero de 2006, afirma que "**La exención anterior [la de la sociedad de gananciales] no resulta aplicable en la disolución de un matrimonio en régimen de separación de bienes,** en la que —si los cónyuges tienen bienes en común— se aplican, en general, las mismas normas que a las demás disoluciones de comunidades de bienes. Sólo existe una excepción a la afirmación anterior, y es la regulada en el artículo 32.3 del Reglamento del Impuesto sobre Transmisiones Patrimoniales y Actos Jurídicos Documentados, aprobado por el Real Decreto 828/1995, de 29 de mayo (BOE de 22 de junio de 1995), que determina que "Tampoco motivarán liquidación por la modalidad de transmisiones patrimoniales onerosas los excesos de adjudicación declarados que resulten de las adjudicaciones de bienes que sean efecto patrimonial de la disolución del matrimonio o del cambio de su régimen económico, cuando sean consecuencia necesaria de la adjudicación a uno de los cónyuges de la vivienda habitual del matrimonio"".

7.2.2. Repercusión en el IRPF

Cuestiones relevantes

46. La división de cosa común o disolución de comunidad de bienes, y posterior adjudicación a cada uno de los titulares o comuneros de su correspondiente participación en aquella, no constituye alteración en la composición de sus respectivos patrimonios susceptible de ser gravada como ganancia o pérdida patrimonial; ello, siempre que la adjudicación se corresponda con la respectiva cuota de titularidad y valor de adquisición. En otro caso, de atribuir a una de las partes bienes o derechos, en su conjunto, por un mayor valor del que le correspondiere por su mitad, existiría un exceso de adjudicación, tal exceso sí daría lugar a una ganancia o pérdida patrimonial, procediendo calificar el hecho como existencia de una adquisición-transmisión. Ello se traduce para un comunero en la adquisición del pleno dominio de la parte que pertenecía al segundo, y para éste en una ganancia o pérdida patrimonial, al producirse una variación en el valor de su patrimonio puesta de manifiesto con ocasión de una alteración en su composición, por transmisión de la propiedad. La imputación temporal de la ganancia o pérdida patrimonial deberá realizarse, en el período impositivo en el que haya tenido lugar la alteración patrimonial.

47. La Consulta DGT V2191-06, 2 de noviembre de 2006, resolvía el caso de una pareja (mismo tratamiento que en el régimen de separación de bienes) que adquirió por 120.000 euros una vivienda. Tras varios años de convivencia, se dispusieron a disolver la comunidad y valoraron el inmueble entonces en 184.937,25 euros. Como consecuencia de la adjudicación, la DGT respondía que "el transmitente habrá de determinar la variación patrimonial conforme los preceptos señalados. Si se entendiera como valor de adquisición los 120.000 euros que el consultante señala como precio de adquisición (considerando, ante la falta de concreción del escrito del contribuyente, que esta cantidad incluye los gastos de adquisición y la actualización del valor de adquisición), y como valor de transmisión los 184.937,25 euros que indica como valor actual del inmueble, se habría obtenido una ganancia patrimonial de 64.937,25 euros, correspondiendo imputar al consultante, por su mitad indivisa, 32.468,63 euros".

7.2.3. Repercusión en el IIVTNU

Jurisprudencia

El Tribunal Supremo se ha pronunciado en diversas ocasiones sobre la sujeción o no al Impuesto sobre el Incremento de Valor de los Terrenos de Naturaleza Urbana en los casos de extinción de condominios sobre bienes inmuebles.

La STS (Sala 3ª) 22 enero 1993 (*Tol 1671058*) señala en su FD 5º que, "el acto extintivo del condominio en el aspecto fiscal, no es un acto transmisivo de la titularidad dominical, que constituya objeto de tributación por el concepto de incremento del valor de los terrenos, pues el copropietario o condómino era ya anteriormente partícipe de la titularidad dominical de los terrenos que como consecuencia de la extinción se le atribuyen, ya que lo que acontece, con ésta, es la mera o simple sustitución de una porción o cuota "pro indiviso" que venía correspondiendo de un modo abstracto sobre la totalidad del inmueble, que era objeto de comunidad a cada uno de los partícipes, en la atribución a éstos de una porción material concreta que se les adjudica en propiedad exclusiva sin incremento alguno de valor, por lo que la adjudicación ninguna influencia ni repercusión puede tener a efectos tributarios, ni la división practicada con tal motivo".

La STS (Sala 3ª) 27 junio 1995 (*Tol 1674145*) señala en su FD 3º que "corrobora la anterior, la doctrina de esta Sala, que entre otras, en sus sentencias de 6 de junio de 1986 y 22 de noviembre de 1989, tiene establecido, la inexistencia de hecho imponible en el supuesto de extinción del condominio cuando la adjudicación no exceda del porcentaje atribuible a la primitiva participación y, que la adjudicación extintiva de la comunidad de bienes no es un acto genuinamente traslativo, ya que no hay verdadera trasmisión de un derecho preexistente en que una persona sucede a otra, participando más bien de la naturaleza de acto declarativo de fijación, dando certeza y concreción a la situación de cada titular, siendo coherente con ese carácter declarativo de la adjudicación el art. 450 del CC al disponer que "cada uno de los partícipes de una cosa que se posea en común, se entenderá que ha poseído exclusivamente la parte que al dividirse le cupiere durante todo el tiempo que duró la indivisión"".

ESQUEMA

TRATAMIENTO FISCAL DE LA FAMILIA EN EL IRPF

1. La declaración individual o conjunta
2. El mínimo personal y familiar. El mínimo por discapacidad
3. La deducción por familia numerosa

LA FISCALIDAD DE LA CRISIS FAMILIAR

El convenio regulador
La fiscalidad de la pensión por alimentos
La pensión compensatoria
La fiscalidad de la indemnización del art. 98 CC

LA FISCALIDAD LA PENSIÓN COMPENSATORIA EN EL IRPF

1. Tributación del cónyuge que recibe la compensación
2. Tributación del cónyuge que abona la compensación

CRITERIOS DE LA DGT SOBRE LA PENSIÓN COMPENSATORIA

1. Efectos temporales de convenio regulador
2. Pago de la compensación con derechos reales
   Adjudicación de un bien inmueble: fiscalidad de las partes
   La cesión del 50% de la propiedad de la vivienda
   Cesión de usufructo de un inmueble: fiscalidad del cobro del arrendamiento del citado bien
3. Pago de la compensación con otros bienes o derechos
   Cesión del 100% del plan de pensiones. Tras el divorcio se suscribe otro plan de pensiones: fiscalidad de los importes percibidos de los dos planes
   Pago en sustitución de una pensión compensatoria periódica por un pago único o un seguro de renta vitalicia de prima única
   Pago de una compensación mensual por uso de vivienda: fiscalidad para la parte que la abona
   Pago de pensión por alimentos a los hijos y el arrendamiento de la vivienda familiar de su excónyuge e hijos
   Pago del 50% del préstamo hipotecario que grava la vivienda cuyo uso corresponde al excónyuge e hijos

OTRAS FORMAS DE PAGO O EXTINCIÓN DE LA PENSIÓN COMPENSATORIA

1. Compensación del pago de la pensión compensatoria con deudas del otro excónyuge: posibilidad de aplicación de la reducción de la base imponible
2. Extinción de la pensión compensatoria tras la celebración de un nuevo matrimonio entre las mismas partes

CRITERIOS DE TEAC

1. Reducción de la base imponible por pensiones compensatorias y por las anualidades por alimentos a favor del cónyuge

ESQUEMA

2. Consideración como pensión compensatoria a favor del cónyuge las cantidades satisfechas por préstamos de adquisición de la vivienda atribuida en uso a los hijos o al cónyuge
3. Requisitos para la efectiva reducción por las pensiones compensatorias a favor del cónyuge

LA FISCALIDAD DE LA LIQUIDACIÓN PATRIMONIAL DEL MATRIMONIO

1. Efectos fiscales en la liquidación de la sociedad de gananciales
   Repercusión en ITP-AJD e ISD
   Repercusión en el IRPF
   Repercusión en el IIVTNU
2. Efectos fiscales en la liquidación de la separación de bienes
   Repercusión en ITP-AJD e ISD
   Repercusión en el IRPF
   Repercusión en el IIVTNU

35 Los reglamentos europeos en derecho de familia: crisis matrimoniales internacionales

Alfonso Ortega Giménez[1]

Sumario: 1. Crisis matrimoniales internacionales: cuestiones de Derecho internacional privado de la Unión Europea. 1.1. Planteamiento. 1.2. Competencia judicial internacional y crisis matrimoniales internacionales. 1.3. Ley aplicable a la nulidad matrimonial, a la separación judicial y al divorcio internacional. 2. La compensación económica por separación o divorcio entre cónyuges en el derecho internacional privado español. 2.1. Planteamiento. Compensación económica por separación o divorcio entre cónyuges y relaciones privadas internacionales. 2.2. El sistema español de competencia judicial internacional en materia de compensación económica por separación o divorcio entre cónyuges. 2.2.1. Foros de competencia. 2.2.2. Particularidades en la determinación de la competencia judicial internacional. 2.3. La determinación de la ley aplicable a la compensación económica por separación o divorcio entre cónyuges. 2.4. Reconocimiento, fuerza ejecutiva y ejecución de las resoluciones en materia de compensación económica por separación o divorcio entre cónyuges.

1. CRISIS MATRIMONIALES INTERNACIONALES: CUESTIONES DE DERECHO INTERNACIONAL PRIVADO DE LA UNIÓN EUROPEA

Normativa reguladora

Reglamento (CE) nº 2201/2003 del Consejo, de 27 de noviembre de 2003, relativo a la competencia, el reconocimiento y la ejecución de resoluciones judiciales en materia matrimonial y de responsabilidad parental, por el que se deroga el Reglamento (CE) nº 1347/2000 (Reglamento 2201/2003).

Ley Orgánica 6/1985, de 1 de julio, del Poder Judicial, modificada por Ley Orgánica 7/2015 de 21 de julio (LOPJ 2015).

Reglamento (UE) Nº 1259/2010 del Consejo, de 20 de diciembre de 2010, por el que se establece una cooperación reforzada en el ámbito de la ley aplicable al divorcio y a la separación judicial (Reglamento 1259/2010).

Código Civil, en sus arts. 12.3 y 107 del mismo.

---

[1] TU, Derecho civil, Universidad "Miguel Hernández" de Elche.

1.1. Planteamiento

La reglamentación de las "crisis matrimoniales internacionales" en Derecho internacional privado es "complicada" porque existen diferencias muy pronunciadas entre los distintos Derechos estatales a la hora de regularlas. Las respuestas de un sistema jurídico a las crisis matrimoniales reflejan las concepciones morales, jurídicas y éticas acerca del individuo y la familia, en un momento dado. Así, p. ej., en ciertos países, hasta hacia bien poco, el divorcio no se admitía (Malta); en algunos no existe la separación judicial pero sí el divorcio (Alemania, Suecia, Finlandia, Marruecos); en otros el divorcio es unilateral y sólo lo puede solicitar el esposo (ciertos países musulmanes, que admiten el repudio); en otros países el divorcio procede sólo por declaración judicial (España, Francia) mientras que en otros países cabe un divorcio ante autoridad administrativa, —alcaldes—, (Japón), autoridad religiosa, —rabinos—, (Israel), o fedatario público —notarios— (Cuba), o cabe un divorcio por mero acuerdo privado entre los cónyuges sin intervención de autoridad ninguna (Tailandia).

Así, el objetivo de este trabajo es reflexionar, desde una perspectiva práctica, y desde la óptica del Derecho internacional privado español, acerca de las "crisis matrimoniales internacionales", con el fin de facilitar la comprensión, en estos casos, de la cada vez más compleja trama normativa del Derecho internacional privado español.

Hablar de las "crisis matrimoniales internacionales" es hablar, p. ej., de la "historia de amor" de José Luis y Sarah: El 14 de febrero de 2020, José Luis, español, domiciliado en Alicante (España), contrae matrimonio en Rabat (Marruecos), según el rito musulmán, con Sarah, de nacionalidad marroquí. El matrimonio se establece en Túnez. Tiempo más tarde, y tras una serie de desavenencias, José Luis vuelve a Alicante (España), donde fija su residencia habitual. Si José Luis quisiera entablar una demanda de divorcio ante un Juzgado de los de Alicante (España), antes de llevarla a efecto, debería resolver dos interrogantes: ¿El Juzgado de Alicante tendría competencia para conocer de la demanda de divorcio? y ¿Cuál sería la ley aplicable al divorcio instado por José Luis?

Evidentemente, el carácter permanente de la inmigración en España plantea, cada vez con más frecuencia, desafíos jurídicos no solo en el ámbito del Derecho de la Nacionalidad y de la Extranjería, sino, cada vez con más frecuencia, en el del Derecho internacional privado: divorcios de extranjeros, guarda y custodia de menores, reclamaciones internacionales de alimentos, secuestro internacional de menores, etc. son situaciones a las que se enfrentan cotidianamente los abogados y asesores jurídicos que trabajan con extranjeros.

Jurisprudencia

1º. Aplicabilidad del Reglamento de la Unión Europea nº 2201/2003 en los casos de nulidad matrimonial.

STJUE 13 octubre 2016, asunto C-294/15 *(Tol 5841316).*

En 2012, la Sra. M presentó ante un tribunal polaco una demanda de nulidad del matrimonio contraído en 1956 en París (Francia) entre el Sr. C (fallecido el 3 de marzo de 1971) y la Sra. MLC. En dicha demanda, la Sra. M señalaba que era la heredera testamentaria de la Sra. ZC, primera esposa del Sr. C, fallecida el 15 de junio de 1999. Según la Sra. M, el matrimonio entre el Sr. C y la Sra. ZC, celebrado el 13 de julio de 1937 en Poznań (Polonia), aún existía en el momento en que el Sr. C y la Sra. MLC contrajeron matrimonio, por lo que este último matrimonio constituía una relación bígama y, por ende, debía ser anulado. La Sra. MLC, por su parte, solicitó que se declarara la inadmisibilidad de la demanda de nulidad matrimonial debido a la falta de competencia de los órganos jurisdiccionales polacos. Según ella, la demanda debía haberse presentado ante un órgano jurisdiccional francés.

En el Derecho polaco, cualquier persona que tenga interés jurídico puede instar la nulidad de un matrimonio por la existencia de un matrimonio anterior de uno de los cónyuges.

El Reglamento de la Unión nº 2201/2003 se aplica con independencia de la naturaleza del órgano jurisdiccional, a las materias civiles relativas al divorcio, la separación judicial y la nulidad matrimonial. El Tribunal de Justicia observa que, en cuanto a la aplicabilidad del Reglamento, éste menciona la nulidad matrimonial entre las materias que entran en su ámbito de aplicación. Un procedimiento de nulidad matrimonial iniciado por un tercero con posterioridad al fallecimiento de uno de los cónyuges no figura entre las materias excluidas del ámbito de aplicación del Reglamento.

El Tribunal de Justicia concluye que, si un procedimiento de nulidad matrimonial iniciado por un tercero está comprendido en el ámbito de aplicación del Reglamento, dicho tercero ha de estar sometido a las normas de competencia definidas en interés de los cónyuges. Por consiguiente, a efectos del Reglamento, el concepto de "demandante" no incluye a personas distintas a los cónyuges, de modo que los terceros no pueden invocar los criterios de competencia establecidos.

2º. Reglamento de la Unión Europea nº 1259/2010 y divorcio privado.

STJUE 1 agosto 2016, asunto C-281/15.

El 27 de mayo de 1999, el Sr. Mamisch y la Sra. Sahyouni contrajeron matrimonio en la circunscripción del Tribunal Islámico de Homs (Siria). El Sr. Mamisch posee la nacionalidad siria, pero en 1977 adquiere la alemana a través de naturalización. La Sra. Sahyouni es siria y adquiere la nacionalidad alemana tras casarse. Ambos residieron en Alemania hasta en 2003, momento en el que vuelven a Homs. En 2011 inicia la guerra civil en Siria y vuelven a Alemania de forma intermitente, yendo y volviendo.

El 19 de mayo de 2013, el Sr. Mamisch manifestó su voluntad de divorciarse a través de un representante que pronunció la fórmula de divorcio ante el tribunal religioso de la sharía de Latakia (Siria). El 20 de mayo de 2013, dicho tribunal declaró el divorcio de los dos cónyuges. El 30 de octubre de 2013, el Sr. Mamisch solicitó el reconocimiento de la resolución de divorcio dictada en Siria. Mediante resolución de 5 de noviembre de 2013, el Presidente del Oberlandesgericht München (Tribunal Superior Regional Civil y Penal de Múnich) estimó la solicitud.

El 18 de febrero de 2014, la Sra. Sahyouni solicitó que se anulara dicha resolución y que se declarara que no se cumplían los requisitos para el reconocimiento de la resolución de divorcio. El Presidente del Oberlandesgericht München (Tribunal Superior Regional Civil y Penal de Múnich) desestimó la solicitud de la Sra. Sahyouni.

En esta resolución, se subrayó que el reconocimiento de la resolución de divorcio se regía por el Reglamento nº 1259/2010, que se aplicaba igualmente a los divorcios privados. A falta de una elección válida de la ley aplicable y de una residencia habitual común de los cónyuges en el año anterior al divorcio, el Derecho aplicable debía determinarse conforme a lo dispuesto en el art. 8, letra c), de dicho Reglamento. Cuando ambos cónyuges tienen doble nacionalidad, el factor determinante es la nacionalidad efectiva en el sentido del Derecho nacional. En la fecha del divorcio en cuestión, ésta era la nacionalidad Siria.

Tras plantearse cuestión prejudicial al TJUE, éste resuelve mediante auto motivado:

– El órgano remitente conoce de un reconocimiento de una resolución de divorcio dictada por un Estado Tercero, no de una demanda de divorcio.

– El Reglamento nº 1259/2010 solo determina las normas de conflicto de leyes aplicables en materia de divorcio y separación judicial en un Estado miembro.

– El Reglamento nº 2201/2003 establece las normas en materia de reconocimiento y ejecución de resoluciones en materia matrimonial, pero no es aplicable por las resoluciones dictadas en un Estado tercero.

– El TJUE es incompetente para responder a las cuestiones planteadas por el Tribunal superior Regional Civil y Penal de Múnich, y las disposiciones invocadas no son aplicables al litigio principal.

3º. Doble nacionalidad de los cónyuges que demandan el divorcio y Reglamento de la Unión Europa nº 2201/2003.

STJUE 16 julio 2009, asunto C-5/08 *(Tol 106085).*

En 1979, el Sr. Hadadi y la Sra. Mesko, ambos de nacionalidad húngara, se casaron en Hungría. Emigraron a Francia en 1980, país en el que, según la resolución de remisión, siguen residiendo todavía. En 1985, adquirieron la nacionalidad francesa, de modo que cada uno de ellos tiene las dos nacionalidades, húngara y francesa.

Ya el 23 febrero de 2002, el Sr. Hadadi presenta una demanda de divorcio ante el Tribunal de Pest (Hungría), pero el 19 de febrero de 2003 la Sra. Mesko presenta demanda de divorcio por culpa en el Tribunal de Grande Instance de Meaux (Francia). Mientras tanto, el 1 de mayo de 2004 Hungría se adhirió a la Unión Europea. Justo el 4 de mayo de 2003 el Tribunal de Pest acuerda el divorcio mediante sentencia, que devino firme.

Por otro lado, en Francia, el 8 de noviembre de 2005, el Juez del Tribunal de Meaux declara inadmisibilidad de la acción de divorcio por parte de la Sra. Mesko. Sin embargo, ésta interpone recurso de apelación ante la Cour d'appel de París, que admite finalmente la acción de divorcio ejercida por la Sra. Mesko. Ante esto, el Sr. Hadadi interpone recurso de casación en dicha jurisdicción alegando que el Tribunal francés ha excluido la competencia del tribunal húngaro, y para ello se basa en el Reglamento nº 2201/2003 (art. 3, apartado 1 letra a). Ante esto, el Tribunal Supremo francés suspende el procedimiento y plantea las cuestiones prejudiciales pertinentes al TJUE.

El TJUE se pronunció en 2 sentidos:

- Cuando el Tribunal del Estado Miembro requerido deba verificar si el Tribunal del Estado miembro de origen de una resolución judicial ha sido competente conforme el art. 3 apartado 1 letra b) del Reglamento nº 2201/2003, esta norma se opone a que el Tribunal del Estado miembro requerido considere que son nacionales unos cónyuges con nacionalidad francesa y húngara, en este caso. El Tribunal francés debía tener en cuenta este hecho y que los Tribunales del Estado Miembro de origen podían ser competentes para conocer el litigio.

- Cuando cada cónyuge posea la nacionalidad de los 2 mismos Estados Miembros, el mismo artículo se opone a que se excluya la competencia de los Tribunales de uno de los 2 por el mero hecho de que el demandante carezca de otros puntos de conexión con dicho Estado. Por tanto, los tribunales de los Estados miembros que correspondan a la nacionalidad de los cónyuges son competentes, pudiendo éstos elegir libremente.

4º) Competencia judicial en los casos de divorcio, cuando el demandado, ni tiene su residencia habitual en un Estado miembro, ni es nacional de un Estado miembro.

STJUE 29 noviembre 2007, asunto C-68/07 *(Tol 1224016).*

La Sra. López tiene la nacionalidad sueca y está casada con Sr. López, que tiene la nacionalidad cubana. Durante el matrimonio residen en Francia, pero luego la Sra. vive en Francia y el Sr. Vive en cuba.

La Sra. López presenta demanda de divorcio ante el Tribunal de Primera Instancia de Estocolmo. La demanda es desestimada por ser los tribunales franceses los competentes según el Reglamento nº 2201/2003 de acuerdo al art. 3 de dicha norma. La Sra. López interpone recurso de apelación y es desestimado, así que recurre en casación alegando que:

El art. 6 del Reglamento nº 2201/2003 establece el carácter exclusivo de la competencia de los órganos jurisdiccionales de los Estados Miembros conforme a los arts. 3 a 5 de este texto legal, cuando el demandado tiene su residencia habitual en un Estado miembro o cuando tiene la nacionalidad de un Estado miembro (no se cumplían ninguno de los 2 supuestos).

Como el Tribunal Supremo sueco no había interpretado anteriormente el art. 7 del Reglamento, decide suspender y plantear cuestión prejudicial al TJUE. El Tribunal de Justicia de la Unión Europea declara que los arts. 6 y 7 del Reglamento nº 2201/2003 del Consejo, deben interpretarse, dentro de un procedimiento de divorcio, cuando el demandado no tiene su residencia habitual en un Estado miembro y no es nacional de un Estado miembro, los órganos jurisdiccionales de un Estado miembro no pueden fundar su competencia en su derecho nacional para resolver la demanda, si los órganos de otro Estado miembro son competentes de acuerdo al art. 3 del Reglamento.

5º) Nulidad por simulación de matrimonio marroquí.

SAP 20 junio 2006 *(Tol 1037886).*

Es un caso de nulidad de un matrimonio marroquí, en el que, de entrada, la Audiencia determina que la ley aplicable es la determinada por la nacionalidad de los cónyuges. En este caso, ambos tenían nacionalidad marroquí, por lo que se debe aplicar el Código de Familia marroquí del 5 de febrero de 2004.

Dicho código determina que el matrimonio es nulo si no se da uno de los elementos fundamentales del art. 10. Éste expresa "El matrimonio es contraído válidamente por el consentimiento de los contrayentes, expresado en términos consagrados o mediante toda expresión admitida por el uso". Lo que se discutía en el caso era si faltaba el consentimiento matrimonial o no. La parte demandante alega que fue un montaje para legalizar la situación de la esposa en España, que primero contrajeron matrimonio en el consulado marroquí en noviembre de 2003 y después en diciembre del mismo año en el Registro Civil de Arenys de Mar.

La demandada residía en Sevilla y 15 días después de la boda celebrada en el Registro, se fue del domicilio conyugal sin que hayan vuelto a tener relación. A la demandada se le asignó abogada de oficio y la letrada no pudo ponerse en contacto con ella, pero igualmente contestó a la demanda oponiéndose a ella. La demandada no compareció el día de la vista, a pesar de haber sido citada correctamente. El hecho de no declarar supuso para el Tribunal que se probaran los hechos de que ambos contrajeron matrimonio con una finalidad distinta, además de que no ha habido convivencia conyugal.

Finalmente, el Código de familia marroquí recoge los derechos y deberes de los cónyuges y se contempla la convivencia mutua, fundada en buenas relaciones conyugales, entre otros. La simulación o ausencia de consentimiento matrimonial por parte de ambos, constituye la manifestación de una voluntad irreal y emitida de forma consciente para obtener la apariencia de un contrato con finalidad distinta de la prevista en la Ley, por tanto, con finalidad de engaño o de conseguir un resultado ajeno a la naturaleza del contrato. El Tribunal declaró la nulidad de este matrimonio de conveniencia.

6º) Extinción de pensión alimenticia de hija mayor de edad.

SAP 29 septiembre 2006 *(Tol 1626028).*

Este caso versa sobre un procedimiento de modificación de medidas definitivas, en el que el padre solicita la extinción de la pensión alimenticia cuando la hija beneficiaria alcance los 25 años de edad y la no contribución a los gastos de residencia. La sentencia de Primera Instancia eximía al padre de pagar el primer concepto, pero no el segundo, no fijando el límite temporal de la obligación alimenticia del padre.

El fundamento del padre era que su hija de 25 años no está actuando diligentemente con sus estudios, pues con 24 años debería estar en 5º de carrera y todavía le quedan asignaturas de 2º, considerando el padre que no está estudiando lo que debe y, encima, reside fuera de la casa familiar sin querer convivir con él. La madre alega que ha cambiado de carrera y que espera que termine los estudios sin mucho retraso, por lo que considera que no puede atender en solitario a los gastos de los estudios de la hija.

Ambos progenitores reconocen los malos resultados académicos, pero el padre presenta la demanda cuando la hija tiene 23 años y el fondo de sus argumentos parecen atender más a una sanción o advertencia a la hija que a acreditar una insuficiencia de medios económicos para mantener la pensión. La Audiencia, por tanto, desestima la modificación de medidas pretendida porque la madre no podría afrontar las necesidades de la hija en solitario hasta que ésta adquiera independencia económica.

7º) Demanda de divorcio y prueba de Derecho extranjero.

SAP 1 septiembre 2006 *(Tol 6318333).*

Se formula acción de divorcio por parte de la esposa, pero la sentencia de Primera Instancia desestima la demanda y la archiva por falta de prueba de derecho extranjero. La demandante es marroquí residente en España desde hace años y su esposo también, teniendo el domicilio conyugal en Talavera de la Reina. El esposo se opone al divorcio por una cuestión procesal previa de aplicación del derecho marroquí.

La sentencia de instancia tuvo en cuenta el art. 107 CC, ya que ambos litigantes son marroquíes y se casaron conforme a la legislación del Islam, no habiéndose acreditado el derecho marroquí. En el proceso se propusieron pruebas y la demandante alegó y aportó documentación sobre la existencia de 4 hijos menores de edad, solicitando medidas provisionales para los alimentos de los hijos comunes. La mujer estaba interesada en un divorcio exprés, probando actos de violencia doméstica y conyugal a través de una denuncia interpuesta en su momento junto con medidas cautelares judiciales adoptadas.

En su caso, la mujer se acoge al derecho español, cuya aplicación procede por la residencia común del matrimonio. Por el contrario, el demandado invoca el derecho marroquí por ser la nacionalidad común. Sin embargo, el demandado debe alegar, probar y acreditar el derecho vigente extranjero, como su alcance y autorizada interpretación a través de la documentación fehaciente no siendo suficiente la citación de artículos, sino por medio de un dictamen de dos jurisconsultos.

Así que, a falta de ley nacional común, el art. 107 CC establece que el derecho aplicable será el de la residencia habitual común, por lo que procede el derecho español. Con todo esto, los cónyuges no viven juntos desde hace meses y la oposición que manifiesta el demandado se centra más en las medidas a adoptar por el Juez, que con la petición de fondo.

Por tanto, se revoca la resolución recurrida por no entenderse los fundamentos de derecho y fallo ajustados a derecho, estimándose y declarándose la disolución por divorcio del matrimonio formado por las partes.

8º) Jurisdicción de los Tribunales españoles en caso de separación matrimonial.

SAP Murcia 8 noviembre 1999 (ECLI:ES:APMU:1999:2991).

Se interpone procedimiento de separación matrimonial entre D. Francisco y Dña. Luz con adopción de medidas paternofiliales y económico-patrimoniales, dictándose sentencia en Primera Instancia. Dña. Luz comparece solicitando la revocación de la sentencia alegando falta de jurisdicción de los órganos jurisdiccionales españoles y existencia de litispendencia.

La Sala estima la falta de jurisdicción de acuerdo al art. 22-2 de la Ley Orgánica del Poder Judicial, que establece un principio general de atribución de jurisdicción basado en la sumisión expresa o tácita a lo Tribunales españoles o cuando el demandante tenga su domicilio en España. La residencia habitual de ambos en España no es aplicable porque queda documentado que realmente residen en Lausanne (Suiza). Además, esta alegación resulta reforzada porque existen unas medidas provisionales adoptadas por el Tribunal del Distrito de Lausanne.

Aunque uno de los cónyuges sea español y tenga su residencia habitual en España, no se encuentra domiciliado en España. Tampoco se aplica el 3º fuero especial, ya que ambos tienen la nacionalidad española, pero la petición de separación matrimonial no es de mutuo acuerdo.

Finalmente, la Sala falla estimando el recurso de apelación y declarando la falta de jurisdicción de los órganos jurisdiccionales españoles para conocer este proceso.

1.2. Competencia judicial internacional y "crisis matrimoniales internacionales"

La regulación de la competencia judicial internacional en materia de divorcio, nulidad matrimonial y separación judicial se contiene en dos instrumentos: a) el Reglamento 2201/2003 del Consejo, de 27 de noviembre de 2003; y b) el art. 22 quáter c) de la LOPJ 2015.

El Reglamento 2201/2003, que tiene su fundamento jurídico en el art. 65 TCE, tras la reforma operada por el Tratado de Ámsterdam de 2 octubre 1997, regula los procedimientos civiles relativos a la competencia judicial internacional y al reconocimiento y exequátur de resoluciones en materia de: a) divorcio, separación judicial y nulidad del matrimonio internacional; b) responsabilidad parental sobre los hijos comunes de los cónyuges, pero sólo cuando la cuestión se plantee con ocasión de las acciones en materia matrimonial internacional —separación judicial, divorcio o nulidad matrimonial—.

El Reglamento 2201/2003 contiene diversos foros de competencia judicial internacional, alternativos [STJUE 16 julio 2009, asunto C-5/08 *(Tol 106085)*] y controlables de oficio, que se recogen, fundamentalmente, en el art. 3, y que "giran en torno a la nacionalidad y/o residencia de los cónyuges"; de esta forma, "en los asuntos relativos al divorcio, la separación judicial y la nulidad matrimonial, los tribunales de un país comunitario, se declararán competentes cuando concurra cualquiera de estos foros:

1º. La residencia habitual de los cónyuges.

2º. El último lugar de residencia habitual de los cónyuges, siempre que uno de ellos aún resida allí.

3º. La residencia habitual del demandado.

4º. En caso de demanda conjunta, la residencia habitual de uno de los cónyuges.

5º. La residencia habitual del demandante si ha residido allí durante al menos un año inmediatamente antes de la presentación de la demanda.

6º. La residencia habitual del demandante en caso de que haya residido allí al menos los seis meses inmediatamente anteriores a la presentación de la demanda y de que sea nacional del Estado miembro en cuestión o, en el caso del Reino Unido e Irlanda, tenga allí su domicilio.

7º. La nacionalidad de ambos cónyuges o, en el caso del Reino Unido y de Irlanda, del domicilio común.

Cuestiones relevantes

1. Creciente complejidad normativa: **incidencia y prevalencia del Derecho de la UE y del Derecho convencional sobre el régimen autónomo**: 1º) el Reglamento 2201/2003; y 2º) la LOPJ 2015.
2. Domicilio = residencia habitual: en Derecho privado español ambos conceptos coinciden. **Se exige que el sujeto resida habitualmente en España, no bastando su "mera estancia en España"** [SAP Murcia 8 noviembre 1999 (ECLI:ES:APMU:1999:2991)].

Cuando según dicho Reglamento, ningún tribunal de un Estado miembro de la UE sea competente entrarán en juego los foros de competencia del art. 22 quáter c) LOPJ 2015. Con arreglo a tales foros, son competentes los tribunales españoles en materia de "crisis matrimoniales internacionales" en los siguientes supuestos:

1º) Cuando ambos cónyuges posean residencia habitual en España al tiempo de la demanda (art. 22 quáter c) LOPJ 2015).

2º) Cuando hayan tenido en España su última residencia habitual y uno de ellos resida allí (art. 22 quáter c) LOPJ 2015).

3º) Cuando España sea la residencia habitual del demandado (art. 22 quáter c) LOPJ 2015).

4º) En caso de demanda de mutuo acuerdo, cuando en España resida uno de los cónyuges (art. 22 quáter c) LOPJ 2015).

5º) Cuando el demandante lleve al menos un año de residencia habitual en España desde la interposición de la demanda (art. 22 quáter c) LOPJ 2015).

6º) Cuando el demandante sea español y tenga su residencia habitual en España al menos seis meses antes de la interposición de la demanda (art. 22 quáter c) LOPJ 2015).

7º) Cuando ambos cónyuges tengan nacionalidad española (art. 22 quáter c) LOPJ 2015).

Debemos destacar la STJUE 13 octubre 2016, asunto C-294/15 (*Tol 5841316*), en el que se plantea una decisión prejudicial respecto a la aplicación del Reglamento 2201/2003 a los supuestos de nulidad matrimonial en el supuesto en el que un cónyuge haya fallecido anteriormente, e instado por un tercero.

Una vez que el tribunal ha resuelto que la acción de nulidad está dentro del objeto de aplicación del Reglamento 2201/2003, observa que el art. 1, apartado 1, letra a) no matiza respecto a la fecha de iniciación del procedimiento en relación con el fallecimiento de uno de los cónyuges ni en función de la identidad del titular del derecho a incoar tal procedimiento ante un órgano jurisdiccional.

Además, el art. 1.3 del Reglamento 2201/2003 no contempla como materia excluida de su aplicación un "procedimiento de nulidad matrimonial instado por un tercero", y aunque el supuesto de la STJUE el tercero que insta la acción es un heredero del matrimonio, el objeto del litigio principal no se refiere a las materias excluidas sobre fideicomisos o sucesiones, sino a declaración de nulidad del matrimonio.

En palabras del tribunal, "excluir un procedimiento como el del litigio principal del ámbito de aplicación del Reglamento 2201/2003 sería contrario al respeto de dicho objetivo, ya que esta exclusión podría acrecentar la inseguridad jurídica vinculada a la falta de un marco normativo uniforme en la materia".

El hecho de que un matrimonio haya finalizado por el fallecimiento de uno de los cónyuges no excluye de la aplicación del Reglamento 2201/2003, puesto que cabe considerar que una persona pueda tener interés en obtener la nulidad de un matrimonio incluso después del fallecimiento de uno de los cónyuges.

Ahora bien, la situación cambia en los criterios de competencia del Reglamento 2201/2003 cuando lo insta un tercero, puesto que las normas de competencia judicial están destinadas a preservar los intereses conyugales, y que los criterios de competencia se basan en la residencia de los cónyuges. La finalidad del Reglamento es proteger igualmente los derechos del cónyuge que haya abandonado el país de la residencia habitual común, pero garantizando que exista un vínculo real entre el interesado y el Estado miembro que ejerce la competencia [STJUE 29 noviembre 2007, asunto C-68/07 *(Tol 1224016)*].

Por lo tanto, los criterios de competencia del art. 3.1, incisos quinto y sexto, donde hacen una alusión genérica a un "demandante", ese demandante no incluye a personas distintas de los cónyuges, por lo que esas terceras personas deben quedar sujetas a los criterios del art. 3.1, incisos primero al cuarto.

1.3. Ley aplicable a la nulidad matrimonial, separación judicial y divorcio internacional

Una vez que se ha declarado competente el Tribunal español es el momento de determinar la ley aplicable y resolver el litigio privado internacional planteado. En cuanto a la determinación de la ley aplicable en esta materia, debemos distinguir tres supuestos:

Ley aplicable a la separación judicial y al divorcio:

Señala el art. 107.2 CC que La separación y el divorcio legal se regirán por las normas de la Unión Europea o españolas de Derecho internacional privado. Así, debemos remitirnos al Reglamento 1259/2010. La finalidad del Reglamento es que los matrimonios formados por parejas de distintas nacionalidades o que residan en Estados diferentes, puedan elegir la ley aplicable en caso de divorcio o separación. El Reglamento 1259/2010 también establece qué ley será de aplicación al divorcio en caso de que no haya acuerdo de los cónyuges. Uno de los objetivos de la nueva norma es tratar de evitar que uno de los cónyuges solicite el divorcio antes que el otro con el fin de que el procedimiento se rija por una ley determinada que dicho cónyuge estime más favorable a la protección de sus intereses.

Ley aplicable elegida de mutuo acuerdo por las partes:

Los cónyuges de distinta nacionalidad, que pertenezcan a Estados que hayan suscrito el Reglamento 1259/2010 podrán convenir en designar la ley aplicable al divorcio y a la separación judicial siempre que sea una de las siguientes leyes: a) la ley del Estado en que los cónyuges tengan su residencia habitual en el momento de la celebración del matrimonio;, b) la ley del Estado del último lugar de residencia habitual de los cónyuges, siempre que uno de ellos aún resida allí; c) la ley del Estado cuya nacionalidad tenga uno de los cónyuges; o d) la ley del foro.

Ley aplicable a falta de elección por las partes.

A falta de acuerdo entre los cónyuges para establecer la ley aplicable al procedimiento de separación o divorcio, el Reglamento 1259/2010 dispone en su art. 8 que el divorcio y la separación judicial estará sujetos a la ley del Estado:

a) en que los cónyuges tengan su residencia habitual en el momento de la interposición de la demanda o, en su defecto,

b) en que los cónyuges hayan tenido su última residencia habitual, o en su defecto,

c) de la nacionalidad común de los cónyuges, o en su defecto

d) ante cuyos órganos se interponga la demanda

Dicha ley aplicable resultante rige las siguientes cuestiones:

1º) admisión del divorcio o separación;

2º) causas de separación y divorcio;

3º) efectos que produce la interposición de la demanda;

4º) efectos de la reconciliación sobre el procedimiento y/o el divorcio y posible conversión de la separación en divorcio;

5º) la elaboración de un convenio regulador en los procedimientos de divorcio o separación de mutuo acuerdo;

6º) el régimen del divorcio o de la separación en caso de desacuerdo;

7º) si debe procederse o no a la disolución del régimen económico matrimonial;

8º) los alimentos derivados del divorcio o separación y la pensión compensatoria por desequilibrio económico se regulan también por la Ley del divorcio;

9º) si procede o no la disolución del matrimonio en virtud de la declaración de fallecimiento de uno de los cónyuges; y,

10º) la asignación de la vivienda familiar a uno de los ex-cónyuges o exconvivientes.

Cuestiones relevantes

3. La determinación del Derecho aplicable a las relaciones jurídicas de tráfico jurídico externo se realiza a través de normas específicas de Derecho internacional privado; que pueden ser internas (p. ej. Código Civil), comunitarias o convencionales (p. ej. el Reglamento 1259/2010 o el Convenio de La Haya de 2 octubre 1973 sobre la ley aplicable a las obligaciones de alimentos).

4. Pervivencia de la orientación personalista en la determinación de la ley aplicable al fondo del asunto.

5. Las normas de conflicto generan diversos **problemas de aplicación: la aplicación del Derecho extranjero** (régimen legal sobre alegación y prueba del Derecho extranjero —art. 281 LEC y 33 LCJI—) **y el orden público** (el contenido del Derecho extranjero no puede vulnerar los principios fundamentales del Derecho español —art. 12.3. CC).

Jurisprudencia

La SAP Asturias 29 septiembre 2006 *(Tol 1626028)* Nuria, desestima el recurso interpuesto por el demandado frente a la sentencia que estimó la demanda y declaró la separación de los cónyuges litigantes con los efectos inherentes a dicha declaración. El tribunal argumenta que, aunque ambos cónyuges son de nacionalidad rumana, al no existir en el derecho rumano la separación, la misma ha de regirse conforme a la ley española. Por otro lado, no existiendo previsión en el derecho de rumano respecto de los alimentos de los hijos mayores de edad, debe aplicarse igualmente la ley española, al ser la de residencia de los litigantes, que se deben reconocer a la hija común al carecer de independencia por estar cursando sus estudios, siendo su cuantía conforme a las necesidades de la misma y a las posibilidades de padre alimentante.

La SAP Barcelona 20 junio 2006 *(Tol 1037886)* desestima el recurso interpuesto por la demandada frente a la sentencia que estimó la demanda y declaró la nulidad del matrimonio formado con el actor. El tribunal argumenta que, siendo ambos cónyuges de nacionalidad marroquí, debe aplicarse el derecho marroquí y no el español, aunque también conforme a aquél debe declararse la nulidad al estar acreditado que faltó el consentimiento matrimonial.

Contra la sentencia de instancia, que desestimó la demanda, la AP estima el recurso de apelación interpuesto por la actora, revoca la misma, y en su lugar estima la demanda. Los cónyuges han contraído matrimonio en Marruecos, y son los dos de nacionalidad marroquí. La actora invoca la ley española, por ser la residencia común de los cónyuges, y el demandado la ley nacional común. La falta de prueba del derecho invocado por el demandado lleva a juzgar y fallar según el derecho español. Se establece una pensión compensatoria para la actora y se fija la pensión para los hijos.

Ley aplicable a los "divorcios privados".

Con fecha de 11 de junio de 2015, Tribunal Superior Regional Civil y Penal de Múnich, Alemania planteó al TJUE en el asunto C-281/15 Sahyouni (STJUE 1 agosto 2016) una serie de cuestiones prejudiciales relativas a la aplicación del Reglamento nº 1259/2010 en los llamados "divorcios privados" como pueden ser procedimientos instados por tribunales religiosos, como el Tribunal de la Rota; además de cuestiones como ley aplicable y orden público.

Por desgracia, el Auto del TJUE de 12 de mayo de 2016 se declaró incompetente para resolver las preguntas del tribunal alemán, puesto que no se cumplían los requisitos procesales pertinentes, por lo que debemos esperar a un posterior planteamiento para la resolución de tales cuestiones.

2. LA COMPENSACIÓN ECONÓMICA POR SEPARACIÓN O DIVORCIO ENTRE CÓNYUGES EN EL DERECHO INTERNACIONAL PRIVADO ESPAÑOL

2.1. *Planteamiento. Compensación económica por separación o divorcio entre cónyuges y relaciones privadas internacionales*

Con el fin de dotar al presente trabajo de funcionalidad práctica que permita visualizar, con mayor claridad, las principales cuestiones objeto de análisis, se considera oportuno fijar un supuesto de hecho como punto de partida, para evidenciar las cuestiones que se plantean en el día a día del trabajo de los distintos operadores jurídicos, mostrando que estamos ante un tema que no se queda en lo teórico, sino que es eminentemente práctico:

Marie, de nacionalidad francesa y con residencia en París (Francia), reclama una pensión compensatoria a Tomas, un ciudadano belga residente en Alicante (España), padre de un hijo que tienen en común, y que vive en París con su madre. Teniendo en cuenta lo anterior, se presentan varias preguntas fundamentales desde el punto de vista jurídico. Cabe preguntarse, por ejemplo, si ¿serían competentes los tribunales españoles, belgas o franceses para conocer de la acción de reclamación de la pensión compensatoria?; y, una vez determinado el órgano jurisdiccional competente, se presenta otra pregunta esencial con respecto a ¿qué Ley regirá la reclamación de dicha pensión compensatoria?, ¿la legislación española, la belga y/o la francesa? Es evidente que un simple supuesto de hecho plantea numerosas cuestiones jurídicas, más aún si cabe si tenemos en cuenta el elemento internacional que aumenta la complejidad del asunto.

Lo cierto es que nos encontramos ante un tema que, en los últimos años, ha cobrado una actualidad manifiesta, como consecuencia del creciente carácter multicultural de nuestra sociedad derivado del proceso globalizador. El incremento de matrimonios entre cónyuges de diferente nacionalidad, ha causado un incremento directamente proporcional del volumen de estas reclamaciones de pensiones compensatorias en las que se presenta algún elemento internacional.

A los efectos que nos ocupan en el presente trabajo, y sin perjuicio de las particularidades existentes tanto en el ordenamiento jurídico español, como en el resto de los ordenamientos jurídicos nacionales, es equivalente hablar de "pensión compensatoria entre cónyuges" y de "obligación de alimentos", estando integradas ambas en el concepto jurídico más amplio de obligaciones alimenticias. De esta forma, el concepto de "obligaciones alimenticias" debe ser objeto de una interpretación amplia, tomando como referencia la jurisprudencia del Tribunal de Justicia de la Unión Europea (a partir de ahora, TJUE) (STJUE 6 de marzo de 1980; as. 120/1979; y 27 de febrero de 1997; as. C-220/1995] en el contexto del Reglamento (CE) núm. 4/2009 del Consejo, de 18 diciembre 2008, relativo a la competencia, la ley aplicable, el reconocimiento y la ejecución de las resoluciones y la cooperación en materia de obligaciones de alimentos (en adelante, el Reglamento 4/2009) de los que se puede extraer la siguiente definición: prestaciones cuyo objeto sea satisfacer las necesidades socio-económicas del individuo a partir de una relación de familia", independientemente de que se trate de pagos periódicos o de una suma total única, e incluye, en particular, las pensiones compensatorias entre cónyuges, en la medida en que derivan de la ruptura de una relación de familia y/o se basan en las necesidades y recursos respectivos de los esposos, que tienen una naturaleza equivalente a la pensión de alimentos.

Normativa reguladora

Reglamento (CE) núm. 4/2009 del Consejo, de 18 diciembre 2008, relativo a la competencia, la ley aplicable, el reconocimiento y la ejecución de las resoluciones y la cooperación en materia de obligaciones de alimentos.

Cuestiones relevantes

6. Concepto de "alimentos" en el Reglamento 4/2009. El concepto de "alimentos" que maneja el Reglamento 4/2009 es el mismo que ya manejaba el Reglamento 44/2001. Se trata de un "concepto autónomo", independiente, europeo, propio de dicho Reglamento 4/2009. Es un concepto diferente del concepto de "alimentos" que manejan los Derechos de los Estados miembros. Es, además, un concepto muy amplio. Con arreglo al Considerando 11 del Reglamento 4/2009, cabe precisar lo siguiente: (a) Son "alimentos", a efectos del Reglamento 4/2009, todas aquellas prestaciones que la Ley establece con el objetivo de paliar las necesidades económicas de ciertas personas y que se imponen sobre ciertos parientes o personas que disponen de mayores recursos económicos (STJCE 20 marzo 1997, *Farrell*; en el sector de la Ley aplicable, que indica que la prestación regulada en el Derecho marroquí y conocida como "Mut'a" (art. 84 Mudawana marroquí) desarrolla una función alimenticia y debe regirse por las normas españolas de Derecho internacional privado relativas a los alimentos (también SAP Barcelona 17 noviembre de 2009); (b) No importa la denominación jurídica de la prestación a satisfacer: pensión compensatoria, alimentos, deber de socorro, manutención, cargas del matrimonio, etc. Tampoco importa la modalidad de la prestación: que la prestación consista en el pago de una suma monetaria y/o en la cesión de un bien, que el pago de la suma sea *in tontum* o en "cuotas periódicas", etc., es indiferente. También es irrelevante que obligación se haya determinado en consideración de las necesidades y recursos de las partes (Informe POCAR sobre el Convenio de "Lugano II", núm. 54 en DOUE 13 diciembre 2019); (c) La amplitud del concepto "alimentos" manejado por el Reglamento 4/2009 hace que en el mismo se incluyan ciertas prestaciones compensatorias entre ex-cónyuges. En efecto, el concepto de "alimentos" recogido en el Reglamento 4/2009, cubre la "pensión por desequilibrio" contemplada en el art. 97 CC, aunque se decida en el marco de un proceso de divorcio [proceso que está excluido del Reglamento Bruselas I-bis y del Reglamento 4/2009 (alimentos) SAP Lleida 7 abril 2006 (*Tol 6305190*), SAP Barcelona 12 febrero 2013 (*Tol 3413749*) (divorcio entre cónyuges portugueses), SAP Barcelona 12 mayo 2015 (*Tol 5209247*) (cónyuges alemanes)]. La pensión post-divorcio que para la determinación de su cuantía toma en consideración las necesidades y los recursos de cada uno de los cónyuges, y que tiene como finalidad la manutención del cónyuge, debe ser considerada una pensión de "alimentos". La solución puede parecer extraña a los juristas españoles, pues es sabido que, en Derecho civil español, la pensión compensatoria post-divorcio no tiene "naturaleza alimenticia".

En nuestro ordenamiento interno, de conformidad con el art. 97 CC, redactado por Ley 30/1981, de 7 de julio, la pensión compensatoria constituye la cantidad periódica que un cónyuge debe satisfacer a otro tras la separación o el divorcio, para compensar el desequilibrio padecido por un cónyuge (el acreedor), en relación con el otro cónyuge (el deudor), como consecuencia directa de dicha separación o divorcio, de la que se derive un empeoramiento en relación con su anterior situación en el matrimonio. Se trata, por lo tanto, de una prestación que no tiene como finalidad reparar otros daños causados por un cónyuge a otro, cuya reclamación tiene un cauce y unos medios diferentes; ni tampoco tiene como propósito igualar el patrimonio privativo de los cónyuges después de la separación o el divorcio o economías dispares, sino que, más bien, el objetivo de la pensión compensatoria es la sustitución de los deberes de asistencia y de socorro mutuo reparando el desequilibrio causado entre los patrimonios de los cónyuges en aquellos casos en los que la separación y el divorcio causa un empeoramiento en la situación patrimonial de uno de los cónyuges.

De esta manera, teniendo en cuenta la anterior definición material extraída de nuestro ordenamiento interno, y añadiendo el elemento internacional que se presenta de forma cada vez más habitual, es posible analizar las principales cuestiones de Derecho Internacional Privado del tema planteado, teniendo en cuenta que, en este ámbito, se trata de una cuestión cuya regulación es fiel reflejo del proceso de codificación internacional en la materia desarrollado en los tres ámbitos tradicionales: competencia judicial internacional, ley aplicable y reconocimiento y ejecución de las relaciones en esta materia. Por lo tanto, a continuación, analizaremos estos elementos con el fin de fijar adecuadamente el régimen jurídico de la pensión compensatoria entre cónyuges en el Derecho internacional privado español.

2.2. El sistema español de competencia judicial internacional en materia de compensación económica por separación o divorcio entre cónyuges

Normativa reguladora

El principal instrumento legal vigente en España en esta materia es, como ya hemos señalado, el Reglamento 4/2009, que contiene un conjunto de normas que regulan competencia judicial internacional en esta materia. Asimismo, el Reglamento 4/2009 regula el reconocimiento y *exequátur* de las decisiones en materia de alimentos dictadas por autoridades de los Estados miembros (Capítulo IV del Reglamento 4/2009), encontrándonos, en este punto, con que las decisiones dictadas por autoridades de Estados miembros vinculados por el Protocolo de La Haya de 2007 disponen, como veremos, de un régimen más favorable para alcanzar su efectividad en los demás Estados miembros (sección 1 Capítulo IV del Reglamento 4/2009), mientras que las procedentes de Estados miembros no vinculados por el Protocolo de La Haya de 2007 están sujetas a un régimen más severo (sección 2 Capítulo IV del Reglamento 4/2009).

Cuestiones relevantes

7. Competencia en materia de alimentos y art. 22 quáter LOPJ. Antes de la entrada en vigor del Reglamento 4/2009, y en defecto de instrumento internacional aplicable, los tribunales españoles eran competentes en materia de obligaciones de alimentos con arreglo al art. 22 LOPJ, redacción de 1985 [SAP Barcelona 24 noviembre 2006 (*Tol 1079615*), SAP Barcelona 2 mayo 2006 (*Tol 1009875*), AAP Tarragona 30 enero de 2009 (*Tol 6706120*)]. Hoy día, el precepto es inaplicable. El art. 22 quáter f), precepto redactado en 2015 y que contiene los foros de competencia internacional con arreglo a los cuales los tribunales españoles pueden declararse competentes en los casos internacionales relativos a alimentos resulta inaplicable en la práctica. En concreto, el texto inaplicable del art. 22 quáter f) LOPJ indica que los tribunales españoles son competentes: "f) En materia de alimentos, cuando el acreedor o el demandado de los mismos tenga su residencia habitual en España o, si la pretensión de alimentos se formula como accesoria a una cuestión sobre el estado civil o de una acción de responsabilidad parental, cuando los Tribunales españoles fuesen competentes para conocer de esta última acción".

El estudio del régimen de la competencia judicial internacional previsto en el Reglamento 4/2009 nos debe llevar, *a priori*, a destacar las siguientes ideas sobre las que se profundizará más adelante y que tienen, como fin último inspirador, garantizar la proximidad entre el acreedor y el órgano jurisdiccional competente y favorecer, por ende, el cobro efectivo de los créditos alimenticios en casos transfronterizos:

1ª) El foro general determina que, la jurisdicción competente para decidir en materia de obligaciones alimenticias es la del lugar de residencia habitual del demandado o el acreedor; mientras que la competencia judicial internacional corresponderá al órgano jurisdiccional competente en virtud de la ley del foro para examinar una acción en materia de estado de las personas (un divorcio, por ejemplo) o de responsabilidad parental, cuando esté asociada una demanda relativa a una obligación alimentaria (siempre que esta competencia no se base únicamente en la nacionalidad de una de las partes).

2ª) Salvo en el caso de los litigios relativos a la obligación de alimentos respecto a un menor de edad inferior a 18 años, las partes podrán, bajo ciertas condiciones, atribuir de común acuerdo la competencia a un órgano jurisdiccional o a los órganos jurisdiccionales de un Estado miembro para resolverlo.

3ª) Será competente el órgano jurisdiccional de un Estado miembro ante el cual comparezca el demandado, excepto si éste pretende impugnar tal competencia.

4ª) Si no se cumple ninguna de las condiciones antes mencionadas, el litigio podrá interponerse, teniendo en cuenta algunas condiciones, ante los órganos jurisdiccionales de un Estado miembro en el que residan las dos partes.

5ª) De no darse esa circunstancia, si el procedimiento no puede interponerse en un Estado tercero con el que el litigio tiene un estrecho vínculo, la demanda podrá interponerse ante el órgano jurisdiccional de un Estado miembro con el que el asunto presente un vínculo suficiente.

6ª) Si el acreedor sigue viviendo en el Estado miembro que ha dictado la resolución en materia de obligaciones de alimentación, el deudor no podrá, salvo excepciones, iniciar un procedimiento para modificarla en ningún otro Estado miembro. Sin embargo, el acreedor podrá aceptar que otro órgano jurisdiccional conozca del recurso.

7ª) Si un procedimiento concerniente a las mismas partes y con el mismo objeto y la misma causa se presentase ante los órganos jurisdiccionales de distintos Estados miembros, será competente el órgano jurisdiccional ante el cual se interpuso primero.

8ª) Independientemente del órgano jurisdiccional competente en el fondo, se pueden presentar medidas provisionales y cautelares ante todo órgano jurisdiccional de cualquier Estado miembro, conforme las previsiones de la ley del Estado en cuestión.

Aunque las anteriores ideas son las que derivan del estudio de las previsiones del Reglamento 4/2009, resulta necesario un análisis de mayor profundidad de los diferentes foros de competencia que se regulan en el meritado Reglamento.

2.2.1. *Foros de competencia*

El art. 3 del Reglamento 4/2009 establece cuatro foros, que tienen carácter alternativo: a) el órgano jurisdiccional del lugar donde el demandado tenga su residencia habitual, o b) el órgano jurisdiccional del lugar donde el acreedor tenga su residencia habitual, o c) el órgano jurisdiccional competente en virtud de la ley del foro para conocer de una acción relativa al estado de las personas, cuando la demanda relativa a una obligación de alimentos sea accesoria de esta acción, salvo si esta competencia se basa únicamente en la nacionalidad de una de las partes, o d) el órgano jurisdiccional competente en virtud de la ley del foro para conocer de una acción relativa a la responsabilidad parental, cuando la demanda relativa a una obligación de alimentos sea accesoria de esta acción, salvo si esta competencia se basa únicamente en la nacionalidad de una de las partes.

Cuestiones relevantes

8. Análisis del foro de la residencia habitual del acreedor de alimentos (art. 3.b del Reglamento 4/2009). El foro recogido en el art. 3.b del Reglamento 4/2009 potencia la posición jurídica del acreedor de alimentos, persona más necesitada de tutela jurídica (STJUE 18 diciembre 2014, as. Ac. C-400/13 y C-408/13, *Sanders y otros*, FD 28). Normalmente, el demandante es el acreedor de alimentos. Dispone así de una "carta de foros" de competencia judicial internacional que le permite accionar ante los tribunales de diferentes Estados miembros. Por otro lado, el tribunal del lugar de la residencia habitual del acreedor de alimentos está en óptimas condiciones "para comprobar si éste se encuentra en situación de necesidad y para determinar el alcance de esta última" (STJUE 18 diciembre 2014, as. ac. C-400/13 y C-408/13, *Sanders y otros*, FD 34).

El acreedor de alimentos puede accionar ante los tribunales del Estado miembro de su residencia habitual. De ese modo, el acreedor no está obligado a "perseguir judicialmente" al deudor ante los tribunales del Estado donde éste reside. El art. 3.b del Reglamento 4/2009 recoge un foro de ataque (*fórum actoris*). De este modo, los alimentos pueden ser concedidos de modo más rápido (*venter non patitur dilationem*).

El art. 3.b del Reglamento 4/2009 permite al acreedor de alimentos acudir ante los tribunales del país donde tiene su "residencia habitual". Ello es relevante en los casos en que el demandante, aun cuando conserva su "domicilio legal" en un país, (normalmente, país de acogida de emigrantes), reside de facto, pero habitualmente, en otro, que suele ser el Estado de origen del emigrante acreedor de alimentos, al que puede haber regresado tras una ruptura de convivencia en el país de acogida.

Este foro recogido en el art. 3.b del Reglamento 4/2009 opera como una regla de competencia internacional y también como una regla de competencia territorial. Ahora bien, la precisión exacta del órgano jurisdiccional concretamente competente para resolver tales litigios y la definición concreta de la competencia territorial de los órganos jurisdiccionales del lugar de residencia habitual del acreedor, corresponde a cada Estado miembro. El Estado miembro en cuestión debe señalar como competente un tribunal que corresponda, realmente, al lugar donde el acreedor tiene su residencia habitual. Algunos Estados disponen de reglas de concentración de litigios sobre alimentos, que obligan al acreedor a litigar ante un tribunal que conoce de otro pleito o acción (normalmente un tribunal especializado en pleitos de alimentos) y lo alejan del lugar de su residencia habitual. Pues bien, en estos casos, debe realizarse una ponderación de intereses en este sentido: a) El art. 3.b del Reglamento 4/2009 se opone, en principio, a las normativas nacionales que establecen una concentración de competencias judiciales en materia de obligaciones de alimentos transfronterizas a favor de un órgano jurisdiccional de primera instancia competente en el lugar en el que se encuentre la sede del órgano jurisdiccional de apelación; b) Ahora bien, esta normativa no es contraria al citado precepto si la misma contribuye a la consecución del objetivo de una recta administración de la justicia y proteja el interés de los acreedores de alimentos al favorecer el cobro efectivo de tales créditos, lo que, en cualquier caso, corresponde comprobar al órgano jurisdiccional que conoce del asunto.

Cuando la acción se ejercita por un progenitor en nombre y representación de su hijo menor, el titular del crédito alimenticio es el menor, Él es el que ejercita la acción. Por tanto, debe tenerse en cuenta la residencia habitual del menor y no la residencia habitual de la madre [SAP Barcelona de 29 abril de 2014 (*Tol 4278260*)].

Resulta muy discutida la cuestión de saber si el foro recogido en el art. 3.b del Reglamento 4/2009 puede emplearse cuando el demandante no es el acreedor de alimentos, sino una institución pública que pide el reembolso de los alimentos a otra personal, normalmente, al deudor que tenía que suministrar tales alimentos. La jurisprudencia del TJCE era contraria, y con mucha razón, pues el fundamento del precepto consiste en favorecer al "acreedor de alimentos", no a "otros sujetos" que pueden actuar como "demandantes" en un litigio de alimentos (STJCE 15 enero 2004, *Bayern*). El antiguo art. 5.2 del Reglamento 44/2001 era, pues, un "foro unidireccional": sólo beneficiaba al "acreedor de alimentos" y a nadie más. Esta tesis todavía puede mantenerse en relación con el art. 68.2 del Reglamento 4/2009 podrá permitir también utilizar dicho foro a "un organismo público" que actúa en lugar de una persona física a quien se le deba el pago de alimentos.

En definitiva, nos encontramos con que, en defecto de sumisión expresa o tácita, el Reglamento "Bruselas III", de forma parecida a lo previsto en el Reglamento "Bruselas I" o en el Convenio de "Lugano II", prevé la competencia concurrente de los tribunales de los Estados miembros correspondientes a la residencia (en lugar del domicilio) del demandado y a la residencia (y no al domicilio) del acreedor de alimentos (art. 3 a) y b)). Acreedor alimenticio debe ser considerado tanto quien ya ha sido reconocido por una resolución judicial previa como titular de tal derecho, como quien por vez primera interpone una acción de alimentos (STJCE de 20 de marzo de 1997, As. C-295/1995: "Jackie Farrel/James Long").

Además, el Reglamento 4/2009 también, prevé el juego de la autonomía de la voluntad (art. 4 del Reglamento 4/2009), estableciendo unos foros de sumisión expresa y tácita. De esta forma, las partes podrán convenir que cualquiera de los siguientes órganos jurisdiccionales de un Estado miembro sean competentes para resolver los litigios en materia de obligación de alimentos suscitados o que puedan suscitarse entre ellos: a) el órgano jurisdiccional competente para conocer de sus litigios en materia matrimonial, o b) el órgano u órganos jurisdiccionales del Estado miembro en cuyo territorio hayan tenido su última residencia habitual común los cónyuges durante al menos un año. El Reglamento no exige que dichas partes o una de las partes tenga su residencia habitual o domicilio en un Estado miembro. La elección deberá hacerse por escrito y tendrá alcance exclusivo. Se considerará hecho "por escrito" toda transmisión efectuada por medios electrónicos que proporcione un registro duradero del acuerdo, como, p. ej., intercambio de *emails* (art. 4.2 del Reglamento 4/2009).

9. Análisis y régimen jurídico de la sumisión expresa. Las partes pueden elegir como competentes a un concreto órgano jurisdiccional de un Estado miembro o los órganos jurisdiccionales de un Estado miembro en su conjunto, caso en el que la precisión del concreto órgano jurisdiccional competente se llevará a término con arreglo a la legislación procesal de dicho Estado.

Las partes sólo pueden elegir como competentes determinados órganos jurisdiccionales de los Estados miembros y en concreto (art. 4.1 letras a, b, c del Reglamento 4/2009): a) El órgano u órganos jurisdiccionales del Estado miembro en que una de las partes tenga su residencia habitual; b) El órgano u órganos jurisdiccionales del Estado miembro del que sea nacional una de las partes; c) Por lo que respecta a las obligaciones de alimentos entre cónyuges o ex cónyuges, el órgano jurisdiccional competente para conocer de sus litigios en materia matrimonial, o el órgano u órganos jurisdiccionales del Estado miembro en cuyo territorio hayan tenido su última residencia habitual común los cónyuges durante al menos un año. Las condiciones contempladas en las letras a), b) o c) del art. 4.1 del Reglamento 4/2009 deben cumplirse en el momento de celebrarse el acuerdo de elección de foro o de presentación de la demanda.

Las partes pueden elegir los tribunales competentes en relación con litigios en materia de alimentos ya suscitados o que puedan suscitarse entre ellas en el futuro.

La competencia atribuida en virtud de un acuerdo de elección de tribunal o tribunales se presume que es "exclusiva" y que, por ello, excluye la competencia de cualquier otro tribunal designado por el Reglamento 4/2009, salvo que las partes hayan pactado lo contrario de modo expreso o tácito (art. 4.1 III del Reglamento 4/2009).

El acuerdo de elección del foro debe celebrarse por escrito. Es una forma *ad solemnitatem*, de modo que, si no se observa, se estimará que el acuerdo no existe y no produce efectos legales. Se considerará hecho "por escrito" toda transmisión efectuada por medios electrónicos que proporcione un registro duradero del acuerdo, como intercambio de *emails*, por ejemplo (art. 4.2 del Reglamento 4/2009).

Los acuerdos de elección de tribunal competente son posibles en relación con todo litigio de alimentos excepto con los litigios relativos a la obligación de alimentos respecto de un menor de edad inferior a 18 años (art. 4.3 del Reglamento 4/2009).

Si las partes hubieren acordado atribuir una competencia exclusiva a un órgano jurisdiccional o a los órganos jurisdiccionales de un Estado parte en el Convenio de Lugano II de 30 de octubre de 2007 que no fuera un Estado miembro de la UE, el Convenio de Lugano II será aplicable excepto en lo referente a los litigios relativos a la obligación de alimentos respecto de un menor de edad inferior a 18 años (art. 4.4 del Reglamento 4/2009).

El art. 4 del Reglamento 4/2009 permite la libre elección del tribunal competente por las partes y no exige para ello que dichas partes o una de las partes tenga su residencia habitual o domicilio en un Estado miembro.

Los foros de competencia internacional recogidos en el Reglamento 4/2009 tienen como objetivo "ofrecer una protección particular al alimentista, que es considerado la parte más débil en un procedimiento de este tipo" (STJUE 18 diciembre 2014, as. Ac. C-400/13 y C-408/13, *Sanders y otros*, FD 28). Ese favor jurisdiccional se traduce en que las normas de competencia recogidas en el Reglamento 4/2009 garantizan una "proximidad entre el acreedor y el órgano jurisdiccional competente".

En cuanto a la sumisión tácita, nos encontramos con que, con independencia de los casos en los que su competencia resultare de otras disposiciones del Reglamento 4/2009, será competente el órgano jurisdiccional del Estado miembro ante el que compareciere el demandado (art. 5 del Reglamento 4/2009).

10. Análisis y régimen jurídico de la sumisión tácita. En cuanto a la sumisión tácita, regulada en el art. 5 del Reglamento 4/2009, cabe subrayar que sigue la horma presente en el art. 26 RB I-bis, de modo que, si el demandado comparece ante el tribunal al que el actor se ha dirigido previamente, y no impugna la competencia de dicho tribunal, éste será competente para conocer del litigio relativo a alimentos. No es relevante la nacionalidad ni el país de domicilio de los litigantes.

Además de los anteriores foros de competencia, nos encontramos con un foro subsidiario de competencia y con un *fórum necessitatis*.

En lo que respecta al foro subsidiario de competencia, nos encontramos con que, cuando ningún órgano jurisdiccional de un Estado miembro sea competente con arreglo a los citados arts. 3, 4 y 5, serán competentes los órganos jurisdiccionales del Estado miembro del que las partes tengan nacionalidad común (art. 6 del Reglamento 4/2009).

Por lo que respecta al *fórum necessitatis*, dispone el Reglamento 4/2009 que, cuando ningún órgano jurisdiccional de un Estado miembro sea competente con arreglo a los arts. 3, 4 y 5, los órganos jurisdiccionales de un Estado miembro podrán, en casos excepcionales, conocer del litigio si un procedimiento no puede razonablemente introducirse o llevarse a cabo o resulta imposible en un Estado tercero con el cual el litigio tiene estrecha relación (art. 7 del Reglamento 4/2009). Esta disposición pretende evitar que las partes que no pueden, en la práctica, litigar en un tercer Estado, tampoco lo puedan hacer en un Estado miembro. Si existe un Estado miembro que presenta una conexión suficiente con dicho pleito, los tribunales de dicho Estado miembro "podrán" conocer del litigio. Esta posibilidad de atribución de la competencia judicial internacional dependerá del caso concreto, y se valorará, de forma discrecional, por parte de los órganos jurisdiccionales del estado miembro que se trate, la oportunidad de declararse competentes al efecto, sin que exista una obligatoriedad para los órganos judiciales en relación a la declaración de competencia en base al *fórum necessitatis* previsto en el art. 7 del Reglamento 4/2009.

11. *Fórum necessitatis* y art. 7 del Reglamento 4/2009. Varios datos son importantes en torno a esta disposición: 1) Se trata de una regla a aplicar exclusivamente en "casos excepcionales" (Cons. 19 del Reglamento 4/2009). Indica el Considerando 19 del Reglamento 4/2009, que "uno de esos casos excepcionales podría darse cuando en el Estado tercero de que se trate resulte imposible un procedimiento, por ejemplo, debido a una guerra civil, o cuando no quepa esperar razonablemente que el solicitante introduzca o conduzca un procedimiento en dicho Estado"; 2) Uno de los "vínculos suficientes" con el Estado miembro cuyos órganos jurisdiccionales van a conocer del asunto es, por ejemplo, *la nacionalidad de una de las partes* (Considerando 19 del Reglamento 4/2009). Otro vínculo suficiente podría ser la presencia de bienes del demandado en el territorio de un Estado miembro; 3) El art. 7 del Reglamento 4/2009 (foro de necesidad) sólo es aplicable si ningún tribunal de ningún Estado miembro resulta competente para conocer del asunto en virtud de los arts. 3, 4, 5 y 6 del Reglamento 4/2009, lo que impide la utilización de este foro de necesidad de modo alternativo al foro subsidiario de la nacionalidad común de las partes (art. 6 del Reglamento 4/2009). El art. 7 del Reglamento 4/2009 sólo debe aplicarse si ningún tribunal de ningún Estado miembro es competente con arreglo a los foros contenidos en los arts. 3, 4, 5 y también 6 del Reglamento 4/2009 (*Vid.* corrección de errores de este art. 7 del Reglamento 4/2009 en DOUE L 131 de 18 mayo 2011).

2.2.2. Particularidades en la determinación de la competencia judicial internacional

El Reglamento 4/2009 regula ciertas particularidades que podrían considerarse como problemáticas, relacionadas con la determinación de la competencia judicial internacional conforme a los foros expuestos, como puede ser la verificación de la competencia y la admisibilidad, la conexidad o la litispendencia, regulándose, igualmente, la competencia judicial para el conocimiento de la solicitud de medidas cautelares.

Cabe señalar que, en la práctica, los supuestos son en ocasiones complejos, pudiendo plantearse situaciones en las que estén presentes varios de los fueros anteriormente expuestos, así como supuestos en los que se produce, por ejemplo, la acumulación de acciones, de tal manera que pueden darse ocasiones en las que, incluso, el tribunal declare su incompetencia para conocer alguna de estas acciones acumuladas, mientras que sí que es competente para conocer la acción por la que se reclama una pensión alimenticia.

Así las cosas, el órgano jurisdiccional de un Estado miembro al que se haya recurrido para un asunto respecto del cual no sea competente en virtud del Reglamento 4/2009 verificará su competencia, declarándose de oficio incompetente (art. 10 del Reglamento 4/2009).

Además, se regula la verificación de la admisibilidad por parte del órgano jurisdiccional, de tal manera que, si un demandado con residencia habitual en el territorio de un Estado distinto del Estado miembro donde se ejercitó la acción no compareciera, el órgano jurisdiccional competente suspenderá el proceso hasta que se demuestre que al demandado se le notificó el escrito de interposición de la demanda o documento equivalente con antelación suficiente para que pudiera defenderse o que se tomaron todas las diligencias posibles a tal fin (art. 11 del Reglamento 4/2009).

En cuanto a la litispendencia, establece el Reglamento 4/2009 que, si se formulasen demandas con el mismo objeto y causa entre las mismas partes ante órganos jurisdiccionales de Estados miembros distintos, el órgano jurisdiccional ante el que se haya formulado la segunda demanda suspenderá de oficio el proceso hasta que se declare competente el órgano jurisdiccional ante el cual se interpuso la primera. Cuando el tribunal ante el cual se interpuso la primera demanda se declare competente, el tribunal ante el que se interpuso la segunda se inhibirá en favor de aquel (art. 12 del Reglamento 4/2009).

Cuando demandas conexas estuvieran pendientes ante órganos jurisdiccionales de Estados miembros diferentes, el órgano jurisdiccional ante el que se haya presentado la demanda posterior podrá suspender el proceso. Cuando tales demandas conexas estuvieran pendientes en primera instancia, cualquiera de los órganos jurisdiccionales a los que se hayan presentado las demandas posteriores podrá de igual modo inhibirse, a instancia de una de las partes, a condición de que el órgano jurisdiccional ante el que se haya presentado la primera demanda fuere competente para conocer de las demandas de que se trate y de que su ley permita su acumulación (art. 13 del Reglamento 4/2009).

Por último, podrán solicitarse las medidas provisionales o cautelares previstas por la ley de un Estado miembro a los órganos jurisdiccionales de dicho Estado, incluso si, en virtud del Reglamento 4/2009, un órgano jurisdiccional de otro Estado miembro es competente para conocer sobre el fondo (art. 14 del Reglamento 4/2009).

2.3. *La determinación de la ley aplicable a la compensación económica por separación o divorcio entre cónyuges*

El mencionado Reglamento 4/2009 no contiene normas de determinación de la ley aplicable, sino que hace una remisión al régimen jurídico establecido en el Protocolo sobre la ley aplicable a las obligaciones alimenticias, hecho en La Haya el 23 de noviembre de 2007 (en lo sucesivo, el Protocolo de La Haya de 2007) (art. 15 del Reglamento 4/2009). Este texto normativo, que tiene alcance universal (art. 2 del Protocolo de La Haya de 2007), desplaza tanto las soluciones contenidas en otros Convenios de La Haya (p. ej., el Convenio de La Haya de 1973), como las legislaciones nacionales, incluso en el caso de que sea la de un Estado no contratante, por lo que desplaza la aplicación del art. 9.7 de nuestro Código Civil.

Normativa reguladora

Art. 9.7 CC. De norma de conflicto materialmente orientada a norma de incorporación por referencia. El art. 9.7 CC fue redactado en 1974. El precepto era una norma materialmente orientada que precisaba la Ley aplicable a los alimentos en virtud de su contenido material. Los puntos de conexión que recogía el precepto eran: 1) Ley nacional común o de la vecindad civil común, del alimentista y del alimentante; 2) Si dicha Ley no permite al acreedor obtener alimentos, se aplicará la ley de la residencia habitual de dicho acreedor de alimentos; 3) En defecto de ambas leyes anteriores, o cuando ninguna de ellas permita la obtención de alimentos, se aplicará la ley interna de la autoridad que conoce de la reclamación. Establece el art. 9.7 CC que en caso de cambio de la nacionalidad común o de la residencia habitual del alimentista, la nueva ley se aplicará a partir del momento del cambio.

El texto de 1974 fue derogado y sustituido por el siguiente en virtud de la Ley 26/2015, de 28 de julio, de modificación del sistema de protección a la infancia y a la adolescencia: "La ley aplicable a las obligaciones de alimentos entre parientes se determinará de acuerdo con el Protocolo de La Haya, de 23 de noviembre de 2007, sobre la ley aplicable a las obligaciones alimenticias o texto legal que lo sustituya".

Esta norma, en relación con los conflictos de leyes interregionales, es una norma que incorpora al Derecho interregional español, por referencia, el texto del citado Protocolo de La Haya, de 23 de noviembre de 2007, sobre la ley aplicable a las obligaciones alimenticias o texto legal que lo sustituya. Ello significa que las normas de conflicto contenidas en dicho Protocolo determinan la Ley reguladora de los alimentos entre parientes se aplican en los casos de Derecho interregional. Las normas del Protocolo citado se aplican en estos supuestos no como normas contenidas en un convenio internacional, sino como normas españolas que han "copiado", por referencia, el texto de las normas del Protocolo. Por tanto, cuando el Protocolo se aplica a supuestos de Derecho interregional, los tribunales están aplicando normas de conflicto españolas con lo que ello significa desde el punto de vista sistemático, interpretativo y valorativo.

La regla general es la aplicación de la ley del lugar de residencia habitual del acreedor de la pensión compensatoria. En caso de cambio de residencia, se aplicará la ley del nuevo país de residencia desde el momento en que se produce dicho cambio (art. 3 del Protocolo de La Haya de 2007). Partiendo de esta regla general, se establece una norma especial relativa a los cónyuges y ex cónyuges (art. 5 del Protocolo de La Haya de 2007) que determina que no se aplicará la ley de residencia del acreedor si la otra parte se opone y el supuesto presenta una vinculación más estrecha con la ley de otro Estado, en particular el de la última residencia habitual común, en cuyo caso se aplicará esta última. Además, el Protocolo de La Haya de 2007 permite el juego de la autonomía de la voluntad, aunque limitado (arts. 7 y 8 del Protocolo de La Haya de 2007). Sólo se puede elegir dentro de un elenco limitado de leyes, y queda excluida la posibilidad de elección cuando el acreedor es menor de 18 años o un adulto incapaz.

Cuestiones relevantes

12. La Ley de la residencia habitual del acreedor de alimentos. Varias consideraciones son necesarias: 1) Se trata de la Ley del país donde se halla el "centro social de vida" del acreedor de alimentos. Es una Ley cuyo contenido es fácilmente accesible para el acreedor de alimentos y con arreglo la cual es muy posible que esté ya habituado a operar. Por tanto, este punto de conexión refuerza la protección jurídica del acreedor de alimentos al reducir sus costes conflictuales: SAP Barcelona 8 abril 2014 (*Tol 4278319*) (divorcio entre cónyuges marroquíes con residencia en Cataluña), SAP Barcelona 9 abril 2014 (*Tol 4278625*) (padre de nacionalidad española y madre de nacionalidad india y menores residentes en Cataluña), SAP Barcelona 1 julio 2008 (*Tol 1373235*) y SAP Barcelona 29 abril 2014 (*Tol 4278260*). Es un punto de conexión cuya precisión por parte del juez resulta muy sencilla: el juez debe realizar, exclusivamente, "comprobaciones de hecho" para acreditar cuál es el país de residencia habitual del acreedor de alimentos; 2) La residencia habitual del acreedor de alimentos es el lugar donde se manifiestan las necesidades de dicho sujeto y al que será necesario referirse para establecer la existencia de la obligación de alimentos y, sobre todo, la medida y extensión en la que tales alimentos deben concederse o denegarse; 3) Será frecuente que el acreedor litigue ante los tribunales del país de su residencia habitual (art. 3. b) del Reglamento 4/2009). Por ello, este primer punto de conexión evita la aplicación y la prueba de Derechos extranjeros, y potencia la aplicación de la *Lex Fori*. Los procesos por alimentos serán, así, más veloces (*venter non patitur dilationem*); 4) En caso de cambio de la residencia habitual del acreedor de un Estado a otro Estado, se aplicará la ley del Estado de la nueva residencia habitual desde el momento en que se produce el cambio, de modo que el PLH 2007 impide que en este cambio se pueda apreciar un *Fórum Shopping* fraudulento (art. 3.2 PLH 2007); 5) En los casos internacionales e interregionales, cuando el Reglamento 4/2009 – Protocolo de La Haya conduce a aplicar el Derecho español, puede aplicarse la ley correspondiente al territorio donde el acreedor tiene su residencia habitual; SAP Barcelona 12 junio 2013 (*Tol 3888757*) (divorcio entre española y peruano).

La aplicación de la ley determinada conforme al Protocolo solo podrá rechazarse en la medida en que sus efectos fueran manifiestamente contrarios al orden público del foro (art. 13 del Protocolo de La Haya de 2007).

Normativa reguladora

Régimen jurídico de la elección de la Ley aplicable a la obligación de alimentos. Deben tenerse en cuenta las siguientes reglas (art. 8 PLH 2007: a) La elección de la Ley reguladora de los alimentos puede llevarse a cabo en cualquier momento, incluso durante el proceso; b) Sólo pueden elegirse como Ley aplicable a una obligación alimenticia una de estas Leyes: 1) Ley de un Estado del cual alguna de las partes tenga la nacionalidad en el momento de la designación; 2) Ley del Estado de la residencia habitual de una de las partes en el momento de la designación; 3) Ley elegida por las partes para regir sus relaciones patrimoniales o la ley efectivamente aplicada a tales relaciones; 4) Ley elegida por las partes para regir su divorcio, separación de cuerpos o la ley efectivamente aplicada a tal divorcio o separación; c) El acuerdo de elección de la Ley aplicable debe constar por escrito o ser registrado en cualquier soporte cuyo contenido sea accesible para su ulterior consulta, y deberá ser firmado por ambas partes; d) No cabe efectuar elección de la Ley aplicable en relación con las obligaciones alimenticias a favor de una persona menor de 18 años o a un adulto que, por razón de una disminución o insuficiencia de sus facultades personales, no se encuentra en condiciones de proteger sus intereses; e) No obstante la Ley designada por las partes en virtud del art. 8.1 PLH 2007, la ley del Estado de residencia habitual del acreedor, en el momento de la designación, determinará si el acreedor puede renunciar a su derecho a alimentos; f) A menos que en el momento de la designación las partes fueran debidamente informadas y conscientes de las consecuencias de la ley designada, esta no se aplicará cuando conlleve consecuencias manifiestamente injustas o no razonables para cualquiera de las partes. La elección de Ley aplicable a los alimentos reduce los costes conflictuales ya que puede elegirse una Ley que las partes conocen previamente y con la que están habituados a comportarse y/o litigar. Favorece igualmente, la seguridad jurídica y la previsibilidad de soluciones conflictuales.

El Protocolo de La Haya de 2007 establece, además, en aras de ajustar la cuantía de la pensión compensatoria a los diferentes niveles de vida de los Estados miembros en que vive cada una de las partes, que en la determinación de la ley aplicable conforme a las reglas establecidas en el Protocolo, siempre deberán tenerse en cuenta las necesidades del acreedor y los recursos del deudor, así como cualquier compensación concedida al acreedor en lugar de un pago periódico de alimentos, incluso cuando aquella ley no lo previese (art. 14 del Protocolo de La Haya de 2007).

Jurisprudencia

Jurisprudencia en favor de la aplicación de la Ley de la residencia habitual del acreedor de alimentos. Es abundante la jurisprudencia española que aplica este punto de conexión: SAP Barcelona 29 julio 2015 (*Tol 5499149*) (divorcio entre cónyuges alemanes celebrado en Colombia) y SAP

Barcelona 2 febrero 2015 (*Tol 4851095*) (hija con residencia en Perú). A falta de elección por las partes, el Protocolo prevé una solución de carácter general, en virtud de la cual las obligaciones alimenticias se regirán por la Ley del Estado en que el acreedor tenga su residencia habitual, salvo que el Protocolo disponga otra cosa (art. 3.1). Junto a esta regla general, el legislador ha previsto en el párrafo 2º del art. 3 el denominado conflicto móvil. De este modo, en caso de cambio en la residencia habitual del acreedor de los alimentos se aplicará la ley del Estado de la nueva residencia habitual a partir del momento en que se haya realizado dicho cambio.

La SAP Toledo 8 febrero 2012 *(Tol 2452643)*, por el contrario, declaró no haber lugar a la extinción de la pensión pese a constar acreditada la convivencia *more uxorio* de la esposa con otra persona, debido a lo pactado en el convenio regulador. Y lo mismo sucede con la SAP de Zaragoza 15 junio 2010 *(Tol 1979819)*, que entendió que la existencia de dos domicilios diferentes de la pareja no era causa determinante para apreciar la inexistencia de relación afectiva susceptible de extinguir la pensión compensatoria de la esposa.

Con respecto a un Estado en el que se apliquen, en unidades territoriales diferentes, dos o más sistemas jurídicos o conjuntos de normas, relativos a las materias reguladas por el propio Protocolo de La Haya de 2007, se aplican las siguientes normas: a) si en dicho Estado existen normas en vigor que determinen como aplicable a la ley de una unidad territorial, se aplicará la ley de dicha unidad; b) en ausencia de tales normas, se aplicará la ley de la unidad territorial determinada (art. 16 del Protocolo de La Haya de 2007).

Cuestiones relevantes

13. Elección de la Ley aplicable a la obligación de alimentos a los efectos de un procedimiento específico. El art. 7 PLH 2007 precisa que el acreedor y el deudor de alimentos podrán, únicamente a los efectos de un procedimiento específico en un determinado Estado, designar expresamente la ley de dicho Estado como aplicable a una obligación alimenticia. La designación hecha antes de la iniciación del procedimiento deberá ser objeto de un acuerdo, firmado por ambas partes, por escrito o registrado en cualquier soporte cuyo contenido sea accesible para su ulterior consulta. Se trata de una disposición que favorece los acuerdos de elección de ley limitados a procedimientos específicos ya comenzados o a punto de comenzar y que solo puede emplearse para designar como aplicable la *Lex Materialis Fori* a la obligación de alimentos. Su origen es francés: *l'accord procédural* que en Derecho internacional privado francés permite a las partes designar como ley aplicable a un caso internacional inicialmente regido por un Derecho extranjero, la Ley francesa (*Lex Fori*).

2.4. Reconocimiento, fuerza ejecutiva y ejecución de las resoluciones en materia de compensación económica por separación o divorcio entre cónyuges

Numerosos instrumentos internacionales se ocupan de facilitar la eficacia extraterritorial de decisiones en esta materia. Aunque esta "superproducción de instrumentos internacionales" responde a la idea de favorecer al demandante de *exequatur*, que es, normalmente el acreedor de la pensión compensatoria, lo cierto es que, la abundancia de instrumentos internacionales en esta materia provoca la necesidad de fijar el concreto "instrumento internacional aplicable" al caso concreto.

Teniendo en cuenta las dimensiones del presente trabajo, que impide un estudio pormenorizado de todos los instrumentos relativos a la eficacia extraterritorial de las resoluciones, se considera oportuno centrarnos en el estudio del instrumento normativo que, en España, resulta "fundamental" en materia de pensión compensatoria entre cónyuges: el Reglamento 4/2009. Se deben destacar cuatro datos:

1º) Las resoluciones en materia de obligaciones de alimentos dictadas por un Estado miembro deben ser reconocidas en otros Estados miembros sin que sea necesario procedimiento especial alguno.

2º) Si la resolución sea dictada por un *Estado miembro vinculado por el Protocolo de la Haya de 2007,* como regla general, no podrá impugnarse su reconocimiento. Si es ejecutoria en el Estado miembro que la ha adoptado, disfrutará de la fuerza ejecutiva en otro Estado miembro sin necesidad de una declaración. No obstante, en ciertos casos, existe la posibilidad de solicitar el reexamen de la resolución, así como el rechazo o la suspensión de su ejecución. En aquellos casos en los que la resolución es dictada por un ***Estado miembro no vinculado por el Protocolo de La Haya de 2007***, su reconocimiento podrá revocarse en ciertos casos. Podrá ejecutarse en otro Estado miembro —si es ejecutoria en el Estado miembro que la ha dictado— siempre que obtenga del Estado miembro de ejecución una declaración que constate la fuerza ejecutiva.

3º) No podrá revisarse el fondo de la resolución dictada en un Estado miembro en el Estado miembro en el que se solicite el reconocimiento, la fuerza ejecutiva o la ejecución.

4º) Las partes de un litigio se podrán beneficiar de un acceso efectivo a la justicia en otro Estado miembro, incluido en el marco de los procedimientos de ejecución y de los recursos. En particular, los Estados miembros facilitarán, según determinadas condiciones, asistencia jurídica.

El Reglamento 4/2009 establece un doble mecanismo de reconocimiento y ejecución de las resoluciones en esta materia en función de que el Estado miembro de origen esté o no vinculado por el Protocolo de La Haya de 2007. Si está vinculado por dicho Protocolo, las resoluciones se reconocerán y ejecutarán directamente, sin necesidad de procedimiento alguno (art. 17.1 del Reglamento 4/2009).

En cambio, si el Estado de origen no es parte del Protocolo de La Haya de 2007 (Reino Unido y Dinamarca), la resolución se someterá a un régimen de reconocimiento y ejecución. En este caso, se podrá denegar el reconocimiento si se dan ciertas condiciones (art. 24 del Reglamento 4/2009).

Cuestiones relevantes

14. Disposiciones comunes a todas las resoluciones extranjeras en materia de alimentos. Las disposiciones comunes a todas las resoluciones extranjeras en materia de alimentos comprenden diversas cuestiones. 1) *Fuerza ejecutiva provisional.* El órgano jurisdiccional de origen podrá otorgar fuerza ejecutiva provisional a la resolución, no obstante, la interposición de un eventual recurso, aunque el Derecho nacional no prevea la fuerza ejecutiva por ministerio de la ley (art. 39 del Reglamento 4/2009). 2) *Invocación de una resolución reconocida.* La parte que desee invocar en otro Estado miembro una resolución reconocida deberá presentar una copia de la resolución que reúna las condiciones necesarias para establecer su autenticidad. Si ha lugar, el órgano jurisdiccional ante el que se invoque la resolución reconocida podrá pedir a la parte que desea invocarla que presente un extracto expedido por el órgano jurisdiccional de origen utilizando el formulario cuyo modelo figura, según el caso, en el anexo I o en el anexo II del Reglamento 4/2009.

El órgano jurisdiccional de origen expedirá este extracto igualmente a instancia de cualquier parte interesada (art. 40 del Reglamento 4/2009). 3) *Procedimiento y condiciones de ejecución y condiciones de la ejecución.* En general, el procedimiento de ejecución de las resoluciones dictadas en otro Estado miembro se regirá por el Derecho del Estado miembro de ejecución (art. 41 del Reglamento 4/2009). Las resoluciones dictadas en un Estado miembro que tengan fuerza ejecutiva en el Estado miembro de ejecución serán ejecutadas en este en las mismas condiciones que si se hubieran dictado en dicho Estado miembro de ejecución. 4) *Imposibilidad de revisión en cuanto al fondo.* Las resoluciones dictadas en un Estado miembro no podrán en ningún caso ser objeto de revisión en cuanto al fondo en el Estado miembro en que se solicite el reconocimiento, la fuerza ejecutiva o la ejecución (art. 42 del Reglamento 4/2009).

A continuación, se profundizará en cada uno de estos supuestos:

A) Resoluciones dictadas en un Estado miembro vinculado por el Protocolo de La Haya de 2007:

Estas resoluciones serán reconocidas en los demás Estados miembros sin que sea necesario recurrir a proceso alguno y sin posibilidad alguna de impugnar su reconocimiento. Surten un reconocimiento de pleno derecho o, con otras palabras, no necesitan reconocimiento en los demás Estados miembros. Estas resoluciones se tratan como si fueran resoluciones "nacionales" (art. 41.1 del Reglamento 4/2009). Vinculan a las autoridades de todos los Estados miembros y extienden su efecto de cosa juzgada a todos los Estados miembros (art. 17.1 del Reglamento 4/2009).

Estas resoluciones, siempre que presenten carácter ejecutivo en el Estado miembro de origen, gozarán de fuerza ejecutiva en los demás Estados miembros sin necesidad de otorgamiento de la ejecución. Es decir, no necesitan *exequatur* para poder ser ejecutadas en los demás Estados miembros. Pasan directamente a ejecución mediante solicitud de la parte interesada como si hubieran sido dictadas por una autoridad del Estado miembro requerido (art. 17.2 del Reglamento 4/2009). No obstante, sin perjuicio de esta regla general, existen supuestos en los que puede denegarse la "ejecución" de estas resoluciones, en base a los siguientes motivos de denegación o suspensión de la ejecución:

a) Prescripción del derecho ya sea en virtud del Derecho del Estado miembro de origen o en virtud del Derecho del Estado miembro de ejecución, si éste estableciera un plazo de prescripción más largo (art. 21.2 del Reglamento 4/2009).

b) Incompatibilidad de la resolución dictada por el órgano jurisdiccional de origen con una resolución dictada en el Estado miembro de ejecución o con una resolución dictada en otro Estado miembro o en otro Estado tercero que reúna las condiciones necesarias para ser reconocida en el Estado miembro de ejecución (art. 21.2 del Reglamento 4/2009).

c) Es causa de mera suspensión de la ejecución la solicitud de reexamen de la resolución dictada por un órgano del Estado miembro de origen, interpuesta con arreglo al art. 19 del Reglamento 4/2009, siempre que se solicite dicha suspensión por el deudor. La autoridad competente del Estado miembro de ejecución "podrá", en dicho supuesto, suspender total o parcialmente la ejecución de la resolución del órgano jurisdiccional de origen (art. 21.3 del Reglamento 4/2009).

d) Es causa imperativa de suspensión de la ejecución de la resolución del órgano jurisdiccional de origen, en caso de que se suspenda su fuerza ejecutiva en el Estado miembro de origen, pero siempre que ello haya sido solicitado por el deudor (art. 21.3 del Reglamento 4/2009).

e) Todos los motivos de denegación o suspensión de la ejecución previstos por el Derecho del Estado miembro de ejecución, pero exclusivamente en la medida en que no sean incompatibles con los anteriores motivos recogidos en el art. 21.2 y 3 del Reglamento 4/2009.

Cuestiones relevantes

15. Particularidades del Convenio de La Haya de 2 octubre 1973 sobre reconocimiento y ejecución de resoluciones relativas a las obligaciones alimenticias:

Varios extremos deben diferenciarse.

1º) **Ámbito de aplicación.** El Convenio se aplica a las resoluciones en materia de obligaciones alimentarias dimanantes de relaciones de familia, de parentesco de matrimonio o de afinidad incluidas las obligaciones alimentarias respecto de un hijo no legítimo, dictadas por las autoridades judiciales o administrativas de un Estado con tratante entre un acreedor y un deudor de alimentos, o un deudor de alimentos y una Instrucción pública que persiga el reembolso de la prestación facilitada a un acreedor de alimentos [SAP Murcia 16 enero 2008 (*Tol 7052630*)].

2. **Condiciones del reconocimiento y de la ejecución de las resoluciones.** Son las siguientes: a) Se controla la competencia del tribunal de origen (arts. 7 y 8) [Sent. OGH 13 febrero 2007 (denegación de *exequatur* de sentencia dictada en Hungría)]; b) La resolución debe ser *firme*, no susceptible de recurso ordinario en el Estado de origen, salvo que se trate de resoluciones ejecutorias provisionales y las medidas provisionales; c) puede denegarse el reconocimiento o exequatur (art. 5) si éstos resultan manifiestamente incompatibles con el orden público del Estado requerido, si la resolución resultase de un fraude en el procedimiento, si está pendiente un litigio entre las mismas partes y que tenga el mismo objeto ante una autoridad del Estado requerido, primera en conocer en dichos litigios, si la resolución es incompatible con una resolución dictada entre las mismas partes y sobre el mismo objeto, bien en el Estado requerido o bien en otro Estado cuando, en este último caso, tal resolución sea susceptible de reconocimiento y ejecución en el Estado requerido [Sent. Frostating Lagmannsrett (Noruega) 4 mayo 2007 (denegación del reconocimiento en Noruega de una sentencia alemanda de alimentos)) y si no se han respetado los derechos de defensa (art. 6) (Sent. Corte Cass. Italia 18 mayo 2006 (efectos en Italia de sentencia polaca sobre alimentos)].

3°) **Procedimiento de reconocimiento y de ejecución de las resoluciones.** Se rige por la Ley del Estado requerido, a menos que el Convenio disponga lo contrario (art. 13). Cabe el reconocimiento o la ejecución parcial de una resolución. Los documentos a presentar son los relacionados en el art. 17.

A) Resoluciones dictadas por un Estado miembro no vinculado por el Protocolo de La Haya de 2007:

Las resoluciones dictadas en un Estado miembro no vinculado por el Protocolo de La Haya de 2007 serán reconocidas en los demás Estados miembros sin que sea necesario recurrir a procedimiento alguno (art. 23 del Reglamento 4/2009). No obstante, en casos de duda, cualquier parte interesada que invoque el reconocimiento de una resolución a título principal podrá solicitar que se reconozca la resolución con carácter *erga omnes* (reconocimiento por homologación). Si el reconocimiento se invoca como cuestión incidental ante un órgano jurisdiccional de un Estado miembro, dicho órgano jurisdiccional será competente para conocer del asunto.

Por su parte, se denegará imperativamente el reconocimiento de una resolución en los siguientes supuestos:

a) Si el reconocimiento es manifiestamente contrario al orden público del Estado miembro en el que se solicita el mismo. El criterio del orden público no podrá aplicarse a las reglas relativas a la competencia judicial.

b) Por lo que respecta a las resoluciones dictadas en ausencia del demandado, si el escrito de interposición de la demanda o documento equivalente no se notificó al demandado con antelación suficiente y de manera tal que pudiera organizar su defensa, a menos que el demandado, habiendo podido recurrir la resolución, hubiera optado por no hacerlo;

c) Si la resolución es incompatible con otra dictada en el Estado miembro en el que se solicita el reconocimiento;

d) Si la resolución fuere inconciliable con una resolución dictada con anterioridad en otro Estado miembro o en un Estado tercero entre las mismas partes en un litigio que tuviere el mismo objeto y la misma causa, cuando esta última resolución reuniere las condiciones necesarias para su reconocimiento en el Estado miembro en el que se solicita el mismo. Una decisión que tenga por efecto modificar, debido a un cambio de circunstancias, una decisión anterior relativa a alimentos no se considerará como una decisión incompatible según lo establecido en el art. 24 letras c y del Reglamento 4/2009).

Para su ejecución material, estas resoluciones precisan la obtención de un *exequatur* en el Estado requerido, que se solicitará, en todo caso, por cualquier parte interesada (art. 26 del Reglamento 4/2009).

Una vez obtenido, en su caso, el *exequatur*, la resolución extranjera se ejecutará en los mismos términos que se ejecutan las resoluciones nacionales en el Estado requerido (art. 41.1 del Reglamento 4/2009).

El Capítulo VI del Reglamento 4/2009 establece que las transacciones judiciales y los documentos públicos que tengan fuerza ejecutiva en el Estado miembro de origen serán reconocidos en los demás Estados miembros y tendrán en ellos la misma fuerza ejecutiva que las resoluciones, de conformidad con el Capítulo IV del Reglamento 4/2009.

Finalmente, es de reseñar que, en el ámbito del reconocimiento y ejecución de decisiones extranjeras, el Reglamento 4/2009 reemplaza en las relaciones entre los Estados miembros a los convenios internacionales en vigor que, no obstante, mantienen su vigencia y resultarán de aplicación frente a terceros Estados.

ESQUEMA

CRISIS MATRIMONIALES INTERNACIONALES: CUESTIONES DE DERECHO INTERNACIONAL PRIVADO DE LA UNIÓN EUROPEA

1. Planteamiento
2. Competencia judicial internacional y crisis matrimoniales internacionales
3. Ley aplicable a la nulidad matrimonial, a la separación judicial y al divorcio internacional

LA COMPENSACIÓN ECONÓMICA POR SEPARACIÓN O DIVORCIO ENTRE CÓNYUGES EN EL DERECHO INTERNACIONAL PRIVADO ESPAÑOL

1. Compensación económica por separación o divorcio entre cónyuges y relaciones privadas internacionales
2. El sistema español de competencia judicial internacional en materia de compensación económica por separación o divorcio entre cónyuges
3. Foros de competencia
   - 3.1. Particularidades en la determinación de la competencia judicial internacional
   - 3.2. La determinación de la ley aplicable a la compensación económica por separación o divorcio entre cónyuges
   - 3.3. Reconocimiento, fuerza ejecutiva y ejecución de las resoluciones en materia de compensación económica por separación o divorcio entre cónyuges

36 El Derecho de la Seguridad Social

Eduardo E. Taléns Visconti[2]

Sumario: 1. LA PENSIÓN DE VIUDEDAD EN EL CASO DEL CÓNYUGE SOBREVIVIENTE. 1.1. El periodo de carencia o de cotización. 1.2. Muerte por enfermedad común y periodo mínimo de vínculo matrimonial o convivencia. 1.3. Indemnización a tanto alzado. 1.4. Base reguladora y porcentaje aplicable a la pensión. 1.5. La inscripción del matrimonio y matrimonios no permitidos. 2. LA PENSIÓN DE VIUDEDAD EN EL CASO DE LAS CRISIS FAMILIARES (LA PENSIÓN EN EL CASO DE LOS EXCÓNYUGES). 2.1. La pensión compensatoria como requisito para acceder a la pensión de viudedad. 2.2. La eventual reconciliación entre los cónyuges. 2.3. Cuestiones jurídicas sobre el derecho transitorio: separaciones o divorcios producidos con anterioridad al 1 de enero de 2008. 2.4. La pensión de viudedad en el caso de mujeres víctimas de violencia de género. 2.5. La cuantía de la prestación en el caso de concurrencia de personas beneficiarias. 3. LA PENSIÓN DE VIUDEDAD EN LAS PAREJAS DE HECHO. 3.1. Los requisitos especiales exigidos a las parejas de hecho. 3.1.1. El requisito material: la convivencia estable y notoria.. 3.1.2. El requisito formal: la inscripción de la pareja de hecho. 3.1.3. El requisito cuantitativo: el desequilibrio económico ocasionado tras el fallecimiento. 3.2. Derecho transitorio. 4. LA COMPATIBILIDAD DE LA PENSIÓN DE VIUDEDAD CON OTRAS PENSIONES O PRESTACIONES. 5. LA PENSIÓN/PRESTACIÓN DE ORFANDAD. 5.1. Menores de edad o personas con discapacidad. 5.2. Base reguladora, cuantía y periodo de carencia. 6. LA PRESTACIÓN EN FAVOR DE FAMILIARES.

1. LA PENSIÓN DE VIUDEDAD EN EL CASO DEL CÓNYUGE SOBREVIVIENTE

De acuerdo con el art. 216 LGSS, las prestaciones de la Seguridad Social asociadas al fallecimiento de una persona que pueden reconocerse son, básicamente, las siguientes:

a) Un auxilio por defunción.

b) Una pensión vitalicia de viudedad.

c) Una prestación temporal de viudedad.

d) Una pensión de orfandad.

e) Una pensión vitalicia o, en su caso, subsidio temporal en favor de familiares.

Cuando la muerte haya sido causada por accidente de trabajo o enfermedad profesional se reconocerá, además, una indemnización a tanto alzado.

La reciente LO 2/2022, de 21 de marzo, ha introducido un nuevo apartado tercero para reconocer el derecho a una “prestación de orfandad las hijas e hijos de la causante fallecida como consecuencia de violencia contra la mujer, en los términos en que se defina por la ley o por los instrumentos internacionales ratificados por España, siempre que

---

2 Profesor Titular, Derecho del trabajo y de la Seguridad Social, Universidad de Valencia.

se hallen en circunstancias equiparables a una orfandad absoluta, con las excepciones establecidas en los artículos siguientes, y que no reúnan los requisitos necesarios para causar una pensión de orfandad, en los términos establecidos reglamentariamente".

En esencia, la pensión de viudedad es una prestación pública de Seguridad Social que persigue compensar el "desequilibrio económico" que padece una persona tras el fallecimiento de su cónyuge —que adquiere el rol de sujeto causante de la misma—. En cualquier caso, la finalidad de esta pensión no es tanto la de atender a una situación de necesidad o de dependencia económica, sino más bien compensar las diferentes vicisitudes acaecidas frente a un daño que vendría referido a la minoración de unos ingresos de los que era partícipe el cónyuge supérstite (STC 184/1990, *Tol 81857*). Así, desde una perspectiva interna o privada la pensión de viudedad encuentra justificación en la solidaridad patrimonial entre los cónyuges y el deber de socorro mutuo, con la aportación de bienes que han contribuido al levantamiento de las cargas del matrimonio. En este sentido, la pensión de viudedad conjetura una extensión de la situación matrimonial, prologándola tras el fallecimiento de uno de los cónyuges que, por lo demás, actuará de un modo completamente independiente respecto de los bienes y derechos hereditarios evidenciados a favor del supérstite. De esta manera, la pensión se lucrará con independencia de la mayor o menor masa hereditaria que recaiga a favor del cónyuge sobreviviente, que tendrá derecho —si cumple con los requisitos establecidos legalmente— a una renta vitalicia de naturaleza pública que compense las desventajas que se derivan de la extinción del matrimonio a causa del óbito, entre ellas, por ejemplo, la pérdida del derecho a obtener alimentos virtud de lo preceptuado en el art. 142 CC.

El derecho al reconocimiento de las prestaciones por muerte y supervivencia, con excepción del auxilio por defunción, será imprescriptible, sin perjuicio de que los efectos de tal reconocimiento se produzcan a partir de los tres meses anteriores a la fecha en que se presente la correspondiente solicitud. La fecha de efectos económicos de la pensión de viudedad, cuando la prestación se solicita pasados más de tres meses del fallecimiento del causante, se retrotraen a ese momento [STS 24 noviembre 2016 (*Tol 5916675*)].

No sucede lo mismo con las personas desaparecidas, en los que, formulada la solicitud de prestación de viudedad dentro del plazo de tres meses, partiendo de la fecha de firmeza del auto en que se declara fallecido al desaparecido, los efectos económicos deben retrotraerse a la fecha en que se declara al trabajador desaparecido como fallecido [STS 11 junio 2013 (*Tol 3845983*)].

1.1. El periodo de carencia o de cotización

El art. 219.1 LGSS reconoce el derecho a la pensión de viudedad siempre que el "sujeto causante se encontrase en alta o en situación asimilada a la de alta en la fecha de su fallecimiento" y "hubiera completado un período de cotización de quinientos días, dentro de los cinco años inmediatamente anteriores a la fecha del hecho causante de la pensión".

En los supuestos en que esta se cause desde una situación de alta o de asimilada al alta sin obligación de cotizar, el período de cotización de quinientos días deberá estar comprendido dentro de los cinco años inmediatamente anteriores a la fecha en que cesó la obligación de cotizar.

En cualquier caso, si la causa de la muerte fuera un accidente, sea o no de trabajo, o una enfermedad profesional, no se exigirá ningún período previo de cotización.

Por su parte, también tendrá derecho a la pensión de viudedad el cónyuge superviviente cuando el causante a la fecha de fallecimiento no se encontrase en alta o en situación asimilada a la de alta, siempre que el mismo hubiera completado un período mínimo de cotización de quince años.

Jurisprudencia

Los arts. 166 LGSS y 36 RD 84/1996, de 26 enero, enumeran una serie de situaciones que suponen una asimilación al alta. Pero en algunos casos, la jurisprudencia ha ampliado estos supuestos para otras circunstancias. Así, por ejemplo, se ha considerado en situación asimilada al alta a los pensionistas de invalidez no contributiva [STS 20 diciembre 2005 (*Tol 821456*)]. Por su parte, la STS 5 mayo 2014 (*Tol 4365175*) consideró situación asimilada al alta la derivada de lo dispuesto en el art. 9 de la Orden de 31 de julio de 1972, dado que el causante era perceptor de la Renta Activa de Inserción, auxilio económico que permite nuestra normativa y que tiene su encaje en el art. 22 del Decreto 1646/1972, de 28 de julio.

También se ha considerado que el causante estaba en alta cuando se producen períodos de breve duración en la situación de demandante de empleo que no son reveladores de esa "voluntad de apartarse del mundo laboral". En el caso particular, tras el agotamiento de la prestación contributiva de desempleo, la causante estuvo ininterrumpidamente inscrita como demandante de empleo hasta que causó baja por su enfermedad, razón por la que consideró justificada la no renovación de la demanda de empleo [STS 23 diciembre 2005 (*Tol 821458)*].

Cuando la persona entre en una situación asimilada al alta sin obligación de cotizar, la fecha a tener en cuenta serán los inmediatamente anteriores a dicha vicisitud [Entre las más recientes: [STSJ Tenerife 27 abril 2021 (*Tol 8568908*) o STSJ Castilla-La Mancha 20 diciembre 2021 (*Tol 8751668*)]. En esta última sentencia, pese a que el periodo de los 5 años anteriores a la situación asimilada al alta no reunía los requisitos, ni tampoco podía acreditar 15 años cotizados (pues pudo acreditar 12), la sentencia consideró que los periodos en los que no existió cotización (5 meses en 2009 y 1 mes y 29 días entre 2008/2009), carecen "de entidad suficiente para evidenciar una voluntad de apartarse del mundo laboral, cuando en fechas próximas a aquella ha estado trabajando y cotizando al Sistema y ha permanecido como demandante de empleo durante largos periodos (paro involuntario) y, en total, en su corta vida laboral motivada por su prematuro fallecimiento, ha cotizado en exceso el número de días necesarios para entender que reúne el requisito de cotización que permita a su esposo acceder a la prestación discutida".

En relación con el periodo de cotización de 500 días, la STS 22 septiembre 2020 (*Tol 8116703*) confirmó que para completar este periodo deben computarse los días-cuota por gratificaciones extraordinarias. En este sentido, a los efectos de cómputo carencial, el año no consta sólo de los 365 días naturales, sino también de los días-cuotas abonados por gratificaciones extraordinarias.

Cuestiones relevantes

1. Salvo supuestos de fallecimiento por accidente o enfermedad profesional, **el causante de la pensión debe estar en alta (o situación asimilada) y tener cotizados 500 días en los 5 años anteriores o también se puede acceder con una cotización de 15 años.**

2. **En el caso de periodo de carencia, la jurisprudencia ha utilizado en muchas resoluciones la denominada "doctrina del paréntesis"** para considerar incluidos periodos en los que de una forma literal no se tendría acceso a la pensión.

3. **En el cómputo de los 500 días cabe incluir los denominados días-cuota,** es decir, los días de las gratificaciones extraordinarias, por lo que un año entero trabajado tendría siguiendo este parámetro más de 365 días cotizados.

1.2. Muerte por enfermedad común y periodo mínimo de vínculo matrimonial o convivencia

En los supuestos excepcionales en los que el fallecimiento del causante derivara de enfermedad común, no sobrevenida tras el vínculo conyugal, se requerirá, además, que el matrimonio se hubiera celebrado con un año de antelación como mínimo a la fecha del fallecimiento o, alternativamente, la existencia de hijos comunes.

No se exigirá dicha duración del vínculo matrimonial cuando en la fecha de celebración del mismo se acreditará un período de convivencia con el causante, en los términos establecidos en el artículo 221.2, que, sumado al de duración del matrimonio, hubiera superado los dos años.

Para el caso particular en los que el causante fallezca por enfermedad común no sobrevenida al matrimonio y el cónyuge sobreviviente no pudiera acreditar algunos de los requisitos legales exigidos, se reconocerá una prestación temporal de viudedad cuya cuantía será igual a la de viudedad que le hubiera podido corresponder de reunir aquellos requisitos, y con una duración de dos años (art. 222 LGSS, reformado por Ley 21/2021).

Jurisprudencia

El período de convivencia con el causante que sumado al de duración del matrimonio, supere los dos años, debe computarse desde que no exista vínculo matrimonial con otra persona ni impedimento de los miembros de la pareja para contraer matrimonio [STS 30 septiembre 2014 (*Tol 45567499*)].

En este mismo sentido ha resuelto la reciente STS 26 octubre 2022 (*Tol 9274790*) en un supuesto en el que la actora se divorció de un primer marido el 12 de julio de 2017 y contrajo nupcias con el causante el 2 de marzo de 2018 en circunstancias dramáticas, pues ya se le había diagnosticado una grave enfermedad. Con antelación a este segundo matrimonio acreditaron datos relativos a viajes y estancias en hoteles que demostraban una convivencia como pareja entre la actora y el fallecido desde hace varios años. Ahora bien, para que la convivencia como pareja de hecho se produzca en los términos señalados en dicho precepto y opere el exigido plazo de duración de esa convivencia ("que, sumado al de duración del matrimonio, hubiera superado los dos años") es necesario que no exista impedimento para casarse o formalizara pareja de hecho. En este sentido, este periodo solo puede computarse desde que la pareja pudo contraer matrimonio, por lo que en el caso resuelto por la mencionada sentencia la convivencia acumulada —como pareja de hecho no formalizada y como matrimonio— no alcanzó los dos años.

En similares términos se pronunció la STS 23 enero 2020 (*Tol 7792000*), que volvió a recordar que es necesario que la convivencia acreditada con anterioridad a la celebración del matrimonio reúna el requisito de que los miembros de la pareja no tengan impedimento para contraerlo. En el supuesto concreto causante falleció el 16.10.2015 por enfermedad común previa al matrimonio (celebrado el 10.08.2015) sin haber alcanzado un año de convivencia matrimonial. Desde la sentencia de divorcio del matrimonio anterior (31.10.2014) no se llegó al periodo de tiempo requerido, por lo que la pensión se denegó.

Por lo que se refiere a la prueba de dicha convivencia previa al matrimonio, la misma puede ser demostrada por cualquiera de los medios de prueba admitidos en Derecho y sin que, por ello, sea menester que los convivientes aparezcan empadronados en el mismo domicilio. Junto con ello, para la convivencia prematrimonial no le resulta exigible el requisito inscribirse "pareja de hecho". El requisito de la inscripción solamente se exige para el acceso a la pensión en el caso de las parejas de hecho (tal y como veremos más adelante con mayor detenimiento), pero para los matrimonios en los que el causante fallece al poco tiempo, la razón de ser, es decir, la acreditación fehaciente del compromiso de convivencia ya está cumplidamente atendido por el propio matrimonio posterior a la convivencia prematrimonial [SSTS 20 julio 2010 (*Tol 1960426*) o 15 noviembre 2017 (*Tol 6449519*)].

El requisito de la convivencia no se rompe por atender la causante a su progenitor enfermo. Así lo ha explicado la STSJ Madrid 2 julio 2019 (*Tol 7454276*): "convivir maritalmente entraña mantener una relación estable de afectividad análoga a la conyugal, y esto, a la luz de la realidad social actual, no significa que los esposos hayan de permanecer juntos todos los días, ni siquiera que tengan que pernoctar de forma permanente en el domicilio familiar, máxime cuando si no pudo ser así se debió en este caso a la loable decisión de la causante de dedicarse al cuidado de su padre —anciano y enfermo—, con quien, a despecho de lo que parece dar a entender la sentencia impugnada, no convivía, sino que compartió el lugar y tiempo necesarios para dispensarle la atención y cuidados personales que el mismo precisaba".

Cuestiones relevantes

4. El legislador trata de evitar los casos en los que el matrimonio se lleva a cabo de manera prematura tras el conocimiento de una enfermedad diagnosticada a una de las partes de la pareja (con la finalidad de que el motivo real del matrimonio sea, precisamente, poder cobrar una pensión de viudedad que, generalmente, será vitalicia.

5. Es por ello por lo que **el legislador exige que el matrimonio haya durado un año.**

6. En los casos en los que el matrimonio no haya durado un año se permite computar periodos de convivencia previos (*more uxorio*) siempre que el total de la convivencia prematrimonial y matrimonial supere los dos años. Pero para poder computar este periodo, es necesario que los contrayentes no tengan impedimento para casarse o formalizar una pareja de hecho, por lo que, en caso de matrimonio anterior, este deberá estar disuelto en fecha tal que posibilite cumplir con este lapso. Por lo demás, la convivencia durante este periodo puede admitir situaciones en las que se flexibilice y su acreditación puede venir de la mano de un certificado de empadronamiento o bien de cualquier otra prueba admitida en Derecho.

1.3. Indemnización a tanto alzado

Según el art. 227 LGSS, en el caso de muerte por accidente de trabajo o enfermedad profesional, el cónyuge superviviente, el sobreviviente de una pareja de hecho en los términos regulados en el artículo 221 y los huérfanos tendrán derecho a una indemnización a tanto alzado. También tendrá derecho a esta prestación el excónyuge (en los términos del art. 220).

Cuando no existieran otros familiares con derecho a pensión por muerte y supervivencia, el padre o la madre que vivieran a expensas del trabajador fallecido, también podrán recibir esta indemnización siempre que no tengan, con motivo de la muerte de este, derecho a las prestaciones.

La cuantía de dicha prestación la fija el art. 35 del Decreto 3158/1966, de 23 de diciembre, en seis mensualidades de la base reguladora de prestaciones del causante.

Jurisprudencia

En este punto podemos citar algunas recientes sentencias de suplicación de interés.

Por lo que se refiere a la cuantía, la STSJ Cataluña 18 marzo 2022 (*Tol 8946250*) consideró que debe calcularse sobre la base reguladora de la contingencia determinante de la prestación de viudedad.

En estos casos no estamos ante un supuesto de acceso a dos prestaciones distintas, que podrían resultar incompatibles, lo que generaría un derecho de opción en favor de la persona beneficiara. Por lo tanto, si se reconoce una prestación calculada con base a una enfermedad común y posteriormente por sentencia firme se ha declarado que se trataba de un accidente de trabajo, la prestación es la misma. Por lo tanto, no existe el derecho a dos pensiones ni por consiguiente el derecho a optar por una de ellas [STSJ Madrid 12 diciembre 2019 (*Tol 7870507*)].

1.4. Base reguladora y porcentaje aplicable a la pensión

El art. 228 LGSS establece que para el cálculo de la base reguladora en los supuestos de prestaciones derivadas de contingencias comunes se computará la totalidad de las bases por las que se haya efectuado la cotización durante el periodo establecido reglamentariamente anterior al mes previo al del hecho causante. Según el art. 9 a) de la Orden de 13 de febrero de 1967, la base reguladora de la pensión de viudedad será el resultado de dividir por veintiocho la suma de las bases de cotización por contingencias comunes correspondientes a un período ininterrumpido de veinticuatro meses (que será elegido por el beneficiario dentro de los siete años inmediatamente anteriores a la fecha en que se cause el derecho a la pensión).

Cuando el fallecido tuviere la condición de pensionista por jubilación o por incapacidad permanente, la base reguladora de la pensión de viudedad será la base que sirvió para determinar la pensión del causante.

Por su parte, la prestación de orfandad se calculará aplicando el porcentaje correspondiente a la base mínima de cotización de entre todas las existentes vigente en el momento del hecho causante.

Desde el día 1 de agosto de 2018, la cuantía de la pensión resulta de la aplicación del 56 por ciento sobre la base reguladora.

Esta cuantía será del 60% a partir del 1 de enero de 2019, en los términos regulados en la DA 30ª Ley 27/2011 (modificada por DF 7ª RDL 28/2018 cuando se reúnan los siguientes requisitos:

a) tener una edad igual o superior a 65 años;

b) no tener derecho a otra pensión pública (siendo compatible, eso sí con pensiones públicas, ya sean españolas o extranjeras, cuya cuantía no exceda del importe del mismo, en cuyo caso el incremento de la pensión de viudedad se abonará exclusivamente por la diferencia entre la cuantía de éste y la de la pensión percibida por el beneficiario). La viudedad del Régimen de Clases Pasivas del Estado la percepción de una pensión a cargo del Fondo Especial de la Mutualidad General de funcionarios Civiles del Estado cuando se acredite el resto de los requisitos exigidos

c) no percibir ingresos por la realización de trabajo por cuenta ajena o por cuenta propia.

d) que los rendimientos o rentas percibidos, diferentes de los arriba señalados, no superen, en cómputo anual, el límite de ingresos que esté establecido en cada momento para ser beneficiario de la pensión mínima de viudedad.

Cuando la pensión de viudedad constituya la principal o única fuente de ingresos del pensionista el porcentaje será el 70 por 100 siempre que concurran los siguientes requisitos (art. 31 del Decreto 3158/1966):

a) los rendimientos anuales del pensionista por todos los conceptos no superen la cuantía resultante de sumar al límite que, en cada ejercicio económico, esté previsto para el reconocimiento de los complementos por mínimos de las pensiones contributivas, el importe anual que, en cada ejercicio, corresponda a la pensión mínima de viudedad en función de la edad del pensionista, entendiéndose que la pensión constituye la principal o única fuente de ingresos del pensionista, cuando el importe anual de la misma represente, como mínimo, el 50 por 100 del total de los ingresos de aquél, también en cómputo anual.

b) cuando la persona tenga cargas familiares, entendida esta como la convivencia del beneficiario con hijos menores de veintiséis años o mayores incapacitados, o menores acogidos, cuando los rendimientos del conjunto de la unidad familiar, así constituida, incluido el pensionista, dividida entre el número de miembros que la compongan, no supere, en cómputo anual, el 75 por 100 del salario mínimo interprofesional, excluida la parte proporcional de dos pagas extraordinarias.

Jurisprudencia

La STS 13 diciembre 2012 (*Tol 2721750*) resolvió que, para determinar la base reguladora en el caso de un causante sin cotizaciones en los quince años anteriores al fallecimiento, se aplica por analogía el criterio establecido para los trabajares migrantes y se toman la base de cotización de los dos años inmediatamente anteriores a la fecha en que cesó la obligación de cotizar, con las revalorizaciones que le hubieran correspondido hasta el momento del hecho causante. El caso particular fue la una trabajadora que había cotizado por última vez en enero de 1988 y, tras estar en situación de invalidez provisional y desempleo, falleció en enero de 2009, cuando percibía una pensión no contributiva.

La STS 20 marzo 2007 *(Tol 1079852)* argumentó que la aplicación de la doctrina del paréntesis a la hora de cubrir el período de carencia goza de una arraigada trayectoria respecto de cualquier prestación, pero que no puede aplicare de igual manera en orden al cálculo de la base reguladora.

Sobre la cuantía de la pensión, como veremos más adelante, para los excónyuges está limitada al importe de la pensión compensatoria, no en vano, la STS 15 octubre 2014 (*Tol 4633448*) resolvió que, para rupturas con pensión compensatoria pactadas con anterioridad al 1 de enero de 2008, la cuantía de la pensión de viudedad no está limitada por esta renta, al no estar condicionado su derecho al hecho de que sea acreedora de la misma.

En relación con las cargas familiares que justifican un porcentaje del 70% de la base reguladora, la STS 2 octubre 2008 (*Tol 1396170*) argumentó que no existe motivo para entender que de la "unidad familiar" deban de excluirse los hijos privativos de uno de los cónyuges, sobre todo, si integran la unidad de convivencia con el solicitante del subsidio: "hay que tener en cuenta que nos encontramos ante una pensión de viudedad que, si bien fue causada por el cónyuge fallecido, pertenece al cónyuge supérstite y por tanto los requisitos del art. 1º del RD 1465/01 deben ser exigidos al beneficiario y la referencia a los hijos está realizada en relación al beneficiario y no al causante y tan hijos son unos como otros, los tenidos con el causante como los posteriores" (en el caso particular la beneficiaria convivía con sus siete hijos (cuatro de ellos con el causante y los otros tres con otra pareja).

Dado que el incremento del porcentaje de la pensión a 70% responde a una situación de necesidad, es posible que se corrija y se aminore si cambia la situación. En este sentido, la STS 2 abril 2019 (*Tol 7223876*) consideró que la extinción del incremento del 70% se produce cuando, computando en el ejercicio corriente el aumento en los rendimientos del ejercicio anterior, se supera el límite de rendimientos establecido legalmente, es decir, que no hay que esperar a finalizar el año. En el caso particular los rendimientos de la demandante superaban a 1 de enero de 2015 el nivel de rentas para poder ser beneficiaria del incremento al 70% de la pensión de viudedad, al percibir su hija, desde noviembre de 2014, rentas del trabajo que deben de ser computadas en el conjunto de la unidad familiar.

Cuestiones relevantes

7. La base reguladora de la pensión se calcula, como suele ser habitual, en función de la cotización. En caso de estar percibiendo una pensión (jubilación o incapacidad) se retrotraerá a momentos previos.

8. El porcentaje de la cuantía de la pensión tradicionalmente aplicable de manera ordinaria era del 52%, siendo en estos momentos del 56%. Recientemente se previó una cuantía del 60% si se dan una serie de circunstancias, manteniéndose el 70% en supuestos de mayor necesidad. Para seguir recibiendo la pensión en el porcentaje incrementado se tienen que seguir dando las condiciones que lo justifican.

1.5. La inscripción del matrimonio y matrimonios no permitidos

En algunos supuestos la jurisprudencia ha aceptado alguna modalidad matrimonial pese a que el matrimonio no se haya inscrito. Por el contrario, algunas formas matrimoniales no se han considerado válidas para acceder a la pensión de viudedad.

Jurisprudencia

La STC 199/2004, de 15 noviembre (*Tol 516649*) argumentó que el matrimonio canónico no inscrito en el Registro Civil por causa de una opción libremente ejercida no es equiparable a la convivencia *more uxorio* y no puede tener el mismo tratamiento jurídico a efectos del devengo de la pensión de viudedad. En este sentido, "la falta de inscripción registral no implica la inexistencia del vínculo matrimonial y por ello no puede negarse la condición de cónyuge legítimo a quien ha acreditado su existencia". Por lo tanto, a estos efectos el matrimonio canónico contraído por el recurrente con su fallecida esposa es exactamente igual a cualquier otro matrimonio que haya tenido acceso al Registro Civil.

Las SSTS 28 julio 2000 (*Tol 4965492*) y 29 mayo 2001 (*Tol 4966907*) señalaron que, si la pensión previamente reconocida se extinguiera por contraer un nuevo matrimonio, se puede restituir si este último se declara nulo eclesiásticamente. De este modo, ante la válida declaración de nulidad, con plena eficacia civil, "del segundo matrimonio de la ahora recurrente, esta última unión que originó la extinción de la pensión de viudedad que había disfrutado cabe reputarla inexistente jurídicamente, y al haber desaparecido retroactivamente la causa motivadora de la extinción de la pensión se le debe, dada su actual condición de viuda, reponer en el derecho al percibo de la pensión vitalicia de viudedad originariamente reconocida".

Se ha aceptado la pensión de viudedad en supuestos de poligamia. Por ejemplo, la STSJ Galicia 2 abril 2002 para el caso de un causante senegalés que optó por dividirla: "no prevista ni considerada legalmente viable la causación de una pensión de viudedad íntegra propia para cada cónyuge supérstite, la consecuencia procedente es la distribución entre éstos de la pensión de viudedad única causada".

Por su parte, se ha denegado por STSJ Cataluña 30 julio 2003 (*Tol 2148134*) que aceptó que pudiera reconocerse cuando España tenga firmado un acuerdo bilateral, en los que, pese a que tal institución sea contraria al orden público español y a nuestro ordenamiento civil, se le otorgan efectos respecto de la pensión de viudedad. Ahora bien, tal excepción no puede extenderse más allá y cabe denegarla en otros supuestos.

Se ha negado validez al matrimonio celebrado bajo el rito gitano, sin registrarlo como matrimonio civil ni constituir pareja de hecho. La pensión fue denegada por el Tribunal Supremo y llegó hasta el Tribunal Constitucional, que resolvió por STC 1/2021, de 25 de enero (*Tol 8318455*): "ninguna vulneración del art. 14 CE se deriva de que haya en la norma una asociación entre el reconocimiento de la prestación de Seguridad Social y la concurrencia de un vínculo matrimonial reconocido por el ordenamiento jurídico, no siéndolo el matrimonio gitano". Continúa argumentando el TC que "no resulta contraria al art. 14 CE la interpretación realizada en el proceso, de suerte que la pretensión de la demandante de que su unión no formalizada reciba el mismo trato que el otorgado a la relación de convivencia no matrimonial debidamente constituida no puede prosperar, no siendo contraria la diferencia de trato a la prohibición de discriminación". "Sin perjuicio de que el legislador pudiera, en atención a las singularidades que plantea la etnia gitana, desarrollar una regulación legal en la que, preservando los derechos y valores constitucionales, se establecieran las condiciones materiales y formales en que las uniones celebradas conforme a los ritos y usos gitanos pudieran contar con plenos efectos civiles, no se advierte en la actual realidad normativa en la interpretación efectuada por la resolución recurrida, ni desde el prisma de la discriminación directa ni desde el propio de la indirecta, un trato discriminatorio por razones étnicas o raciales".

Cuestiones relevantes

9. Existe algún Acuerdo suscrito entre el Reino de España y otro país en relación con el reconocimiento de la pensión de viudedad en situaciones de poligamia. Es el caso del Acuerdo suscrito con Marruecos de 8 de noviembre de 1979 que establece en su art. 23 que "la pensión de viudedad causada por un trabajador marroquí será distribuida, en su caso, por partes iguales y definitivamente, entre quienes resulten ser, conforma a la legislación marroquí beneficiarios de dicha prestación" [Véase, en este sentido, STSJ Las Palmas, 30 octubre 2013 (*Tol 4055930*)]. Existe otro Acuerdo suscrito con Túnez de 26 de febrero de 2001 según el cual, en su art. 24 se dispone que: "en caso de que existan más de una viuda con derecho, la pensión de viudedad se tendrá que prorratear entre las mujeres del difunto",

2. LA PENSIÓN DE VIUDEDAD EN EL CASO DE LAS CRISIS FAMILIARES (LA PENSIÓN EN EL CASO DE LOS EXCÓNYUGES)

En el supuesto de las personas divorciadas o separadas judicialmente, el punto de mira se centra en una "aparente" situación de necesidad o dependencia económica respecto del causante que viene marcada, principalmente, porque la persona supérstite sea acreedora de una pensión compensatoria en el momento fallecimiento del causante.

El eslabón decisivo para la configuración legal de la pensión de viudedad en el caso de personas separadas o divorciadas vino a raíz de la promulgación de la Ley 40/2007, de 4 de diciembre. Así, de un lado, la prohibición de contraer nuevas nupcias a los efectos de poder ser beneficiario de esta pensión se extendió también a los casos en los que el excónyuge constituya una pareja de hecho. Además, se pretendió asegurar una cuantía mínima para el cónyuge "actual" o "sobreviviente" consistente en el 40% del importe económico (para los casos en los que este concurra con el excónyuge). De esta suerte, el importe de la pensión corresponderá a cada persona en función del periodo convivido con el causante, es decir, de acuerdo con la regla prorrata temporis, correspondiendo, eso sí, al último cónyuge sobreviviente, como mínimo, el referido importe. En último término, otro aspecto importante fue que se introdujo una mención expresa sobre la pensión compensatoria, condicionando el acceso a la pensión de viudedad a la persona separada o divorciada que en el momento del óbito sea acreedora de la señalada renta.

Unos años más tarde, la Ley 26/2009, de 23 de diciembre, de Presupuestos Generales del Estado para el año 2010, a través de su Disposición final 3ª (apartado décimo) introdujo como beneficiarias "incondicionadas" de la pensión de viudedad a las mujeres que acrediten ser víctimas de violencia de género, con el propósito de que para estas no resulte exigible el cumplimiento de los requisitos generales predicados para el resto de las personas divorciadas o separadas judicialmente.

Cuestiones relevantes

10. De la exégesis del art. 220.1 LGSS se deduce que el acceso a la pensión de viudedad de las personas separadas o divorciadas precisa de una serie de requisitos:

a) que el solicitante no hubiera vuelto a convivir marialmente con otra persona, incluyendo en este concepto la constitución de una pareja de hecho, sin perjuicio de poder mantener cualquier tipo de relación afectiva que no llegue a concretarse en algunas de las referidas acciones;

b) estar percibiendo una "pensión compensatoria", la cual se tendrá que extinguir, precisamente, a causa del fallecimiento del causante. Junto con ello, en este punto también hay que tener en cuenta el régimen temporal previsto por la Disposición transitoria 13ª TRLGSS (anteriormente contenida en el número 18ª), que contempla una serie de salvedades para los supuestos en los que la separación o el divorcio tuvo lugar con anterioridad al 1 de enero de 2008;

c) por su parte, si la viuda hubiera sido víctima de violencia de género no se aplicarán los anteriores requisitos, pues la norma expresa que tendrán derecho a la pensión: "en todo caso".

2.1. *La pensión compensatoria como requisito para acceder a la pensión de viudedad*

El art. 221 LGSS se refiere a la pensión que se encuentra regulada en el art. 97 CC, prevista para los casos en los que la ruptura matrimonial provoca en una de las partes un desequilibrio económico respecto de la situación existente durante la relación marital. En este sentido, con la separación o divorcio, uno de los cónyuges ve alterado, in peius, el estatus que gozaba durante el matrimonio, pero tal y como ha señalado el STS (Sala 1ª) 22 junio 2011 (*Tol 2227659*), en estos supuestos no hay que probar la existencia de necesidad, "toda vez que, como se ha dicho, el cónyuge más desfavorecido en la ruptura de la relación puede ser acreedor de la pensión, aunque tenga medios suficientes para mantenerse por sí mismo. Lo que sí ha de probarse es que se ha sufrido un empeoramiento en su situación económica en relación a la que disfrutaba en el matrimonio y respecto a la posición que disfruta el otro cónyuge". La naturaleza jurídica de la pensión compensatoria difiere del devengo de la obligación de alimentos entre parientes, cuyo soporte legal no se encuentra en el art. 97 CC, sino en el art. 142 CC y ss. Así, de un lado, los alimentos se adeudan durante la situación de normalidad en la convivencia conyugal, es decir, durante el matrimonio, mientras que la extinción del vínculo matrimonial suprime este derecho, salvo pacto expreso en contrario. En cambio, la pensión compensatoria no existe fuera de las crisis matrimoniales, sino solamente cuando los cónyuges ponen fin a su vínculo. Como señalara la STS (Sala 1ª) 10 octubre 2008, la pensión de alimentos tiene su origen en un imperativo legal y por ello los cónyuges están obligados a prestarse recíprocamente alimentos en tanto en cuanto perdure la relación matrimonial, mientras que, por su parte, la pensión compensatoria responde a un patrón de voluntariedad, pudiendo pactarse por los cónyuges, establecerse por el juez e incluso renunciarse a su percibo.

Jurisprudencia

En un primer momento, la Sala de lo Social del Tribunal Supremo interpretó la exigencia de la existencia de una pensión compensatoria con una tesis restrictiva o literal. Véase como ejemplo la STS (Sala 4ª) 14 febrero 2012 (*Tol 2499016*), donde una mujer solicitó la pensión de viudedad tras fallecer su exmarido en 2008, habiéndose divorciado del mismo en 1997 y pactándose una pensión de alimentos para los dos hijos comunes y ninguna pensión compensatoria a su favor. El Tribunal Supremo razonó que la situación de dependencia exigida para poder lucrar la pensión de viudedad se origina, única y exclusivamente, cuando se acredita el percibo de la pensión compensatoria, concluyendo que "el tenor de la Ley es contundente, sin que quepa la interpretación que quiere darle la sentencia recurrida, porque hay que partir de la base de que el legislador conoce la diferencia entre pensión compensatoria y pensión alimenticia y entre separación legal y divorcio". En idéntico sentido se pronunció la STS (Sala 4ª) 21 febrero 2012 (*Tol 2498451*).

Ahora bien, esta doctrina fue corregida pocos años más tarde por mor de la STS (Pleno) 29 enero 2014, en la que el Tribunal Supremo admitió que en muchas ocasiones las prestaciones económicas que se satisfacen como consecuencia de la disolución del matrimonio generan cierta confusión, en el sentido de que a veces son difíciles de identificar correctamente. En este sentido, la doctrina que pretende sentar la citada sentencia fue la siguiente: "no podemos pretender ceñimos exclusivamente a la denominación dada por las partes. Dicho de otro modo, no cabe una interpretación literal que exija que la pensión compensatoria haya sido fijada con esa denominación para poder admitir que se cumple con el requisito para el acceso a la prestación de viudedad". Junto con ello, el TS elaboró el siguiente panorama indiciario: en el "hipotético supuesto de divorcio sin hijos, salvo que de modo expreso se establezca el pacto de alimentos, tendrá que presumirse que cualquier cantidad fijada en favor del otro cónyuge ostenta la condición de compensatoria. Por el contrario, la fijación de una sola pensión cuando haya hijos que quedan a cargo de quien después resulta ser el supérstite habrá de presumirse como pensión de alimentos a favor de éstos".

A raíz de la anterior sentencia se han dictado varias en el mismo sentido: STS (Sala 4ª) 30 enero 2014 (*Tol 4184084*): que versó en el supuesto de una pareja que llevaba divorciada desde el año 1987 el exmarido venía reparando a la exmujer con una suma mensual en concepto de "contribución a las cargas del matrimonio y alimentos para ella". El Tribunal Supremo interpretó que, con independencia de la denominación dada a la citada prestación en el momento de la separación judicial, esta consistía en una cantidad en beneficio exclusivo de la mujer, por lo que en estos casos también cabe permitir a la solicitante el acceso a la pensión de viudedad; STS (Sala 4ª) 12 febrero 2016 (*Tol 5658227*), que conoció sobre un caso en el que una mujer separada de su marido desde el año 1998 solicitó pensión de viudedad tras el fallecimiento del mismo en el año 2011, siendo que, en la sentencia de separación se acordó que la vivienda familiar quedase en uso y disfrute de la esposa e hijos del matrimonio y, además, se pactó el abono de una cantidad en concepto de "contribución a las cargas del matrimonio y alimentos para la hija menor", rechazándose cualquier pago en concepto de pensión compensatoria. La citada sentencia se hizo eco de la doctrina dictada en Pleno y llegó a la conclusión de que tales prestaciones eran "obligaciones dinerarias que sin duda tenían por objeto compensar las dificultades económicas que la separación indudablemente había de producir a la esposa separada"; STS (Sala 4ª) 26 febrero 2016 (*Tol 5671029*), que también acogió sin fisuras esta doctrina en un supuesto de hecho donde los cónyuges se separaron judicialmente en el año 1994 y se acordó que el marido contribuiría a las cargas familiares con una cantidad abonada a la ex mujer y otra para la hija (a esta última contribuían ambos). Desde el año 2003 la hija trabajaba como maestra, por lo que disponía de su propio sustento y, pese a ello, la exmujer continuaba percibiendo una cantidad mensual ingresada por el exmarido. En este caso el TS concedió a la actora la pensión de viudedad, valorando los siguientes hechos: a) que se había acordado una pensión para la hija y otra para la propia mujer; b) que se concedió por parte del juez una cantidad que textualmente viene referida para contribuir "a las cargas del matrimonio"; c) y, además, pese a la emancipación económica de la hija en común, la mujer continuó percibiendo dicha pensión hasta el fallecimiento del causante, que tuvo lugar más de seis años después.

Ello no quiere decir que se pueda extender a otro tipo de rentas que en nada se asemejan a una pensión por desequilibrio (como es el caso de la renta que aportaba el cónyuge supérstite consistente en el 50% del préstamo que gravaba la vivienda habitual del matrimonio, así como el 50% de los gastos derivados de la propiedad de dicha vivienda —seguros, obras e impuestos—, sin que conste ningún pago superar a dichas cuantías fijadas en la sentencia de divorcio, [STSJ País Vasco 11 julio 2023 (*Tol 9703228*)].

Sobre el tema del pago de la pensión compensatoria, el STS (Sala 4ª) 18 septiembre 2013 (*Tol 4061370*) consideró que, en los casos de impago, es posible que se pueda acceder a la pensión de viudedad. El supuesto concreto gravitó en torno a una mujer que tenía reconocida una pensión compensatoria que liba percibiendo mientras su exmarido trabajaba. La mujer ingresó el correspondiente monto económico desde el año 1991 hasta el año 2000, momento en el que el acreedor se jubiló y dejó de pagar. La mujer no solicitó judicialmente la ejecución de la sentencia de separación, habiendo fallecido su excónyuge el 28 de febrero de 2011. El TS entendió que si la norma hubiera querido que la persona beneficiaria de la pensión de viudedad estuviera recibiendo la pensión compensatoria hubiera exigido en el tenor del precepto que fuera "perceptora" de la misma en el momento del fallecimiento del cónyuge. Sin embargo, la norma establece el requisito de que la persona sea "acreedora de la pensión compensatoria". Por consiguiente, entran en este concepto todos aquellos supuestos en los que el cónyuge sea insolvente. Por lo tanto, lo decisivo será que la persona solicitante tenga reconocido el derecho a dicha pensión, con independencia de que se perciba o no realmente. Asimismo, la ausencia de impugnación judicial sólo producirá la prescripción de los sucesivos periodos de pensión, pero en ningún caso supondrá su extinción, ni mucho menos podría considerarse como un signo terminante de renuncia a la misma.

Cuestiones relevantes

11. Para poder acceder a la pensión de viudedad se ha de extinguir con el fallecimiento del causante una pensión de viudedad. Para el caso de "pensiones innominadas", es decir, cuando las partes no aciertan con la calificación jurídica otorgada al *quantum* económico que uno de los cónyuges se compromete a facilitar periódicamente al otro, el TS ha interpretado esta cuestión de una manera amplia. En este sentido, cabe poner la atención en lo que las partes han querido constituir realmente y no tanto en la nomenclatura utilizada por ellos. De este modo, la dependencia económica respecto del excónyuge fallecido se produciría cuando se esté percibiendo una pensión compensatoria *stricto sensu*, pero también cuando el/la solicitante reciba cualquier otro pago regular o periódico de similares características y análogo propósito.

12. Esta deuda (pensión compensatoria) no sólo debe de haberse reconocido en el momento de la separación o divorcio, sino que, además, debe de subsistir al tiempo del fallecimiento del excónyuge. Por este motivo, en todos aquellos supuestos en los que la pensión se haya fijado de forma temporal o en los que se haya extinguido con anterioridad a la muerte del deudor de la renta, el acceso a la pensión de viudedad quedará frustrado. Cuestión distinta es que, en el momento del fallecimiento del causante, el cónyuge supérstite siga siendo "acreedor/a" de la misma. En estos casos, el impago de la pensión compensatoria no perjudicará el derecho a la pensión viudedad, que sólo se producirá con la efectiva extinción de la primera.

2.2. *La eventual reconciliación entre los cónyuges*

Una posible situación que suscita algunas dudas en cuanto al acceso a la pensión de viudedad viene representa por una eventual reconciliación de los cónyuges que previamente se hayan separado o divorciado.

La primera de estas figuras supone un relajamiento de la actividad conyugal que no disuelve por completo el matrimonio. Por el contrario, el divorcio rompe por completo el vínculo matrimonial y, por ello, habilitaría para contraer nuevas nupcias.

Jurisprudencia

Para resolver esta cuestión, en un primer momento, el Tribunal Supremo obligaba a los cónyuges a validar su reconciliación ante el juez que dictó la sentencia de separación (STS (Sala 4ª) 15 diciembre 2004, *Tol 565087*. Se determinó en la citada sentencia que debido a "las exigencias de la propia naturaleza de un Estado de Derecho, la voluntaria y comúnmente aceptada continuación de la convivencia matrimonial entre dos personas, que legalmente tienen suspendida dicha convivencia, no puede surtir efecto jurídico similar al de la convivencia matrimonial propiamente dicha, en tanto no se obtenga el refrendo judicial modificador de la situación de separación y propio de la reconciliación matrimonial comunicada, oportunamente, al Órgano Judicial".

Esta doctrina dio un giro unos años más tarde, cuando se dictó la STS (Sala 4ª) de 4 de marzo de 2014 (*Tol 4218759*). El supuesto de hecho consistió en una pareja que se separó judicialmente en el año 1998 y que posteriormente se reconcilió formalizando escritura pública notarial que, no obstante, no fue comunicada al juez. El Tribunal Supremo entendió que el anterior art. 174.2 LGSS condicionaba la pensión a que no se hubieran contraído nuevas nupcias o se hubiera constituido pareja de hecho con otras personas, por lo que sí que podían, naturalmente, tener vínculo matrimonial entre ellos mismos. De esta manera, la STS 4 marzo 2014 llevó a cabo una interpretación flexible de los preceptos reguladores de la pensión de viudedad, muy alejado de su tenor literal, permitiendo su acceso en situaciones en las que, de otro modo, se tendría que haber denegado.

Posteriormente, el Tribunal Supremo corrigió la interpretación mantenida por la anterior STS 4 marzo 2014 y volvió a la doctrina de origen. Así vino avalado por la STS 16 febrero 2016 (*Tol 5662285*) en el caso de una pareja que se casó en el año 1984 y en 1997 se separó judicialmente, renunciando expresamente a solicitarse pensiones compensatorias, si bien, optaron por reanudar la convivencia, la cual se mantuvo hasta la fecha del fallecimiento del causante (2009), circunstancia que nunca fue comunicada al juez que dictó la sentencia de separación. Esta postura ha quedado confirmada en otros pronunciamientos posteriores, siendo uno de los más recientes el de la STS 21 de julio de 2020 *(Tol 8037424)*. El supuesto de hecho fue el de una pareja que contrajo matrimonio en 1974 y se separaron en 1995 firmando un convenio regulador sin fijar pensión compensatoria. Posteriormente, en el año 2006 reanudaron su convivencia, pero sin comunicar nada al juez. En este sentido, de acuerdo con lo dispuesto por la STS 21 julio 2020, la reanudación de la convivencia no puede surtir efecto jurídico frente a terceros similar al de la convivencia matrimonial propiamente dicha. Por tanto, al no haberse producido la comunicación judicial que exige el art. 84 CC, la exmujer no tiene derecho a la pensión de viudedad. En este mismo sentido se ha posicionado alguna sentencia posterior, más reciente, como es el caso, por ejemplo, de la STSJ Cataluña 21 marzo 2023 (*Tol 9524794*).

Cuestiones relevantes

13. En los supuestos de separación judicial, la reanudación de la convivencia puede canalizarse por varias vías: por un lado, se puede interesar el reconocimiento de una posible situación de pareja de hecho, reconducible por el art. 221 LGSS, si bien, esta opción es descartada por parte del Tribunal Supremo con base a la ausencia de la ruptura del vínculo matrimonial, que todavía sigue vigente; De otro lado, se puede interesar la aplicación del art. 219 LGSS pensado para los cónyuges "actuales", es decir, aquellos que no estén separados ni divorciados. No obstante, para poder validar esta situación es necesario un nuevo pronunciamiento judicial, pues como recuerda la STS (Sala 4ª) 16 febrero 2016 —ya citada— "la voluntaria y comúnmente aceptada continuación de la convivencia matrimonial entre dos personas, que legalmente tienen suspendida dicha convivencia, Consiguientemente, será un requisito para poder eludir este escollo que los cónyuges insten el pronunciamiento judicial sobre su reconciliación. Sólo de este modo la reanudación de la convivencia pasará a tener efectos frente a terceros, en concreto contra el INSS.

14. Por su parte, **en los casos de divorcio será necesario que las partes vuelvan a contraer nuevas nupcias entre ellos o, incluso, que estos constituyan válidamente una pareja de hecho, en cuyo caso habría que estar a las exigencias formales predicadas por el art. 221 LGSS.** Esto es así porque con el divorcio, una vez disuelto el vínculo matrimonial, puede generarse una situación de pareja de hecho entre los antiguos cónyuges y si los divorciados contraen entre sí nuevo matrimonio, será esta nueva situación matrimonial la que genere sus efectos.

2.3. Cuestiones jurídicas sobre el derecho transitorio: separaciones o divorcios producidos con anterioridad al 1 de enero de 2008

La incorporación del requisito consistente en que la pensión compensatoria se extinga con el fallecimiento del causante llevó al legislador a establecer una situación transitoria para separaciones o divorcios consumados con anterioridad al 1 de enero de 2008 (que se amplió transitoriamente hasta el 31 de diciembre de 2009). Este régimen especial se acomodó sistemáticamente en la DT 18ª LGSS y, en la actualidad se encuentra en la DT 13ª LGSS. A la luz de la señalada DT se precisa que los excónyuges hayan mantenido el vínculo matrimonial durante más de diez años y, correlativamente, que entre la fecha de la separación o divorcio hayan transcurrido menos de diez años. Junto con las citadas exigencias temporales se tendrán que dar, además, alguno de los siguientes supuestos: a) la existencia de hijos comunes en el matrimonio y/o; b) que la persona solicitante tenga más de 50 años en el momento del fallecimiento del causante.

Jurisprudencia

La mencionada DT encierra algunas dudas interpretativas, no tanto respecto a las cuestiones de fondo, sino sobre el cómputo de los plazos en ella señalados y que, a la postre, suponen el ingrediente principal para poder salvar la ausencia de una pensión compensatoria. Así, de un lado, la citada norma indica que entre la separación o el divorcio y la fecha del óbito no pueden haber transcurrido más de diez años. El cómputo de este plazo ha planteado algunos problemas en cuanto a la fijación de su dies a quo, sobre todo, en los supuestos nada infrecuentes en los que una pareja decide separarse judicialmente y con posterioridad acude a la figura del divorcio para liquidar definitivamente su vínculo matrimonial. Esta cuestión ha sido abordada en varias ocasiones por parte de la Sala de lo Social del Tribunal Supremo, que ha mantenido en este punto una postura uniforme en el sentido de interpretar que el dies a quo se produce con el primero de estos acontecimientos, es decir, con la separación judicial (*Vid.* SSTS 2 noviembre 2013 (*Tol 4112167*), 18 diciembre 2013 (*Tol 4106016*), 28 abril 2014 (*Tol 4417663*), 19 noviembre 2014 (*Tol 4617667*), 5 febrero 2015 (*Tol 4763673*) o 13 de mayo de 2015 (*Tol 5200657*), o 5 octubre 2016 (*Tol 5864369*). A título de ejemplo, la STS 16 febrero 2016 (*Tol 5658210*), que también se ocupó de este problema en un supuesto donde la parte demandante (pareja actual) solicitó judicialmente que la exmujer no tuviera derecho a una parte de su pensión, acogiéndose para ello en que habían transcurrido más de diez años desde la separación de su marido con la primera (y no se había pactado una pensión compensatoria). En este supuesto, si se tomara en consideración la fecha del divorcio no habrían pasado más de diez años entre esta vicisitud y el fallecimiento del causante, mientras que, si se fijaba como dies a quo la separación judicial, el citado periodo se habría superado con creces. El TS consideró que "el periodo de diez años debe computarse a partir «del divorcio o de la separación judicial», esto es a partir de la situación jurídica que se produzca primero, la separación judicial o el divorcio, porque así lo indica la conjunción o que es disyuntiva, de lo que se deriva que el cómputo se hace a partir de la producción del primer hecho (jurídico) que suceda".

Esta interpretación está en sintonía con la jurisprudencia de la Sala de lo Civil del Tribunal Supremo, que en los casos en los que la separación precede al divorcio no permite revisar el desequilibrio económico entre los cónyuges dentro del segundo procedimiento, extremo que se debería fijar, en su caso, en la primera de las realidades. Así, por ejemplo, podemos traer a colación la STS (Sala 1ª) 9 febrero 2010 (*Tol 1790763*) en la que se puede leer lo siguiente: "procede declarar como doctrina jurisprudencial que el desequilibrio que genera el derecho a la pensión compensatoria debe existir en el momento de la ruptura matrimonial, aunque se acuerde el pago de alimentos a uno de los cónyuges, sin que el momento del divorcio permita examinar de nuevo la concurrencia o no del desequilibrio y sin que la extinción del derecho de alimentos genere por sí mismo el derecho a obtener la pensión compensatoria".

En último término, cabe señalar que el legislador previó un supuesto excepcional donde la pensión de viudedad podía ser concedida sin necesidad de acreditar los requisitos ordenados en la señalada DT. No en vano, se reconoce para las "personas que se encuentren en la situación señalada en el primer párrafo del apartado anterior, aunque no reúnan los requisitos señalados en el mismo", de lo que se deduce que tenía que ser para matrimonios separados o divorciados con anterioridad al 1 de enero de 2008, pues de otra forma no se entendería su ubicación sistemática en una Disposición de naturaleza transitoria. Para poder tener derecho a la pensión de viudedad estas personas debían tener al menos 65 años o más y, además, que no tener derecho a otra pensión pública y que la duración del matrimonio con el causante de la pensión no haya sido inferior a quince años.

2.4. La pensión de viudedad en el caso de mujeres víctimas de violencia de género

La Ley 26/2009, de 23 de diciembre, de Presupuestos Generales del Estado para el año 2010 modificó el por aquel entonces era el art. 172.2 LGSS para incluir como beneficiarias "incondicionadas" de la pensión de viudedad a las mujeres víctimas de violencia de género. La redacción del precepto, ahora ubicado en el art. 221.1 LGSS, indica textualmente lo siguiente: "en todo caso, tendrán derecho a la pensión de viudedad las mujeres que, aun no siendo acreedoras de pensión compensatoria, pudieran acreditar que eran víctimas de violencia de género en el momento de la separación judicial o el divorcio mediante sentencia firme, o archivo de la causa por extinción de la responsabilidad penal por fallecimiento; en defecto de sentencia, a través de la orden de protección dictada a su favor o informe del Ministerio Fiscal que indique la existencia de indicios de violencia de género, así como por cualquier otro medio de prueba admitido en Derecho". La Exposición de Motivos de la norma no explica cuál es el propósito de esta incorporación, si bien, en opinión de la STS 5 febrero 2013 (*Tol 3247000*) a través de la misma "se pretende corregir la situación de desprotección de las víctimas de violencia de género en la fecha de separación o divorcio". En la citada sentencia el Tribunal Supremo manifestó que sería más probable que estas mujeres se vean abocadas a renunciar a la pensión compensatoria en aras de poner fin a la indeseable convivencia y violencia que sobre ellas se ejercía. Por lo tanto, opinó que el legislador podría estar presumiendo una vinculación entre la violencia de género y la falta de pensión compensatoria. La situación de violencia de género debe de acreditarse en momentos más o menos cercanos a la separación o divorcio, sin que sea necesario que sea anterior a esta vicisitud, habiéndose aceptado, por ejemplo, la existencia de una sentencia condenatoria dictada18 meses después]STSJ Cataluña 27 abril 2023 (*Tol 9645639*)]. En esta última sentencia también se adujo que "la condición de víctima de violencia de género no se desvirtúa por una puntual reconciliación y reanudación de la vida en común de corta duración ni, todavía menos, por el hecho que el divorcio se fundamente en previo acuerdo de separación de mutuo acuerdo".

También se ha admitido el derecho a la pensión de viudedad cuando la víctima de violencia de género ha recibido una pensión compensatoria, pero de corta duración, no existiendo la misma en el momento del óbito, interpretando de forma amplia el término legal "en todo caso" [STSJ Castilla y León, Valladolid, 17 julio 2023 (*Tol 9683440*)].

Jurisprudencia

La utilización del término "en todo caso", unido a la inexistencia de cualquier tipo de salvedad, aclaración o apostilla parece inclinar la balanza hacia una interpretación literal, en detrimento de cualquier otra posible explicación finalista. Así lo ha venido considerando sin ambages la jurisprudencia [SSTS 26 enero 2010 (*Tol 2045362*), 5 febrero 2013 (*Tol 3247000*) o 20 enero 2016 (*Tol 5635159*)].

Por supuesto, para todas aquellas mujeres que hubieran sido víctimas de violencia de género por parte de sus exparejas tampoco resultaría de aplicación la Disposición transitoria 13ª LGSS y, con ello, los más de diez años de convivencia, menos de diez entre la separación o el divorcio y además tener hijos comunes o 55 años.

La forma de acreditar el padecimiento de alguna conducta reveladora de violencia de género consistirá, normalmente, en una resolución dictada por parte de un Juzgado de Violencia sobre la Mujer. En cualquier caso, pese a que los supuestos en los que existe un pronunciamiento judicial firme son los más evidentes, el tenor de la norma también abre la posibilidad a otros momentos anteriores, tales como la adopción de una orden de protección como medida cautelar o incluso la existencia de un informe emitido por parte del Ministerio Fiscal donde se acrediten los indicios de violencia de género. Pero, además, el art. 220.1 LGSS también habla de "cualquier otro medio de prueba admitido en Derecho", por lo que admitiría un amplio abanico de formas de acreditar una situación de violencia de género, que eso sí, debe de acontecer en el momento de la separación o divorcio. En este sentido, la STS (Sala 4ª) 20 enero 2016 —antes citada—, ante la ausencia de un pronunciamiento judicial que la sustente, acudió al panorama indiciario para reconocer el ejercicio de violencia de género sobre la exmujer. En este supuesto concreto la mujer denunció por malos tratos a su marido (siendo este último absuelto, pero no por inexistencia de causa, sino porque la mujer retiró la denuncia); posteriormente, en el proceso de disolución del matrimonio volvió a resultar acreditado un clima hostil provocado por el marido; en último término, el causante fue condenado por amenazas provocadas contra el hijo común, llegándose a la conclusión que la violencia ejercitada contra el hijo redunda también en una violencia contra la mujer ("es decir, si el padre ejerce violencia sobre el hijo común y la madre se enfrenta por tal motivo estamos ante un indicio de violencia de género"). Pese a no existir sentencia condenatoria, medidas cautelares, ni informe del Ministerio Fiscal, el TS concedió la pensión de viudedad a la exmujer del causante atendiendo al panorama indiciario que suministró los medios probatorios suficientes que, valorados en su conjunto, demostraron que esta fue víctima de violencia de género durante los años anteriores a la separación matrimonial —y también durante dicho proceso—.

De nuevo, en la STS 26 septiembre 2017 (*Tol 6403366*), se consideró probado que la recurrente había sufrido "amenazas e insultos… mientras estuvo vigente la relación marital, así como tras el cese de la convivencia conyugal…". El TS reiteró que resulta suficiente acreditar estas conductas por cualquier medio admitido en derecho, sin ser exigible la existencia de sentencia firme, orden de alejamiento o informe del ministerio fiscal.

Cuestiones relevantes

15. El legislador ha previsto que la pensión de viudedad en el caso de la mujer que acredite ser víctimas de violencia de género no esté percibiendo una pensión compensatoria. Ahora bien, en todo caso, persiste la obligación de cumplir con los requisitos generales establecidos en el art. 219 LGSS para los cónyuges sobrevivientes o "actuales", es decir, aquellos matrimonios que no se han separado. En este sentido, *de facto*, el tratamiento dispensado sobre las mujeres víctimas de violencia de género que se hubieran separado o divorciado de su marido va a ser idéntico al previsto para los cónyuges cuyo matrimonio ha perdurado hasta el fallecimiento de uno de ellos.

16. Son tres los datos que deben concurrir para poder lucrar la pensión de viudedad: 1) el "elemento instrumental: que acredite la realidad a través de medios probatorios jurídicamente válidos; 2) el elemento material: ser víctima de violencia de su expareja; 3) el elemento cronológico: que exista violencia de género al producirse la separación o divorcio. Cabe señalar que es el propio art. 220.1 LGSS el sugiere que la violencia de género se produzca "en el momento de la separación judicial o el divorcio".

17. Por la parte del agresor, la DA 1ª de la LO 1/2004 expresa textualmente que "quien fuera condenado, por sentencia firme, por la comisión de un delito doloso de homicidio en cualquiera de sus formas o de lesiones cuando la ofendida por el delito fuera su cónyuge o ex cónyuge, o estuviera o hubiera estado ligada a él por una análoga relación de afectividad, aun sin convivencia, no le será abonable, en ningún caso, la pensión por orfandad de la que pudieran ser beneficiarios sus hijos dentro del Sistema Público de Pensiones, salvo que, en su caso, hubiera mediado reconciliación entre aquellos". Por lo tanto, **al agresor se le deniega el derecho al percibo de la pensión de viudedad, sin perjuicio de que, como veremos, la pensión de orfandad puede incrementarse en estos casos.**

2.5. *La cuantía de la prestación en el caso de concurrencia de personas beneficiarias*

La cuantía de la prestación sufre ciertas especialidades cuando la persona beneficiaria ha sido un excónyuge. En este punto la norma ha sufrido una clara evolución. En este sentido, el art. 174 LGSS (en su versión de 1994) señalaba que "el derecho a la pensión de viudedad corresponderá a quien sea o haya sido cónyuge legítimo y en cuantía proporcional al tiempo vivido con el cónyuge fallecido, con independencia de las causas que hubieran determinado la separación o el divorcio". Así, cuando el cónyuge estaba divorciado el disfrute de la pensión, cuando no concurría con nadie más, se concedía en función del tiempo convivido, jugando en este punto la regla de la proporcionalidad. Por lo tanto, el cónyuge no tenía derecho el importe íntegro de la pensión.

La reforma del año 2007 (Ley 40/2007) efectuó algún cambio de relevancia. En este sentido, además de incluir la pensión compensatoria antes referida, expresó que si habiendo divorcio "se produjera una concurrencia de beneficiarios con derecho a pensión, esta será reconocida en cuantía proporcional al tiempo vivido por cada uno de ellos con el causante, garantizándose, en todo caso, el 40 por ciento a favor del cónyuge superviviente o, en su caso, del que, sin ser cónyuge, conviviera con el causante en el momento del fallecimiento y resultara beneficiario de la pensión de viudedad". Así, de un lado, en los casos en los que el excónyuge sea el titular único de la pensión, tendrá derecho a recibir la pensión completa y no únicamente la que le corresponda por el tiempo de convivencia [STS 23 junio 2014 (*Tol 4531778*)]. De otro lado, puesto que es necesario que con el óbito del causante se extinga una pensión compensatoria, la cuantía de la pensión de viudedad se limita al importe de la anterior. En este sentido, cuando el importe de la pensión viudedad sobrepase el de la pensión compensatoria el excónyuge recibirá la cuantía de esta última. En último término, pese a que mantiene la regla de proporcionalidad en los casos de concurrencia vino asegurar una cuantía mínima para el cónyuge sobreviviente, para protegerlo en los casos en los que hubiera convivido poco tiempo. De esta manera se opta por favorecer la decisión de la persona fallecida, es decir, con la última persona con la decidió convivir. Por lo tanto, con independencia del tiempo de convivencia y, en todo caso, el cónyuge que estuviera casado o hubiera formalizado una pareja de hecho con derecho a pensión, cobrará el 40 por ciento de la misma como mínimo.

Jurisprudencia

Dado que el importe de la pensión del excónyuge está limitado al de la pensión compensatoria, se ha plantado judicialmente si la otra persona beneficiaria tiene derecho a acrecer su cuantía cuando la primera está topada. De acuerdo con la STS (Pleno) 19 diciembre 2017 (*Tol 6484732*), el legislador ha querido conjugar dos intereses básicos que considera susceptibles de protección: "uno derivado de la duración de la convivencia con el causante, y otro de la vigencia del vínculo en el momento del óbito, generadora de un especial desequilibrio económico". Junto con ello, consideró que la legislación siempre ha pretendido evitar la excesiva protección del excónyuge (bien sea con la tesis atributiva, bien sea con la limitación al importe de la pensión compensatoria), que opera con independencia de que concurra con otra persona o no. En definitiva, terminó asentando que al importe que le corresponde al cónyuge supérstite se le debe de añadir la porción o parte de la pensión que (en razón a ese parámetro), le correspondería al excónyuge cuando exceda del importe de su pensión compensatoria. Por lo tanto, la pensión del cónyuge actual se incrementará, pero no por toda la cuantía, sino calculada, igualmente, en función del parámetro de la convivencia. Esta sentencia ha sido seguida posteriormente por alguna otra, por ejemplo, la dictada por el TSJ Comunidad Valenciana 20 septiembre 2018 (*Tol 6927178*).

Por su parte, la STS 9 junio 2021 (*Tol 8473619*) consideró que, en el supuesto de concurrencia de personas beneficiarias, al importe de pensión de viudedad que le corresponde al cónyuge supérstite (en proporción al tiempo de convivencia con el causante) se le debe añadir la porción de pensión que (en razón de ese mismo parámetro) ha venido percibiendo el excónyuge a partir del momento en que se extingue este derecho. Ahora bien, la propia Sala advierte que la solución expuesta no puede trasladarse ni al supuesto inverso (fallecimiento de la persona viuda y supervivencia del cónyuge histórico), ni a otros en los que hay concurrencia de diverso tipo (por ejemplo, entre excónyuges) o en los que son otras personas (huérfanos) a quienes el legislador desea que se destine el importe de la pensión extinguida, ni a cualesquiera otros diversos.

También se ha resuelto judicialmente si el excónyuge supérstite tiene derecho o no al complemento a mínimos de las pensiones, cuando esta supere en total el límite máximo previsto en el art. 220 LGSS. En este sentido, la STS 30 junio 2020 (*Tol 8017455*), amparándose en otra anterior de 22 abril 2010 (*Tol 1861169*) que sostuvo que los complementos a mínimos ostentan una clara autonomía con la pensión a la que complementan consideró que sí que se tiene derecho a lo mismos, pues: "consiste en una cuantía que no responde al objetivo de la prestación mejorada de sustituir una renta, sino al asistencial de paliar una situación de necesidad". Junto con ello, su concesión "no atiende a los requisitos de la pensión, sino exclusivamente a la falta de ingresos económicos". Además, "no tiene sustantividad propia", es decir, que no existe sin una prestación principal ni tampoco tiene naturaleza contributiva, sino asistencial. En último término los requisitos para cobrar el complemento por mínimos no tienen que exigirse en una determinada fecha, sino que se han de acreditar año a año. Si volvemos a la pensión de viudedad, el reparto proporcional de la misma solo se exige cuando existe concurrencia con otra persona beneficiaria. En estos casos existirá, tal y como ya he anticipado con anterioridad, una única pensión a repartir entre dos o más personas. Por ello, como el complemento a mínimos tiene una naturaleza autónoma y su fijación es a cargo del Estado se debe de aplicar al excónyuge cuando no exista ninguna persona que sea beneficiaria de la pensión sin rebaja de ningún tipo. En definitiva, el complemento a mínimos del excónyuge supérstite cuando sea la única persona beneficiaria corresponderá con el 100 por cien, sin someterse a reducción alguna en función del tiempo de convivencia cuando no existe más que una persona beneficiaria.

3. LA PENSIÓN DE VIUDEDAD EN LAS PAREJAS DE HECHO

El art. 221 LGSS regula los requisitos especiales que deben de reunir las uniones de hecho para poder acceder a la pensión de viudedad cuando fallece una de las dos personas de la pareja.

Normativa reguladora

El acceso de los convivientes *more uxorio* a la pensión de viudedad ha sufrido varios cambios de rumbo a lo largo de su reconocimiento legal por mor de la Ley 40/2007, de 4 de diciembre, de medidas en materia de Seguridad Social, que introdujo un nuevo apartado dentro del artículo 174 LGSS por el que se incluyó como sujetos pasivos de la pensión de viudedad a las personas que acreditaran ser pareja de hecho estable. De esta manera, el legislador amplió el ámbito subjetivo de la pensión, aunque sin equiparar su régimen jurídico con el del cónyuge viudo. En efecto, este derecho se reguló de una forma más exigente que la prevista para los cónyuges, puesto que a las parejas de hecho se les exigían una serie de requisitos adicionales. Así, en primer lugar, tienen que acreditar, de una forma fehaciente, la propia existencia de la pareja de hecho legalmente constituida. Una vez que ya se ha podido constatar la veracidad de la relación *more uxorio*, cabía pasar por el tamiz de los ingresos de la pareja, pues al contrario de lo que sucede en el caso de los cónyuges, la persona sobreviviente sólo podía acceder a la pensión de viudedad si demostraba una situación de necesidad ocasionada por el fallecimiento del causante. Junto con ello, finalmente, también se les exigía un determinado periodo de convivencia previo al fallecimiento del causante. Por lo demás, las exparejas de hecho no tenían derecho a la pensión de viudedad.

En la actualidad la pensión de viudedad de las parejas de hecho se encuentra regulada en el art. 221 LGSS, que mantuvo durante mucho tiempo la redacción heredada con anterioridad (cosa razonable si tenemos en cuenta que se trataba de un Texto Refundido).

La reciente Ley 21/2021, de 28 de diciembre, de garantía del poder adquisitivo de las pensiones y de otras medidas de refuerzo de la sostenibilidad financiera y social del sistema público de pensiones, a través de su artículo 1.10, modificó el tenor del art. 221 LGSS, introduciendo varias novedades cuya entrada en vigor tuvo lugar el pasado 1 de enero de 2022. La reforma vigente introdujo importantes cambios en lo que se refiere a los requisitos de acceso a la pensión de viudedad por parte de las parejas de hecho, tal y como veremos detenidamente en las siguientes páginas. En este momento indicar simplemente, *grosso modo*, que ya no se exige que la pareja supérstite acredite un cierto desequilibrio económico. De otro lado, para las parejas con hijos en común el periodo de convivencia estable y notoria se reduce significativamente, pues ya no se les pide acreditar cinco años. En último término se ha abierto la posibilidad a que las ex parejas de hecho puedan también acceder a la pensión de viudedad, de un modo similar a lo que ocurre con los excónyuges. En definitiva, la reforma que entró en vigor en enero de 2022 trató de equiparar el régimen jurídico del acceso a la pensión de viudedad de las parejas de hecho a la prevista para los cónyuges.

3.1. Los requisitos especiales exigidos a las parejas de hecho

3.1.1. El requisito material: la convivencia estable y notoria

De acuerdo con lo establecido por el artículo 221.2 TRLGSS, las parejas de hecho deben de acreditar, mediante el correspondiente certificado de empadronamiento: "una convivencia estable y notoria con carácter inmediato al fallecimiento del causante y con una duración ininterrumpida no inferior a cinco años".

Jurisprudencia

De acuerdo con la jurisprudencia dictada por la Sala de lo Social del Tribunal Supremo, la referencia expresa dispuesta por parte del art. 221.2 TRLGSS hacia el certificado de empadronamiento como medio de prueba de la convivencia estable y notoria no excluye la posibilidad de alegar esta convivencia a través de otros medios distintos (SSTS 25 mayo 2010 (*Tol 1946567*), 14 junio 2010 (*Tol 1921717*), 15 marzo 2011 (*Tol 2079177*) o 9 junio 2011 (*Tol 2199966*). A modo de síntesis, se puede resumir esta cuestión con base a los puntos extraídos de la última las sentencias citadas:

"1) La acreditación de la convivencia en clave de pareja de hecho puede hacerse por cualquier medio de prueba admisible en derecho;

2) El empadronamiento conjunto del causante y el beneficiario no es un elemento "constitutivo" de la convivencia ni tampoco puede erigirse en el único medio probatorio de tal situación;

3) El certificado de empadronamiento al que se refiere en la actualidad el art. 221.2 TRLGSS es un medio probatorio "privilegiado" pero no excluyente de la acreditación por otras vías;

4) El propio art. 221.2 TRLGSS descartaría que el certificado de empadronamiento fuera la única prueba admisible de la convivencia *more uxorio*, pues acepta que la existencia de pareja de hecho se pueda acreditar "mediante certificación de la inscripción en alguno de los registros específicos existentes en las comunidades autónomas o ayuntamientos del lugar de residencia o mediante documento público en el que conste la constitución de dicha pareja"

Pese a que la ley no haya establecido nada al respecto, en los casos en los que la falta convivencia en el momento de hecho causante venga provocada por razón de violencia de género, no se exigirá este requisito de la convivencia estable, y ello pese a que la pareja no tenga hijos en común. De este modo, el Tribunal Supremo ha aceptado recientemente el reconocimiento de la misma y, de acuerdo con su doctrina: "la convivencia no solo es imposible e indeseable, sino que ha de evitarse a toda costa, por lo que, si se exige y se impone como requisito, no se alcanzaría la finalidad primordial y principal de proteger a la víctima de la violencia de género. Y ha de recordarse que la convivencia se rompe, no exactamente por la libre voluntad de la mujer que forma parte de la unión de hecho, sino porque la violencia ejercida sobre esta última hace imposible la convivencia" (STS 14 octubre 2020, *Tol 8181567*).

Siguiendo con la convivencia, la STS 26 octubre 2022 (*Tol 9274790*) concluyó que "solo puede computarse desde que la pareja pudo contraer matrimonio. En el presente caso la convivencia acumulada —como pareja de hecho no formalizada y como matrimonio— no alcanza los dos años". Aunque resolvió un supuesto de convivencia marital, lo que pretendía la actora es que computaran los años de convivencia *more uxorio* en un supuesto en el que esta se divorció de un primer marido el 12 de julio de 2017 y contrajo nupcias con el causante el 2 de marzo de 2018 en circunstancias dramáticas, pues ya se le había diagnosticado una grave enfermedad. Con antelación a este segundo matrimonio se aportaron datos (viajes y estancias en hoteles) que muestran una convivencia como pareja entre la actora y el fallecido que no se tuvo en cuenta.

Cuestiones relevantes

18. Las personas que constituyan pareja de hecho no deben de estar impedidas para contraer matrimonio y no deben de tener "vínculo matrimonial con otra persona", "ni constituida pareja de hecho", pues no cabe en ningún caso adquirir el derecho a la pensión por el fallecimiento de más de una persona. Por ello, de acuerdo con lo dispuesto por el art. 220 LGSS, si una persona divorciada vuelve a contraer nupcias con otra persona, perderá la pensión de su excónyuge, puesto que ya tendrá acceso a la misma en virtud de su matrimonio actual. En este mismo sentido, cuando ya exista previamente una pareja de hecho constituida con una persona será esta, en su caso, la causante de la pensión.

19. Respecto de la convivencia estable no inferior a cinco años, ya hemos visto que este dato puede acreditarse a través de cualquier medio de prueba admitido en derecho.

20. Tras la aprobación de la Ley 21/2021, el nuevo art. 221.2 TRLGSS predica esta convivencia establece durante cinco años: "salvo que existan hijos en común, en cuyo caso solo deberán acreditar la constitución de la pareja de hecho de conformidad con lo previsto en el párrafo siguiente". Por lo tanto, de la lectura del nuevo precepto se deduce que, **cuando existan hijos en común no se exigirá ningún plazo de convivencia estable, aunque sí que será necesario que la pareja esté debidamente inscrita** (tal y como se verá más adelante). No le aplicará esta salvedad, por ejemplo, a una pareja de hecho en la que uno o ambos miembros de la pareja tengan algún hijo/a con otra persona si entre ellos mismos no tienen a ninguno "en común" (en estos supuestos entiendo que se tendrá que acreditar una convivencia estable no inferior a cinco años).

21. Hace poco tiempo se dictó la STSJ Galicia 17 marzo 2020 (*Tol 7943419*), que denegó la pensión en un supuesto en el que sí que había concurrido una convivencia estable, notoria e inmediatamente anterior a la ruptura de la pareja acreditada mediante el oportuno registro, concurriendo los restantes requisitos temporales de convivencia. Sin embargo, quedó acreditado que se produjo una ruptura de la unión estable con anterioridad a la fecha del hecho causante, sin constar reconciliación posterior. Ahora bien, la Ley 21/2021 dio una nueva redacción al art. 221.3 LGSS y en estos momentos sí que **se permite que las ex parejas de hecho puedan acceder a la pensión de viudedad si se dan los siguientes condicionantes: a) que no haya contraído matrimonio con otra persona; b) que no haya constituido una nueva pareja de hecho (debidamente inscrita); c) que sea acreedora de una pensión compensatoria.**

Las primeras dos letras son bastante razonables, pues que si una de las personas contrae nupcias o constituye una nueva pareja de hecho será esta última persona la eventual causante de la pensión de viudedad. Para poder beneficiarse de la pensión de viudedad por el fallecimiento de una ex pareja de hecho será necesario, del mismo modo que ocurre para el caso de los excónyuges, que la persona supérstite sea acreedora de una pensión compensatoria. Además, de acuerdo con lo dispuesto por el art. 221.3 LGSS: "la pensión compensatoria deberá estar determinada judicialmente o mediante convenio o pacto regulador entre los miembros de la pareja otorgado en documento público, siempre que para fijar el importe de la pensión se haya tenido en cuenta la concurrencia en el perceptor de las mismas circunstancias relacionadas en el artículo 97 del Código Civil".

Desde mi punto de vista, **la inclusión de la exigencia de una pensión compensatoria en el caso de la ex parejas de hecho no es una cuestión sencilla de interpretar ni está exenta de problemas aplicativos prácticos:** a) En primer lugar, porque la Sala de lo Civil del Tribunal Supremo ha rechazado que a falta de pacto entre las partes no cabe aplicar por analogía lo dispuesto por el art. 97 CC; b) En segundo lugar, porque la doctrina sobre el enriquecimiento injusto no sigue las reglas ni criterios del art. 97 CC, se reduce a unos supuestos muy concretos y, además, la renta atribuida judicialmente puede que no sea vitalicia o periódica; c) En tercer lugar, porque los pactos privados entre las partes tendrán que estar elevados a documento público y, además, la pensión se deberá de fijar de acuerdo con lo previsto en el art. 97 CC (de este modo, el INSS podría entrar a discutir que la renta pactada no sigue los postulados del art. 97 CC y denegar por ello la pensión de viudedad, cuyo control lo realizarán con posterioridad los órganos de la jurisdicción social). Quizás, para poder superar estas rigideces es probable que los órganos de la jurisdicción social lleven a cabo una interpretación flexible, aceptando la validez de cualquier tipo de renta de carácter vitalicio o periódica que venga percibiendo la ex pareja de hecho supérstite siempre que la misma se extinga con el fallecimiento del causante y, eso sí, que su fijación venga amparada por una resolución judicial o esté otorgada en documento público. Es posible que el concepto de pensión compensatoria no se exija de una forma estricta, interpretando este tipo de rentas de una forma más o menos flexible [como ocurre con la pensión compensatoria de los excónyuges prevista en el art. 220 TRLGSS: por todas, STSS 30 enero 2014 (*Tol 4184084*) o 26 febrero 2016 (*Tol 5671029*)].

En todo caso, de acuerdo con el tenor de la ley y, del mismo modo que sucede para el caso de los excónyuges, cuando la cuantía de la pensión de viudedad "fuera superior a la pensión compensatoria, aquella se disminuirá hasta alcanzar la cuantía de esta última". Por lo tanto, en todo caso habrá que escoger la renta de menor cuantía: de este modo, cuando la pensión compensatoria es muy elevada, se reconocerá la viudedad calculada según sus límites y porcentajes legales, es decir, la cuantía inferior; mientras que, si la viudedad es mayor, quedará reducida al importe de la pensión compensatoria, nuevamente, la renta inferior.

Ha olvidado el legislador **qué pensión le corresponde a la pareja de hecho ante una eventual concurrencia de personas beneficiarias.** Pues bien, en este punto pueden darse dos interpretaciones distintas:

a) La primera que la elipsis del legislador lleve a repartir la pensión en función del principio *prorrata temporis*, es decir, en función del tiempo convivido. Repárese, además, que el legislador puede regular de forma distinta el acceso a la pensión de viudedad por parte las parejas de hecho, respecto de los cónyuges.

b) La segunda pasaría por emplear la analogía y, con ello, aplicar la regla prevista para los excónyuges en el art. 220 TRLGSS. Desde mi punto de vista, entiendo que cabe llevar a cabo una interpretación analógica. Primero, porque el TS ya ha utilizado esta regla recientemente para el caso de la convivencia estable de las parejas de hecho cuando ha existido violencia de género; Segundo, porque el objetivo del legislador con la reforma producida por la Ley 21/2021 ha tratado de equiparar la situación de las parejas de hecho a los cónyuges en lo que se refiere al acceso a la pensión de viudedad. De acuerdo con esta interpretación la pensión le corresponderá a cada una de las personas beneficiarias en función del tiempo convivido, reservándose el 40 por ciento de la misma, como mínimo, a la última persona que estuvo unida sentimentalmente con el causante.

22. En relación con las mujeres, víctimas de violencia de género, siguiendo con la pensión compensatoria, y para finalizar con este epígrafe, señalar que el último párrafo del art. 221 LGSS, reza lo siguiente: "en todo caso, tendrán derecho a la pensión de viudedad las mujeres que, aun no siendo acreedoras de pensión compensatoria, pudieran acreditar que eran víctimas de violencia de género en el momento de la extinción de la pareja de hecho mediante sentencia firme, o archivo de la causa por extinción de la responsabilidad penal por fallecimiento; en defecto de sentencia, a través de la orden de protección dictada a su favor o informe del Ministerio Fiscal que indique la existencia de indicios de ser víctima de violencia de género, así como por cualquier otro medio de prueba admitido en Derecho". Se trata, en suma, de una **traslación mimética del contenido del último párrafo del art. 220.1 LGSS, con la finalidad de equiparar esta salvedad para el caso de las parejas de hecho** (por lo que en este punto me remito a lo comentado previamente para el caso d ellos excónyuges).

3.1.2. El requisito formal: la inscripción de la pareja de hecho

Siguiendo con los requisitos especiales previstos en el art. 221 LGSS, cabe apuntar que no basta con una convivencia" durante un lapso temporal más o menos dilatado, sino que, además, la relación afectiva debe de estar necesariamente formalizada, del mismo modo que también ocurre con el matrimonio civil o religioso.

Jurisprudencia

Existe en este punto una abundante y sólida postura jurisprudencial que comparte la tesis consistente en que la inscripción como pareja de hecho es un requisito constitutivo y *sin e qua non* para poder acceder a la pensión de viudedad: SSTS (Sala 4ª) 20 julio 2010 (*Tol 1960426*), 3 mayo 2011 (*Tol 2134021*), 15 junio 2011 (*Tol 2248015*), 18 julio 2012 (*Tol 2645124*), 18 diciembre 2015 (*Tol 5650642*), 11 mayo 2016 (*Tol 5743425*) o 7 diciembre 2016 (*Tol 5946421*).

En todos estos pronunciamientos se sostiene que la publicidad de la situación de convivencia a través de la necesaria inscripción en el registro correspondiente, o la constancia de su constitución como tal pareja en documento público es un requisito obligatorio para poder acceder a la pensión. Asimismo, se indica que en este punto no existe una exigencia probatoria duplicada, por lo que, con el empadronamiento y demás medios para acreditar la convivencia no se colma con este requisito formal.

En este sentido, la pensión de viudedad se ha configurado para beneficio exclusivo de las parejas de hecho debidamente registradas. No es suficiente, pues, que aparezca una mención a la pareja de hecho en el acta de constitución de una Sociedad de Responsabilidad Limitada Laboral, constituida ante Notario el 26 de julio de 2012, donde los comparecientes fueron identificados como pareja de hecho, siendo registrada en el Registro Mercantil la escritura pública en la que se realizó dicha constitución, pues tal declaración no equivale a la constitución formal de pareja de hecho (STS 9 febrero 2015, *Tol 4763762*).

Un asunto sobre el requisito de la inscripción ha llegado recientemente a manos del Tribunal Constitucional, que resolvió a través de su STC 1/2021, de 25 de enero (*Tol 8318455*) lo siguiente: "ninguna vulneración del art. 14 CE se deriva de que haya en la norma una asociación entre el reconocimiento de la prestación de Seguridad Social y la concurrencia de un vínculo matrimonial reconocido por el ordenamiento jurídico, no siéndolo el matrimonio gitano". En este sentido, de acuerdo con el TC: "no resulta contraria al art. 14 CE la interpretación realizada en el proceso, de suerte que la pretensión de la demandante de que su unión no formalizada reciba el mismo trato que el otorgado a la relación de convivencia no matrimonial debidamente constituida no puede prosperar, no siendo contraria la diferencia de trato a la prohibición de discriminación".

Cuestiones relevantes

23. En este punto estamos ante un requisito *ad solemnitatem*, es decir, que es necesario que la pareja de hecho se haya constituido como tal ante terceros. En resumidas cuentas, la pensión se reconoce en favor de las parejas de hecho "registradas", "formales" o de "derecho" y no así las genuinas "parejas de hecho" (STS 9 febrero 2015, *Tol 4763569*).

24. La reforma llevada a cabo por la Ley 21/2021 no ha alterado este requisito, manteniendo la redacción del precepto tal y como estaba previamente.

25. La inscripción de la pareja de hecho se debe de mantener como mínimo dos años antes del fallecimiento del causante.

26. De acuerdo con lo dispuesto por el art. 222 LGSS (introducido por la Ley 21/2021), si **no se puede acceder a la pensión por no acreditarse la inscripción como pareja de hecho en alguno de los registros específicos existentes o su constitución mediante documento público se han producido con una antelación mínima de dos años respecto de la**

fecha del fallecimiento del causante, pero concurran el resto de requisitos enumerados en el art. 219, tendrá derecho a una prestación temporal en cuantía igual a la de la pensión de viudedad que le hubiera correspondido y con una duración de dos años.

3.1.3. El requisito cuantitativo: el desequilibrio económico ocasionado tras el fallecimiento

El art. 221.1 LGSS establecía un requisito que no se les exige a los cónyuges. Concretamente, para las parejas de hecho se preveía, desde los inicios de esta regulación específica, una cierta dependencia económica con el sujeto causante. En el momento en que el se realiza esta obra, ya no tiene sentido alguno detenerse en las cuestiones relevantes y jurisprudencia dictada en esta materia, toda vez que la reciente Ley 21/2021, citada *supra*, ha optado por eliminar el requisito del desequilibrio económico de la pareja de hecho supérstite a la hora de acceder a la pensión de viudedad. En resumidas cuentas, la desaparición de este requisito permite a la pareja de hecho supérstite acceder a la pensión de viudedad sin que la Entidad Gestora entre a valorar su nivel de rentas. En definitiva, en estos momentos, existe una equiparación total respecto de la situación legal prevista para los matrimonios.

3.2. Derecho transitorio

En último término, en relación con las parejas de hecho hay que comentar que la Ley 21/2021 ha introducido una DA 40ª el LGSS denominada "pensión de viudedad de parejas de hecho en supuestos excepcionales", que consiste en una regla transitoria para parejas cuyo miembro hubiera fallecido con anterioridad al 1 de enero de 2022.

Cuestiones relevantes

27. Para el reconocimiento excepcional de la pensión de viudedad por este vía se han de dar cuatro circunstancias concurrentes:

a) La primera: que el fallecimiento del causante no hubiera causado derecho a pensión de viudedad. Por ejemplo, que se hubiera denegado por no cumplir con el requisito del desequilibrio económico, o bien por no acreditar una convivencia estable teniendo hijos en común. Ahora bien, en todo caso, el causante si debía de reunir los requisitos de alta y cotización.

b) En segundo lugar: que el beneficiario pueda acreditar que cuando falleció el causante existía una pareja de hecho debidamente registrada.

c) Tercero: que el beneficiario no tenga reconocido derecho a pensión contributiva de la Seguridad Social.

d) En último término, la persona que desee esta prestación especial debe de solicitarla dentro de los doce meses siguientes a su entrada en vigor, es decir, dentro del año 2022, hasta la finalización del mismo. Los efectos económicos, en caso de resolverse a favor, se devengarán desde el día primero del mes siguiente a la solicitud.

De acuerdo con el Criterio de gestión 14/2022 de 4 de abril del INSS: "no se exige una previa resolución desestimatoria de la pensión de viudedad solicitada por el supérstite de una pareja de hecho, basta con que esta Entidad gestora compruebe que el actor no cumplía los requisitos que de acuerdo con la legislación anterior a la LPAP eran necesarios para el acceso de la pensión de viudedad y que sí puede acceder a la misma en virtud de la nueva DA 40ª del TRLGSS".

Por su parte, "en aquellos supuestos en los que llegó a causarse la pensión de viudedad por reunir el supérstite de la pareja de hecho los requisitos entonces exigidos, en los que posteriormente se suspendió el abono de la pensión de viudedad por no mantener el requisito relativo a los ingresos, procederá rehabilitar el pago de la pensión a partir del 1 de enero de 2022, dando una retroactividad de 3 meses desde la nueva solicitud, con el límite de la fecha de entrada en vigor de la DA 40ª del TRLGSS".

En último término, "el supérstite de una pareja de hecho, que ya sea beneficiario de otra pensión contributiva de la Seguridad Social, podrá solicitar la pensión de viudedad en aplicación de lo dispuesto en la DT 40ª del TRLGSS y ejercitar el derecho de opción por la más beneficiosa".

4. LA COMPATIBILIDAD DE LA PENSIÓN DE VIUDEDAD CON OTRAS PENSIONES O PRESTACIONES

La pensión de viudedad es compatible con cualquier renta derivada del trabajo, así como con la que sea sustitutiva de esta, tal y como expresamente dispone el art. 223.1 LGSS, cuya lectura cabe completar con lo dispuesto por el art. 10 de la norma reglamentaria sobre la prestación de muerte y supervivencia (Orden de 13 de febrero de 1967).

El mencionado art. 223.1 LGSS lo expresa con la suficiente contundencia y lo hace de la siguiente manera: "La pensión de viudedad será compatible con cualesquiera rentas de trabajo". Por su parte, el art. 10 de la Orden de 13 febrero de 1967, reza textualmente lo siguiente: "La pensión de viudedad será compatible con cualquier renta de trabajo de la viuda o con la pensión de vejez o invalidez a que la misma pueda tener derecho".

Jurisprudencia

El Tribunal Constitucional aclaró que la compatibilidad o incompatibilidad de pensiones es una cuestión de mera legalidad ordinaria (STC 375/93, *Tol 82396*).

En ocasiones, la propia normativa (normalmente en casos de disposiciones adicionales o transitorias) limita el acceso a la viudedad cuando existan otras pensiones. Así sucedió, por ejemplo, al amparo de las previsiones de la DA 3ª de la Ley 40/2007 que, con carácter excepcional, reconocía el derecho a la pensión de viudedad cuando, habiéndose producido el hecho causante con anterioridad a la entrada en vigor de dicha Ley, concurrieran, entre otras, la siguiente circunstancia: "Que el beneficiario no tenga reconocido derecho a pensión contributiva de la Seguridad Social". Esto fue interpretado por la STSJ Madrid 31 marzo 2016 (*Tol 5708580*) en que no era simplemente que existiera ya otra pensión en el momento de solicitar la de viudedad, sino que "cuando esta se produzca y a partir de ese momento, no habrá posibilidad de concurrencia, de manera que ésta se halla vedada". Por lo tanto, cuando exista pensión contributiva previa no se podrá compatibilidad con la viudedad y cuando se esté disfrutando de esta último y acaeciera otra pensión contributiva, tampoco.

Como se ha comentado en otro punto de este capítulo, la pensión es incompatible con la formalización de una nueva pareja de hecho o con el hecho de contraer nuevas nupcias con otra persona. En este sentido, la STSJ de Islas Canarias 24 marzo 2021 (*Tol 8472368*) consideró que acreditación de si una persona está casada o no le corresponde al INSS, dado que no se puede exigir a la persona que se le deniega la pensión por tal motivo que acredite cumplidamente un hecho negativo.

Pese a que la regla general sea la incompatibilidad de la pensión de viudedad con el matrimonio, esta cuenta con una excepción en la Orden de 13 de febrero de 1967 (en su art. 11). Se han dada unos requisitos excepcionales, de carácter asistencial, previsto en el precepto antes mencionado. De acuerdo con la STSJ Navarra 13 mayo 2021 (*Tol 8515766*), una interpretación literal del precepto permite concluir que una persona cumple todas las exigencias para continuar percibiendo la pensión de viudedad cuando, además de todos los demás requisitos, la pensión de viudedad supone el 75% de los ingresos anuales percibidos durante el año ejercicio anterior (en este caso 2018), y se excluye del cómputo una cantidad obtenida por la venta de una vivienda por constituir unos ingresos excepcionales que en ningún caso volverán a percibirse en años posteriores.

Por su parte, la STSJ Madrid 16 junio 2020 (*Tol 8052692*) ha resaltado que esta norma legal (art. 11 de la Orden) regula los casos de las prestaciones de viudedad ya concedidas, que se extinguirán cuando sus beneficiarios contraigan matrimonio o constituyan una pareja de hecho, pero no es la regla que cabe aplicar cuando una persona solicite *ex novo* la pensión.

Cuestiones relevantes

28. El esquema general previsto en el art. 163.1 LGSS, titulado **"Incompatibilidad de pensiones"**, establece literalmente lo siguiente: "Las pensiones de este Régimen General serán incompatibles entre sí cuando coincidan en un mismo beneficiario, a no ser que expresamente se disponga lo contrario, legal reglamentariamente". **En caso de incompatibilidad, quien pudiera tener derecho a dos o más pensiones optará por una de ellas.**

29. Con todo, en el caso particular de **la pensión de viudedad** esta regla se altera, pues en principio **es compatible con el trabajo** y, por ende, con cualquier otra renta sustitutiva del mismo. Por lo tanto, se podrá cobrar la pensión de viudedad mientras se trabaja (tanto por cuenta ajena como por cuenta propia).

30. También es compatible con otra serie de pensiones, tales como la IP o la jubilación. Por el contrario, la regla general es que no pueden compatibilizarse dos pensiones de viudedad entre sí, de salvo que las cotizaciones acreditadas en dos regímenes de la Seguridad Social distintos se superpongan, al menos, durante quince años.

31. La incompatibilidad de la pensión también resulta de la situación marital. En este sentido, cuando se esté recibiendo una pensión de viudedad y se contraiga un nuevo matrimonio esta se extinguirá (salvo en supuestos muy tasados previstos por el art. 11 de la Orden de 13 de febrero de 1967, que permite mantenerla cuando se den una serie de circunstancias).

5. LA PENSIÓN/PRESTACIÓN DE ORFANDAD

De acuerdo con el art. 224 LGSS, tendrán derecho a la pensión de orfandad, en régimen de igualdad, cada uno de los hijos e hijas del causante o de la causante fallecida, cualquiera que sea la naturaleza de su filiación y que el causante se encontrase en alta o situación asimilada a la de alta, o fuera pensionista. Para ello: a) deben de ser menores de veintiún años; o b) estén incapacitados para el trabajo.

Cuando el fallecimiento se hubiera producido por violencia contra la mujer, siempre que los hijos e hijas se hallen en circunstancias equiparables a una orfandad absoluta y no reúnan los requisitos necesarios para causar una pensión de orfandad se reconocerá una pensión cuya cuantía es específica y será del 70 por ciento de su base reguladora, siempre que los rendimientos de la unidad familiar de convivencia, incluidas las personas huérfanas, dividido por el número de miembros que la componen, no superen en cómputo anual el 75 por ciento del SMI vigente en cada momento, excluida la parte proporcional de las pagas extraordinarias.

Podrá ser beneficiario de la pensión de orfandad o de la prestación de orfandad, siempre que en la fecha del fallecimiento del causante fuera menor de veinticinco años, el hijo del causante que no efectúe un trabajo lucrativo por cuenta ajena o propia, o cuando realizándolo, los ingresos que obtenga resulten inferiores, en cómputo anual, a la cuantía vigente para el salario mínimo interprofesional, también en cómputo anual.

Si el huérfano estuviera cursando estudios y cumpliera los veinticinco años durante el transcurso del curso escolar, la percepción de la pensión y la prestación de orfandad se mantendrá hasta el día primero del mes inmediatamente posterior al de inicio del siguiente al curso académico.

5.1. Menores de edad o personas con discapacidad

Jurisprudencia

El Tribunal Supremo ha admitido que la pensión de orfandad se reconozca en el supuesto de personas mayores de edad por discapacidad, siendo compatible con la pensión por jubilación cuando queda probado que la discapacidad le afecta desde la infancia, pese a que la resolución administrativa que la declara sea posterior a los 18 años [SSTS de 14 de octubre de 2014 (*Tol 4568932*) o de 6 de julio de 2015, (*Tol 5495390*)].

Sobre la acreditación de la condición de discapacidad existen posturas diversas en sede de suplicación, siendo un problema bastante casuístico. Así, por ejemplo, algunos pronunciamientos han sido algo estrictos: STSJ Madrid 22 septiembre 2020 (*Tol 8263283*) que consideró que el demandante no estaba impedido para desempeñar todo tipo de actividad, pues podía desarrollar tareas de tipo sedentario, "sin olvidar que lesiones afectan a la extremidad auxiliar, la mano izquierda, pues no consta que sea zurdo" y concluyó que los conceptos de incapacidad permanente y discapacidad no son equivalentes ni en su concepto ni en sus consecuencias. También se denegó la pensión al hijo del causante mayor de edad con sordomudez congénita, no incapacitado para el trabajo en la fecha del fallecimiento (STSJ Andalucía, Málaga, 9 octubre 2019 (*Tol 7681765*).

Por su parte, sí que se ha reconocido, entre otras, a una persona que presentaba patologías que le causaban limitaciones orgánicas y psíquicas incompatibles con el desempeño de un trabajo reglado, "sin que obste el posterior trabajo por cuenta ajena del huérfano incapaz ya que en ningún momento se ha cuestionado que no fuera compatible "con el estado del inválido" o que pudiera representar "un cambio de su capacidad de trabajo" [STSJ Comunidad Valenciana 18 febrero 2020 (*Tol 7994604*)]. Del mismo modo, cuando la actora estaba impedida para desempeñar cualquier profesión u oficio en condiciones de razonable eficacia, pues padecía "síndrome de Lennox", siendo irrelevante que hubiera cotizado durante 564 días, pues lo hizo en virtud de contratos especiales de persona discapacitada [STSJ Madrid 14 abril 2020 (*Tol 8036370*)]. En sentido similar: STSJ Galicia 9 enero 2020 (*Tol 7883948*) en un supuesto en el que la persona demandante presentaba patologías psíquicas.

Recientemente, la STS 2 febrero 2023 (*Tol 9448897*) ha reconocido la pensión de orfandad en un supuesto en el que las dolencias eran anteriores y el beneficiario presta servicios con contrato indefinido y a tiempo completo como vendedor de cupones para la ONCE.

Se ha denegado la pensión por motivos de filiación, indicándose que la misma sólo tiene lugar por naturaleza o por adopción y, consecuentemente, el acogimiento familiar permanente no es una situación protegida por la prestación de orfandad [STS 3 noviembre 2004 (*Tol 526729*)].

También se ha denegado por problemas administrativos en los que no se formalizó la inscripción de nacimiento a nombre del padre. Si esta cuestión es objeto de controversia, el proceso civil es el adecuado, pues es dónde se puede desplegar un pleno conocimiento que determine tal filiación, no pudiendo la jurisdicción social llevar a efecto una determinación de filiación, aunque en caso de admitirse civilmente, sí que es posible una retroactividad que permita acceder a la pensión de orfandad [STSJ Comunidad Valenciana 30 abril 2020 (*Tol 8660166*)].

Cuestiones relevantes

32. La pensión de orfandad se reconocerá a los menores de 21 años, con independencia de sus rentas y a las personas con discapacidad. En este último caso existen sentencias contradictorias pero muy casuísticas en las que se valoran, principalmente, un concreto estado físico o psíquico y su eventual incompatibilidad con el trabajo (aunque a veces la posibilidad de prestar servicios laborales no ha impedido acceder a la pensión).

33. Las personas (hijos/as del causante) que tengan **entre los 21 y los 25 años** también **recibirán la pensión siempre que no efectúen un trabajo lucrativo por cuenta ajena o propia, o cuando realizándolo, los ingresos que obtenga resulten inferiores al SMI** vigente (valorado todo en cómputo anual).

5.2. *Base reguladora, cuantía y periodo de carencia*

Jurisprudencia

Hay alguna sentencia que ha señalado que no se precisa de ningún periodo de cotización concreto (carencia) para que se reconozco una pensión de orfandad, y ello con independencia de la contingencia determinante de la muerte del causante. Es por ello que si el causante estaba en alta o situación asimilada, sus hijos menores de edad tendrían derecho a la pensión de orfandad sin ser preciso ningún periodo de carencia, genérico o específico. En concreto, la STSJ Tenerife 3 julio 2020 (*Tol 8114956*) consideró que la Prestación Canaria de Inserción forma parte de la asistencia social, por lo que ha de considerarse que el causante estaba en situación asimilada al alta a efectos de la prestación de orfandad.

En ocasiones, en casos de desaparición, la entidad gestora de la prestación ha acudido a la fecha del hecho causante (certificado de defunción expedido por las autoridades pertinentes) para denegar la pensión de orfandad por no existir alta o situación asimilada. Ahora bien, en el caso de trabajadores que hubieren desaparecido con ocasión de accidentes (cualquiera que sea la naturaleza de su contingencia) los efectos económicos lo serán a la fecha de la desaparición del trabajador, momento en el que, por lo demás estaba en alta o situación asimilada, por lo que no puede denegarse la pensión/prestación [STSJ Madrid 14 febrero 2022, *Tol 8832332*)].

En casos de orfandad absoluta, de acuerdo con el tenor literal del art. 38 del RD 3158/1966 puede acrecer porcentualmente la prestación de orfandad. El TS ha interpretado que para que se produzca dicho acrecimiento la misma debe de ser "absoluta", es decir, con la inexistencia de algún progenitor que pueda hacerse cargo del huérfano. Reza el señalado precepto lo siguiente: "cuando a la muerte del causante no exista beneficiario de la pensión de viudedad, la cuantía de la pensión de orfandad que se reconozca al huérfano se incrementará en el importe resultante de aplicar a la base reguladora el 52 por ciento". Por lo tanto, esto no se dará cuando la pareja supérstite no haya sido beneficiaria de la pensión de viudedad por no haber formalizado la relación de pareja de hecho [(STS 29 enero 2014 (*Tol 4177246*) y STS 29 enero 2014 (*Tol 4218226*)]. Tampoco tendrá lugar este acrecimiento cuando la viuda sea excónyuge del causante que tenga reconocido acceso a la pensión de viudedad por no cumplir con el requisito de la pensión compensatoria [STS 25 febrero 2015 (*Tol 5004191*)].

A través de la STS 7 septiembre 2022 (*Tol 9248020*), se reconoció el incremento de la pensión de orfandad, por asimilación a "huérfano absoluto" cuando el otro progenitor supérstite ha sido privado judicialmente de la patria potestad por no haberse interesado ni cubierto las necesidades del menor durante un largo periodo de tiempo.

Cuestiones relevantes

34. La cuantía de la pensión de orfandad será equivalente al 20% de la base reguladora del causante, calculada de acuerdo con las normas recogidas para la pensión de viudedad. Se aplicará a cada huérfano con derecho a prestación/pensión.

35. En los casos de orfandad absoluta (o en caso de huérfano de un sólo progenitor reconocido), la cuantía puede quedar incrementada de acuerdo con las siguientes reglas: a) si no existe beneficiario de la pensión de viudedad, la cuantía de la pensión de orfandad será del 52% de la base reguladora; b) si existe algún beneficiario de la pensión de viudedad, la de orfandad se incrementará en el importe que resulte de aplicar a la base reguladora el porcentaje de la pensión de viudedad que no se hubiere asignado; c) si el progenitor sobreviviente con pensión de viudedad a su favor falleciera, la pensión de orfandad se incrementará en el porcentaje que se hubiere aplicado para determinar el importe de aquella.

36. La pensión de orfandad también se incrementará cuando exista una persona que no puede recibir la viudedad (o la hubiera perdido) por la comisión de un delito doloso de homicidio en la persona del causante (*Vid.* STSJ Navarra 16 febrero 2017 (*Tol 6144898*).

37. Tras la Ley 10/2022, se dice que "a los efectos previstos en este artículo, se presumirá la **orfandad absoluta** cuando se hubiera producido abandono de la responsabilidad familiar del progenitor supérstite y se hubiera otorgado el acogimiento o tutela de la persona huérfana por violencia contra la mujer a favor de terceros o familiares, así como en otros supuestos determinados reglamentariamente".

38. Del mismo modo que sucede con la pensión de viudedad, los efectos económicos de la prestación se producirán al día siguiente del fallecimiento si la solicitud se presenta dentro de los 3 meses siguientes (o bien se reconocerá con efectos retroactivos a los 3 meses desde que se presentara la solicitud). Pero resulta incompatible con el reconocimiento de otra pensión de orfandad, en cualquiera de los regímenes de la Seguridad Social, salvo que las cotizaciones acreditadas en cada uno de los regímenes se superpongan, al menos, durante 15 años.

39. Es compatible también con la pensión de viudedad que percibe el cónyuge del causante, aunque la suma de todas las prestaciones/pensiones no podrá exceder del 100% de la base reguladora del causante.

40. Sin embargo, es incompatible con una invalidez no contributiva cuando ambas pensiones se han reconocido por las mismas lesiones [STS 11 abril 2023 (*Tol 9514601*)]. En estos casos la persona beneficiaria deberá de optar entre una u otra pensión.

6. LA PRESTACIÓN EN FAVOR DE FAMILIARES

El art. 226 LGSS prevé que se regulen otra serie de prestaciones en favor familiares o asimilados que, reuniendo las condiciones que para cada uno de ellos se establezcan y previa prueba de su dependencia económica del causante, tengan derecho a pensión o subsidio por muerte de este, en la cuantía que respectivamente se fije. A este tipo de pensiones les resultarán de aplicación los criterios del art. 219.1 LGSS (referidos a la pensión de viudedad entre los cónyuges).

"En todo caso, se reconocerá derecho a pensión a los hijos o hermanos de beneficiarios de pensiones contributivas de jubilación e incapacidad permanente, en quienes se den, en los términos que se establezcan reglamentariamente, las siguientes circunstancias:

a) Haber convivido con el causante y a su cargo.

b) Ser mayores de cuarenta y cinco años y solteros, divorciados o viudos.

c) Acreditar dedicación prolongada al cuidado del causante.

d) Carecer de medios propios de vida".

La STC 3/1993 (*Tol 82026*) reconoció que la prestación en favor de familiares tiene un carácter predominantemente asistencial y contribuye a garantizar unas prestaciones sociales ante una situación de necesidad en la que quedan los parientes a los que se refiere la norma como consecuencia del fallecimiento del causante —que debe ser beneficiario de una prestación contributiva de jubilación o invalidez—, tras haber convivido con él, a sus expensas, habiéndose dedicado el beneficiario prolongadamente a su cuidado.

Para resolver estos supuestos también cabe tener en cuenta lo dispuesto por el art. 22 de la Orden de 13 de febrero de 1967.

Jurisprudencia

La STS 10 julio 2020 (*Tol 8037433*) denegó la prestación en favor de familiares a la hija del causante porque en el momento del fallecimiento no estaba separada legalmente, aunque sí que había solicitado la separación judicial con anterioridad a dicha fecha. Este pronunciamiento de julio de 2020 se basó en la anterior STS 1 de febrero de 2017 (*Tol 5985752*), que reseñó que los requisitos de acceso a las prestaciones han de concurrir "necesariamente" en la fecha del hecho causante, fecha que es aquella en la que se actualiza la contingencia y que, en el caso de las prestaciones en favor de familiares, es la del fallecimiento del generador de las prestaciones. En este sentido, la doctrina del TS consiste en que no cabe la extensión analógica de la separación "legal" a la separación "de hecho". El dato de que la actora hubiera instado la separación judicial con anterioridad al fallecimiento de su padre y el argumento de que el retraso en obtener la misma no le es a ella imputable ha sido rechazado por el TS dado que existe la posibilidad de desistir de la demanda antes de que se dicte sentencia.

Sin embargo, se ha eximido de este requisito cuando la hija del causante estaba meramente separada de hecho a caso de violencia de género, recayendo la sentencia de divorcio con posterioridad al fallecimiento de su padre [STS 13 junio 2023 (*Tol 9615956*)].

La STS (Pleno) 29 enero 2020 (*Tol 7765717*) consideró que cabe reconocer la pensión en favor de familiares en los supuestos en los que la persona causante de la misma no sea beneficiaria de pensiones de jubilación o incapacidad contributiva, pero sí de una pensión de vejez SOVI. De acuerdo con la doctrina del TS, la interpretación estricta y literal del precepto aquí aplicable puede generar un impacto de género, una discriminación indirecta, al desplegar efectos desproporcionados sobre el colectivo femenino. Por lo demás, "la aplicación del principio de igualdad de trato y la interdicción de la discriminación no queda limitada únicamente a las personas en las que concurre la condición personal amparada, sino que la protección que del mismo se desprende debe ser aplicable también a quien sufra un trato desfavorable por el mismo motivo pese a no ser la persona sobre la que concurría la situación de discriminación".

El requisito de la convivencia ha generado alguna que otra conflictividad, siendo interpretada por nuestros tribunales, por lo general, de una manera flexible. En este sentido, la STSJ Las Palmas 13 marzo 2020 (*Tol 8211822*) acordó la concesión de la prestación en favor de familiares en el caso de una mujer que vivía en la misma calle y número de edificio que su madre y causante, aunque en otro piso distinto. El INSS se la denegó "por no haber convivido con el causante y a su cargo". Sin embargo, la Sala de Canarias interpretó el término convivencia en un sentido más amplio, aduciendo los siguientes argumentos:

– Desde un punto de vista literal: el requisito de convivencia no se condiciona a un domicilio único o a un empadronamiento común.

– Desde un punto de vista sistemático: el concepto de convivencia "debe interpretarse de acuerdo con la sociedad actual teniendo en cuenta las necesidades y los valores familiares de la sociedad de este siglo". Dentro del concepto de intimidad se encuentra el de mantener la independencia de una vivienda propia "donde no por ello se excluye el cuidado, el socorro y la asistencia diaria por parte de otros familiares".

– Desde un punto de vista teleológico o finalista: la finalidad de las pensiones en favor de familiares es dar la adecuada cobertura a una "situación de cualificada necesidad en razón a la pérdida del causante de la prestación, cuyos ingresos venían a constituir el sustento de la familia".

La anterior sentencia también abordó este supuesto desde una perspectiva de género, considerando que devaluar el funcionamiento de los cuidados familiares con la exigencia formalista de la cohabitación física en la misma planta de un edificio común, "es vaciar de contenido la finalidad misma de la prestación en favor de familiares (cuidadores), lo que tiene sin duda un impacto estadístico mayor en el sexo femenino, pudiéndose incurrir, en este caso, en una discriminación indirecta por razón de género".

También se aligeró el requisito de la convivencia, entre otras, en la STSJ Andalucía, Sevilla, 27 abril 2022 (*Tol 9003952*), incluyendo en este requisito los periodos de internamiento en una residencia: de este modo, el hecho de que "en la etapa final de su vida la causante de la prestación estuviera ingresada en una residencia no impide considerar la continuidad de la asistencia y cuidados por parte de su hijo, pues pese a la evidente inexistencia de convivencia física, no elimina la convivencia moral y asistencial ni la dedicación a su cuidado, prestado precisamente mediante dicho internamiento, que no releva al cuidador de determinadas obligaciones para con su madre y de la necesidad de seguir prestando otras atenciones para su debido cuidado".

Para otra serie de supuestos, tal como se ha visto con anterioridad para el caso de la separación "de hecho", sí que se ha seguido un criterio más estricto, como el caso, por ejemplo, de la edad. En este sentido, la STSJ Las Palmas 28 septiembre 2021 (*Tol* 8780828) confirmó la denegación de una pensión vitalicia en el caso del hermano del causante cuando el fallecimiento de este se produjo cuando faltaban 4 días para que el beneficiario cumpliera 45 años.

El criterio económico también es importante en este tipo de prestaciones, debiendo de existir una dependencia económica del causante, sin que existan otras personas cercanas con obligación de alimentos. Así, en líneas generales, la pensión se denegará cuando haya otras personas con obligación de prestar alimentos, incluso, en el caso particular de los hijos, pese a que la madre los haya desheredado en su testamento, pues no es causa de extinción de dicha obligación (así lo consideró la STSJ Comunidad Valenciana 27 octubre 2021 (*Tol 8880688*) que concluyó que antes de solicitar del INSS el pago de la prestación, la demandante debió reclamar a sus hijos que le dieran alimentos, pues solo en el caso de que aquellos estuvieran imposibilitados de prestarlos en los términos que se han expuesto, se generaría el derecho a la prestación reclamada.

Sin embargo, cuando no existe esta obligación de prestar alimentos, por ejemplo, en el caso particular de dos hermanos, si se dan el resto de los requisitos, sí que se reconocerá la prestación o pensión en favor de familiares [STS 15 octubre 2015 (*Tol 5606381*)].

Respecto de la carencia de rentas para poder acceder a esta prestación, la STSJ Asturias 23 junio 2020 (*Tol 8041071*) resolvió que el mero hecho de que la demandante percibiese en el año 2018 una herencia por importe de 23.261,31 euros no implica que, no constando el percibo de rentas superiores a los límites legales, se incumpla el requisito de vivir a expensas del causante de la prestación que reclama. También existe dependencia económica cuando la persona solicitante recibe una cantidad concreta con base a una Renta Activa de Inserción cuya suma no llega al SMI [STSJ Tenerife, 30 enero 2020 (*Tol 7884409*)].

En el caso particular de la prestación en favor de familiares en el caso del fallecimiento de los abuelos, la STS 3 marzo 2009 (*Tol 1474765*) consideró que la dicción literal del art. 22. 1.1.b) de la Orden de 13 de febrero de 1967 exige de manera clara e indubitada que, para que los nietos puedan acceder a dicha prestación deben de ser huérfanos de padre y madre. De tal manera que sólo el fallecimiento de ambos progenitores cumple con la exigencia de esta regla. En el caso concreto no se acreditó que el padre biológico no estuviera en condiciones de prestarle la ayuda necesaria y, además, el solicitante ya había accedido a la edad de 18 años.

Por el contrario, la STS 20 septiembre 2011 (*Tol 2265810*), sí que reconoció la prestación a los nietos que no eran huérfanos absolutos, pero que vivían con la madre —no tenían padre reconocido— que tiene una discapacidad reconocida del 65% y cuenta como único medio de subsistencia con una pensión de orfandad que le proporciona unos ingresos insuficientes para cumplir con la obligación alimenticia que le viene impuesta por el artículo 154.1º CC). El artículo 22.1 de la Orden de 13 de febrero de 1967 establece como requisitos, entre otros, para que los nietos sean beneficiarios de la pensión a favor de familiares que: sean huérfanos de padre y madre (apartado b) y que carezcan de medios de subsistencia y no queden familiares con obligación y posibilidad de prestarles alimentos según la legislación civil (apartado e).

Cuestiones relevantes

38. El art. 226 LGSS regula una prestación/pensión en favor de familiares cuando concurran una serie de requisitos establecidos en el propio precepto mencionado, así como en la Orden de 13 de febrero de 1967.

39. Uno de los requisitos es "Haber convivido con el causante y a su cargo" (y tal convivencia ha de serlo con, al menos, con dos años de antelación al fallecimiento)

Según el Criterio de Gestión 17/2022, de 27 de junio, dictado por parte del INSS, la acreditación de este requisito normalmente lo será a través del certificado de empadronamiento, pero "en aquellos casos en los que exista controversia y pueda acreditarse de facto la existencia de dicha convivencia con otras personas a través de cualquier otro medio de prueba admitido en Derecho, debe admitirse prueba en contrario". Se admiten, por ende, otros medios de prueba distintos. Por lo demás, la necesaria convivencia ha sido interpreta en algunos casos con cierta flexibilidad.

40. Para poder acceder a esta prestación se exige, asimismo, que no existan familiares con obligación y posibilidad de prestarle alimentos según la legislación civil [(STSJ Castilla y León, Valladolid, 16 mayo 2022 (*Tol 9002654*)]. En estos casos se acude al criterio de la suficiencia económica, dado que, si existe alguna persona obligada a prestar alimentos con unos ingresos muy escasos, sí que se suele aceptar el reconocimiento de esta prestación

41. La normativa también exige cierta carencia de rentas a las personas solicitantes, pero no exige una total indigencia, ni absoluta dependencia económica respecto del causante. En este sentido, entrarán dentro del ámbito normativo quienes tengan una mínima capacidad económica con la que puedan participar en la economía de la unidad familiar de manera secundaria y coadyuvante, por lo que el requisito de "vivir a expensas del causante", así como el "carecer de medios propios de vida" se reúne cuando el beneficiario de la prestación no percibe una renta equivalente o superior al SMI.

ESQUEMA

PENSIÓN DE VIUDEDAD DEL CÓNYUGE SUPÉRSTITE

1. Sujetos causantes
2. Personas beneficiaras
3. Periodo de carencia/cotización
4. Prestación temporal de viudedad
5. Impedimento para ser persona beneficiaria

PENSIÓN DE VIUDEDAD DEL EXCÓNYUGE

1. Pensión compensatoria
2. Reanudación de la convivencia
3. Mujeres víctima de violencia de género
4. Concurrencia de personas beneficiarias

PENSIÓN DE VIUDEDAD EN LAS PAREJAS DE HECHO

1. Inscripción
2. Convivencia
3. Ex parejas de hecho

COMPATIBILIDAD Y EXTINCIÓN DE LA PENSIÓN

PENSIÓN DE ORFANDAD Y PRESTACIÓN DE ORFANDAD

1. Personas beneficiarias
2. Base reguladora y cuantía
3. Incompatibilidades

PRESTACIÓN EN FAVOR DE FAMILIARES

1. Personas beneficiarias
2. Requisitos

INDEMNIZACIÓN A TANTO ALZADO